新聞出版改革發展項目庫（項目號：0020121580）
財政部文化産業發展專項資金重點資助項目
天一閣藏古籍珍本數字出版工程

龔延明 主编

天一閣藏 明代科舉録選刊

鄉試録（一）

寧波出版社

《天一閣藏明代科舉録選刊》編委會

出版説明

天一閣藏古籍，多爲海内外孤本，爲了方便學者進行研究，寧波出版社在天一閣藏古籍珍本特殊資源的基礎上，按照古籍整理出版的規律，運用數字技術將天一閣藏古籍珍本轉换成圖片和文本數據，并通過主題詞編輯技術建立了古籍資源數據庫。具體包括《登科録》《會試録》《鄉試録》，其中《登科録》45 種（原爲 56 種，因影印版的《萬曆十四年丙戌科進士履歷便覽》《萬曆十七年己丑科進士履歷便覽》等 11 種漫漶不清，故暫不録入，讀者如有需要，可查詢寧波出版社 2006 年、2007 年、2010 年影印出版的《天一閣藏明代科舉録選刊》)，《會試録》38 種，《鄉試録》277 種，共計 360 種。

該數據庫具備全文檢索、主題詞檢索等檢索功能，同時在閲讀中可自由地進行影像和全文的單、多界面的切换與翻頁、跳轉，以及在此基礎上的批注、點校等功能，方便用户更好地使用和研究。

本書是在天一閣藏明代科舉録選刊數字資源數據庫基礎上的横排繁體本，是數據庫工程的重要成果之一，是國家古籍整理出版資助項目的後續項目，是寧波出版社“天一閣藏古籍珍本數字出版工程”内容之一。該項目列入國家新聞出版改革發展項目庫，獲財政部專項資助。

凡　例

一、出版目的：《天一閣藏明代科舉録選刊·鄉試録》爲繁體横排版，旨在爲科研單位和廣大讀者提供完整、準確、便於閲讀的版本，爲研究明代科舉歷史和文化提供第一手文獻資料。

二、底本選擇：以《天一閣藏明代科舉録選刊·鄉試録》影印本（寧波出版社 2010 年版）爲底本，以下簡稱“底本”。

三、目録序次：《天一閣藏明代科舉録選刊·鄉試録》一套十册，将底本 277 種鄉試録根據科舉時間、地點順序依次分類編序。

四、分段標準：爲更好地保留底本面貌，在排版時對底本内容的各板塊做了劃分，大致包括序、考官、試題、中式舉人名録、中式文選等部分。遇到與帝王有關的名詞或避諱字時，爲了遵循現代閲讀習慣，本書不再保留底本中的格式。

五、校勘原則：通過對校底本并參校相關文獻，對底本的明顯訛誤進行改正。對底本漫漶不清的個别文字，無法還原的，用“□”表示；對底本中存在的殘頁、缺頁、缺行，無法還原的，本書在夾注中注“（此處底本缺頁——編者注）”或“（此處底本殘缺——編者注）”，并用楷體字顯示。

六、文字處理：本書遵循《現代漢語詞典》（商務印書館 2012 年 6 月第 6 版）的繁簡規定，除人名、地名等保留部分异體字外，原則上采用規範繁體字，如人名中的“歐陽脩”，保留异體字“脩”；對因爲避諱而缺少部首或筆畫的文字，予以還原處理，如底本中“權”爲避諱通常寫成“雚”，本書依據文意予以還原。

《天一閣藏明代科舉録選刊》總序

——以《登科録》《會試録》《鄉試録》爲中心

龔延明

亘古至今，中國歷史上没有一種人事制度，延續時間之漫長、在國内外影響之巨大，能與科舉制度相比。科舉取士制度，起源于隋[1]，自隋唐至明清，行用了一千三百年之久，承擔起爲中國官僚政府源源不斷輸送管理人才的使命與責任。皇帝與士大夫“共治天下”[2]，是科舉制持續推行的動力；“無情如造化，至公如權衡”[3]，是科舉制能成爲中國古代社會唯一不可取代的銓選制度的根本；科舉制以儒家“斯文”作爲取士標準，應舉者慨然以從政、治國、平天下爲己任。中國科舉制具有塑造中國古代知識分子立身治國形象、打造中國大一統和合文化形態、構建東亞儒家文化圈與催生現代西方文官制度産生的價值。

唯其如此，唐代後期社會動蕩、戰亂不止，科舉試没有中止。五代軍閥争鬥不息，政權更迭如走馬燈，科舉試没有間斷。兩宋三百年間，宋遼、宋金、宋蒙戰争，未曾打斷三年一舉的科舉考試，南宋高宗在自家性命難保的險境下，寧可下放到地方進行類省試，也未曾中斷三年一次的科舉考試。度宗咸淳十年，南宋臨近滅亡，還進行了最後一次科舉考試。遼、金、西夏、元朝，少數民族所建政權，無不實行過科舉制度。清末，1900 年，八國聯軍攻進北京，慈禧太后與光緒皇帝

[1] 祖慧、龔延明：《科舉制定義再商榷》，《歷史研究》2003 年第 6 期，第 31—44 頁。

[2] 鄧廣銘點校：《陳亮集》（增訂本）附録《建康軍判官陳亮誥》，《鄧廣銘全集》第五卷，河北教育出版社 2005 年版，第 418 頁。

[3]〔宋〕歐陽脩：《歐陽脩全集》第四册，卷一一二《奏議》十七《論逐路取人劄子》，中華書局 2001 年版，第 1716 頁。

出逃，次年仍下令補考鄉試和會試。科舉與國運相聯，成爲中國封建社會皇帝權力的象征之一，是國家機器正常運行的重要標志，是調節國家政策的杠杆，是士大夫夢想所寄，是凝聚民心的紐帶。科舉對中國古代社會政治、軍事、教育、文化、經濟、風俗、人心之影響，無與倫比，至今在海内外猶不絶餘響。宋、明、清三朝，科舉制三年一次定期舉行，進士每次録取數百人以上。其參與科舉考試的基數，如從參與童子試、發解試（鄉試）算起，動輒在數十萬、上百萬左右，牽動着從南到北、從繁華城市至窮鄉僻壤的整個中國，此三朝 860 多年的中國社會，可以説是科舉社會。科舉出身的精英人物，曾經是唐宋以下中國社會各個領域活動的主角。研究中國古代社會，離不開科舉研究，否則絶不可能完整認識中國古代社會的政治與文化。

中國科舉不僅在中國。中國科舉又是世界文明的一個輻射源。日本最先仿行中國科舉考試制度，時間在公元 7—8 世紀。《日本詩紀》中載有《賀諸進士及第》，其中《賀野達》詩云："登科二字值千金，孝養何愁無門儲？"[1]可見日本科舉及第即授官,所得俸禄可供養父母。朝鮮是海外實行科舉制時間最長的國家。從公元 958 年起至 1894 年止，實行了 936 年。[2]其制既學習唐宋，又有自己的創造。奉使到過高麗國的宋使者徐兢在其名著《宣和奉使高麗圖經》中説："若夫其國取士之制，雖規範本朝，而承聞循舊，不能無小异。"[3]科舉制在朝鮮影響之大，仿佛中國,至視爲"我國公道,唯在科舉"[4]。越南推行科舉制長達 844 年（1075—1919）之久，僅次于朝鮮，然其廢罷科舉時間比中國還要晚 14 年。科舉取士，在越南具有權威性和實用性，視其爲"科舉掄才，實關盛典"[5]。科舉制在東亞的傳播,爲構建東亞儒學文化圈發揮了巨大的作用，厥功至偉。

中國科舉考試的先進文化，也爲西方歐美國家所學習、所效仿。

[1] 蕭瑞峰：《日本有没有實行过科舉制度？》,《文史知识》1995 年第 7 期。

[2] 劉海峰：《中國科舉文化》之《四、科舉文化的影響》,《朝鮮科舉的模仿與創造》，遼寧教育出版社 2010 年版，第 368 頁。

[3] 虞雲國、孫旭整理：《全宋筆記》第三編，第八册，〔宋〕徐兢：《宣和奉使高麗圖經》卷四十《同文・儒學》，大象出版社 2008 年版，第 153 頁。

[4] [韓]《增補文獻備考》卷一八七《選舉考・科制》。

[5] [越]《大南實録正編》第二紀，卷一八九，明命十九年二月。

西方人把中國科舉考試與中國四大發明相比。英國人羅伯特・英格爾斯評論英國東印度公司采用了中國科舉考試的競爭原則時説："這種中國人的發明創造在印度的充分發展，預示着或許將來有一天，它會像火藥、印刷術一樣，在國家制度甚至是歐洲的國家制度中，引起另一次偉大變革。"事實正是如此：英格爾斯當時的預言并沒有錯，東印度公司實行的文官考選制度爲英國文官制度的建立積累了經驗、開辟了道路，考試選才機制像一桶火藥轟開了政黨分肥制的大門，科舉制最終通過英國對世界各國的文官制度産生了重大而深遠的影響。[1]當代美國學者顧立雅明確肯定了中國科舉考試制度在建立現代世界文官制度中的重要作用，指出"這是中國對世界的最大貢獻"[2]。因此，劉海峰教授順理成章地提出：科舉制是中國的"第五大發明"。科舉制成爲一個推動世界文明發展的重要動力。

科舉選拔人才，通過科目考試實現。唐代科目衆多，常選科目有秀才、明經、進士、孝廉、明法、明算、三史、開元禮等；制舉科目名目更多，如賢良方正能直言極諫科、博學宏詞科、志烈秋霜科、軍謀宏達材任邊將科等等，達六十三科。[3]北宋初沿唐制文武分舉，設常科、制科，科目種類有所減少。至神宗朝熙寧四年（1071），王安石改革科舉制，廢試詩、賦、帖經，罷明經、諸科，改試"經義"取進士，舉子占治《易經》《詩經》《尚書》《周禮》《禮記》五經中一經，兼試《論語》《孟子》，常選科目僅保留進士科。[4]宋代是科舉制完善期，也是高峰期，兩宋共舉行118榜，録取登科人11萬之衆，是歷朝録取人數最多的一朝。其後，元、明、清三朝，進士科成爲科舉考試唯一科目（臨時開科除外）。元代科舉考試行廢頗爲曲折，元朝開國三十六年後，才于元仁宗延祐二年（1315）開進士科科目考試，中間又停開六年，至

[1] 劉海峰:《中國科舉文化》之《四、科舉文化的影响》,《科舉制——中國的"第五大發明"》,遼寧教育出版社2010年版，第409頁。

[2]H.G.Greel,*The Beginning of Bureaucracy in China : The Origin of the hsien,Journal of Asian Studies*,Vol.23,Feb,1964,p.183.

[3] 傅璇琮：《唐代科舉與文學》第六章《制舉》，陝西人民出版社1986年版，第138頁。

[4] 龔延明:《宋代科舉總論》第一章,《宋代科舉科目》第一節,《宋代常科科目》,見龔延明、祖慧《宋代登科總録》第14册，廣西師範大學出版社2014年版，第7633頁;第四章,《宋代科舉考試内容與試卷格式》第一節《常科考試内容》，第7668頁。

元惠宗至正二十六年（1366）最後一次廷試，前後共舉行會試十六次，共録取進士 1139 名，[1] 是歷朝録取人數最少的朝代之一。中國科舉制在明代得到復振，并進入成熟、健全、鼎盛時期，可以説繼宋之後，科舉考試出現第二個高峰期。

明代于洪武四年（1371）首開進士科科舉考試，其後罷輟十三年，至洪武十八年（1385）重開，繼而三年一大比，没有中止，共舉行了 89 榜科舉考試（崇禎十三年賜特用榜不計在内），每榜進士人數平均在 270 人上下，共録取進士 24594 人。[2] 爲明王朝培養了大批治國安邦的人才。

明代科舉考試在承繼宋、元三級考試，以經義取士基礎上，有很大創新，其一，是建立縣、州、府、衛所儒學、鹽運司儒學、土官學等學校入學考試制度，[3] 童生經學校入學考試合格，選拔爲入校學生，稱生員；凡生員經縣考、府考與提督學政主持的歲考，進行獎懲，生員俗稱秀才，許着青衫，頭戴方巾。宋代三年定期舉行一次的科舉考試，爲明代所繼承，明代稱三年一大比。大比之年以前，明代生員要參加提學官主持的科考，科考爲鄉試預備考試，也就是參加鄉試的資格考試。科考成績列入一、二等的生員，就獲取了參加鄉試的資格。[4] 在郡縣學之上中央有國學（太學），入國學者爲國子生，國子生又細分爲：府、州、縣學生員貢入國學者，稱監生，舉人入國學者，稱舉監，品官之弟入國學者，稱蔭監，捐貲入國學者，稱例監。國子生，其待遇比郡縣學生員要高，凡入國學者，可以入官，也可直接參加鄉試或會試。明代進士國子生比例較高。如《成化二年進士登科録》載：第一甲第一名羅倫、第二甲第一名季琮、第三甲第一名劉烜，全是國子生出身。可見，“明制，科目爲盛，卿相皆由此出，學校則儲才以應科舉”，明代學校與科舉考試緊密相銜接[5]，是對唐宋科舉考無資格試，許士子“投牒自應”的一大革

[1] 蕭啓慶：《元代進士輯考》之《導論：元代的科舉制度及文獻》，“中央研究院”歷史語言研究所 2012 年版，第 19、20 頁。

[2] 龔延明、邱進春：《明代登科進士總數考》，刊《浙江大學學報（人文社會科學版）》2006 年第 3 期，第 69—78 頁，人大報刊復印資料《明清史》2006 年第 8 期，第 35—43 頁。

[3] 郭培貴：《明史選舉制考論・總論》，中華書局 2006 年版，第 9 頁。

[4]《明史》卷六九《選舉志》，第 1676—1677 頁；《郡縣之學》，第 1687 頁。

[5]《明史》卷六九《選舉志》，第 1675 頁。

新。[1] 其二，欽定朱熹注四書五經爲學校教材，形成了科考必由學校始，學校必從讀經始的科舉培養儒學人才的路徑。其三，考試形式的創新，以八股文命題取士，這是科舉考試文體的創新，此種文體，以“載道”爲基本追求，有起、承、轉、合規定程式的約束，用代聖人立言的口氣議論時政，有助于熏陶與樹立舉子儒家學説的治國理念和立身處世的倫理道德規範，適應當朝統治者鞏固王朝的需要；同時便于閲卷官有統一的評判試策優劣高下的標準。[2]

明代科舉考試制度的創新，使明代科舉具有承前啓後的樣板性，明代的科舉制度爲清代全盤繼承。然而，“20世紀的科舉研究，總體上看，‘兩頭’即隋唐與清代科舉研究多，中間研究少。其實明代科舉的研究更有意義：一則明代是中國科舉的成熟期，有典型性與樣板性。二則歷朝留下的科舉名録不多，唯獨明代留下大批的科舉名録。這也就是説，選擇明代科舉爲考察中心，既有學術視野上的典範性，又能建立在踏實的基礎上，全面推進科舉制度的研究。”[3]

的確，“歷朝留下的科舉名録不多，唯獨明代留下大批的科舉名録”。縱觀中國一千三百年科舉史，自唐以下，曾經産生過多少《登科録》！可惜，這些能提供歷代登科進士最原始、最基本、最重要的檔案資料，出于主觀上不重視、客觀上因戰亂破壞等原因，保存下來的很少。唐代没有留下一榜，宋代憑借朱熹、文天祥兩大名人得以留下《紹興十八年進士登科録》《寶祐四年登科録》兩種；元代16榜衹留下《元統元年進士録》一榜；清代離現在最近了吧，也衹留下《順治六年進士登科録》《康熙五十一年進士登科録》《雍正八年進士登科録》等數種，而明代所保存至今的明代《登科録》數量爲最多。據統計，海内外現存于寧波天一閣、國家圖書館、上海圖書館、臺北“中央圖書館”、臺北“中央研究院”史語所、美國國會圖書館等館藏明代《登科録》，

[1]《全唐文》卷三三一，楊綰《條奏貢舉疏》稱“投牒自應”，第3357頁上欄；《新唐書》卷四四，《選舉志》上引禮部侍郎楊綰上疏，稱“投牒自舉”。

[2] 龔延明、高明揚：《清代科舉八股文的衡文標準》，刊《中國社會科學》2005年第四期，第180頁；龔笃清：《明代科舉圖鑒》第八章，《八股文的功過是非評説》，岳麓書社2007年版，第736頁。

[3] 錢茂偉：《國家、科舉與社會》之《導論》，北京圖書館出版社2004年版，第9頁。

總數爲 58 種[1]，而天一閣獨家所藏明代《登科録》就有 41 種！海内外其餘館藏爲天一閣所無之明代《登科録》總數才 17 種，連天一閣所藏一半還不到。這得益于明代寧波天一閣主人範欽，他在官場任職期間，就特别重視收藏明代科舉文獻資料，他在世時已收藏 51 種明代《登科録》，後因被盗賣等客觀原因，從天一閣流散于上海、南京等地 10 種。天一閣現存明代科舉名録 370 種，除《登科録》（包括《崇禎十三年庚辰科進士履歷》《國朝河南進士名録》《皇明進士登科録》）56 種之外，庋藏《會試録》38 種、《鄉試録》277 種，《武舉録》11 種，《武鄉試録》8 種。[2] 這是十分可觀的珍貴科舉文獻遺産。

明代科舉名録文獻，是明代科舉鄉試、會試、殿試三級考試的産物。宋代無鄉試之名，初級科舉試稱發解試。元代始有行省考試，後改稱鄉試。[3] 明代鄉試，凡直隸舉子，于京府考試；各省于省城承宣布政司考試。鄉試之年，稱爲大比之年。按照洪武十七年“科舉成式”，鄉試的考試時間爲子、午、卯、酉年的八月[4]。農歷八月是秋天，鄉試别稱“秋闈”“秋榜”“鄉闈”。鄉試共三場，考試時間常制：第一場爲八月初九日，試四書義三道，每道 200 字以上；五經（《易經》《尚書》《詩經》《春秋》《禮記》）經義四道，每道 300 字以上。第二場爲十二日，試論一道，300 字以上，判語五道，詔、誥、表内科一道。第三場爲十五日，試經、史、時務策五道，未能答者可減兩道，俱 300 字以上。應舉人自備試卷紙、筆、墨、硯，每場草稿與正卷各十二張；試卷首書姓名、年甲、籍貫、三代、所治本經。布政司印卷。[5] 晚末納卷，給燭三支。試卷彌封，考試者用墨書寫，謂之墨卷；謄録試卷用硃（紅色），謂之硃卷。考試場所稱貢院，

[1] 陳長文：《明代科舉文獻研究》上編，《明代進士登科録研究》之《明代進士登科録的流通與庋藏》，附現存明代進士《登科録》（含《會試録》《進士同年録》《進士履歷便覽》）版本及庋藏情况一覽表，山東大學出版社 2008 年版，第 38—47 頁。

[2] 駱兆平：《天一閣叢談》，中華書局 1993 年版，第 106 頁。

[3] 方齡貴校注：《通制條格校注》卷五，《學令・科舉》：“一、鄉試中選者，各給公據，録連取中科文，行省所轄去處，移咨都省送禮部。”中華書局 2001 年版，第 220 頁。

[4]〔明〕《太祖實録》卷一六〇，洪武十七年三月戊戌朔條，“中央研究院”歷史語言研究所校印《明實録附校勘記》第一册，中華書局 2015 年版，第 2467 頁。

[5]〔明〕申時行等修：萬曆朝重修本《明會典》卷七七，《科舉通例・洪武十七年定制》，中華書局 1989 年版，第 448 頁上欄。

諸生考試所處席舍稱號房。每一考生，派一軍人看守稱號軍，以防作弊。[1]鄉試中式者爲“舉人”，鄉試第一名稱“解元”，此“解”爲發解之義，沿襲宋代發解試第一名稱解元之例。官府給舉人以公據，于次年赴禮部會試。明代鄉試録取比例平均爲 4 % 左右，即 100 個應舉鄉試諸生，約録取 4 人。[2]中舉，是明代士人舉業成功的一個標志，有了舉人科名，就獲得了相應社會地位，進而赴會試，再博進士功名；即使會試落第，也取得了入仕做官的資格。《儒林外史》第三回：“捷報貴府老爺範諱進高中廣東鄉試第七名亞元。”範進見捷報因喜極昏倒，此“範進中舉”的故事深入人心，這也是明代士人渴望中舉以通達仕途的生動寫照。[3]

明代鄉試制度與鄉試科名檔案，集中在《鄉試録》中。天一閣藏明代《鄉試録》，數量衆多，居海内外所藏明代《鄉試録》之首位，具有重大科舉史料和明代歷史文化價值。其内容，玆以《永樂十二年（1414）福建鄉試録》爲例：

一、永樂十二年鄉闈小録序（考試官左經撰）

序中提及赴鄉試諸生爲 450 餘人，而通過鄉試三場試，中式舉人爲 129 人。

二、鄉試考官與執事官

提調官 1 人、監試官 7 人、考試官 2 人、同考試官 3 人、收掌試卷官 1 人、受卷官 2 人、彌封官 2 人、謄録官 2 人、對讀官 4 人、印卷官 1 人、供給官 4 人、巡逴搜檢懷挾官 7 人、掌行科舉文字 4 人、謄録文字 60 人（儒學生員充）。

三、鄉試三場試

（一）第一場

四書義三道（題目從略）、五經義各四道：

《易》（題目從略）

《書》（題目從略）

《詩》（題目從略）

---

[1]《明史》卷七十，《選舉志》二《科目》，第 1694 頁。

[2] 李國鈞、王炳照：《中國教育制度通史》（第四卷），山東教育出版社 2000 年版，第 477 頁。

[3]〔清〕吴敬梓：《儒林外史》第三回，《周學道校士拔真才　胡屠户行凶鬧捷報》，作家出版社 1954 年版，第 31 頁。

《春秋》（題目從略）

《禮記》（題目從略）

（二）第二場

論一道：天下文明。

詔、誥、表内科一道：詔擬：漢章帝詔二千石勸勉農桑；誥擬：唐太宗以戴胄爲大理少卿；表擬：唐孔穎達進《五經正義》表。

判語五條：擅差職官、空引偷軍、攬納税糧、囑托公事、造作不如法。

（三）第三場

策五道：

一問：伏讀《大誥》五十八章而知鄉飲酒禮之制……然賓主獻酧之頃，果何以見王道之易易乎？幸明陳之。

二問：伏讀《大誥續編·明孝篇》，所列孝子事親之節凡十六條……孝廉之科由是以興，其即先王之要道歟？……

三問：《大學》言心不言性，《中庸》言性不言心……各有微旨，諸君子於聖賢之心性必存養之有素，願陳毋隱。

四問：經史之用世尚矣，説者謂經以載道、史以紀事，然道與事果可岐而二之歟？……

五問：學校之設其來尚矣，古者天子立四學，四學之中習者何業？所講者何道歟？……

四、中式舉人（129名）

第一名	何瓊	懷安縣學生	《詩》
第二名	朱顯宗	興化府學生	《書》
第三名	洪英	福州府學生	《禮記》
第四名	唐泰	長泰縣學生	《易》
第五名	鄭瑩	閩縣學生	《春秋》

（以下從略）

五、永樂十二年鄉闈中式程文

（一）第一場

“四書、五經”中式程文：

第四名　唐泰：夫子之得邦家者所謂立之斯立道之斯行綏之斯來動之斯和　（龔按：四書義）

第三名　朱顯宗（龔按：疑爲洪英之誤）：人之所不學而能者其良能也所不慮而知者其良知也　（龔按：四書義）

第一名　何瓊：玄王桓撥受小國是達受大國是達率履不越遂視既發相土烈烈海外有截　（龔按：《詩經》義）

第二名　朱顯宗：九州攸同四隩既宅九山刊旅九川滌源九澤既陂四海會同（龔按：《尚書》義）

第三名　洪英：樂正崇四術立四教順先王詩書禮樂以造士春秋教以禮樂冬夏教以詩書（龔按：《禮記》義）

第八名　伍寧：泰小往大來吉亨則是天地交而萬物通也上下交而其志同也（龔按：《易》義）

第九名　陳景著：楚屈完來盟于師盟于召陵齊侯使國佐如師己酉及國佐于袁婁（龔按：《春秋》義）

（二）第二場

"論"中式程文：

第五名鄭甇：天下文明。（程文全文從略）

考官左經批：覽筆勢之翩翩，實場中之杰作也！

"詔、誥、表"中式程文：

表　第二名朱顯宗：擬唐孔穎達進《五經正義》表。（程文全文從略）

考官左經批：文詞典雅，可勝諸作。

誥　第五十七名陳僖：擬唐太宗以戴胄爲大理少卿。

考官朱批：深得誥體。左批：誥簡古。

（三）第三場

"策五道"中式程文：

第一問　第十一名謝復進：答"鄉飲之禮"。（程文從略）

第二問　（付闕）

第三問　第三名洪英：答"心性之理而分言"。（程文從略）

第四問　第一名何瓊：答"經史之用"。（程文從略）

第五問　（付闕）

六、鄉闈小録後序（序文從略）

從上引一份《鄉試録》可窺見明代某省鄉試的總貌與舉人檔案及

其相關考獻，鄉試具體而微，如能通覽數百種鄉試，我們也許才能對明代鄉試制度的演變、解額分配與録取比例的變化及程文形式與内容所折射的明代士子的知識趨向等等問題，獲得一個較客觀、較全面的認識。

鄉試中式舉人，于次年赴京師禮部貢院會試。因會試時間是農歷二月，在春天，因此别稱“春闈”“春榜”，會試由禮部主持，又稱“禮闈”。會試中式舉人稱“貢士”。明仁宗洪熙元年（1425），會試取士，始分南卷、北卷，南卷取十之六、北卷取十之四，其後又設中卷，由南、北卷名額中各退出五卷名額。“自洪熙元年起，會試實行南北取士制度，這是明代會試與鄉試區别最大之處。”[1]南、北、中分卷取士，其目的是爲了限制南方諸省舉人録取比例太高，防止科舉取士區域失衡。宣德、正統間，南、北、中分卷地區劃分如下：

南卷（十之六）：浙江、江西、福建、湖廣、廣東、應天府、直隸松江府、蘇州府、常州府、鎮江府、徽州府、寧國府、池州府、太平府、淮安府、揚州府、廣德州十六省府、一州。

北卷（十之四）：山東、山西、河南、陝西、順天府、直隸保定府、真定府、河間府、順德府、大名府、永平府、廣平府省府，延慶州、保安州十二省府、二州；遼東、大寧、萬全三都司。

中卷（南、北各退五名）：四川、廣西、雲南、貴州、廬州府、鳳陽府、安慶府七省府；徐州、滁州、和州三州。[2]

需要注意的是，南、北各退五名，是以録取一百人爲基數。如南卷占六十人，即退出五名，南卷實取五十五名；北卷四十人，退出五名，即北卷實取三十五名；中卷可取十名貢士。若一榜取三百名，那么，中卷可取三十名，南卷取一百六十五名，北卷取一百零五名。天一閣藏《成化二十三年會試録》中韓林學士尹直所寫“會試録序”謂：

[1] 劉海峰、李兵：《中國科舉史》第五章，《科舉制度的鼎盛》，東方出版中心 2004 年版，第 290 頁。

[2]《明史》卷七〇，《選舉志》二，《科目》，第 1697 頁。〔明〕申時行等修：萬曆朝重修本《明會典》卷七七，《會試》，中華書局 1989 年版，第 450 頁下欄。

> 惟聖祖起自南服，士得於漸涵者最先且盛。迨宣德丁未（二年，1427），大學士楊士奇乃議會試取士，卷分南北，南十六，北十四。既而，以百乘除，又各退五爲中數。[1]

明太祖洪武三年（1370），詔禮部會試舉人名額不過百人。仁宗此與實際情況并不相符。《洪武四年登科録》顯示，殿試録取120人。然依明制，殿試不黜落，會試人數與殿試所取進士數是一致的。經查對，果然，《洪武四年登科録》所載第二甲十七名中最後一名趙旅，浙江鄉試第八名、會試第一百二十名。會試第一名、浙江鄉試第四名俞友仁，殿試後進士排名爲第三甲一百名中的第二十六名。[2] 仁宗洪熙元年（1425），定會試取士臨時請旨不過百人。其後數榜大體遵依，如《宣德五年進士登科録》"玉音"載：

> 宣德五年二月十九日，早，行在禮部尚書臣胡濙等官於奉天門奏爲科舉事：會試天下舉人，選中一百名。

此榜取進士確爲一百名。

《宣德八年進士登科録》"玉音"載：

> 宣德八年二月十九日，早，行在禮部尚書臣胡濙等官於奉天門奏爲科舉事：會試天下舉人，選中九十九名。

此二榜中，一榜選中式舉人一百名，一榜九十九名。略有不同而已。

明英宗正統五年（1440）始定會試取士增至150名，《正統七年進士登科録》顯示：

> 正統七年三月初五日，早，禮部尚書臣胡濙等官於奉天門奏爲科舉事：會試天下舉人，選中一百五十名。本年三月十五日，殿試……
>
> 第一甲三名　賜進士及第（名單從略）
>
> 第二甲五十名　賜進士出身（名單從略）

---

[1]《天一閣藏明代科舉録選刊·會試録》之《成化二十三年會試録》"序"，寧波出版社2007年影印版。

[2]《天一閣藏明代科舉録選刊·登科録》之《洪武四年進士登科録》，寧波出版社2006年影印版。

第三甲九十六名　賜同進士出身（名單從略）

會試録取人數是一百五十名。其第三甲九十六名最後一名邵進，正好是會試第一百五十名。[1] 然而，殿試録取人數爲一百四十九名，少一名，疑有中式舉人因故未能赴殿試。

正統十三年（1448）又一變，取士名額不拘。故《明會典》稱“會試中試無定額”：

大約國初，以百名爲率，間有增損。多者，如洪武十八年、永樂三年，俱四百七十二名。永樂十三年，三百五十名。少者，如洪武二十四年，三十一名；三十五年，五十二名。成化而後，以三百名爲率。多者，如正德九年、嘉靖二年、三十二年、四十四年、隆慶二年、五年，俱四百名；少者，如成化五年、八年，俱二百五十名。各科三百名之外，或增二十名，或五十名，俱臨時欽定。[2]

會試中式者稱“貢士”，是準進士，第一名稱“會元”。凡會試中式者，取得赴殿試的資格。由于殿試不黜落，會試中式者，已經踏進進士龍門。

會試考試時間，洪武十七年定制，二月初九日、十二日、十五日舉行三場考試，其考試内容與試卷準備、書寫、彌封、謄録要求等等，與鄉試所規定相同。[3] 且以天一閣藏《成化二十年會試録》所載爲例：

第一場

試四書義三道：

一、人能弘道，非道弘人。

二、是故君子戒慎乎其所不睹，恐懼乎其所不聞。

---

[1]《天一閣藏明代科舉録選刊·登科録》之《正統七年進士登科録》，寧波出版社 2006 年影印版。

[2]〔明〕申時行等修：萬曆朝重修本《明會典》卷七七，《會試》，中華書局 1989 年版，第 451 頁下欄。

[3]〔明〕申時行等修：萬曆朝重修本《明會典》卷七七，《科舉通例·洪武十七年定制》：“十七年定：一、三年一大比……一、舉人試卷及筆、墨、硯自備，每場草卷、正卷各十二幅；首書姓名、年甲、籍貫、三代、本经。會試、殿試并同。”中華書局 1989 年版，第 448 頁上欄。

三、物皆然，心爲甚。

每道三百字以上。

試五經義：

一、《易》

（一）直方大，不習無不利，則不疑其所行也。

（二）聖人亨，以享上帝，而大亨以養聖賢。

（三）富有之謂大業，日新之謂盛德。

（四）仰則觀象於天，俯則觀法於地，觀鳥獸之文與地之宜，近取諸身，遠取諸物，於是始作八卦。

二、《書》

（一）帝乃誕敷文德，舞干羽于兩階，七旬有苗格。

（二）各守爾典，以承天休。爾有善，朕弗敢蔽。

（三）其作大邑其自時配皇天毖祀於上下，其自時中乂。

（四）昔在文武，聰明齊聖，小大之臣，咸懷忠良。

三、《詩》

（一）王在在鎬，有那其居。

（二）受天之祜，四方來賀。於萬斯年，不遐有佐。

（三）夙興夜寐，灑掃廷内，維民之章。修爾車馬，弓矢戎兵，用戒戎作，用逷蠻方。

（四）敬之敬之，天維顯思，命不易哉！

四、《春秋》

（一）齊人伐山戎。（莊公三十年）遂伐楚，次于陘。楚屈完來盟于師，盟于召陵。（僖公四年）

（二）楚人、陳侯、蔡侯、鄭伯、許男圍宋。公會諸侯，盟于宋。（俱僖公二十七年）晋侯侵曹。晋侯伐衛。楚人救衛。（俱僖公二十八年）

（三）齊國夏衛石曼姑帥師圍戚。（哀公三年）

（四）公會晋侯及吴子于黄池。（哀公十三年）

五、《禮記》

（一）故人者，天地之心也，五行之端也。

（二）重社稷，故愛百姓。

（三）大學之教也時，教必有正業，退息必有居學。不學操縵，不能安弦。不學博依，不能安詩；不學雜服，不能安禮；不興其藝，不能樂學。故君子之於學也，藏焉修焉，息焉游焉。

（四）和，故百物皆化；序，故群物皆别。

第二場

試論一道，三百字以上；試判語五道，詔、誥、表内科一道：

一、論：文以載道。

二、表（是榜，試判語科表一道）：……擬詔修闕裏宣聖廟襲封衍聖公謝表。

第三場

試經、史、時務策五道：

一、第一問（策題從略）

二、第二問（策題從略）

三、第三問（策題從略）

四、第四問（策題從略）

五、第五問（策題從略）[1]

進士最後一級考試，皇帝親策于廷，稱廷試，亦稱殿試。殿試比鄉試、會試要簡，不需考三場，僅一場試時務策一道，限一千字以上。殿試實際是對會試的覆試，定三甲名次。皇帝欽點一甲三名：第一名狀元、第二名榜眼、第三名探花。洪武四年（1371），首次科考，殿試時間定爲二月十九日，“御奉天殿策試貢士。二十日，午門外唱名”[2]。明英宗正統七年（1442）改爲三月十五日。

關于殿試的程序、考試内容、考官、唱名張榜及新進士慶祝活動等明代殿試制度、進士檔案，最基本、最重要的史料集中在《登科録》中。明代《登科録》，最完善，這也是科舉史發展的必然結果。這裏有必要追溯其産生的沿革，有助于我們對明代《登科録》學術價值的全面認識。據唐代史籍記載，唐中宗神龍時（705—707）就已出現《進士登科記》，那是好事者逐年記載登進士第的姓名，比較簡單，屬私家記録。[3] 其後

[1]《天一閣藏明代科舉録選刊·會試録》之《成化二十年會試録》，寧波出版社 2007 年影印版。

[2]〔明〕申時行等修：萬曆重修本《明會典》卷七七，《貢舉·殿試》，中華書局 1989 年版，第 452 頁。

[3]〔唐〕封演撰、赵貞信校注：《封氏聞見記校注》卷三，《貢舉》，中華書局 2006 年版，第 17 頁。

私家編《登科記》漸多，在唐穆宗以前已有《崔氏顯慶登科記》五卷、姚康《科第録》十六卷、李奕《唐登科記》二卷等十數種之多。[1] 直至好尚文學的唐宣宗，于大中十年（856）索要《登科記》，下敕："自今放榜後,仰寫及第姓名,及所試詩賦題目進入内,仍付所司,逐年編次。"[2] 遂有知貢舉官鄭顥選禮部員外郎趙璘編《諸家科目記》十三卷，搜羅自唐初武德至宣宗大中十年（618—856）238 年逐年進士登科名録。此後即由官府出面編撰《登科記》。遺憾的是，唐代所編唐《登科記》已蕩然無存。宋人曾編過若干唐代《登科記》，也已難覓踪影。唯清代學者徐松編《登科記考》,留存至今,成爲今人研究唐五代科舉的基本文獻，傅璇琮先生對該書予高度評價，認爲:"可以慶幸的是，在一百多年以前，也就是清朝道光年間，有一位學問面很廣的學者徐松，編撰了一部唐代科舉史的專著，給這門學科填補了空白，也給後人提供了不少進一步研究的綫索。"他由此及彼，鑒于高度發達的宋代科舉，118 科舉試僅留下兩榜《登科録》，建議學界"效徐松之書的體例，編撰一部《宋登科記考》"。[3] 可見，科舉名録之于科舉制、科舉史及與之相關社會研究的重要性。

唐代是科舉制開創、興起時期，每榜録取人數不多，一二十人左右，制度不完善。宋代是科舉制興盛時期，宋太宗太平興國以後，每榜録取在數百人以上，非唐代可比擬。科舉制度逐步完善、健全。南渡後科舉三級考試，"概以子、午、卯、酉年，鄉貢士；以辰、戌、丑、未年試禮部奏名進士。而寅、申、巳、亥年則修明禋或舉郊祀，其試鄉貢舊無定日，故奔競者或有一人而試數郡。紹興中，懲其弊，令諸郡同以八月十五日引試，當是年，則二月一日頒詔旨示以取士

[1]〔宋〕王應麟：《玉海》卷一一五，《選舉·科舉》二，《唐進士舉·科目記·科第録》，江蘇古籍出版社、上海書店 1987 年版，第 2126 頁。

[2]〔宋〕王溥:《唐會要》卷七十六，《貢舉》之《緣舉雜録》，上海古籍出版社 1991 年版，第 1640 頁。

[3] 傅璇琮：《唐代科舉與文學》第一章，《材料叙説：唐登科記考索》，第 1、19 頁。龔按：傅先生編撰《宋登科記考》的願景已經實現，傅璇琮主編，龔延明、祖慧撰編的《宋登科記考》（上、下兩册，411.7 萬字），已於 2009 年由江蘇教育出版社出版。在此基礎上，龔延明主編，龔延明、祖慧撰編的《宋代登科總録》（14 册，1000 萬字），2014 年由廣西师范大學出版社出版。

之意，而戒飭之，凡遇此歲，通謂之‘詔歲’。”[1] 明代鄉試年定爲子、午、卯、酉年，沿襲南宋鄉貢發解試之制。宋科舉取士數量衆多，在唐代《登科記》基礎上，宋代科名記提升爲《登科録》，其所載進士，不只姓名而已，具載家狀，已成爲個人小傳檔案，并保存了該榜的相關科舉詔令、知舉官、考試官、策題、對策卷等。以《紹興十八年登科録》、《寶祐四年登科録》爲例，其《登科録》内容包括：

一、玉音　御筆手詔（科詔・紹興十七年二月一日）

門下：……可令有司搜取茂异，咸與計偕。朕將試之春官，親策于廷（下略）。

二、御試策一道（紹興十八年四月初三日）

（前文略）今子大夫通達國體，咸造于廷，願聞今日之治道，何興補可以起晋、唐之陵夷？何馳驟可以接東漢之軌迹？（下略）

三、鎖院（紹興十八年二月十二日禮部試考官鎖院）

敕差：知貢舉官 1 人，同知貢舉官 2 人，參詳官 8 人，點檢試卷官 20 人。

四、省試（禮部試）考試日期

二月十八日、十九日、二十日，三天引試詩、賦、論策三場；二月二十二日、二十三日、二十四日，三天引試經義、論策三場。

省試别試　二月二十三日引試：考試官 1 人，點檢試卷官 4 人。

五、御試（紹興十八年四月初三日）

敕差：初考官 3 人，覆考官 3 人，詳定官 3 人，編排官 2 人，初考覆考點檢試卷官 1 人，對讀官 6 人。

六、恩榮次第

紹興十八年四月十七日，皇帝御集英殿，唱名賜第，賜狀元王佐以下進士及第、進士出身、同進士出身共三百三十餘人。

四月十八日，新進士赴期集所活動，撰編《題名小録》。

四月二十六日，依令賜期集所 1700 貫。

四月二十九日，新進士朝謝。

五月初二日，就法慧寺拜黄甲，敍同年。

[1]〔元〕劉壎：《隱居通議》卷三十一，《前朝科詔》，文淵閣《四庫全書》本。

五月初五日，赴國子監謁謝先聖、先師、鄒國公。

五月□□日，立題名石刻于禮部貢院。賜狀元王佐等進士聞喜宴于禮部貢院。

七、進士五甲名録（以《寶祐四年登科録》爲例）

第一甲　文天祥等二十一人。

第二甲　謝枋得等四十人。

第三甲　鄭必復等七十九人。

第四甲　楊奇遇等二百四十八人。

第五甲　喻用國等二百一十三人。

每一名録之下，具姓名、字、小名、小字、婚姻、祖宗三代與兄弟姓名、仕履或出身、籍貫、户籍等家狀，《寶祐四年登科録》增加所治主科（治某經或治詩賦等）。

八、狀元對策

《寶祐四年登科録》録狀元文天祥對策，理宗賜進士御制詩及文天祥謝御賜詩、謝賜進士及第。（《紹興十八年登科録》之狀元對策已佚）。[1]

宋代《登科録》格式體例，比較完整、詳贍，爲明代所繼承，而略有變化，明代《登科録》壓縮恩榮次第的活動内容，增加户籍種類，兹以天一閣藏《成化二十三年進士登科録》爲例：

一、玉音

成化二十三年三月十二日，由提調官等于奉天門奏：是榜會試取中 351 名，三月十五日殿試，聘請讀卷官、執事官 53 名，以及欽定進士出身等第、資格：第一甲例取三名，第一名六品，第二、三名正七品，賜進士及第；第二甲從七品，賜進士出身；第三甲正八品，賜同進士出身。

繼而，列殿試考官以及執事官 53 員，其配備如下：

讀卷官 12 人，其中萬安與劉吉爲内閣大學士；

提調官 3 人，由禮部尚書、禮部左右侍郎擔任；

監試官 2 人，由監察御史擔任；

受卷官 4 人，皆進士擔任；

---

[1] 全國圖書館文獻縮微複製中心編：《中國科舉録彙編》（一），《紹興十八年進士登科録》《寶祐四年進士登科録》，全國圖書館文獻縮微複製中心 2010 年出版。

彌封官 10 人，京朝官擔任，有非進士出身者；

掌卷官 4 人，皆進士出身京朝官充；

巡綽官 8 人，皆錦衣衛、金吾衛武官充；

印卷官 4 人，皆進士出身京朝官擔任；

供給官 6 人，由光禄寺與禮部司務官充，其中五人進士出身，一人貢士出身。[1]

二、恩榮次第

成化二十三年三月十五日，早，諸貢士赴内府殿試，上御奉天殿，親賜策問。

三月十七日，早，文武百官朝服侍班。是日，錦衣衛鹵簿于丹陛丹墀内，上御奉天殿，鴻臚寺官傳制唱名，禮部官捧黄榜，鼓樂導引，出長安左門外，張挂畢，順天府官用傘蓋儀從送狀元歸第。

三月十八日，賜宴於禮部，宴畢，（新進士）赴鴻臚寺習儀。

三月十九日，賜狀元朝服、冠帶及進士寶鈔。

三月二十日，狀元率進士上表謝恩。

三月二十一日，狀元率進士詣先師孔子廟，行釋菜禮。禮部奏請命工部於國子監立石題名。[2]

三、登科名録（依三甲名次排列 353 名進士之姓名及其家狀）

第一甲三名　費宏　劉春　涂瑞　賜進士及第

第二甲一百一十名　賜進士出身（名單從略）

第三甲二百三十八名　賜同進士出身（名單從略）

四、皇帝策問一道

皇帝制曰：自昔帝王創造丕圖，必有貽謀，以爲長治久安之計。夏、商、周之迹見於經，漢、唐、宋之事具于史。朕欲聞其紀綱統體、制度得失之詳……爾諸生皆學古通經，有志于用世者，其各直述以對，毋有所隱，朕將親覽焉。

成化二十三年三月十五日

[1]《天一閣藏明代科舉録選刊·登科録》之《成化二十三年進士登科録》“玉音”，寧波出版社 2006 年影印版。

[2]《天一閣藏明代科舉録選刊·登科録》之《成化二十三年進士登科録》“恩榮次第”，寧波出版社 2006 年影印版。

五、一甲三名臣費宏、劉春、涂瑞對策（對策全文從略）[1]

明《登科録》格式體例與宋相比，大同小异，明顯的是恩榮次第的親進士活動項目壓縮，進士家狀内容，也有所變化，現特將《登科録》核心内容進士名録，宋、明進行對比。

宋以《寶祐四年登科録》爲例：

第一甲　第一人　文天祥

字宋瑞，小名雲孫，小字從龍。第千一。偏侍下。年二十，五月二日生。外氏曾。治賦，一舉。弟璧，同奏名于天麟。曾祖安世。祖時用。父儀。本貫吉州廬陵縣。父爲户。

明以《成化二年進士登科録》爲例：

第一甲三名　賜進士及第

羅倫　貫江西吉安府永豐縣，民籍。國子生。治《書經》。字應魁，行三，年三十六，正月十一日生。曾祖叔彦。祖永仁。父脩大。母李氏，繼母嚴氏。永感下。兄侃、倍。弟儼、傑。娶梁氏。江西鄉試第六十八名，會試第三名。

兩者相比較，家狀相同的信息爲：姓名，進士名次，字，排行，治某經（宋除治某經外，尚有治詞賦之目），籍貫，年齡，出生月日，父、祖、曾祖三代姓名（有無科名仕宦），父母、祖父母存亡情況。宋、明《登科録》家狀中親屬存亡的表述均有特殊稱謂：

重慶下（祖父母、父母俱在）；

具慶下（父母俱在）；

嚴侍下（母亡故、父在）；

慈侍下（父亡故、母在）；

偏侍下（繼母在）；

永感下（祖父母、父母俱亡故）等。[2]

[1]《天一閣藏明代科舉録選刊・登科録》之《成化二十三年進士登科録》，寧波出版社2006年影印版。

[2]〔明〕陸容撰、佚之點校：《菽園雜記》卷一，中華書局1985年版，第2頁。龔按：原爲“祖父母父母”，點校者斷句有誤。

如宋代狀元文天祥家狀“偏侍下”,指繼母尚健在,而父親（稱嚴侍）以上三代親屬皆已故;明代狀元羅倫“永感下”,指父母以上親屬皆已故。

繼父母三代之後，列兄弟姓名（有無科名仕宦）。娶妻否，妻姓氏。

宋、明《登科録》家狀不同之處：明代《登科録》增加：1. 應舉前出身是何種學生，如國子生或府學生、府學增廣生、州學生、州學增廣生、縣學生、縣學增廣生、衛學軍生、醫生之類等；2. 鄉試和會試名次。3. 何種户籍,明代户籍劃分較細、較嚴,有民籍、軍籍、官籍、匠籍、富户籍、醫籍、太醫院籍、南京欽天監籍、竈籍、鹽籍等。

此外，宋《登科録》家狀記載進士登第歷經舉數，如文天祥二十歲一舉中第，十分了得！同榜一甲第三名楊起莘，“治《春秋》三舉”，第七名周焱“治詩賦四舉”等，科場并不順利。明代删去了進士登第經歷的舉數。

比較之下，明代家狀信息量增加了：從何種學校出身與鄉試、會試名次，反映了明代科舉與學校的緊密結合，以及對進士三級考試成績的重視。削去舉數不提，這説明在明代進士登第更爲艱難，舉數多，在家狀中列出，没有積極意義。

更可貴的是，明代出現會試録、鄉試録，這構成明代科名録一大特色,此爲唐宋科舉時代所無。本書收録天一閣藏明代《會試録》38 種、明代《鄉試録》277 種。

然而，如何能讓稀世珍藏的明代殿試登科録、會試録、鄉試録，通過修復、整理，面向社會，流動起來，爲廣大讀者服務，最大限度地實現其寶貴的學術價值，這是學術界的呼聲和期待，也是文物圖書館業界的使命與擔當。

首先是，臺北于 1969 年影印了臺北“中央圖書館”藏本登科録、會試録、鄉試録 66 種明刊本，以“明代登科録彙編”爲名，由臺灣學生書局出版，給研究明代科舉和明史帶來極大方便。繼其後，寧波天一閣博物館將業經修復一新的明代登科録 56 種影印，以“天一閣藏明代科舉録選刊・登科録”爲名，2006 年由寧波出版社出版。2007 年，又影印出版了《天一閣藏明代科舉録選刊・會試録》38 種。《天一閣藏明代科舉録選刊・鄉試録》277 種亦影印出版。2010 年，全國圖書館文獻縮微復制中心出版了《中國科舉録彙編》《中國科舉録續編》，收録了宋、元、明、清《登科録》《會試録》《鄉試録》112 種。

以上科名録彙編出版，是中國圖書館界的一大業績，打開了珍貴的科舉史資源向社會開放的大門。這裏有一個名稱的問題值得商榷。即所謂“科舉録”的命名，似嫌對象太廣、太泛，科舉範圍何其大！科目、考試機構、科舉詔令、科舉制度、科舉文獻、登科名録等等，都可列入科舉録範疇，然《登科録》《會試録》《鄉試録》均屬于各級登科名録，是一種特殊的專門科舉文獻，完全可以獨立自主用專稱“科名録”，以總括《登科録》《會試録》《鄉試録》。爲此，凡《登科録》（包括《同年録》《同年序齒履歷便覽》）《會試録》《鄉試録》之彙編，宜命名爲“科名録彙編”。

《登科録》《會試録》《鄉試録》是研究科舉制度最原始、最基本、最權威的文獻。這三類名録，相應于明代科舉三級考試鄉試、會試、殿試。此次，寧波出版社繼影印《天一閣藏明代科舉録選刊》之《登科録》《會試録》與《鄉試録》之後，又新推出點校本 56 種明代《登科録》（附《崇禎十三年庚辰科進士履歷》《國朝河南進士名録》《皇明進士登科録》）和 38 種明代《會試録》，同時，首次整理出版 277 種《鄉試録》，并推出網絡版與光盤檢索版，這大大便利了讀者利用天一閣藏三種科名録的使用，這是一件功德無量的文化盛事。如久旱逢甘霖，塵封多年的明代三種科舉名録，在海内外學界期盼下，終于配套齊全、全部向社會開放，成爲學術界可以享用的公共學術資源，此壯舉，必得到學術界歡迎和歡呼。

2015 年 12 月 17 日

于浙江大學古籍研究所

暨浙大宋學研究中心

總　目

（二）

（三）

（四）

（五）

（六）

（七）

（八）

（九）

（十）

本册目録

成化十年順天府鄉試録

順天府鄉試録序

聖天子重明麗正化天下成文明之治已閱十年餘維時上下交孚明德光顯萬象焕新故日月星辰麗乎天而天之文以著百穀草木麗乎土而地之文以弘易書詩禮春秋之經麗乎人而人之文以宣朗况京師首善當離明之地萬邦承式環拱仰瞻文化興行洋中溢外視四方尤甚盛焉經曰聖人南面而聽天下嚮明而治此之謂也乃成化甲午秋適當觀文取士之期先是大學選歲貢之英京學及府州縣學擇弟子員之杰内外群有司拔官儒吏士兵校之賢而業文者總千六百人有奇及時以來分類以俟於是府尹臣簡奏請考試官上委其柄於左庶子臣淳修撰臣健其同考則教諭臣安臣廣臣奎臣義臣廣烈訓導臣譔臣深臣瓚皆起自徵聘監試則監察御史臣福臣釗提調則府丞臣川皆簡自宸衷前期十日監試提調已入院舉按國章作新士氣惟和惟慎戮力奮庸凡宿弊之蠹於前者一時悉革而至公之道京師共見焉臣等以八月庚寅陛辭往莅其事相與倡合庶官對天矢心申嚴禁戒辛卯甲午丁酉凡三試之於千六百人中獲中選者百三十有五人遵制額也因鏤其氏名與其文之純粹而超等者彙成鄉試録用上塵乙夜之覽下爲來世之光故事有序所以言作者之意臣竊惟自有天地即有人文世運流行相爲表裏唐虞三代之隆卓已漢唐宋以來在盛時則文用顯明逮季世則文隨委靡寧不繫於當時繼明照四方觀文以化成天下之責有未備歟洪惟我太祖高皇帝完三光五岳之氣振起斯文如伏羲之文之古焉時則人文光復於洪武太宗文皇帝闡五經四書之旨亨昌景運如帝堯之文之焕焉時則人文大豐於永樂列聖相承昭回制度舒廣國華又如成周之文之郁郁焉時則人文增益於宣德正統之間我皇上繼體守成厲志經帷晋明道德垂衣禮殿涣汗絲綸而尤惓惓於科目得賢焉斯則繼明成化之責豈不全備而無遺哉然臣深念今四海之内人文日盛則風氣日開風氣日開則俗尚日侈其盛也汪洋俊逸或有乖於理其開也流麗縱横或有蕩於氣而其侈也言人人殊遂并體製皆訛矣又况士流學文惟初試是詳而餘試或略主司亦因而俯就焉此古道之所由

未復而今日濟時之急務所當先者歟肆臣等欽承明詔懋圖救起以一之而雪其鑑平其衡判妍媸輕重於毫釐之際遍閱三試兼采所長彼襲陳腐者文趣陋退之而進其術業精明者焉好新奇者文辭巧黠之而陟其志意中和者焉習怪誕者文義野奪之而予其態度端良者焉趨龐雜者文格冗抑之而揚其性情簡潔者焉慕矗豪者文質散罰之而賞其制作謹嚴者焉約而裁之俾規矩準繩之不越無悖文之理也啓而通之俾光芒勢焰之不沈無晦文之氣也整而肅之俾紀綱法度之不失無壞文之體也若此者皆以救起人文使無過不及之弊而一歸宿於聖人之道之中惟如是則今日之文參諸天地而無愧驗諸祖宗列聖而有光其於繼明普照庶幾萬一之助而文明治化之大成雖歷千萬世尚何遺憾歟諸君子於此以文成名獲膺衆舉行將試南宫對大廷亦有位矣則凡所以弘文明恭順之德上應於重華協帝之君而履元吉者可不自勉乎必也恒麗乎中務依乎正力體陽道之剛而不牽制於陰道之柔則君臣同德克壽斯文於永久國家有無疆之休諸君子亦有無窮之聞否則文浮於質或并其質皆泯泯無足觀而日流汙下焉斯則没世無聞之可疾假科目以患人之當咎者其玷斯文庸有既乎敬書此於録元用考驗諸君子於他日云

奉政大夫左春坊左庶子黎淳謹序

成化十年順天府鄉試

提調官

嘉議大夫順天府府尹邢簡（居敬陝西咸寧縣人　甲戌進士）

中順大夫順天府府丞丁川（大容浙江新昌縣人　甲申進士）

考試官

奉政大夫左春坊左庶子黎淳（太樸湖廣華容縣人　丁丑進士）

翰林院修撰儒林郎劉健（希賢河南洛陽縣人　庚辰進士）

同考試官

山東濟南府臨邑縣儒學教諭徐安（志仁福建閩縣人　庚午貢士）

河南汝寧府光州固始縣儒學教諭章廣（孝寬江西南昌縣人　癸酉貢士）

浙江温州府平陽縣儒學教諭陳奎（文璧直隸寶應縣人　己卯貢士）

直隸安慶府桐城縣儒學教諭朱義（仲宜浙江仁和縣人　己卯貢士）

湖廣武昌府興國州大冶縣儒學教諭顔廣烈（士忠江西安福縣人　戊子貢士）

湖廣黄州府麻城縣儒學訓導朱諲（元肅浙江會稽縣人　丙子貢士）

應天府儒學訓導賀深（宗濬江西永新縣人　壬午貢士）

湖廣辰州府儒學訓導沈瓚（廷器直隸崑山縣人　壬午貢士）

監試官

文林郎浙江道監察御史黎福（天與江西樂平縣人　丙戌進士）

文林郎河南道監察御史李釗（勉之浙江臨海縣人　丙戌進士）

印卷官

承務郎順天府推官焦玹（廷玉陝西三原縣人　監生）

收掌試卷官

湖廣寶慶府同知吕宏（量充四川南溪縣人　庚午貢士）

受卷官

廣東高州府同知王佐（汝學廣東臨高縣人　丁卯貢士）

福建福州府閩縣知縣陸潤（昌澤直隸常熟縣人　丙戌進士）

彌封官

雲南廣西府同知顧英（孟育直隸上海縣人　己卯貢士）

福建汀州府上杭縣知縣孫安（勉之浙江錢塘縣人　丙戌進士）

謄録官

福建泉州府同知高祐（天賜直隸上海縣人　癸酉貢士）

湖廣武昌府同知楊能（惟謙山西壺關縣人　己卯貢士）

對讀官

山東東昌府同知陳僑（惟安四川銅梁縣人　庚午貢士）

山東青州府益都縣知縣馬信（孚民陝西西安左衛人　丙子貢士）

巡綽官

神策衛指揮使董良（秉忠河南祥符縣人）

義勇左衛指揮使孫鑑（克明河南新蔡縣人）

瀋陽左衛指揮僉事陳寬（彦洪直隸丹徒縣人）

虎賁右衛指揮僉事曾鎰（克用湖廣桂陽縣人）

監門官

龍驤衛指揮僉事王紳（朝用山東安丘縣人）

富峪衛指揮僉事趙福（宗吉山東濱州人）

供給官

順天府經歷司知事崔珏（孟璵山東莒州人　監生）

大興縣縣丞高聰（守愚直隸威縣人　己卯貢士）

宛平縣主簿王敬（致恭山西□□人　監生）

第一場

四書

子曰參乎吾道一以貫之曾子曰唯　尊賢育才以彰有德　修身則道立尊賢則不惑親親則諸父昆弟不怨敬大臣則不眩體群臣則士之報禮重子庶民則百姓勸來百工則財用足柔遠人則四方歸之懷諸侯則天下畏之

易

乾道變化各正性命保合大和乃利貞　剛巽乎中正而志行柔皆順乎剛是以小亨利有攸往利見大人　是故形而上者謂之道形而下者謂之器　易曰憧憧往來朋從爾思子曰天下何思何慮天下同歸而殊塗一致而百慮天下何思何慮日往則月來月往則日來日月相推而明生焉寒往則暑來暑往則寒來寒暑相推而歲成焉

書

簫韶九成鳳凰來儀夔曰於予擊石拊石百獸率舞庶尹允諧帝庸作歌曰勑天之命惟時惟幾　若金用汝作礪若濟巨川用汝作舟楫若歲大旱用汝作霖雨　志以道寧言以道接不作無益害有益功乃成不貴异物賤用物民乃足犬馬非其土性不畜珍禽奇獸不育于國不寶遠物則遠人格所寶惟賢則邇人安　罔不明德慎罰亦克用勸

詩

麟之趾振振公子于嗟麟兮麟之定振振公姓于嗟麟兮麟之角振振公族于嗟麟兮　朱芾斯皇室家君王　王命仲山甫式是百辟纘戎祖考王躬是保出納王命王之喉舌賦政于外四方爰發肅肅王命仲山甫將之　明明魯侯克明其德既作泮宫淮夷攸服矯矯虎臣在泮獻馘淑問如皋陶在泮獻囚濟濟多士克廣德心桓桓于征狄彼東南烝烝皇皇不吳不揚不告于訩在泮獻功

春秋

鄭伯克段于鄢（隱公元年）子同生（桓公六年）天王狩于河陽（僖

公二十八年）會于蕭魚（襄公十一年）公圍成（昭公二十六年） 遂伐楚次于陘楚屈完來盟于師盟于召陵（僖公四年）晋侯齊師宋師秦師及楚人戰于城濮楚師敗績（僖公二十八年）公會晋侯衛侯于瑣澤（成公十二年）楚子伐鄭（成公十五年）豹及諸侯之大夫盟于宋（襄公二十七年）公如楚（襄公二十八年）楚子蔡侯陳侯鄭伯許男徐子滕子頓子胡子沈子小邾子宋世子佐淮夷會于申（昭公四年） 戊辰諸侯盟于葵丘（僖公九年） 晋人及姜戎敗秦于殽晋人敗狄于箕晋人陳人鄭人伐許（并僖公三十三年）及晋處父盟（文公二年）秦人伐晋（文公三年）晋侯伐秦（文公四年）

禮記

凡三王教世子必以禮樂樂所以修内也禮所以修外也禮樂交錯於中發形於外是故其成也懌恭敬而温文立太傅少傅以養之欲其知父子君臣之道也 是故天時有生也地理有宜也人官有能也物曲有利也 君在不佩玉左結佩右設佩居則設佩朝則結佩齊則綪結佩而爵韠 人生而静天之性也感於物而動性之欲也

第二場

論

大哉堯之爲君

詔誥表（内科一道）

擬漢遣將軍周亞夫等屯兵備邊詔 擬唐破突厥擒頡利可汗加李靖左光禄大夫誥 擬宋司馬光進資治通鑑表

判語（五條）

舉用有過官吏 出納官物有違 縱放軍人歇役 官司出入人罪 失時不修堤防

第三場

策（五道）

問 古之言治者至堯舜極矣然孟子論其道乃曰孝弟而已矣豈二帝之爲君外孝弟無餘道歟堯舜人倫之至也若禹湯文武之爲君皆法堯舜者其道亦皆止於孝弟歟聖人有身教有言教孝弟乃身教之大者若言教則五

經暨我朝大誥三編爲善陰騭孝順事實五倫書備矣其言孝弟與孝弟兼備之人可概舉歟欽惟皇上嗣登大寶十年以來至孝尊親上隆歡于慈極彝倫惇叙下疏愛于天潢其孝弟與堯舜同一致也引今天下之民納諸唐虞之世將其道又復還隆古而無爽焉矣然孝弟之外尚有所當從事者歟夫致中和以極於天地位萬物育隆禮于上帝以至於鳳凰降龜龍假風雨節寒暑時正心正朝廷以底於中國尊安四夷順服皆當今時務尤急者亦惟孝弟是本歟諸士子强學待問必有能明之者試備陳之

問　理之在天下萬古一致不可易者也然在堯舜禹曰執中在湯武曰建中建極在孔子又曰一貫何言之不一歟孔子承群聖之統以淑人傳後門人若曾子子貢既皆告以一貫矣何賢如顔子乃不之告而但詳於答問仁之語歟孔門以求仁爲要既仁矣其於一貫之旨可相入歟曾子一傳而子思之中庸以誠爲要再傳而孟子之七篇以性善養氣爲至何又不及仁與一貫歟周子奮起孔孟絶學之後作太極圖以明是理圖之説曰無極而太極曰中正仁義而主静其於孔孟之言有相契歟兩程子嘗親受是圖於周子至其教門人乃每以敬言而未嘗一及是圖又何歟夫學能會聖賢之言而一之此特知之事耳然猶有行焉必身心聖賢而思與之齊乃其至也諸士子潛心義理有年於前所謂聖賢之言必能會而一之矣其思齊之工夫次第亦有可商確者歟朱子嘗答吕伯恭書稱程子兩言雖約入德之門無逾於此今可舉其言而明其旨歟凡此皆知行之大學聖賢之學者門徑之所必由不可以不之講也幸悉陳之毋讓

問　易道流行天地間至於泰則小往大來吉且亨也人君治天下能遂其泰何幸如之然聖人釋泰乃若有不自滿者既謂無平不陂又慮陰皆失實何若是之加懼歟豈以泰之爲卦變二四則至於豐可憂變上下則入於否不利聖人深恤將來而預圖保之其設戒深矣惟九二一爻乃人臣之正位上應六五之賢君爲得其中聖人於此立法以包荒用馮河不遐遺朋亡四者爲治泰之道其盡之歟夫包容荒穢妨乎奮發改革不遺遐遠礙於不昵朋比四者豈相爲用歟方今正泰寧之世也試舉一二切時之務請計策焉夫世道久安則法度弛而習成誕慢欺蔽矣驟然改之近患先起可不包以大量乎然如賞功勛則官爵愈濫賑灾傷則財賦愈乏若此類當遍包歟人情久逸則紀綱縱而下趨委靡陵替矣恬然安之將來愈甚可不革以猛力乎然如禦外侮或克捷罕聞去貪殘或反訐貽累若此類當勇決歟衆志久寧則變故少而無復深謀矣遠而慮之必周庶事豈可遺遐遠乎然如恤兵民或略夫隱微用賢才或

弃夫僻陋若此類當普及歟時勢久順則人情肆而至於私昵惡德矣約而正之必絶黨與豈可私朋比乎然如禁奢侈則害於近戚限田産則妨於貴家若此類當斷行歟包荒者仁之量馮河者義之勇不遐遺者智之周不朋比者禮之節諸士子盡輸誠直而悉言之斯誠吾君吾相所喜聞而樂從者也

問　學莫大於復性性學不可以不講也孔子曰性相近而孟子曰性善孔孟之言何以不同歟且孟子道性善先儒以爲擴前聖所未發然亦有所本歟性善之旨宜足以破百代之惑何以猶有性惡善惡混及三品之誤至張程之説出而始定歟大抵古今論性者其説有二曰天地之性曰氣質之性天地之性直指性之本體蓋專以理言固不待於辯説矣而氣質之説則不能無可疑也先儒謂氣質之禀或不能齊解之者曰氣有清濁質有美惡然氣之與質何以别而清濁美惡之説何以相配歟近世儒者有謂受氣於父之時有清有濁成質於母之時有美有惡其果確論歟先儒又謂理只是善氣却有惡以爲性本善之證夫理氣非二物也以分善惡則岐而爲二矣何以見其合一之妙歟蔡西山主張氣質太過其意以爲理終拗氣不轉而陳了翁又謂氣質之用狹道學之功大朱子兩不以爲然其論果安定歟諸士子窮理修身以聖賢爲歸此而不知則冥行矣願明辯之毋諉曰性與天道不可得而聞也

問　衆言淆亂折諸聖故孟子語夷惠斷以孔子後之作史者胡不折衷以聖人之言使自定歟夫春秋尊君父如褒會首止正儲貶躋僖公逆祀敢干紀乎然若漢安帝嗣殤帝乃禰和帝周世宗父柴氏乃禰郭威宋濮安懿王或稱皇親或稱皇伯其確論何存春秋定臣子如誅國夏圍戚罪莒人滅鄫敢瀆倫乎然若張留侯本爲韓後乃仕漢魏武帝本夏侯氏後乃姓曹范魯公本臣周後乃臣宋其定説何在春秋賞有功如嘉子突救衛與蕭魚賞魏絳豈容心乎然若陳湯康居之捷或非其招難李德裕維城之績或拒其失信李重進殉周之心或責其异志其常法何從春秋罰有罪如貶宰咺歸賵許晋侯執曹伯豈加意乎然若薄昭戕使之討或病其傷恩荀彧諫魏之戮或譬之教盗王安石新法之禍或原其有激其斷例何適春秋明王霸如抑楚丘專封美葵丘明禁敢混真乎然若漢宣帝雜霸唐太宗假仁宋太祖心合堯舜均爲未純王道其微旨何居春秋辨夷夏如譏會戎于潛惡會楚于齊敢越等乎然若趙武靈用夷變夏魏孝文用夏變夷元世祖威行朔漠均爲夷狄之盛其要義何述斯皆主司所素疑者請諸士子發至當歸一之論幸毋言及之而不言也

中式舉人一百三十五名

第一名　馬中錫　直隸故城縣學生　易
第二名　方晟　燕山前衛舍人　書
第三名　王敏　萬全都司學軍生　詩
第四名　萬盛　順天府學生　春秋
第五名　吴裕　順天府學生　禮記
第六名　郭維藩　直隸開州學生　詩
第七名　魏琮　直隸遷安縣人監生　書
第八名　王琚　太醫院醫生　易
第九名　曾韜　直隸山海衛學軍生　春秋
第十名　張逵　順天府學增廣生　禮記
第十一名　梁敩　山東掖縣人監生　詩
第十二名　邢旭　直隸深州學生　書
第十三名　董嘉言　直隸靈壽縣學生　詩
第十四名　葛鍾　順天府學增廣生　易
第十五名　楊時敷　陝西咸寧縣人監生　書
第十六名　張廷珍　直隸河間府學生　詩
第十七名　劉澍　直隸易州學生　書
第十八名　郭宏　直隸隆慶州學生　詩
第十九名　李濬　直隸故城縣學生　易
第二十名　田永　直隸深州學生　詩
第二十一名　王忻　直隸薊州衛人監生　禮記
第二十二名　李賓　順天府學增廣生　詩
第二十三名　陳璽　直隸大名府學生　書
第二十四名　孫應奎　直隸吴江縣人監生　詩
第二十五名　杜楷　富峪衛舍人書
第二十六名　王鏞　直隸滑縣學生　詩
第二十七名　赫震　直隸順德府學生　易
第二十八名　李通　直隸新樂縣人監生　詩
第二十九名　孫瑾　京衛武學生　書
第三十名　徐鳳　江西貴溪縣人監生　禮記

第三十一名　任文遂　營州後屯衛軍　詩
第三十二名　吴瑄　直隸長洲縣人監生　書
第三十三名　王璇　直隸長垣縣學生　詩
第三十四名　李旻　錦衣衛小旗　易
第三十五名　馮騮　直隸績溪縣人監生　書
第三十六名　藍馥　江西浮梁縣人監生　詩
第三十七名　李高　直隸定興縣學增廣生　春秋
第三十八名　劉選　順天府良鄉縣學生　詩
第三十九名　劉昭　直隸新安縣學生　書
第四十名　劉銘　直隸雄縣學生　易
第四十一名　顧巖　直隸常熟縣人監生　詩
第四十二名　倪阜　應天府上元縣人監生　書
第四十三名　張貫　直隸蠡縣學增廣生　詩
第四十四名　羅端　河南鄧州人監生　禮記
第四十五名　王鸞　順天府薊州學生　書
第四十六名　李經　萬全都司學武生　詩
第四十七名　姚震　直隸開州學生　易
第四十八名　王璘　羽林前衛舍人　詩
第四十九名　孫壽　錦衣衛軍餘　書
第五十名　李信　直隸真定縣學生　易
第五十一名　孫鵬　江西豐城縣人監生　詩
第五十二名　梁燁　浙江新昌縣人監生　書
第五十三名　黄敬　直隸撫寧縣學生　詩
第五十四名　彭瑀　河南靈寶縣人監生　易
第五十五名　馬通　燕山右衛軍餘　書
第五十六名　劉麒　直隸完縣學生　詩
第五十七名　彭敷　直隸華亭縣人監生　春秋
第五十八名　張錞　直隸定州學生　詩
第五十九名　張鎧　順天府平谷縣學增廣生　書
第六十名　馬騏　直隸鉅鹿縣學生　詩
第六十一名　李文深　直隸定興縣學生　易
第六十二名　任奎　直隸鹽山縣學生　詩

第六十三名　劉宗儒　順天府霸州學生　書
第六十四名　王理　忠義右衛君　詩
第六十五名　劉奎　順天府昌平縣學生　易
第六十六名　孔斌　遼東廣寧中屯衛人監生　詩
第六十七名　李毓　順天府學生　書
第六十八名　張鋭　直隸徐州衛人監生　詩
第六十九名　楊奉新　順天府通州學生　書
第七十名　李昂　直隸大名府學生　詩
第七十一名　王世臣　直隸開州學生　易
第七十二名　王和　直隸永平府學生　詩
第七十三名　張瓚　順天府學生　書
第七十四名　田景賢　順天府涿州學生　詩
第七十五名　李昺　直隸遷安縣學生　易
第七十六名　金福　錦衣衛軍餘　書
第七十七名　楊慶　京衛武學生　詩
第七十八名　孟璵　河南太康縣人監生　禮記
第七十九名　李增　直隸新城縣學生　詩
第八十名　張寅　直隸冀州學增廣生　書
第八十一名　楊源　義勇右衛軍餘　詩
第八十二名　王佐　直隸静海縣學生　易
第八十三名　李厚　直隸任縣學生　詩
第八十四名　張繡　直隸大名府學生　書
第八十五名　張瓚　順天府學增廣生　詩
第八十六名　朱瓚　直隸河間府學生　易
第八十七名　徐楚　直隸静海縣學生　詩
第八十八名　章英　直隸永平府學生　書
第八十九名　王正　順天府武清縣學生　詩
第九十名　崔璵　直隸晋州學生　書
第九十一名　張旻　順天府學增廣生　詩
第九十二名　趙溥　直隸武進縣人監生　禮記
第九十三名　張壽　直隸來安縣人監生　詩
第九十四名　吴徹　太醫院醫生　書

第九十五名　劉繼　直隸藁城縣學生　詩
第九十六名　金漢　直隸永平府學生　易
第九十七名　石鼐　順天府三河縣學增廣生　詩
第九十八名　高忠　直隸保定府學生　書
第九十九名　張鑑　直隸河間府學生　詩
第一百名　李榮　直隸任丘縣學生　易
第一百一名　范慶　直隸隆慶州學生　詩
第一百二名　胡安　直隸祁門縣人監生　春秋
第一百三名　狄雲漢　直隸常熟縣人監生　詩
第一百四名　趙縉　直隸晋州學生　易
第一百五名　金茂　直隸撫寧縣學生　詩
第一百六名　尚惟善　直隸贛榆縣人監生　書
第一百七名　趙瑛　直隸真定府學生　詩
第一百八名　倪謙　宣府右衛人監生　春秋
第一百九名　王欽　順天府固安縣學生　詩
第一百十名　張廣　順天府通州學生　書
第一百十一名　姜宣　直隸景州學生　詩
第一百十二名　劉守正　直隸滑縣學生　易
第一百十三名　高義　直隸河間府學生　詩
第一百十四名　趙彪　直隸井陘縣學生　書
第一百十五名　李鼎　直隸昌黎縣學生　詩
第一百十六名　黄琪　順天府大興縣儒士　禮記
第一百十七名　王純　直隸廣平府學生　詩
第一百十八名　李郁　直隸大名府學生　書
第一百十九名　王翺　順天府學生　詩
第一百二十名　朱迪　直隸睢寧縣人監生　易
第一百二十一名　孫韶　江西浮梁縣人監生　詩
第一百二十二名　馬思聰　直隸青縣學生　書
第一百二十三名　張勛　直隸完縣學增廣生　詩
第一百二十四名　江衷　直隸歙縣人監生　春秋
第一百二十五名　謝嵩　順天府良鄉縣學生　詩
第一百二十六名　戈孜　直隸景州學生　書

第一百二十七名　施明　直隸保定府學生　詩
第一百二十八名　張顯宗　順天府學增廣生　書
第一百二十九名　張輔　順天府學增廣生　詩
第一百三十名　周槃　江西貴溪縣人監生　書
第一百三十一名　汪漢　燕山前衛軍餘　詩
第一百三十二名　劉瓚　直隸保定府學生　易
第一百三十三名　謝俊　直隸廣平府學生　書
第一百三十四名　金許升　吏部聽選官　禮記
第一百三十五名　李琛　順天府大興縣儒士　書

第一場

四書義

子曰參乎吾道一以貫之曾子曰唯

王琚

同考試官訓導賀批（連日閲卷能以一心貫萬事融會成文者絶少惟此作深得聖賢傳授之旨是宜録出）

同考試官教諭朱批（以一心貫萬事講聖人之道理到者之言也非他卷所及）

考試官修撰劉批（會傳注之意爲文非素有講貫者不及此）

考試官左庶子黎批（一貫是聖人之心一理渾然從容中道舊作皆以爲一本萬殊不過泛論其理耳似乎不切刊此篇使學者用心於傳注）

聖人傳道原於一心之妙大賢契道應以一言之速夫聖人之道以一心而貫萬事也大賢求之事而未會諸心久矣其承聖傳也得不即應以一言之速也哉昔吾夫子以曾子學將有得一旦呼其名而告之若曰吾之所謂道者豈有待於外哉蓋吾之一心粹然是理之純全渾然是理之昭徹彼事之至也雖萬變吾惟此心以貫之而其用自無不當豈事事布置之耶物之來也雖萬殊吾惟此心以通之而其施自無不宜豈物物雕刻之耶夫心之一萬殊一本道之體也事物之貫一本萬殊道之用也曾子於其用處蓋已隨事精察而力行之但未知其體之一耳是以聞夫子一貫之傳而即有一唯之應焉蓋謂之唯者應之速而無疑也吾想曾子於是脱然有悟而一原春融豁然貫通而萬理冰釋矣尚何纖芥之疑貳留滯于念慮哉雖然夫子既以一貫告曾子矣而

曾子之告門人乃以忠恕忠恕學者事耳何以言聖道哉蓋忠恕有動以天者有動以人者動以天則忠者誠恕者仁是即一貫之道動以人乃學者事然亦違道不遠也曾子於俄然問答之頃能易一貫以忠恕則其實有得乎聖道之傳也亦可以驗矣

尊賢育才以彰有德

魏琮

同考試官教諭陳批（育才亞於尊賢先儒有定説矣而場中忽略者多惟此作分析明白故用録出）

同考試官教諭章批（場中作此題者往往概以育才爲彰有德殊失本旨獨此卷析理詳明必有學之士也）

考試官修撰劉批（尊賢貴德五霸之盛此作發明盡矣）

考試官左庶子黎批（此篇講彰有德處明白可以想見桓公尊主之心）

諸侯隆有德者以禮而養有能者以恩所以明貴德之義也夫人之有德不可不貴之也然非待人有等則德與才混而無别矣又何以貴德而使人知勸哉葵丘以此爲諸侯盟誓其亦深爲世道計歟慨自姬轍既東王綱解紐幸而齊桓創霸上尊周室講會葵丘一明天子之禁觀其再命之辭若曰人之躬行仁義此有德者也而多材多藝足以泛應非有才者乎凡我同盟之人於有德者當尊之以位而信使益篤彼有才者則育之而收儲待用焉人之心得禮智此有德者也而有猷有爲足以兼濟非有才者乎凡我同盟之人於有德者當崇之以爵而眷顧益厚彼有才者則養之而造就成器焉若此者豈有他哉誠以才不可使勝於德也故差等其重輕以顯明賢者之仁義使人知德在所當勸如有商之宅俊均爲國用然三宅已授職而三俊猶儲材也其彰德也爲何如藝不可使浮於行也故辨别其高下以昭著賢者之禮智使人知德在所當勉如成周之人才俱在官使然好德者錫福而有猷者但念之也其彰德也又何如桓公雖假仁者然所言猶有先王之遺意焉此所以獨盛於五霸歟大抵葵丘五禁初命三事皆修身正家之要而四命言用人五命言睦鄰無非格言也故三王有霸誠王道之不幸而春秋有霸亦世道之猶幸孟子指五霸爲三王之罪人又以五霸律今之諸侯并及大夫焉其所感深矣况使孟子得用當時吾見霸功盡黜而王道大行也噫

修身則道立尊賢則不惑親親則諸父昆弟不怨敬大臣則不眩體群臣則士之報禮重子庶民則百姓勸來百工則財用足柔遠人則四方歸之懷諸侯則天下畏之

馬中錫

同考試官訓導賀批（場中作此題者不失之泛則失之略是篇以序而著其效詞達意足非老學不能及）

同考試官教諭朱批（序九經之效辭簡當而理明快結本一誠尤見學力）

考試官修撰劉批（中庸義平正明白亦善作者）

考試官左庶子黎批（近時學者穿鑿如講此題多背經傳好异使然耳是篇只平説去義理便了録之爲學者法）

中庸之論九經也必以序而著其效焉夫九經固有其序也然不因其序而詳著其效何以見其切於天下國家之治也哉此孔子荅哀公之言而中庸引之謂夫爲治莫要於九經而九經莫先於修身有天下國家者齊明盛服非禮不動以修身則道成於己而可爲民表然必親師取友而後修身之道進去讒遠色賤貨貴德以尊賢則道資於人而心無所疑道之所進莫先其家尊位重禄同其好惡以親親則不拂其欲而諸父昆弟不怨由家以及朝廷官盛任使以優大臣則信任專而臨事不迷焉忠信重禄以體群臣則恩意洽而士之報禮重焉由朝廷以及其國時使薄斂以子庶民則勸民之道盡而民相勸矣日省月試以來百工則勸工之道盡而用不乏矣由其國以及天下送往迎來嘉善矜不能以柔遠人也而四方歸之興滅繼絶厚往薄來以懷諸侯也而天下畏之吁道以序而盡效以類而應有天下國家者爲治之道無以加此謂之經也宜矣抑是章前言達道達德卒歸之誠此言九經亦卒歸之誠蓋誠者實而已矣道德而非誠則爲虚器九經而非誠則爲虚文誠之道有天下國家者可得而暫離哉子思子此引孔子之言以繼大舜文武周公之緒明其所傳之一致蓋聖人之道固不外乎誠也先儒云誠者聖人之本其信矣乎

易

乾道變化各正性命保合大和乃利貞

馬中錫

同考試官訓導賀批（題本正大失旨者多此篇以理乘氣立説筆力蒼古置之高選允協輿情）

同考試官教諭朱批（作此題者類多蹈襲惟是篇化腐爲新理足而辭

達讀之令人起敬）

考試官修撰劉批（此題場中作者多雷同陳腐可厭而此作獨能脱去是之取爾）

考試官左庶子黎批（作易義不可馳騁要融會義理於心然後寫出此篇得之）

天道流行萬物得其理而全其氣此乾之利貞也夫天道之有流行理之乘乎氣也萬物得是理於有生之初而全是氣於已生之後則乾之利貞也于是乎可見矣何以言之天道之流行也或自陽而趨于陰或自陰而趨于陽其趨也必有所漸漸乃變也其變化必有所成成乃化也一變一化流行不息則雖無心於生萬物而萬物不能以不生矣是故就其有生之初言之分雖有飛潛動植之殊也而所賦所受之理隨處充滿無少欠缺此之謂各正性命焉性命以理言而氣無不在生物之本也就其已生之後言之質雖有洪纖高下之异也而會合冲和之氣隨在完固無少滲漏此之謂保合大和焉大和以氣言而理無不寓生物之具也夫天道流行無所不利而萬物各得其性命以自全如此則貞下起元生生不已矣豈非乾之利貞也哉抑又論之卦辭之利貞文王直以爲占辭耳孔子於是乃以天道言之蓋乾道純乎陽乾即天也下文又以聖人之利貞言之蓋聖人純乎天聖人即乾也雖其文義有非文王之舊者然聖人之藴因卦以發固并行而不相悖也此學易者之所當知

是故形而上者謂之道形而下者謂之器

馬中錫

同考試官訓導賀批（道器不相離作者往往析而二之貫串成文超出衆作僅見此篇）

同考試官教諭朱批（道器之所以分只在一形上下之間有分別而不相離此作得之必精於易者非初學可到）

考試官修撰劉批（分析道器名義言簡而意明蓋有見之士也）

考試官左庶子黎批（道器非二物此篇體認真切深於易者也）

聖人即一形有無之别而示人道器之名夫有形之中有無形之理寓焉聖人以是形是理而離合别言之則道器之名豈不于是而可見哉何則易之所有卦爻陰陽而已卦爻之奇偶陰陽之動静皆形也自是形而上言之奇實偶虚必有所以實所以虚者以根柢是奇偶聲臭寂然有非見聞之可及陽動陰静必有所以動所以静者以樞紐是陰陽形迹泯然有非指陳之可逮則謂

之道焉自是形而下言之奇偶虛實闔闢不已而諸卦剛柔之體以具聲臭皆可以見聞矣陰陽動静運行不息而萬物氣行之化以成形迹皆可以指陳矣則謂之器焉吁道雖無形也而實寓於有形之器器雖有形也而實載乎無形之道是則道也器也可謂有分别而不相離矣雖然大傳聖人於此既曰形而上者謂之道而他章又曰一陰一陽之謂道陰陽氣也而曰之謂道則似又涉乎有形矣噫此正道之所以無形也蓋陰陽乃氣固有形矣道乃理即其所以一陰而又一陽者也何嘗有形乎道乘乎氣而神妙無方氣載乎道而變易無體此古者聖人所以本之以作是易也歟

書

若金用汝作礪若濟巨川用汝作舟楫若歲大旱用汝作霖雨

方晟

同考試官教諭陳批（此題三節皆本納誨説場中作者間能知之而詞足以發其意者少此作意完文沛必熟於經者也）

同考試官教諭章批（此題作者多泥小注令人厭觀是篇三節發明高宗托喻望説納誨之切瞭然可佳也一薦何忝）

考試官修撰劉批（發明高宗責望傳説之意非他卷所及）

考試官左庶子黎批（講納誨甚精切）

賢君望大臣納誨之心爲愈切而取譬之意爲益深夫相業莫大於輔德輔德莫先於納誨也高宗以此命傳説而托物喻之一節深於一節焉其責望之心不亦愈切乎昔高宗得傳説立爲冢宰使兼師保上文既命之曰朝夕納誨以輔台德於此乃托物喻之若曰金非礪石以磨礱之則不能成器我之德有未修豈不類於金乎汝之納誨必也以剛濟柔而克去材質之偏雜以可濟否而銷磨性氣之渣滓一如礪之磨金不精其制度不止焉此望於説者切矣而猶未也彼巨川非舟楫以通行之則不能濟險我之德有未達豈不類於巨川乎汝之納誨必也順流開導以充擴聰明之廣遠勇往斷行以弘濟事業之艱難一如舟楫之涉巨川不抵津涯不已焉此望於説者加切矣而所及猶有限也若歲大旱苟無三日之霖雨則萬物槁矣我之德有未成心方渴教又豈不賴汝作大旱之霖雨乎汝之納誨又必啓乃心而無隱沃我心而厭飫忠言讜論大霈甘霖之膏澤用慰滿我之顒望使怡然理順可也嘉謨嘉猷普施時雨之利益用慰答我之深願使豁然心通可也此則望於説者愈切而無以加矣古之君相其相資以成德也有如是夫大抵惟高宗之心契於天故良弼之徵先見於夢寐之間惟傳説之心契於君故憲天之戒詳陳於求助之際高宗

此以舟楫霖雨爲喻繼以麴糵鹽梅爲喻終以股肱惟人爲喻所造益深所望益切矣异時君爲令王臣爲賢佐果無負於今日之命也宜哉

志以道寧言以道接不作無益害有益功乃成不貴异物賤用物民乃足犬馬非其土性不蓄珍禽奇獸不育于國不寶遠物則遠人格所寶惟賢則邇人安

方晟

同考試官教諭陳批（此題頗長難於包括惟此不泛不略節節寫出召公戒武王之意可愛可愛）

同考試官教諭章批（作此題者往往自爲臆説不得指歸惟此卷主交修内外以立本謹好尚以圖治得召公告戒武王之深旨必熟於壁經者也宜録之以冠本經）

考試官修撰劉批（能以正本圖治立説足見講貫之學）

考試官左庶子黎批（凡作規諫文字要光明正大有愛君之意此篇其庶幾乎）

大臣之戒聖君惟欲交修於内外以正其本而致謹於好尚以圖其治夫全一道以兼制内外則本正矣然不謹好尚是人欲猶得以害吾道也治功何自而成哉此大臣所以詳爲聖君言歟昔者武王克商西旅貢獒召公以爲非所當賵作書戒之若曰道者所當由之理也己之志不以道而寧則妄發必也順適乎道心之正而不陷於人欲之危使志與道一焉此存乎中以應乎外也人之言不以道而接則妄受必也無稽之言弗聽弗詢之謀勿庸使言與道俱焉此制乎外以養其中也今王遏受獒之志却獻獒之言本斯正矣然不謹好尚以圖治又豈可哉彼游觀爲無益而務農講武非有益乎惟不作無益害有益則逸樂怠荒不妨乎政而功乃成也奇巧爲异物而服食器用非用物乎惟不貴异物賤用物則横征暴斂不加於民而民乃足也南北之風土不同故犬馬非其土性者不畜于我邦焉寒暑之禀性各异故禽獸賦質珍奇者不育于我國焉然於犬馬之類不畜不育則不以遠物爲寶也人君賤貨如此殆見四夷之人皆知吾君之正身修德必奉贄貢琛而來享矣其遠人格也爲何如於俊杰之才是崇是長則專以賢才爲寶也人君貴德如此殆見中國之人皆被賢才之深仁厚澤必家給人足而永寧矣其邇人安也又何如噫正其本則心法所當全圖其治則治法所當備彼一獒烏足以累盛德歟雖然以武王之聖宜若細行無不謹者而召公猶拳拳戒之何也殊不知流金爍石而一陰生寒

於此始折膠墮指而一陽生暑於此萌元老大臣愛君憂國常防危於其安爲大於其細耳厥後武王果能以敬勝怠垂八百年之統良有以夫

詩

王命仲山甫式是百辟纘戎祖考王躬是保出納王命王之喉舌賦政于外四方爰發肅肅王命仲山甫將之

梁敎

同考試官訓導沈批（題本平易作者忽略多不合旨惟是篇詞氣和平宛然寫出當時吉甫贈行意思一薦何忝）

同考試官教諭徐批（詩不下八百餘卷此題於宣王命山甫山甫奉王命處多得此失彼惟此作詞語春容事實不遺故用録出）

考試官修撰劉批（詞婉而意切詩人之意正如此）

考試官左庶子黎批（此言吉甫作頌曲盡大臣謀國之忠朋友輔仁之益想其人必温柔敦厚者）

詩人之贈大臣也既述王者之命備舉衆職復美大臣之賢克稱其職蓋人臣受命貴乎克稱其職也今王者備舉衆職以命大臣而大臣能奉承無忝焉非有德者能如是乎詩人美之於贈行之時宜矣昔宣王命樊侯仲山甫築城于齊而尹吉甫作詩送之此述王命山甫之意謂夫外而諸侯冢宰所統也今則命爾爲冢宰以楷範藩垣爲諸侯之法焉内而君德太保所輔也今則命爾兼太保以繼繩祖考維王躬是保焉于以出王命於區夏則承而布之也于以納王命於朝廷則行而復之也出納王命以代王言斯其爲王之喉舌上下賴此總而達之矣于以宣德意於萬國使民得其所也于以覃恩澤於八荒使物遂其生也賦政于外以彰明命斯其爲國之藎臣四方於是發而應之矣王命仲山甫者如此非山甫之賢曷能奉承哉故吉甫復爲之言曰今兹山甫之行外焉總領諸侯内焉輔養君德王之命其嚴肅矣乎我嘗旁觀於朝著之間求其悉乃心輸乃悃善體君心者蓋鮮焉若奉行此命而不失維山甫一人而已耳入焉典司政本出焉經營四方王之命其嚴重矣乎我嘗屈指於卿相之列求其披厥誠露厥膽克諧帝旨者蓋寡焉若對揚此命而無違亦惟山甫一人而已耳大臣城齊之行而同列以是贈之可謂相知之深而相與之切也歟考之宣王復文武之境土振中興之大業未嘗不本於良臣以爲之佐耳故贊襄調爕者有山甫之德行功業啓沃左右者有吉甫之學問文章此所以恢復舊物而赫然中興也歟讀詩者尚當知所本云

明明魯侯克明其德既作泮宫淮夷攸服矯矯虎臣在泮獻馘淑問如臯陶在泮獻囚濟濟多士克廣德心桓桓于征狄彼東南烝烝皇皇不吴不揚不告于訩在泮獻功

王敏

同考試官訓導沈批（大題貴乎包括作者率皆支離宂泛殊不愜意此篇文理簡明深體魯人祝君之心冀北騏驥端在是矣）

同考試官教諭徐批（文教武功皆魯人願望其君之詞作者以爲實事殊戾本旨能以祝頌立説無逾此篇）

考試官修撰劉批（魯人頌禱其君之意宛然可見善説詩者也）

考試官左庶子黎批（魯頌多願望之詞學者不可指作實事惟講貫精到以己心想象當時自然成文矣此人善於想象詩學必熟）

魯人因其君飲于學也既願其興文教以懷遠而得人以獻功復願群臣振德威以伐遠而協心以獻功夫興文教以懷遠則文事舉振德威以伐遠則武備修魯人以此祝其君臣且願群臣各獻功於學焉其忠愛之誠一何至哉此飲于泮宫而頌禱之詞想夫魯人之意若曰我明明之魯侯戾止于斯誠願其遏欲存理克明厥德而無昧焉美兹泮宫崇化於我魯也久矣今其修之使遵先王之教以采其芹藻也蠢彼淮夷爲害於我魯也深矣行且服之使被泮宫之化以屈此群醜也然淮夷有梗化不服者焉安得矯矯之武臣勇猛如虓虎臨陣殄戮取所格者之左耳獻于泮宫乎有執訊而服罪者焉安得明慎之士師善問如皋陶録拘囚者之罪狀獻于泮宫乎蓋古者建學飲酒在此受成在此所謂興文教以懷遠而得人以獻功者非歟然魯人之意不但已也又言曰願我濟濟之多士懲忿窒欲克推善意而不隘焉彼東南淮夷今既獻馘不可遺患又當奮桓桓之武檴而遏之也今既獻囚不可縱惡尚當驅烈烈之兵征而□之也夫人惟無勇也則功不立安得多士出師有烝烝皇皇之衆盛有不吴不揚之整肅一舉而收萬全之功乎人惟不和也則事不成安得多士凱還不以争功之事告于治獄之官惟和敬以在泮獻功乎蓋古者建學養才在此獻功在此所謂振德威以伐遠而協心以獻功者又非歟甚矣魯人之愛君也祝頌之辭不一而足孝祖獲福魯侯欲也從而願之飲酒得壽魯侯欲也從而願之順長道化淮夷魯侯欲也從而願之魯人無一念不願其君如此詞雖夸而心則忠非深愛其君者不能君子謂魯有先王之遺風信夫

春秋

戊辰諸侯盟于葵丘

萬盛

同考試官教諭顔批（葵丘之盟專美齊桓伯業之盛作者多以盛衰對説殊戾厥旨獨此篇一本胡傳詞豐筆勁如長江疊浪然非老學不能麟經魁擢舍子其誰）

考試官修撰劉批（義本胡傳以葵丘爲齊桓伯業之盛得筆削之旨）

考試官左庶子黎批（葵丘五禁孟子與之朱子曰葵丘之會自是好本末自是别胡傳以爲美之大者其言伯業之衰乃後人推出耳今讀春秋必欲外胡傳以盛衰對講惑矣此篇專主胡傳備言美之大者後乃結出衰處學春秋者當法此）

伯主講信以明天王之大禁春秋特筆以示人臣之大美此見五伯莫盛於桓公而桓公之業又莫盛於葵丘春秋備日以書之其美之大者尚何以加於此哉慨自姬轍不西乾綱失馭天下之不知有周久矣幸而齊桓者出力收涣散之人心營成九合之功業兩鄄有會伯圖定矣而王室則未尊兩幽有盟王室尊矣而王禁則未明是以葵丘之會方同於夏葵丘之盟復講於秋斯時也冢宰既歸諸侯咸在大而鄭衛昔嘗違水木本源之義各國其國也今則傾心協從而駿奔走于壇坫之間小而曹許昔嘗昧江漢朝宗之心各民其民也今則拱手聽令而恪供事於威靈之下與夫魯公宋子又皆膏車秣馬聿來同好矣此雖人事當然亦天有意於周室而扶持之也曾謂會盟非畏天乎桓公於是束牲載書申明五禁有如正綱常用賢才國君所以隆家國也則初命再命舉之序長幼重刑賞國君所以明政治也則三命四命申之與夫睦鄰封爵又皆丁寧告戒五命詳陳矣此雖天典所在亦人有心於倫理而表正之也曾謂法禁不可律人乎五命之嚴如風動物一王之法如日中天臣子之大節以盡天下之號令一新桓公翼載襄王之功於是乎盛矣春秋爲見天子之禁故備日以紀其實爲表尊王之義故備地以著其美而仲尼稱其一匡孟子與其爲盛良有以夫於戲美則美矣謂之盡善則未也况使桓公終始此心安知不底於王道耶奈何初心一移成功頓异城杞之勤不若城邢救徐之師怠於救許伐黄不恤謀鄫無成三十年之功一旦掃地矣先儒於此以爲美其盛而憂其衰豈無意歟孟子曰以力假仁者伯吾觀於桓益信

晋人及姜戎敗秦于殽晋人敗狄于箕晋人陳人鄭人伐許（并僖公三十三年）及晋處父盟（文公二年）秦人伐晋（文公三年）晋侯伐秦（文公四年）

李高

同考試官教諭顔批（場中作此題者率多臆度分截不明有專責晋者有予晋退三强者又有責晋辱魯而善秦踐誓者殊失春秋略晋責秦之旨惟此篇一據胡傳斷制詳切宜表而出之）

考試官修撰劉批（聖人以常情待晋襄王事責秦穆此作按據以定二伯之得失可謂有見矣）

考試官左庶子黎批（春秋據傳命題易識認難爲文字若主司以己意命題難揣摩可以泛説雖然傳者大匠之規矩也舍此無依據矣此題有胡傳惟此作得之詞氣亦佳其深於經者乎）

春秋於秦晋也原其所行之事异其所責之詞此所以於晋則書爵而於秦則書人也春秋書法何其嚴歟且晋襄秦穆勢均力敵所行之事而相等也春秋果何以异其所責之詞耶蓋晋襄自嗣伯以來首焉忘親背惠以敗秦于殽繼焉墨衰即戎以敗狄于箕問許黨楚既偕陳鄭以肆伐責魯不朝又縱處父以抗盟晋襄之所行專事威力矣秦穆自敗殽之後悔過自誓深懲既往之失增修德政冀新將來之善勇夫娼嫉絶之而弗貴良士彦聖親之而弗遠秦穆之於過庶幾能改矣夫以秦穆之悔過修德吾方以王事責之使能堅矢其心慎終如始不亦賢乎奈何耻敗之念猶存伐晋之兵遽起始則濟河而焚舟終取王官以及郊借曰晋讐在所必報然懲忿之心蔑矣其如前日之誓何春秋於秦伐晋貶而稱人者非嚴也責其所可責耳傳曰春秋以王事責秦穆其是之謂歟以晋襄之逞威尚力吾固以常情待之使或櫜弓戢矢休兵息民不亦善乎胡乃亟戰而不知戢毒衆而不暇顧遂自將以臨秦竟窮兵而圍邑雖曰秦怨在所當報然黷武之心甚矣其如民力之困何春秋於晋襄伐秦直書其爵者非恕也以其不足責耳傳曰春秋以常情待晋襄其斯之謂歟抑晋襄之徇私逞忿負勇好戰不必言矣彼秦穆之二過雖爲可責然自是見伐不報始能踐自誓之言其善又可知矣噫此夫子取之以繼四代之書曾子傳大學引之以釋平天下章也歟

禮記

凡三王教世子必以禮樂樂所以修内也禮所以修外也禮樂交錯於中發形於外是故其成也懌恭敬而温文立太傅少傅以養之欲其知父子君臣之道也

吴裕

同考試官訓導朱批（題雖二節意實相貫他卷概泛説獨此作體認真切筆三王教世子之心宛然在目）

考試官修撰劉批（詞理簡明亦素有講貫者）

考試官左庶子黎批（禮樂教之之道苟非教之之人則道不虚行此篇與題意合）

先王之於世子也不惟設教以成其德性尤必立官以教之倫理夫德性成而後倫理可明也先王之於世子既設禮樂之教而復立輔導之官豈無其意也歟文王世子記此謂夫世子居儲貳之位將繼世而有天下者也三王教之果何道哉曰禮樂而已教之以樂使習夫絃誦之音羽籥之舞以消融其邪慝之蘊修於内也教之以禮使習夫祭祀之儀養老之容以陶成其恭肅之儀修於外也然禮固修外矣而亦達於中樂固修内矣而亦達於外禮樂二者醺釀涵暢相與無間由是懌然歡忻愉悦之意動于中藹然恭敬温文之氣形于外而德性成矣德性既成而倫理不可以不明故又立太傅少傅之官以養之焉太傅在前從容啓迪養其本然之善少傅在後優游審喻詳其固有之理彼其曰慈曰孝爲人父爲人子之道也而開悟之使無不明曰仁曰敬爲人君爲人臣之道也而薫陶之使無不知則倫理明矣德性既成倫理既明君天下之道且基于此而况爲世子者哉抑此篇爲教世子而作上文自春夏學以下皆言教世子之道也此自立太傅少傅以下皆言教世子之人也蓋道非人無以行人非道無以教三王之教世子能兼舉而不偏廢是宜後之子孫宜君宜王而享國祚於無窮也歟

是故天時有生也地理有宜也人官有能也物曲有利也

張逵

同考試官訓導朱批（本房百十餘卷以制禮作者過半偶得此篇原記者本意攟摭成章非出入二戴者不能也）

考試官修撰劉批（以禮順天地人物之宜立説不戾經旨）

考試官左庶子黎批（四者在觀會通行典禮之後是作能知之而詞亦

簡明）

造化人物各有所宜非通於禮者不能順也蓋禮貴順於天地人物而已矣苟非其生養材利之所宜夫豈可以爲禮哉何則禮非財物不可行也而其財物非天時地理豈能生養之乎蓋天時謂春夏秋冬陰陽寒暖之不齊而其所生之品彙亦隨時而异如韭麥生於春夏黍稻生於秋冬取之當合其時而順天之所宜焉地理謂山林川澤高下燥濕之不一而其所産之財利亦隨地而殊如鹿豕産於山林魚鼈産於川澤取之當因其理而順地之所宜焉夫天時地理既順之如此而人官物曲又可不順乎蓋人官有能謂助祭執事之官各有所能當因任其能而不廢如宗祝能知禮則任以宣祝嘏樂師能知樂則任以辨聲詩而順人之所宜矣物曲有利謂物之材質委曲各有所利也當曲成其利而不遺如麴蘗利爲酒醴則用之以成味桐竹利爲琴笙則用之以成音而有以順物之所宜矣夫順天地人物之所宜以爲禮非禮之會通孰能與於此哉抑此推言上文禮也者合於天時至理萬物之義然上言順於鬼神合於人心而止曰人官有能則是特言人之爲成材而不及於鬼神者何也人者鬼神之所依言人則見鬼神矣况欲鬼神之饗而不順天地人物之所宜豈可得乎此又行禮君子所當知

第二場

論

大哉堯之爲君

馬中錫

同考試官訓導賀批（立論高見理卓繪後聖贊前聖之大於觚翰中光焰煒然令人退避三舍）

同考試官教諭朱批（筆力蒼古文勢雄偉有感慨有抑揚發揮仲尼贊堯之意殆無餘藴矣）

考試官修撰劉批（意新筆老夐出衆作場屋中有此文字亦自可喜况初場已高秋闈首選將屬之子矣）

考試官左庶子黎批（文章以變爲工愈變而愈工文之至也此論變而不失其正蓋文之杰者矧初試已雄於人可備魁選）

論曰舉不可形容之名而歸諸無以有加之聖人是必立言者有微意矣夫論帝而至於堯則人不可以有加爲君而至於堯則道不可以有加於不可有加之上而强加之以名以極其形容稱贊焉吾固爲聖人喜亦竊爲聖人憂

是何也高厚不可繪而細微易以描溟渤不可探而沼沚易以測不可形容也而務極其形容不可有加也而復加以稱贊竊恐大之一言有以繪帝堯之高厚而探帝堯之溟渤也衆人信之達者疑焉抑孰知大之名一立則小即隨之而無大則亦無小也小大相形世變之升降繫焉識者不爲帝堯憂寧不爲世道憂乎孔子曰大哉堯之爲君是以不可形容之大而贊吾不可有加之神堯也請發其意前乎堯而有皇斯時也穴居野處搏生咀華不知所以爲大也不知所以爲大安知所以爲小乎故庖羲神農黄帝之世如春而大之名未立後乎堯而有王斯時也太朴既散元氣已支蓋有所以爲大矣既有所以爲大安知不有所以爲小乎故神禹成湯文武之世如秋而大之名漸弊有如堯焉以大稱之吾意其仰焉三皇已不能追其忘言之大化俯焉三王將有以似其可形之大名矣故以當時爲君之道觀之欽明文思允恭克讓其德大矣然回視渾渾爾者其何如如天如神如日如雲其道大矣然仰思噩噩爾者其奚若舟楫牛馬之制興弧矢門柝之制創所以爲民興利除害者大矣然孰若利害之兩忘井田宫室之法起上衣下裳之法更所以爲民移風易俗者大矣然孰若風俗之未變書契之用大矣而結繩之治不可追禮樂之用大矣而土鼓之風不可復功業雖大如無功之爲愈文章雖大如不文之爲全璞已雕矣而非復在山之時玉已斫矣而無復在石之日不獨有識者爲世道憂也雖帝堯之心蓋亦自將爲世道不釋然也不獨帝堯爲世道憂也雖夫子之心蓋亦將爲世道不懌然也或者乃曰易不云乎大哉乾元是夫子嘗以大哉贊乾元矣今以之而贊堯是不以堯視堯而以天視堯也奚有於不宜殊不知大易之所贊者托於有言之天也以有言之天視堯孰愈於以忘言之天視堯乎斯義也夫子豈爲不知直以世道既降不能不以有言之天歸諸堯也不歸諸堯何以陋後世之小乎或者又曰大哉孔子是夫子嘗見稱大哉於達巷矣今以之而贊堯是不以堯視堯而以己視堯也何有於不可殊不知達巷之所贊者春秋之仲尼耳以春秋之仲尼視堯孰愈於以無言之仲尼視堯乎斯義也夫子豈爲不知直以世道既下不能不以時人之見贊諸堯也不贊諸堯何以鄙後世之小乎觀夫分裂於春秋縱横於戰國爲君者非無也不過春秋戰國之君耳如堯之大者誰耶混一於漢唐平定於晋宋爲君者非無也不過漢唐晋宋之君耳如堯之大者誰耶夫春秋之時不足道也而如漢如唐特帝王之卷石耳以卷石而見山岳之大則其大可知以漢唐而較帝堯之大堯之大豈應如是乎戰國之時不足數也而若晋若宋特帝王之培塿耳以培塿而見丘陵之大則其大可想以晋宋而較帝堯之大堯之大豈應若此乎然則夫子以大哉贊帝堯

者豈其本意哉蓋不得已而贊之也亦不得已而不贊之也夫子之微意豈不端在是乎雖然以堯視大固爲未足以衆人視之則弗勝其大也故當時百姓昭明明此大也黎民於變變此大也康衢之謡謡此大也擊壤之歌歌此大也舜禹皋陶保此大之家相也殳戕伯與分此大之百職也上承三皇以此大而承也下啓三王以此大而啓也巢由囿於此大而自外之工鲧安於此大而自逆之而帝堯爲君之大自如也故孔子以聖契聖曰大哉堯之爲君若今日之聖天子則蕩蕩乎民無能名焉愚何足以知其大謹論

同前

邢旭

同考試官教諭陳批（此篇議論英發詞氣婉曲深得論體宜録出以範後學）

同考試官教諭章批（議論層疊孔子贊堯之意宛然可見非稚筆所能）

考試官修撰劉批（此論頗平實故併録之）

考試官左庶子黎批（是規矩文字）

論曰於難形容者而形容之此聖人能知聖人也蓋易於形容者不若難於形容者之爲盛也易於形容者有迹之可名德之小者也難於形容者無迹之可名德之大者也惟其爲德之大所以民沾其澤人囿於化渾渾乎噩噩乎非言語之可陳非繪畫之可狀如天之大物蒙其生成而不知其所以生成者誰之功物賴其長養而不識其所以長養者誰之力此其所以爲難形容者歟孔子曰大哉堯之爲君其善於形容者矣愚請申之三皇以道而化民乾坤之於屯蒙也民皆知其道矣謂之太古則可謂之大哉則未焉三王以功而勸民大旱之於雲霓也民皆知其功矣謂之盡美則可謂之大哉亦未焉至於五伯以力而率民桔槔之於夏畦也民皆知其力矣謂之小補則可謂之大哉又豈可乎然則大哉之稱舍堯之爲君其誰當之堯之德本不可名矣强而名之曰大哉亦名其所不可名者也是故欽明文思安安德之得於天者大也允恭克讓德之見於行者大也莫大於四表被于四表者此德之大莫大於上下格于上下者此德之大乃聖乃神其德全體之大也乃武乃文其德妙用之大也當時日出而作日入而息者不知誰之所爲如萬物形色乎天之造化而不自知也耕田而食鑿井而飲者不知誰之所使如萬物性命乎天之賦予而不自覺也但見其百姓昭明黎民於變成功巍然若雲行雨施品物流形之可仰也而不知其所以成功者何所由由乎德之大發見耳但見其暦象之頒大章之奏

文章焕然若日照月臨萬象森羅之可睹也而不知其所以文章者何所本本乎德之大呈露耳神全而化不形民由其化而無可儗其化體厚而用不顯民利其用而不能談其用故觀之萬民萬民以爲堯何有於我乃見堯之大極至於無形觀之萬物萬物以爲天何有於我乃見天之大神妙於無迹萬民忘乎堯萬物忘乎天此大哉帝堯之爲君所以與天準則而民無能名者乎惟其民無能名乃見其與天準則惟其與天準則乃見其所以爲大也三皇尚不能同其大三王已不可擬其大五霸焉能彷彿其萬一哉夫子贊之言約而意盡矣粤昔史臣贊堯有曰其仁如天其智如神望之如日就之如雲夫日與雲皆天之一耳未足以盡其妙惟如天一語與夫子之言合也坤承乾而不得以并乾故於乾曰大哉而於坤則曰至哉舜承堯而不得以并堯故於堯曰大哉而於舜則曰君哉求其黜五霸超三王等三皇并美帝堯而爲大哉之君者今幸有聖天子在上謹論

詔

擬漢遣將軍周亞夫等屯兵備邊詔

彭敷

同考試官教諭顔批（措詞典實深得詔體）

考試官修撰劉批（得漢詔體）

考試官左庶子黎批（曾見漢詔是如此作）

朕惟先王之於夷狄服則懷之以恩叛則懾之以威故周宣中興命南仲城朔方方叔伐玁狁厥功懋焉兹者匈奴不道擾我北邊上郡雲中咸罹荼毒救民保境良切朕心特命爾將軍周亞夫次細柳劉禮次霸上徐厲次棘門以備之朕將躬行勞軍作其鋭氣於戲宣威敵愾冀蚤獻其成功掃穴犁庭尚徐圖其後舉故兹詔示咸使聞知

誥

擬唐破突厥擒頡利可汗加李靖左光禄大夫誥

王忻

同考試官訓導朱批（文追古作整然可觀）

考試官修撰劉批（用唐語可取）

考試官左庶子黎批（誥有事實）

蓋聞執訊獲醜詩咏元老凱還之勛崇德報功書載哲王惇宗之典故大臣能成蓋世之偉績國家必有不次之榮遷在古道以當然於朕心乎何有咨爾具官李靖兼資文武植德忠良入登相府佐乾御以龍飛出握將拳振兵師

而虎奮演八陳舊規於六花法内留百戰大名於七德舞中平梁廟算昔著巴陵破虜奇功今收突厥風驅電掃襲惡陽而凡解定襄鵰擊鵬搏破陰山而霜清大漠遂擒頡利上獻朝廷雪耻酬百王太上皇春生喜色除凶報千古四方民雷動歡聲厥績偉哉是宜褒擢今特加爾左光禄大夫用答爾勞爾尚益篤忠貞爰圖報稱予欲仁義宣布爾敷陳周召之言予欲禮樂興行爾匹休夷夔之美往哉汝諧勿替朕命

表

擬宋司馬光進資治通鑑表

王敏

同考試官訓導沈批（表得駢儷體詞且典雅可佳）

同考試官教諭徐批（表語忠懇宛然温公語氣）

考試官修撰劉批（典麗可佳）

考試官左庶子黎批（似宋朝文字）

具官臣光言臣於治平中奉敕編集歷代君臣事迹續奉聖旨賜名資治通鑑今已完畢謹用進呈者伏以天庭垂柱下史之星璣衡允協帝闕分左右史之職言動必書故古者列國封建記時事掌於世家而累朝百度舉行公是非付之直筆慨惟年代之遷革遂令簡册之浩繁匪遇聖朝曷成定制臣誠惶誠懼頓首頓首竊念臣□識庸魯學問荒疏讀古書有愚者之一得每願獻芹仰宸衷勞一日之萬幾似難博物恒不自揆輒取遷固以下諸史可供御覽者删冗長而撮機要易紀傳以爲編年俾先後有倫精麤不雜然私家寡力弘道待人伏遇英皇睿智天成文明日麗每懷歷覽古道用以恢張大猷爰詔下臣俾之編集仍許自辟官屬選集賢翰苑庶府之英復令借貸秘書發龍圖天章三舘之積居朝則給内帑以供費在外則設書局以自隨臣自幸夙昔所願一朝獲伸然尚懼考究惟艱曠時未就欽惟嗣登大寶茂纘洪圖自誠明謂之性紀三皇五帝之傳惟精一執厥中繼一祖四宗之志錫嘉名以涣汗其大號敷睿藻而序冠其首編常令進讀於經筵遂俾盛傳於當代臣誠荷離明之繼照敢忘坤道之代終爰因分司提舉職務之閑稽合表志紀傳簡編之富聚衆長而設例采輿論以立言嘆春秋既絶筆於獲麟嗟後學敢續經於先聖造端威烈寓感姬周沿戰國下移兩漢則臣攽之説是從降三國俯歷孤隋則臣恕之言是證暨彼五代之分裂又臣祖禹之折衷崇德廣業大焉而禮樂制度有徵纂要鈎玄細焉而稗官野史無忽務窮夜以繼日亦守約而御煩蓋上從三晋之初封下訖季周之末造凡閲二聖朝一十有七年之久完此千三百六十有

二年之書然後事之關國家盛衰繫民生休戚與夫善可爲法惡可爲戒者一覽可豈有他道乎聖人有身教有言教觀諸五經如易之家人書之五典詩之皇矣春秋之謹名分皆言孝弟而禮記則備述之也觀諸聖製如大誥之申明五常陰騭之魏顆從治孝順之大孝達孝皆言孝弟而五倫書則備載之也至於孝弟兼備之人豈非禹湯文武哉欽惟皇上嗣登大寶十年以來至孝尊親上隆歡於慈極即所謂教民親愛莫善於孝其與堯舜之孝同一心彝倫惇叙下疏愛於天潢即所謂教民禮順莫善於弟其與堯舜之弟同一致是以身修於家化形於國而效達於天下引今天下之民納諸唐虞之世人人親其親長其長而天下平矣然執事又舉時務下詢承學愚以爲則天之經盡矣臣平生精力悉在此編然中間抵捂難逃重譴伏望矜願忠之誠曲加容納於燕閑之地時賜省觀監于古考于今急親賢之爲務聽其言觀其行勤典學之是圖俾聖心洞達而天德崇壽配乾坤之久遠皇極尊安而民福厚恩同海岳之高深臣無任瞻天仰聖激切屏營之至謹以通鑑若干卷目録并考异若干卷隨表上進以聞臣光誠惶誠懼頓首頓首謹言

第三場

策

第一問

萬盛

同考試官教諭顔批（條答治道一本孝弟策場中之巨擘也况前二場尤稱宜取以冠本房）

考試官修撰劉批（敷陳治本孝弟之意詳整可觀）

考試官左庶子黎批（策善答結分孝弟大小尤見學識）

道行於往古垂百王之楷範惟本於孝弟道著於來今開萬世之泰平亦惟本於孝弟于以見先聖後聖其揆一也今承明問請詳陳之夫大哉帝堯聖莫有及之者也君哉帝舜聖莫有逾之者也然孟子論其道乃曰孝弟而已矣蓋堯光帝嚳之統蓋兄摯之愆九族既睦萬邦爲之協和舜化瞽瞍之頑若弟象之傲五典克從四方爲之風動堯舜之爲君外孝弟豈有餘道乎堯舜人倫之至後之聖人皆取法焉若禹之叙彝倫湯之釐耿命文王之事王季而厚同姓武王之事文王而相周公禹湯文武之爲君外孝弟又因地之利以順天下是以其教不肅而成其政不嚴而治則致中和以極于天地位萬物育固本於孝弟也孝弟之至通于神明光于四海無所不通則隆禮于上帝以至於鳳凰

降黿龍假風雨節寒暑時亦本於孝弟也愛敬盡於事親而德教加于百姓刑于四海則正心正朝廷以底于中國尊安四夷順服又非本於孝弟乎夫天子之孝弟視膳問安徐行後長皆其小者而有至德要道以順天下天典民彝以化四方乃其大者惟不忽其小者而備舉其大者焉斯治道全矣管見如斯未知是否惟進而教之

第二問

馬中錫

同考試官訓導賀批（理學一策聖賢傳授之言异世相符殊塗同歸能會而一之者蓋不多見此作得之况氣完詞湧可當獨步）

同考試官教諭朱批（能會聖賢諸儒之言於一又知所以用功次第必究心於理學者）

考試官修撰劉批（知行工夫本於居敬斯有門户可入此策發明詳盡可謂知所用心矣）

考試官左庶子黎批（此策理學詳明似嘗體諸身者）

聖賢之學以身心爲本身心之功以知行爲要蓋致知則有以會此理于心力行則有以體此理于身知行并進身心交修此聖賢之學所以爲至也歟請因明問而陳之天地之所以樞紐陰陽化生人物者此理也聖人之所以參贊天地綱紀人物者亦此理也理之原于天而具于人萬古一致如此豈可得而易哉是故以聖賢之已言者論之堯舜禹之授受曰允執厥中湯武之授受曰建中建極中與極此理之無過不及也春秋之時聖王不作孔子窮而在下但以此理授其門人曾子子貢皆以一貫此理之一本而萬殊也至顏子又以仁雖不及一貫蓋學而至於仁則私欲浄盡天理流行一貫之理在是矣曰中曰極曰仁與一貫名不同而同此理焉曾子一傳而子思中庸以誠爲要誠即此理之真實無妄也再傳而孟子七篇以性善養氣爲至性善即此理之本然養氣求無慊于此理而已其與仁與一貫之旨何戾乎周子繼孔孟之學於百世之下太極一圖推原陰陽造化之根圖之説曰無極而太極此理無形而極至也中正仁義而主静聖人全此理之動静而主乎静也其與孔孟之言何殊乎程子親及周子之門而受是圖及其教人不以圖而以敬蓋圖之理微未有能受之者敬則使人有所持循以入果能于是而有得焉則圖之理亦不外矣夫學之爲道有知焉有行焉辨析聖賢之言而會其理于心知也知之既真推其所得身體而力行之以求無愧于聖賢而心與之齊乃行之事而學之至也愚生晚進末學義理之閫奥未能窺其髣髴何敢思齊聖賢但於知行二者用

力之始亦竊有志焉而未得其要也聞之程子嘗曰涵養須用敬進學則在致知蓋敬者一心之主宰萬事之根本學者無志聖賢之學則已如有志焉非先之此敬以涵養其本原則心境不純何以爲致知之地乎致知且無地何從而力行乎子朱子答東萊吕氏書稱此兩言雖約入德之門無以逾之者豈欺我哉雖然敬之一字豈特始學者知行之初所當從事雖至於成德之地亦不可缺焉故曰敬者聖學之所以成始而成終者也管中之見真妄未必敢以質之明執事

第三問

方晟

同考試官教諭陳批（時務一策以虞周君臣治泰保泰立説酌古準今鑿鑿可行宛然規戒之意形於言表非卓然有見者不能）

同考試官教諭章批（場中答者多昧大易治泰之旨惟此卷随問随答能以仁義禮智之德而周八事之用足見窮經致用之學）

考試官修撰劉批（據理以斷時務卓然有識之士也）

考試官左庶子黎批（此策難答風簷寸晷方戰慄於監試威嚴之下而能操觚染翰條答無遺可見京師多學者）

聖人釋易道之泰其設戒也深人君保世道之泰其慮患也遠此天理之所以常存而人心之所以不泯也昔者百姓昭明黎民於變非有虞之泰乎然慎乃有位敬修可願帝舜之心方且凛凛於南面之時而爲之臣者又詳陳儆戒之謨四海永清萬姓悦服非成周之泰乎然敬勝怠吉義勝欲從武王之心方且慄慄於垂拱之日而爲之臣者亦懇言慎德之戒所以然者無他聖君賢相制治於未亂不待已亂而始爲制治之方保邦於未危不待已危而方修保邦之具蓋深體易道而行之世雖已泰恒存艱苦貞固之心冀永享其泰之福也今夫泰之爲卦歷師比畜履而後成其所由來遠矣至是則君推誠以任下臣盡誠以事君上下之志通朝廷之泰也君子來處於内小人往處於外善惡之分明天下之泰也宜若可以久安長治矣然聖人釋之既謂無常安平而不險詖又慮三陰在上皆失其實是即舜武不自滿足之心預圖保之耳能存舜武之心雖至於豐可免憂雖入於否可無咎又何將來之足恤哉若夫九二一爻乃人臣之正位上應六五之賢君聖人於此立法以包荒用馮河不遐遺朋亡四者爲治泰之道盡之矣彼其以含容之量而施剛果之用以經遠之識而爲馭衆之公聖賢所爲也四者豈不相爲用乎方今正泰寧之世也執事發策即此爻爲問愚請竭其所見焉夫以包荒言之世道久安則法度弛而習成誕

慢欺蔽矣驟然改之近患先起當包以大量可也然如賞功勛賑灾傷之類似包之難盡焉誠使崇德報功之必審量入爲出之有節而又法舜之御衆以寬於一視同仁之中施之有等則所包者皆當尚何愈濫愈乏之足憂乎以馮河言之人情久逸則紀綱縱而下趨委靡陵替矣恬然安之將來愈甚當革以猛力可也然如禦外侮去貪殘之類似革之未勇焉誠使選將練兵之有道司銓斷獄之得人而又法武王之一怒安民於綱紀四方之事斷行無疑則所革者皆當又何暴師貽累之足患乎以不遐遺言之衆志久寧則變故少而無復深謀矣遠而慮之必周庶事不可遺遐遠也然如恤兵民用賢才之類猶若未周焉誠使仁先小民而不虐無告賢揚側陋而不廢困窮而又法舜之好問好察於明目達聰之美克全則下情上達尚何遐遠之見遺乎以不私朋比言之時勢久順則人情肆而至於私昵惡德矣約而正之必絶黨與不可私朋比也然如禁奢侈限田産之類猶若相昵焉誠使周公恭儉近戚先行晏嬰節約貴家首務而又法武王之建其有極於淫朋比德之討必嚴則公道大彰又何朋比之相昵乎夫易之四事足以盡保泰之常法而主司所言之八事猶未盡今日之急務引而伸之觸類而長之然後治道全也欽惟皇上法天立道措世泰寧觀其寬裕温柔足以有容而仁之量以弘發强剛毅足以有執而義之勇以决則包荒用馮河之事宜使得其人文理密察足以有别而智之明以廣齊莊中正足以有敬而禮之節以詳則不遺遐朋亡之事付托稱其任是以一氣默運太虚無爲天下皆知吾君主泰之爲聖而不知所以聖手扶日月足履星辰天下皆知吾相輔泰之爲賢而不知所以賢愚生竊願恭拜今日之舜禹而續賡歌陳雅頌以備言泰道之未備者執事以爲何如

第四問

郭維藩

同考試官訓導沈批（性理之學最爲微奥場中能會一衆説分析詳明者寡此篇詞理俱到參之前場如出一手春闈高捷此其兆矣）

同考試官教諭徐批（敷對詳明必於性理之學深有所造詣者與前二場稱宜冠本經）

考試官修撰劉批（答性理策而能以意貫之詞氣流動略無窘滯似非臆説矣）

考試官左庶子黎批（辨析性理詳盡詩經他卷皆不及此）

言性一也有指其天命之本然者有指其氣質之雜然者以天命之本然者言之性即理也理善則性無不善矣以氣質之雜然者言之清濁美惡參差

不齊性亦隨之而异此所以廑執事之問也請申言之人之生也得天地之理以爲性得天地之氣以爲形是性本諸理而形本諸氣也然理之與氣雖有异名實非二物故以理而言性則無不善以氣而言性此理既墮於氣質之中不能不隨之而有清濁美惡之异矣孔子之性相近兼其墮於氣質者言故曰相近孟子之性善專以理言故直曰善孔孟之言非不同也各有攸當耳且孔子傳易嘗曰繼之者善成之者性矣孟子性善之言雖曰擴前聖所未發然深究其義蓋本于此孟子之言固不在孔子之外也夫性既有理氣之分言性者兼舉而析言之可也而孟子立言乃語理而遺氣是以其言固至矣而不能破後世之惑遂使性惡出於荀况善惡混出於楊雄而三品出於韓愈其説紛紛靡有定論至宋張子有天地氣質之分程子有不備不明之論然後兼舉無遺而諸子紛紛之説皆泯矣夫天地之性以不雜乎氣質者言其理甚明宜無待於辨説而氣質之性則理雜乎氣而參差不齊信有可疑如執事之慮者然亦不外乎理氣之等差也朱子嘗謂氣質之禀或不能齊所謂不齊者蓋氣有清有濁而氣之質有美有惡故其賦于人也清濁以分智愚而美惡以分賢不肖焉是則氣與質本一物耳非氣之外别有所謂質也而元儒吴氏乃謂受氣於父成質於母分而二之其論誤矣朱子又謂理只是善氣却有惡蓋理無形而氣有迹無形則無往而不善有迹則運行之久能無清濁美惡之殊乎人之生也性諸理而形諸氣此性之本體所以亦無往而不善也然濁者清之變惡者美之變則氣之初也亦本清本美矣理氣果可以二物言之耶西山蔡氏主張氣質太過其意謂理終拗氣不轉以之言下愚不移之徒則可矣而自是以上之人可一委之生質而不加修爲乎了齋陳氏又謂氣質之用狹道學之功大以之言中人以上之人則可矣而下愚不移之徒可轉而爲聖賢乎朱子兩不以爲然也宜矣此皆聖賢性命之微非初學可到然明問下及不敢以默謹述所聞如此執事幸進而教之

第五問

史官作史者史事

馬中錫

同考試官訓導賀批（策場正欲觀士子有用之學連日批閲多掛一漏百殊厭入目惟此卷據春秋暨歷代史條答無遺且得褒貶斷例之旨足見學識）

同考試官教諭朱批（史以紀事爲歷代之鑒此策於君父臣子賞罰王霸夷夏隨問條對斷制明白深得董狐之筆）

考試官修撰劉批（文以理爲主此卷三場雄詞健筆往往出人意表而

卒能不失其理焉非功深力到者不能也取以魁多士輿論允協矣）

考試官左庶子黎批（今科取士遍閱三場此卷初場見其明易學二場見其富文學三場又見其稽古窮理識時務之學北方學者未能或之先也遂拔出爲一百三十五人冠冕噫大行鹽車吾與爾脱之矣尚當三冬苦學一日千里以一空冀北之群）

任史官者何所師惟仲尼焉師纂史事者何所法惟春秋焉法何者山莫高於五岳也然五岳雖高而人猶可升非山之至也惟昆侖乃爲山之至焉水莫深於四瀆也然四瀆雖深而人猶可逾非水之盡也惟滄海乃爲水之盡焉仲尼之作春秋其山之昆侖水之滄海乎故五岳祖於昆侖則支派有所本四瀆歸於滄海則源流有所□群史而折衷於春秋則義例於是乎定矣昔者周道衰微諸侯僭竊人欲日肆天理日亡仲尼天理之所在不以爲己任而誰可於是假魯史以寓王法撥亂世反之正觀其尊君父也如桓公會首止以定王世子則殊會以褒之文公升僖於閔之上則書躋以貶之而天倫正矣定臣子也如國夏圍戚邑納蒯聵則序齊首惡以誅之莒人立异姓主鄫祀則責莒滅鄫以罪之而天典惇矣賞有功也如子突救衛尊曰王人魏絳和戎蕭魚錫命而勸善詳矣罰有罪也如宰咺歸賵斥名示貶曹伯歸京伯討有光而懲惡嚴矣以至明王霸也如葵丘明禁重書示美楚丘專封削爵示懲而真僞分矣辨夷夏也如會戎于潜譏其務外盟楚于齊惡其失道而内外别矣春秋之爲經如此蓋百王之大法萬世之準繩也其後朱子作通鑑綱目一取法於春秋師其意不襲其詞如漢安帝嗣殤帝乃禰和帝此漢人之謬綱目特紀殤帝之年正位號也周世宗父柴氏乃禰郭威此世宗之誤綱目直書周主之父光禄卿致仕柴守禮實姓氏也此非春秋尊君父之意乎至於宋濮安懿王歐陽脩以爲當稱親司馬光以爲當稱皇伯紛紛不一作史者宜别立殊稱書曰皇伯父某國大王論斯定矣張留侯本爲韓後乃仕漢是時韓祀已絶綱目書曰留侯張良及謝病辟穀原其心也魏武帝本夏侯氏後乃姓曹當時事出傳聞綱目直書曹操而於分注載夏侯氏録其真也此非春秋定臣子之意乎至於范魯公本臣周降於宋爲中書平章辱身無耻作史者宜書曰周降臣與馮道同科議斯决矣陳湯康居之捷匡衡排其招難綱目大書矯制發兵後乃紀其封爵不盡予也李德裕維城之績牛僧孺拒其失信綱目大書悉呾謀以維城來降不受後又載呾謀追贈盡予之也此非春秋賞有功之意乎至於李重進自以周室懿親義不臣宋作史者并於韓通則常典明矣薄昭戕使之討温公病其傷恩綱目書曰有罪自殺原法以誅之也荀彧諫魏之戮杜牧譬之教盜綱目

書曰侍中光禄大夫參軍事荀彧自殺辱其冒漢爵而失身也此非春秋討有罪之意乎至於王安石新法之禍程子雖言吾黨激成然荆舒之罪至於亡宋作史者等於惠卿則斷例公矣漢宣帝厲精圖治綱目詳載刑名之害治雜霸也唐太宗躬行仁義綱目備言倫理之玷心假仁也此非春秋明王霸之意乎至於宋太祖心合堯舜然視文王之至德有乖作史者推原其心姑俟混一則微旨彰矣趙武靈用夷變夏綱目書曰趙始胡服招騎射貶而夷狄之也魏孝文用夏變夷綱目書曰魏禁胡服祀孔子進而中國之也此非春秋辨夷夏之意乎至於元世祖威行朔漠視孝文之成功差勝作史者審究其迹稍嚴冠履則要義明矣噫謂春秋非山之昆侖水之滄海則綱目何以法之而後世作史者又皆祖之歟方今玉堂鴻筆鸞臺宿學收拾宇宙之英靈折衷古今之信筆以成一代之書愚生何足以知其詳姑以是復明問之萬一云耳

順天府鄉試録後序

我國家取士于科目餘百年矣而其制未嘗少渝者蓋有道焉自古昔選舉法廢君天下者專以科目取士而其試之之法或以詩賦或以辭學或以法律書算紛更不一至我國家始一以經術而諸法悉罷宜乎法立制定盡善盡美其得人致治之盛非前代所可及也成化甲午秋順天府鄉試届期府尹臣簡府丞臣川以聞上命臣淳典文衡而臣健亦與焉臣等被命謹如故事合太學及畿甸之士凡三試之其爲文非本于經深于道者弗之取既而百三十五人中式是皆精選也臣竊惟科目以經術爲重而士之自處亦必以經術爲重何則經以載道重經術蓋重乎道也然士之於道豈可掩襲而取之哉其必居敬以涵養本原致知以思索義理涵養既熟思索既深則一旦脱然有悟而道乃在我由是而進于誠意正心修身以推之治國平天下斯爲有道之士科目誠得是人而用之則唐虞三代之治可庶幾矣乃若辭章枝葉之習律算技藝之末借使精通入妙然學不本于身心則其人固衆人也善圖治者將焉用之哉嗟夫鄒魯教熄世道益降歷漢晋隋唐士之聾瞽斯道久矣幸而有宋周程張朱數君子者奮起百世之下表章于遺經以開悟學者然而當時之君顧以僞學目之擯斥弗用宋之治所以止於宋而不能唐虞三代有以哉我太祖高皇帝甫定武功即興文教科目雖斟酌近代之制而試士之法則一本之周程張朱經術之學創制之初固已度越前代矣而列聖相承所以陶鎔天下之人物收拾天下之才智以爲興道致治之具者重光協德先後一軌是以百餘年

間大道之要明于上至治之澤洽于下斯世斯民何其幸歟况畿甸之士當輦轂之下言行政事之善可師可法者得之尤先則今日之與選者文章議論固宜其皆本于經深于道可以式萬方而表四國也於乎盛哉雖然此猶誦説之知耳行將捷春官對大廷以有官序其益思所以力行斯道以周程張朱之學術自勵以唐虞三代之事業自期不底于大就不已焉此固國家科目取士之初意而亦區區今日與考校者之切望也鄉試録成僭書此于後與諸士子共勉之

翰林院修撰儒林郎劉健謹序

成化十三年順天府鄉試録

順天府鄉試録序

國朝求賢於天下三歲一大比而賓興之京師天下之本而直隸州郡皆畿甸也乃合諸生及太學之士試之順天府其考校也必詔詞臣主之其命題也必經進而後頒其取士之數則視諸大藩加十五重之也成化十三年秋適維其期挾藝就試者二千五百人雲集闕下前此未有也府丞臣英以考試官請於是洗馬臣環侍講臣教承上命蒞其事翌日陛辭入院時同考官學正臣淑登教諭臣尚彜臣澄臣璧臣富訓導臣岳臣存臣境監視官御史臣進臣仁而提調則臣英也洎諸執事咸集相與戒誓務精白一心恪共乃事以仰副朝廷委任之盛意圍棘三試之得士百三十五人録其名氏及文優者以獻臣謹叙諸首竊惟政化與氣運相爲流通而賢才係焉政化盛則氣運盛氣運盛則賢才亦從而盛唐虞之際萬邦黎獻共惟帝臣而周之藹藹吉士必於土宇孔厚之日見之故其生也有自來其出也有所爲又將以資國家之用隆太平之業而氣化愈久而愈盛矣我朝自太祖高皇帝光啓文明之運列聖相承至于皇上重熙累洽于百有餘年氣化益隆賢才彙進熙帝載而贊皇猶者濟濟其盛矧京畿故燕趙之地號多豪杰今四方萬國環視内向衣冠禮樂聲明文物之華於是乎萃而瑰瑋卓絶之才揚芳振烈相望後先諸士子生長於斯觀光於斯得於漸摩涵育之最先者能不顒顒而起乎詩曰思皇多士生此王國王國克生惟周之楨際聖明之時預賢良之薦先天下之士貢之天子之庭何其幸歟行當捷春闈奉大對而駸駸嚮用矣必思有以自振上忠于君而澤下加于民樹勛業于時佐盛治於無窮庶幾爲國之楨而跐美乎前修將天下後世稱之曰邦畿之士也顧不偉歟其毋庸庸無爲碌碌無聞自負自弃於明朝俾時之人多前修而不之齒也

司經局洗馬鄭環謹序

成化十三年順天府鄉試

提調官

順天府府丞徐英（時傑四川中江縣人　丁丑進士）

考試官

司經局洗馬鄭環（瑶夫浙江仁和縣人　庚辰進士）

翰林院侍講彭教（敷五江西吉水縣人　甲申進士）

同考試官

湖廣黄州府蘄州儒學學正裘淑登（從之浙江天台縣人　壬午貢士）

直隸蘇州府嘉定縣儒學教諭蕭尚彝（嘉猶江西吉水縣人　癸酉貢士）

山東兖州府濟寧州鉅野縣儒學教諭李澄（文淵應天府句容縣人　壬午貢士）

湖廣荊州府石首縣儒學教諭胡璧（席珍四川眉州人　辛卯貢士）

四川潼川州中江縣儒學教諭袁富（修業直隸江都縣人　乙酉貢士）

陝西慶陽府寧州儒學訓導李岳（世高四川長壽縣人　丙子貢士）

浙江嘉興府嘉興縣儒學訓導沈存（元謨直隸崑山縣人　丙子貢士）

直隸淮安府山陽縣儒學訓導張境（孟光福建永福縣人　壬午貢士）

監試官

文林郎監察御史許進（季升河南靈寶縣人　丙戌進士）

文林郎監察御史尹仁（性之江西安福縣人　己丑進士）

印卷官

順天府治中李肅（廷器陝西秦州人　甲子貢士）

順天府通判韋沆（達譽廣西宜山縣人　己卯貢士）

收掌試卷官

廣東潮州府潮陽縣知縣徐憲（廷章浙江開化縣人　己卯貢士）

受卷官

浙江湖州府烏程縣知縣李復貞（明實四川瀘州人　壬辰進士）

山東登州府招遠縣知縣張哲（世明山西蒲城縣人　丙子貢士）

彌封官

陝西鳳翔府同知劉璵（鍾美直隸上海縣人　己卯貢士）

浙江紹興府餘姚縣知縣劉規（應乾四川巴縣人　己丑進士）

謄録官

山西平陽府同知孫蘭（德馨浙江餘姚縣人　丙子貢士）

山東濟南府濱州蒲臺縣知縣喬聰（友聞河南河内縣人　己卯貢士）
順天府通州三河縣夏店驛驛丞張璲（廷佩山西安邑縣人　己丑進士）

對讀官

廣東高州府同知王佑（廷臣浙江嘉興縣人　己卯貢士）
福建漳州府漳平縣知縣陳栗（景元江西南昌縣人　癸酉貢士）

巡綽官

中都留守司懷遠衛指揮使宋鑑（叔明順天府大興縣人）
直隸通州右衛署指揮使白恭（德輝江西鄱陽縣人）
山東都司臨清衛指揮同知胡綱（文紀直隸華亭縣人）
山東都司安東衛指揮僉事侯昇（廷用山東商河縣人）

監門官

山東都司濟南衛署指揮僉事鄭綖（宗儀應天府江寧縣人）
直隸滁州衛指揮僉事韓璽（廷用直隸定遠縣人）

供給官

順天府經歴司知事鄭傑（文英直隸盧龍縣人　監生）
大興縣縣丞高聰（守愚直隸威縣人　己卯貢士）
宛平縣主簿王敬（致恭山西汾州人　監生）

第一場

四書

立則見其參於前也在輿則見其倚於衡也　夫微之顯誠之不可揜如此夫堯以不得舜爲己憂舜以不得禹皋陶爲己憂夫以百畝之不易爲己憂者農夫也分人以財謂之惠教人以善謂之忠爲天下得人者謂之仁

易

泰小往大來吉亨彖曰泰小往大來吉亨則是天地交而萬物通也上下交而其志同也内陽而外陰内健而外順内君子而外小人君子道長小人道消也　无所往其來復吉有攸往夙吉　富有之謂大業日新之謂盛德生生之謂易　河出圖洛書聖人則之

書

夙夜惟寅直哉惟清　任官惟賢才左右惟其人臣爲上爲德爲下爲民其難其慎惟和惟一　伻來毖殷乃命寧予以秬鬯二卣曰明禋拜手稽首休

享　六卿分職各率其屬以倡九牧阜成兆民

詩

九月築場圃十月納禾稼黍稷重穋禾麻菽麥嗟我農夫我稼既同上入執宮功晝爾于茅宵爾索綯亟其乘屋其始播百穀二之日鑿冰冲冲三之日納于凌陰四之日其蚤獻羔祭韭九月肅霜十月滌場朋酒斯饗曰殺羔羊躋彼公堂稱彼兕觥萬壽無疆　我田既臧農夫之慶　豈弟君子民之父母

猗與那與置我鞉鼓奏鼓簡簡衎我烈祖湯孫奏假綏我思成鞉鼓淵淵嘒嘒管聲既和且平依我磬聲於赫湯孫穆穆厥聲庸鼓有斁萬舞有奕我有嘉客亦不夷懌自古在昔先民有作温恭朝夕執事有恪顧予烝嘗湯孫之將

春秋

天王使宰咺來歸惠公仲子之賵（隱公元年）翬帥師會宋公陳侯蔡人衛人伐鄭（四年）王人子突救衛（莊公六年）季子來歸（閔公元年）

齊侯宋人陳人蔡人邾人會于北杏（莊公十三年）　晋侯入曹執曹伯畀宋人晋侯齊師宋師秦師及楚人戰于城濮楚師敗績　公會晋侯齊侯宋公蔡侯鄭伯衛子莒子盟于踐土（并僖公二十八年）　楚公子貞伐鄭（襄公八年）公會晋侯宋公衛侯曹伯莒子邾子滕子薛伯杞伯小邾子齊世子光伐鄭同盟于戲（九年）公會晋侯宋公衛侯曹伯莒子邾子齊世子光滕子薛伯杞伯小邾子伐鄭戍鄭虎牢楚公子貞救鄭（十年）公會晋侯宋公衛侯曹伯齊世子光莒子邾子滕子薛伯杞伯小邾子伐鄭同盟于亳城北公會晋侯宋公衛侯曹伯齊世子光莒子邾子滕子薛伯杞伯小邾子伐鄭會于蕭魚（十一年）

禮記

天子七廟諸侯五大夫三士一天子之豆二十有六諸公十有六諸侯十有二上大夫八下大夫六　少事長賤事貴共帥時　是故君子無物而不在禮矣　子民如父母有憯怛之愛有忠利之教親而尊安而敬威而愛富而有禮惠而能散

第二場

論

聖人太極之全體

詔誥表（内科一道）

擬漢遣太中大夫巡行天下詔　擬唐以李靖爲定襄道總管誥　擬詔

加崇闕里釋奠禮樂衍聖公謝表

判語（五條）

濫設官吏　從征違期　私鑄銅錢　詐爲瑞應　斷罪不當

第三場

策

問　蓋嘗伏觀我太祖高皇帝之聖文矣神授心得體裁夐异皆對時宜物先幾前用而又妙探本原識達遠大如三誥之論治大祀文之論理大哉王言非秦漢以下帝王名能文學者所能及也昔有以馬上得天下者而三侯之章論者亦以爲壯麗雄偉近古未有若汾上之辭橫槊之賦貞觀開元之製作則皆成於少習與學士大夫争長者然究觀規模考論旨歸蓋亦少貶矣是則所謂文者豈無與於學歟昔人有謂帝王之學與常人不同者豈或以此歟而又有以爲帝王之學與常人同者其說安在夫仰瞻聖祖之製而評隲近代諸君猶日月之於衆星可睹也請敬陳之

問　太極西銘相傳爲理學之宗然或者謂太極之傳出於种放無極之論近於老氏西銘有平施而無稱物流於兼愛其說亦有所見歟而又有稱其首尾相因脉絡貫通理一分殊名虚理實者說者謂數語足以盡二書之旨諸生苟以爲然幸爲我一二言之

問　書曰汝則有大疑謀及卿士謀及庶人古之人舉事興爲未有不詢之下者然甲可乙否言人人殊將以爲可用而用之不可用而舍之矣然固有因而成功亦有因而僨事者是則吾何適從試舉古人一二事與諸士子論之撓楚之計則借箸之籌不同於豎儒之說馬邑之役則老將之見不附於習胡事者之謀曹魏之下江陵有畫策拒之者矣彼長江共之之言何見晋武之議平吴有上表請之者矣彼以秦凉爲憂者何謂符堅决投鞭斷流之策而太極之議嘗不謂其然宋文鋭席卷趙魏之志而步兵之諫嘗不以爲可高麗之伐大臣勸之也然不有萬一蹉跌傷威損望之言乎清水之盟廷臣主之也然不有戎狄豺狼非盟可結之論乎淮西之討四年不克宰相有罷兵之請矣而誓不與賊俱生者何壯歟澶淵之報一夕五至左右有南幸之謀矣而勸帝親征者何决歟夫事之成敗未易定也寧無精識遠見早辨而預言之者在聽而用之何如耳聽之不審用之不當鮮不以佞爲衷以直爲謗而欲事之不敗不可得也孟子曰我知言知之必有道矣其明言之以觀通博之學

問　治莫近於州縣之官教莫先於學校之職夫人能知之今之君子蓋

嘗留意矣异時爲長民者類取之監學其後也病其迫遲暮而久沉困於是以進士之選充州縣之正所以重之也而説者謂漸輕之勢已有見于今异時爲師儒者或參以薦舉其後也苦其召奔競而積罷冗於是杜辟薦之門開監學之選所以矯之也而説者謂不職之弊殆有甚於彼考黜歲行所以懲也而説者謂適以趣其無賴之心召用踵接所以勸也而説者謂適以長其恣肆之念以貢舉之有無爲殿最而説者謂未必其功罪專文藝之高下爲考課而説者謂非所以爲賢否夫致法以造功先王所不廢而以流品用人漢唐以來固用之矣績效之著當時仁賢之名後世不亦有聞者乎今何以使人用而皆當法立而無弊諸生多出於學校而升自州縣若此者可以言歟

問　中國之有夷狄猶陽之有陰人類之有禽獸不能以無也而北虜爲患常甚然嘗觀於漢事高帝百戰之餘威加海内而平城之憂至其後世猶不能忘孝武乘豐富之業師武臣力而邊警歲至略無寧息竟寧以後漢事日非而羈伏塞垣至于哀平朝獻不改非威力足制其死命明矣然則夷狄之叛服初無與於中國之盛衰歟前世有用柔能勝剛弱能勝强爲制御之術者信斯言也則敢於抗盛强而拙於乘衰弱固夷狄之性歟如劉敬之策則有女吴之深耻施賈誼之餌則是徵令之倒置興衛霍之師則犯窮黷之戒抗敵國之禮則乖王者無外之義爲斷臂散交之謀則狼心鼠首未易可保爲多防密備之計則一狼千羊坐以自疲何如而可也自漢魏以至于今鮮不以夷狄爲意智計之士儒先之碩其論多矣有經國用世之心者固有考焉夫兼夷狄驅猛獸扶陽抑陰聖賢之大義試以漢事言之則知所處矣

中式舉人一百三十五名

第一名　宋禮　順天府學增廣生　易
第二名　方榮　順天府學增廣生　禮記
第三名　胡諒　順天府學增廣生　書
第四名　倪天民　武功中衛軍餘　詩
第五名　徐佑　直隸河間府學生　春秋
第六名　李溥　直隸定州學生　詩
第七名　沈元　直隸長洲縣人監生　易
第八名　張恕　順天府霸州學生　書
第九名　劉文奎　順天府薊州學生　詩

第十名　高輝　浙江永嘉縣人監生　書
第十一名　吕傑　錦衣衛軍匠　春秋
第十二名　盧幹　浙江東陽縣人監生　禮記
第十三名　蔣欽　直隸山陽縣人監生　易
第十四名　劉濬　直隸灤河驛驛丞　詩
第十五名　胡昂　直隸定興縣學增廣生　書
第十六名　蕭瓛　順天府薊州學增廣生　詩
第十七名　宋傑　順天府學增廣生　書
第十八名　馬懋　順天府學增廣生　詩
第十九名　車璽　順天府學增廣生　易
第二十名　閻繼先　直隸真定縣學生　詩
第二十一名　崔瓚　直隸易州學生　書
第二十二名　許暘　順天府學生　詩
第二十三名　江瑛　順天府學生　禮記
第二十四名　汪潤　直隸旌德縣人監生　詩
第二十五名　鄧頤　四川瀘州人監生　書
第二十六名　石瑽　錦衣衛軍餘　詩
第二十七名　夏昂　順天府學增廣生　易
第二十八名　李雄　留守前衛舍人　詩
第二十九名　葛崑　順天府學生　書
第三十名　林叢　直隸廣平府學生　詩
第三十一名　祝祥　直隸滄州學生　禮記
第三十二名　史俊　順天府薊州學增廣生　書
第三十三名　劉琦　直隸永平府學生　詩
第三十四名　張玉　錦衣衛軍餘　易
第三十五名　成傅　順天府永清縣學生　書
第三十六名　曹孜　直隸鹽山縣學生　詩
第三十七名　楊本清　順天府學生　春秋
第三十八名　韓庭　直隸晋州學生　書
第三十九名　張祺　順天府學增廣生　詩
第四十名　李方　直隸棗强縣學生　易
第四十一名　劉富　順天府學增廣生　詩

第四十二名　馬政　直隸青縣學生　書
第四十三名　王宏　錦衣衛軍餘　詩
第四十四名　鈕鑑　江西新城縣人監生　禮記
第四十五名　李文彬　治理唐縣人監生　書
第四十六名　姚顯　營州中屯衛軍餘　詩
第四十七名　何淮　順天府學增廣生　易
第四十八名　仝鑑　京衛武學武生　詩
第四十九名　劉機　順天府學增廣生　書
第五十名　楊俸　順天府順義縣學生　詩
第五十一名　王璡　直隸長垣縣學生　易
第五十二名　鄧安　順天府學增廣生　書
第五十三名　刑鑾　直隸内黄縣學生　詩
第五十四名　章啓　順天府學增廣生　易
第五十五名　江漢　直隸魏縣學生　書
第五十六名　湯珍　順天府學增廣生　詩
第五十七名　沈清　直隸撫寧衛軍　春秋
第五十八名　賈源　順天府平谷縣學生　詩
第五十九名　田景疃　直隸高陽縣學生　書
第六十名　張泰　直隸肅寧縣學增廣生　詩
第六十一名　張宣　順天府學增廣生　易
第六十二名　頓謙　直隸長垣縣學生　詩
第六十三名　倪恩　順天府平谷縣學生　書
第六十四名　許用　順天府薊州學生　詩
第六十五名　羅叙　江西吉水縣人監生　書
第六十六名　劉玫　直隸永平府學生　詩
第六十七名　劉儆　順天府學增廣生　易
第六十八名　王佐　順天府東安縣人監生　詩
第六十九名　王永清　直隸遷安縣學生　書
第七十名　吴瓊　直隸蠡縣學生　詩
第七十一名　趙鼎　直隸開州學生　易
第七十二名　陸紀　順天府學生　詩
第七十四名　王璽　直隸東鹿縣學生　詩

第七十五名　段以成　順天府學生　易
第七十六名　賈琇　直隸昌黎縣學生　書
第七十七名　石旻　直隸元城縣學生　詩
第七十八名　沈鉉　順天府大興縣儒士　書
第七十九名　侯觀　直隸雄縣儒士　詩
第八十名　鍾紹芳　直隸廬江縣人監生　書
第八十一名　王定安　順天府大興縣儒士　詩
第八十二名　康紹宗　順天府學增廣生　易
第八十三名　才寛　直隸遷安縣學增廣生　詩
第八十四名　王鳳　直隸廣宗縣學生　書
第八十五名　張智　直隸鉅鹿縣學生　詩
第八十六名　崔震　山東汶上縣人監生　易
第八十七名　董威　直隸魏縣學生　詩
第八十八名　程傅　直隸績溪縣人監生　書
第八十九名　韓壽　直隸順德府學生　詩
第九十名　毛超　工部營繕所吏　書
第九十一名　熊璋　直隸撫寧衛軍　詩
第九十二名　倪誥　直隸阜城縣學生　春秋
第九十三名　張璉　彭城衛軍餘　詩
第九十四名　蘇祥　直隸博野縣學生　書
第九十五名　蔣耕　直隸武進縣人監生　詩
第九十六名　韓祥　直隸潁州人監生　易
第九十七名　陳景　直隸常熟縣人監生　詩
第九十八名　任才　直隸深州學生　書
第九十九名　蔣勛　直隸肥鄉縣學生　詩
第一百名　紀振　直隸内黄縣學生　易
第一百一名　馬能　順天府學增廣生　詩
第一百二名　吴雄　順天府學生　禮記
第一百三名　魏清　開平衛學軍生　詩
第一百四名　陳曦　順天府學增廣生　易
第一百五名　李珍　遼東廣寧中屯衛人監生　詩
第一百六名　智儀　直隸元氏縣學生　書

第一百七名　趙安　順天府學增廣生　詩
第一百八名　朱英　直隸博野縣學生　春秋
第一百九名　高平　錦衣衛軍餘　詩
第一百十名　楊伯堅　武功右衛軍　書
第一百十一名　郭忩　直隸廣平府學生　詩
第一百十二名　方敬　順天府學生　易
第一百十三名　楊鼒　江西豐城縣人監生　詩
第一百十四名　張逵　直隸唐山縣人監生　書
第一百十五名　武繼祖　順天府通州學生　詩
第一百十六名　毛科　浙江余姚縣人監生　禮記
第一百十七名　王恵　直隸永寧縣學生　詩
第一百十八名　葛森　金吾前衛軍餘　書
第一百十九名　蔡相　順天府大興縣儒士　詩
第一百二十名　楊智　直隸棗强縣學生　易
第一百二十一名　張子麟　直隸藁城縣學增廣生　詩
第一百二十二名　田景暐　直隸高陽縣學生　書
第一百二十三名　徐鵬　直隸保定府學生　詩
第一百二十四名　尹本　直隸開州學生　書
第一百二十五名　毛玘　直隸任縣人監生　詩
第一百二十六名　劉玘　直隸慶雲縣學生　易
第一百二十七名　史學　直隸易州學生　詩
第一百二十八名　尚勤　直隸元城縣學生　書
第一百二十九名　張訒　直隸蠡縣學生　詩
第一百三十名　申政　直隸沙河縣學生　書
第一百三十一名　俞琳　忠義左衛軍　春秋
第一百三十二名　李鸞　順天府固安縣學生　書
第一百三十三名　孫□　直隸蠡縣學生　詩
第一百三十四名　王溱　直隸濬縣學增廣生　易
第一百三十五名　李時　直隸永平府學生　書

第一場

四書

立則見其參於前也在輿則見其倚於衡也

宋禮

同考試官訓導張批（文詞純正發明常若有見處深得題意必老學之士也）

同考試官教諭袁批（義合傳注而文有發揮場中如此作者不多見也）

考試官侍講彭批（能暢於辭）

考試官洗馬鄭批（典雅可觀）

隨吾身之所寓若斯理之有見蓋忠信篤敬言行之理也非吾心念念而不忘又豈能隨其所在而常若有見也哉聖人告子張之意如此且夫言必欲忠信不可頃刻而忘行必欲篤敬也篤敬不可須臾而離方其伫立之時若可忽也而忠信篤敬拳拳於念慮者無或忘一舉目也恍若此理見於跬步之間與吾相參而不舍焉及其在輿之際若可肆也而忠信篤敬切切於心思者無少置一顧瞻也儼若此理倚於車衡之上與吾同軀而不離焉夫忠信篤敬本無形之可求無體之可睹今也立焉見之由吾心不忘於伫立之頃而常目在之耳輿焉見之由吾心不忘於在輿之時而常若有見耳不言而忠信存不行而篤敬在雖欲頃刻離之而不可得也吁心無往而不在理無適而不然然後一言一行自不離於忠信篤敬而蠻貊可行矣吾夫子以是爲子張告其意不既深乎抑伊尹之稱成湯於天之明命嘗以顧諟言之矣説者謂湯之所以聖敬日躋者顧諟之功也顧諟之言其參前倚衡之義歟雖深淺之不同其存誠之無間一而已學者由子張參前倚衡之見而進於湯之顧諟則作聖之功在是矣

堯以不得舜爲己憂舜以不得禹臯陶爲己憂夫以百畝之不易爲己憂者農夫也分人以財謂之惠教人以善謂之忠爲天下得人者謂之仁

胡諒

同考試官訓導李批（此作析理詳明遣詞簡古非老於文學者不能故表而出之）

同考試官教諭李批（孟義能包括題意者鮮此作以憂天下之大仁天下之大會意成文非稚手所及）

考試官侍講彭批（有關鍵有抑揚有議論）

考試官洗馬鄭批（措詞整健他作所不及）

知聖人憂天下之大當知聖人仁天下之大而其小者不足言也夫得人以治天下則足以仁天下矣聖人安得不以不得人爲天下憂哉孟子闢許行并耕之説其意如此且夫堯非不憂民也而不事事以爲意其焦勞於朝夕者惟以不得舜其人而已耳不得乎舜則民誰與治乎舜非不憂民也而不屑屑以爲心其紆鬱於念慮者惟以不得乎禹皋陶其人而已耳不得乎禹皋則民誰與理乎夫以百畝之田播植未亟而戚然其不寧者農夫之事也汙萊未闢而蹙然其不安者田父之職也豈以憂天下者而憂百畝之憂哉彼以財而分人則及民者無所私謂之惠可也然滯於狹小而不廣君子有不屑焉以善而教人則愛民者有其實謂之忠可也然局於有限而難久君子有不急焉惟若堯爲天下而得熙載亮工之舜舜爲天下而得從欲以治之禹皋則恩惠廣大而澤及於人人非仁而何教化無窮而善被於世世又非仁而何豈以仁天下者而先忠惠之務哉忠惠且不先而況於耕乎是則聖人之所以憂天下者誠有在矣雖然卑高之位既陳則小大之職斯异君之不可并民而耕雖五尺童子知其爲非矣而許行持區區之説鼓啄其間時君惑焉而如陳相者又相與北面而師之孟子折以大義反復數百言如對强敵然僅僅勝之則世衰道微邪説之惑人也蓋久矣向無孟子則處士之議豈直洪水猛獸之灾故曰功不在禹下

易

泰小往大來吉亨彖曰泰小往大來吉亨則是天地交而萬物通也上下交而其志同也内陽而外陰内健而外順内君子而外小人君子道長小人道消也

沈元

同考試官訓導張批（題本平易作者不泛則略是篇説理明而辭不費可謂作者）

同考試官教諭袁批（此作發明泰義詳盡一結歸本於君臣同志尤見學識他篇亦佳一薦何忝）

考試官侍講彭批（簡潔）

考試官洗馬鄭批（易義貴明潔此作得之）

前聖畫泰之卦後聖係泰之辭故傳復申明之也蓋卦具通泰之義宜其占之吉亨也聖人既畫卦而係辭吾夫子安得不申明之於後哉昔伏羲畫卦交坤於乾之上名之曰泰蓋取通泰之義也文王係辭以爲是卦坤往居外乾

來居内又自歸妹來六往居四九來居三皆小往而大來也夫小往居外大來居内固有吉亨之道矣占者陽剛豈不吉而且亨乎羲文聖人名卦繫辭之意如此吾夫子傳象又從而申明之謂夫泰之小往大來而吉亨者則是天氣下交於地地氣上達於天而品物流形各遂其發育之性矣君推誠以任下臣竭誠以事上而君臣同心共濟夫天下之事矣乾爲陽爲健而來居於内坤爲陰爲順而往居於外乾陽爲君子而在内是君子任用於上也坤陰爲小人而在外是小人退處於下也君子在内則剛明用事而拔茅連茹之吉可致其道之長爲何如小人在外則陰邪屏迹而剥廬無號之凶可必其道之消又何如吾夫子發明卦係辭之旨無餘藴矣大抵天地交而萬物通天地之泰也上下交而其志同朝廷之泰也君子道長非天下之泰乎以天下之泰推之朝廷之泰由朝廷之泰推而爲天下之泰然則參贊調燮致治隆平以保泰於無窮者則本乎君臣志同以致之也大易之旨淵乎微哉

富有之謂大業日新之謂盛德生生之謂易

宋禮

同考試官訓導張批（此題人能作之而發明親切者絶少晚得是篇詞理俱到非造詣深者不能及此宜爲本房之冠）

同考試官教諭袁批（此篇本顯仁藏用立説深得本旨誠易中之翹楚也健羨健羨）

考試官侍講彭批（文有發明）

考試官洗馬鄭批（理致精密其當究心易學者乎）

聖人論造化生成之功必言陰陽不已之妙蓋造化之德業生成之功也然所以生成而不已者豈非所謂易乎宜大傳聖人詳言之也且夫道之流行於造化也有大業焉有盛德焉果何以見之哉自其藏用言之則斂化育於寂然之中歸生意於至静之内物雖萬類之不同俾各保其氣而無外物雖萬彙之不一俾各翕聚其理而不遺其大而無外也如此得不謂之大業乎自其顯仁言之則大化運行於兩間和氣充塞於上下與之氣以爲生之質者不以古今而有間賦之理以爲性之原者不以終始而或息其久而無窮也如此得不謂之盛德乎然造化之所以藏用者陰之爲也藏之未久而生意顯著於外者不可遏則是陰變爲陽而生生不窮易書之姤變而爲復者是已造化之所以顯仁者陽之爲也顯之未久而化工歸藏於内者不可見則陽變爲陰而生生不已易書之復變而爲姤者是已陰陽相生變化無窮理與書一而已聖人論

造化之生成而推之於易有以哉大抵有天地則有此變化有變化則有此生成推其原固莫非陰陽之所爲而實有自然流行不倚於陰陽者存乎其間不然安能亘千萬古變化生成相爲循環不已如是哉故曰陰陽不測之謂神

書

夙夜惟寅直哉惟清

張忠

同考試官訓導李批（文理簡明筆力蒼古宜録之以式後學）

同考試官教諭李批（作此題者多以敬直平講而清爲之效殊非當時立言本旨此作見理明而遣辭當是以録之）

考試官侍講彭批（蓋於經文體貼不從注脚生義）

考試官洗馬鄭批（得當時命官語意）

聖君告典禮之官欲其端行禮之本蓋必寅直清而後可以行其禮也秩宗典事神之禮所以交於神明可不知所務哉宜帝舜以是而命伯夷也蓋謂典三禮而有事於神明必端其本而後可以交於神明是故時而夙也雖或非承祀宗廟之時而嚴恭以度凛乎祖考之予顧蓋自早以達於昏暮翼翼其無間也時而夜也雖或非有事乎郊社之際而祇肅以承儼乎上帝之女臨蓋自夜以接于旦朝夔夔其靡懈也于焉必有以直乎内而不使私曲之或存不啻矢之棘而繩之引乃可以言乎直于焉必有以潔其心而不使物欲之或污不啻江漢之濯而澗沚之湜乃可以言乎清如是則與天者游而鬼神合德由是行其禮事其神不亦有感通之道哉大抵禮敬而已敬則此心收斂而能直直則此心虚明而能清故寅直清行禮之本而寅又直清之本也若夫籩豆之事則有司存焉

伻來毖殷乃命寧予以秬鬯二卣曰明禋拜手稽首休享

胡諒

同考試官訓導李批（寫出周公述成王遣使毖殷命寧之意宛如也讀之令人心目豁然）

同考試官教諭李批（場中多爲此題所窘惟是篇辭理明暢戞然出衆其壁經中之巨擘歟）

考試官侍講彭批（於文義訓詁皆明白）

考試官洗馬鄭批（辭意通暢）

大臣述賢王因勅殷之使隆錫命之禮蓋謹毖庶殷固以繫安危之慮而

命寧周公則委重之意也周公詳述其事而其君臣之際有可睹矣昔成王甫畢事於新邑遂退即于宗周留後之責既付於周公毖殷之事復馳於專使誠以殷民之遐逖固雖舊矣今則密邇王室申之以文告所以益堅其式化之念殷士之臣我亦有年矣今則周公初政重之以戒勑所以益勵其承叙之心然訓儆殷人固所當急而慰答周公尤不可緩於是因毖殷之使致綏寧之命有物以備其儀有辭以達其敬言乎其物則醸以秬黍和以鬱畅其尊以中所謂卣也其數以二所謂朋也是儀也降灌之所須宗廟之盛禮獻之於公豈非備非常之儀哉言乎其辭則以謂致潔盡敬以將誠有齊明之德焉拜手稽首而休享有嘉薦之道焉是敬也嚴於承祀之際陳於昭假之時施之於公豈非致非常之敬哉周公述成王之遣使錫命詞詳而不殺亦惟其儀與敬之非常耳不然則酒禮尊罍之間豈足以煩周公之齒頰哉又因是而有見焉周公於成王之錫命蓋不敢宿而禋于文武矣是周公之存也且不敢以秬畅之奉自安則其没也廟之以天子之禮公其顧歆乎故君子之愛人孝子之事親惟其當而已使成王之賜伯禽之受非誣則其於周公也亦淺矣

詩

九月築場圃十月納禾稼黍稷重穋禾麻菽麥嗟我農夫我稼既同上入執宫功晝爾于茅宵爾索綯亟其乘屋其始播百穀二之日鑿冰冲冲三之日納于凌陰四之日其蚤獻羔祭韭九月肅霜十月滌場朋酒斯饗曰殺羔羊躋彼公堂稱彼兕觥萬壽無疆

李溥

同考試官教諭胡批（此題傳釋明白場中作者區區於禦寒備暑之説殊非大旨此篇深得邠民相與警戒爲農勸戒爲君之意必熟於是經者宜置高選）

同考試官學正裘批（此作以邠民警戒勸戒立説深合題意且筆力老健必非膚淺之學也可嘉可嘉）

考試官侍講彭批（篇末數語殊有餘味）

考試官洗馬鄭批（邠人憂勤忠愛之意溢于言表善説詩者也）

邠民爲農而相警戒有憂勤之意爲君而相勸戒有忠愛之心夫賴以養生者在農而所以得安於農者則君也邠民方以農事相與警戒遽以君事相與勸戒誠知所本而風俗醇厚也歟周公備述以教成王宜矣想夫邠人之意謂夫時維九月場可治矣則種藝之圃築堅而場之焉時維十月場已治矣則禾稼之穫自田而納之焉黍稷重穋所納非一類也禾麻菽麥所登非一種也

於是嗟嘆以爲我農之力於田者其稼既聚矣我室之在邑者可以上入而執其修治之功矣彼茅所以供苫覆者晝焉而往取索所以爲繆葺者宵焉而是綯兼晝夜之不息急乘屋以致功蓋以嗣歲復來播穀復始而不暇於此矣夫當農事之甫畢又念農事之將始不待督責自相警戒其憂勤之意何如哉然猶未也又以爲二陽之月之日爲公而伐冰冲冲焉三陽之月之日取冰而納之凌陰焉誠以四陽之月其日之蚤君將獻羔韭以祭司寒之神遂啓冰而先寢廟之薦矣至於九月時已氣肅而霜降十月則當速畢其場功於是酒則尊兩壺以爲饗牲必兼羔羊而特殺將携以往叔公之堂舉兕觥之觴祝吾君之壽祝壽而曰萬壽則極其數之盈也萬壽而曰無疆則申其意於不已也夫汲汲於趨公之役又惓惓於享上之心相勸以亟相戒以預其忠愛之意何如哉嗟夫此邠俗之舊而公劉后稷之化其王業之始基歟成王周公之際則固已彌文矣稼穡艱難之事君民相與之真淳厚朴野之習其不得而接於耳目者有矇瞽朝夕之誦焉於是周公之慮蓋深遠矣

豈弟君子民之父母

倪天民

同考試官教諭胡批（此本康公戒成王之詩以豈弟望之場中作者多背本旨此篇意氣舂容辭理平實深得進戒之意允宜録出）

同考試官學正裘批（詩千卷餘作者紛無定見晚得此篇如獲明珠於瓦礫也用録以破群疑）

考試官侍講彭批（有勸戒微婉之意）

考試官洗馬鄭批（得旨）

大臣之戒君惟欲其德有以子乎民也夫豈弟者子民之德也爲人君不有是德何以爲民之父母哉昔召康公之戒成王如此意謂君人之德莫貴乎豈弟也豈而和順從容藹然春陽之可掬弟而易直子諒坦然大道之無陂所以强教之而陶吾民於德化者此也所以悦安之而躋吾民於平康者此也夫然則可謂豈弟君子矣豈弟之君子豈不爲民之父母乎夫父母之於子有教之之道焉今也胥誨胥告雖父母之成其子者不越是矣非民之父母而何父母之於子有養之之道焉今也以拊以蓄雖父母之字其子者不過是矣非民之父母而何民之戴之亦豈不尊之如父愛之如母哉召公之於成王其願幸之意深矣抑成王以幼冲之資撫盈成之運於修德愛民之事或未之知也故召公有卷阿之戒公劉之咏而此篇又以豈弟子民言之此老臣忠愛之心也

厥後成王果爲繼禮守成之令主而成鳧鷖既醉之太平良有以哉

春秋

晋侯入曹執曹伯畀宋人　晋侯齊師宋師秦師及楚人戰于城濮楚師敗績公會晋侯齊侯宋公蔡侯鄭伯衛子莒子盟于踐土（并僖公二十八年）

徐佑

同考試官訓導沈批（能體傳意發揚明道不計功之旨筆勢英偉超越衆作麟經魁選屬之子矣）

考試官侍講彭批（盡略浮豔之辭有得謹嚴之意）

考試官洗馬鄭批（文有斷制且得書法微意佳作也）

惟伯主虐内致外之事不可訓故伯主攘外服内之功不足多此可見晋文以暴譎而成伯其功雖多而道不足尚也春秋所以備書而致意焉夫自齊功不續宋事無成荊楚益肆其憑陵中國蓋幾於左衽有晋文者出治曹而恤宋攘楚而安夏亦春秋之深幸也何乃謂其功雖多而道不足尚耶道不外乎仁而暴不可以言仁也曹未狎政莫知所承公不修辭令以撫曹而遽入其國遂執其君暴矣暴而不仁於道何如道不離乎正而譎不可以言正也楚方圍宋簡書可畏公不仗大義以服楚而執曹畀宋怒楚致師譎矣譎而不正於道又何如道既不足功多何爲故城濮之戰楚勢披靡若可以爲功矣然視諸仗義而執言聲罪以致討者不有間乎揆之於道固仲尼之徒所羞稱也踐土之盟諸侯景從宜可以言功矣然視諸以德而服人以善而養人者不亦遠乎揆之於道固三王之世所不容也春秋於入曹畀宋之役不以微辭諱而城濮踐土之文復以常辭書然則聖人明道不計功之意可見矣抑觀文公戰城濮而盟踐土伯業成矣由是休兵息民修德行禮猶可以救始事之失何踐土之盟血未幹又合諸侯以會温城濮之大勞甫息又率諸侯以圍許禮煩而威黷一盛而即衰矣吁此其所以爲晋文也歟

楚公子貞伐鄭（襄公八年）公會晋侯宋公衛侯曹伯莒子邾子滕子薛伯杞伯小邾子齊世子光伐鄭同盟于戲（九年）公會晋侯宋公衛侯曹伯莒子邾子齊世子光滕子薛伯杞伯小邾子伐鄭戍鄭虎牢楚公子貞救鄭（十年）公會晋侯宋公衛侯曹伯齊世子光莒子邾子滕子薛伯杞伯小邾子伐鄭同盟于亳城北公會晋侯宋公衛侯曹伯齊世子光莒子邾子滕子薛伯杞伯小邾子伐鄭會于蕭魚（十一年）

呂傑

同考試官訓導沈批（立論謹嚴而不遺傳注措詞健順而自有準繩紛紛盆盎中有此古罍洗能不爲之拭目）

考試官侍講彭批（就中提掇善言之從違爲説异於衆作）

考試官洗馬鄭批（辭嚴理正必熟於傳者）

違嘉謀而致討者春秋示其譏從嘉謀而善勝者春秋著其美此見鄭簡舍子展之言而不能息争晋悼行知罃之策而足以復伯也何則策士謀臣天生賢以立國也善言嘉猷賢承天以贊君也天之所命而君有從違焉則國之盛衰隨見矣是故鄭之賢卿莫賢於子展當楚囊伐鄭之日鄭伯欲從之際展也進言以决向背以謂五會之信不可以違遼遠之師不能以久完守而老楚仗信以待晋豈非謀之善哉使鄭簡信而從之必無噬臍之悔矣何乃惑於子駟遂及楚盟告絶之使方馳諸侯之師已集恐懼行成而鄭之爲鄭幾不能以國矣春秋之譏違善言之戒也若夫晋之賢佐莫賢於知罃當肆眚圍鄭之時苟偃决戰之頃罃也獻策以陳利害以謂暴骨以逞則克不可命以逸待勞則楚不能争許盟還師以敝乎楚分軍率鋭以逆其來豈非謀之善哉使悼公忽而違之則失善勝之道矣然而寧違荀偃卒許鄭成三駕示威楚不戰而自屈一會推誠鄭心服而不判從容得志而晋之爲伯盛莫越於此矣春秋之美用善言之效也吁鄭之事無足論矣從嘉謀而成伯功豈惟悼公爲然齊桓創伯嘗從管仲之諫以懷鄭晋文繼伯嘗從先軫之謀以克楚昔之英君明辟以善言而興事建勛者多矣雖然發言盈庭誰執其咎非知言之君子其孰能擇於斯

禮記

天子七廟諸侯五大夫三士一天子之豆二十有六諸公十有六諸侯十有二上大夫八下大夫六

盧幹

同考試官教諭蕭批（此題論廟豆之數見禮有以多爲貴作者蓋知之詞理俱到不泛不略如此篇者則亦不多得也）

考試官侍講彭批（器數儀節之間禮家所謹此能悉之）

考試官洗馬鄭批（敷析詳明）

隨其分而制廟豆之數此禮之以多爲貴也蓋禮莫大於分也先王制廟豆之數得不各隨其尊卑而爲之等殺也哉記禮器者謂先王之制禮有以多

爲貴者以廟制言之廟所以祀先也而天子諸侯大夫士之廟有差等焉是故天子則三昭三穆與太祖之廟而七也諸侯則二昭二穆與太祖之廟而五也大夫則一昭一穆與太祖之廟而三焉下士則無昭無穆而祖禰共一廟焉所以然者由尊而卑爲之差等耳其獨隆於天子者非特以誠深孝篤而然蓋不如是無以致尊祖之義盡親親之仁也禮之見於廟制者如此以豆數言之豆所以薦羞也而天子公侯大夫之豆亦有隆殺焉是故天子朔食之豆二十有六則朝踐八饋食八加豆八羞豆二也諸公相朝堂上之豆十有六則朝事八而無加豆饋食八而無羞豆也諸侯相朝堂上之豆則朝事六饋食六凡十有二焉主國食使臣之豆則上大夫八下大夫六焉所以然者亦惟自尊而卑爲之隆殺耳其獨尊於天子者非特以備味多品而然蓋不如是無以極九州之美備四時之和也禮之見於豆數者又如此吁以分之尊卑爲數之多寡先王制禮之意不其至歟大抵禮所以辨上下而定民志也故先王緣情以制宜隨宜以爲貴或多或寡各當其位而不相紊各稱其情而不相悖不然則尊卑無序貴賤無等而上下不相安其何以致天下之治哉故曰安上治民莫善於禮

子民如父母有憯怛之愛有忠利之教親而尊安而敬威而愛富而有禮惠而能散

方榮

同考試官教諭蕭批（表記此題傳注明白作者臆説紛紛令人厭觀此卷體認真切發明教養之道通貫無遺非熟於禮者不能本房之冠舍子其誰）

考試官侍講彭批（文意通貫）

考試官洗馬鄭批（辭意而理亦足可取）

聖人論聖君之子民盡教養之道而無偏也蓋教養兼盡而無偏子民之道也此聖君所以能盡乎仁也歟昔吾夫子論君道之難於盡仁而及此謂夫虞舜之君天下也心乎斯民猶父母之於子而教養之兼盡焉以言其養則憯怛之心發於至誠真猶母之愛其子也如拯民於洪水之灾洽民于好生之德非責報於人非要譽於衆其養之盡其道也何如以言其教則忠利之道本乎實心真猶父之教其子也如命官以教人倫制器以利民用有教人以善之實有通變宜民之功其教之盡其道也又何如惟其愛也則有以致其親而和之於内豈不猶母之親乎惟其教也則有以致其尊而率之於外豈不猶父之尊乎親而有所尊則和靖以安而莊敬之心于焉而存尊而有所親則德威惟威

而慈愛之念于焉而著安而敬則富而能節於物而驕奢之患無有焉威而愛則惠而能周於物而偏黨之私無有焉吁尊親兼盡教養無偏此有虞聖人所以能用中於民而盡君道之仁也歟抑考表記此章言君道之難於盡仁惟舜可以爲德之至然此言愛教之事特舜之粗迹耳果極致乎下文言君子化之皆爲全德特舜之德廣耳果聖人之道化止於君子而已哉讀者詳之

第二場

論

聖人太極之全體

楊本清

同考試官訓導沈批（論場欲觀士子性理實學作者類爲浮泛之辭無所發明惟是作議論精明文章醇古蓋嘗潛心濂溪考亭之學者歟）

考試官侍講彭批（作論者騖於誇多門靡之習簡切如此者亦未必不佳也）

考試官洗馬鄭批（理學精深非可臆説此作見理明白措辭醇正其積學之士乎宜在優選）

論曰太極者何陰陽之道也陰陽者何動静之迹也聖人者何人之至而天地之參也聖人所以參天地而成位乎中者全動静之德一太極之本然而已蓋自上天之載而言之則所謂造化之樞紐品彙之根柢者此太極也自其在人而言之則中正仁義所謂天之命人之性動静之德者聖人固無毫髮之不盡而亦豈能有毫髮之加哉是之謂太極之全體蓋嘗觀於穹壤之間矣何者而非太極之所形何者而非太極之所妙形者其氣之著也妙者其理之所以然也真精之合而萬物化生靈秀所鍾而在人獨异故曰中曰正凡横目之民無不具曰仁曰義凡黔首之輩靡不全然中正仁義雖曰禀賦未嘗不同也而不能不奪於情僞之相感利害之相攻中或失于偏倚正或失於邪罔仁或至於殘忍義或至於無耻支離決裂而違太極遠矣况可謂太極之全體乎雖曰性分未有不兼也然清濁之相揉純駁之相雜或正也而未必得於中或仁也而未必諧於義虧欠間隔而於太極之本然有不完矣又可謂太極之全體乎惟聖人得夫秀而秀者其行之也中其處之也正不假修爲而從容乎中道其發之也仁其裁之也義不待勉強而自然其無疵故太極動而生陽則誠之通也繼之者善也元亨之德也萬物之所資以始也而聖人之動而爲仁爲中

者以之太極静而生陰則誠之復也成之者性也利貞之德也萬物之所以各正性命也而聖人之静而爲義爲正者以之萬物體統一太極是太極無一物而不包而聖人渾然一理之具於心者非太極之全體乎一物各具一太極是太極無一物之不在而聖人泛應曲當之見於用者又非太極之全體乎中也仁也而太極之用以行正也義也而太極之體以立由是而有以一天下之動由是而有以立斯人之極所以與天地合其德日月合其明四時合其序鬼神合其吉凶首出庶物而爲人之至也歟是知陰陽成象而天道立矣天一太極也剛柔成質而地道立矣地一太極也仁義成德而人道立矣聖人一太極也天地聖人雖三才之不同其實一太極而已噫聖人合動静之德故爲太極之全體其未至於聖人者夫何如曰修之而已修之何如曰持敬寡欲而已寡之又寡以至於無則静虚動直而聖可學矣雖然此非愚之言也考亭之論也濂溪周子之意也

表

擬詔加崇闕里釋奠禮樂衍聖公謝表

蕭巘

同考試官教諭胡批（表得體）

同考試官學正裘批（駢儷可觀）

考試官侍講彭批（作儷語而有渾成意表如是可已）

考試官洗馬鄭批（典則可嘉）

臣某言伏蒙聖恩遣官祭告闕里加崇釋奠禮樂者伏以端己無爲丕闡右文之至治自天有命肅昭宗德之盛儀洙泗增輝雲仍動色臣惶懼惶懼頓首頓首竊惟闕里有太牢之祠肇於前漢辟廱用六羽之獻昉自盛唐自是以還每致其意厥名暨物與次俱升然近代於章服已崇而釋奠之禮樂猶殺隆文异數蓋有待於聖明重道尊師示莫加於今昔建白雖由於臣下施行一斷於宸衷損益稱情從違協志豆籩登薦上同郊社之規羽籥在陳非復王侯之制聲容斯備氣象一新兹蓋伏遇皇帝陛下秉心淵塞凝命穆清敬德以先用儒而治潜心經幄德刪述之精微垂意人文妙昭回之賁飾惟兹曠典遂出明時玉音涣發於九重天使遠馳於六轡升堂薦告洋洋乎如聞金石之聲夾道瞻趨欣欣然宛有堵牆之集制實通於天下匪直魯宫士胥慶於寰中矧惟孔氏臣某紹續前封因緣末系行其禮奏其樂庸虚深愧於象賢月之恒日之升感激徒能於華祝臣無任瞻天仰聖激切屏營之至謹奉表稱謝以聞

第三場

策

第一問

高輝

同考試官訓導李批（筆勢翩翩如天馬行空藹浮雲而上征非復可施御勒矣敬羨敬羨）

同考試官教諭李批（議論英發才氣偉然仰頌聖祖之製核論漢唐諸君反復頓挫隱然有一唱三嘆之音高薦何忝）

考試官侍講彭批（疏密輕重皆有意謂非苟然者）

考試官洗馬鄭批（五策皆可觀此篇尤善揄揚文亦滂沛策場之優者歟）

性於天者不必其成於人務於大者無所事於小聞大道之要則區區之文藝有不足言而得於天質之美者亦豈規規於綴緝者之所能及哉蓋嘗觀於先哲之論矣夫留意詞藻之末弊精文義之間此拘儒曲士之所攻非致治保邦之所急則謂帝王之學與常人不同者是也然大學之道修身爲本天子庶人其理無二則謂帝王之學與常人不异者亦是也漢唐以來蓋無足與於斯者高帝以明達之資豁大之度奔走英豪宰制群力舉措施爲規摹宏遠出詞吐論氣格開張使其本於身者有先王講學之功談詩書者非陸賈叔孫生之陋則大風之作且將有阜財鮮慍之念而新語之奏豈足以少符其起居造誠之心哉若夫孝武之好文學魏武之本諸生唐太宗之才敏夙成玄宗之文譽自負皆嘗致力於斯事而今昔所共推者至論其得於天質之高則其視不事詩書者反有間焉是以橫汾之作後世嘗譏其氣象之委靡宮體之傳當時已病其純正之不足曹氏之述作尤多開元之篇製具在品目高下曾莫遁情使其有見於明良喜起之高致而相與爲允懷典學之實功且將進而仿佛於六藝六體之製豈特頡頏於終馬楮虞燕許之間哉天生聖祖光啓大明心學得於自然化筆妙於神授敷言之訓衣被臣民昭回之光藻飾萬物愚嘗跧伏草茅而竊窺其一二若君臣同游之一語置之典謨訓誥之列泯乎其無以别也未有外綱常而可以爲君之一言雖千百世之後聖確乎其不可易也至於訓迪治官昭陳政體旁盡物情下悉民志補先儒之所未備正前世之所謬訛鑿鑿如五穀之療飢布帛之衛寒不可一日而無也又嘗聞之先朝之舊臣故老矣以爲聖心所屬翰墨時御略不駐思而頃刻數百言意足辭止不復點竄是豈竭精弊神争妍取工較一日志長者可望其萬一哉愚敢曰高皇帝之於文蓋性之天者也

第二問

方榮

同考試官教諭蕭批（理學一策有先儒成說學者多不之講此篇發明詳盡末復言工夫次第知入德之門必嘗用心於此者）

考試官侍講彭批（記憶儒先之論略無所遺）

考試官洗馬鄭批（敷對詳明足見學力）

汗牛充棟天下之圖書富矣而闡明夫義理者惟二三策而已耳際天蟠地天下之義理廣矣而究極其精微者在方寸間而已耳蓋天下之學莫粹於性理天下之理不外乎一心故欲究先儒之學當求諸書欲求先儒之書當究諸心得於心則先儒之理學可論矣太極西銘探極造化之秘推明仁孝之理得千載之不傳發前聖之未發誠理學之宗也愚嘗因程朱之言究二書之旨矣請陳其概太極圖說首言陰陽變化之原繼以人物禀受之序惟人也得其秀而最靈純粹至善之性也是所謂太極也形生神發其陽動陰静之爲乎五性感動其陽變陰合而生五行之性乎曰善惡生萬事出其成男成女萬物化生之象乎終之以易者豈不以易之爲書廣大悉備而圖有以盡之歟首尾相因有緒而不遺脉絡貫通有條而不紊朱子之言可謂深得其旨矣彼謂傳於种放之徒近於老氏之說者何足以知之西銘一篇始言乾爲父坤为母所谓理一也然乾坤者天地之父母而父母者一身之父母非所谓分殊乎民爲同胞物爲吾與自天下之父母言之所謂理一也然謂之民則非真以爲吾之同胞謂之物則非真以爲吾之同類自一身之父母言之非所謂分殊乎至若大舜之底豫魯子之全歸則因事親之誠以明事天之道皆理一而分殊也所謂名虚理實者亦謂是耳程子之論可謂一言蔽之矣彼謂語體而遺用平施而無稱物者又何足以語此夫自孔孟不作理學無傳縱横於秦黄老於漢清談於晋辭章於唐天下不知所謂理學者蓋非一日也至宋周張二夫子者出闡性命之旨開理學之源而嘉惠後學至矣學者讀二書而有得焉則自戒謹恐懼以修性分之本然存心養性以盡畏天之當然由是而造夫仁義中正之地樂天踐形之域何有豈徒誦說之而已哉執事幸有以教之

第三問

倪天民

同考試官教諭胡批（此策正欲觀士子該博之學而善答者甚不多見是篇考據精詳論議切當真策手也視彼敷演問目者風斯下矣）

同考試官學正裘批（此策條答不遺考論有據且詞氣豐贍蔚然可觀

蓋優於策學者置之高等公論攸歸）

考試官侍講彭批（比辭析事皆有條理）

考試官洗馬鄭批（論古人成敗歷歷如見各當其情殆非稚學）

不兼天下之智不足以用天下之言不用天下之言不足以濟天下之事蓋天下之事無窮而一人之見有限必用天下之言斯能盡天下之智而天下之事無不濟矣古之人君臨天下之大定天下之業孰不樂聞忠讜之論爲國家助哉顧用之何如耳然非在我者有以兼天下之智又孰能知而用之執事發策舉古人之用言下詢愚生何足以知此然即其取舍之曰考其成敗之迹不難知也夫六國之印遽銷於子房一借箸之間高帝之悟速矣向使酈生之説行則漢事不幾於去乎馬邑之誘卒成於王恢屢廷辨之餘武帝之惑深矣向使安國之計用則邊塵其至於屢驚乎孫權之走操周瑜之策也若慴於長江共之之語則何以成鼎足之勢晋武之平吴羊祜之謀也若奪於秦凉爲憂之論則何以成混一之功苻堅南寇苟惟陽平之聽則五將之奔可免矣何説於躬行天罰之面諛而自速其亡邪宋文北侵苟惟慶之之用則元嘉之政不衰矣何動於席卷赵魏之浮談而自蹙其國邪勸伐高麗李勣之逢君可罪也師出無功適足爲太宗之累使能受遂良之直言而不變寧有是哉主盟吐蕃張延賞之誤國可責也劫盟見辱亦足爲德宗之玷使先知柳渾之料敵而不疑豈至是哉帥兵淮西裴度欲勵諸將也一鼓而元濟成擒設其事沮於逢吉則淮蔡之人終不知有生民之樂矣請幸澶淵寇準欲破敵膽也一出而契丹奪氣設其議移於欽若則大梁之危將不待靖康而然矣嗚呼一言可以興邦一言可以喪邦其安危之機成敗之分一係於言如此爲天下國家者可不以知言爲務哉雖然有權之平然後能知物之輕重有度之精然後能知物之長短有吾心之權度然後能知言之是非故曰人在堂上方能辨堂下人曲直正謂是也欲知天下之言又當以窮天下之理爲本執事以爲何如

第四問

宋禮

同考試官訓導張批（此卷五策俱能條答治教一篇於立法用人處蓋有見乎其大者非徒區區於肄律之末至於寫一時之弊宛然可見非諳涉之素而才氣之充者殆不及此）

同考試官教諭袁批（有鋪叙委屈之雅辭有含蓄不盡之餘意燕趙古稱多感慨之士信然）

考試官侍講彭批（中間議論有引其凡而不竟其目者豈風簷寸晷之

間不能盡其説耶雖然可以意得之矣）

考試官洗馬鄭批（議論切直卓有所見其識時務者哉他日設施未必無可觀也）

以馭吏之法爲疏密而疏密之用常不繫於法以用人之塗爲輕重而輕重之勢常必變其初蓋天下無一法之無其弊而亦無一塗之不足以得人雖周官六典之制亦未必其盡宜於今而假令出於鄉舉里選之目者亦豈必皆舉其識哉此愚所以反覆於執事之問而有感焉夫爲州縣者有吏員也有監生也有進士也而議者以爲莫賢於進士任學校者或自鄉貢除或自明經薦或由監學選而議者以爲莫弊於薦舉夫進士之科朝廷所留意士夫所傾心其選授之初上下嘗屬目焉今進士之選盛行矣而執事所謂漸輕之勢已有見於今者愚固不敢謂無也薦舉之人夤緣以求知道僥幸以苟得其末流之壞士類嘗扼腕焉今薦舉之門已杜矣而執事所謂不職之弊未有以賢於彼者愚亦不敢謂無也至於責治於州縣者其法不密於近時乎鋤芸櫛治無間於歲年升華躋要改觀於轉盼可謂急於幽明之黜陟矣加意於學校者其法不因仍於昔日乎責成之效惟在以於貢舉考功之課不及以吏事可謂專於師儒之責任矣雖然知解印之不旋踵也則京兆之五日必有以償其未愜之心而拱辰之一網尚幸其或吞舟之漏知召檄之不終朝也則操轡策於上者必濶略於惠文之治而屏聲氣於下者常易息於吞鱔之威夫豈勸懲之本意哉若夫人材之産也有謂爲孝秀之淵有謂爲夫荒之壤故或倚席不講而功籍已盈或課授不輟而殿負自若至其學問之察也外而風憲有比年之試内而銓曹較一日志長故浮華之小技立見而真實之隱德難知文藝之一節可師而範模之大本無係又豈建立之初心哉凡此者有識之所同病而執事之所以不能忘言也歟愚竊以爲馭吏之法備矣而執法以馭吏者有其要用人之塗嚴矣而探本以作人者有所先知要之所在則知救弊補偏雖不可無法而所以得失之相乘利病之相半者非法之罪也知本之所先則知辨材論德雖不能以不异而所以輕重殊勢後先殊效者非所由以進之塗之罪也方今聖天子明道致法運之於上二三大臣揆道守法贊之於下鳴琴製錦之賢棟梁榱桷之頌固當見之一得獻愚多見其贅爾

第五問

宋禮

同考試官訓導張批（場中多爲夷狄一策所窘間有答者亦不能悉此

篇直以漢事論辨疊疊不已波瀾疊出筆力老健讀之能不令人起敬）

同考試官教諭袁批（策場群作類皆疏略於夷狄一問尤不知所謂纏繞紛拏無以自解此篇直寫其胸中所欲言而事意完足無復闕遺至其歸宿亦寓深意非淺學謏聞之士必矣）

考試官侍講彭批（反覆漢事甚熟而文亦粲然）

考試官洗馬鄭批（詞氣沛然不爲問目所制能文之士也場中諸子無出其右者矣）

畜夷狄猶禽獸然盡之於山澤不可也闢撤垣毀而無以備之不可也畏其噬搏而飲食之以冀其免己雖五尺之童知其不可矣是故至則驅之馴則豢之而已漢之事匈奴曠世歷年詘信异變强弱相反然大率嚴尤之所謂下策也高帝脱平城之困約結和親文帝通關市之使增厚賂遺然而寇盗不衰嫚倨彌甚虜騎至於回中烽火通於甘泉是以文帝躬擐甲之勞肄上林之射當食思賢拊髀興喟是豈和好之足恃哉武帝選將練兵深入窮追使衛青霍去病之徒先後出入搴旗大漠之北登臨瀚海之陰然而中國罷耗士馬物故報復相當桀驁自若亦豈威武之足恃哉孝宣承先世奪擊之威值匈奴百年之運爲權時施宜之計然後羈縻外屬三世賓庭蓋高文武昭之前其盛强慭然以相抗宣元成哀之後其削弱萎然而自屈與漢盛衰略相終始至論漢興以來君臣之間謀議所持計策所出則當時之得失而後世之明效也雖其成敗亦有出於偶然而圖爲或不叶於道義然大略有可見矣劉敬知冒頓非可以仁義説而欲結以婚姻之好賈誼憤首足之倒懸而欲餌以金絮采繒之奉前後相違卑陋無取若夫乘邊之士至數十萬人固已羅絡山川而包囊險翳其爲防可謂周矣然疲於東西之奔命無救吏民之侵掠安在其爲防也西域之通至三十餘國謂將斷其右臂而離其外交其爲謀可謂得矣然首鼠陰持於兩屬反覆常伺於弱强安在其爲謀也至於望之建敵國不臣之議而荀悦有僭度失序之譏誠以彼之自倨自侈倔强於域中固不必强而臣之而來享來王使命之加遺亦不當抗而尊之也故以愚論斷之衛青霍去病之舉猶獸而欲盡之於山澤者也劉敬賈誼之策畏其噬搏而飲食之者也其謂選武略之臣修障隧之具厲長戟勁努之械則知撤關毀垣之不可而欲備之者也得陵廣之材勇不若用充國之善勝賞甘陳之奇節不若推魏尚之善守此又欲備之者之所宜知也善乎班孟堅之言之也以爲與結約則耗費而見欺就征伐則勞師而招寇是以外而不内疏而不戚其來也懲而禦之其去也備而守

之其靡服也隨宜而接之使在我有可恃之勢而在彼無得乘之機亦疏庶乎其有見焉雖然書曰無怠無荒四夷來王又曰敦德允元蠻夷率服漢之諸臣豈足以與此

順天府鄉試録後序

上命臣環臣教來考順天鄉試既畢事臣教謹叙論其意於録後夫取人之不廢言也舊矣書曰敷奏以言又曰詢事考言文則言之成章而著者也自漢以來充賦有司而登其説於王庭者可考見已至于今莫之有改蓋言之不可廢也如此然以唐虞明良之盛猶致意於静庸之際而後世之品藻文藝差次事功亦每岐而論之則又以見言之難恃已陛下在位今十有三年益明習國家事方励精求人以振庶功小大之臣奔走恐懼仰承威命而臣猥以文字充乏適當任使大懼無以稱塞明昭蓋鄉舉取士公卿輔相且將階級焉事至重也其敢不共况天府之士畿内之秀四方游學之英宜有卓异以備异時登簡顧臣之淺昧何足以知之雖然畢力於文辭論議之間而精察舉之任此臣事力所及也若夫恢宏碩大之器剛方敦厚之質疏通敏達之才由是有得焉此則臣之志也

翰林院侍講彭教謹序

成化十六年順天府鄉試録

順天府鄉試録序

成化庚子秋式當試士上命翰林院侍講學士臣楊守陳右春坊右諭德臣陸簡主京師順天府試事順天與畿内七郡合六館諸司士就試者凡三千六百有奇論其秀僅得一百三十五人遵定額也惟九州之域風氣習尚皆异古之帝王一道德同風俗亦必久而後浹焉大明興圖曠古所未有而兩京對峙于南北蓋自太祖高皇帝都應天府尋號南京太宗文皇帝即順天府爲北京至于今都焉臣守陳往歲嘗被旨論秀于應天今復論順天之秀於是兩京之士皆得而悉之其秀之蕃衍碩大蓋非四方萬國所能逾也然應天在江左由司馬晋至後唐凡八代屢嘗建都而鄰郡亦嘗爲輔至國初仍作京畿政教之䅚重文獻之稠叠宜其秀之蕃且碩矣順天在冀方與今畿内數郡自石晋没于遼以迄于金元歷四百三十有餘歲遭我聖朝乃始復歸于華夏新化雖洽舊俗或遺今其秀乃與應天諸郡并蕃而齊碩者何居守陳聞之燕有谷寒不生黍鄒衍吹律以温其氣而黍生焉况有大於律者其所生豈特黍而已哉自我神祖掃胡俗以復華風列聖丕承德洋仁普逮今百稔餘矣正所謂聖人久於其道而天下化成故雖月窟日域冰天炎海之外亦皆漸被變遷而况順天諸郡乃日月之所近臨也風霆之所先鼓也雨露之所偏渥也其秀蕃碩不亦宜哉然秀於昔者率能振芳英敷茂實以無負乎大造矣今之秀將與秀於昔者争芳而四方萬國之秀復與秀於京者競茂舉明世於三代之隆固丕基於億年之久不在兹乎試畢録成守陳當序故道兩京之秀之蕃碩以見神聖功化若此其隆俾天下皆興後世皆慕焉若夫勖厲士子之詞已屢發於前人而同考與提調監試之銜名則具列於次簡皆不敢複言之

翰林院侍講學士奉直大夫楊守陳謹序

成化十六年順天府鄉試

提調官

順天府府尹杜謙（益之直隸昌黎縣人　甲戌進士）

中順大夫順天府府丞張海（文淵山東德州人　丙戌進士）

考試官

奉直大夫翰林院侍講學士楊守陳（惟新浙江鄞縣人　辛未進士）

奉訓大夫右春坊右諭德陸簡（廉伯直隸武進縣人　丙戌進士）

同考試官

陝西西安府邠州儒學學正王勉（志學河南羅山縣人　辛卯貢士）

山東東昌府濮州儒學學正陳堯（懷舜浙江新昌縣人　乙酉貢士）

陝西鞏昌府秦州儒學學正陳睿（思誠四川成都縣人　甲午貢士）

福建建寧府崇安縣儒學教諭劉秩（咸叙江西萬安縣人　壬午貢士）

山東濟南府齊東縣儒學教諭程剛（克柔福建侯官縣人　壬午貢士）

河南南陽府裕州舞陽縣學教諭馮誨(克仁直隸如皋縣人　丁酉貢士）

直隸常州府無錫縣儒學訓導謝經（子常湖廣衡陽縣人　乙酉貢士）

湖廣黄州府麻城縣儒學訓導朱華（質夫四川長壽縣人　丁酉貢士）

監試官

文林郎山東道監察御史謝顯（時榮浙江會稽縣人　己丑進士）

文林郎江西道監察御史劉瓚（廷璧山東益都縣人　丙戌進士）

收掌試卷官

四川成都府茂州知州周鑑（孔明浙江會稽縣人　甲申進士）

印卷官

奉議大夫順天府治中王頤（道正山東海豐縣人　丙子貢士）

順天府通判袁俊（邦傑河南項城縣人　壬午貢士）

受卷官

山東兖州府沂州郯城縣知縣田畊（濟民河南儀封縣人　乙未進士）

廣東潮州府饒平縣知縣黎禧（允吉廣西陽朔縣人　丙子貢士）

彌封官

浙江紹興府推官蔣誼（宗誼南京句容縣人　丙戌進士）

直隸太平府當塗縣知縣黄寯（世用福建閩縣人　丙戌進士）

謄録官

江西吉安府吉水縣知縣王瑭（良玉浙江臨海縣人　乙未進士）

湖廣長沙府醴陵縣知縣汪道（世行直隸休寧縣人　己卯貢士）

對讀官

浙江湖州府通判李智（希哲湖廣寧遠縣人　丙子貢士）

浙江杭州府仁和縣知縣胡琦（宗器廣西臨桂縣人　丙子貢士）

巡綽官

山東都司平山衛署指揮同知王通（以節山東魚臺縣人）

直隸壽州衛指揮僉事王權（仲威山東單縣人）

直隸滁州衛指揮僉事韓璽（廷用直隸定遠縣人）

直隸儀真衛指揮僉事馬綱（文紀原籍禹州人）

搜撿官

山東都司臨清衛指揮同知胡綱（文紀直隸華亭縣人）

山東都司濟寧衛指揮僉事王瑄（廷璋直隸海州人）

供給官

順天府經歷司知事王璠（珮玉陝西鎮遠縣人　監生）

順天府大興縣主簿韓玘（文憲山西黎城縣人　監生）

順天府宛平縣典史解廣（至大山東德州人）

第一場

四書

先事後得非崇德與　辟如四時之錯行如日月之代明　心之所同然者何也謂理也義也聖人先得我心之所同然耳故理義之悦我心猶芻豢之悦我口

易

大君之宜行中之謂也　剛柔分動而明雷電合而章柔得中而上行　夫乾其静也專其動也直是以大生焉夫坤其静也翕其動也闢是以廣生焉　二與四同功而异位其善不同

書

天秩有禮自我五禮有庸哉　若升高必自下若陟遐必自邇　若稽田既勤敷菑惟其陳修爲厥疆畎　士制百姓于刑之中以教祗德穆穆在上明明在下灼于四方罔不惟德之勤故乃明于刑之中率乂于民棐彝

詩

方叔莅止其車三千師干之試　文王受命有此武功　令儀令色小心翼翼古訓是式威儀是力天子是若明命使賦　假哉皇考綏予孝子宣哲維人文武維后燕及皇天克昌厥後綏我眉壽介以繁祉既右烈考亦右文母

春秋

公及齊侯宋公陳侯衛侯鄭伯許男曹伯會王世子于首止（僖公五年）公會宰周公齊侯宋子衛侯鄭伯許男曹伯于葵丘（僖公九年）　突歸于鄭（桓公十一年）齊小白入于齊（莊公九年）　滅項（僖公十七年）取鄟（成公六年）取邿（襄公十三年）取鄫（昭公四年）　晋人及姜戎敗秦于殽（僖公三十三年）

禮記

一有元良萬國以貞　故聖人參於天地并於鬼神以治政也處其所存禮之序也玩其所樂民之治也故天生時而地生財人其父生而師教之四者君以正用之故君者立於無過之地也　賓入大門而奏肆夏示易以敬也　察於此四者可以有志於本矣

第二場

論

帝王以人文化成天下

詔誥表（内科一道）

擬漢文帝令郡國無來獻詔（元年）　擬唐以魏徵爲太子太師誥（貞觀十六年）　擬謝賜續資治通鑑綱目表

判語（五道）

舉用有過官吏　隱匿費用税粮課物　術士妄言禍福　官司出入人罪　虚費功力采取不堪用

第三場

策（五道）

問　穆叔有言太上立德其次立功其次立言説者謂黄帝堯舜爲立德禹稷爲立功史佚周任臧文仲爲立言未之盡也夫德立固上矣然功也言也非德曷能立耶朱子謂道德文章不可使爲二然則德與功言其可使爲三乎黄帝神靈徇齊堯欽明文思安安舜温恭允塞德固立矣而其功若畫野分州

若曆象定時若封山濬川其言若書契若二典所載皆不可謂不立也禹平水土稷播百穀功固立矣而其德若克勤于邦若克配德天其言若虞書二謨亦皆不可謂不立也若夫史周臧三子其言比之聖人猶霄壤也其可獨謂其立言而以次於數聖人耶是或有説矣自禹而降若殷周漢唐宋諸君亦有德功言可與數聖人并者歟逮我皇明一祖四宗皆以上聖之資當大造之任其德功言俱與數聖人同矣可得究其詳歟夫天地之德化育之功奎壁之章固萬國之所共睹而齊聞者况在京畿之内者哉是不可讓矣

問　古之爲民者四曰士農工商外此無□民也故四民安則天下治矣古之帝王未有不安此而稱治者然羲農十三卦之制耒耜教耕以興農日中爲市以通商何不及於士工虞九官之命稷播穀垂共工何不及於士商周禮太宰八則有馭士者矣農工商其無馭乎太宰九職列農工商矣而士獨安所職乎其曰馭曰職者可悉數之歟管子謂昔聖王處四民使士就燕閑工就官府商就市井農就田野而不雜故士農之子常爲士農工商之子常爲工商而不遷然伊尹處畎畝膠鬲販魚鹽果不雜乎欒胥之後在皂楚相之子負薪果不遷乎降及後世雜與遷甚矣韓子謂今之爲民者六余謂今之爲民者七游手其一也今之三民興而四民病矣欲盡驅其三以合乎四可乎凡士之游校者送迎奪業衣食困心入官者待闕苦久資格苦拘工之上京者艱於客資居家者疲於官役商之營大利者爲勢豪所侵務小本者爲征徭所窘是三者皆病也而未有甚於農者耕耨正忙而召役者叫囂其室麥禾未熟而徵租者鞭撻其膚故雖力耕疾織而樂歲有凍餒凶年有流亡也病不已甚乎而士者或玩愒不學浮華無實農者或惰而不力富而不節工者或作巧技以眩俗爲苦器以誤人商者或表美售惡務奢逞欲又皆自病者此在往古治世亦往往有之而未始不處之也今承平百年超邁往古蓋已無此矣萬一有之可不爲之處乎願聞所以處之之道

問　學猶殖也不學將落故君子不可一日而無學也然自正學不傳知學者鮮學豈易言哉三減之書上聖猶學也一善之服大賢猶學也彼有通達國體可方伊管何云其不善學潛心大業爲世儒宗何云其不窺大道或尊大王室或處死不亂或精明博洽或朴厚端重而曷爲蒙不學之譏或明習漢制或經術通明或文學絶倫或藻警得幸而曷爲致不識字之誚以六經之文爲諸儒倡而何以用世之學不如人以古文之任爲天下師而何以本領之學不如人倡絶學於孔孟而不欲以一善成名何以中年而尚不及顔閔之徒集大成於諸儒而力以斯文爲己任何以晩歲而猶有義理無窮之嘆處都城俗學

之中而卒究大業其學何事乎出黨禁僞學之後而能明正道其道何傳乎夫士有好學之志必其有尚友之心易曰多識前言往行以畜其德是矣何先正有玩物喪志之戒傳曰學優而仕仕優而學是矣何説者有學而後從政未聞以政爲學之言古之學者有四失今欲去之何由今之學者有三岐古能一之何道方今教養無异道術業有專攻是宜正學日隆陋前修而弗之齒矣然有以明經規進取而東書於釋蹻之餘以吏事爲才諝而喪志於揚歷之久俾儒者之功不大見於世也亦何有於士哉夫學官先事士先志今言不及於數而叩將以盡其大鳴也盍各言其志乎

問　古之論爲政者亦多術矣而大要不過曰振士風戢吏治阜民財飭邊備而已天下之治誠不外此深求其故若不皆然何也漢元光之初崇尚儒術表章六經爰致文學大興而學士經生迭入爲相士風可謂振矣何以公卿多保位之人而無補漢政之不綱歟建武之世嚴察職事屢易守長而數世之後屏黜貪污天下肅然吏治戢矣何以朝野有三空之語而卒致炎綱之日弛與唐貞觀之末斗米三錢外户不閉幾致刑措號稱太平民財可謂阜矣而閭閻多怨讟之言不若貞觀初年饑饉相仍而民無愁苦何歟宋熙寧之間創立保甲增修戍壘熙河闢壤高麗來庭而不免啓釁之端不及祖宗歷世武略雖微而仁澤深厚何歟凡若此者或病其用舍失宜或咎其刑罰不中或言其驕侈之漸或議其聽斷之偏不知四者之弊於彼四事何所關歟抑别有其由而不繫於此歟若夫賢才彙進而士風日污按劾不遺而吏治益雜催科與恤典并舉民生何自而安羽書與捷報交馳邊備何時而飭綜核於四事之間孰爲當救之弊探討於四事之外孰爲無務之宜攄紙上之陳言發胸中之特見固儒者之能事也然言必當理事必當務吾於諸生望之矣

問　窮理盡性之餘而游心載籍以廣前聞固君子所不廢也然代遠文繁言殽簡錯不資博辨曷啓深懵沮誦造字書契曷始於軒轅虞舜作韶大韶曷原於帝嚳商湯問罪之師間道用升陑之計伊尹耕莘之隱輕身爲負鼎之要太公之遇文王或云載自渭陽或謂歸於東海微子之歸周室或言出遁荒野或曰抱器軍門周世共和之號或以爲二公共和王政之義或以爲共伯之名楚人椒蘭之辭或以爲二人誤君之名或以爲君子之喻曾子易簀而終何以見記禮者之寓貶宰我從畔而及何以知作史者之傳譌遷史稱四皓之翼儲通鑑何疑而不載通鑑削屈平之自溺綱目何取而見收以火禁原介子之燔則周人有司爟之職以海濤乘子胥之怒則先儒有隨月之談凡傳聞之异疑諒折衷之有要略引其概佇聽洽聞

中式舉人一百三十五名

第一名　白鉞　直隸真定府南宫縣學生　詩
第二名　譚昇　順天府平谷縣學生　易
第三名　尹頌　順天府學增廣生　書
第四名　韓謙　直隸徽州府歙縣人歲貢生　春秋
第五名　吴厚　直隸大名府開州學生　禮記
第六名　鄭宗仁　直隸河間府任丘縣學生　詩
第七名　張時　直隸保定府唐縣學生　春秋
第八名　范昌齡　直隸蘇州府吴縣人監生　書
第九名　高賢　直隸大名府開州學生　易
第十名　趙寧　直隸大名府大名縣學生　詩
第十一名　喬宇　金吾前衛軍餘　書
第十二名　楊杲　直隸河間府東光縣學生　詩
第十三名　李員　直隸真定府棗强縣學生　易
第十四名　鄧璋　順天府涿州學生　詩
第十五名　王弇　直隸保定府蠡縣學生　書
第十六名　張布達　直隸河間府慶雲縣學生　禮記
第十七名　劉璽　順天府學增廣生　詩
第十八名　宋麟　直隸保定府新城縣學增廣生　書
第十九名　魏宗舜　直隸保定府定興縣學增廣生　易
第二十名　郭郛　直隸廣平府肥鄉縣學增廣生　詩
第二十一名　楊紹　直隸大名府開州學生　書
第二十二名　王貫　順天府學增廣生　詩
第二十三名　閻通　直隸保定府容城縣學增廣生　易
第二十四名　張克用　左春坊辦事吏　書
第二十五名　王銓　陜西隆德縣人監生　詩
第二十六名　許鏞　順天府薊州學生　禮記
第二十七名　蘇縉　直隸真定府衡水縣人監生　詩
第二十八名　張林茂　直隸保定府滿城縣學生　書
第二十九名　房鑑　順天府學生　詩
第三十名　徐寧　直隸河間府河間縣學生　易
第三十一名　鄭夔　江西廣信府上饒縣人監生　詩

第三十二名　沈璡　順天府宛平縣儒士　書
第三十三名　田增　直隸永平府灤州學生　詩
第三十四名　甯舉　直隸保定府新城縣學增廣生　書
第三十五名　郭良　直隸河間府滄州學生　詩
第三十六名　花時　直隸保定府新安縣學生　易
第三十七名　張瑞　直隸真定府深州學生　詩
第三十八名　馬芹　直隸大名府滑縣學生　書
第三十九名　徐經　直隸河間府任丘縣人監生　詩
第四十名　頓質　史部聽選官　春秋
第四十一名　楊澤　直隸河間府學生　詩
第四十二名　王琮　直隸保定府高陽縣學增廣生　書
第四十三名　陳瑜　留守前衛軍餘　詩
第四十四名　宋錫　直隸大名府長垣縣學生　易
第四十五名　馮經　直隸保定府清苑縣學生　詩
第四十六名　馮蘭　直隸保定府蠡縣學增廣生　書
第四十七名　冉繼志　直隸保定府蠡縣學生　詩
第四十八名　謝景星　直隸廣平府邯鄲縣學增廣生　禮記
第四十九名　樊瑀　順天府文安縣學生　詩
第五十名　王翊　武驤右衛舍人　書
第五十一名　楊浩然　直隸保定府學生　詩
第五十二名　陳奎　直隸保定府博野縣學生　易
第五十三名　何東　四川順慶府岳池縣人監生　詩
第五十四名　李世亨　直隸保定府容城縣學增廣生　書
第五十五名　費鎧　順天府學增廣生　詩
第五十六名　張珩　直隸大名府大名縣人監生　書
第五十七名　安郁　直隸廣平府邯鄲縣學生　詩
第五十八名　王弘　德州學武生　易
第五十九名　王愚　直隸保定府清苑縣儒士　詩
第六十名　任源　順天府學生　書
第六十一名　徐紀　直隸河間府任丘縣學增廣生　詩
第六十二名　張璿　直隸河間府南皮縣人監生　禮記
第六十三名　應珊　順天府學增廣生　詩

第六十四名　安至善　直隸真定府贊皇縣學生　易
第六十五名　徐廷錫　直隸河間府南皮縣學生　詩
第六十六名　楊越　直隸保定府易州學生　書
第六十七名　夏鼎　府軍左衛軍餘　詩
第六十八名　賈鳳　直隸真定府藁城縣人監生　易
第六十九名　魯杲　錦衣衛校尉　詩
第七十名　趙璞　直隸永平府學生　書
第七十一名　尚俊　直隸河間府滄州學生　詩
第七十二名　徐鋭　直隸廣平府學生　春秋
第七十三名　段又德　直隸河間府交河縣學生　書
第七十四名　張鏜　直隸河間府學生　易
第七十五名　廖紀　直隸河間府東光縣學生　詩
第七十六名　王酰　直隸大名府滑縣學生　書
第七十七名　韓春　直隸保定府蠡縣學生　詩
第七十八名　石斌　直隸真定府藁城縣學生　易
第七十九名　何樟　順天府學增廣生　詩
第八十名　高舉　順天府良鄉縣學生　書
第八十一名　甘昂　順天府學增廣生　詩
第八十二名　吴麟　順天府涿州學生　禮記
第八十三名　史誼　直隸順德府平鄉縣學生　詩
第八十四名　侯世英　直隸真定府冀州學生　易
第八十五名　劉昂　順天府學增廣生　詩
第八十六名　李曜　直隸保定府蠡縣學增廣生　書
第八十七名　曹敬　直隸真定府藁城縣學增廣生　詩
第八十八名　顧瓘　順天府大興縣儒士　易
第八十九名　楊寬　順天府涿州學生　詩
第九十名　李沐　吏部辦事官　春秋
第九十一名　宋鏞　直隸安慶府太湖縣人監生　詩
第九十二名　趙翱　直隸河間府東光縣學生　書
第九十三名　張本　直隸保定府安肅縣學生　詩
第九十四名　陳愷　直隸大名府長垣縣人監生　易
第九十五名　焦祺　直隸廣平府永年縣學生　詩

第九十六名　郭賓　遼東瀋陽中衛人監生　書
第九十七名　佘璘　直隸永平府灤州人監生　詩
第九十八名　潘玉　直隸大名府魏縣學生　書
第九十九名　李桂　直隸大名府魏縣學生　詩
第一百名　高鑑　順天府涿州學生　書
第一百一名　楊東　直隸永平府學生　詩
第一百二名　徐翊　順天府學增廣生　易
第一百三名　王實　留守左衛舍人　詩
第一百四名　解琺　順天府通州學生　書
第一百五名　張明　直隸河間府景州學生　詩
第一百六名　吴珍　順天府宛平縣儒士　禮記
第一百七名　周鑑　直隸真定府平山縣學生　詩
第一百八名　仇仁　順天府密雲縣學生　書
第一百九名　于禎　直隸河間府任丘縣人監生　詩
第一百一十名　房瑄　直隸河間府任丘縣學生　易
第一百一十一名　張錦　直隸保定府安州人監生　詩
第一百一十二名　張震　直隸廣平府永年縣學增廣生　書
第一百一十三名　武宣　直隸河間府滄州學增廣生　詩
第一百一十四名　路仁俊　直隸真定府南宫縣學增廣生　書
第一百一十五名　王寅　直隸順德府學增廣生　詩
第一百一十六名　馬龍　直隸保定府高陽縣學增廣生　易
第一百一十七名　韓曦　順天府學增廣生　詩
第一百一十八名　王寅　直隸保定府容城縣學增廣生　書
第一百一十九名　宋鑑　河南鞏縣人監生　詩
第一百二十名　宋鳳　直隸真定府趙州學生　書
第一百二十一名　張昶　直隸大名府長垣縣學生　詩
第一百二十二名　倪綱　應天府句容縣人歲貢生　春秋
第一百二十三名　侯泰　直隸保定府雄縣學生　詩
第一百二十四名　陳澣　直隸大名府開州縣學增廣生　書
第一百二十五名　張瑜　順天府學增廣生　詩
第一百二十六名　何顒　順天府涿州學增廣生　書
第一百二十七名　姚斌　直隸廣平府永年縣學生　禮記

第一百二十八名　黄清　順天府學增廣生　詩
第一百二十九名　顧景祥　順天府大興縣儒士　書
第一百三十名　李玑　右軍都督府舍人　易
第一百三十一名　孫佐　順天府學增廣生　書
第一百三十二名　朱錦　順天府順義縣學生　詩
第一百三十三名　錢銘　順天府通州學生　易
第一百三十四名　田世芳　順天府霸州學增廣生　書
第一百三十五名　劉江　直隸保定府易州人監生　詩

第一場

四書

先事後得非崇德與

同考試官教諭程批（此篇理明辭暢宜表而出之）

同考試官教諭劉批（作此題者多泛而不切是篇辭理俱到超出衆作宜録以示學者）

考試官諭德陸批（講崇德處尤緊峭讀之聳然）

考試官侍講學士楊批（理明辭健蓋嘗用心於内者）

惟務所當爲不計所當獲此德所以日高也夫人惟有利欲之心故德不崇也苟惟務其所當爲而不計其所當獲則利欲之心亡矣德其有不崇乎昔孔子因樊遲問崇德而告之以此蓋事務與功效而相承利欲與義理而相勝世未有爲其事而不得功效者然未爲而已計其功方爲而遽圖其效乃利欲之心而非義理也欲崇德者必先其所當爲之事而後其所當得之功先者爲之在先而無少慢後者置之在後而不復計無大無小之事爲必先之而於其功一皆後焉若常若變之事動輒先之而於其效亦皆後焉夫如是德不以之而崇乎蓋道得於心之謂德一有利心則道之已得者亦日亡矣理得於心之謂德一有欲心則道之未得者將終失矣今既先其事而後其得則一行吾義而欲心不萌德於是乎日積土自一簣而成九仞之山者不足以喻之也一循吾理而利心不作德於是乎日增木起尺寸而聳千尋之幹者不足以方之也然則先事後得豈非崇德也與聖人之言厥旨深矣抑考此章樊遲問崇德聖人既以此告矣他日子張亦問崇德而聖人告之曰主忠信徙義崇德也又與此异何歟蓋樊遲麤鄙近利不能循理去欲子張務外自高不能誠善補過故

告之异也天之生物因材而篤聖人之教不猶是乎

辟如四時之錯行如日月之代明

同考試官訓導謝批（士子於燈窗閣筆此題久矣場中能此沛然理無破綻衆人不足子乃有餘奇哉）

同考試官學正陳批（黏上文則太泥駕空又泛然理學之難言也觀此知製錦者之別有機矣）

考試官諭德陸批（文有精采説理者所難也）

考試官侍講學士楊批（形容聖德辭意俱新佳作也）

中庸擬聖德之無窮猶天道之無息也蓋聖人之德即天道也中庸欲明聖德之無窮使不擬諸天道之無息其何以形容之哉中庸三十章欲以聖人之德而明天道先以天道而擬聖人之德若曰吾夫子以天縱之資上聖之德集四聖之大成參兩間之妙用若其用舍行藏隨寓而安無可無不可也仕止久速各當其可無過無不及也其變通也用之無方體其盛大也出之無終窮故欲言其德之昭著也而有渾淪者存言其德之渾淪也而有悠久者具蓋天即聖人也辟諸天道其猶四時之迭運乎自春而夏倏秋而冬二氣之行若紛然而不齊矣不知寒暑推遷而歲功於是乎成焉聖人即天也辟諸天道其猶日月之更明乎方晝而夜忽望而朔二曜之運若雜然而無序矣不知陰陽往來而天道於是乎位焉是則天道之無息者如此聖人之德無窮者亦如此一時中之道也中庸言天道言聖德必以二者交相明之豈非善言聖人者與抑考中庸此章及後二章皆以聖人之德明天道也故此章但言天道之大而見聖人之大後二章但言聖人之德而見天道之大然天不能載地不能覆日明乎晝月明乎夜各得陰陽之偏若吾夫子之德則得其全矣是夫子大而天地小也此又深於理者之論因并及之

人心之所同然者何也謂理也義也聖人先得我心之所同然耳故理義之悦我心猶芻豢之悦我口

同考試官教諭馮批（人心同然所以明降才之同也此作得之表出以示學者）

同考試官學正陳批（文有精神蓋熟於孟子者也非淺學所到庸表而出之）

考試官諭德陸批（辭不費而理自足可録也）

考試官侍講學士楊批（玄酒無味此作類之）

惟人心之然理義也同故人心之悦理義也至蓋理義人心之所同然也然之斯悦之矣然之者雖聖人而亦同則悦之者豈不猶悦芻豢之至哉今夫人之口鼻耳目皆有所同好而其心獨無所同然乎心之所同然者何也謂在物之理若父子之親君臣之義人孰不然之乎謂處物之義若父子而親君臣而義人孰不可之乎理固人心所同然也雖生知安行之聖人亦惟先得乎此理而非有以异於人焉義亦人心所同然也雖道全德備之聖人亦惟先覺乎此義而非有以殊於衆焉人心之然理義信乎同矣故我得乎理則人莫不以爲美而吾之心怡然悦懌而不知其手之舞真猶牛羊之味悦我口矣我得乎義則人莫不以爲善而吾之心歡然喜樂而不知其足之蹈誠若犬豕之味悦我口矣人心之悦理義不亦至乎夫理義性也人心之於理義然之如彼其同悦之若此其至人性之善豈不信哉嗟乎世至戰國聖賢不作理義不明人不復知其性之本善而以聖人不可及也孟子欲救其弊故其見滕世子也嘗道性善稱堯舜而此與前數章反覆論辨皆以明人性之本善聖人之可及使人復其本性而至於聖人也先儒謂其有大功於世不以此歟

易

大君之宜行中之謂也

同考試官教諭程批（行中便是大君之宜作者多不識故皆辭浮理舛惟此篇認理真切而辭足以發之矧他篇俱純擢之以冠本房）

同考試官教諭劉批（題本明白簡約或以大君之宜本於行中是未達之謂之意或以爲用九二之剛中不知五自居中惟此作體認切當措辭雄贍出人意表故録之）

考試官諭德陸批（理致超詣易學之粹然者）

考試官侍講學士楊批（發明行中之旨甚當）

論得居尊之所利者即其行至道而爲言也夫道以中爲至臨六五得大君之宜者是即行此至道而已豈有他謂哉昔孔子釋周公臨六五之爻辭如此蓋六五居尊下應九二能不自任而任臣取天下之善以臨民是大君之所利也不自用而用賢合天下之知以莅衆是大君之所宜也爻辭之旨若此不過行中之謂耳蓋五居上體之中有中之義爲大君者若汶汶焉不知任賢而乏人以爲輔則不及乎中矣若訑訑然不肯用人而任察以爲明則太過乎中矣惟六五克知任賢而善蓋乎天下未始有不及之患是以行乎中道而凡臨民之事若教思無窮若容保無疆者無往而非中也獨能用人而智周乎萬物

未始有太過之弊是能得乎中行而凡莅衆之道與坤地同厚與兑澤同深者無適而非中也夫道不中則事不宜惟中所以宜也然則大君之宜豈非行中之謂哉合而觀之則知臨即大君之宜而大君之宜即行中之謂知也宜也中也名殊而實同析之則三合之則一也抑嘗考之虞舜古之聖君也猶不恃其聖而自用既命九官以熙庶績復闢四門以來衆賢故孔子稱之曰舜其大知也與用其中于民如舜者其即知臨行中之君子

夫乾其静也專其動也直是以大生焉夫坤其静也翕其動也闢是以廣生焉

同考試官教諭程批（此題多認不明惟此作析理精切非深於易者曷克與此）

同考試官教諭劉批（題本深奥場中作者不失之泛則失之略講貫明白僅見此篇）

考試官諭德陸批（敷析廣大之義的然有見）

考試官侍講學士楊批（此作蓋心與理會而達之辭者）

乾之體用皆健而質無不包坤之體用皆順而量無不容蓋專直同爲健翕闢同爲順也乾既專直故質無不包而大生坤既翕闢故量無不容而廣生此易之所以廣大也歟蓋嘗論之易之道廣矣大矣而其所以廣大者則在乾坤焉夫乾純陽至健其象爲天一而實者也當其秋冬之時體與坤别固其靈根是爲静矣其静也固之專一而不雜此一之存也及其春夏之時用與坤交播其群品是爲動矣其動也播之正直而不屈此一之達也惟一而實故其質渾淪無外舉地之形無不包大可見矣此乾以静專動直而大生也易之所以大者以此夫坤純陰至順其象爲地二而虚者也當其利貞之際體與乾别斂其元化是爲静矣其静也斂之翕聚而無遺此二之合也及乎元亨之際發其生意是爲動矣其動也發之開闢而無限此二之分也惟二而虚故其量宏闊無疆盡天之氣无不容廣可知矣是坤以静翕動闢而廣生也易之所以廣者以此抑考此章上文言易廣矣大矣此言乾大生坤廣生而下文遂言廣大配天地其言若混而無别蓋易不外乎乾坤而已易之廣大在於乾坤而乾坤之廣大即易之廣大也故曰乾坤毁則無以見易

書

天秩有禮自我五禮有庸哉

同考試官教諭馮批（五禮即五典之禮甚明解作吉凶軍賓嘉者誤矣

間有從五典上説又講處汶汶若作天叙題此作發揚五禮明快一洗衆陋）

同考試官學正陳批（此作體經貼傳辭氣渾融宛然治世之文也是宜録出）

考試官諭德陸批（辭氣悠永得告戒體）

考試官侍講學士楊批（論秩禮二字迥异衆作）

天之降禮自有等君之用禮使有常蓋禮之有等原於天用之有常由於君也然則五禮之用豈非人君所以代天之事哉昔皋陶陳安民之謨至此若曰人有五常之典則有五典之禮是禮也乃天理之節文而非人之所爲乃人事之儀則而實天之所賦若君臣嚴堂陛之威父子正家庭之分其禮截然而不可逾也夫婦謹閨門之别兄弟朋友篤交際之情其禮粲然而不可紊也尊卑有等而隆殺之异宜貴賤有級而厚薄之殊制大凡禮之所始孰非天之所定哉然降是禮者天也而用是禮者君也夫禮難成而易墮必爲君者立之制度使禮意之嚴常藩維于五典之間而各安其分焉禮難定而易亂必在上者爲之品則使禮文之密每流行于五常之内而各盡其道焉尊卑之等著之於久而益明貴賤之級行之於後而不僭然則人君代天之事安民之功奚有大於是者哉嗟夫此皋陶陳謨勉其君以安民也而必拳拳於五禮之行者蓋禮本於天而其用洋溢乎民彝物則之間禮之不行民不可得而安矣是以其能同寅協恭而卒成敦叙九族之治有非後世之所能及與禮曰君臣上下父子兄弟非禮不定有虞君臣得之矣

士制百姓于刑之中以教祗德穆穆在上明明在下灼于四方罔不惟德之勤故乃明于刑之中率乂于民棐彝

同考試官教諭馮批（寫出有虞命官先德後刑之意詞氣雄偉不常搜閲窮日而得此是鷄群之鳳也欣羡欣羡）

同考試官學正陳批（後於用刑而先於用德虞廷仁厚之意寓焉此作沛然寫出如在目前壁經巨擘舍子其誰）

考試官諭德陸批（文善過接亦有關鎖可愛）

考試官侍講學士楊批（理明詞暢可謂作手）

聖世以刑防民而訓其德聖世以德化民而用其刑蓋德爲化民之本刑爲輔治之具也此所以有虞君臣以刑而教民之德必先之以德化而後用其刑歟昔穆王訓刑而及乎此若謂有虞之世既成功以致民之殷必有制以防民之欲乃命皋陶居士師之位制百姓于刑辟之中有流宥之重典焉所以檢其邪心而

使之敬德日修也有鞭朴之輕刑焉以懲其逸志而使之允迪厥德也人但見其刑制於殷民之後不知其德著於恤功之先蓋其君也穆穆焉有和敬之容而垂拱于九重其臣也明明焉有精白之容而布列乎庶位明德日宣光被四表凡得于觀感之餘者靡不滌除其舊染而從善如弗及德輝四布丕冒海隅凡居于照臨之下者無不興起其善心而敏德之不暇夫如是而猶有未化之人乃不得已而有制刑之典然刑或當輕而重則失之過或當罰而宥則失之不及故必審克其中而用之於民非逞威也將匡翼之使復其性也必折衷其是而施之於衆非任法也將振德之使協于中也是則非德無以成恤民之功非功無以行制刑之教此所以爲刑罰之精華而成有虞之盛治歟大抵唐虞之治用刑非其得已也故明刑之訓常居於敷教之餘而無刑之語即著於命刑之日穆王於訓刑之辭能知之而不以皋陶與三后之列非輕之也理固有所先也故曰德威惟威德明惟明刑之本在是矣而吕刑及之是以聖人有取焉

詩

文王受命有此武功

同考試官訓導謝批（文王受命雖不外伐崇事而其氣象遠矣稚筆窘澀厭人此篇發新意於題中溢奇思於言外讀之三復真得詩人之旨也千六百卷之衆似當少避其鋒矣）

同考試官學正陳批（於受命武功處能不離伐崇説而據經質傳横騖别驅直是寫出文王興王業氣象健筆也）

考試官諭德陸批（規模宏闊作雅義之體也）

考試官侍講學士楊批（鋪叙贍嚴而且切實殆可謂全美矣）

詩人美聖人以文德膺天命故能以武事成王業蓋天命之歸王業之所由興也惟文王之德有以膺是命安得不用武事以成其業哉此詩言文王遷豐武王遷鎬之事若謂帝遷明德人知太王之肇基耳不知至我文王小心翼翼昭事上帝而後致多福之歸焉上帝臨女人知武王之伐商耳不知由我文王不識不知順帝之則而已集維新之命焉無然畔援無然歆羨明德之懷非人力之及也曰有奔走曰有禦侮髦士之宜是天命之臨也是以令聞之宣固崇侯所不能譖而方國之附亦程邑所不能容于是一征之始非佳兵也將舉義以詢仇方也三旬之教非示弱也將施仁以附來者也赫然之怒以至仁伐不仁而成無敵之勢爰整之旅以天命討有罪而成不世之功崇墉伐而四方同立國之規模定矣豐邑作而下民王興王之氣象成矣是則文王之德非但以篤周祜而足以對天下之心文王之功非但以築豐邑而欲以求天下之定

天命非文德不集武功非天命不成此文王之所以克君也歟抑考是詩以武功稱文王至於武王則但言其鎬京辟雝之事而已蓋王業之成文王實造其始武王特纘而終之耳又以見文王之文非不足於武而武王之有天下非以力取之也一張一弛文武之道周人之興其有以哉

假哉皇考綏予孝子宣哲維人文武維后燕及皇天克昌厥後綏我眉壽介以繁祉既右烈考亦右文母

同考試官訓導謝批（文有格律有氣脉一結尤有餘意題豈在難惟於衆人能言中不爲依樣之畫必是好手）

同考試官學正陳批（此題從舊説以下二節爲綏孝子之實固差新説爲推原者尤鑿也頌者美盛德之辭只消直説而理自見方是作家此可以式矣）

考試官諭德陸批（作熟題有新意非固哉其爲詩者）

考試官侍講學士楊批（深得頌意可嘉）

王者冀先王之享祭而安其心美先德之及後而承其祭蓋祭先莫大乎孝而裕後莫先乎德也王者盡孝以冀先王之享安得不美其德之所及而承其祭哉此武王祭文王之詩若曰於昭于天文王之神在天者大矣今我得天下之歡心以奉其祀亦將陟降于庭以安我思成之孝乎於穆清廟文王之主在廟者遠矣令我得天下之備物以行其祭亦將昭假于是以慰我孝子之心乎然先王之假不可度先王之德不可忘蓋維宣維哲而有緝熙之敬人道盡矣允文允武而有伊濯之功君道備矣故下安乎人而民心歸上及乎天而天道應施于孫子以膺大統之傳肇啓後人以綿世德之嗣何以安我而以萬壽維壽可以永天命也何以助我而以多福維福可以保天位也是以使我得率此諸侯而尊于顯烈之文考者何莫非先德之所及耶使我得薦此備禮而享于文德之聖母者何莫非德澤之所庇耶吁武王于宗廟之祭所以致孝于己而歸德于先王者何其至哉抑觀武王之祭文王以天子之尊致天下之享竭孝思之誠可謂盛矣而先王之神其有不享者乎及其歌此以徹也猶若不敢必者而維稱其功頌其德致追慕之情而已詩人稱武王曰永言孝思孝思維則武王之孝於是乎足以爲天下法矣讀者宜咏嘆於斯云

春秋

公及齊侯宋公陳侯衛侯鄭伯許男曹伯會王世子于首止（僖公五年）公會宰周公齊侯宋子衛侯鄭伯許男曹伯于葵丘（僖公九年）

同考試官學正王批（此題書法尊君抑臣但作者所見一偏專以美齊

桓立説不得傳意此篇體認親切文理純推録之）

考試官諭德陸批（語意暢達）

考試官侍講學士楊批（尊君抑臣之旨此篇得之）

王儲與會春秋書之以殊詞王臣與會春秋書之以常詞此首止特書及以會而葵丘列會如常聖人尊君抑臣之旨明矣在昔惠王之世子帶方寵儲位猶未定也桓公於是控大國扶小國而會于首止仰宗廟社稷之有主明朝覲訟獄之有歸大本以定王室以寧時王世子寔出會焉夫君臣上下禮達分定以王世子而下會諸侯則陵以諸侯而上會王世子則抗豈可與宰周公序於諸侯之上者例耶故聖人變文書及以會若曰王世子在是而諸侯咸往會焉示不可得而抗也是非尊君之意乎逮夫襄王之時内難方弭王禁猶未明也桓公於是合大侯率小伯而會于葵丘適天子賜以有事文武之胙後命寵以伯舅耋老之辭加勞賜級下拜登受時宰周公寔臨會焉夫宰兼三公位尊職重然人臣或進爲三公而入乎朝廷之内或退爲方伯而出乎郊畿之外豈可與王世子之貴有常尊者倫耶故聖人循常書會蓋曰三公雖貴而亦在臣列焉不得而殊會也是非抑臣之義乎夫天尊地卑而其分定典叙禮秩而其義明此聖人所以殊會世子以尊君列會宰周公以抑臣也其旨不亦深乎抑又考之齊桓初會首止以尊王嗣而定天下之大本繼會于洮以謀王室而安天下之大勢終會葵丘以明王禁而示天下之大法此所以爲五霸之首也然其後遂有怠心而功業不究於天下良可惜者此古聖人所以戒怠荒而持盈滿也

晋人及姜戎敗秦于殽（僖公三十三年）

同考試官學正王批（此作多不達此篇事據左氏義本胡傳精於春秋者也）

考試官諭德陸批（説春秋交責二國之君臣意足）

考試官侍講學士楊批（發明殆盡）

二國聽利謀而交兵春秋用嚴法而交貶夫秦晋交兵由二臣利謀之見聽也春秋得不人晋子而狄秦以交致其貶哉嘗考此二國者秦嘗翼晋文得國晋亦德秦穆厚施蓋相好矣迨秦穆在位之久晋襄繼世之初杞子戍鄭獲掌北門之管告於秦曰潛師以來國可得也遂啓襲鄭之端先軫輔晋適懷西顧之虞告其君曰秦貪勤民天奉我也乃决要秦之役是二臣者皆偷見一時之利僥幸其成以爲功者也使穆公無怠翼晋襄公不忘德秦郤二臣之言以永兩國之好則皆賢矣夫何秦既誤用杞子之謀襲鄭以窺晋晋亦過聽先軫

之策及戎以敗秦由君子觀之晋則俯逼葬期而忘孝遽墨縗經而即戎背人之惠而構其怨阨人于險而殲其師惡之甚者故春秋貶而人之秦則客人之館而謀其主因人背已而逞其詐利人之危而襲其國越人之境而不哀其喪狄之道也故春秋貶而狄之夫二臣見利而獻謀二君貪利而交兵將使君臣父子皆去仁義懷利以相與寖至於夷狄禽獸而大倫滅矣春秋人晋而狄秦所以立人道存天理也抑考是役之初杞子固告秦矣蹇叔不曰師勞力竭遠主備之乎先軫固告晋矣欒枝不曰未報秦施而伐其師乎惟二君貪利而違忠言故秦無隻輪之返而悔不可追晋有三師之獲而得不救失釁啓於一時兵交於數世貪利之禍一至於此其可監哉

禮記

一有元良萬國以貞

同考試官訓導朱批（以經文講古語殊失本旨是篇體認親切措辭老健夐出衆作必佳士也）

考試官諭德陸批（讀此能令人油然生忠愛之心）

考試官侍講學士楊批（辭理俱優蓋深於禮者）

惟世子有大善則天下無不正矣蓋世子天下之大本也世子既有大善則天下其有不正者哉記者論世子齒學而至此乃引古語以證之原古語之意若曰世子者國之儲貳方主器而執畅將踐阼而臨朝是當有元良者也元者大之稱良者善之謂善固不可無而亦不可以不大是必習乎樂正所業之詩書而涵養乎大本遵乎父師所成之德行而踐履乎大道詩以理性情書以道政事善日以富而無一之或遺浩浩乎不可名將如天之無不覆焉德立於其中行著乎其外善日以廓而無一之不萃恢恢乎莫能量將如地之無不載焉世子之有大善如此則萬國豈不以之而貞乎由是甸侯綏要荒之域國以千數而凡百辟卿士莫不修德履行而有正直之風所謂無反無側者是矣公侯伯子男之封國滿萬數而凡群黎百姓莫不誦詩讀書而有端貞之俗所謂無偏無黨者是矣古語之旨若此記者引之所以明世子齒學則父子君臣之道得而國治也嗟乎震主東方萬物畢出見龍在田天下文明信乎一有元良而萬國遂貞矣然世子元良非教不成古之教世子者師保疑丞皆惟其人詩書禮樂一成其德此所以有元良而貞萬國也故曰德成而教尊官正而國治

賓入大門而奏肆夏示易以敬也

同考試官訓導朱批（奏肆夏示易以敬也作者講多輕忽此篇體貼明

考據詳文足以發之經傳焕然當録爲後學式）

考試官諭德陸批（發揮和中有嚴之意最親切）

考試官侍講學士楊批（此作非博學善説者不能及此）

當迎賓而奏宜用之樂示和中有嚴敬之節也夫燕饗迎賓宜用肆夏之樂也迎賓而用肆夏者亦惟示和易中有嚴敬之節耳請詳陳之凡爲君者賓至必有燕饗之禮而燕饗必有宜用之樂若行燕禮而賓入於寢門之時凡樂若王夏昭夏皆不奏也獨用肆夏之詩播之于鐘鼓焉行饗禮而賓入於廟門之時凡樂若章夏齊夏皆不作也惟取肆夏之章宣之于金奏焉夫所以不奏他樂而奏肆夏者何耶惟示易以敬耳蓋樂由陽來以合情也而肆夏之詩則言天子之震叠乎諸侯聞之者皆悚然故迎賓而奏之所以示和悦中有莊敬之節也樂由天作以道和也而肆夏之篇則言天子之式序乎在位聽之者皆肅然故延賓而奏之所以示樂易中有嚴憚之意也夫和易則賓主之情不離嚴敬則賓主之情不流此所以得禮樂之道也考之周禮鍾師奏九夏肆夏其一也國語謂周頌時邁即所謂肆夏以其有肆于時夏之語而命之也饗元侯則奏肆夏尸出入則奏肆夏此天子用之者大射禮公升堂即席奏肆夏燕禮賓及庭奏肆夏此諸侯用之者其後自晋趙文子始僭於是大夫亦用之矣嗚呼三家歌雍季氏舞八佾孔子得無嘆乎

第二場

論

帝王以人文化成天下

同考試官訓導朱批（此論蜕去凡格力排艷語雍容不迫風韻藹然蓋有意乎出喧啾之群者起敬起敬）

考試官諭德陸批（渾厚典則若奏雅於煩哇之場當有識者）

考試官侍講學士楊批（近時作論者多爲論學繩尺等書所誤誇誕浮靡深可厭惡此篇解説人文二字深有理而通篇爾雅故録以示學者）

聖人之治天下其必有所因乎爲田者因苗之性而藝之則茂防川者因水之性而導之則通聖人之治天下苟無所因亦何以化成之哉然則聖人之所因者何也曰人文也聖人因人文以治天下而化成焉古之二帝三王皆是也吾聞諸聖天子之訓矣大哉王言固萬方之所傳誦者然或有疑焉蓋謂文者質之對人有質然後有文帝王之化成天下何不以質而乃以文耶夫純樸不殘孰爲犧尊質若可貴矣然虎豹之鞟猶犬羊之鞟文其可少乎况人文之

文非對乎質之文也然則人文謂何謂父子君臣夫婦長幼朋友之道也天降此于人心謂之性率此而行則曰天下之達道修此以訓則曰五教語其有常則謂之五典語其有等則謂之五倫語其秩然則謂之人紀語其粲然則謂之人文易曰文明以止人文也用是觀之蓋非對乎質之文乃包乎質之文也是文也人人之所自有非外鑠之者何待帝王以此而化成之哉蓋人雖皆有而爲氣拘物蔽失焉者衆故有待於帝王之道之也堯文思舜文明禹文命湯建中文王允文武王建極皆人文之至者也帝王豈以其人文之至而强人之必從哉第因人所自有之文而道之耳故有道之以親九族有道之以克諧底豫有道之以雝雝在宫有徽五典有正德有修人紀有重五教爲之庠序學校之制以訓之爲之宫室車服器皿之等以示之授之以三墳五典八索九丘之書一之以朝覲會同事葬嫁娶隅坐贄見之禮申之以糾戒旌之以表樹防之以移屏刑辟之法邪者匡之枉者直之輔以立之翼以行之不罹咎者受之攸好德者錫之優柔以俟其化漸漬以養其成歌以勸之舞以樂之由是天下之民莫不遵其教復其典仁敬孝慈之相接焕乎其有章如天有日月星辰之文也和柔愛敬之相交炳乎其有采如地有山川草木之文也於變於唐風動於虞敏德於夏表正於殷會極歸極于周天下化成若此非有所因而能然哉苟不因其所自有之文而欲文之則强者挺而不肯從猶養虎而欲制以銜勒强之則搏噬矣弱者從而不能久猶教猱而暫被以冠服久之則决驟矣此帝王所以必因人文以化成天下也歟後世諸君若漢明帝唐文皇宋仁宗亦皆以人文治天下矣而皆不能化成如帝王之世蓋帝王之治雖因乎民實本諸身而漢唐宋諸君身不備乎人文而其所以示天下者亦皆文之末耳其安能以化成哉洪惟我朝太宗文皇帝性全人文嘗命儒臣修五經四書大全俾人明理而復性今聖天子安行人文命儒臣修續資治通鑑綱目俾人勸善而懲惡天下既郁郁乎盛矣所謂帝王以人文化成天下者端在兹矣

表

擬謝賜續資治通鑑綱目表

同考試官訓導謝（麗則）

同考試官學正陳批（得駢儷體且切實）

考試官諭德陸批（表純實）

考試官侍講學士楊批（得表體）

右伏以東壁西奎啓天下文明之運左言右事當聖人制作之時監二代以成編臨九重而焕號群臣舞蹈萬國謳歌伏惟皇帝陛下禀神聖之資撫恬

熙之運渾然天德日月照而四時行至矣中和天地位而萬物育方御經惟而講學仍顧史館以披文謂春秋絶筆於獲麟尚有述者綱目訖書於顯德可無繼之爰命班馬諸儒載修宋元二鑑筆則筆削則削炳百卷之丹青過自過功自功嚴一辭之衮鉞稱制臨决邁明帝之論六經賜序冠篇超神宗之美通鑑繡之文梓不日而告成賁以紫泥自天而頒降下拜登受快瞻雲漢之昭回口誦心惟稍窺山海之藏納大綱衆目詳略畢陳正統閏餘巨細咸載二十五君之言行政事三復會於胸中四百餘年之治亂興亡一朝視諸掌上雖微辭奥旨無慮百千然大義宏綱不過數十褒善貶惡之當足示勸懲内夏外夷之明用垂鑒戒睹兹千載不刊之典賴我一人無外之仁將俾子孫寶藏于百世廣傳士庶風動乎四方臣等敢不視史如經以古爲鑑勵周程朱張之學望聖德緝熙乎光明策韓范富歐之勛願皇圖奠安于悠久謹奉表稱謝以聞

第三場

策

第一問

同考試官教諭程批（此對辭氣浩然若大河長江可謂能言之士矣）

同考試官教諭劉批（德功言之問場中多窘於對惟此考據事實條答無遺敷揚一祖四宗德功言之盛超乎等夷視彼之駕空臆説者大有逕庭必有學之士宜置魁選）

考試官諭德陸批（歷陳聖德神功之盛無遺要是知所學者矣）

考試官侍講學士楊批（鋪張對天之洪休揚厲無前之偉績此作得之）

太極分寓而德有體用之殊氣化洊出而世有古今之异貫體用而爲一者知道之至言也合古今而無間者盡道之至聖也然則德功言豈可使爲三而我朝一祖四宗與古之聖帝明王亦何以异哉昔穆叔謂太上立德其次立功其次立言蓋德爲體而功言皆爲用固自有等差者而杜預因謂黄帝堯舜立德禹稷立功史佚周任臧文仲立言則各舉其著者但以史周臧三氏次於數聖人則過矣若窮極而論則功言皆出於德固合爲一而數聖人之德功言又烏有一之不立者是皆如明問所云無他説也自禹而降君天下者惟商湯懋昭大德齊聖廣淵而其功則伐桀救民表正萬邦其言則具載于夏書不待舉也周文武緝熙敬止世德作求而其功則誕受多方永清四海其言則咸在于周書無俟數也是三聖人者乃可與前數聖人并矣自漢而下雖有英君誼辟以德功言稱於當時者然豈可與數聖人并哉惟我朝之一祖四宗乃能與

之并矣且以德言之若太祖高皇帝之聖神文武欽明啓運太宗文皇帝之體天弘道聖武神功仁宗昭皇帝之純誠至德弘文欽武宣宗章皇帝之憲天崇道英明神聖英宗睿皇帝之仁明誠敬昭文憲武皆不可以盡言也若稽祖宗之功在洪武時則肇闢乾坤再造日月興綱常倫紀於百年殄滅之餘滌山川草木於群膻污染之後吏士兵民搜剔其利弊殆盡禮樂刑政振舉其綱目無遺復華風於三代定國祚於萬年矣在永樂時則既平内難載建皇都訖聲教於四海明理學於萬方昉置交南之郡縣盡空漠北之穹廬矣在洪熙時則勵志圖治推誠任人施沛澤於臣民覃至仁於方夏矣在宣德時則定難靖虜減税輕刑海宇内寧而外謐邦家上恬而下熙矣在正統時則責任公孤擇牧選將下罷貢蠲逋之詔創課種備荒之制均徭讞獄督教重儒乃致時和歲豐而天下獲家給人足之樂政平訟理而萬民有遷善敏德之休矣若考祖宗之言則有大誥三編爲善陰隲孝順事實二典與五倫一書性理大全書序五倫書序此皆布之天下家傳而人誦者其他若洪範注若精誠録若望江樓之記若風伯頌之辨若招隱之歌若幸史館之詩或勒之金石而已傳或藏之館閣而未布者動數千篇至數百卷詎能悉數之哉以是觀之則我祖宗之德功言不特并古聖人而且有過之者矣愚生雖長育於畿甸之中游歌於輦轂之下而聞見淺狹不能究知其萬一然天地造化之妙不可得以形容也雲漢奎壁之光不可得而繪畫也愚生之疏略其亦可恕矣

第二問

同考試官學正王批（處置四民深得時宜既不失於迂亦不入於刻書生而能如此有用之學也）

考試官諭德陸批（四民一策條目繁多而區畫井井有要其識可知）

考試官侍講學士楊批（言處四民之道歸在得人而引力行何如一語結之最當）

考言者當折其衷處事者當得其要夫經傳四民之説雜矣固儒者所當考近世四民之病夥矣尤儒者所當處考之而折其衷處之而得其要是非承學之所能也然明問諄諄不容以默請試言之而執事擇焉古有四民曰士曰農曰工曰商而已在古之帝王未有外此而稱治者然羲農十三卦尚象之制器有耒耜教耕以興農有日中爲市以通商疑不及於士工也蓋卦畫無與士工合有故不及之抑工制諸器固已預其中矣虞九官之命稷播穀垂共工疑不及於士商也然契之敷教已及士稷之懋遷已及商矣周禮太宰以八則治都鄙其三曰廢置以馭其吏四曰禄位以馭其士五曰賦貢以馭其民八曰田

役以馭其衆而無所謂馭農工商者非遺之也職貢所馭之民即農工商之謂矣太宰以九職任萬民一日三農生九穀五曰百工飭化八材六曰商賈阜通貨賄而不列士者蓋以士尚仁義業詩書而不與他民例任之也管子謂昔聖人處四民使士就閑燕工就官府商就市井農就四野固不雜矣然伊尹處畎畝之中膠鬲在魚鹽之市者蓋聖賢之生不可限其地也士農之子常爲士農工商之子常爲工商固不遷矣然狐續慶伯皆晋大夫而其後降在皂隸孫叔敖爲楚相而其子負薪者蓋膏粱之子不能世其業也胡可緣此數人而疑三代之政哉若後世之四民雜與遷甚矣而復有所謂釋道游手者固宜驅以合乎四民而勢不可驟遏惟當申嚴禁令以漸損之耳若夫四民之病則亦有可處者大要在於富之教之與禁之耳蓋士之困於衣食苦於待闕農之樂歲凍餒凶年流亡工之艱於客資商之窘於征徭者此皆在於富之也若士之玩愒不學浮華無實農之惰而不力富而不節此皆在於教之也至於工之作巧技以眩俗爲苦器以誤人商之衣美而售惡務奢而逞欲與凡責士之迎送急農之賦徭侵商之榷利者此惟在於禁之而已矣然論四民之病莫甚於農而處四民之事莫重於士誠使教之與舉之與用之莫不各盡其道而凡登庸於朝著者皆端方博大之臣布列於天下者皆循良穎達之士則自能重本而抑末興利而除弊尚何患乎四民之有不安者哉故曰爲政在人然此皆儒者之常談而揆之理勢有不可易者未可以常談而忽之顧力行何如耳愚生學不足以折言之衷才不足以得事之要姑以是復焉

第三問

同考試官教諭馮批（正學一策條對明盡由此而進無若所謂弃之如弁髦則主司之得士不爽衡度矣）

同考試官學正陳批（仕而不學實今士子積弊此策固將以警之耳有人能言之如此必非肯自負者可喜可喜）

考試官諭德陸批（場中方嘆少策學如此卷五策辭氣沛然亦不易得問學一篇録其志也）

考試官侍講學士楊批（此士必有志於正學者非徒博洽而已）

讀盤盂之銘知君子無事而不學讀切磋之詩知君子無時而不學學所以至乎道也故自士希賢賢希聖而勖其未能仕而學學而仕而審其未信豈有一息之可間哉蓋君子欲窮理盡性非學不成欲修己安人非學不達是故孔子上聖而猶有三滅漆書之學顔子亞聖而猶有一善服膺之學故以賈誼之才不善學而并稱孔墨之賢以仲舒之學不窺大道而惑於陰陽之術管仲之尊大王室

晏嬰之處死不亂子産之精明博洽霍光之朴厚端重非不學也而有反坫三歸浣衣濯冠鑄鼎刑書陰妻構禍之失所學何事乎孔光之明習漢制張禹之經學精明許敬宗之藻警得幸柳宗元之文學絶倫非不識字也而於進退剛正節義忠孝之字猶不識所識何字乎韓愈大儒也而用世之學不如王通歐陽脩大儒也而本領之學不如韓愈二程夫子倡絶學於孔孟然希聖之心至四十尚不及顔閔之無我學何難耶紫陽朱子集大成於群儒然力行之學至晚歲猶嘆義理之無窮學豈易邪輔漢卿閉門自守宜其究大業於俗學之中真德秀私淑朱子宜其明正學於黨禁僞學之後夫君子知爲學之難故不能無尚友之志多識前言往行以畜其德尚友之學也不至於舍大逐小則豈有玩物喪志之戒哉學優而仕仕優而學用世之學也不至於不學從政則豈有以政爲學之嫌哉或失則多或失則寡或失則易或失則止惟學者能一其志而四者同歸於道焉有辭章之學有訓詁之學有儒者之學唯古者能一其教而三者同歸於儒焉今天下經學明於表章之後儒者出於教養之餘宜道德日隆風教無外矣奈何爲士者多以滅裂之學而爲進取之階以躁競之心而淪功利之域委其故學不啻弁髦何怪乎儒者之學不大見於世而生民之望於君子者不能滿其欲哉嗟夫天下之治係於道之明不明天下之道繫於人之學不學君子之學其大如此故自序塾之學以至際天人之化由伊洛之派以至衍洙泗之傳爲學之志舍此無他道也願執事矜其志而教之

第四問

同考試官訓導謝批（初場得子知非下士晚□五策辭采奪目如獲至寶後二篇出入子史或正或奇意氣奕奕不可奈北方學者誰能先之作解京闈度其知名也久矣）

同考試官學正陳批（三場文字皆有英氣而五策炫爛讀之矍然後二篇尤見才識穎异得如此士置之榜首可無負矣）

考試官諭德陸批（一表五策奇偉出人後二篇尤見精博之學美才如此必有志乎大就者一第之先吾不爲子多也）

考試官侍講學士楊批（此卷義純論贍表判皆奇五策博偉而後二篇尤衆所難到真可謂空群之驥矣）

善觀天下之治者不於其政而於其勢焉治亂安危之幾原於政而隱然綱維乎疆宇之大者勢也觀天下之於勢辟則觀宫室之廉隅斜正而知其梁棟桷榱之美惡舊新豈不得其要與夫以政觀天下則庶事紛紜莫或底定雖求其大若世所謂四事之施亦或有不然者何則漢武帝絀□吏而崇儒道捐

封爵以厲儒生故公孫弘以布衣明經超取相位降及後世士大夫見利而趨心術蠱壞安於富貴之餘養成柔懦之氣雖師丹何武之徒號稱持正然不過脂韋於庶事之間而不知致主求賢之務卒之前弊革而後弊生董賢去而王氏起時則國勢淩夷於諂諛之俗矣光武敦尚遺逸嚴察吏治延致數傳士重名節而惡奸貪楊秉范滂之徒相繼而出屏弃臓污前後數百餘人天下肅然奈何官位錯亂政化日湮朝野倉庫一空灾异寇盜迭見彼諸賢者不知處變有道而勞心於按劾之間無益於朝綱之大時則國勢奄奄於刑政之紊矣唐太宗貞觀末年斗米三錢外户不閉幾致刑措號稱太平然而驕奢之習漸萌不急之營日廣徭役繁重器服華靡閭閻之下怨謗荐興反不及貞觀之初關中大饑率土荒儉百姓雖東西就食未嘗嘆咨知上有憂憐之心而時下勤撫之政也時則國勢病於驕侈之漸矣宋神宗熙寧之間勵精求治任用安石更定法令創立保甲增修戍壘闢地熙河然不免爲殘民之俑召釁之端反不及祖宗之世武略雖微仁澤深厚財以不積爲富兵以不用爲功也時則國勢弊於紛更之患矣故曰善觀天下者亦於其勢而已勢之不競其何能爲抑嘗思之士風可振也而仕宦之捷徑不可塞惟仲舒進則公孫弘退矣吏治可戢也而小弦之絶不可調惟騶協去則劉方進矣財者民之命民者財之府理財者當先民後國治國者當爲民守財故魏徵逸欲之言可戒而段綸淫巧之技可黜也邊防之險不在地利而在人心朝廷之憂不在四夷而在百姓故富弼布德之語可從而种諤横山之謀不可用也然此皆政也修其政而奮起其勢誠無外於擇人而用之也故曰賢才者國之重器得士則重失士則輕得士則政可修而勢可復也然彼漢唐宋之政或得或失其勢或治或亂靡然陋規未暇深論蓋嘗即是而觀唐虞之世矣堯之治不先洪水而先於明俊德舜之治不先蠻夷而先於任元德俊德明於上元德任於下此所以唐虞之治爲萬世治天下之龜鑒歟末學疏愚何足與此惟執事有明鑒焉

第五問

有多能之聖而後識楛矢之製有文學之賢而後辨渡豕之書博學之有資於世尚矣蓋微而昆蟲著而穹壤之大近而目睫遠而標鹿之先孰非吾所當知則孰非吾所當學乎奈何陳編溢緹匱之藏衆臆异朱鉛之勘不能鉤玄索奥何敢貫殊析同蓋聞青雲扶日而蟲書造於倉帝至黄帝承之而書契大興矣英列在庭而大韶沿於帝嚳至虞舜修之而情文大備矣成湯升陑伐桀説者謂自亳都迂道而往爲仁者之師是豈孔安國輊襲之説哉伊尹三聘就湯説者謂以鼎俎滋味爲説固進言之義是豈莊子庖人之謂哉太公聞西伯

之養老孟子謂興自海濱遷史以爲車載於渭陽者世或聞其以釣道爲説而因之耳微子憫宗室之埶亡而自言出遁荒野宋世家以爲抱器伏軍門者彼不知武庚既叛而得之耳共和之號史以爲周召二公共和王政之義魯連子歐陽修諸人則以爲時有共伯和者攝政之人而古亦無共和書年之法是也屈平椒蘭之辭或以爲大夫椒公子蘭誤君之名朱文公則以爲托香草爲君子之喻是也曾子易簀而終説者謂檀弓出子游門人之手豈不以其受之不當而微貶與宰我從叛而及説者以爲史遷多附會之辭豈不因衛有子我之名而遂誤與遷史以翼儲而歸四皓之功通鑑以其有子脅父之嫌也而削之通鑑以辭章而略屈平之節綱目以其有以身事君之忠也而取之火禁當仲春之時戒火盛也周人有其令矣而世以原介子之燔者妄也海潮随朔望之候乘陰盛也儒先有是論矣而世以爲憑子胥之怒者非也庸儒鄙生相汲以爲誕傳之誤可勝言哉嗟夫藝海源深莫窮其際風簷晷短姑引其凡况無劉敞之博而妄陳入閣之儀有韓昶之愚而繆正金根之娱惟執事檀典章之總會號册牘之淵林愚也願如李北海從先達借觀秘書之心久矣幸許其躡清塵而進焉幸甚

順天府鄉試録後序

今順天爲古燕趙之地風氣閟不泄歷數千百載以完畀我高皇帝既而文皇帝顧瞻形勢北徙都之山川草木軌文玉帛之麗焕然天府之國也然其地曩稱多賢豪人而司馬子長獲從燕趙士游故其文豪宕有奇氣則其人不啻沉鷙茂材力而有文事焉久矣乃今乘大氣而出距往牒所登載不倍蓰以無讓亦何所幸會於其時哉成化庚子屆鄉試之期臣守陳臣簡實奉詔來主試事稽試士之衆三千六百有奇三十取一額鐫一百三十五人而止因悉睹京師游學之廣文教之宣暢至矣簡聞八音與政通而文章與時高下驗之來今豈當魯兩生所謂禮樂百年而興之期乎蓋禮樂爲致治之本而刑政以輔之此聖王之極功皆儒者之文事也後世儒學不明論治者方以刀筆筐篋爲能而若無預乎文言道者以呫畢呻吟爲功而每不涉乎事雖以名儒若歐陽子者猶曰文章足以潤身政事足以及物不知文章不達於政則晋唐之諸子有華無實耳政事不澤於文則東漢之三公有事無政耳何怪乎禮樂不興風俗不美天下不蒙至治之澤與方今聖天子撫盈成之運建中和之極而欲垂

萬世之統文明之象真百年之會也禮樂修明刑政齊一舉天下於風聲道化之中以無外當其時矣而凡藻飾之具謨明之任發揚蹈厲之功要非俗吏所能而必委之禮文儒術之士也諸賢資於文以自獻矣尚無文勝而質敝名成而行隳日紛輪於功利之場以壞其故業异時舉而措之豈無可仰副聖明敷求之典更化之心而裨萬分之一者乎若量其才可爲外内大小百執事之流儷時所稱其人者是必在所優爲而不以是靳之也且筮進之志猶初達之泉導之爲溝澮則溝澮爲川則川海則海百川之東固思所以爲諸賢導耳録成簡當題于後宣聖化以風厲乎天下蓋畿内事也非若侯邦要服之限於其務者也敢論其大如此

奉訓大夫右春坊右諭德陸簡謹序

弘治五年順天府鄉試録

順天府鄉試録序

我朝學校選舉之制監于前代以立萬世之法其得人致治之盛蓋已超越前古矣皇上初承大統尤欲恢弘治道以垂無疆之休乃建元弘治以昭示天下崇正學用正人而凡幸門入仕左道害治者一切屏去於是申嚴選舉之法核名實杜冒濫以振厲士風而於京畿尤加之意務欲得人以資化理惟五年壬子秋八月當選士之期順天府尹臣傑府丞臣亨既任提調之責具疏以考試官請上以命左諭德臣守阯洗馬臣儲臣等拜命兢惕遂入院偕同考學正臣聞韶臣啓臣昂教諭臣光臣琥臣澤臣典臣鏞暨監試御史臣璧臣新與凡内外執事矢心協力務期得人以稱德意時就試之士二千三百有奇既三試之如故事取士百三十五人如舊額列諸氏名文字爲録如常式臣守阯以職事宜爲序臣竊憶成化辛卯憲宗皇帝嘗命臣兄先臣守陳以司經洗馬選士于南京庚子又命臣守陳以侍講學士選士于京畿今皇上又命臣守阯選京畿之士臣兄弟二人蒙兩朝恩命預兩京之試事者三科矣前二科者輿論皆以爲得人今列職中外揚聲邁烈者雲出而林立輔理承化之功駸駸未艾也則當時任選舉之責者既無忝乎先帝之命而有資於今日之治矣臣自受命以來夙夜憂勤不遑寢食惟恐所選不得其人上有負於朝廷下有愧於家庭也今既竣事矣亦自謂竭其心力矣然亦未敢謂取士必得亦要其他日輔理承化之功何如耳夫輔君以出治者非得卿相之位未易能之若承君之化而致之民者雖一命之士亦可爲也隨其位之所至以盡其職之當爲毋瘝官毋黷私毋比邪枉毋以利害隳名節務竭底裏效其尺寸以裨聖治之萬一是亦選舉得人之效也雖然前後之士亦衆矣夫豈無公輔之器命世之才出於其間以與天下之賢俊左右明辟而宣弘治化熙鴻號於無窮者乎是則邦家之慶也斯文之光也天下生民之幸也若如唐人之稱楊氏上下門生以爲榮則豈敢哉

奉訓大夫左春坊左諭德楊守阯謹序

弘治五年順天府鄉試

提調官

順天府府尹黄傑（士英河南洧川縣　人丙戌進士）

中順大夫順天府府丞畢亨（嘉會山東新城縣人　乙未進士）

考試官

奉訓大夫左春坊左諭德楊守阯（惟立浙江鄞縣人　戊戌進士）

奉訓大夫司經局洗馬梁儲（叔厚廣東順德縣人　戊戌進士）

同考試官

河南南陽府鄧州儒學學正康聞韶（樂和直隸祁門縣人　丙午貢士）

湖廣安陸州儒學學正林啓（仰之福建同安縣人　丙午貢士）

湖廣武昌府興國州儒學學正蔣昂（世舉福建侯官縣人　丙午貢士）

浙江嘉興府平湖縣儒學教諭林光（緝熙廣東東莞縣人　乙酉貢士）

直隸太平府蕪湖縣儒學教諭趙琥（時用江西餘干縣人　丁酉貢士）

直隸滁州來安縣儒學教諭張澤（朝與福建莆田縣人　庚子貢士）

浙江衢州府西安縣儒學教諭林典（汝惇福建莆田縣人　丁酉貢士）

河南衛輝府新鄉縣儒學教諭范鏞（鳴遠陝西鞏昌衛人　丙午貢士）

監試官

文林郎江西道監察御史陳璧（瑞卿山西太原衛人　壬辰進士）

文林郎浙江道監察御史常新（士勉河南襄城縣人　辛丑進士）

印卷官

奉政大夫順天府治中張文質（時中陝西扶風縣人　庚午貢士）

收掌試卷官

廣東惠州府同知林仲璧（世彰福建莆田縣人　壬午貢士）

受卷官

四川成都府仁壽縣知縣宋守約（希曾河南河内縣人　辛丑進士）

浙江處州府景寧縣知縣林謹夫（世玉福建閩縣人　甲辰進士）

彌封官

陝西西安府同州知州梁萬鍾（天錫四川温江縣人　己丑進士）

直隸徽州府婺源縣知縣藍章（文繡山東即墨縣人　甲辰進士）

謄録官

山西太原府代州知州騫璿（廷器陝西永壽縣人　己卯貢士）

直隸真定府晋州武强縣知縣范鵬（時舉山西蒲州人　辛卯貢士）

對讀官

福建行都司斷事夏瓛（廷秀直隸高郵州人　壬午貢士）

福建福州府閩縣知縣周天民（志尹浙江定海縣人　戊子貢士）

巡綽官

歸德衛指揮僉事凌琇（文玉浙江湖州府安吉縣人）

濟南衛指揮同知曹泰（世亨直隸和州含山縣人）

宿州衛指揮同知沈勳（世臣直隸泰州丁溪場人）

濟南衛指揮僉事楊鐸（克振河南當寧府確山縣人）

監門官

彰德衛指揮使米昌（世隆直隸廬州府合肥縣人）

皇陵衛指揮僉事張欽（敬之直隸大名府滑縣人）

供給官

順天府照磨所檢校曹珹（廷玉四川什邡縣人　監生）

宛平縣縣丞曹冕（宗周陝西河州人　監生）

大興縣主簿陸綸（廷言浙江平湖縣人　監生）

第一場

四書

所謂平天下在治其國者上老老而民興孝上長長而民興弟上恤孤而民不倍是以君子有絜矩之道也　巍巍乎唯天爲大唯堯則之　聖人之於民亦類也出於其類拔乎其萃

易

有孚光亨貞吉　三年有賞于于大國　聖人之大寶曰位何以守位曰仁何以聚人曰財　立人之道曰仁與義

書

欽哉慎乃有位敬修其可願　既載壺口治梁及岐既修太原至于岳陽覃懷底績至于衡漳　惟克商遂通道于九夷八蠻西旅底貢厥獒太保乃作旅獒用訓于王　王左右常伯常任準人綴衣虎賁

詩

爲絺爲綌服之無斁　德音孔昭視民不恌　鳳凰鳴矣于彼高岡梧桐生矣于彼朝陽菶菶萋萋雝雝喈喈　思文后稷克配彼天立我烝民莫匪爾

極貽我來牟帝命率育無此疆爾界陳常于時夏

春秋

晋侯伐秦（文公四年）　取汶陽田（成公二年）公如晋（成公三年）晋侯使韓穿來言汶陽之田歸之于齊（成公八年）公會晋侯齊侯宋公衛侯鄭伯曹伯莒子杞伯同盟于蒲（成公九年）　晋欒書帥師救鄭（成公六年）　公及諸侯盟于臯鼬（定公四年）

禮記

天子乃與公卿大夫共飭國典論時令以待來歲之宜　太傅在前少傅在後入則有保出則有師德産之致也精微觀天下之物無可以稱其德者如此則得不以少爲貴乎　教順成俗外内和順國家理治

第二場

論

學以誠實爲貴

詔誥表（内科一道）

擬漢議振貸及養老詔（文帝元年）　擬唐以杜如晦爲僕射誥（貞觀三年）　擬唐魏徵謝賜黄金厩馬表（貞觀十三年）

判語（五條）

講讀律令　收養孤老　鄉飲酒禮　申報軍務　辨明冤枉

第三場

策（五道）

問　夏爲天子十有七世歴四百五十餘年殷爲天子三十一世歴六百四十餘年周爲天子三十七世歴八百七十餘年三代之所以長久者豈惟得天下以仁之效哉皇祖有訓夏之貽厥子孫也聖謨洋洋殷之垂裕後昆也丕顯文謨周之佑啓後人也至於保傅一篇言之尤詳謂天下之命繫於太子太子之善在於早教諭與選左右教得而左右正則太子正太子正而天下定矣三代之所以長久者以輔翼太子有此具也我朝得天下以仁與三代同而輔翼太子又有其具宏謨大猷載諸方册在太祖高皇帝時則有儲君昭鑑在太宗文皇帝時則有文華寶鑑在宣宗章皇帝時則有御製帝訓在憲宗純皇帝時則有文華大訓蓋與三代之謨訓异世而同符也其視漢高帝之手敕

唐太宗之帝範宋真宗之承華要略不可同年而語明矣今天子仁覆天下慶鍾元良肇建儲位以貞萬國有司承乏論導欲集衆思廣忠益也故首以咨於諸生請陳列聖之訓鑑所以同於夏殷周者何所以异於漢唐宋者何保傅所論諭教之方與選左右之法所以宜於今而不咈乎古者何在將以聞之於上而議行之以端天下之大本以衍皇明萬世無疆之祚諸生其敬對之毋忽

問　儗人必於其倫古之道也堯舜禹湯文武之爲君皋夔稷契伊傅周吕之爲臣萬世所仰孰得而儗倫之然傳記所稱有賢於堯舜者有優於湯武者有與武王行一不義而得天下不爲同心者有事功與禹稷并者有興堯舜之道三王之功者有比迹湯武者有與堯舜之心合者有追堯舜三代不難者此皆儗諸唐虞三代之君者也有謂伊吕無以過者有與伊傅相表裏者有願爲稷契皋陶者有稱一夔一契責以行伊周之事者有稱天民之先覺如伊尹者有以淑問如皋陶比之者有追稱其抱伊傅之才者有卜其見伊吕而失蕭曹者此皆儗諸唐虞三代之臣者也夫有唐虞三代之君臣則必有唐虞三代之治效後世儗其君臣者如此其衆曾未聞有如其治效者則儗之非諛則妄矣然亦有不諛不妄者請求其説而別白言之以觀知言窮理之學併以師古尚友之志相告焉

問　性理之學儒者分内事也夫道德仁義之懿神化性命之奥固非立談所可盡然亦可略舉其概歟孔門授受多以求仁爲務蓋以仁爲心之全德得仁則萬善具矣今姑舉孔孟言仁者質之有以天理言者有以德性言者有以成德言者有以其愛之所存而言者有指其愛之所發而言者有以其愛之所及而言者有以事言者有兼人心事理言者有以質言者有以學言者有以民俗言者有以功用言者有以效驗言者有以仁者言者有勉人爲仁之辭有不許人以仁之辭有斥其不仁之辭此皆諸生童而習之者也然非有得於心雖白首不知其紛如也請條陳之以觀心學何如

問　經以載道史以載事昔人有是言矣夫道莫大乎綱常倫紀其載於易書詩春秋三禮者有勸有戒事莫著於禮樂刑政其載於夏殷周漢唐宋之史者有沿有革然經與史道與事亦非二物也今天子方以道化天下而立萬世之事功有志於世用者不可以不之講也請稽經質史以對無泛無略

問　我國家承平日久内寧外謐雖三代盛時未有過於斯時者也然履霜堅冰之戒亦宜有勤宵旰之慮者敢舉今時務一二與諸生圖所以處之京師之俗習於侈靡畿甸之氓困於征輸游手冗食于闤闠之中惡少禦人於郊門之外願聞所以治畿内之道南畿之民多傷於潦北甸之民或病於旱浙中

之潦甚於南畿山東之旱過於北甸願聞所以救荒之策黄河慮其横溢漕河苦於淤淺南方多潦或宜疏泄水之渠北方多旱或宜開豬水之澤願聞所以治水之道近邊之虜窺伺不常迤北之狄桀黠叵測貴州之蠻敢侮邊陲廣西之猺至傷將領聞所以治夷狄之策之數者雖目前之近事然亦今日當務所急者也不知尚有遠且大者其當務尤急於此者乎幸究始終言之冀以助大臣憂國者之一晝

中式舉人一百三十五名

第一名　姚學禮　府軍前衛軍餘　易
第二名　田佑　順天府學增廣生　詩
第三名　鄺璠　直隸任丘縣學生　書
第四名　方璽　順天府通州學生　禮記
第五名　謝贇　直隸祁門縣人監生　春秋
第六名　喬宗　金吾前衛舍餘　書
第七名　劉焕　直隸藁城縣學增廣生　詩
第八名　奚自　順天府宛平縣儒士　易
第九名　李珩　順天府文安縣學生　詩
第十名　邊寵　直隸河間府學增廣生　書
第十一名　杜旻　錦衣衛舍餘　詩
第十二名　楊志學　彭城衛軍餘　易
第十三名　程讓　直隸衡水縣學生　詩
第十四名　邊偉　直隸任丘縣學附學生　書
第十五名　尹梅　直隸靈壽縣學增廣生　詩
第十六名　滕霄　濟陽衛軍餘　易
第十七名　劉嗣榮　順天府昌平縣學生　書
第十八名　李瓚　錦衣衛軍餘　詩
第十九名　趙芳　直隸廣平府學生　禮記
第二十名　倪墇　順天府學增廣生　易
第二十一名　謝瑞　直隸冀州學生　詩
第二十二名　萬秉　四川崇慶州人監生　書
第二十三名　楊昂　直隸任丘縣學生　詩

第二十四名　趙廉　武驤右衛軍餘　易
第二十五名　王敬之　直隸滑縣人監生　詩
第二十六名　盧鑾　江西浮梁縣人監生　書
第二十七名　蔡栻　順天府大興縣儒士　詩
第二十八名　毛紀　直隸長垣縣學生　易
第二十九名　譚宗義　四川奉節縣人監生　詩
第三十名　戴冕　順天府學增廣生　春秋
第三十一名　白志通　直隸真定縣學生　詩
第三十二名　張時叙　直隸□州學生　書
第三十三名　于宗德　直隸任丘縣學附學生　詩
第三十四名　李沔　順天府□□縣學生　易
第三十五名　姚僖　順天府學增廣生　詩
第三十六名　王翼　直隸易州學生　書
第三十七名　楊恭　京衛武學生　詩
第三十八名　蘇霖　直隸平鄉縣學生　易
第三十九名　夏福　順天府學生　詩
第四十名　王獻臣　錦衣衛軍餘　書
第四十一名　章昂　雲南嵩明州人監生　詩
第四十二名　李憲　順天府密雲縣學生　易
第四十三名　宋廷佐　陝西乾州人監生　詩
第四十四名　郝昌　直隸東光縣人監生　書
第四十五名　黎顒　直隸任丘縣學增廣生　詩
第四十六名　宋隆　直隸趙州人監生　易
第四十七名　陳浩　錦衣衛總旗　詩
第四十八名　黄勝　直隸盧龍縣學生　書
第四十九名　劉繼祖　直隸祁州學生　詩
第五十名　胡瓚　直隸永年縣學增廣生　禮記
第五十一名　黄信　順天府學增廣生　詩
第五十二名　黄鑄　直隸□□縣學附學生　書
第五十三名　陳夔　江西新昌縣人監生　易
第五十四名　劉振　直隸樂亭縣學生　詩
第五十五名　許龍　直隸歙縣人監生　春秋

第五十六名　官倫　直隸密雲後衛學軍生　詩
第五十七名　劉俶　直隸常熟縣人監生　書
第五十八名　王瑛　順天府學附學生　詩
第五十九名　徐儻　武功中衛軍餘　易
第六十名　史敏　大寧都司學軍生　詩
第六十一名　王鍵　直隸廣平府學生　書
第六十二名　劉漢　直隸清苑縣人監生　詩
第六十三名　何定　大寧都司學武生　易
第六十四名　林琦　順天府學附學生　詩
第六十五名　劉思恭　順天府薊州學生　書
第六十六名　石鳳　直隸獲鹿縣學生　詩
第六十七名　袁陽　直隸滿城縣學附學生　易
第六十八名　蔚昶　順天府學增廣生　詩
第六十九名　耿繼玄　直隸饒陽縣學增廣生　書
第七十名　高謙　直隸灤州學生　詩
第七十一名　黄澍　福建侯官縣人監生　禮記
第七十二名　吴金　直隸吴江縣人監生　書
第七十三名　李基　直隸河間縣學生　詩
第七十四名　靳頤　直隸滑縣學生　春秋
第七十五名　房瓚　直隸任丘縣學附學生　書
第七十六名　李茂　直隸東光縣學生　易
第七十七名　戚勝　河南西平縣人監生　詩
第七十八名　吕循矩　順天府寶坻縣學生　書
第七十九名　李鑾　直隸元城縣人監生　詩
第八十名　胡世忠　直隸容城縣學生　易
第八十一名　孫宗堯　直隸河間縣學生　詩
第八十二名　夏麟　順天府學附學生　書
第八十三名　趙士榮　直隸東鹿縣學生　詩
第八十四名　蔡學易　順天府保定縣學生　易
第八十五名　馬興　直隸滿城縣學生　詩
第八十六名　丘光大　直隸高郵衛人監生　書
第八十七名　張堯佐　順天府大城縣學生　詩

第八十八名　張紳　河南確山縣人監生　易
第八十九名　魏彦昭　直隸容城縣學生　詩
第九十名　馮顯　直隸安肅縣學生　書
第九十一名　闞秉初　直隸邯鄲縣學生　詩
第九十二名　彭瑁　直隸獻縣學生　禮記
第九十三名　院賓　順天府學生　易
第九十四名　顧正　順天府學增廣生　詩
第九十五名　張經　順天府學增廣生　書
第九十六名　張倫　陝西金州人監生　詩
第九十七名　宋緯　直隸高陽縣學生　易
第九十八名　范仲温　直隸河間府學生　詩
第九十九名　張熙　直隸清苑縣學生　書
第一百名　馬時中　直隸鉅鹿縣學生　詩
第一百一名　王鼐　直隸東明縣學生　易
第一百二名　謝鎰　直隸曲周縣學生　詩
第一百三名　龐璁　順天府學附學生　書
第一百四名　胡健　直隸靈壽縣學生　春秋
第一百五名　王彬　直隸江陰縣人監生　詩
第一百六名　劉亨　直隸定州學生　易
第一百七名　郭成　順天府學增廣生　詩
第一百八名　曹恕　順天府霸州學增廣生　書
第一百九名　高文强　直隸藁城縣學增廣生　詩
第一百十名　居達　順天府學生　易
第一百一十一名　葛盛　萬全都司學軍生　詩
第一百一十二名　賈銓　順天府霸州學生　書
第一百一十三名　汪濬　直隸歙縣人監生　詩
第一百一十四名　崔旻　順天府香河縣學生　易
第一百一十五名　趙昱　直隸真定府學生　書
第一百一十六名　魏昂　順天府學生　詩
第一百一十七名　裴鑑　錦衣衛匠　禮記
第一百一十八名　張頌　錦衣衛舍餘　詩
第一百一十九名　孫恭　直隸博野縣學生　書

第一百二十名　胡鍵　直隸長垣縣學增廣生　詩
第一百二十一名　惠隆　武驤左衛軍餘　易
第一百二十二名　龐懋　直隸景州學生　詩
第一百二十三名　程倫　直隸任□學生　書
第一百二十四名　盧寶　直隸□□□學生　詩
第一百二十五名　胡暘　直隸任丘縣學增廣生　易
第一百二十六名　董鋭　順天府玉田縣學增廣生　詩
第一百二十七名　李純　直隸開州學生　書
第一百二十八名　趙錦　直隸栢鄉縣學生　詩
第一百二十九名　萬祥　順天府學增廣生　易
第一百三十名　高岩　直隸交河縣學生　詩
第一百三十一名　王俸　順天府三河縣學生　書
第一百三十二名　曾温　順天府學增廣生　詩
第一百三十三名　吴廷贇　順天府學附學生　易
第一百三十四名　盧鑑　直隸東明縣學生　書
第一百三十五名　郭瑀　京衛武學生　詩

第一場

四書

所謂所謂平天下在治其國者上老老而民興孝上長長而民興弟上恤孤而民不倍是以君子有絜矩之道也

鄭璠

同考試官教諭林批（此作只見説理不見騁詞然發揮透徹詞亦有不可掩者是可以爲法矣）

同考試官教諭林批（作文不可使知德者厭無德者惑此篇説理明暢令人不厭不惑佳作也）

考試官洗馬梁批（得章句與或問意作亦匀稱可録也）

考試官左諭德楊批（此一大題目此作頗有大手筆辭氣）

傳者釋治平之序必原夫國之所治而及乎天下之所以平也蓋君子平天下之道亦因其國之所以治者而有以處之爾然則平天下獨不在於治其國乎想傳者之意以爲欲平天下在治其國此經文之明訓也其義果何謂□

誠以天下之本在國而國之本在家故上能老吾老而孝於家則國民皆老其老而興於孝矣上能長吾長而弟於家則國民皆長其長興於弟矣上能恤吾孤幼而慈愛於家則國民皆恤其孤幼而無有倍戾不慈者矣夫躬行於上而民心自興起於下如此所謂家齊而國治者然也然天下之人甚感發興起之心亦豈异於是哉惟患無其道以處之則彼雖同有是心而或不能自遂其願爾是以君子必當因其所同推以度物使彼我之間各得分願如孝弟人所同欲也必推此心以平其政俾上下四旁均齊方正皆得以遂其興起之心而無有一夫之不獲焉慈愛人所同願也必推此心而均此施俾遠近大小平均如一皆得以滿其感發之願而無有一民之不遂焉夫君子有絜矩之道以處夫天下之民如此則天下於是乎平矣然亦曷嘗外其所謂家齊國治者而别有處之之道哉此欲平天下者所以必在治其國也歟大抵家國天下其道一而已矣然自國而上則治於内者當嚴密而精詳自國而下則治於外者當廣博而周遍故大學於前章專以己推人化爲言而於此章又以絜矩之道言之至下文復以理財用人二者推廣此絜矩之意蓋所謂當廣博而周遍者固如是也豈非其序不可紊而其功不可缺也邪

巍巍乎唯天數大唯堯則之

姚學禮

同考試官學正蔣批（形容天體及帝德處明白通暢表之以式後學）

同考試官學正林批（作此題者或認巍巍爲天道堯則之爲功業或發明欠親切而文氣不充此作皆得之故録）

考試官洗馬梁批（詞意故自不凡蓋有學之士）

考試官左諭德楊批（堯之德難以言語形容乃有此作邪）

觀天體無與之并惟帝德能與之齊夫物之有形體者莫大於天也非帝堯之德之大其孰能與之齊準哉昔吾夫子以大哉贊堯之爲君而言此以明之誠以天下之物其高大者莫如山也其廣大者莫如地也山雖高大而山猶覆於天之内巍巍乎無所不覆者惟天之形爲大耳凡物豈有過之者乎地雖廣大而天則包乎地之外巍巍乎無所不包者惟天之體爲大耳他物豈有逾之者乎而惟帝堯之德有以覆冒萬物而無外能與天之無所不覆者齊焉足以兼包萬善而無遺能與天之無所不包者等焉欽明文思之德至於被四表而格上下即所謂峻極於天者也聖神文武之德至於奄四海而君天下即所謂克配彼天者也夫天之至大也惟帝德與之齊準帝德之大也非天不足以

擬倫此堯之爲君所以爲大而夫子之所以贊美之歟雖然堯德之大民無能名惟夫子能言之而下文又及其功業文章巍然焕然者以見其德之著焉其所以贊堯者至矣他日又因贊堯而以君哉贊舜夫堯舜一道也豈有差殊哉亦各就其重處言之耳蓋夫子祖述堯舜故亟稱而極贊之如是也噫抑豈自知其後日之事功乃之哉性雖均稟也惟聖人則能盡其性彼其建立大本經綸大經者民孰得而擬倫之哉所謂出於其類者如此且群黎百姓之聚其中何不有也而聖人特起於其上蓋可望而不可到焉豈止若他人之賢者但等差之有别而已邪林生總聚之内其麗固不億也而聖人卓冠於其上蓋可仰而不可及焉豈止如鄉國之善士但階級之相懸而已邪所謂拔乎其萃者又如此噫出於其類則其類雖同而道有不同也拔乎其萃則其萃雖同而道有不同也古之聖人其大异於人者有如是夫抑自古聖人德固异於衆人若論吾夫子功尤盛於群聖故有子於下文復有生民未有之嘆而宰我他日亦有賢於堯舜之稱也是豈伯夷伊尹所能若是班乎孟子引之以明孔子之聖之盛且見已所以願學之意其開示公孫丑者至矣惜乎丑之未足以語此

易

聖人之大寶曰位何以守位曰仁何以聚人曰財

姚學禮

同考試官學正蔣批（發明聖人貴得位及所以得衆之意痛快嚴整視他作風斯下矣）

同考試官學正林批（此作意義通貫而措詞皆用本經語平實切當若取之左右逢其原者）

考試官洗馬梁批（此理到之言也易義正應如是）

考試官左諭德楊批（以聖人功業立説他卷所不及）

論有德者貴乎得位因推言其所以得衆者焉夫有德有位斯成事功此所以貴乎位也然非仁何以守位非財何以得衆哉昔孔子述繫辭之傳言卦爻吉凶造化功業以及於此誠以聖人者德合乎天地理得乎易簡功可以濟生民非位無以成之業可以定下天下非位無以致之必有鼎之位然後能享上帝養聖賢以及萬民也其大可寶重者在此必有履之位然後能辯上下定民志而寧萬國也其大可珍貴者在是故聖人之大寶曰位非聖人自以爲寶也天下仰之以爲大寶耳是位也何以保守之於久長哉夫萃有位而永貞以民之順説比有位而永貞以下之順從使后非衆則罔與守邦也所以守位者曰人而已斯人也何以畜聚之使蕃盛哉夫有孚惠心則民惠我德損上益下

則民説無疆使財聚於上則民散於下也所以聚人者曰財而已夫有位有人有財則聖人之功業無不可成者矣觀之下文又曰理財正辭禁民爲非曰義蓋養之教之而治之一以義焉是即聖人功業中之事也或曰聖人之功業其若是而已乎曰聖人之功業固不可量然此亦胡可以易視之天生斯民立之司牧寄以治教養三事而大學治國平天下之道諄諄以理財用人爲言則此謂非聖人功業中之事而何哉

立人之道曰仁與義

奚自

同考試官學正蔣批（立人道在仁義即性命之理三極之道也此卷發揮明暢取之）

同考試官學正林批（理致深而辭能達之故録）

考試官洗馬梁批（講所以立人道處精確可取）

考試官左諭德楊批（説理之文難工僅得此篇耳）

論人極之攸立在成德之并立蓋仁義成德二者并立人道一太極也立人之道其不在此乎今夫天道立於上地道立於下人道立於中三才各一不極者也陰陽成象天道之所以立也而所立人之道以上配乎天者何哉剛柔成質地道之所以立也而所以立人之道以下配乎地者又何哉是非有他道也曰仁與義而已蓋天地之道命於人而爲性人之性莫大乎仁義是仁義者陰陽合氣剛柔成質而是理始具人道之極也非仁非義人道不立仁義成德斯道立焉仁之成德親親之類是已雖擴而至於以仁育萬民以政養萬民者皆是德之發越也所以配乎天道者在是義之成德敬長之類是也雖充而至於以義正萬民以刑肅萬民者皆□□之運用也所以配乎地道者在是仁與義而并立義與仁而不孤二者相爲體用而亦各有體用上下與天地同流而成位乎其中此人道之所以立人極之所以建也性命之理其在於人者如此易之道惟以順之而已豈有他哉抑觀説卦此章言聖人作易以順性命之理也性命之理即陰陽柔剛仁義之道故易六畫而□□□位而成章者皆順乎此也然道一而已隨事著見故有三才之分實一太極也噫人以藐然之身與太極合德與天地并立者以仁義之道立耳然非陰陽剛柔雖天地不能以自立人其可不思所以自立者哉

書

欽哉慎乃有位敬修其可願

喬宗

同考試官教諭林批（□□□□□□□中類以浮華失之此卷發明簡當□□□□□□□□□□）

同考試官教諭林批（□□□□□□□□者不顧此篇模寫舜命禹之意明透非無味厭人者）

考試官洗馬梁批（授受丁寧之旨似能發之筆下者）

考試官左諭德楊批（以存心處事之中講可願最是）

聖君命聖臣之致敬者惟在謹位而修德也蓋敬者修德保位之要也聖君將傳位於聖臣安得不拳拳致告哉昔舜命禹之意若曰君民有相須之理吾心實理亂之機今汝履可愛之地臨可畏之勢奚可以不敬乎蓋天位惟艱也必兢業萬幾而凛乎上帝之臨汝大寶曰位也必嗣守歷服而儼乎天監之在兹然其要何如邪是故善之可欲不外夫在心之中于焉敬以修之而立其存心出治之本善之可願不出夫在事之中焉敬以修之而謹其聽言處事之用無怠無荒日崇乎廣大使善足於己而不善不生於心矣惟時惟幾日就乎光明使善慊於己而不善不害於政矣夫然則君益見其可愛而民不見其可畏致敬之功何以加此哉舜之命禹可謂切而至矣嗟夫禹爲人臣盛德大功固莫有過之者舜之命禹告之備矣而又極言安危存亡之戒以深警之何歟蓋古之聖人頃刻不忘夫兢業况以天下與人事孰有大於此而任孰有重於此者乎宜其反覆諄切欲其謹於毫釐之間以膺天禄於無窮也歟

王左右常伯常任準人綴衣虎賁

鄺璠

同考試官教諭林批（作者多詳職事而不及百官有司之長處發明此意不遺此卷其爲入格者）

同考試官教諭林批（有周之臣告君但判庶官之長含蓄無限忠愛之意此作發脱得出故録之）

考試官洗馬梁批（周群臣所以進戒其君者意蓋如是）

考試官左諭德楊批（能言立政先謹於任人之意）

有周之臣戒君必歷舉近君庶官之長也蓋尊而三宅親而侍御皆庶官之長近於君者大臣帥群臣舉以告君豈非戒其任用所當謹哉昔周公帥群

臣進見成王咸告戒以此謂夫人君立政任人爲先今王於臨御之時宴居之際在左在右之臣何者在所當謹乎是故民必有牧而牧民之長則曰常伯焉事必有司而任事之公卿則曰常任焉法必有守而守法之有司則曰準人焉是三事之官總率百僚而敬事上帝之所資統領群工而立民長伯之是賴苟得其人則舉用皆賢而有以經綸大業矣任用所當謹者孰有要於此乎然大臣之進見有時近侍之習染無間如服器王所用而掌之者曰綴衣也射御王所事而執之者曰虎賁也是侍御之官統御群僕而君之出入起居由焉掌握侍從而君之發號施令繫焉誠得其人則僚屬皆賢而有以涵育君心矣任用所當謹者又孰有要於此乎吁列左右之臣寓進戒之意有周群臣誠可謂知爲治之務者矣我稽古人大禹之俊尊上帝成湯之丕釐耿命無非致謹於三宅之官所以能壽夏商之命脉而桀紂反之至於速其身焉豈非興亡之監哉然大禹之明明成湯之齊聖要之皆有其本焉故曰爲政在人取人以身實萬世人主之所當知

詩

鳳凰鳴矣于彼高岡梧桐生矣于彼朝陽菶菶萋萋雝雝喈喈

田佑

同考試官教諭張批（賢者隱處遇明君而後出鳳凰梧桐之喻意正如此作者困於識別爲説紛紜不爲群疑所惑而卓有定見者無逾此篇是用録出）

同考試官教諭趙批（高岡鳳凰只是比高世賢才至菶萋雝喈處方是比明良胥會爾此作能暢其義故表而出之）

考試官洗馬梁批（作比體詩義無牽合破碎之病可取）

考試官左諭德楊批（辭氣温厚得大臣告君之體）

詩人喻賢才之於明君始相遠而終相遇也夫靈鳥以嘉木盛而來鳴賢才以君德明而來集其始皆相遠而終必相遇也詩人托喻於此以告王得無意乎昔召康公作此詩以戒成王上既歷言得賢自輔之效以見所以致壽考福禄之由矣然願王廣求賢輔之意猶未已也故復有此鳳凰梧桐之喻焉以爲鳳凰之爲鳥靈鳥也其鳴也不于他所而于彼高岡之上豈將覽德輝而下乎梧桐之爲木嘉木也其生也不于他所而于彼朝陽之地是亦豈偶然而生乎夫以鳳凰之在彼而梧桐之在此其地之相去非不遠也然梧桐之生此者既有是菶菶萋萋之盛而足以爲棲鳳之所則鳳凰之鳴彼者亦且以其雝雝喈喈之聲而來鳴于此蔭之下矣夫物性之相感召有如此者况君臣相會合之道而獨不然哉彼賢才之未遇也高隱於丘園山澗之中而明君之在御也

修德於重離繼照之上其地之相遠猶不啻高岡之去朝陽也惟德之修于上者顒昂豈弟足以爲四方之綱圭章聞望足以爲四方之則則賢而隱于下者亦且□□潛離隱而一維君子之所使矣拔茅連茹而一維君子之所命矣其終相會合固自有不□□□□□豈不猶朝陽之梧桐既盛而高岡之鳴鳳自來也哉吁鳳性非梧桐則不棲賢者非有道則不見召康公欲成王廣求賢輔而托喻於此以告之老臣所願望其君者詞不迫而意切矣抑不特此也下章又以車馬之衆多閑習者爲言其意蓋曰王車馬之盛如此如以此爲招徠賢者之具則未用之賢又將繼此而至與向之所謂吉人吉士者益輔成德業於無窮而王之壽考福禄亦可以享之於無窮矣孰與夫但以是車馬爲游歌般樂之用徒無益而有損哉詞意微婉讀之自不覺其入乃知古大臣所以朝夕諷諫其君者蓋必有道矣

思文后稷克配彼天立我烝民莫匪爾極貽我來牟帝命率育無此疆爾界陳常于時夏

田佑

同考試官教諭張批（此詩言后稷當時功德可以配天不可主子孫今日南郊配祀爲説此作既能默會且講結皆佳故録以示後學）

同考試官教諭趙批（於配天及□常處體認親切而詞亦温雅可法是用録出）

考試官洗馬梁批（通篇明暢可取）

考試官左諭德楊批（能發后稷之德真可配天之意）

周人頌祖德足配于天而必極言其教民稼穡之功也夫教民稼穡之功至於可以養民生而復民性則德之配天者亦可見矣周人於南郊獻祖之際得不以是而頌之哉想其意以爲維我皇祖當唐虞之際爲后稷之官其德之英華發外者不獨出乎身加乎民而已其高明實足以配天也德之暢於四肢者不獨發乎邇見乎遠而已其溥博真可以配天也盍亦觀其所以教民稼穡者乎茀豐草而種黄茂使烝民得以粒食者莫非其德之至也熟五穀而育人民使下民可以無饑者莫非其德之極也且小麥之種人以爲后稷貽之以率育烝民也抑孰知帝實命之而使之然哉夫麥之種人但見后稷遺之以遍養下民也又孰知天實命之而使之爾哉夫於粒民之中而又有此率育之效由是地域無遠近也而皆得以陳其君臣之常道於中國蓋君得以爲仁臣得以爲敬燦然有禮以相接也豈若向時艱食之際或上下不能相恤邪疆界無彼

此也而皆得以叙其父子之彝倫於中夏蓋父得以爲慈子得以爲孝歡然有恩相愛也豈若在昔阻饑之日或父子不能相顧邪是則后稷教民稼穡之功至於如此殆與天之所以生成覆幬者等矣其德豈真不足以配天乎哉周人於南郊酌獻之際而以是頌之宜矣抑觀后稷之配南郊與文王之配明堂其義一也而我將主言文王享其祭祀不言文王可以配上帝此篇主言后稷有德可以配天不言后稷享其祭祀非有异也吁有后稷以開之於前有文王以成之於後所謂肇禋迄用有成者歟周之德其盛矣固子孫之萬代如見者也

春秋

取汶陽田（成公二年）公如晋（成公三年）晋侯使韓穿來言汶陽之田歸之于齊（成公八年）公會晋侯齊侯宋公衛侯鄭伯曹伯莒子杞伯同盟于蒲（成公九年）

謝贊

同考試官學正康批（此題胡傳明白作者率以汶陽歸魯取敬失魯取叛立説有知之者又於春秋惡其昧本事末之意不明此篇融會傳注而筆力雄健用宜録出以爲本房之冠）

考試官洗馬梁批（聖人所以責晋之意講義能具道之是亦可以爲難矣）

考試官左諭德楊批（春秋責晋嚴於斧鉞此作得之）

春秋於嗣伯者原其昧體信而致疑於人罪其徒講信而無益於事也蓋體信者其本而講信者末也晋景不究其本而惟末是圖其能濟乎何則于蒲之役説者以景因諸侯之貳而講此以收拾之也春秋胡爲書同以惡之耶誠以信在言前則不言而喻誠在令外則不令而行矣晋□嗣伯不知本此有如汶陽之田見□□國景也反侵之令一下而是田遂歸於魯之舊疆是蓋伯者之所得爲而鄰國之所由仰望者也故我魯成公不憚劬勞而躬往拜賜者豈非以大國之信爲必可恃邪奈何魯轅初返齊媚已入景也韓穿之使一至而是田又屬于齊之域中是又豈伯者之所宜然而弱小之所能恃賴者乎則凡友邦冢君以魯爲戒其誰不解體者豈不由景之反覆有以致之邪是無惑乎人心之携貳而諸侯之多叛也然君子不貴無過而貴於改過使景於是時翻然覺悟于以反身而修德惕然悔厲于以惇信而明義豈遽不能贖前事之失而回侯國之心哉顧乃講于蒲之載書尋馬陵之舊約刑牲歃血冀以收人心於已離然信不由中誰復信我者無乃欲蓋而彌彰爾要質鬼神蕲以挽人心於既涣然自弃其信誰能與我者無乃作僞而自拙爾所謂不揣其本而齊其末非景之謂乎春秋原始要終□以同盟之書繫之于蒲之上□諧□其反覆

而書同者是矣聖人書法之間所以正人心存天理之意嚴哉大抵道之在人信爲最切聖人所以以信易食而君子所以以信易生也時至春秋俗已益壞然衛獻求復必以子鮮爲信邾射奔魯必欲子路爲盟蓋信之不可去也如此孰謂先王苗裔諸國而可以反覆變詐御之哉景之用心淺矣吁

晋欒書帥師救鄭（成公六年）

謝賛

同考試官學正康批（場中作者或專以罪楚爲説或專以不戰爲善此篇認理真而詞不腐故録之）

考試官洗馬梁批（聖人一言而衆理具此作亦能道之）

考試官左諭德楊批（能寫出當時事以見善善之書法）

伯臣於恤患之舉而兼有愛民之意春秋之所善也蓋欒書之恤鄭其事之所仗者義而心之所存者仁也一舉而二善并矣春秋以救予之宜哉何則楚自盟蜀以來其虐焰遂熾鄭自蟲牢而後其弃异始堅楚乃懷怒鄭之心而有是伐喪之暴所關非細事也書也受命□□星言赴難堂堂之陣而兵出有名正正之旗而師出以律楚氛以之而遂熄鄭難以之而遂紓攘夷安夏之功偉矣救菑恤患之心著矣率是以行雖伯顯其君一匡天下可也其事不亦善乎既而移師侵蔡楚人禦諸桑隧書也不徇八人之欲而惟以三卿爲主以爲鄭難既紓則吾事已畢連兵不釋則遷戮已甚故不戰而退無令弟子之輿尸全師而歸不以俘馘而爲事與桓次陘而屈完服悼會蕭魚而鄭不叛者似矣不亦善之尤善者乎二百四十二年之中未有合道如欒書救鄭之一役者春秋特以欒書帥師救鄭書於楚嬰齊伐鄭之下則欒書之一舉二善皆隱然見於書法間而嬰齊猾夏之罪亦自可見矣雖然帥師救鄭善矣不二年又書欒書帥師伐鄭何哉蓋書救以著其恤與國之善書伐以著其虐與國之惡使晋能修其德政使之不叛助之守禦以保鄭而使之不至於叛則爲盡善矣烏乎此豈晋之所能及者哉

禮記

太傅在前少傅在後入則有保出則有師

方霔

同考試官教諭范批（題本冠冕士子類能知之但作義多枯淡不文令人厭觀此作一本上下經文生義而燁然成章殆經生中之表表者主司寧不爲之一刮目邪）

考試官洗馬梁批（作平易之題而詞氣亦不覺冗腐是可嘉也已）

考試官左諭德楊批（三王教世子可爲萬世法此義見之）

先王具儲輔之官隨其所在而交養之也蓋世子之前後出入皆須有以養之也然則先王所以具設官而不缺者其爲慮不亦遠乎且世子者天下大本蓋以今日之臧否而係异時之治忽者也教養之道可不豫乎昔在三王固有以處此矣是故時乎動作世子之行步當謹也三王則有太傅與少傅之官焉太傅在前以身爲教則審父子君臣之道以示法之少傅在後以言爲教則奉世子以觀太傅之德行而審喻之是在前在後輔導咸有其人而世子之德得養於行步之時矣何至敗度而失於舉動乎時乎居處世子之出入當謹也三王則有保與師之官焉入而有保則慎其身以輔翼之而使之歸諸道出而有師則教之事以啓迪之而使之喻諸德是一出一入輔導舉得其人而世子之德得養於居處之時矣何至放逸而愆於禮法乎吁隨世子之所在而皆不失其所教則天下之大本正矣三王之所以貽謀于後者何其深遠如是乎抑論古昔惟三代之盛爲能備教子之法惟周召太公之流爲能勝師保傅之任是以當時世子所與出入前後罔非正人目不閱淫色耳不聞優笑居不近庸邪玩不備珍异而所見者正事所聞者正言所行者正道此三代之君所以有道之長至於累數百年而保有天下也降及後世養世子之法益疏治不古若蓋有由然矣然則養世子者其當師三代之遺意而□□公孤左右之選乎

德産之致也精微觀天下之物無可以稱其德者如此則得不以少爲貴乎

方璽

同考試官教諭范批（説出主於存誠故少物亦足以爲貴之意明白通暢本房巨擘非子其誰與歸）

考試官洗馬梁批（古郊社之祭其禮極簡能究其所以然者此義殆庶幾乎）

考試官左諭德楊批（禮有以少爲貴者其義蓋如此）

原天地之德非備物所能報此祀禮之所以尚簡也蓋大祀之禮在誠不在物也然則其禮所以尚簡者豈非以天地之德非備物所能報而然乎記者論禮有以少爲貴者而申其意以爲古之祭天地也主於存誠於内而不以備物爲敬是豈無謂哉蓋見夫天地之德所以至健而始物者其流行賦予之理至爲精密莫能測其端倪凡有生者孰不資之以爲始所以至順而生物者其絪緼化醇之理至爲微妙莫能窺其朕兆凡有形者孰不資之以爲生故效社之物非不可窮其天之所生也非不可盡其地之所長也但大

德既不能以物稱則其功亦非物所能報縱使遍取乎天之所生則品味雖侈終不能稱其密緻精微之德而報其功而且爲□物而忘心矣神其格乎盡用乎地之所長則儀物雖多終不有報其始物生物之功而稱其德而且爲務末而遺本矣神其饗乎夫惟如此則安得不以少物爲貴哉蓋用心備物不若事以誠敬之爲極致用心於外不若用心於内之爲專慤故不必侈物祭天也而方寸之誠足以潛孚於感格之先殆有甚於物者不必多物祭地也而一念之敬足以昭假於對越之表殆有加於物者是雖少物果不足以爲貴乎然則行禮君子其亦主於存誠而已矣考之上言禮之以多爲貴者是用心於外而備物也此又云以少爲貴而用心於内以存誠者何歟蓋用心備物主制禮者言之然非不欲存誠也要之以備物爲主耳用心存誠主行禮者言之亦非全不用物也要之以存誠爲主耳制禮在彼而行禮在我君子於祭其尚知所務哉

第二場

論

學以誠實爲貴

鄺璠

同考試官教諭林批（論到誠實處深有切於學）

同考試官教諭林批（反覆發明誠實進學之意足以警策士類）

考試官洗馬梁批（他作既佳論亦紆餘有味高薦宜矣）

考試官左諭德楊批（文能稱其題意蓋亦必篤學之士）

知古人之實學則知學之當貴者矣夫誠實之心古人所以善爲學而卒傳道者也然則學之當貴者其不在於是乎程子因曾子以質魯傳道而教人曰學以誠實爲貴者哉言也請申論之凡常人之患恒在於不知學而學者之患恒在於不能誠故觀其誠之至與未至而聖與賢之學分矣觀其誠之存與未存而賢與士之學分矣至論其人之學與未學則士與衆人之等級又分矣然則人其可以不學而學焉者又可不以誠實爲貴乎以是言之則不學無術之患固當責之於常人而不誠無物之患又當責之於學者明矣請復以孔門弟子之學而驗之聰明才辯世之所甚喜者也而乃不能與斯道之傳質魯之士世之所謂遲鈍者也而乃卒能傳斯道之統是獨何哉豈非質魯者其誠實之分數多而聰明才辯者其誠實之分數或寡是以同

一遜志也彼固有分於用志之時而此則有惟日孳孳斃而後已之意同一敏厥修也彼固有怠於自修之日而此則有一息尚存不容少懈之心故就其存誠久暫之中而斯道傳否之幾决矣非由其有學與不學之异也學者觀此又可不以曾子爲法而必以誠實爲貴乎彼格致誠正以修其身此曾子明明德之實學也吾則以誠實之心而學焉齊家治國以及天下此曾子新民之實學也吾則以忠信之心而學□自一念之誠期至於念念之皆誠自一事之實期至於事事之皆實必思以此實心學此實學使誠實之功者著于上下而後已焉可也然此豈一蹴所能致哉請又陳愚之所聞者蓋治病非難識病爲難學者志於誠實亦求其所以害誠實者而去之耳蓋騖高遠而遺節目非誠實也有心志而無功夫非誠實也節目明矣功夫有矣而外誘奪之作輟間之助長害之侈焉自足者畫之欲見知於人者壞之志大而心勞力小而任重者廢之凡若此類皆誠實之反而僞妄之歸也皆益求其比而盡去之由是僞去而實存己克而理復將見吾之所以學者殖而有可受之地穫而有可積之基而古人之實學又將由我而傳矣而孰不本於向來一念之誠實者以始之乎程子學以誠實爲貴之言蓋至是而後驗耳抑觀孔門弟子鮮有不務實者曾子特其不雜者耳如三子言志如此夫子許之亦以此後之人有未逮三子一二而自視無前者多矣其德業何由進而風俗何由厚乎是可嘆也

表

擬唐魏徵謝賜黄金厩馬表（貞觀十三年）

姚學禮

同考試官學正蔣批（以駢儷之文序事詳委而寓忠愛之意佳作也）

同考試官學正林批（拜賜表謝而納忠之意益勤使魏公自爲之未知何如耳）

考試官洗馬梁批（托意既佳體裁亦類可謂善擬作者）

考試官左諭德楊批（明君納諫藎臣獻言此表見之）

臣徵言臣頃上十漸疏伏蒙聖恩嘉納賜臣黄金十斤厩馬二匹者麟趾褭蹏瑞協自天而降龍鬐鳳臆德同行地無疆藏以爲榮乘以拜賜臣徵誠惶誠恐頓首頓首竊以若金作礪傳説納誨於商宗用馬識途齊桓聽言於管仲惟君之相遇斯論諫之必行故補闕之樊侯八鸞將命雖游説之虞氏百鎰見投古昔求言率皆類是後世以言爲諱以諫爲仇三緘口以有銘一鳴仗而輒斥隋以不聞其過而失唐以能受盡言而興寶蕭瑀之忠言一亟是賚納李靖

之籌策上乘是將豈期一介之微兼得二臣之賜兹蓋伏遇聖神撫運文武成功除亂于湯武有光致治與唐虞并美坐收九牧之貢鎏鏐鈒銑之咸陳駕馭千里之材牡牝驪黄所不計如臣駑鈍亦忝班資荷大冶之陶鎔有懷必吐思朽索之臨馭不見是圖緬懷貞觀之初每賜清閑之燕許以仁義之道守不失儉約之風終不渝斷以同心期無改轍顧惟近事或替前時是以十漸之章有瀆九重之聽自甘罪戾乃沐褒嘉謂已列障屏之書復命頒帑廐之賜言行亦已足矣賞及又逾分焉臣敢不誓竭忠貞益加策礪鑠隨衆口雖百鍊而愈精範我馳驅寧一禽之不獲惟神禹之鑄鼎已卜世於萬年冀康侯之安邦尚晝日而三接臣無任感天荷聖激切屏營之至謹奉表稱謝以聞臣徵誠惶誠恐頓首頓首謹言

第三場

策（五道）

第一問

姚學禮

同考試官學正蔣批（早正儲闈以端國本慶□□大焉此答□古今預養之道事理詳盡他日如用之輔導執此以往可也）

同考試官學正林批（敷析我朝預教儲君之法與古昔有不同者周悉詳盡且忠愛之意溢於言表豈區區章句士哉良用嘉嘆）

考試官洗馬梁批（我皇燕翼之謀增光祖宗垂慶萬祀必矣此士答策尤於選左右與早諭教處惓惓三致意焉忠款可嘉不獨取其聞記之長而已也）

考試官左諭德楊批（此策能揚厲聖祖無前偉績以及今日所以端天下之大本者甚悉因以卜年卜世宜過於三代有道之長非闊論無據者也得士得策如此亦可以獻於上矣）

有天地之大德者開萬世之業於其先正天下之大本者傳萬世之業於其後夫天地之大德曰生在聖人則爲仁所以得天下者也有開於先必傳於後則天下之本在太子太子正而天下定矣得天下以仁而教太子以正以仁得之以仁守之以正教之以正受之世世相承勿替引之皇明所以垂萬世無疆之休者在是豈惟漢唐宋不敢企哉雖夏商周亦莫之逮也洪惟太祖高皇帝龍潜淮右閔元季生靈之塗炭不得已而起救之入金陵而民皆按堵定元都而市不易肆遂平天下成混一之功史臣贊之以爲雖曰天命人歸要亦神武不殺之所致也則其得天下以仁固可見矣太祖既建儲

官嘗采經傳格言爲書名曰儲君昭鑑録以訓戒之又諭宫臣曰汝等講論誦説之時必導之以正使其道明德立才器充廣庶幾他日克勝重任則其教太子以正又可見矣聖子神孫繩繩繼繼以仁厚爲心法以正儲嗣爲家法而其所以正儲嗣者又各有訓鑑在焉故太宗文皇帝嘗取儲君昭鑑録稍充廣之益以太祖之謨訓名曰文華寶鑑而宣宗章皇帝又有御製帝訓二十五篇始於君德奉天而終於馭夷藥餌憲宗純皇帝又采諸書格言及祖宗寶訓爲書名曰文華大訓凡四卷曰進學養德厚倫明治而各有條目於其間皆所以教太子者也皆教之以正者也而其所以爲教則又皆本諸當時身所受教者而出乎躬行心得之餘者也昔漢高帝不事詩書而手敕其子有勤學習書之語唐太宗内多慚德而作帝範有飭躬建親之言宋真宗矯誣上天而承華要略有清心辨佞之説所謂夫子教我以正夫子未出於正者也安得與我朝之訓鑑并稱哉惟若大禹之克勤克儉而有典則以貽子孫成湯之不殖不邇而有風愆以訓蒙士文武有關雎麟趾之化而以謨烈啓後人所謂其爲父子兄弟足法而後民法之者也是則與我朝之訓鑑同一揆矣今天子仁孝之德格于上下篤生元良以正儲位而其教養之道必遠稽三王之典謨近遵列聖之訓鑑而内本乎躬行心得之正理所以爲萬世計者至矣然三王之所以教世子者具載於賈誼書保傅諸篇諄諄以早論教與選左右爲急或者以爲古今异宜而莫之行然其間有宜於今而不咈乎古者未始不可行也其曰太子之幼也使仁者養之孝者襁之賢者傍之及其學也師以道之教訓傅以傅之德義保以保其身體□教之也必以孝仁禮義爲□□於容貌詞氣之間衣服器用之具皆有節適以合矩度又必選天下之端士孝悌博聞有道者以衛翼之一或有邪人間於其間則必屏而去之太子朝夕所與居處出入左右前後無非正人所聞正言所見正事所行正道而未嘗見一邪行則喻教得左右正而太子正矣三代有道之長以輔翼太子有此具也豈獨得天下以仁之效哉今誠舉而行之則所以端天下之大本者在是矣夫三代得天下以仁我太祖既與之同而用夏變夷之功則又過之三代教太子以正今皇上既用其道而復益以祖宗之訓鑒則又盡善也將見國祚靈長本支蕃衍傳之萬世億萬斯年永永無窮矣豈止如夏商周之傳二三十世歷七八百年而已哉區區漢唐宋又無足道矣謹以是爲對

第二問

喬宗

同考試官教諭林批(此策不徒多識前言而其尚友師古之志固可概見得士如子蓋所谓杰然者)

同考试官教諭林批(策場正欲觀學者之識非掩其所不知也此卷五策材識不凡而此篇尤見底藴京畿之士洽化之深益驗矣)

考試官洗馬梁批(通閲三場知非凡士以文字多不能盡録録如是一二以見其餘耳抑吾望子豈止於文字間哉)

考試官左諭德楊批(此策歷舉道統道學之聖賢而旁及近代君臣之事以别其同异亦一大議論也有士如此而以爲世不我知何哉今既知子矣孔子曰則何以哉勉之勉之)

士生千載之下而欲論千載之上惟當求其道之相若而不必計其位之相同也故求其道之相若則鄒魯聖賢雖擬之唐虞三代之君臣而不爲妄如但以其位而已則漢唐宋之君臣豈皆前代聖賢匹哉君子於此則亦當辯其有近諛與否者矣請因明問所及而條陳之唐虞三代之時上有堯舜禹湯文武之君下有皋夔稷契伊傅周吕之臣精一執中之相授也建中建極之相傳也見知聞知之相承也道統之盛治化之隆曠萬世而莫及矣後世乃有儗其君臣者何哉宰我稱夫子賢於堯舜蓋以事功言之堯舜治天下夫子又推其道以教萬世也朱子謂顔子優於湯武蓋以德言之湯武微有粗迹顔子渾渾無痕迹也曾子易簀之事程子謂其惟求得正而不慮死與武王行一不義而得天下不爲者同心孟子距揚墨之説程子謂其以道拯人心之溺與禹稷以身救世者同功是一聖三賢者其道同乎唐虞三代之君者也儗之固其倫矣豈可以時位言哉賈山稱漢文帝將興堯舜之道三王之功唐史臣贊太宗除隋之亂比迹湯武宋太祖洞開殿門之言朱子謂其心與堯之心合宋神宗勵精爲治之初王安石稱其欲追堯舜三代不難是四君者其位同乎唐虞天代之君者也儗之若近諛矣然亦人臣尊君之常耳至於劉向稱董仲舒有王佐之才雖伊吕無以過蘇軾稱諸葛亮出師二表與伊訓説命相表裏魏徵對唐太宗以稷契皋陶爲良臣而願爲之石介以范仲淹富弼爲一夔一契而又責弼以行伊周之事是數臣者其位與唐虞三代之臣同者也儗之若妄矣蓋亦贊美嚮慕之意耳有稱天民之先覺如伊尹者元祐宰臣薦程子入講筵之語也有以淑問如皋陶爲比者熙寧執政使張子厚按獄而言之也宋理宗追封朱子稱其傳孔孟之學抱伊傅之才朱子贊張敬夫有卜其見伊吕而失蕭曹

之語此四儒者其道與唐虞三代之臣同者也儗之亦其倫矣豈以勢分言哉孟子曰人皆可以爲堯舜荀卿曰塗之人可以爲禹公明儀曰文王我師也則唐虞三代之君臣鄒魯聖賢與漢唐宋之君臣諸儒儗之亦不爲過但有其道者不能得其位有其位者不能盡其道此其治效所以無所見也豈儗之者皆誕且妄哉使孔子得堯舜之位則顔魯孟子俱可爲皋夔稷契矣使漢有禹湯之君則董仲舒諸葛亮亦可以爲伊傅矣使宋有文武之君則范仲淹與程張朱子皆可以爲周吕矣何患治效之不如古哉雖然世無孔子焉别顔回愚嘗志伊尹之所志學顔子之所學以上師孔子今逢堯舜在位亦欲接武皋夔以備百執事之用也而世莫我知知之者其在於今爲文章之司命人物之衡鑑者乎尚無以爲誕且妄而麾之幸甚

第三問

劉焕（此處底本缺頁——編者注）

弘治十一年順天府鄉試録

順天府鄉試録序

我太祖高皇帝創業垂統惟賢才之重歲洪武庚戌即開科取士越十七年丙子遂著爲定制三年一舉聖相承恪遵彝典迄今百二十餘年久而彌崇賢才之盛遠過前代逮我皇上益慎匪懈汰庠序之濫廣太學之儲幸門沮而正途闢天下之士争自奮勵雖荒陬僻壤亦濟濟其盛而況京畿聖化所先靈秀鍾毓爲人才之淵藪哉弘治戊午秋八月維天下鄉試之期順天府疏請如故事上命諭德臣華中允臣廷和爲考試官臣等聞命惶惕既鎖院合六館諸曹暨提學御史邵蕃所甄拔八郡之士而三試之蓋成章者二千四百有奇如觀鄧林小大畢材也猗歟盛哉斯惟列聖作養之功宗社靈長之慶取百三十有五人而止遵制額也既乃彙次成録將以對揚□命臣謹序諸首曰鄉之薦士必有録録也者録其名也録其地也録其文也録其名何謂也因其名可以求其實也薦諸天子布諸天下而傳之後世曰某正人某邪人其實可因是而徵也録其地何謂也重其所從來也曰此某郡某邑之産也善某郡邑之光也惡某郡邑之羞也故鄉之舉士不敢不慎焉録其文何謂也因其言將以責其行也言之有愛君憂國之誠者録之有孝親敬長之實者録之有廉耻節義之氣純正和平之理者録之既而行不掩焉曰斯向之所云者也而今乃如此乎不盡録何謂也録其一以見其餘也凡見取於有司者必皆此類者也故皆得執此而責其償焉曰奚爲復録有司者之名也曰責有所歸也士之所業异有司者分主之易之士學正臣鏞教諭臣拱宸主之書之士教諭臣仁臣祐主之詩之士教授臣睿訓導臣公輊主之春秋禮記之士教諭臣濟望臣選主之其才與否皆有司者之責也故其取士不敢不盡心焉綜理百爲則府尹臣憲府丞臣琦而防範試事則御史臣漢臣鸞也其責重且勞故録之特先焉其餘百執事亦皆有職於斯舉者其責輕故録之于後然則子獨無責乎曰天子求賢才於畿甸之内四方將於是乎觀盛美焉故特以選拔之柄授之臣華與廷和雖賴群執事寅恭協理以克有濟而華與廷和實主其事是群執事之責皆華

與廷和之責也然則得士而罔不才非華與廷和之能惟寅恭協理者之力得士而罔或才非群執事之咎惟華與廷和不任主司之責曰責無已重乎曰天子所與共理天下者賢才也奉天子命爲天下舉賢才者有司也天子信有司之所舉而將任用之以之爲守令而郡邑治以之爲方岳而藩屏安以之爲卿弼公孤而朝廷寧謐曰斯固有司之榮此以才者言也有不才者焉任之守令而郡邑之民被其害任之方岳而藩屏之民罹其殃任之卿弼公孤而貽禍於家國天下于斯之際責安所逭乎曰有司之責信重矣要亦無不盡心矣逭有司之責于將來則在諸士子之方與圖之也其必曰觀其名而思不負其所舉觀其地而思不負其所生觀其文而思不負其所學以無忝於賢科無愧於古人無負於天子于國爲忠臣于家爲孝子則亦庶幾哉此斯録之所關所以重也此愚臣之所藉以對揚天子之明命以逭其責焉者也

奉直大夫右春坊右諭德王華謹序

弘治十一年順天府鄉試

提調官

嘉義大夫順天府府尹張憲（廷式江西德興縣人　壬辰進士）

中憲大夫順天府府丞藺琦（廷璽山東德平縣人　辛丑進士）

考試官

奉直大夫右春坊右諭德王華（德輝浙江餘姚縣人　辛丑進士）

左春坊左中允楊廷和（介夫四川新都縣人　戊戌進士）

同考試官

浙江台州府儒學教授陳睿（思誠四川成都縣人　甲午貢士）

直隸廬州府六安州儒學學正戴鏞（允大浙江太平縣人　丙午貢士）

山西潞州潞城縣儒學教諭徐拱宸（尚德山東鄆城縣人　辛卯貢士）

湖廣武昌府通城縣儒學教諭劉濟望（充仁江西安福縣人　丙午貢士）

直隸鳳陽府懷遠縣儒學教諭唐選（惟賢福建懷安縣人　癸卯貢士）

直隸蘇州府吴縣儒學教諭李仁（善長福建莆田縣人　丁酉貢士）

直隸太平府當塗縣儒學教諭張祐（天益江西鉛山縣人　乙卯貢士）

直隸蘇州府長洲縣儒學訓導司馬公輊（世經浙江山陰縣人　壬子貢士）

監試官

文林郎江西道監察御史宋漢（天章山東膠州人　戊戌進士）

文林郎山西道監察御史張鸞（應祥陝西咸寧縣人　辛丑進士）

印卷官

奉議大夫順天府治中周欽（敬之湖廣永明縣人　監生）

收掌試卷官

奉政大夫山東濟南府同知温廉（至潔山西介休縣人　戊子貢士）

受卷官

貴族普安州知州黄璉（汝器山東濟陽縣人　辛丑進士）

浙江杭州府推官劉瑭（廷玉陝西河州人　戊子貢士）

彌封官

湖廣武昌府興國州知州吴紳（廷端直隸歙縣人　丙子貢士）

河南彰德府磁州知州毛深（文淵山西夏縣人　己卯貢士）

謄録官

湖廣長沙府同知黄玶（汝□廣東南海縣人　丙子貢士）

陝西鞏昌府秦州知州段紳（文卿河南□陽縣人　丁酉貢士）

對讀官

直隸滁州知州曾顯（克達江西泰和縣人　丁酉貢士）

四川順慶府廣安州岳池縣知縣易綱(正道湖廣衡陽縣人　丁酉貢士）

巡綽官

鳳陽中衛指揮僉事霍震（啓東直隸真定府曲陽縣人）

保定右衛指揮同知劉欽（克敬直隸永平府昌黎縣人）

保定後衛指揮同知張清（静之直隸河間府任丘縣人）

青州左衛指揮僉事黄通（伯達湖廣永州府寧遠縣人）

監門官

臨清衛指揮同知胡安（靖之直隸松江府華亭縣人）

濟南衛指揮僉事楊鼎（大器河南汝寧府確山縣人）

供給官

順天府照磨所檢校于冕（從周四川建始縣人　監生）

宛平縣縣丞王沔（朝宗浙江慈谿縣人　監生）

大興縣主簿馬俊（文傑陝西安塞縣人　監生）

第一場

四書

卑宫室而盡力乎溝洫　喜怒哀樂之未發謂之中發而皆中節謂之和　仁也者人也合而言之道也

易

先天而天弗違　止而巽動不窮也　是故君子所居而安者易之序也　其言曲而中其事肆而隱

書

無稽之言勿聽弗詢之謀勿庸　一人元良萬邦以貞　不貴异物賤用物民乃足　黍稷非馨明德惟馨

詩

肅肅宵征夙夜在公寔命不同　天保定爾以莫不興如山如阜如岡如陵如川之方至以莫不增　維仲山甫柔亦不茹剛亦不吐　殷受命咸宜百禄是何

春秋

無駭帥師入極（隱公二年）季孫行父如齊（宣公元年）仲孫蔑如京師（宣公九年）叔孫僑如帥師圍棘（成公三年）　齊侯宋公江人黄人盟于貫（僖公二年）　楚人伐黄（僖公十一年）　新作南門（僖公二十年）　新作雉門及兩觀（定公二年）　楚人陳侯蔡侯鄭伯許男圍　宋公會諸侯盟于宋（俱僖公二十七年）晋侯侵曹晋侯伐衛楚人救衛（俱僖公二十八年）

禮記

是故養世子不可不慎也　禮之所尊尊其義也　天高地下萬物散殊而禮制行矣流而不息合同而化而樂興焉　孝以事君弟以事長示民不二也

第二場

論

君德以剛爲主

詔誥表（内科一道）

擬漢高帝定口賦詔（十一年）　擬唐加左僕射房玄齡太子少師誥（貞觀十三年）　擬賀皇太子出閣講學表

判語（五條）

官員襲蔭　功臣田土　鄉飲酒禮　優恤軍屬　修理倉庫

第三場

策（五道）

問　聖人之言徹上徹下詞雖明白簡要而其包含該括之微實有未易以窺測而知之者若我太祖高皇帝皇明祖訓曰凡古帝王以天下爲憂者惟創業之君中興之主及守成賢君能之大哉皇言考諸前代而皆然徵諸當今而益信其躬行心得之語乎一哉皇心上有以承二帝三王繼天立極之仁下有以垂聖子神孫憂勤惕厲之訓其至誠惻怛之念乎試與諸士子論之不知聖祖之所謂以天下爲憂者其泛然而憂之耶抑實有所憂之事可見之行者耶守成之君其所憂者將與創業中興者其有不同邪其無不同邪今天下之事其有可憂邪其無足憂邪其有可憂此不知與在□祖之時及宋唐以上賢君其有同邪其無同邪是皆祖訓不盡言之微意欲使人思而自得之者而聖子神孫既已默契之矣諸士子其亦何以鋪張而揚厲之

問　自周公以後百世無善治孟子以後千載無真儒程子嘗有是言也信斯言也則自漢以下至于唐宋其間名臣學士或策賢良而致相位或好古道而甘寂寞或排异端以扶孔氏或秉周禮以立法度往往有自比周公孟子者是皆無一可取者乎夫所貴于儒者爲其有益于天下之治也無真儒則無善治矣今乃别而言之何居朱子又謂秦漢以下無人知講學明理所以無善治蓋謂善治之出於真儒也若董仲舒諸葛孔明皆號有儒者氣象而卒不聞其能致周公之治豈其講學明理之功有未至乎周公之所以爲學亦有可言者乎使孟子居周公之位亦能致周公之治否乎諸生皆以儒自命而志于天下之治者也其以今日之所學他日之所用者一一以告我

問　儒者之學莫先於窮理人物高下之難明事爲同异之有辨試舉古人一二相與論之遭旱而以六事自責與遇旱而以六事自讓者何异入關而約法三章與入京師而約法十二條者何殊七廟共堂中興崇儉也彼以私情而革三年之紀者何取六尺托孤因臣遜順也彼以戇直而有社稷之許者何見兵以止亂則夫恐彼怖而生計比之使彼懼而知改者亦獨何心賞以勸善則其賜几杖於不朝與夫授節鉞於拒命者是誠何計方歸六日而即有潁川之征起兵八年而不憚關中之徙何汲汲□舉義□□古或戾於今見其一或遺其二合□之説辯矣而或背於理遠交之謀深矣而或非其正自秦火未焚爲士者已不能有至當之論而况下此去古逾遠之代哉昔蘇洵稱董生得聖人之經而流爲迂晁錯得聖人之權而流爲詐有二子之才而不流者惟賈生而劉向亦謂誼通達國體雖古伊管未能遠過今其治安之策史傳可述也其

果宜於古而通於今者邪辯而不背於理深而一歸於正邪或謂其三表五餌之術失之疏而又或譏其志大而量小才有餘而識不足則其爲説得無亦有偏而不舉之敝乎願聞折衷之説

問　蠻夷寇賊之患自古有之虞廷之命属之皋陶是亦聖世之所不免者顧吾所以治之者何如耳古之善治盗者若渤海之便宜京兆之鉤距交州之清平益州之恩信皆是也善治邊者若雁門之保塞金城之留屯朔方之持重鄜廷之訓練皆是也其人存則其政舉後世得若人而用之固不患無前日之效也我朝列聖相承威德遠被内修外攘遠格邇安二患皆無足致意中者然預防之戒聖者所謹試以近日之事言之禦盗之法在今日不爲不詳司厲之奏功屢矣而盗不少衰掠公庫劫獄囚者在在有之亦或有戕聘使於國門之外者矣欲緩之則萑符之澤不勝誅欲急之則沈命之法不可用不知歐陽脩之所謂四事者施之于今何要禦夷之備在今日不爲不嚴北虜之入貢屢矣而邊遽時至賊將領虜間諜者常常有之甚則有貨軍器以出境者矣欲徇之則盧山之壑不可填欲絶之則玉門之關不可閉不知嚴尤之所謂三策者用之于今何先夫天下事可言者多矣獨舉此兩端爲問者計亦諸生之所目擊而動心焉者也（此處底本缺頁——編者注）

中式舉人一百三十五名

第一名　孫清　順天府武清縣學附學生　書
第二名　孫緒　直隸故城縣學生　易
第三名　張宏　直隸真定縣學生　詩
第四名　宋鏜　直隸静諵縣學生　春秋
第五名　姚孜　直隸永年縣學生　禮記
第六名　胡錠　直隸長垣縣學增廣生　易
第七名　張鐸　京衛武學生　書
第八名　彭釗　順天府學增廣生　詩
第九名　張鎰　順天府平谷縣學生　書
第十名　錢俊民　騰驤左衛軍餘　詩
第十一名　周致　牧馬千户所軍餘　易
第十二名　傅纘　順天府學增廣生　詩
第十三名　魏綸　直隸元氏縣學生　書

第十四名　張明　順天府學生　詩
第十五名　徐縉　留守後衛軍餘　易
第十六名　陳縉　騰驤右衛舍餘　詩
第十七名　郁深　大寧都司學武生　詩
第十八名　羅麟　錦衣衛匠餘　書
第十九名　尹綸　順天府學附學生　詩
第二十名　李岫　順天府學生　禮記
第二十一名　汪舉　順天府學生　易
第二十二名　吴光世　直隸雄縣學附學生　詩
第二十三名　張邦穀　户部書筭　書
第二十四名　盧楫　順天府密雲縣學生　詩
第二十五名　韓璒　直隸高陽縣學附學生　易
第二十六名　翟鑾　錦衣衛軍　詩
第二十七名　萬瑄　順天府武清縣學生　書
第二十八名　紀紘　順天府文安縣學生　易
第二十九名　吴瓚　順天府學生　詩
第三十名　顔如環　錦衣衛軍餘　春秋
第三十一名　蕭海　錦衣衛舍人　詩
第三十二名　廖俊　錦衣衛校餘　書
第三十三名　何義　順天府涿州學生　詩
第三十四名　張綬　順天府學生　易
第三十五名　王驌　順天府通州學生　詩
第三十六名　齊鑑　京衛武學生　書
第三十七名　王賢　直隸邯鄲縣學生　詩
第三十八名　倪議　順天府學附學生　易
第三十九名　冀光　直隸廣平府學生　詩
第四十名　張瑜　直隸晋州學生　書
第四十一名　張居仁　直隸蠡縣儒士　詩
第四十二名　王顯示　武功中衛軍　易
第四十三名　潘鼎　大醫院醫生　詩
第四十四名　邊憲　直隸河間府學生　書
第四十五名　張恕　直隸新安縣學生　詩

第四十六名　謝賜　順天府學附學生　易
第四十七名　張經　直隸任丘縣人監生　詩
第四十八名　方景　京衛武學生　書
第四十九名　趙輅　直隸任丘縣學生　詩
第五十名　雷璋　順天府學附學生　禮記
第五十一名　顧永　順天府學附學生　詩
第五十二名　于周　山東濰縣人監生　書
第五十三名　李培齡　金吾右衛軍餘　易
第五十四名　楊旭　順天府學附學生　詩
第五十五名　汪賢　直隸歙縣人監生　春秋
第五十六名　王輔　直隸灤州人監生　詩
第五十七名　周榮　順天府通州學生　易
第五十八名　朱本端　錦衣衛校餘　詩
第五十九名　李瀛　直隸長垣縣學生　易
第六十名　徐明　順天府大興縣儒士　詩
第六十一名　張龍　順天府學附學生　書
第六十二名　張維新　順天府學生　詩
第六十三名　陸傑　京衛武學生　易
第六十四名　田蘭　直隸保定府學生　詩
第六十五名　趙宗　順天府學增廣生　書
第六十六名　李薵　彭城衛軍餘　詩
第六十七名　李鳳鳴　直隸武强縣學生　易
第六十八名　胡忠　直隸永寧縣學武生　詩
第六十九名　郭璋　錦衣衛校餘　易
第七十名　王瓚　留守左衛舍餘　詩
第七十一名　崔仲淮　直隸永平府學生　禮記
第七十二名　奚鉞　錦衣衛軍餘　詩
第七十三名　李秀　直隸獻縣學增廣生　書
第七十四名　王弼　順天府大興縣儒士　詩
第七十五名　鮑龍　直隸真定府學附學生　書
第七十六名　張麒　錦衣衛舍餘　易
第七十七名　馬暹　直隸威縣學生　詩

第七十八名　温瑭　瀋陽右衛軍餘　易
第七十九名　周潾　萬全左衛學軍生　詩
第八十名　張瓚　京衛武學生　易
第八十一名　劉金　順天府三河縣學生　詩
第八十二名　張宗德　順天府固安縣學生　書
第八十三名　孫禎　直隸任丘縣學生　詩
第八十四名　張愷　京衛武學生　易
第八十五名　張翰　騰驤右衛軍餘　詩
第八十六名　魯鐸　直隸撫寧縣學生　書
第八十七名　周璋　順天府學附學生　詩
第八十八名　甯溥　太醫院醫士　易
第八十九名　邢淵　直隸任丘縣學生　詩
第九十名　雷宗　直隸隆慶衛人監生　書
第九十一名　霍俊　直隸曲周縣學生　詩
第九十二名　張騰漢　順天府通州儒士　禮記
第九十三名　李際可　直隸故城縣儒士　易
第九十四名　王雲　直隸真定縣學生　詩
第九十五名　趙倫　直隸獲鹿縣學生　書
第九十六名　辛志清　順天府固安縣學生　詩
第九十七名　沈瑭　直隸容城縣學生　易
第九十八名　苑秀　直隸肅寧縣學生　詩
第九十九名　周紀　直隸永平府學生　書
第一百名　尹政　順天府順義縣學生　詩
第一百一名　關鍵　直隸高陽縣學生　易
第一百二名　姚文瑞　直隸吴橋縣學附學生　詩
第一百三名　趙永　順天府學附學生　書
第一百四名　程源　直隸歙縣人監生　春秋
第一百五名　陶山　順天府學附學生　詩
第一百六名　葉文　順天府武清縣學生　易
第一百七名　田景文　直隸定興縣學生　詩
第一百八名　劉滋　直隸滑縣學增廣生　書
第一百九名　許寔　直隸肅寧縣學生　詩

第一百十名　高釪　順天府學附學生　易
第一百一十一名　翟聰　直隸任縣學生　詩
第一百一十二名　王綖　直隸開州學增廣生　書
第一百一十三名　蔣錦　直隸阜城縣學生　詩
第一百一十四名　張桓　太醫院醫藉　易
第一百一十五名　李鑑　直隸灤州學生　書
第一百一十六名　申綸　直隸廣平府學生　詩
第一百一十七名　王宗　騰驤左衛儒士　春秋
第一百一十八名　楊最　四川射洪縣人監生　詩
第一百一十九名　李溥　直隸盧龍縣學生　書
第一百二十名　夏玄　順天府學附學生　詩
第一百二十一名　楊睿　直隸獲鹿縣學生　易
第一百二十二名　王銳　順天府順義縣學生　詩
第一百二十三名　鄺珩　直隸任丘縣學生　書
第一百二十四名　李暘　直隸武邑縣學生　詩
第一百二十五名　馬馴　山東益都縣人監生　易
第一百二十六名　曹春　京衛武學生　詩
第一百二十七名　楊節　錦衣衛舍餘　書
第一百二十八名　劉錫　直隸南宫縣學增廣生　詩
第一百二十九名　蘇琰　直隸雄縣學生　易
第一百三十名　朱袞　營州左屯衛軍餘　詩
第一百三十一名　田中　錦衣衛校餘　書
第一百三十二名　李滄　順天府密雲縣學生　易
第一百三十三名　劉天爵　順天府寶坻縣學生　詩
第一百三十四名　李存誠　直隸安肅縣學生　書
第一百三十五名　袁宗儒　直隸雄縣學增廣生　詩

第一場

四書

卑宫室而盡力乎溝洫

孫清

同考試官教諭張批（題本平説作者往往偏重於下且詞多襲陳殊爲可厭此作意新詞雅是亦無可間然者）

同考試官教諭李批（儉於宫室作者類能言之於盡力溝洫處多説豐字不出獨此篇得之）

考試官左中允楊批（講盡力處語意良是）

考試官右諭德王批（妥帖可取）

薄於自奉而厚於養民聖君能然也夫宫室者家之所以自奉而卑之溝洫者國之所以養民而盡力焉則聖君之豐儉各適其宜矣尚何罅隙之可議哉昔吾夫子稱大禹之意若曰當禹之時九州攸同四隩既宅矣富有天下者豈不能侈其宫室以自安乎禹則曰宫室所以蔽風雨適起居崇高無益也况夫竭民之財力以自奉吾何忍邪於是乎狹者仍其隘下者因其卑而高堂廣厦之弗作樸者循其質敝者葺其頹而茅茨土階之如舊岌岌然猶下民昏墊之時而未嘗苟有一毫自侈之念也其儉於自奉也如此然於國之所以養民之務則又未嘗不盡力焉蓋當其時烝民乃粒萬邦作乂矣貴爲天子者誰復能盡心溝洫而無倦乎禹則曰溝洫所以正疆界備旱潦民食攸資也則雖竭吾之財力以從事庸何恤邪於是乎濬其所未深疏其所未導而於井間之溝殫智慮以治之闢其所未廣决其所既壅而於成間之洫盡心力以爲之遑遑然猶黎民阻饑之時而未嘗少有一息自怠之意也其厚於養民也又如此噫己所當儉也而儉之民所當豐也而豐之然則果何從而議其罅隙乎抑又論之禹之所以能儉於自奉而勤於民事者由其能有天下而不與真萬世爲人君者之龜鑒也向使其子孫而能世守其家法焉則夏雖至今存可也奈何一再傳而遂有荒墜厥緒以及於危亡者嗚呼自古天下國家未有不由其祖宗勤儉而興亦未有不由其子孫奢縱而廢者然而覆轍相尋而世主往往莫之悟何哉

喜怒哀樂之未發謂之中發而皆中節謂之和

孫緒

同考試官教諭徐批（性理之言本不可以浮辭解説此作文不雕琢而理自足宜表出之）

同考試官學正戴批（中庸此節原性情以明道見道在人心本不可離此篇得其大旨而辭足以發之亦善作者）

考試官左中允楊批（中庸義似此精切者亦少）

考試官右諭德王批（發明中和之義殆無餘藴矣）

中庸明道不可離之意有自其性之德而言者有自其情之正而言者蓋情之未發性也故謂之中發而不失其性情之正也故謂之和中庸明道不可離之意如此其旨深矣請申論之性原於天而道不外乎性心統乎性而性不離乎情心有所好惡而喜怒形焉喜怒情也心有所欣戚而哀樂形焉哀樂亦情也方其未感於物之時外内不接人己不交不見可好而何有於喜也不見可惡而何有於怒也不見可欣戚而何有於哀樂也此即所謂人生而静天之性也而何以謂之中蓋渾然在中一是性之全體初無倚着一偏之患寂然不動一吾性之本然未有陷於一偏之失是故謂之中所以狀性之德而形道之體也及其有感於物之際人己相形外内相對喜必其可好者不於其所喜而辟焉怒必其可惡者不於其所怒而辟焉哀樂必其可欣戚者不於其所哀樂而辟焉此即所謂感物而動性之欲也而何以謂之和蓋發之各中其節而非任情以徇外於吾性乎何乖應之各得其道而非恣情以從欲於是性乎何戾是故謂之和所以著情之正而顯道之用也論至於是則知道之體用不出乎性情而人之性情皆具於一心有是人則有是心有是心則有是性情也道其可以須臾離哉雖然是性情也即上文所謂天命之性率性之道而人所同得者推而極之則位育之效亦吾性分中事而人往往失之者何哉蓋物之感於我者無窮而情之應於外者無節以無節之應而逐無窮之感故情日以蕩性日以鑿而離道日以遠也由教而入者其可無存省之功哉

仁也者人也合而言之道也

傅纉

同考試官訓導司馬批（仁與道作者多岐而二之獨此篇體認真切而文有發揮佳作也）

同考試官教授陳批（揭書出題初不計其難易場中能如此作者正亦不易得也故録之）

考試官左中允楊批（此可謂順理成章者）

考試官右諭德王批（以仁之理合於人之身而言之親切者覲見此篇）

大賢論仁爲人性之本然而必著其爲人所行之當然也夫仁者天所賦於人之理固性之本然也合是理於人而言之豈非當然之道乎昔孟子言此以示人其意蓋謂人之有生既得天地之氣以成形必得天地之理以爲性故

有此人即有此仁仁也者乃人所以爲人之理而非外物也具是形即具是仁仁也者乃人所固有之理而非外鑠也所以爲人父子者此仁也爲人君臣者亦此仁也人而非仁蠢然運動之物耳豈萬物之靈邪所以爲人夫婦者此仁也爲人長幼朋友者亦此仁也人而不仁塊然血肉之軀耳豈五行之秀邪然仁理也形而上者也人物也形而下者也苟言仁而不言人則仁自仁而道無由行矣于焉以仁之理合於人而言之則凡父子之所以親君臣之所以義莫非此仁之貫徹無形之理寓於有形之器而道於是乎著焉言人而不言仁則物自物而人遠乎道矣于焉以人之身合此仁而言之則凡夫婦之所以别長幼之所以序朋友之所以信無非是仁之流通形而下者不離夫形而上者而道於是乎形焉噫仁固不外於性分道亦不外於人身然則有志於仁者其可外人以求仁遠人以爲道哉嗟夫時至戰國聖學不明爲墨氏之學者以兼愛爲仁崇老氏之教者以虚無爲道天下之言道德仁義者不歸於彼則歸於此而聖賢之道晦矣孟子生當其時慨人欲之横流憫天理之將滅著爲七篇之書惓惓於仁義道德之辯若此者不一而足皆所以闢正路之榛蕪開聖門之閉塞其遏人欲存天理之功大矣先儒謂其功不在禹下信哉

易

先正而天弗違

孫緒

同考試官教諭徐批（理明而不鑿詞達而不泛此易義之優者）

同考試官學正戴批（題本難作此篇據本義立説意見層出而文無長語是之取耳）

考試官左中允楊批（本義之説正是如此）

考試官右諭德王批（天之不違乎大人一公而已此作得之）

□□□之所爲者契其理之從出者唯乾九五□□然也蓋天乃理之所從以出者也大人之心一純乎理則其意之所爲惡有不相契者哉文言申乾九五爻義而及此謂夫天之與人本無二理但梏於私者有形體之分惟純乎理者無先後之間且大人之先於天者何也蓋天所未爲而沉幾以創其始時之未至而聰明以開其先有財成之道焉有輔相之功焉一出於意之所爲而無成法之可考者也有通變之機焉有神化之妙焉一從乎心之所欲而無故智之可蹈者也或作易以開物或制曆以明時皆爲天立心以垂訓於天下何者而非大人權輿之乎或治定而制禮或功成而作樂皆立天之道以爲法於

後世何者而非大人肇造之乎夫大人之先天者如此而天之不違者何也蓋修於人而驗於天立於此而參於彼凡其意之所爲者類非有我之得私一天理之流通也財成而無或過輔相而無不及天何嘗有違之邪凡其心之所欲者類非私意之所爲一天道之運用也通變而不倦神化而宜民天何嘗或背之邪著生於幽贊之餘歲茂於曆象之後是其爲天立心者公而自有以吻合乎天矣序以致群物之別和以致百物之化是其立天之道也公而直有以妙契乎天矣吁大人之先天者非私意以求合於天也而其心自不能不與之合天之不違者非私意以厚於大人也而其理自不容不與之合天者大人之體大人者天之用也此其所以位乎天德而爲天下之所利見也歟抑又論之易之義備於乾而之義備於五乾天德也五君位也故聖人於乾卦之義專以天道明之而又歸重於九五之一爻欲知天道者於是求之思過半矣

其言曲而中其事肆而隱

胡錠

同考試官教諭徐批（繫辭下傳自第一章以後□□□六章有以卦爻吉凶言者有以卦象及彖爻辭言者有專以卦畫□□有專以爻辭言者此章則專言文王彖辭而下章又及其處憂患之道作此題者往往以爻辭并講失之遠矣此篇獨爲有見是用録出）

同考試官學正戴批（講曲而中肆而隱處理致明白而詞采精拔他卷所不及也）

同考試官左中允楊批（發揮透徹）

考試官右諭德王批（此可與言易矣）

言婉而理當事顯而理微此易之妙也蓋易乃理之會也其言之曲而事之肆者何莫而非理之所寓也哉且夫吉凶言乎失得悔吝言乎小疵凡繫於各卦之下者皆言也其爲言也或一卦之彖而舉數事或一事之中而兼數義或原之於始以究其所從或要之於終以推其所用旁喻曲證而言天以驗於人觸類引伸而由常以及於變其言可謂曲矣言雖曲也而實中乎陰陽之理有此理乃爲此言皆擬諸形容而非寓言之比有一言必有一理皆象其物宜而非假設之辭讀之紆餘而不可以牽合傅會論極□委備而不可以支離散漫求如良工之射遠左右隨發而巧有必中之機無差謬也此非其言之曲而中者乎象事可以知器占事可以知來凡見於各卦之辭者皆事也其爲事也或直指以盡其言或斷

辭以盡其意或求之於遠而及邦國之謀或取之於近而示百姓之用小事大事一一開陳而不隱可行可止種種明白而不晦其事可謂肆矣事雖肆也而實隱乎陰陽之理有其然必有其所以然以爲之緼有形而下者必有形而上者以爲之本寓天理於人事之内測之而益深妙精義於致用之中窮之而愈遠如良賈之售物精粗雜陳而中有深藏之富非淺露也此非其事之肆而隱者乎吁言曲而中則其曲也正所以爲中也事肆而隱則其肆也正所以爲隱也此易之所以爲妙也歟抑考之上文所言稱名取類以及於此皆反覆其解以發明易辭之妙也論春秋者亦曰微而顯□而晦婉而成章其語意正與此合蓋五經皆性道之言而易與春秋則聖人之特筆是以若是其精也然易以濟民行而春秋以正人心無非爲天下後世計耳聖人豈肯爲無用之空言哉

書

無稽之言勿聽弗詢之謀庸

孫清

同考試官教諭張批（禹謨一題似易而難作者不泛則略此篇組織經傳爲説而沉着痛快作經義者不當爾邪）

同考試官教諭李批（此承上文允執厥中而言守中之意人皆知之下筆爲文則未有明暢如此篇者）

考試官左中允楊批（整潔）

考試官右諭德王批（説得聽言處事之意明白可取）

聽言必求合乎已然處事必求合乎同然聖君告大臣然也蓋聽言處事皆不可不謹也一或不然豈不爲治道之累哉昔帝舜傳位於禹而并告以治之之法及此若謂爲治之道固當執其中以應乎外尤當謹於外以養其中蓋中寓枀言有定論也聽言而不求其中則易以惑如岳牧之所敷奏臣鄰之所獻納皆謂之言言必考於古而後爲言之公聽之宜也彼無稽者私意臆度不據先民之格言鑿空杜撰不考往哲之明訓措之於用則有違底之於行則無績此妨政害治之大者汝必聖之如讒説或逆于心固不可聽也或遜于志亦不可聽也如是則言不妄聽而所聽者皆中矣中散於事有嘉謀也處事而不求其中則易以謬如忖度於刑賞之重輕酌量于賢否之用舍皆謂之謀謀咨於衆而後爲謀之公用之宜也彼弗詢者偏執己見不疇咨於衆言之同自恃己長不參互於輿論之當以之興事則必墮以之贊襄則無益此亦妨政害治之大者汝必視之爲疑謀或出於人固不可用也或出於己亦不可用也如是

則謀不輕用而所用者皆中矣言之所聽者中則嘉言無攸伏之患謀之所用者中則嘉謀有入告之益治之資於外者孰有切於此哉抑考之巧言之畏舜之所以聽言也用中於民舜之所以處事也是在舜固自有已行之迹而亦既收已成之效矣今而命禹必舉以告之者蓋以已之治望於禹耳厥後大禹即位任皋陶伯益以國政懸鍾鼓磬鐸以待四方之士凡其所行何莫而非今日之所受者乎故曰授受守一道

不貴异物賤用物民乃足

張鐸

同考試官教諭張批（詞意懇切得召公警戒武王之意者無逾此矣）

同考試官教諭李批（作者多以貴賤二字牽綴成文繁複可厭獨此篇詞不費而理亦明讀之惺然）

考試官左中允楊批（以异物與用物分講意相承而詞亦相屬是善作者）

考試官右諭德王批（文理疏通）

惟上無不急之好則下無不給之患夫不貴异物而賤用物則上無不急之好矣下之用又安有不給者哉昔召公因西旅貢獒而用訓於武□□此其意蓋曰异物者人之所同貴明珠拱璧其價千鎰珍禽奇獸其來萬里孰無愛惜寶玩之意乎然物雖异常皆無益於民飢不可食寒不可衣者也要必斥之而不近弃之而不御曾瓦礫之不若也愛惜寶玩云乎哉用物者人之所易賤水火金木物産之常菽粟布帛日用之需能無輕忽賤易之念乎然物雖常用皆民生所賴得之則生不得則死者也要必取之有其時用之有其節固金玉有弗及也輕忽賤易云乎哉夫不貴异物則民不逐末而國無游民農無廢時矣吾知四民各專其業百姓皆有恒産而下之用無有不足者焉不賤用物則民皆務本而生之者衆爲之者疾矣吾知服食之物随在而有器用之需随取而給而下之用罔有不充者焉閭閻之下駸駸乎阜成之風而仰事俯畜之皆足横征暴斂之憂無有也邑井之間熙熙乎豐裕之休而飽食煖衣之自如啼飢號□之苦不聞也彼一獒之獻雖甚微而亦貴异物之端也貴异物則怠荒之心生而慎德之□失生民之害必基於此矣王其可不念之哉抑考召公旅獒之訓其防微杜漸之意蓋與箕子象箸之論無二致然召公遇武王之聖是以得盡言而無諱故周之興也勃然箕子當殷紂之虐徒付之竊嘆而已故殷之廢也忽然嗚呼有天下者其無使人臣之竊嘆而不敢諫也哉

詩

天保定爾以莫不興如山如阜如岡如陵如川之方至以莫不增

張宏

同考試官訓導司馬批（此題場中作者類以上二章入講意拘詞泥殊無□者此篇詞不贅而理亦透徹善言當時臣子之意此其優者歟）

同考試官教授陳批（臣子答君言有盡而意無窮是篇摹寫無遺且詞氣温雅本房莫有能過之者故録之）

考試官左中允楊批（紆徐可誦）

考試官右諭德王批（平正無疵）

臣子願天福君之盛必歷狀其福之盛也夫天錫君以盛福此臣子之至願也向非歷舉高天盛長之勢以形容之又何以見其盛哉昔有周人君以鹿鳴以下五詩燕其臣臣受賜者歌此詩以答其君至此蓋謂有高天下之德者必有高天下之福然天於吾君固嘗錫之以單厚多益之福矣尤願保之右之眷顧之有加凡茀禄爾康者時萬時億無一之不興焉天於我后固嘗錫之以戩穀罄宜之福矣尚冀安之定之申重之無已凡純嘏爾常者而昌而熾無一之不盛焉是故自其福之高大者言之彼高而藏曰山陸而大曰阜此物之至高大者吾君之福崇高而莫并廣大而無垠如山焉如阜焉其興不可及也山之脊曰岡阜之大曰陵此物之尤高大者我后之福已高而愈高已大而愈大如岡焉如陵焉其盛莫與京也自其福之盛長者言之彼混混無窮沛然莫之能禦者川之始至已□尹之福方興而未艾如川之始至而不可量□蓋必增之而又增無終窮也其興也孰加焉源源不竭浩然而不可測者川之方來也我后之福日進而無疆如川之方來而不可限者蓋必益之而復益無止極也其盛也孰尚焉噫期君福於無窮寓忠愛於罔極臣子厚報其君之意固如是哉抑論之朝廷之禮以敬爲主君臣之分以嚴爲主然一於嚴敬而情或不通則上下不交而德業之成也難矣故先王制爲燕饗之禮以通上下之情此天保答君之詩所由作也噫君燕其臣臣媚其君周室君臣共成一代光明之業而均享治安之福也有由然歟

維仲山甫柔亦不茹剛亦不吐

錢俊民

同考試官訓導司馬批（講不茹不止及兩亦字皆有思致吉甫作誦之意此作庶幾盡之）

同考試官教授陳批（剛柔不偏正山甫柔嘉維則處作者多不能道此卷直以数語抑揚之而其意自見是可與言詩矣）

考試官左中允楊批（得詩人言外之意）

考試官右諭德王批（作大雅義當如此）

詩人美大臣既不因人之弱以示强亦不因人之强以示弱蓋柔嘉之德人所難全也大臣柔不茹而剛不吐此其所以獨异於人也歟昔宣王命樊侯仲山甫築城于齊而尹吉甫作詩以送之至此蓋謂内之慊者必随物而有遷德之備者不因人而少變彼柔則茹之人雖有是言也維我仲山甫則柔亦不茹焉剛則吐之人言固如是也維我仲山甫則剛亦不吐焉是故人之柔者委靡而無特立之操退縮而無兼人之勇是其可欺猶物之柔脆者可茹也山甫以爲彼柔而我茹之我若侮其柔矣於是遇之以禮懷之以仁優容之以引其不及俯就之以矜其不能柔者其肯茹之乎若夫人之剛者恃血氣之强以陵乎弱挾粗暴之氣以加于人是其不可犯猶物之堅韌者必吐也山甫以爲彼剛而我吐之我亦不爲剛矣於是制之以威待之以嚴頓挫之使其强不得肆摧拉之使其勢不得張剛者其肯吐之乎吁柔亦不茹是遇柔者則然非偏於柔也剛亦不吐是遇剛者則然非不能剛也以此觀之則山甫之柔嘉非軟美之謂而其所以保身者亦可知矣抑又論之天生烝民有物有則不吐不茹剛柔之則也此蓋衆人稟性受氣之所同者而獨歸之山甫何哉蓋山甫鍾氣之秀而全德之美者故其柔嘉維則至於如此然其學問進修之功亦有不可誣者此其所以優于城齊之行而爲中興之良佐也吉甫喜談而樂道之其真好是懿德者邪

春秋

齊侯宋公江人黄人盟于貫（僖公二年）楚人伐黄（僖公十一年）

宋鎧

同考試官教諭劉批（此題自有兩傳場中主伐黄者顧多獨此卷參用之可取）

考試官左中允楊批（善叙事且不失胡傳之旨）

考試官右諭德王批（詞嚴義正）

霸主得交遠之謀春秋善其始霸主失恤遠之義春秋罪其終此江黄貫澤之盟與楚人伐黄之役齊桓之得失自不能相掩也且楚自春秋以來已爲中國之患積其吞并之力至是又五十年此齊桓之所爲隱憂焉者然意其有與國之助也於是始爲貫澤之盟以修江黄之好凡我友邦共伸安夏之義及此遠國同宣攘楚之威雖曰君子屢盟亂是用長盟非美事也而桓之名則正矣楚人聞之必將私語於其國曰齊其已服江黄乎右臂之援我以之失掎角

之勢彼以之成矣自是而齊之霸業遂振或爲陘亭之次或爲召陵之盟皆今日權輿之也是不亦得交遠之謀哉故春秋書曰齊侯宋公江人黄人盟于貫諸侯皆在而獨言遠國者許其能服江黄也夫黄自受盟以後遂廢楚人之貢計其利害之間相去且九百里此楚人之所欲甘心出此始則四國舉兵而同會繼則我公與會而同盟倒持太阿授楚其柄孰知諸夏親暱之不可弃戎狄豺狼之不可厭邪故春秋於楚書人而諸侯書爵傳曰人楚子所以人諸侯又書諸侯盟于宋而我公之罪亦於是乎著矣詩曰戎狄是膺荆舒是懲又曰奮伐荆楚深入其阻列國昧焉至若楚雖得曹新昏於衛然其君不在會其師不與圍故方之諸國非有從夷之罪也特以晋文出亡於曹則有觀裸之耻於衛則有與塊之辱此直睚眦之怨何足以介懷也爲晋文謀者惟宜存反仁反禮之心誦懲忿窒欲之戒擴公恕之量止貪憤之兵可也夫何念不及此始焉潜師以侵曹徑入其國都而不顧忽焉揚聲以伐衛雖其君請盟而弗許忿不思難惟怨是圖孰知楚人假被髪纓冠之義而有恤患救難之舉邪故春秋於侵曹伐衛專稱晋侯傳曰譏復怨也又書楚人救衛而晋文之罪於是乎深矣詩云不忮不求何用不臧書云必有忍其乃有濟有容德乃大晋文愧焉噫諸侯背華即夷也而罪之均霸主懷私報怨也而罪之甚聖人致謹於夷夏公私之辨也其嚴乎雖然圍宋盟宋諸侯之罪固難逃也而鹿上之盟伊誰之過侵曹伐衛晋文之罪固可譏也而一戰勝楚遂主夏盟伊誰之功即是而觀則宋襄之過晋文之功各不相掩矣此又讀經者之所當知

禮記

是故養世子不可不慎也

姚孜

同考試官教諭唐批（此題作者拘於本文主意講養世子處多充拓不去此篇能融會經文中大意以發其義蓋不逐時好者宜取之以冠本房）

考試官左中允楊批（如此講方見養之慎處）

考試官右諭德王批（養世子之法亦略具於此矣）

先王之教儲君而必致其謹焉蓋豫教世子人君之先務也苟教之而不致其謹又何以成其德哉記禮者記三王之教世子而言及於此意謂世子國家之主器天下之大本將以承宗祧之重者在是而養之不可以無素將以爲社稷之主者在是而教之不可以不豫是故知爲人子然後可以爲人父故君之於世子必盡父道以養之知爲人臣然後可以爲人君故君之於世子必盡君道以教之禮以修其外堅定其德性樂以修其内消融其邪慝而所以養之

之道無一不致其謹曷敢惑以异端邪太傅在於前少傅在於後其入則有保其出則有師而所以養之之人無一不極其慎庸敢雜以邪佞邪欲其明文武之道必春夏學干戈秋冬學羽籥而養正之功無時而或間也忽慢云乎哉欲其知長紉之序必養老於東序讓齒於國學而育德之教無處而不然也苟簡云乎域吁人君之養世子如此其慎此所以大善備而克負荷於他日也歟嗟夫天下之命縣於世子世子之善在於蚤諭教古之明君有見乎此故爲之擇方正敦良之士以爲保傅師友朝夕與之游處左右前後無非正人出入起居罔非正道則所見者正事所聞者正言所行者正道而世子正矣先儒曰太子正而天下定此天下之至言萬世不可易之定論也

天高地下萬物散殊而禮制行矣流而不息合同而化而樂興焉

李岫

同考試官教諭唐批（有天地之和序而後有禮樂之制作作者往往認天地之和序爲禮樂失之矣此篇獨得其大意故表而出之）

考試官左中允楊批（講禮行樂興處最是）

考試官右諭德王批（體認親切）

造化示自然之序而禮所由制造化示自然之和而樂所由作夫高下散殊者天地自然之序而周流同化者天地自然之和也孰謂禮樂之制作而有外於是哉今夫天尊於上地卑於下一高一下而兩儀之位定矣大以成大小以成小有大有小而萬物之分殊矣物各賦物而不可□□□如此孰非天地自然之序乎人知其爲□□之序而不知禮之制也以之吾知其君臣□賤之節文一天地高卑之差等親疏上下之儀則一萬物散殊之次序與夫行諸朝廷施諸鄉黨凡禮之秩然有序者一皆此序之自然也則禮也者豈非天地之序乎地氣上躋天氣下降周流於亭毒之表而無一時之止息天地訢合陰陽相得槖籥乎化生之機而無一物之乖戾絪緼化醇而不容以獨异如此孰非天地自然之和乎人知其爲天地之和而不知樂之興也以之吾知其五聲六律之相宣無非絪緼之氣之舒暢大小終始之相生無非化醇之氣之宣泄與夫格於神人和於上下凡樂之純然無乖者一皆此和之自然也則樂也者豈非天地之和乎是知天地先禮樂而形禮樂後天地而作聖人之禮樂天地之陰陽其相爲流通者歟故聖人始也法天地而爲禮樂終也以禮樂而贊天地所謂先天而天弗違後天而奉天時者也傳曰明則有禮樂幽則有鬼神噫必明於此而後可與言禮樂也

第二場

論

君德以剛爲主

孫清

同考試官教諭張批（議論之文凡涉治道者便容易下筆此題場中多善作者讀之初若可喜徐而檢之則直泛論君德耳鮮有切題意者此篇有見識有筆力有照應不出一剛字立説而悠揚反覆機軸自别毋乃空冀此之群者乎）

同考試民教諭李批（遍閲論義動輒盈數千言然皆騁浮辭耳於君德乎何關此論首尾開闔委蛇曲折無一長語而寓有餘不盡之意於言辭之表其善言若德者乎論場之冠無逾子矣）

考試官左中允楊批（近時作論者往往鍛鍊於一字一句間以爲古文至其命意處則疏矣所以形之議論支離破碎殊無足觀如此作者何嘗不用時文體格而明暢爾雅意味深長即拘拘模仿古人者亦未能或之過也）

考試官右諭德王批（能説出剛爲君德之主且有一倡三嘆之意要亦不爲無見者録之不特取其文而已）

論曰有至大之責者必本之至健之德可也責任而極於天下之至大亦未易稱也而於此有本焉本之於一身而達之於幾務施爲之表主之以一心而守之於群居燕處之時一德純健不詭於易溺之情而不奪於易移之物始乎健終乎健如是而斷如是而守如是而莅政臨民則君天下之責始塞而君天下之德以成而凡本之吾身以見之天下者固皆至健之德之所流通而吾心之所主則又斷斷乎不易操而改轍也東萊吕氏之言曰君德以剛爲主嗚呼真知言哉且君德果主乎剛否也吾不得而知也君德不主乎剛否也吾亦不得而知也蓋嘗讀易而得其説矣六畫純陽其卦曰乾而繫之者□天行健君子以自强不息夫陽至於純則健極於至矣而天以之行焉君之有德亦猶天之有行也天以健而行君之德獨不以健而立哉且人君以一身之微而總攝乎天下之大責之固甚重而攻之者亦甚繁也國勢之維持人心之齊集萬幾之先圖教化之作興夷狄之撫御皆有責於人君而賴之以有成而又聲色之奉日交于前淫巧之技日叢于外异端邪説日有以蠱惑其聰明憸邪巧佞之徒先意逆志日伺吾之便以求濟其私者又雜出而莫禦也是其事幾之所

叢委習染之所轉移非有剛以主於其間則優游不斷將必至於頽敗委靡不可收拾者矣故責之甚重勝之以有斷也攻之甚繁勝之以有守也中立於甚重甚繁之間而一主於剛以濟其斷以植其守不患其無寬厚長者之心也而患其無發强剛毅之操不患其無包含容納之量也而患其無紀綱體統之立不患其無優柔豈弟之政也而患其無開闔操縱之□省察于虚静之中以求其何者爲剛而何者非剛辨别於幾微之際以求其何者爲剛之善而何者非善體驗于推行之際以求其何者能剛而何者則不能剛非無私不足以立剛之體必將克去己私而後已非至正不足以致剛之用必將守吾至正而後已非好尚之謹聽納之公不足以爲剛之助必將謹於好尚公於聽納而後已如是則君德之剛成矣舉而措之則夫事幾之所叢委即是以爲應酬習染之所轉移即是以爲鎮定政必有所出權必有所歸其斷也爲英斷其守也爲固守而至大之責可於是乎少塞矣故聲色可欲也不足以易吾之介淫巧可玩也不足以喪吾之德异端之説可喜也不足以蠱吾之心志憸邪者不得以肆其詐巧佞者不得以售其諛而先意以伺吾之便者又無隙可乘而不得以濟其私見賢而必舉不爲慢也見不善而必退不爲過也有功者必賞不爲僭也有罪者必刑不爲濫也剛而有執維持之方不爽也剛而能一齊集之化可成也剛而能明萬幾之至微可裁决也剛以興事則更化善治而教化可行也剛以禦寇則神武不殺而夷狄可服也凡此皆剛之爲也事之雜出于天下而叢委于吾身者其責亦重矣其端亦繁矣而吾之主之者固自有道舉之至易而不見其難御之至簡而不見其繁人之望之如天之高也可仰而不可攀如雷霆之震也可聞而不可見如鬼神之靈也可畏而不可褻在我者常有不可測之威而在人者常有不敢犯之志不動而敬不言而信而事幾無不理習染無所移矣於乎人君之爲德是果主於剛邪抑不主於剛邪智者當知所從違矣抑斯言也東萊之有感於漢事而云然也在漢之時崔寔亦嘗言之矣其言曰數世以來政多恩貸又曰刑罰者治亂之藥石其意蓋不滿於當時之事而欲復孝宣之政以矯其弊是亦東萊之意也惜其説不及東萊之純也然君德固主於剛矣要之亦豈可以無制哉蓋剛者義之德也一於義而不濟之以仁未有不傷于刻者四凶决去三苗徂征舜之剛也而好生之心未嘗忘戡黎伐密綱紀四方文王之剛也而徽柔之德未嘗廢故孔子以知仁勇三德爲修身立政之要而司馬光進言于其君亦有仁明武之説此則人君之全德而春生秋肅在天之行亦有然者東萊之見非不及此也而特爲此言嗚呼其真有所感也夫其亦有所警也夫

表

擬賀皇太子出閣講學表

孫清

同考試官教諭張批（此善爲四六者）

同考試官教諭李批（稱慶中寓忠愛之意不獨其駢麗可取也）

考試官左中允楊批（表得體）

考試官右諭德王批（典則）

臣某等言弘治十一年　月　日伏奉聖旨令皇太子出閣講學者學成日就前星仰光被之華德本淵微少海衍流長之慶創擅時之盛事成曠古之偉觀臣等歡忭歡忭頓首頓首竊以洊雷啓修省之誠繼照端化成之本事傳往昔教有明徵自夏以來于周益盛世子有出入之訓太公爲襁褓之師弦誦禮書備春夏秋冬之學道丞充弼選左右前後之賢樹休烈于當時流耿光于後世秦不師古漢亦非彝衣冠偶見於從游羽翼遂煩於調護用智囊而爲令開博望□延賓陋儒侈稽古之榮誦説無關於身教曲士獻奏賦之諂端方何取於師資館闢崇賢徒爲觀美記頒資善亦是空言試歷數於前聞皆莫盛于今日茲蓋伏遇皇帝陛下膺期啓運握紀御天孝弟慈以教成于家知仁勇之優入于聖日新舊學遵大訓于文華風動餘休播新聲于海宇龍軒萃祉鶴禁開祥早建元良式培仁於豐水益隆佑啓乃養正於蒙泉蓋聖雖本於生知而性亦由於習貫方惟岐嶷具見機衡三至無愆每謹問安之節萬幾有暇動承隨事之箴虎幄天開鑾輿日焕道同父子建官參翰苑之儒法效祖宗直講用經幃之彦嘉言日進乾行豈替於十寒公輔時陪晋接未分於隻日取人爲善能自得師學以成之天縱多能於不限薄言觀者世知邁德之不凡是將建不世之偉功而嗣無疆之歷服也臣等見聞歡駭遭際异殊一脉陽和無已鶬鶊之博舌百重私慶莫伸弁雀之揚眉伏願克勤于邦克儉于家詒燕世傳於典則庸言之信庸行之謹見龍化溥於文明臣等無任瞻天望聖激切屏營之至謹奉表稱賀以聞臣等懽忭懽忭頓首頓首謹言

第三場

策（五道）

第一問

孫清

同考試官教諭張批（皇祖憂勤之意著之祖訓首章真足以詒聖子神

孫億萬載燕翼之謀也此策乃能鋪張而揚厲之傳之萬世我皇上爲今日守成之聖君將於是乎徵而聖世作人之效亦將於子乎驗矣）

同考試官教諭李批（我聖祖憂世之心雖未易形容而詒謀典則固天下之所傳誦者學者多不能知之何耶此策歷歷陳之而又及於今日之事若能仰窺當宁默契之意者有是哉子之奇也）

考試官左中允楊批（五策皆善答往事則引其凡而不盡其言時事則微其辭而必切於用首問尤能頌述我皇祖詒謀之善與今日聖天子法祖之心即此亦可先於人矣前場况復稱是主司得士如此良用自慶）

考試官右諭德王批（五策皆氣昌詞偉事核理該而祖訓一篇又能窺見今日聖心默契皇祖不言之微意可謂善觀聖人者熟校前二場俱非他卷所及京闈首選非子其誰貢之春官可□揚明命矣）

誦聖人憂世之言足以垂萬世無窮之訓契聖人憂世之心足以保萬世無疆之業夫聖人之心憂天下之心也誦其言而能求其心則知前聖垂訓之意固有所在求其心而又能體驗擴充於丁寧反覆之外則後聖之所賴以保萬世無疆之業者豈有外於是哉生雖不敏於我聖祖之明訓蓋嘗莊誦伏讀於藏修之餘神游意想於言詞之外而有以窺見其一二矣則又未嘗不竊嘆曰大哉皇言所以爲天地立心爲生民立命爲聖子神孫開萬世太平之業者其在於兹乎請因明問所及而陳其概聖祖之訓曰凡古帝王以天下爲憂者惟創業之君中興之主守成之賢君能之夫創業中興則但曰君曰主而於守成獨曰賢君者蓋創業中興之主披荆棘冒鋒鏑間關百戰之餘勤苦數年之後而後天下始一民心始服故其能以天下爲憂者此固理勢之必然也惟守成之君生長於深宫之中繼體於承平之後自非有英明拔萃之資其亦何以知祖業之艱難民情之疾苦而能以天下爲憂哉故於守成之君獨謂之曰賢此有以見聖祖窮極人情之言所以誘掖奬勸於來嗣者至矣然而創業中興與守成之君其所憂雖若有不同者而其心則未嘗不同焉蓋創業之君其所憂者在天下之亂憂之所以撥其亂而反之治也守成之君其所憂者在天下之治憂之所以保其治而免於亂也漢之高帝光武唐之太宗宋之太祖當天下之未定則其所憂者在項籍在赤眉在建德世充在蜀漢契丹及夫天下之既定則其所憂者在諸將之桀驁在功臣之難馭在制度之未備在方鎮兵權之未釋而漢之文帝在位二十三年雖海内富庶幾致刑措而兢兢持盈之心無异於開基之主宋之仁宗在位四十三年雖深仁厚澤社稷是賴而遑遑保治之念無异于草昧之初此創業中興守成之君所憂雖若不同而其心則未

嘗不同者蓋如此豈直泛然徒日戚戚而已邪我朝聖聖相承重熙累洽萬無可憂之事然以聖祖之時與今日天下之事言之則固有不同者蓋聖祖之憂天下未定何以一之胡俗亂華何以革之綱常淪斁何以復之姦暴未戢何以摧之獄訟煩滋何以著之律令制度未定何以著之典章大臣何以待之群臣何以體之勛戚何以處之近習何以制之中國何以安之外夷何以攘之凡天下之事無一不身親爲之思慮區畫而後始有一定之制故其事甚難而其憂甚遠也今天下賦税竭於東南徭役疲於西北法祖宗矣而百度之或未貞謹天戒矣而休徵之或未至疑獄矜矣而刑措之效或未臻直言容矣而敢諫之風或未勵文命敷矣而四夷未盡來王年穀豐矣而百姓未盡安樂此皆天下可憂之事亦足以爲承平之警戒而不能不上廑宵旰惓惓之慮者此固我聖天子安不忘危之盛心亦我聖祖垂訓之意所望於聖子神孫以保萬世無疆之業者端有在於此也噫自非深惟祖業之重誠知爲君之難中心惻怛以天下之憂爲己憂者其亦何能舍身心宴安之樂而從事於憂虞警惕之地如此哉此又祖訓不言之微意欲使聖子神孫思而自得之者夫能思訓之言則能以天下爲憂矣能以天下爲憂則天下享其樂萬世享其樂而天命之所以眷顧於我後人者何有窮已哉充祖訓之言則堯舜之道常行於天下而六經可不必作也大哉皇言草茅之臣何足以知之

第二問

彭釗

同考試官訓導司馬批（善治出於真儒程朱之論意正如此此策推明體用一源之意皆自程朱論議中來必有學有識之士也允宜高薦）

考試官教授陳批（善治舉真儒本非二事發問之意此卷得之而故實不遺文有警策末又欲以周公孟子爲準的其詞若誇然學者言志固當如是也取冠本□皆勖其進）

考試官左中允楊批（策問不欲以隱僻事傲諸生所不知正欲觀其才識耳此數子之事夫人能知之折以周公孟子而一歸于學則未有若此篇之詳盡者）

考試官右諭德王批（能知周公孟子易地則皆然於答是策也何有此意惟此策能道之）

道不行者不足以爲善治而治必本於道道不明者不足以爲真儒而道必本於學治而至于周公治之盛也行道者也下此則皆道其所道耳學而至于孟子學之至也明道者也外此則皆學其所學耳程子嘗謂周公没百世無

善治孟軻死千載無真儒誠哉是言也執事發策舉以爲問而及于漢唐宋之諸子其爲世道慮至深切矣請試陳之周公孟子之道一而已矣行之者爲善治明之者爲真儒時有先後位有隱顯而其所學初不异也使周公居孟子之地則必能爲孟子之述作而斯道以明使孟子居周公之位則亦能爲周公之經制而斯道以行是故周公之學于今雖不能盡知然無逸之訓發天命之精微四事之思繼三王之心法一時禮樂之制作教化之太行皆自聖學中來其學蓋不止百篇之朝讀而已也孟子之學當時雖不得小試然井田之論據先王之成法班爵之説得周公之遺意行仁政而王齊如反手舉斯心而運天下于掌上皆自度其所能爲者言之非誇辭也自周公以後王迹熄而春秋作縱横于戰國火于秦黄老于漢佛于兩晋以下而彌文于唐宋之間一時得君秉政者非無其人然皆隨世以就功名者耳是毋怪乎無善治也自孟子以後异端起而大義乖學者以權謀爲宗而黜六經談者以虚蕩爲辯而賤名檢行身者以放濁爲通而狹節信進仕者以苟得爲貴而鄙居正一時著書立言者非無其人然皆擇之不精語之不詳者耳是毋惑乎無真儒也其得君秉政者若公孫弘王安石皆是也其著書立言者若揚雄韓愈皆是也上疏金馬稱説周公弘之議論亦可取也然曲學之譏長者不免抑不知東閣之開果有握髮吐哺之意否乎好古樂道自比孟子雄之沉潛亦可尚也然投閣之事君子羞稱抑不知新莽之仕果有萬鍾不受之介否乎愈之踧邪觝异以扶孔氏其道蓋亦自比孟子者然感二鳥之光榮嘆一飽之無時較之集義養氣之功何如也安石之秉執周禮講求法度其志蓋亦竊慕周公者然仗人主之威行空言之教比之關雎麟趾之化何如也大抵世運有古今而人才因之爲高下學術有深淺而治道隨之爲汙隆分而言之則行道者稱善治明道者號真儒合而言之則有真儒然後能致善治體用一源非二事也朱子嘗謂秦漢而下無人知講學明理所以無善治蓋講學明理真儒之事也使諸子果有講學之功則必知周公之所以爲治者何如孟子之所以爲學者何如决不爲希世取寵之事惑世誣民之學矣若董仲舒與諸葛孔明程朱皆以儒者氣象許之至論其講學明理之功則亦容有未盡者蓋仲舒天資粹美用意純篤王佐之才也而其學未免惑于灾异就使得君行道亦未必能致周公之治也明心術正大舉措光明三代之佐也而其學未免雜于申韓就使久于其位亦未必能興禮樂之化故論者往往惜仲舒之不得及于孔門孔明之不得游于洙泗政以其學之不純不見聖人之大道故也以此觀之則知講學明理之功其關繫治道有如此者真儒之效豈曰小補之哉方今聖人在上道學大明誦習於庠序者皆聖

賢之言張施于廟堂者皆聖賢之道草茅儒生亦善治中之一民耳然栖栖一畒之宫而游心千載之上久矣今日之所學他日之所用舍周公孟子將何所準的哉執事其進而教之幸勿以爲大言無當者也

第三問

張宏

同考試官訓導司馬批（論古人是非得失而能一斷之以理殆有識之士也）

同考試官教授陳批（品評人物斟酌事宜皆有定論其亦嘗用心於窮理之學者歟）

考試官左中允楊批（高下异同之辨此策盡之矣）

考試官右論德王批（答問詳明品評停當策手也）

論古人之事於千載之上當求其心究古人之事于千載之下當歸諸理夫事有萬變之殊而心有一定之理明吾心一定之理以究天下萬殊之事則何古人之事之不可論哉此儒者之學所以不徒於口耳章句之末而必務於窮理窮理者因事而求諸吾心之謂也古人有就事論事縱横曲直迎刃而解者其事之接於吾身者常博而理之得於吾心者素定也執事以古人行事之涉於异同疑似者俯詢承學愚非敢自謂素得於心者也請因執事之問而論之夫成湯遭旱而以六事自責與魯僖公遇旱而以六事自讓其迹不异然求其心則成湯聖人純王之心也漢高祖入關而約法三章與唐高祖入京師而約法十二條事既不殊求其設心亦無相遠然而漢之規模宏遠矣漢文帝以私情短喪而三年有易日之舉漢光武以中興崇儉而七廟有同堂之制然二君之心見其小而未聞其大此先儒所以各議其失也龐萌遜順而光武以托孤之任期之汲黯戇直而武帝以社稷之臣許之蓋光武之心溺於愛而不察其佞而武帝則其本心之明也晋之伐吴杜預恐孫皓或怖而生計則明年之計或無所及隋之伐陳文帝投梯於江曰使彼懼而知改吾又何求然以其時考之吴有守死之臣杜預所以詭形而不敢露其言近乎實也陳無力戰之將隋文所以横行而無所忌其言出於僞也漢文帝以吴王不朝而復賜以几杖唐肅宗以藩鎮拒命而反授以節鉞今以二事觀之文帝專務以德化民而欲以禮義起其愧耻之心仁者之勇也肅宗不思經久之計專務姑息而倒持太阿長亂之道也高帝起兵八年歲無寧居及其天下平定宜少安逸而能敏於用言不憚關中之徙光武下隴歸纔六日潁川盜起即往征之蓋光武急於從善猶高帝趨時嚮赴之心史稱其能繩祖武非溢美矣武王燮伐大商戮蚩廉

惡來於海隅使民知所向方唐太宗起義晋陽而首戮高德儒之佞使民知所好惡蓋太宗除隋之亂彷彿乎武王吊民伐罪之舉史稱其比迹湯武亦此類歟魏相嚴明丙吉寬厚質不同而心同於爲國所以相資而成漢業中興之功玄齡善謀如晦善斷才不同而心同於忠君所以相用而稱唐室賢相之首魯恭以德化令中牟而政有三异善人之心暗合於道也子路以忠信治蒲而孔子稱其三善賢人之心嘗聞聖道矣故恭之質美而未學終不能如子路得爲聖門之徒也西門豹治鄴而民不敢欺得民之畏心子産爲政而民不忍欺得民之愛心然與其得民心之畏孰若得民心之愛爲尤善哉魏公子退讓而趙王終不敢言獻五城尹翁歸無私而于定國終不敢見其邑子是以君子必先正容體而人之私意望而自消所謂自修之驗近之矣辛慶忌武人也而能救朱雲之死張萬福武士也而能賀陽城之直此亦可見人心樂善之誠乃其所固有而終不可泯者彼儒衣冠之流可以愧矣趙充國不以降羌之功歸二將得所宜得非分外也安可爲貪顔真卿虚以堂邑之功讓進明辭所非辭心有歉矣何取於讓蘇章借故人以立己威君子不直其心所謂難與并爲仁也孫性以親故而受污名君子每憐其志所謂觀過斯知仁也賢人久於其位而其道行房喬以之成貞觀之治奸臣久於其位則其惡肆林甫以之成天寶之亂開元之任將以久任而兆亂其權重也建隆之任將以久任而成功其權分也然其端在於人主之心不能蚤燭其奸而豫分其勢固非久任之罪也漢之黨錮以節義乃群而不黨之君子所以受黨之名而其俗清唐之朋黨以勢利乃比而不周之小人所以行黨之實而其俗敝維州取舍之議以德裕之言爲是而僧孺之言爲非蓋德裕之心爲唐而僧孺之志在黨也靈州弃守之策以輔臣之論爲得而楊億李沆之論爲失蓋靈州乃必争之地而弃之則緣邊諸州不可保也紹興之主和者皆小人而主戰者皆君子一則心於爲身謀一則心於雪國耻也開禧之主戰者皆小人而主和者皆君子一則心於徼功一則心於謀國也此立心公私之辨也執事之所詢者盡於此矣抑愚猶有説焉人之所以爲學心與理而已心雖主乎一身而足以管乎天下之理理雖散在萬事而實不外乎人之一心此君子之學所以不憂事物之難明而惟憂吾心之未正吾能先正其心然後可以應天下之事變論古今之人物否則心馳於外而無以爲窮理之本矣幾何其不謬哉請以是爲執事復

第四問

孫緒

同考試官教諭徐批（三場文字皆敷腴俊逸能言衆人之所不能言而

此二策則又識變通之宜有深遠之慮用之於時未必無補豈可以尋常章句士目之邪）

同考試官學正戴批（此卷初場辭理兩勝讀之愕然已知非常士矣及得後二場識見超邁議論英發考據精當而辭氣充蔚不意一時場屋中有此奇作也吾將低頭于子矣）

考試官左中允楊批（五策隨問而答了辨如響意所欲言輒能道出晚得之快讀數過不忍去乎參前二場俱佳其才識優于人數等矣可敬可敬）

考試官右諭德王批（連日閱策場腐者掇拾成説迂者謬爲大言疏者則直述問目而已此豈主司策士之意哉忽讀此卷五策皆議論滔滔辭采燁然通古學而不腐切時務而不迂豈敷衍問目者可伯仲乎雖擅場可也惜其文不能盡録録此二策以例其餘）

天下有大勢有大時時不同而勢同君子將因其勢以通天下之變而天下不至於敝此善治勢者也勢不同而時同君子將乘其時以成天下之務而天下陰被其功此善治時者也昔者嘗愛賈生之論可謂善言時勢者蓋嘗推其説於今日矣誼之言以爲諸侯强大於是欲盡析其地使各王其子弟則大國不削而自弱今天下建屏之地雖甚多而率無百雉之城三軍之衛則夫尾大不掉之患非所憂也此所謂時同而勢不同今之議者乃曰宗藩雖有制而疏遠無不封一井之地一伍之卒皆我所與也婚喪之費内外之需必上所給也自兩京畿甸之外貢賦之入于上者無幾矣誼之謀分彼所有以敝人行虚惠而足以潛消其實禍今乃分已所有以展親施實惠而恐無以繼於將來今親王之封固有所不容已而疏遠之屬亦或當有節制或者之議豈其然乎誼又以匈奴桀驁故自請爲典属國行三表五餌之術以係單于之頸今西北之虜雖□□□鼠竊狗偷之患而亦終憚我國家之聖武神威不敢肆其猖獗則夫冠履倒置之患非所憂也此所謂勢同而時不同今近邊小夷帥臣恐其反覆不常特加芟勦而議者以爲苟能撫之以義結之以恩則降胡小種皆足以爲我之屏蔽耳目所謂以夷狄攻夷狄中國之長技也萬一貪小利以喪國威斥藩籬而資虜黨是乃背可乘之時而成其易決之勢舍既效之績而妄要未必之功非計之得者也或者之議不其然乎至若風俗之奢靡薄惡則庶人屋壁得爲帝服倡優下賤得爲后飾盗賊而褰寢户之簾矯僞而乘郡國之傳由今而觀蓋與文帝之時無异矣殆有甚焉閭閻富室僭儗王侯市井無賴龍斷罔利或父兄殺子弟者有之或妻妾殺其夫者有之此豈關繫之小而任移風易俗之責者可不爲之寒心也邪經制之未立取舍之未定漢承秦弊其勢宜

然我朝一洗胡元之亂盡復先王之舊則與秦漢之時固不同矣君君臣臣上下有差父子六親各得其宜置天下於仁義禮樂洽德澤於鳥獸蠻夷三代之隆亦無以加此而尚何經制之立取舍之定哉重熙累洽之後亦惟修省持循之而已耳教太子者萬世之至論昔者成王幼在襁褓立太師太傅太保明父子君臣之道以教諭之又置三少明孝仁禮義以道習之選天下端士孝悌博聞有道術者以與太子居處出入故太子乃生而見正事聞正言行正道前後左右皆正人不能無不正也此誠當今之急務誼蓋爲萬世教太子者告不特切於文帝而已也禮大臣者古今之通誼蓋大臣嘗在貴寵之位吏民嘗俯伏而敬畏之今而有過廢之可也退之可也若夫束縛之係紲之非所以爲尊尊貴貴之化也今之進退大臣則誠可謂有禮矣而奔競冒進之風猶未盡息鑽穴乞墦之徒時或有之是上設廉耻禮義以遇其臣而臣不以節行報其上其責蓋有所歸矣夫賈誼之説其通於今日與否生既已略言其時勢之同异矣然以當今治化休明之日固將講唐虞之盛德軋商周於下風雖有賈生流涕太息之談宜乎不足以動廟堂之聽而其切時之論當務之急未可以三表五餌之疏而遂少之者是以區區之心不能不致意焉惟執事進而教之

第五問

帝王之治天下其施于内者詳其施于外者略蓋盗賊之患在内者也夷狄之患在外者也詳于内則不患盗賊之未息而患吾民之未安略于外則不患夷狄之未服而患内治之不立執事下詢承學而獨舉二事爲言且以爲有感於近日之事夫虞廷之命皋陶領之一則曰蠻夷猾夏一則曰寇賊奸宄蓋内修外攘有國者之急務雖微近日之事亦不可一日而不講也而可視爲迂闊之談邪顧腐儒不知所以對者耳或者之論有曰盗賊之生疥癬之疾也未足爲心腹之病不知時有痛痒亦將爬搔之否乎或者之論又曰夷狄之侵蜂蠆之螫也未足爲膚革之灾不知被其辛螫亦將驅拂之否乎且盗賊之起其初甚微而自古禍亂之萌大率由此夷狄之患則中國之所必有其向背盛衰皆不足爲中國之損益惟恃吾所自立者以勝之耳請以古之治盗者言之龔遂之治渤海以便宜從事趙廣漢之治京兆以鈎距察奸賈琮之治交州招撫荒散而號稱清平張詠之治益州化賊爲民而諭以恩信凡此皆治盗之善者也以古之治邊者言之李牧守雁門而專用保塞之策趙充國屯金城而坐收全勝之功王忠嗣在朔方則持重安邊而不忍以萬人之命易一官范仲淹在鄜延則訓練士卒而不急近功小利凡此皆治邊之善者也於乎恤民之政廢而有司得治盗之名柔遠之道缺而邊將收善戰之功治天下者於此當亦知

所務矣我朝列聖相承重熙累洽賢能在職威德遠被四海之内生民已樂業矣而抱鼓之鳴時亦有之竊聞諸路人之言赭衣載道白晝奪金某所掠公庫若干某所劫獄囚若干甚則有戕聘使于國門之外者矣宿息之不比追胥之不力問之州縣則曰非專識也問之關譏則曰有分地也上官者不過發符牒爲督責之狀小吏者不過備游徼爲期會之迹爲之囊橐者有之以之爲市者有之是毋怪乎盗賊之未息也夫賓旅往來有相翔者然且誅之而况於戕之者乎此壞垣以入子産之所以致譏也有爲事後之説者捕而誅之誠是也欲爲弭之之術則其要固自有在必也去賦役之繁重禁官吏之侵漁限民名田而兼并者必刑丁業互知而游手者必罪馳山澤之禁恤水旱之灾先之以節儉示之以教化如是則民安矣而盗賊之不息者未之有也若歐陽修之四事其一所謂撫疲民者非此之謂歟比年以來北虜已效順矣而烽燧之警時亦有之又聞諸路人之言款使雖來野心自若酒脂在口而手刃邊人館伴未歸而羽書隨至或至有貸軍器以出境者矣良馬不愛而以易我戈甲繒絮不愛而以易我刀劍有鉤鉏則易之有鬴□則易之解甲而用者即我之良工反兵以攻者即我之利器是毋恠乎外夷之未服也夫一針之奏請朝廷尚且靳之而况有大於此者乎此奸蘭出物漢法之所以致謹也有爲目前之計者謹而備之誠是也欲爲久遠之圖則其本亦自有在必也明國家之政刑治兵事之紀律戒侵鈔之暴以彰吾信抑攻取之議以安戎心選壯猷之將重失機之法關市之禁必嚴士卒之賞必厚如是則内治修矣而外夷之不服者未之有也若嚴尤之三策其一獨有取於周者非此之謂歟雖然制而用之謂之法神而明之存乎人使在郡縣者皆龔遂之流則盗賊何有於不息不然則所謂虜來尚可尹來殺我者不得不爲之於邑也在邊鎮者皆李牧之流則外夷何有於不服不然則所謂竭中國之力以幸功名者不可不爲之寒心也狂瞽之言不知忌諱惟與進之幸甚

順天府鄉試録後序

今年爲弘治戊午當鄉選之期先事禮部臣以聞下天下諸司各遵令甲從事至八月上旬順天府尹臣憲府丞臣琦以主試者請上命諭德臣華中允臣廷和輟講事以往臣等陛辭入院恪恭執事凡二十日而試事畢得士百三十有五人乃會稡其名氏并刻其文之尤者爲録以獻一時可取之士尚

不止此直以制額所限姑抑之以竢後舉耳而文則間舉其一二其他亦不能盡録也臣等因相顧駭嘆以爲是何京畿之多才邪則又相與語曰此其勢固然毋足怪者今夫天之高也列星麗焉而近帝座者獨明地之厚也草木麗焉而向陽者獨茂人君之聖也群賢麗焉而在近地者獨盛士之於京畿則星之帝座草木之向陽之區也昔有守遠方者鄙其民俗之陋選郡人詣京師受業學成而歸以轉授其鄉里自是俗好文雅比於大邦蓋京師首善之地萬國之觀聽係焉其文物之盛誠有非偏方之所能及者此則所謂勢也今天下承平百三十餘年道化浹洽群賢彙進正順而麗乎大明之時望天子在上篤意文教公卿百執事相與佐成于下言行政事皆可師法天下之士企踵想望往往有得於塗説傳於邸報而終身誦習之不容已者况於日擊而親炙之者乎然則京畿之多才固宜獨盛于天下也夫今日之選固盛矣而异時之樹立亦有不容讓於天下之士者辟諸列星有芒寒色正者是人望而敬之者也仕而有駿功大業爲邦家之光者似之辟諸草木有後凋之操指佞之祥則人愛重而歌頌之者也仕而有直節正氣不負教養培植之化者似之此皆選舉之成效凡遭時而進麗乎大明者之所有事也而况於京畿之士當率先天下以興者乎臣不佞敬書此于試録之後與諸士子共勉之

左春坊左中允楊廷和謹序

弘治十四年順天府鄉試録

順天府鄉試録序

我國家鄉試取士之法自兩京達之天下無不同者然而考試官之出于上命監試官之由于臺選掌卷至對讀官則吏部擇之巡綽及監門官則總戎官擇之司提調者俱先疏上聞至期乃偕往供事若是者乃兩京鄉試隆重之舊典非天下諸藩鄉試所得而并焉者也若夫三場題目司提調者既每次進呈及試録已成復率考試等官同進呈于丹陛之下至於放舉人之榜赴鹿鳴之宴亦皆同時聞奏而後退歸府莅事焉若是者則惟順天鄉試爲然雖應天府亦不得而并也國家之所優崇京邑而异待其人士者固如是哉臣儲不肖前弘治壬子已忝順天府考試之命今弘治辛酉八月壬子復忝與侍講臣瀠同被命焉伏自惟念實有不任其兢惕者翌日癸丑遂陛辭以行迨入院門俯仰至公堂上則見夫棘牆板屋百爾具備蓋府尹臣重府丞臣琦所以豫爲提調者有道矣防閑周慎内外肅然蓋御史臣完臣崇熙所以竭誠于監試者有道矣臣於此復何求哉遂與臣瀠及同考試官臣聰等同入内簾精白供事每命題之夕必瓣香上祝曰國家將以此求賢才吾輩亦以此圖報稱今所擬經書題目則取其有傳注明白者曰無爲以一端之説而取人也嗟爾多士安得沈潛經傳約文會理如吾前輩諸君子者乎於詔誥論策表判題目則取其典故易知有關於王體國論民生日用之常者曰無爲以隱僻之説而困人也又安得博雅不雜辭尚體要如前輩諸君子者乎已而朝夕不遑更相戒飭分房閲卷裁定去留其中果有如所謂約文會理辭尚體要者則喜且不寐持以自賀曰是亦足多矣不知他日施於官守言責者亦能如前輩諸君子盡忠修職不自負其言也哉間或有問於臣者曰諸生皆誦法孔子其用志蓋高遠矣今一則曰前輩二則曰前輩無乃非所以進諸生於道乎臣以爲不然何則前輩作事多周詳後輩作事多闊略前輩多雅實不爲華貎後輩則文過其質言過其行浮譽過其實德邊幅過其官理者多矣是豈憂國家毗世道求有益於修身治人者所宜爾哉孔子忠信篤敬下學而上達之道其殆且不如是矣前輩之思不亦宜乎或者既以臣之言爲然臣故於序試録之末而併及之蓋以見

臣等區區今日所以爲國求賢勉圖報稱之意而亦以少爲諸士之勸也嗚乎京邑天下之表也京邑所貢人士亦天下士之表也國家平日之所爲异待汝者其意何在而何可不敬承懋勉以求無愧於天下之士也哉主司相屬望之心猶未可以一言而盡也是爲序

翰林院學士梁儲謹序

弘治十四年順天府鄉試

提調官

通議大夫順天府府尹韓重（淳夫山西絳州人　戊戌進士）

中憲大夫順天府府丞藺琦（廷璽山東德平縣人　辛丑進士）

考試官

翰林院學士梁儲（叔厚廣東順德縣人　戊戌進士）

翰林院侍講張澯（仲湜廣西平南縣人　戊戌進士）

同考試官

直隸常州府武進縣儒學教諭舒聰（守愚浙江餘姚縣人　己酉貢士）

浙江杭州府於潛縣儒學教諭楊文命（曰敬福建莆田縣人　丙午貢士）

福建泉州府晋江縣儒學教諭林濟民（廷泰廣東海陽縣人　丙午貢士）

山東濟南府淄川縣儒學教諭胡宗海（仲深直隸揚州府通州人　壬子貢士）

直隸常州府宜興縣儒學教諭楊清（師獻浙江山陰縣人　己酉貢士）

湖廣黄州府黄陂縣儒學教諭任山（仁甫浙江慈谿縣人　壬子貢士）

直隸蘇州府崑山縣儒學教諭周謨（襄虞浙江仁和縣人　壬子貢士）

浙江紹興府嵊縣儒學訓導林世瑞（廷錫福建閩縣人　癸卯貢士）

福建汀州府儒學訓導趙崇賢（彦達浙江太平縣人　壬子貢士）

監試官

文林郎陝西道監察御史陸完（全卿直隸長洲縣人　丁未進士）

文林郎山東道監察御史高崇熙（文明山西石州人　庚戌進士）

印卷官

承德郎順天府通判瞿霆（啓東直隸上海縣人　庚子貢士）

收掌試卷官

廣東高州府同知符觀（衍觀江西親喻縣人　庚戌進士）

受卷官
湖廣靖州同知程經（秉常直隸金山衛人　甲午貢士）
順天府東安縣知縣郭淳（時雍山西高平縣人　癸卯貢士）
彌封官
江西饒州府同知戴仁（良貴雲南太和縣人　甲午貢士）
浙江湖州府烏程縣知縣張昊（朝元直隸天長縣人　丙辰進士）
謄録官
湖廣行都司經歷范昌齡（太冲浙江天台縣人　丁酉貢士）
河南開封府陳州同知劉楫（希傅山東益都縣人　癸卯貢士）
對讀官
四川成都府灌縣知縣郝鐸（振教陝西華州人　癸卯貢士）
四川潼川州樂至縣知縣張冕（文仲陝西洵陽縣人　癸卯貢士）
巡綽官
泗州衛指揮使趙平（靖之順天府通州人）
武平衛指揮使郭清（士廉直隸蘇州府崑山縣人）
青州衛指揮同知李堂（升之河南涉縣人）
萊州衛指揮僉事馮禄（天爵山後雲州人）
監門官
臨清衛指揮僉事王廉（介夫江西鄱陽縣人）
靖海衛指揮僉事尹玉（廷壐鳳陽府鳳陽縣人）
供給官
順天府照磨所檢校于冕（從周四川建始縣人　監生）
文林郎大興縣縣丞尹彝（大倫山東平陰縣人　監生）
宛平縣主簿孫輔（廷佐河南閿鄉縣人　監生）

第一場

四書

物有本末事有終始知所先後則近道矣欲仁而得仁又焉貪其爲氣也配義與道無是餒也

易

剛中而應行險而順剛巽乎中正而志行柔皆順乎剛天數二十有五地

數三十凡天地之數五十有五復以自知恒以一德

書

敕天之命惟時惟幾　先王克謹天戒臣人克有常憲　志以道寧言以道接　惟民生厚因物有遷違上所命從厥攸好爾克敬典在德

詩

喓喓草蟲趯趯阜螽未見君子憂心忡忡亦既見止亦既覯止我心則降王命南仲往城于方出車彭彭旂旐央央天子命我城彼朔方赫赫南仲玁狁于襄　濟濟辟王左右趣之濟濟辟王左右奉璋奉璋峨峨髦士攸宜淠彼涇舟烝徒楫之周王于邁六師及之倬彼雲漢爲章于天周王壽考遐不作人追琢其章金玉其相勉勉我王綱紀四方　無競維人四方其訓之不顯維德百辟其刑之於乎前王不忘

春秋

公及齊侯宋公陳侯衛侯鄭伯許男曹伯會王世子于首止　秋八月諸侯盟于首止（僖公五年）自十有二月不雨至于秋七月（文公二年）會于蕭魚（襄公十一年）秋蒐于紅（昭公八年）大蒐于比蒲（昭公十一年）大蒐于昌間（昭公二十二年）

禮記

大臣法小臣廉官職相序君臣相正　德者性之端也樂者德之華也　上好是物下必有甚者矣故上之所好惡不可不慎也　故事之盡禮樂而可數爲以立德行者莫若射故聖王務焉

第二場

論

論治者貴識體

詔誥表（内科一道）

擬漢議可以佐百姓者詔（文帝後元年）　擬唐以宋璟爲西京留守誥（開元四年）　擬宋以寇準爲三司使謝表（咸平六年）

判語（五條）

講讀律令　人户以籍爲定　禁止師巫邪術　孳生馬匹　修理橋梁道路

第三場

策（五道）

問　自昔制治之書雖周之周禮唐之六典宋之會要元之經世大典亦不能久行於當世豈其子孫不善於繼述而然耶抑或以制作粗成未及修補致不能行之於久遠而無弊也盍觀我祖宗聖製之盛乎凡存心孝慈諸録歷代君臣諸鑑資世務本諸訓洪武聖政諸紀與凡尚書會選孟子節文諸書俱藏之内府有未易以寸晷而稱述者姑以諸士子之所習聞者相與言之在太祖時則有若祖訓大誥禮制律令職掌憲綱官制諸書在太宗時則有若爲善陰騭孝順事實五經四書性理大全諸書在宣宗英宗憲宗時則有若五倫書一統志續通鑑綱目諸書是書也有藏之有司者矣有司則朝夕奉行而弗懈有頒之學官臣庶者矣臣庶則没身鑽仰而不及是豈無自而致然耶願聞夫所以致然之道

問　虞夏殷周之書吾夫子筆之而爲經先秦漢晋隋唐諸書司馬公修之而爲通鑑不知所謂經者其取義果何所自而所謂鑑者其立名亦有所本耶六經之後有作太玄以擬易者矣有假漢制以續書者矣其取譬非不高也其於經也有略相肖似者乎通鑑之後有别纂唐事以示鑑戒者矣有補成舉要以適厥中者矣其用意亦良勤也其於通鑑也有互相發明者乎説者以爲文公綱目一書直可以上繼春秋之筆然綱目托始於晋大夫爲諸侯之時而訖於宋藝祖未登極之際大抵皆因通鑑之舊而已非若春秋之創爲義例也今推尊綱目而不及通鑑其意亦有所指耶或又以爲綱目晚始成書朱子尚欲修補而未及其提要所書與凡例多有不合者故徐氏繼爲綱目考證以相補正今其説故在不知其説亦有可取者否乎諸生窮經觀鑑之餘於此必有成説幸相與言之方今聖明在上時御經筵尚書經傳久已進講而通鑑之與綱目亦將以備用於他日凡我臣士固皆當留意而預講焉者也諸生其毋多遜

問　六經之道同歸而禮樂之用爲急班固有是言也不知所謂急者其義果安在三代治出於一而禮樂達於天下歐陽脩有是言也不知所謂達者其道當何如夫禮陰而樂陽禮先而樂後固也然禮之節文度數尚可以援據而言樂之聲氣性情則未易以心思而得何孔子之時夏殷之禮已不足徵而季札使魯乃能審知夫先世之樂耶漢唐以來其英君誼辟有志於禮樂者亦衆矣然而冠昏喪祭飲射讀法居室器服之禮迄未能達之于天下而效廟社稷山川百神朝會燕饗之樂率不足以傳之于來裔何耶我太祖高皇帝在位餘三十年治定而功成制禮而作樂凡禮之所以辨上下而定民志樂之所以

媿雅頌而和神人者聖子神孫固已世守而勿失矣夫何邇年以來有司之禮制稍不行士庶之奢僭浸無度今日禁之明日逾甚其傷財妨政之害誠尤有甚於天灾者今聖明在上側身修行勤恤民隱方舉行救灾恤患之典有司於此而不加禁絶焉夫豈所以上承德意節用而裕民之道也哉我諸生其推本三王禮樂之原究後代禮樂不興之故詳我朝禮樂刑政四達不悖之實而直言今日之所當禁者冀具以聞之於上無隱辭焉

問　道學之傳必有師友開其端門人接其緒而後斯道明於世若宋之諸儒輩出先後一轍何其盛哉夫程子之學出自濂溪而或者乃比諸横渠之遇范文正何以辯其説歟朱子之學嘗禀於籍溪屏山而學者乃直以繼延平之統何以知其然歟程子之所與游者張横渠邵堯夫耳然一則主禮以教人一則主數而觀物不知於程子之學果有合乎否也朱子之所與學者張南軒吕伯恭耳然一則論仁而不合一則論史記而不合不知於朱子之道亦有同乎否也程子之門人多矣有天資穎悟者有德宇温粹者有英果明決强力不倦者有修身好學深潜縝密者而卒傳其道者誰歟朱子之門人衆矣有造詣純篤者有學知根據者有精識博聞推明易學者有潜心書範闡發幽微者而深得其傳者誰歟夫程朱所傳皆孔子之道也而其有功於聖門孰爲大其所以爲學之方孰爲要然而程子門人乃有流於禪學者亦獨何哉是必有説矣試言之以觀志道之學

問　結繩之後人文既作而字書出焉是蓋國家生民之不可一日無君也文字之權輿肇自蒼頡而或謂黄帝之先已有字書文與字書本一物也或謂三者雖同而各有取義六書之名起於何時條分而縷析雖髡穎不能述也可舉其概而言歟六者之中或又分爲三耦或又有先後相承之序亦不可不知也蒼頡之字謂之古文至周秦時有大篆小篆隸書不知何人所作其於古文亦有合歟又其後也有八分書楷書正書行書章草飛白諸體則其去古益遠矣然亦有可取者歟雖然此特字體之變也至於後世承訛襲舛既久偏傍點畫不分而字體亦失其真矣我太祖高皇帝創治之初命儒臣取許氏説文參以毛晃注釋勒成洪武正韻一書頒行天下凡於字之從俗字之所非字之疑誤莫不校讎而歸正於是四海同文六書復古矣然傳習既久苟簡漸生竊謂今之府史胥徒亦知遵式而經生儒士或反不達其故何也願明言之以懲不恪

中式舉人一百三十五名

第一名　謝丕　浙江餘姚縣人監生　禮記
第二名　李錫　順天府東安縣學生　詩
第三名　趙祐　直隸長垣縣學增廣生　易
第四名　張愈　江西南城縣人監生　春秋
第五名　許瓛　順天府學附學生　書
第六名　李廷相　順天府學附學生　詩
第七名　魏璄　順天府學附學生　易
第八名　馬允中　直隸鉅鹿縣學生　詩
第九名　張宜　錦衣衛官籍監生　書
第十名　劉廷芳　直隸蠡縣學生　詩
第十一名　孫經　直隸開州學生　易
第十二名　高振　直隸廣平府學生　詩
第十三名　朱璟　順天府學附學生　書
第十四名　閔槐　直隸任丘縣學增廣生　詩
第十五名　段豸　錦衣衛軍餘　易
第十六名　徐天澤　順天府學附學生　禮記
第十七名　林昂　永清右衛舍餘　詩
第十八名　陸賓　順天府通州學生　書
第十九名　孫脩　錦衣衛旗餘　詩
第二十名　趙循　直隸雄縣學生　易
第二十一名　劉宓　順天府學附學生　詩
第二十二名　顧良弼　順天府霸州學生　書
第二十三名　朱奎　直隸無錫縣人監生　詩
第二十四名　胡玉　錦衣衛匠餘　易
第二十五名　錢傑　順天府平谷縣學生　詩
第二十六名　金濂　營州中屯衛人監生　書
第二十七名　王璽　武驤左衛舍餘　春秋
第二十八名　賀洪　旗手衛軍餘　詩
第二十九名　汪琪　順天府學增廣生　易
第三十名　吴夢麒　福建漳浦縣人監生　詩
第三十一名　陳淵　順天府涿州學生　書

第三十二名　高璵　順天府學附學生　詩
第三十三名　馬乾　直隸高陽縣學生　易
第三十四名　王念　直隸遷安縣學附學生　詩
第三十五名　劉繼仁　順天府涿州學生　書
第三十六名　楊文進　順天府寶坻縣學生　詩
第三十七名　李潤　順天府學增廣生　易
第三十八名　鄭濂　直隸任丘縣學生　詩
第三十九名　李緯　直隸唐縣學生　書
第四十名　劉鵬　神策衛軍餘　詩
第四十一名　孔賢　直隸南宫縣學生　易
第四十二名　劉錦　大寧都司學軍生　詩
第四十三名　李輔　隆慶右衛學軍生　書
第四十四名　王臣　錦衣衛校尉　詩
第四十五名　田耀　直隸山海衛學軍生　易
第四十六名　蘇乾　直隸隆慶州學生　詩
第四十七名　李時　順天府涿州學生　禮記
第四十八名　張凌漢　山東平陰縣人監生　書
第四十九名　蔣瓊　順天府學增廣生　詩
第五十名　楊俊　直隸真定府學生　易
第五十一名　陳偉　順天府學生　詩
第五十二名　牛魯　順天府寶坻縣學生　春秋
第五十三名　王瑶　順天府學附學生　詩
第五十四名　李梅　直隸棗强縣學生　易
第五十五名　閔楷　直隸任丘縣學增廣生　詩
第五十六名　金澄　順天府平谷縣學生　書
第五十七名　張葵　京衛武學生　易
第五十八名　蔣銓　直隸阜城縣學生　詩
第五十九名　任恩　直隸南宫縣學生　書
第六十名　陳瑛　留守前衛軍餘　詩
第六十一名　張來儀　順天府學霸州學生　易
第六十二名　王旄　大寧都司學武生　詩
第六十三名　李莊　順天府薊州學生　書

第六十四名　曹恩　直隸德州衛武生　詩
第六十五名　李鋭　直隸河間府學生　易
第六十六名　尹元　直隸靈壽縣學增廣生　詩
第六十七名　李昇　順天府宛平縣儒士　書
第六十八名　王輔　順天府涿州學生　詩
第六十九名　姚永禎　順天府學生　禮記
第七十名　朱宗讓　直隸河間府學生　詩
第七十一名　王桐　直隸濬縣學附學生　易
第七十二名　劉奎　順天府寶坻縣學生　詩
第七十三名　李璣　順天府學生　書
第七十四名　應奎　順天府學生　詩
第七十五名　李章　直隸河間府學生　書
第七十六名　王鐣　順天府平谷縣學生　詩
第七十七名　蔡需　順天府學附學生　易
第七十八名　錢瀾　直隸阜城縣學生　詩
第七十九名　崔冕　順天府薊州學生　書
第八十名　趙思仁　順天府昌平縣學生　易
第八十一名　韓儒　直隸平鄉縣學生　詩
第八十二名　劉秉常　江西安福縣人監生　春秋
第八十三名　張桀　順天府學增廣生　書
第八十四名　張延康　順天府文安縣學生　詩
第八十五名　王鑑　順天府霸州學生　易
第八十六名　刁茂　錦衣衛校尉　詩
第八十七名　徐麟　錦衣衛軍匠　書
第八十八名　馮時雍　直隸交河縣學增廣生　詩
第八十九名　彭應軫　直隸獻縣學生　禮記
第九十名　李鶴　直隸安平縣學生　詩
第九十一名　牛讚　順天府涿州學生　書
第九十二名　韓崧　直隸趙州學生　詩
第九十三名　朱勝　順天府學生　易
第九十四名　周復　永清右衛軍餘　書
第九十五名　霍恩　直隸易州學官生　詩

第九十六名　孟鵬　直隸真定府學生　易
第九十七名　王顯道　直隸鹽山縣人監生　詩
第九十八名　李文淵　順天府薊州學武生　書
第九十九名　劉州　直隸東光縣學生　詩
第一百名　李暘　直隸棗强縣學生　易
第一百一名　宋璋　順天府涿州學生　書
第一百二名　周錦　直隸永寧縣學生　詩
第一百三名　孔鎬　直隸南宫縣學生　易
第一百四名　奚鏞　錦衣衛軍餘　詩
第一百五名　王隆　府軍前衛軍餘　書
第一百六名　蔣儀　直隸天津右衛學軍生　詩
第一百七名　姚欽　順天府學生　春秋
第一百八名　趙琚　直隸河間府學生　易
第一百九名　牛耕　寬河衛軍餘　詩
第一百十名　王金　順天府涿州學生　書
第一百一十一名　傅元　江西新喻縣人監生　詩
第一百一十二名　尹承　府軍前衛軍　易
第一百一十三名　蘇明　直隸隆慶州人監生　詩
第一百一十四名　孫聰　直隸開州學附學生　書
第一百一十五名　黄鍾　順天府學增廣生　詩
第一百一十六名　李獻可　直隸故城縣學增廣生　易
第一百一十七名　蔡華　四川崇慶州人監生　禮記
第一百一十八名　田芝　直隸保定府學生　詩
第一百一十九名　楊鏓　錦衣衛舍人　書
第一百二十名　辛蘭　直隸蠡縣學附學生　詩
第一百二十一名　林馥　順天府學增廣生　易
第一百二十二名　任璋　直隸定興縣學生　詩
第一百二十三名　張英　京衛武學生　易
第一百二十四名　李溱　直隸大名府學生　詩
第一百二十五名　余志　武驤左衛軍餘　書
第一百二十六名　馬負國　直隸大名府學生　詩
第一百二十七名　王承恩　直隸高陽縣學增廣生　易

第一百二十八名　張翺　隆慶衛學軍生　詩
第一百二十九名　劉潮　直隸蠡縣學附學生　書
第一百三十名　杜璋　直隸雞澤縣學生　詩
第一百三十一名　葛會　順天府學增廣生　易
第一百三十二名　何琪　直隸雞澤縣學生　詩
第一百三十三名　房宗曜　直隸大名府學生　書
第一百三十四名　李淳　順天府密雲縣學生　易
第一百三十五名　徐謹　順天府宛平縣儒士　詩

第一場

四書

物有本末事有終始知所先後則近道矣

趙祜

同考試官訓導趙批（於知所先後處體認親切而詞亦温雅可法是用録出）

同考試官教諭周批（此題似易而實難意足者文繁言簡者理晦明浄可録者僅見此篇）

考試官侍講張批（詞整潔而意涵蓄大學義當如是矣）

考試官學士梁批（自起承至歸結處皆有可取者）

大學有自然之序爲學有入道之方夫本末始終大學自然之序不可紊也學者求入道焉舍知序其奚以哉經文此節結上文兩節之意以爲明德之當明也在己民德之當新也在人明德之與新民固兩物也兩物而内外相對則内者是其本而外者是其末矣謂不有本末乎惟能先知其所止然後能得其所止知止之與能得固一事也一事而首尾相因則首者是其始而末者是其終矣謂不有終始乎夫物有本末則當先其本而後其末事有終始則當先其始而後其終爲大人之學者誠能知夫本之所當先而不以末之當後者先之則明德可明民德可新其道固可以循序而漸進矣夫豈遠乎哉誠能知夫始之所當先而不以終之當後者越之則知止可求能得可至其道固可以得門而漸入矣又豈遠乎哉以是言之則知止者固止於至善之由而知所先後者又爲知止之由矣大學以此結上文兩節之意其示人也夫豈不深切而著明也哉抑觀此節既總結上文兩節之意下文即以其綱領之條目詳言之蓋

修身以上明明德之事也齊家以下新民之事也物格知至則知所止矣意誠以下則皆得所止之序也説者謂三綱領實統乎八條目八條目實隸乎三綱領又謂此節先後二字實起下文先後十二字其義理精密如此此其所以爲經文也歟

欲仁而得仁又焉貪

許瓛

同考試官訓導林批（講欲仁處不以政事附會其説蓋篤實之士也故用録出）

同考試官教諭楊批（作者多體認仁字不真失之穿鑿發揮明暢殆無如此篇者）

考試官侍講張批（不爲題所窘可嘉）

考試官學士梁批（不求甚异中自有好處）

惟所欲自足乎善則所欲不傷於廉此君子從政之美也夫善之可欲莫大於仁也君子欲仁而得仁則足乎已而無事外求矣又何貪之爲害哉昔聖人以五美答子張問政而及此謂夫君子之心未嘗無欲也而自有不害其爲欲者存是故天下之物凡有利于人者皆可欲矣而君子之所欲則惟在於仁焉天下之欲凡其繫于物者不可必得矣而君子之欲仁則未嘗不得焉蓋仁者心之全德也吾於一日之間而欲吾仁則全德即此而在初不待勉强而後得也仁者之心正理也吾於一事之頃而求吾仁則正理即此而存初不假智力而後得也取之於己而無愧所謂心廣體胖是已得之以道而自足所謂優游饜飫是已欲仁而得仁如此又何貪之足累乎蓋仁之可欲本出于自然而貪之爲弊實生于多欲彼人情於可好之物固有以非道而得之者以非道得之則縱欲敗度而不免爲貪矣人情於可嗜之利固有以非義而取之者以非義取之則貪得無厭而害其爲廉矣今焉取吾固有之善而一毫不預於人是欲以德而不以物也雖富所有庸何傷求吾本然之性而一介無取於人是欲以道而不以利也雖恣所得夫何害欲而不貪如此以之從政則政無不立以之臨民而民豈有不被其澤者哉抑考此章夫子因子張問從政而告以尊五美屏四惡既舉其綱而又著其目論語之告問政未有如此之備者也故弟子記之終篇以繼帝王之治焉由是而觀則夫子之爲政可知矣惜乎子張少仁而不足以進於此也噫

其爲氣也配義與道無是餒也

李錫

同考試官教諭任批（講配道義處不泛不略本房孟子義此其最優者矣）

同考試官教諭楊批（作者於配字類能言至餒字便窘手理明詞暢無如此篇）

同考試官教諭胡批（融會傳注成文不費詞而意自足豈嘗究心於理學者歟）

考試官侍講張批（説理文字如此停當者亦少）

考試官學士梁批（明净可録）

大賢論浩然之氣必言其得養而充失養而歉也夫氣一而已矣充之則配乎道義而有餘不充則反之吾身而不足氣其可失養乎哉昔者公孫丑問浩然之氣孟子答之至此意以謂至大至剛者乃是氣浩然之本體塞乎天地者亦是氣浩然之功用顧人之所以養之者善否何如耳誠能直養無害使氣之至大者不虧自反而縮使氣之至剛者不失則其道義之存乎心者既足以爲一身之主而是氣之充乎體者又足以爲道義之助由是當行而行無所顧慮凡可以行義而達道者沛然莫之能禦也非是氣有以合而助之歟爲之勇决無所疑憚凡可以由義而盡道者浩乎不可復遏也非是氣有以輔而翼之歟氣之得其養者如此使或不知有事素無直養之功有所作爲重爲是氣之害則本雖至大也今則有所限量矣何至大之有本雖至剛也今則可以屈撓矣何至剛之有由是一時所爲雖未必不出於道義也然氣之在體者已不充則將疑懼之不暇安望其振拔而有爲耶一事所行雖未必遽違乎道義也然氣之在我者已不足則將顧望之不遑安望其奮厲而有執耶是則養氣之功其有關於吾身道義者如此又安可不盡其善養之道也哉抑合此章而觀之公孫丑疑孟子當大任而動心孟子遂極言知言養氣之功丑又疑知言養氣之既聖孟子遂極言夫子之聖之盛要之夫子之聖不假乎養氣知言而孟子之養氣知言乃學而至聖者也先儒謂孟子此章擴前聖所未發學者宜潛心而玩索不其然乎

易

剛中而應行險而順

趙祐

同考試官訓導趙批（發明文人行師之善貫通切實易義之最優者也歆羡歆羨）

同考試官教諭周批（用師之道備在易書此作既發揮明悉至結題處尤論證不苟其殆有見之士乎）

考試官侍講張批（詞氣嚴密是真知文人之德者）

考試官學士梁批（講行險而順一句比他卷爲勝）

文人行師之善於卦之體德見之焉蓋剛中而應行險而順行師之至善者也卦之體德如是非文人而克爾耶吾夫子傳師之象而推原丈人吉無咎之義謂夫爲將過剛則威懷無法在上無應則信任不專以此行師殆難乎其有濟矣師之卦體則不然九二以剛居下而用事六五以柔居上而任之是剛中而應也剛中而應則威惠并行士卒用命閫外之事將實專之連百萬之衆而分數益明全勝之謀素定也承三錫之恩而主心攸屬上下之交素固也行師之善見於卦體者如此求其可以當此者其惟丈人能然乎且兵之所在至險藏焉不以順動何以除害以此行師亦難乎其有終吉矣師之卦德則不然内體坎也而其德爲險外體坤也而其德爲順是行險而順也行險而順則兵雖凶器以順而動則不爲凶戰雖危事以順而動則不爲危以之而禁暴除亂固無非順人心之事也以之而攘外安内固無非順人情之舉也行師之善見於卦德者又如此求其可以當此者又非丈人能然乎吁文人之才德如此則毒民而民從之矣此其所以吉無咎也歟大抵用師之道不徒以任將爲先而□以得正爲本此大易所以有師貞丈人吉無咎之戒也後世有好大喜功無故而加兵於遠者其豈知師貞之戒耶委用非人致有如壩上棘門之兒戲者其豈知丈人吉無咎之戒耶噫大禹徂征方叔元老後世殆邈乎其寡儔矣求其次者如漢之用周亞夫趙充國唐之用李靖郭子儀數人者於大易垂戒之義尚庶幾其不悖乎

天數二十有五地數三十凡天地之數五十有五

魏境

同考試官訓導趙批（此作一本河圖自然之數而發揮之殆經生中之表表者是可録矣）

同考試官教諭周批（作此題者類欠明白此篇善分析且無冗長語故録之）

考試官侍講張批（以理演數之文潔凈無疵）

考試官學士梁批（講義明白結題亦有所見）

大傳於河圖之數既分奇耦而積之復總奇耦而計之蓋天地之數陽奇

陰耦也大傳既分而積之又總以計之則河圖全數之妙於是而見矣何則天地之間一氣行而陰陽分陰陽分而五行具河圖之爲數不過一陰一陽一奇一耦以兩其五行而已是故天以陽之輕清而位乎上也陽數惟奇故圖之一三五生數也七與九成數也皆以奇而屬之天焉五奇以五而積之其爲數也二十有五天之數不外乎是矣地以陰之重濁而位乎下也陰數惟耦故圖之二與四生數也六八十成數也皆以耦而屬之地焉五耦以五而積之其爲數也則有三十地之數不越乎是矣夫天數之二十有五所以主變而以生以成者也必合地數之三十而後化地數之三十所以主化而克生克成者也必合天數之二十有五而後變合天地之數總五十有五統奇耦之積妙圖數之全于是陰陽配而五行兩至理寓而大化存流行不滯變化無端所以綱紀造化而顯著妙用也歟大傳發明以著大衍之原其旨深哉抑論龍馬出河伏羲遂其文以畫卦固也何係辭所論作易之由不一耶夫鴻荒之世天地陰陽雖各有象然數初未有也至於河圖之出然後五十有五之數奇耦生成粲然可見所以深發聖人之獨智非泛然物象可得而擬也然伏羲仰觀俯察安知河圖非其中之一事耶先儒謂聖人作易其法象之規模必有最親切處其河圖之謂也

書

勑天之命惟時惟幾

許瓛

同考試官訓導林批（題本冠冕作者多襲舊文令人厭觀此篇詞嚴義正得虞廷警策臣工氣象可嘉）

同考試官教諭楊批（詞氣温雅筆力雄健形容保治之意殆盡允宜高薦）

考試官侍講張批（聖君憂勤惕厲之心摹寫近之）

考試官學士梁批（講時幾二字不戾本旨）

欲有以致嚴於天當有以致慎於己蓋天命不在人事外也然則欲致嚴於天命者惡可不自時幾而致其謹哉帝舜將作歌而先述其所以歌之意如此謂夫天之有命雖非諄諄然以告人而命之在天則實凛凛乎其可畏彼其保佑申錫於人者固宜有以予之矣然予之未幾而亦或奪之予奪之際天命之所在也靈承于下者其可不致夫戒勑之意乎寵綏眷顧于人者固宜有以福之矣然福之未久而亦復禍之禍福之分天命之所寓也對越于上者其可不盡夫戒嚴之心乎夫天命無常人所當勑而勑天之道豈可他求亦曰惟時幾自其在我者而慎之耳是故自今日觀之功成治定庶尹允諧時若可以少

暇矣然不知理焉亂所倚也苟頃刻謹畏之不存則怠荒由之而起必兢兢業業惟時而謹之使無一時之不戒敕可也禮備樂和百獸率舞事若可以少適矣然不知安焉危所伏也苟毫髪幾微之不察則禍患由之而生必洞洞屬屬惟幾而察之使無一事之不戒嚴可也夫然則天命庶乎其不替而治功庶可以無虞矣君臣同心可不以是而爲務哉嗟夫古□聖君賢相不以致治爲難而以保治爲難不以將順爲敬而以責難爲敬故有虞之治已爲極功而舜與皋陶方且以時幾爲戒以叢脞爲規蓋其憂勤惕厲之心未始一息而懈也後世固有治僅小康而其君臣已晏然自足視此亦可少愧矣有天下國家者尚念兹哉

志以道寧言以道接

張宜

同考試官訓導林批（揭書出題本無立意場中多失於鑿此作措詞莊重得古人進諫之意高薦無忝）

同考試官教諭楊批（浮華不騁召公忠愛之意藹然取冠本房允協輿論）

考試官侍講張批（起講處拈出道字來便异衆作）

考試官學士梁批（辭氣雅馴宜在所録）

持志聽言一於理此謹德之要也夫内外貴乎交修也志以道寧而言以道接則内外一於理矣謹德之要豈外是哉召公作旅獒以戒武王而及此意若曰天下之事皆出於道而道者所當由之理也人君欲慎其德豈可不惟道是由乎是故端居静處之時存乎中而主乎氣者有志焉志患其易馳也不以道寧之則中心無主而或至於妄發矣故必涵天理於方寸之間使欲不得以勝義絶物誘於虚靈之外俾氣不至於動心一念之往果出於正歟則養之順之而不容遏一念之往果涉於私歟必戒之抑之而不敢遂夫然則清明在躬而吾之志可寧矣何妄發之足慮乎至若臨下御衆之時得乎人而入乎耳者有言焉言患其易惑也非以道接之則聽德不聰而或至於妄受矣故必度理於敷奏之間不以逆耳而有所拒揆義於獻納之頃不以遜志而有所從謀或有裨於政也雖芻蕘行路之賤吾聽之計或無補於時也雖左右在位之臣吾置之夫然則權衡不撓而人之言可接矣何妄受之足憂乎吁志以道寧存乎中而應乎外者有本也言以道接制乎外而養其中者有則也謹德之要不外乎此而聖賢相授心□亦於此而可見矣抑考西旅獻獒之時武王大業已定獒之受否無大害也而召公惓惓作書以戒者豈故爲是過慮耶蓋創業之君

後嗣取法厲階固不可以生也况四夷聞之從風而靡則其患不可勝言矣噫以此爲防其後猶有求白狼白鹿如穆王者召公之言誠萬世人君之龜鑑也哉

詩

王命南仲往城于方出車彭彭旂旐央央天子命我城彼朔方赫赫南仲玁狁于襄

李錫

同考試官教諭任批（南仲既傳命令衆故軍士皆知所以出師之意此本章正章□是作能發揮之可取可取）

同考試官教諭楊批（以王命南仲二句爲傳命以令軍衆最合傳意故録之以破群疑）

同考試官教諭胡批（説出南仲傳命令衆意且文法森嚴其殆知禦戎之策者）

考試官侍講張批（讀此可以想見西周命將出師之盛）

考試官學士梁批（通篇明贍可觀）

大將之傳命以令衆也軍容盛而士志齊威名著而遠夷服蓋用師之道惟以直而爲壯耳大將之所以盛軍容而齊士志著威名而服遠夷者其皆從傳命令衆中來耶周王於其還而述此以勞之宜矣昔南仲當玁狁匪茹之時膺長子率師之任想其傳命令衆之意謂夫玁狁之難未平則邊鄙之民不息天討固不容以不加也明明天子則命我南仲往朔方而城守之焉蓋惟以守備爲本而不以攻戰爲先也汝三軍之士其亦知所以敵王之愾者乎邊鄙之民不息則中國之害未除王師固不容以不動也有嚴天子則命我南仲城朔方以備禦之焉蓋先爲不可勝以待敵之可勝也汝貔貅之士其亦知所以分主之憂者乎斯時也大將之號令一施三軍之精采百倍我出我車則彭彭而衆盛建彼旂旐則央央而鮮明王命往城之意不獨大將自知之三軍之士固亦無不知之上下同此一心也城彼朔方之役不獨大將身任之貔貅之衆固亦無不任之三軍同致其力也由是我徒我御雖惟有事於朔方版築之間而南仲之赫赫厥聲已足以喙敵人於千里之外矣玁狁之難其安得不遂除乎我師我旅雖惟致力於邊城救度之中而南仲之赫赫厥靈已足以置王師於無戰之地矣犬羊之衆其焉以復我敵乎吁命之傳于上者其令嚴威之行于下者其功遂南仲之爲將如此周王於其還也得不具述而顯勞之哉大抵兵事以哀敬爲本而所尚則威此詩上章之戒懼即所謂哀敬也此章之奮揚即所謂威也蓋有是戒懼然後有是奮揚豈非静翕而動闢之義也歟先儒謂二

者并行而不相悖其説是矣後世有敦詩書而悦禮樂之將其尚能觀於此以自警也耶噫

無競維人四方其訓之不顯維德百辟其刑之於乎前王不忘

李廷相

同考試官教諭任批（説王者戒勉諸侯之意詞理明白得作頌義體蓋邃於經學者）

同考試官教諭楊批（先以道德戒勉諸侯而繼以先王道德成效終其意此周頌本旨也發明歸趣不費詞説吾於此篇尤注目焉）

同考試官教諭胡批（周頌簡奥作義者不宜以浮詞艶語猥雜之録此以示人未爲無小補也）

考試官侍講張批（詞氣温厚足以感人）

考試官學士梁批（本文餘意形容殆盡）

稱道德感人之效而證以聖德感人之實此王者戒勉諸侯然也夫前王之德人不能忘此道德感人之明驗也王者以是戒勉助祭之諸侯得無意乎此祭於宗廟而獻助祭諸侯之樂歌其意謂夫人之一身萬善具焉天下之物固無有强盛而過於人者人維不盡其道耳能盡其道則四方雖遠莫不皆以之爲訓矣而况於其近者乎然道雖斯人所共由而德則吾心所獨得天下之物亦無有明顯而過於德者人維不修德耳能修其德則百辟雖多一是皆以之爲法矣而况於其小者乎抑是道也觀諸我前王可以見之矣何則前王雖往然君子之賢其賢而親其親者没世不能忘也是獨何修而得此哉亦克盡人道而致然耳則我之所謂無競維人者其不然也哉前王雖遠然小人之樂其樂而利其利者百世猶一日也是復何爲而致此哉亦有覺德行而能然耳則我之所謂不顯維德者豈無謂也哉噫語道德感人之效雖深遠而難見觀聖德感人之實則甚近而可徵汝諸侯於助祭之時亦嘗親睹其實矣其可不仰思前王而退修德業也哉其勸飭而戒勉之也至矣大抵繼世爲諸侯鮮有不以封靡爲累者使其知前王所以不忘之實則道德之效庶其知之而封靡爾邦之累可以不蹈于覆轍矣周王於宗廟獻諸侯之際既美其助祭之功而復戒飭如此當時諸侯聞者能不惕然而有警乎蓋頌美之中不忘規戒是固王言之體而亦古君臣相與之義也

春秋

公及齊侯宋公陳侯衛侯鄭伯許男曹伯會王世子于首止　　秋八月諸侯盟于首止（僖公五年）

張愈

同考試官教諭林批（兩首止是大節目故胡氏各爲發傳不可偏廢也此作體帖融會詞理俱到蓋麟經之傑然者）

考試官侍講張批（兩傳互舉其義始備）

考試官學士梁批（於會王儲盟同好處鋪叙俱匀稱）

好特講而春秋尊王朝之大分信特講而春秋美伯主之大功此首止之會以殊會書而首止之盟以繁詞録聖人尊王儲美齊桓之意於此而可見矣昔惠王寵帶子鄭懷疑桓公恐厲階之易生也於是率列國奉世子攄翼戴之誠而爲首止之會焉夫春秋之紀會内爲志則書及外爲主則書會今乃書公及諸侯會王世子者何哉蓋天冠地屨其分不可不嚴水木本源其義在所當正彼世子者天下之儲君也列國者周室之藩臣也以王世子而下會諸侯則陵以諸侯而上與王世子會則抗上陵下抗不可以訓矣故特書及以會者若曰王世子在是諸侯咸往會焉示不可得而抗也其所以尊王儲正名分之意爲何如哉既而世子言旋諸侯皆在桓公恐同志之未孚也於是刑牲血要鬼神申尊奬之義而爲首止之盟焉夫春秋之紀盟無中事不重舉諸侯會與盟同不再言地今乃復舉諸侯而再言首止者何哉蓋王室之安危實係於國本中國之自立以其有人倫彼惠王之寵愛一人之私也桓公之翼戴天下之公也使寵愛得行則父子之道虧使翼戴不振則君臣之義缺今一舉而大倫皆正功莫偉矣故詞繁而不殺者蓋曰盟雖衰世之事而首止之盟則實美之大者其所以予齊桓正彜倫之意又何如哉吁尊儲君爲王室計也予齊桓爲世道計也聖人扶世立教之心可謂深切而著明矣抑論之春秋大義不特此耳他如内夏外夷貴王賤伯誅亂臣討賊子或抑或縱或予或奪或微或顯一皆得乎義理之安文質之中寬猛之宜是非之公所謂王道輕重之權衡也謂非聖人不能修詎不信夫

會于蕭魚（襄公十一年）

王璽

同考試官教諭林批（此題作者徒知歸美晋悼而於不書鄭會處多忽之蓋習而不察之弊也發揮傳意僅見此篇）

同考試官侍講張批（使鄭伯復生聞此可以革心矣）

考試官學士梁批（既歷道伯主服鄭之功末復申君子能國之義可謂有見）

觀春秋紀諸侯之講好也見二國之小信不足貴而伯主之至誠爲可嘉夫鄭之反覆固不足信也而其請會蕭魚者由晋悼推誠以服其心故耳聖人得不致意於書法間哉嗟夫春秋□世晋楚争鄭改轅南向而鄭之從楚堅矣三分四軍而晋之伐鄭屢矣乃今三駕之終遂成九合之績鄭也委心事晋而子展出盟晋也喜於得鄭而趙武入猷壇坫既掃衣裳聿同於是請介諸侯之末而得預蕭魚之會焉是役也雖曰同好協心而鄭之悔過可取也雖曰師武臣力而鄭之向義不誣也春秋於此正宜表而出之則鄭人之善不泯而晋悼之功益著矣今乃不書鄭會而特筆蕭魚者何哉蓋人而無信不知其可信不由中雖質無益彼于戲之盟六卿皆在有禮庇民之言堅于金石矣甫及逾年而從楚伐宋者鄭人也信安在乎亳北之役七姓同盟隊命亡氏之約凛乎神明矣曾未逾時而逆楚撓宋者鄭伯也盟足恃乎鄭之無信如此幸而悼公秉至誠以待人推赤心而字小囚纍在國則勞以禮而遣歸斥堠在郊則納其防而不備向也暴師原野歲無寧日今則屬櫜卷甲而人得安堵之樂矣向也徵兵鄰壤巷無居民今則遣使告慶而鄰有息肩之惠矣自是鄭不内叛者逾二十年楚不外逞者亦再歷世誠之感人何其至哉故春秋略鄭會而不書者謂其不可信也特書會于蕭魚者序悼公之績也其所以陋小信而貴至誠之意蓋如此雖然鄭之無信固可陋矣而其所以謀國者子駟子耳之徒不得辭其責焉晋之服鄭固可嘉矣而其息民不與楚戰者魏絳知罃之力居多焉故曰不有君子其何能國觀於此而益信

禮記

德者性之端也樂者德之華也

謝丕

同考試官教諭舒批（二德字本同不知者歧而二之此作體認分明而詞足以逮意必深於樂者也）

考試官侍講張批（以良易之詞發精微之藴）

考試官學士梁批（樂德性是相因而有者也惟此作能道之）

論德出於性而樂所以彰其德也蓋性具於心而德者性之所發也樂以德爲本則樂豈非所以彰其德而爲德之華也哉記者推言作樂之原如此謂夫樂之教行固可以觀夫德而德發於樂斯可以化乎人彼情和志正而和順

積中所謂德也德何以爲性之端乎蓋性之在人也方其未有所感則渾然在中無所偏倚天命之本然者在是吾心之秉彝者在是及發之於情而各當其節志之所行而無少乖戾則性之藴於中而不可見者於是可得而見矣然非此性之外别有一物以爲德也即性之所發耳猶有物在中而其端緒自見於外也不謂性之端而何若夫聲容兼盡而英華發外所謂樂也樂何以爲德之華乎蓋德之在人當其未發於樂則和順未形杳然其不可見至德無迹漠然其不可聞及見於詩歌極和而無怗懘形於舞蹈至順而無乖逆則德之出於性而不可見者於是可得而見矣然非此德之外别有一端以爲樂也即德之所被耳猶有物在中而其光輝自發於外也不謂德之華而何夫德出於□□樂□彰德則樂之爲樂豈可以矯僞爲之哉抑又論之樂固所以彰德亦所以象功故曰其功太者其樂備又曰夫樂者象成者也然功與德相須不可離者故功出於德則樂無不盛矣使德未至而徒有其功則其所以感人動物亦豈能極其至哉於乎此韶武之樂所以不同而後之欲作樂以化人者又必先修德以致治可也

上好是物下必有甚者矣故上之所好惡不可不慎也

謝丞

同考試官教諭舒批（是題不難於作而難於醇求其文之醇者唯此篇因是録之）

考試官侍講張批（説感應處詞意精切可規可諷）

考試官學士梁批（題目本正大文字亦似之可取）

惟上下之感應爲甚速故在上之好惡所當謹蓋不從其所令而從其所好民之常情也人君之好惡其可不致謹乎哉緇衣記吾夫子之言如此謂夫言之化人也淺行之感人也深是故爲人上者端拱于五位之尊與群黎百姓如彼其遼邈也然而中心所好之物雖未嘗宣於言語之間而其風聲所感不疾而速已入於群黎百姓之耳目彼之好之者尤有甚於吾深宫之好者焉高處乎九重之邃與四方萬國如彼其懸絶也然而中心所好之物雖未嘗播之於號令之際而感化之幾不行而至已入於四方萬國之心志彼之所好者尤有甚於吾隱微之好者焉夫幾之出於上者甚微而化之成於下者甚大如此故爲上者凡有所好耶恐人效之而流毒於天下必好所當好使天下之人從而好之庶足以興起其良心而爲善安可輕爲舉措而妄有所好也哉凡有所

惡耶恐人趨之而遺患於無窮必惡所當惡使天下之人從而惡之庶足以潛消其邪慝而不爲惡安可用其忿懥而妄有所惡也哉噫好惡雖出於一人之情而其理合乎天下之公人君之好惡能如此則凡所以表正于人者其必有道矣大抵民之於君德其所好而不從其所令君之好惡誠所當慎矣而一心之微嗜欲攻之者衆苟無所主於其内則其好惡鮮有不誘於外者而何以能慎哉君子於此其惟敬德乎能敬則此心有所養而非禮之好惡自不能感而入矣嗚呼可不慎乎

第二場

論

論治者貴識體

謝丕

同考試官教諭舒批（爲治有體發揮殆盡且筆力遒勁而略無凝滯譬之青□空□鷹隼孤騫而迫之以風也華國之文良如是哉主司得此寧不爲之歆羨）

考試官侍講張批（題意明白場中士子往往費力於論治二字至治體則牽以枝詞竟無歸著此篇只以人所能知者平平説去而其文氣翩然自可人意蓋佳士也吾爲子拭目矣）

考試官學士梁批（子之才氣殆沛然其有餘裕者然發之於論判間皆詳明有體無浮薄不根之病是可尚也）

論曰治其有體乎治無形者也因人之所處而規模法制寓焉則治之體立矣治之體立而後治道可興焉治化可成焉論治而不識其體則職位混淆施爲舛錯而天下國家之事皆不得其理矣又何足以言治哉程子曰論治者貴識體可謂知要之言矣請因是而廣其意焉夫天下之物未嘗無體也天下之事亦未嘗無體也顧吾有以識之而後可以得其要耳是故以其大者而言天有體焉日月星辰之度是也地有體焉山川土石之界是也人有體焉耳目口鼻四肢之具是也夫事則亦有然者矣天下之事莫大於治亦莫繁於治總而言之則朝廷者治之所從出也宰相六卿所以輔治者也臺諫憲臣所以肅治者也郡縣守令所以承治者也而莫不各有其體焉是體也雖相統屬而自有脉絡雖同端緒而各有條理譬則日月星辰之不可易其明焉山川土石之不可易其性焉耳目口鼻四肢之不可易其用焉是故自朝廷而言則敬天勤

民擇相求賢開言路通下情消朋黨若人君之體也自宰相而言則論道經邦調元贊化格君心之非正萬幾之□者輔佐之體也自六卿而言則統百官均四海者冢宰之體也敷五典擾兆民者司徒之體也治神人和上下者宗伯之體也統六師平邦國者司馬之體也詰奸慝刑暴亂者司寇之體也居四民時地利者司空之體也自臺諫憲臣而言則繩愆糾繆激濁揚清内振紀綱而外察奸宄者肅治之體也自郡縣守令而言則墾田野勸農桑除盜賊備水旱均平力役增殖户口者承治之體也至於小大百司之繁則又莫不各有體焉識其體而各盡其職則威福不至於下移名分不敢以或僭大臣不親細事而小臣不預機政矣若是者求天下國家之無治不可得也不識其體而用智自私則君或至於下行臣職臣或至於上侵主權宰相判錢穀之司而郡縣言台鼎之務矣若是者求天下國家之無不治亦不可得也是何也職有所分而事有所主任有所重而責有所歸也蓋嘗驗諸唐虞之治焉當時上有四岳九官統治於内下有十二州牧分治於外其體統規模之大蓋截然而不可亂也又嘗驗諸成周之治焉當時既立三公與王論道又立三孤二公弘化内有六卿分職外有九牧承治其事體格局之詳蓋井然而不可紊也是以當時庶政惟和而萬國咸寧兆民永康而萬邦無斁雖曰聖君賢相之德而其所以綱紀維持之者不以其立治之有體哉漢之賈誼當治安之世而諄諄以正風俗端國本爲憂此善識治體者也晁錯以術數神聖之説而雜之則昧乎是矣唐之陸贄方擾攘之時而進其説于君者未嘗一用智數此善識治體者也李泌以神仙怪誕之説而雜之則惑於是矣宋之李沆在相位七年未嘗用密啓問時政所宜先則曰不用新進浮薄之士此善識治體者也至王安石任用群□取累朝良法美意而以新法紛更之則宋之治體於是大壞矣是則治之有體猶物之有體也物而無體則失其爲物孔子之所謂觚不觚是已治而無體則害其爲治孟子所謂徒善不足以爲政是已有天下國家者之於治體其不可忽也彰彰明矣雖然治之説其盡於此乎曰未也立治有體而出治則有道焉治之道奈何曰仁是也蓋仁者天地生物之心而聖人之所以養萬民者治而不本於仁則忠厚惻怛之心少而猛厲刻削之意多將見剛者必過於忍明者必過於察智者必流於詐法綱太密訟獄繁興而民被其毒矣故程子又曰必有關雎麟趾之意而後可以行周官之法度正此謂也有志於治者尚鑒兹哉

表

擬宋以寇準爲三司使謝表

徐天澤

同考試官教諭舒批（於稱謝語中而寓諷諫之意蓋駢儷而典則□□可録）

考試官侍講張批（用本色語鋪叙得體）

考試官學士梁批（萊公志大才高議論頗英發然亦有疏處此表設以身處其地代其自言顧詳審周密如此使公在當時見之不知果謂何如耳）

知鄧州事臣準謹言咸平六年六月某日伏蒙聖慈以臣爲三司使者臣誠惶誠恐稽首頓首伏以足國宏規端本在食租而衣税理財重寄澄源當節用而愛人故大學示絜矩之方而昔賢昭繭絲之戒剥民以媚上者後必有災守法而奉公焉中亦何愧蓋建官必稽諸古惟立法貴宜于今顧此司存實沿舊制周禮統職袠於司會漢廷責治粟於大農李唐更以度支之名我宋特兼户部之任鹽鐵金穀總十道而大綱陳户口農桑登兆民而衆自舉内而百官之廪需浩大外而三軍之調度頻繁惟會計必在乎得人故咨詢亦難於擇使詎意通融之選誤收澒泂之材臣準誠惶誠恐稽首頓首伏念臣學本謀身材難用世明廷對策空叨進士之科行在上書偶荷先皇之眷始治巴東而循良無效繼遷員外而直戇少文樞府倅貳乎本兵台司謬參夫政論既而罷知州事雖治理之粗諳豈謂重置朝班復使權之猥畀兹蓋伏遇仁明天縱恭儉日新茂膺二聖之洪休撫有萬年之大業責成宰輔謨謀深望乎太平更直儒臣講論曲延於中夕憫旱灾而除逋貸下實切淵衷因星變而減膳責躬不遑□三食罷靈武之戍役徵輸不欲以煩民省黄河之丁夫淪溺每憂於毒衆汰選人至十有餘萬存糜費凡十之四三運籌久屬乎能臣解組遽容於優老旁求在位寧無劉晏之材過聽人言濫舉陽城之拙是固廟堂已有成命而不知駑蹇莫任先驅者也臣自兹以往夫復何求惟自竭其心思庶少裨於出納權衡食貨使人知八政之先經紀積倉冀國有九年之蓄藏富於民而取之有制寧敢獻其羡餘律身以道而利所不謀誓無容於滲漏臣無任感天荷聖激切屏營之至謹奉表稱謝以聞臣準誠惶誠恐稽首頓首謹言

第三場

策（五道）

第一問

謝丕

同考試官教諭舒批（陳前代制書不能久行於當時之弊詳而有據頌

當代盛制獨能深入於人心之故公而無諂多聞有志之士也不負高薦矣）

考試官侍講張批（我朝貽謀嗣服之善遠過前代此策援古證今鋪張揚厲而詞氣舂容忠愛溢出是其有得於菁莪棫樸之化亦深矣敬羡敬羡）

考試官學士梁批（三場文字停匀雅暢纍纍如貫珠此對尤其杰然者置之首選公論蓋有歸矣）

作法於前固貴乎貽謀之盡善守法於後尤貴乎嗣服之增光苟或莫爲之後焉則殆有所謂雖盛而弗傳者矣然則我朝制治之書所以獨能行之於萬世而無弊者豈非以貽謀嗣服之俱善而致然耶請以此意而遂言之昔三代之禮至周大備周禮一書乃周公所自作寓其致治之法者也今觀其體國經野之猷設官分職之序上以秩宗廟朝廷之禮下以達閭里鄉井之情大而載冠昏朝覲之儀微而及梓匠輪輿之事是皆所謂包羅撰敘粲然靡所不載者使其子孫能世守焉夫亦何弊之可言哉奈何舟膠楚澤而王綱尋至于陵夷天禍荐貪而王政竟成于廢墜雖曰文武之道布在方策然其如人亡政息何哉噫周禮且爾他復何言如開元之六典固本之周禮而撰宋之前後會要又本之唐制而成若元文宗之經世大典則又本之唐宋而修焉者也其爲書夫豈不善哉然而天寶之亂已兆於六典既成之餘經世之書亦無補於至順以後之治惟宋之前後會要間常有見於施行者然當其君臣明盛之際已不免有所謂聲容盛而武備衰議論多而成功少者之弊矣而况其末流不振之時乎然則古之所謂創業艱難而守成不易者其爲言誠可信不誣矣天運循環無往不復孰知我祖宗之所以貽謀嗣服者獨有成周唐宋所不能逮及者乎以太祖之書言之如皇明祖訓則家法攸存如大誥三編則臣民至寶若夫洪武禮制諸司職掌大明律令大明官制及憲綱諸書則朝廷之制度具在焉其爲書也明白簡嚴廣大悉備仰之如睹白日循之如由大道正執事所謂藏之有司朝夕奉行而弗懈者也我太祖之仁心善政其寓之於成憲足以右啓我後人者如此是豈我後人所宜輕變者哉肆自我太宗以至于我憲考率能不愆不忘善繼善述如陰騭事實大全一統志續綱目諸書或出于留神親製或命及儒臣纂修凡所以嘉惠臣民而使之開心明目以利於行者恩亦至矣然於我太祖成憲曷嘗有少更變於其間哉吁書之制於前者有司既朝夕奉行而匪懈書之成於後者臣庶復没身鑽仰而不及則執事之所謂行之萬世而無弊與愚之所謂貽謀盡善而嗣服增光者其皆在是矣愚不敏請以此復執事致然之問

第二問

謝丕

同考試官教諭舒批（經鑑一策名義去取俱有成説真可見其得帝王聖賢之心而發見於言意之表且終篇謙遜而不敢質言尤可見其善於待問者也）

考試官侍講張批（終場文氣不竭而經史一策斷制精詳意味雋永參閲前二場實爲匀稱較之得此失彼者有徑庭矣秋闈首選舍子其誰）

考試官學士梁批（五對俱佳不能盡録録此及前篇亦以見高選得人云耳春闈□□子其將脱穎而出乎）

嘗聞尚書作而帝王之大道始備綱目修而司馬氏之初意益明此可見吾夫子之尚書非後儒所宜僭議而司馬氏之通鑑猶有待于吾朱子而後論定也執事以尚書通鑑下詢承學而并及經筵備用之意愚何人也而敢及此請掇拾所聞以對古結繩之代未有書也自伏羲神農以後而三墳五典八索九丘之書出焉吾夫子生於周末睹史籍之煩文懼覽者之不一討論墳典芟夷煩亂斷自唐虞下訖于周定典謨訓誥誓命之文爲書百篇上以著帝王經世之制下以爲萬世不易之典豈特求久安長治者當於此而取法焉凡斯民日用之常學者修己治人之道無乎而不載也謂之經也不亦宜乎後之學者誠能體聖人之用心究格言之歸趣蘊之而爲學行發之而爲事業箋之而爲注疏夫孰云不可而何必如楊雄氏之擬易王通氏之續書以自取僭逾之罪也哉宋之大儒其有以知此矣且遷固以來尚未有創爲編年之書者也至司馬文正公始受詔爲之在朝在外書局輒隨以十有九年之間成千二百餘年之史秉正大高明之見發古人淑慝之詳或拳拳乎前言往事之間以深寓其不忘諷諫之意宋神宗嘗名其書曰資治通鑑蓋取唐文皇以古爲鑑之義也當是時也有范太史者以嘗舊預纂修分職唐史故復纂成唐鑑獻于哲宗其於一代治亂之間尤致謹於君子小人用否之戒蓋其志期於勸諫而非固爾求异也謂其互有發明也夫奚爲不可又其後也有胡文定者以通鑑目録皆文正自編集之書然繁簡未中尚未稱公晚年之意乃復因其舉要舊藁修成補遺一書蓋上以卒成公志下以垂惠後學耳謂其有互相發明也又奚爲不可嗚呼孰知通鑑之後又有吾朱子綱目之書乎以其書言之歲周於上而天道明統正於下而人事定大綱概舉而鑑戒昭萬目畢張而幾微著其於嚴冠屨之分峻夷夏之防明是非善惡之歸謹禮樂變更之始尤拳拳深致意焉自麟經絶筆之後信乎其賴有此書矣嗚呼綱目之文非自撰也因乎通鑑補遺

之舊而已綱目之義例非自創爲也實祖乎夫子春秋之意而已然其於二公書也一則曰未能有以得其要而領其詳二則曰兩公述作之本意則有非區區所敢及者蓋不惟不敢自擬於先聖而亦不敢顯然自附於前輩之鉅儒其視夫高自取譬輒敢擬易而續書焉者相去何如哉由此觀之則朱子之心惟善是取初無適莫如使後之人有能因其提要所書與凡例不合處留意考證以相補正如徐氏者就使其未能深知朱子變例特書之本意然豈無一言之可取者哉取其所可取者以附於綱目凡例之下以相羽翼是亦吾後人讀朱子之書體朱子之心者之公義也奚必如公羊墨守者之所爲哉欽惟皇上緝熙聖學日就光明行將以通鑑綱目之書同尚書經傳進講于經筵之上在執事則持此以往耳生何人敢與聞乎此惟進而教之幸甚

第三問

張愈

同考試官教諭林批（此策備道禮樂之情文有關世道之隆替末復昭頌聖德屬意有司以端治化之本是豈徒泛泛稱述者比邪因事納忠子亦有見矣）

考試官侍講張批（檃栝前代禮樂之凡推本聖祖功德之盛其亦通達治體者高薦何忝）

考試官學士梁批（周詳曲折忠義藹然讀之終篇尚覺意在言外他日居言路論事時惟更加剴切可也□□□□）

先王禮樂之治其見於班歐二子之書者詳矣是皆先正格言而二子述之今自其説而觀之則執事之所謂三王禮樂之原與後代禮樂不興之故皆可以概見而所謂我朝禮樂刑政四達不悖之實亦可以即此而仰窺萬一矣請并舉其略以復于執事昔聖人象天地而制禮樂所以通神明立人倫正性情節萬事者也樂以治内而爲同禮以修外而爲异同則和親而不怨异則畏敬而不争著之於享獻辭受登降跪拜之間發之於詩歌咏言鐘石管弦之際蓋嘉其敬意而不及於財賄美其歡心而不流其聲音此禮樂之本也民心以是而節民聲以是而和而又政以行之刑以防之則禮樂刑政四達而不悖矣此非班固氏禮樂爲急之説乎矧先王禮樂之器若車輿冕弁尊爵俎豆金石絲竹之屬皆其日用朝夕之所以教民從事者蓋不出于居處動作衣服飲食之間而自足以爲孝慈友悌忠信仁義之行天下皆安習而行之不知所以遷善遠罪而成俗也後之有天下者則不然朝夕從事於簿書獄訟兵食間曰此所以爲政而治民也至於三代禮樂但具其名物而藏於有司時出而用之於

郊廟朝廷中曰此爲禮而教民也當時士大夫尚且習其器而不知其意忘其本而存其末而況於天下之人安能論禮樂之意被教化以成俗乎是其治出於二而禮樂爲虚文矣此非歐陽氏禮樂達於天下之説乎噫即班固氏之説觀之則三代禮樂之原其可知矣即歐陽氏之説觀之則後世禮樂不興之故其可知矣執事慨然念此而復以仲尼季札之事引而伸之愚於此重有感焉何則禮由陰作樂由陽來禮者理也樂者和也陰陽之序必先理而後和是禮先而樂後矣然禮之與樂俱有情有文如聲氣性情者樂之情也節文度數者禮之文也知禮樂之情者能作識禮樂之文者能述知禮樂之情者固尤有難於識禮樂之文者矣非禮樂自有彼此難易之分也雖然仲尼大聖也於禮樂之情其知之矣彼季札雖賢亦不過能識其文耳然而季札聘魯之時能備知夫韶夏大武之樂豈仲尼於二代之禮乃不能徵之於杞宋之邦耶蓋季札之所識者亦識其文而已使杞宋而足徵固足以徵仲尼之言使仲尼而得位則且將制禮作樂以比隆于前世豈獨識禮樂之文而已哉愚於此故重有感焉嗟夫三代以前一宇宙也自秦以下又一宇宙也惟仲尼不得位故三王禮樂之原不復行於天下後世遂使秦之餘毒餘千載而不能救雖以漢唐宋之英君誼辟嘗有志於致治者尚不能有所持循依據以爲作禮樂之本可勝嘆哉天生聖人應時而作是必有待於今日者矣洪惟我太祖高皇帝德肩堯禹功邁商周治定而制禮功成而作樂凡冠昏喪祭飲射讀法居室器用之禮自漢唐以來不能達之于天下者今則大禮與天地同其節凡郊廟社稷山川百神朝會燕享之樂自漢唐以來不能傳之於來裔者今則大樂與天地同其和聖子神孫本支百世守而勿失頌聲作焉方今聖明在上敬天法祖致治保邦存側身修行之誠行勤恤民隱之政如執事之所謂申明舊制禁士民奢僭之弊庶幾所以爲節用裕民之一助者亦誠首務也然獨不曰□不從所令而從所好乎儻自今以始凡左右常伯綴衣虎賁之屬俱能上體聖心率先儉朴動以封靡爲不祥之物更相戒飭以漸成美化則自閭閻市井至敷天之下其殆有不令而從焉者矣禮樂刑政四達不悖之實庶其在此未知執事以爲然否

第四問

趙祐

同考試官訓導趙批（道學一策本未易知是答於程朱師友源淵處歷歷有據而文亦精到其學知好古者歟高薦何忝）

同考試官教諭周批（辯析程朱事實詳悉似非口耳之學可到意嘗究心於是者歟）

考試官侍講張批（先賢授受之詳此子悉能叙述亦可見其篤信好學矣）

考試官學士梁批（程朱之書如水由地中行讀其書不知其師友淵源可乎此對强記不遺亦場屋中難得之士也）

水之流也必窮其源會其泒而後水之全體可知木之植也必探其本視其末而後木之大用可試道學之在人猶水之有源流木之有本末也苟不自其師友門人之學而求之又何以得其授受之詳與其所學之要哉蓋嘗求之二程夫子與子朱子之學矣有宋之興也五星聚奎文風振起而程子出焉紫氣入斗文教大興而朱子出焉程子倡正學於千載不傳之後朱子集大成於諸儒异同之間皆能使斯道粲然復明於世故五峰胡氏謂二程之功可比孔子之作春秋孟子之闢楊墨而鶴山魏氏謂孟子之功不在禹下朱子之功不在孟子之下由是觀之其爲大有功於聖門則一也然論其所以學則程子以誠敬爲入門以踐履爲實地自致知以至於知止自灑掃應對而至於窮理盡性朱子則主敬以立其本窮理以致其知反躬以踐其實而敬又貫通乎三者之間成始而成終焉是其爲學之要則一也夫程子之學雖曰反求之六經而後得然其入德造道之始實本於濂溪故其自言曰昔受學於周茂叔每令尋仲尼顔子樂處所樂何事此其授受之正非范文正之於張横渠粗發其端而已也朱子之學雖曰博求經傳遍交當世有識之士然其始終造就之功實賴於延平故其稱述延平之語一則曰愚聞之師二則曰愚聞之師此其承受之大非若胡籍溪劉屏山但禀學於初年而已也程子之與張横渠邵堯夫從游爲最久論者謂横渠以禮爲教堯夫以數爲奇似乎不同道矣殊不知此蓋各舉其盛而言耳若論其要歸則子厚之禮未始不主於敬而敬所以爲禮之本也康節之數未始不根於理而理所以該乎數之用也三子之道果相牴牾乎朱子與張南軒吕伯恭講學爲最密説者謂南軒之論仁多不合伯恭之論史記多失正似乎不同志矣殊不知此特一時之事耳若論其大本則敬夫辨義利於毫釐之間乃後世學者之大防也成公闡河洛微言之旨乃中原文獻之正脉也三子之學果相背馳乎程子之門人若楊中立之天資穎悟游定夫之德宇温粹謝良佐之英果明决强力不倦吕與叔之修身好學深潛縝密皆高第也而卒傳其道者龜山一人而已故豫章延平之學有所本而傳之無弊焉朱子之門人若黄直卿之造詣純篤廖德明之學有根據蔡季通之精識博聞推明易學蔡仲默之潛心書範闡發幽微皆高第也而深得其傳者勉齋一人而已故考亭行狀之作非他人之所能預焉此其師友相傳之概門人承繼之凡載於史册者班班可考若其道學之淵微心法之蘊奥固非愚生末學之所

能盡也雖然程朱之教雖同而程子之門人或有流於禪學者何哉蓋由其材識英敏往往過於高遠而朱子亦謂其只見上一截道理而少下面著實工夫故其末流之弊如此也孔門傳道之任惟曾子以魯得之良有以夫管見區區未知是否惟執事教之幸甚

第五問

李錫

同考試官教諭任批（書學之問場中多不能對是策□達殆盡而文氣不凡可羨可羨）

同考試官教諭楊批（説字書化於古變於後至我朝而歸於正明白詳悉是用録出）

同考試官教諭胡批（書學切於日用而學者漫不之省此篇自源徂委考究精詳亦博雅之士也）

考試官侍講張批（通篇文有氣概不獨取其記憶而已）

考試官學士梁批（字書源委考論精切他卷罕及也）

考書學之繁而嗟後世之變古考字體之正而頌昭代之同文甚矣書學之有關於世道也其來尚矣古文之變於後世者固不可復而字體之正於今日者又豈可以不講哉請因明問而詳言之字之爲用也備萬物之情有發三才之藴大而聖賢之經訓國家之典章寓焉小而郡縣之簿書閭閻之契約存焉其有關於世也豈細□哉粤自結繩政罷書契教興伏羲獲景龍而作龍書黄帝因嘉禾而作穗書蒼頡觀鳥獸之迹而制字名爲科斗書是則黄帝之行已有字書矣蒼頡之初作書也依類以象形故謂之文其後形聲相益即謂之字字者孳乳而浸多也著於竹帛則謂之書書者如也如其事也是則三者雖同而義各有取也六書之名起於周禮一曰象形者隨體詰曲畫成其形日月之類是也二曰會意者比類合誼以見指撝武信之類是也三曰諧聲者以物爲聲諧和而成江河之類是也四曰指事者視而可識察而可見上下之類是也五曰轉注者建類一首同意相受考老之類是也六曰假借者本無其字依聲托事令長之類是也六書之中象形指事爲一耦會意諧聲爲一耦轉注假借爲一耦此許氏説文之言也六書起於象形形不可象則屬諸事事不可指則屬諸意意不可會則屬諸聲四者不足而後轉注假借生焉此鄭氏相乃之説也蒼頡古文之後至周宣王時史籀作大篆十五篇與古文或同或异今石鼓之遺文是已秦始皇時李斯取籀文而省改之謂之小篆程邈又去繁趨約施於徒隷謂之隷書古文由此而不傳矣至於漢魏李唐其體益繁八分書者

王次仲所作蓋割程隸八分而取其二又割李篆二分而取其八也楷書者鍾繇所作又□□□□□□□者潁川劉德升所作章□者黄門令史游所作飛白者蔡邕見施□□而作此皆字體之變也雖其源流皆出於六書未嘗無可取者而古文豈可復見哉迨至後世承訛襲舛漫無校正偏傍點畫率意增減而體字益壞矣我太祖高皇帝一統天下大同文教於是命儒臣宋濂等取許氏説文與毛晃父子之注釋勒成洪武正韻一書頒行天下其正字之從俗則如電俗作電畫俗作畫雙俗作双之類是也其正字之所非則如羣作群非養作養非棗作棗非之類是也其正字之疑誤則如支攴毋母夲本商啇戍戌戊戉之類是也百餘年來書學一新然而傳習既久訛舛亦甚彼府史胥徒皆知遵式而經生儒士或反不達豈非以報章奏疏者必經御覽而窮居巷處者得以苟且自便乎雖然考文固國家之大權而奉行者有司之職務也使違式自便者皆繩以法則字體之復正不難矣子思曰今天下車同軌書同文行同倫愚請以是爲當代頌孔子曰愚而好自用賤而好自專如此者災及其身者也愚請以是爲不恪者懲且以爲有司之屬焉謹對

順天府鄉試録後序

弘治十四年秋八月壬子上命學士臣儲侍講臣澯主考順天府鄉試臣等内顧兢惕罔知所措越明日陛辭既入院三試自甲寅至癸酉凡二十日而試録成臣儲既鋪張揚厲而獻言於上矣臣不佞僭爲三重之説附於末簡以終其意而勖於多士曰凡天子所以輟經幃侍從之臣而使主文柄于兹者無他焉重邦畿之士也凡臣等所以夙夜從事惟公惟慎而不遑寧處者無他焉重天子之命也然則諸士之登名於録者固非尋常遭遇之榮矣而可不知所重乎夫天下之士皆王臣也何獨至於邦畿而加重焉臣固曰謂其爲根本都會之區也謂王教之所優渥也謂四方之所則效也而臣等奉命而來者亦豈尋常委任之比哉蓋嘗仰而思俯而惕曰受錢穀之寄者猶出納之必謹司刑獄之責者且聽斷之必明况賢材首務也而又重以天子之命哉此其所以夙夜公慎不敢怠遑者亦求無負焉耳夫天子以畿士爲重主司既敬承之矣彼其受恩而思報者宜何説諸士於此蓋有心之所同然而未能出諸口者臣能爲之言天之生材也固未嘗擇地而聖化所被者恒必自近而及遠地氣之盛者亦必自北而後南凡余小子幸生輦轂之下畿甸之間其所以得於氣化觀

感之先者固非若窮鄉下邑之士引領企足而幸觀光於上國者之難也平居頗以國士自許皆曰吾欲云云今既登名於録將嚮用矣亦孰肯自負所學而甘爲人下耶惟其不自負也而後爲知所重知所重則今日朝廷之眷注與主司之掄選皆不失其重矣一舉而三重備焉顧不韙歟不然則是録之名异日指而議之者衆矣嗚呼可不勉哉可不懼哉

翰林院侍講張瀉謹序

弘治十七年順天府鄉試録

順天府鄉試録序

猗歟盛哉夫我國家每三歲一貢士而試期率在子午卯酉之歲永爲定制以十干十二支相配甲子實歲紀之始太宗文皇帝定鼎北都據此形勝壯大雄偉已有定勢而十三藩之輔京師乃天下首地士生于斯當此歲紀之始而應此首地之試其遭際可謂盛矣擴誠奮庸此其時也仰惟我皇上勵精宵旰孜孜每于退朝之際召見大臣諏詢治道群臣莫不忻躍仰戴以爲唐虞都俞之美復見于今日矣邇者考察内外庶臣嚴黜罰以儆有位務期舍舊從新以共成雍熙之治天時人事蓋有若符契然者間有一二不職有司具疏以聞詔下黜罰如例此可見聖明超越尋常萬萬而爲吾人臣者當益加修飭之時乎適順天府鄉試以考試官請上以命學士臣瀾左諭德兼侍講臣貴往主文柄臣等聞命相與言曰人材之高下進退之當否世道之隆污係焉况科目仕進階梯治理之原尤所當謹今日濫預竊自榮幸而感激圖報實有兢惕不任者既陛辭入院提調則府尹臣琦府丞臣佐監試則御史臣淮臣壽同考官則教授臣容教諭臣周臣世傳臣瑞臣大霖臣璣訓導臣天麒臣春暘臣大恒以至受卷彌封謄録對讀諸執事皆遴選以充此定規也試畢有録列中式士子之氏名貫址所治之經及三場文字之詞理俱到者刻以示後此定式也取士之數至百三十五人而止此定額也守其定規則各司其事而不敢越仿其定式則各有其序而不敢紊遵其定額則取士雖衆而不敢加臣等於此復何爲哉亦惟竭心思校閲以求合乎定論庶幾以塞吾責然詞理有純駁惟擇其明暢者取之况各專一經未敢自以爲有定見也設有奉職不謹假公售私者萬一敗露則國有定法在可不懼哉諸士子躬逢盛際其所謂擴誠奮庸者固不必求之於窮居定業之外惟慎名檢重交際以求無愧于古聖賢之定則而已若然不惟不負斯科斯地之選而于主司豈不亦與有光哉

翰林院學士奉議大夫江瀾謹序

弘治十七年順天府鄉試

提調官

通議大夫順天府府尹藺琦（廷璽山東德平縣人　辛丑進士）

中議大夫贊治尹順天府府丞王佐（廷輔山西和順縣人　戊戌進士）

考試官

翰林院學士奉議大夫江瀾（文瀾浙江仁和縣人　戊戌進士）

奉訓大夫左春坊左諭德兼翰林院侍講靳貴（充道直隸丹徒縣人　庚戌進士）

同考試官

福建福州府儒學教授王容（克寬直隸和州含山縣人　丙午貢士）

湖廣德安府雲夢縣儒學教諭王用（行之四川富順縣人　壬子貢士）

江西南昌府武寧縣儒學教諭洪世傳（大受廣東海陽縣人　己酉貢士）

江西贛州府贛縣儒學教諭姜瑞（文徵浙江鄞縣人　戊午貢士）

湖廣長沙府長沙縣儒學教諭林大霖（時雨福建莆田縣人　己酉貢士）

浙江嘉興府秀水縣儒學教諭鄒璣（天章湖廣雲夢縣人　丙午貢士）

直隸蘇州府嘉定縣儒學訓導袁天麒（世禎廣東東莞縣人　庚子貢士）

直隸寧國府宣城縣儒學訓導李春暘（元輝湖廣襄陽縣人　癸卯貢士）

河南開封府鈞州儒學訓導周大恒（子成福建莆田縣人　辛酉貢士）

監試官

文林郎廣東道監察御史劉淮（東之河南羅山縣人　丁未進士）

文林郎福建道監察御史姚壽（維□直隸舒城縣人　甲辰進士）

印卷官

承德郎順天府通判楊亘（恒叔福建建安縣人　丁酉貢士）

收掌試卷官

浙江台州府同知陸琪（獻之直隸吴縣人　甲午貢士）

受卷官

浙江嘉興府通判李守經（秉彝河南汝陽縣人　丁酉貢士）

湖廣德安府孝感縣知縣程寛（栗夫直隸歙縣人　甲午貢士）

彌封官

山西太原府推官田弘（克寬山東肥城縣人　庚子貢士）

直隸真定府冀州新河縣縣丞趙潔（本清山西大同縣人　監生）

謄録官

廣東韶州府通判熊鑾（器之廣西南寧衛人　辛卯貢士）

湖廣都司斷事謝奎（文昭福建侯官縣人　丁酉貢士）

對讀官

江西九江府德化縣知縣朱麟（汝時福建閩縣人　辛卯貢士）

廣西慶遠府思恩縣縣丞王綱（宗憲廣西臨桂縣人　監生）

巡綽官

河南都司宣武衛指揮使夏廣（文博直隸徐州人）

山東都司臨清衛指揮同知顔彪（廷瑞河南武陟縣人）

河南都司陳州衛指揮同知汪璣（七正直隸宿松縣人）

山東都司鼇山衛指揮僉事陳剛（德修直隸陸安州人）

監門官

鳳陽都司皇陵衛指揮使徐昇（德輝直隸和州人）

山東都司成山衛指揮僉事許文（經之直隸無爲州人）

供給官

順天府照磨所檢校于冕（從周四川建始縣人　監生）

文林郎順天府大興縣縣丞劉資（大本遼東前屯衛人　監生）

順天府宛平縣主簿孫輔（廷佐河南閿鄉縣人　監生）

第一場

四書

知者樂水仁者樂山知者動仁者静知者樂仁者壽　故君子尊德性而道問學其君用之則安富尊榮其子弟從之則孝弟忠信

易

君子行此四德者故曰乾元亨利貞　謙亨君子有終　極天下之賾者存乎卦鼓天下之動者存乎辭　乾天也故稱乎父坤地也故稱乎母

書

知人則哲能官人安民則惠黎民懷之能哲而惠何憂乎驩兜何遷乎有苗何畏乎巧言令色孔壬　先王顧諟天之明命以承上下神祇社稷宗廟罔不祇肅　六卿分職各率其屬以倡九牧　德威惟畏德明惟明

詩

雞既鳴矣朝既盈矣匪雞則鳴蒼蠅之聲東方明矣朝既昌矣匪東方則明月出之光　我田既臧農夫之慶　君子萬年介爾昭明　有來雍雍至止肅肅相維辟公天子穆穆

春秋

滕侯薛侯來朝（隱公十一年）滕子來朝（桓公二年）公會晋侯齊侯宋公蔡侯鄭伯衛子莒子盟于踐土　公朝于王所　公會晋侯齊侯宋公蔡侯鄭伯陳子莒子邾子秦人于温　天王狩于河陽　壬申公朝于王所　諸侯遂圍許（俱僖公二十八年）晋韓厥帥師伐鄭仲孫蔑會齊崔杼曹人邾人杞人次于鄫（襄公元年）晋荀吴帥師敗狄于大鹵（昭公元年）

禮記

是天子之事守也故天子祭天地諸侯祭社稷　天垂象聖人則之　此所以祭先王之廟也所以獻酬酳酢也所以官序貴賤各得其宜也所以示後世有尊卑長幼之序也是故君子貌足畏也色足憚也言足信也

第二場

論

天地之帥吾其性

詔誥表（内科一道）

擬漢文帝賜天下今年田租之半詔（二年）　擬宋改封孔子後文宣公世愿爲衍聖公誥（至和二年）　擬宋儒臣葉采進近思録集解表（淳祐十二年）

判語（五條）

官員赴任過限　子孫違犯教令　良賤爲婚姻　卑幼私擅用財　毆受業師

第三場

策（五道）

問　自古帝王平治天下必有要道以爲之本不徒以之淑其身而又垂訓子孫以爲不易之法蓋嘗伏睹我太宗文皇帝御製聖學心法矣其憂深其慮遠其所采皆聖賢之嘉言信乎萬世聖子神孫保位修德之龜鑑也然其綱

有四而不知以何爲之要其目三十有一而不知以何者爲之先鴻猷大旨之攸存造端托始之深意其可得而聞歟學焉而果得其要其於古帝王之治亦可得而并歟然漢武好文學而能爲柏梁之詩元帝善史書而又能知音律之妙與夫魏文之下筆成章明皇之文譽自負皆今昔所共推以爲知學焉者是書悉弃弗取何歟將務其大而小者固不可得而兼歟抑學得其要則其小者不必事也儒先之論乃有謂帝王之學與韋布不同者而又有謂與常人同者何歟有勸其君正心由于好學者而又有謂學亦有邪正之别者何歟此我祖宗貽謀之大人臣格心第一事也講之而不豫辯之而不明而可乎故于諸士子大比之秋敢首舉以爲問其敬陳之毋讓

問　君子欲訥于言而亦有不得已者自孔孟没若董子于漢韓子于唐石徂徠歐陽子于宋凡有所辯皆所以息邪距詖闢异端以正人心也而我朱子則疑若有异焉者夫眉山二蘇氏横浦張無□東萊吕舍人與夫龍川之陳象山之陸皆吾儒之杰然者其非异端比也明矣然易解有辯老子解有辯中庸解有辯大學解有辯漢唐堯舜三代之論治有辯無極太極之論理有辯何其不憚煩也豈好己之道勝乎將亦有不得已者存乎然則其所謂不得已者果何謂乎朱子之書今天下家傳而人誦之然徒誦其言而不知其心則亦奚取於學爲也願舉其概推其意以極論其所以不得已者此大儒衛道之功與尋常無用之辯者异是不可默矣

問　昔賢用世之迹布在方策者衆矣姑舉其一二大者論之同一爲相也寬大好禮不親細事者世以爲知大體固也則自校簿書者非歟同一爲將也軍中夜驚堅卧不起者世以爲真將軍固也則單騎見虜者非歟同一爲世臣之冑也羲皇上人耻事二姓節則高矣而韓亡事漢自取萬户之封者不幾于忍歟同一布衣之舊也白衣山人共濟艱難功則偉矣而不拜諫議遂還富春之隱者無乃大忘世歟同一科舉取士也或在貞元時而名士畢收或在嘉祐時而名士見黜其好惡不相反歟同一爲執政所引薦也或在神宗時而不就侍講或在徽宗時而就秘書其趨向之异若此何以謂其淵源之同歟或以請罷條例司而去或以爲條例司官而不去其在熙寧之時同而行胡不同歟或起爲門下侍郎而拜或起爲尚書僕射而不拜其在元祐之時同而志胡不同歟或沮王諸吕而杜門十年或潛授五龍而取日虞淵其爲大臣同而去就則不相似也然則孰爲得人臣之正歟或累召不起而隱居教授或聞召輒起而官爲學士其爲名儒同而出處之异亦甚矣不知以孔氏家法律之孰爲近于道歟嗟夫天下之事變無常而理則有定如此而是則不如此而非如此而

可則不如此而否固未有不居一於此者若諸賢者乃同爲後世之所重何邪其固有優劣高下之可議而不能同邪將時殊勢异行於前者不可襲于後邪抑君子之所爲衆人固不識邪夫人必考乎古而後能達諸今必明諸心而後能善其事苟有經濟之心者必嘗擬議於斯矣願明以告我

問　爲學必以孔孟爲師語治必以唐虞爲的學固所以致其治也唐虞之治論者謂以敬天勤民爲首蓋能敬天則可成格天之功能勤民則可致安民之績此其治之盛所以不可及也然儆予之嘆寔形於堯阻飢之憂乃聞于舜豈其道至大雖聖人有所未能歟抑其治之不可及者固在于此歟三代之時無容議矣嗣是而後若不俟灾异常畏上天之鑒臨較之因歲飢荒始令捕蝗于山東者德孰爲盛當慶曆治平之日而聽納不倦較之當淳化經綸之時而日中不食者事孰爲難其協心輔理之臣亦可得而聞歟其於格天安民之道果能無愧于古否歟夫嚴事鬼神固所以爲敬天也而商之賢臣則曰黷于祭祀時謂弗欽何歟審若是則創太乙之祠飾天書之詐者固非所以爲敬矣彼漢室中興之君乃有封禪之失其亦不知所以爲敬歟其臣亦有諫之者否歟躬親庶政正所以爲勤民也而周之元聖則曰庶獄庶慎文王罔敢知何歟若是則銜石程書衛士傳餐者固非所以爲勤矣彼有宋勵精之主乃有新法之弊豈亦不知所以爲勤歟其臣亦有救之者否歟若之何爲敬天之要若之何爲勤民之方意者唐虞之世自有至論而彼皆未之悉歟諸士子皆誦法孔孟者其講唐虞也素矣盍罄所懷以著于篇執事者願有聞也

問　兵戎國之大事而將則三軍之司命又治兵戎者之要也故曰無必勝之兵有必勝之將然一技不遺而群策并屈古之人孰無是心哉顧求之任之有未易者維師尚父時維鷹揚將惟其武者用之歟則善戰無前者或譬之養虎舉邊引去者或目之蒼鷹武而不義不可用也詩書禮樂惟却穀可亦惟其有文者是用歟則作文賦者有河橋之敗負時名者有陳濤之奔文而無實不可用也無已則老而諳練者是求歟又恐其不皆矍鑠翁而或有功狄不下如魯仲連所料者在也無已則少而英鋭者是求歟又恐其不皆淮陰少年而或有徒讀父書如應侯所間者在也地產可求得如辛趙者斯善矣然不有按圖索驥之誚歟門望可求得如王謝者斯善矣然不有肉食者鄙之譏歟福將之説興則無以家爲者怠矣安得遏其端而使素餐者出位之想歟債帥之途啓則憂國奉公者沮矣安得絶其進而使饕餮者無非分之請歟將欲捐爵賞如漢高則恐其他日功多之難處將欲吝使相如宋祖則恐其一時武事之不競將欲專其任以委之則又有懲于藩鎮之跋扈將欲分其權以制之則又有

監于荀林父之輿尸然則如之何而可邪儒者於天下事無一非其所當爲矧文事武備宣聖之所不廢者試借一籌用爲本兵者助無徒曰軍旅之事未之學也

中式舉人一百三十五名

第一名　張璿　直隸晉州學生　書
第二名　楊灝　直隸易州學生　易
第三名　許魯　京衛武學生　詩
第四名　趙聰　直隸開州學生　禮記
第五名　周讓　直隸鹽山縣學生　春秋
第六名　戴仲綸　順天府學附學生　詩
第七名　邊寧　直隸任丘縣人監生　書
第八名　金轂　順天府學附學生　易
第九名　王用賢　順天府學附學生　詩
第十名　邵錫　直隸安州學生　書
第十一名　顔正　直隸大名縣學生　詩
第十二名　文明　錦衣衛旗餘　易
第十三名　劉雲騰　直隸安州學生　詩
第十四名　袁經　直隸青縣學生　書
第十五名　陳文玉　順天府學生　詩
第十六名　李亨　錦衣衛軍餘　易
第十七名　吴德温　順天府學增廣生　禮記
第十八名　李舉　直隸滿城縣學生　詩
第十九名　錢宏　太醫院醫士　易
第二十名　張崇　錦衣衛舍餘　詩
第二十一名　郭九皋　順天府學附學生　易
第二十二名　陸偉　錦衣衛軍匠　書
第二十三名　郭綸　直隸肥鄉縣學生　詩
第二十四名　葛僑　順天府學附學生　易
第二十五名　王欽　順天府學附學生　詩

第二十六名　楊鋭　順天府學附學生　書
第二十七名　周鳳　直隸永寧縣學生　春秋
第二十八名　任倫　直隸交河縣學附學生　詩
第二十九名　汪賜　順天府香河縣學生　易
第三十名　盛茂　順天府學增廣生　詩
第三十一名　胡宗美　直隸任丘縣學生　書
第三十二名　王德明　直隸保定府學生　詩
第三十三名　高福　旗手衛軍餘　易
第三十四名　郭繼祖　直隸冀州學生　詩
第三十五名　潘隆　直隸真定縣學生　書
第三十六名　甯河　順天府通州學生　詩
第三十七名　梁舉　直隸開州學生　易
第三十八名　蕭歆　順天府學生　詩
第三十九名　楊臣　順天府薊州學增廣生　書
第四十名　馮曾　錦衣衛軍　詩
第四十一名　陳桓　錦衣衛校餘　易
第四十二名　徐寶　直隸東明縣學生　詩
第四十三名　張繼孟　順天府學生　書
第四十四名　邢隆　直隸定州學生　詩
第四十五名　王訥　順天府學生　易
第四十六名　俞章　直隸景州學生　詩
第四十七名　家文慶　順天府薊州學增廣生　禮記
第四十八名　劉藻　四川彭縣人監生　書
第四十九名　顔潤　右軍都督府舍餘　詩
第五十名　翟璘　直隸長垣縣學生　易
第五十一名　賈真儒　順天府平谷縣學增廣生　詩
第五十二名　張京　直隸唐縣學生　春秋
第五十三名　吴臻　福建南平縣人監生　詩
第五十四名　王軫　直隸灤州學生　易
第五十五名　吴微　直隸蠡縣學生　詩
第五十六名　賈運　直隸東鹿縣學生　書
第五十七名　楊時周　直隸故城縣學生　易

第五十八名　劉瓚　京衛武學生　詩
第五十九名　李珏　直隸開州學生　書
第六十名　張珂　江西德興縣人監生　詩
第六十一名　程爵　順天府武清縣學生　易
第六十二名　張穆　直隸完縣學生　詩
第六十三名　郝能　大寧前衛軍餘　書
第六十四名　茹鳴鳳　太醫院醫籍　詩
第六十五名　張悌　通州衛舍餘　易
第六十六名　司崇道　直隸清苑縣學生　詩
第六十七名　石宗太　直隸清苑縣學生　書
第六十八名　李景和　直隸保定府學生　詩
第六十九名　秦由義　直隸新樂縣學生　禮記
第七十名　于翰　順天府保定縣學生　詩
第七十一名　王潮　順天府學增廣生　易
第七十二名　傅貫　山東登州衛人監生　詩
第七十三名　徐玠　順天府涿州學增廣生　書
第七十四名　于桂　順天府學附學生　詩
第七十五名　劉守達　直隸開州學增廣生　書
第七十六名　趙庭松　直隸邯鄲縣人監生　詩
第七十七名　王楊　直隸高陽縣學生　易
第七十八名　侯佐　萬全都司學軍生　詩
第七十九名　王堯封　直隸定興縣學生　書
第八十名　張繼先　順天府文安縣學生　易
第八十一名　李金　順天府學生　詩
第八十二名　吕循義　順天府寶坻縣學生　春秋
第八十三名　彭江　直隸唐縣學生　書
第八十四名　王瑜　直隸肥鄉縣學生　詩
第八十五名　柴義　京衛武學生　易
第八十六名　劉存誠　四川榮縣人監生　詩
第八十七名　華淳　翰林院秀才　書
第八十八名　郭鳳　直隸清苑縣學生　詩
第八十九名　葉會　順天府學增廣生　禮記

第九十名　翟清　直隸大名縣學生　詩
第九十一名　李世卿　直隸容城縣學生　書
第九十二名　歐亮　福建莆田縣人監生　詩
第九十三名　楊龍　直隸易州學生　書
第九十四名　吴方　直隸完縣學生　詩
第九十五名　王廷舉　順天府學附學生　易
第九十六名　楊孝　直隸大名府學生　詩
第九十七名　賈道　直隸束鹿縣學生　書
第九十八名　劉璣　直隸唐縣人監生　詩
第九十九名　杜克深　山東高唐州人監生　易
第一百名　龐淳　順天府寶坻縣學生　詩
第一百一名　傅良弼　直隸河間府學生　書
第一百二名　李向晨　直隸河間縣學生　詩
第一百三名　馬致遠　順天府順義縣學生　易
第一百四名　王才鼎　直隸永平府學生　詩
第一百五名　楊琦　錦衣衛匠餘　書
第一百六名　馬璟　直隸景州人監生　詩
第一百七名　武文　直隸平山縣人監生　春秋
第一百八名　滕遠　濟陽衛前所儒士　易
第一百九名　張佐　直隸雄縣學生　詩
第一百十名　王宥　直隸容城縣學增廣生　書
第一百一十一名　張濂　萬全都司學武生　詩
第一百一十二名　李士傑　直隸遷安縣人監生　易
第一百一十三名　李潮　直隸蠡縣學生　詩
第一百一十四名　池龍　順天府涿州學生　書
第一百一十五名　于瑾　錦衣衛舍餘　詩
第一百一十六名　章綸　錦衣衛軍匠　易
第一百一十七名　華宸　京衛武學生　禮記
第一百一十八名　王誥　順天府保定縣學生　詩
第一百一十九名　張泰　陜西盩厔縣人監生　書
第一百二十名　郝理　直隸雞澤縣學生　詩
第一百二十一名　林縉　直隸河間府學生　易

第一百二十二名　賈策　羽林前衛軍餘　詩
第一百二十三名　才英　直隸遷安縣學增廣生　易
第一百二十四名　馬璽　萬全都司軍生　詩
第一百二十五名　徐富　翰林院譯字官　書
第一百二十六名　于璉　錦衣衛舍餘　詩
第一百二十七名　孟正　直隸冀州學生　易
第一百二十八名　卞福　留守右衛軍餘　詩
第一百二十九名　于朴　直隸任丘縣人監生　書
第一百三十名　鄭傑　順天府學生　詩
第一百三十一名　邵文恩　福建懷安縣人監生　易
第一百三十二名　張淮　直隸南皮縣學生　詩
第一百三十三名　强毅　應天府上元縣人監生　書
第一百三十四名　盧鋭　順天府學增廣生　易
第一百三十五名　易瓚　直隸肅寧縣學生　詩

第一場

四書

知者樂水仁者樂山知者動仁者静知者樂仁者壽

楊灝

同考試官教諭王批（題本揭書出最平易作者多浮冗可厭此篇説理有序而語亦精潔夫子論知者之事殆無餘藴故録之）

同考試官教諭鄒批（善會朱傳成文而措詞精核論語義似此者絶少）

考試官左諭德靳批（詞不繁而意足非稚作可到）

考試官學士江批（體認親切可嘉）

聖人指知仁者之情有不同必原其體而著其效也夫樂水樂山知仁者之情則异矣非聖人原其體而著其效焉抑孰知其然哉吾想其意若曰人之成德不無知與仁之殊則情之所樂自有水與山之异是故水之爲物流行而不息者也孰不見之而惟知者之喜好則在於水焉山之爲物鎮定而不移者也孰不瞻之而惟仁者之喜好則在於山焉是何也知者是非之心具而私欲不足以蔽之達於事理而周流無滯其體則本動也動故有似於水其樂水也非以是耶仁者本心之德全而外物不足以擾之安於義理而厚重不遷其體

則本静也静故有似於山其樂山也不以此耶然知者惟其動也吾見事至而能處物來而能應從容自得所謂心廣體胖者在是矣有弗樂乎仁者惟其静也吾見志氣自爾其凝定精神自爾其純一常永貞固所謂黄髪台背者在是矣有弗壽乎噫知者非不知静也而動其體也仁者非不能動也而静其體也人品既殊則其所樂之情异而效亦因之一自然之理耳宜吾夫子形容之以爲萬世學者告歟雖然此特爲知仁各得其一偏者論耳若夫聖人則异於是天性渾全陰陽合德兼動静而一以貫之又何有於二者之别乎觀其川上之嘆泰山之登亦可以驗之矣然則夫子斯言其亦所謂自道者歟

故君子尊德性而道問學

張璿

同考試官教諭姜批（中庸一題講存心致知處士子類能爲之然細玩其詞冗雜可厭獨此作認理真切而語亦工緻必嘗用心於性理之學者敬羡）

同考試官教授王批（此題不難於遣詞而難於認理豈溺于記誦之習故耶獨此作理致深長而文亦明暢允宜録出）

考試官左諭德靳批（似非尋常事記誦者）

考試官學士江批（一結尤見學識）

疑道者有存心之功有致知之功蓋尊德性所以存心而道問學所以致知也君子於此而兼盡其功則聖道烏有不凝者哉中庸二十七章發明誠之者之事示人以修德凝道之大端如此誠以聖人之道其大無外其小無内而非至德莫之凝也則君子存心致知之功可偏廢耶是故德性者吾所受於天之正理也不有以尊之則何以存此心之本然而極道體之大乎必也戒慎不睹恒如天監之在兹恐懼不聞常若上帝之臨汝服膺之心拳拳焉使吾之得於天者操于端莊静一之中而私意不得以穢之也欽崇之意翼翼焉使天之命于我者保于整齊嚴肅之内而人欲不得以污之也夫然則此心無不存而所以極道體之大者在是矣至若問學者吾所適於道之正路也不有以由之則何以窮衆理之當然而盡道體之細乎必也朝益暮習或求之文字之中或索之講論之際不敢挾己見以自是日就月將或考之事爲之著或察之念慮之微不敢矜一得以自足弗問則已問之弗知弗措焉弗學則已學之弗能弗措焉夫然則其知無不致而所以盡道體之細者在是矣是則不知存心則昏昧雜擾固無以爲致知之本不知致知則偏狹固滯亦無以盡此心之全二者交修入德之方莫切于此然則君子由人而天此其權輿也歟雖然自精一之

論發于虞廷聖賢世守以爲心法未有易者子思乃復以此言何耶蓋人之所以爲學心與理而已故必心之存知之至而後可以力行此二者所以當先盡也不然世之以頓悟爲高者何以入於禪以記誦爲業者何以流於俗而聖道終於不續耶程子曰涵養須用敬進學則在致知噫程子斯言出而子思之學復明矣

其君用之則安富尊榮其子弟從之則孝弟忠信

王用賢

同考試官訓導周批（此題多以窮達立説殊失孟子本意且不拘則泛令人厭睹晚得此卷理到詞豐讀之竦然蓋亦能學素食之詩者歟）

同考試官訓導李批（作者儘多但講涉支辭蔓語細加檢閲與孟子答公孫丑意不甚相對惟此篇平實典重宜在所取）

同考試官教諭林批（題本冠冕場中士子類能遣詞但安富尊榮泛將不切似非孟子意此作專就一國上發揮而婉□委曲絶無滲漏獨步一場者也）

考試官左諭德靳批（説君子有功人國語極警策）

考試官學士江批（詞無長語似是老筆）

道行于國君而治效隆道明于國人而風俗美甚矣國不可以無君子也治隆于上而俗美于下君子之功何如哉宜孟子以是闢公孫丑素餐之問也請申言之君子負知言養氣之學藴輔世長民之具其居于人國也豈徒然哉上焉而有君也誠使爲君者好善忘勢而禮貌之必恭諫行言聽而信任之不貳與之共天位也與之治天民也則庶政明於間暇之時多福集於朝堂之上保國家如岡陵而運祚靈長使菽粟如水火而用度充足其安富何如也天與人歸享禄位于崇高大畏小懷保聲名之洋溢其尊榮何如也若是者非君子孰致之乎所謂道行于國君而治效隆者以此下焉而有子弟也誠使爲子弟者矜而式之資吾所以明善者以淑其身則而象之資吾所以誠身者以進其心中以養其不中也才以養其不才也則舊染化于薰陶之餘善行得于觀感之下共爲子職而道路無負戴之勞克念天顯而門墻無鬥閲之事孝弟之行成矣發己自盡而事上之不欺循物無違而久要之不忘忠信之化興矣若是者非君子孰導之乎所謂道明于國人而風俗美者以此噫上焉而隆治效于君下焉而美風俗于民君子之功大矣公孫丑乃以素餐疑之不亦异乎然君子之所爲衆人固不識也如孟子在戰國時雖名實未加于上下然闢楊墨以閑先聖之道陳仁義以勸齊梁之君所謂其功不在禹下者固非阿其所好而

云也奈何一時君臣既不能知而公孫丑彭更之徒親受其業者亦不能無疑焉世道至此其亦可慨也夫

易

謙亨君子有終

錢宏

同考試官教諭鄒批（謙卦一題經生治之素熟然下筆多欠發揮甚或輕重不知惟此作善形容謙意而尤説出君子之行深得聖人之旨可佳）

同考試官教諭王批（謙易中最吉之卦本義明甚作者不泛則略且於卦德象處全無發揮簡切可誦僅見此篇）

考試官左諭德靳批（作易義者不當如是耶）

考試官學士江批（講謙亨處甚快人意）

前聖以不居其有之義名夫卦後聖以不居其有之善著其占蓋謙者不居其有之義非君子不能也其致亨而有終也宜哉前聖後聖以是名卦繫辭厥旨精矣且伏羲以下艮上坤之卦名之曰謙其意以爲人之善不一而惟謙爲至人之行不一而惟謙爲難此卦之德内焉艮也其德則止外焉坤也其德則順止乎内而順乎外則是内有易簡過人之實而外有巽順下人之恭有德不德非謙之意歟此卦之象下焉艮也其象爲山上焉坤也其象爲地山在下而地在上則是屈艮山至高之體而處於坤地至卑之下以卑蘊高非謙之象歟伏羲以謙名卦者如此文王繫其辭以爲人有能謙之德必有能謙之效占者慎斯術也以往出乎身而加乎民何適不通發乎邇而見乎遠何行不達以之居卑自無壯趾之困也履道其坦矣以之居尊自無夬履之厲也天衢其亨矣敦若無若虚之心以自持始雖晦矣然實愈大而聲愈宏謙謙君子終必致譽命而有慶不期其顯而自顯也操不矜不伐之意以自考始雖屈矣然位愈尊而德愈光謙謙君子終必縻好爵于無疆不期其伸而自伸也文王以亨以有終著其效而必以君子贊之者開物成務之意切矣占者可不知所務哉抑論易諸卦之占未有善于謙者聖人何取於是哉太極中本無一物謙固人所當爲而非君子則亦莫之爲也觀夫克讓者堯温恭者舜以天下至聖而贊其德者不能外焉則謙之爲道可易視哉雖然行之以誠而自得者君子之謙也行之以僞而有所造作者老氏之術似德而非德也謙云乎哉一誠僞之間而理欲判焉學易者不可不辨

乾天也故稱乎父坤地也故稱乎母

金穀

同考試官教諭鄒批（此作本後天圖學發明聖人所以稱二老之故明白簡要宜録之以示經生之不讀啓蒙者）

同考試官教諭王批（此題於乾坤父母處類能言之而不知其義者多惟此本圖學發明其言有據蓋熟於本領者）

考試官左諭德靳批（此非苟异衆作者）

考試官學士江批（本啓蒙立説良是）

聖人發明後天乾坤之卦必推二老之所由名也夫乾象天而名以父坤象地而名以母是固各有義矣非説卦聖人發明以示人孰從而知之哉嘗即文王後天之圖而觀之蓋有曰乾父者矣乾以父稱則其尊非六子之可擬也而乾何以稱乎父耶蓋乾之爲卦三畫皆奇陽之純也健之至也有天之象焉今夫天之位乎上也確然至健生理一動而品物皆資之以爲其朕兆元氣一行而萬物皆賴之以肇其端倪所謂知始者在是所謂成象者在是是乾乃萬物所曰生有父之道也有父之道則稱之爲父非以是故歟又有曰坤母者矣坤以母稱則其尊非六子之可同也而坤何以稱乎母耶蓋坤之爲卦三畫皆偶陰之純也順之至也有地之象焉今夫地之位乎下也隤然至順凡資生理以爲其朕兆者莫不于焉而流形凡藉元氣以肇其端倪者莫不于焉而效法所謂代天有終者在是所謂承天時行者在是是坤乃萬物之所由成有母之道也有母之道則稱之爲母非以是故歟此皆文王觀伏羲已成之卦推其未明之象而説卦發明之者也聖人之藴因卦以發詎不然夫抑論之乾坤易之緼也羲皇仰觀俯察之初畫一奇以象陽畫一偶以象陰乾坤立而天下之理具矣先天對待之體後天流行之用何莫非乾坤爲之哉雖然其在吾心亦有然者人能法易簡之德以成位乎天地之中則乾坤之理不在於卦圖而在於我矣孰謂文王圖學之妙非爲吾人計哉

書

先王顧諟天之明命以承上下神祇社稷宗廟罔不祗肅

邊寧

同考試官教諭姜批（題本正大作者多認理不真此作文氣莊重深得經旨宜取以冠本房）

同考試官教授王批（此題以敬爲主作者多泛而不切是篇文理通暢得伊尹告君之意健羨）

考試官左諭德靳批（老臣忠懇之意此作盡之）

考試官學士江批（通篇以敬字立説得旨）

聖君明大德也無間其功而於承大祭也無間其敬蓋明德事神必本於敬者人君之先務也有商聖君能然伊尹得不舉以爲太甲告哉想其意蓋謂吾王承今日之丕緒可不知其所自乎彼明命者天之所以命乎人而人之所以得乎天者也惟我成湯知天之所以命於我者不可以少昧也則静而存動而察常口在之使全體爲之呈露罔敢怠焉知我之所以得於天者不可以少昏也則義制事禮制心常目在之俾大用爲之顯行罔敢忽焉日新之功雖盤盂而有銘所謂昧爽丕顯是已寧使其有一時之不明乎懋昭之功雖美墻而有見所謂無時豫怠是已寧使其有一息之不明乎成湯顧諟明命如此則其達之於事神也焉往而不敬哉何者君身百神之主而敬德事神之要也故上而天神下而地祇分雖殊矣成湯則一皆以此心承之而不違外而社稷内而宗廟分雖异矣成湯則一皆以此心奉之而不爽對越之忱隨所在而隆蓋未嘗敬於上而遺於下也昭格之念因所事而篤蓋未嘗敬於内而失於外也吁以顧諟之心而爲祇肅之心以明德之敬而爲事神之敬則其所以建丕緒以貽後人者有自矣爲太甲者可不知所以敬承之哉抑考太甲嗣位之初不惠于阿衡伊尹先見其微也故作書爲訓首啓之以此次述有夏之忠信感之一篇之中拳拳致意老臣忠愛至矣厥後太甲克終允德爲商令主謂非伊尹告戒之功而誰歟然顧諟天命之一言實萬世君人者明德之要存之則治否則亂也嗚呼是豈特一時嗣王所當知哉

德威惟畏德明惟明

張璿

同考試官教諭姜批（本帝舜實事作講最是而文字亦豐贍醇雅可愛故録之）

同考試官教授王批（場中作者多以德威德明四字牽綴成文繁復可厭此篇詞贍理明壁經中翹楚者）

考試官左諭德靳批（説理透徹）

考試官學士江批（發揮德威德明處可觀）

聖君之德有所以肅天下者有所以正天下者蓋肅天下莫大於德威而正天下莫大於德明也自非帝舜之聖其孰能兩全之哉穆王訓刑而舉是以爲吕侯告其意蓋謂人君爲治非威無以肅天下之衆然苗民以虐爲威則威非其威

矣舜則易其道而以德爲威焉想其仁而有勇凛乎聖武之布昭剛而能斷肅乎王靈之丕振雖不能無刑法之制也然一皆本於欽恤之攸寓而非依勢以作威雖不能無賞罰之行也然一皆出於好生之攸存而非倚法以爲削舜之以德爲威如此初豈有意于致民之畏哉但見震懾於德威之下者仰之若雷霆妖誕屏息自爾不犯于有司也畏之如神明邪妄潜消自爾罔干于政治也兹非以德爲威而天下之皆畏乎人君致治非明無以正天下之心然苗民以察爲明則明非其明矣舜則變其道而以德爲明焉想其重華之旁達昭然日月之照臨玄德之敷宣燦然日星之炳燿俊哲文明有以畢照遠近之幽微明物察倫有以周知中外之隱慝舜之以德爲明如此初豈有心於使民之明哉但見覆育於德明之中者是非明白舉知務乎人道之宜鰥寡無復其蓋蔽也善惡昭彰舉知循夫天理之正民神無復以雜揉也兹非以德爲明而天下之皆明乎吁威可能也以德而爲威者不可能也明可能也以德而爲明者不可能也然則舜之所以遏絶苗民而致治化之隆者豈偶然哉大抵君非威則懦而徒威者多至於虐非明則昏而徒明者或至於察二者必有德以爲之本斯善矣穆王訓刑首舉舜事以爲言其亦庶乎知所本者惜乎五刑有贖而有戾於先王之良法也然其篇中不止曰德而又曰中曰敬曰勤不一而足惓惓仁厚忠愛猶有唐虞三代之遺意在焉夫子所以録其書者端有取於斯云

詩

雞既鳴矣朝既盈矣匪雞則鳴蒼蠅之聲東方明矣朝既昌矣匪東方則明月出之光

許魯

同考試官訓導周批（此作詞理俱到深得賢妃警君之意可與言詩矣）

同考試官訓導李批（詩人叙賢妃告君視朝意多含蓄欲發於筆端不易也子就場屋中數語挑剔分明可嘉）

同考試官教諭林批（風義不難作場中士子類務騁辭而意或不白惟此簡切條達賢妃警畏之心溢於言表讀之不俟終篇而可以興矣）

考試官左諭德靳批（風義似此者絶少）

考試官學士江批（措詞明暢）

賢妃欲君視朝有警於所聞之似者有警於所見之似者夫告君以視朝無非警畏之心之所存也詩人兩述其事而美之則齊妃之賢可見矣吾想爲齊妃者身處宫闈之間心運朝廷之上至於將旦之時必告其君曰雞鳴視朝此常禮也今者雞鳴喈喈夜已央矣斯時也吾想百爾君子趨公門而俟號令

者鷺序于班行藹藹如也凡我卿士集禁垣而待敷陳者鵠立於兩階彬彬如也吾君尚爾遲遲而不興其能安乎然其實非雞之鳴也乃蒼蠅之聲也是豈賢妃之自誑哉心常恐晚故聞其似者以爲真耳啓告之詞方已而警畏之心尤切故又再告之曰日出視朝此常制也今者東方已明日將旦矣斯時也吾想待漏公門之下者已蹌蹌然其盛莫不翹首以待王言之頒也披星禁垣之外者已濟濟然其多莫不傾心以俟衷懷之吐也吾君尚爾徐徐而不出其能寧乎然其實非東方之明也乃月出之光也是豈賢妃之自誣哉心常恐晚故見其似者以爲真耳吁雞未鳴而猶告則已鳴而告可知矣日未出而猶告則已出而告可知矣賢妃心存警畏如此宜乎詩人叙其事而美之也歟嗟夫朝廷之上四方則焉閨門之内萬化關焉古昔帝王成光明之業而享國祚之久者賢妃之功不可無也若齊妃啓告之勤如此其至誠所感必有移轉君心而人不及知者矣然則齊國在當時獨以富强稱其亦有賴乎此耶噫君國者且然君天下者可以監矣

君子萬年介爾昭明

顔正

同考試官訓導周批（介福昭明實含下章祚胤意作者漫無歸着獨是篇理到而辭足以發之必佳士也）

同考試官訓導李批（凡作雅義有矩度不可牽强補綴雖引用字語亦須精密的實乃佳況臣答君之詞尤不可不謹嚴故刊此以範學者）

同考試官教諭林批（君福易言而昭明二字難於摹寫獨此作發揮明白意亦有詩人忠愛之心者惡乎弗録）

考試官左諭德靳批（大雅義甚麗然亦甚典）

考試官學士江批（得臣子祝君之意）

歷無疆之年享至顯之福人臣祝君然也蓋福以昭明而享之萬年人君之所願莫過於此也臣子以是而爲其君祝忠愛之心何深哉周之父兄因王舉行葦之燕歌此以答之若謂吾君肆筵設席而禮意之殷勤祝壽頌德而恩寵之優渥我將何以報之耶惟願吾君宅中圖大歷年齡之永久由百歲以至於千居重馭輕更歲月之延綿由千歲以至於萬時序雖屢更也而皇矣上帝大爾以昭明之福者如一日即其始不异於其終焉日月雖推遷也而彼蒼者天介爾以昭明之福者如一時要其終不殊於其始焉如介之以福禄耶則天命常凝海宇有不震不騰之慶人心永戴億兆有會極歸極之休其福禄如是

何昭明似之如介之以子孫耶則維千維億螽斯有蟄蟄之祥宜君宜王麟趾有振振之瑞其子孫如是何昭明如之瑞應騈臻耿耿乎日月之照臨凡吾民之景仰於萬年者無厭斁也休徵疊見昭昭乎雲漢之爲章凡吾人之快睹於萬年者無終窮也福而至是則我臣子之心庶幾少罄而吾王之恩庶幾乎可答矣意□有周太平之盛其君臣上下之交安能□□氣象哉抑觀行葦君燕其臣欲其享壽祺介景福而極恩禮之隆此則其臣歌既醉以答之亦欲君被天禄以獲祚胤而罄頌禱之誠上施下報藹然一堂無非忠厚懇切之誠意蓋與事矯揉而面爲佞者不可同日語也此其上下交而其志同所以爲有道之世歟先正謂太和元氣在成周宇宙間吾於此觀之益信

春秋

公會晋侯齊侯宋公蔡侯鄭伯衛子莒子盟于踐土公朝于王所公會晋侯齊侯宋公蔡侯鄭伯陳子莒子邾子秦人于温天王狩于河陽壬申公朝于王所諸侯遂圍許（俱僖公二十八年）

周讓

同考試官教諭洪批（題本胡傳場中作者皆就圍許上説叙事有遺而文法不整殊爲可厭此篇以晋文尊王討罪立説善於叙事辭亦明暢蓋經生之杰然者）

考試官左諭德靳批（胡傳意正如此）

考試官學士江批（體貼傳意爲文逈异衆作）

伯主始率諸侯以盡尊王之禮爲可予伯主繼率諸侯以討慢王之罪爲可嘉此見王所之朝許國之圍皆伯事之善也春秋均美之也宜哉且我僖末年晋文主伯始盟踐土天王有下勞之行再會于温天王有河陽之狩其寵之也至矣文也於此可少慢乎是以領袖諸侯拜天顔於咫尺偕同列辟展臣敬於斯須兩朝盛典迭舉於王綱不振之秋一念忠誠每發於人心不臣之日水木本原之心攸著上下冠履之分復明雖曰朝非其地然天子在是諸侯就朝禮之變也不亦仿佛朝于方岳之意邪故春秋兩書王所之朝於踐土于温之下其所以予晋文者以此若乃踐土河陽許國近地諸侯再會既無一迹之臨王所兩朝亦無一介之遣其不恭也甚矣文也於此可少縱乎是以朝禮甫畢遂圍其國都諸侯聿同大環其城邑罪有可聲非凌弱暴寡之舉詞有可執非復讎報怨之師伯討之義既伸尊王之功益大雖曰圍非美事而圍許之役爲王室計非爲私也不亦庶幾貶爵削地之意邪故春秋特書諸侯遂圍許於兩朝王所之下其所以嘉晋文者以此噫尊王人臣之大節也討罪天下之大法

也晋文皆能舉之所以繼桓之伯而世道賴以小康者其有以夫雖然猶有未盡善者城濮勝楚俘不獻于王庭于温請狩則又以臣召君其可訓乎况圍許之役亦假公義以濟私忿其名正而實譎迹雖是而心則非矣春秋與之者蓋亦爲世道計有不得已焉爾若夫三王之世則惡取此

晋韓厥帥師伐鄭仲孫蔑會齊崔杼曹人邾人杞人次于鄫（襄公元年）

周讓

同考試官教諭洪批（此題聖人筆削大旨夫人能言之而至於削楚救重在鄭處知者甚少獨此深悉傳意而辭尤雅健故録之）

考試官左諭德靳批（寫得書法意出）

考試官學士江批（得謹嚴之法）

春秋紀内兵討罪見伯主所行放乎義削外兵恤患見貳國所從背乎義考諸晋伐鄭而楚救之春秋書伐書次不書救者意有在矣何則晋自彭城討叛之餘命韓厥爲伐鄭之舉揚其威武撻其國都殆與楚子真伐鄭等矣春秋紀之見晋所行放乎義者何邪蓋鄭人弃中國而從蠻夷助叛臣以迫君父此罪所當討而不可釋者晋於斯時使其狃於速克亦奚足取今而韓厥之師雖直抵于鄭諸侯之衆猶徐次于鄫整兵慎戰不以折馘執俘爲功愛衆惜民不以好攻樂殺爲事晋之所行若此兵雖加鄭何足怪哉春秋特書伐鄭次鄫者若曰鄭有可討之罪晋得討罪之宜也所謂紀内兵討罪見伯主所行放乎義者非以此歟然當韓厥伐鄭之日楚子辛有救鄭之師解其倒懸拯其危急殆與晋却缺救鄭同矣春秋削之見鄭所從背乎義者何邪蓋晋乃中國之伯楚實南蠻之强此楚當弃而晋所當從者鄭於斯時使能裁以大義夫豈不可何乃懷中目之恩而忍心以背晋弃儀衛之重而堅意以從夷私欲是徇下喬木而入幽谷從違不審舍親暱而比豺狼鄭之所從若此楚雖救鄭何足録哉春秋不書楚子辛救鄭者若曰鄭無可救之善楚不得有能救之名也所謂削外兵恤患見貳國所從背乎義者不以是歟由是觀之聖人書法或顯或微一皆以義爲之權衡爾何嘗容心於其間哉抑鄭之從楚固爲有罪使晋目是以往修其德政以懷鄭使之不叛助之守禦以保鄭使之不至於叛則盡善矣奈何今日興師爲虎牢之城明日出師爲虎牢之戍服鄭之道如是君子所以不能無憾于悼公也雖然蕭魚之會推誠感鄭而鄭終爲晋有若悼公者又惡可盡非哉

禮記

是天子之事守也故天子祭天地諸侯祭社稷

趙聰

同考試官訓導袁批（□□不過發明魯國郊祀之僭此做一本石梁王氏注講深得本旨宜表而出之）

考試官左諭德靳批（明潔可誦）

考試官學士江批（得旨）

聖人原二國遵先世之遺制必明以先王之定制蓋杞宋二國皆王者之後宜世守其禮也然不舉先王之定制以明之又何以見魯國之失哉昔孔子適魯國而興嘆傷周道之寖微至此謂夫杞之爲國諸侯之國也杞而有郊若非禮矣殊不知杞乃夏禹之後其先世勛勞不可廢也故後世子孫得以世守天子之事以事其祖禮所當然豈魯可得而比邪宋之爲國亦諸侯之國也宋而有郊似非禮矣殊不知宋乃殷契之後其先世功德不可泯也故後世子孫得以□遵先世之禮以祀其先禮所宜然豈魯可得而并邪且以周公所制定禮言之天子之有天下其尊無對也故祭天子圜丘祭地于方澤惟天子得以行之若乃諸侯一國之君但可祭其國中所有社稷之神而已豈可上僭而行郊祭之禮哉天子之臨四海其尊無上也故燔柴以祭天瘞埋以祭地惟天子得以舉之若乃諸侯一方之長但當祭其域中所有土穀之神而已又豈可逾分而舉天地之祭哉吁聖人言此則魯之不可以有郊也明矣雖然周公制禮作樂爲萬世不易之典夫何傳之未久即有僭亂之事而流弊遂至家臣僭大夫三桓僭魯魯僭天子原其所以皆在成王賜伯禽天子禮樂中來也孔子曰嗚呼哀哉我觀周道幽厲傷之他日又曰禘自既灌而往者吾不欲觀之矣夫子之言豈得已哉

是故君子貌足畏也色足憚也言足信也

趙聰

同考試官訓導袁批（作者於足畏足憚足信處多不能發明獨此篇補叙整潔録之以式學者）

考試官左諭德靳批（講畏憚信處不類衆作）

考試官學士江批（明暢可嘉）

觀君子之自重起人情之同重蓋君子者爲人之表率也茍著于身者不自重焉何以起人之同重哉表記記君子謹獨之功其驗如此謂夫著于身者

貌也貌焉不敬則失足於人而不足畏矣君子不矜而莊則其貌之著也皆中規而卒度故凡得於接見者必肅然興仰止之心慄然動矜式之念不啻如神明之在上也曾有慢易而不畏乎見于面者色也色焉不敬則失色於人而不足憚矣君子不厲而威則其色之見也皆輯柔而載今故凡得於觀瞻者惕然致恭之不易悚然修敬之不遑不啻雷霆之在前也曾有褻玩而不憚乎以至出諸口者非言乎言焉不敬則失口於人而不足信矣君子不言而信則其所發者皆有稽當理之言故凡得於聽受者必服膺弗失尊之如筮龜書紳不忘守之如四時又何有疑貳而不信者哉是則君子之貌之色之言自然見重於人也如此非慎獨而自重也疇克爾耶雖然貌難於足畏色難於足憚而言難於足信君子尋常敬忌故於動處無不中節有不期然而然者矣曾子告孟敬子曰君子所貴乎道者三與此正相合然則君子修身之要舍是無他術矣

第二場

論

天地之帥吾其性

張璿

同考試官教諭姜批（西銘一篇横渠文之極純粹者而此一語又篇中之要旨也子能發揮奥妙曲盡無遺殆未可以場屋時文目之也健羡）

同考試官教授王批（此題士子多知之至能根據程朱論議不爲險怪浮艷語而文自工僅見此篇）

考試官左諭德靳批（能表出子厚不愧屋漏爲無忝存心養性爲匪懈二語爲事天工夫此其尤過人者）

考試官學士江批(西銘發前賢所未發此論蓋亦能發張子所未發者歟）

論曰人至微也而與天地并大者蓋必得天地之理以爲性焉人之所以爲人者非以其有是性乎天地之所以爲天地而父母乎萬物者非以其有是理乎天地無是理則無以主乎萬化吾人無是性則無以參乎三才故理之與氣雖不能相無而理其主也噫天地之帥天地之理之所在也而吾人之性原其所自實得於是則在天地者非有餘在吾人者非不足一而已矣此吾人所以混然中處於兩間而并大也與張子作西銘有曰天地之帥吾其性吾于此一言蓋有以窺見夫古人事天之心矣其所以參天地贊化育以極夫功用之大者豈有所强於外哉固曰自盡其性以求無忝于天地而已矣雖然鼓萬物而不與聖人同憂天地無心者也而何以帥言哉孔子曰天地之大德曰生又

曰復其見天地之心則是天地雖無心而亦有無心之心者矣維天之命於穆不已謂其一無主宰者於其間可乎使無主宰者於其間則四時之行有時而紊矣五行之布有時而忒矣庶類萬物之生有時而息矣天地其何以爲天地而父母乎萬物邪然所謂天地之帥者□也天地之心是也夫天地之心一而其性情則不同焉乾健坤順者是也天地之性情一而其爲德則不同焉元亨利貞者是也德之所具曰心心之所之曰志志也者非天地之帥而主宰乎天地之塞者乎是故温而春萬物生焉炎而夏萬物長焉其生其長氣也而必有所以生之長之者孰主張是元亨爲之也肅而秋萬物收焉寒而冬萬物藏焉其收其藏氣也而必有所以收之藏之者孰綱維是利貞爲之也蓋其理則謂之道其用則謂之神其體則謂之易其主宰則謂之帝其生生不已則謂之仁其實一也其實一天地之心也不離於陰陽而亦不雜於陰陽不外於陰陽而亦不倚於陰陽噫此固天地之所以爲天地而父母乎萬物者與夫天地之所以爲天地者既在於是則吾人之所以爲人者又能外於是邪何也天地固吾人之父母也吾人固天地之子也父子不可以爲二氣則吾人之於天地獨可以爲二理乎哉天地之帥其爲吾人之性也亦明矣何者性也者與生俱生者也具于吾心而宰乎吾身者也四端由是而出五典由是而行萬事萬物之理由是而統蓋亦吾人一身之帥也而謂非天地之帥而可乎是故天地有是志吾亦有是志其心一也天地有是健順吾亦有是健順其性情一也天地有是元亨利貞吾亦有是仁義禮智其四德一也吾之以仁而愛也非即天地之以元而生邪吾之以禮而讓也非即天地之以亨而長邪吾之以義而惡也非即天地之以利而收邪吾之以知而知也非即天地之以貞而藏邪吾之貫古今塞宇宙而無所不有也非即天地之所以爲大者邪是故粹然其至善也在天地者與在我者同不可得而雜也渾然其至誠也在天地者與在我者同不可得而貳也廓然其至公也在天地者與在我者同不可得而私也何也性同故也夫性同而卒有不同者氣質蔽之而自小耳豈性之本然哉信矣夫天地非有餘吾人非不足也大哉性乎其萬物之一原者乎故自己而推之於人人之性與我同也使有不同焉途人不可以爲禹衆人不可以爲堯舜矣自人而推之物物之性其初與我同也使有不同焉虎狼無父子蜂蟻無君臣豺獺無報本之義矣是豈有我者之得私哉由是論之則吾人爲天地之子而并大於兩間昭昭也故曰乾稱父坤稱母予兹藐焉乃混然中處又曰民吾同胞物吾與也嗚呼盡之矣雖然吾人爲天地之子固也而所以事天者可無道乎亦曰目盡其性而已不然天固與之吾固弃之天固全之吾固虧之是所謂悖德之子

之類也是不克肖乎天地者也善事其天者肯如是乎必也推親親之厚以大無我之公因事親之誠以盡事天之道神明之德我其窮之以吾父母之志所當繼也變化之道我其知之以吾父母之事所當述也以天下爲一家以中國爲一人而匹夫匹婦惟恐有一之不得其所者以民吾同胞皆吾父母之所愛也取之有時用之有節而一草木一鳥獸惟恐不若其性者以物吾黨與皆吾父母之心之所恤也極樂天踐形之妙以至於没身而無一行之不慊者吾父母全而生之吾不可不全而歸之也是不曰天地克肖之子而何哉噫事天至此語其道則王語其德則聖矣然亦豈有加於吾性之外哉西銘之作大率覺天下不知性者之牿于自小也夫天下之言性者亦衆矣而未有及於此者張子殆發前聖之所未發者歟雖然中庸不云乎惟天下至誠爲能盡其性能盡其性則能盡人物之性而可與天地參矣此固西銘之所自出也此固張子之所以能紹子思之傳也或乃疑其言之大高遠而難入者則張子蓋言之矣所謂存心養性爲匪懈者即子思戒慎恐懼之意静而存養之功也所謂不愧屋漏爲無忝者即子思慎獨之意動而省察之功也是皆盡性之要而學者可爲之事也何高遠之有嗟夫其大至於與天地并而其實則不外乎一心此吾聖賢之學所以异乎异端之徒也事天者毋于吾性之外求之

表

擬宋儒臣葉采進近思録集解表（淳祐十二年）

楊灝

同考試官教諭鄒批（周程張四子微言盡在此書其所以上接孟氏之傳者表能道之是用録出）

同考試官教諭王批（温純典雅作表者當如此）

考試官左諭德靳批（得儒臣進書體）

考試官學士江批（其間議論甚有關涉不獨駢儷之工也）

伏以真儒鳴道遠承洙泗之傳明主右文兼録芻蕘之善謹齊心而進御敢稽首以颺言竊惟治道之隆污寔本斯文之興廢蓋由周公而上皇極建則俗美治隆慨自孟氏以還正學湮則經殘教弛异端并起大義漸乖逮更煨燼之餘益失源流之正漢師章句訓詁徒勤唐重詞華支離彌甚譬之群飲寧知河海之深如彼墻窺孰見室家之好心法不傳于正脉治功僅見于小康理有固然無足异者天開皇宋星集文奎聖聖相承始復唐虞之治明明繼照式張周孔之規于是濂溪倡絶學于先伊洛闡微言于後道統復續人文載光顧山木之已頽幸簡編之未泯紫陽繼出獨號儒宗東萊并興雅稱同志因寒泉精

舍之會啓圖書集傳之藏謂其廣大淵深不免望洋之嘆掇其精純簡要用爲行遠之基乃就此書庸示來哲猶懼外馳而無得因揭近思以爲名凡求端用力之方與處己治人之法佛老之所以害正賢聖之所以殊途體用兼該巨細畢舉既非博而寡要寧至勞而少功事理則本之目前一開卷而可盡治道亦運之掌上不下帶而自存故四子寔階梯乎六經而是編又權輿乎四子信斯言也豈欺我哉然本其親汗竹之心恐亦有獻食芹之意祇緣命蹇遂與願違臣何人斯乃蒙采納幼雖受讀欲逃買匵之譏晚若粗通終負斫輪之愧妄成集解自備遺忘旁通實得之諸家大旨則仍乎舊注廿年勤苦一旦遭逢揣己非榮于時是慶玆蓋伏遇惟睿作聖自誠而明協于帝以重華取諸人而爲善登祀五賢于孔廟理學益明表章四書于虞庠百家盡掃蓋已大行其蘊豈特虚奬其人而臣適萃成編冒塵清燕其爲歡忭曷既揄揚昔弱翁條董子之謨則宣帝之中興有補主父奏賈生之策則武皇之制治無虞矧是緒言復當昌運儻于萬幾之暇時賜覽觀是既四子之賢面承咨訪毋畫已至勿安小成必將見天地之純全于以極聖神之功化行同倫車同軌君道與師道而并行日之升月之恒文運隨國運而長泰所有近思録集解一部十册謹隨表上進以聞干冒宸嚴臣無任戰慄屏營之至

第三場

策（五道）

第一問

張璿

同考試官教諭姜批（五策皆善答此尤□□我文皇帝貽謀之意且敷析詳明録之以獻可無少裨聖學之萬一乎）

同考試官教授王批（五策善答此篇尤能揄揚當代貽謀之善與古帝王媲美其學識過人遠矣）

考試官左諭德靳批（此策于聖學之大能識其要而文詞雅健又足以鋪張之蓋亦究心于大者歟）

考試官學士江批（此策非學得其要者不能）

聖人馭世有治法有以成一代之化聖人爲學有心法有以垂百世之規心法者治法之本也治法者心法之推也是故心法得其傳則聖德修聖化行上可以承無疆之業下可以垂無窮之澤學求如是而已又何必敝精神役志慮規規于章句詞華如經生文士爲哉此我太宗文皇帝御製聖學心法一書

極垂範貽謨之善而真可以爲萬世聖子神孫保位修德之龜鑒也且所謂心法者果何始乎堯之授舜也曰天之曆數在爾躬允執厥中舜之授禹也曰惟精惟一允執厥中此萬世帝王聖學之淵源也禹以是傳之湯湯以是傳之文武文武以是傳之周公孔子周公孔子以是傳之顔曾思孟語其功則不越乎致知力行之事語其要則不外乎身心性情之間爲人君而不知此則無以主治於上爲人臣而不知此則無以輔治於下蓋古人之學無不然者則所謂帝王之學與常人同者其不然乎慨夫黍離之嘆興而聖學不見于朝廷泰山之望絶而聖學不傳于韋布道術分裂心法晦盲業文辭者功雖倍而無益親技藝者心雖勞而無用是蓋世儒逐末之所爲而實非緝熙典學之當務也則所謂帝王之學與常人异者亦豈不然乎我文皇帝深慨於是故于德政之暇躬采聖賢嘉言作爲心法一書以爲萬世訓大哉王言豈特若唐之帝範□□□時之足法哉又豈特聖子神孫所當知哉蓋其綱有四則君道也父道也子道也臣道也而君道一綱實爲之要其目三十有一有統言者有專言者而問學一目實爲之先誠使居君師之位者上思列聖之傳下究諸儒之論研極其精微而融會于一理則治平之政畢舉位育之效可臻心法立而治法行又何帝王之盛不可并哉若夫後世文學之君有弗録者竊又有以仰窺聖心之所在矣蓋漢武明皇之製作雖工然其所學者固所謂文詞□末也非聖學也使移其所以究心於文詞者而于聖學焉是務則必能節多欲之心而不蹈嬴秦之軌轍必能知無逸之戒而不動漁陽之干戈寧至漫無所補如彼哉漢元魏文之藝文雖美然其所學者固所謂技藝之小也非聖學也使移其所以致力於技藝者而于聖學焉是專則必能變化優柔而不首爲西京基亂之主必能克廣德心而不僅成三分鼎立之勢又寧至一無所補如彼哉故立其本者雖或可該乎末而學其大者則正不必復事其小也矧萬幾之繁勢固不能以多兼而一心之微功尤不可以兩用學聖學者可不知其所擇哉若夫范祖禹告其君則曰人君欲正其心未有不由稽古好學而能致者故能好學則君子皆欣慕願立於朝而太平致矣不能好學則小人皆動其心欲立其朝而專其權利矣用君子則治用小人則亂皆在乎君心之所召也范氏勸學之意切矣此學聖學者所當知也朱晦翁告其君則曰人君講學雖所以爲正心之要而其所謂學則又有邪正之别焉蓋味聖賢之言以求義理之當察古今之變以驗得失之幾必反之身以踐其實者學之正也涉獵記誦以雜博相高割裂裝綴以華靡相勝反之身而無實措之事而無當者學之邪也學之正心未有不正者學之邪心未有不邪者朱子論學之旨精矣此尤學聖學者所當知也仰惟聖

明在上德同乾健學懋日新經筵講心法之微言化理敷皇極之大道民康物阜内安外寧祖訓率由之功元老格心之效皆愚所親見而快睹者狂瞽之言祇見其贅耳惟執事姑取其芹曝之心可也

第二問

戴仲綸

同考試官訓導周批（朱子辨雜學散見文集中多爲所窘此作有考據有發越蓋博學之士也）

同考試官訓導李批（此策極其所欲言而卒歸于正猶有朱子文字家數）

同考試官教諭林批（雜學爲世道之害此策寫之殆盡而文有奇氣必非尋行數墨者）

考試官左諭德靳批（此策能發揮朱子憂道之心可嘉）

考試官學士江批（先覽論辯子能辯之可謂辯博之士矣）

甚矣君子憂道之切也异端之害正者闢之固所當嚴雜學之亂真者辯之尤所當力是豈君子之好爲辯哉爲天地立心爲生民立極爲往聖繼絶學爲萬世開太平身世道之責則有不得不然者然异端闢矣則人心由是而一正雜學辯矣則聖道由是而益明天下之人如夢而覺如醉而醒者皆君子之辯爲之也嗚呼君子之有功於世其大矣哉粤自先王之世一道德同風俗人無异言家無异學未有所謂异端之害也亦未有所謂雜學之名也周室衰而禮樂缺异端興矣孔子憂之于是正六經而先王之道明孔子没而楊墨起异端熾矣孟子憂之于是作七篇而孔子之道著故有若頌孔子之功則謂其賢于堯舜昌黎稱孟子之功而推其不在禹下皆以是耳自是而後憂道之君子世亦未嘗無人焉申韓諸家作於漢則董子能排之而啓武帝罷黜之詔見于天人三策者可考也董子不有功于漢室者哉佛老二氏盛于唐則韓子能排之而致學者斗山之仰見于原道諸篇者可稽也韓子不有功于唐室者哉至于有宋之興則爲本論以專攻佛氏之失者歐陽子也爲怪説以兼攻時文之弊者石徂徠也其有功於宋又不猶董子之于漢韓子之于唐乎蓋是數君子者雖未能盡學孟子之學而實皆能心孟子之心者其不得已而辯人皆知之也惟我朱子之辯雜學則尤有不得已焉者而人或未之知也何者昔之所謂异端楊墨之徒之异端也其説易攻也兹之所謂雜學者吾儒學孔孟之徒之流于异端者也其説難明也試舉其概言之易解作于東坡若其間元亨利貞之訓陰陽鬼神之説蓋佛老之緒餘也自朱子之辯出而後性命之理與詩書中庸孟子相表裏者昭然矣老子解作于子由若其間孔老异同之辯與其後

序所引六祖之云是欲合吾儒于老佛而彌縫之也自朱子之辯出而後吾儒與二家之不同者廓如矣中庸解之有辯非爲張無垢而作乎蓋張之學本出于龜山而其後乃逃儒而歸釋不有朱子之辯則子思戒謹恐懼之功其差彌甚而聖人心法之傳泯矣大學解之有辯非爲吕舍人而作乎吕之先嘗學于程子而其流亦惑于老子浮屠不有朱子之辯則曾子格物致知之旨其失愈遠而古人爲學之道繆矣若乃陳陸之辯則尤其不得已者蓋同父世所謂豪杰之才也子静世所謂淵源之學也一言一論學者之□聽係焉可以自恣意爲乎夫先王以道治天下漢唐以智力把持天下其不可同論審矣而同父乃以堯舜三代與漢祖唐宗比而同之是金鐵之不辯也其膠固于功利何如哉故朱子屢書辯之而不已蓋非爲同父辯也不如是則王伯義利之説不白也老氏言有無以有無爲二周子言有無以有無爲一不相爲謀亦審矣而子静疑濂溪之學出於老子特詆而攻之是理氣之不分也故朱子屢書亦辯之而不已蓋非爲子静辯也不如是則吾儒异學之判不明也异時朱子論海内學術之弊亦曰江西頓悟永康事功若不極力争辯道終不明此可以觀君子之心矣嗚呼李斯坑焚之禍荀卿之王道誤之也申韓刑名之慘老子之道德倡之也學術不明流弊至此任世道之責者安得不憂之深慮之遠哉今之士得以識人心之正而不惑於性命之説知爲學之方而不迷於趨向之途謂非朱子之功而誰功先正曰周東遷而孔子生宋南渡而朱子出愚則曰孔子出而集群聖之大成朱子出而集諸儒之大成其有功于萬世一也不識執事以爲然否

第三問

許魯

同考試官訓導周批（此策以經權二字斷盡昔賢用世之迹其與事剽竊鉅釘以塞白者不侔矣）

同考試官訓導李批（古人事業此策一一能道其心如身處其地者豈固嘗議擬其間而有尚友之心耶宜録之）

同考試官教諭林批（此策論昔賢行事鑿鑿皆有證據間亦有道人所未道者有是哉子之奇也）

考試官左諭德靳批（學識如此他日經濟其必有過人者也）

考試官學士江批（有考據有斷制亦有筆力）

嘗謂天下之事有常變之殊君子處之有經權之异經所以處其常也權所以通其變也處其常者無慊于一心通其變者有功于斯世夫然後播休光

于當時垂軌範于來世迹之同异固不必一一計也愚請以是復明問可乎夫丙吉孔明同爲古之賢相也而所遭之時則不同一則當火德之方興一則當炎威之既燼也驅馳西蜀經綸收拾之正難是豈可以爲相之常體例論邪親校簿書而卒成鼎足之勢孔明之所處蓋深有合乎詩之所謂夙興夜寐者不然則開誠心布公道集衆思廣忠益不知爲相之大體者能之乎亞夫子儀同爲古之名將也而所處之地則不同一則當兵威之全盛一則當國步之多艱也主憂臣辱彷徨迫切之已甚是豈可以爲將之常規并論耶單騎結盟而卒致回紇之羅拜子儀之所爲蓋深有合乎易之所謂王臣蹇蹇者不然則功蓋天下而主不疑位極人臣而衆不疾非真將軍而能若是乎子房世爲韓相淵明世爲晋臣其爲世臣之裔同而所遇之主不同也劉裕躬爲不道决無北面之義其必以徵士之節聞無惑也若乃子房之於漢高固無不共戴天之隙使不爲之運籌帷幄則博浪之謀其終能遂乎故先正謂其始終爲韓庶幾春秋復讎之義者深爲得之而愚則又以其辟穀之請而知其有以同於采菊之志焉子陵善光武於西都之時李泌事肅宗於明皇之世其爲龍潛之舊同而所事之君不同也肅宗言無不聽卒謀軍國之事其得以中興之功顯固宜也若乃光武以吏事責三公素無舍己任人之意而又不能以賓師之禮處之則羊裘之志豈得而遽變哉故先正稱其高尚之節出乎日月之上者庶幾知之而愚則即其懷仁輔義之言而知其本無絶人忘世之心焉陸敬輿知貢舉得昌黎之賢名士之畢收也歐陽永叔知貢舉退劉幾之怪名士之見黜也是豈好惡之相反邪陸之考文精核乃求賢之常法而歐之欲革鈎棘軋茁之體固不得不變以通之也不然則通經學古之習何由而成哉吕希哲爲侍講荆公欲之也而力辭其命楊中立爲秘書蔡京薦之也而遂就其官是豈趨向之不同邪吕之不比匪人乃守身之常道而揚之援而止之而止則是憫時之多故而欲以道易之也不然則新經學術之謬何由而正哉當熙寧之時張天祺請罷條例司不從而去儒者事道之常也程明道用爲條例司官而不去大賢以上之作用也行若不同矣然以吾不可學柳下惠之可者君子謂之善學吾何敢疑其行不同哉當元祐之日范蜀公以尚書僕射起之而不出廉貪立懦之節也司馬温公以門下侍郎起之而出旋乾轉坤之功也志若不同矣然顔之修己禹稷之救民君子謂之同道吾何敢疑其志不同哉至若王狄二公之去就同一國家之變也陵守正不阿杜門不出非爲大臣者之典刑乎而梁公之事周則亦非無謂者武暴如火禍斯烈矣逆長風而孤鶱溯大川以獨航廬陵既臣而皇天下既周而唐非公之委曲感通則神器且移于周矣是公之不去正

所以爲社稷計而概以縻官爵之常情譏之嗚呼則古之五就桀者非邪又如劉許二賢之出處同一世道之變也静修隱居教授累召不出非學孔氏者之家法乎而魯齋之事元則尤有可言者夷主中國亂斯極矣以農桑學校導其君以小學大學教其臣彝倫賴以少明生民賴以少康非魯齋周旋訓迪則中國且將化于夷矣是魯齋之不隱正所以爲世道計而概以事功名之常情詆之嗚呼則孔子之欲赴公山佛肸之召者非邪是則諸賢之人品固不能以皆同其事業之造就亦不能以無异然守經行權各盡其道則皆有足稱者矣所謂天下之事變無常而理則有定者豈不然哉雖然權者聖人之大用未易言也諸賢之事蓋亦姑就其一節取之孔子曰可與立未可與權又曰旁行而不流此志于經濟者所當服膺也愚雖不敏竊有志于斯矣惟執事恕其狂斐而正之

第四問

楊灝

同考試官教諭鄒批（昔人謂文不關世教雖工□益此論敬天勤民極有警省人處具眼者當自識之）

同考試官教諭王批（此卷初場平順論表五判皆奇策亦書答非□□學可到惜不能盡録其文耳健羡健羡）

考試官左諭德靳批（此策本典謨論治道學識出人遠甚吾于中場已知子爲佳士一經之魁恐未足以盡子之藴也）

考試官學士江批（此篇詳贍超詣非胸中素有抱負者不能功業鳴世吾深有望於子矣）

人皆曰格天之難也愚則曰格天非難敬天而有要者爲難也人皆曰安民之難也愚則曰安民非難勤民而有方者爲難也何謂敬天之要不于其文于其實是也何謂勤民之方不于其小于其大是也二者兼盡則格天之功成而安民之績著矣嗚呼孔孟之所以爲學唐虞之所以爲治其皆在于兹乎方今聖天子在上動遵祖訓道契帝王格天之宏功安民之偉績駕唐虞而邁三代蓋已出于尋常萬萬矣而執事乃于秋闈掄才之日復講求敬天勤民之學豈非以有是君必當有是臣而畎畝之中亦或有負堯舜君民之志如古人者乎愚也非其人也然不敢不直述所聞以就正焉夫敬天勤民其事雖殊而其理出于心一也出于心者雖同而達於政者則异請以見于典謨者言之天聰明自我民聰明天明畏自我民明威唐虞論天如此則敬天者豈專在於執豆籩駿奔走以郊見上帝之時哉一語默之順理皆天之對越也一念慮之無私

皆天之顧諟也天叙有典吾其惇之天秩有禮吾其庸之天命有德吾其章之天討有罪吾其用之卒之在我之天既敕而天休至矣此則敬天之實也异時伊尹告太甲有咸有一德克享天心之訓意亦如此若傳説所謂黷于祭祀時謂弗欽則正爲徒事其文者發耳説豈不知所以爲敬而欲人之廢祀者哉若夫一日萬幾天工人代唐虞之論治又如此則勤民者亦豈在於勞一身侵庶職以日事叢脞爲哉庶官不必圖圖其所以擇庶官者而已矣衆事不必謀謀其所以總衆事者而已矣八元未登思有以登之也四凶未去思有以去之也君子進矣而委任推誠之未至思有以任之而勿二也小人辨矣而遠斥遏絶之未果思有以去之而勿疑也卒之天下之賢畢集而庶績熙矣此安民之方也异時周公戒成王有日昃不食用咸和萬民之言意亦如此若立政所謂庶獄庶慎文王罔敢知則正以人君不當兼事其小耳周公豈不知所以爲勤而教人以不事事者哉然以帝堯之聖而猶有儆予之嘆則堯雖能格天而固未嘗自以爲能格也以帝舜之仁而猶有阻飢之憂則舜雖能安民而固未嘗自以爲能安也克艱之謨怠荒之戒君臣之間更相戒飭不自滿假如此唐虞之治卓冠古今豈偶然哉後世之君臣則异乎是唐太宗玄宗三宗之首也太宗防患于未然雖賢于玄宗弭患於已至然即其華夷之相雜而究其心則視夫一德之格天者何如也蓋所相者房杜隨世以就功名之徒虞廷之所講者寂乎莫之聞也格天之功有愧於古何异哉宋太宗仁宗諸君之冠也仁宗憂勤於承平之後雖若難於太宗憂勤于草創之時然即其邪正之并用而考其德則視夫知人則哲者何如也蓋其所相者韓富血氣用事之才虞廷之所學者杳乎未之聞也安民之效有愧于古何怪哉雖然太宗玄宗雖未盡格天之要兩心猶可取也若乃漢武信李少君而創太乙之祠真宗信王欽若而崇天書之奉則既無其實而并失其文其敬天也祇所以爲褻天也是固無足論矣吾獨惜夫光武中興之賢君也惟其偏信張純躬親封禪君子譏之亦與二君并焉蓋既不知所以爲敬則其得罪於天同耳使能納桓譚之直諫寧至爲盛德之累如此哉太宗仁宗雖未盡安民之方而政猶可稱也若乃秦皇相李斯而衡石程書隋文用高熲而衛士傳食則徒事其小而反遺其大其勤民也乃所以爲厲民也是固無足道矣吾獨惜夫神宗勵精之英主也惟其偏信王安石而更爲新法君子非之亦與二君并焉蓋既不知所以爲勤則其播惡于衆一耳使能聽司馬光之讜論寧至盡違其願治之心如此哉嗚呼敬天一也或以之治而亦或以亂勤民一也或以之盛而或以衰其毫厘之差而天淵之判如此揆厥所由得非以其孔孟之學不傳而唐虞之政不講故耶宜乎執事拳拳

于此也抑愚聞之二者之政出于心而操心之要則不外於敬堯之欽舜之恭禹之祗台德先湯之聖敬日躋文武之小心翼翼皆是道也能乎此則敬天而必知以勤民爲務勤民而必知以敬天爲本此則愚之誦法孔孟而自得者敢并舉以爲獻

第五問

張璿

同考試官教諭姜批（此卷有才有識知古知今北方之學者未能或之先也卓冠多士孰曰不宜）

同考試官教授王批（不爲問目所拘自是策手）

考試官左諭德靳批（論將一策奚足盡子之藴然即是以觀其學識超卓亦自見之噫吾子出而冀北之群空矣）

考試官學士江批（觀此策與前二場俱稱宜置第一）

有濟時之法必有用法之人而後可夫法者人之所謂也得其人則弊者更之利者創之已善者行之不得而阻也已用者執之不得而移也否則法雖具也豈不有視爲故事而應以虚文者哉蓋凡任天下之事者皆然矧兵戎國之大事可弗然乎傳曰爲政在人此不易之論也雖然執事以論將之法策承學而承學以是對不亦迂乎請先籌其法者大都論將之策無他求之任之兩端而已以求之之道言之非廣以致之於先精以擇之於後不可也以任之之道言之非信之專以責其功馭之嚴以警其心不可也盍觀之醫乎赤箭青芝靡不素具於一囊夫然後卒遇奇疾則吾得以擇其良者投之而功可計日奏也使所蓄不豫則雖欲擇之曷從而擇之求將者何以异此是故不以疏遠而遺不以過誤而廢不以仇怨而黜不以親嫌而避如范仲淹欲於諸班中搜羅智勇而試以武藝可也如歐陽脩欲於軍伍間較其技勇而拔爲大將可也如富弼請令近臣及藩鎮大臣各舉武略可也如蘇軾請重武舉而試以治軍可也故曰求將之道非廣以致之於先精以擇之於後不可也又不觀之良冶乎干將鏌鋣天下之重寶也一聽其所爲然後千金之器成否則雖良工無能爲也任將者獨不然邪且戰危事也兵凶器也逗遛者無罰敗撓者無刑則彼亦孰肯舍其父母妻孥仰賴之身而輕爲吾用哉是欲必結之以誠信必假之以威權有功者必賞不以賤而遺有罪者必刑不以親而貸如陸贄所謂專付任以息苟且可也如張方平所謂責久任以觀能效可也如王巖叟所謂勿輕加進退而重謹之可也如胡寅所謂信賞必罰而虚文之悉去可也故曰任將之道非信之專以責其功馭之嚴以警其心不可也迂疏之見所以爲本兵者計

不過如此而用是法者竊以爲則在乎有其人焉耳試以明問所疑者證之搴旗斬將非武不可然有人焉以擇之則如布如成者皆吾鷹犬也庸何傷運籌决勝非文不能然有人焉以擇之則如機如琯者皆吾記室也庸何害老而才如伏波吾必舉之非舉其老也舉其才也彼單之恃功而驕正坐無人以駕之耳少而才如淮陰吾必薦之非薦其少也薦其才也彼括之虚譽而用正坐無人以識之耳按圖索驥地産不可以得才也而得才者亦有之惟有人焉則辛趙之徒出矣肉食者鄙門望不可以得才也而得才者亦有之惟有人焉則王謝之流出矣以是論之則所謂求將之策不在本兵者之有人而後舉乎漢高捐爵賞而功臣之不保此則賞于無功之時啓之耳使有人焉贊之則賞所當賞賞之適以作其趨事之心功多難處非所患也宋祖吝使相而武功之不競此則吝于有功之後以致之耳使有人焉匡之則吝所當吝吝之適以鼓其效力之志武事不競非所恤也雖曰專其任以委之而操縱之幾實有人以總之于廟堂豈與唐之事同哉雖曰分其權以制之而戰陳之事實有人以責之于將領豈與晋之事同哉非能不以聞而所用者皆去病其人則福將之説不禁而自息矣非賢不以薦而所任皆祭遵其人則債帥之請不却而自遠矣以是論之則所謂任將之説策又不在本兵者之有人而後舉乎嗟夫必有蕭何而後能成韓信之名必有魏相而後能用充國之議李愬淮西之功裴度主之也狄青嶺南之功龐籍贊之也此愚所以反復明問而始終必以本兵者爲言非敢强爲大也考之古驗之今計誠無善于此者而尤有本焉未敢以遽布也執事儻與其進使得立玉階方寸地尚當爲明主陳之

順天府鄉試録後序

今年秋八月上命臣瀾臣貴來考順天府鄉試既畢事臣貴謹拜稽序其後曰嗚呼文其盛甚矣哉所録者雖僅百三十五人然限於制額而不能悉録者尚倍蓰也竊嘗求其故矣順天府今京師也昔之人固有儗其形勢宜爲王者之居曰天府之國者亦已得其一端矣而未睹其大也蓋兹地於天文其次爲紫微之垣於禹貢爲冀州之域於輿地概之則殿北而南面之位也孔子於贊易之離亦曰聖人南面而聽天下嚮明而治夫孔子奚取於離哉重明麗正臨照天下而無遠不被蓋人文之化之所由成也故帝王之順天居正而欲以文教經天下者莫此爲宜然自堯舜禹湯文武以來未之居也乃或淪於左衽

者數百年蓋天使之爲驅除以待于今耳肆我太宗文皇帝實弘丕承用光天命乃始于此定都焉于時承平無事日以右文圖治爲務其大者表章五經四書輯爲大全頒示天下學校以此講習科目以此取士士大夫以此治心修身而達諸治凡昔聖賢相傳之學經緯化成之文焕然而大明生斯世爲斯民者莫不自慶以爲復見堯舜禹湯文武之盛于今也臣故曰順天居正以文教經天下莫此爲宜然則登仕于朝者亦難乎其爲臣也已故嘗極其類而推之必有益稷契皋陶伊傅周召之疇而後可以爲公爲孤爲卿大夫爲百執事以共保我文明之盛治而無愧而其人之果出于今者則亦不得不于科目焉求之然則科目之文其所係不既重邪雖然彼益稷契皋陶伊傅周召者固亦人耳其生平所學與其經緯化成之文具在今之士既講習之於學校矣其無愧與否一爲不爲之間亦何古今人之不相若乎况爾諸士皆以天民之杰産首善之地而又陶於列聖重熙累洽之餘觀感於我聖天子率循祖訓誕敷文德之下最深且久安知無若人者之出于今邪顧臣不敏何足以仰稱明詔然敬事之心則不敢不自罄也用是輒書簡末敢獻以爲賀且以爲諸士告云

奉訓大夫左春坊左諭德兼翰林院侍講靳貴謹序

正德二年順天府鄉試録

順天序鄉試録序

皇上嗣統之明年改元正德又明年丁卯寔維鄉試之期順天府官臣瀚臣汝礪以考試官請上命臣春臣儼往莅其事臣等既受命入院則前府尹臣林泮所聘同考試官臣億臣夔臣公大臣誠通臣舜舉臣廷輔臣享臣賓臣餘馨偕至而御史臣冠臣梁已受命先期有事於中矣遂集應試之士二千五百有奇中日而三試之既畢參互以校拔其尤得百有三十五人焉非尚無可取者制額不敢過也既録其名氏及文之純者於後而凡提調而下諸執事者備列於前非特示有事爲榮用昭求賢之事至重且大非一人智力所優爲也録成臣謹序諸首簡竊惟古之取士自鄉舉里選之後一變而爲郡國貢舉公府交辟再變而爲九品中正隋唐而後始置科目雖其間辭賦論策經義之試損益不同其制則不變也説者乃以末流浮華訾之然名臣碩輔所以經國保民奮諸事業者後先相望光榮册書率於此乎出焉則顧繄上之所以用之者何如耳法固非盡弊也我國家科舉之制太祖監前代更定一以經義論策爲主洎於列聖率循不違故百有四十年來教立於上俗成於下士之用者無弗由之而亦無弗以功業著所謂浮華之議固非所患矣比者皇上猶慮及此也則欲風厲天下之士於素舉而用之以隆億萬年無疆之休乃於紀元昭示以天下之趨向期天下之人各正其德而無偏駁詭异之行所以法祖保治之意何如哉夫德者得也蘊之爲德行行之爲事業言之爲文章皆所以爲德也古之聖賢過則用於世窮則善其身蓋皆不離乎此然則諸士子登名是録者既以言獲甄拔矣尚思所以正其德哉昔高郢司貢部而抑浮華韋貫之取士先行實當時流競之俗爲息顧春非其人也然濫竽柄故所以仰承聖主正德之意則汲汲焉不敢後异日諸士子見之於功業者隨其職之大小而皆出於德之所發不矯僞以亂其真不飾虚以誣其實而不致如昔人浮華之訾則聖天子俄頃之化爲大而春等今日之奉命執事者亦藉以少塞責矣夫順天今之王畿四方之極也故於士之始進敷宣聖化之爲天下道於戲是豈但於畿甸之

士有忠告之私哉

翰林院學士奉議大夫劉春謹序

正德二年順天府鄉試

提調官

嘉議大夫順天府府尹李瀚（叔淵山西沁水縣人　辛丑進士）

中憲大夫順天府府丞胡汝礪（良弼陝西寧夏左屯衛人　丁未進士）

考試官

翰林院學士奉議大夫劉春（仁仲四川巴縣人　丁未進士）

翰林院侍讀學士奉直大夫吴儼（克温直隸宜興縣人　丁未進士）

同考試官

直隸蘇州府太倉州儒士學正梁億（叔永廣東順德縣人　乙卯貢士）

河南開封府陳州儒學學正談夔（舜卿浙江仁和縣人　戊午貢士）

直隸鳳陽府泗州儒學學正王公大（道行福建閩縣人　甲子貢士）

浙江杭州府餘杭縣儒學教諭林誠通（乾亨廣東南海縣人　乙卯貢士）

山西太原府太原縣儒學教諭張舜舉（邦獻陝西武功縣人　甲子貢士）

直隸常州府無錫縣儒學訓導葛廷輔（良弼浙江慈谿縣人　壬子貢士）

直隸蘇州府吴縣儒學訓導陳享（庭實廣東番禺縣人　己酉貢士）

江西廣信府鉛山縣儒學訓導謝賓（惟善福建閩縣人四　甲子貢士）

河南開封府鈞州儒學訓導陳餘馨（德芳福建莆田縣人　戊午貢士）

監試官

文林郎福建道監察御史王冠（廷望陝西鳳翔縣人　庚戌進士）

文林郎河南道監察御史車梁（茂賢山西石州人　庚戌進士）

印卷官

承直郎順天府通判林典（汝敦福建莆田縣人　丁酉貢士）

收掌試卷官

奉政大夫大同府同知林恂（宗魯山東棲霞縣人　甲午貢士）

受卷官

陝西平凉府同知岳思忠（良臣河南儀封縣人　甲午貢士）

直隸淮安府山陽縣知縣翟茂（時暢山東歷城縣人　丁酉貢士）

彌封官

直隸鎮江府通判賈昊（志宏山西崞縣人　監生）

河南開封府通判李鉞（廷威山西太平縣人　癸卯貢士）

謄録官

浙江湖州府通判沈濂（德清廣東順德縣人　癸卯貢士）

四川叙州府筠連縣知縣劉銘（自新陝西華州人　庚子貢士）

對讀官

廣西養利州知州羅爵（德器江西吉水縣人　庚子貢士）

陝西西安府鎮安縣知縣張環（瑶夫山西絳縣人　癸丑進士）

巡綽官

淮安衛指揮使丁輔（良臣遼東廣寧衛人）

河間府指揮使夏銘（存敬山東濱州人）

寧山衛指揮使王臣（堯相鳳陽府潁州人）

真定衛指揮僉事郭榮（仲華順天府通州人）

監門官

彰德衛指揮僉事胡廷桂（德馨寧國府寧國縣人）

武平衛指揮僉事獨鯉（凌雲山後會州人）

供給官

順天府經歷司知事張僎（一升山東德州人　官生）

文林郎順天府大興縣縣丞劉資（大本遼東前屯衛人　監生）

順天府宛平縣縣丞趙繼賢（繩武河南永寧縣人　監生）

第一場

四書

過位色勃如也足躩如也其言似不足者攝齊升堂鞠躬如也屏氣似不息者　詩云潛雖伏矣亦孔之昭故君子内省不疚無惡於志君子之所不可及者其唯人之所不見乎　師曠之聰不以六律不能正五音

易

元吉在上大有慶也　天地之道恒久而不已也　範圍天地之化而不過曲成萬物而不遺　知崇禮卑崇效天卑法地

書

嘉言罔攸伏野無遺賢　愼乃儉德惟懷永圖　先知稼穡之艱難乃逸則知小人之依　文王惟克厥宅心乃克立兹常事敝人以克後有德文王罔攸兼于庶言庶獄庶愼惟有司之牧夫是訓趱庶獄庶愼文王罔敢知于兹

詩

有匪君子如金如錫如圭如璧　既見君子樂且有儀文王陟降在帝左右　龍旂陽陽和鈴央央鞗革有鶬

春秋

齊人伐鄭（僖公七年）　衛孫良夫帥師侵宋（成公六年）　仲孫蔑衛孫林父會吴于善道　公會晋侯宋公陳侯衛侯鄭伯曹伯莒子邾子滕子薛伯齊世子光吴人鄫人于戚（俱襄公五年）公會晋侯宋公衛侯曹伯莒子邾子滕子薛伯杞伯小邾子齊世子光會吴於柤（襄公十年）　暨齊平（昭公七年）及齊平（定公十年）

禮記

命理瞻傷察創視折審斷决獄訟必端平　射鄉食饗所以正交接也清明在躬氣志如神　仁者天下之表也義者天下之制也

第二場

論

爲臣不易

詔誥表内科一道

擬漢文帝具親耕桑禮儀詔（十三年）　擬唐以房玄齡爲司空誥（貞觀十六年）　擬唐李靖擒突厥頡利群臣賀表（貞觀四年）

判語（五條）

濫設官吏　功臣田土　見任官輒自立碑　衝突儀仗　有司官吏不住公廨

第三場

策（五道）

問　我宣宗章皇帝采輯經傳百家嘉言善行之有關於五倫者爲五倫書英宗睿皇帝序之曰將以施之於身行之於家而達之於邦國俾咸囿於仁

義忠孝慈良之域而後已夫祖宗之嘉言善行載於中者固博乎未易枚舉譬諸天地之有難以言語稱述然其大者則炳如日星而不可掩今布在學宫諸士子伏讀有年其爲我敬陳一二若何者可以施於身何者可以行於家何者可以達於邦國以見聖子神孫所以守之而囿斯世於仁義忠孝慈良之域者其道固有在也夫聖賢行事萬世之標準不可不知也況我祖宗又非往昔聖賢之可比乎是固不得而讓矣

問　宋儒之有功於聖門者固多而其見於著述者亦有不同故嘗考之不能無疑焉姑以横渠康節論之横渠之作正蒙也説者謂其有六經之所未載聖人之所未言本末上下貫乎一道矣而程子乃謂正蒙不能無過何歟不知其所謂過者何以見之歟康節之作皇極經世也説者謂其古所未有學者所未見陰陽之消長較然可見矣而朱子乃謂其於大體有未瑩處何歟不知其所謂未瑩者亦可得而見歟夫儒者之道具於心修於身以齊家治國平天下而極夫彌綸參贊之化然後爲功用之全也則二儒謂之過謂之未瑩將於儒者之道不能無厥歟願悉言之以祛所惑

問　德惟善政政在養民而其所以養者亦非家給而人食之不過制田里薄税斂而已夏后氏五十而貢殷人七十而助周人百畝而徹名雖不同而實則十一也其所以養之者不亦善乎夏商之制其詳不可得而考已周禮所載有十而税二有二十而税三有二十而税五若不止于十一者何歟三代而下賦税之薄宜莫如漢漢初十五而税一較之三代則又輕矣文帝十二年賜民田租之半以後乃悉除之景帝即位復收半租所謂半租者三十而税一也取民若是其薄國用何由而足歟豈文景之世一無所事歟至于武帝賣爵更幣筭舟車榷酒酤凡可以佐國者錙銖不遺而大農又往往告乏何歟當時桑弘羊孔僅之徒號有心計而獨田賦不聞有所加焉何歟豈一時之慮不及此歟抑漢家自有制度不可得而變歟漢之法雖非三代之法然歷年四百後之有國者莫加焉其政不可以不講也請詳言之以觀用世之學

問　人才之名世或以節義或以功業或以文章蓋迥乎不同也然泥其迹而不求其心則未有不以賢爲不肖以不肖爲賢者試與諸士子論其一二焉不順乎親不可以爲子也乃有不愛其生以求順乎親者何不得爲孝乎不得乎君不可以爲臣也乃有不愛其身以求悟於君者何以爲過乎抗節行義不屈强秦要非戰國之士矣孰謂其不若古人之以小事大舉國不謀其功除暴不以威力要幾於湯武之事矣孰謂其非王者之師滎陽之圍漢事急矣而勸出武關其功爲烈乃遂隱遁不顯其與仲連亦可同歟蒲輪之迎禮至矣而

勸之力行其言亦當乃遂不合而去其與穆生亦可班歟諸吕之王劉氏將危而沮以白馬之盟者其言非不正也較於絳侯孰得其當當陽之追毋爲所獲而辭以方寸之亂者其義非不得也比於趙芭孰得其是不知時變當時謂之鄙儒矣何以爲有大臣之節曲學阿世當時謂之奸人矣何以爲有大臣之體汲黯卜式同以質直稱矣而其事君之忠佞何以見司馬遷相如同以文章稱矣而其立身之邪正何以别韓柳方駕也而其操行得無不同乎元白齊名也而其持心得無有异乎何曾荀顗之孝或比之曾閔矣會閔果如是乎姚崇宋璟之賢或比之管晏矣管晏果同倫乎凡若此者是皆不能無疑也願一一言之以觀尚友之學

問　我國朝設科取士之制終場策以經史時務豈徒欲觀其博洽而已哉亦惟欲承學之士有所變通云耳今日之事可言者多矣其大者則莫若汰冗官減任子定禮制明律令通楮幣疏鹽法與夫飭邊以禦虜弭盜以安民數者而已方今聖明在上厲志更化亦既次第行之然冗官汰矣竄下之養宜不齒于班行但不知所謂一官而三人共之者其弊猶存否也任子減矣黑衣之缺宜不及于童稚但不知所謂一家京官二十人其弊猶在否也禮制定矣而象魏所懸果能使勛貴之自貶歟律令明矣而刑書所鑄果能使民下之不犯歟楮幣之滯久矣或謂宜舉稱提之法不知能使輕重得宜物無翔貴否邪鹽課之耗甚矣或謂宜舉轉般之法不知能使商賈流通邊儲足用否邪邊防不設不足以禦虜固也若郅支重城之屠劍南三城之建亦可以息邊陲之烽燧乎盜賊不弭不足以安民固也若渤海亂絲之理京兆鉤距之設亦可以止閭閻之枹鼓乎凡此皆時務之大而古人行之已效者其亦可行于今乎抑時异世殊别有變通之術也諸士子幸爲我陳之將以轉聞于上

中式舉人一百三十五名

第一名　張行甫　順天府學生　書

第二名　吕秉彝　直隸晋州學生　易

第三名　蔡芝　順天府學生　詩

第四名　張學禮　直隸平鄉縣學生　春秋

第五名　杜游藝　直隸深澤縣學生　禮記

第六名　田龍　京衛武學生　詩

第七名　撖大經　直隸順德府學生　書

第八名　朱鑾　順天府學生　易
第九名　許復禮　順天府學生　詩
第十名　劉景寅　武清衛軍餘　書
第十一名　宋鉞　順天府學生　詩
第十二名　錢際時　順天府通州儒士　易
第十三名　宋鑾　武功中衛總旗　詩
第十四名　王崇慶　直隸開州學增廣生　書
第十五名　王紳　山東濟寧州人監生　詩
第十六名　孫育　錦衣衛儒士　易
第十七名　王縉　直隸開州學生　禮記
第十八名　劉仲信　順天府文安縣學增廣生　詩
第十九名　戴繼先　順天府香河縣學生　易
第二十名　張瀾　錦衣衛軍餘　詩
第二十一名　田佐　直隸真定府學生　易
第二十二名　王文昌　順天府平谷縣學生　書
第二十三名　徐淮　錦衣衛旗餘　詩
第二十四名　李汝欽　錦衣衛儒士　易
第二十五名　龔進　順天府學生　詩
第二十六名　楊甫山　直隸清苑縣學生　書
第二十七名　劉秉監　京衛武學生　春秋
第二十八名　張儒　直隸雄縣學生　詩
第二十九名　薛瑞　順天府學附學生　易
第三十名　陳徵　直隸新河縣學生　詩
第三十一名　屠應塤　浙江平湖縣人監生　書
第三十二名　尚堂　直隸寧津縣學生　詩
第三十三名　王訓　直隸内黄縣學生　易
第三十四名　韓錫　直隸蠡縣學生　詩
第三十五名　賈深　直隸東鹿縣學生　書
第三十六名　林雍　順天府學生　詩
第三十七名　何瀚　順天府學附學生　易
第三十八名　石麟　直隸完縣學增廣生　詩
第三十九名　張淮　義勇前衛匠餘　書

第四十名　翁洪　京衛武學生　詩
第四十一名　劉洋　錦衣衛儒士　易
第四十二名　劉孔昭　京衛武學生　詩
第四十三名　張遠　順天府學附學生　書
第四十四名　尚輅　直隸長垣縣學生　詩
第四十五名　王棟　直隸趙州學生　易
第四十六名　鄭紳　京衛武學生　詩
第四十七名　張經　順天府玉田縣學生　禮記
第四十八名　陳愷　順天府學生　書
第四十九名　樊守愚　直隸冀州學生　詩
第五十名　蕭孟景　順天府學附學生　書
第五十一名　成英　順天府遵化縣學增廣生　詩
第五十二名　歐弘惪　順天府薊州學生　書
第五十三名　劉漢　直隸完縣學生　詩
第五十四名　徐翼　太醫院儒士　易
第五十五名　杜宗　錦衣衛總旗　詩
第五十六名　王鏄　順天府宛平縣儒士　書
第五十七名　王崇德　順天府豐潤縣學生　易
第五十八名　周文　金吾左衛儒士　詩
第五十九名　閻志學　直隸淶水縣學生　春秋
第六十名　靳溏　京衛武學生　詩
第六十一名　孫綸　直隸開州學增廣生　易
第六十二名　張天錫　直隸完縣學增廣生　詩
第六十三名　陳貴　順天府學增廣生　書
第六十四名　王田金　吾左衛匠餘　詩
第六十五名　朱敬　順天府學生　易
第六十六名　喬木　順天府學增廣生　詩
第六十七名　花魁　騰驤左衛軍　書
第六十八名　南壽　直隸滿城縣學生　詩
第六十九名　潘九徵　順天府薊州學生　禮記
第七十名　馬齡　順天府大城縣學生　詩
第七十一名　趙章　順天府學增廣生　易

第七十二名　胡應奎　順天府學附學生　詩
第七十三名　朱冕　順天府大興縣人監生　書
第七十四名　李梅　直隸衡水縣學生　詩
第七十五名　嚴梅　直隸阜城縣學增廣生　書
第七十六名　杜彰　大寧前衛儒士　詩
第七十七名　胡瀾　直隸定州學生　易
第七十八名　趙禮　順天府永清縣學生　詩
第七十九名　張民表　直隸青縣學生　書
第八十名　張居仁　直隸景州學生　易
第八十一名　劉璣　錦衣衛校餘　詩
第八十二名　張鸞　順天府學生　春秋
第八十三名　方楷　順天府學增廣生　書
第八十四名　郭鄘　直隸魏縣學生　詩
第八十五名　周綜　錦衣衛儒士　易
第八十六名　劉朴　順天府昌平州學生　書
第八十七名　崔尚義　直隸長垣縣學增廣生　易
第八十八名　高夔　順天府學附學生　詩
第八十九名　牛鸞　直隸獻縣學生　書
第九十名　費淵　順天府大興縣儒士　詩
第九十一名　温廷蘭　順天府文安縣學生　書
第九十二名　馮積德　直隸景州人監生　詩
第九十三名　蘇翰　直隸隆慶州學生　禮記
第九十四名　吕阼　直隸真定縣學增廣生　詩
第九十五名　王鉼　直隸真定府學生　易
第九十六名　郭郊　直隸肥鄉縣學生　詩
第九十七名　李昌　直隸滑縣學生　書
第九十八名　王儀　順天府文安縣學生　詩
第九十九名　焦章　錦衣衛軍　易
第一百名　劉儒　順天府寶城縣學增廣生　詩
第一百一名　張文全　直隸新城縣學增廣生　書
第一百二名　俞敏德　順天府昌平州學增廣生　詩
第一百三名　張珠　順天府學增廣生　易

第一百四名　白綱　京衛武學生　詩
第一百五名　李清　順天府薊州學增廣生　書
第一百六名　翟鵬　直隸撫寧縣學生　詩
第一百七名　劉廷篚　富峪衛軍　春秋
第一百八名　毛纘　直隸長垣縣學增廣生　易
第一百九名　張紹　直隸任丘縣學生　詩
第一百一十名　王溱　直隸開州學增廣生　書
第一百一十一名　房胤宗　山東濮州人監生　詩
第一百一十二名　李時元　直隸趙州學生　易
第一百一十三名　董馭　順天府學增廣生　詩
第一百一十四名　郭夢麒　順天府涿州學生　書
第一百一十五名　樊文　府軍前衛軍餘　詩
第一百一十六名　傅綸　京衛武學生　易
第一百一十七名　王中　山東登州衛人監生　禮記
第一百一十八名　王宗源　直隸吴橋縣學生　詩
第一百一十九名　唐世臣　順天府學增廣生　書
第一百二十名　王馴　順天府學附學生　詩
第一百二十一名　吴縉　順天府通州學生　易
第一百二十二名　朱裳　直隸順德府學生　詩
第一百二十三名　王民　直隸故城縣學生　易
第一百二十四名　孫濟　直隸東光縣學生　詩
第一百二十五名　鄭倫　直隸晋州學生　書
第一百二十六名　朱昭　順天府薊州學生　詩
第一百二十七名　劉文焕　直隸定州學生　易
第一百二十八名　崔海　直隸新城縣學生　詩
第一百二十九名　王誠　直隸樂亭縣學生　書
第一百三十名　趙在　直隸東光縣學生　詩
第一百三十一名　靳顯　直隸滑縣學生　春秋
第一百三十二名　馬光祖　直隸邯鄲縣學增廣生　詩
第一百三十三名　李暹　直隸滑縣學生　書
第一百三十四名　高璧　錦衣衛儒士　易
第一百三十五名　張傑　直隸淶水縣學生　詩

第一場

四書

過位色勃如也足躩如也其言似不足者攝齊升堂鞠躬如也屏氣似不息者

張行甫

同考試官訓導陳批（場中作此題者多牽强成篇此作字字體貼得出且能形容聖人敬君之心是用録之）

同考試官教諭張批（論語題人人能知之但發揮聖人容貌辭氣處不枯則俗獨此卷整齊明潔宜録以式後學）

考試官侍讀學士吴批（明白可取）

考試官學士劉批（説出孔子過位升堂之敬宛然在目）遠乎君而敬已至近乎君而敬益至此聖人在朝之容也蓋過位雖去君尚遠而升堂則已近矣聖人遠而尚敬則其近也其敬豈不益有加哉宜門人審察而記之也今夫門屏之間人君寧立之處吾夫子過之其位雖虚敢以虚而有不敬乎故視其色則勃然有變似失其常而無安舒自得之貌視其足則躩如盤辟似不能行而跼蹐不寧之容以至言之所出亦不敢以不謹也故咨詢之際雖不能無言而其言常若不足應對之間雖不能無語而其語不至有餘曷常有少放邪蓋凛乎天顔之在上不知斯位之爲虚矣其敬爲可如堂陛之上人君臨御之所吾夫子升之其地益近又敢以近而不加敬乎故視其手則兩手摳衣使去地尺而無蹉跌失容之患視其身則曲躬磬折傴僂而行而有不敢仰視之心以至鼻之所息亦不敢以不肅也故拾級而升氣雖不能無出而屏之若無所出連步以上氣雖不能無入而歛之若無所入曷嘗有少舒邪蓋惟知君父之爲尊不知吾身之爲勞矣其敬又何如吁過位而敬若彼升堂而敬若此聖人動容周旋中禮夫豈有所矯而□哉大抵鄉黨一篇門人記聖人之言動而于享君則加詳焉故賜食之正席侍食之先飯擯相之進退聘問之執圭以至視疾赴召月朔之類無不僅書而備録之以見聖人事君之禮無一不盡如此然聖人所盡皆職所當爲豈有分外之事哉時人或以爲諂豈惟不識聖人抑亦不識事君之禮矣

詩云潛雖伏矣亦孔之昭故君子内省不疚無惡於志君子之所不可及者其唯人之所不見乎

許復禮

同考試官訓導謝批（題本明白但諸作失於講貫故措詞愈多而意愈

窒此卷詞理俱到宜在所録）

同考試官訓導葛批（題意重在無惡於志作者於引詩處便已説盡至此無復可言及講謹獨又重複令人厭觀此作體認真切蓋嘗究心於理學者）

同考試官學正梁批（場中多務騁辭而大意不明晚得是篇殊异他作置之高選不爲負矣）

考試官侍讀學士吴批（中庸義説理精到似此世絶少）

考試官學士劉批（文意充足）

中庸引詩而申之所以明君子謹獨而有過於人也蓋獨者人所不能謹而君子之所以入德也其過於人豈不在此哉中庸引詩而申言以明之示人入德之方至矣今夫子君子有爲己之心固可以爲入德之地然不加謹獨之功則亦何以以成耶自彼小雅正月之詩所謂魚潛於淵雖若隱伏而不可見矣然俯而察之則甚昭著而不可掩也是蓋至隱而有至著之幾至微而有至顯之理故君子於己所獨知之地若可怠忽也而儼乎天監之在兹不敢少有怠忽之心人所不知之處若可縱肆也而凛乎上帝之臨女不敢少有縱肆之意必省察於中而絶無私欲之累然後内境昭融動無非禮而無少愧怍也反觀於内而略無毫髪之玷然後本源澄澈動與天合而無少慚悳也夫君子謹獨之功至於如此則性之得於天命者全於己而無所虧道之修於聖人者體於身而無所背而人不可得而及矣是其所以不可及者豈有他哉惟能謹於人所不見之處有以遏其人欲之私慎於己所獨知之地有以充其本然之善耳夫豈於性分之外復有所增益哉然則欲入德者當知所從始矣大抵中庸此章承上章論聖人之德極其盛故究其所從入之功則在於爲己謹獨而下文復推其感人動物之效以馴致乎篤恭而天下平之盛以極於無聲無臭之妙而後已蓋即至誠經綸在經立大本知化育之事也於戲大學論平天下本於明德孟子論保四海在於擴充四端其授固有自哉

師曠之聰不以六律不能正五音

杜游藝

同考試官學正王批（滿場講以六律正五音處不勝纏繞而亦竟不能發明間有知者又皆以作樂言殊非本旨詞足以達意僅見此篇故爲録出）

考試官侍讀學士吴批（詞有條理）

考試官學士劉批（視難如易似有得於心者）

大賢論樂師之審音而必有其法也蓋六律者所以正五音之法也樂師

雖聰其欲審音豈能舍是法而不用哉舍夫天下之事未嘗無法也孰有不遵其法而能成其事者乎彼晋之師曠其聰能審音者也然師曠雖聰欲正五音則必以六律焉蓋六律者陰陽各六黄鍾太蔟姑洗甤賓夷則無射爲陽而大吕夾鍾仲吕林鍾南吕應鍾爲陰五音則宫商角徵羽也以六律而正五音如黄鍾爲宫則三分損一下生林鍾而爲徵三分益一上生大蔟而爲商而南吕之爲羽姑洗之爲角皆自此而生矣如林鍾爲宫則三分益一上生太蔟而爲徵三分損一下生南吕而爲商而姑洗之爲羽應鍾之爲角亦自此而生矣凡陽律之爲宫者雖不同也莫不因其本律而損益之以爲則凡陰律之爲宫者雖有异也莫不因其本律而損益之以爲準然後清濁得其宜高下有其節而音無不知矣使不以六律而正之則雖曰宫音至濁羽音至清也然何所準而定其爲清爲濁乎譬如舍覩以爲圓雖至巧有不能焉雖曰商音次濁徵音次清角音半清半濁也然何所據而定其爲半爲次乎殆猶舍矩以爲方雖至明亦難能焉夫正五音猶不可無法如此况治天下豈可無法哉抑論之五音之正固本於六律而黄鍾又爲諸律之本也故黄鍾既定則均其長得九寸審其圍得九分積其實得八百一十分然後可以因之損益而爲上生下生之數而十一律所由以定焉不特此也度量權衡皆於是受法説者謂黄鍾爲萬事之根本詎不信夫

易

天地之道恒久而不已也

吕秉彝

同考試官訓導陳批（此題士子舉筆似即能成篇然皆以易是獨异於衆作且整潔可誦結歸利貞之意尤有警策一薦何疑）

同考試官教諭林批（以正字講天地之道未爲不是但非即天地以明利貞之意耳故特録此篇以示潛心於易者）

考試官侍讀學士吴批（修辭潔净至此是蓋深於易者宜冠本房）

考試官學士劉批（題似易而作不類於衆益可見其學識）

聖人論造化之理有常而不變也蓋物莫不有窮而天地之道則長久而不窮也然其所以長久何嘗外於正哉昔吾夫子彖怕卦之辭謂夫恒固能亨且無咎矣然必利於正乃爲久於其道也盍觀諸天地乎彼天之輕清上浮也穹窿沕穆人莫得而測矣然其道果安在哉不過曰陽而已地之重濁下凝也旁礴深廣人莫得而窮矣然其道抑安在哉不過曰陰而已天之道在於陽也陽則爲乾健而無息凡天下之物飛潛動植雖萬有不同也莫不資之以爲始

地之道在於陰也陰則爲坤順而有常凡天下之物洪纖高下雖萬里不齊也莫不資之以爲生夫天地之道如此是豈有初終久近間耶故自其氣化而觀之但見其晝夜之相禪寒暑之相推而已而不知其道則長久如是初未可以時世而論也自其形體而觀之但見其日月照臨山川之流峙而已而不知其道則怕久如是初未可以歲月而計也貞而復元相續而不已而復終相繼而不窮自今視之而其道不异於古由後視之而其道不异於今夫天地之道恒久不已如此而豈不以正哉則人之恒久不可以不正益可見矣大抵天下之道二正與不正而已正則爲理爲善爲公不正則爲欲爲惡爲私正則坦途往來不可舍也不正則曲徑惡可游哉故怕必利於正然正而不能恒則欲得以間理私得以害公九三之貞吝正以此耳是又體易者所當知

範圍天地之化而不過曲成萬物而不遺

錢際時

同考試官訓導陳批（士子講範圍曲成處多掇拾舊文而不尋繹義理舛駁殊甚間又以至命入於中益紕繆用心於記誦之過也閲卷之餘忽得見此三復爲之躍然）

同考試官教諭林批（易理精微研窮不到則失之遠矣是卷文從理順筆路不滯必非膚淺之士也）

考試官侍讀學士吴批（理明詞約）

考試官學士劉批（作易義當如此）

大傅論聖人至命之事有贊化育之道者有成品彙之功者蓋天地之化萬物之成皆不能不賴於聖人也聖人用易而有以致範圍曲成之功其至命之事固如此哉今夫易與天地準也聖人用易其與天地亦何有間耶是故大莫大於天地也天地之化陰静陽動周流不息安能得中乎聖人而爲之範圍則節其太過補其不及如用天之時而分至啓閉之侯因地之利而有溝洫畎澮之制於是歲月日時不失其度寒暖燥濕咸得其宜則於天地之化有以裁成輔相歸於中道矣所謂範圍天地之化而不過者蓋如此衆莫衆於萬物也萬物之生稟氣受形紛綸不一安能以成乎聖人而爲之曲成則大以成大小以成小如因人之生而有田里之制學校之教因物之宜而有取用之節樹蓄之法於是老幼貴賤各得其所飛潛動植咸遂其性則於萬物之生有以區分類别無所遺弃矣所謂曲成萬物而不遺者蓋如此吁天地之化命之流行也聖人用易而範圍之萬物之生命賦予也聖人用易而曲成之則聖人之命與

天地相須爲一矣易道之大不亦概可見哉大抵易之爲書廣大悉備故聖人以之窮理則幽明死生鬼神無不明以之盡性則仁知兼盡而與天地相似而於此又有以至命焉蓋所謂窮理盡性以至於命也吁是豈但開物成務教人卜筮而已哉

書

嘉言罔攸伏野無遺賢

張行甫

同考試官訓導陳批（大禹謨題夫人能言之但千篇一律熟爛可厭至罔伏無遺處又説不盡獨此作善發揮且不爲險語可嘉可嘉）

同考試官教諭張批（此題本克艱説未及帝堯身上作者多不知或遽以爲克艱之效又非本旨此作見理明而辭足以發之故薦爲本房之冠）

考試官侍讀學士吴批（條暢）

考試官學士劉批（詞旨博大可以想見虞廷氣象）

言之善者無不納人之賢者無不用此克艱之所致也蓋善言固難於見納而賢者尤難於見用也自非克艱其能悉納而用之哉宜帝舜有以然禹之謨也且夫在人之情非言不通而善言無能自達之理人君苟無以延以則天下以言爲諱求一言之入尚不可得而況欲其無所伏乎今果克艱則必有以廣延衆論吾知大臣之言固得以入告於内矣而小臣亦能自通小臣之言固得以自通於上矣而下民亦能自達凡一善言可以裨補治化則必陳於冕旒之下不慮乎壅閉也凡一至論可以潤澤生民則必達於斧之前不患乎抑遏也無貴無賤而有言必爲人君之所聞嘉言寧有所伏乎天下之民非賢不治而賢者耻爲自炫之謀人君苟無以致之則賢以進爲耻不一賢之用尚不可得而況欲其無所遺乎今果克艱則必有以悉致群賢吾知國門之賢固無不舉矣而遠在畿甸者亦遂願仕之心畿甸之賢固無不用矣而遠在海隅者亦興帝臣之願凡有一善之可名者率以列於庶位其賢智不至於廢弃可知也凡有一德之可録者無不服於庶僚其俊乂不至於退藏可知也無遠無近而有賢必爲人君之所用在野寧有遺賢乎吁善言進則不善之言無自而入賢人用則不賢之人不得而容天下之治有不期然而然矣孰謂非克艱之所致哉抑論此章帝舜因大禹克艱之謨而因言其難若是然非忘私順理愛民好士之至則雖欲納言用賢有不可得故下文曰惟帝時克以見非常人所能也考之當時善與人同樂取諸人以爲善則舜之納言不异於堯萬邦黎獻共惟帝臣則舜之用賢不异於堯然猶不敢自居如此此有虞之治所以不可及歟

先知稼穡之艱難乃逸則知小人之依

擮大經

同考試官訓導陳批（無逸題似易而難場中士子頗爲所窘此作詞氣春容講乃逸處不數語而意足必是佳士）

同考試官教諭張批（士子講稼穡艱難儘能敷演至小人之依處氣便索然此作條達明快必非祥筆可到録之）

考試官侍讀學士吴批（得周公告成王之意）

考試官學士劉批（通篇辭意讀之可愛）

惟能以勤而居逸則能知民之所恃矣蓋稼穡者民之所恃以爲生者也苟人君不知其難而處其逸安知民之所恃哉昔周公作無逸以告成王而言及此謂夫生民之功莫盛於稼穡四民之事莫勞于稼穡春而耕也則有于耜舉趾之勤秋而斂也則有築場納稼之苦興東作之工而或遇水旱之灾則西成之望已缺竭三時之力而或逢螟螣之害則一歲之食弗周稼穡之艱難如此其可以易而視之乎人君雖不與民并耕也而凡服田之苦先已瞭然于胸中于焉處九重之上不徒享乎佚豫之安雖不與民同事也而凡力穡之艱先已曉然于心内于焉居五位之尊不徒享乎宴安之樂則能以勤而居逸矣是豈有不知小民之依者哉蓋稼穡雖艱而小民寔恃以爲生凡仰而事俯而育悉于是乎仰給焉農事雖勞而小民寔依以爲命凡飢而食寒而衣悉于是乎取足焉傷民之財而不恤民之隱不知民之所依者也今知服田之勞則身雖處于九重而其心必灼知民之依田猶魚之依水凡傷財之事不敢妄有所爲矣勞民之力而不愛民之生者不知民之所恃者也今知力穡之苦則身雖居乎五位而其心必真知民之依稼穡猶木之依土凡勞民之事不敢輕有所舉矣向使人君不知稼穡之艱難則必不知小民之依而日惟耽樂之從豈暇恤民乎哉大抵逸者人君之大戒自古帝王未有不以勤而興以逸而廢者成王初政周公作是書以訓之而首及乎此蓋以文武之業起于后稷今日雖富有天下不可不知祖宗締造之難也詩之豳風又述后稷公劉之化以見王業之所由起使瞽矇朝夕諷誦而教之其惓惓忠愛之心爲何如哉厥後成王爲周令王無忝于文武周公之功于是爲大矣

詩

既見君子樂且有儀

蔡芝

同考試官訓導謝批（揭書出題初何擇於難易場中漫無的見説不同

而且浮泛不切此作能發揚周家待臣之意故用録之）

同考試官訓導葛批（詩傳前後甚明而作者肆爲臆説故其遣詞自相背戾此卷獨有得於言意之表者）

同考試官學正梁批（作詩義多失於流麗殊非詩人之旨此篇簡重典雅與掇拾陳言務求成篇者异也）

考試官侍讀學士吴批（此作優柔敦厚讀之能不起敬）

考試官學士劉批（寫出有周上下相親之意辭婉而莊）

王者於賓客悦之深而敬之至也蓋非禮無以將其敬而非敬無以見其樂也王者之於賓客樂於中而有禮焉其敬一何至哉此燕飲賓客之詩意謂君子之至於王朝也有本國之臣焉有諸侯之使焉昔也各居其方而彼此不能以常親嚮慕之心亦既切矣今則修其臣職至我王朝而得以相接於一日之間其笑語有可得而親焉向也各處其國而尔我每至於相違企慕之意亦既甚矣今則謹其侯度來我王庭而得以相親於一朝之頃其威儀有可得而見焉斯時也周行之示足以啓我於會聚之時嚮慕之心以之而輸寫其喜悦何如也德音之昭足以慰我於接見之頃企慕之意以之而發舒其歡忻何如也然樂於中而不有禮焉則何以見其愛慕之誠哉故燕禮以陳於焉而將其綢繆之意釃酒有衍籩豆有踐而獻酬爲之交錯也豈徒樂於中而已耶饗禮以設於焉而致其殷勤之誠籩豆有楚殽核維旅而揖讓爲之相先也抑豈但悦於内而已耶吁詩人形容王者之於賓客見之而樂樂之而有禮如此則盛世君臣一體之氣象不亦可概見哉大抵君臣之分以嚴爲主朝廷之禮以敬爲先然一於嚴敬而不相通則上之於下也有所疑而不能盡其情下之於上也有所畏而不敢申其意而治道無由而成矣故正小雅之詩皆所以奏於燕饗以通上下之情也吁於朝而曰君臣於燕而曰賓客是豈無所見於其間耶古之時上下交而德業成有以也夫

文王陟降在帝左右

田龍

同考試官訓導謝批（此題頗難措詞作者不言德與天運則不能成篇此專主文王之神説似確乎有見者）

同考試官訓導葛批（此作於在帝左右處模寫得出且文詞雅純可愛作詩義者不當如是乎）

同考試官學正梁批（本房千餘卷多爲此題所窘子從容數百言猶有

餘必學詩而有得者録之）

考試官侍讀學士吴批（形容陟降處可觀）

考試官學士劉批（文王之神在上言之有足以動人者）

大臣言前聖之神恒在乎上帝之側焉蓋神之顯者德之顯也今文王之神常在帝側夫豈無所自哉昔周公追述文天之德明周家所以受命代商者作詩以戒成王而言及此意謂我周受天之命始于文王而文王在天之靈固未嘗泯王其可以不知乎是故穆穆文王雖已没矣而冥冥之中必自有不没者存亹亹文王雖已亡矣而昭昭之際必自有不亡者在或陟而上則僾然見乎其位雖無容色之可親也而穆穆之神有不可得掩者矣或降而下則肅然聞乎其聲雖無言語之可接也而亹亹之靈有不可得而隱者矣然則果何在乎將以爲在岐邪而岐則文王所□之地身之所出而非神之所游也將以爲在豈邪而豐則文王所遷之都政之所布而非神之所依也吾知不在上帝之左則在上帝之右文王之神明所以不没而常存者恒在帝側豈待灌降之日想像于焄蒿悽愴之餘而後可見乎不在上帝之右則在上帝之左文王之英爽所以不亡而恒在者常居帝旁又豈待昭假之時追思于恍惚渺茫之際而後可知乎由是觀之則我文王在天之靈所以保佑我子孫者至矣今日蒙其福澤而君有天下可不思所以保之以慰其靈哉抑又論之有周之王業其所由來者遠矣奄有下國則后稷始之周原膴膴則大王其之豳居允荒則公劉大之至于燮伐大商則成之者又在武王矣今此詩獨舉文王何哉蓋王業之積累固非一人而其受天命以代商者則自我文王始也成王欲保天命舍文王其誰法哉

春秋

齊人伐鄭（僖公七年）

張學禮

同考試官學正談批（傳意人無不知斷制明白此篇爲優本房之冠宜無易之者）

考試官侍讀學士吴批（春秋予桓之意正如此）

考試官學士劉批（文詞嚴整）

霸王討二春秋既予其行師有節尤予其用兵有名此經於齊之代鄭所以稱人而又書伐也予桓之意不亦著明矣乎且魯僖春秋齊桓主霸因鄭伯逃首止之盟遂遣人爲伐鄭之舉自常情觀之亦諸侯征伐之常耳説者謂其行師有節用兵有名也何居蓋元帥三軍司命大衆有邦之本不可輕用也使

桓公伐一鄭國而上卿授鉞大衆就行則興師動衆其不流毒於民者幾希桓也不然以將則卑初無元帥之遣以師則寡初無舉國之行卒之師臨鄭國而君臣畏服協謀下齊蓋公之力足以制之矣比之入郕之暴遷紀之慘大棘之喪師辱國不有逕庭耶所謂行師有節蓋如此兵出無名事故不成不可妄興也使桓公討一諸侯而或利人土地或不忍憤怒則自反不縮其不納侮於人者幾希桓也不然詰其背華即夷之罪而辭足以屈其心討其弃信叛盟之非而名足以聲於衆卒之諸侯盟洮而鄭伯愧悔卑伏乞盟蓋公之義足以服之矣比之入滑之貪彭衙之憤圍鄭之私怨勤民者不相什伯耶所謂用兵有名者蓋如此故春秋不曰某帥師而止稱人予其將卑師少也不曰侵而特書伐予其聲罪致討也謂爲予桓其不然乎吁有節則賦民也薄有名則責人也公桓何以能然耶蓋得一管仲而信任之專故可予者才不止此也九合諸侯一匡天下首止定王儲葵丘明王禁盟于召陵而楚人服次于聶北而狄人退獻捷過魯而山戎弭豐功偉績照耀史册比仲尼所以稱其仁而孟子與其爲五霸之盛也於戲區區伯者尚有賴於賢臣之佐如此而況不爲伯者乎

暨齊平（昭公七年）及齊平（定公十年）

劉秉監

同考試官學正談批（一傳二意間有知者而文不足以發此卷原其志而斷之非之輕重自見得作春秋之法矣）

考試官侍讀學士吴批（春秋誅心之法見乎其詞）

考試官學士劉批（説出昭定之志其罪自不能掩）

春秋始原求成之志在外而罪不在乎外終原求成之志在内而罪亦在乎内此昭定之兩平其志雖各有所在而罪皆不在外也考其事而輕重見矣慨自慶封聘魯魯未報齊非禮之憤蓋不能無也今我昭公七年之春台暨齊平焉夫暨者不得已也而何以見之耶蓋當是時昭公結昏强吴外附荊楚故其勢有所恃凡我同盟孰無納交之私則魯與齊平殊非所急特因其請求而强勉許之耳春秋書曰暨者所以明其非魯志也然平者聖人之所貴使昭公解怨釋忿出於誠信亦奚不可今乃憑藉夷狄恐喝諸侯而致齊之求則是附夷狄而得平者其視爲國以禮而强於自治者不亦可愧哉所謂罪不在外者蔽罪於昭公也若夫國夏見伐魯再侵齊無道之報亦不能無也今我定公十年之春復及齊平焉夫及者我所欲也而亦何以見之耶蓋當是時定公數犯齊疆修怨毒鄰故其心有所怯凡我友邦孰無觀釁之志則魯與齊平實爲所

急惟恐其報復而卑屈求之耳春秋書曰及者所以明非齊志也然平者周禮所不廢使定公講信修睦由於禮義亦孰得議今乃肆爲外侮深自内訟而求齊之平則是侵犯大國而急於平者其視交鄰有道而强於爲善者不亦可耻哉所謂罪亦在内者蔽罪於定公也吁魯之兩平於齊春秋皆原其志而責之如此其即先正所謂彰善癉惡纖悉無遺稱事原情瑕瑜莫掩者乎此所以非聖人莫能修也抑考昭公時有如子家駒之賢而不能用固也定公既平之後幸而孔子見用外化强齊以歸三田内化叔季以墮三邑所謂朞月而可略見之行矣奈何女樂魯庭聖轍汶上而魯竟止於此然則天果弃魯耶抑魯之自弃耶讀經至此寧不爲之於邑

禮記

第二場

論爲臣不易

張行甫

同考試官訓導陳批（一論辭彩焕發而其抑揚頓挫整整有條讀之不覺悚然且表判俱佳通二場較蓋無過之者即其所造其知名决非一日矣）

同考試官教（諭張批論場人皆若不窘但言多駁雜欠瑩少當意者忽得此卷反覆説爲臣之難及所以不難者無一杜撰語非負學識者能之乎高薦允宜）

考試官侍讀學士吴批（此論反覆千餘言有抑揚有曲折而明白爽快一目可盡意子胸中亦然他日得志必不同流俗矣）

考試官學士劉批（爲臣之難人皆知之子能以法度之言發於筆端委曲無餘藴豈有概於中已久乎）

論曰人臣之職不容于不盡也而亦不容于易盡也何也爲臣非難而事君爲難事君非難而盡職爲難職有不盡不足以爲臣而可以易之乎世之自以爲易者是不知其難也知而謂無所容力焉者是畏其難也知而不畏而猶日愒月玩無所事事焉者是易其難也不知其難者不能爲畏其難者不敢爲易其難者自以爲不足爲則亦何職之能盡哉是以爲人臣者不容不盡其職而亦不容于易盡歟孔子之告定公意有在矣此非孔子之言也當時有是言也亦非當時之言也虞廷有是言也大禹陳謨于舜不曰臣克艱厥臣乎蓋嘗論之君猶元首也臣則股肱耳目也君資臣以成治猶元首資股肱耳目以成其身也君臣一體則臣之事君宜若易易矣而謂之難何哉嗚呼此正所以爲

難也衣人之衣者懷人之憂食人之食者任人之事而况號爲一體者乎自一命之士而上至百司庶府均爲王臣不可謂其不難然其任也小其責也輕至于受股肱耳目之寄則其責固有不同者矣而敢以爲易乎且一人之身百責所萃震撼擊撞難于鎮定槃錯棼結難于解紓辛甘燥濕難于調劑黯闇污濁難于菇納陰陽難于爕理風俗難于變化禮樂難明刑政難舉君子小人難辨辨難而于進退九夷八亦在荒服之外者難于賓服鳥獸草木之妖難于銷滅龜龍麟鳳諸福之物可致之詳難于畢致是皆吾一人之責也吾之責吾不能盡猶爲股肱而不能輔翼耳目而不能視聽元首何賴于尔而亦何以股肱耳目爲哉此正所以爲難者也若此者其難在我我猶得而勉焉而其不在我者則非吾力之所能爲也何也其始進也見任之難其既任也見信之難及其既信也有終之難昔者舜之于禹可謂知之深矣必待四岳之舉而後命以百揆之職其見任不亦難乎舅犯從文公于外者十有九年可謂任之久矣及其反也猶不能無疑至沉璧以誓其見信不亦難乎周公之于成王以叔父之親居冢宰之位可謂信之專矣而三叔流言辟居東都使非風雷之變其心終無以自明其有終不亦難乎是三者得之于君而前之所謂難者一有不盡又將諉之誰哉是故阿徇以爲容逢迎以爲悦吾有爵禄之榮而不罹拂逆之患可以無難矣而非大臣之所宜也去國而遠害潔身以爲高我有優游之樂而不與危亂之憂可以無難矣而非大臣之所忍也直言而極諫身亡而國危我有後世之名而不救覆亡之禍可以無難矣而非大臣之所願也然則果何如而後可以盡其職乎必也正己必也有容必也鞠躬而盡瘁必也陳善而責難必也進思盡忠退思補過而不敢以爲勞心也知無不言言無不盡而不敢以爲直必也國尔忘家公尔忘私而不敢以爲忠必也利不苟就害不苟避而不敢以爲義必也有蹇蹇匪躬之節必也有翼翼小心之恭必也有素絲之風而無愧赧之容必有赤舃之安而無顧慮之態然後大臣之職庶乎其少盡耳彼不知其難與畏其難者固不足論而易其難者又自以爲不足爲而以怠心乘之則雖有高天下之才絶天下之智亦終于敗而已矣何足與事君也哉雖然爲臣固不易矣至于爲君之難則尤有甚焉者以一身而處萬民之上以一日而有萬幾之繁故智不足以周天下之務則邪正不明德不足以服天下之心則政令不行一念不謹或貽四海之憂一日不謹或致千百年之患可以爲易乎故爲君者自知其難而又知爲臣之難爲臣者亦自知其難而又知爲君之難兢兢業業上下交修則難者可易而天下之治亦無難矣

同前

呂秉彝

同考試官訓導陳批（論雖貴辨博而卒當歸之於理此題士子俱善鋪叙求其逐節發明爲臣之不易縝密典雅如此卷者未見其多也）

同考試官教諭林批（論場高者辭務宏闊而題意反晦下則瑣屑無足觀此作但據題發揮平實純雅而其意自明亦何貴於馳騁耶）

考試官侍讀學士吴批（初讀此論但覺文從字順未知其奇玩繹久之始知藏鋒斂鍔意味深長妙在紆徐宛轉之中其造詣不于是可見邪）

考試官學士劉批（是卷直寫所欲言而爲臣不易之意自見然其言亦有不能盡於其間者乎故不厭其重復録之）

論曰爲臣豈易哉任之大也責之重也任之大則非才不足以當責之重則於天下之事有一之不得其理内愧於心外愧於人而不能不以身受天下之責矣一身之責不足恤也其如天下之事何哉此其所以不易也然此即其任之大者而言固不易也凡爲臣者亦豈易哉非爲臣之不易也爲臣而盡其職之不易也夫君臣相須者也臨之六五曰知臨大君之宜吉則君固不能以無賴乎臣也觀之六四曰觀國之光利用賓于王則臣之於君亦不可不求以事之也蓋天之生賢皆所以爲天下之用也大者任其事之大小者任其事之小非獨使之自有餘而已也人君之用賢所以理天下之事非欲自私而已也故爵曰天爵禄曰天禄職曰天職則臣之受任於君者皆天下之事也惟其所理者天下之事則雖曰君之事而皆吾所當任之也任之大責亦大焉任之小責亦小焉均有責也其何以副之而以爲易哉古之爲臣有如禹者思天下之有溺曰猶己溺之也有如稷者思天下之有飢曰猶己飢之也夫天下大矣一人之身豈能遍濟而給之而曰己溺曰己飢所以自任其事之不輕也自任之不輕者誠有見夫君之任於我者大責於我者大而我之所以不可負也以天下之民之飢寒自任於己而必欲如己濟而給之是豈易哉推此心也則凡受任於君者自國都以至於天下或理一事或治一方或相天下皆所以爲臣也皆所以任天下之事也理一事而不得其任則一事闕矣治一方而不得其任則一方之事闕矣相天下而不得其任則天下之事闕矣臣所以任其事也而至於闕焉則有之亦不爲益無之亦不爲損何以臣爲哉此爲臣之所以不易也且天下之賢多矣方其未爲臣也孰不曰吾將堯舜其君也亦孰不曰吾將堯舜其民也及其既炎臣矣豈不思所以行之而顧瘝官曠職哉然而不能焉則其心恐恐然將安所諉而爲易也若用之未至諉曰才之無以自盡可也用

之至矣言之而不用謀之而不行則亦何能有爲哉不能有爲則凡禮樂之未修明刑政之未清舉賞罰之未公且當天下之民未得其所夷狄之未賓服君子之未用用之而不得行其志小人之未去去之而猶得售其奸皆吾所任之事有闕也皆吾之責未塞也而欲求所以塞其責是安得而易哉夫爲臣信乎不易矣然委於不易而不爲不可也爲之而不能有濟亦不可也於此有道焉孔子曰臣事君以忠忠者盡其心也吾惟盡其心而已吾之心苟盡不獲於君將如之何哉古之人有行之者若伊尹之於成湯其言有曰一夫不獲時予之辜其自任之重如此可謂盡其心矣故與湯咸有一德也伊尹相天下者也任之大也即其任之大者不可不盡其心則其小者可知矣孔子嘗爲委吏矣曰會計當而已矣嘗這乘田矣曰牛羊茁壯長而已矣夫委吏乘田職之小者也而必欲會計當牛羊茁壯長則大於此者益不可不盡其心矣雖然謂爲臣爲不易者忠於君者也謂爲臣爲易者不忠於君者也忠於君者惟恐負所任而思所以勝之故以爲不易也若以爲易則志於功名志於富貴惟思所以懷禄顧寵而已是將隨所任而無不得上不思負於國中不思負於人下不思負於天下後世何有乎不易哉抑爲臣因不易矣而爲君亦豈易哉君受命於天者也其任益大其責益重其爲不易又未易言也於戲孔子之時人之言有如此者其知道矣乎

表

擬唐李靖擒突厥頡利群臣賀表

蔡芝

同考試官訓導謝批（駢麗中有典則可嘉）

同考試官訓導葛批（此四六之佳者）

同考試官學正梁批（以當時事入表語中要不易得）

考試官侍讀學士吴批（得體）

考試官學士劉批（麗而雅）

臣某等言貞觀四年三月李靖擒突厥頡利以獻皇上御順天樓受俘者伏以惡稔鬼方殷帝有三年之代釁開獵狁周家興六月之師至仁何所不容不義難于屢宥洪惟姿成龍鳳道應天人號令肅雷霆之威聰明垂日月之照斷鼇足以立四極統接皇王射旄頭以靖八荒功加蠻貊武烈比隆于湯武文謨遠邁乎成康四夷莫不來王窮髪悉爲編户惟兹頡利尚爾跳梁藉醜虜之遺資意天兵之難討部落離心而弗悟灾祥示戒而不悛賦性凶殘直出百蠻之上書辭悖慢肆爲無厭之求我雖曲示優容彼則益滋桀驁乘時煽禍伺隙

揚埃渭上之口血未乾石嶺之蜂屯已聚皇赫斯怒爰命將以出師天降明威用除殘而去暴三軍并發六道齊驅電掃風除碎穹廬于沙漠枯摧朽拉搗巢穴于祁連貔貅奮勇而争先犬豕相悲而屢却見神人之共怒圖竄伏以無門假息鐵山祈哀玉陛雖羊質豹姿昭然已見而野心狼性蠢爾難馴縱之則擾我邊疆戕之則涴吾斧鉞執俘而獻闕下奏凱以歸域中彤管勒燕然之銘嘗聞自昔尺組係單于之頸僅見于今一矢不遺隻輪弗損千古之深仇已報百王之遺恨無留彼燕築造陽之郊徒傷民力而奉塹臨洮之險空缺地維曾不能止其南侵亦何敢望其北面今妖氛頓息疆埸長寧此皆皇上神謀睿筭天順人歸之所致也臣等位列下僚躬逢盛事既無方剛之勇前備戎行又乏宏博之才鋪張偉迹伏願遵孟軻變夷之訓懷虞舜猾夏之憂帝里神州戢干戈而弗用外夷内夏判冠屨而常嚴臣無任欣忭踴躍之至謹奉表稱賀以聞

第三場

策（五道）

第一問

蔡芝

同考試官訓導謝批（策陳祖宗言行之大者較他卷爲悉可以占其能服膺聖訓況前場兼優本房之冠孰能出其右乎）

同考試官訓導葛批（是策條對略備且詞氣春容忠愛之意溢於言外不但文爲可録也）

同考試官學正梁批（是卷五策俱善答而於此尤歷歷陳之不窮必博學之士也）

考試官侍讀學士吴批（制策一題本無所拘士子多不能舉其概而子獨言之靦縷豈習而察之者乎）

考試官學士劉批（制策不困士子以所未見之書實欲於其易者求之此篇能以祖宗之言行組織成文蓋亦難矣況於風簷寸晷乎）

聖人之言行體於身者當世無不知垂於後者萬世所當法蓋人莫不有言也而聖人之言世爲天下法人莫不有行也而聖人之行世爲天下則故當時言出於身而加乎民行發乎邇而見乎遠凡有目者所共見有耳者所共聞人固無不知矣其載諸書以垂諸後則體之於身而身安行之於家而家齊推之於邦國而邦國治何有一之不可法哉昔我宣宗章皇帝御製五倫書愚生固嘗莊誦而竊窺之矣凡發於詔令者無非嘉言凡見於舉措者無非善行譬

如療飢之菽粟禦寒之布帛不可得而擇者執事乃欲舉其大是惡能以備述乎請敬陳其一二亦可概其餘矣蓋人君之政莫大於敬天也祖宗或因久旱而減膳免租或因不雨而素服請禱其敬天爲何如亦莫先於法祖也祖宗或因改法制而諭群臣以遵成憲或因違典訓而諭侍臣以守舊章其法祖爲何如念創業之艱難而夜不安寢思四方之緩急而四鼓以興此祖宗之勤政也受瑞麦嘉瓜之獻而輒加戒諭因騶虞麒麟之至而深自退抑此祖宗之謙德也凡若此者是孰不可以施之於身乎宫中隙地非不可備游觀也而必使之種蔬敝垢舊衣非不可以易新潔也而必使之澣濯此祖宗之節儉也擇廷臣以兼東宫之職使嫌疑無由而生頒祖訓以爲宗室之法使富貴可以長保其親親爲可知毁江西之進鏤金床用爲富貴之戒碎司天之進水精宫刻漏以爲無益之作其戒欲爲可見凡若此者是孰不可以施之於家乎以養老言之則耆老給廪以齒爲差是欲民之興於孝弟也老臣致仕加賜宴賚是欲人之重於禮義也以興學言之則立學校以教生徒所以敦彝倫之訓也頒經書而令講讀所以明聖賢之道也功則賞而不以私廢有過則刑而不以功掩非賞罰之公乎爲孝子屈法而釋有罪之民令行人持節而釋冤抑之獄非恤刑之仁乎他如仁民之見於於量免租税重農之見於躬耕籍田命將而戒之以妄殺馭夷而待之以至誠凡若此者是又孰不可以達於邦國乎至於求言納諫命官用賢重祀報功之類未易悉數蓋無一而非保身之藥石無一而非致治之蓍龜故萬世而下聖子神孫欽宗崇弗替世守不失措天下於泰山之安保宗社於磐石之固夫豈無自而然哉而爲之臣民者亦莫不體而行之近自畿甸遠薄海徼皆相親以仁相率以義而無頑梗之風竭忠事君盡孝事親而無悖戾之習英宗睿皇帝所謂囿斯世於仁義忠孝慈良之域者蓋於是而益驗矣抑嘗論之我祖宗之嘉言善行固非一端然其所以致之則亦豈無所本自古人君未有不學古訓以成其德也我太祖則御注洪範揭於座右太宗則常置經史閲於宫中蓋與堯之允執厥中舜之惟精惟一同一揆矣自古人君未有不資人言以成其治也我太祖則虚心清問從善如流太宗則知人善任推誠待下蓋與堯之舍己從人舜之用中於民同一揆矣然則祖宗之嘉言善行其本又豈不在於此哉方今聖天子在上嗣守洪圖動遵祖訓法有利於天下行之未嘗少違弊有害於生民革之未嘗少緩以祖宗之心爲心以祖宗之治爲治天下臣民囿於仁義忠孝慈良之域者蓋無時而不然也猗歟盛哉書曰監于先王成憲其永無愆愚敢爲今日之聖天子頌又曰凡厥庶民於極之敷言是訓是行則以爲天下臣民慶

第二問

張行甫

同考試官訓導陳批（初觀前場詞理兼到已加嘆賞及得五策筆力俊雅尤出人一頭地健羡健羡）

同考試官教諭張批（五策條答詞不盡而意有餘皆可表出惜不能盡録而論二儒之同功陳八事之可行尤見有學識故録之）

考試官侍讀學士吴批（五策文采爛然奪目而理學時務二策尤見精切其知古知今者乎得人如此可以驗聖明作養之功矣）

考試官學士劉批（初得前場知必爲佳士及展閱五策於厭倦之餘不覺惕然而起可愛可愛龍飛第一科得子首薦吾儕可自慶矣）

有性理之學有象數之學蓋理之在天下一而已矣格物窮理固聖賢所以教人致知也然物有其則數者盡天下之物則事有其理數者盡天下之事理則象數之學亦豈外於是理哉此横渠康節所入雖不同而其歸無不同也請試陳之願就正焉夫横渠之作正蒙也規模宏大欲盡窮萬物之理故凡天之所以運地之所以載日月之所以明鬼神之所以幽風雲之所以變江河之所以流物理以辨人倫以正本末上下貫乎一道范育謂其有六經之所未載聖人之所未言信矣然有苦心力索之象而無寬裕温柔之氣如清虚一大非可以名天道太虚太和可以爲道體程子謂其考索至此故意屢偏而言多窒小出入時有之又曰正蒙之言誠有過者是也康節之作皇極經世也總元會運世之數以會經運列世數與歲甲子下紀帝堯至於五代歷年表以見天下離合治亂之迹以運經世列世數與歲甲子下紀帝堯至於五代書傳所載興廢治亂得失邪正之迹及夫陰陽剛柔律吕聲音動植飛走之數西山蔡氏謂古所未有學者所未見信矣然以品題風月自負而玩侮一世以閑静舒放爲樂而自私自刻故可以康濟一身而不足以治天下國家朱子謂其爲子房之流又曰康節能盡得事物之變却於大體上有未瑩是也夫二子之學其不同如此然以儒者道律之則横渠固出於濂洛而康節亦豈冰炭之相反哉蓋儒者之道具於心原於性格物致知以窮理誠意正心以修身由是而齊家治國平天下以至於位天地育萬物舉而措之耳堯舜禹湯文武之所以治者此也孔曾思孟之所以教者此也彼横渠學成德尊與孟子比正容謹節窮理盡性立大本斥异端學必以聖人爲歸正經界分宅里治必以三代爲法是其精思力踐妙契疾書發前聖未發之蘊啓人心未啓之機有功於聖門有功於後學與濂洛固不异也若康節之天挺人豪英邁蓋世聞杜鵑而知斯世之治即雷

嗚而辨析所起之方因神農取益取噬嗑黄帝堯舜取涣取隨而悟畫前之易以起震終艮文王之卦以天地定位明伏羲之卦而發先天之學固不離於象數然其爲道亦同一太極也程子有曰昔七十子學於仲尼其傳可見者惟曾子所以告子思而子思之所以授孟子者耳其餘門人各以其材之所宜爲學雖同尊聖人所因而入者門户則衆矣以是觀之則康節亦豈外於吾儒聖人之道哉於戲二儒有功於聖門大矣區區末學何敢妄議管窺蠡測多見其不知量耳惟執事進而教之

第三問

吕秉彝

同考試官訓導陳批（田賦策正欲究觀古人國用贏縮之故此子方之亹亹確有的見其不但務於窮經者乎）

同考試官教諭林批（策場多能知二君之奢儉而據其實論則未有若此之詳盡者且篇末尤有歸宿其所養可知矣）

考試官侍讀學士吴批（説出武帝不加賦之意其知識有過人者）

考試官學士劉批（是卷策皆筆力俊雅但録田賦用例其餘士通經而能講求古制如此必非迂腐者矣）

欲足國用者必先固夫國本欲得民財者當先得乎民心蓋國以民爲本而財則民之所出也民生既安財用自足本既不固用將安施苟徒知厚斂之足以得民財而不知亦足以失民心徒知得財之足以足國用而不知亦足以傷國本商目前之近利忘百世之遠圖是烏足以語國家之至計哉傳曰財聚則民散財散則民聚有若曰百姓足君孰與不足百姓不足君孰與足愚嘗三復斯言而有以知治亂安危之本矣夫一人之情天下之情也飽食煖衣天下之所同欲也終日不再食則饑孰能饑而不思食乎終歲不製衣則寒孰能寒而不思衣乎饑寒迫身則無聊之計生而思亂之心起矣是以爲治之道雖非一端而其以養民爲先斷斷乎其不可易也姑以執事所舉言之文景當國家草創之後公私之積未爲有餘宜其用之不足也而今年賜田租明年除田租凡所以養民者無不爲而國用亦足是豈取之之巧乎當是時百官之廪禄猶昔也六軍之饋餉猶昔也百神之祀享猶昔也而獨能若是者蓋不出乎一儉而已觀夫露臺之建所費止百金耳帝猶惜而不爲而况過于百金者乎曳地之衣所幸止一人耳帝猶惜而不與而况非其所幸者乎至于景帝雖非文匹而恭儉一節未之有改則其取民雖薄而用則有餘夫何怪哉武帝當文景富庶之後公私之積已爲充溢宜其用之有餘也而舟車有筭鹽鐵有榷凡可以

利國者無不講而國用不足是豈取之之拙乎當是時百官之廪禄不加也六軍之餽餉不加也百神之祀享不加也而乃至于是者蓋不出乎一奢而已觀夫建章之建柏梁之起非百金之所能爲而糜財之逾于建章柏梁者吾不知其有幾也禱祀之興述幸之舉非一方之所能供而勞民之過于禱祀述幸者吾又不知其有幾也他如窮兵黷武征討無休窮奢極欲尤有甚者則其取民雖多而用之不足又何怪哉若夫執事所謂加賦者則有説焉秦人以頭會箕斂而亡此高帝之所親見而有懲于心者也是以建國之初取民之制不過十五税一蓋不獨行之一時而又傳之後世意者武帝于此其亦有所受乎是故筭舟車榷鹽鉄猶可諉曰吾惡商賈之逐末也造皮幣省酎金猶可諉曰吾惡列侯之驕慢也募民入粟補爵贖罪猶可諉曰吾捐有餘而補不足也至于加賦則害及貧民無可得而諉者帝之雄才大略豈亦籌之熟歟幸孔子之徒亦絶口不言豈其慮不及此哉此帝所以雖有多欲之蔽而終不失爲漢之令主也也至如三代之制典籍不存執事所謂其詳不可得考者是也若乃十一之制孟軻氏蓋嘗言之而實三代之所同也周禮所載于此不同蓋遠郊二十而税三甸稍縣鄙十而税二添林二十而税五此任地之法而非田賦之謂也由是觀之則漢之法雖非三代之法而養民之意則三代之意也歷年四百豈無其故哉雖然漢之田賦固云薄矣而當時田賦之外尤有所謂口賦歲歲而取之人人而征之此則三代之所無也是則取民之法孰有善于三代者哉愚以爲欲法三代之法當先法文景之儉欲法文景之儉當先戒武帝之奢管見如斯未知是否

第四問

張學禮

同考試官學正談批（前賢事迹散見諸書而論者亦非一人子能隨問而答亦奇士也）

考試官侍讀學士吴批（評品古人不以臆見必博學而有得者）

考試官學士劉批（論古人而酌以先儒之斷非徒博者）

物有不齊也非度以在物之權度不能知人有不齊也非度以在心之權度不能識蓋有在物之權度有在心之權度在物之權度乃形器之制於外者所以度物之輕重長短也在心之權度則義理之存於中者所以度事之輕重長短也故欲知人之賢否而不度以吾心之權度則心迹疑似之間賢否迥乎不同譬之舍權而欲知物之輕重舍度而欲知物之長短胡可得哉愚嘗持是以概古人若有得焉者請以復於明問夫子之事親固欲順乎視親也然小杖

則受大杖則走彼申生者陷親於過豈得爲孝乎臣之事君固欲得乎君也然諫而不從於義可去彼屈原者自沈於湘豈不爲過乎掉三寸之舌抗虎狼之秦而卒能全歸相如之謀國若非戰國之士矣然大王事大無所不至况一璧乎故龜山以爲非萬全之計蓋謂其非不失義亦傷於勇也兼四國之衆下全齊之城而不務屠戮昌國之用兵若幾於湯武之事矣然王者之師吊民伐罪豈鹵掠乎故考亭以爲亦戰國之士蓋謂其非不欲取亦不能取也武關之計轅生之功非不大矣遂甘於隱遁無迹可尋其視仲連之却金辭爵終身不見者何以异乎力行之對申公之言非不當矣然不監胥靡召而復出其視穆生之醴酒不設見幾而作者安可同乎身入北軍左袒安劉絳侯之計安社稷功亦大矣然軍或右袒其將何以處之人臣之義王陵固得其正也身率步騎與賊對陳趙苞之不顧私恩忠亦至矣然毋爲所劫豈無所以生之人子之義徐庶固得其道也鄙儒之譏魯兩生固不能免也而其自重難進有所不爲不有大臣之節乎奸人之目公孫弘固不能逃也而其諫征南夷論誅郭解不有大臣之體乎汲黯卜式班固雖同以質直稱也然一則犯顔直諫有以格君之非心一則輸財助邊適以逢君之所欲其忠佞固懸絶矣司馬遷相如班固雖同以文章稱也然一則貫穿經史而爲史氏之宗一則虧失節義而負名教之罪其邪正固相背矣景星慶雲泰山北斗韓柳以文并稱固也然韓之進諫陳謨跆而復奮其視不知節義者何霄壤哉蠻夷傳寫雞林争售元白以詩齊名固也然白之直道自奮晚而益厲其不顧名檢者何冰炭哉内盡其禮以事其親外崇禮讓以接天下傅玄之論荀何如曾閔也然曾之不忠固不可以爲孝顗之得罪又有過於曾則比之曾閔是不可同科矣務權利以取容於時特介特而不同於俗蘇穎濱之論姚宋如管晏也然崇善應變以成天下之務璟善守文以持天下之正則比之管晏是各以其類矣於戲夷考古之人迹雖似是而心或陷於一偏心雖非私而迹則疑於不正使不度之以義理則賢不肖混殽是非雜揉者多矣故匡章人皆以爲不孝也而孟子獨不以爲不孝陳仲子人皆稱其廉也而孟子獨不以爲廉則其知言窮理固有以得於疑似之間耳然則欲論古人者其可不先明吾心之權度哉愚生學疏博古識昧方人而格物窮理之事竊有志焉固不致以爲不暇也謹對

第五問

張行甫

君子處當世之事固不可戾于古亦不可泥于古古人之法或宜於今吾則從而法之或不宜于今吾則從而變之斟之酌之與時宜之古人之心亦若

是而已是則法之者非泥于古而變之者又豈戾于古哉執事舉時務之八事下詢承學乃曰天下之事可言者多愚以爲縱言之亦無若八者之大矣請略陳之夫張官置吏所以爲民冗官誠不可以不汰也然唐虞稽古建官惟百夏商官倍亦克用乂是可謂夏商爲非乎今之冗官汰而有不盡汰焉者爲是故也若蘇軾所謂一官而三人共之愚以爲今日之弊不止于此惟其入仕之途不清而膏粱之子以貲登選故久爲銓衡之累使因事命官而因才授職則魯論所載廢官是修而又何議焉世禄之家鮮克由禮任子誠不可以不減也然伊尹之子寔爲伊陟周公之子寔爲魯公是可謂伊周爲非乎今之任子減而有不盡減焉者爲是故也若范仲淹所謂一家京官二十人愚以爲今日之弊未至於此惟其教育之法不立而紈綺之子以蔭補官故或爲縉紳之議使養之有素而用之有道則虞廷所育胄子爲先而又何譏焉禮制之設所以辨上下也今之奢僭豈獨勛貴乎哉商賈之輿馬或擬于王侯輿臺之服食或逾于將相其弊有不可勝言者愚以爲誠欲定之不在乎品式之繁惟上能崇朴尚儉則下必以奢爲耻禮制不期定而自無不定矣律令之著所以詰奸慝也今之冤濫豈由小民乎哉事一罰殊法有死生之比罪同論异刑開出入之門其弊有不可致詰者愚以爲誠欲明之不在乎條貫之多惟上能以公滅私則下必不敢爲奸律令不期明而自無不明矣楮弊之設所以權輕重初固未嘗不便於民其後散于外者不復收于内敝于民者不復易于官法例雖存沮格自若貧民持此將安用之無怪乎塞而不通也沈該稱提之法非不可舉然數百萬緡之本安所取乎愚以爲用久而敝者出内帑以收之税商而納者不折錢以困之而不爲罔利者所專庶乎輕重得中物無翔貴不然吾見其日塞一日也鹽課之設所以備邊儲初固未嘗不利于國其法産于長蘆者不得貨之于南産于淮浙者不得貨之于北課額有限開中無常販夫持此將安售之無怪乎滯而不通也李沆轉般之法非不可行然地方一定之制誰敢易乎愚以爲邊之所中定額之外不容妄有所增商之所販定數之外不容私有所挾而又不爲嗜利者所擅庶乎商賈流通邊儲足用不然吾見其日滯一日也甘延壽之善戰李德裕之善謀此皆古之能備邊者就二人而論之則善戰者不如善謀之爲優何也蠢兹夷虜逐水草以爲生東馳西突亦在備之而已何必犁庭掃穴而後爲功哉今日之虜不若昔時之桀驁固不足憂然狼子野心亦不可不防其微愚以爲擇將領而任之固我封疆練我士卒然又必明約束遠斥候使彼知進無所得退無所依將奉琛稱貢之不暇矣敢爲我疆埸之患乎龔遂之招徠趙廣漢之發擿此皆古之善弭盗者就二人而言之則發擿者不若招

徠之爲愈何也無知赤子為饑寒之所迫弄兵持挺亦在安之而已何必駢首就戮而後爲快哉今日之盗賊不若昔時之屯聚固不足慮然鼠竊狗偷亦不可不制其漸愚以爲擇守令而任之誘其渠魁赦其脅從然又必輕徭役薄税斂使彼知散則可生聚則必死將賣劍買牛之不暇矣敢爲吾良民之害乎噫事之不能無弊猶人之不能無病而簡册所載則古方書也方書有限病則無窮使視病而必檢方則方之所不載者將必坐視其斃矣今之舉事者不思隨事而去其弊因時而合其宜而徒曰古人古人云者猶庸醫視人之病不原其所起而惟古方之執及其不效則曰吾方固是也嗚呼亦繆矣哉愚也章句之儒未能遍觀古人之書而妄議今日之事是又未讀方書而欲爲醫者惟執事恕其狂而教之

順天府鄉試録後序

皇上嗣大歷服之初厲精圖治訓飭諸司惟舊章成憲是遵内外群工莫不戰競惕厲思自奮以副上意期月之間政事之敝者以補偏者以正廢且墜者以修百度振舉議者以爲有洪武永樂之風噫感應之效一何神速如此哉正德二年秋上命臣春臣儼爲順天府考試官試録既成臣儼謹序諸後竊惟舊章成憲皆祖宗宸謨睿略以爲聖子神孫億萬年之法未有遵之而過者今百司庶務皇上悉欲復祖宗之舊而况于文乎文非但可以華國也而于世道實有關焉至于程試之文其所關尤重何也上之所取下之所趨也其所取者雅則天下悉從而雅所取者浮則天下悉從而浮士習之正否于是乎判而可謂弗重矣乎洪惟我太祖高皇帝創業之初天下甫定即命開科取士越十七年著爲定令唐宋數百年間屢更屢易而未盡者至是益加精密焉故百四十年來守之弗失而文之體格則似不能無少變焉者臣嘗觀之洪武永樂之間其文渾厚宣德正統之間其文簡明成化弘治之間其文奇麗可謂日益以盛矣然奇則鉤深摘隱其流漸入于晦麗則取青媲紫其流漸至于澆爲世道慮者能不思所以變之乎有宋嘉祐初士習險怪歐陽修深以爲患痛加裁抑一時知名之士皆不在選物論雖若不平文體卒爲之變識者韙之臣于修無能爲役而心之爲世道慮今亦何异于古故今日所取者匪徒以其文之工惟雅是崇焉其所弃者匪徒以其文之不工雖工而浮亦不免于黜焉自京畿而達諸天下庶乎文之少變耳士習既正則他日出而從政亦罔敢弗正惡有作聰

明亂舊章以自陷于浮薄者哉臣不佞思所以仰副上意者蓋有在于此故書以爲登名于是者告并告夫未登者以圖後舉焉

翰林院侍讀學士奉直大夫吴儼謹序

正德五年順天府鄉試録

順天府鄉試録序

國朝設鄉試之科三載一開已成故事蓋自我太祖高皇帝定都應天建學立師裁訂品式而其制已備太宗文皇帝遷都順天表章經書頒示天下學校而其制益詳列聖繼繼承承敬守不怠迨我皇上任賢使能治有成績益慎益崇故詔旨嘗曰學校事重提學官其振揚風紀嚴督教條務期成效大哉皇言天下士子聞之莫不競相濯磨以求無負矧畿甸之士近在輦轂之下得於耳目之先者哉今年秋又當開科之期順天府府尹臣王鼎等得請循故事舉行而考試之責上以付學士臣傅珪侍講學士臣毛澄同考試則爲教授臣張憲臣林方臣姚諒教諭臣程美臣甯欽臣侯楫臣陳詢臣吴大田訓導臣鄭紹監試則監察御史臣李廷梧臣原軒提調即府尹臣鼎也于時士之就試者二千七百有奇視諸往昔蓋加盛矣三試之如制得中式者百三十有五人尚多可取而止於此者亦制也簡其文之尤純者得二十篇合爲録一編以獻臣珪當序諸首竊惟科目所以取士學校所以養士然必養之既充而後乃可取而用之也鄧林之木小大畢材亦惟得其養焉耳故有菁莪棫樸之化而後有有德有造之賢有鎬京辟廱之教而後獲保有厥士之用然則我朝名臣碩相望於後先科目之英尤盛於今日者抑豈偶然之故哉歲丁卯臣當承乏主應天之試親見其所謂盛者既畢試則謁廟詣學又獲見洪武中養賢之具雖至纖至微罔不精密臣於是仰而嘆曰是惡可不知所自邪初順天之地藩省在焉取士之額纔四十人而止既而進爲京府其士額亦漸進與應天等及今又數十年又被我皇上維新之化是宜人才之又進也臣於不能盡録之餘復仰而嘆曰是又惡可不知所自邪由兩京達之天下相觀而興彬彬濟濟或漸增其額於昔或額不能盡於今皆不可不知所自也昔大雅詩人歌文王之德則叙其遷豐之事歌武王之德則叙其遷鎬之事而治如兩漢其臣亦有爲兩都賦以頌美之者我聖祖神宗豐芑之詒暨列聖皇上繼述之大臣幸與聞之乃不能鋪張揚厲以風示天下豈不有負於明時矣乎雖然臣等奉命而來不遑寢食惟以取士不得爲憂顧今所録者若皆養之有成者也若皆才之美而有

用者也苟可以梁可以棟者果出於其間應廟堂匠石之選答九重求材之意焉是亦臣等所以圖報於萬一而又藉以自慶自慰者也

翰林院學士奉議大慶夫傅珪謹序

正德五年順天府鄉試

提調官

嘉議大夫順天府府尹王鼎（器之福建都司福州中衛官籍　辛丑進士）

考試官

翰林院學士奉議大夫傅珪（邦瑞直隸清苑縣人　丁未進士）

翰林院侍講學士奉政大夫毛澄（憲清直隸太倉州人　癸丑進士）

同考試官

河南開封府儒學教授張憲（廷式陝西涇陽縣人　壬子貢士）

河南汝寧府儒學教授林方（中矩山東膠州人　己酉貢士）

陜西臨洮府儒學教授姚諒（允彦河南祥符縣人　辛酉貢士）

河南汝寧府信陽州羅山縣儒學教諭程美（時彦直隸婺源縣人　甲子貢士）

浙江紹興府諸暨縣儒學教諭甯欽（宗堯湖廣衡陽縣人　丁卯貢士）

山西平陽府解州夏縣儒學教諭侯楫（益濟陝西鳳翔縣人　丁卯貢士）

浙江處州府麗水縣儒學教諭陳詢（于岳應天府上元縣人　甲子貢士）

河南開封府扶溝縣儒學教諭吴大田（紹曾福建莆田縣人　甲子貢士）

直隸揚州府江都縣儒學訓導鄭紹（述之山西稷山縣人　乙卯貢士）

監試官

文林郎湖廣道監察御史李廷梧（仲陽福建莆田縣人　己未進士）

文林郎雲南道監察御史史原軒（公載山西陽城縣人　壬戌進士）

印卷官

奉議大夫順天府治中韓紘（繼遠山西陽曲縣人　癸丑進士）

收掌試卷官

儒林郎南京應天府推官林塾（從學福建莆田縣人　壬戌進士）

受卷官

廣西平樂府通判伍常（秉彝廣東順德縣人壬子貢士）

萬全都司斷事司斷事孫亶（信之陝西寧羌衛人監生）

彌封官

江西九江府經歷司經歷徐文英（邦彦大寧都司保定後衛人　監生）

河南汝寧府新蔡縣知縣郭曦（寅賓山西榆次縣人　丙午貢士）

謄録官

江西南康府推官周及（汝中四川成都前衛人　庚子貢士）

山東登州府招遠縣知縣張志皋（欽謨山西臨汾縣人　己酉貢士）

對讀官

徵仕郎濟州衛經歷司經歷謝貴（敏德江西新淦縣人　監生）

陝西布政司理問所副理問高振（孔揚山東昌樂縣人　監生）

巡綽官

靈山衛指揮使龔奇（廷美直隸安慶府潜山縣人）

鰲山衛指揮使何信（有□直隸鳳陽府壽州人）

威海衛指揮同知苗秀（仲華直隸淮安府山陽縣人）

登州衛指揮同知裴鏜（進之山東兖州府汶上縣人）

監門官

青州左衛指揮僉事崔振（□威山東濟南府陽信縣人）

成山衛指揮僉事姬璽（國信直隸大名府濬縣人）

供給官

修職郎順天府經歷司知事張僎（一升山東德州人　官生）

文林郎順天府宛平縣縣丞趙繼賢（繩武河南永寧縣人　監生）

順天府大興縣主簿霍文通（道亨保定府祁州人　監生）

第一場

四書

生財有大道生之者衆食之者寡爲之者疾用之者舒則財恒足矣　仕而優則學學而優則仕　尊賢使能俊傑在位則天下之士皆悦而願立其朝矣

易

君子以成德爲行日可見之行也　益動而巽日進无疆天施地生其益无方天尊地卑乾坤定矣卑高以陳貴賤位矣動静有常剛柔斷矣方以類聚物以群分吉凶生矣在天成象在地成形變化見矣是故剛柔相摩八卦相盪鼓之以雷霆潤之以風雨日月運行一寒一暑乾道成男坤道成女　聚而上

者謂之升故受之以升

書

平章百姓百姓昭明協和萬邦黎民於變時雍　爾惟訓于朕志若作酒醴爾惟麯蘖若作和美爾惟鹽梅爾交修予罔予弃予惟克邁乃訓　初一曰五行次二曰敬用五事　庸庸祇祇威威顯民用肇造我區夏越我一二邦以修我西土惟時怙冒聞于上帝

詩

婉兮孌兮總角丱兮未幾見兮突而弁兮左之左之君子宜之右之右之君子有之維其有之是以似之　鎬京辟廱自西自東自南自北無思不服皇王烝哉帝命式于九圍

春秋

宋公陳侯蔡人衛人伐鄭　會宋公陳侯蔡人衛人伐鄭（俱隱公四年）楚人侵鄭（僖公二年）公會齊侯宋公陳侯衛侯鄭伯許男曹伯侵蔡蔡潰遂伐楚次于陘　楚屈完來盟于師盟于召陵（俱僖公四年）晋師滅赤狄潞氏以潞子嬰兒歸（宣公十有五年）公會宋公陳侯衛侯鄭伯許男曹伯晋趙盾癸酉同盟于新城（文公十有四年）楚子入陳（宣公十有一年）楚公子嬰齊帥師伐鄭（成公六年）楚公子嬰齊帥師伐鄭（成公七年）

禮記

人生十年曰幼學二十曰弱冠三十曰壯有室四十曰强而仕五十曰艾服官政六十曰耆指使七十曰老而傳　相觀而善之謂摩　樂者天地之和也禮者天地之序也和故百物皆化序故群物皆别　上酌民言則下天上施

第二場

論

大哉聖人之道

詔誥表（内科一道）

擬漢復高年子孫詔（建元元年）　擬唐以房玄齡杜如晦爲僕射魏徵守秘書監參預朝政誥（貞觀三年）　擬宋以龍圖閣直學士充陜西經略安撫副使范仲淹兼知延州謝表（康定元年）

判語（五條）

講讀律令　增减官文書　私越冒度關津　干名犯義　失時不修堤防

第三場

策（五道）

問　有一代之興必有一代之志以載其土地民物之詳爲安攘邦國之計若書之禹貢周禮大司徒之所掌皆是也肆我太祖高皇帝建國之初即命儒士數人編類天下地理以爲之志太宗文皇帝定都之後即遣官分行天下采摭事實以爲之書其志其書或成或否有可言者歟今大明一統志乃我英宗皇帝時之所纂輯也義類粲然無遠不載可謂極盛矣不知果出於聖心之獨見歟抑於祖宗之意有相承者歟唐虞而下稱一統者多矣或分天下爲十二州或制爲九州或有三千餘國或有千八百國視我朝之所統果孰大歟漢唐而下志地理者多矣或詳於郡邑而不及貢賦或載其貢賦而不及山川視我朝之志果孰備歟志首之序又出自宸翰昭如日星其間有訓戒聖子神孫及勉勵臣下之語聖意所在亦可得而詳歟諸士子以博古通今爲學凡當代之書必伏讀久矣其敬對無讓

問　論語言仁最詳夫子許雍可南面由可賦求可宰赤可賓客而皆不許其仁獨稱顔子三月不違顔子死曾子傳夫子之道其言曰仁以爲己任不知二子之學其所以异於群弟子者何如而所造乃如此且夫子平居所以答門弟子問仁者大抵皆仁之用與夫求仁之方而言各不同何也至若稱微子箕子比干爲三仁伯夷叔齊爲得仁其於令尹子文之忠陳文子之清則皆曰未知焉得仁嘗以器小譏管仲矣他日答子路之問再言如其仁又若有深許之者既曰克己復禮爲仁及答原憲之問則但以克伐怨慾不行爲難而不以爲仁若此者其大旨何居夫子没而微言絶由漢而下儒者若董子韓子皆不識仁迨宋程朱氏出而後仁之説始精聖門之教由是復明於世其大要可得聞歟程氏之徒有謂愛非仁而以萬物與我爲一爲仁之體者此似立人達人之仁也有謂愛非仁而以心有知覺釋仁之名者此似可逝不可陷可欺不可罔之仁也何朱子皆不取而云其弊將至於認物爲己認欲爲理乎諸生苟有志於求仁其必不惑於斯矣

問　先儒有言天下有三本師教之其一也故雖聖賢莫不有師而所謂教者莫不有法試與諸生論之或以天縱之聖而猶問禮問官或以亞聖之次而有所願學受業或曰弟子不必不如師師不必賢於弟子或曰愈既自以爲蜀之日吾子又欲使吾爲越之雪默契道體者或謂不由師傳或謂始有所學洞見道體者或歸功於吟風弄月或推本於博聞强記或以虎皮爲坐者已即師席矣何所聞而即撤去或奉父命稟學者歸自同安矣何所聞而又徒步以

往此皆師道之見於載籍者其間亦有得失之可言歟求之孔門古今所共遵而不可易之説又當以何者爲準歟周禮師氏之教或以三德或以三行其教异歟諸儒之論教也或以禮爲先或以立志爲先或以恭謹爲先或以知止爲先或以訓詁文義爲先或以逐小忘大爲玩物喪志此皆教法之見於載籍者其間亦有得失之可言歟求之孔門古今所共由而不可易之法又當以何者爲準歟夫成己成物皆儒者事其明著于篇俾爲師者知所以教爲弟子者知所以學

問　設官分職凡以爲民也程子獨以斯民之休戚係於守令之賢否何所見歟有曰太守吏民之本有曰郡守縣令民之師帥其於程子之論果同歟守令之重如此顧其爲政有不可不慎焉者寬則得衆寬若可以爲政矣然又曰嚴之則治寬之則亂乃不取於寬歟其次莫如猛猛若可以服民矣然又曰治亂民猶治亂繩不可急也豈不足於猛歟求之於古有獨用寬和者有但用蒲鞭者有教以禮義者有專以德化者果皆得政體歟有郡中震栗者有吏民改行者有稱爲神筭者有目爲卧虎者果皆得民心歟聖朝之賢守令多矣迨弘治末時則以寬爲尚犯者未必罪罪者未必盡逋税或姑息而不徵部檄或因循而不報民竟有萑苻之取者何歟承寬之後邇乃有以嚴爲尚者矣犯者未嘗不罪罪者未嘗不盡逋税離已往而必徵部檄及始下而擬報民又有潢池之擾者何歟將惟寬是咎則今日之事可懲將惟嚴是戒則前日之患未息伊欲寬以御之而不失之縱嚴以治之而不失之刻俾小民享和平之福盛世成雍熙之化如之何則可

問　禹抑洪水其言養民之政水實居六府先蓋水之於民有利有害使民得去其害而就其利顧不在人事乎今瀕河州郡恒苦河决而吴中多水患求之人事豈無可爲者昔人謂自西漢河入千乘訖東都至唐不爲患者千數百年方兩浙未當宋鮮聞水患自宋一統之後賦每不充此其故何也我朝建國幽燕漕東南之粟以實京師必由濟博之境故河决而東則漕渠失利其害非獨在民而三吴之地歲所出國家財賦當天下半其所繫豈輕也哉兹欲修漢賈讓關并韓牧之策治今之决河用宋郟亶單鍔趙霖之議求今之水利其參酌利害以對任養氏之職者亦將有擇於斯也

中式舉人一百三十五名

第一名　王江　直隸任丘縣人監生　詩

第二名　吕良　武功左衛儒士　律四　書
第三名　許仁　直隸交河縣學生　易
第四名　彭詡　應天府溧陽縣人監生　禮記
第五名　胡岐　直隸歙縣人監生　春秋
第六名　賈啓　順天府學生　詩
第七名　頓鋭　順天府涿州學生水五　書
第八名　胡昭　順天府良鄉縣學生　易
第九名　張楷　直隸保定府學生　詩
第十名　高軒　順天府學附學生歲六　書
第十一名　張佑　直隸天津左衛學武生　詩
第十二名　王翰　直隸昌𥠖縣學生　易
第十三名　張雲衢　順天府平谷縣學生　詩
第十四名　張棐　萬全都司龍門衛學武生光五　書
第十五名　桂枝　羽林前衛儒士　詩
第十六名　劉宸　順天府學附學生　易
第十七名　牛逸　順天府寶坻縣學生　春秋
第十八名　孫復初　直隸河間府學生　詩
第十九名　欒選　順天府學生　易
第二十名　崔汴　直隸南宫縣學生　詩
第二十一名　張欽　順天府通州學生　易
第二十二名　張增　直隸南宫縣學生閏五　書
第二十三名　土正宗　順天府學生　詩
第二十四名　程鴻　陝西延安衛人監生　易
第二十五名　韓祖愈　直隸易州學生　詩
第二十六名　郭世禄　直隸内黄縣學生閏一　書
第二十七名　傅堯臣　順天府永清縣學生　禮記
第二十八名　劉璋　陝西中部縣人監生　詩
第二十九名　張立　牧馬千户所儒士　易
第三十名　陳相　直隸冀州學生　詩
第三十一名　范紳　錦衣衛儒士收回　書
第三十二名　□□霄　順天府東安縣學附學生　詩
第三十三名　劉濟　直隸定州學生　易

第三十四名　陳霑　直隸冀州學生　詩
第三十五名　朱夏　直隸高陽縣學生　書
第三十六名　姚釪　浙江慈谿縣人監生　詩
第三十七名　潘潤　順天儲薊州學生　易
第三十八名　雷時成　直隸真定府學生　詩
第三十九名　劉竹　直隸晋州學生調七　書
第四十名　張儒　順天府玉田縣學生　詩
第四十一名　周萬金　直隸内黄縣學增廣生　易
第四十二名　王鈞　直隸靈壽縣學生　詩
第四十三名　王世爵　直隸開州學生辰九　書
第四十四名　張鎧　萬全都司宣府右衛人監生　詩
第四十五名　陳逵　順天府學附學生　易
第四十六名　鄭氣　直隸静海縣學生　詩
第四十七名　陳綬　直隸元城縣學生　春秋
第四十八名　劉宗儒　順天府平谷縣學生宇六　書
第四十九名　劉績　直隸任丘縣學生　詩
第五十名　王廷直　直隸博野縣學生宇二　書
第五十一名　王大節　直隸大名府學生　詩
第五十二名　李釗　武驤右衛軍餘往三　書
第五十三名　李仁　直隸濬縣學生　詩
第五十四名　張來鳳　順天府霸州學生　易
第五十五名　李廷桂　直隸保安州學生　詩
第五十六名　季春　直隸開州學生　書
第五十七名　張儒　順天府學增廣生　易
第五十八名　羅錦　直隸保定府學生　詩
第五十九名　徐全　順天府學生　禮記
第六十名　俞師孟　順天府順義縣學生　詩
第六十一名　石國柱　順天府學附學生　易
第六十二名　武臣　直隸唐山縣學生　詩
第六十三名　唐相　順天府平谷縣學生往二　書
第六十四名　吴棟　順天府東安縣學生　詩
第六十五名　葛金　順天府學增廣生　易

第六十六名　黄鐘　直隸隆慶州學生　詩
第六十七名　金符　順天府學增廣生關八　書
第六十八名　吕潮　直隸任丘縣學生　詩
第六十九名　謝恩　浙江會稽縣人監生　春秋
第七十名　尹官　直隸成安縣學生　詩
第七十一名　劉梅　直隸長洲縣人監生　易
第七十二名　韓鏄　直隸鹽山縣學生　詩
第七十三名　陳鳳　直隸江陰縣人監生岡三　書
第七十四名　楊鏞　順天府學附學生　詩
第七十五名　張驊　直隸新城縣人監生　書
第七十六名　馬京　直隸真定縣學生　詩
第七十七名　張錦　順天府通州學生　易
第七十八名　吕憲　直隸蠡縣學生　詩
第七十九名　韓紀之　直隸晋州學生調六　書
第八十名　趙勃　直隸長垣縣學生　易
第八十一名　王敬　順天府學附學生　詩
第八十二名　張鐸　順天府永清縣學生　禮記
第八十三名　亢鑑　直隸趙州學生　書
第八十四名　霍玉　直隸任縣學生　詩
第八十五名　石翔　直隸長垣縣學生　易
第八十六名　王雄　錦衣衛儒士張九　書
第八十七名　程萬齡　直隸開州學生　易
第八十八名　張鏗　陝西長安縣人監生　詩
第八十九名　張學　直隸饒陽縣學生　書
第九十名　何賢　直隸河間縣學生　詩
第九十一名　趙介　直隸南宫縣學增廣生關十　書
第九十二名　黄鉞　金吾左衛儒士　詩
第九十三名　宋儒　順天府涿州學生　春秋
第九十四名　郭鄗　直隸肥鄉縣學增廣生　詩
第九十五名　楊鋭　直隸遷安縣學生　易
第九十六名　王魯　直隸保定府學生　詩
第九十七名　劉靖臣　直隸新安縣學增廣生　書

第九十八名　李秉倫　直隸永年縣學生　詩
第九十九名　王宗哲　直隸真定府學生　易
第一百名　杜盛　順天府寶坻縣學增廣生　詩
第一百一名　李經　順天府學生稱回　書
第一百二名　王立　直隸吴橋縣人監生　詩
第一百三名　楊秦　興州中屯衛官籍監生　易
第一百四名　沃潮　順天府學附學生　詩
第一百五名　邊仲　直隸任丘縣儒士盈回　書
第一百六名　成實　直隸大名縣學生　詩
第一百七名　淩旦　浙江烏程縣人監生　禮記
第一百八名　金輅　錦衣衛儒士　易
第一百九名　王暐　直隸樂亭縣學生　詩
第一百十名　魏居仁　直隸無極縣學生致一　書
第一百十一名　張鶴　燕山右衛儒士　詩
第一百十二名　劉贊襄　直隸青縣學生　易
第一百十三名　段永常　順天府遵化縣學生　詩
第一百十四名　單鉞　武功中衛儒士宿　四書
第一百十五名　鮑淳　騰驤右衛儒士　詩
第一百十六名　秦川　直隸大名府學生　易
第一百十七名　高岡鳳　直隸阜城縣人監生　春秋
第一百十八名　劉宗　大寧都司學軍生　詩
第一百十九名　石堅　直隸南樂縣學生洪九　書
第一百二十名　王德脩　直隸清苑縣學生　詩
第一百二十一名　邵永良　永清右衛匠餘　易
第一百二十二名　喬年　直隸肥鄉縣學生　詩
第一百二十三名　蔣紀　順天府學增廣生　易
第一百二十四名　何汝學　直隸吴橋縣學生　詩
第一百二十五名　郭玠　直隸大名府學生成七　書
第一百二十六名　張瑩　順天府學增廣生　詩
第一百二十七名　王彪　直隸雄縣學生　詩
第一百二十八名　白綸　直隸南宫縣人監生　詩
第一百二十九名　劉志道　直隸故城縣學生　易

第一百三十名　王思明　直隸開州學生　詩
第一百三十一名　楊瑀　順天府涿州學生　禮記
第一百三十二名　郭瀚　直隸威縣學生　詩
第一百三十三名　李欽承　順天府學生調八　書
第一百三十四名　張翰　富峪衛儒士　詩
第一百三十五名　方坤　浙江餘杭縣人監生　易

第一場

四書

生財有大道生之者衆食之者寡爲之者疾用之者舒則財恒足矣

王翰

同考試官教諭侯批（此題傳注自明白場中作者率多纏繞令人心目不快是篇豐麗而意盡峻潔而理明録之）

同考試官教諭甯批（題本平易士子多過爲馳騁反冗劇可厭此作簡明詳盡是用録以式）

考試官侍講學士毛批（語不冗而意亦切題大學義無逾此篇）

考試官學士傅批（詞旨整潔可録）

大學言所以理財者其道大而能由其道者財自充夫理財之道莫大乎務本而節用也果能此道矣又何患財之不充也哉大學傳之十章因論有土有財而申其説如此蓋謂爲政以理財爲要人君以擇術爲先是故産於天地以養民者非財長國家者欲使生生不已則自有正大之道豈必厲民而自養哉取諸貢賦以資國者非財乎有天下者欲使源源不竭則自有公平之道豈必損下而益上哉蓋必於其入也務生之爲之之本而於其出也謹食之用之之節則其道得矣生之寡而食之者衆是相率而爲怠且奢也財烏乎不匱令也田疇貨賄家無遺力國無間民則生之衆矣視諸其朝凡建官制禄必選賢能而無尸素之位斯不亦食之者寡乎爲之舒而用之者疾是舉國而違勤與儉也利烏乎不屈令也師田力役不奪農時不妨稼事則爲之疾矣稽之在公雖匪頒好用亦存品式而無泛濫之費斯不亦用之者舒乎夫既能務本以開財之源而又能儉用以節財之流則其來無窮其去有限故倉廩常豐雖加之以師旅不至窘於調度矣府庫常盈雖因之以饑饉不至迫於費用矣是固非以私意小智巧爲聚斂之術而至然也謂之曰大道不亦宜乎嗟夫洪範八政

食貨爲先子貢問政而夫子告之亦以足食爲首蓋生民之道不可一日而無者聖人豈輕之哉大學論平天下在於絜矩方言用人遂及理財既示以外本内末之害至於厚下足民有國之常政則又未嘗廢也其垂教後世至矣當治平之任者其可忽諸

仕而優則學學而優則仕

王江

同考試官訓導鄭批（題意明白而作者多欠發揮此篇見理既真措詞又順如之何弗取）

同考試官教諭吴批（論語義本房千餘卷中認理精切如此者蓋不多見是用録出）

同考試官教授張批（場中作者論語義者多務浮詞殊戾注意此篇依注發揮親切有味其亦學之優者與）

考試官侍講學士毛批（平順可讀）

考試官學士傅批（以發揮兩優字）

賢者論仕者之於學學者之於仕者皆當知所先後焉蓋事必以當務爲急也仕者學者可不先盡其事而後及其餘哉昔子夏之意以爲曰仕曰學理雖同而事則异或仕或學力必專而功可成是故上而爲卿下而爲士凡有官守者皆仕也而仕則有仕之事焉致君澤民以佐理乎萬幾陳力就列以分理乎庶職夙而興夜而寐猶懼弗克於此而欲從事於學豈其時邪必也政修教舉而萬幾之所佐者成心逸日休而庶職之所分者理則其仕也有餘力矣夫然後誦其詩讀其書以涵泳其所知也盡其心知其性以敦篤其所能也仕優而學則既有以敬其仕而不怠又有以資其仕而益深所謂仕者之於學當知所先後蓋如此若夫始而致知終而力行凡治吾身者皆學也而學則有學之事焉格物窮理以辨析乎萬事誠意正心以求止於至善如切磋如琢磨猶恐不及於此而欲從事於仕豈其時邪必也知類通達而萬事之所析者精强立不反而至善之所求者得則其學也有餘力矣夫然後居其位食其禄以經綸於邦國也行其義達其道以發揮於事業也學優而仕則既有以攻其學而不怠又有以驗其學而益廣所謂學者之於仕當知所先後蓋如此然則當其仕學而志有所分力有所奪者寧不兩失之邪大抵學者仕之體仕者學之用學而不仕則其體爲無用如荷蓧丈人之流是也仕而不學則其用爲無體如原伯魯之不説學是也子夏先言仕後言學其意蓋各有所指要之學先仕後其

序不可亂也此又學者之所當知

尊賢使能俊傑在位則天下之士皆悦而願立於其朝矣

高軒

同考試官教諭陳批（孟子題士子類能成章詳切如此篇者絶少）

同考試官教授姚批（此是行王政第一事而文能發之當是作手故揭而出之）

考試官侍講學士毛批（説俊傑處明白）

考試官學士傅批（孟子之意是如此）

惟國君能用夫士故士皆樂爲之臣蓋士未嘗不欲仕也孰謂國君能用士而不可以得天下之士之心哉昔孟子之意謂夫國家當以王政爲務而王政必以人才爲先今之諸侯誠知夫賢而有德者上下所賴則貴其德而尊尚之諫則必行言則必聽非徒禮貌之而已誠知夫能而有才者政事所賢則量其才而任使之外憫其勞内恤其誠非徒富貴之而已衆賢之中有俊傑焉乃德之异者也於是拔之草茅置諸具瞻之地何窮躓之有衆能之中有俊傑焉乃才之异者也於是起於巖穴荐陟浚明之位何屈抑之有國之能用士如此天下之士其有不應之者乎將見自西自東各封疆也士之存彼者聞我尚賢之聲莫不欣然而悦以爲道可行時可濟也孰不願往而立於其朝乎自南自北殊政教也士之居彼者慕我達才之風莫不躍然而喜以爲志可得澤可加也孰不欲進而履於其庭乎夫士也者民之先也天下之士悦而民從之矣斯其於王天下也何有哉抑此特王政之一事耳然不先務此欲王政之行得乎故孟子將言所以救民者四事而必以是先焉蓋即書所謂立政惟人者以人立政以政養民而民焉有不歸者哉百里可王無敵於天下之言非苟爲大而已戰國之君徒知尊臏起貴儀秦而才如亞聖顧使之終身不遇可勝嘆哉

易

君子以成德爲行日可見之行也

許仁

同考試官教諭侯批（是題士子率主雙湖之説與本義不合此篇獨有定見非苟作者是足以破積習之疑矣）

同考試官教諭甯批（文理精核讀之令人躍然蓋邃於易者宜取之以冠本房）

考試官侍講學士毛批（必如此作方合本義）

考試官學士傅批（説理而暢於辭佳作也）

文言論君子行之發也本諸身故其行之成也不可揜蓋德者行之本也君子以成德爲行是宜其行之不可揜如此夫乾文言申初九之義將言乎君子之所以弗用也而先及此且所謂君子以成德爲行者何哉誠以天下之理聚於人心而散於萬事君子之德所以備衆理於一貫者意既誠心既正而道之積厥躬者粹然矣是德也豈終藴而不發乎道與時逢則舉而措之出乎身加乎民其施之天下國家者即其意誠心正之事業也君子之德所以立天下之大本者誠之至性之盡而理之根於心者渾然矣是德也豈終含而不露乎位與德遇則推而行之發乎邇見乎遠其贊乎天地化育者即其至誠盡性之功用也君子之以成德爲行也如此又何以曰日可見之行哉蓋君子之道有體有用德其體也行其用也立其體斯達諸用故自家齊國治而至於天下乎其事業之就如火然泉達日彰著而不已炳然蔚然豈若藴於中者之不可見乎君子之道有内有外德其内也行其外也誠於中必形於外故自盡人盡物而至於與天地參其功用之大如天覆地載日昭灼而莫揜巍然焕然豈若含於中者之不可睹乎君子之行其顯而可見也如此初之德固無不足而其行則未可見焉此其所以弗用而有所待歟斯義也古之人有行之者伊尹太公是也方其耕莘野釣渭陽其行而未成之時乎及其出而阿衡有商爲周尚父成順天應人之王業其日可見之行乎然伊尹樂堯舜之道太公天下之大老也則其以成德爲行又安可誣哉學易者以是徵之則孔子之言益信

益動而巽日進无疆天施地生其益無方

胡昭

同考試官教諭侯批（動巽皆以德言於益道宜交盡人多忽此至於施生處亦欠體貼求其言約義盡蕩滌陳腐之氣者必取此篇矣）

同考試官教諭甯批（場中作者於動巽施生處多體認不精此作得之故録出）

考試官侍講學士毛批（講益之大他卷弗若）

考試官學士傅批（是善言益者）

卦德具人事之益卦體具造化之益彖傳各著其義也蓋益之道無間於人事造化者也觀於卦德卦體可見矣昔夫子傳益之彖至此贊益之大以爲不探益卦之藴不知益道之大以言乎人事有如止而不動動而不巽以之進德修業其能有益乎觀乎益之爲卦下體曰震上體曰巽震以一陽起於下動

之德也巽以一陰伏於下巽之德也以震動以巽入則是自强不息而有極深研幾之慮勇往力行而無欲遠鋭進之失學務時敏且遜志如不能治欲奮庸恒兢業而内省由是道德之味日新事業之基日廣士而賢賢而聖厥修乃來如川之方至也勉而利利而安其道大光如日之方升也其爲益又安有疆限之可言哉所謂人事之益其大有如此者以言乎造化有如天不施地不生雖曰兼覆并載其何所益乎觀乎益之爲卦上體本乾下體本坤乾以一陽交於下天之施也坤以一陰達於上地之生也天布施地發生則是乾无資始而承以坤元資生之德天道下降而應以地道上行之功易知簡能本健順而發育見象形器合陰陽而成化由是生物之多不測六合之内皆春顯諸仁藏諸用盛德大業一至神之所爲也出乎震成乎艮四時萬物一帝之功用也其爲益又安有方所之可求哉所謂造化之益其大有如此者夫子以卦德卦體而極言之厥旨微矣大抵易之爲書廣大悉備周子所謂精以盡示藴因卦發而五經之源天地鬼神之奥者也然一言以蔽之曰時而已益之時在人事則動巽之德雖聖人不能違在造化則施生之益雖天地不能違皆所以趣乎時也故夫子又曰凡益之道與時偕行大哉時乎知此者可與言易矣

書

爾惟訓于朕志若作酒醴爾惟麯糵若作和羹爾惟鹽梅爾交修予罔予弃予惟克邁乃訓

頓鋭

同考試官教諭陳批（訓志成德九峰傳意士子率多遺漏此篇摹寫獨真故録之）

同考試官教授姚批（此篇求訓克邁處體認親切且能組織傳注成文蓋嘗究心於經學者）

考試官侍講學士毛批（順題説去而當時語意淺深自見正不必騁奇耳）

考試官學士傅批（正説出高宗責望傅説之意）

賢王命大臣以輔德必喻以資之切而示以行之力也蓋君德之所繫大矣在人者資之切而在己者行之力賢王之望於大臣也何深哉昔高宗命傅説之意謂夫德必由學而進學必以志爲先予誠願於德也而知則未至爾其時發德音以訓我使志不昧於所趨予誠有意於學也而志則未通爾其開陳善道以誨我俾心不眩於所事是何也君德之修必賴賢人之助譬之爲酒醴而需麯糵爾非我之麯糵乎君德之成必籍正人之力譬之作和羹而用鹽梅爾非我之鹽梅乎麯糵之爲酒也在甘苦得中而爾於我之性行不思所以交

修之可乎蓋必以柔濟剛左右規正以成其德其毋我弃曰是不可與有言也鹽梅之作美也貴酸鹹適均而爾於我之身心不圖所以交修之可乎蓋必以可濟否朝夕匡救以勸其學其勿予舍曰是不足與有爲也夫知之而不能蹈是自弃其德矣故我於爾之訓入乎耳則必存乎心豈患予之不能邪聞之而不克行是自廢其學矣故我於爾之誨誦於口則必體諸身何憂予之不克邪高宗命傅説如此則其篤志於學者可知而德之成也不難矣抑論之自古帝王莫不有師若湯之於伊尹學焉而後臣之是已高宗得傅説置之師保之位其説命三篇君臣之所留意者惟輔德進學之事求之篤應之誠可謂上下交而其志同矣其視烈祖阿衡之相遇殆無上异商道之復興也宜哉

初一曰五行次二曰敬用五事

呂良

同考試官教諭陳批（天人之際最難言此作能言之是蓋造理之士）

同考試官教授姚批（洪範文字大抵難到精處此作辭足達意讀之自覺有味取之）

考試官侍講學士毛批（五行五事該括洪範一篇之意觀此作可知矣）

考試官學士傅批（聖人叙疇之意發揮殆盡）

聖人於洛書一二之數有第以天道者有第以人事者蓋五行在天而五事在人者也聖人叙疇其孰先於此哉箕子陳洪範先舉九疇之綱而此其二也吾想夫洪水告平洛龜呈瑞奇偶之數始分天人之理莫辨禹也心會神領而數既明繼天立極而疇以序彼其位居坎而間於六八者非一乎一者水之生氣之始也蓋一書之數莫先焉故曰初禹以爲天之道惟五行爲大是宜序九疇之首矣乃於一而第之以五行焉五行者天之所生以養乎人者也其氣運於天而不息其材用於世而不匱微而太極之妙具於此顯而變化之迹成於此人君治天下之道有經有權有用雖廣何者非五行之理爲之用邪五行之所以第於初一者蓋如此乃若位居坤而間於七九者非二乎二者火之生氣之著也蓋四偶之數莫先焉故曰次禹以爲人之道惟五事爲切是宜序五行之次矣乃於二而第之以敬用五事焉五事者天之所賦而具於人者也以之治心必敬戒而弗怠以之修身必祇畏而弗肆内而本然之性有以盡外而當然之則無所違人君制天下之事有常有變其道雖大何者非五事之敬爲之本邪五事之所以第於次二者蓋如此是則由五行而及五事以五事而參五行天未始不爲人而人亦未始不爲天也天人之理合一而無間如此非聖

人其孰能知之抑論人君治天下法未有出於九疇者然本諸天道固以五行爲先要諸人事又以五事爲急故大禹叙疇至此特以敬用言之其意可識也説者謂五事曰敬所以誠身夫苟敬以誠身也則皇極之體用可一以貫之而無遺矣是烏可忽而不慎哉

詩

婉兮孌兮總角丱兮未幾見兮突而弁兮

賈啓

同考試官訓導鄭批（此作摹寫風人戒勉當時之意宛然在目其必善於説詩者取之）

同考試官教諭吴批（會注成文深得題旨詩義之善者也録式何忝）

同考試官教授張批（題本陳誓揭書而出初未嘗擇於難易本房千餘卷多爲此題所窘晚得是篇詞理俱優故録之以式後學）

考試官侍講學士毛批（詞不迫而有味讀之亦可與）

考試官學士傅批（體貼風人曉成當時之意不過如此）

詩人即童子忽至於成人喻事理當循乎定序蓋事理有一定之序能循其序則其極未嘗不可至也詩人即喻以明之其意深矣昔甫田詩人戒時人之意若謂天下之事理莫不各有其極亦莫不各有其序躐等而求者無可達之理循序而進者有必至之勢獨不觀諸童子乎婉婉其弱尚未頎而長也孌孌其美何其娟且好也總其角於首丱然雙出之可觀垂其餘於前髧彼兩髦之可愛亦既見止曾幾何時矣而加冠峩峩已突然而高聳亦既覯止曾未幾時矣而載弁俅俅已忽然而高出去童子之態而并列於成人之行謝幼者之儀而隨行於冠者之次若是者非其躐等而强求之也蓋循其少長之序勢有所必至耳然詩人豈徒爲童子評哉正以事理之在天下也其大者皆始於其小其遠者皆始於其近但人厭小而務大則欲速之心萌而大反不可至矣忽近而圖遠則見利之意作而遠終不可及矣誠能盈科而進先小而後大則大者可一朝而得成章而達由近以及遠則遠者可一旦而致自灑掃應對而漸收乎修齊治平之功自温恭簡諒而馴致乎美大聖神之域若是者亦非其率意而妄爲之也蓋循其先後之次理有所必然耳是則童子忽至於成人之地人所共睹者也循序造於事理之極人所未論者也詩人即彼以喻此其示人之意何其切歟抑此詩序以爲爲齊襄公而作然考其一篇之中立辭命意若無與於襄公者似專爲時人躐等之弊而發故朱子以爲未見爲襄公詩者得之矣噫齊以急功利喜夸詐爲俗詩人之言豈爲一人道哉説詩者以意逆之

可也

左之左之君子宜之右之右之君子有之維其有之是以似之

王江

同考試官訓導鄭批（傳意是明而作者頗難措詞此篇能於筆路窘處從容數語便快人意故録之以式後學）

同考試官教諭吴批（平平寫出周天子稱美諸侯之意千百載之下若親際而見之者予於吾子乎敬羡）

同考試官教授張批（場中作此題者率多病於枯澀而子能易易言之殊有意味必學詩而有得於言意之表者）

考試官侍講學士毛批（形容似之甚好）

考試官學士傅批（讀此可以想見有周君臣相與氣象）

王者美君子有以周於用原君子所以周於用蓋著於外者必本諸内也孰謂君子用周於外而不本於才德之有諸内者哉此天子美諸侯之辭蓋以答瞻彼洛矣也若謂人之優於德者或短於才而我君子則才德之兼全長於才者或歉於德而我君子則才德之咸備但見以左之而左之無所不宜或入而立於朝也則輔理之功宜於朝或出而處於國也則承化之功宜於國施之當其可措之惟其時所謂宜民宜人者是已以右之而右之無所不有或責之以文事也則文足以附衆或責之以武事也則武足以威敵取之而不窮用之而不竭所謂有猷有爲者是已然此豈矯飾而爲之邪蓋其才之出於帝降者充積於中恢恢乎其有餘地德之根於天賦者渾融於内綽綽乎其有餘裕是以形之於其外不獨宜於左而又有於右内外相符如水之有源而其出無窮也豈無體之用哉見之於其事不獨有於右而又宜於左表裏如一若有物在中而其緒外見也豈無本之行哉是則諸侯以是而見知於天子天子以是而稱譽乎諸侯辭氣雍容情意深至自非有周之盛何以及此抑考瞻彼洛矣諸侯所以美天子也此詩則天子所以美諸侯也下之美上則屢願其保家室而不以爲瀆上之美下則盛稱其有才德而不以爲嫌於乎有周盛時所以君臣上下共成正大光明之業者良有以也故孔子録詩既録瞻彼洛矣於前即録此詩於後非無謂也後之讀者庸可不察

春秋

楚人侵鄭（僖公二年）公會齊侯宋公陳侯衛侯鄭伯許男曹伯侵蔡蔡潰遂伐楚次于陘　楚屈完來盟于師盟于召陵（俱僖公四年）晋師滅赤狄潞氏以潞子嬰兒歸（宣公十有五年）

胡岐

同考試官教諭程批（傳本明白又□忽之道出楚狄强弱齊晋功罪而筆鋒勁健文字嚴整僅見此篇）

考試官侍講學士毛批（能記當時事實豈熟於諸傳者邪）

考試官學士傅批（予恒責景處甚有筆力）

春秋予伯主攘夷之績善而責伯主略遠之師暴此齊桓召陵之師晋景赤狄之滅觀於聖經所書而美惡判矣慨夫世入春秋楚方强盛當我僖嗣位之初敢大爲侵鄭之舉氣陵中國憂在王室是蓋門庭之寇不可縱而莫禦者也所幸齊恒主伯佐以夷吾不假兵車之力成此糾合之謀志安一王師會八國奇兵潰蔡以披其黨正兵乘勝以造其疆既而陘亭退舍楚使來盟寡君之願是承召陵之好斯講是役也春秋何以予之夫用兵以律待敵以禮是王者之事也今也齊師雖强桓能以律用之而不暴楚人已服桓能以禮下之而不驕兵不血刃免民左袵蓋所謂一匡天下民到于今受其賜者也聖人作經至此據事而歷序其績以予之不亦宜乎若夫國邇晋封潞何卑弱别爲赤狄之種僻處山後之墟未嘗侵掠何有陸梁是雖氊裘之裔誠宜撫而弗弃者也所謂晋景嗣伯遠愧文公方伯姬被虐之日暨君目既傷之餘謀定伯宗師帥林父盍亦討其罪人而轘諸市安定潞子而吊其民而乃命將徂征拓疆爲利潞氏之廟以隳嬰兒之躬見執是役也春秋何以責之夫滅國是興絶世是繼乃仁人之心也今也潞氏何辜景則利其土地而滅之嬰兒無罪景又恃其强暴而執之名雖爲伯惡甚豺狼其亦异乎行一不義殺一不辜而得天下不爲者矣聖人作經至此略狄而特著其暴以責之夫豈過乎抑荆楚憑陵伐之可矣然諸侯之兵統於天子不禀命而擅用之於名義得乎赤狄小邦滅之易矣然宋受楚禍幾至於亡乃不一引手救惡在其爲盟主也雖然景爲庸伯無足多讓桓稱五伯之盛而冒王法如此他又何望邪

楚子入陳（宣公十有一年）楚公子嬰齊帥師伐鄭（成公六年）楚公子嬰帥師伐鄭（成公七年）

胡岐

同考試官教諭程批（討罪猾夏作者類能知之而於君臣大分夷夏大防上多不之講此作挑剔明白斷制嚴峻是必邃於春秋之學者録之）

考試官侍講學士毛批（本胡傳斷二君得失文氣不弱）

考試官學士傅批（措詞有斟酌非苟作者）

外夷以義討賊爲可子外夷恃强猾夏爲可罪于以見楚莊之入陳賢於楚共之伐鄭遠矣春秋子莊而罪共也宜哉昔者徵舒不道推刃其君君臣大分蓋蕩然無復存者孰意楚莊以荆山之陋明天地之倫爰提二廣之卒往正三恪之陳轘徵舒於栗門雪君靈之幽憤上下之分幾晦而復明悖逆之徒側聞而震恐方之凡我諸夏坐視其變而莫之問者何如哉雖曰貪利縣陳行同盗跖顧其聲罪以致討改過而復對則又舜之徒也仲尼重傷中國深美其有討賊之功故特從末減不稱取陳而書入雖曰予之可矣若夫鄭成君國背楚即華夷夏大防蓋稟□□□□者夫何楚共懷忿懥之私挾憑陵之□□□□大之鉞來伐懿親之邦播虐燄於中原□妖氣於上國金革之禍横加於衰絰吊問之使不出於封疆方之厥先祖父行師以義而弗之苟者何如哉借曰無故虐人夷狄常性顧其乘喪以爲暴不義而争强是與禽獸類也聖人志存經世特嚴乎夷夏之防故不加貶繩直書嬰齊伐鄭者至再而罪不容揜矣夫伐陳入鄭皆楚也曰莊也曰共皆楚之君也一予一奪各有攸當聖人亦何容心於其間哉雖然楚共無足論矣獨惜夫莊之謀不發於辰陵之盟乃至以重兵造其國都而後戮之是豈真有討賊之心哉蓋其始也不能以一匹夫之力執徵舒其終也則鄉取一人焉以歸而又納其亂臣其志可知已然則春秋予之是誠有不得已焉者其可慨也夫

禮記

相觀而善之謂摩

彭詡

同考試官教授林批（發揮取善輔仁之意詳悉可觀）

考試官侍講學士毛批（只就朋友説良是）

考試官學士傅批（文字縝密）

論學之資乎人而益於己者所以相厲而進也蓋人之善猶己之善也取善於人以益己謂非學之相厲而進者乎記學記者之意蓋曰凡君子之學固不能不賴乎師而爲學之資又不能無賴於友立志雖同也才質有高下而所就有後先求道雖同也學方有淺深而所得有多寡如可欲之善甲有而乙無稱甲之善則乙者觀而效之人一己百弗得措甲之善非乙之善乎如充實之

美乙能而甲否稱乙之美則甲者觀而效之困知勉行成功則一乙之美非甲之美乎相親於術業之間而遷善改過不勸而自力群居於講習之地而懲忿窒欲不戒而自嚴若此者於大學之教果何爲者邪誠以學非有待於外也而見賢思齊固當有奮然者故我取諸人人又取諸我篤於志而鋭於力如切如磋是蓋交相摩戛以進其德者也豈容以自怠乎學以求足乎己也而見善自存宜必有倐然者故彼藉諸此此又藉諸彼接於目而警於心如琢如磨是蓋互相激厲以修其業者也豈容以自盡乎此相觀而善之所以謂之摩而爲大學之教也歟大抵朋友者五倫之一而師固在其中矣凡教之興廢皆繫焉故學記論教之興有四而及於此至論教之廢有六既曰獨學而無友則孤陋而寡聞又曰燕朋逆其師而曾子亦曰君子以友輔仁古之學者其重於師友者固如此宜其道之尊而民知敬學也

上酌民言則下天上施

傅堯臣

同考試官教授林批（就君民一體之意甚了了非熟於禮者不能）

考試官侍講學士毛批（分别政教之應語各有當）

考試官學士傅批（文氣充暢可誦）

施政教者擇之審被政教者尊之至蓋民之尊君視其政教何如耳苟擇之審而後施之則其應有不期然而然者矣坊記聖人之言若謂爲治不在於恃一已之長而在於合民心之公故一政之將發必曰千萬其民則千萬其心未知其好惡何如也故必斟之酌之參挹乎輿論之可否可者行之否者已之所謂詢於芻蕘也一教之將舉必曰億兆其民則億兆其志未知其從違何若也故必咨之度之參考乎衆論之是非是者施之非者置之所謂用中於民也上酌民言如此則政必善政而非拂民之所欲教必善教而非强民之所難由是民之宜其政者莫不心悦誠服於耕食鑿飲之餘而仰戴之不遑不以君視君而以天視其君政雖不出於天有若蒼蒼之表所降下者矣豈敢視爲虚文乎民之安其教者莫不是矜是式於愛親敬長之際而尊戴之恐後不以上視上而以天視其上教雖不出於天有若冲漠之中所頒布者矣豈敢目爲常事乎是知民言衆而公也民心愚而神也必擇之也如此其審斯尊之也如此其至然則人君之出治可不慎於所擇歟抑論天聰明自我民聰明天明畏自我民明威天且爾而况君乎故古之論君道者必以代天理物爲訓人君果能聽卑如天而民天其所施固其宜也然必又有其本而後乃有其應不然則在我

者已無其具將何以爲酌言之地哉故下文又曰君子信讓以涖百姓則民之報禮重

第二場

論

大哉聖人之道

王江

同考試官訓導鄭批（題目氣象本大而子能以素所藴蓄者應筆寫出辭順理明愈讀愈可愛非學博擇精者能爲是耶起敬起敬）

同考試官教諭吴批（聖道題認理未精者多失之泛間有精者又窘於筆而詞不足以發之晚得此篇詞理明暢從容千餘言不見有一腐句其必嘗究心於内者歟）

同考試官教授張批（題本性理頗難於形容而此論能以法度之言著之筆端有源委有曲折意義炳炳必佳士也异日見固宜有過人者哉）

考試官侍講學士毛批（題意至深廣而文能發之且其布置惟謹不苟用一長語使讀者愛而弗舍其士而篤志者歟）

考試官學士傅批（場中士子作此論者多不顧本題義理直取舊論體格相類者輒冒用之不知主司得之甚厭觀覽有讀未終篇即揮去者晚得是篇因題命意不事華藻而抑揚開闔亦未嘗不在若是者不可以爲法邪）

論曰言道之大者必發其所以大而人始不謬於所趨矣聖人之道誰不知其大者知其大而不知其所以大雖謂之不知可也聖人之道之大也有體焉有用焉而又有大小焉體也者藏於内者也用也者顯於外者也而大小者即其用之費而其用之所以爲體則隱而莫之見也是所以爲聖人之道之大也聖人之道也而大者不能盡小者有所遺則是用之有窒矣用之有窒必其體之不足矣不足於體而窒於用小者遺大者漏本原之地狹而運用之術窮曾謂聖人之道而若是小乎大哉聖人之道子思子蓋以示夫求道者之凖的而欲人之所知所趨也言之不足而繼之曰洋洋乎發育萬物峻極于天又繼之曰優優大哉禮儀三百威儀三千於乎兹其所以爲聖人之道乎兹其所以爲道之大者乎蓋嘗觀於天地之大而有以知聖人之道之大之所自來矣陰陽分而五行具人物生而萬事出天命之性也率性之道也人人有之物物有之聖人豈得而專之哉聖人既不得而專之彼衆人者萬物之靈也何以必待聖人而教之也然則道也者衆人所不能盡而聖人則盡之矣性也者喜怒哀

樂之未發者也天下之大本也道之體也道也者情之發而□□者也天下之達道也道之用也是之謂中是之謂和而又以其爲古今不可易之定理則謂之中庸焉聖人之心純亦不已而物各付物純亦不已則大本立而所謂道之體者於是乎盡焉物各付物則達道行而所謂道之用者於是乎盡焉三才之植立萬化之流行自一息至于不可終窮自一毫至于不可限量而聖人之道無所不綱維主宰而所謂大者小者又無不盡焉聖人之道之大何如哉且聖人之道何者爲之大子思所謂發育萬物峻極于天是已何者爲之小子思所謂禮儀三百威儀三千是已然則聖人之道者其爲春爲夏爲秋爲冬而覆天之所覆者邪其所謂施舍進退周旋容止動作言語可度可觀有文有章而法地之卑者邪聖人之道之大何如哉語大天下莫能載語小天下莫能破子思固已於君子費隱之道言之而費即道之用隱即道之體也君子之道即聖人之道也舜之大孝文王之無憂武王周公之繼□述事參天地贊化育盡人物之性博厚高明而悠久其在下若孔子之叙書傳禮記删詩正樂序易彖繫象説卦文言作春秋垂憲萬世皆其用之大者而遠之邇高之卑父母之順兄弟妻孥之樂富貴貧賤夷狄患難無入不自得庸德之行庸言之謹其在上若周之六典八法八則九柄九貢九賦九式之序祭祀朝覲冠昏喪紀師田行役之詳車妝圭璧之器梓匠輪輿之度畫繢刮摩搏埴之法皆其用之小者也道不能無物而自道物不能無道而自物聖人之道其所謂合内外該本末體物而不可遺者乎蓋其用之外有末者其大也非空疏而無物其小也非舛錯而無倫而其體之内者本者亦豈涣散無統玄妙不可究詰之理哉子思之立是言也無亦懼夫异端者之害道而慮學者之昧於所趨乎是道也不可須臾離也禀受之不齊好惡之無節心以形役志以氣移理以慾昏性以情鑿鄉之不可離者梏亡茅塞雖有存焉者寡矣苟不至德至道不凝焉是故德性不可以不尊也問學不可以不道也廣大不可以不致精微不可以不盡也高明不可以不極中庸不可以不道而温故知新敦厚崇禮不可以不交用其力也是皆所以極乎道之大而盡乎道之小也始乎敬終乎敬而歸宿乎誠内成已外而成物而聖人之道在我矣此固子思作中庸之意也

表

擬宋以龍圖閣直學士充陝西經略安撫副使范仲淹兼知延州謝表（康定元年）

樂選

同考試官教諭侯批（温厚爾雅深得駢驪體）

同考試官教諭甯批（能發文正公心事且典雅可觀）

考試官侍講學士毛批（寫出范公持重之意）

考試官學士傅批（自叙無誇辭得謝體矣）

臣仲淹言伏以經營四方特假禁庭之職襟喉五路許操牧伯之權責將萃以兵民體欲具夫文武衆中自薦身外何求伏念臣生遇文明道由儒素存心當世每懷後樂先憂委質爲臣益慎夙興夜寐獻忠誠於藥石昧禍福於樞機小智寡謀危言多犯屢前而却望已絶於亨衢既仆而興恩忽加于貶所蠢兹元昊方負固以憑陵繄我金明據莫强之形勝河山要害關輔藩籬顧忝二於統戎竊願兼乎守土庶或菌生朽株敢云穎脱錐囊試屬國而係單于術卑賈傅受長纓而羈南越才愧終童率爾請行欣然嘉納兹蓋伏遇

堯仁并育舜哲重華謂用險無寧用人計使功不若使過濫收葑菲亟降絲綸俾分西顧之憂用替外攘之烈股肱父母古有官箴訓練撫摩今多時務蓋爲將貴於持重而帥師宜尚中行器必身藏動斯隼獲臣敢不有嚴有翼勞之來之導帝澤以下流振王靈而遠暨堅壁挫吴楚惡處貪兵治郡仰龔黄耻行苛政樹恩崇信倘可招徠蓄力待時徐圖進取惟廟堂得全勝之筭不怒而威則華夷歸一視之仁無爲而治臣無任瞻天仰聖激切屏營之至謹奉表稱謝以聞

第三場

策（五道）

第一問

王江

同考試官訓導鄭批（此卷五策俱善答可取而聖製一篇尤筆力雅健特録之）

同考試官教諭吴批（志書一策作者於其事類之詳咸能敷衍成篇以揄揚我國家一統之盛至於祖宗相繼而成之迹則未之知而此作獨能發之篇終又有所獻拳拳忠懇於此亦可以少占矣）

同考試官教授張批（此策於祖宗作志之由暨英廟成書之故歷歷陳之鮮有遺失豈留心於當代之制作已久乎他日對揚大廷必有可觀者勉之）

考試官侍講學士毛批（我祖宗作述之大見於一統志者此策獨能鋪張之而他作亦復稱是文彩燁然□出人表可以空冀北之群矣）

考試官學士傅批（此卷三場文氣逸發光彩逼人望之即知爲奇士求

之不得而得之喜不自勝矣遂擢爲多士之冠其文之尤佳者已録其三此策叙我祖宗開創之勤暨英廟繼述之孝爲悉亦通場所無者特又録之）

聖人之孝其大矣哉既有以成先世之志又有以立後世之法蓋先世之志無所成則作於前者不能繼於後世之法無所立則繼於今者不能傳於遠有以成之而前者以繼有以立之而今者以傳先世之業斯悠久而無疆矣聖人之孝何其大哉請因執事所詢大明一統志而伏知我英宗皇帝聖孝之大夫有一代之興必有一代之志志也者志其土田之等也志其人民之數也志其山川之名也志其物產之宜也莫善於禹貢而凡九州之所有者無不載莫詳於周禮而凡大司徒之所掌者無不具所以佐王者在是所以安擾邦國者在是我太祖高皇帝知之故於即位之三年即命儒士魏俊民等六人編類地理形勢及降附始末謂之大明志焉然天下甫定未大備也我太宗文皇帝繼之故於永樂之十有六年遣使采訪開局纂修必欲成厥書焉然龍馭上賓未就緒也迨我英宗睿皇帝以仁明誠敬之德紹祖宗盛大之業念先志之未就顧繼述之在躬於是申命儒臣大加編輯閲寒暑者三易藁草者屢成此一代不刊之典冠以大明一統之名首京師而次方岳秩秩乎其有序稽列宿以定分野井井乎其有條郡邑司衛之畢陳人物山川之具載無物不有也無遠不志也東盡遼左西極流沙南越海表北抵沙漠彼舜分天下爲十二州禹復分爲九州非不一統也當時負固之三苗即在今荆揚之間流竄之幽州即爲今都會之地其所統果孰近而孰遠乎商有三千餘國周有千八百國亦非不一統也曩時荆蠻之逃即今蘇常之間徐方之征即今徐州之境其所統果孰少而孰多乎漢志書郡邑矣而貢賦之或遺今則郡邑土產之兼收也唐宋書貢賦矣而山川之不録今則土產山川之并録也然則自有地志以來又豈有如今日之極盛者哉我英宗是復有慮焉以爲繼序在後王也輔治在臣下也故見於御製之序者諄諄乎開創之惟難懇懇乎保守之不易不一辭而足也考求故實增其聞見之論感發興起出爲世用之訓不一言而已也於乎成先世之志則繩其祖武矣立後世之法則孝思維則矣我英宗之孝信乎其至大之孝也宗廟之謚以至德廣孝稱之豈溢美哉雖然竊有獻焉志之郡邑録矣而未及夫户口之詳土產録矣而未及乎田税之數矧志成之後迄今又五十年其間郡邑之變遷公署之罷置與夫民物之消長又不可以耳目計必有續志之修庶爲全書之助又必頒之有司掌之户部有所斂歟則按其故而考其實有所散歟則據其實而致其用禹貢田賦之常周禮土地之圖人民之數皆此意也豈有爲志而外於禹貢周禮者哉愚也沐堯天雨露之恩蓄野人芹曝之

誠久矣明問及之何敢不盡伏惟進而教之

第二問

許仁

同考試官教諭侯批（仁本性分中道理學者未識本體而爲之說往往差謬失真此答條析精熒援引切當想見平日求仁之志噫微子吾誰與歸）

同考試官教諭甯批（仁道一篇答問不遺所造精切非苟志仁若是邪披閱之餘爲之擊節嘆賞）

考試官侍講學士毛批（先儒論仁具有成說能得其大要辯別古人言行當否不失殆非近小之士）

考試官學士傅批（仁頗難言子能據前人之論而折衷群言之是非必留心於理學者也特置前列）

聖人之言仁也似异而同此惟識仁體者爲能知後儒之言仁也似同而异亦惟識仁體者爲能辯此程朱二氏之所以有功於前聖有功於後學而非漢唐以來諸儒之所能及也蓋自孔門以仁立教而世之學者孰不知仁之急哉然而真知是道者其人固不多有也愚請援程朱二子之說以析論語之疑而折衷諸儒异同之論可乎仁者生之性也而愛其情也孝其用也公者所以體仁猶言克己復禮爲仁也此程子之說蓋因夫子之言而得其所以言也天地以生物爲心者也而人物之生又各得夫天地之心以爲心者也仁者心之德愛之理包四德而貫四端者也此朱子之說又因程子之言而得其所以言也聖人之所以言用不言體者非不言體也用即體之所以流行者也問仁而告以求仁之方者求而得之仁之體自能默識而非可以驟而語之也是故以人言之惟全體而不息者爲仁顔子在聖門能守博文約禮之教其心不違仁也幾於聖人曾子在聖門能務格致誠正之學其以仁爲己任也得正而斃自餘弟子其學也不如顔曾其於仁也不過日月至焉非所謂全體而不息者也若原憲克伐怨慾之不行比之克己復禮使私欲不留而天理得者氣象何遠哉故問仁者多矣而夫子獨以克復之功告顔子者蓋各就其所能而教之也以事言之惟當理而無私者爲仁三仁之行不同而同出於至誠惻怛之意夷齊之心無怨而有以全父子兄弟之倫彼子文文子其忠也未必如比干之至誠其清也未必如夷齊之無怨非所謂當理而無私者也若管仲尊周攘夷之功業比之子文文子守一人之私行而無補當世者規模孰大哉故不許仁者多矣而夫子獨以仁之功歸管仲者蓋特就當時所賴而稱之也漢之儒以董子爲醇而其言曰仁者君之所以愛是合性於情也非識仁者也唐之儒以韓

子爲正而其言曰博愛之謂仁是指情爲性也非識仁者也前乎此者孟子有惻隱仁之端之説矣即情以知性豈遽以惻隱爲仁哉後乎此者周子有德愛曰仁之説矣因用而名體豈但以仁爲愛哉雖然漢唐之時理學未明其以愛言仁固也夫何楊龜山謝上蔡皆親炙程門而猶未有見於仁體豈誦其師之言而不求其意邪善乎朱子之言曰物我爲一是故其弊或至於認物以爲己心有知覺是仁之包乎知而非仁之所以得名之實也故其弊或至於認欲以爲理此則離愛而言仁者其失也與以愛言仁均也愚也讀聖人之書勵求仁之志有年矣而於其道蓋茫乎未之有得也姑誦先儒之成説以就正於執事惟進而教之幸甚

第三問

牛逸

同考試官教諭程批（師道一策正欲使人知爲師爲學之方此作折衷群言一以孔顔之説爲準而篇末數語確有歸宿定見是必中藏治教之具而非徒騖空言者）

考試官侍講學士毛批（條答前人論師道處詳悉無遺非他卷可及）

考試官學士傅批（孔子之教顔子之學萬世不能易者衆論紛紛子能持是以析不謂有定見乎且文字老成決非凡士矣）

對學必貴於得師教必貴於有法學矣而不務得師猶欲渡而不務得舟也教矣而不知有法猶授之舟而弗與楫也欲其誕先登於岸也豈不難哉聞之延平李氏天下有三本焉父生之師教之君治之闕其一則本不立矣故古之聖賢莫不有師而所謂教者莫不有法帝王之師尚矣而孔子者後世所謂先師也請因明問自孔子而下言之問禮老聃問官郯子孔子猶有師也願學孔子受業子思之門人孟子猶有師也作師説以號召後學者非韓愈氏乎其言曰弟子不必不如師師不必賢於弟子蓋以聞道有先後術業有專攻故也作論師書以答韋中立者非柳宗元乎其言曰愈既自以爲蜀之日而吾子又欲使吾爲越之雪蓋以蜀南恒雨越南無雪謂愈抗顔而爲師爲世所怪也濂溪始學於陳希夷固張敬夫有是言也而其所以契道者當是不由師傅之説再見茂叔後吟風弄月以歸有吾與點也之意固程子所自言也而其所以見道者未必無博聞强記之助張横渠講易於京師爲日久矣一夕聞二程之論即撤皋比而去其望於道者何深乎朱子稟學於劉彦冲歸自同安矣既聞李延平之學又徒步數百里而往其求於人者何切乎夫道之所存師之所存顧人之所以求之者何如耳聖賢之所謂師無容議矣愚獨於宗元之言竊有疑

焉書曰德無常師主善爲師愈之師説蓋原於此而宗元乃有雪日之譏恐爲有激而發不然其答嚴厚輿書何以又曰僕才能勇敢不如退之故不作人師其作師友箴何以又曰吾欲從師可從者誰借有可從舉世笑之謂非有意矣乎孔子不曰三人行必有我師焉擇其善者而從之其不善者而改之此殆不易之論也唐虞之教尚矣三代之教至周大備請因明問自周而下論之周禮師氏之教有三德焉曰至德曰敏德曰孝德是即大學之教也有三行焉曰孝行曰友行曰順行是即小學之教也張横渠之言曰教人以禮爲先謂世人汗漫無守便當以禮爲之地謝顯道之言曰教人以立志爲先謂根本不立則培養無施故必先立其志以爲之根本教人以恭謹爲先者吕伯恭之言也謂不輕忽不躐等讀書乃其餘事耳教人以知止爲先者楊中立之言也謂先知所止然後可以漸進耳朱子之言則謂爲學之道莫先於窮理窮理之要必在於讀書故必先之以訓詁文義焉陳埴之言則謂學者徒事記誦則逐其小者忘其大者反以無用之物累其空明之心是之謂玩物喪志焉夫耳目既狹心必不廣要人之所以充之者何如耳周禮諸賢之所謂教各有攸當矣愚獨於陳埴之言竊有疑焉易曰學以聚之問以辨之朱子訓詁之義蓋取諸此而埴乃目書爲無用之物恐未爲通論不然謝顯道嘗聞程子玩喪之説何以不服張横渠又何以曰讀書則此心常存程子他日亦曰讀書將以窮理將以致用也謂非確論矣乎顔子不曰夫子循循然善誘人博我以文約我以禮此殆不易之法也明問所及愚既略陳其概矣區區之見猶有未盡自求師言之凡有益於我者皆師也自爲師言之獨不思所以模範於人者乎故模不模範不範又爲揚子雲之所少也自始學言之固以訓詁爲先自入道言之又必以持敬爲本故致知以明之持敬以養之又爲朱子爲學之要也愚也游於庠序則爲弟子倘荷甄録又將有治教之責焉故敢兩及之如此惟執事恕其狂妄幸甚

第四問

吕良

同考試官教諭陳批（生民休戚係守令之賢否使得其人而寬猛適宜則因時舉政而民之受賜多矣此策條對整整不爲問目所拘而始終含蓄此意其于子民之方籌定于胸中素矣异日循良見推誰能出其右者）

同考試官教授姚批（守令策士子類節略問目爲文可厭子獨能援古證今以對且雍容不迫至詳至備可以占胸中所有矣他日蒞政必鑿鑿可觀未敢以場屋士目之也）

考試官侍講學士毛批（寬與嚴各爲一德而不相悖顧所以用之何如

耳此策欲因時爲寬猛不使偏廢充其言事當有濟者是固存乎人也）

考試官學士傅批（論政而歸之得人雖老生之常談要之實不易之定理也子於答問之際不以無效而少變其説可以占所養矣）

對不患天下之不治而患民生之不遂不患民生之不遂而患守令之不得其人守令得人矣民生不求其遂而自遂民生既遂矣天下不求其治而自治故程子曰四海之利病係於斯民之休戚斯民之休戚係於守令之賢否蓋誠見其然而言之也豈惟程子言之漢宣帝嘗曰庶民所以安其田里而無嘆息愁恨之心者政平訟理也與我共此者其惟良二千石乎以爲太守吏民之本也豈惟宣帝言之董子嘗曰今之郡守縣令民之師帥所使承流而宣化夫凡居民上者孰非其瞻仰孰非其表率乎而古之人乃以民之休戚獨歸之守令蓋以守令之職於民最近也其政令之施及民最速也必其人焉或寬以有恩或嚴以有威而又能因時以制宜者庶乎有濟否則鮮有不殃民者也請以執事所詢漢之賢守令及今事驗之黄霸之治潁川劉寬之治南陽一則時尚嚴酷而獨用寬和以導民一則吏人有犯而但用蒲鞭以示辱卓茂之於密魯恭之於中牟一則教以禮義而不屑於米肉之細一則專以德化而不任夫刑罰之煩之數人者雖於爲政之體未必皆得也然而可以寬則寬其所以惠夫民者不既深乎誅其首惡而郡中震栗此趙廣漢之治潁川也以一警百而吏民改行此尹翁歸之治東海也發擿以數而居民稱爲神筭者洛陽之王涣也搏擊有方而京師號爲卧虎者强項之董宣也之數人者雖於小民之心未必皆得也然而可以嚴則嚴其所以輔乎治者不既至乎洪惟我朝最重守令之選百年來大收賢能之效奈何承平既久禁網漸疏樂縱弛者籍平易以爲名習懦弱者托慈祥以爲務於輕罪常略之而不詰於重罪雖詰之而不盡或一囚之慮積才餘年或一事之結更五六輩以怠緩爲優容視公文如敝楮豈無超拔之賢終有因襲之弊蓋至弘治之末而其寬益甚矣民之翫之於是有去而爲盗者或攘金於道路或禦人於國門甚者於京城通會之衢有白日戕害之慘雖鄭之取人於萑苻者何以逾之勢極而反理之自然縱弛轉而矜持懦弱易而强力苟有所犯必置之理罪有所當必盡其法或覆讞於旬時或决遣於信宿催科不遺餘力督責惟恐後期豈學翫愒之絶無亦千百之一二蓋自近歲以來而其嚴成風矣人之憚之於是有去而從逆者或暫脱其逋負或苟免乎刑罰甚者於邊方要害之區爲旦暮聚保之計視漢之弄兵於潢池者何以异之賴我皇上察其陷溺之情開其自新之路且授之方略責之有司彼曰盗曰逆已見有所歸服矣曩者又因吏部之請特柬親民之官其觀望聚斂之

諭真明見萬里之外彼若守若今已見有所戒勉矣而執事又必詢之惓惓無已者豈非欲致審於寬猛之間俾爲守令者將來有所持循乎故以邊方之事爲可懲當一主於寬孔子論仁之言是遵可以而崔寔治亂之説見於范史者是或一道恐一主於寬未必可也以國門之患爲足鑒當一主於猛子産論政之言是行可也而龔遂亂繩之喻見於班史者是或一義恐一主於猛亦未必可也然則當何如則可聞之朱子御善良以寬治强暴以嚴如斯而已乎聞之孔子政寬則民慢慢則糾之以猛猛則民殘殘則施之以寬寬以濟猛猛以濟寬政是以和如斯而已乎聞之朱子胸中著一寬字則寬必有弊著一猛字則猛必有弊當如持衡高者下之低者平之如斯而已乎聞之荀子有治人無治法信乎守令得人而民生自遂天下自治也執事以爲何如

第五問

彭詡

同考試官教授林批（水利關繫獨重場中士子能知古人之策者甚少子能知之且不欲大有興作以病民也其所存厚矣）

考試官侍講學士毛批（節取衆説酌以時宜不奇不腐水利策此其最優者）

考試官學士傅批（子於前人治水之策舍上而就下無乃苟簡乎適其時而已矣識時務之俊傑吾於子乎是望）

執治水之要惟其道興治水之役惟其時孟子曰禹之治水水之道也後之人亦惟準是以治水之患而已韓昭侯作高門屈宜臼謂之時詘舉羸病其不因旱而恤民急也然則欲興治水之役又可不相時而動乎執事以中原河徙江南水溢而思用古人之策以救之誠有憂天下之心也愚則以爲有良法而未有可爲之時則亦何敢以輕用哉考之禹貢導河積石至于大陸播爲九河同爲逆河是禹之所以治西北之水者皆因其潤下之性也三江既入震澤底定浮于江海達于淮泗是禹之所以治東南之水者亦因其潤下之性也西漢之初九河湮塞大河入海之道隘而上流時決其後河入千乘而德棣之河又播爲八其委之多偶合於古由是河不爲患千數百年元余闕之論如此吳越之時營田設卒導河築堤之役勤而歲多豐稔其後宋朝一統江南不稔則取之浙右浙右不稔則取之淮南慢於農政不復修舉由是圩田河塘隳廢失利宋范仲淹之言如此然則今日之患其可盡委之氣數而不務修人事乎第在慎之而已漢賈讓言治河有三策徙冀州之民當水衝者決黎陽遮害亭放河使北入海上策也多穿漕渠於冀州地使民得以溉田分殺水怒中策也繕

完故堤增卑倍薄勞費無已數逢其害下策也王莽時關并言秦漢以來河決曹衛之域其南北不過百八十里可空此地勿以爲官亭民室韓牧以爲宜略於禹貢九河處穿爲四五當有益凡此數策大同小异要皆遵大禹之法而爲之者今決溢之患不殊於昔而漕渠之利必資於河有能以其策酌而用之國之利亦民之利也宋郟亶言蘇州利欲順地形高下之宜求古人蓄泄之迹高其堤防大其溝澮曲者使直狹者使廣單鍔吴中水利書欲先開吴松江尾遷沙上之民疏吴江岸爲千橋仍於下流開白蜆安亭二江使太湖水由青龍入海趙霖上平江水利策一曰開置港浦二曰置閘啓閉三曰築堤裹田凡此數説或詳或略要皆祖大禹之意而論之者今低下之田常有水患而高仰之田每有旱災有能用其説推而行之民之富固國之富也雖然二篇有時易言於損弛力之惠荒政所先示財用之當節而人窮不可以不之憫也傳説之告高宗曰慮善以動事力率皆不足當是時而欲修治水之上策立不世之奇功聚大衆興大役勞民耗國困弊立見曾謂智者而爲之乎然則今日之計何居相地勢謹堤防使河入漕渠而已矣依故道去於澱使水有蓄泄而已矣此則漢宋諸人謂之下策者然役小費狹固無大利亦無大害也選良吏布膏澤勞來安輯寬大而下苛静重而弗擾則民心悦而和氣應矣和氣應而百順集頌聲作矣國家於此何事不可爲何功不可建哉抑水之患非獨兹地而已民之病亦非獨水患而已聖主得賢嘉謨贊化日夜講求漸次除治其效蓋可使夷狄賓魚鳥若而况於河患之大乎况於財賦所自出之壤乎執事幸無慮

順天府鄉試録後序

皇明一天下以來聖聖相承祇若天道與賢爲治洪休偉績輝映無極雖夫求才路廣要之得人無科目比隆蓋其養之豫選之精用之至創繼同一心先後守一道而不變者則使之然猗歟盛哉乃正德五年秋八月天下士悉自貢于其鄉以升如故事是維成周考德行道藝興賢能之意於是學士臣珪侍講學士臣澄并受詔出考京府試臣澄明不至亦惟夙夜與共事之臣慎擇其文理之純者而取之其限於制額而不能盡取者姑使需後試舍是蓋莫可致力者於乎所貴乎士者獨文藝乎哉今兹所取百三十五人將來委質吾君爲忠爲良必自今日始所以戒飭而期于克終臣烏可以默人之言曰儒者之學明體而適用若周之士德行道藝萃于厥躬惟上所任使是故役萬物應萬變

動而不窮儒者何以能然也學之至也惟我國家真有厚望於士士真能無負國家是使科目之盛有古造士進士之風而待之重得之榮者也諸生以帝畿之秀一日繫其名於賢能之書而登于天府天下之士莫先焉道之難知也名之難成也尚益懋于學充其美質以成大器斯亦庶乎其可哉且古之人學而仕仕而學蓋始終是事而無窮已臣已仕者其敢廢學第愧具官碌碌徒以斯言爲未仕者勖也

翰林院侍講學士奉政大丈夫毛澄謹序

正德八年順天府鄉試録

順天府鄉試録序

正德癸酉秋八月天下當開科取士之期順天府府尹臣廉府丞臣珝具疏請考試官主京畿鄉試上命侍講學士臣一鵬左中允兼修撰臣龍往簡拔之臣方承乏史館纂修玉牒聞命則驚惕而起嘆曰玉牒之修朝廷所以待天下宗藩親親之道也科目之設朝廷所以待天下賢才賢賢之道也隨時緩急一惟上命乃輟所謂纂修者即以求賢爲重事翌日遂與臣龍進辭于廷退宴于府時同考試官學正臣大綱臣大章臣慈教諭臣棠臣岳訓導臣震臣文幹臣碩臣衡皆禮聘至自外郡監試官監察御史臣瀛臣祺皆遴選至自内臺其他百執事亦皆慎簡以克而提調内外則臣廉臣珝也宴既畢遂以是日入院而六館諸司及列郡應試之士凡二千八百有奇乃如故事三試之爰拔其尤得百三十五人因録其氏名并文之純者爲録以獻臣以職事宜爲序竊惟人才之在天下其出而爲國家用者類非一途然以今日論之孰有重於科目者乎而科目所取固以文耳故有司試士與士之試于有司皆有不能外是焉者顧其人學術有淺與深則其造理有到與否其造理有到與否則其措辭有高與下文也者主乎理而達之辭者也臣濫竽校文之任乃於京畿諸士之文得遍閲焉斐然成章若皆有辭悠然趣味若皆有理蓋視天下爲尤盛焉尤盛則取之宜過於多而限於制額則有弗得而盡然者亦惟窮日夜殫心力務求其所謂高與下者而甄别之其取其去一循至公而不敢少以己意參焉以仰副我皇上求士之意此臣思竭駑鈍以求逭其責者也雖然以文取士朝廷立法然耳士之取重天下者獨文乎哉昔孔子教人必兼文行至論文學亦必以德行先之聖門所重蓋如此諸士今以文見録矣又將進而角天下士奉廷對服官序寔自兹始盍使文行彬彬實與華稱于以建偉績揚休光蔚然成一代名臣而爲天下所取重乎夫是意也朝廷所望於天下士者皆然况諸士秀出京畿固宜先天下而興者而可弗知所重耶且臣輟纂修至此凡以爲國家求賢也求而得人果如前所云者則臣與有榮焉否則與有愧焉臣用是懼乃敢輒附鄙意于末願與京畿之士勉之且以勉天下之爲士者固臣平日區區一念

圖報之誠也

翰林院侍講學士奉訓大夫吴一鵬謹序

正德八年順天府鄉試

提調官

嘉議大夫順天府府尹楊廉（方震江西豐城縣人　丁未進士）

中順大夫順天府府丞王珝（汝温直隸永平衛人　己未進士）

考試官

翰林院侍講學士奉訓大夫吴一鵬（南夫直隸長洲縣人　癸丑進士）

左春坊左中允兼翰林院修撰劉龍（舜卿山西襄垣縣人　己未進士）

同考試官

山西潞州儒學學正佘大綱（邦憲湖廣襄陽衛人　乙卯貢士）

湖廣荆州府夷陵州儒學學正鄭大章（希夔廣東海陽縣人　辛酉貢士）

山西平陽府蒲州儒學學正周慈（允寬廣東順德縣人　甲子貢士）

河南開封府杞縣儒學教諭吴棠（民愛直隸無錫縣人　戊午貢士）

河南南陽府南陽縣儒學教諭高嶽（民望陜西咸寧縣人　庚午貢士）

直隸鎮江府儒學訓導于震（東伯浙江餘姚縣人　丁卯貢士）

湖廣常德府武陵縣儒學訓導林文幹（信翰福建莆田縣人　丁卯貢士）

浙江台州府臨海縣儒學訓導陳碩（允大福建晋江縣人　戊午貢士）

江西吉安府萬安縣儒學訓導周衝（道通直隸宜興縣人　庚午貢士）

監試官

文林郎河南道監察御史房瀛（登之山東費縣人　癸丑進士）

文林郎雲南道監察御史吴祺（貴德江西豐城縣人　壬戌進士）

印卷官

奉議大夫順天府治中吴遠（惟明直隸歙縣人　丙辰進士）

收掌試卷官

廣東廣州府順德縣知縣曾憲（勉章江西泰和縣人　己酉貢士）

受卷官

直隸池州府同知羅環（廷璧江西新淦縣人　庚子貢士）

四川烏撒軍民府同知雷爵（廷臣陜西朝邑縣人　丁酉貢士）

彌封官

陝西鳳翔府同知郁敬修（惟善四川成都前衛人　丁酉貢士）

浙江紹興府山陰縣主簿王世良（濟善山西蒲州人　監生）

謄録官

四川瀘州知州曾瓛（叔和湖廣祁陽縣人　庚子貢士）

山東都司經歷司都事吴珮（德器河南裕州人　監生）

對讀官

江西九江府德安縣知縣吴照（克明浙江鄞縣人　己酉貢士）

河南開封府許州判官郭璟（廷光山西高平縣人　監生）

巡綽官

直隸興州中屯衛指揮同知唐相（廷佐直隸鳳陽府霍丘縣人）

青州衛指揮僉事劉玄齡（永年順天府通州三河縣人）

靈山衛指揮僉事楊威（世雄直隸安慶府桐城縣人）

保定後衛指揮僉事張雄（世威直隸河間府河間縣人）

監門官

安東衛指揮僉事侯通（大器山東濟南府武定州商河縣人）

靈山衛指揮僉事郭斌（彦傑直隸鳳陽府定遠縣人）

供給官

修職郎順天府經歷司知事張僎（一升山東德州人　官生）

文林郎順天府宛平縣縣丞趙繼賢（繩武河南永寧縣人　監生）

順天府大興縣主簿張學（習之直隸河間府滄州人　吏員）

第一場

四書

十室之邑必有忠信如丘者焉不如丘之好學也　可以贊天地之化育則可以與天地參矣夫君子所過者化所存者神上下與天地同流豈曰小補之哉

易

謙亨天道下濟而光明地道卑而上行天道虧盈而益謙地道變盈而流謙鬼神害盈而福謙人道惡盈而好謙謙尊而光卑而不可逾君子之終也　初九利用爲大作元吉无咎　是故天生神物聖人則之　人謀鬼謀百姓與能

書

同寅協恭和衷哉　從諫弗咈先民時若曰肅時雨若曰乂時暘若　罔曰弗克惟既厥心罔曰民寡惟慎厥事

詩

緇衣之宜兮敝予又改爲兮適子之館兮還予授子之粲兮　生芻一束其人如玉　如飛如翰如江如漢如山之苞如川之流緜緜翼翼不測不克不顯不承無射於人斯

春秋

蕭叔朝公（莊公二十三年）大夫宗婦覿用幣（莊公二十四年）楚人伐鄭（僖公元年）齊侯宋公江人黄人會于陽穀（僖公三年）公會齊侯宋公陳侯衛侯鄭伯許男曹伯侵蔡蔡潰遂伐楚楚　屈完來盟于師盟于召陵（俱僖公四年）楚人陳侯蔡侯鄭伯許男圍宋（僖公二十七年）晋侯侵曹晋侯伐衛　晋侯齊師宋師秦師及楚人戰于城濮楚師敗績（俱僖公二十八年）楚人圍江　晋陽處父帥師伐楚以救江（俱文公三年）楚人滅江（文公四年）公會晋侯齊侯宋公衛侯曹伯莒子邾子杞伯救鄭八月戊辰同盟于馬陵（成公七年）宋華元出奔晋宋華元自晋歸于宋（成公十五年）

禮記

居子與臣之節所以尊君親親也故學之爲父子焉學之爲君臣焉學之爲长幼焉父子君臣長幼之道得而國治　唯丘之聞諸萇弘亦若吾子之言是也民不求其所欲而得之謂之信　義而順文而静寬而有辨

第二場

論

學顔子之所學

詔誥表（内科一道）

擬漢令二千石修職詔（景帝後二年）　擬唐加房玄齡太子少師誥（貞觀十三年）　擬宋仁宗復御經筵群臣賀表（慶曆四年）

判語（五條）

徒流人在道會赦　同僚代判署文案　弃毁器物稼穡等　見任官輒自立碑　牧養畜産不如法

第三場

策（五道）

問　元以夷狄入主中國綱常倫紀淪斁極矣天命我太祖高皇帝起兵淮右以驅逐之當撫有江南時即帥師北伐以定中原乃馳檄諭告齊魯河洛燕薊秦晋之人無慮數百言其詞旨藹然春温凛然秋肅而反覆訓戒若待家人父子然者於是中原之人曉然知臣虜之爲非而遂奉我聖祖爲中國主嗚呼大哉皇言何其感應神速若是哉今去之百五十年而中原父老尚有能莊誦而弗忘者則在當時可知已抑可得而聞其概乎往時漢伐秦唐伐隋宋受周禪皆號以治易亂然未聞檄諭天下者何也豈亦有之而今不傳乎抑有不待於檄諭也竊觀是檄所載雖爲諭告一時臣民而發要之帝王治天下之道實不外此我聖祖匪徒言之實允蹈之固以之定天下訓萬世矣豈非聖子神孫所當世世欽承而傳之無疆者乎夫堯言萬世如見而所爲燕薊者即今京畿地也諸生生長於斯游歌於斯諒必稔聞之矣其敬述以對

問　聖賢之道措之而爲政事發之而爲文章未嘗無所本也先儒有謂禮樂政事不可不出于一有謂文章道德不可使出於二其亦各有所見乎三代之後世未嘗無禮樂也何以謂之虚名禮樂不可斯須去身而謂百年而後興者無乃迂與諸葛亮治蜀汲汲以興復爲事他固未遑及也曰孔明庶幾禮樂其旨安在漢有君嘗擬作大章矣所以任之者果后夔其人乎唐有君嘗欲行周禮矣其爲輔相者果周公其人乎其治效竟何如也六經之後世未嘗無文章也何以謂之無益有德者必有言而謂文章與時高下不亦遠與揚子雲於漢每每以詞賦爲工餘尚有可議也曰揚雄庶幾於道其意何居唐有儒稱其師以爲得周公孔子之趣可矣而因文見道何以猶有譏乎宋有儒贊其師以爲得文王孔子之傳似矣而終身行事何以尚有病乎其議論果孰是也請詳著于篇觀所以潤身而及物者

問　孔子謂君子疾没世而名不稱孟子又謂聲聞過情君子所耻則名固君子所尚而亦不可無實盗名正以天下後世公論難掩故也簡册所載私相稱謂者多矣姑舉其一二相類者試以問焉有當春秋未報讎襄子至擊其衣然後爲快而稱之爲真義士者有當漢文時屯軍細柳至遏乘輿然後令行而稱之爲真將軍者有輔相中興識兵略達時令而稱之爲真漢相者有出刺豫州舉阿縱修政事而稱之爲真刺史者有當國儲之議立而不以利怵威懼存諸心而稱之爲真社稷臣者有因故主之歸欵而不表獻其土地以求利而稱之爲真純臣者有議事延英破太平可樂之諛辭而稱之爲真宰相者有奉

使雲中全爲□御命之節操而稱之爲真忠臣者有身居宰輔論事有先見而稱之爲真聖人者有身任言責直聲動四方而稱之爲真御史者有建儲草詔筆不輕下而稱之爲真學士者有經筵進講一時聳聽而稱之爲真侍講者有三人貢獻不市上恩而總稱之爲真良吏者有一人奇偉見重於時而兼稱之爲真宰相真男子者凡此皆君子美稱或出於一時之褒嘉或得之後世之追論而真之爲言又非形似彷彿之謂以今觀之信乎其難也已抑不知之數人者果足以當是名而無愧歟抑有名浮其實者存其間也願明以告我且觀尚友之志毋諉之曰不暇

問　夫人幼而學之壯而欲行之此古今不易之理也三代以上其人之見于事功澤被當時芳流後世者未有不本於學術漢以來乃有不盡然者姑舉數子相與論其世可乎重厚少文者木强之人耳何以能副大事之屬卒建社稷之功不學無術者匹夫之類耳何以能受托孤之詔以成伊周之業或謂其人之似光而顛沛之中飲博自如摧强敵於談笑之項或謂其人之似勃而危疑之際不動聲色措國家於泰山之安不知其爲學術者果亦各有所類故其設施若合符節抑其天資偶合有不在於學術耶或謂之有儒者氣象或謂之非知學不能當時未見其果何所學而爲帝師爲謀臣其建立卓然爲一代之冠而明經對策立談封侯者顧曲學阿世無救於海内虚耗之弊有其學止於論語一部者有以論語終身誦之者當時未聞其别有所學而任天下之重得大臣之體其相業炳然非後世可及而博學强記致位宰輔者乃變亂成法使天下喪其樂生之心豈其學有所得固不在於徒博抑學術有邪正而見諸躬行者自有所不能揜乎試爲我言之

問　天下親民之職大而藩臬小而郡縣皆是也誠得其人則民受其福不得其人則民受其殃而天下治忽繫之蓋其職不可不慎擇如此顧民事浩繁類非一人可獨治者故其下各有僚屬以分理之必其彼此得人之盛然後力同心協事克有濟否則掣肘相妨下石相擠其不僨厥事者幾希宋儒西山真文忠公有見於此故其帥長沙時嘗具咨目示其僚屬謂欲各以四事自勉而爲民去其十害其意至矣所謂四事十害者亦可得而聞乎豈其間亦有先後乎古之良吏如龔黄卓魯之流號稱善治民者其亦用此道乎抑外此别有他道也方今任藩臬郡縣者多出科目之英朝廷所以責成斯民所以仰望最先且重其有率其僚屬勉四事去十害能心西山之心者乎果有之則天下之治成矣此當宁所欲聞者將於歲首述職公黜陟示勸懲焉願一陳之以爲今日聖政之助

中式舉人一百三十五名

第一名　史道　順天府涿州學生　書
第二名　蔣承恩　通州衛儒士　易
第三名　劉珂　直隸大名府學生　詩
第四名　陳節　江西泰和縣人監生　禮記
第五名　劉楷　直隸完縣學生　春秋
第六名　陳鉞　留守前衛儒士　詩
第七名　鄺灝　直隸任丘縣學增廣生　書
第八名　張偉　直隸河間府學生　易
第九名　吴鯨　大寧都司學武生　詩
第十名　王鋭　忠義前衛儒士　書
第十一名　吕璋　錦衣衛儒士　詩
第十二名　劉鎮　直隸遷安縣學生　易
第十三名　李時祐　直隸灤州學生　詩
第十四名　田繼宗　蔚州左衛儒士　書
第十五名　劉瑩　直隸藁城縣學生　詩
第十六名　胡鏜　錦衣衛儒士　易
第十七名　張璠　直隸滄州學生　春秋
第十八名　冀進　直隸唐山縣學生　詩
第十九名　葛禬　順天府學生　易
第二十名　侯維藩　直隸順德府學生　詩
第二十一名　侯秩　直隸長垣縣學增廣生　易
第二十二名　杜橋　直隸晋州學生　書
第二十三名　黄鶴齡　順天府東安縣學生　詩
第二十四名　劉世盛　直隸趙州學生　易
第二十五名　管珩　武功左衛儒士　詩
第二十六名　崔鋭　順天府薊州學生　書
第二十七名　王紀　直隸開州人監生　禮記
第二十八名　郭淳　順天府學附學生　詩
第二十九名　任暘　直隸冀州學生　易
第三十名　李重　直隸東鹿縣學生　詩
第三十一名　吴涵　直隸吴江縣人監生　書

第三十二名　郭溥　直隸威縣學生　詩
第三十三名　王景明　直隸清苑縣學生　易
第三十四名　于滢　順天府平谷縣學生　詩
第三十五名　蔡鋭　順天府學附學生　書
第三十六名　宋鼐　順天府學增廣生　詩
第三十七名　劉經　順天府寶坻縣學生　易
第三十八名　趙忠良　直隸隆慶州學生　詩
第三十九名　李鳳來　順天府學附學生　書
第四十名　李奎　直隸趙州學生　詩
第四十一名　及宦　直隸交河縣學生　易
第四十二名　謝旻　直隸任縣學生　詩
第四十三名　許伸　直隸大名府學附學生　書
第四十四名　由守直　直隸東光縣學生　詩
第四十五名　張軾　順天府學附學生　易
第四十六名　吕陶　直隸真定縣學生　詩
第四十七名　宋沂　直隸静海縣學生　春秋
第四十八名　王億　直隸獻縣學附學生　書
第四十九名　楊百之　萬全都司學軍生　詩
第五十名　張桓　順天府固安縣學生　書
第五十一名　趙臣　直隸肥鄉縣學生　詩
第五十二名　陸秀　直隸合肥縣人監生　書
第五十三名　沈淮　順天府學生　詩
第五十四名　張思譽　直隸新安縣學生　易
第五十五名　張乾　富峪衛儒士　詩
第五十六名　劉應期　直隸晋州學生　書
第五十七名　王世安　順天府平谷縣學生　易
第五十八名　趙秉梲　府軍衛儒士　詩
第五十九名　徐子貞　大寧中衛儒士　禮記
第六十名　王翰　直隸藁城縣學生　詩
第六十一名　王暘　順天府學生　易
第六十二名　白麒　直隸盧龍縣學生　詩
第六十三名　高登　順天府學生　書

第六十四名　任佶　直隸灤州學生　詩
第六十五名　馬龍　直隸真定縣學生　易
第六十六名　蘇進　直隸河間府學生　詩
第六十七名　尚志　金吾左衛儒士　書
第六十八名　王鉞　順天府學增廣生　詩
第六十九名　郭希愈　直隸真定縣學生　春秋
第七十名　胡濬　直隸廣平府學生　詩
第七十一名　杜京　順天府學增廣生　易
第七十二名　徐濟　太醫院儒士　詩
第七十三名　孟爵　直隸東鹿縣學生　書
第七十四名　李玠　直隸保定府學生　詩
第七十五名　施鏞　順天府學生　書
第七十六名　趙永昌　直隸安肅縣學增廣生　詩
第七十七名　郝元亨　直隸河間府學生　易
第七十八名　顧恩　順天府學生　詩
第七十九名　叚汝礪　虎賁左衛儒士　書
第八十名　王紱　順天府學增廣生　易
第八十一名　劉奎耀　直隸東鹿縣學生　詩
第八十二名　葉天球　直隸婺源縣人監生　禮記
第八十三名　江東　順天府霸州學生　書
第八十四名　李宏　直隸永平衛人監生　詩
第八十五名　劉銓　順天府保定縣學生　易
第八十六名　趙廷瑞　直隸開州學生　書
第八十七名　鄭自壁　順天府學附學生　易
第八十八名　吴潮　直隸蠡縣學生　詩
第八十九名　韓綏之　直隸晋州學生　書
第九十名　史大和　直隸順德府學生　詩
第九十一名　于燡　直隸河間府學生　書
第九十二名　劉楫　直隸獻縣學生　詩
第九十三名　賈麒　直隸行唐縣學生　春秋
第九十四名　費沐　順天府學附學生　詩
第九十五名　申琦　直隸開州學生　易

第九十六名　李承恩　直隸新樂縣學生　詩
第九十七名　都郊　直隸廣平縣學生　書
第九十八名　王道中　武驤右衛儒士　詩
第九十九名　儲昱　直隸上海縣人監生　易
第一百名　張介　直隸真定府學生　詩
第一百一名　范延安　順天府霸州學生　書
第一百二名　樊昺　直隸保定府學生　詩
第一百三名　石瓘　順天府學增廣生　易
第一百四名　郭鋭　直隸永年縣人監生　詩
第一百五名　張廉　直隸東鹿縣學生　書
第一百六名　陳孝道　直隸安州學生　詩
第一百七名　張潤身　直隸成安縣學生　禮記
第一百八名　馬禮　順天府通州學生　易
第一百九名　曹敏　直隸唐山縣學生　詩
第一百十名　周紳　順天府霸州學增廣生　書
第一百一十一名　馬冕　直隸肅寧縣學生　詩
第一百一十二名　鄭廷輔　順天府學增廣生　易
第一百一十三名　王鈞　順天府學增廣生　詩
第一百一十四名　鄭文　順天府學附學生　書
第一百一十五名　王密　直隸唐山縣學生　詩
第一百一十六名　張德　直隸新樂縣學生　易
第一百一十七名　李伯潤　直隸山海衛軍生　春秋
第一百一十八名　趙錦　順天府良鄉縣學生　詩
第一百一十九名　李琰　直隸永年縣學生　書
第一百二十名　張淳　直隸任丘縣學生　詩
第一百二十一名　袁鶴　錦衣衛儒士　易
第一百二十二名　姚録　順天府學附學生　詩
第一百二十三名　王涔　直隸長垣縣學生　易
第一百二十四名　許廷璋　直隸永平府學生　詩
第一百二十五名　牛天秩　直隸晋州學生　書
第一百二十六名　李鋭　大寧都司學武生　詩
第一百二十七名　駱紹宗　順天府學生　易

第一百二十八名　劉景浤　山東長清縣人監生　詩
第一百二十九名　紀資　直隸任丘縣學生　易
第一百三十名　劉舜臣　直隸安州學生　詩
第一百三十一名　喬祺　順天府涿州學增廣生　禮記
第一百三十二名　丘校　順天府學附學生　詩
第一百三十三名　張鵬　順天府涿州學生　書
第一百三十四名　顧邦石　直隸崑山縣人監生　易
第一百三十五名　趙世賢　直隸祁州學生　詩

第一場

四書

十室之邑必有忠信如丘者焉不如丘之好學也

吕璋

同考試官訓導林批（美質至道難易正在十室好學上見作者體認不真往往信筆漫言姑取成篇而已獨此篇能説出聖人勉人爲學之意讀之令人惕然信非稚筆可到也高薦何疑）

同考試官教諭高批（是題士子類能下筆但詞多誇非聖人謙己誨人意理足文整且筆力老健如此篇者其最優者歟宜刻以式來學）

同考試官學正佘批（論語一題作者於十室上類疊陳語於忠信上强析爲對到不如處却涉自誇便不似夫子口氣此篇能以典雅之詞講出夫子誨人本意非平素潜心本領者不能故特録之）

考試官左中允劉批（詞理俱到）

考試官侍講學士吴批（是善言聖人之言者）

聖人論人得乎美質也易聞乎至道也難蓋美質易得而好學以聞道則難也聖人即己而較之人焉其勉人之意何至哉想其意若曰人當以至道而自強不可以美質而自恃如有恃焉則去道遠矣彼十室之邑邑之小者也忠信之質質之美者也丘非所謂忠信者歟試以其邑言之一隅相望其地可謂狹矣然而篤實之資每特稟於其間者則誠聞之不可以其地之狹而遂謂無是人也數家攸聚其人可謂少矣然而敦朴之懿恒秀出於其地者則信有之不可以其人之少而遂謂無是質也十室之邑豈不有忠信如丘者乎有則有矣然如丘之好學者則甚鮮焉誠以生質之美天之所以賦於人也學問之功

人之所以求乎道也丘豈敢有所恃而倦於學耶蓋吾慕道之心已定於忠信自得之後故發憤忘食至於終日乾乾焉于以探義理之精微者融而會之使與吾心而相孚蓋庶幾美質之不負耳彼十室之邑果有如丘之不敢自恃者乎求道之力倍加於吾心向慕之餘故好古敏求至於惟日孜孜焉于以玩物理之著見者研而精之使與吾身而爲一蓋庶幾至道之可聞耳彼忠信之人抑有如丘之能知自強者乎學問在我我所當盡忠信在我我則不知此丘之始與人同而終與人异也吁夫子言此豈真矜己以誇人哉無非勉人爲學而欲其同歸于道焉耳是即與人爲善之心歟嗟夫學之於人大矣以夫子生知而亦未嘗不好學况其他哉夫子嘗曰吾十有五而志於學又曰我非生而知之者好古敏以求之者也其惓惓於學如此豈非謙己誨人而欲人知所從事乎奈之何人不知好學之爲務也噫學而不厭聖之所以益聖困而不學愚之所以益愚然則有志學道者其尚猛省夫子之言哉

可以贊天地之化育則可以與天地參矣

同考試官訓導周批（此題作者於參贊處多欠分曉講聖人天地輕重適均而詞足以發之□是篇者可以式矣）

同考試官教諭吴批（説理文字難到精處場中士子於參贊二字類襲陳言失之偏重不知天人所爲固自有分限也此卷獨能發揮詞不贅而理自足蓋讀中庸而有得者録之）

考試官左中允劉批（得子思立言意）

考試官侍講學士吴批（明瑩夐异他作）

論至誠之於造化有以成其功而并其位焉甚矣造化之大其位爲難并也至誠盡性之功有以贊乎化育則其參而爲三也夫何愧哉中庸二十二章以自誠而明之事發明天道如此謂夫天地生聖人固未嘗不欲其爲輔聖人於天地亦未嘗不體其爲心是故人之有性天地之所以賦而爲人者在焉人不能自盡也於此而無聖人如人何物之有性天地之所以賦而爲物者在焉物不能自盡也於此而無聖人如物何聖人盡己之性因以盡人之性使之各由其道而後可以爲人則於化育乎人者不有以贊而成之耶盡人之性且以盡物之性使之各遂其生而後可以爲物則於化育乎物者不有以贊而全之耶如是則其參天地也不亦宜乎何則人非天地不生生人而賦之性固天地之分也而盡人之性不與焉兹不在於聖人乎物非天地不育育物而賦之性固天地之限也而盡物之性不與焉兹可責之他人乎故天位乎上地與之偶

宜無復與倫矣而聖人贊之以成其功是有天不可以無聖人也則聖人與天等爾獨地乎哉地位乎下天與之對宜無復能肖矣而聖人贊之以全其用是有地不可以無聖人也則聖人與地均爾獨天乎哉謂之曰與天地參信乎上則有天下則有地中則有聖人可以并立而爲三也吁至誠盡性之功其大如此子思言天道而有以及之其亦深達天人之妙者歟考之禮其論參天地者不一而足有曰聖人參於天地有曰天子與天地參有曰三王之德參於天地於此則曰至誠與天地參雖其言屢出而各有所指然皆不外乎德與政也其所謂德又必以至誠盡性爲極所謂政又必以贊化育爲極則聖人所以聖者殆不可復加而天人所爲全備無缺理一分殊之妙見於言外者亦可識矣噫此其所以爲子思乎

夫君子所過者化所存者神上下與天地同流豈曰小補之哉

吴鯨

同考試官訓導陳批（過化存神皆在王者德業上説作者於過化處類能言之至存神處殊欠體認此作剖析明白筆力又足以發之宜録以式）

同考試官訓導于批（與天地同流而非霸者小補此正是王道所以大處學者類多分析言之贅矣獨此卷能知此意而詞氣春容不露痕迹蓋善形容王道之大者惡乎弗取）

考試官左中允劉批（是亦善言王道者）

考試官侍講學士吴批（能體貼朱注）

大賢論王道有同於造化自异於霸功蓋莫大於造化也而王者之道與之同焉豈霸者可得而并論哉孟子論王道之所以大者如此何則君子者以德言則聖人以位言則王者也其道若之何而大耶誠以身之所過特其一時經歷云耳而人自無不化焉聲光所被而得於觀感者幡然而自新足迹所加而得於見聞者翕然以丕變其所過者何如其化也心之所存特其一念主宰云耳而神自不可測焉精神方爾運用而彼之歌帝力者已自作而自息心思方爾籌畫而彼之順帝則者即不識而不知其所存者何如其神也如是則其德業可謂盛矣果將何以擬之哉彼資始萬物而無所不覆天之於物然也君子舉一世而甄陶之至大無外是即天之物無不覆者矣上不與天之化而同運乎資生萬物而無所不載地之於物然也君子舉天下而陶鑄之至廣無垠是即地之物無不載者矣下不與地之化而并行乎王道同於天地有如此者視彼霸者之於其民屑屑焉違道以干譽煦煦焉徇情以市恩要其所就不過

小小補塞其罅漏而已豈可與同日而語耶信乎王道之大非霸功所能彷彿其萬一也孟子論王霸之殊至此蓋瞭然矣大抵時至戰國功利之説勝而義理之學微其肆爲縱横捭闔者日交騖於天下抑孰知王道之當行哉孟子慨然有志帝王之治故每以尊王賤霸爲言惜乎時不能用而世道竟不可復然百世之下吾人皆知王霸義利之辨而治天下者尚有賴焉其功不可誣也君子謂其繼孔子而得道統之傳觀此益信

易

謙亨天道下濟而光明地道卑而上行天道虧盈而益謙地道變盈而流謙鬼神害盈而福謙人道惡盈而好謙謙尊而光卑而不可逾君子之終也

劉鎮

同考試官訓導陳批（題本易知但欲以釋亨與釋有終者配講則長短難匀匀作者多爲所窘此作隨文生意整整有條是可録矣）

同考試官訓導于批（裒多益寡稱物平施謙之法也此作蓋以此意施之筆下所謂約能使侈繁能不亂者作手也）

考試官左中允劉批（迥出衆作）

考試官侍講學士吴批（匀整可誦）

聖人傳彖既明謙必有亨之義復明謙必有終之義蓋人之得亨與有其終要必有所自也而能謙者兼而有之此君子所以貴於謙歟昔文王繫謙曰亨君子有終吾夫子彖傳釋之蓋謂人之所行齟齬者多亨通者寡而何謙之得其亨也曷不觀諸天地乎蓋輕清成象天本位於上也重濁成形地本位於下也天以其氣下交於地而其化育之功焕乎光明而不可掩地以其職卑處乾後而其交感之氣勃然上行而不可遏下與地交天之謙也而其道光明亨可見矣卑處乾後地之謙也而其道上行亨可知矣謙必有亨蓋如此夫莫難得者亨通也而天地以謙得之况於人而可不謙哉若乃人之所行有始者易克終者難又何謙之得其終也曷不觀諸天地神人乎蓋盈而滿者乃所以招損也謙而虚者乃所以受益也天地之道其於盈者既虧之變之矣而獨於謙則益且流焉鬼神與人其於盈者既害之惡之矣而獨於謙則福且好焉故君子以謙抑爲尚而得於天人之所祐則在尊位也德盛而彌光始難屈矣不有以伸於後乎以盈滿爲戒而不爲天人之所廢則在下位也德崇而難及終則揚矣不由於初之抑乎謙必有終蓋如此夫莫難得者有終也而君子以謙致之况衆人而可不謙哉吁聖人於釋謙亨則若兩言而有餘於釋有終則又累言而不足于以見謙固能亨而亨尤貴於有終也其所以勸勉吾人者至矣抑

文王周公繫卦與爻惟謙占辭最美聖人傳彖與象亦惟謙贊辭爲盛而獨异於他卦者何哉蓋謙者人之美德而天地神人之所與者悉萃於謙此謙之所以獨异也夫以大禹之勤儉而猶不矜伐有周公之才美而猶不敢驕其亨而有終者歟此其聖德之盛所以垂諸天下後世而愈光也嗚呼休哉

是故天生神物聖人則之

同考試官訓導陳批（蓍龜一題場中作者類皆蹈襲舊套閲之可厭甚至有止以蓍爲言者獨此篇不悖本旨且意新詞健發揮天人處殆盡宜在所取）

同考試官訓導于批（論蓍龜所以爲神與聖人所以則之皆從舊論中說出新意詞鋒森然自與人别末復破筮短龜長之説尤爲有見易房如此卷者指可多屈耶）

考試官左中允劉批（文婉曲有味）

考試官侍講學士吴批（明健）

造化有以肇卜筮之器聖人因以立卜筮之法蓋天生蓍龜其爲物也神矣聖人從而則之豈不立卜筮之法於天下哉大傳十一章專言卜筮及此若曰易之爲易果何爲而作哉而蓍之與龜則其所本之一也彼其植而爲衆卉之异者爲蓍是蓍也天以生之而其莖長丈其叢滿百以具圓神之德一天之和氣所毓乎動而爲介族之靈者爲龜是龜也天以生之而五行中具八卦外列以含黙藏之智一天之禎祥所鐘乎蓍生矣而豈偶然哉天將有意於立筮以前斯民之用也龜生矣而豈徒然哉天將有意於立卜以開斯人之先也於是聖人者出上明天道而有以發造化之秘下察民故而有以通天下之情則夫蓍也用之四十有九于以假分揲掛扐之四營或成卦焉或成爻焉而所以前民用者於是乎存則夫龜也鑽之七十有二于以著雨霽蒙驛克之五兆或爲陰焉或爲陽焉而所以開民先者於是乎在泰筮之法立而用静用作者有所資吉凶悔吝已昭然而莫掩矣是雖蓍有以兆之聖人先物之智可少哉蓍之神固聖人之神也泰龜之法行而人謀鬼謀者有所賴吉凶得失已瞭然而無疑矣是雖龜有以啓之聖人創物之功可忘哉龜之神固聖人之神也夫以蓍龜之神其原出於天其制裁於聖人者如此此卜筮之用所以爲大而聖人作易之功所由見也歟雖然易之用固以蓍龜爲大然非象數與辭之周則枯莖敗甲其何以通天下之志定天下之業哉故卜筮占也象數理也二者并行不悖而易之道始全矣夫以蓍龜有關於易者如此世之人顧以筮短龜長議之而從違於其間何其不知易之甚耶

書

從諫弗咈先民時若

同考試官訓導周批（伊尹輔嗣王只此二言已含蓄許多惓惓忠愛之意是作詞氣和緩意味悠長又能發尹之所未發其亦有志忠愛者歟）

同考試官教諭吴批（詞氣春容筆力老健寫出伊尹忠愛之情宛然可想經學文字如此篇者録之允宜）

考試官左中允劉批（説到人不能説處）

考試官侍講學士吴批（是有關繫文字）

納忠言而不逆任舊臣而不違先王之修人紀然也蓋忠言不可逆舊臣不可違也兼盡是道者孰有過於先王也哉昔太甲嗣位之初伊尹以成湯修人紀者訓之謂夫人紀之修先王所以爲聖修紀之實吾王在所當知是故世之忠諫者盡言不諱多勿欺而犯之辭鯁直不阿無面從退言之弊或援古以證今之失或戒後以懲前之非其剴切易至於見拒也是孰能容耶惟我先王於是言也則知其爲圖治之良規即委心而聽受之雖貴而在朝者不以其勢逼而見猜取其爲保邦之至計即虚己而延納之雖賤而在野者不以其迹疏而見忤諤諤之論□之惟恐不足恢恢之量容之常若有餘蓋導之而使言則有矣未有聞其言而弗納也夫於其難容者而能容之則忠言之在當時者何有不日至乎人之耆舊者齒尊德隆爲生民之倚賴位高望重爲治道之指南老成焉而類迂闊質朴焉而若遲鈍其年耄易至於見疏也又孰能親耶惟我先王於是人也則念其練達也深于以信如蓍龜而敬順之不遑雖近而一朝一夕恒置於左右嘉其閲歷也久于以待如神明而遵信之惟謹雖小而一話一言亦取爲法程行如所言惟循其舊立之規心如其貌不替乎初待之敬蓋聞之而輒從則有矣未有從之後而復悖也夫於其當親者而能親之則舊臣之在當時者何敢不盡心乎是則不逆忠言以廣容人之量不違舊臣以盡優老之誠先王之修人紀如此可謂誠於樂善者矣吾王可不念之哉爲之太甲庸罔念聞背弃師保其於所謂納忠言順舊臣者蓋不能無慚德焉伊尹先見其微故惓惓以是告之以動其改圖之機忠則至矣其後厥德克終光耀簡册是雖天命之在商者陰若啓之亦尹訓戒之乘其初也孟子曰大人爲能格君心之非其尹之謂歟後之爲大臣者宜取以爲法

罔曰弗克惟既厥心罔曰民寡惟慎厥事

王鋭

同考試官訓導周批（康王告畢公之意發揮殆盡且講心與事處尤爲

有見非苟作者宜録）

同考試官教諭吴批（是卷獨以心事二字發明保厘之要康王意正如此且詞嚴義正深得册命之體佳作也取之）

考試官左中允劉批（理瑩氣昌）

考試官侍講學士吴批（前後照應有筆力）

賢王命大臣當圖其所難不忽其所易蓋保厘之要在竭内外之誠而已苟或以難易視之而忘其所有事焉其何以化殷民而舉厥職也哉昔康王命畢公保厘成周至其篇終而嘆以戒之如此謂夫成周之事既付我公所以保厘之者豈言語所能盡邪彼視之太重而畏其難則有所不敢爲矣如治何公斯往也其勿曰周公毖於始而利口之餘風未殄君陳和於中而怙侈之放心未閑予何人哉而有是任也其弗能勝矣乎自我觀之亦惟既厥心焉耳蓋心者爲治之本而主乎其内也心有不既則事爲徒法其可哉必也有弗謀焉謀則精粗俱到謀人之所不能謀有弗慮焉慮則巨細不遺慮人之所不及慮千里之憂紓籌於几席之下百世之患决策於旦暮之間何者爲淑何者爲慝而權度之不差如是則剛如是則柔而酌量之必審如此則心無不盡而成周可治矣尚何難之足畏哉視之太輕而忽其易則以爲不足爲矣如民何公此行也其勿曰一人莫非其臣今則蠢爾殷民已化周公之毖尺地莫非其有今則遷於洛邑已被君陳之和彼何人斯而有他志也其無足虞矣乎自我言之亦惟慎厥事焉耳蓋事者爲治之具而行乎其外也事有不慎則心爲徒善其可哉必也將有安焉則謹其割裂之施而不過於嚴將有理焉則慎其潤澤之及而不傷乎縱品式已修而猶恐其或弛規模既備而猶懼其或疏表宅里殊井疆所以彰善而癉惡者必欲其當申郊圻慎封守所以防微而杜漸者必欲其周如此則事無不慎而殷民可化矣尚何易之可忽哉吁心既則事之慎者以成事慎則心之既者不失而慎于始和于中者亦庶乎克成于終矣康王以是而命畢公其戒勉之意何其深且切歟抑論之武王一戎衣而有天下克殷如此其易成康繼體至於世歷三紀殷民猶未率從如此其難何也蓋紂之暴虐生民如在水火故就拯之者爲甚急耳天下既定良心復萌則又思先王之德而不忍弃此周人號爲强民而三后相繼於洛畢命諸篇所以作也然非殷民之頑亦無以見周室之仁而錮陰沍□卒消融於春風和氣其長治久安衍八百年之祚者有由然哉

詩

如飛如翰如江如漢如山之苞如川之流緜緜翼翼不測不克

劉珂

同考試官訓導林批（兵威之盛士子多能言第不知爲淮浦所在且講語前後重複少快人意此卷分析明整凡陳腐語一洗而盡結語尤有餘味敬羡敬羡）

同考試官教諭高批（此題字様迭出而義各不同作者難於分析求其挑剔明白詞當理明者無如是篇故特表而出之）

同考試官學正佘批（大雅題場中作者不思本題上已有六如字講又從而譬喻之堆疊冗櫟令人厭觀獨此篇逐字挑剔理明詞健可爲作經義者式故録）

考試官左中允劉批（詩正而葩此作有焉）

考試官侍講學士吴批（鋪叙明净）

詩人於周王之師必極言其兵威之盛也蓋王師無敵於天下也詩人舉其兵威而極言之所以昭一時之盛也歟是詩美宣王自將以伐淮北之夷其意謂夫外夷猾夏固天討之所當加兵威極盛又王師之所當尚我宣王之伐淮夷也其師何如其盛哉想其以所將之師陳淮浦之上彼至疾者莫飛翰若也我師所至速於應變威武自爾其奮揚敏於趨事王靈不覺其震蕩其疾不如飛如翰乎至衆者莫江漢過也我師所在武騎桓桓遠近布濩於原野武夫赳赳前後充斥於周行其衆不如江如漢乎其静而少斂歟持重不浮隨時而止有如山之苞焉屹乎其不可動誰得而撼之其動而大舉歟奮勇并進以時而行有如川之流焉沛乎其不可禦誰得而撓之跂而望焉部伍聯屬首尾之相顧者無虧其不可絶者蓋緜緜然也即而觀焉行隊整肅左右之司局者有定其不可亂者蓋翼翼然也神謀睿筭默運於帷幄之中敵欲投間自不能施其術矣其可得而測耶堅甲利兵制勝於指麾之下敵欲迎戰自莫能當其鋒矣其可得而克耶夫以宣王所將之師而有以極其兵威之盛如此以之而征淮夷又安有不服者哉抑論有天下者文武并用自古然已然禦戎有道豈必人主自爲之然後足以服遠哉宣王伐戎蓋亦出於不得已者而非後世窮黷之爲也江漢常武之作詩人於篇終一以文德勸之一以王道歸之其意可想有天下者其尚以是求焉

不顯不承無射於人斯

同考試官訓導林批（顯承無射三段自是明白肅雝秉德對越駿奔缺其一不可作者得此遺彼紛無定見此篇認理精切措詞縝密蓋頌義之獨優者）

同考試官教諭高批（顯承無射四字不可分截傳解明矣學者顧不之察何耶是篇見理的行文暢其深於本領者歟）

同考試官學正佘批（玩傳意不顯不承無射三者平括上文四句爲是而意各婉曲不顯雖屬肅雝秉德不承雖屬對越奔走而彼此亦當互見無射却仍總屬意重語復極難措手圓瑩縝密曲盡頌德之妙者僅見此篇録之）

考試官左中允劉批（非甚有筆力者不能作）

考試官侍講學士吳批（難題善收拾）

周人祀先王必歷贊其德之盛焉蓋先王之德未易以言語形容也使非清廟之祭則其所以爲盛者可得而見哉昔周公既成洛邑而朝諸侯因率之以祀文王而其樂歌至此若曰祭非頌德無以盡孝子之誠德非在人無以見先王之盛是故顯於前者多晦於後維我先王昔固顯矣孰知其久而弗晦乎觀於清廟之内助祭則顯相也執事則多士也肅雝在列焕乎宣著之盛文德是秉蔚乎充積之形顯於對越猶其顯於西土也光於駿奔猶其光於四方也其生與逝吾何辨焉蓋其德之在人而不可掩如此豈不顯矣乎承於始者易怠於終維我先王向固承矣孰知其久而弗怠乎觀其洛邑之烝顯相則肅雝也多士則秉德也對越於恍惚之交精神自爾流通駿奔於焄蒿之盛欲色自爾其如見有神斯尊即其左右趨之也有主斯奉即其六師及之也其存與亡吾何擇焉蓋其德之在人而不容已如此豈不承矣乎無射於昔者恒替於今維我先王昔固無射矣抑孰知其久而弗替乎觀夫肅雝有顯相秉德有多士何者而非愛慕之人在天則對越在廟則駿奔何往而非歆崇之地西土怙冒洽於肌膚宛然其可見四方攸同淪於骨髓斷然其不誣其遠與近吾又何知焉蓋其德之在人而不能忘如此信乎其無射於人矣吁詩人頌文王之德之盛如此可謂善言德行而深知聖人者歟考之□神之德使天下之人齊明盛服以承祭祀篇□□天子之祭亦與天下樂之不如是則無□□昭盛德慰先祖之靈而歆其誠也故祖考來格則繼以虞賓在位綏我思成必終以我有嘉客而先祖是聽亦併及于我客戾止皆於祭於樂見之所以和神人而驗盛德也然則清廟之歌之作豈亦有所本乎

春秋

蕭叔朝公（莊公二十三年）大夫宗婦覿用幣（莊公二十四年）

同考試官學正鄭批（爲禮非所非物傳自明白作者類多牽合入講此卷獨順傳意發揮而詞理精到麟經中巨擘也宜取而録之）

考試官左中允劉批（得謹嚴體）

考試官侍講學士吴批（傳意正如此）

春秋所譏有因修朝禮而非其所者有因修贄禮而非其物者甚矣爲禮不可不慎也蕭叔朝公而非其所魯見夫人而非其物春秋所以譏其非禮也歟何則邦交有道諸侯未有終身而不朝者乃有蕭叔來朝而見譏者何哉蓋朝禮也朝非其所則非禮矣使蕭也走車馬於曲阜之邦薦玉帛於周公之廟則禮得其所孰得而議者今來朝之地則于穀焉誠以犧象不出門嘉樂不野合而穀本齊地是豈魯之廟乎于是云朝則威儀雖盛而草莽之間非所以爲燕享之地禮度雖周而封疆之外非所以展賓主之誠締好於途殊乖先王之制委禮于野有忝小國之儀雖曰朝之不若不朝之爲愈也噫人而無禮詩有明戒使蕭也知是意而自沮焉則相鼠之刺不其可免乎春秋所以譏之者如此若乃夫人既至宗婦未有來覿而無贄者乃有用幣成禮而見譏者何哉蓋覿禮也覿非其物則非禮矣使魯也大夫王帛禽鳥以章物宗婦榛栗棗修以告虔則禮當其物孰得而議者今宗婦來覿則用幣焉誠以夫婦人倫之本朝廷風化之原而幣爲男用是豈女之贄乎乃是而覿則束帛之將雖示敬之特隆而廢男女之大倫厥篚之陳雖昭禮之异數而混夫婦於無别紛更故典致隳宗婦之儀創立新規求悦夫人之意雖曰覿之不若不覿之爲勝也噫夫婦有别古有格言使魯也以此道而自克焉則牝雞之凶何自而起乎春秋所以譏之者又如此是則嘉禮兩有所失春秋兩有所譏聖筆之於蕭魯也其嚴矣哉抑蕭叔朝穀宗婦用幣律之以禮固有罪矣然罪之在莊公者獨可恕乎蓋其于朝不知反正于幣不知正始而皆以非禮處之則其他可知已正名定罪公蓋其尤歟此所以不免公子牙慶父之及也傳曰爲國以禮公其未之思乎

宋華元出奔晋宋華元自晋歸于宋（成公十五年）

張璠

同考試官學正鄭批（元之出入得正人皆知之而能援據故實分析明白者甚少此作鋪叙嚴整而文氣雅健迥异衆作信非老筆不能宜録之以式來學）

考試官左中允劉批（典則可觀）

考試官侍講學士吴批（叙事嚴整無遺）

□□特予外臣一以其去國之正一以其復國□正蓋華元奔晋歸宋得去就之正也春秋詞□不殺以予之也宜哉何則華元宋之右師也任有獨尊職爲至重固宜效股肱之力保世禄之榮矣今自宋奔晋自晋歸宋其去就有若可疑者春秋兩以爲正而予之者何哉蓋以去國言若元咺之奔晋宋辰之奔陳或以出而懟君或以出而脅上未見其正者也元之奔豈咺辰倫哉蓋其時身爲右師而君臣之訓則所司也惡桓氏之汏驕顧在我無可制之權耻公室之卑弱責在官有賴寵之咎以是而奔固亦有謀於其間者使其懷禄固寵重於此行吾知幾不能見而噬臍之悔何以免之是其奔也非避患也固爲國耳不然何奔未越境而魚府憂桓氏之隕魚石有河上之追耶此元之奔所以爲正而春秋書奔不省文者顧非所以予之乎以歸國言若欒盈之入曲沃趙鞅之入晋陽或倚附而危國或假援以要君未見其正者也元之歸又豈欒趙匹哉蓋其時身之河上而桓氏之族則甚懼也國人許之討可以無内顧之憂伯主爲之援可以藉外疆之勢以是而歸必能有爲於其時者使其趨利避害難於此舉吾知國且不利而剥膚之灾何以救之是其歸也非貪位也亦爲國耳不然何歸不崇朝而蕩山延頸以就戮魚石竄身以避位耶此元之歸所以爲正而春秋書歸不省文者又非所以予之乎吁奔不徒奔必有所謀而後奔歸不徒歸必成所謀而復歸此元之去就所以有功於國而見予春秋者耶嗟夫元之忠於其國如此而其先世乃有如督者何其不倫之甚乎蓋古之聖賢皆不係于世類崇伯殛而禹作司空蔡叔囚而仲爲卿士亦曷嘗世類之論乎然則元也雖不敢上比禹仲而其制行之美亦足以蓋前人之愆以末世論之元其僅見者歟

禮記

唯丘之聞諸萇弘亦若吾子之言是也

陳節

同考試官學正周批（作此題者於唯是二字殊欠發明是篇宛然寫出當時孔子答賓牟賈口氣蓋傑作也）

考試官左中允劉批（文有思致）

考試官侍講學士吴批（精確過人）

聖人然時人之論樂有徵於所聞不謬於所見蓋武樂之失傳也久矣曾謂武王有貪商之志而形諸樂者有不可揜哉昔吾夫子因賓牟賈論武樂之

聲而然其言如此謂夫樂必發于聲音而被之器也雖有時而或淪樂必通乎倫理而識于人也不以久而遂泯承訛襲謬失在有司之傳吾固不子疑也世遠人亡説戾先王之舊子豈欺於我哉萇弘者仕于我周審聲以知音□晋以知樂其在王室蓋必有所受矣丘也訪于萇弘知聲以言音知音以言樂其於大武亦嘗有所聞矣論固多端而貪聲之説徵諸吾子若其口出何彼此之有間乎聞雖已舊而失傳之云驗于今日言猶在耳何先後之或殊乎是非出於偶同實其理之不可易者爾何則孟津一會翕然諸侯之服從人心如此可不順乎而樂以象成自紀其順人之實于何而貪也牧野一陳凛然上帝之臨女天命如此敢不應乎而功成作樂自本其應天之休于何而謬也苟謂有司之傳爲不失邪是武樂真有貪商之聲於志爲已荒何精明神武之足尚謂武樂之作爲信然邪是武王果有富殷之意於德爲已愧何布昭聖武之有光今惟理是據而不拘于聲律之誣卓然其見足袪千古之惑非深知聖人者不能也惟心是揆而有得于英華之妙確乎其論不出一己之私非善言武樂者不及也謂之曰是不其然矣乎吁賓牟賈因論武樂而見許於夫子如此亦可與言樂者矣大抵周德既衰音樂廢缺雖樂之始終節奏世亦鮮能知者觀夫子之語魯太師可推也武樂之聲淫及商何足怪乎夫子適周訪于萇弘而嘆周之所以王與周公所以聖者猶所謂不圖爲樂之至於斯也其得於武樂蓋已深矣至是與賓牟賈論樂反復問難致辨於得失之間誠欲復古樂以興周而時君無足以語此者徒以考定其説爲萬世詔也噫

民不求其所欲而得之謂之信

王紀

同考試官學正周批（場中士子於信字多體認失真惟此作見理明徹詞鋒森然足以發之可與言信矣）

考試官左中允劉批（非稚筆可到）

考試官侍講學士吴批（豐腴可愛）

惠不出於有期德自成于無僞夫所貴於信者以不約而成也今使民之所欲自無不得焉其爲信也何其大矣乎經解所記聖人之言如此謂夫民生不能無欲有欲不能無求欲而必求則非出於得已求而後得則已愧於自然其何以爲信耶是故民孰不有身歟有身則有欲衣焉食焉爲一身之謀者咸欲其裕民孰不有家歟有家則有欲仰焉俯焉爲一家之計者皆欲其周今未嘗以身求也而人爲之自足君臣之際判然其不相干未嘗以家求也而家爲

之自給形迹之間邈然其不相涉飽其食煖其衣免於凍餒之憂孰是與謀而願無不償乎安其居樂其業遠於流離之患孰是與處而欲無不遂乎如此豈不謂之信矣哉何則下以是求上以是應憧憧往來無復忠厚之風僞孰加焉此有所施彼有所報紛紛交易適成偷薄之習誠何在焉若其無求自得是知民匪我不能以身而裕其身者固吾所也於其求奚俟有欲自遂是知民匪我不能以家而周其家者固吾分也於其得奚庸意氣潛孚起居自爾其無恙猶天地至誠無息而萬物以生也精神默契耕鑿自爾其□如猶四時有常不易而品彙以成也身者自□忘其所以爲身一實德之流通爾彼有言能踐而人益之者曾是以爲信乎家者自家忘其所以爲家一帝力之何有爾彼久要不忘而家賜之者信其可語此乎吁欲之得也不出於求德之施也不責其報古之所謂信者有如此哉大抵凡求者皆生於不足而得者不必其有餘以是爲信固已末矣其未信者可勝計哉聖人之道萬物恃之生而不辭愛養萬物而不爲主可名爲大而終不爲大故能有以成其大彼魚之陸處相呴以濕相濡以沫非不勤且愛也而不若游於江湖忘其誰之所爲之爲大也觀此則知信之爲信古者蓋相忘於江湖後世則陸處而濡濕爾此又讀禮者所當知

第二場

論

學顏子之所學

史道

同考試官訓導周批（論題平易場中誰不知亦誰不能作但多泛而不切間有立論稍奇者便失怪僻殊不愜意晚得此卷議論閎深神采迅發而性理之學明敏之才具於篇中見之豈亦學顏而有得者耶起敬起敬）

同考試官教諭吴批（論場士子類能言之詞險者失之怪意深者失之鑿此卷議論精確筆力雄健奇寓於純粹巧藏於和易菽粟之味布帛之文具眼者讀之自見豈可以文士目之耶春闈魁薦吾尚於子有望焉）

考試官左中允劉批（學聖人自顏子始學顏子自克己始立論纔出此便不是説顏子此作獨以典則之詞昌大之氣發聖賢之學金精玉粹又宛然顏子口中語也學識如是豈特可冠秋闈而已耶）

考試官侍講學士吴批（近日士子作論多駕浮辭紛然盈紙却於本題上全不關涉獨此卷融會通書注成篇有筆力有理趣有法度論之佳者也擢冠多士人望固屬之矣）

學以聖人爲至聖人不可以易學也學其幾聖人者斯可矣幾乎聖人則所造固已聖域辨在守與化之間其爲聖人甚易易耳顔子以聖人爲可至也學其所以爲聖人者而幾聖人固其所也故善學聖人莫如顔子而學聖人者必自顔子始則有以得入聖之階而學庶乎其不差矣不然必有非其學而學者不可以爲學也不可以爲學其可以爲士乎其可以希賢而希聖以至於天乎請因周子之言而論之學也者所以造乎道而求至其極也道至於聖人天下之所謂學者宜無出其右矣而聖人猶有學焉士非賢有士之學所以學爲賢也賢非聖有賢人之學所以學爲聖也聖人欲何爲哉道之大原出於天唯聖人爲能體之其心未以爲足而欲與天爲一也故學其爲天至於天則有以窮道之原不可以復加矣若是則士之爲學亦求至乎聖人而已其何以希賢爲哉聖人未有盛於孔子者亦學孔子而已其何以顔子爲哉聖人不可以遽學也於是而學賢人以賢人去聖人不遠由賢人以至聖人可也非舍聖人而弗之學學賢人固所以學聖人也孔子不可以遽學也於是而學顔子以顔子去孔子不遠由顔子以至孔子可也非舍孔子而弗之學學顔子固所以學孔子也顔子何以去孔子不遠而學孔子者必欲學之乎觀其所以爲仁可見矣所聞纔數言爾而至明有以察其幾至健有以致其决非禮則勿視也非禮則勿聽也非禮則勿言也非禮則勿動也此其克己復禮爲顔子之所以學者乎及其有得焉不能無怒怒則不爲之遷不能無過過則不爲之二不能無違於仁仁則三月而不違其學如此而已矣何以爲善學孔子耶孔子所以聖者渾然天理而已彼見其所以渾然者而欲學焉故其潛心如此爾已者私也有以害其渾然者故必克之禮者理也即所謂渾然者故必復之怒而不遷此理之發於情者不能蕩而鑿也過而不二此理之接於物者不能引而去也三月而不違仁此理之得於不遷不二者守之而未化也引而伸之觸類而長之無所不説聞此理而即默契也亦足以發得此理而即體驗也語而不惰會此理而即力於行也欲罷不能其悦此理而不能止乎末由也已其從此理而無所用其力矣乎觀夫群弟子之中藝則有矣達則有矣果則有矣聰明才辨又無不有矣有如顔子潛心聖人若此其篤者乎此其獨爲好學而幾于聖人也自夫管商之徒出則有功利其學者矣申韓之徒出則有刑名其學者矣儀秦之徒出則有從横之學者矣楊墨佛老之徒出則又有异端其學者矣豈復知有孔門之所謂學者哉豈復知有顔子而學其學者哉然而尚幸以非吾儒之道其是非邪正之相形不啻黑白而天下皆曉然能辨不足爲甚病也乃若所謂士者則固當以孔子爲學者也奈之何號爲孔子之徒而實非所以學孔子也廣見聞焉失之汗漫而不知守其約工文辭焉失之浮華而不知求其實矜智能焉失

之誇詐而不知習其誠慕空寂焉失之荒唐而不知養其正是而爲學則亦何補於身心何關於至理亦何以爲士而希聖賢之道哉故爲學則必學聖人學聖人則必學顔子學顔子則亦克己復禮而已有弗視視必以禮非禮者彼不視也吾其敢視乎有弗聽聽必以禮非禮者彼不聽也吾其敢聽乎有弗言言必以禮有弗動動必以禮非禮者彼不言不動也吾其敢言敢動乎於是觀其爲怒不遷與否遷則非其學也必不遷而後已察其爲過不二與否二則非其學也必不二而後已驗其爲仁不違與否違則非其學也必不違而後已之其無所不説而求其説者何如之其亦足以發而求其發者何如之其語而不惰而求其不惰者何如將欲罷也則曰彼猶竭才我其可以不竭乎將欲從也則曰彼猶末由我其何以爲由乎心齋坐忘是學也何爲而廣聞見終日如愚是學也何爲而工文辭無伐善無施勞是學也何爲而矜知能擇乎中庸是學也何爲而慕空寂然則顔子以學孔子而謂之好學我其不以學顔子而爲好學乎顔子以好學幾於孔子我其不以好學而幾於顔子乎向嘗美求之藝也今則求失其能矣何有於管商向嘗羡賜之達也今則賜失其辨矣何有於儀秦向嘗慕由之决也今則由之失其勇矣何有於申韓向嘗多諸弟子之聰明才辨也今則皆有以失其所長矣又何有於楊墨佛老者哉其用之也則以四代禮樂而與顔子同其行其舍之也則以簞瓢陋巷而與顔子同其藏學至於是則亦庶乎其顔子矣夫顔子所以不爲聖人者守之也非化之也假之以年不日而化矣則化而爲聖人者固非顔子所難也吾患弗能守耳至於能守則化非所患矣吾患弗爲顔子耳至於顔子則爲孔子非所患矣至於孔子則渾然太極之妙合天人而爲一不知所謂孔子不知所謂爲天亦不知所謂爲我如此然後爲學之至而不可以復加矣惜夫顔子未及爲聖人未及爲天而徒爲希聖希天者之準的也此孔子所以深嘆其不幸矣乎嗚呼顔子之不幸萬世學者之幸也孔子之不可以易至尚矣有顔子則人皆知希聖之有準的用功有所持循自能尋向上去而孔子可至也故曰過則聖及則賢不及則亦不失於令名必然之理也微夫顔氏之子則遂謂聖人爲不可學倀倀乎莫知所之其不惑於他岐者幾希夫子開萬世道學之源而顔子梯航接引之功亦不可誣也濂溪以是爲訓其亦善學顔子者歟其亦善學孔子者歟

表

擬宋仁宗復御經筵群臣賀表（慶曆四年）

蔣承恩

同考試官訓導陳批（昔人謂君德成就貴經筵此卷能悉此意蓋有用之文也讀者勿以駢儷體目之）

同考試官訓導于批（捋順中有責難意忠愛之至也宜録以式）

考試官左中允劉批（豐而則華而雅得宋表體）

考試官侍講學士吴批（賀表典雅善學宋人語取之）

臣某等言伏睹慶曆四年春正月皇上復御經筵者臣等誠懽誠忭稽首頓首上言伏以緝熙帝學得升高行遠之資涵養聖心爲端本澄源之地故朝廷講筵之設寔天下治忽所關豈玩空文欲求至道先朝創舉屢收啓沃之功聖志欽承克念始終之典蠢兹元昊忽勞西顧之憂惡比有苗尚梗中邦之治睿筭方勤于帷幄神功暫輟於殿庭天啓戎衷誠輸欵塞帝敷文德化格舞階世方有爲贊可忘乎册籍心惟無逸講遂勸於儒臣令典復于一時歡聲傳之四海文風倚重武事增輝恭惟至性夙成英資神授匹休藝祖丕承不拔之基致孝太皇廣布維新之化躬行仁儉坐致太平天心上格精誠聖德下形歌頌宜日新於問學用風厲乎寰區謂經史載夫古今而帝王資於講習挈其綱領多精神心術之微鑒彼勸懲皆治亂興衰之迹鬼方既克高宗納誨尤勤師旅方班大禹惜陰彌切式從獻歲恪舉舊章援事獻忠效至愚於一得虚襟受益垂天聽於九重退朝習以爲常盛暑樂而忘倦以道心爲一身之主知君德爲萬化之原蓋惟書可以維持此心若非學何以懋隆其德涓流不擇而後效可期一簣或虧則前功盡弃惟宸衷之素定致聖學之大成發而爲仁義道德之言措則成雍熙泰和之治是固非泥篇章之陳迹而寔有得精一之真傳者也臣某等幸際昌期快瞻盛事臨木天而致慶望學海以颺言徒懷野人曝背之忱殊乏大臣格心之術尚冀乾行不息謙道有終業求益精于勤心不自以爲聖四夷歸化仰中國之有聖人一德感孚見滿朝之皆君子臣某等無任瞻天仰聖激切屏營之至謹奉表稱賀以聞臣某等誠懽誠忭稽首頓首謹言

第三場

策（五道）

第一問

吕璋

同考試官訓導林批（正華夷明倫紀治天下根本我聖祖諭中原定天下立家法以成一代之盛者皆本諸此此子能取檄中語發以己意鋪張聖祖光裕偉績超越古今者具見此篇信佳士也）

同考試官教諭高批（敬述聖祖創業垂統見於檄中者纖悉具備文詞

豐蔚識見超卓參之前二場俱稱知不爲凡士也爲之斂衽起敬）

同考試官學正佘批（策場正欲觀士子博古通今之學此卷五策條答滔滔才思溢出而聖製一篇摹寫神功過古帝王者尤奇特刻示四方豈無述爲聖德須如昔人者乎）

考試官左中允劉批（天命人心所以弃胡元而歸我聖祖者於此檄見之而聖學高明神功浩蕩亦承以有徵萬世聖子神孫所當丕承以爲治者又無不在焉此策敷揚殆盡末復稱頌今日守成之盛以寓忠愛之意可謂有卓識者録之以式來學）

考試官侍講學士吴批（我聖祖得天下以立萬世不拔之業其大在辨華夏正綱常二者具見是檄中故首舉爲問尊聖製也場中能答者甚少獨此策鋪張揚厲辭贍氣昌末復言列聖今上與祖宗先後同心圖治尤爲有識幾甸奇士吾不於子望而誰望哉）

皇言出於一時而有以感天下之人心帝業傳於萬世而有以隆天下之治化夫人心之感本於皇言之誠治化之隆本於帝業之大此可見我太祖高皇帝之創業垂統爲萬世計者過於古帝王遠矣嗚呼天下有大界限華夷是也天下有大道理綱常倫紀是也元以夷狄竊據中華者九十餘年所謂大界限者至是盡隳所謂大道理者至是盡壞蓋自古中國被夷狄之毒未有若此甚者嗚呼此何等時耶我聖祖挺生南服順天應人天戈所向靡不克捷首取江南以繫天下之人心繼都金陵以據天下之形勝而天下之歸聖祖者可坐而定也顧中原之人間有冥迷而弗悟者故不得已而馳檄諭之愚嘗聞之遺老參之國史而仰窺其一二矣請得而敬陳之檄之大略有曰自古帝王臨御天下中國居内以制夷狄夷狄居外以奉中國未聞夷狄居中國治天下如元者也斯言也所以斥元之污我華夏而嚴天下之大界限也又曰元有天下之後廢壞綱常廢長立幼朕君酖兄至於弟收兄妻子烝父妾上下相習恬不爲怪斯言也所以斥元之壞我名教而正天下之大道理也其後又曰中原氣盛當生聖人驅逐胡虜恢復中華拯生民於塗炭睹漢官之威儀斯言也又所以斥元之閏數既盡而示天下之大氣運也至理本於聖心之斡運而非矯飾於目前妙思出於聖筆之揮洒而非假手於臣下其詞直其氣壯嗚呼其誠哉於是中原之人一聞皇言如寐而寤如醉而醒悔臣虜之爲非知從華之爲正而天下歸聖祖者如建瓴然未幾遂拾宋掇秦掣趙拔燕天命歸而帝業成矣謂非是檄亦有助哉夫除隋之亂太宗所以爲唐受周之禪藝祖所以爲宋然未聞檄諭天下者何也則以彼皆中國代中國而綱常固自在也若秦爲西戎韓

淮陰且有馳檄三秦之説則漢高亦嘗用之特未及於天下耳況壞我綱常如胡元者哉又嘗竊窺是檄矣宸瀚汪洋所包甚廣施之臣民則爲諭告之詞施之帝王則爲致治之道有可得而言者誠以人君爲斯民宗主朝廷爲天下根本而所以爲御世之防者則惟禮義而已所謂禮義孰有大於華夷之限隔乎又孰大於綱常倫紀之不瀆乎聖祖於御極之初即立萬世之法外而控制夷狄也則因元主北遁之後慎固邊防責之將帥於其貢琛而歸化者綏之以德如舜之格有苗也執迷而弗悛者懾之以威如禹之征有扈也而天下之大界限始嚴内而撫循中國也則因元政污染之餘申明禮制責之有司於明倫而爲善良者教以五倫如虞之命契也亂倫而爲敝民者弼以五刑如虞之任臯陶也而天下之大道理始正挈二帝三王已淪之疆土而還我中國舉二帝三王已壞之綱常而還我人民前有以承萬年寶曆之正傳後有以創一代金甌之大業天冠地履之分截如也鳳儀獸舞之治熙如也天下化成至矣盡矣嗚呼休哉太宗文皇帝繼體於後又欲以南化北也徙元舊都兩京并建蓋自開闢以來所發之王氣至是始足當之而所以禦外安内者寔與聖祖而同心列聖相承益隆治道逮我皇上繼述彌光而所以禦外安内者又與聖祖文皇而同心當是時也無怠無荒四夷來王不識不知順帝之則雖有匡時如管仲者不得施攘夷之功憂時如賈生者無以發風俗之嘆而我國家大氣運之隆殆與天地相爲悠久而無疆矣愚敢拜手稽首爲今日賀

第二問

史道

同考試官訓導周批（策有考據有斷制條答明白縝密不漏非識學兼備者不能及）

同考試官教諭吴批（文章政事一策正以驗士子體用之學此卷就題答問條析無遺蓋士之積學而有待者録之）

考試官左中允劉批（文章政事各有合一之説先儒定論具在場中士子類能言之而援據精當敷答詳明者僅見此篇噫子之潤身及物其亦有合一之可觀歟）

考試官侍講學士吴批（此篇據先儒成説隨問隨答筆端沛然了無凝滯平素其究心理學者歟）

爲治必有其實而不可以名求爲文必有其本而不可以末務治以名求具焉而已雖美何裨文以末務辭焉而已雖工何補禮樂治之實也見於施爲必此道之充周然後足以化民而成俗道德文之本也形于制作必此理之暢

達然後足以名世而傳遠是治固不可不出於一而文亦豈可出於二哉夫功成作樂治定制禮三代以還世未嘗無禮樂也何歐陽子例以爲虚名乎蓋聖人之禮樂不越起居動作之間而寓夫殊事合敬之道不出經世宰物之典而得乎异文同愛之機叔侯所謂禮以行政是也後世則以行於朝廷奏於郊廟者謂之禮樂其從事於政號令兵刑之末爾何怪乎治之不古若哉然則謂之虚名可也漢初去古未遠似可與有爲矣然以叔孫通爲之臣綿□野外竊先王糟粕之餘秦儀雜就爲一時苟簡之制故魯兩生以其非興禮樂之才而却以百年後興也蜀漢僻處一隅若無足有爲矣然以諸葛亮爲之相立綱陳紀而不爲近圖開誠布公而不爲小惠故程子謂其得禮樂之意而許以庶幾禮樂也漢章帝永言前王明發興作詔群臣各盡所能至以堯作大章一夔足矣擬之曹褒志則大矣奈何依準舊典雜取經讖張敏已有破亂聖術之譏而褒不足以成其志也后夔云乎哉唐文皇夜讀周禮以爲聖作詔群臣屢爲會議至以漢章拳拳有志不就語之魏徵心則盛矣奈何才非命世學無素業王通已有必愧禮樂之論而徵不足以副其心也周公云乎哉由此觀之後世禮樂不能復古漢之雜霸唐之雜夷卒不免於公論歐陽子所謂不可不出於一者豈欺我哉吐辭爲經出言爲論六經之後世未嘗無文章也何楊龜山概謂之無益乎蓋聖人之文章形於言語闡造化精微之藴著之簡册本仁義英華之發濂溪所謂文以載道是也後世則以見於操修措諸踐履者謂之道德其從事於文第聲律詞藻之工爾何怪乎文之不古若哉然則謂之無益可也夫以柳子厚當百年積累之餘大放厥辭以追往古江左之綺麗已除光岳之精華既聚一時文名與韓退之相爲頡頏而韓亦稱其雄深雅健似司馬子長崔蔡不足多也劉禹錫所謂文章與時高下不見於此乎揚子雲慕司馬相如之才嘗擬其賦已而弃不復爲作太玄以準易作法言以擬論語一時君子唯桓譚以爲絶倫而譚又稱其文義至深議論不詭于聖人遭遇時君則必度越諸子矣龜山所謂庶幾於道者不以是乎漢文涉八代而衰韓退之以六經之文爲諸儒倡横騖别驅汪洋大肆學者仰之以爲山斗其徒李漢稱之有曰周情孔思卒澤於道德仁義是謂其得周公孔子之趣也而□□之作識用遺體朱子譏其因文見道即程子所謂作文有得却爲倒學之意也然推尊孔子功不下孟軻氏則誠有焉唐文歷五季而弊歐陽子慕昌黎之文必欲并轡絶驅而追與之并天下翕然尊之爲師其徒蘇軾擬之以文王既没文不在兹之説是謂其得文王孔子之傳也而論性之書謂性非所先朱子譏其未免韓病即龜山所謂性分之内全無見處之意也然作五代史功不下司馬遷則不誣焉由此

觀之後世文章終愧于道漢之文以貫道軾之文與道俱終未合於君子朱子所謂尤不可使出於二者真有見哉抑嘗因是而求諸孔門其答顔淵之問爲邦則以四代禮樂是禮樂即所以爲治之道也其以游夏列於文學之科是文章不在言語之末也後世失其實而得其名舍其本而圖其末乃曰是可以爲治爲文矣何其不思之甚也周子曰不復古禮不變今樂而欲至治者遠矣又曰不務道德而第以文辭爲能者藝而已有志於治與文者尚其察諸

第三問

同考試官訓導陳批（此卷五策皆可録録其名實一策用占其他日務實爲國家用以追配古人子尚勉之哉）

同考試官訓導于批（美名出於當時而公論定於後世觀於吾子所評亦可謂公論矣此殆非有窮理之學者不能非但記問之洽而已健羨健羨）

考試官左中允劉批（人物一策正欲觀士子博極之功與品題之鑒語而能詳擇而能精此作有焉本房之冠舍子其誰）

考試官侍講學士吴批（古人散見簡册一時撮取爲對頗難下筆此子能備舉之且品評甚當其亦真有所見者乎）

古之君子惟能全天下之美行而後能享天下之美名蓋美行存乎我有不易成美名存乎人有不易得茍行成於我而名輒隨之固未有不可得者然或許予之過又豈能免後世之公議哉嗟夫麟之爲麟也以德不以形驥之爲驥也以德不以力夫物且然而况美名在人有不本諸德行者乎然非君子有心求是名也而實大聲宏則有不可得而辭者尚何置疑於其間哉敢因明問所及復之襄子計成智伯之讎深矣豫讓匕首之挾蓋不能一日忘者卒擊其衣而智伯之讎以報故曰真義士也使襄子知而全之不爲人臣之勸乎匈奴報至文帝之慮切矣周亞夫細柳之屯蓋方爲時所仗者竟行其令而天子之詔不聞故曰真將軍也使文帝從而忌之是豈任將之道乎魏相輔宣帝於中興之日而其諫伐西域爲識兵略作明堂月令議爲達時令王通稱爲真漢相者非但以其能稱上意而已賈逵當豫州凋弊之秋而外糾貪殘以正憲度内修政事以安吏民曹丕稱爲真刺史者則以其能舉職任云爾武德之議廢立而舉朝中立者誰不利怵而威懼乎蕭瑀獨守正以定國儲真社稷臣之稱太宗非以其有定守歟李密之欲歸降而將佐貪功者誰不表獻其土地乎李勣獨留俟密之自獻真純臣之稱太宗非以其無所利歟書曰儆戒無虞而太平可樂則李吉甫之面諛也李絳廷斥不避最得大臣之體憲宗稱爲真宰相者蓋見知於其君如此語曰不辱君命而遣使雲中則宋室之屈辱也洪皓氣不

少挫卒全使臣之節金人稱爲真忠臣者蓋見重於外夷如此李沆相真宗嘗以四方水旱預警其心厥後泰侈并興所言竟驗王旦嘆其先識而稱之爲真聖人然亦晚矣唐介劾文彦博謂以間金奇錦進由妃嬪四方聞其直言而稱之爲真御史貶亦榮矣學士代王言草詔其職也而宗實則當建儲者王珪面受仁宗之命然後操筆歐陽脩以真學士稱之則嘉其得慎重之意故爾侍講備經筵進講其職也而邇英則當坐講者程頤講説哲宗之前聳動群聽文彦博以真侍講稱之則重其得進講之體故爾唐時有司鮮不市恩孰意挺立頽波中乃有王丘崔沔裴耀卿者一則餽牽外無他獻一則供帳無錦繡一則表獻數百言以寓規諫玄宗總以真良吏稱之三人而不以爲罪此蓋其初政清明乎過此則其志荒矣蒙古諸臣鮮有全材孰意超出風氣外乃有廉希憲者居相臣位以勛業著聞受孔子戒以忠孝自負當時兼以宰相中真宰相男子中真男子稱之一人而不以爲嫌此蓋其善變國俗乎下此則可稱者少矣噫天下美名其實難副而真之爲言又皆確然之詞鸞停鵠峙播揚人口珠聯璧合照映簡編千載之下使人聞之寧不爲諸君子歆艷也耶抑尤有説焉程頤一代真儒道尊河洛李沆一時賢相名冠元臣唐介之直同於李絳洪皓之節幾於豫讓之數公者吾無間然乃若魏相功業著矣而嚴切是尚有乖相體於當時王珪文學著矣而三旨是名□尸相位於他日蕭瑀早失河池之節不得與堯君素而齊名李勣贊成武氏之立乃甘與許敬宗而同惡其顯著者且如此他可知矣然則衆人所稱者豈皆確論哉雖然擇從其善聖人之訓取法乎上君子之心就其中可以爲終身師範者則伊川其尤也鄙見如斯未知能協天下公議否執事幸進教之

第四問

陳節

同考試官學正周批（天資學術皆可以建立事功學術之偏適足以誤人家國此策於漢宋諸人歷歷言之固見所學於末又斷以天資學術不可偏廢深爲有見録之不能無補）

考試官左中允劉批（天資之美固當養以學術而學術尤貴於正古人事業未有不以是爲重輕者此策歷能評之末復歸重於學有識之士也高薦允宜）

考試官侍講學士吴批（古人事業奇偉皆從學術中流出間有可議者則以學術不正故耳子於是問能以是意答之卓有定見可嘉可嘉）

古之人事業有出於天資者焉有發自學術者焉養之純者其爲也有本

而自無不盛稟之厚者亦往往暗合而不無可觀故天資近道或有非學術所能先而學術有未正焉又不若天資暗合者之爲愈也君子之於人物豈可以一律評哉請以所聞復執事之問漢高帝之臣有周勃者焉起于織薄而封絳侯爲人重厚少文坐責諸生趣爲我語其木强可知也而帝獨以可屬大事安劉必勃許之於是左袒一呼誅吕立代竟成社稷之功史稱其爲漢伊周非許之哉古所謂木訥近仁者蓋以此也武帝之臣有霍光者焉階自去病而封博陸爲人不學無術洪範未聞桐宫罔識其膚陋可知也而帝獨以可任大事圖周公負成王賜之於是委裘有托擁昭立宣再定廟堂之策史稱其雖伊周不過非美之哉古所稱篤以不掩者蓋以此也契丹入寇羽書五至其勢蓋岌岌矣主親征之議畫百年之策而飲酒放歌笑謔自如卒之黠虜請盟弭兵南北寇萊公之績何偉也張咏謂其不學無術比之霍光蓋責備賢者之意愚則曰天資英邁通春秋三傳豈真光之流乎兩宫搆隙中外危懼其時蓋洶洶矣勸其母以慈勉其子以孝而垂紳正笏不動聲色卒之光獻撤簾嗣君秉政韓魏公之功何奇也吕中謂其重厚可任比之周勃蓋即其近似者爲名愚則曰獨觀書文晝夜不寐豈真勃之匹乎程子於子房謂其有儒者氣象非以其功成引退不邇榮利故邪然運籌帷幄之中决勝千里之外要之不無所自學禮淮陽受書圯上其學固有素矣程子於陳平謂其不知道而知學非以其善言宰職爲得大體故邪然出奇裨開拓之業交歡成定策之功要之必有所本家貧讀書治黄老術其學亦已舊矣若漢武帝下詔求賢臨軒策問而公孫弘起迹羊豕立談封侯正宜開陳善道以承德意可也奈何誣水旱以文其奸假儉約以售其詐徙仲舒於膠東陷主父於刑戮而帝之好大喜功窮兵黷武曾不能少救則其習春秋爲業以文學見徵者豈非希世取寵之筌蹄乎趙普以潛邸受知事無大小悉以咨决而獻可替否偃武修文有以定一代之規蓋其少習吏事素寡學術晚年讀書手不釋卷而遇斷大議取决方册所得於論語者爲獨深也不然則其自稱載披典籍頗識前言者果何物耶李沆以科甲被遇事關軍國必訪裁處而四方水旱日以奏聞中外利害一切報罷有以得大臣之體蓋沆少而好學器識宏遠詔書應制文理稱旨而節用愛人使民以時體驗於論語者爲尤切也不然則其同列稱爲聖人當時號曰聖相者果何謂邪若宋神宗鋭意太平諏諮治道而王安石歡同魚水驟遷端揆正當日進□猷以答殊遇可也奈何變舊章而作新法斥忠直而進小人始以萬言之書終以三不足之説使群奸得志毒流四海人皆爲諱言則其以文章節行爲高以道德經濟爲任者豈非欺世盗名之捷徑乎抑嘗因是而爲之説資稟得之天學力

養之人二者可兼有而不可偏廢也有天資而不輔之以學雖其建立事功倉卒有濟而規模疏略無以爲經遠之圖有學術而不本之以正雖其志節衒露若可有爲而聲聞過情不可責以實用此絳侯博陸不免身家之及而平津荆國之誤人家國不淺也孔子以天縱之聖猶好古敏以求之顔淵以生知之亞至於欲罷不能然則天資之美者豈可恃而不學其爲學者又可不以孔顔爲法邪

第五問

劉楷

同考試官學正鄭批（時務策正欲觀士子用世之學此卷於西山先生所謂四事十害者條析無遺末復説出時弊頗切經生知此殆有用之學也他日效用慎毋忌斯言）

考試官左中允劉批（四事十害發自長沙西山經濟之學見諸行事者也是篇條答無遺又有發西山所未發者蓋嘗以經濟究心也佳士佳士）

考試官侍講學士吴批（政經數語有關治道非細此文忠公所望於天下後世者惜少能舉行之耳是策能歷道之識之高才之贍而痛恤民隱之意溢於言表其殆諳練世故而有概於中者乎）

嘗謂司民社者必先有愛民之心而後有惠民之政蓋心主乎中則惠民之政無不舉政舉於外則愛民之心有所施司民社者果能相與如是而斯民有不受福者乎是道也其惟古之良吏以之而今之有司所當取法也蓋嘗聞之有司者斯民父母斯民者有司赤子故詩有民之父母之書有如保赤子之説正此謂耳夫今之人民即昔之人民也今之土地即昔之土地也然昔號富饒而今多窮困之家昔稱沃壤而今多荒蕪之嘆何相去若是殊哉噫我知其故矣蓋朝廷設官本以爲民而有司入官鮮能爲國因之以天時告灾之頻加之以潢池弄兵之慘安望地不荒蕪而民不窮困也哉然則如之何而可無亦責之今日有司乎蓋大而受一方之寄則有藩臬藩臬各有僚屬焉小而受一郡一州一邑之寄則有守令守令亦各有僚屬焉是皆謂之有司而繫斯民休戚者也而可以弗加之意乎愚嘗讀西山先生之書而得所以治民之法矣蓋西山帥長沙時嘗勸其僚屬勉四事而去十害今其言固在豈非後人之龜鑒哉其所謂律己以廉也撫民以仁也存心以公也莅事以勤也此之謂四事豈不以爲美政而在所當勉者乎所謂斷獄不公也聽訟不審也淹延囚繫也慘酷用刑也泛濫追呼也招引告訐也重疊催税也科罰取材也縱吏下鄉也低价買物也此之謂十害豈不以爲弊政而在所當去者乎四事切於身心十害

切於時弊西山雖爲當時而言殆若爲今日而發有民社者聞之能不惕然而興憮然而嘆者乎然以數者言之則又以四事爲本必先勉其四事而後可以去其十害未有不勉四事而十害可去者也吾見今之爲有司者其廉仁公勤以愛民爲心者固多有之然亦有苞苴入門而乏懸魚之操則持身不得爲廉暴怒臨民而立呑鱔之威則撫民不得爲仁以媚竈之爲能嗤運甓之爲拙則又未見其存心蒞事之公且勤也夫四事且未能勉敢望其爲民去害哉抑十害之中則尤有甚者夫刑獄死生繫于法而今也斷之不公用之慘酷者毋枉國法而恣爲則民命死於屠伯之手者多矣財物多寡出於民而今也科罰取之低價買之者雖招物議而罔顧則民利入於貪夫之懷者亦多矣斯人也而可使之在民上哉嗚呼爾奉爾禄民膏民脂下民易虐上天難欺吾恐宋人戒石之銘未免爲官府之文具也盍思朝廷所以責成我者何如小民所以仰望我者何如而我乃如是哉妥當南面臨民之時動以西山所言爲法首勉其四事以端一身之本繼去其十害以除一時之弊又當上與下而相孚彼與此而交勸爲長吏者必以情達於下而不偃然以自尊爲僚屬者必以情達於上而不退然以自處勉所當勉如聖門之尊五美去所當去如聖門之屏四惡至究其本則又在先有是愛民之心然後可耳如是則庶幾所謂窮困者轉爲富饒荒蕪者轉爲沃壤上有以副朝廷責成之意下有以慰斯民仰望之私而天下美政至是成矣假令古之良吏如龔黄卓魯者爲令有司亦不過端治本清弊源如西山所云者而已安有反古道拂人情爲斯民病哉方今明天子在上視民如傷所以責成天下有司者甚至而監臨有司者又有撫按諸憲臣焉有司四事之能勉與否十害之能去與否公論昭然自不可掩則歲首述職陟勸黜懲固自有在愚生應有司而來姑因明問論及之耳豈敢妄曰某也賢某也否以自取出位之罪哉

順天府鄉試録後序

正德八年癸酉秋當天下鄉試之期其在諸省則省臣舉行故事事竣乃以録聞唯兩京則府臣屆期以考試官請上特命之重畿輔也於是臣一鵬臣龍奉命典順天府鄉試陛辭至院則士子就試者皆已雲集諸執事官及應用藝人各分局預戒場屋一切供億條格諸範防不可闕者百爾森具臣等故得悉心校閲爲報稱圖既三試之得中式者百三十五人如制録其氏名并文之粹者以獻諸天府而傳之天下臣乃捧讀竊嘆曰畿内人才之盛一至此哉祖

宗德化涵育之深皇上崇儒重道之明效大驗不尤可見哉謹拜而序諸末簡惟古之用人也自鄉學論秀而升之爲選士自司徒論秀而升之爲俊士又自大樂正論秀而升之爲進士然後爵禄有加焉今之士養於學校拔于科目雖其制若有不同至以漸論選而致諸用猶夫意也夫士而謂之秀以其材藝穎出同輩譬則苗之秀然農之種穀也始生爲苗吐華爲秀成穀爲實士之種學敬遜時敏足以使人望而畏之則苗之勃然而興也涵養既深駸駸乎積中發外之盛乃較其藝而賓興其尤者則苗之秀拔蔚然有華以向于成也進而不已益深亦盛足乎已而可以及人於是策名委質用之以治天下則穀之充然既實穫之以爲食也孔子曰苗而不秀者有矣夫秀而不實者有矣夫苗斯秀焉不秀猶無苗也秀斯實焉不實猶無秀也故農夫以百畝不易爲已憂終歲勤苦得穀而食之乃已士以不得乎道爲已憂惟日不足必學成而適用乃已猶有説焉農不惟穀而以穀之多爲上士不惟成而以成之大爲佳有不盡然者又往往繫于所托農之於負郭之田猶士之於首善之地所以圖多而大者莫先焉豈不以膏腴宜植功力易施德化先及其濡染爲深哉皇上臨御以來命鄉論秀凡三舉于此其豐登厚積以粒烝民既大有成效矣至於畿甸之内古之取粟與米于是焉在視天下猶負郭之田其温之麥成周之禾有厚望者乎則夫秀於此者斂華就實兆成豐穰厥賦固當上上非他壤可比于以使斯民含哺鼓腹謳咏太平稱我聖天子安養元元之意顧不偉與苟徒以一第之榮自晝昧其遠且大者甘蹈先聖之戒秀而不實投種無功曾荑稗之不如何取於秀何貴於美種何羨於負郭之田之良主司以取士不得爲已憂者將不在此乎敢以一日之雅勖而告之

左春坊左中允兼翰林院修撰劉龍謹序

正德十一年順天府鄉試録

順天府鄉試録序

天下之貢莫大乎以士每三歲一舉制也正德丙子秋寔維其期順天府臣舉故事以請上命侍讀學士臣俊左諭德臣鼎臣往主試事其同考爲學正臣琦臣翰教諭臣誥臣信臣潮臣鑑臣銓臣鉞臣宗周其監試爲御史臣雷臣雍而提調則府尹臣韶府丞臣潤也暨諸内外執事咸慎選就列時挾藝而應試者幾三千人三試之得士一百三十五人并録其文之優者二十一篇以爲獻亦制也俊惟國家養士於學而拔之於科目蓋將資其才以爲世用也或疑文不足以得士蓋聞古之善相馬者或以齒或以頰或以目或以股或以毛鬋其所以相者不同見馬之一徵也而其節之高卑足之滑易材之堅脆能之長短舉不能逃非神且幸也其數然也士之徵莫有過於文生於其心而出於其口者也謂文非教之所先可也謂不足以得士過矣雖然有司之好惡不可以不慎也士習之升降風俗之隆替恒必由之夫士必有忠信之質而又明於義利王霸之辨然後隨其材之大小皆足以有用於世上之所資而求者蓋在此也而獨於文焉是徵故視其表將以探其中玩其華將以冀其實其志正其氣醇其論議無所悖見於辭者雖或未工不得而弃矣其外燁然其中枵然割裂裝綴徒事口耳文非無可觀也而無所於徵不得而取矣其有志鄉不謬而學業未成者則亦不得而與焉俊等之職蓋將以廣德意求材實庶幾得騊駼駃騠於牝牡驪黄之外以資任重致遠之用謂遂能空其群也則烏乎敢諸士子有得於此者其毋以文自多未得於此者尚知不昧於所求俾究論習俗之變移者不以病今日之有司則幸矣

翰林院侍讀學士奉訓大夫汪俊謹序

正德十一年順天府鄉試

提調官

嘉議大夫順天府府尹胡韶（大聲江西鄱陽縣人　甲辰進士）

中順大夫順天府府丞張潤（汝霖山西臨汾縣人　壬戌進士）

考試官

翰林院侍讀學士奉訓大夫汪俊（抑之江西弋陽縣人　癸丑進士）

奉訓大夫左春坊左諭德兼翰林院侍讀顧鼎臣（九和直隸崑山縣人　乙丑進士）

同考試官

直隸揚州府泰州儒學學正陳琦（仲玉廣西全州官籍湖廣茶陵州人　壬子貢士）

山西太原府代州儒學學正鄭翰（良卿福建龍溪縣人　甲子貢士）

浙江衢州府龍游縣儒學教諭周誥（廷宣江西貴溪縣人　壬子貢士）

江西吉安府永新縣儒學教諭柯信（汝充福建南安縣人　甲子貢士）

江西吉安府吉水縣儒學教諭周潮（望盈直隸太倉州人　癸酉貢士）

江西建昌府廣昌縣儒學教諭唐鑑（景范浙江臨安縣人　乙卯貢士）

山東東昌府臨清州館陶縣儒學教諭傅銓（公衡廣西桂林中衛官籍湖廣羅田縣人　丁卯貢士）

直隸徽州府績溪縣儒學教諭敖鉞（秉之江西高安縣人　丁卯貢士）

直隸淮安府桃源縣儒學教諭易宗周（師文廣西臨桂縣人　丁卯貢士）

監試官

文林郎廣東道監察御史曹雷（啓東平定州守禦所籍直隸泰州人　乙丑進士）

文林郎河南道監察御史盧雍（師邵直隸吴縣人　辛未進士）

印卷官

儒林郎順天府推官蔣淑（宗孟廣西全州人　戊午貢士）

收掌試卷官

陝西西安府同知孫侃（朝言山西平定州人　己酉貢士）

受卷官

湖廣郴州知州張欒（叔喬江西德興縣人　戊辰進士）

直隸真定府趙州臨城縣知縣李瓆（文璣山西高平縣人　辛酉貢士）

彌封官

直隸保定府易州知州劉璨（文光河南河内縣人　戊午貢士）

陝西西安府耀州知州翟懋（敬夫湖廣武昌護衛官籍江夏縣人　辛酉貢士）

謄録官

直隸淮安府通判周及（汝中四川成都前衛官籍浙江建德縣人　庚子貢士）

四川潼川州知州趙會（一之雲南宜良守禦所官籍湖廣零陵縣人　戊午貢士）

對讀官

江西饒州府安仁縣知縣薛球（良贄直隸江陰縣人　乙卯貢士）

廣西梧州府鬱林州北流縣知縣鄧元（仁甫廣東曲江縣人　壬子貢士）

巡綽官

臨清衛指揮使韓瑩（文玉山東騰縣人）

濟南衛指揮同知曹濟美（世勲直隸□□縣人）

大嵩衛指揮僉事胡寶（世珍河南許州人）

宣武衛指揮僉事陳威（邦威直隸合肥縣人）

監門官

保定右衛指揮同知王鎧（大器直隸泗州人）

保定後衛指揮僉事張騰（雲霄河南開封府西華縣人）

供給官

迪功郎順天府經歷司知事翟鑑（秉昭河南洛陽縣人　官生）

順天府宛平縣縣丞袁道（天賦陝西耀州人　監生）

順天府大興縣縣丞呼寧（世安陝西宜川縣人　監生）

第一場

四書

舉直錯諸枉能使枉者直　成己仁也成物知也性之德也合内外之道也故時措之宜也　行有不慊於心則餒矣我故曰告子未嘗知義以其外也

易

小往大來吉亨　九五涣汗其大號涣王居无咎　慎斯術也以往其无所失矣　神也者妙萬物而爲言者也動萬物者莫疾乎雷撓萬物者莫疾乎風燥萬物者莫熯乎火説萬物者莫説乎澤潤萬物者莫潤乎水終萬物始萬物者莫艮故水火相逮雷風不相悖山澤通氣然後能變化既成萬物也

書

予欲宣力四方汝爲　鬼神無常享享于克誠　予造天役遺大投艱于朕身越予冲人不卬自恤義爾邦君越爾多士尹氏御事綏予曰無毖于恤不可不成乃寧考圖功　昔在殷王中宗嚴恭寅畏天命自度治民祇懼不敢荒寧肆中宗之享國七十有五年

詩

無以我公歸兮無使我心悲兮　鶴鳴于九皋聲聞于野魚潛在淵或在于渚樂彼之園爰有樹檀其下維蘀他山之石可以爲錯　帝謂文王無然畔援無然歆羨誕先登于岸　夙夜基命宥密於緝熙單厥心

春秋

柔會宋公陳侯蔡叔盟于折　公會宋公于夫鐘　冬十有二月公會宋公于闞（俱桓公十一年）公會宋公于虛　冬十有一月公會宋公于龜　十有二月及鄭師伐宋丁未戰于宋（俱桓公十二年）夏齊侯陳侯鄭伯遇於垂（莊公四年）晋侯執曹伯歸於京師（成公十五年）己未衛侯出奔齊（襄公十四年）吴子使札來聘（襄公二十九年）取汶陽田（成公二年）春晋侯使韓穿來言汶陽之田歸之於齊（成公八年）夏公會齊侯於夾谷　公至□夾谷（定公十年）

禮記

是故七介以相見也不然則已慤三辭三讓而至不然則已蹙　進則揖之退則揚之然後玉鏘鳴也　禮也者理之不可易者也　妻也者親之主也敢不敬與子也者親之後也敢不敬與君子無不敬也敬身爲大身也者親之枝也敢不敬與

第二場

論

天地之所以爲大

詔誥表（内科一道）

擬漢令丞相列侯吏二千石博士議可以佐百姓者詔（後元年）　擬唐以姚元之爲兵部尚書同中書門下三品誥（開元元年）　擬宋以御書石經板本九經并勑額賜白鹿洞書院師生謝表（淳熙八年）

判語（五條）

官員赴任過限　功臣田上　縱放軍人歇役　決罰不如法　盜決河防

第三場

策（五道）

問　創業之君必知守成之難而後垂可繼之統也精密而無所遺守成之君必知創業之難而後持盈成之運也慎守而不敢墜然則創之與守一道耳漢稱規模宏遠不一再傳而有七國之變唐號法制備具而世有女禍議者以爲高帝太宗之過也然歟洪惟我太祖高皇帝得國之正貽謀之善上接三代而超越漢唐者可謂盡善盡美無以復加迨今百五十年間海内晏然如一日固列聖敬承之功而我高皇帝創造之效亦可睹矣其規模之大節目之詳不可殫述亦可得而言其略歟又嘗與侍臣論漢唐故事慨然有深用爲戒之嘆曰女寵曰寺人曰外戚曰權臣曰藩鎮曰夷狄每事爲之言而曲爲之防聖謨洋洋真萬世之龜鑒也諸士子服習大訓宜亦有槩于中久矣請陳之以爲當宁孝思之助

問　堯舜而下君德莫過於禹湯文武而後世言治者不越乎漢唐宋然考之經史所載不能無可疑者菲飲食矣何旨酒之飲必甘而後絶不殖貨利矣何苞苴之行必檮而後責烈假不瑕而獻女於受似非小心之翼世德作求而貢獒於旅豈爲細行之矜數聖人者有大德致盛治而蹤迹之間猶有可議者何哉乃若臨朝淵默尊嚴若神可謂有穆穆之容矣而漢業何以遂衰勵精政治幾致太平可謂有明明之聞矣而唐祚何以幾僨辟雍養老正坐自講非右文之主乎何信道不篤以詒中國之禍延英論政日旰忘倦非願治之君乎何晚節不終以生近習之變剛果聰明者若大有爲何以使民愁兵怨而激爲厲階機巧多技能者殆天縱之何以致天异人妖而終蹈夷禍之數君者皆挾异資纘成業而身名俱辱取譏於後世何哉我太祖高皇帝太宗文皇帝立極垂統道德功烈真足以超軼禹湯文武而并駕堯舜矣豈天質之美固出於尋常萬萬邪抑亦有修爲之方持守之要可以爲聖子神孫萬世法程而不可越者諸士子生長幾甸必嘗仰窺一二矣其敬陳之將轉而聞之於上

問　天下之用出於財天下之財出於土土不加闢而歲用日增然不見其不給何也我朝疆宇奄過漢唐之盛宋蓋不足言矣而經制之用軍國之需古今一也宋又有郊賚歲幣祠禄今皆無之宜其蓄積充牣無所置之顧乃皇皇焉有匱乏之憂其必有故矣昔人言爲國有三計其説可聞歟今之國計於是三者何居有謂事之害財者有三冗殆何所指今於是三者孰甚國計有録始見於唐至宋作者尤衆所以摠括天下財賦出入之數而周知其有無多寡以爲豐殺增減者也今亦可仿而爲之歟夫財匱而民怨民裕而國昌有國有

不可以不慎而錢穀之大數亦學者所當知也其毋諉曰有主者

問　詩曰詒厥孫謀以燕翼子又曰干禄百福子孫千億雖古聖賢莫不顧望其子孫之蕃昌而凡頌禱乎人者亦必歸重於是蓋人情所同而天理之當然也但常人狃於一時利害乃或肆惡於身而不顧其子孫亦有不達損蓋之理不覽止足之分而營營於子孫富貴謀者皆惑也兹以古人之言行可爲勸戒者相與評之身爲相國禄入厚矣而不爲子孫治垣屋位謝太傅賜予渥矣而不爲子孫益産業果何所見乎身親隴畝子孫將跰手胝足矣乃曰遺之以安性本公廉子孫常蔬食步行矣乃曰遺之以厚何以言之歟主母胡懼而遽有穆伯絶嗣之嘆絶嗣果足深懼邪内史胡知而遽有臧孫有後之稱有後果能前知邪衣食餘饒臣節可以盡瘁借曰不然能忘爾私乎田宅便好帝德可謂念功借曰不然能保厥家乎治獄無冤而自知其後必興然則過於殘酷者信及於子孫否也將兵不妄殺而自知其後必昌然則肆於屠僇者信殃其子孫否也夫禍福之來以爲天道之必然而善惡之報時有不類以爲人事之適然而成敗之迹又似可徵亦有一定之説可恃之訓乎諸士子皆將事君臨民以右其族而世其家者其肆言之以觀擇術之慎

問　戎狄爲中國患自古然矣今之桀黠時出没於吾邊境而侵寇者蓋昔之入主中夏而吾之所驅逐以還之塞外者也則防邊之政宜百倍於前代而後可我朝自立國以來虜嘗爲患而卒無大憂豈非立法之善足以維持爲萬世之防哉近歲虜寇往往深入重獲略無創艾而去比者宣府之警蓋不特侵及涇陽候騎至雍而已豈承平日久舊政多廢而未舉歟此其爲患蓋不小也盗賊竊發亦治世所不免至於前數年之盗流毒幾遍天下至遣制師調邊卒以成剿平之功禍亦亟矣則弭盗之術尤今日所宜加意者夫戎狄爲患亦禦之而已然有謂禦戎無上策當以氣勝之其説亦有據乎禦之之策不過振國威飭邊備練士卒實倉廩而已然有謂其本不在乎威强其任不在乎邊境其具不在乎兵食然則竟安在乎所指急先之務亦可行於今日乎弭盗之術則論盗有三源者盡之又曰患莫大於招降禍莫深於窮治然則何施而可此二者當今之所欲急聞也願得良策以裨執政幸毋讓

中式舉人一百三十五名

第一名　周光宙　直隸常熟縣人監生　易

第二名　周祚　浙江山陰縣人監生　書

第三名　茹鳴金　太醫院儒士　詩
第四名　賀鑑　直隸祁州學生　禮記
第五名　俞世本　浙江定海縣人監生　春秋
第六名　袁淮　直隸任丘縣學附學生　書
第七名　江珊　順天府學生　易
第八名　陳采　武功左衛儒士　詩
第九名　劉澍　直隸定州學生　易
第十名　鄒瓚　順天府學附學生　書
第十一名　章甫　武驤左衛儒士　詩
第十二名　鄺濤　直隸任丘縣學附學生　書
第十三名　李坦　直隸任丘縣儒士　易
第十四名　于喬　順天府薊州學生　詩
第十五名　邊僑　直隸任丘縣學生　書
第十六名　韓威　直隸河間府學生　詩
第十七名　楊軏　直隸安蘭縣學增廣生　易
第十八名　黄冕　四川納溪縣人監生　春秋
第十九名　王傅　順天府學生　詩
第二十名　劉焞　直隸深州學生　書
第二十一名　陳儒　順天府學生　詩
第二十二名　邢第　直隸長垣縣學生　易
第二十三名　張珽　直隸完縣學生　詩
第二十四名　屠應坤　營州中屯衛儒士　書
第二十五名　周璋　直隸獻縣學生　詩
第二十六名　郭俊　順天府學附學生　易
第二十七名　李楷　順天府遵化縣學生　詩
第二十八名　楊行中　順天府通州學生　書
第二十九名　郭維淵　直隸河間府學生　詩
第三十名　秦位　浙江會稽縣人監生　易
第三十一名　劉瑜　直隸元城縣學生　詩
第三十二名　周沐　浙江山陰縣人監生　書
第三十三名　孫堂　直隸大名府學生　詩
第三十四名　張崇　江西南城縣人監生　禮記

第三十五名　王庚　直隸灤州學生　易
第三十六名　王卿　直隸定州學增廣生　詩
第三十七名　盧洪　順天府學生　易
第三十八名　章元紀　浙江會稽縣人監生　詩
第三十九名　董企宗　直隸靈壽縣學生　書
第四十名　李鏞　順天府三河縣學生　詩
第四十一名　江鎮　應天府江寧縣人監生　易
第四十二名　楊乾　直隸元城縣學生　詩
第四十三名　陳灝　順天府學生　易
第四十四名　方員　宣府右衛人監生　詩
第四十五名　李進　順天府學生　書
第四十六名　崇承恩　直隸藁城縣學生　詩
第四十七名　李朝綱　直隸清豐縣學生　春秋
第四十八名　董杲　萬全左衛軍生　詩
第四十九名　吴員　直隸灤州學生　易
第五十名　曹堂　順天府學附學生　詩
第五十一名　劉瑞　直隸永年縣學生　書
第五十二名　孫鐸　順天府遵化縣學生　詩
第五十三名　路天衢　直隸肅寧縣學生　易
第五十四名　張濬　直隸高陽縣學增廣生　詩
第五十五名　馬衢　直隸青縣學生　書
第五十六名　郭文河　直隸平鄉縣學生　詩
第五十七名　陸維　順天府學附學生　易
第五十八名　李柰　直隸肅寧縣學生　詩
第五十九名　宋汝霖　直隸長垣縣學增廣生　禮記
第六十名　王楊　順天府三河縣學生　詩
第六十一名　程萬殊　直隸開州學生　易
第六十二名　蔡福　錦衣衛儒士　詩
第六十三名　李潮　直隸定州人監生　書
第六十四名　錢學　直隸常熟縣人監生　詩
第六十五名　楊廷睿　山西嵐縣人監生　易
第六十六名　沈韓　直隸常熟縣人監生　詩

第六十七名　谷鸞　順天府學增廣生　書
第六十八名　賈實　直隸滿城縣學生　詩
第六十九名　余寅　義勇中衛儒士　春秋
第七十名　施恩　直隸滄州學生　詩
第七十一名　田龍　順天府學附學生　易
第七十二名　趙時寧　順天府文安縣學增廣生　詩
第七十三名　王朝用　順天府薊州學生　書
第七十四名　劉茂元　直隸深州學生　詩
第七十五名　張子衷　順天府通州學生　易
第七十六名　陸璯　浙江上虞縣人監生　詩
第七十七名　杜民表　順天府學生　書
第七十八名　劉燁然　順天府遵化縣學生　詩
第七十九名　王熊兆　順天府學附學生　易
第八十名　宋欽　直隸開州學生　書
第八十一名　劉恩　直隸保定府學生　詩
第八十二名　魏廷義　龍門衛學軍生　春秋
第八十三名　魏瀾　順天府學附學生　易
第八十四名　李表　直隸任丘縣學生　詩
第八十五名　張巍　直隸深州學生　書
第八十六名　李欽昊　順天府學生　詩
第八十七名　彭勉敬　江西安福縣人監生　易
第八十八名　侯瓚　直隸内黄縣學生　書
第八十九名　路中　順天府平谷縣學生　詩
第九十名　龔天然　直隸崑山縣人監生　易
第九十一名　劉大有　順天府東安縣學生　易
第九十二名　朱福　順天府學附學生　書
第九十三名　趙永淳　直隸任丘縣學生　詩
第九十四名　董進第　直隸大名府學生　禮記
第九十五名　党鑑　順天府學增廣生　易
第九十六名　張承恩　直隸保定府學生　詩
第九十七名　張鏜　順天府學附學生　書
第九十八名　白玶　直隸南宫縣學生　詩

第九十九名　趙棟　直隸趙州學生　易
第一百名　王賓　萬全都司學生　詩
第一百一名　沈釗　浙江錢塘縣人監生　書
第一百二名　王沼　直隸保定府學增廣生　詩
第一百三名　薛媥　直隸魏縣學生　易
第一百四名　郭廷堅　直隸唐山縣學增廣生　詩
第一百五名　王可學　順天府學增廣生　書
第一百六名　南棟　直隸滿城縣學生　詩
第一百七名　項錫　浙江嘉興縣人監生　春秋
第一百八名　何魯　直隸雄縣學生　易
第一百九名　張敘　直隸藁城縣監生　詩
第一百十名　杜文　直隸廣平府學生　書
第一百一十一名　霍光先　直隸曲周縣學生　詩
第一百一十二名　魏珽　順天府學附學生　易
第一百一十三名　耿鎰　直隸河間府學生　詩
第一百一十四名　吉陽　直隸大名府學生　書
第一百一十五名　王錦　直隸曲周縣學生　詩
第一百一十六名　孫燦　順天府昌平州學生　易
第一百一十七名　邊驥　直隸開州學生　禮記
第一百一十八名　沈旻　直隸蠡縣學生　詩
第一百一十九名　劉浩　直隸廣平縣學生　書
第一百二十名　傅鐸　陝西寧羌衛人監生　詩
第一百二十一名　王民　順天府學增廣生　易
第一百二十二名　陳貫　順天府學附學生　詩
第一百二十三名　王佐　順天府學生　書
第一百二十四名　步洲　直隸大名府學生　詩
第一百二十五名　吴大用　羽林左衛儒士　易
第一百二十六名　郭嶽　直隸開州學生　詩
第一百二十七名　王松　順天府固安縣學增廣生　書
第一百二十八名　周山　直隸武進縣人監生　詩
第一百二十九名　魏璜　直隸保定府學生　易
第一百三十名　尹嗣忠　順天府學增廣生　詩

第一百三十一名　汪良　直隸景州學生　春秋
第一百三十二名　吴繼芳　直隸邢臺縣學生　詩
第一百三十三名　王輔　直隸大名縣人監生　書
第一百三十四名　牛璽　錦衣衛儒士　易
第一百三十五名　秦琩　直隸涿州學生　詩

第一場

四書

舉直錯諸枉能使枉者直

同考試官教諭敖批（舉直錯枉只是一事直者舉枉者自錯詳味語意自見場中士子多未達者此作體認精切而詞亦簡當必勤學士也讀者當自知之）

同考試官教諭周批（作此題者每病於發露仁知太早且或腐稚可厭此作理得而詞順蓋杰然者宜録以爲式）

同考試官教諭柯批（聖人之言如化工渾然無迹而以舉業排比之文擬之難矣繩墨不逾而理趣自到僅見此篇録之以示作論語義者）

考試官左諭德顧批（明白雅健可取）

考試官侍讀學士汪批（詳整可誦）

人不可苟用而衆因以化聖人之曉門人也蓋舉直而錯枉是不苟於用人矣枉者皆化而爲直其容已乎聖人答樊遲問仁知至此蓋谓知人愛人若非一端曰仁與知本無二道君子於人鑒裁既精於一心之明察識復稽於衆論之審其選而舉之使服在大僚簡而拔之俾列於庶位者必皆經德不回侃侃之正人也强立不反藹藹之吉士也蓋直者必舉而所舉無不直焉凡委置在下而不齒於衣冠之列遣弃于野而不預夫爵命之榮者莫非罔其生理蚩蚩之衆人也拂其常往碌碌之鄙夫也蓋所錯皆枉而枉者無不錯焉夫如是則旌别所及默寓鼓舞之機好惡所加自有感化之妙莫不曰彼善是我乃未善彼能是我乃未能我之弃置固其所也率相砥礪舍舊而新是圖昔之枉者皆化而爲直矣又孰不曰人所知可學而知人所行可勉而行我之致用猶可爲也争自濯磨去惡而善是從昔之錯者皆直而可舉矣是則即知人之知寓愛人之仁仁知之相爲用蓋如此樊遲未達聖人得不明言以曉之哉抑嘗因是而思天下之務莫有大於舉錯者君子小人之盛衰民心之從違政治之得失罔不由之舜舉皋陶湯舉伊尹

不仁者遠聖人之治不越乎此而已漢唐以下用舍不明君子小人迭爲勝負而國之治亂隨之然則人君之舉錯可不慎哉

成己仁也成物知也性之德也合内外之道也故時措之宜也

同考試官教諭易批（説合一時措處鑿鑿可據似嘗用力於體驗仁知者要不可以尋常舉子目之）

同考試官學正鄭批（題本明白作者困於牽合殊覺窘步此篇據理直説略無滯碍可以道中庸矣）

考試官左諭德顧批（精妙之作）

考試官侍讀學士汪批（文有理致）

所性既全於己所施自周於用此誠之者之事也蓋性分之外無餘事也仁知兩全而施之於事有不得其宜者哉中庸二十五章言人道也至此謂夫君子之誠也既以成己又以成物以成己言之私欲净盡而本心之德湛乎其恒存天理純全而本然之體昭乎其不昧非仁乎以成物言之大以成大小以成小曲成而不遺也立必俱立成不獨成兼濟而無外也非知乎仁以爲體知以爲用性分固有合體用而一原者也仁存諸内知形諸外隨地异名合内外而一道者也夫知而未仁則其公不足以立制事之本仁而未知則其明不足以妙應物之機仁知具内外一於是乎施之於一身或左或右與時宜之無不中其適矣施之於天下若大若小以時措之無不得其當矣無所用而不周無所施而不利蓋沛乎其有餘也處經事而知宜遭變事而知權蓋無乎而不可也誠之者之功用如此其大此君子所以必誠之爲貴歟大抵仁知兩言之則各一其德而猶未足以致用故曰仁者見之謂之仁知者見之謂之知君子之道鮮矣必仁知合一而後大人之事備時措之宜蓋聖人過化存神之用也誠之者至此則與聖人幾矣讀者其詳之

行有不慊於心則餒矣我故曰告子未嘗知義以其外之也

同考試官教諭唐批（義外之説孟子蓋屢闢之而驗於養氣尤爲著明此作發揮殆盡良不易矣）

同考試官教諭周批（此題於養氣一章尤爲切要告子義外之病不攻自破此作良有發越佳作也録之）

考試官左諭德顧批（文足以暢理可録）

考試官侍讀學士汪批（其言似有得者）

即氣之所由以不充而知義之不可以外言也蓋氣以得養而充失養而餒一皆由於義也彼以義爲外者烏足以及此哉孟子之意蓋謂浩然之氣可以集義而生不可以義襲而取彼由乎中而應乎外者事有萬殊也苟輕重之施一失其當則府仰之間愧怍形焉心能自快乎發乎邇而見乎遠者行有不一也苟長短之節一乖其宜則隱微之際悔尤積焉心能自足乎由是氣之至大者雖曰初無限量也心無以爲之主而欿乎其小矣氣之至剛者雖曰不可屈撓也心無以爲之帥而索乎其微矣養氣必主乎義如此然則義豈在外哉彼告子者乃曰義外也非内也是不知而妄言者彼義之見於事者或輕或重若在外矣而本然之權則由中制而非外也義之形於行者或長或短若在外矣而本然之度則由内出而非外也以義爲外而不復以集義爲事則盛大之體流行之用彼蓋有所未窺也不能養氣而徒欲不動其心則冥然罔覺悍然不顧彼蓋自以爲至也謂之曰未嘗知義信乎其於義有所未達也歟大抵判心迹於二途者异端之曲説合體用而一致者吾道之大全也告子外義以求不動其心蓋之學於佛老絕事物以求心者類矣孟子性善養氣之論擴前聖所未發而闢義外之説尤有功於後學學者宜致思焉

易

九五涣汗其大號涣王居无咎

同考試官教諭易批（濟涣莫要於此二事周公詔後世之意可謂喫緊此作足以發之而文亦精潔可愛蓋深於易者）

同考試官學正鄭批（作易義者不失之粗鄙則失之晦泥殊非本色晚得此篇明暢詳雅而事理不遺宜録以式後學）

考試官左諭德顧批（文有發明）

考試官侍讀學士汪批（詞足以發而不浮非苟作者）

事合濟涣之宜占獲補過之善涣九五爻義也蓋涣其號令居積以濟涣則事合宜而涣可濟矣過不於是而補乎爻易聖人之意若曰涣之九五陽剛中正以居尊位當濟涣之任有濟涣之具者也是故時過於豐而紀綱不能無解弛物極於豫而人心不能無乖離所謂涣也王者□此何以濟之必推誠引咎修辭命以誥四方安内攘外布號令以新天下言出乎身加乎民周流磅礴有以浹於民之肌膚令出惟行弗惟反融液透徹有以切於民之疾苦開張公道而幽枉畢達也掃除煩苛而風聲丕變也大號非時所當涣者乎然徒事虚文不可以必敷實德以拯塗炭之危托諸空言不可也必布大惠以慰雲霓之望厚斂可懲而倉廪之粟在所必發悖出可虞而府庫之財在所必散以四海

爲一家大賚有不惜也視百姓猶吾子博施有不刼也王居又非義所當涣者乎夫如是則施爲有序足以折釁蘖之萌處置得宜可以消反側之禍興滯補弊而紀綱爲之復振説近來遠而人心爲之再安大業繫於苞桑始雖過而善於補矣於義爲无咎焉丕基固於磐石初雖失而不遠復矣其占得无咎焉吁因一己之涣以濟天下之涣周公示占之意可謂深切著明矣抑考涣之上體巽也巽象爲風德爲入有號令之義其卦爲陰陰主利有居積之義故垢以乾遇巽大象之傳亦曰施命家人以離遇巽六四之繇亦曰富家九五雖居巽體材可有爲能涣其號則如風之被物而天道行矣能涣其居則是以陽勝陰而天德粹矣尚何涣之不可濟哉爻易取義各有攸富此又觀象玩辭者所當知

神也者妙萬物而爲言者也動萬物者莫疾乎雷撓萬物者莫疾乎風燥萬物者莫熯乎火説萬物者莫説乎澤潤萬物者莫潤乎水終萬物始萬物者莫盛乎艮故水火相逮雷風不相悖山澤通氣然後能變化既成萬物也

同考試官教諭易批（圖學本難而讀易者漫不之省故多剽竊陳言取具篇目此作言人所不能言而詞亦醇雅可玩蓋嘗沉潜於圖而有得者）

同考試官學正鄭批（此題專重於神妙萬物一言蓋先後天圖學之藴也孔子去乾坤而言神豈無謂乎不知而者多矣造詣精邃而發越明盡無如此篇是用録出）

考試官左諭德顧批（理是如此）

考試官侍讀學士汪批（鋪叙瑩净）

説卦發明至神之無方必詳六子之造化以見之也夫神妙萬物本無方也造化之見於六子者孰非神之所爲乎説卦聖人之意若曰造化之迹固可見於六子陰陽之妙尤不外於一神神也者寓乎氣而不倚於氣超乎物而不離於物妙應不測變化無方之謂也果何以見之震居東方動萬物而迅其機者雷也巽居東南撓萬物以速其化者風也離居於南物長以燥火之所熯也兑居於西物成而遂澤之所説也坎居正北萬物歸藏皆水之所潤也艮居東北萬物始終皆艮之所成也後天六子爲陰爲陽各專其功即造化之推遷於四時者如此然豈無所本乎故離位乎東坎位乎西水火二物相逮爲用而不相射焉震位東北巽位西南雷風之勢交相助益而不相悖焉艮位西北兑位東南山澤之氣彼此感通而不相隔焉後天六子一陰一陽各得其偶即造化之象形於兩間者爾夫位有對待斯用有流行體有配合斯氣有變化於是陰變爲陽陽化爲陰往來不窮以司亭毒之妙陰極復變陽極復化進退不已以

鼓顯藏之機而凡物之盈於兩間生於四時者大造而無間曲成而不遺矣然何莫非神之所爲也哉吁神之可見於先天後天卦位者如此宜聖人發以示人歟抑此章去乾坤而專言六子豈以二老不用歟曰非然也先天圖學所以明造化之體乾坤陰陽也即天地也六子陰陽之經緯乎其間者爾陰陽不測之謂神言神則乾坤在其中矣後天退乾於西北退坤於西南六子各易其位者所以著造化之用皆出於理勢之自然爾然致役者母之養也戰者父之成也曰坤者地則乾爲天可知是二老君藏之道亦未嘗不在焉後天豈出於先天之外哉故曰帝曰萬物曰神曰八卦曰六子合而言之一陰一陽之謂道也不然何以曰體用一原顯微無間

書

予欲宣力四方汝爲

同考試官教諭唐批（近來書義多失之困善通場冗濫可厭語意完潔無逾此篇可以爲式矣）

同考試官教諭周批（宣力不專于説養有知稍開説者又失之膚淺理明詞健如此篇者僅一見耳）

考試官左諭德顧批（説盡舜命禹之意）

考試官侍讀學士汪批（得旨）

聖君欲有爲於天下必責其任於大臣蓋有爲者君之欲而代之以爲者臣之任也聖君舉所欲而責之大臣不亦宜哉帝舜命禹之意蓋謂天下之大主於一人而分理於衆職其承治於上而總治於下者獨大臣焉耳彼四方之道裏不爲近也吾雖不能身歷而思欲竭心思以溥其思澤使無遠而弗能届焉四方之人民不爲少也吾雖不能家撫而思欲殫知力以施其政令使無微而不逮焉黎民阻饑嘗以命后稷矣而予之意猶未已也蠻夷猾夏嘗以托皋陶矣而予之志猶未慊也予之所欲有如此者非汝禹爲之而孰爲乎必也布其四體而振迅以奮庸使予之所欲溥而未能遂者舉形於設施之間竭其股肱而邁往以興事使予之所欲施而未能行者悉見於展錯之列導之而生養遂后稷分爲之而實汝之責也治之而争奪息皋陶分爲之而實汝之任也吁帝舜所以責成於禹者如此是可以觀君道亦可以觀相道矣嗟夫君臣一身也君以臣爲體臣以君爲心故舜以股肱耳目命禹而所自任者予欲而已君道逸臣道勞君道無爲臣道有爲明此以南面舜之所以爲君明此以北面禹之所以爲臣嗚呼此有虞之治所以爲不可及也歟

昔在殷王中宗嚴恭寅畏天命自度治民祗懼不敢荒寧肆中宗之享國七十有五年

同考試官教諭唐批（場中類能成篇但多腐語且講享國處兩見其數不幾於百五十乎録此以式後學）

同考試官教諭周批（講治民祗懼與寅畏字不相復足見筆力）

考試官左諭德顧批（忠愛宛然）

考試官侍讀學士汪批（有老成氣象）

論有商盛王持敬以達於治獲福而極其隆蓋享國之永福莫有先焉者也前王致此而極其隆有不本於一敬乎周公作無逸以訓成王至此若謂在昔有殷賢聖之君嘗六七作也而莫盛於中宗焉莊重謙抑形於外者一敬也以理自檢儼乎上帝之臨汝欽肅戒懼存於中者一敬也以理自律昭乎日監之在兹至於治民之際操此心而不失念畎畝之艱難若身親之不敢以少怠也嚴此心而不懈聞閭里之怨詛則安受之不敢以少肆也中宗無逸之實如此是故享年之數殆不可以一二計也至於七十有五年而後已焉蓋其莊敬日强自獲仁者之壽配天而出治者如是其延長也高朗令終獨得天眷之厚撫民而爲君者如是其悠遠也一繼而得高宗亦以克壽聞矣所謂五十有九年者視此爲不逮再繼而得祖甲亦以永年著矣所謂三十有三年者倍之而有餘其福之隆如此謂非無逸之所致乎成王盍亦知所慕哉抑論之人情莫不好逸欲而所甚好者生也以其所甚好禁其所好庶幾必信周公作無逸專以享年永不永爲言其示好惡明矣成王享國四十餘年爲周令王豈非周公之功哉厥後漢昭有過人之明論者蓋謂賢於成王矣而不免於短折殆未聞周公之訓也後之人君宜知所鑒矣

詩

鶴鳴于九皋聲聞于野魚潜在淵或在于渚樂彼之園爰有樹檀其下維擇他山之石可以爲錯

同考試官教諭敖批（詩人意所蓄而未言者此作能盡發之决非稚筆可到録之）

同考試官教諭周批（語意渾厚善道詩人意中事）

同考試官教諭柯批（四事詠盡物理詩人善於納誨而此作宛有思致亦善於説詩矣）

考試官左諭德顧批（發揮詩人之旨殆盡）侍讀學士汪考試官批（得言外意）

詩人托物以諷君不一端而足焉蓋理可因物而推而不可以一端求也詩人博取諸物以爲諷其善於納誨者乎想其意謂夫天下之理散見於萬事而皆可以反求於一身彼羽之族有鶴也其鳴在於九皋之遠而其聲則聞于野焉是故幽獨之中若可忽也而十目所視十手所指形迹欲掩而肺肝已見矣隱微之際若可慢也而臨之在上質之在傍念慮方萌而鬼神已知矣誠之不可掩也蓋如此鱗之族有魚也其潛在于不測之淵而有時則在于渚焉是故事有萬殊理之在於此事者於他事而或違有損有益不可執一而論也時有萬變理之在於今日者於他日而或悖有因有革不可畫一而議也理之無定在也蓋如此彼之園喬焉而有檀若可樂也其下則有蘀之惡焉今有人焉吾嘗親愛之矣亦嘗畏敬之矣其可好者固也然豈無一失之非哉好而不知其惡可乎瞻彼他山塊焉而有石若可弃也而其材中砥礪之用焉今有人焉吾嘗賤惡之矣亦嘗傲惰之矣其可惡者固也然而豈無一得之善哉惡而不知其美可乎由此四者引而伸之觸類而長之天下之理其庶幾乎抑夫子嘗有取於諷諫若此詩者其得風人之義歟且首之以誠身繼之以明善則天下之本以立由是施之於人莫大乎慎好惡而天下之能事畢矣其言蓋與大學中庸相爲表裏其知道者之言乎

夙夜基命宥密於緝熙單厥心

同考試官教諭敖批（難於守成學者類能言之未必知所以難詩人能道成王之難而此作發揮無遺斷非口耳文字之學矣）

同考試官教諭周批（講宥密單厥心處精切明盡真若詩人頌成王然可録）

同考試官教諭柯批（頌非聖賢之徒不能作而是詩尤精敷析甚難若此篇者真非苟作矣）

考試官左諭德顧批（説出成王心事）

考試官侍讀學士汪批（能頌成王之所以爲成者）

詩人嘆美賢王慎保成命而有其德克紹先業而盡其心夫夙夜積德以永保天命是能緝熙前人之業矣賢王之心不於是而盡乎此祀成王之詩也若謂成王以賢聖之資纘文武之緒其心以爲維我祖考受天命興王業以佑啓我後人矣寧使自我而廢墜乎是以夙興夜寐慎積厥德以爲承藉寶命之基蓋唯日而不足也日積月累務崇其德以爲凝承天休之地蓋無時而或怠也吾見其宏深有容而萬善咸備充其體段將與天爲徒焉静密不擾而一理

粹然致其精一將與天無間焉於嗟成王有德以基命如此是能繼前人之耿光而基業爲之益隆明文之昭所謂丕顯者益以顯矣續前人之明績而統緒爲之益振定武之烈所謂丕承者益以承矣吾知其負荷之誠孚格於陟降之表而無虧善始克終其心寧有絲毫之不盡乎繼述之善對越於孝享之際而無忝光前裕後其心寧有錙銖之或歉乎是則基命緝熙固足以單厥心而皆本於夙夜不康以有其德此成王所以爲周之令主而祭於宗廟所當頌也歟嗟夫三代守成之君以成王爲稱首詩人所頌不過數言而其踐履之篤畜積之大祈天永命之實亦略可見自今觀之曰不敢康者即所其無逸之謂也曰夙夜基命宥密者即皇自敬德之謂也曰緝熙單厥心者取出篤前人成烈之謂也是知成王天資之美固异於人而涵育長就以成之者寧非周公之功乎相道有關於君德此猶可見

春秋

取汶陽田（成公二年）春晋侯使韓穿來言汶陽之田歸之於齊（成公八年）

同考試官教諭傅批（事緒不齊難於隱木括此篇鋪叙詳明而文亦秀整當是作手）

考試官左諭德顧批（有制之文）

考試官侍讀學士汪批（叙事有條理）

取地不以其道春秋專有所責歸地不以其道春秋兼有所責此汶陽之取其失在魯汶陽之歸其失不專於晋也春秋備舉其始終而罪可見矣且汶陽之田久侵於齊乃魯故物也于牽之役一戰勝齊於是返魯衛之侵地而復其故壤自魯言之曰自我失之自我得之可矣而春秋書取以責之何耶蓋建邦啓土各有疆理先王所以體国而經野也是田也使在邦域之中則先王所錫先祖所受在諸侯有世守之正固不可亂矣使得於蠶食之侵則興滅國繼絶世在天子有懷柔之義亦必有處也顧乃偃然據之未嘗一請於天王其罪亦豈小哉况魯初未嘗以德服人乃因人而有之是晋之惠也亦何足多乎所謂取之不以其道其責固有在矣汶陽之田獲歸于魯乃晋制命也八年之間齊服事晋於是使韓穿來言而復歸之于齊自晋言之曰自我予之自我奪之可矣而春秋書來言以責之何耶蓋信以行義義以成命霸主所以定與而睦鄰也是舉也使齊無貪得之心則保境息民足以守國不復請之于晋使穿有諫止之義則惇信明義足以守霸不輕言之于魯顧皆悍然不顧以成晋侯二命之失其罪不亦均乎若魯終不能以禮自强遽聽命而歸之是晋之鄙也不

亦悪乎所謂歸之不以其道其責蓋有所分矣吁一得失之小而義之所誅有如此者非聖筆其孰能與於此哉抑汶陽之得失固皆制於晋矣在公不能得其民歟叔孫僑如嘗帥師圍棘以取汶陽之田棘不服故也夫復故地而民不服何也魯於是時初税畝作丘甲税役日益重所以不願爲之氓歟然則其所以暫得而復失者殆亦未可專罪晋乎

夏公會齊侯于夾谷公至自夾谷（定公十年）

同考試官教諭傅批（强國以德不以力此命題之意也此作足以發之而詞亦老練感慨讀者不可以常格律之）

考試官左諭德顧批（老作可取）

考試官侍讀學士汪批（善言聖人之化）

即望國會鄰之始終見聖人化强於俄頃夫齊之弱魯而欲肆侮也久矣夾谷之會相非孔子又何以化其强而成好會之始終也哉自昔春秋之末齊魯交惡魯既悔禍於及平齊亦降心於盟好夾谷之會不其韪歟奈何齊侯不以修睦爲務而誤聽犂彌之詐謀不以恤憐爲心而肆逞萊夷之俘衆兩君就壇兩相相揖齊人鼓噪而起將劫魯君而執之其輕蔑鄰交爲何如殊不知魯國雖削而周公之法制猶存魯君雖弱而孔子則文武兼備具官以從歷階以語使齊侯愧悔不已遽麾萊夷而辟之其折服强力爲何如以至責汶陽之田止野外之享聖人一言之威而重於三軍如此所過者化不於是而可驗乎慨夫楚子盟盂宋襄見執齊寔效尤而伏禍機於盛際魯不思患以鑒覆轍於前人夾谷之會亦曰殆哉向非孔子則先事未必有備臨事未必能勝以禮而始以亂而終會而見執何以反行飲至而即安於先君之都乎今則徒恃夫義理之勇以革其强暴之心易危爲安轉禍爲福成事而歸得以舍爵策勛於先君之廟焉未幾謝過以質侵疆來歸聖人俄頃之化行於强國如此兆足以行不於是而可見邪由是以知春秋既書公會齊侯于夾谷而必書至自夾谷者實幸而危之耳嗟夫齊强魯弱蓋周公之於報政季子之於觀樂已知之矣豈待是乎第以力則强者有時而可弱以德則弱者有時而必强觀孔子相會夾谷而齊人歸田行乎季孫而大夫隳城爲司寇攝相事七日而誅少正卯三月而國大治此魯霸王之基而聖人綏來動和之試也不曰吾其爲東周乎蓋深有望於魯而惜也女樂饋而孔子行矣於乎是齊之弱魯邪魯之自弱邪繼是而後不一再傳而公旦之宗微矣可勝嘆哉

禮記

禮也者理之不可易者也

同考試官教諭陳批（體貼經文自成一大議論結意尤佳非苟作者）

考試官左諭德顧批（所講理要亦不可易者）

考試官侍讀學士汪批（不拘拘於集説良是）

論禮之制於人者即理之出於天者蓋理出於天一定而不可易也人知禮制於聖人矣而孰知其爲不易之理哉記者論禮樂至此謂夫禮之爲用也無不該而其爲體也有所自彼簠簋俎豆制度文章禮於是乎有器矣器固聖人之所爲也升降上下周旋裼襲禮於是乎有文矣文固聖人所議也親疏之序或引而進之或推而遠之斟酌乎人情初未嘗有一定之拘貴賤之等或少之爲貴或多之爲美變通於時宜初未嘗有一律之守是所謂禮也然是禮也乃理之不可易者也自其親疏之有序也斬以至緦喪服异等而九族之情無所憾理之形於親疏者豪髮可少爽乎自其貴賤之有等也王公至皂隸儀章异制而上下之分莫敢争理之形於貴賤者分寸可少移乎禮有大有小理之所在大者不可損而小者不可益也禮有顯有微理之所在顯者不可掩而微者不可大也夫禮出於理之不可易者如此於是推之四海而皆準傳之萬世而無弊彼謂作禮以强世者殆未之有聞歟抑論之形而上爲道形而下爲器此道器之别也道亦器器亦道又未可以二觀也禮者器也理之不可易者道也通於此者其知道器之説乎先儒謂樂記一篇非孟子以下所能作詎不信夫

妻也者親之主也敢不敬與子也者親之後也敢不敬與君子無不敬也敬身爲大身也親之枝也敢不敬與

同考試官學正陳批（題若淺近而道理最大學者多忽之此篇體認真切而詞氣明婉得告君之體必佳士也）

考試官左諭德顧批（詞理簡當）

考試官侍讀學士汪批（細密而潤）

君子敬其所當敬而皆本於孝焉蓋妻子吾身皆所當敬也君子敬之以其親焉謂非本於孝哉昔孔子告哀公之意若曰政莫先乎禮禮不外乎敬三代明王所以敬其妻子者何哉夫自常情言之夫爲妻綱妻從我者也奈何敬之殊不知供衣服薦饋食宗廟之禮有待於備官而妻固親之主也敢慢而不敬乎故必冕而親迎以極體貌之隆敬妻所以敬吾親耳又孰不曰父爲子綱子我所生也胡爲敬之殊不知承宗祧嗣基業社稷之重必歸於適長而子固

吾親之後也敢忽而不敬乎故必冠于阼階而極儀章之備敬子所以敬吾親耳夫君子豈特敬其妻子哉於凡物之接固無不敬而惟敬其身爲尤大焉蓋親也者吾身之本身也者吾親之枝一氣相爲流通生意未嘗間斷身即親也又敢不敬乎故必謹於言動使德積厥躬以爲利妻之本慎爾樞機俾道成於己以爲翼子之謀惟恐虧體以辱吾親也輕身以傷吾親也其敬之大爲何如吁能敬其身是能孝其親而於妻子蓋不容於不敬矣行此三者豈不愾乎天下也哉抑考孔子嘗曰使臣以禮曰臨民以莊然□臣民亦所當敬歟蓋君之於臣民相須一體尤不可以不敬故書重邦本詩稱嘉賓先王之敬臣民有如此者世降春秋禮教不行卑臣抑民而不知所以敬是以情意乖離臣有時而後其君民不時而潰其上甚者夫妻反目父子相夷而人道或幾乎息矣孔子學三代之禮欲明王道以正人心而於父母之國尤拳拳焉其告哀公以此姑正其本然曰無所不敬則所包亦廣矣稽古爲治者宜鑒於斯

第二場

論

天地之所以爲大

同考試官教諭唐批（二場士子遇題有天地聖人字輒下筆數千言放溢橫肆漫不可收拾要自以爲得意而不知主司殊爲厭苦稍加點檢支離浮蔓更不堪着眼如此篇亦何嘗別爲新奇可喜之説而理到語精自卓乎不可及其所造詣者深矣）

同考試官教諭周批（議論渾浩流轉略不見其涯涘而平正洞達若有物迫之而不容已於言者其殆真有見於天地之所以爲大者乎佳士佳士）

考試官左諭德顧批（文非艱險理亦平實初若易易徐而察之經緯關鎖有體有要而妙道的然於言外蓋深於學者）

考試官侍讀學士汪批（議論有根據開闔變化若不可繩以法而卒不出於法蓋時論中之翹楚者）

有見於斯道之全也而後可以言天地矣天地之大也夫人能言之而其所以爲大者未易言也蓋自其形而求之見其爲大自其道而觀之於是見其所以爲大散於萬而不見其不足合於一而不見其有餘迎而察之莫得其所始引而致之莫究其所終小德川流大德敦化嗚呼此天地之所以爲大也歟嘗試論之天如是其高也地如是其厚也上下之歲年如是其悠且久也人以藐焉之身生且死於其間曰吾知其大且知其所以爲大不幾於妄乎噫是非

妄也□蓋以人而知之也盍觀諸吾夫子乎堯也舜也文武也天之有時而地之有方也渾然具於其一心而散爲天下之萬事於是乎有動作禮義威儀之則於是乎有君臣父子兄弟夫婦朋友長幼之倫於是乎有乎易詩書禮樂春秋論語之文布於一身而達之天下作於一時而垂之萬世其事備矣雖然聖人於此亦有勞乎子貢嘗窺而疑之蓋將以爲多學而識之者也夫子從而決之曰非也予一以貫之嗚呼此夫子之所以爲聖而聖人之所以爲大也歟知聖人之所以爲大則知天地之所以爲大矣今夫天覆於上地載於下日月寒暑盈虚代謝於其中而萬物之洪者纖者動者植者形者色者類聚群分生生化化不知其何所始而方未已也然豈物物而雕刻之哉蓋有爲之者而莫知其所以爲之者矣故自其殊者而觀之高下之形往來之運流峙之性飛躍之情粲然心目之間者萬有不齊小德之川流也自其一者而言之天之所以覆地之所以載日月之所以明寒暑之所以行萬物之所以繁且育皆出於一原而不容有毫髮之間大德之敦化也散一而爲萬而道之用以行合萬而爲一而道之體以立天地之所以爲大者如此苟未知天地請觀之聖人苟未知聖人請觀之天地足矣子貢嘗曰夫子之文章可得而聞夫子之言性與天道不可得而聞文章小德之請歟性與天道大德之謂歟子貢蓋有得於一貫之傳而子思中庸之作實所以發明性道之極致嗚呼其説之詳也如此而學者猶有慕於异端以爲高所謂不可得而聞者在於語言之間乎

同前

同考試官教諭易批（文思浩浩若不經意而理致亦自雋永精密有可玩索非他徒騖口舌者比故併刻之）

同考試官學正鄭批（作此論者不泛泛爲浮誕可厭之詞輒沉晦拘泥了無精采此篇脱去猥瑣而放縱不羈所謂泛駕之馬若難控馭而步驟自是不凡世有九方皋當得之於驪黄牝牡之外矣）

考試官左諭德顧批（汪洋恣肆文不拘腐而理亦暢達場中得此可以爲難矣）

考試官侍讀學士汪批（以顯微之間立説識見高甚從此肆筆數千言沛然不窮其學力過人遠矣）

論曰明大道於顯微之間君子不得已而有言也道在天地無終窮其在聖人以人而傳亦以人而已以人而明亦以人而晦也聖賢不常生而斯道可憂也子思贊仲尼而終之以天地之所以爲大一言於乎顯微之間其示人以

斯道之的乎其真爲天下萬世有不得已者乎請推本而論之道果易言邪知者知之過愚者不及知也道果難言邪百姓日用而不知耳是道也何道也聖人之道也其即天地之道也其即聖人天地之所以爲大者也人知天地之大而不知聖人之大知天地之大而不知其所以大猶未知也況聖人乎曰天地果大乎曰四時之行大矣而行乎其間也日月之明大矣而明乎其間也萬物之育大矣而覆載乎其間也天地大也聖人果大乎曰聖人天地覆載中之一物爾未足以爲大也是以物不以道也以物則聖人物也天地亦物也物莫有大於天地者聖人固不得而與之準也以道則天地聖人一而已矣道者何天地所由生以不窮者也鳶魚之飛躍道乎其一體也夫婦之能知行道乎其一事也率性之謂人物之不可離道乎其爲也其然也而未極聖人天地之全也然則四時之錯行日月之代明萬物之并育道乎曰四時日月萬物非道也而其行其明其育者道也其行其明其育者非道而其錯行代明并育而不害不悖者道也是道也顯之而不能使之顯也微之而不能使之微也不離於有無而不可以爲有無也包乎天地之外而未嘗有外也通乎天地之内而未嘗有内也先乎天地而始而莫知其先也後乎天地而終而莫知其後也易而無體也神而無方也一而無二也自其一而散之以爲萬萬而斂之復歸於一一固一也萬亦一也一在於萬萬物各一道也萬統於一萬物同一道也故曰小德川流大德敦化天地之所以爲大也道觀天地天地小也道不外乎天地而凡天地間者皆道故曰顯微之間也道無終窮而四時日月萬物相與無終窮信乎天地之爲大也其在聖人則夫居鄉黨在宗廟朝廷言動威儀衣服飲食之則皆是道也安老懷少信友得天下英才而教育之皆是道也行於魯厄於陳蔡周流於齊楚宋衛之郊而必聞其政者皆是道也其得邦家而行夏時乘殷輅服周冕樂則韶舞立斯立綏斯來動斯和者皆是道也其祖述堯舜憲章文武上律天時下襲水土以至删詩書定禮樂贊周易修春秋者莫非是道也故曰如天地之無不持載無不覆幬如四時之錯行如日月之代明而本之則不外乎聖人之一心也所謂吾道一以貫之是也自志學以至從心自灑掃應對以至精義入神自明善誠身以至經綸大經立大本知化育皆一之所爲也是道也即天地之大德敦化而小德川流者也於乎此聖人之所以爲大也孔子嘗曰知我者其天乎曰天何言哉聖人固以大而自居矣其曰予欲無言下學而上達則所謂顯微之間者也窮高極遠而不知其止者荒於無而非道也知者之過也物而不化者滯於有而非道也愚者之不及也下此則日用而不知矣聖賢所以必明是道而傳之者爲吾人計也其亦爲天地計也是故堯以是

傳之舜舜以是傳之禹湯文武周公孔子而孔子則集大成者耳孔子傳之曾子曾子傳之子思子思感世道之降知聖賢之生不常不得已而筆之於書也自孟子以迄于今孔氏之徒世守而傳之四時之常行日月之常明萬物之常育而斯道賴以不墜人之爲人而不入於夷狄禽獸者謂非子思之功而誰功哉學者讀中庸自顧其身爲人爲孔氏之徒而反覆此章之言亦可以深省矣謹論

表

擬宋以御書石經板本九經并敕額賜白鹿洞書院師生謝表（淳熙八年）

同考試官教諭易批（真是麗則得表體）

同考試官學正鄭批（文采煒煒把玩不忍去手）

考試官左諭德顧批（可觀）

考試官侍讀學士汪批（贍而雅）

某年月日南康軍宣到敕旨伏蒙頒賜經籍敕額臣等偕守臣奉迎安頓如法者謹誠歡誠忭頓首頓首上言伏以一德執中則天明而教立重明麗正觀人文以化成綏猷允迪於先王造士不遺於僻壤甫及投戈之暇遂弘鼓篋之休士類傾心岩阿生色茲蓋伏遇英毅性成聰明天啓大孝寔同乎虞帝丕烈克配於周王遠惟藝祖開基本於揖遜近體高皇垂統尤事表章家有塾黨有庠謂教典必端於蒙士興於詩立於禮庶德風肆被於成人顧慚講授之迂乃荷恩綸之寵竊惟白鹿同書院者廢興凡幾文獻足徵在有唐初維李渤隱居迄五季遂爲廬山國學入我昭代益闡儒風啓我前修每收治效偕嵩陽岳麓睢陽三院并著聲稱歷太平興國咸平兩朝再蒙褒錫頃罹兵燹之禍鞠爲草莽之墟殘甓斷碑每興嗟於往迹齊居廪食已浸復於明時仰塵聖主之懷俯納儒臣之請謂有屋廬而無敕額詎爲經久之圖有生徒而無賜書未稱褒嘉之意一時載給衆美洊臻鈎鈐啓東壁之藏琬琰榻西雍之本琅函縹帙汗牛思重於丘山奎翰宸章翥鳳光回於雲漢榮并先朝之飛白制逾邃古之汗青天禄校讎輝分太乙藜火石渠臨決陋洗汲冢竹書炳炳乎龜書馬圖皇皇乎天經地緯山若增而高也寵冠門墻人争睹爲快焉喧傳衢道自茲煩鬼神而呵護可以免風雨之漂摇臣等忝竊師儒親沾教育敢不珍藏汁襲瞻拜敬恭晝誦夜思竭仰鑽於聖學行義達道期黼黻於皇猷伏願作之君作之師敷皇極之言是彝是訓得其名得其壽顯嘉樂之德不愆不忘親承道統於百王永開太平於萬世臣等無任瞻天望聖激切欣戴之至謹奉表稱謝以聞

第三場

策（五道）

第一問

同考試官教諭易批（我聖祖立國貽謀爲萬世慮至深且遠列聖敬承如一日故海内晏然無事而不知帝力之何有子能敷析而昌言之殆得於涵育之深者歟）

同考試官學正鄭批（能誦昭代之制之訓略無遺者其究心於當世之故也久矣）

考試官左諭德顧批（三場俱優而五策英議横發皆有根據識見真老於世故者恨不能盡録也魁選若此可以爲國家得人賀）

考試官侍讀學士汪批（閲初二場已知才氣不凡五策沛然議論慷慨馳騁今古溢出問目場屋得此爲之喜躍不已策多可刻姑出此以例其餘擢冠多士可以報上矣）

有天下之度然後能成天下之大功有萬世之慮然後能建萬世之長策此我太祖高皇帝所以功加于時德垂後裔動而世爲天下道行而世爲天下法言而世爲天下則有非漢祖唐宗所能彷彿其萬一者也三代而降漢唐爲盛漢稱規模宏遠其懲秦孤立大封同姓封三庶孽分天下半則七國之釁實高帝啓之也唐號法制備具而晋陽啓祚王明紹封閨門之間多有慚德則武韋之變乃太宗之身教也洪惟我太祖高皇帝用夏變夷繼天出治經綸妙用出於一心文臣武將受其成筭若外戚不預政宗藩不治民兵戎大權歸之朝廷有事則命將出征事旋則束身歸第其規模大略亦可睹矣至於文章制度之詳見於職掌會典諸書官領其事事歸於職上下相承内外相制焕乎其可述也故百五十年間海内晏然相安於無事愚以爲非有天下之度者不能成此功也又嘗與侍臣商確今古且謂漢無外戚閹寺之權唐無藩鎮夷狄之禍國何能滅朕觀往古深用爲戒其曰不惑聲色嚴宫闈之禁貴賤有體恩不掩義則所以戒女寵也其曰不牽私愛惟賢是用苟干政典裁以至公則所以待外戚也其曰閹寺便習職在掃除供給使令不假兵柄則所以御近習也其曰上下相維大小相制防耳目之壅蔽謹威福之下移則所以防權臣也財歸有司兵必待符而調則藩鎮無跋扈之憂修武備謹邊防來則禦之去不窮追則夷狄無侵暴之虞凡古今治亂興亡之故皆決於此數言使漢唐季世之君與聞乎此則至今存可也愚故以爲非有萬世之慮者不能建此策也

列聖相承恪守一道所以基大命而垂鴻休者其淵源所自深且遠矣易

曰首出庶物萬國咸寧詩曰莫莫大猷聖人作之我高皇帝有焉詩曰不愆不忘率由舊章又曰永言孝思孝思維則願以爲億萬世之神孫獻

第二問

同考試官教諭敖批（究心於古帝王我祖宗心學之微條答甚詳而詞氣簡勁誦之知爲佳士）

同考試官教諭周批（我祖宗務學正心以爲聖子神孫萬世之法真與古帝王同一揆書生蓋鮮知之此策敷答無遺而文亦可録且二場皆稱葩經士子莫之先矣）

同考試官教諭柯批（該博古今貫穿經史文氣沛然乎有餘決非初學可到）

考試官左諭德顧批（得主司發策之旨而其言明白剴切刻之不爲無補）

考試官侍讀學士汪批（善敷陳末寓忠愛之意足占所藴）

人君欲治天下正其心而已矣欲正其心務於學而已矣夫君心天下之大本也天下之治忽係於心心之邪正本於學上古帝王曁我祖宗心學淵微先後一揆是以天下善治而道德功列垂休無窮漢唐宋諸君不知務學以正其心是以事功卑污名譽不終而卒詒後世非笑於乎可不鑒哉請因執事之問而陳之自古及今聖治之善莫過於唐虞而君德之盛亦莫過於堯舜禹湯文武善法堯舜者也是故克勤於邦克儉於家禹豈湎於旨酒者乎防微杜漸曰爲後世慮宜爾也以義制事以禮制心湯豈黷於苞苴者乎省愆思咎曰遇灾而懼宜爾也樂天知命不顯維德也獻女釋囚閎夭之徒自獻耳文王何歉乎建極錫福無兢維烈也底貢厥獒西旅自貢耳武王奚累乎之數聖人者學已至矣而憂勤之念不息心已正矣而操存之功不忘觀其執厥中而敷文命也顧天命而修人紀也危平易傾之道演於易也敬怠義欲之戒受於丹書也德業之盛與天無極有由然哉漢唐宋諸君不知法堯舜者也是故成帝外雖尊嚴而内則湛於酒色陽阿禍水莫止披香博士之唾漢業之遂衰宜也玄宗初雖勵精而未幾溺於嬖幸華清麗質久垂柳城胡孽之涎唐祚之不移幸也明帝尊師重傅正坐自講似矣而迎佛書於天竺以污中夏文明之統右文者固若是乎憲宗鋭意勤政削平僭叛得矣而餌丹藥於方士以速近習慘烈之變願治者固若是乎瓊林之財大盈之積如民之膏血何不免引虎貙而入室也德宗之聰明安在哉寶籙之侈靡艮岳之奇麗如國之膏肓何矧復決藩籬以媚盜也徽宗之技能奚用哉之數君者氣質用事而不知所以務於學情欲爲主而不知所以正其心故倏而明倏而昏倏而强倏而懦用君子則治任小

人則亂崇正道則爲中國惑邪説則爲夷狄身名俱辱而詒笑後世無足怪矣洪惟我太祖高皇帝肇造區夏太宗文皇帝緝寧邦家典則謀謨超乎禹文功列聲華軼於湯武列聖相承益隆繼紹真宇宙間貞元之一會也執事所謂修爲之方持守之要立極於前而垂統於後者亦豈外於務學以正其心哉愚嘗聞之祖宗於聽政之暇輒御便殿召集儒臣講論經理切劘治道雖在深宮乃或乙夜猶考閲往籍研究聖賢之精微鑒觀前代之得失而於酒色燕游佛老方術聚斂工木凡漢唐宋諸君所爲非惟不發之於事抑亦不萌之於心太祖嘗曰人君一心治化之本存諸中者無堯舜之心欲施於政者有堯舜之治不可得也太宗嘗曰人君誠不可有所好樂一有好樂泥而不反則慾必勝理若心能静虚事來則應事去如明鏡止水自然純是天理朕每退朝未嘗不思管束此心爲切要大哉王言乎是即危微精一之旨而修己安百姓致中和位天地育萬物之道也非深體篤行實嘗用力於是其能言之親切如此乎心學淵源父子授受是以道德功烈直追堯舜而并駕焉於乎休哉今天子聖學緝熙正心圖治所以光前而啓後者無容喙矣愚則以爲欲法堯舜但法祖宗不觀伊尹告太甲有曰欽厥止率乃祖攸行臣敢誦此言以爲時敏日新之一助

第三問

同考試官教諭唐批（此卷義論表判皆超出知非凡士及得五策快讀之條答不遺光采奪目空群之良非子而誰録此殆其一徵云耳）

同考試官教諭周批（財用亦時務之大者子能縷數不休而意氣懇欵猶若不盡所欲言者得士如此可以相慶矣）

考試官左諭德顧批（五策非止條答所問而意氣跌宕議論雄發卓然不群此篇尤見究心時務不激不迂得士如子可以占用世矣）

考試官侍讀學士汪批（此卷三場皆佳才氣學識似一豪杰之士吾所望於子者不淺矣五策燁然其可録不特此篇而已）

聚天下之人曰財理天下之財曰義義以理財財以聚衆衆以守邦此百王不易之常道也執事發策有及於財用殆非口談玄理錢穀爲迂者敢不據所聞見以對今夫天下之土地古猶今也其財用古猶今也若以宋言之北遼西夏割據中土其視今日一統之盛蓋甚劣矣而其經費之大者有歲幣有郊賚又有祠禄皆今日之所無者地過於昔而用減焉是宜今日之財陳腐不可勝食貫朽不可勝用而上下之間猶皇皇以匱乏爲憂此誠所未喻也傳曰生之者衆食之者寡爲之者疾用之者舒則財恒足矣今日之所以不足者毋乃與斯言戾乎爲國有三計蘇軾言之九年之蓄常閑而無用者萬世之計也一

歲之入纔足以爲一歲之出者一時之計也至於最下而無謀者量出以爲入用之不給則取之益多天下晏然無大患難而盡用衰世苟且之政不知有急則將何以加之此不終月之計也今之國計肉食者謀之非藿食者之所知也然竊見夫入粟鬻爵之令徵逋預借之法亦往往見之行矣得不有近於所謂苟且之政乎害財有三冗則論者多言之朝多幸位事有剩員此吏之冗也養之數世徒坐食以病農用之一旦或不足以禦敵此兵之冗也或好興作或幸邊功或濫賞予或佞神佛此費之冗也今日之冗廟堂方議之非草茅之所敢預也竊見諸司有定員而武功之賞大濫軍士多失伍而食糧之籍日增其他不急之務無名之費蓋未暇悉數也則於是三冗者得無全乎唐李吉甫爲元和國計録丁謂因之爲景德會計録林特作於祥符田況作於皇祐韓絳作於熙寧蘇轍作於元祐所以總括天下財賦出入之數而周知其有無多寡以爲豐殺增減者也有司得以居今知昔以歲計定國用焉今誠仿而爲之歷稽列聖以至於今日凡每歲之所入者幾何每歲之所出者幾何所最費者孰甚所當節者何先必將粲然於心目之間而不俟他求矣周禮司會以參互考日成以月要考月成以歲會考歲成以周知四國之治以詔王及冢宰廢置嗚呼斯舉也豈可緩且少哉

第四問

同考試官教諭陳批（五策俱善條答此篇尤警拔且能概括問目發其胸臆而光采炯然可謂學禮而有本有文者矣）

考試官左諭德顧批（鑿鑿之論讀之使人聳聽必嘗力於治心者録之不徒以其敷悉問目而已也且二場俱稱高薦真無忝矣）

考試官侍讀學士汪批（善於擇術故能答之詳其他策亦稱是可取）

君子爲善有心於徼福乎曰非也小人爲惡有心於蹈禍乎曰亦非也善者福之基也惡者禍之媒也善不與福期而福自集惡不與禍期而禍自至此理之必然也故君子非私其子孫而詒之以爲善之福小人亦非惡其子孫而中之以爲惡之禍蓋所趨殊途而所值异致自有莫之爲而爲者主張於其間耳是以古之哲人慎於擇術不徇夫目前而每慮夫身後不爲旦夕之謀而爲子孫千百世計者誠有見乎此也執事發此策詢多士將因其言以察其心術之微耳請試陳之子孫之於人大矣統緒基業吾受之於先祖者孰承而傳之邪曰子孫也是以古今聖愚孰有不念其子孫者哉但其爲謀則有不同耳蕭何致位相國不爲子孫治垣屋曰令後世賢師吾儉不賢毋爲勢家所奪何果智邪則其言可以鑒矣疏廣懸車太傅不爲子孫益產業曰賢而多財則損其

志愚而多財則益其過廣果賢邪則其言可以省矣刺史問龐德公何以遺子孫曰人皆遺之以危吾獨遺之以安雖所遺不同未爲無所遺也地以耕稼爲安則遺子孫以官禄者非危乎故人請楊伯起爲子孫開産業曰使後世稱爲清白吏子孫以此遺之不亦厚乎夫以清白爲厚則遺子孫以貨賄者非薄乎毋績而勸以自安公甫文伯之孝也奚至於絶嗣賢母之以身教其言固如此爾君違不忘諫之以德臧哀伯之忠也奚必於有後賢臣之自天佑其理固如此爾王業偏安於鼎足是豈大丈夫之志哉其曰鞠躬盡瘁又奚暇私家衣食之謀即此以觀管樂之比蓋自道焉爾兵權頓釋於杯酒夫亦保全功臣之道哉雖曰成功不居顧得世享田宅之利由是以知韓彭之禍乃自取焉爾于公爲縣小吏治獄無冤而奕世貴顯殘民如周興來後臣者寧免於赤族乎鄧禹身爲大將未嘗妄殺而闔門貴盛殺降如白起李廣者寧免於覆宗乎於乎天道神靈日監在下惡盈好謙賞善罰惡毫髮不差但教子孫以忠孝勤儉毋導之以非道之爲寧令子孫清白久長毋累之以非義之得吾不計利鈍寧旨罔上以便其私圖吾不苟富貴寧忍殺人以爲己地功德及於民則世禄世官豈必危道名實加於上則爾昌爾熾決非空言勞以向義則耕可也績可也孰非裕後之謀仕苟爲道則兵可也刑可也孰非陰德之地阡陌甲第之廣誰無是心使創而未必能繼則垣屋何必多治産業何必廣營筐篋衣食之豐誰無是心使積而未必能守則故人之饋胡不卻於暮夜聖主之惠胡不仁其宗族夫君子爲善亦性之而已小人雖愚獨無是心哉彼任情縱欲固以牽挽推拒於趨利避害之場不能自主矣又見夫爲善者偶得無妄之禍爲惡者或享非分之福則以天道廖遠未足憑據由是作奸效尤肆無忌憚亡身喪家率由於此善乎蘇軾之言曰盜跖之壽孔顔之厄此天下之未定者也善惡之報至於子孫而定也久矣胡寅亦曰人之爲善與惡天未必逐逐然而禍福之也理存感應如寒暑雨暘之消息自不可誣故人亦自修而已人能力於自修而天有不定者乎修之何如曰立德行義久操而不渝積功累仁世濟而無斁仰不愧於天俯不愧於吾心上不負君父下不負生民中亦不負其所學如此而其子孫不昌以永吾未之信也孔子曰積善之家必有餘慶此又君子所恃以爲善而不移者愚也服膺斯訓久矣敢就正於有道執事其幸教之

第五問

同考試官教諭易批（此卷五策每篇數千言皆有根據而於時務世故條悉無遺蓋用世之才不特以博洽名而已敬羨敬羨）

同考試官學正鄭批（合三場所作足見體用之學而五策尤奇崛不群

恨不能盡録耳）

考試官左諭德顧批（五策發盡感慨激烈之抱而皆的確超迥非苟掇拾補緝以成文平居必久以天下爲心者矣場中後杰如子誠不多見）

考試官侍讀學士汪批（此子發憤道世事蓋有賈生之風且筆力過人能如其意之所往通前數卷莫可低昂士氣如此可以占昌運矣）

有中國之大戒有治世之隱憂蓋中國之與夷狄常相爲盛衰而小民難保治亂之機每倚伏於冥冥之中制治保邦之君子誠不可以不加之意也請因明問而陳之戎狄之患自古有之至元遂入主中國則夷狄之極盛而中國之極衰也我太祖起而逐之塞外復帝王所自立之中國華夷之辨冠屨截然此中國之方盛而夷狄之就衰也然彼以餘黎遺孽誕紀其緒而與吾邊境鄰則吾之所以嚴爲之備而預爲之防者固宜百倍於前代而後可今邊關亭障萬里相屬可謂盛矣虜嘗竊入而卒無大憂豈非祖宗之法至精至密有以維持綱紀爲不拔之基哉近年以來虜寇犯邊往往深入腹裏所過赤地無遺略無懲創而去識者蓋久憂之近日宣府之警羽檄交馳朝野動色豨突鳥逝莫之誰何其爲患蓋未可量也盜賊之起治世有所不免以近歲言之盜起近幾而中原爲之殘破盜起楚蜀而環境爲之繹騷至遣制帥動邊卒調夷兵以成剿平之功然凋殘之餘生理未復公私之積猶可哀痛而水旱之不時饑饉之荐臻其爲患亦未可量也夫禦戎無上策論者曰當以氣勝之中國爲陽夷狄爲陰君子道長小人道消則陽氣勝而陰不能奸故二帝三王之世而夷狄之患無甚君子道消小人道長則陰氣勝而陽不能立故秦漢而下而夷狄之患始滋夫豈無據之虚談哉宋儒朱熹告其君曰古先聖王所以制馭夷狄之道其本不在乎威强而在乎德業其任不在乎邊境而在乎朝廷其具不在乎兵食而在乎紀綱所謂上策蓋不出此數言而必以開納諫諍黜遠佞邪杜塞幸門安固邦本四者爲急先之務此萬世不易之論也豈特可行於今日而已乎若夫盜源之説蓋曰衣食不足盜之源也政賦不均盜之源也教化不備盜之源也一源慢則探囊發篋而爲盜矣二源慢則執兵刃劫良民而爲盜矣三源慢則攻城邑略百姓而爲盜矣豐世無盜者足也治世無賊者均也化世無亂者順也求其源而止之何盜之患若俟其起而平之窮治則有不戢自焚之禍招降則有養虎遺患之憂誠未見其一可也斯二患者當今之急務也愚也不敏於邊防廢弛之因軍士怨憤之情生民愁苦之狀官吏侵漁之弊誠欲發憤痛哭一爲執事陳之而未暇悉數也伏望朝廷於本原之地深加之意任老成爲腹心用臺諫爲耳目邦國大計安危所係必付之公論而勿參以一髮之私

則所以强本折衝安内攘外之道不期月而粲然可備舉矣芻蕘之言俾得上達以備采擇之萬一執事之易也謹對

順天府鄉試録後序

正德十一年秋八月上命臣俊臣鼎臣主北畿試事事竣録成鼎臣當序其後竊惟古者迪士材成而後進論材授官謹好尚明考課以先後之故士知自重而有立我國家學校之教科目之法最爲近古邇者士號明經習爲文發解無餘事朝取第暮篋書不復省覽者衆矣仕習於法理簿書不復知學學矣而徒攻於詞章務枝葉失本根中無所主就世之趨而靡焉古之成材者固若是乎下此决禮義之閑困富貴之馳類則士途則科目志行則夫氓也是誠有負於經術迪士之初意矣夫六經皆聖賢經綸之迹其道極于天地通于神明學者誦其言而通其意已非常人况以是淑其身心蓄德修業者哉嘗聞先朝名臣往往朴茂堅特若無他技能而道德功業無愧於古其所成立偉然一代之望豈當時務實學尚質行所謂材成而後進者歟夫亦有以振厲作興之而不能自已也詩曰思皇多士生此王國今兹百年禮樂之餘畿甸俊造之選所謂其人夫豈少哉矧登名是録者類能上下古今敷析理事醖齊以成文察人以言藹然鹿鳴之賓豈復有如前所云者哉必是之云者誠過計而厚望焉耳諸士子其仰思聖天子所以賓興我者之意不啻於吏治君子之用世不在於浮華益務績學砥行夷考老成典刑溯而上之以求聖賢六經之道進將舉所實有諸己者措之以弼成采薇天保之治則主司之心始慰而諸士子所自立亦偉矣臣等祗奉明詔既夙夜殫厥心力期以免不明之責因念夫南畿及諸省所薦士皆將登名天府後先效用而令甲科試朝覲之典相繼舉行是固人材進退□機而祖宗作□振厲天下之微意也示好惡明賞罰公黜陟多士目擊於觀光之餘長善遏惡以成其材者亦將感且奮而不能已焉又何假於言哉是爲序

奉訓大夫左春坊左諭德兼翰林院侍讀顧鼎臣謹序

嘉靖四年順天府鄉試録

順天府鄉試録序

維嘉靖乙酉秋八月實維天下貢士之期故事兩畿以詞臣主試事順天府臣乃具疏請上命學士臣鑾左贊善臣丕往分經校閱則徵于外郡爲教諭臣自箴臣輊臣文講臣科臣和訓導臣文瑞臣文慶臣敬宗臣本儒也監察防護則選于内臺爲御史臣問之臣兑也提調綜理則有司存爲府尹臣淵府丞臣仲賢也凡百執事内外大小皆遴選以充惟公惟慎以重厥事乃合提學御史臣林有孚暨六館諸曹所選拔士二千六百有奇三試之凡得士百三十有五人乃録其名氏并文之優者以獻于上皆遵制額也臣鑾宜次序其事引諸簡端臣嘗竊伏草茅歉于蕪陋未獲與友天下之士尚論天下之文歲在壬午乃受命主試事于南于時維皇上更化之元祀聖作物睹韶鈞争鳴臣作而嘆曰美哉性術之蘊盡於此矣治世之文也越三載兹復承乏于有司乃獲睹畿内之文衣被昭回蓊然欝然臣作而嘆曰至哉奇正以變闔舒以節盛世之文也極於此矣聖天子作人之功于兹效哉或曰文不已盛乎孔子嘗曰周監於二代郁郁乎文哉美之至也又曰如用之則吾從先進豈非傷其末流而欲裁約以就正乎臣答曰非是之謂也宋儒之言曰兩漢之士政事文章後世莫及然夷考其文一皆傳之經義屬詞建事動準六學間有拘泥實專其門是以久而彌昌遠而益傳根柢國脉光華漢祚迄四百載有以哉至唐始以詞章聲律造士華實不附本末相遠雕鏤絺繪皮膚口耳末流益甚而國統随之尚得謂之文乎我祖宗養士之法度越前代樂育於庠序者端其本業以正趨向至于賓賢興能始試則探之經傳次則博之論議終則叩之謀斷凡非聖之書不經之學以壞人心以沿舊習一切釐罷之著在令甲故士窮經積學以需世用蓋與漢制同渾乎其無靡也而又何患乎其己盛邪或者乃曰夏侯勝漢之端儒也猶屬念於青紫矧今世之士急於近利以敦口耳之末豈無其人乎然臣叨侍經幄仰窺聖天子篤志古典崇尚爾雅公卿百執事相與將順丕承于下士生其時摩厲變化固宜奮庸效實以建大業以垂令名千載一時也若緣經義以媒進取逐支詞而背本實固非士也又何責焉

嘉靖四年順天府鄉試

提調官

通議大夫順天府府尹聞淵（静中浙江鄞縣人　乙丑進士）

中順大夫順天府府丞張仲賢（尚德山西陽曲縣人　乙丑進士）

考試官

翰林院學士翟鑾（仲鳴錦衣衛籍山東諸城縣人　乙丑進士）

左春坊左贊善謝丕（以中浙江餘姚縣人　乙丑進士）

同考試官

陝西西安府三原縣儒學教諭苟自箴（時明四川華陽縣人　己卯貢士）

浙江嘉興府海鹽縣儒學教諭廖輊（鐘範江西崇仁縣人　癸酉貢士）

浙江寧波府象山縣儒學教諭陳文講（國賢福建莆田縣人　癸酉貢士）

山東濟南府濵州蒲臺縣儒學教諭康科（子晋湖廣江夏縣人　己卯貢士）

直隸常州府無錫縣儒學教諭尤和（介卿福建晋江縣人　己卯貢士）

福建福寧州福安縣儒學訓導梁文瑞（岐鳳廣東東莞縣人　丁卯貢士）

江西袁州府儒學訓導詹文慶（用升湖廣江夏縣人　己卯貢士）

直隸揚州府泰州儒學訓導劉敬宗（世光浙江錢塘縣人　己卯貢士）

河南南陽府舞陽縣儒學訓導陳本儒（汝珍湖廣藍山縣人　己卯貢士）

監視官

文林郎四川道監察御史盧問之（宗審山西朔州人　甲戌進士）

文林郎雲南道監察御史趙兖（麗卿四川内江縣人　辛巳進士）

印卷官

奉政大夫順天府治中張秉正（守貞陜西三原縣人　壬子貢士）

收掌試卷官

直隸河間府同知孫玠（潤卿山東朝城縣人　辛酉貢士）

受卷官

湖廣辰州府通判蔣英（世華四川前衛人　甲子貢士）

湖廣武昌府通城縣知縣李蘭（邦秀浙江餘杭縣人　甲子貢士）

彌封官

直隸寧國府通判葉師文（遵謨廣東程鄉縣人　戊午貢士）

廣西梧州府岑溪縣知縣劉曠（德遠廣東南海縣人　戊午貢士）

謄録官

浙江杭州府通判蕭世科（宣忠江西永新縣人　辛酉貢士）

直隸河間府河間縣知縣韓邦彦（汝哲陝西朝邑縣人　丁卯貢士）

對讀官

直隸揚州府通判劉時（尚中四川内江縣人　甲子貢士）

山東濟南府齊河縣知縣王欽（宗堯直隸無爲州人　庚午貢士）

巡綽官

濟南衛指揮使李希曾（子曾順天府大興縣人）

鰲山衛指揮同知高鳳（鳴治徐州豊縣人）

皇陵衛指揮僉事張勳（承業大名府滑縣人）

留守中衛指揮僉事梁金（國重淮安府山陽縣人）

監門官

留守左衛指揮同知陳鸞（騰霄淮安府山陽縣人）

平山衛指揮同知周義（汝和湖廣永興縣人）

供給官

順天府經歷司知事鄭賜（天錫江西弋陽縣人　官生）

宛平縣知縣孔宗魯（道夫江西金谿縣人　庚午貢士）

大興縣知縣黄雲（天章山西代州人　癸酉貢士）

宛平縣縣丞馬珍（廷聘陝西同州人　監生）

大興縣主簿王廷佐（焉德陝西徽州人　監生）

房山縣縣丞任璋（朝珮陝西渭南縣人　吏員）

文安縣主簿吴岍（世瞻陝西咸寧縣人　承差）

固安縣主簿張起鳳（應祥山西交城縣人　監生）

豐潤縣典史戚鸞（廷和淮安府海州人　吏員）

第一場

四書

如知爲君之難也不幾乎一言而興邦乎舜其大孝也與德爲聖人尊爲天子富有四海之内宗廟饗之子孫保之　吾豈若使是君爲堯舜之君哉吾豈若使是民爲堯舜之民哉吾豈若於吾身親見之哉

易

天地以順動故日月不過而四時不忒聖人以順動則刑罰清而民服　弗損益之大得志也　夫易開物成務冒天下之道如斯而已者也是故聖人以通天下之志以定天下之業以斷天下之疑　震者動也物不可以終動止之故受之以艮艮者止也物不可終止故受之以漸

書

水火金木土穀惟修正德利用厚生惟和與治同道罔不興　作德心逸日休　昔在文武聰明齊聖小大之臣咸懷忠良其侍御僕從罔匪正人以旦夕承弼厥辟

詩

南有樛木葛藟纍之樂只君子福履綏之呦呦鹿鳴食野之苹我有嘉賓鼓瑟吹笙吹笙鼓簧承筐是將人之好我示我周行　文王孫子本支百世　嗟嗟烈祖有秩斯祜申錫無疆及爾斯所

春秋

冬宋人取長葛（隱公六年）王人子突救衛（莊公六年）夏狄侵齊晋人秦人圍鄭（俱僖公三十年）公子遂會晋人宋人衛人許人救鄭（文公九年）

禮記

王中心無爲也以守至正　此之謂德音德音之謂樂　立愛自親始教民睦也立敬自長始教民順也教以慈睦而民貴有親教以敬長而民貴用命孝以事親順以聽命錯諸天下無所不行　善則稱君過則稱己則民作忠

第二場

論

聖人任輔相之道

詔誥表（内科一道）

擬漢賜天下今年田租之半詔（文帝二年）　擬唐以陽城爲諫議大夫誥（貞元四年）　擬萬壽聖節群臣賀表

判語（五條）

上言大臣德政　人户以籍爲定　致祭祀典神祇　私越冒度關津　詐欺官私取財

第三場

策（五道）

問　自古創業垂統之君大綱雖正而萬目多未盡舉蓋其始也方有事于征伐而他務未遑及其後則亦振舉大綱而庶事草創如三代而下規模宏遠莫過於漢高帝然紀綱法度所以彌綸天下之具不能不待於累世之後史稱其日不暇給良有以也我太祖高皇帝驅逐胡元掃清華夏復帝王所自立之中國其規模宏遠已度越乎漢之高帝矣其在當時如精神心術之運條教號令之施見於聖政記大明日曆寶訓諸書御府之藏非草茅之所得窺然見於儒臣之序記者嘗竊睹其一二莫不盡善盡美至精至備而貽萬世聖子神孫燕翼之謀者又豈漢高帝所可彷彿哉諸士子平日莊誦而佩服之久矣幸鋪張以鳴其盛

問　自古帝王莫不以務學爲急然不知帝王所務者何學堯舜禹相授受之一言先儒以爲萬世聖學之淵源而成湯文武之學具見於書不知帝王之學果盡於此乎繼此而後如漢唐宋諸君未嘗不務學或號爲表章六經或能通尚書大義或身屬櫜鞬鋭情經術或延禮文儒發揮典籍或夜分觀書手不釋卷或潛心聖經專講春秋其務學可謂急矣而治道終有愧於古者何邪仰惟我皇上登極之初首御經筵臨御以來日新聖學邇者復詔儒臣編輯經史直解以進仰窺聖心直欲追踪唐虞三代之盛兹者欲舉其要用裨緝熙之萬一諸士子學道有年願著之篇以聞于上

問　兩漢號多循吏然考之史傳所載西漢僅六人東漢僅十二人耳豈當時秉筆者去取之太嚴邪不知數人者之治行果能無愧於古之所謂民牧否也抑不知數人之外尚有表表可稱者乎我國家選舉考課之法視漢加密而循吏之在天下怕不多見其故何歟或者以爲官非久任則雖有善政而不克終不知其説然與否與請究言之用以爲司任人者之助

問　古人之文主於明道故其言皆務正大後世之文主於立名故其言多務奇靡是文章係習尚明矣然爲文之士大略有三有以文爲職者有以文論政者有以文講學者文雖不同而皆不可以畔於道三代之文不可尚已秦漢而下習尚不同文體亦异其足以鳴世者可指而言之與抑不知皆能不畔於道否也我朝稽古右文凡教人取士一惟經術是尚固宜文不异體而無俟於崇雅黜浮矣邇者猶不免好名之弊至如程子所謂離真失正者亦或有之其故何與兹欲使文體歸一皆務正大以復古昔之盛果何如而後可

問　宋儒有言讀經以尚書爲先讀史以唐書爲首蓋以唐書變故最盛

故也然世之變故固莫盛於唐而唐之變故則莫多於藩鎮如安史之誅也朝廷威令伸於河北矣夫何相魏猶表裏以拒命田承嗣之叛也平盧成德表以請討矣未幾兩鎮復按兵而不舉王武後平成德之亂既命爲團練矣何以忽連衡於幽冀李懷光解奉天之圍既命之屯便橋矣何以復通謀於長安此固强臣悍將自絶於生成不知當時處置之方亦嘗失其機要否也我國家軍政脩明體統不紊沿邊諸鎮如身之使臂臂之使指固莫敢有越厥志者矣但邇來甘肅大同稍爲不靖幸賴我皇上廟謨宸斷旋復克平但無將之戒漸不可長諸士子於制馭之方綏懷之略其悉陳之用以轉告于執事者

中式舉人一百三十五名

第一名　張惟一　安肅縣學生　詩
第二名　楊鉞　涿州學生　禮記
第三名　查懋光　太醫院籍儒士　易
第四名　陳經　涿州學生　書
第五名　崔三畏　蠡縣學增廣生　春秋
第六名　邊侁　任丘縣儒士　書
第七名　汪子静　順天府學生　易
第八名　高進　順天府學附學生　詩
第九名　張錫　通州學生　易
第十名　周應龍　順天府學生　詩
第十一名　趙希良　霸州學生　書
第十二名　劉崇　任丘縣學附學生　詩
第十三名　張璉　四川潼川州人監生　易
第十四名　劉繼德　順天府學附學生　詩
第十五名　顧可宗　直隷無錫縣人監生　書
第十六名　高澄　順天府學生　詩
第十七名　柴守正　保定縣學生　易
第十八名　劉應祥　開州學生　書
第十九名　祝文冕　密雲後衛儒士　詩
第二十名　王畿　順天府學附學生　春秋
第二十一名　高瑞麟　南皮縣學生　詩

第二十二名　方用　直隸歙縣人監生　易
第二十三名　鄭允中　吴橋縣學生　詩
第二十四名　周時相　安州學生　易
第二十五名　魏溥　順天府學附學生　詩
第二十六名　邊涔　任丘縣學增廣生　書
第二十七名　梁守簡　房山縣學生　禮記
第二十八名　蔡子舉　順天府學增廣生　詩
第二十九名　李實　寶坻縣學生　易
第三十名　王闓　保定府學生　詩
第三十一名　曹濡　固安縣學生　書
第三十二名　李瑀　東安縣學生　詩
第三十三名　胡璉　趙州學生　易
第三十四名　詹榮　山海衛學軍生　詩
第三十五名　張錡　開州學生　書
第三十六名　楊維傑　固安縣學生　詩
第三十七名　王濟民　豐潤縣學生　易
第三十八名　曹寵　肅寧縣學生　詩
第三十九名　陳燿　静海縣學生　書
第四十名　張勑　完縣學生　詩
第四十一名　梅如玉　遷安縣學生　易
第四十二名　李宗倫　滑縣人監生　詩
第四十三名　孟思　濬縣學生　詩
第四十四名　高室　大名府學生　詩
第四十五名　林春　順天府學增廣生　易
第四十六名　蔣祐　涿州學增廣生　詩
第四十七名　趙官　廣平府學生　春秋
第四十八名　王汝民　定州學生　詩
第四十九名　盧承芳　廣平府學生　書
第五十名　吕孟信　雄縣學附學生　詩
第五十一名　陳溶　順天府學生　易
第五十二名　周尚忠　吴橋縣學生　詩
第五十三名　鄒楊　順天府學生　書

第五十四名　張材　安州學生　詩
第五十五名　楊時泰　真定府學生　易
第五十六名　于慧　順天府學生　詩
第五十七名　張礜　順天府學附學生　書
第五十八名　趙綸　涿州學增廣生　詩
第五十九名　孫夔　通州學生　禮記
第六十名　李充濁　永平府學生　書
第六十一名　徐純　大名縣學生　詩
第六十二名　彭相　安平縣學生　書
第六十三名　闞傑　盧龍縣學生　詩
第六十四名　張文行　饒陽縣學生　易
第六十五名　閻庭槐　萬全都司學武生　詩
第六十六名　王堯卿　良鄉縣學生　書
第六十七名　馬健　唐山縣人監生　詩
第六十八名　馮織　吴橋縣學生　春秋
第六十九名　高大經　任縣學生　易
第七十名　謝徵　浙江會稽縣人監生　詩
第七十一名　馬永壽　青縣學生　書
第七十二名　邢思樂　南宫縣學生　詩
第七十三名　嚴簡　直隸崑山縣人監生　易
第七十四名　吴堂　雄縣學生　詩
第七十五名　陳琮　遵化縣學生　易
第七十六名　王仲錦　順天府學生　詩
第七十七名　胡襄　任丘縣學增廣生　書
第七十八名　楊得祚　順天府學附學生　詩
第七十九名　查懋昌　太醫院醫士　易
第八十名　張璽　冀州學生　詩
第八十一名　周祜　涿州學生　禮記
第八十二名　司恩　内黄縣學生　詩
第八十三名　邊淞　任丘縣學附學生　書
第八十四名　單廷珪　井陘縣學生　詩
第八十五名　李充拙　永平府學生　書

第八十六名　馮樹　宛平縣人監生　詩
第八十七名　馮鉞　保定縣學生　易
第八十八名　張世経　寶坻縣人監生　詩
第八十九名　王維藩　靈壽縣學生　春秋
第九十名　丘林　宛平縣人監生　詩
第九十一名　秦淵　大名府學增廣生　易
第九十二名　張瑁　成安縣學生　詩
第九十三名　方琚　直隸婺源縣人監生　書
第九十四名　周尚文　順天府學生　詩
第九十五名　榮愷　順天府學增廣生　易
第九十六名　張完　安肅縣人監生　詩
第九十七名　劉瑶　博野縣學生　易
第九十八名　劉慶　南和縣學生　詩
第九十九名　楊呈瑞　南樂縣學生　書
第一百名　高鸞　京衛武學生　詩
第一百一名　胡逢　浙江嘉興縣人冠帶知印　易
第一百二名　葉增　隆慶衛學軍生　詩
第一百三名　吴超　浙江秀水縣人監生　春秋
第一百四名　陶文治　直隸崑山縣人監生　易
第一百五名　朱淳　永平府學生　詩
第一百六名　魯鉞　開州學生　書
第一百七名　龐標　固安縣學附學生　詩
第一百八名　孫紹祖　興濟縣學生　易
第一百九名　李潮　順天府學生　詩
第一百十名　劉素　深澤縣學生　禮記
第一百十一名　鄒馳　直隸武進縣人户部書筭　詩
第一百十二名　高策　獻縣學生　書
第一百十三名　滑參　河間縣學生　詩
第一百十四名　丘甫　順天府學增廣生　易
第一百十五名　趙秩　曲周縣學生　詩
第一百十六名　李謹　順天府學增廣生　書
第一百十七名　王應龍　東鹿縣學生　詩

第一百十八名　程綬　順天府學生　易
第一百十九名　嚴鵬舉　通州學生　詩
第一百二十名　楊夔　易州學生　書
第一百二十一名　劉祚　江西安福縣人監生　春秋
第一百二十二名　李文達　東光縣學生　詩
第一百二十三名　劉繼先　永清縣學生　易
第一百二十四名　董時　雄縣人監生　詩
第一百二十五名　尚廷書　涿州學生　書
第一百二十六名　俞忠　順天府學生　詩
第一百二十七名　翟鎬　順天府學增廣生　易
第一百二十八名　歐思誠　薊州學生　禮記
第一百二十九名　李鵬　内丘縣學生　詩
第一百三十名　牛坤　獻縣儒士　書
第一百三十一名　楊叙　冀州學生　詩
第一百三十二名　胡賢　長垣縣人監生　易
第一百三十三名　王祚　大寧都司學武生　詩
第一百三十四名　郝桓　祁州學生　春秋
第一百三十五名　姚潤　通州學生　易

第一場

四書

如知爲君之難也不幾乎一言而興邦乎

張惟一

同考試官訓導詹批（寓警戒於時人之言渾厚圓融宛然當時孔子告君子之意録之）

同考試官教諭陳批（知爲君難場中類能言之到幾乎興邦上便説一言意不出此作發揮透徹可佳）

同考試官教諭廖批（此題聖人於人之言上只添一知字便含蓄深遠無盡場中作者類能演辭而其思致則形容不出此作變通婉轉而聖人言意寫之殆盡即文可占人矣敬録以式後學）

考試官左贊善謝批（觀其言知事君必責難者）

考試官學士翟批（得孔子言外告君之意）

舉一言而可以望治效於必然聖人警時君之意深矣夫一言固不足以興邦也然誠有知於爲君之難則治道之興有不可期必者哉孔子答定公之問如此其意以爲吾君謂一言可以興邦固不可然謂一言不足以興邦亦不可彼當時之人固有爲君難之一言矣如爲君者或得于清問之下惕然有感於淵衷或聞之規儆之餘竦然自省於念慮君臨五位吾嘗以爲安矣此而曰爲君難其有至危至險者存乎臣妾四境吾嘗以爲樂矣此而曰爲君難其有可憂可慮者存乎一日二日事幾有萬蓋非縱欲之所矣匹夫匹婦或能勝予蓋非侈心之地矣夫如是則一言不幾於興邦乎蓋人君居崇高之位者恒以易處易則驕驕則肆而可憂可危者至矣能於此而誠知其難則必祈天永命念念之致其謹制治保邦事事之不敢忽一政之立兢兢焉慎而後動曰得無背祖宗之訓乎一令之布業業焉奠而後發曰得無失臣民之望乎由是敬畏崇而國本日固百里之地赫然爲鄰國之瞻仰矣紀綱立而人心以安四封之内巍然爲黎獻之愛戴矣謂之曰一言興邦豈不信乎其可必哉蓋嘗觀之禹之告舜曰后克艱厥后即此意也而孔子之告定公疑出於此夫舜大聖也猶相與儆戒如此蓋古聖王不敢以天位爲易居故卒使四方風動萬邦咸寧有自哉魯定公時陪臣擅命憑據都邑墮費圍成奔走不暇而孔子之言如水沃石卒受女樂之饋而使相業之不終此定公之止於定公也

舜其大孝也與德爲聖人尊爲天子富有四海之内宗廟饗之子孫保之

陳經

同考試官訓導劉批（大孝本於德而極抡福觀大德受命可見士子類能言之而渾雅冲淡化舊語以成雋永者無似此篇允宜高薦）

同考試官教諭康批（不假數語而舜之大孝居然可見是宜録出）

考試官左贊善謝批（講重德字極是）

考試官學士翟批（説大孝處語不纏繞可觀）

中庸贊聖人爲大孝表其德之盛詳其福之隆□□之盛而福之隆則所以事其親者備矣烏□□謂之大孝哉中庸十七章發明道之費隱舉舜之大孝而言其意若曰孝也者百行之首萬善之源也隨其分皆可以語事親推其極不足以言大孝舜則孝不徒孝而爲孝之大焉蓋冠乎古今光于海宇巍巍

乎莫之與并者矣果何以見之哉德所以顯親也挾一善者無添於所生矣舜則德爲聖人而濬哲文明根于天賦凡仰其重華者孰不歸佑啓之功温恭允塞本于性成凡得之升聞者孰不均翊戴之念顯其親者何如其至哉一命一爵莫不以爲尊舜也受堯之禪而升爲天子尊無與敵矣則隆名鴻號以伸夫孝思者何至邪有家有國莫不以爲養舜也受堯天下而奄有四海富莫與京矣則任土作貢以崇其供奉者何備邪禘黄帝而郊嚳以陪天祖顓頊而宗堯以尚德上而宗廟得以饗其祀矣先世不有光乎虞思封虞以續商均之祀胡公封陳以開田齊之國下而子孫有以保其業矣廟食其有窮乎福德昭於無窮聲光流於罔極此舜之孝所以爲大非常人之所及也與考之於書四岳之薦舜曰克諧以孝史臣贊之亦曰玄德升聞乃命以位則舜之諸福固皆自德中來也然就其德而論之又以克諧爲之本蓋原其始本於事親之常而極其效則著爲功用之大所謂始于家邦終于四海者也舜真大孝哉

吾豈若使是君爲堯舜之君哉吾豈若使是民爲堯舜之民哉吾豈若於吾身親見之哉

查懋光

同考試官教諭尤批（三豈若字最難點撥而親見處語多重疊是作脱灑明暢一洗俗冗可以式矣）

同考試官教諭苟批（説伊尹自任心事親切痛快僅見此篇）

考試官左贊善謝批（模寫豈若字如親見伊尹得其指授者）

考試官學士翟批（簡明）

聖人言欲道之大行而親有以見之自任之意重矣蓋行道聖人之本心也堯舜君民而身親見之則其心不亦少慰矣乎昔孟子述伊尹幡然之言其意若曰君子固貴乎行道而尤惡夫枉道今湯三使聘之則吾之出也復何辭邪是故放勛重華堯舜之君然也吾嘗耕莘野而樂其所以爲君者矣今也有君在上豈若體寅亮之義以成左右之功使德業并隆而爲堯舜之君乎時雍風動堯舜之民然也吾嘗處畎畝而樂其所以爲民者矣今也有民在下豈若舉匡翼之方以爲作新之術使德化偕盛而爲堯舜之民乎夫君爲堯舜之君則建中于上者皆是道也吾弗躬逢其盛誦説亦徒勤耳今親見道之上行而放勛重華之復出則一時之遭際豈不愈於寤寐乎二帝之間哉民爲堯舜之民則綏猷于下者皆是道也吾弗目擊其美向慕亦徒切耳今親見道之下行

而時雍風動之□□則一時之運用豈不愈於想像乎千載之上哉夫即伊尹之言而觀之則自任之重可見矣固宜其必俟三聘而後出也世乃有以割烹要湯譏之者亦獨何哉抑論人之出處不能以皆同要之不可不先定其志志不先定則人己之間皆苟而已伊尹耕莘而自守之嚴就湯而自任之重凡以志先定耳然則後之君子欲堯舜君民者其亦志伊尹之志而後可

易

天地以順動故日月不過而四時不忒聖人以順動則刑罰清而民服

查懋光

同考試官教諭尤批（順動處最難形容中間氣脉尤難通貫此作詞不費而意已至殆深抡易者矣）

同考試官教諭荀批（題本平易場中作者多欠發明此篇詞理精到其善言天人者歟）

考試官左贊善謝批（平順）

考試官學士翟批（説日月四時處迥异衆作）

天地豫而歲功成聖人豫而治功成蓋順動豫之德也天地聖人舍是以爲用則豈能成歲而成治哉宜彖傳極言以示人也且豫之爲卦下坤上震以順而動固利建侯行師矣天地聖人亦豈能外之哉天地定位雖無心也然化之根抡一誠者妙迭運之機氣之布於兩間者率流行之序是動以順矣天地順動吾見日月之垂乎象者出東生西之不愆其期中道九行之弗越其度日以漸而近極焉則寒往暑來而爲春焉夏矣月以漸而近極焉則暑往寒來而爲秋爲冬矣歲功不於是而成乎聖人正位雖無爲也然皇極之建抡一人者循乎本然之則王道之達諸四海者合乎當然之宜是動以順矣聖人順動吾見刑罰之弼乎教者當其罪而金矢之中直麗於事而雷電之合章刑期無刑民志大畏而允協于中矣罰期無罰民心以同而弗愛其情矣治功不於是而成乎夫天地法象之大聖人人類之首皆不外乎豫焉豫之時義其大矣哉雖然天地聖人分而爲三其爲豫若不同矣然其感應之機則又有未始不相通者何也天人之理一也故聖人體信以達順則兩儀自位萬物自育而四靈畢至矣天地之賴於聖人者夫豈淺哉夫子傳易之彖每以天地聖人互言意亦有在抡斯乎夫易開物成務冒天下之道如斯而已者

也是故聖人以通天下之志以定天下之業以斷天下之疑

汪子静

同考試官教諭尤批（題本明白正大而作者多拘拘分懸殊戾聖人立言本意此作只順文説去而意義自足其有得于潔凈精微之學者）

同考試官教諭苟批（此題似易實難大旨專言卜筮作者往往模糊説過此作認理親切而措詞整潔佳士也）

考試官左贊善謝批（易義如斯而已）

考試官學士翟批（聖人作用處總説得旨）

大傳指易用之大故聖人因以大其用焉蓋易道至大其要前民之用而已然非聖人用之以通志定業而斷疑焉則易不幾於息乎大傳言卜筮而先之以此意謂易之爲書也卦爻以立其體卜筮以達其用其用何如誠以物始於茫昧未易開也易則使之卜筮示吉告凶于以啓其蒙焉務涉於紛擾未易成也易則使之卜筮趨吉避凶于以濟其行焉夫卜筮之所得者卦爻也卦爻既設則卦極天下之賾爻鼓天下之動語大莫能載者心該括而無遺語小莫能破者咸包羅而無外何道之不冒哉易之爲用如斯而已聖人於是以卜筮之法舉而措之天下之民凡志有未通者以易通之彰往而察來也微顯而闡幽也心之所之何有於扞格邪凡業有未定者以易定之變通以盡利也鼓舞以盡神也德之所就何有於鯢甈凡疑有未斷者以易斷之商兑於是而寧進退於是而果疑有不釋然者乎是則不觀之易無以見卜筮之原不觀聖人無以見卜筮之用大傳論易可謂無餘藴矣雖然易果卜筮而已乎蓋卜筮以前民用聖人不得已之心也其曰冒天下之道則見易之所以爲大而非讖緯術數可比而同者矣後世又有祖老莊立論涉開物成務於虚無者謂之何哉善學易者亦求其道於卜筮之外可也

書

與治同道罔不興

陳經

同考試官訓導劉批（此作於與治同道處不泛不泥且不爲仁敬克誠等語所纏繞雖崇尚爾雅自有整齊嚴肅氣象經義之佳者也）

同考試官教諭康批（因時損益意委曲説出而啓君法祖忠愛之心溢於言表矣）

考試官左贊善謝批（明暢）

考試官學士翟批（古人用一道字自有斟酌此作得之）

爲治者得所與之善則天下無不治矣蓋治固古人之所行也能與之同

其道焉則所與無不善矣天下其有不治者乎伊尹之告太甲者如此其意若曰前者後之徵往者今之鑒古人爲治之迹備矣顧人君所與何如耳誠能念君道之克艱知圖終之不易萬幾之所經緯近有以監視於先王庶政之所圖謀遠有以軌範於前哲今古异時不必事事盡出於一也或損或益但與夫亮功熙載者而同其猷爲習俗异尚不必孜孜盡與之合也或因或革但與夫制治保邦者而同其歸趣事天治民凡有關於仁敬者不愆不忘也享祀鬼神凡有合乎精禋者是訓是式也夫如是國其有不興乎蓋時不同而所同者治治不同而所同者理古以之興今以之覆者未之有也前以之治後以之亂者弗之信也將見式商受命同一孚佑之機萬邦惟懷均一感應之妙仁敬之道達于上下而天與人歸勃乎其不可禦也馨香之德通乎神明而大畏小懷赫然其莫能止也謂之曰罔不興信乎其然矣抑是言也伊尹作於太甲改過之後慮其不克終也故以終始慎厥與爲言及其致政而歸又以終始爲一告之蓋老臣事君拳拳忠愛之意如此而太甲亦曰尚賴匡救之德圖惟厥終則其燭理之明遷善之固而無負於師保之訓可必矣此所以爲有商之令主也與

作德心逸日休

邊侁

同考試官訓導劉批（成王戒卿士豈直欲其保禄位而已蓋有微意寓乎其間是作出高識於一結之後信非尋常治經者也）

同考試官教諭康批（辭約而意足與勞心於敷衍者不同亦以占其所養矣）

考試官左贊善謝批（得訓官體）

考試官學士翟批（有關繫文字）

惟德之本於心者誠斯樂之得於心者至周王訓官然也蓋恭儉無僞爲則作德之誠可知矣抑豈知至樂之寓於斯哉周王訓迪百官之意如此想其意豈不曰惟爾卿士處具瞻仰之地享禄位之崇不知作德可乎是故德莫大於恭也爾能作德於恭事上接下常存夫敬畏之心處己待人怕謹夫恣肆之戒表裏如一初不飾詐以欺人也德莫先於儉也爾能作德於儉道以御情不侈然而自放理以制欲不蕩然而無撿中外如一未嘗矯情以干譽也作德如此何有於心逸日休邪蓋恭美德也人孰不慕之然實慢而掩之以恭者豈無消沮之勞儉美德也人孰不勉之然實奢而文之以儉者豈無掩護之態今也恭而僞爲則無所顧慮心體爲之寬平休休然日見其從容也儉而有恒則無

所營爲方寸以之暇逸休休然日見其安閒也能如是則以倡九牧而政教之休明以阜兆民而風俗之敦厚禄位之崇可以保之於永久矣汝卿士可不加之意哉抑嘗考之文王卑服以即田功周公吐哺以勞天下要之恭儉之德有周家法相傳如此也成王訓官首舉以爲卿士之戒豈非得於家庭之告戒與夫何未歷數傳而此風遂泯閒有務其名不圖其實故孟子曰恭儉豈可以聲音笑貌爲哉蓋成王之意也以此坊民而僭恣之行攘奪之謀與周終始然後知聖賢之言萬世之藥石也

詩

呦呦鹿鳴食野之苹我有嘉賓鼓瑟吹笙吹笙鼓簧承筐是將人之好我示我周行

張惟一

同考試官訓導詹批（題本正大作者不窘則浮此篇鋪敘和平警策而周家君臣相與之情宛然在目可與言詩矣）

同考試官諭陳批（周王求教之誠無如此詩能道其誠者亦無如此作録之不特以其文而已也）

同考試官教諭廖批（禮意之厚全於樂幣見之場中作者類逞浮詞正意更説不去此作發攄模寫情意藹然好我示我處又得王者求教委曲之意可謂温柔敦厚者矣）

考試官左贊善謝批（春容可誦）

考試官學士翟批（典則）

周王托興所以燕乎賓者厚而望以教乎已者深甚矣周王樂善之誠也厚於燕賓而求其教者如此豈後世之所能及哉此燕賓客之詩也其托興之意豈不曰瞻彼鹿兮一物之微耳呦呦然有求其類而彼此之和鳴食苹於野而小大之群集物且然矣況我有嘉賓也道德之盛可以增重乎朝廷德望之隆足以轉移乎風化可無燕飲之舉乎是故燕必有樂也吾則宿戒乎宫縣酒一行也瑟先鼓之而搏拊其韻瑟少間也笙入吹之而鼓動其簧堂上堂下極其音律之全也饗必用幣也吾則悉陳於筐篚賓未飲與舉以勸之而表其誠賓未食與發而侑之以將其敬或玄或黄極其稠疊之盛也夫如是君臣之分相忘於賓主之間禮意之厚有溢乎飲食之外與是燕者而豈徒哉庶幾心乎愛矣思以答我之殷勤凡先王之嘉謀遠猷可以爲君國子民之要者悉吐露於旅酬之頃矣中心好之求以贊我之政化凡古人之盛德大業可以爲制治保邦之本者悉敷陳於交錯之頃矣情通於上下而不過乎驕望切於忠告而

不私其惠周王宴賓可謂和樂而不淫也與大抵君臣之際有分有情禮以嚴其分燕以通其情有周之盛所以上下交而爲泰之時也卜世三十歷年八百豈偶然哉後世尊君卑臣而堂陛益嚴間有鐘鼓之饗亦虚具耳其視鹿鳴之咏爲何如此古人之治所以不復見也

嗟嗟烈祖有秩斯祜申錫無疆及爾斯所

高進

同考試官訓導詹批（烈祖遺福之遠士子類能言之精切簡當如此篇者絶少）

同考試官教諭陳批（末句正見無疆處經文氣脉相承甚急作者多一例分截求其體認真切無出此義之右者）

同考試官教諭廖批（有秩二句最重末句從此發出注中是以字甚明此作詞旨精當真得當時登歌之意可謂一倡三嘆矣）

考試官左贊善謝批（清廟遺音）

考試官學士翟批（作商頌義正如此）

商人奉祭必嘆其先世之功而著其福澤之遠也蓋功之大者福必遠也况烈祖之功而福之被於後者其有窮乎宗廟之祭以是而告神明宜矣此亦祀成湯之樂想其當升歌之既奏仰盛德之形容故發爲慨嘆之詞若曰嗟嗟我烈祖當有夏之末造慨民生之無主布昭聖武而代雷以寬出萬民於塗炭之中巍巍乎有高天下之烈矣肇修人紀而建中于民納四海於綏猷之化赫赫乎有冠萬事之功矣由是克享天心而簡在之也隆用集大命而眷顧之也篤方命厥后福莫大於貴矣然洪休磅礴貴不止於其身秩秩有常可以申錫於無疆何有乎涯涘邪奄有九有福莫加於富矣然大慶流衍富不止于厥躬秩秩無窮可以垂裕於罔極何有於限量邪是以及於爾今王之所傳世何遠也得以載清酤備和美薦蒸嘗於九廟者孰非烈祖之祜之所遺乎及於爾湯孫之身歷年何多也得以受天命享豐年而獲降幅於先王者孰非烈祖之福之所被乎吁功業本於先王而福澤流於後世後王之奉祀者宜知所自哉抑湯之垂裕後世豈止福澤而已乎書曰聖謨洋洋嘉言孔彰并其所以保是福者無不具矣子孫憑藉而世守之可以千百世不絶然一人衡行而商竟淪喪則知子孫之享國固在此而不在彼也噫後之人君讀烈祖之詩者當知祖宗德澤之不可恃而典刑之所當守

春秋

王人子突救衛（莊公六年）

崔三畏

同考試官訓導陳批（此作有志勢分蔑功利之意甚得春秋子突之旨可取）

考試官左贊善謝批（筆力老健）

考試官學士翟批（深合傳意）

春秋於王臣之恤患超常例而不計其賤明常道而不計其功此見聖人取善之宏待人之恕矣曾何位與功之拘拘也哉慨昔衛朔結黨以求入黔牟孤立而無助子突乃爰振師旅以救之焉夫王朝大夫例稱字王人下士也超而書字毋乃僭與曰人有賢不肖君子固不當以貴賤論人也彼逆朔陷二兄於死地抗王命以入國其惡甚矣時而列國合黨固將納之以爲功孰意子突乃能伸王命而正逆朔之罪不亦善乎借曰一命方受於周朝不坐燕不與人不足録矣然則伐衛之諸侯雖貴回視子突之賢不肖何如邪而尚可以貴賤論也噫義旅雖微猶足以寒元兇之膽故君子以爲明德在於論賤遂超例而書子突褒之也夫豈僭乎若救患無功法宜貶救衛無功也褒而無貶毋乃縱與曰事有幸不幸君子又不當以成敗論事也彼五國忍爲元兇戮力敢與王卒抗衡其勢張矣雖以天子親將未見臨之以必勝乃責子突不能驅偏卒而走五國之師不亦過乎借曰秋毫無補於衛以救出以敗還功無可紀矣然則伐鄭之桓王奚功下視救衛之幸不幸何异邪而尚可以成敗論也噫怒臂雖奮何足以當方騁之車故君子以爲明道不計其功遂紀實而書王人恕之也夫豈縱乎吁褒之而非僭人將不自畫於下位而沮爲善之心恕之而非縱人將不先必於無功而怠爲善之力無沮無怠春秋之與人爲善也固如是夫雖然師出無功固可恕而機會一失則深可惜也自桓王有伐鄭之敗王師不出者十數年威柄亦漸替矣幸而有救衛之舉名正言順復振之機其在此也而諸侯乃不顧逆順之理遂使子突無功而返噫衛之不卒救也周其可復振乎是則子突非可貶也王室其可慨也夫王室其可慨也夫

夏狄侵齊　晋人秦人圍鄭（俱僖公三十年）

王畿

同考試官訓導陳批（縱狄報鄭深爲晋文伯業之羞此作譏評切當使渠有知亦自心服矣）

考試官左贊善謝批（辭嚴義正）

考試官學士翟批（最得傳中責備之意）

春秋紀伯主怠於圖大患固可譏急於修小怨尤可責此見夷恭不可縱而鄭怨不必較也晋文於是胥昧焉春秋所以□書侵齊圍鄭以見意也與慨昔狄間晋有覬鄭之虞也遂潛師而侵齊夫来間竊發固夷狄之暴説者歸罪於晋文其義何居蓋以是膺是懲之訓載諸時而凛凛夷夏之防不容紊也况狄之肆暴敢侮我大國玆何時也而不爲攘斥之謀哉文公乃縱狄恭而不攘視齊難而莫救雖荼毒我衣冠之族□□變也不暇念焉怠矣哉文之業也古有□夷興而同日爲戰守之舉玁狁熾而盛夏興薄伐之師者果何人哉文知務此正所謂攘夷安夏者雖解宋圍而戰城濮之績至是咸下矣乃不知務此者何也噫戎狄豺狼不可厭也三復斯言則知春秋書狄侵齊之意矣孰謂狄之暴也非文之過乎若晋懷鄭有不禮之憾也遂偕秦而圍鄭夫啓釁招尤亦小國之罪説者又歸咎于晋文其意安在蓋以有容有忍之戒著於書而拳拳怨德之報非所宜也况鄭之不禮固在於微時今何日矣而尚逞必報之忿哉文公乃忿鄭怨之未償假秦力以求逞雖睚眦於塵埃之中非世仇也不少恕焉褊矣哉文之量也古有夏□釋而蔫尹之念尤勤羑里囚而事殷之心不改者果何人哉文知出此正所謂以直報怨者則處奄竪與里鳧須之度益廣矣其不知出此者又何也噫行有不得者皆反求諸己三復斯言則知春秋書晋人秦人圍鄭之旨矣孰謂鄭之罪也非文之咎乎吁罪文之不能遏□則人知縱寇爲大患而夷夏之防不决罪文之不當報鄭則人知逞忿焉大戒而怨德之報皆平春秋之有補於世道也豈淺淺哉雖然晋文公亦五伯之盛者春秋每不少恕焉何也夫夷夏之紊實春秋之大變宜伯主之深憂也而文公乃能遏楚而不能禦狄能庇宋而不能救齊至於曹衛與鄭也反争恨小故圍其國逐其君而志猶未快焉夫豈安攘之義哉噫中國無王所賴者伯而伯有不足恃如此春秋爲世道計安得不卜望之深而責之備也哉

禮記

此之謂德音德音之謂樂

楊鉞

同考試官訓導梁批（題本精緻最難下手此作獨以音成於聲樂成於音分貼明白復以知聲知音知音知樂足其意理到之文也宜録之以破群惑）

考試官左贊善謝批（樂記盡在是矣）

考試官學士翟批（析之精而不亂可謂良工丑獨苦者與）

賢者原音之所以美而因著其爲樂也蓋樂本諸音也有是德音而後謂之樂則樂豈易言哉子夏對魏文侯問樂意謂樂與音相近而不同君子欲知樂盍先知音乎何則聲者音之所由成也奸聲濫而音亡矣尚何德音之足云今既禮立於大當之餘而樂正於大定之後則被之聲律者莫非人倫物理之所存播之歌詩者罔非妙道精義之所發知聲可以知音矣斯不謂之德音乎謂之德音則古樂固即此而在矣何則音者樂之所由成也溺音出而樂亡矣尚何古樂之足云今既終之無不可語而用之無往不宜則天地同和而有以宣八風之氣神人胥悦而有以揚九叙之功知音可以知樂矣斯不謂之古樂乎吁古樂本於德音則新樂之害德必矣文侯顧問此而好彼亦獨何哉抑論之五帝不相沿樂王者功成作樂是樂者帝王之德之所寓也然非聖人則亦莫能窮其妙觀孔子之聞韶于齊可見矣奈何後世知德者鮮於古樂不惟莫能用而遺響幾絶良可慨也雖然使文侯因子夏之言而用以正樂則洋洋之美其庶幾乎惜不足以語此

立愛自親始教民睦也立敬自長始教民順也教以慈睦而民貴有親教以敬長而民貴用命孝以事親順以聽命錯諸天下無所不行

梁守問

同考試官訓導梁批（愛敬爲齊家治國平天下之本一串説下意始完足此作得之）

考試官左贊善謝批（以篤近舉遠四字該括一章是嘗究心於出治之本者）

考試官學士翟批（説立教處明白）

聖人論孝弟之教篤近而舉遠也蓋孝弟教民之本也是教立於上而無遠不達豈非以其理爲人心之同然者乎記祭義者引聖人之言謂夫人君思欲教民者豈有他道哉亦惟謹于其始而已是故家有親也篤天性之恩而子道克盡則愛立於上而所以教民睦者不在是乎家有長也敦天倫之序而弟道克敬立於上而所以教民順者不在是乎惟其教之以睦故同是愛者以心感心而莫不貴於有親一家仁一國興仁焉惟其教之以順故同是敬者以德感德而莫不貴於用命一家讓一國興讓焉夫既孝以事親則立愛之教隨試而輒效矣順以聽命則立敬之教無施而弗驗矣由是舉斯心而措之通天下而一心無弗愛者以梗吾之化殆風之偃草也舉此德而措之合天下而一德無弗敬者以畔吾之治殆影之隨形也由是觀之則愛敬之道爲齊家治國平

天下之本明矣人君不知所以先之乎抑聞之堯舜之道孝弟而已矣親睦九族而萬邦協和慎徽五典而四方風動其明驗也堯舜豈能强人以必從哉亦不過盡已之性以盡人之性耳後世徒急於知謀功利之末而德教無聞爲是無怪乎其治之不古若也

第二場

論

聖人任輔相之道

張惟一

同考試官訓導詹批（高宗之任傅説正欲使之自□以負其所重學者類多謾説此篇開闔中度婉曲雍容説出高宗任賢圖治之意是宜録出）

同考試官教諭陳批（古人重賢欲以重天下此意通場不能説出是作發揚真切而詞氣春容讀之惟恐其盡豈深於所造者邪）

同考試官教諭廖批（有議論有操縱發出高宗任傅説之意無餘藴矣允宜高薦）

考試官左贊善謝批（任相之道在人君自知所重此作却説出高宗傅説交重之意滚滚千餘言波瀾疊厭而源委不紊末復歸重典學之功意尤切至得士如此豈直爲科目重而已邪）

考試官學士翟批（只説使之自重便見高宗不得不重傅説而傅説見重於高宗亦無所嫌矣）

聖人任人以天下之重必先使之自重而後可以有爲矣天下至重也求其人以任之則固使之負吾之重也使之負吾之重而不使之自重以爲之地則彼固不敢輕於自任而吾之所謂重者弗克舉矣聖人知其然曰天下之重也吾弗克自舉也求其人也任之無乃責之重乎要亦使之自重而已矣故凡所以持其心養其望者雖以身下之而不辭是故彼有以自重而吾之所重者亦且舉之矣聖人任輔相之道如此古之人有行之者高宗是也高宗之任傅説也其始也恭默思道三年不言既而命之曰若歲大旱用汝作霖雨若濟巨川用汝作舟楫若作和羹用汝作鹽梅夫説一岩阿之叟也出于疏遠拔于微賤高宗者一旦露肺肝出情愫若有所不及焉者固將以任之也任之以負吾之所重也天下者天下之天下也殺生予奪進退用舍聖人之權也聖人不得而私之也其是非得失可否之間蓋與賢者共之也而榮辱利害進退之節又

賢者之所重也知賢者之所重而不知所以重之則彼肯自貶以徇人乎固不屑也不惟不屑抑亦有所不敢也任之不專也禮之不重也上下之未交也群議之弗附也固不敢輕以其身自試乎危疑之地也是故賢者不敢也不屑不敢而莫能有爲則聖人抱天下之重器悵悵焉無所於歸聖人之心窮矣是故思有以重之非重其人也重其賢也重其賢以負吾之所重也故其始也擇之不慎則知之不明知之不明則信之不篤信之不篤則任之不專禮之不厚而責之不重矣故未得其人則海宇之未一也億兆之未寧也萬幾之未理也吾皆所不屑也顧明揚之未盡也潛德之未升也考慎之未至也吾是以憂之也及既得其人也擇之既精則知之必明由是信之篤而疑二顧慮無所懷也任之專而謀猷器能無不盡也禮之厚而勢望尊重莫敢摇也責之重而切於自任功可成也夫然後任之以至誠弗敢疑也隆之以師禮弗敢臣也坐之以論道弗敢慢也故賢者自知其任之重也禮之隆之也君臣之交孚也群議之弗奪也則挺然以其身自任天下之重也高宗之時何時也荆楚之未平也諸侯之未服也刑賞僭濫王室之不振也故高宗之言曰以台正于四方也台恐德之弗類也所以負天下之重者汲汲也於是求所謂説者而任之懼其無以負吾之重也恭默思道三年不言慎之至也賚于上帝徵于物色篤于旁求擇之精也乃命之曰若濟巨川用汝作舟楫如險之望脱也若岁大旱用汝作霖雨如苗之欲槁也若作和羹用汝作鹽梅如五味之相和雖欲缺一而不可也蓋知之明也信之篤也任之專也禮之厚也責之重也而相須倚賴若是之急且切也是以任重而不可辭也勢尊而不可摇也交深而不可間也由是納誨以輔德也啓心以沃心也聰明欲其憲天也建事欲其師古也典學欲其務時敏也成憲欲其監先王也舉天下之事莫不以身任其重蕩蕩然無所顧慮而必其成功此高宗之所以中興也故曰聖人任輔相之道也抑高宗之任傅説重也抑何以必知其良而重之邪曰典學之功也觀其命説之言曰予小子舊學于甘盤則凡用人行政之道是非邪正之辨亦聞之素矣此其傅岩一聘而殷勤委重如此也顧其學終罔顯而不若虞廷股肱耳目之言相資猶一體也及其得説之後開導之深乃命之曰股肱惟人良臣惟聖則其所造益深切矣若高宗者其幾於聖者也三代而下漢唐宋諸君始無典學之功遂乏知人之鑒其在當時所以任輔相者吾不得而知也故以漢高之英宗臣猶繫之暴以唐太宗之賢而君臣之好不終則其他又可知也此三代之治所以不復也

表

擬萬壽聖節群臣賀表

楊鉞

同考試官訓導梁批（是表寫出臣子忠愛至情殆無餘藴宜録以獻）

考試官左贊善謝批（表佳）

考試官學士翟批（得祝頌體）

具官臣某等言嘉靖四年八月十日恭遇萬壽聖節者臣等誠懽誠忭稽首頓首上言伏以福膺皇極萬方仰敷錫之仁喜際昌辰千載效賡歌之義罄微忱而頊日祝遐筭以齊天禮謝彌文情均率舞竊惟帝王之出實關氣運之隆有開必先無往不復虞氏興而赤虹感瑞商祚啓而玄鳥降祥歷驗貞□授受匪私於視聽載稽彝典揄揚皆本於尊親在古則然於今特盛恭惟皇帝陛下重華協帝曆數在躬休嘉夙著於龍潛佑啓預占於雲現三光會吉日躔應角次之徵四瀆效靈淮甸上河清之頌皇天眷命率土歸心體乾健以長人嚮離明而聽治至仁能静大孝難名監成憲永無愆念終始典于學樂以天下照宜日中惟一人有慶之期適萬寶呈功之候歡聲動地和氣蒸雲天禄初開繼述永懷乎嚴極霞觴并進驩欣交暢於慈闈矧化成孚茅茹之占而文明卜吉蠲之享太平有象覆載無私庶尹允諧乎虞廷四靈畢至于周囿臣等幸同遭遇寔切瞻依效嵩祝以三呼嗤唐臣慶善之賦俯鵷班而百拜陋漢家長樂之儀伏願德頌日新治歌天保萬年純嘏邁三皇五帝之修齡百世本支綿一祖七宗之大統臣等無任瞻天仰聖激切屏營之至謹奉表稱賀以聞

第三場

策（五道）

第一問

張惟一

同考試官訓導詹批（自古創天下之功莫過於聖祖而守天下之法亦莫詳於聖祖功德之隆卓冠萬世此作鋪張揚厲本末不遺豈所謂賢者識其大者邪）

同考試官教諭陳批（我聖祖治功之盛本於聖德前代帝王之所不能及者正在於此是策敷陳詳悉而末復歸重於聖學可謂善觀聖人者矣）

同考試官教諭廖批（聖製一策正見我聖祖創業垂統之盛是篇敷對詳明末復以守法之動焉聖天子望忠愛溢於言表矣他日揚于王庭必有將順以爲聖德之助豈獨爲科目之重而已邪）

考試官左贊善謝批（我聖祖德冠古今功兼創守非前代帝王所及此發問意也子能一言中的而終篇之獻復出忠悃蓋深於菁莪棫樸之化者矣允宜高薦）

考試官學士翟批（法制道德之顯我聖祖燕翼之謀正得於此是作探本窮源知其合一之妙則其所養非凡近矣）

有聖人之全德有聖人之全功蓋德者功之本也功者德之表也德有不備不足以爲發揮之地而功用之全烏有不根諸本原之地者哉此我太祖高皇帝德冠古今功兼創守而非前代帝王之所可及也與請因明問而敬陳之自古帝王之有天下也不惟創業之難析亦貽謀之不易蓋其混合之勢雖粗定於草昧之餘而經緯之功不能不待於數傳之後如漢高祖之興也除秦滅項伐暴安民興縞素之師立三章之約其得天下可謂正矣其規模可謂宏且遠矣然而天下既定頒之條教施之號令如命叔孫通起禮儀韓信申軍法蕭何汉律令徒振舉其大綱而未盡乎詳密故挾書之令至文帝而後除表章之功歷建元而始盛吕禄吕產擅權分亂外戚之無制也南軍北軍矯持符節軍政之無統也惠皇仁柔政歸房闥而預教之無方七國叛亂幾危社稷而封建之無術史雖稱其日不暇給要之馬上之論猛士之歌帝之所得止於是矣安望其萬目之能盡舉也哉洪惟我太祖高皇帝驅逐胡元受天明命掃除自古所未有之腥膻而復帝王所自立之中國其得天下之正固有非漢高帝所可及者况適丁勝國之季冠屨倒置之餘彝倫攸斁習俗圮壞極矣其擾攘叢集洗濯爬剔之勞其視漢高帝之時又何如也然而宸極未定即思所以與天下維新大命既集日圖所以與斯民更始是以彌綸經緯運量於聖心者大綱舉于上萬目備于下施之當時爲定功保業之規傳之後世爲持盈守成之計愚生嘗莊誦聖政記大明日曆寶訓諸書儒臣之序記而得其概矣如敬天則立圜丘方澤以秩百神之祀如勤民則令屬民讀法而行鄉飲之儀正儲位以立青宫所以定大本也封諸王而鎮天下所以昭大分也自京師郡國率皆設衛其權皆統於朝廷軍政肅矣取前代律例損益折中其制惟期于止辟刑法明矣皇明有訓昭鑒有録所以立義方之教者無不嚴郡縣有學頒賜有書所以敦造士之法者無不備諸司有定制而革其冗濫幸位無不□□岳去封號而題以某神禮儀無不正后妃居中壺而朝政不敢干内則之正也外戚保富貴而兵權不使與家法之嚴也他如冠服有制防範有法民志無僭差矣朝貢有期賜賚有節四夷皆賓從矣凡一建立一設施真足以爲天地立心爲生民立

命爲萬世聖子神孫開燕翼之謀豈漢高帝所能仿佛哉所以然者蓋由天厭夷德篤生聖人聰明睿知之資本於天縱剛健中正之德冠乎百王故其立心之宏慮事之遠凡其所建立皆至精而至備盡善而盡美故百餘年來内外守畫一之政其樞機品式循之則治失之則亂雖有絶倫之才高世之智有不能外焉者夫豈偶然之故哉抑愚又嘗仰觀我聖祖治功之盛固本於聖德之全而聖德之全又根於聖學之要如宮中無事則觀孔子論語之言内殿新成則書古人行事於壁注尚書洪範以爲帝王之要道揭大學衍義以備朝夕之覽觀則所以開發聖聰資益神智者爲益深矣功德之盛有由然哉書曰有典有則以貽子孫聖祖有焉詩云不愆不忘率由舊章愚生敢請以爲聖天子獻

第二問

查懋光

同考試官教諭尤批（帝王心學之要士子類能言之然皆摭拾陳言泛濫成篇此作舉大學明德之言祖虞廷精一之訓援古證今不迂不激可以爲聖學勸矣）

同考試官教諭苟批（有議論有根據終篇復歸之求賢本末内外相資之道也即此亦可以占子之所學矣）

考試官左贊善謝批（心爲萬化之原論聖學而必歸諸心人皆知之至於援筆成文不冗不泛而深得聖賢相傳之要者無逾此篇）

考試官學士翟批（格致誠正正是聖學用功之要處是作平穩切實可以獻矣）

帝王之爲治本於學帝王之爲學本於心蓋爲治而不本於學則治無其本固無以成化理之功爲學而不本於心則學非其要徒從事於言語文字之間不惟無益於治且有以累乎治矣古帝王之學豈如是哉執事發策秋闈舉帝王之學下詢愚生顧韋布之賤又敢與知此雖然自天子以至於庶人一是皆以修身爲本蓋非二道也敢不略述以復明問宋儒胡氏之言曰明君以務學爲急蓋人君一身天地祖宗之所付托四方萬民之所仰賴萬幾廉政之所叢委其是非邪正得失之幾見於用人行政揆事宰物之間紛紜而不可舉混殽而不可辨然非義理所存纖悉畢照則何以得其當然之實而應天下之務哉是故明君以務學爲急而學也者又非尋章摘句誇多鬬靡者之所爲也嘗聞之大學之教矣曰在明明德在新民帝王之學不越乎此二者而已何謂明明德先之格物致知以開其端繼之誠意正心以致其實而其原則本於唐虞之授受觀堯之授舜曰允執厥中舜之授禹復益以三言曰人心惟危道心惟

微惟精惟一允執厥中而宋儒朱熹釋之曰精則察乎二者之間而不雜即格物致知之謂也一則守其本心之正而不離即誠意正心之謂也故胡氏謂此十六字開萬世心學之淵源豈不然乎自是而後聖聖相承如成湯之以義制事以禮制心文王之緝熙敬止小心翼翼武王敬怠義欲之辨刀劍户牖之銘作聖之功雖有不同精一之傳則一而已帝王之學舍是豈復有他道哉故在當時黎民之於變萬邦之咸寧聲教之四訖兆民之允殖三分之有二四海之永清治效極於一時休烈垂於萬世迥乎其不可及也三代而下英君誼辟非不知學如招選茂异表章六經漢武之功大矣然多欲一念幾踵亡秦有得於人心道心之辨者能如是乎受經尚書能通大義光武之學偉矣然人倫之間不能無憾有得於天叙天秩之道者固如是乎唐太宗身屬□鞬鋭情經術而挾父臣虜手刃同氣何貴於弘文之討論玄宗延禮文儒發揮典籍而任用林甫竟致播遷何貴於更日之侍讀宋太宗夜分觀書手不釋卷而宋后之不成其服二王之不得其終慚德多矣高宗潛心聖經專講春秋而甘心君父之讎淪弃中原之地遺譏遠矣之數君者或泥於章句之間而不知修已治人之大道徒事於文詞之末而不知反身踐履之實功故其所就如是而已安敢望其治之古若哉仰惟我聖天子登極之初首御經筵即位以來緝熙聖學邇者復詔儒臣編輯經史直解以進仰窺聖心真有得乎帝王之傳而遠探淵源之妙矣執事欲舉其要以仰裨緝熙之萬一而要之一言愚生已陳之矣豈有外於虞廷精一之訓大學明德之功哉蓋人之一心雖微而實管乎天下之理理雖散在萬事而實本於人之一心况乎萬幾之繁事物之變可喜可欲日交於前而察理有未精守善有不固則是非易以眩惑物欲易以轉移而念慮之間不能不少失其正矣故必先讀書窮理格物致知以盡事物之變然後修身體道誠意正心以妝踐履之功師于古訓凡聖賢之告戒其操存省察者何居考于前史凡漢唐宋諸君之政治其是非得失者安在不必泛濫以爲博惟精察夫天理人欲之幾不必記誦以爲工惟允蹈乎身體力行之實日積月累自明而誠推之用人行政之間達夫應事接物之際内外昭融表裏澄澈而可以應天下之務矣唐虞三代之治遠而不可追者吾未之信也抑愚於此又有説爲聖學固以正心爲要尤以得賢爲輔蓋賢人君子所以講明義理維持此心者也尤願聖天子旁求後彦大召名儒列侍從之司陪清閑之燕則切劘啓沃聖學益增於廣大薰陶漸染聖性益進於高明矣愚生末學管見如斯執事倘以爲然用以爲緝熙之助亦區區芹曝之誠也

第三問

陳經

同考試官訓導劉批（求循吏於久任之餘此自古良法類爲好進者沮壞故每有建白而終不行此答援大易通變之説而歸於勢與情之難行者欲愛惜體恤以權之的然有見末復致嘆於好惡之偏切中時弊真有用之文哉）

同考試官教諭康批（説吏治處不益襲陳言專以通變爲論能通其變則任人立法皆在此中觀此足以占子用世之學）

考試官左贊善謝批（吏治一策正驗經生用世之志子以使民宜之立説而歷指今日不能久任之幣痛快人情録之不獨以其文也）

考試官學士翟批（久任之法類能言之而其中調停潤澤不隨衆是非自得之學也）

君子欲善吏治于天下亦惟使民宜之而已矣民無不宜于吏之久□吏不能久則雖有愛民之心惠民之政亦皆倉卒苟且匪徒無益而反害之是民不宜于吏之久者非良民也吏不久宜於民者非循吏也然則欲吏治之善于天下烏可不通其變而徒泥其法以病乎民哉愚嘗讀易而有以知聖人之言無往不在也其曰同其變使民不倦神而化之使民宜之聖人何以必求宜於民哉民不宜則倦矣又曰窮則變變則通通則久道豈有窮哉通變其窮則久矣執事發策慨循吏之不多見無乃有望於司任人者體易之義而通其變與粤稽唐虞建官首重民牧觀其命辭食哉惟時柔遠能邇惇德允元而難任人責之可謂厚矣觀其立法三載考績三考黜陟幽明任之可謂久矣通變以作其倦神化以致其宜此道之所以不窮而成垂衣之治不獨用人然也三代封建之法行而民宜於治嬴秦郡縣之制起而志不宜扵民理亂之判有由然矣炎漢之興高帝用蕭曹之清静以反秦敝光武解王莽之繁密以還漢舊賢良孝廉之并舉刺史守相之親核選舉之科不一而同於爲民考課之法不一而同於務實至於久任之法或褒其美而止增禄秩或終其身而遂長子孫故循吏之著稱者西漢六人文翁王成輩是也他若吴公之守河南何忝焉東漢十二人衛颯任延輩是也他若杜詩之守南陽奚愧焉然當其時鼓舞之術雖亦足以宜民而治功之成終不免於雜伯視古之民牧蓋有不可同日而語者矣我朝任人敷政動仿周官而損益之得中深體易義而變通之有道是宜祖宗之時吏民相安而化行俗美也夫何法弊日滋人心日玩神而化之此其時乎以選舉言之科貢之外復有薦舉之條求賢固無類矣今如格例之太拘何苟能公以行之則不拘者猶在也以考課言之朝覲之外復有考最之典程能

固以實矣今如文案之太泥何苟能公以行之則不泥者猶在也然則循吏之不多見不能久任之過審矣試觀今之任人或一歲而三遷或未滿而再調民知其不久而欺謾競作送迎之費又有所不計矣吏知其不久而怠忽易生覬覦之私又有所不免矣國家任人其意安在而其流之弊一至於此可勝慨哉或者曰筮仕有後先後先相承則遲速之限難於創始是勢也愚則以爲勢無不可挽者恒存愛惜之心則才足才足則速可也遲亦可也或者曰效用有勞逸勞逸相半則内外之分當以平施是情也愚則以爲情無不可通者恒存體恤之念則心安心安則内可也外亦可也夫才既足於上而心各安於下則何久任之不可行循吏之不多見哉先儒謂仿封建而行之而民自不病者蓋此意也抑愚聞之循之爲義上順天理下順人情之謂也然此類非浮薄苛刻者之所能而寬厚簡静之士又每苦於好承奉者之所不取奈之何哉然則明好惡之分示趨向之的使化續羔羊而陋兩漢於不足言斯固在司任人者加之意焉以仰副我□用賢愛民之盛心耳不知執事亦有取於芻蕘之言否乎

第四問

楊鉞

同考試官訓導梁批（文係於習而好名之習充爲背道是誠不可無所以倡率之者經生識此可以占其志矣高薦何忝）

考試官左贊善謝批（聖賢之道具於六經則六經爲文章之祖明矣子因論文而知所歸重又引六經之教以見聖賢之所以爲文可謂知道者矣）

考試官學士翟批（以一士子能知聖人不得已而爲文則其文可知矣宜冠本房）

道具於心也而著之存乎文文係於習也而一之存乎人甚矣文不可以易爲也正大奇靡之分而道之顯晦時之污隆見之由是知聖賢不得已而爲文要其意雖一言之微不可忽也然則世之爲文者豈可不心於明道而上之人又豈可不一其習以祛好名之弊也哉請因明問而陳之鴻蒙既判天地顯自然之文日月星辰山川草木是也聖人迭作天下著燦然之道河圖洛書是也時降于三代文備夫六經温柔敦厚詩教也疏通知遠書教也廣博易良樂教也絜静精微易教也恭儉莊敬禮教也屬辭比事春秋教也立教不同而同於明道爲體不同而同於正大六經之外信無文矣孔子生而删述之功垂憲萬世暴秦出而坑焚之罪上通於天漢高之興雖不事詩書而正脉猶存習尚近古故以文爲職以文論政以文講學者後賢相望而道之載諸經籍者亦賴之以復明也嗣是再盛于唐極盛于宋習尚少异文體頓殊然期間足以鳴世

者愚也求之漢得一人焉董子是也求之唐得一人焉韓子是也求之宋得一人焉歐陽子是也然天人之對原道之作論性之言先儒指摘以爲非世儒沿襲以肆詆雖矯枉過正不能無背戾之失而大醇小疵卒同於正大之歸取文三代之後此其人矣他若班固劉向馬融輩之於漢柳宗元陸贄陽城輩之於唐司馬光范仲淹吕祖謙輩之於宋意見不同體裁亦异其視三子蓋有間矣然純乎操存而不移於習染又孰有過於周程張朱四子者乎其職業之修舉朝廷之奏對師友之討論載諸簡編章章具在有意於明道而道明無心於立名而名著斯固後世爲文者之所當法也洪惟我朝稽古右文之治超越往代學校之所以教人貢舉之所以得士一惟經術是尚而詞賦諸科悉罷不用故前輩之以文名者崇詩教而不失之愚崇書教而不失之□崇樂教而不失之煩崇春秋教而不失之亂因文以觀其人因習以觀其世則當時之所以化導而倡率之者誠不可誣矣夫何文日勝而質滅名競起而實亡以文爲職業者不求明而求晦以文論政事者不求同而求异以文資講論者不求近而求遠體雖不同同於厭正大以立門户心雖不同同於竊虚名以事捷徑離真失正之害在今時亦或有之不特如程子所云而已是何足以鳴昭代之盛而爲後人之法程也哉愚聞之化導之神不在文而在心倡率之機不在下而在上誠能一道德以同風俗教人趨□之方先器識而後文藝示人取舍之正自朝廷之近而達諸鄉社之遠自詔令之大而及於簡牘之微一皆務正大而不務奇靡使從事於文者由三子之博以求四子之約由四子之約以求六經之教由六經之教而求上古聖人不得已而爲文之心則尚何好名背道之有愚生有志於學文者倘以文見知而復進之於道幸甚

第五問

張惟一

同考試官訓導詹批（唐之變甚于藩鎮正爲後人龜鑒此篇通達古今區盡切當鑿鑿可行）

同考試官教諭陳批（籌邊一策正觀士子識見此作計慮精詳而探本之論出人意表佳士佳士）

同考試官教諭廖批（唐藩鎮之變大抵成於姑息蒙蔽事事與之相反正今日應變之策）

考試官左贊善謝批（是策有議論有斷制他日效用知必不在韓范下者拭目以待）

考試官學士翟批（以機字立説而復以權濟之其慮遠矣）

爲治不難於應天下之變而難於决天下之機蓋事幾之來其變無窮應之者一中其肯綮之會則轉危爲安易亂爲治而可以錯變於未形然或謀慮之弗减舉動之或忽則毫厘之差而成敗利鈍之相去豈不大相遠哉執事發策秋闈以唐室藩鎮之變下詢承學豈不欲以既往之事爲將來之鑒哉愚生藿食者也爲知廟堂之謀然以杞人而知憂天嫠婦而不恤緯矧菁莪棫樸之所鼓舞者哉敢不悉心以對昔唐之有天下也閨門失德禍亂相尋朝廷之變故最多而藩鎮之反覆尤甚如安史既誅國家威令伸於河北矣魏慱諸鎮豈無可任使之人乎而賊將田承嗣薛嵩輩皆以叛臣之餘授之節鉞由是復牧餘黨互相表裏治兵完城不供貢賦朝廷之上厭苦兵革遂不能制豈非姑息之太過乎承嗣既叛平盧成德表以請討矣當時驅策有方豈不能成蕩平之功乎而中使馬承倩賫詔往勞輕其所遺擲出道中肆爲詬詈遂使諸鎮解體按兵不進終唐之世巨猾逋誅不能取魏豈非遣使之辱命乎李惟岳世濟其凶兵馬使王武後誅之其功大矣雖授之節鉞胡爲不可而乃儕之康日知之功賞以恒冀之團練遂使反間得入三鎮連衡胡氏以爲事幾巳至應之失宜朝廷忽事之過也朱泚奉天之圍李懷光千里赴難其勛盛矣苟召入一見足慰其心乃謬聽盧杞之譖使之屯長安之便橋遂使心懷怏怏恃衆爲亂後詔許歸葵宥其一子亦當時處置之失也嗚呼神堯以一旅取天下而子孫不能以天下取河北其始也豈遂至於此哉持以變效起統一須臾而應接失於倉卒加之以□□解紐制將非人是以既乏先見之知遂遺後事之悔耳國朝法令精明軍政嚴肅各省有都司沿邊有諸鎮兵皆土著將則朝除上有易制之權下無代襲之患如唐之河北諸鎮萬萬無是而近日甘肅大同稍爲不靖賴我聖天子神謀宸斷旋復克平然無將之戒漸不可長誠有如執事所慮者愚則以爲幾者事之微也古人於事不見是圖况其著乎故幾之來也迎而治之則易爲力蓋彼方翹首俟吾之斷以卜其張弛而吾之應之賞功罰罪之典適以厭服其心厭足其意不惟有以止亂而益成吾之治矣矧兩鎮之變非有河北之桀黠特以廩賜之不繼勞逸之不均倡狂跳號遂蹈大戮然亦豈聖世之所宜有哉故爲今之計宜明賞罰之□核功罪之當使太阿之柄常在朝廷小過則黜大罪則刑而希冀無事因循除拜如魏慱之姑息不可也念付托之重體征戍之勞而寵賂之章常防近習懷之有恩遇之有道而誅求責望損重傷威如承倩之將命不可也有野戰之勞則增其品秩有拓地之勛則崇其爵土務使賞必酬勞恩常逾望如優游牽制而啓王武後之邪謀可乎有體統之嚴無壅蔽之患有擊斷之威無讒譖之謀務使推心置腹□恩效死如隔絶排擯

而致李懷光之怨望可乎抑此皆即其事幾之來以圖其酬應之道若探其本而論之則朝廷者腹心也邊鎮者四肢也若朝廷之上綱紀建立治化清明使其恩如雨露其威如雷霆而奔走懾伏莫敢怠玩然後大權操縱之下可以濟其幾之所

順天府鄉試録後序

嘉靖乙酉秋八月甲午命學士臣鑾左贊善臣丕主順天府試事翌日陛辭入院三試之自丙申至丙辰凡廿有一日而録成臣丕當序末簡臣弘治辛酉濫舉于兹迄今已二紀矣聞人才之盛視昔倍之頃受命而來獲遍觀諸士之文信然第臣匪才恒以鑒别弗精不能拔真才以弼盛治是懼然臣自誓則惟求盡心焉耳竊觀前代人君之願治者未始不以求才爲急務然心有未純則好惡不得其正而舉措失宜矣故必有恭默思道之君而后獲帝賚之良必有側身修行之君而后獲岳將之英非偶然也恭惟皇上紹正大統日以敬天法祖爲事邇復手諭輔臣緝熙聖學是心也即文王純亦不已之心也天下之以才自待而思欲效用於時者固宜連茹而進而况邦畿之士首被聲教者乎然臣今日之所以鑒别其才與否特以言耳是未敢信也言者心之聲而文又言之精者則臣又何敢弗自信以淺待諸士之文而觀之匪多匪枝匪游匪屈蓋皆心聲也因表以見其襄即著以察其微則出而效用於時必能居易以俟弗失之躁矣見義必爲弗失之疑矣秉是非之公而不枉其實慎初終之戒而不渝其操吉人藹藹以弼成嘉靖之治則我皇上純心之效於是乎大矣事竣將陛見對揚休命執此藉手諸士幸相與勉之勿他日爲才所使與先資之言异以重主司之羞

左春坊左贊善謝丕謹序

嘉靖七年順天府鄉試録

順天府鄉試録序

仰惟皇上中興起運聖學緝熙明德峻極剗先朝之弊弘祖宗之舊而於人材一事尤加意焉嘉靖戊子當鄉試之期順天府府尹臣黎奭以考試官請上命右庶子臣韓邦奇臣方鵬主其事而同考試官則署員外郎臣鄧尚義主事臣方一桂臣吴麟行人臣楊春芳助教臣薛僑教諭臣李憲臣李粹然訓導臣張善臣何器也祖宗之初司文衡者不惟其官惟其人耳其後乃一切皆用儒學之官取人之途既狹而欲收得人之效顧不難哉邇者皇上用廷臣議畿内擇京官進士出身文學著聲名者每經各一人而其餘儒官遴選之視昔亦加嚴矣比入院監試則監察御史臣丘道隆臣吴鎧先期經理而臣黎奭實任提調之責維時士之就試者二千五百一十七人三試之中式者百三十有五人制也事竣乃録其姓氏及文之尤者爲録以獻臣邦奇當序諸首臣惟我皇上以非常之主龍飛特起而於文衡之司今特用以非常之選者此無他冀得夫非常之才耳責望之深付托之重凡我諸執事其不自懼以求自副乎此無他其道惟公與明耳公則取之有其本而不才者不得以亂真明則照之有其□而不才者不能以亂真明非臣等所敢知也是維孜孜於公以求自盡而免折覆之咎焉由是而求之非常之才其庶可得乎夫聖天子垂情如此諸執事戒慎如此凡以爲諸士子也諸士子其亦知所自懼求以自副乎此無他以非常之事業自期待耳今觀諸士子之所陳郁郁乎慥慥乎非道莫言也究義理皆斯道之精微條事物皆斯道之殊散論政治皆斯道之顯發即是而觀之諸士子其能建非常之事業以自奮者乎此無他行是言也勿庸違焉耳惟時諸執事不負其職而有以答聖天子之休諸士子不負其言而有以慰諸執事之望矣此無他惟我聖天子非常之德覆冒如天地浸漬如江河如臣等一草一木之微孰不自盡其生生之化乎經曰元首喜哉股肱起哉又曰帝光天之下萬邦黎獻共惟帝臣其惟今休歟諸執事諸士子其非常之遭際何如也其非常之榮幸何如也凡我諸執事其勖之凡我諸士子其勖之

右春坊右庶子兼翰林院修撰韓邦奇謹序

嘉靖七年順天府鄉試

提調官

通議大夫順天府府尹黎奭（師召湖廣安陸州人　辛未進士）

考試官

右春坊右庶子兼翰林院修撰韓邦奇（汝節陝西朝邑縣人　戊辰進士）

右春坊右庶子兼翰林院修撰方鵬（時舉直隸崑山縣人　戊辰進士）

同考試官

承德郎吏部考功清吏司署員外郎事主事鄧尚義（以正湖廣永興縣人　甲戌進士）

承直郎户部四川清吏司主事方一桂（世芬福建莆田縣人　癸未進士）

承直郎刑部福建清吏司主事吴麟（名祥浙江孝豐縣人　丙戌進士）

行人司行人楊春芳（伯生直隸宿松縣人　丙戌進士）

國子監助教薛僑（尚遷廣東揭陽縣人　癸未進士）

江西撫州府崇仁縣儒學教諭李憲（守卿廣東南海縣人　丙子貢士）

四川潼川州射洪縣儒學教諭李粹然（仁夫湖廣江夏縣人　癸酉貢士）

廣東廣州府番禺縣儒學訓導張善（勉之江西臨川縣人　癸酉貢士）

福建福州府閩縣儒學訓導何器（璉卿廣東南海縣人　己卯貢士）

監試官

文林郎江西道監察御史丘道隆（懋之福建上杭縣人　甲戌進士）

承事郎河南道監察御史吴鎧（文濟山東陽穀縣人　甲戌進士）

印卷官

奉議大夫順天府治中汪登（升之浙江仁和縣人　官生）

收掌試卷官

直隸真定府同知蔣舜民（虞中直隸江陰縣人　丁丑進士）

受卷官

福建汀州府推官秦僎（季升江西南昌縣人　庚午貢士）

山東濟南府肥城縣知縣劉贇（誠夫直隸宣城縣人　丁卯貢士）

彌封官

雲南楚雄府鎮南州知州何思（勉睿湖廣道州人　癸酉貢士）

直隸真定府晋州武强縣知縣趙漢（雲章山西振武衛人　庚午貢士）

謄録官

直隸廬州府無爲州知州鍾汪（季深廣東南海縣人　癸未進士）

湖廣武昌府推官衛鈺（廷美河南許州人庚午貢士）

對讀官

貴州黎平府推官徐馨（子蘭湖廣咸寧縣人　乙卯貢士）

四川成都府内江縣知縣趙綸（廷言直隸上海縣人　癸未進士）

巡綽官

中都鳳陽衛指揮同知李倖（天爵湖廣黄崗縣人）

山東臨清衛指揮僉事李永（延之山後人）

河南信陽衛指揮同知劉鳳鳴（文瑞山東巨野縣人）

山東威海衛指揮僉事汪河（朝宗山後人）

監門官

山東都司濟南衛指揮僉事辛楷（本端陝西秦安縣人）

鳳陽都司徐州衛指揮僉事王冠（廷儀河南固始縣人）

供給官

順天府經歷司經歷韓義（中宜山東蒲臺縣人　監生）

順天府經歷司知事高第（及夫山西石州人　監生）

宛平縣知縣周伊（希賢山西陽曲縣人　官生）

大興縣知縣朱繼韓（宗文山東曹州人　丁卯貢士）

宛平縣縣丞鍾昂（文謙直隸沛縣人　監生）

大興縣縣丞黄綸（經憲江西新昌縣人　監生）

大興縣縣丞靳智（守愚直隸滑縣人　監生）

宛平縣主簿陳瀛（登夫浙江海鹽縣人　監生）

涿州判官陳範（時憲河南新蔡縣人　監生）

固安縣縣丞張綸（廷言山東濟南衛人　監生）

文安縣主簿周環（循之河南靈寶縣人　監生）

第一場

四書

在明明德在親民在止於至善知止而后有定定而后能静静而后能安安而后能慮慮而后能得　君子哉若人尚德哉若人　富貴不能淫貧賤不能移威武不能屈

易

聖人養賢以及萬民　揚于王庭孚號有厲告自邑不利即戎利有攸往　歸奇於扐以象閏五歲再閏故再扐而後掛乾之策二百一十有六坤之策百四十有四凡三百有六十當期之日　通其變使民不倦神而化之使民宜之

書

東流爲濟入於河溢爲滎東出于陶丘北四海之内咸仰朕德時乃風　皇極之敷言是彝是訓於帝其訓　王其德之用祈天永命其惟王勿以小民淫爲非彝亦敢殄戮用乂民若有功其惟王位在德元小民乃惟刑用于天下越王顯上下勤恤其曰我受天命丕若有夏歷年式勿替有殷歷年

詩

淑人君子其帶伊絲其帶伊絲其弁伊騏受天百禄降爾遐福維日不足　温温恭人維德之基其維哲人告之話言順德之行　思樂泮水薄采其芹魯侯戾止言觀其旂其旂茷茷鸞聲噦噦無小無大從公于邁思樂泮水薄采其藻魯侯戾止其馬蹻蹻其馬蹻蹻其音昭昭載色載笑匪怒伊教

春秋

九月丁卯子同生（桓公六年）吴子使札來聘（襄公二十九年）九月己亥公孫于齊（昭公二十五年）宋人執小邾子（哀公四年）遂伐楚次於陘　楚屈完來盟于師盟于召陵（僖公四年）宋人齊人楚人盟于鹿上　秋宋公楚子陳侯蔡侯鄭伯許男曹伯會於盂　執宋公以伐宋（僖公二十一年）六月公會單子晋侯宋公衛侯鄭伯莒子邾子齊世子光己未同盟于雞澤（襄公三年）晋伐鮮虞（昭公十二年）秋晋荀吴帥師伐鮮虞（昭公十五年）

禮記

其音宫律中黄鍾之宫　是故昔先王之制禮也因其財物而致其義焉爾故作大事必順天時爲朝夕必放於日月爲高必因丘陵爲下必因川澤是故天時雨澤君子達亹亹焉　明於天地然後能興禮樂也　明明天子令聞不已三代之德也

第二場

論

聖王能致天下之治

詔誥表（内科一道）

擬漢令州郡舉茂才异等可爲將相及使絶國者詔（元封五年）　擬唐以裴垍爲中書侍郎同平章事誥（元和三年）　擬宋宴講臣于秘書省謝表（淳熙十三年）

判語（五條）

御賜衣物　上書陳言　門禁鎖鑰　飛報軍情　聽訟迴避

第三場

策（五道）

問　宋儒有云求治之要莫難於得天心亦莫難於收人心又引蘇軾躬信順以先天下之言而釋之曰無一事不當於天心乃可言順無一事不孚於人心乃可言信至哉言矣昔我太祖高皇帝謂博士許存仁曰天道微妙難知人事感通易見君能修德則七政順度雨暘應期灾害不生又嘗謂中書省臣曰得天下者得民心也恤其老則天下之爲子弟者悦恤其幼則天下之爲父兄者悦其心有不歸者寡矣大哉皇言乎其得天心孚人心之要道乎恭惟皇上膺歷數於聖躬建中和之皇極百神具享四靈畢至此其時也然星辰示變加以風霾旱暵爲灾繼之螟螣豈天心猶有所未得歟際中興之昌期圖更化之善治四夷賓服萬邦協和此其時也然邊徼之卒反側未安田野之民咨嗟不息豈人心猶有所未收歟書曰監於先王成憲其永無愆今欲得天心收人心者舍我高皇帝將奚法哉然所謂修德恤老恤幼者其道何如也請敬陳之以轉聞於上

問　數載乎理理寓於數數非理莫立理非數莫彰理之備而數之顯莫過於圖書昔者書出于河伏羲因圖以畫卦文周因畫以繫辭筮者其用之一也書出於洛大禹因書以第疇箕子因疇以衍義筮者其目之一也易至朱子作啓蒙以盡乎蓍之變範至蔡子作皇極以通乎蓍之用然易之揲以四範之揲以三奇偶殊其用宜若相背矣其分掛揲歸之法通變極數之妙考占成業之義乃又參同契合者何也竊又疑之易經四聖而始成範乃成於蔡子一人之手而其數之妙直與大易同流似非三代以還儒者之所能到也其或别有所授乎易爻用變今載之經惟九六耳朱子筮儀四爻五爻之變乃用之卦不變之爻易無七八之爻也何自而占乎不知於孔子大傳之説合乎否乎抑亦别有説乎河圖洛書數之大者也諸士子究心久矣其詳言之勿隱

問　威天下在乎兵而主兵者在於將吴子有言三軍之衆百萬之師張設輕重在於一人將固不可以不知兵矣嘗即一二兵法而觀之途有所不由也不由峭澠者成七國之功由壺頭者致五溪之敗城有所不攻也不攻華費者完兵而深入攻郢郡者衆潰而走死君命有所不受也叱吴使之説者成霸越之功拒長史之謀者舍格天之業士卒當如愛子也與士卒分勞苦者著績於河西不恤士卒饑寒者見殺於安陽數將於兵法合之則成違之則敗是固然矣然有可疑者争北山而敗高陵不可向也或以蹙馬鞍山而取勝以卒神而勝妖術似可用也或以用六甲而致敗臨泜水而退舍全軍宜矣何退舍淝水者卒至喪師日夜行三百里敗走宜矣何日夜行二百里者卒至成功是又於兵法也或同合而成敗頓殊或同違而勝負特异然則爲將者將無事於兵法乎其或兵法之變有非可以常法拘乎文事武備皆諸士子分内事也毋曰吾儒生未學於軍旅

問　宋之盛時群賢滿朝并志協德共成治化可謂美矣然亦有不盡同者請爲諸士誦之同議伐契丹也一則謂狂寇易滅當速發兵以誅之一則謂儲廪未備當施方略以制之所謂固有自體者然歟同尹開封也一則威嚴御下名震都邑一則簡易循理不求近名所謂各用其所長者然歟三朝大臣則禮不得不恭布衣召用則道不敢不重同事幼主也而所見不同如此然則恭倨之説似歟爲世臣則歸朝以見上爲諍臣則退處以自守同論新法也而所處不同如此然則優劣之論似歟易曰君子以同而异語曰君子和而不同豈謂是歟請試言之

問　天下之大勢在外則邊陲在内則郡邑邊陲所以禦外侮郡邑所以安内治也今邊陲之上軍士怯怠矣紀綱陵遲矣帑藏空虚矣其何以禦外乎郡邑之中風俗頽敗矣盗賊竊發矣生民困瘁矣安在其安内乎致是者厥咎何由也今所以處之者何道也遐想古之人教步兵于澤潞者天下推勇誅亂將于朔方者諸鎮奉法屯要害浚溝渠而興屯田者羌夷降敗是皆名將也得是人而用之軍氣可振帑藏可足紀綱可伸歟守蜀郡者治崇禮義長朝歌者人稱神明勸農桑重牧養而禁奢侈者郡有蓄積是皆良吏也得是人而用之民生可蘇盗賊可息風俗可淳歟古人未嘗借才于异代今天下文武之士歲進幾千人獨無是人出于其間歟抑或有之而莫之用歟此天下剥膚之弊而廟堂之所欲聞者也諸士子其縱言之主司者爲之達

中式舉人一百三十五名

第一名　馬一龍　應天府溧陽縣人監生　書
第二名　王健　浙江永嘉縣人監生　易
第三名　孟紱　順天府東安縣學生　詩
第四名　徐九皋　順天府學附學生　禮記
第五名　張鎬　直隸定興縣學生　春秋
第六名　錢萱　浙江海鹽縣人監生　書
第七名　樊深　直隸河間府學增廣生　易
第八名　楊維誠　順天府固安縣學生　詩
第九名　江良才　浙江常山縣人監生　易
第十名　李綸　浙江鄞縣人監生　詩
第十一名　沈謐　浙江秀水縣人監生　書
第十二名　田澤　順天府學增廣生　詩
第十三名　楊守謙　順天府學增廣生　易
第十四名　黄卷　順天府學增廣生　詩
第十五名　伍邍　江西安福縣人監生　春秋
第十六名　楊生輝　直隸南樂縣學生　詩
第十七名　安如山　直隸無錫縣人監生　書
第十八名　張桂　直隸安平縣學增廣生　易
第十九名　羅紳　順天府學附學生　詩
第二十名　陳時　順天府涿州學生　禮記
第二十一名　劉繼禄　直隸隆慶州學生　詩
第二十二名　任官　直隸獲鹿縣學生　易
第二十三名　李楫　順天府寶坻縣學生　詩
第二十四名　周臣　順天府學生　書
第二十五名　侯承爵　直隸雄縣學生　詩
第二十六名　侯珮　山東范縣人監生　書
第二十七名　賈士元　順天府學附學生　詩
第二十八名　張文藻　直隸深州學生　禮記
第二十九名　鄧鏜　順天府學增廣生　書
第三十名　鄔志皋　四川永川縣人監生　易
第三十一名　黎晨　直隸任丘縣學附學生　詩

第三十二名　毛錫朋　直隸吴縣人監生　易
第三十三名　杜承文　順天府學增廣生　詩
第三十四名　汪鯨　直隸績溪縣人監生　書
第三十五名　高擢　直隸灤州學生　詩
第三十六名　張良貴　順天府文安縣學生　易
第三十七名　鄭柱　順天府固安縣學增廣生　書
第三十八名　鄭樂　直隸任丘縣學附學生　詩
第三十九名　王九成　山東鰲山衛人監生　易
第四十名　仇瑜　直隸平山縣學生　春秋
第四十一名　隆文良　順天府霸州學生　詩
第四十二名　張滂　直隸長洲縣人監生　書
第四十三名　崔峨　直隸新城縣學生　詩
第四十四名　施道　直隸東光縣學增廣生　易
第四十五名　劉顯道　直隸南皮縣學生　詩
第四十六名　王良卿　直隸獲鹿縣學生　易
第四十七名　李得陽　直隸柏鄉縣人監生　詩
第四十八名　李應辰　順天府固安縣學生　書
第四十九名　王笠　直隸興化縣人監生　詩
第五十名　盧點　浙江縉雲縣人監生　易
第五十一名　張瑜　直隸安州學生　詩
第五十二名　方直　福建莆田縣人監生　書
第五十三名　朱應奎　順天府學生　易
第五十四名　劉世用　直隸束鹿縣學附學生　詩
第五十五名　楊儼　順天府學生　書
第五十六名　趙一中　直隸青縣學增廣生　詩
第五十七名　張允濟　順天府學生　易
第五十八名　周以魯　順天府學附學生　春秋
第五十九名　鄭紋　順天府學生　詩
第六十名　歐思賢　順天府薊州學附學生　書
第六十一名　馮盛時　直隸清河縣人監生　詩
第六十二名　朱木　直隸常熟縣人監生　禮記
第六十三名　劉永庶　直隸任丘縣學附學生　詩

第六十四名　李璋　順天府學增廣生　易
第六十五名　徐椿　直隸永年縣學生　書
第六十六名　朱鐸　順天府良鄉縣學生　詩
第六十七名　何思　直隸雄縣學附學生　易
第六十八名　張贇　直隸邢臺縣學生　詩
第六十九名　蔡瓕　直隸寧晋縣學生　書
第七十名　冀溥　直隸完縣學生　詩
第七十一名　陳松　直隸定州學生　易
第七十二名　史載德　直隸任丘縣學增廣生　詩
第七十三名　徐銘　順天府學附學生　易
第七十四名　盛璘　順天府順義縣學生　詩
第七十五名　錢鯤　萬全都司龍門衛人監生　書
第七十六名　郭藩　直隸成安縣學增廣生　詩
第七十七名　邵鶴年　直隸永平府學增廣生　易
第七十八名　李原道　直隸蕪湖縣人監生　春秋
第七十九名　王壽　直隸趙州學生　詩
第八十名　藍田璧　福建崇安縣人監生　易
第八十一名　崔釗　直隸　易州人監生　書
第八十二名　种祚　直隸冀州學生　詩
第八十三名　楊譽　直隸興州中屯衛人監生　易
第八十四名　張忠　直隸任丘縣學生　詩
第八十五名　高尚義　直隸阜城縣學增廣生　春秋
第八十六名　胡守仁　直隸永平府學生　詩
第八十七名　李文昇　直隸濬縣學生　書
第八十八名　楊廷器　四川劍州人監生　詩
第八十九名　曾瀚　順天府學增廣生　易
第九十名　馬天驎　山西安邑縣人監生　書
第九十一名　吕懷健　順天府學附學生　詩
第九十二名　張鎬　直隸定州學生　易
第九十三名　劉一通　直隸鹽山縣學附學生　書
第九十四名　蕭韶　直隸邯鄲縣學生　詩
第九十五名　沈文奎　順天府學增廣生　易

第九十六名　王溥　萬全都司學軍生　詩
第九十七名　孫國　直隸開州學生　書
第九十八名　韓梅　直隸永平府學生　詩
第九十九名　李奇　順天府薊州學生　禮記
第一百名　唐魯　順天府學生　詩
第一百一名　史褒善　直隸開州學生　易
第一百二名　徐瓚　順天府學生　書
第一百三名　崔鶴　直隸真定衛人監生　詩
第一百四名　顧履方　直隸崑山縣人監生　易
第一百五名　金瑞　直隸吴江縣人監生　詩
第一百六名　朱尚文　直隸新城縣學生　書
第一百七名　石永　直隸威縣學生　詩
第一百八名　時春　順天府學增廣生　易
第一百九名　張舜元　直隸慶都縣學生　詩
第一百十名　許鼐　直隸祁門縣人監生　春秋
第一百十一名　王宗恒　直隸武邑縣學生　詩
第一百十二名　孫宗　湖廣華容縣人監生　書
第一百十三名　劉巍　直隸任丘縣學附學生　詩
第一百十四名　郭祺　山西河曲縣人監生　易
第一百十五名　王寧　直隸永年縣學生　詩
第一百十六名　酈津　直隸任丘縣學增廣生　書
第一百十七名　陳奇策　直隸大名府學生　詩
第一百十八名　閔材　直隸任丘縣學附學生　易
第一百十九名　馮惠　直隸鹽山縣人監生　詩
第一百二十名　徐祚　順天府學增廣生　書
第一百二十一名　董昂　順天府學生　春秋
第一百二十二名　韓士奎　順天府學附學生　詩
第一百二十三名　冷孟章　四川大竹縣人監生　易
第一百二十四名　張琚　直隸肅寧縣學生　詩
第一百二十五名　王遵業　直隸開州學生　書
第一百二十六名　董宗魯　直隸靈壽縣學生　詩
第一百二十七名　薛紹光　直隸魏縣學生　易

第一百二十八名　陳義　直隸無錫縣人户部　書筭　書
第一百二十九名　王鉦　直隸灤州學生　詩
第一百三十名　劉沂　直隸定興縣學生　書
第一百三十一名　步天衢　順天府薊州學生　禮記
第一百三十二名　陳詞　直隸江陰縣人監生　書
第一百三十三名　金黄　直隸安平縣學增廣生　易
第一百三十四名　楊應鸞　順天府學附學生　書
第一百三十五名　王佩　順天府文安縣學生　詩

第一場

四書

在明明德在親民在止於至善知止而后有定定而后能静静而后能安安而后能慮慮而后能得

馬一龍

同考試官訓導何批（孔門入德之次第盡在此數言場中作者簡則包括不盡長則冗贅不式此作能約要語發揮其亦造道有得而言之親切者與允宜録式）

同考試官助教薛批（講至善處尤精切得古人立教宗旨蓋嘗究心於大學者）

考試官右庶子方批（語意精到取之）

考試官右庶子韓批（辭不費而意自完可録）

聖經歷言大學之道而原其所以造於道也蓋明明德新民止於至善大學之道備矣然其所以造於道者亦惟知止以馴致乎能得之地耳此曾子述孔子之言以垂訓也其意若曰所謂大學之道果何如哉誠以吾德本明也而吾自昏之必因其所發而洗濯澡雪使虚靈之天昭然而復明焉大學之道不在於明明德乎民德本新也而民自污之必因其固有而鼓舞作興使習染之舊焕然而一新焉大學之道不在於新民乎明德有極致之地也必求至於是而不遷誠而無息斯已矣新民有一定之則也必求造於此而不易純而不已斯已矣大學之道又在止於至善焉夫明德新民固欲止於至善矣然其所以然之故果何如哉蓋君子於至善之地既真知而不惑然後於所向之途斯一定而不易既定矣則無以動其心而能静既静矣則無所擇於地而能安夫既

能安吾知從容於辨别之頃而凡事之來慮之精矣夫既能慮吾知脱悟於精微之境而至善之理得之真矣是則不止於至善無以成明德新民之功欲止於至善必先知知止能得之序歸宿有其地造詣有其方此所以爲大學之道也歟抑論之聖人之道明德新民而已至善者指其成耳大學乃以三言并列者何也蓋春秋之時士皆不知吾學之大類以卑近自處其視精一之德動變之化若神明之不可及者故聖人揭之以示人復恐人以爲高而不知入德之門也故又以知止能得言之

君子哉若人尚德哉若人

王健

同考試教諭李批（題似易實難場中作者道德權力殊纏繞可厭此作明白簡當可以爲文矣）

同考試官署員外郎鄧批（題有含蓄極難摹寫此作語意明潔故録之）

考試官右庶子方批（辭婉意足）

考試官右庶子韓批（整而新結尤有理致）

聖人於賢者而兩致其贊美之辭焉夫聖人不輕許人也今於賢者而以君子尚德稱之意有在矣昔南宫适以羿奡禹稷爲問夫子不答於請問之時而贊美於既出之後其意以爲言□不足以盡人而亦可以觀人吾於适蓋有取焉彼君子吾嘗嘆其不得見矣适也深鄙羿奡而於禹稷則尊之即是而觀其人焉吾知其有卓越之識而不詭隨於時有特立之操而不受變於俗見道明而信道篤即其所至可以爲聖人之徒也其視世之知識污下者不侔矣君子哉其若人乎知德者吾嘗以爲鮮矣适也獨尊禹稷而於羿奡則斥之即是而觀其心焉吾知其懿德之好根於秉彝之良好爵之縻由於中心之願决擇嚴而趋向正究其所存無非樂善之誠也其視世之志趣卑陋者不同矣尚德哉其若人乎吁因其言之善而即許其人之賢夫于於此其有所感也夫蓋方是時三桓僭竊氣勢可畏以孔子之聖乃不得位南容之意正以慨世俗而推尊夫子誠有難於答者然俟其出而贊美之乃所以深答之也未幾而三桓子孫微□善夫子盛世王祀報德報功之無盡焉南容之言蓋無不驗也

富貴不能淫貧賤不能移威武不能屈

孟綋

同考試官訓導張批（此題頭緒頗多最難發揮是篇挑剔精當語明意

盡必有識之士）

同考試官教諭李批（孟子義不難於遣詞而難於認理讀子之作莊嚴簡古鍛煉精純宛如孟子當時語取之不獨以其文也佳士佳士）

同考試官主事方批（孟子題場中作者多騁浪詞正意少能發槁此篇蜕出陳格於不淫不移不屈處提掇明切且句法老成非泛然爲文者）

考試官右庶子方批（非有所養者能不道此）

考試官右庶子韓批（明整莊重）

大賢論大丈夫隨所遇而不易所守也夫德不足者因物而有遷矣隨所遇而守不易焉非大丈夫而何哉昔孟子告景春之意若曰世故之變無常形君子所由惟一理彼常情於未達之際或能强其心時乎富貴則氣盈而僭逾陵縱將無不至焉能不淫乎大丈夫者雖享重禄而敬畏之念恒存處高位而盈滿之懼方切不驕也亦不侈也此心之定止水之澄也仁義禮固行於富貴矣心何有於蕩邪常情於有餘之地或能矜持其節時乎貧賤則氣歉而苟且放溢將靡不爲焉能不移乎大丈夫者雖終身屢空而得之非道不苟取遁世不知而榮以非義不苟受不諂也亦不援也一節之堅介石之固也仁義禮固行於貧賤矣節何有於變邪至於威武者人所甚畏也常人之情平居則悻戾自高變故則惴懼失措矣大丈夫方且廣居居之正位立之大道行之生死決於須臾也浩然之氣不因之而或餒榮辱生於造次也毅然之色不因之而或沮平生所存期於必伸矣孰得而挫之哉夫士之處世富貴遇也貧賤常也威武變也三者得而立身之道備矣非大丈夫安能與於此嗟夫戰國之時聖賢道否天下不復見其德業之盛但見奸巧之徒得志横行氣熖可畏遂以爲大丈夫故孟子因景春之問而以大丈夫之事曉之若衍儀者妾婦之道耳安得爲大丈夫哉一怒而諸侯懼安居而天下熄亦其淫之一驗也

易

聖人養賢以及萬民

楊守謙

同考試官教諭李批（題本正大士子類能成篇非腐則冗此作快可嘉足洗時文之陋）

同考試官署員外鄧批（講養賢處親切有味讀之灑然）

考試官右庶子方批（講及字透徹）

考試官右庶子韓批（老成典重故録）

聖人之養道所務者約而所被者廣也蓋聖人惟務養賢可謂約矣而因

以及萬民所被不亦廣乎夫子傳頤之象而極言養道如此謂夫聖人以養民爲職而必以養賢爲務是故方物之貢不敢自私也必大烹以饗天下之賢豈徒飲食之哉所以致吾之敬耳公田之入不獨自奉也必厚禄以優天下之士豈爲富貴之哉所以盡吾之禮耳有德有才者不食于家而食于朝委蛇於自公之退也任内任外者不享其物而享其儀蕃庶於書接之餘也夫聖人務養乎賢欲其推是意以及民賢者既受其養必能舉斯心以加彼凡可以康濟吾民者爲之無不盡其方使生齒之繁飽食煖衣皆得以樂其樂而利其利也雖未嘗家賜而人益之孰非聖澤之霑被乎凡可以生養吾民者處之無不盡其道使億兆之衆仰事俯育皆得以老其老而幼其幼也雖未嘗朝散而暮給之孰非聖心之普遍乎是知聖人之養賢即所以養民也養道之大何如哉抑論養賢固足以及民養民亦足以致賢故堯養舜於畎畝而成敷治之功由上以達下也文王養老於岐周而獲鷹揚之佐由下以應上也然行於虞周之世則其心公而爲王行於漢唐諸君則其心私而爲霸此又不可不察也

通其變使民不倦神而化之使民宜之

樊深

同考試官教諭李批（講通變神化最是且筆力老健結處尤有見識）

同考試官署員外鄧批（寫出聖人通變神化之妙若親際而見之必達於治道者）

考試官右庶子方批（唐虞以上氣象宛然在目）

考試官右庶子韓批（渾厚典則宜録）

聖人新制作以勸天下妙制作以利天下夫聖人維新之治天下知所勸矣而出於神化之妙焉則豈有不利者哉粤昔黄帝堯舜三聖迭興知太朴之當變也而通之以禮義之俗修道立教以新天下之耳目焉知草昧之將變也而通之以文明之治制禮作樂以開天下之心志焉由是斯世斯民鼓舞踴躍舍其舊而趨乎新者終身由之而忘其勞也提撕警覺感於上而應於下者中心樂之而忘其倦也其天機之自動殆若有以使之然乎然其所以通變者順其勢之自然而不假於驅迫猶天運神道以司化權蓋有不疾而速者矣趣其時之適然而不由於勉强猶地載神氣以成化功蓋有不見而章者矣由是斯世斯民利用以出利用以入而不以爲難皥皥乎順帝之則而已左焉宜之右焉宜之而莫知其故蕩蕩乎遵王之路而已其天理之自乎亦若有以使之然乎吁聖人更化善治如此其有功於天下大矣雖然變者聖人不得已而用之

也故變不欲驟驟則民駭而不安變不欲强强則民苦而難入獨不觀之易道乎陽窮於九必自少陰以趨六陰窮於六必自少陽以趨九其來也有漸故其運也不息君子體乎易道斯可以治道矣

書

四海之内咸仰朕德時乃風

錢萱

同考試官訓導何批（高宗於傳說望之切故美之至子能發揮之曲盡其意有如在當時者敬羨敬羨）

同考試官助教薛批（此作以務學法祖入講詞意懇到宛然高宗切望傳說氣象）

考試官右庶子方批（正大明爽）

考試官右庶子韓批（氣象似此題）

賢王以天下之望歸大臣之教蓋君得臣而萬化行也大臣論學於上而天下仰德於下宜矣此高宗所以美之也其意若曰君德係天下之治忽相道係人主之得失朕之弗類何有於德也今仰朕德者圜天下而一心蓋冀有以見乎大有爲之治朕之罔顯誠荒于德也今望朕德者合四海而同志蓋幸有以遇夫不世之主謂朕必至于罔覺而唐虞雍熙之化可復見于當時矣謂朕必至于無愆而祖宗輯寧之功必中興于今日矣若此者果何所致哉誠以說也拔于傳巖而任之師保之官所以啓朕心者一皆性命之懿足以動天下之聽聞求之形象而授以冢宰之位所以訓朕志者莫非道德之純足以起四海之景慕帝王之學不講也久矣學於古訓之言出乎身即加乎民有不行而至之神也若曰朕之恭默此憂居耳何足以致天下之仰哉祖宗之法不振也久矣監于成憲之論發乎邇即見乎遠有不疾而速之妙也若曰甘盤之教此潛邸耳何足以致天下之仰哉若此者非說之風而將誰歸也然則說也其思所以俾朕副天下之望乎抑考高宗之初有商承平日久成湯之道衰矣一旦高宗恭默思道起傳說于築巖之下置之大臣之位君臣相勉宛然都俞之風四海之中得不感動而仰望之乎高宗此言雖所以美說然其責望之意已隱然溢于言表矣故下文曰良臣惟聖

皇極之敷言是彝是訓于帝其訓

周臣

同考試官訓導何批（敷言一句精上文一節而注意甚明作者多欠詳

盡獨此篇指出極敷二字而造詞精切典雅可爲爲文者法矣）

同考試官助教薛批（舊刻於帝訓處始提出王道王義殊失此作得之故録）

考試官右庶子方批（正大典則可以爲式矣）

考試官右庶子韓批（據蔡傳是如此）

君子於王者至要之教而深贊其妙也蓋王者感化斯民其教莫要於敷言也是宜君子有以深贊其妙焉昔箕子告武王之意若曰建天下之極固在於君身納天下於極尤在於敷言彼極乃天下之至理也人君以之而著於章句之間禁其私也而又申其勸勉之意極乃天下所取正也人君以之而協於聲音之際叙其詳也而又總其通會之要戒以偏陂好惡矣曰王義王道王路會其極焉反覆推衍以爲言也鼓舞何其切乎戒以偏黨反側矣曰蕩蕩平平正直歸其極焉丁寧更互以爲説也感發何其至乎皇極之敷言如此彼荒唐隱僻者异端之術耳敷言者其天下之常理乎是蓋日用彝倫之切務聖人匹夫所共能平易中庸之道也傾邪狹小者一偏之論耳敷言者其天下之大訓乎是蓋立法垂範之大典天下萬世不能易光明正大之説也訓雖敷於君也其理則天之秩天之叙也君不過奉天者耳非天之訓而何哉訓雖君所衍也其言則純乎天述乎天也君不過代天者耳又非天之訓而何哉夫極本於天也民禀天之理也君先得乎天者也以我之天而感民心之天宜斯民之歸極也歟嗟夫讀皇極之疇而知古人爲教之意也本之以皇極之建次之以造就之方而成之以敷言之訓使人從容涵咏不覺其入焉後世身教法或有近似者而詩教絶矣而望古人之治難矣哉

詩

淑人君子其帯伊絲其帯伊絲其弁伊騏

楊維誠

同考試官訓導張批（題本平易場中作者不浮必腐讀之殊爲可厭此作義理精到句法森嚴通篇無一語塵涴宜録之以式諸士）

同考試官教諭李批（儀之一正所以見心之一場中作者俱爲時説牽引纏繞可厭求其純正典雅如此篇者絶少録之可以式矣）

同考試官主事方批（帯弁有常正是儀之一時文類以動人觀瞻等語作講殊非有常意閲子此篇盡脱庸習而渾融簡當有味録之可爲詩學者範也）

考試官右庶子方批（明粹可録）

考試官右庶子韓批（氣温純而義精粹可以式矣）

詩人美君子儀之章於身者而自不失其常焉夫帶弁身之章君子儀之攸在也有其常度自非其心之一者乎鳲鳩之詩美君子用心均平專一也至此謂夫人之一心動静相應内思静專其動未有不隨之者也惟我淑人君子静主如結之心有美在其中之懿動循貞一之履有其旋元吉之休自見於服飾言之大帶垂於身物雖輕矣而矩法之所關者重可以覘夫人之所養也人豈無失其常乎我君子動必由禮而其帶則伊絲焉真素爲質用崇冲澹之體雜采爲文略施藻飾之華蓋先王之法服自有常度亦惟遵之而已曷嘗逾矩以立异哉皮弁戴於首物雖小矣而繩規之所係者嚴可以窺夫人之所守也人豐無忒其度乎我君子之帶伊絲而其弁則伊騏焉頖然其象實惟青黑之純峨然其形不异名馬之色蓋聖人之制禮自有定體亦惟範之而已何嘗越製以拂經哉是則服飾之有常儀之一也儀之一非其心之一而何哉詩人亦善於美其君子矣抑觀曹風此篇所謂君子者其真有定見定力之賢者乎不然何再稱其專一不已也或爲大夫僖負羈之流與恐其賢不足語此噫國無薈蔚朝躋以若人而值明時則正四國之才猷豈直可變蜉蝣用之風天下可幾矣

温温恭人維德之基其維哲人告之話言順德之行

田澤

同考試官訓導張批（謙以蓄德明以納規武公進德佛倦之意此篇莊重老成如出詩人之口子亦可與言詩矣）

同考試官教諭李批（説理之文正不貴於浮泛此作氣温詞雅渾若天成聽其言豈亦恭哲士邪）

同考試官主事方批（兩德字屬心身分明□恭與哲上來此作意到語精老筆也）

考試官右庶子方批（純雅）

考試官右庶子韓批（明暢工緻佳作也）

恭者主乎善智者受乎善賢侯自儆之意也夫善德之實也恭者主善智者虚以受之則德罔不修矣衛武公作詩使人日誦以自警者如此意謂爾欲君德之修亦必先爲之地可焉何則豈弟可即而履謙之卑和慎可親而居巽之順是温温恭人也資稟本于天賦之良志氣得于涵養之漸德不自此而可進耶但見暴戾消而性不鑿真源凝静悠然日趨於義理之奥也傲惰去而心無僻思慮沈潜駸乎上達於性天之蘊也蓋無常主一德之至胥此乎基恭之

禅於德深矣爾無爲恭乎至若離照中含而炳物之幾晋明自昭而見事之賾是謂哲人也密察足以别乎視聽疏通足以審乎容納言之而豈有不受耶但見有物有恒古者言行兼謹之善言也告之遂踐其實一維樞機之是慎焉制事制心古者動静交修之德言也迪之即率于行一維義禮之是順焉蓋虚以受人衆善攸集德斯不孤智之資於德大矣爾焉得爲智乎噫武公誦此自儆則必不矯亢以自高訑訑以拒人者兹其德之所由懋歟抑嘗考之淇奥亦美武公之德也切磋琢磨則知其無不受乎盡言金錫圭璧正温恭之所鍛煉以成焉者抑戒之誦豈直託諸言已哉噫睿聖之學君人者之所當法歟

春秋

九月丁卯子同生（桓公六年）吴子使札來聘（襄公二十九年）九月己亥公孫于齊（昭公二十五年）宋人執小邾子（哀公四年）

張鎬

同考試官行人楊批（繼禪文質春秋大義此篇深得旨趣而文亦典雅蓋邃於春秋之學者允宜高薦）

考試官右庶子方批（辭義嚴整）

考試官右庶子韓批（明暢可録）

聖人修經有所以示繼禪之法者有所以參文質之中者于以見春秋兼帝王之道非聖人莫能修也見諸行事不亦深切著明也哉且春秋魯史耳孔子修之而何兼帝王之道邪誠以天下授受事之大者其奚敢私是故唐虞禪而與賢三代繼而與子其義一也乃子同肇生即書于策者曰此桓嫡長子也將爲繼體之君故以禮舉之而國本于是乎定庶孽之生莫可匹矣書之者與之也其以居正爲大而不必於讓國之義乎吴札聘魯黜而稱名若此曰此吴賢公子也當任家國之寄何潔身去之使國統于是乎乖争弑之禍其階之矣名之者貶之也其以達節爲權而不拘於世及之禮乎是則繼也禪也惟其公也聖人何心哉所以示其法者如此若夫世尚損益禮之大者其何可泥是故古尚質而不諱周尚文而始諱其制殊也乃魯昭齊陽州之奔特書曰孫蓋昭公魯祖也而可忘乎今去社稷之奉則危辱之大者苟暴揚其事忠敬之心薄矣惡乎訓故書孫者諱之也諱之者非阿也放周之文而已宋景小邾子之執直書宋人然定公名也而可犯乎蓋以臨文不諱寔禮律所載者苟隱避其詞是非之迹泯矣惡乎傳故書宋者不諱也不諱者非瀆也從古之質而已是則文也質也唯其時也聖人可心哉所以參其中者此謂之兼帝王之道信哉吁繼禪有法則傳世之義明文質得中則經世之義正此孫子修經之功所以爲

大也與唯此義不行然後有嫡庶易位者矣然後有异國匪人者矣然後有犯上干主違禮獻佞者矣争奪起而禍變相尋國惡彰而名實紊亂可勝嘆哉

遂代楚次於陘　楚屈完來盟于師盟于召陵（僖公四年）宋人齊人楚人盟于鹿上　秋宋公楚子陳侯蔡侯鄭伯許男曹伯會於盂　執宋公以伐宋（僖公二十一年）

伍箋

同考試官行人楊批（孔子作春秋以尊周爲本故予桓公之功稱管仲之仁者以其能攘楚以尊周室也宋襄不能得失自見此作獨得意旨而文且有則蓋學於春秋而知大義者是用録式）

考試官右庶子方批（得謹嚴體）

考試官右庶子韓批（説出桓襄之功罪）

創伯攘外而申尊王之義春秋之所褒繼伯交外而乖尊王之義春秋之所貶夫伯者所以合衆攘夷以尊王室者也齊桓伐楚而宋襄與之會盟得失爲何如哉觀春秋所書予奪之情見矣且春秋何爲而作也爲尊周而作也是故齊桓之主伯也楚人伐鄭合八國以討之于是乎有徑亭之次焉屈完來師退召陵而與盟焉夫桓專命興師何褒之有蓋楚自東周以來僭稱號而廢職貢無王已久不有以攘却之周其不可爲乎所幸桓也仗義執言聲罪致討責包茅不貢也問王祭不共也遂使輸詞服罪遣使求盟覬覦窺伺之心由是熸矣周之所以幸存誰之力歟噫夾輔王室桓其率先職乎春秋書次于陘楚屈完來盟于師盟于召陵序其績也非以其申尊王之義邪迨夫宋襄之圖伯也諸侯未孚邀楚子以求之于是乎有鹿上之盟焉楚再會盂執宋公以伐宋焉夫襄自反而縮何貶之爲蓋楚自桓公既没朝諸侯而盟中國無王□故使有以摧抑之周其猶有賴乎夫何襄也既與之盟復與之會决内外之防也昧膺懲之訓也卒致身爲夷俘國遭塗炭跋扈陸梁之勢于焉熾矣周之所以不振誰之過與噫作賓王家襄其忝厥祖乎春秋人宋公于鹿上之盟而盂之會直書其事而不隱争深貶之也非以其乖尊王之義邪吁攘夷以尊王者持褒其不能者加貶春秋之義明矣夷夏君臣之際嚴矣抑宋襄無足道者若首止之定儲葵丘之明禁則齊桓尊周不特攘楚而已雖然桓公之功管仲佐之也然亦假之而已管仲死而伯業衰矣宋之子魚亦齊之管仲也何得失之殊邪噫諫不行言不聽有賢與無賢等耳君人者鑒諸

禮記

是故昔先王之制禮也因其財物而致其義焉爾故作大事必順天時爲朝

夕必放於日月爲高必因丘陵爲下必因川澤是故天時雨澤君子達亹亹焉

陳時

同考試官主事吴批（題本明白作者類泥傳注纏繞可厭此篇順題講去而於先王制禮之意提掇明甚可佳）

考試官右庶子方批（不見不誕）

考試官右庶子韓批（簡當可録）

論先王制禮因物而致義必詳其禮而原其意焉蓋物生於天地而禮所以定義也先王有感於天地生物之功而用物以致義焉其心能自已哉記禮器者謂夫無物不可以爲禮而物者禮之所資用物不可以無義而禮者義之定制先王制爲祭祀之禮亦惟因天地所生之財物以致其用之之義焉爾何則運行莫大乎天時也爲郊雩之事則必順天時而行之期日之有常焉著明莫大乎日月也爲朝夕之祭則必放日月而行之東西之有位焉爲高上之祭於丘陵以丘陵高而顯也爲在下之祭於川澤以川澤深而隱也因物致義之禮如此所以然者得無意歟蓋無時而或息者天地之化有感而必通者君子之心當夫雨澤之以時際也而既優既渥盛大普遍於萬物君子則見夫天地之生物也發育滋長大德亹亹乎其不窮焉夫生成財物而有見於天地之功則其感於中者深矣是安不用財物以致其報本之誠乎此先王因物致義之禮所由制而記者著之以示人也歟抑論之天地之功大矣因物致義則祭之興物備矣考之他章又曰以少爲貴其義何居孔子曰禮不同不豐不殺言各有當也雖然要之一以誠敬爲本書有之矣黍稷非馨明德惟馨

明於天地然後能興禮樂也

徐九皋

同考試官主事吴批（聖人與天地合德故其見之製作自無不合此作體認既精而辭復整雅録之）

考試官右庶子方批（講結俱優）

考試官右庶子韓批（不拘拘於時格宜録）

記者原禮樂之所由作所以著其本也蓋禮樂本天地之和序而作者也明於其本而禮樂有不可興者哉樂記君子謂夫人知禮樂之作於聖人而不知其原於天地何則氣行不乖而百物皆化質具有秩而群物皆别此天地之和序而禮樂所由始也聖人仰觀俯察以其心所存主者而參之於天地陽動生物之機有得於運旋不言之表神而明之非聞見之知也陰静成物之德妙

契昭著不動之餘感而通之固有知化之神也如是而禮樂不可興乎誠以不知而妄作者恒易以過過則暴亂之失不免而禮樂所以不興也夫既明於天地則能以其心所獨得者而見之於制作協義以起所未有因情而爲之節文凡所以等貴賤定親疏者無非散殊之義之所顯著序以贊序天地成物資之矣夫奚至於過制而亂邪正律以和聲審音以定樂凡所以格神人和上下者無非合同之化之所昭宣和以敦和天地生物資之矣夫庸至於過作而暴邪夫樂由天作必明於天地之和而後能作禮以地制必明於天地之序而後能制禮樂豈易言哉抑論禮樂本於天地而作於聖人固也要之聖人先有德以爲之本故其見之制作者自無往而不合所謂先天而天弗違後天而奉天時者也漢儒有云惟天子建中和之極亦知本論歟

第二場

論

聖王能致天下之治

馬一龍

同考試官訓導何批（有議論有考據有識見可以爲科目得人慶矣）

同考試官助教薛批（此篇以大法大要發明聖王所以致天下之治末復以精一執中爲取人之本自周有終爲任賢之道意義精深詞格高古殆非淺學所能到宜録以式業舉者）

考試官右庶子方批（昌大之氣俊逸之才雋永之味一篇中具見之矣）

考試官右庶子韓批（近日論場多剽竊舊文補綴成篇欲學古者則又不式此作止就時格以程子本旨鋪叙成章亦未嘗不奇可爲場屋文字式矣）

論曰聖王所以能勝天下之大任者亦惟有以得天下之大法而操天下之大要而已矣夫天下至大也成天下之治大治也聖王一身當天下之大而欲以致天下之大治大任也負其大也使不大其務而小焉以當之則心日益憂身日益勞而天下日益不可理矣聖王於此有法焉責之衆職而已矣有要焉求賢以任衆職而已矣得其法而操其要然後天下之治成而聖王者始爲不負於天下而能勝天下之大矣程子曰聖王能致天下之治要亦以其法與要而言之也夫天下之事必有其法而法必有其要事無其法則雜然無所從事而其事不可爲法無其要則貿然無所持循而其法不可行聖王所以能致天下之治者無他法與要而已矣聖王者負高天下之才神化變通無感不應其□天下之事固宜伸縮運用取辨於指顧呼吸之間亦何必仰于衆職之修

賢才舉而後治邪夫聖王之所以聖者正以其能駕馭天下之職綱羅一世之才以天下爲度者也如此則天下之才皆其才神化變通達之天下而聖人之才於是始高於天下而天下之治無難致者矣聖王之治亦大矣在朝廷吾見其庶績熙凝焉在四方吾見其風動咸寧焉在四裔吾見其蠻夷率服焉下至於庶類百工之小吾見其草木鳥獸之生金皮木石之技亦咸若其性得其理焉治若是其大也聖王豈事事而親之哉以天下之職治天下之事耳使聖王於此苟徒恃乎一人之聰明而欲以一人治之則聖王者固亦一人之才耳而吾神化變通之妙將滯於無用安能有以成天下之治哉是故責之衆職焉興事考成而已矣懋官懋賞而已矣罔兼罔知而已矣在朝廷有公卿大夫也責之以燮理崇廣之任在四方有州牧侯伯也責之以惠康屏翰之任在四裔有尹帥師長也責之以修攘懷柔之任下至百司庶府山林川澤之吏亦皆使之隨其職而各稱其任焉職若是其衆也聖王豈官官而蒞之哉以天下之賢任天下之職耳夫賢才之生杰出群類抱道自重非可常得亦非可以苟得也使聖王於此搜羅之不以其道聘待之不以其禮自謂天下之才皆出吾下苟可以集吾事者皆可任之以官而吾之才自足以鼓舞驅策使奔走於吾而莫敢後者奚必賢才而後可哉如此則賢者止於千里之外而讒諂奸與諛之徒翩然雜進豈惟不足以成吾治彼將托吾神化變通之權以售其治蠹之技者將無所不至而聖王之治隳矣是故付之賢人焉籲俊尊帝而已矣旁招俊乂而已矣從容德從義德而已矣求之不可不廣也拔之於庶僚舉之於側陋而不以其方待之不可無禮也將之以玉帛申之以恭敬而曲盡其道任之不可不專也去纔遠色賤貨貴德而務竭其誠如是而賢者不起帝臣之願王賓之思者未之有也夫然後因其才器之高下而爲職任之大小孰能論道弘化熙載浚明則使之爲公卿爲大夫孰能牧民馭衆番王亮采則使之爲州牧爲侯伯孰能連衆發謀折衝禦侮則使之爲尹帥爲師長以至一才一藝之士苟可以司一職舉一事者亦皆使之以爲内外百司庶府之官焉才無不用也用無不當也官無非才也由是聖王者雖不必身任天下之事而天下之治皆其治也三事修六官舉百司飭而庶政熙寧矣教化行衣食足暴亂息而風動咸寧矣武烈揚軍威振國勢張而蠻夷率服矣陰陽和風雨時寒暑節而萬物咸若矣下至百工之微亦莫不各精其能信其度而各得其理矣聖王者於是乎有以盡大君之責而勝天下之任焉此無他得其法而操其要耳抑論之人主勞于求賢而逸于任人如天運于上日月四時各司其職而天無所預焉雖然古之

帝王固任賢之專而不下侵庶職至於大廷之上深宮之中兢兢業業未嘗少替總攬紀綱之外則精一執中之務也苟恃乎賢人在位乃逸樂怠荒置朝政講勸于不聞曰吾有賢人可任也則其亂亡之至亦不旋踵矣故伊尹曰自周有終相亦惟終嗣王罔克有終相亦罔終然則人主者固不可侵臣下之職亦不可失人主之柄謹論

表

擬宋宴講臣于秘書省謝表（淳熙十三年）

王健

同考試官教諭李批（體製森嚴文詞温厚殊衆作矣可録）

同考試官署員外鄧批（莊整而不浮駢麗而有則表之佳者也）

考試官右庶子方批（典則）

考試官右庶子韓批（老成之文陸贄之家法也）

具官臣其等進讀陸贄奏議終篇賜宴秘書省者臣等誠懽誠忭稽首頓首謹言講幄天開式稽古以資治儒林地切用大烹以養賢肆周室之崇文光生簡册暨漢廷之設醴榮感章縫自昔已然於今爲盛茲蓋伏遇聰明天授英武神謀慶肇龍潛文昭虎變皇心無逸爰作敬天之圖聖孝彌隆克謹問安之禮先王大經大法靡不講求近世嘉謨嘉猷亦嘗省覽夫陸贄蘊經濟之略而唐君以苛察爲明學擅儒宗而心不負所學才堪王佐而用弗究其才迹已危疑言徒剴切幸聖賢之默契越百世而同心儼臣主之相臨聚一堂而共語取人爲善能自得師茲當進讀之終叨享大官之饌蘭臺芸閣衣冠集兩制之榮鶴醖鸞羞絡繹送八珍之美恩霑湛露澤沛需雲崇政説書賡先朝之盛典玉津賜宴漱近日之餘芳臣等久玷清班深慚素飽飫古人之糟粕豈謂道腴飲至德之醇和罔知心醉敢不守先師之遺矩步亦步而趨亦趨罄末學之微忠食其食而事其事伏願弛道學之禁以用真儒立恢復之規而尊中國文運永符於國運萬年綿祚胤之長臣心允合乎君心一德際明良之盛臣等無任感天荷聖激切屏營之至謹奉表稱謝以聞

第三場

策（五道）

第一問

三健

同考試官教諭李批（敬天愛民法祖皇上今日躬行之實此策敷陳切

當寓忠愛於言表他日對揚必有將順以爲聖德之助科目豈足以盡子耶起敬起敬）

同考試官署員外鄧批（我聖祖體信達順感格天人之道日用而不知者多矣子能言之足見學識末復推言天人合一理欲皇上法祖以配天又見忠愛之心得士如此良以自慶）

考試官右庶子方批（敬天愛民法祖皆□□惓惓者而能及覆言之其忠愛可掬矣）

考試官右庶子韓批（畏天法祖得民聖政之大無以過此子能言之必佳士也）

人君莫大乎合天人之心莫要乎法祖宗之道蓋天之所助者順也必思順而天心格人之所助者信也必履信而人心孚人君之德誠莫有大於此矣然祖宗之心即天人之心祖宗之道即信順之道苟能法之則天人其有不合者哉請敬陳之履信思順者孔子之言也躬信順以先天下蘇軾之告其君也順以得天心信以收人心真德秀之告其君也惜乎當時之君舉不足以語此而惟我太祖高皇帝以天與人歸之主妙體信達順之化真能行乎二臣之説矣嘗伏讀聖諭有曰天道微妙難知人事感通易見君能修德則七政順度雨暘應期灾害不生矣蓋修德以當天心而天應之此所以爲順也又曰得天下者得民心也恤其老則天下之爲子弟者悦恤其幼則天下之爲父兄者悦其心有不歸者寡矣蓋恤老幼以孚民心而民應之此所以爲信也是皆行之已驗於當時而後言之以示於後世也恭惟皇上稟神聖之資進誠明之學其事天也郊禋之禮務極精誠念慮之微恒存戒慎宜無一事不當乎天心矣然變异屢形於奏牘雨澤不及於農時則於所謂順者或有所未至耳其愛民也恤刑蠲税以裕其生罷役息兵以節其力宜無一事不孚乎人心矣然邊警未寧於西北民財告竭於東南則於所謂信者亦有所未盡耳誠能體皇祖之心法皇祖之道敬以修德而勿間於私意凡正心修身之功天行之不息日新之無窮也誠以養民而勿事乎虚文凡安老懷幼之政本之以真心施之以實惠也由是順足以得天心妙契於感假之際而眷顧之有加信足以收人心潜孚於神化之餘而會歸之無外轉乖氣而爲和氣易咎徵而爲休徵政教洽而禮樂興天地位而萬物育豈非信順之極功哉抑聞人君之德有三敬天也愛民也法祖也然民即天也故君以民爲天祖亦天也故聖人以祖配天書云天聰明自我民聰明天明畏自我民明威釋之者曰天人一理通達間民心所存即天理所在也詩云畏天之威于時保之釋之者畏天所以畏文王也天與文王一

也蓋可見矣後世大臣乃謂天變不足畏人言不足恤祖宗不足法者豈非萬世之罪人哉區區芹曝之忠願轉達之聖聽焉幸甚

第二問

孟綋

同考試官訓導張批（理數之精易範備矣性資高邁者可與共學子能融會八卦九章體變奇偶表裡經緯之妙而一主於理亦嘗究心於此也夫宜録之以式後學）

同考試官教諭李批（理數一策正欲觀士子身心之學它卷率多枝詞臆説牽强可厭獨此作考究精詳一本之理以定乎數蓋積學有待之士也輸服輸服）

同考試官主事方批（理寓乎數數不外乎理自詞藝之工數學之難明久矣吾子素究心於彰往知來之奥者肆有是答）

考試官右庶子方批（士子惟攻史學不攻數學故他策類能鋪叙至此問則寠矣擇精而語詳者僅見此篇）

考試官右庶子韓批（易範用异而理同及宋儒著述之得失一一能言之宜録以式）

對數之爲用有不同而聖賢之著述亦不同其理則一而已矣理之一則不害其用之不同著述之不同也聖賢之著述豈聖賢自爲一端臆想之説哉數有是理也聖賢爲之著述以發其藴耳聖賢何以知之也揆之理而已矣聖賢之著述一於理也學者論聖賢之著述也亦一於理而已矣請因明問而答之道原于一而散於萬原者理也散者數也天下有不同之數而無不同之理理者數之神宰也數者理之形象也非理則數不生非數則理不著舍數而言理者虛無之學也舍理而言數者技術之流也故吾道者合理與數而言之也昔者伏羲氏繼天而王龍馬負圖出於河所謂一六居北二七居南三八居東四九居西五十居中者是也卦之理寓焉伏羲因而則之以爲乾兑離震巽坎艮坤之八卦六十四卦既成文王繫卦辭周公繫爻辭筮則用之一耳大禹治水成功神龜負書出於洛所謂戴九履一左三右七二四爲肩六八爲足者是也範之理寓焉禹因陳之以爲五行五事八政五紀皇極三德稽疑庶徵福極之九疇九疇既列箕子衍其義武王傳其學筮則目之一耳易筮起於前古至朱子作啓蒙以盡乎著之變其揲也以四三變而一爻具九變而小成乾一兑二離三震四巽五坎六艮七坤八大抵卦至於八圖之秘固已泄矣由是十有八變而大成觸類而長之六十四卦之變而四千九十六卦於是

乎備天下之疑决焉天下之業定焉範筮前無所考至蔡子作皇極以通乎蓍之用其揲也以三一揲而綱以立再揲而目以具一一爲一一二爲二一三爲三二一爲四二二爲五二三爲六三一爲七三二爲八三三爲九大抵數至於九書之秘固已泄矣四揲而八十一章成由是觸類而長之至於八揲而四會六千五百六十一數於是乎備天命人事由是較焉吉凶禍福由是彰焉易之揲四而其變三體方而用負也範之揲三而其變二體員而用方也此執事所謂分掛揲歸之法通變極數之妙考占成業之義無一不同者蓋理之同也於此不同則亦不足以爲數矣夫易廣矣大矣而範之數直與之同流執事疑非蔡子之作愚生亦謂數學自易以後雖代有作者經世放於易而爲之者也太玄潛虚之類支離破碎强合難通未有如範數之大不用乎易而能準乎易者此必上世以來有所秘傳混於丹竈之家而蔡子得之於异人之授不然則蔡子既聖矣乎何以能作也孔子曰動則觀其變而玩其占乾之群龍用九坤之永貞用六今朱子啓蒙考占之法四爻五爻之變乃占之卦不變之爻易之爻非九則六而不變之爻非七則八也易無七八之爻何自而占乎且於孔子觀變之説有不合矣意者義理則先儒之論精詳至到無可言者至於名物度數雖聖人亦有未及學而或不盡者也夫天下古今理而已矣理之同也遵之不以爲阿理未同也議之不以爲僭此末學之臆見或亦執事發問之意也大哉數乎天非數不覆地非數不載人非數不成彰往知來者數也通幽達變者數也藏神顯化者數也數豈易言哉今執事問及愚生則不敢默也然未知其是否謹對

第三問

馬一龍

同考試官訓導何批（兵事尚變此篇以兵法合與不合之中又証以兵法非有見於兵者不能且惓惓以時弊之切者陳於篇終宏博之才長遠之慮子蓋有之矣擢之以魁多士豈不宜哉）

同考試官助教薛批（論兵一策諸士類能掇拾成篇求之識權達變者蓋鮮是作於昔人攻守事踪條數無遺且以知變不知變評騭之卓有遠識篇末因循不振之慮切中時弊其亦達權變之士歟异日柄用當不負兹喬選）

考試官右庶子方批（此策讀之終篇於吾有感焉遂録之）

考試官右庶子韓批（是嘗留心於兵法而志欲見於推行者故録）

對有用兵之常有用兵之變常者固兵法也變者亦兵法也自其常而觀

之合乎兵法者知兵法者也不合乎兵法者不知兵法者也自其變而觀之合乎兵法者固知兵法者也不合乎兵法者亦知兵法者也夫兵法者隨機應變因敵制勝者也何常形之有哉昔趙括能讀父書奢不能難岳飛好野戰不用古法蓋飛知變而括不知變也觀乎此則可以荅明問矣夫威天下在於兵而主兵者在於將三軍之衆百萬之師張設輕重在於一人爲將者固不可以不知兵用兵之妙存乎一心微乎微乎應形於無窮而談兵者又不可不知變也崤澠誠不可由也亞夫於是竟走藍田所謂途有所不由者而馬援之困敗蓋不知壺頭之不可由矣華費誠不可攻也曹公所以深入徐州所謂城有所不攻者而沈攸之之走死蓋不知郢郡之不可攻矣越王許吴王之成范蠡不從其命乃叱公孫權之請而遂成霸越之功董卓挾漢帝之命皇甫嵩欲負其召乃忽梁衍之謀而竟就匹夫之諒將在外君命有所不受蠡則知之而嵩不知也吴起親裹羸糧與士卒分勞苦守河西而拒强秦之兵宋義置酒大會不恤士卒之凍餒留安陽而致項羽之誅愛士卒當如愛子起則知之而義不知也數將者於兵法合之則成違之則敗所謂合之者知兵法者也不合者不知兵法者也兵法之常也高陵不可向也趙奢先拒北山秦師争山不得秦師大敗劉備先據馬鞍山陸遜四面蹙之漢師大敗蓋遜以乘勝之兵蹙備已敗之兵是得夫激水之疾可以漂石之意若秦師大敗則兩軍相敵未有勝負者也豈可概論乎祥疑所當禁也田單令一卒爲神以破燕者田單智勇之將乘忿怒之軍志復宗國是得夫能愚士卒耳目之意若郭京之敗則市井賴原不知兵者也豈可以同語乎陽處父退舍於泜水此合令半濟而擊之之法符堅駐軍於淝水揮兵使却亦合此法也退不可止而大敗者蓋堅軍無紀律耳是豈知法令孰嚴之旨哉魏武日夜行三百里逐先主于當陽正犯百里争利則擒之法唐太宗日夜行二百里追宋金剛于雀鼠谷亦犯此法也遂破金剛而大捷者蓋金剛已敗沮耳是豈非其疾如風之旨哉所謂合之者固知兵法者也不合者亦知兵法者也兵法之變也即是而觀之則常者固常也變者亦常也孫子有言聲不過五五聲之變不可勝聽也色不過五五色之變不可勝視也兵不過奇正奇正之變不可勝窮也變之一字其用兵之最要者乎抑又有説焉兵凶器也黷之則危然昔有周當成康之時四方無虞九夷通道矣召公告以張皇六師周公告以詰爾戎兵二公豈導君以威武者哉蓋人主於天下無事之時多留心於儀文制度之間以爲藻飾太平之具至於兵之一事往往視爲不急之務言之者以爲不祥爲之者以爲多事及天下卒然有變則茫然無以

爲應奸人賊子得以肆其滔天之惡而天下遂至於大亂唐玄宗之時何等全勝之天下也安禄山漁陽一鼓而諸鎮瓦解乘輿播越矣今天下萬國乂治百蠻欵塞庶職奉法文章禮樂閭巷彬彬而愚生之慮以爲所因循而不振者兵與將耳此亦或執事未發之意也敢僭言之謹對

第四問

張鎬

同考試官行人楊批（説諸賢异同處明白切當蓋知求同於理而不泥其迹者是可與事君矣取之非特以其文也）

考試官右庶子方批（古之君子不必同亦不必异惟其是而已此作得之）

考試官右庶子韓批（人臣事君不必其迹之同惟心之自靖耳此作能言之宜録）

君子之事君也其分則殊而其理則一焉夫人所賦之才所處之地不能皆同則其分不得不殊矣然不失其本然之性不違其當然之則是則所謂理也君子惟求其理之一耳何必計其分之殊哉嘗觀宋之諸賢而得其説矣曹彬向敏中同議伐契丹也彬請强弩步兵誅討斬决而已敏中則謂糧乏道遠兵出非時但當别施方略以制之夫帝王之兵以全取勝則敏中之策長矣當時之君安得不稱善而從之乎雖然戰亦不可忘也包拯歐陽修同爲開封尹也拯以威嚴御下關節不到而已修則謂强人所短勢必不逮但當簡易循理以安之夫牧民之道以寛爲本則修之自處善矣當時之民安得不稱便而思之乎雖然嚴亦不可廢也文彦博以三朝大臣而事上甚謹程正叔以布衣召用而見上甚莊於是有恭倨之説焉殊不知元宰事幼冲之主其禮不敢不恭大儒以師傅之尊其道不可不重師也臣也曾子子思易地則皆然也以是而疑正叔不亦淺乎司馬光辭樞副而退居洛邑吕公著自河陽而乞領京祠於是有優劣之論焉殊不知世臣休戚相同不得不歸以見上諍臣風節自勵不得不退以自守出也處也禹稷顔子易地則皆然也以是而貶申公不亦謬乎由前四臣而言則所賦之才有不同然皆足以定國而安民由後四臣而言則所處之地有不同然皆足以尊君而正己其於本然之性當然之則既皆不背而一時人才之盛又何以加於此哉抑聞之有大臣之度有大臣之節含弘廣大之中而不可無確然之介剛毅明察之下而不可無渾然之體固未嘗以苟同而亦未嘗以求异也若小人則不然迹合而心離面譽而背毁植私黨以排善類執己見以廢大公而敗天下之事亦多矣然則人君於君子小人之間可不深辨而密察之也哉謹對

第五問

徐九皋

同考試官主事吴批（時政一策正欲觀士子用世之學答者非泛則略殊無足取此卷深究弊源而責效於得人末復以古昔盛治爲聖天子望忠愛溢于言表豈獨取其識時務也邪）

考試官右庶子方批（經生乃能正論如此豈所謂文武兼資者邪録之以俟）

考試官右庶子韓批（致弊之由革弊之道是如此）

有致弊之源有拯弊之道然欲拯其弊當先究其源拯弊而不究其源是猶醫者之治病苟不究其病源之所在抑何以施治療之法哉生也恭承明問而有以知前日致弊之源今日拯弊之道矣天下之道二義與利之間也天下尚義則治尚利則亂前日之致弊者利也今日拯弊之道亦有義而已矣仰惟聖天子在上日勤聖學總攬乾綱備二帝三王之德則固宜有太和雍熙之治也而天下之弊如執事所言種種者何哉在邊陲帥臣格之也在郡縣有司格之也自正德十六年間權奸相繼用事政以賄成我祖宗以來生養安全之道禮義廉耻之教綱紀法度之制掃蕩無幾外而邊陲之將内而郡縣之吏陟者以利而超遷黜者以利而幸免而將與吏多不得其人矣將既不得其人則邊陲之上軍士不得不怯怠帑藏不得不空虚紀綱不得不凌遲也吏既不得其人則郡縣之内生民不得不困瘁盗賊不得不竊發風俗不得不頽敗也是前日所以致是弊者無他利而已矣知前日所以致弊之源則今日所以拯弊之道可得而言矣蓋嘗聞之士有百善惟廉爲最士有百惡惟貪爲最蓋廉則衆欲皆伏而達之於政自無不善貪則衆欲皆起而達之於政自不能善廉者義之大也貪者不義之大也是故今日之所急者義而已矣必也絶請托之私重苞苴之禁公銓選之法明黜陟之典則前日之私既足以驅天下於利而今日之公獨不足以驅天下於義乎誠使邊陲之將郡縣之吏皆忘一身之私秉爲國之公則前日之弊將不革而自除焉不然則操演雖勤徒足以爲觀聽之具轉輸雖多徒足以長侵漁之奸誅戮雖嚴徒足以激凶頑之怒矣邊陲何自而理哉蠲賑雖頻徒足以資里書之欺捕詰雖急徒足以貽地方之擾教戒雖切徒足以爲文具之虚矣郡縣何自而治哉遐想古人李抱真之帥澤潞也教習步兵而天下推勇郭子儀之至朔方也按誅亂將而諸鎮奉法趙充國屯要害浚溝渠而興屯田於是羌夷降敗是皆名將也得是人而布之邊陲之上如李抱真焉何患乎軍士之不振如郭子儀焉何患乎紀綱之不伸如趙充國焉何

患乎帑藏之不足今武舉之選世襲之胄多矣其中獨無是人歟文翁之守蜀郡也建立學校而治崇禮義虞詡之長朝歌也誘擒盜賊而人稱神明龔遂勸農桑重牧養而禁奢侈於是郡有蓄積是皆良吏也得是人而布於郡縣之中如文翁焉何患乎風俗之不淳如虞詡焉何患乎盜賊之不息如龔遂焉何患乎民生之不安今科目之舉縫藩之貢多矣其中獨無是人歟易曰蠱先甲三日後甲三日夫天下之勢在外則邊陲在内則郡縣今邊陲之上郡縣之内其弊如此可謂蠱之極矣然則今日治蠱之責能無勞於聖天子之心乎先甲後甲治蠱之道也程子曰治蠱者先究其所以然則知救之之道後慮其所將然則知備之之方善救則前弊可革善備則後利可久今日拯弊之要無逾於此者矣雖然竊又嘗究理亂之勢推盛衰之迹乃既爲今日憂而又爲今日喜書曰天閟毖我成功所然則今日聖天子承先朝之大弊雖不能不廑宵旰之憂而其所以弘中興之業永萬世之譽者亦豈不在於是乎是故商道不衰無以成高宗之名周道不衰無以見宣王之績今天下行將太平矣明明天子令聞不已敢爲今日誦謹對

順天府鄉試録後序

嘉靖戊子秋八月臣邦奇臣鵬祇奉明詔主順天府試事取士既得録亦告成臣鵬序其後曰夫録何爲者也録其名氏也録其文也夫録其名氏以爲天下榮也臣獨憂之或素無聞焉則人將駭而呰之矣録其文以爲天下式也臣復憂之或間有疵焉則人將指而議之矣然文者末也而有行焉諸士修之於家嘗思所以自厲乎宅心必端也檢身必敬也修辭必誠也此之謂立其體然行者本也而有政焉諸士舉之於鄉將效用於世亦思所以自奮乎立朝必正直也莅民必廉平也應事必勤慎也此之謂適其用其斯以爲士乎抑又有大焉君子立德爲上立功立言次之夫立言者文之至也立功政之積也立德行之成也初非二物也諸士密邇輦轂凡我皇上躬行之實道化之盛巍乎之功業焕乎之文章皆目睹而身被之其進於是無難者他日果得若人焉出乎其間輔成我皇明億萬年無疆之治則主司豈惟無憂固樂之矣何樂乎蓋得英才以爲天下用也

右春坊右庶子兼翰林院修撰方鵬謹序

嘉靖十三年順天府鄉試録

順天府鄉試録序

惟我皇上御極十有三年秋七月壬申涣頒大號建閣開館爰以光昭列聖寶訓實録乃特命臣道南爲管録官臣袞爲校録官越八月辛丑順天府疏請賓興多士如恒期上申命臣道南臣袞暫輟史局往司文柄爲考試官先是聘至同考則臣塾臣汶臣勛臣廷吉臣正臣應奎臣良臣錫臣琯監試則臣學孔臣襗而提調兹試則臣漢也是月也提學御史臣方一桂所選畿甸士及黌宫省署雲集而試者凡三千人三試之拔其雋者凡百三十有五人遵成憲也臣伏惟我朝養士之厚教士之豫選士之備蓋監諸成周臣請以周爲監可乎昔者后稷公劉以稼穡起家太王王季以忠厚立國越若文武則又以道德植綱紀以綱紀培教化以教化淑人才以人才贊治理是故自黨庠術序瞽宗米廪以達于辟廱養之不可謂不厚矣自辨志樂群博習論學以底于大成教之不可謂不豫矣自敬敏任恤孝弟睦婣以稽于德藝選之不可謂不備矣是故論定後官任官後爵位定後禄宅俊兼收浚亮克乂茂績淵猷穆哉休矣詩曰濟濟多士文王以寧又曰桓桓武王保有厥士可不謂得士之盛爾矣乎恭惟我玄皇恒皇懋昭明德裕皇淳皇肇啓峻業視周后稷公劉太王王季其揆一也我太祖高皇帝統天下馭宇惇隆六籍罷黜百家太宗文皇帝纂曆遷鼎勵精幾務鋭情經典視周文武又有若合符節焉者我皇上祗承列聖覲光揚烈化軌覃宣士習嚮正日際月域罔弗丕冒矧京師赫聲濯靈爲四方極山祇毓祉川若效禎物采既章人文載賁彬彬然甲于成周之盛矣臣又聞之召公告成王曰藹藹王多吉士維君子使媚于天子蓋言爲上爲德也藹藹王多吉人維君子命媚于庶人蓋言爲下爲民也爾多士沐兹純化觀光利賓荷兹豐寵拔茅連彙嗣是而自靖自獻于天子之廷其亦思爲德爲民爾矣乎是故養之者厚則其自任也必重教之者豫則其自修也必力選之者備則其自靖自獻于廷者必將爲馮爲翼爲孝爲德以樹乃則爲藩爲垣爲屏爲翰以

翰林院侍講學士奉訓大夫廖道南謹序

嘉靖十三年順天府鄉試

提調官

順天府府丞張漢（濯之湖廣鍾祥縣人　甲戌進士）

考試官

翰林院侍講學士奉訓大夫廖道南（鳴吾湖廣蒲圻縣人　辛巳進士）

翰林院侍讀張衮（補之直隸江陰縣人　辛巳進士）

同考試官

浙江湖州府歸安縣知縣劉塾（汝學江西鄱陽縣人　己丑進士）

浙江杭州府儒學教授唐汶（源魯福建建寧右衛籍甌寧縣人　辛酉貢士）

江西廣信府儒學教授江勛（元積廣東番禺縣人　癸酉貢士）

浙江湖州府安吉州儒學學正項廷吉（天佑江西龍泉縣人　壬午貢士）

山東濟南府濵州儒學學正沈正（貞卿直隸當塗縣人　乙酉貢士）

應天府江浦縣儒學教諭陳應奎（啓運福建閩縣人　乙酉貢士）

直隸滁州全椒縣儒學教諭沈良（貞夫福建莆田縣人　乙酉貢士）

河南開封府睢州考城縣儒學教諭彭錫（汝極山東益都縣人　壬午貢士）

山東濟南府齊河縣儒學教諭楊琯（伯王山西安邑縣人　戊子貢士）

監試官

文林郎福建道監察御史錢學孔（以時浙江金華縣人　癸未進士）

文林郎江西道監察御史周襗（天吉浙江山陰縣人　丙戌進士）

印卷官

奉政大夫順天府治中汪登（升之浙江仁和縣人　官生）

收掌試卷官

雲南大理府通判周鼎（叔新貴州赤水衛籍山東高密縣人　庚午貢士）

受卷官

湖廣德安府隨州知州車露（時澤廣東博羅縣人　癸酉貢士）

四川嘉定州夾江縣知縣鄒崇義（世宜湖廣麻城縣人　癸酉貢士）

彌封官

福建延平府南平縣知縣任紀（子修廣東神電衛籍直隸貴池縣人　己卯貢士）

廣東肇慶府四會縣知縣張璽（朝信廣西横州人　癸酉貢士）

謄録官

四川成都府通判楊仲旻（子仁雲南昆明縣人　丙子貢士）

山西太原府忻州知州許經（大經河南安陽縣人　癸酉貢士）

對讀官

湖廣武昌府崇陽縣知縣李炤（子明江西浮梁縣人　庚午貢士）

陝西鞏昌府安定縣知縣閻滿（執中河南信陽州人　壬午貢士）

巡綽官

河南懷慶衛指揮同知崔清（澄之山東蒲臺縣人）

山東濟南衛指揮僉事李鏞（振聲直隸盱眙縣人）

山東靈山衛指揮僉事楊春（景河直隸同城縣人）

河南彰德衛指揮僉事樊輔（天禄河南葉縣人）

監門官

河南南陽衛指揮使李世禄（天爵直隸山陽縣人）

山東威海衛指揮同知阮珣（國瑞直隸山陽縣人）

供給官

順天府照磨所照磨楊承宗（紹先陝西鳳翔縣人　監生）

順天府宛平縣知縣李元芳（子實陝西泰安縣人　庚午貢士）

順天府大興縣知縣趙孜（勉之河南汝陽縣人　丁卯貢士）

順天府宛平縣縣丞賈冲（升漢山西太平縣人　監生）

順天府大興縣縣丞侯璽（君寶山東諸城縣人　監生）

順天府宛平縣主簿朱儼（敬之貴州新添衛人　監生）

涿鹿中衛經歷司經歷王基（惟德湖廣蒲圻縣人　吏員）

順天府良鄉縣縣丞徐兆（行之江西樂平縣人　監生）

順天府薊州玉田縣典史吕彪（世威山東黄縣人　吏員）

順天府通州潞河驛驛丞李尚聰（文俊雲南太和縣人　承差）

順天府武清縣楊村驛驛丞侯大邦（汝安山西介休縣人　承差）

順天府三河縣三河驛驛丞張仁（尚德山東武城縣人　承差）

第一場

四書

寬則得衆信則民任焉敏則有功公則説夫孝者善繼人之志善述人之事者也春秋修其祖廟陳其宗器設其裳衣薦其時食宗廟之禮所以序昭穆也序爵所以辨貴賤也序事所以辨賢也旅酬下爲上所以逮賤也燕毛所以序齒也踐其位行其禮奏其樂敬其所尊愛其所親　天之高也星辰之遠也苟求其故千歲之日至可坐而致也

易

日月麗乎天百穀草木麗乎土重明以麗乎正乃化成天下　六四渙其群元吉渙有丘匪夷所思　昔者聖人之作易也幽贊于神明而生蓍參天兩地而倚數觀變于陰陽而立卦發揮於剛柔而生爻和順於道德而理於義窮理盡性以至於命　主器者莫若長子故受之以震

書

詩言志歌永言聲依永律和聲八音克諧無相奪倫神人以和　股肱惟人良臣惟聖　嗚呼惟我文考若日月之照臨光于四方顯于西土　王省惟歲卿士惟月師尹惟日歲月日時無易百穀用成乂用明俊民用章家用平康

詩

定之方中作于楚宫揆之以日作于楚室瞻彼洛矣維水泱泱君子至止福禄如茨韎韐有奭以作六師瞻彼洛矣維水泱泱君子至止鞞琫有珌君子萬年保其家室瞻彼洛矣維水泱泱君子至止福禄既同君子萬年保其家邦　王猶允塞徐方既來徐方既同天子之功天命玄鳥降而生商宅殷土芒芒古帝命武湯正域彼四方

春秋

九月丁卯子同生（桓公六年）公及齊侯宋公陳侯衛侯鄭伯許男曹伯會王世子于首止（僖公五年）春王正月肆大眚（莊公二十二年）秋蒐于紅（昭公八年）大蒐于比蒲（昭公十一年）大蒐于昌間（昭公二十二年）公會齊侯于夾谷公至自夾谷　齊人來歸鄆讙龜陰田（俱定公十年）叔孫州仇帥師墮郈　季孫斯仲何忌帥師墮費（俱定公十二年）

禮記

天子布德行惠命有司發倉廪賜貧窮振乏絶開府庫出幣帛周天下勉諸侯聘名士禮賢者　故人情者聖王之田也　王者功成作樂治定制禮其功大者其樂備其治辯者其禮具　古之制禮也經之以天地紀之以日月參

之以三光政教之本也

第二場

論

聖神功化之極

詔誥表（内科一道）

擬漢遣使行郡國舉賢良問民疾苦詔（始元元年）　擬唐以劉洎爲侍中岑文本馬周爲中書令誥（貞觀十八年）　擬聖駕臨御重華殿恭和宣宗章皇帝閲輿地圖詩賜輔臣謝表

判語（五條）

講讀律令　沮壞鹽法　優恤軍屬　僞造寶鈔　盗决河防

第三場

策（五道）

問　帝王之道與天地并言則左史書之動則右史書之所以垂謨訓于當時貽龜鑒于後世者重矣乃若漢之虎觀石渠唐之集賢麗正宋之崇政邇英時論經史每及政事其言動亦可紀歟惟我太祖高皇帝寶訓所紀言而世爲天下法寶録所紀行而世爲天下則然而宸翰奎章藏諸天府未易窺測試舉儒臣所編聖政日暦及皇明政要此則諸生所誦習焉者如御華蓋殿論易武英殿論書及論大學論孟是皆論經而有及於傳者也如御白虎殿論漢史左閣論宋史及論唐史元史是皆論史而有及於政者也聖謨洋洋嘉言孔彰諸生其封揚之以光昭我皇上法祖之休烈

問　禮莫嚴於祭祀義莫深於禘祫古今之論二禮者多矣有謂禘兼郊廟又有以爲追遠者有谓審昭穆又有以爲特祭者其於孔子所不知者果知之否歟有謂祫爲骨肉合食又有以爲列尸之祀者有謂祫爲祖孫尊屈又有以爲服畢之祭者其於春秋所特書者果同乎否歟至於宋儒折衷固有定論其詳亦可得聞歟恭惟皇上肇舉大禘之祭重定大祫之圖真建諸天地而不悖質諸鬼神而無疑焉者諸生稽古待問久矣其敬陳之

問　堯命羲和授時舜命后夔典樂暦律之關於治道大矣三代而下論暦律者無慮數十百家乃若唐之一行論氣朔推步者凡七議暦數者十有二其術可得聞歟至元郭守敬獨取而廣演之亦有得於一行之術乎否歟宋之元定述律吕證辯者凡十論本原者十有三其學固有所自歟至朱氏門人又

從而考訂之亦有取於元定之學乎否歟方今聖人在上至曆以明時制樂以崇古諸王必有究心於是者愿詳言之毋泛毋略

問　宋儒真德秀讀書記爲集有四其乙□所載專叙歷代名臣事業而以四事考其是非優劣上下數千載間治亂興衰之迹炳然見矣姑以漢唐言之史稱蕭曹丙魏房杜姚宋其名最著自是而下或以經術文學或以勛德才猷亦各表盛一時有禆國政而史氏不取之以并贊何歟他如王佐之才經濟之學先儒皆極稱許而事功成就顧若後焉其故何也真氏兼采而并録之間以己意而加斷焉數公之中質之四事無歉者果何人爲稱首歟孟子曰誦其詩讀其書不知其人可乎是以論其世也諸士抱負墳策尚友古人其於漢唐諸臣之得失必有概於中久矣願具言之以觀經世之志

問　天下一體也内而邦畿外而郡縣厥重均矣古今言治者自郡縣始漢唐中世其間願治之君往往皆重剌史之選思與共理或形之嘆息慾考其人與政至録姓名于屏風卧興對之甚者治郡不進詰責加焉才否狀白即擬廢置若此可謂深識治體矣神爵五鳳之間貞觀之際果各有所稱述否乎當時公卿之徵拜才否之廢置赫然以循良見稱者可數而評之歟唐臣有取於漢事也以之進諫其君宋臣復有取於唐事也以之進讀邇英其説可得聞歟或又謂令兼五善之難或又慮非皆賢也議立八條以察吏治不知其所論議亦有可采者乎執事者願有聞也

中式舉人一百三十五名

第一名　歐陽映　武强縣人監生　詩
第二名　莫如忠　直隸華亭縣人歲貢生　書
第三名　楊周　浙江仁和縣人監生　易
第四名　楊守魯　順天府學附學生　春秋
第五名　李希賢　真定縣學生　禮記
第六名　陳啓亨　武强縣學生　易
第七名　白遷　南宫縣學生　詩
第八名　劉鳳池　陝西渭南縣人監生　書
第九名　厲汝進　灤州學增廣生　易
第十名　叚子勲　順天府學附學生　書

第十一名　阮高　大寧都司學生　詩
第十二名　周居魯　山東歷城縣人監生　春秋
第十三名　陳光哲　浙江臨海縣人歲貢生　禮記
第十四名　莫如善　順天府學生　易
第十五名　張彦良　遼東都司學生　書
第十六名　謝淮任　任丘縣學生　詩
第十七名　吴天壽　順天府學增廣生　易
第十八名　陸集　浙江平湖縣人監生　書
第十九名　王怡　廣平府學生　春秋
第二十名　焦璉　涿州學生　禮記
第二十一名　張謙　浙江鄞縣人歲貢生　易
第二十二名　宋相　固安縣學增廣生　詩
第二十三名　董第　保定府學生　書
第二十四名　王世康　玉田縣學生　詩
第二十五名　張謙　順天府學生　易
第二十六名　董懋中　高陽縣學增廣生　書
第二十七名　董宗舒　河南真陽縣人監生　詩
第二十八名　王朝相　永年縣學生　春秋
第二十九名　張淑名　　山西盂縣人監生　詩
第三十名　李旆　景州增廣生　禮記
第三十一名　劉棟　任丘縣學附學生　詩
第三十二名　徐登泰　浙江常山縣人歲貢生　易
第三十三名　薛孟　浙江嘉善縣人監生　書
第二十四名　辜鳴陽　太醫院醫士　詩
第三十五名　趙從學　沙河縣學增廣生　易
第三十六名　盧爵　薊州學生　春秋
第三十七名　郭萬程　福建福清縣人歲貢生　詩
第三十八名　季福　浙江永嘉縣人歲貢生　書
第三十九名　錢圻　順天府學附學生　易
第四十名　王大紹　清苑縣學生　詩
第四十一名　杜矩　廣寧衛學生　書

第四十二名　李景光　邢臺縣學生　禮記
第四十三名　藍渫　福建崇安縣人歲貢生　易
第四十四名　朱儉　順天府學增廣生　詩
第四十五名　何天禄　湖廣桂陽州人歲貢生　書
第四十六名　張瑞　福建惠安縣人歲貢生　詩
第四十七名　張維岳　浙江杭州右衛人歲貢生　易
第四十八名　閔煦任　丘縣學生　詩
第四十九名　俞柔　浙江新昌縣人歲貢生　書
第五十名　葛在　順天府學增廣生　易
第五十一名　李桐　吴橋縣學生　詩
第五十二名　荆應春　河南武陟縣人監生　易
第五十三名　吴九經　浙江永康縣人歲貢生　書
第五十四名　郭文瑞　霸州人監生　詩
第五十五名　董立中　高陽縣學生　書
第五十六名　任中傑　山西行都司人監生　詩
第五十七名　馬湑　順天府學生　易
第五十八名　田汝耕　順天府學附學生　書
第五十九名　齊宗道　廣寧右衛學生　詩
第六十名　劉秉仁　任丘縣學增廣生　易
第六十一名　邢尚義　順天府學附學生　書
第六十二名　張雲霖　廣寧衛學生　詩
第六十三名　黄登　順天府學附學生　易
第六十四名　李綸懷　安衛學生　詩
第六十五名　錢鑄　順天府學增廣生　書
第六十六名　鄭卿　灤州學生　詩
第六十七名　姚良弼　順天府學增廣生　易
第六十八名　李如桂　薊州學增廣生　詩
第六十九名　杜鵬翔　霸州學增廣生　書
第七十名　高時　浙江臨安縣人歲貢生　易
第七十一名　吕鋭　浙江永康縣人歲貢生　詩
第七十二名　党緒　直隸無錫縣人監生　書
第七十三名　苑蓆　保定府學生　詩

第七十四名　韓朝鳳　定州學生　易
第七十五名　李孔陽　武邑縣學生　詩
第七十六名　王忠臣　隆平縣學生　書
第七十七名　張繡　東光縣學生　詩
第七十八名　韓旦　高陽縣學生　易
第七十九名　王顯忠　保定縣學附學生　詩
第八十名　陳萬春　元城縣人監生　詩
第八十一名　楊淮　四川綿竹縣人歲貢生　書
第八十二名　張渙　定州學生　詩
第八十三名　錢禄　順天府學增廣生　易
第八十四名　吴崙　元城縣學生　詩
第八十五名　章滂　浙江富陽縣人歲貢生　詩
第八十六名　齊思　順天府學附學生　易
第八十七名　吴希曾　太醫院醫士　詩
第八十八名　蘇廷舉　清苑縣學生　書
第八十九名　張治道　安州學生　詩
第九十名　盧孝達　浙江東陽縣人歲貢生　詩
第九十一名　楊守約　彭城衛人監生　易
第九十二名　徐衢　任丘縣學增廣生　詩
第九十三名　王淮　江西崇仁縣人歲貢生　春秋
第九十四名　金瀾　順天府學生　易
第九十五名　郭乾　任丘縣學附學生　書
第九十六名　張天麟　深州學生　詩
第九十七名　唐臣　順天府學生　易
第九十八名　馮時雨　景州學增廣生　詩
第九十九名　趙溥　霸州學增廣生　書
第一百名　張舉　定興縣學生　詩
第一百一名　秦岐　長垣縣學增廣生　易
第一百二名　田汝麟　涿州學附學生　詩
第一百三名　齊宗賢　廣寧右衛學生　詩
第一百四名　劉東藩　景州人監生　禮記
第一百五名　劉一中　河間府學生　詩

第一百六名　郭惟清　順天府學附學生　書
第一百七名　邳贊　寶坻縣學生　詩
第一百八名　劉汀　南宫縣學生　春秋
第一百九名　陳世禄　任縣學增廣生　詩
第一百十名　吕柘　任丘縣學生　詩
第一百十一名　李時陽　趙州學生　易
第一百十二名　劉相　固安縣增廣生　詩
第一百十三名　徐文亨　遼東都司學生　書
第一百十四名　羅天錫　順天府學附學生　詩
第一百十五名　張來徵　順天府學附學生　易
第一百十六名　高燿　保定府學增廣生　詩
第一百十七名　蔣岩　定州學生　詩
第一百十八名　汪來　天津衛學生　書
第一百十九名　侯九圍　河間縣學生　詩
第一百二十名　潘子禄　京衛武學生　春秋
第一百二十一名　董錦　東明縣學附學生　詩
第一百二十二名　邸宸　定興縣學生　書
第一百二十三名　李元　順天府學增廣生　詩
第一百二十四名　董執中　保定府學生　書
第一百二十五名　蔡用乂　順天府學附學生　易
第一百二十六名　張瓚　高陽縣學增廣生　詩
第一百二十七名　宋銘　河間府學生　禮記
第一百二十八名　韓文德　廣寧衛學生　書
第一百二十九名　馮寶　萬全都司學生　詩
第一百三十名　劉德芳　廣寧中衛學生　易
第一百三十一名　王鳴鳳　完縣學生　書
第一百三十二名　林悦　順天府學附學生　詩
第一百三十三名　韋璨　京衛武學生　易
第一百三十四名　盧文學　廣寧前屯衛學生　書
第一百三十五名　苑相　保定府學生　詩

第一場

四書

寛則得衆信則民任焉敏則有功公則說

楊周

同考試官教諭陳批（是篇説出帝王傳心之學无爲親切可以爲文矣）

同考試官教授唐批（以寛信敏公本諸聖學而達於政事卓有所見宜録之）

考試官侍讀張批（典雅）

考試官侍講學士廖批（簡明）

記者統言帝王致治之道以明聖學之傳也蓋道之所貴者中觀帝王致治以中聖學傳心之要見矣夫堯舜禹大聖人也湯武亦大聖人也其道豈有二哉一中而已以言乎居上也含弘而不迫從容而有制其道寛矣夫惟寛也而後衆歸之四方丕應合其散而萃其離戴之惟恐後也衆其有不得乎以言乎臨下也真實而無妄終始而有恒其道信矣夫惟信也而後民任之萬邦惟懷遠有望而近不厭倚之有所恃也民其有不任乎乃若明作以成天下之務道存乎敏也敏則果斷而罔艱易從而可久於是乎庶事康焉庶績凝焉其功也大矣順應以通天下之志道存乎公也公則大同而無我顯比而忘私於是乎百官和焉百姓親焉其悦也至矣是則中也者本諸心者也寛也信也敏也公也達諸治者也帝王相授守一道蓋如此抑於是而知孔子之集大成矣觀其贊堯曰大哉舜曰君哉禹曰無間然矣湯武則曰順天應人矣蓋遠宗近法實繼群聖之傳而心學於是乎在矣事功固不待論也故曰先聖其揆一也

夫孝者善繼人之志善述人之事者也春秋修其祖廟陳其宗器設其裳衣薦其時食宗廟之禮所以序昭穆也序爵所以辨貴賤也序事所以辨賢也旅酬下爲上所以逮賤也燕毛所以序齒也踐其位行其禮奏其樂敬其所尊愛其所親

莫如忠

同考試官教諭沈批（長題最難收拾此作認理詳明造詞整約可以占所養矣）

同考試官學正項批（此題夫人能言之至敬尊愛親處殊欠照應是篇分貼明白文法簡古是用録之）

考試官侍讀張批（結構甚精密）

考試官侍講學士廖批（達孝意正如此）

中庸原聖孝所以爲達必備舉祀先之典而申其意焉夫孝莫大於祀先聖人制禮而曲備焉其斯所以爲達孝乎且武王周公稱達孝者何蓋先王有欲爲之志而未爲於是乎善繼其志變通以趣時也有已爲之事而可法於是乎善述其事經常以守正也何以見之時乎春秋肇禋宗廟雨露既濡飭厥材也霜露既降崇厥制也而又陳宗器以示守設裳衣以授尸薦食于禴祠則有飶其香薦食于□□則有椒其馨其致敬於祖考有如此者至於宗廟已定昭穆有倫對越于左序群昭也駿奔于右序群穆也而又序爵以辨貴賤序事以辨夫賢旅酬則下爲上而逮賤之情洽燕毛則少後長而尚齒之意敦其致愛於子孫臣庶有如此者是故其所踐者即先王之位也所行所奏者即先王之禮樂也敬施於祖考尊尊而幽達于神矣愛施於子孫臣庶親親而明達于人矣是皆繼志述事之善者也非達孝而能若是乎禮謂唯聖人爲能饗帝唯孝子爲能饗親武王周公不惟建宗廟以饗祖考而又列郊社以祀天地於乎此聖人達禮樂之本也故曰大人舉禮樂天地將爲昭焉

天之高也星辰之遠也苟求其故千歲之日至可坐而致也

歐陽暎

同考試官教諭彭批（詞有考據理有原委非素究乎天道者不能形容至此）

同考試官學正沈批（詞不費而象數昭然善言天道者）

同考試官教授江批（認理明切措辭精當録之以警夫事穿鑿者）

考試官侍讀張批（學力筆力并佳）

考試官侍講學士廖批（是究心理學者）

大賢即天道推往可以知來以示人之用智也夫天道自然而已矣苟於其已然者求之則其理自得而亦奚事於鑿哉孟子懼人之論性也失之鑿故示之以此蓋曰性學之不明也我知之矣智者之過也盍於其故而求之今夫天覆幬於上高莫有高焉者也今夫星辰懸象於天遠莫有遠焉者也然天無體也以象緯爲體天無度也以次舍爲度其故有可求者焉何也天統乎日日統乎星天之行也有恒運日之至也有恒度雖氣盈朔虚間有不齊然而一陽

來復七政從焉日躔之會於星紀者其將來也猶其既往也雖積分置閏紛莫可極然而一元在子五氣始焉日軌之旋於南陸者其在後也猶其在前也是雖千歲之久亦可坐而致矣又何高遠之難求智者即是以論性焉思過半矣我聞曰堯舜之智急先務也其命羲和治曆也即所謂求其故者也其命禹治水也即所謂行其無事者也故曰堯舜性之也夫知堯舜之性之智則自無事於鑿矣是故孟子亟稱之也

易

日月麗乎天百穀草木麗乎土重明以麗乎正乃化成天下

楊周

同考試官教諭陳批（造化人事各有所麗人類能言之而難於貫串此篇體貼真切佳作也）

同考試官教授唐批（分别造化功化之麗而文足以發之蓋究心於易者）

考試官侍讀張批（發揮三才之古躍然）

考試官侍講學士廖批（本古注立説良是）

□傳即造化各有所麗而參諸人以釋卦之名義也夫象形麗於造化固也而人實參焉其所以成天下之化者有自矣且離之爲卦四陽二陰陰麗乎陽者也何以言之是故日月成象於天者天運神道以氣麗氣而貞明之體生焉蓋二曜之迭運太極之流行也百穀草木成形於地者地載神氣以形麗形而資生之質成焉蓋品物之咸章坤土之發育也夫造化固有然者至於人獨無所麗乎且離之爲義上下皆離其德爲重明者也而人實具之是故統天下之化者有君焉克明峻德以麗乎居正之位是即天之所以爲麗矣贊天下之化者有臣焉自昭明德以麗乎崇正之識是即地之所以爲麗矣由是君臣相濟上下交修正朝廷以正百官而元化出焉無好無惡萬邦其協和也正百官以正萬民而大化興焉無偏無黨四海其永清也其所以化成天下者不猶天地之成化功者乎是則天道也地道也人道也其理一也而夫人參乎天地可不各盡其道哉抑是卦也六五中順不自用其明六二中正不自有其明夫不自用不自有乃所以濟其明也此聖人所以久於其道而天下化成也故曰可以贊天地之化育則可以與天地參矣

主器者莫若長子故受之以震

陳啓亨

同考試官教諭陳批（此篇形容鼎震之義意精理到且措詞簡健録之）

同考試官教授唐批（説出鼎震相承之義潔静精微易學之優者也）

考試官侍讀張批（辭健理精）

考試官侍講學士廖批（精潔）

任天下之重在元子此易卦象相承之義也夫天下重器也匪元子孰克勝兹任哉震之次鼎厥義微矣且鼎之爲義内順外明神器也主之者將出而繼離以事天地厥任不既重乎鼎之爲用革故易堅重寶也主之者將入而承祧以奉宗廟厥任屬之誰乎蓋惟大君之長子乃能勝天下之重任以其位則儲副也祇凝休命而群子莫與齒焉以其分則世嫡也靈承純祐而族人不敢戚焉是故震之爲卦長子之象也震之次鼎相承之序也陰陽始交而一陽交於二陰之下六子之變化震其肇端矣乾坤相索而一索具于二索之首兩儀之絪緼震其托始矣故曰主器者莫若長子此震之所以次鼎也得無意乎抑禮尊世子書重元子春秋之義立嫡以長蓋天下之本在儲二也古之聖王建爲保傅疑丞以輔翼之而主震器者斯定矣不然周家定鼎郟鄏矣胡爲乎猶有問鼎如楚子者噫震而已矣吾於鼎也何尤

書

股肱惟人良臣惟聖

莫如忠

同考試官教諭沈批（此題作者不失之俗則失之濫詞精意到僅見此篇録之）

同考試官學正項批（題本明丘作者類涉麄淺此篇造語精深取之）

考試官侍讀張批（如此義精確者亦少）

考試官侍講學士廖批（高宗倚毗傅説意正如此）

賢王望大臣輔已以作聖而托喻爲尤切焉蓋切於人身莫股肱若也賢王以是而致望於大臣意獨至矣昔高宗既相傅説申命之至此若曰仰德之功予固汝嘉矣作聖之望予寧不有賴邪是故人有此身莫不受形於天地身之運動寔以籍力於股肱盖股肱全而後膚革充盈五官無弗治也手足備而後形色惟肖四體無不正也其斯以爲人矣良臣者君之股肱也臣之無良君何望焉故必有良臣以爲輔也朝夕納誨日聞忠讜之言左右交修益懋弼諧之義庶幾聞見廣於時敏之餘學乃有獲而憲天之不違明作哲聰作謀也政事醇於慮善之後治本無愆而法祖之允協德可久業可大也君不以是而聖乎吁人不自成也而股肱成之君不自聖也而良臣輔之相須之義其重有如此者抑因是而知高宗望治之心矣篇中命説之辭凡三托喻而至此意爲獨切究而言之天下如人一

身君德之未成則不能聯屬天下以成其身而其害有不可勝言矣此高宗惓惓望説之深意也於乎三復斯言君天下者可以感矣

嗚呼惟我文考若日月之照臨光于四方顯于西土

陸集

同考試官教諭沈批（精練老成且聖德形容殆盡佳作也）

同考試官學正項批（説文王造周意如在目前此善言聖德者）

考試官侍讀張批（善發揮本旨）

考試官侍講學士廖批（文王光烈亦可概見）

聖君深嘆前王之德與天象相爲昭而被乎遠邇也蓋無間於遠爾其德也至矣非文王而能若是乎昔武王誓師之末嘆息而言蓋謂我周之興也孰知文王爲之造乎是故成象於天莫大乎日月光被下土莫大乎照臨我穆考文王也以緝熙不巳之誠致旁燭無疆之盛豈不與日月同其照臨乎彼疆里之所區畫莫遠於四方也但見文明之廣運萬物同仰其光輝宣哲之流通百嘉咸遂乎暢達無幽不格也無遠不届也其光於四方有如此王迹之所肇造莫近於西土也但見修和之化誕昭丕冒之恩奠麗之澤聿興孔邇之頌令聞是孚也耿光是覲也其顯于西土又如此是則西土曰顯四方曰光非光不足於顯也特自其遠近者言之耳文王之德天命人心所歸有以哉抑考周有天下后稷啓之公劉太王王季繼之其積累締造非一朝夕之故矣其受天命以有天下則自文王始故泰誓三篇其命后誓衆之辭反覆乎文王之德以見天佑人歸之本祖宗德澤可想見也周家兆祚八百爲三代有道之長信夫

詩

王猶允塞徐方既來徐方既同天子之功

歐陽㬮

同考試官教諭彭批（王道之大與遠人來同處俱難體認此作得之）

同考試官學正沈批（發明王道王功出人意表佳作也）

同考試官教授江批（宣王功德兼隆是篇發揮殆盡允宜録出）

考試官侍讀張批（叙宣王平夷之功偉甚）

考試官侍講學士廖批（中興勳烈可想見矣）

詩人於王者之平夷也贊其道之大歸其功之大蓋王道以至誠爲本觀周王平夷而誠無不格其功也孰大焉宣王自將以伐淮北之夷詩人美之若曰惟我周王振中葉之式微紹先后之休烈人徒見其神武之奮揚而不知其

聖猷之廣大自夫始而誓師有以周紀律之圖焉弘節制之慮焉至誠之淵塞王道之平平也既而行師有以炳經略之幾焉擴懷綏之度焉大信之懋昭王道之蕩蕩也蠢爾徐夷叛兹淮土昔嘗憑陵我華夏矣今則孚乃神化稽首以輸忱不待招之自來也昔嘗阻距我聲教矣今則革彼奇衺傾心以效順不待約之自同也是功也非吾王之功而疇功乎雖曰修戎者皇父也而命之以敬戒者則天子之丕靈也是其至誠與天地同運而峻烈垂焉固不必銘諸旂常九鼎其增重矣雖曰陳行者休父也而命之以就緒者則天王之光訓也是其大信與日月相昭而洪勛集焉故不必勒諸金石九廟其媲休矣夫知王道之大則其内修也爲有本知王功之大則其外攘也爲無敵又孰敢貪天功爲己力乎嘗考宣王中興於雲漢則敬天矣於鴻雁則勤民矣於嵩高烝民則任相矣於采芑六月則任將矣其所以基大命者固本於王猷而群賢之助亦不可誣也故曰王者得賢臣而弘功業

天命玄鳥降而生商宅殷土芒芒古帝命

同考試官知縣劉批（聖人與子尊王之義此作詳盡且詞嚴正而意懇惻有養之士也）

考試官侍讀張批（謹嚴）

考試官侍講學士廖批（本趙汸集傳得旨）

春秋於君嗣之生也謹其名於王儲之會也嚴其分夫禮莫大於名分此春秋於子同之生子鄭之會而正名定分之意著矣夫子同者桓公之嫡也凡諸侯之子必誓于王而後立同未之誓也曷爲乎書蓋國有長君社稷之福此易所爲重長男也是故有太牢之接有卜士之負有太史之名有士妻之食禮不爲不重矣不然主畅承祧國誰與寄將賤得以妨少得以凌啓禍衅而滋厲階如之何其可也春秋不惟書其名又從而日之以爲同之生也國之本也顧累葉之宗胤將微而三家之私黨益熾所以防微杜漸絶覬覦之萌焉爾故曰謹其名者此之謂也夫子鄭者惠王之嫡也凡天王之子必告于王而後會鄭未之告也曷爲乎書蓋一有元良萬國以貞此禮所爲重元子也是故有師保之詔有疑丞之訓有左右之規有啓居之箴禮不爲不尊矣不然撫軍監國君誰與二將上失則陵下失則抗褻等威而瀆寵靈如之何其可也春秋不惟殊其會又從而地之以爲鄭之儲也天下之本也顧列國之盟牲未歃而兩周之包茅不供所以别嫌明微樹禮義之坊焉爾故曰嚴其分者此之謂也噫以此爲訓則君嗣重與子之法明矣王儲尊匡君之義盡矣厥後莊公弗克踐申繻

之言而襄王克靖子帶之難故孔子他日又曰三桓之子孫微矣蓋悼魯也有曰齊桓正而不譎蓋予桓也嗚呼聖人謹名定分之意益章章矣

公會齊侯于夾谷公至自夾谷　齊人來歸鄆讙龜陰田（俱定公十年）叔孫州仇帥師墮郈　季孫斯仲孫何忌帥師墮費（俱定公十二年）

楊守魯

同考試官知縣劉批（是二役也孔子以□□相事見諸行事之實此篇斷案明白蓋嘗究心於魯史者）

考試官侍讀張批（文有法度）

考試官侍講學士廖批（善體聖人書魯史意）

春秋紀望國有化行于外而復其侵地者有化行于内而革其僭邑者此齊國之歸三田魯邑之墮二城而聖人以禮爲國之績見矣且鄆讙龜陰魯分地也其見侵于强齊也已久夫胡爲而來歸自夾谷講好兩君就壇犁彌設間萊夷鼓譟陽飾陳牲之會陰懷伏□之圖蓋已岌岌乎其就危矣時則孔子以禮馭鄰辯華夏以慎其防論神人以正其誼始則請具司馬也我爲有備而裔夷不得以肆其欺繼則力拒兵車也□爲無詞而强國不得以開其衅於是乎景公悔焉□子贊之不渝盟而三田歸矣君子曰是會也威重于三軍利加于千乘特書曰來歸非誇也純强國之見化也且郈費三城魯私邑其見據于强家也滋甚夫孰得而墮諸自陪臣擅命三桓浸微侯犯舍甲公山揚戈私室擅維城之固侯邦啓覆隍之虞蓋已浸浸乎其趨弱矣時則孔子以禮定國嚴冠屨以辨其等别堂廉以秩其分始因季孫之有問也舉法制以告之而家不藏甲繼因仲由之爲宰也昭信義以孚之而民可即戎於是乎季孫患焉叔孫倡之不旋師而二城墮矣君子曰是舉也邑無百雉之專家無百乘之僭直書曰墮非幸也紀强家之見化也噫聖人俄頃之化而内外咸孚如此非至德其孰能之語曰齊一變至於魯魯一變至於道固也夫何齊饋女樂季孫惑焉圍成弗克孟孫拒之蓋聖人以天自處其所能者人也而其所不能者亦天也故曰知我者其惟春秋乎

禮記

故人情者聖王之田也

李希賢

同考試官教諭楊批（題似易實難此篇順題發明含蓄中有條理宜録以式）

考試官侍讀張批（婉曲可誦）

考試官侍講學士廖批（聖王體人情處形容真切）

原人心所發之端著聖王所治之業夫聖人本人情以爲治也視人之情豈不猶已之業乎記禮運者推言修道之教如此蓋謂爲國莫善於禮修禮莫先於義聖人所以治夫人者豈外是哉是故人生而静性之體也感而遂通情之發也有喜怒焉交於物而美惡之相形有哀樂焉動乎欲而邪正之相反聖人知天下之情若彼其不齊也於是乎以身任其勞視人猶我而勞來之不辭思以自反視我猶人而勸懲之恐後既防範矣又從而裁制之去其故而謀其新若稽田既勤敷菑焉徂隰徂畛之不暇也既講説矣又從而樂安之防其過而節其淫若力農既濬畎澮焉載芟載柞之必修也夫以聖王之治人情猶農夫之治田則夫農以耕而獲聖人以情而治其術同也謂之曰聖王之田也固宜□知情也者殺于動者也聖人也者貞夫一者也聖王之田治而天下之業定矣聖人豈有意而爲之哉亦曰以人治人而已故以一人而田天下不爲勞舉天下田於聖人而不以爲匱所謂定之以中正仁義而立人極焉聖人是矣故記又曰大道之世天下爲公信夫

王者功成作樂治定制禮其功大者其樂備其治辯者其禮具

陳光哲

同考試官教諭楊批（認理分明造語整潔蓋嘗究心禮樂者）

考試官侍讀張批（詞旨暢達）

考試官侍講學士廖批（能道明王□□樂氣象）

記者原先王之興禮樂而必著其所以盛焉蓋禮樂待人而後行也觀先王之制作而其治功可知矣且夫王者以聖人之德居天子之位其所以興禮樂者豈無自哉人見其觀象於豫而作樂也不知其懋勛崇業措民物於平康然後樂從而作有以運合同之化焉人見其觀象於履而制禮也不知其立綱陳紀奠邦家於熙皡然後禮從而制有以秩品節之經焉是故以言乎其功也彌綸參贊所過者化而所存者神斯可以言大矣繇是比音而樂之九叙惟歌皆富有之形容也盡善盡美而無一之或議蓋大樂與天地同和矣不其備乎以言乎其治也體統綱維所操者約而所及者廣斯可以言辯矣繇是比體而節之百禮既洽皆至敬之流通也有情有文而無一之少偏蓋大禮與天地同節矣不其具乎是知禮樂之有隆殺治功之有大小也聞樂見禮者可以考矣聞之五行不相沴貝王者可以制禮矣四靈以爲畜則王者可以作樂矣蓋言

有其位有其德有其時也乃若虞廷之樂周官之禮燦然與天地相爲昭焉而聖德神功萬世如見豈不然哉

第二場

論

聖神功化之極

厲汝進

同考試官教諭陳批（聖人同天之化不外一誠是作於體用全功發明精當可以式矣）

同考試官教授唐批（講聖神功化處理明辭簡殆無餘藴）

考試官侍讀張批（簡古迥异衆作）

考試官侍講學士廖批（論不事多言知易簡者）

至誠之道天道也天無妄至誠亦無妄無妄則聖矣聖則神矣神則不知其所以然矣不知其所以然而然則性性爲能存神也物物爲能過化也神而化之其爲功也至大而無外也至廣而無際也雖聖神亦不自知其至此極也故曰至誠之道天道也天何爲哉太極動而生陽静而生陰其静也專其動也直是以大生焉其静也翕其動也闢是以廣生焉夫至大也而亦至易也至廣也而亦至簡也易簡之道合一不測也一故神兩故化也至誠無妄焉者也聖人者法象乎天而已矣知天命於我也性也誠之源也我之率夫性也道也誠斯在焉於是乎存養之於未發之中太極之静也誠以立體也省察之於既發之和太極之動也誠以達用也誠以立體而崇德以象易焉所以致其中者至矣然而體用一源也動静一幾也易簡一理也廣大一致也中和一道也至誠無妄焉者也是故其致中和也其窮也神其知也化易簡而天下之理得矣其中和之致也其存也神其過也化廣大而天下之功成矣繇是以中感中而大中應焉以和召和而大和應焉以三辰則順執矣以五緯則協度矣以百嘉則咸暢矣以四靈則并畜矣諸福之物可致之祥穆哉熙矣聖人中和位育之功至此極矣夫聖人豈自殊於人哉夫亦修道立教而已矣修道立教所以立人極也立人極所以統會乎太極也太極者誠也誠無妄也無妄則合一不測爲神推行有漸爲化也神化之極天之道也故曰至誠之道天道也

又

歐陽�

同考試官教諭彭批（氣昌辭蔚積學之士）

同考試官學正沈批（格古論奇迥超衆作）

同考試官教授江批（聖神功化形容殆盡）

考試官侍讀張批（議論皆本色語）

考試官侍講學士廖批（氣昌辭達故重録之）

天下化成之效聖人盡之矣聖人治天下豈有待於其外哉觀其所性而天地萬物之情見矣性即理也理一而已天地萬物豈有异也夫惟其無以异也而后聖人能會天命之全體之於心出之於政沛然四達而不悖雖以天地之大萬物之衆猶賴聖人而後位且育焉是豈聖人有意而强爲之者哉亦率吾性之自然者而感化之耳吁此其所以爲聖神功化之極也乎夫所謂極者何也言乎聖德流行中和之效驗至盛而無以加也何言乎中和也藴而爲性寂然不動其體則中也發而爲情動皆中節其用則和也情不出乎喜怒哀樂之常而實原於天命人心之正本之於不睹不聞而推至於達道達德自達道達德而歸之於無聲無臭至易簡也天地萬物之所以位育者以此聖人之所以爲聖人而盡經綸參贊之責者以此夫人孰不欲天下之治盡如聖人而後已也其有不盡然者率性之功有至有未至焉耳蓋天下之治出於私智獨力之運者離性背道者之爲也雖其事功之成就一時若或可睹而其治爲小康爲近利不足以言至惟其出之於天率之於性修之以道然後功之所至而變化與天地相爲無窮非聖人莫之能與也聖人者盡性以至乎命者也一理流通渾然無間其在我者猶其在萬物也其在萬物者猶其在天地也天地之化不測而聖人之化亦不測聖人之心與天爲一其始也出於神其終也入於神而聖人與之俱焉及乎天地既位萬物既育而聖人之所謂範圍而不過曲成而不遺者亦莫得而言矣蓋嘗論之天地設位陰陽成矣萬物散殊變化見矣聖人成位乎其中易簡得矣是何也天道不息而運行乖序者其變也地道有終而流峙失度者其變也人物莫不各遂其生而或頗僻而不中疵癘而灾害者其變也聖人能以一心應之約之於喜於怒於哀於樂而凡慶賞刑威與民憂樂之政皆有以使之各循其性以不失其常而又裁成輔相之以濟其所變則天地萬物之所不能盡者聖人盡之矣故夫三光得其全也四時協其序也山川鬼神亦莫不歆且宅也百姓泰和也萬國咸寧也昆蟲草木跂行喙息萌芽孕育莫不榮滋嘉畅而不殰且殈也協氣薰蒸甘露降焉醴泉出焉器車成焉鳳皇麒麟在郊棷焉龜龍在宫沼焉諸福之物可致之祥莫不群趨而畢赴矣於乎聖人位育之功其神妙一至此哉蓋能是者盡其性以同乎天地萬物而已衆人之心與聖人同也使修之而與聖人不□則俯仰之間語默

顰笑之際豈不足以官陰□而府萬物哉其不能是者私蔽之也此其所以必有待於聖人也周子之論順化也其言曰天道行而萬物順聖德修而萬民化大順大化不見其迹莫知其然之謂神夫治而至於萬民化治之極也而必始之以聖德之修盡天道所以率性盡人道所以立教也故曰化而裁之之謂變又曰天地變化聖人效之其斯之謂乎夫人言神化而遂謂聖人爲不可及者是不達性命之原者也豈惟不知聖人抑亦不知天甚矣

表

擬聖駕臨御重華殿恭和宣宗章皇帝閲輿□圖詩賜輔臣謝表

楊周

同考試官教諭陳批（藻麗淵博思愛宛然）

同考試官教授唐批（典則宏麗得獻納體）

考試官侍讀張批（我皇上敷文之化保業之心大哉至矣子能敬揚光訓沛之宏辭蓋沐浴膏澤而有得者是用表出）

考試官侍講學士廖批（我皇上峻德洪業乾坤并運宸章奎翰日月貞明子能鋪張麗則可以式矣）

嘉靖十三年五月二十七日臣等伏遇我皇上臨御南内恭和宣宗章皇帝閲輿地圖詩賜臣等者世際清朝萬國仰離明之治時逢朱夏九重依晋書之榮來游來歌臣鄰胥慶有嚴有翼宇宙咸亨臣等誠懽誠忭稽首頓首上言伏以聖人法象於天地必稽古以考文王者統馭乎華夷宜宅中而圖大粤軒轅肇分星土肆顓頊幽贊坤靈堯文昭焕于海隅巍巍乎惟天爲大舜化熙和于宇甸皜皜乎如日之升殊方範禹鼎之儀絶域景湯圍之式槩來西旅陳王會以登歌雉獻越裳測川祇而作頌聿觀彤管之記堪裨丹扆之箴天啓皇明上膺曆數地連華夏中列輿圖振古所未聞於今爲獨盛恭惟宣宗章皇帝弘紹高皇之峻烈遹崇文考之成規東暘谷西流沙悉傾心以貢篚南丹垠北玄漠胥稽首以薦琛神武懋昭聖謨廣運乃乘萬幾之康豫時觀九有之幅幀天藻焜煌燦奎璧而聯分野宸章赫奕賁草木而照寰區誠詒燕翼之淵謀永奠鴻圖之大業兹蓋恭遇皇帝陛下道際九玄功參三極叙彝倫而敷帝訓致中致和興禮樂以綏皇猷大順大化對時茂育感世和平屬當鶉首之初蹕載迓鑾輿之莅止雲開永泰南薰調解阜之歌日麗重華北斗酌璇璣之氣惟事天以至誠爲尚而法祖以純孝爲先青爵象玄器用陶匏之質彩毫飛白文成河漢之章嘉民胞物與之皆春置内夏外夷於一統恩霑賜扇龜呈範而馬負圖化被垂裳龍見乾而虎炳革臣等獻納黄扉瞻依黻座展蕭何之圖籍上應台

衡疏李沆之灾祥下需鼎餗快睹虞廷之鳳鳥願陳周室之鳧鷖伏望邁五超三統一御萬極高明而致廣大履中正而樂和平乾泰清坤泰寧撫瑶圖于九五星重暉海重潤綿□曆于萬千臣等瞻天仰聖忻躍屏營之至謹奉表稱謝以聞

第三場

策（五道）

第一問

楊周

同考試官教諭陳批（此策援古證今條對無遺歸美聖神勤學勤政亦有志於用世者）

同考試官教授唐批（聖學淵源未易窺測子能發揚殆盡可謂識其大者敬服敬服）

考試官侍讀張批（我皇上憲天法祖謨烈之盛與天地昭焉子能伏誦而侈揚之是善鳴治世者）

考試官侍講學士廖批（我至祖謨訓功烈具載實訓實録我皇上丕承丕顯爲萬世法則子能對揚休美蓋亦不負所學者）

聖人之學見諸經聖人之政見諸史夫其見諸經也是故嘉謨懿訓與日月相爲昭萬世遵之而不敢越焉書曰有典有則以貽子孫其是之謂乎夫其見諸史也豐勛峻烈與天地同其大萬世守之而不可易焉詩曰不愆不忘率由舊章其是之謂乎猗歟盛哉我皇祖道邁三皇功高五帝實訓所記者聖人之經也而亦帝學之純一不已焉者也實録所紀者聖人之史也而亦王政之奉三無私焉者也愚嘗莊誦聖政日曆及皇明政要有以仰窺帝學王政之略矣以言乎易於頤卦則曰人主職在養民暨朱善講家人則又曰朕觀其要只在誠實而有威嚴誠則篤親親之恩嚴則無閨門之失以言乎書於無逸則曰人君當存兢惕暨許存仁講洪範則又曰天人一理必以類應君能修德則七政順度雨暘應期灾害不生以言乎大學於治道則曰大學一書其要只在修身暨王禕講財用則又曰人者國之本德者財之本德厚則人懷民安則國固以言乎論孟於論語則曰節用愛人使民以時真治國之良規暨許存仁講孟子則又曰孟子專言仁義□當時有一賢君能用其言天下豈不定于一乎夫經以載道易也書也大學也論語也孟子也皆道之所在也聖人體道之學其

深造于兹乎以言乎漢史於文帝則曰孝文爲漢令主當制禮作樂以復三代之舊暨與宋濂論武帝則又曰使移此心以圖治天下安有不理以言乎唐史於太宗則曰黜權萬紀李仁發賞魏徵之直皆至當可以服人暨與劉三吾論玄宗則又曰使其能廣視聽任用賢能不爲邪佞所惑則亂安從生以言乎宋史於太宗設内藏則曰人君以四海爲家暨與汪廣洋論真宗則又曰初相李沆日聞灾异厥後大臣首啓天書以侈其心群臣曲意迎合苟圖媚悦以言乎元史於元初則曰君臣朴厚政事簡略然昧於先王之道暨與劉基論元季則又曰君宴安于上臣跋扈于下國用不經征斂日促夫史以載事漢史也唐史也宋史也元史也皆事之所在也聖人經世之政其深監于兹乎愚嘗考之御製文集究天體七曜之循環原法象之始也咨天地二儀之高厚闡運數之精也蓋取諸易御注洪範先之以五行五事八政五紀推皇極之體也繼之以三德稽疑庶徵福極昭皇極之用也蓋取諸書資世通訓嚴君臣上下之等本仁敬之達也列士農工商之條廣忠恕之施也蓋取諸大學大明集禮正天地百神之祀通幽明之故也叙吉凶五禮之式樹教化之坊也蓋取諸論孟嗚呼此我皇祖言而世爲天下法行則真有以兼古帝王之經典而大備之而漢唐宋元之史有不足論矣乃若□觀石渠之博□集賢麗三之□廷崇政□英之講説其迹雖勤而其功未究又非可以擬議其萬一焉者也恭惟皇上光紹皇祖繹復卦之象以建郊祀是即易之精藴也揭無逸之篇以勤稼穡是即書之典謨也注視聽言動之箴以布諸學宫解本末終始之章以頒諸史局是即大學論孟之統會也而又於經帷之密勿進講諸書以開萬化之淵源法宫之玄默遍閲諸史以觀歷代之鑒戒邇者表章列聖寶訓累朝實録以藏石室以續瑶編帝學之純王政之大先聖後聖其道一而已矣書曰丕顯哉文王謨丕承哉武王烈愚請以是爲皇祖頌又曰以覲文王之耿光以揚武王之大烈愚請以是爲皇上獻

第二問

莫如忠

同考試官教諭沈批（禘祫乃祀典之大者大禘時禘大祫特祫備載古禮書子能考據備悉光闡盛美其精於禮者乎）

同考試官學正項批（禘祫義之至微者是策獨能發揮明白考據精詳故録以式）

考試官侍讀張批（曠世不講之儀大備於今日聖人之制作見矣此策敷對詳明蓋嘗究心於禮者）

考試官侍講學士廖批（宗廟古制禘祫彝典待聖人而行此萬世一時也子能折衷衆論亦有見於禮矣）

宗廟之禮大矣自仁率親等而上之至於祖自義率祖順而下之至於禰是故君子以仁處禮則祭不疏且怠焉以義處禮則祭不數且煩焉故曰仁人之事親也如事天事天如事親然則禘也者其仁人之盡孝乎祫也者其孝子之盡仁乎禘祫兼行其道不悖其仁人孝子之盡義乎夫禘曷爲者也真德秀曰萬物本乎天人本乎祖人有此身出於父母也父母出於祖祖又出於始祖始祖又出於厥初生民得姓受氏之祖雖年代悠遠自根而幹自幹而枝其本一也而已是故禘之爲言諦也以審諦厥先而追禘所自出之祖也然而有大禘焉有時禘焉禮小記曰王者禘其祖之所自出而以其祖配之蓋五年再閏天道大備惟天子得以行之如虞夏商周之禘于黄帝帝嚳是已夫是之謂大禘曷謂時禘禮燕居曰嘗禘之禮所以仁昭穆也蓋孟夏而禘天道盛陽雖昭穆亦升而享焉如閔公之禘于莊公是已夫是之謂時禘乃若鄭玄謂禘兼郊廟劉歆又以爲彌遠彌尊張純謂禘審昭穆王肅又以爲殷祭甚大其他如高堂隆如馬融如賈逵如徐邈如柳冕如徐道娱如孫惠蔚其爲説也罔協而其爲禮也無别折衷之者其儀禮乎曰天子及其祖之所自出方慤别注云禘非四時之常祭故謂之間祀以其及祖之所自出故謂之追享以其比常祭爲特大故謂之大祭以其猶事生之有養故謂之肆獻祼嗚呼兹論也其知仁人之盡孝乎夫祫曷爲者也陳祥道曰天子春禴而三時皆祫祭之日禮交動乎上樂交應乎下自再祼以至九獻其禮非一處自致神以至送尸其樂非一次是故祫之爲言合也以升祔合食而各序其尊卑之位然而有大祫焉有時祫焉曷謂大祫禮魯子問曰當七廟五廟無虚主祫祭于祖祝迎四廟之主蓋三年置閏天道小備合已毁未毁之主而饗之如商之大享于先王是已夫是之謂大祫曷謂時祫王制曰天子禴礿祫禘祫嘗祫烝蓋三時用祫天道流行合三昭三穆之主而饗之如周之孝享于公先王是已夫是之謂時祫乃若張純謂骨肉合食鄭玄又以爲列尸之祀韓愈謂祖孫尊屈史玄燦又以爲服畢之祭其他如颜真卿如王舉如張璪如陳京如孫抃如元絳如張師言其爲説也罔協而其爲禮也無别折衷之者其惟春秋乎曰大有事于太廟公羊傳云大有事者何大祫也大祫者何合食也毁廟之主皆陳于太祖未毁廟之主皆升合食于太祖嗚呼兹論也其知孝子之盡仁乎愚又考之朱熹釋禘有曰先王報本追遠之意莫深於禘非仁孝誠敬之至不足以與此而又著爲人大禘之説蓋有得於孔子之遺旨也其論祫有曰大祫則始封以下以次相承若四時常

祀各於其廟及合食於祖則又不可無尊卑之序而又定爲周人大祫之圖蓋有得於春秋之遺旨也嗚呼兹論也其亦知仁人孝子之盡義之精意乎夫禘之時者夫人而能言之禘之大者非至聖不能行也祫之時者夫人而能言之祫之大者非至誠不能與也仰惟我皇上備至誠之德行至聖之道肇舉大禘之祭尊稱曰皇初祖之神則奉高皇帝配享親定大祫之圖恪奉玄皇帝爲主則奉列祖合享是蓋超邁千古兼總百王所謂建諸天地而不悖質諸鬼神而無疑者禮曰知禮樂之情者能作識禮樂之文者能述作者之謂聖述者之謂明述而能作幸有聖人在天子之位

第三問

歐陽�

同考試官教諭彭批（曆律之事類多窘筆而弗能言此答辯證有據條悉無遺蓋非獨究心於經術者）

同考試官學正沈批（通篇條答無遺且意見精到不爲問目所窘非育中理數渾融者焉有是作宜録之）

同考試官教授江批（此策對者不過敷演問目而已求其考究之精條答之悉者僅見此篇）

考試官侍讀張批（曆律之學經生鮮能究心此篇考據精核辭復昌偉其筆端有造化者歟）

考試官侍講學士廖批（曆經天辰律候地氣惟聖天子建中和之極天地官矣此篇究極象數亦探本之論也）

天地有自然之象數惟聖人則之則其象以治曆也所以授民時也其數以制律也所以宣民和也是故天地有元運焉知元運則元象可得而求矣弗昭諸運弗測諸象則其爲術也畸而不齊天地又元聲焉知元聲則元數可得而求矣弗協諸聲弗稽諸數則其爲樂也乖而不倫是故昭運者中測象者明協聲者和稽數者神非天下之至聖其孰能與於此夫曆奚爲而始也軒轅氏迎日推策顓頊氏司天屬神吾固不得而徵也惟帝堯命羲和布四時鳥火虛昴觀天道也暘交昧朔察地宜也而夫以作以訛以成以平凡以授民時而已其得天地之元運乎是故七政既齊五辰迭運夏紀式叙殷曆載庚周人監之於是乎有馮相以叙天位有保章以掌天星治曆亦爲詳矣乃若漢曆則鄧平之三統也編訢之四分也劉洪之乾象也唐曆則傅仁均之戊寅也李淳風之麟德也徐承嗣之貞元也徐昂之宣明也宋曆則吴昭素衛朴之乾元奉元也吴處訥周琮之應天明天也史序宋行古之儀天崇天也皇居卿姚舜輔之觀

天占天也其爲術也畸而不齊會而通之者其惟一行乎其論推步氣朔也凡七曰中朔也發斂也日躔边月離也軌漏也交會也五星躔度也其議曆數也十有二曰曆本也中氣也合朔也滅没也卦候也卦氣也日度也日躔也九道也晷漏中星也日蝕也五星也蓋一行以大衍爲主合二始以位剛柔合二中以通律曆合二終以紀閏餘以合朔定日月之會以日度正周天之數以中星正二十四氣以卦氣定七十二候郭守敬獨宗其□□正者凡七則自冬至以至日行創法□□七則自日行以距白道其亦知元運與元象爾矣乎夫律奚爲而始也伊耆氏之土鼓葦籥軒轅氏之截管製律吾亦不得而徵也惟帝舜命后夔審六律直温剛簡本天性也詩歌聲律協人情也而夫以擊以拊以咏以間凡以宣民和而已其得天地之元聲乎是故五聲既正八音克諧大夏由忠大護從質周人監之於是乎有樂德樂語樂舞以教國子有六律六同六德以命太師制律亦已精矣乃若漢樂則夏侯寛之十七章也李延年之十九章也京房之六十律也唐樂則祖孝孫之十二和也李紓之九章也顔師古之九舞也徐彦伯之十二曲也宋樂則竇儼宋白之于建隆也阮逸李照之于景祐也范鎮房庶之于慶曆也胡瑗王洙之于皇祐劉几楊傑之于元豐也其爲樂也乖而不倫□□通之者其惟元定乎其論律吕本原也十有三曰黄鍾體數也黄鍾用数也黄鍾生十一律也十二律之實也變律也律生五聲也變聲也八十四聲也六十調也候氣也審度也嘉量也謹權衡也其述證辯也凡十曰造律也律圍徑也黄鍾之實也損益相生也和聲也五聲小大之次也變宫變徵也六十調也候氣也度量權衡也蓋元定以黄鍾爲元在聲爲中聲在氣爲中氣在人爲中和其宫聲圍徑則取諸漢斛之積分宫徵變調則取諸禮疏之緒論積寸積分則取諸遷固之成書變聲半聲則取諸杜佑之通典朱子獨稱其闡究精微又與門人訂正上篇則自陰陽辰位以至旋宫下篇則自聲律名義以至法數其亦知元聲與元數爾矣乎愚嘗觀諸易矣易革之象曰澤中有火革君子以治曆明時夫水性潤下火性炎工氣相息則天地革而四時成矣論者以爲虚宿坎位也玄枵之次也牛宿艮位也星紀之次也日月交會于此合璧曜靈是天地之元運也而亦元象之所斡旋也是故聖人觀其象而曆作焉然而欲測象以昭運其説有三一曰觀五星以測三垣二曰觀三垣以測二十八宿三曰觀二十八宿以測中氣此又求元運者所當知也豫之象曰雷出地奮豫先王以作樂崇德殷薦之上帝以配祖考夫地氣上隮天氣下降雷一奮則天地以順動而四時不忒矣論者以爲雷雨作爲解也而萬物皆甲拆也雷電至爲豐也而五氣皆暢達也陰陽和洽懽忻交通是天地之元聲也而

亦元數之所統會也是故聖人觀其象而樂作焉然而欲稽數以協聲其説有三一曰稽五聲以審八音二曰稽八音以審十二律三曰稽十二律以審旋宫此又求元聲者所當知也夫元象可測也而斡旋元象以昭元運非聖人莫之能也其惟堯之欽若爾矣乎夫元數可求也而統會元數以協元聲非聖人莫之能也其惟舜之克諧爾矣乎恭惟我皇上紹堯廣運邁舜重華純心建中和之極峻德兼制作之全是宜曆正于上而五星聚室天不愛其道矣樂作于下而萬靈咸格人不愛其情矣易曰天垂象聖人則之禮曰聖人作樂以應天愚也端有望于今日

第四問

李希賢

同考試官教諭楊批（真□□以四事論名臣事業經生類能言之此篇有取於武侯宣公而歸本於其學術可以占所養矣）

考試官侍讀張批（尚論古人能得真□遺意録之不獨以其文也）

考試官侍講學士廖批（真景元學術甚正通達治體此子於終篇歸重大學衍義亦有以仰見聖學采納之一端矣）

濟天下者事功也所以濟事功者學術也學術之係於人大矣道明而後身可誠也身誠而後君可效也凡代天工者皆然而况身任天下之責者乎故必有端本澄源之學而後有正君定國之功否則出之無本謀之匪臧而不足以語大人格君之業矣此古之善輔天下者必始正已也執事發策以古名臣爲問愚竊伏草萊國門之外豈敢以謀廟廊乎雖然嘗聞西山真文公矣文公以高明純粹之學接濂洛關閩之傳生逢宋季不究柄用故其經世之志謀國之才格君之學見於讀書記中有不能自已者如此其論名臣事業也乙集所載其目有四曰正已也曰格君也曰謀國也曰用人也先之端本以澄其源次之達用以昭其化體用一原内外無間大學之道其在是矣求之於古惟臯夔稷契伊傅周召爲能盡之春秋以還雖號爲名卿賢大夫往往知求治而不知格心知弼違而不知養德其既也汲汲於事功之末而謂治忽不本於人主之身雖救過亦所不暇矣於乎大學不明之弊一至是哉當漢之盛時則有若蕭何議法畫一曹參清净無爲丙吉深厚不伐魏相嚴正自持不可不謂之賢也故史稱之曰高祖開基蕭曹爲冠孝宣中興丙魏有聲嗣是而名世者若匡衡之經術韋玄成之文章雖云當世少雙亦一節焉已爾以四事考之求其克盡而無歉者惟諸葛武侯焉當其遵晦布衣高卧長嘯中心澹泊不求聞達其正己可知隆中數語邂逅咨諏尊昭烈爲帝胄之英斥吴魏爲僭冠之國凛然以

明大義復中原爲己責其正君又可知矣國步艱難奸雄睥睨提數州之卒抗萬全之師卒能割鼎一足屹立西陲使曹氏父子睢盱駿愕而救敗不暇神機奇略應變百出内以修明政教外以戢和人民勞之而不怨殺之而不憤焉其風動群材奔走知勇不惟受任者樂爲之用雖以流徙放逐之徒亦皆捐軀效命而弗辭其瀘夷之約束可想見也豈非漢臣之傑然者乎原侯之所以至是者學爲之本也觀其言曰寧静以致遠治世以大德可見矣先儒謂其才本王佐可興禮樂視古伊吕寔伯仲之豈不信哉在唐之盛時則有若房玄齡隨事效謀杜如晦臨機輙斷姚崇應變不窮宋璟耿介有節不可不謂之賢也故史稱之曰貞觀之治房杜有功開元之盛姚宋繼迹嗣是而名世者若裴度之勛德李德裕之才望雖云當時莫及亦一體焉已爾以四事考之求其克全而無愧者惟陸宣公焉方其身處禁林小心精潔方鎮寵賂雖微必郤其正已可知朝廷獻納動中機宜尊仁義爲治平之粱肉黜功利爲害身之膏肓慨然以格非心引當道爲已任其格君又可知矣平時計畫成敗較然初問兩河淮西事宜即陳招携悔禍至計勸上畜威昭德居重馭輕惜德宗不聽以至倉皇失措而涇原卒變及狩奉天卒賴其謀外以感將士之泣内以衛乘輿之安言之而輙效計之而允孚矣其建請臺省長官各舉其屬不惟體統之甚正雖綱目亦秩然而不煩端可垂紳委弁而自治其名實之敷陳可考見也豈非唐臣之杰然者乎原公之所以至是者學爲之本也觀其言曰上不負天子下不負所學可見矣先儒謂其學本帝師才通經濟視漢賈誼寔度越之豈不信哉於乎二公惟其所學者正故其事業亦正然其所謂學者豈有他哉達聖賢帝王之道明格致誠正之理精求其意而體之於身以之行已則順而祥以之事君則公而溥終其身而不變動乎物而不違古之所謂學者亦若是焉而已或曰武侯之學足以撥亂而不能挽炎運之微宣公之學足以正君而不能回德宗之聽事功成就顧出蕭曹諸君下馬何也曰學在己用不用時也功在己其成其敗天也天之所命豈人所能爲哉蕭曹諸君不賢於二公而所值者豁達大度好賢勵精之主故其同心輔政寛嚴之相濟謀斷之相資猶足以弼漢業而興唐祚况進而主臣俱賢者哉故上有堯舜禹湯文武之君必有臯夔稷契伊傅周召之臣有臯夔稷挈伊博周召之臣必有時雍風動永綏迓衡之治元首股肱相須而成亶其然矣方今聖天子日御經帷進講大學衍義而輔弼之臣法從之僚相與贊襄獻納以共成正大光明之業真氏之學雖未少試于當時而實大行于今日誠宗社無疆之慶也愚也何幸身親見之

第五問

陳啓亨

同考試官教諭陳批（吏治有關於國家大矣此篇援漢唐馭吏之法而獨酌以變通之方必有識之士也）

同考試官教授唐批（援古論今之治言有根據法知變通他日效用明達國體非子也邪主司拭目以俟）

考試官侍讀張批（人知久任爲治安良法但情與勢格多未能行就子之策其善濟變者乎）

考試官侍講學士廖批（知人安民古今定論知人在於慎銓選嚴考課安民在於選循良責久任子言及之必識治體者）

蓋聞治有機也時有宜也通其變化可裁也宜其時然後能成功也執事發策慨然思古循良之化而憂馭吏之難其知要哉今天下猶一身也内而邦畿腹心也外而郡縣四肢也民元氣也四肢之不治而欲元氣流行於一身以保其腹心之無虞不可得已治天下之勢何以异此是故郡縣者政教之首也天下者郡縣之積也治不明於郡縣其何以成天下之治乎虞廷咨牧命辭敕治可謂厚矣必繼之以黜陟之典周官計吏詔王受會可謂詳矣必重之以廢置之文鼓舞人材變通吏治自前代則已然矣故在堯舜時曰九德咸事也百工惟時也在周文武時曰棫樸能官人也南山有臺樂得賢也夫以唐虞三代之盛不能去是而治何獨至於後世而疑之漢宣帝勵精之主也躬親廉政日以聽决爲事丞相已下并加裁核及拜刺史守相皆親見問每臨朝嘆曰庶民所以安其田里而無嘆息愁恨者政平訟理也與我共此者其惟良二千石乎憂民之心其切如此故杜延年名卿也出爲邊郡治效不進詰責加焉有治理效輒以璽書勞勉增秩賜金公卿闕則選所表以用之故在當時尹翁歸爲扶風以捕盗爲三輔最韓延壽守東郡以斷獄爲天下最召信臣輩皆以治行高第入爲少府爲大司農若是其盛而其最先褒异荐登相侯之貴則黄霸其人焉史稱漢宣之治優於孝文神爵五鳳之間吏稱民安不其然乎唐太宗願治之君也屈已親賢日以愛人爲務議郎已上引對便殿及拜都督刺史臨軒授之嘗對侍臣曰朕思天下事丙夜不安枕永惟治人之本莫重刺史故録姓名于屏風卧興對之愛民之心其切如此故龐相壽舊臣也嘗刺濮州寵賂一彰即以罪免諸所上狀輒以氏名分疏考記善惡有廢置即按所籍而進退之故在當時李桐客守巴州以清平著張允濟令武陽以惠愛著賈敦實輩皆以治績异效徵爲庶子爲大都督若是其盛而其獨蒙嘉美下詔慰勞之勤則陳君

賓其人焉史稱太宗之治幾於成康貞觀之際民殷物阜不其然乎故治者君也所以推君之治而致之民者吏也吏不能是則將誰責哉唐臣馬周有取於漢宣詰責之事也以之進諫太宗謂急務宋臣蘇軾復有感於馬周勸諫之言也以之邇英進讀謂治天下者不可不知此於乎二子之論真知言哉愚嘗因是論之天下之吏不能盡賢也於是乎勵之以法天下之法不能必其久安而無弊也於是乎裁之以時元祐初司馬光以清德雅望起慰蒼生嘗議立八條以繩吏治而以仁明公廉四者旌其能苛狡貪懦四者别其惡蓋有見於此也臨川吴氏又謂世固有廉者矣未必能明廉且明矣未必能仁或其心雖仁而短於剸裁或其才雖贍而偏於意向兼是五者之善嘆爲人才之難豈非一時傷俗之論乎仰惟我國家用人首重民牧參酌虞周之制式明黜陟之典化行俗美百六十年于兹人材輩出良法美意無以尚已頃者吏浸而偷民亦勞止朝廷勸戒雖勤鮮以實效上應聖明德意者其故何歟愚以爲今選授未精也遷轉太速也二者均爲用人之弊而太速爲尤甚何則用世之士苟有志於斯民而欲懷永遠之圖則其效不可以旦夕計其始若迂闊而其終必大有可觀今期月不報政則監司以爲是無能者不待其成而議黜之矣其赫然見騰于薦牘者銓曹又以爲有功而亟擢然則是爲長吏者能與不能俱不得久也夫以民之望於吏者不勝其厚而吏之去乎民者若是其輕彼此相視如客主勢然此治之所以不克也漢唐用人之法欲其久安于位既有賜予以勞之於始又懸爵禄以持之於終不聞其驟遷以奪其成效啓其速化以幸乎曲通今縱未能一概久而不遷至如居官長子孫之法獨不可少推其意而調停之使稍久於其位乎吏知其久居而不去也又有厚望以養其志顯罰以懾其心而無復他岐之可惑則天下之吏雖其或非盡賢皆將黽勉赴會而求成功故爲治不勞而得循良之臣此馭吏之法也通變宜民莫逾是矣不識執事以爲然否

順天府鄉試録後序

嘉靖甲午秋八月京府臣僚奏當大比畿内士上命臣道南臣衮特輟史事往主校焉録成臣衮當叙諸末簡乃拜手稽首作而颺言曰懿哉我皇上作人之功神妙一至此哉先是四方風俗藝文太盛經生學子過爲眩鶩之辭驚愚詭俗私相慕效爾雅渾噩之風浸少衰矣我皇上申詔禮官勸學議令凡程式試士所取之文必明白正大有禆治理浮華不根之言屏不復用繇是薄海

内外翕然同風黌序之間咸知尊尚經術刮劘治道其文駸駸乎復雅矣或謂科目取士藝焉已爾臣愚以爲不然孔門四科文學并列詩書所載辭命之作雅頌之篇彝章典則吏方將略先王致治之迹靡不燦然畢具士學爲文期以適用則古之所謂德行道藝之教誠不出此謂士止於文固不可而謂文盡不足以得士抑惑矣臣於是竊有懼焉宋儒蘇軾曰科場之文風俗所繫其見録者聞以爲勸其置而弗録者聞以爲戒夫以一日之去取數十百人之優劣而勸戒形於四方士習美惡繫焉治化隆汙繫焉是可弗慎矣乎臣愚鑒别弗精深懼有負皇上今日任使之意然不敢不盡者心也所不能强者智也心苟盡矣而才或遺焉欲免於处難矣抑士之責殆有甚焉方其布衣衡茅閦言崇議動以古豪隽自期既而登名仕版克踐斯言者蓋什一矣弃如弁髦又無庸論也若是則任將執其言而議之謂文士之不適於用如此行且議絀之矣則士之自責不有甚於主司之責士以言乎我國家養士於學建師崇餼其澤甚厚亦奚以士爲而故詳延慎選之若是其勤且至哉教化之行也建首善自京師始士生畿輔之郡親被聖天子之化左右趨之淪浹膚髓將不有偉特瑰异之材傑然而出不負所學增光選舉茂翊昌運以先四方者乎詩有之思皇多士生此王國王國克生維周之楨衮寔□□□今日之畿士也爾畿士其□懋之毋徒以文自見也哉

翰林院侍讀張衮謹序

嘉靖十九年順天府鄉試録

順天府鄉試録序

粤□明天子臨御大寶十有九年於兹奉天法祖進賢圖治自壬午迨□子有司大比凡七蓋云久矣時順天府臣循例請事事上命左庶子臣承叙左中允臣學詩往主考試蓋云專矣同考則進士臣若林教授臣榕教諭臣輔臣雲臺臣埴臣成立臣仁臣性臣儒凡九人監試則御史臣鉉臣學凡二人罔不矢心而戮力也提調則府尹臣淦府丞臣魯凡二人亦罔不夙戒也蓋云嚴矣及期提學御史臣黄綬暨諸曹六館所選士咸集京師凡三千人有奇蓋云盛矣三試之拔其俊凡百三十有五人録其文凡二十篇以獻制也蓋云精矣夫神化昭乎徵諸久職事靖共徵諸嚴文治敷同徵諸盛俊乂明揚徵諸精乃若其專則臣二人之首責而懼其溷且蔽焉者也萃是五者而爲録將不可程矣乎臣承叙竊聞之取士以科取文以程皆非古也自關雎麟趾之詩廢周官之法度弛焉所由來非一朝夕之積使選舉猶至今存則其弊奚啻科目而已故爲之科以樹風聲也爲之程以尚體要也蓋約選舉之意而變通之自漢以來未之有改矣然文之可程獨科目乎哉是故彌綸兩儀品裁六度叶和三靈敷宣五彝暉麗萬類莫非其用也而聖人體之爲德措之爲業載之爲經咸取衷焉後世建國君民立綱陳紀於文之道欲須臾舍不可得矣文之時義大矣哉我太祖高皇帝恢復函夏創設經制成祖文皇帝肅靖家邦闡揚儒術道非帝王弗行言非聖賢弗録文謨之昭焕乎典則皇上聰明睿智憲章儀式禮樂脩而倫制盡固萬世之程也比復恭上皇天二祖大册宗祀睿考以配上帝大狩南邦展謁嚴寢奉祔獻妣豫建元良至仁達孝鴻儀鉅典翔洽輝映是又文之經緯天地綱維宇宙者也夫王畿首善聲名文物爲四方極士生其中融液鼓鑄既已久矣兹復仰休光侈偉觀鼓舞振迅天下尤莫先焉非其幸歟故臣等日校其文雲蒸波涌珠駢綺錯其見拔者又皆敦龐而閎衍淵懿而宣暢可以見帝王之謨焉可以見聖賢之訓焉可以見祖宗之澤焉亦盛且精矣是皆思皇髻髦之質而奮庸熙載之具也録而傳之謂不足以程也可乎抑臣聞之記曰可言也不可行君子不言也可行也不可言君子不行也故言則有物行則

有恒夫民受中天地所謂性也聖人因所固有而裁之故其行也亦至乎不逾矩而止矩也者中也二三子既以言進矣其務以行前言反躬實踐窮理盡性舉民物而甄陶之以上翊聖人範圍曲成之能視今日先資之言不至如弁髦焉則夫文之程也不亦大且遠矣乎矧幽都黄帝所宅寔人文肇開地而習俗忼慨多長材偉略器藝之美二三子蓋已兼之其爲科目重有足徵者臣等專且嚴之責庶幾逭矣臣不佞往二太學與聞教養玆復竊文柄職掄選則以人事君臣尤有深懼焉故於其始進以程之説申告而胥飭之

奉議大夫左春坊左庶子兼翰林院侍講童承叙謹序

嘉靖十九年順天府鄉試

提調官

嘉議大夫順天府府尹蔣淦（汝潔廣西全州人　辛未進士）

順天府府丞充魯（懋宗直隸無錫縣人　壬辰進士）

考試官

奉議大夫左春坊左庶子兼翰林院侍講童承叙（士疇湖廣沔陽州人　辛巳進士）

左春坊左中允兼翰林院修撰李學詩（正夫山東平度州人　丙戌進士）

同考試官

吏部文選清吏司辦事進士盛若林（子才廣東海陽縣人　戊辰進士）

直隸廬州府儒學教授黄榕（仲材江西南昌縣人　壬午貢士）

河南河南府新安縣儒學教諭湯輔（之伊直隸龍江左衛籍浙江黄巖縣人　辛卯貢士）

山東兖州府寧陽縣儒學教諭吴雲臺（文相福建莆田縣人　辛卯貢士）

浙江處州府松陽縣儒學教諭袁埴（邦器江西豐城縣人　壬午貢士）

山東濟南府濟陽縣儒學教諭林成立（中立福建莆田縣人　甲午貢士）

山東兖州府曹州定陶縣儒學教諭侯仁（元卿江西浮梁縣人　辛卯貢士）

直隸淮安府山陽縣儒學教諭董性（原善湖廣麻城縣人　丁酉貢士）

湖廣襄陽府宜城縣儒學教諭洪儒（孟醇雲南前衛籍浙江錢塘縣人　辛卯貢士）

監試官

文林郎浙江道監察御史浦鋐（汝器山東登州衛籍直隸嘉定縣人　丁丑進士）

文林郎山西道監察御史殷學（成甫山東東阿縣人　壬辰進士）

印卷官

承德郎順天府通判孫忠弼（良佐直隸宣城縣籍歙縣人　壬午貢士）

收掌試卷官

湖廣荆州府通判袁衍（世卿廣西桂林右衛籍江西新喻縣人　丙子貢士）

受卷官

直隸常州府通判伍克剛（濟柔廣東增城縣人　庚午貢士）

福建福寧州寧德縣知縣程世鵬（萬里廣東揭陽縣人　己卯貢士）

彌封官

江西贛州府通判虞价（維藩浙江山陰縣人　戊子貢士）

順天府通州三河縣知縣鮑德（子慎山西代州人　己卯貢士）

謄録官

江西饒州府萬年縣知縣陸槐（良卿浙江平湖縣人　己卯貢士）

湖廣衡州府衡山縣知縣胡民表（具瞻江西龍泉縣人　乙酉貢士）

對讀官

福建泉州府南安縣知縣王訓（嘉言廣西宜山縣人　乙酉貢士）

江西吉安府萬安縣知縣盧璘（秀夫浙江餘姚縣人　乙未進士）

巡綽官

山東都司安東衛指揮使盧臣（良相山東武定州人）

河南都司河南衛指揮僉事蔣印（廷寶直隸鳳陽縣人）

直隸神武中衛指揮同知張清（本澄湖廣南章縣人）

山東都司濟南衛指揮僉事王貴（天爵山西蔚州人）

監門官

直隸通州右衛指揮使康鼎（仲器順天府寶坻縣人）

直隸定邊衛指揮同知焦澤（汝霖直隸通州人）

供給官

順天府經歷司知事楊承宗（紹先陝西鳳翔縣人　監生）

順天府宛平縣知縣楊松（維堅陝西榆林衛人　乙酉貢士）

順天府大興縣知縣王懷衮（待補河南商水縣人　乙酉貢士）
順天府宛平縣縣丞董鐙（廷韶浙江麗水縣人　監生）
順天府大興縣主簿李世節（邦貞山西振武衛人　監生）
順天府宛平縣主簿辛存惠（恤之陝西階州人　監生）
順天府大興縣典史余槐（廷輔浙江慈谿縣人　吏員）
順天府東安縣縣丞原宗浙（拱東山西遼州人　監生）
順天府武清縣縣丞汪璋（廷用浙江浦江縣人　吏員）
順天府涿州吏目秦文亮（大信山東掖縣人　監生）
順天府保定縣典史侯永祚（紹芳陝西乾州人　吏員）
順天府順義縣典史高政（尚德陝西涇陽縣人　吏員）
順天府醫學正科安景隆（時盛直隸良鄉縣人　醫生）
順天府通州潞河驛驛丞周鳴鳳（朝陽四川眉州人　承差）
順天府武清縣楊青驛驛丞黎臣（良佐廣西融縣人　承差）

第一場

四書

季康子問仲由可使從政也與子曰由也果於從政乎何有曰賜也可使從政也與曰賜也達於從政乎何有曰求也可使從政也與曰求也藝於從政乎何有故大德必得其位必得其禄必得其名必得其壽　聖人治天下使有菽粟如水火菽粟如水火而民焉有不仁者乎

易

先王以作樂崇德殷薦之上帝以配祖考九五甘節吉往有尚　言天下之至賾而不可惡也言天下之至動而不可亂也擬之而後言議之而後動擬議以成其變化　天下同歸而殊途一致而百慮

書

三載考績三考黜陟幽明庶績咸熙分北三苗　佑賢輔德顯忠遂良明王慎德四夷咸賓無有遠邇畢獻方物惟服食器用王乃昭德之致于异姓之邦無替厥服分寶玉于伯叔之國時庸展親人不易物惟德其物　下民祗若萬邦咸休

詩

春日載陽有鳴倉庚女執懿筐遵彼微行爰求柔桑春日遲遲采蘩祁祁　皎

皎白駒在彼空谷生芻一束其人如玉夙興夜寐洒埽廷内維民之章脩爾車馬弓矢戎兵用戒戎作用逷蠻方　綏我眉壽介以繁祉既右烈考亦右文母

春秋

六月齊侯來獻戎戎捷（莊公三十有一年）晉欒書帥師救鄭（成公六年）夏五月甲午遂滅偪陽（襄公十年）天王狩于河陽（僖公二十有八年）秋七月天子使召伯來賜公命（成公八年）秋蒐于紅（昭公八年）

禮記

君天下曰天子朝諸侯分職授政任功曰予一人　親則父也尊則君也有父之親有君之尊然後兼天下而有之　故必舉其定國之數以爲禮之大經禮之大倫以地廣狹禮之薄厚與年之上下樂也者動於内者也禮也者動於外者也故禮主其減樂主其盈

第二場

論

君子篤恭而天下平

詔誥表（内科一道）

擬漢選高才生受左氏穀梁春秋古文尚書毛詩詔（建初八年）　擬唐以陸贄爲翰林學士誥（建中四年）　擬賜御著大狩龍飛録廷臣謝表

判語（五條）

官吏給由　檢踏灾傷田糧　宿衛人兵仗　決罰不如法　冒破物料

第三場

策（五道）

問　天生斯民作之君師所以立天常而振人紀也二帝三王聖聖相承不可尚已後世乃有治統道統之説果何昉歟中古以還修政立教足以傳治道之統者可得聞其人歟夫治統莫正於春秋道統莫正於書綱目序統系進蜀漢而黜曹魏果春秋尊王之義歟或者於秦晋隋之相承也不能無議焉亦有見歟宋史傳道學取康節南軒而舍象山果尚書傳心之法歟或者於胡康侯吕伯恭蔡季通真希元魏華父之未録也不能無疑焉亦有説歟我皇祖驅胡元闢函夏以復帝王之舊治道之統無論漢唐宋其視湯武果孰優歟今聖

本在上纘承儀式君師之道既明且行然而同符往聖紹休皇祖者亦可得而窺測其萬一否歟夫輔理承化從政敷教二三子與有責也願質之以究所學

問　儲副之建國本攸屬故選左右蚤諭教最急虞夏殷周有三公四輔之官而記但言師保而不及傳言疑丞而不及輔弼何耶傳儲之久莫如周公設官之□□□如周典然東僚獨缺如記所言自三師三少之外無聞焉何耶將所設者止此耶抑其所以爲教者不同耶自齒胄之禮廢官屬浸建漢宋猶略而唐之六典獨詳可得聞其職守耶成王之賢所輔者周公數人而足何後世設官分職而其功反不古若耶周公而下由漢訖宋擅承華之望而揚翊贊之休者亦不可謂無人也可得而歷舉耶我皇祖建官東朝之制增損六典而近臣參攝尤革前代之弊比者皇上豫建儲宫簡置僚屬誠億萬載根本之福也諸士欣戴快睹之餘其於職守人品必究心矣夫職守正則章程具而業可大人品别則儀法著而德可久是固今日所欲聞也幸明以告我

問　古者右史記言而因革之法存焉左史記動而理亂之事存焉自史職浸廢孔子慨文獻之不足乃取六經而删述之帝王之道於是會通故六經萬世之文獻也其後司馬遷作史記於坑焚之餘有八書以著其法有紀傳以載其事蓋自附於文獻之續也班固漢書悉準遷例稍增損焉然或者亦互有評騭二書果相异同否耶固以下斷代爲史會通之道始分至梁吴均作通史蓋其事也宋司馬光復總十六史而作通鑑然於法之因革又略而不載何耶唐杜佑作通典蓋其法也元馬端臨復廣二十四目而作通考然於事之理亂又缺而不著何耶若夫鄭樵所撰通志蓋合二者而并録之爲紀爲略爲年譜爲世家爲傳爲載記凡二百卷亦足以言會通否耶其視通鑑通考又何如也夫損益徵乎法勸戒徵乎事此經世之具通儒之業也治道所關非特藝焉而已願相與訂之

問　知人之道自古爲難三代以後惟漢世人物猶爲近古試即史氏所紀及世儒所論不能無疑者相與評之善藏其用者有儒者氣象也而或訾其術宗黄老事多陰謀有王佐之才者伊吕之儔也而或病其專事申韓學不純正不知其何所指歟尾大不掉之説切中其幾矣顧見疏于明主或曰年少紛亂諸事建削七國之策卒如所料矣乃賈禍於東市或曰擅權多所紛更不知其何所見歟踞厠而見者本騎奴之流顧兩辭招賢斬將之請持論不根者畜以俳優之賤乃數犯喜功好大之君二子人品信如其所云乎有恬于勢利好古樂道者或病其劇秦美新有才似子房道似伯夷者或短其邀名漢代二子心術果如其所論乎爾諸士居則曰古之人古之人也亦嘗以身體之而察其

心否乎夫尚論折衷學者之事幸言之毋委曰不暇

問　名與實常相須也然有名者不必有實有實者不必有名是以賢主察焉孔子爲政必也正名名固聖人之所重也及答子貢之問乃謂無信不立實固有重於名歟後之論者曰先實後名曰循名責實或又以練名實爲言其於治體亦有識乎否也漢唐宋以來綜核剛明勵精之主率見欺罔雖中興創業守文之英辟君子不能無責實之論焉其故何歟今聖明御極化理弘洽每諸司必以略虚文崇實政爲訓凡厥有位罔不祓除以效精白誠盛會也然試求之吏皆康平而無矯飾歟士皆醇謹而無翾躁歟民皆樸茂而無狡詐歟政皆簡乂而無煩辟歟俗皆忠厚而無澆薄歟夫上有願治之君而下無咸熙之績内有承式之臣而外無允厘之效必有任其咎者兹欲反之其道何繇二三子具以實對

中式舉人一百三十五名

第一名　劉一麟　昌平州學生　書
第二名　周國卿　順天府學生　易
第三名　張重　順義縣人監生　詩
第四名　黄釜　浙江餘姚縣人監生　禮記
第五名　李滋　景州學增廣生　春秋
第六名　葉期遠　福建漳浦縣人監生　易
第七名　申旞　魏縣學生　詩
第八名　梁如京　薊州人監生　書
第九名　張四維　邢臺縣學生　詩
第十名　孫佳　順天府學附學生　易
第十一名　阮琳　福建莆田縣人歲貢生　詩
第十二名　王世康　清苑縣學增廣生　禮記
第十三名　張朝綱　元城縣學生　詩
第十四名　周如斗　浙江餘姚縣人監生　書
第十五名　楊儲　江西廬陵縣人監生　春秋
第十六名　欽拱極　直隸吴縣人監生　易
第三十五名　趙重器　深澤縣學生　詩
第三十六名　費懋文　順天府學增廣生　書

第三十七名　劉本　浙江上虞縣人監生　易
第三十八名　劉璦　寶坻縣學生　詩
第三十九名　田應弼　鷄澤縣學生　春秋
第四十名　趙介夫　阜城縣學生　詩
第四十一名　焦清　順天府學生　書
第四十二名　申价　廣平府學生　詩
第四十三名　費懋尹　江西鉛山縣人監生　書
第四十四名　來端本　浙江蕭山縣人監生　易
第四十五名　于彬　任丘縣學生　詩
第四十六名　江奎　廣寧中屯衛學生　易
第四十七名　馬慎　大城縣學生　詩
第四十八名　戈九章　順天府學增廣生　禮記
第四十九名　屠仲律　順天府學附學生　書
第五十名　李璉　遵化縣學生　易
第五十一名　夏子開　翰林院生員　詩
第五十二名　王鈇　順天府學附學生　書
第八十九名　陳九德　欒城縣學生　易
第九十名　時通　順天府學附學生　詩
第九十一名　韓博　高陽縣學生　易
第九十二名　陳王道　滑縣學生　詩
第九十三名　滕霽　順天府學生　禮記
第九十四名　司珂　清苑縣學生　詩
第九十五名　何冕　順天府學增廣生　易
第九十六名　王弘兆　固安縣學生　詩
第九十七名　崔宇　大名府學生　書
第九十八名　梁繼祖　遼東義州衛學生　詩
第九十九名　許應亨　東安縣學增廣生　易
第一百名　王好學　欒亭縣學生　詩
第一百一名　蕭尚禮　博野縣學生　書
第一百二名　王環　蠡縣學生　詩
第一百三名　胡方來　浙江山陰縣人監生　易
第一百四名　李行簡　長垣縣學訓導　詩

第一百五名　王文學　饒陽縣學生　書
第一百六名　蕭汝默　静海縣學生　春秋
第一百七名　崔舉　直隸平定州千户所人監生　詩
第一百八名　楊海　江西泰和縣人監生　易
第一百九名　蘇礅　直隸江陰縣人監生　詩
第一百十名　余尚貢　遼東都司學生　書
第一百十一名　左希禄　河間府學生　易
第一百十二名　吴桐　東安縣學生　詩
第一百十三名　崔乾　薊州人監生　書
第一百十四名　孟鴻　通州學生　詩
第一百十五名　唐桐　長垣縣學生　易
第一百十六名　張模　永年縣學生　詩
第一百十七名　晁環　開州學生　書
第一百十八名　賈志仁　保定府學生　詩
第一百十九名　湯賓　南皮縣學生　易
第一百二十名　葉應乾　順天府學附學生　禮記
第一百二十一名　梁冠　大城縣人監生　詩
第一百二十二名　徐交　遼東都司學生　書
第一百二十三名　黄宗武　任丘縣學增廣生　詩
第一百二十四名　邵鳴岐　東安縣學增廣生　易
第一百二十五名　黄弘宇　順天府學附學生　詩
第一百二十六名　張文林　順天府學附學生　春秋
第一百二十七名　胡淶　濬縣人監生　書
第一百二十八名　李世相　遼東蓋州衛學生　詩
第一百二十九名　傅采　獲鹿縣學生　易
第一百三十名　楊坦　鉅鹿縣學生　詩
第一百三十一名　杜天禄　瀋陽中衛學生　書
第一百三十二名　鄭逢陽　固安縣學增廣生　詩
第一百三十三名　劉效祖　順天府學附學生　春秋
第一百三十四名　王宫　隆慶衛學生　易
第一百三十五名　林一初　福建漳浦縣人歲貢生　詩

第一場

四書

季康子問仲由可使從政也與子曰由也果於從政乎何有曰賜也可使從政也與曰賜也達於從政乎何有曰求也可使從政也與曰求也藝於從政乎何有

張重

同考試官教諭吴批（此作模寫聖人語直而婉渾厚而莊可以爲文矣）

同考試官教諭袁批（果達藝三字作者類多冗泛明切精當僅見此篇）

同考試官教授黄批（簡明條暢説出夫子荅康子之意結意尤曲折可嘉宜録以式）

考試官左中允李批（親切）

考試官左庶子童批（明畅）

觀聖人之答大夫而三子適用之才具矣蓋才以適用爲貴也以三子之才而從政政其有不舉者乎昔者魯之季康子有意於聖門之賢故問曰及門之士如由也者嘗聞其人矣使之爲大夫而從政也可乎孔子曰政之立也由於果然而柔者屈之矣由也忠信之質見之決而能斷剛毅之氣執之固而不撓是其果也施於有政可以定紛譁焉可以決嫌疑焉殆確然而無乎不立也夫何難曰如賜也者嘗聞其人矣使之從政也可乎曰政之行也由於達然而蔽者塞之矣賜也練習而畅而人情之周知明悟而穎而物理之旁燭是其達也施於有政可以測機微焉可以識體要焉殆沛然而無乎不行也夫何難曰如求也者嘗聞其人矣使之從政也可乎曰政之修也由於藝而拘於隘陋者有矣求也思慮精研而多經畫之方智識流通而廣應酬之略是其藝也以政授之繁劇可得而理焉纎悉可得而舉焉殆飭然而未有不修者也又何難哉由是觀之政不患於乏才才每限於失遇無不用之才斯無不舉之政矣抑三子所長合而觀之不過聖人之一體魯之君臣有孔子而不能用顧拳拳於由與求之問無亦仲尼豈賢於子之見乎將所用者止於具臣而所謂以道事君者非其所得用乎此魯之所以爲魯也或又以康子此問意尤在求夫以求之才文以禮樂幾於成人一附益之卒爲聚斂之臣蓋又具臣之不若也噫人之用才與才之自用可鑒也夫

故大德必得其位必得其禄必得其名必得其壽

劉一麟

同考試官教諭林批（是篇場中作者類多纏繞舜事講此作獨就理上發揮親切有餘味宜用録之）

同考試官教諭湯批（中庸義最難精緻此作辭理兼到出人意表是用心於理學者）

考試官左中允李批（詞意俱足）

考試官左庶子童批（純確）

中庸推德之至者而決其福之備焉蓋福者德之徵也而況德之至者則其受福有不備者乎子思引孔子言舜之事以明費隱及此蓋謂舜以聖人之德而垂光裕之休皆理之常也理之所以可必者亦德而已矣是故性由仁義之常而至純至粹足以建極於當時道備人倫之至而盡善盡美足以垂範於後世是其德也大矣德之大者眷之隆也吾知雖不與位期而位至焉天與之也主神器于九五人歸之也膺大寶于離明殆有推之而不能去者矣雖不與禄期而禄至焉任土而貢畢受方物之供則壤而賦安享玉食之奉殆有辭之而不能免者矣名係於人者也聖人何求焉而聲華所被洋溢于中國也昭格于上下也曰聖曰神理所必致者耳壽定於天者也聖人何與焉而天和所萃眉壽其綏也享國其永也或耄或期理所必有者耳由是觀之動天者德也舜非求于天也眷德者天也天非私于舜也其所以克受天命而備享天福者夫豈偶然之故哉雖然豈惟舜哉自堯而下禹湯文武福德相符者皆常理也至於仲尼不有天下或以爲天之未定然聖人之心不敢安于其常而忽於其變觀舜之兢兢業業殊不以位爲樂傳之賢而不敢私諸其子仲尼畏天命而悲人窮皇皇於終身而無怨尤皆善事天者也邵子曰仲尼以萬世爲土周子曰教化無窮其與舜同一揆耳謂天之未定可乎

聖人治天下使有菽粟如水火菽粟如水火而民焉有不仁者乎

孫佳

同考試官教諭洪批（是篇場中類不易發揮能者又多拘牽浮泛融徹精確文典而意盡獨見此作篇末文意尤古宜式宜式）

同考試官教諭侯批（莊重典雅可式後學録之）

考試官左中允李批（典則）

考試官左庶子童批（說仁字意是）

聖人有以富乎民而民自興於善矣蓋聖人之治莫大於化民也然非有以富之則民亦何所賴而爲善哉孟子之意謂夫致治之道所急於富民者以其足以成化也聖人之治天下重農而薄斂既有以開其端謹制而節用又有以導其末使天下之民其耕而穫也莫不有菽之可啜焉有粟之可食焉其穫而多也莫不如水之不竭焉如火之不熄焉俯仰之給取諸其倉者無异取諸其井焉者也朝夕之供取諸其庾者無异取諸其竈焉者也夫天下之民性之皆善不啻如水火之足也心之欲仁不啻如菽粟之切也然而無所興者無所賴焉爾今也菽粟如水火吾知衣食之計裕則秉彝之念生而其從善也輕凍餒之患無則貪戾之非泯而其歸德也厚强不至於陵焉衆不至於暴焉廉耻勵而風俗於是乎興矣禮可得而脩焉義可得而正焉行誼篤而治化於是乎舉矣若夫放僻邪侈而患不仁者焉有是理乎由此觀之仁民者教也富民者養也非養無以施教非恭儉又何足以爲養哉考之戰國之時封殖者衆田賦之制壞已久矣故孟子於齊梁之君每以農桑爲言而經界之法雖以滕之小而必告焉是知王道必先於此而聖賢之學亦止乎此而已矣嗚呼先王導民爲生其後民自爲生又其後民無以爲生矣夫先王之政不可見也然則使民之自爲生也不可乎

易

先王以作樂崇德殷薦之上帝以配祖考

周國卿

同考試官教諭洪批（寫出先王作樂本意其清明廣大一唱而有餘音者乎）

同考試官教諭侯批（體豫作樂士子類能言之此篇於殷薦配祖處發出先王仁孝之意良是）

考試官左中允李批（有思致）

考試官左庶子童批（說豫意盡）

先王體豫以作樂而用之極其盛焉夫樂所以象德也先王備樂之制而極樂之用所以體乎豫者深矣夫子傳豫之象蓋謂雷之出也存乎奮而聲之奮也存乎豫先王以爲有樂之道也故取諸其奮則契聲氣之元而笙鏞也管籥也綴兆也於是乎作焉取諸其豫則昭天地之和而清濁也高下也俯仰也於是乎作焉然樂也者奮至德之光者也故其和順之懿自著乎音律之精蓋盡美也而又盡善矣勛華之盛式昭乎器數之備蓋有文也而又有本矣先王之作樂如此而豈徒哉彼祀天於郊而配以祖所以報本也則殷薦於泰壇之上以致尊尊之仁

焉祭帝於屋而配以考所以報生成也則合作於明堂之中以致親親之孝焉九德之歌九功之間情文具備天神其可得而禮乎九韶之舞九奏之協聲容兼盡人鬼其可得而享乎由是觀之崇德則盡樂之體而管乎人情矣殷薦則盡樂之用而通乎天下矣聖人體豫之意至矣哉雖然先王之治天下也有本斯有序有序斯有和故宥密基命爲無聲之樂而禮先樂後儒者每致論焉夫天德不純民志不定而欲作樂以彰其盛則不免縱欲導侈而先王之意荒矣況昭功德而感鬼神乎是故有乾之德然後可以制履之禮有履之禮然後可以作豫之樂

天下同歸而殊塗一致而百慮

葉期遠

同考試官教諭洪批（理之精微莫逾于易易之精微莫逾二言此作悉盡理一分殊之妙非徒作者）

同考試官教諭侯批（傳中此二句該括道理最大作者昧之此作以一貫之道體貼非邃於理學者不能到）

考試官左中允李批（明健）

考試官左庶子童批（亦知心學者）

大傳舉一貫之理以明感應之自然也夫理者一天下之動者也君子之於感應亦貫之以理而已而何以思慮爲哉大傳釋咸九四爻義如此意蓋曰天下之理會諸性天下之性統諸心是故感應之理至易簡也今夫有所行而止者之謂歸所以止者理而已理也者性之本善也萬事萬物之則於是乎止焉是其歸也同矣然其同者性之體而不能不散者物之感故以言乎往來則有塗理之所由以行者也蓋吾以一身立乎酬酢之中因其所感而應之則事物不同形變化不同迹當然之則有不容於約其趨者矣趨之异此塗之所以分而殊也何也體無定用不能强而同之而亦未嘗不同也自夫有所究而極者之謂致所以極者理而已理也者心之全德也萬事萬物之裁於是乎極焉是其致也一矣然其一者心之體不能不措者事之應故以言乎其思則有慮理之所由以揆者也蓋吾以一身當乎酬酢之變因其所感而應之則事物异其制變化异其宜研窮之道有不容於齊其用者矣用之异此慮之所以分而百也何也用無定體不能强而一之而亦未嘗不一也學者知同而一則一之道得矣知殊而百則貫之道得矣然則天下亦何思而何慮而又何以憧憧爲哉雖然君子非真無思也内外兩忘則無矣無思者致一者也蓋有心之思慮不可有無心之思慮不可無夫子之語爲有心也故曰無思本也思通用也彼

非外是内而憂定性未能不動者要之梏於未忘也心齋坐忘顔子其得聖人之藴乎是故成心忘然後可與進於道

書

三載考績三考黜陟幽明庶績咸熙分北三苗

梁如京

同考試官教諭林批（深得立法維持治道本意况分北與咸熙雖均是效分北字却活惟此作得之可以爲式矣）

同考試官教諭湯批（説虞廷考課功效而帝王施爲氣象宛然在目經義似此者絶少）

考試官左中允李批（充暢）

考試官左庶子童批（弘闊）

大臣記聖世以時而行勸懲之法因極言其效□夫考課者懲勸人心之法也聖世舉有定期□□□隨之此所以無爲而治也歟昔舜命□十二人之後立此考績黜陟之法蓋以亮天功者百官也賢否進退之機夷夏觀瞻所係可不慎與是故時至三載績用多矣不有以屢省之則失之玩也可乎于是有考績之法因其敷奏之言而明試之也即其職分之常而綜核之也則公道明而人樂于趨事矣人至三考賢否定矣不有以振厲之則失之濫也可乎于是有黜陟之法進之而不二必賢者也退之而不疑必不肖者也則法度立而人知所畏慕矣夫上有定法則下有定守所操者約而所制者不其廣耶將見或内或外庶績難乎其熙也今也名實核而上下信庶明有勵翼之風用舍公而遠近服庶績著其凝之美禮樂其修明也政教其弘敷也寧復有倖位而廢事者乎乍臣乍叛三苗難乎其治也今也紀綱振而朝廷尊既孚其來格之心内順治而外威嚴自神其區别之化善者擇而留焉惡者竄而去焉寧復有昏迷而弗即工者乎由是觀之有功不賞有罪不罰雖堯□不能以治天下而况不逮唐虞者可廢法耶雖然唐虞不純任法也觀臯陶陳謨于禹曰在知人在安民禹則以爲能哲而惠何遷乎有苗乃知古之聖王統御百官控制夷狄不在威而在德者内既修而外自攘也後世不務安民而勤兵于遠不務知人而刑名繩下是又過於明而失之察詳於外而略乎内矣豈可以論唐虞之治乎

明王慎德四夷咸賓無有遠邇畢獻方物惟服食器用王乃昭德之致于异姓之邦無替厥服分寶玉于伯叔之國時庸展親人不易物惟德其物

周如斗

同考試官教諭林批（長題義士子類能敷衍至於約繁就簡意盡而詞不贅無逾此作子其深於經學者歟）

同考試官教諭湯批（詞約而意盡此作得之可以爲文矣）

考試官左中允李批（詳整）

考試官左庶子童批（明贍）

古之聖王有謹德以來其遠者有布德以懷其近者夫來遠人懷諸侯非德不可也有天下者可不知所慎乎昔召公因西土貢獒作書以訓武王首及于此蓋謂人主好尚出於一念者甚微而關於天下者甚大是故古先哲王念慮皆理也得諸天者不誘於物欲之私舉動皆天也感於外者惟制以禮義之正初非遠有所慕也然德盛而光則化溥而遠將見東夷西戎焉南蠻北狄焉地雖异域而類則人也仰中國之有聖咸重譯而來賓出土壤之所宜合遠近而畢至列廷實以輸誠者惟服食而已器用而已敢有以异物而瀆者乎夫殊方而至者物也而所以致之者德也明王乃昭德所致示方物于异姓之邦用堅事上之心頒寶玉于同宗之國益篤尊親之典蓋不私其所有也然德以物而將則物以德而貴將見疏而諸侯焉親而伯叔焉人雖殊分而情則同也拜殊恩而起敬隱然若帝德之臨荷寵渥而自慶儼然近天子之光相珍藏而世守者非榮其賜也觀其德也豈有以常物而視者乎吁明王慎德而其效如此今旅獒之貢則與方物异而不可頒於遠近諸侯也明矣爲武王者可不知所戒哉大抵物産出於四夷者非常貢也當克商之初而旅貢適來雖武王威德所加有以致之安知非窺伺計邪故召公反覆惓惓於德之一語蓋德則來不德則去不獨夷狄然也而諸侯亦視之爲輕重故後世寶照乘之珠連城之璧適足以啓諸侯侵陵之患而狼鹿之獲者反以納犬戎之侮噫然後知召公之訓非闊論也

詩

夙興夜寐洒埽廷内維民之章脩爾車馬弓矢戎兵用戒戎作用逷蠻方

張四維

同考試官教諭吴批（觀朱傳此數語該括甚大子能發揮詳盡而詞不膠滯讀之令人洒然）

同考試官教諭袁批（武公自儆之意在慮周備飭此作於題目外紆徐曲折反復盡之是真可與言詩者）

同考試官教授黄批（大雅題作者多爲内外遠近大小常變等字所拘殊覺纏繞平正爾雅僅見此篇）

考試官左中允李批（文有餘味）

考試官左庶子童批（縝密）

賢侯之自儆慮之周而備之飭也夫君道貴於儆也衛侯所以慮且備者無不曲盡焉不賢而能之乎抑之詩武公自儆而作也謂夫湛樂之從或貽淪胥之患矣然其自治也宜何如哉彼德不可以不修也而敗於忽者多矣故必啓處之際夙而興焉夜而寐焉而無間於朝夕庭除之間爲之洒焉爲之埽焉而不遺於密邇則深宮之修無不至而推之大廷也可知矣是何也蓋君民者相爲感應者也周旋之頃表章以之□嚴之地儀法以之使上之動也有時而愆則□之觀也無由而化矣是自身而家豈容忽而不加之意乎政不可以不立也而敗於弛者多矣故必於車馬而修焉使之既攻也而既同也於弓矢戎兵而詰焉使之既堅也而既鈞也則武事之戒無不豫而達之文治也可知矣是何也蓋安危者相爲倚伏者也蠻方之强戎機繫焉疆埸之重國勢存焉使我之治也無以遏之則彼之肆也將有以乘之矣□自家而國又豈容弛而不爲之所乎夫詳□□不遺乎外圖大而不遺乎細慮周乎□□□□飭乎常變則君道之當舉者無不盡而天意之弗尚者亦可回矣所謂訏謨定命遠猷辰告者孰加於此哉載觀憂勤惕勵治之本也自古人君由乎此則雖多難必興焉忽乎此則雖無虞必替焉是以聖帝明王率先乎敬所以事其心而成治化也武公抑畏而至於此其知敬乎其知心之學乎其知治之道乎觀其愧屋漏畏鬼神則雖帝王之功何加焉此所以爲睿聖也嗟夫武公固國君也有天下者可不知所務乎

綏我眉壽介以繁祉既右烈考亦右文母

阮琳

同考試官教諭吴批（歸本隆祀正見武王孝思處此作能以典則之詞發之至結中復進一步説其邃於是經而有得者乎）

同考試官教諭袁批（是詩繼述之意寓於頌美之中此作先照題發揮而及焉然後見其爲完文也且詞氣雍容宛曲有味是用録出）

同考試官教授黄批（説出前王昌後之休後王隆祀之典宛然在目清廟之瑟朱弦疏越一倡三嘆此作近之）

考試官左中允李批（通暢）

考試官左庶子童批（得綏介意）

詩人之頌周王必言其備昌後之福以隆祀先之典也蓋隆禮必由於備福

也周王備壽祉而得以隆孝享焉何莫非先德之所及耶昔武王之祭文王也其詩曰人君之福以備爲難而福之備者禮之隆也假哉皇考昌後之實何如哉是故人孰不欲壽而眉壽者又其久焉者也殆見於昭之中若或綏之俾我之在天位也優游於黄耇之祺焉伴奐於胡考之休焉綿綿之筭有申錫於無疆者矣而奚止九齡之與乎人孰不欲祉而繁祉者又其大焉者也殆見陟降之表若或介之俾我之有天下也引翼乎單厚之庇焉相導乎思皇之祐焉穰穰之降有緝熙於純嘏者矣而奚止大統之集乎夫壽之久則承祧也遠祉之大則饗親也盛是故清廟之主有烈考焉向欲右之而限於分矣今則得以正天子之祀而萃萬國之心辟公之相也廣牡之薦也禮於是乎崇而樂於是乎具矣烈考之配有文母焉向欲右之而拘於制矣今則亦得以全王后之儀而備四方之物肅雝之助也肆祀之將也體於是乎均而情於是乎稱矣夫大禮之隆雖足以順孝子之心而諸福之備實足以昭先王之德所謂克昌厥後者不可見耶大抵尊親者孝之至也追王者尊親之至也而况文王太姒又有以開蒼姬八百年之祚則其享之也宜矣然求寧者文王之心而服事者文王之德武王繼之燮伐之舉清明之功大賚之治皆儀刑文王者也故孔子以爲達孝而曰善繼人之志善述人之事知此則先王之德不專於食報而聖人之孝又豈止於推尊而已哉

春秋

六月齊侯來獻戎捷（莊公三十有一年）

楊儲

同考試官教諭董批（揭書出題偶值夫此場中往往以屈體生事對作率皆牽强成文不知聖人不責桓屈體事魯只説此非禦夷上策本不足矜是篇體認真切文字簡嚴可以爲明經者式矣）

考試官左中允李批（詞嚴而正）

考試官左庶子童批（得旨）

春秋抑霸者之矜功以示禦夷之道焉夫禦夷有道而山戎之功不足矜也故春秋抑之伐戎之役齊以燕故軍獲而旋遺俘於魯春秋書來獻以抑之然則六月之奏公泮水之獻囚皆非歟嗚呼不矜之訓吾徵諸禹之謨焉遏劉之功吾徵諸武之頌焉先王之於夷也負固而不服則樹德以綏之序成而不至則命將以征之及其班師振旅必告之天子以警於夷是以有獻捷之禮桓之於戎也果能招徠遠人以彰文德之修乎果能對揚王庭以效敵愾之誠乎皆未之聞也而乃以越境闢地之俘躬遺於過都歷國之日豈以是尊魯哉蓋恣其戎心而誇荒漠遼邈之功逞其霸圖而肆汰侈虛喝之計爾聖人以爲近政優于遠略文德神

于武功是舉也既失懷柔之策實急功利之心矜能恃勝自爽夫道義之閑而競力尚謀適以滋夫厲之階也已故抑之而書來獻所以示禦夷之道也所以杜啓釁徼功者之萌也抑是時也純門入楚成横而何急乎戎噫此桓之隱也楚患未已是諸侯弗寧伐戎之餘威其懾服之基歟蓋不待召陵葵丘之後而知桓之驕也久矣仲尼之徒無道其事其以此夫其以此夫

天王狩于河陽（僖公二十有八年）秋七月天子使召伯來賜公命（成公八年）

李遂

同考試官教諭董批（傳意明整似易成文但求分隆任重所以然處曲盡斷制如此作者絶少足以占子忠愛之心矣録之）

考試官左中允李批（能發傳意）

考試官左庶子童批（有關鍵）

春秋之表尊號有所以隆其分者有所以重其任者此見天王天子之稱欲大君之克盡厥道也伊昔狩河陽者周襄也稱天王者何君子曰於曲禮見天王之義焉天王者代天爲王以臨夫諸侯者也吾見嚮離而治君臨乎五等膺乾而出統馭乎萬邦維屏維翰皆朝宗也小球大球爲綴旒也其分隆矣噫而可徒哉殆必攬禮樂征伐之權以貞肅夫侯度朝覲也謹黜陟之典焉巡狩也嚴慶讓之法焉夫然後群公列辟莫不震叠而無愧乎天下之大分矣詩曰不顯惟德百辟其刑之其臨諸侯之要乎命魯成者周簡也稱天子者何君子曰於説命見天子之義焉天子者繼天爲子以君夫天下者也吾見誕膺眷顧而父母乎天地上承付托而臣妾乎華夷一日二日有萬機也匹夫匹婦皆已責也其任重矣噫而可徒哉殆必盡財成輔相之道以左右乎斯民作之君也隆安養之制焉作之師也盡教化之道焉夫然後普天率土莫不尊親而無忝乎天下之大任矣書曰一人元良萬邦以貞其君天下之要乎由是觀之臨諸侯者言乎其法也法主乎義君天下者言乎其恩也恩主乎仁雖然義偏矣則必過剛剛則怨秦其以之仁偏矣則必過柔柔則玩周其以之洪範傳沉潛剛克高明柔克雝之詩宣哲維人文武維后此帝王之全德也大君其尚念哉

禮記

故必舉其定國之數以爲禮之大經禮之大倫以地廣狹禮之薄厚與年之上下

汪世安

同考試官進士盛批（題重先王制禮本之財賦所以法定民裕而教不廢作者多以理財一偏説殊非本旨是篇財禮相須處發揮殆盡深得禮意）

考試官左中允李批（嚴整）

考試官左庶子童批（敷腴）

先王因賦以行禮而必酌諸地與年也甚矣行禮不可無經常之法也先王因國賦而以地爲之準年爲之差焉可謂適經權之宜矣記禮器者意謂國之所先者禮禮之所貴者中先王之合天設地也而豈徒哉彼禮必資於財財必約於數一或無經不濫則陋矣故必舉其定國之賦量入爲出而所以交乎幽明者於是乎取焉要其惟正之供因財制用而所以際乎上下者於是乎取焉税於民者有可守之法而不屈於□之不貲施於國者有可久之規而不患乎事之難繼如此則制國之法得矣然地有廣狹不容以概議也於此而無一定之法焉可乎則等威辨於體國之餘而倫類不爽制度定於畫野之始而分藝以協地廣者其禮備地狹者其制嚴蓋成於人爲者設於地利也夫豈一節行之哉至於年有上下不容以盡同也於此而無因時之宜焉可乎則稽諸不齊之運以爲盈縮之規乘乎適然之時以立變通之法豐年則從而厚焉兇年則從而簿焉蓋施於人事者列於天時也夫豈一律制之哉是則於一定之法見其知經矣於因時之宜見其知權矣謂非爲禮制國之良法耶嘗考禮莫備於成周使器數名物必盡飾以爲美則竭天下之財固將有不贍矣至其九職之任九賦之斂九式之節計要稽會纖悉畢具若不相謀今考諸禮器制用之法而後知二者恒相因也嗚呼此禮之所以爲文而民之所以樂從者也後世類以飾治爲觀美理□爲冗談噫儀章物采固云禮矣孰知制節乃所以爲禮乎

樂也者動於内者也禮也者動於外者也故禮主其減樂主其盈

王世康

同考試官進士盛批（禮樂盈減二字最難言是作體認精當必嘗用心於禮樂者矣）

考試官左中允李批（精密）

考試官左庶子童批（工緻）

惟禮樂之原异故禮樂之體殊夫禮樂有自然之妙也其所由來既有内外之殊矣其體叚豈不因之而异哉樂記因論禮樂之不可斯須去身及此謂夫要禮樂之極功固措諸天下而有餘原禮樂之由起則反之身心而各具彼樂所以有治心之功者爲其動於内也蓋樂本於和而和則出於中發於聲音者皆天機

之觸感形於動静者一性術之流通使和順無積中之實則英華不能以自著矣樂果可以僞爲也哉禮□以有治躬之效者爲其動於外也蓋禮本於序而序則見於外焕乎文章每溢於動容之表秩然品節皆潤於生色之形使吾身無可象之儀則節文不能以自行矣禮果可以襲取也哉夫惟禮之動於外也則似非由中之念而疑於强世之爲矣故主宰乎三千三百之文而爲禮之體者恒在於減若或制之而意有弗紓也若或抑之而力有弗致也斂氣之屈而退藏於密蓋與陰道之闔者同其功禮之主非減而何惟樂之動於内也則出於自然之情而爲中心之好矣故綱維乎五聲六律之文而爲樂之體者恒在於盈彌漫布濩而量無不充也會合冲和而情無不闡也循氣之伸而充積於中蓋與陽道之闢者同其妙樂之主非盈而何學者誠能致察于内外之分而不失乎盈減之體則治心治身之功思過半矣雖然禮樂一道也而其動其主若不同焉何哉蓋自天地之高下散殊周流同化而禮樂之屈伸已有不同者矣此禮所以能修外而樂所以能修内也至其交錯於中發形於外而兩收其效則又何可以异視哉學者既知其所以二復知其所以一則得之矣

第二場

論

君子篤恭而天下平

白璧

同考試官教諭吴批（此題源委未發之中來作者類多馳鶩要皆非本色語獨此篇議論根據而抑揚開闔脱去藻繪意味冲然豈特場屋論中之錚錚者乎是足以式矣）

同考試官教諭袁批（中庸此語與首章正相應蓋天下無性外之物性盡則自然至此耳作者泥於幽深玄遠之註類不知於此求之詞意浮虚竟無歸著是篇獨反復千餘言無非此理其可道中庸者乎録之非徒以其文也）

同考試官教授黄批（此題場中作者類以神化二字立説及究其理致率皆捕風捉影漫無指歸殊覺可厭此作以篤恭二字歸之本然之中而其天下之平亦不過廓此中以造其極耳末復約之以尚絅慎獨之事理學渾融議論正大是豈可以經生目子哉敬服敬服）

考試官左中允李批（意有源委而辭有根據其究心於理學者）

考試官左庶子童批（聖人之學不過復性是作理融辭雅不逾矩矱可

與言致一之道矣）

聖人無爲而天下治亦復其本然之中而已矣中也者道之體也性之德也無所感而自無不中者也和之所由致也人莫不有是性而不皆中者倚於情也聖人者盡其性者也復其本然之中者也故寂焉而其理無不具感焉而其幾無不通存天下之神而莫測其朕也知天下之化而莫見其迹也故聖人之治天下篤恭而已矣篤恭者無爲也然而人之性可得而盡焉物之性可得而盡焉化育可得而贊焉天地可得而參焉盡性之極功也嗚呼非天下之至誠孰能與於此今夫太極者天地之中也動静者機也陰陽者器也動静無端陰陽無始者道也故兩儀由之而立焉三辰由之而位焉五氣由之而布焉四時由之而行焉萬物由之而成焉莫非太極之所爲也故其顯諸仁也則乾至大也坤至廣也其藏諸用也則乾確然易而已坤隤然簡而已聖人者成天地之能者也聖人之中聖人之太極也中也者天命之性也道之體也無所於喜而喜之理具焉者也無所於怒而怒之理具焉者也無所於哀樂而哀樂之理具焉者也無聲之可聞無臭之可睹也故聖人之心即天之心天之心一聖人之心亦一一者恭而已恭故静虚故動直静虚則能性性而感之體具矣體也者中也天下之大本也動直則能物物而寂之用行矣用也者和也天下之達道也故感於喜之理達之於天下而無不喜也感於怒之理達之於天下而無不怒也感於哀樂之理達之於天下而無不哀且樂也故動而無不敬言而無不信及其至也不動而敬不言而信矣賞而無不勸罰而無不威及其至也不賞而□不罰而威矣故性性者致中者也所以存神也物物者致和者也所以過化也蓋至是而吾之心正天地之心亦正矣吾之氣順天地之氣亦順矣以日月則協度也以風雨則應時也以寒燠則奠序也以庶草則蕃廡也以鳥獸魚鼈則咸若也故天地無心而成化聖人有心而無爲聖人之於天下垂衣裳而已矣正南面而已矣故其易如乾其簡如坤周子曰聖人定之以仁義中正而主静主静者篤恭者也復其未發之中者也至誠盡性之功於是極矣吾嘗怪夫昧乎體者之以篤恭爲無也狥乎用者之以篤恭爲有也故清浄寂滅者近於體而非所以爲體也權謀功利者近於用而非所以爲用也昧乎體者有見於無爲無見於有爲也不足以致中狥乎用者有見於有爲無見於無爲也不足以致和聖人之心静而無静是故無體而非用也動而無動是故無用而非體也自夫體而觀之其道則父子君臣夫婦兄弟朋友之交焉其德則知仁勇焉其功則博學審問謹思明辨篤行焉其端則尊德性道問學焉其要則明善誠身焉其極則至誠無息純一不已焉舉聖人之德而無不協於天命之中

用之本也自夫用而觀之其經則修身也親親也尊賢也敬大臣也體群臣也子庶民也來百工也懷諸侯也柔遠人也其數則禮儀三百威儀三千也其重則議禮制度考文也其效則位天地育萬物也舉天下之道而無不會於聖人之中體之推也蓋至是而天命之性以盡率性之道以行修道之教以立矣故中庸者由天命而散於人事一本而萬殊者也由人事而復歸於天命萬殊而一本者也聖人者學至於一本者也故乾之易也健而已矣坤之簡也順而已矣聖人之無爲也篤恭而已矣故曰博厚配地高明配天悠久無疆不見而章不動而變無爲而成盛德大業至矣哉嗟夫中庸之鮮能也久矣智愚賢不肖之過□□也亦多矣子思有憂焉故其曰尚絅者立心之始也慎獨者入德之幾也始於戒懼而曰不睹不聞者致中而後致和也終於篤恭而曰無聲無臭者既致其和而益致其中也要之一誠而已矣子思其得一貫之旨也夫

表

擬賜御著大狩龍飛録廷臣謝表

劉一麟

同考試官教諭林批（是録經緯异名仁孝兼寓惟此作鋪張詳盡且宏博麗則真佳作也）

同考試官教諭湯批（莊麗典則足以發揚聖孝之大可式可式）

考試官左中允李批（莊雅）

考試官左庶子童批（典麗而婉）

具官臣某等伏蒙聖恩頒賜御著大狩龍飛録者鴻儀肇舉睹縟典於乾行鳳藻均頒荷湛恩於晋錫榮施近列道冠前謨臣某等誠懽誠忭稽首頓首竊惟省方觀民先王所以設教博施備物聖人所以事親虞四岳之周巡輯圭璧於歲覲漢原廟之特建奉衣冠於月游蓋神靈體魄之崇豈豐於昵顧兵衛徵求之寡匪厲乎民歷選秘圖率虧彝典穆游萬里興白雲黄竹之謡秦錮三泉侈銀海金鳧之制迨甘泉汾陰之祀暨景靈鴻慶之修簫鼓奏於洪河籩簴陳於别寢情鍾湯沐義謬游歌詎知仁孝之謨復見聖明之世豫順以動本教愛而因親師出而臧爰布德以展義兹蓋伏遇皇帝陛下道隆三重倫叙九疇堯安安而允恭舜夔夔而祇載父事天而母事地致中致和宗有德而祖有功盡倫盡制屬明堂之肇祀奄慈馭之遐升謂治以孝爲先酌玄宫之分合惟禮以時爲大集衆論之异同是究是圖問之朝問之野必誠必信至于再至于三肆展計視之勞兼定巡狩之舉告祭周於列聖望秩遍於群神御五輅而揚九旗擁千乘而從萬騎洪鈞布氣鳥獸若而草木蘇彩仗乘春雲霞麗而山川耀

法駕遥臨於華蓋屬車聯接於鈎陳親藩肅肅以來朝列職蹌蹌而畢會馳道三千里供需悉出於尚方羽林十萬人市肆不移於下邑雖夙駕而彌敬蓋宵衣而忘勞適青春雨露之期達睿考松楸之地覽鬱葱於純德佇肹蚼蠁於祾恩集衆僉謀涓辰蕆事親决萬年之兆永妥二聖之靈瞻天步於故宫感虹流於華渚陳詩而采觀風江漢之間爲壇而柴張樂洞庭之野進老父而宣諭懽動堯衢涣綸綍以蠲租仁符周粟湘湄作賦采澧蘭沅芷之芳河曲留題發龜書馬圖之奥比玉鑾之旋軫萃天藻以盈編昭垂一代之謨迴出百王之軌臣等官叨扈從徒愧馳驅職效班行無裨居守仰聖文之璀璨沾帝賚於縹緗什襲以藏邁過沛横汾之製再拜而讀戴經天緯地之功傳之子孫重於珙璧伏願奉蒸嘗於九廟益求匡嗣之仁垂衣裳於千春更篤上人之孝璇穹昭假親益安而後益昌玉曆綿延人保和而天保定臣等無任瞻天仰聖忻躍感戴之至謹奉表稱謝以聞

第三場

策（五道）

第一問

周國卿

同考試官教諭洪批（治道本一後世始分而正統之説各有論辯子能折以春秋尚書上下數千百年之緒確有定論而於我皇祖皇上得統之正使治道復合爲一超古今而獨盛者又有以仰窺而敷揚之其有得于治道之化而興起者乎）

同考試官教諭侯批（我皇祖之盡制盡倫皇上之善繼善述真所謂克盡君師之責而遠紹數千年帝王之統者子能仰窺而揄之足占素學且中間二統相傳之叙考訂精當殆未可以文士目也）

考試官左中允李批（我聖祖德符堯舜功高湯武至我皇上敬一察倫重光而廓大之真可以度越千古遠俟百聖而不惑也子能鋪張揚厲且曲盡治道相傳之統可以徵聖化作人之功矣佳士佳士）

考試官左庶子童批（治道二統宇宙間大論議子能條答辭嚴義正直欲與古聖賢增翊衛之功裒然佳士也至我皇祖功德遠紹唐虞皇上纘承憲章超軼百代尤能仰測於萬一子其涵濡有得者耶）

治統正而帝王之政行矣道統正而帝王之教明矣由政而言謂之君是故曆數存焉由教而言謂之師是故心法有焉三代而上政教出於一有其統

而無其名三代而下政教出於二而正統之名始立正統者所以建萬世之極而嚴萬世之防者也故治之統有正有閏而變例不與焉道之統有正有羽翼而异端不與焉二者立而陵節犯分者不敢偪衺邪説横議者不敢肆矣昔者三皇五帝三王之相承也凡以開物而成務也故其治顥顥乎爾熙熙乎爾二典三謨之相傳也凡以繼天而立極也故其道平平乎爾蕩蕩乎爾自周之東王綱解紐黍離降爲國風孔子以天縱之聖不得其位乃取六經而删述之政教之責始移於下孔子既没霸術日隆异端日熾孟子辭而闢之蓋廓如也自是以降治道湮蝕淪胥於亡而正統之説不得不立然二者之辨愚必以孔子爲質治統質諸春秋道統質諸書孔子之作春秋也周雖弱必尊之桓文雖强必抑之吴楚雖大必外之所以明正統也周之後取天下而不失其正者吾得漢唐宋焉漢取其誅無道秦也唐取其平隋亂也宋取其混一五季也附之正統爲其足以修政而立教也朱子作綱目黜曹魏而進昭烈蓋以漢賊不兩立而帝室之冑固炎祚之所屬也得尊王之義矣然以秦晋隋列之周漢唐之間夫謂秦晋隋之有天下可也謂其爲正統不可也何也秦暴也晋隋篡也秦之不可以繼周猶魏之不可以繼漢也昭堅之與操其惡等爾乃以之列於正統豈非徒據其有天下之迹而未探其取天下之心耶歐陽子曰正者正天下之不正也統者合天下之不一也蓋有統而不正未有正而不可以統者也司馬氏曰不能一統者有其名而無其實者也夫治之道亦先正其名而已名苟正則實雖偏安不害其爲統名苟非正則實雖全盛猶弗統也且帝王之興必有强有力者起而併之以爲一代之驅除故秦併六國而漢興隋併六朝而唐興周幾併五代而宋興然則秦漢之閏也隋唐之閏也周宋之閏也或者又以東晋之紹典午後唐之祖神堯皆欲進之於統夫琅邪牛金之種也司馬氏且見黜矣克用沙陀之種也吾見其尤非類矣甚至作通鑑者帝魏而寇蜀帝朱梁而寇河東作元經者帝北魏而黜江左君子不能無憾焉則超漢唐宋以續帝王之曆數者寧無屬哉孔子之序書也堯傳之舜舜傳之禹禹傳之湯湯傳之文武周公繼周公而集群聖者孔子也繼孔子而閑先聖者孟子也孟子而後傳道而不失其正者吾得濂洛關閩之學焉周子之圖書也二程子之踐履也張子之精思也朱子之大成也列之正統爲其足以立教而裨政也宋史作道學傳取康節南軒而舍象山蓋以内聖外王之學義利之辨於道有功而高明簡徑之見其流不能無弊也傳心之法蓋得之矣然胡康侯吕伯恭蔡季通真希元魏華父咸無取焉夫謂五子之不得爲正統可也謂其不當在本傳不可也何也文定之卓立得伊洛之秘成公之博文節之精於紫陽有資益焉而文

忠之直文靖之堅又皆明正學於厲禁之後比之游楊黄李其賢均也乃以之列於儒林豈非有見於其論撰無見於其造詣耶程子曰道不行百世無善治學不傳千載無真儒未有道而非儒亦未有儒而不本於道者也朱子曰道之托於人者有絶有續故其行於世者有明有晦夫道之傳亦存乎其人而已苟續而明也不敢以其輩出而略之也苟絶而晦也不敢以其僅見而取之也且聖賢之作必有聲應氣求者出而助之以爲吾道之羽翼故堯舜之興而有皋夔禹湯之興而有益稷伊尹文武之興而有周召顔曾思孟羽翼乎孔子者也胡吕而下羽翼乎四子者也或者於漢取廣川於隋取河汾於唐取昌黎於元取魯齋草廬夫董王韓皆衛道者也然其學也吾見亦駁矣至於勝國二子皆信道者也然其事元也君子至今有遺論焉則由魯鄒以繼帝王之心法者寧無屬哉夫治統之正者以其本於道也道統之正者以其適於治也得之不以其道而又足以害治推之不達於治而又足以害道君子必絶之故吕雉之於漢武曌之於唐以婦乘夫者也劉石符姚慕容赫連之於晋匈奴鮮卑氐羌之黠也遼金元之於宋契丹女直蒙古之雄也皆以夷猾夏者也治統之變例也春秋撥亂世反之正夫人得而討之矣至於訓詁之蔽於漢辭章之溺於唐則曲學也老氏之虚無佛氏之寂滅百家衆技充塞仁義則异端也書之所謂讒説殄行者夫人得而攻之矣故治統之所斥女主也篡臣也夷狄也道統之所斥虚無也寂滅也術數也所以正陰陽之位孔明君臣之分也嚴華夏之防也而政於是乎行矣辨邪正之微也定异同之見也别治亂之幾也而教於是乎明矣然治道出於天而隆污係於時故書終於平王言王迹之熄也春秋始於平王言霸圖之興也此治道升降之機也康節謂三皇如春五帝如夏三王如秋五霸如冬草廬謂孔子爲元顔曾爲亨子思爲利孟子爲貞蓋有見於此矣二統之絶莫甚於元我皇祖驅犬羊以復帝王之土宇掃腥膻以復帝王之衣冠正三綱於既淪立九法於既斁其得天下之正比之湯也無慚德比之武也爲盡善嘗竊窺之神謨聖德弘綱節目不可殫述然祖訓之著日曆之紀集禮之頒律令之定則政之大者也臣民有誥學校有碑資世有訓教民有榜則教之大者也是故治道之統晦而復明絶而復續其功有賢於堯舜者世運再闢人文重啓其三皇之春孔子之元乎我聖主膺上天之命嗣皇祖之位正群祀之典明彝倫之道重蠶桑之業操威福之權敬一有訓五箴有注二十年間政修教立君師之道實交盡焉往者建帝王廟於京師歲必致祭蓋有得於治統也祀聖師於内殿月必致敬蓋有得於道統也所以符往聖紹皇祖者可謂盛矣其春而夏元而亨之時乎然愚聞之道者治之本也書之道中是也春秋之

道正是也精一者所以執中也命德討罪者所以居正也億萬年心法之要曆數之基端在是矣芹曝之忱願因執事以獻

第二問

黄釜

同考試官進士盛批（國家之本在於儲副古先哲王輔養之法斑斑可考我太祖聖德昌後建官之制視古加密皇上首建儲宫簡遴僚屬其所以慎始保大以爲無疆之休者千載一見也是策能參酌古今敷揚鴻美信乎畿甸之士得於觀感者深矣）

考試官左中允李批（儲輔關係甚重此策歷舉前代典故條對不遺末復本于□上身教之功而望以后夔周召之助子之見非書生也）

考試官左庶子童批（輔儲之道於今爲切職守人品則所當豫講者是策敷對詳明而周官教胄之意尤爲得之末復有意於周召之業知非凡近士也）

教本之地翊贊之官審喻之才不可以不慎也古之明王率重乎此而後世職之修廢人之得失恒弗齊焉何者制度略而體統昧習華寵而忽事守也是故其職明其業可得而修矣其人賢其職可得而盡矣執事策士以宫臣爲問愚以是知非出位之思也昔者周公之輔成王其歷年久而勞勛甚衆也至其建官分職自朝廷以及比閭纖悉畢具而元子不爲置官雖有六傅不爲置屬又何簡也記曰虞夏商周有師保有疑丞設四輔及三公不必備唯其人蓋古者天子之元子衆子皆入太學是以有齒胄之禮其職固典樂之所專后夔之所司也且周官師氏教國子以三德三行即教以事而喻諸德者也保氏養國子以六藝六儀即慎其身以輔翼之而歸諸道者也故師保謂之三公充其數則有傅疑丞謂之四輔充其數則有輔弼至於庶子之官職諸侯卿大夫士之庶子之卒國有大事則率國子而致於太子惟所用之是周之教太子其與胄子國子一也故官簡而禮尊制詳而情洽其曰將以君我而與我齒讓何也則虞廷典樂之意猶有存者矣秦漢而下勢日遠而情日間故官不得不備而先王之法於是乎弛遂使養老乞言承師問道之禮卒不可復見也其後陵夷雖官屬之建亦或闕略惟唐六典仿周官之意而立之儲賓宫采其制稍備職守之專差可考見故以道德輔教凡動静起居皆可以法此其屬三師之職也奉太子以觀三師之道德此其屬三少之職也侍從規諫而先後焉此其屬賓客之職也統其綱紀而修其職務此其屬詹事之職也贊相駁正而獻納此其屬庶子之職而中允副之者也諭以道德隨事規諷此其屬諭德之職也陳古以箴此其屬贊善之職也彈劾糾舉規諫駁正此其屬司直司議之職而司議

即今之司諫也掌圖書備供進此其屬洗馬之職也校理刋正此其屬校書正字之職也宫臣之制庶幾備矣朱子所爲善之者也至於其人則宿德隆望鴻名嘉績炳然方册蓋可考焉於周則明堂之位曰篤信而好學多聞而道順者是周公也誠立而敢斷輔善而相義者是太公也廉潔而切直匡過而諫邪者是召公也博文强記捷給而善對者是史佚也於漢則四皓之羽翼也張良之忠義也叔孫通之禮儀也疏廣之勇决也石奮之恭謹也王商之肅敬也鮑勛之清白也桓榮之經術也於唐則長孫無忌房玄齡之勛德也李綱之慷慨也于志寧之規益也張説褚無量之啓迪也吕元英之讜直也李敬元之高峻也於宋則王陶韓維之厚德也晏殊之謹密也魯宗道之忠實也朱震范冲之極選也劉焞之問學也李彦穎之操履也楊萬里之剛正也黄裳之端純也婁機之正論也斯皆甲觀端府之英翼德諭教之最著者也是故思其職則三師入舍莫非弼亮者矣思其人則九德六行莫非儀刑者矣故成王之未涖阼太公爲太師常立於左周公爲太傅常立于前召公爲太保常立于右史佚爲少師常立於後故成王中立而寡於過周之所以長有道也此其職之修而其人之聖且賢者也漢興稍用秦制置詹事中庶子之官然多以他官監護疏廣以爲示狹非所以廣太子者也唐制雖備中多虚曠甚者疏賤之三師保傅之官非耄聵不任事即休兵罷帥者處焉故其始也馬周以位高恨不得爲司議郎其末也賓諭贊議之秩以爲疏冗散賤縉紳至耻之如元稹所云可慨也宋制尤簡陋春坊僅用武弁之小才其次纔講讀數員而贊善大夫諸官又爲散階而非實職神宗以六典改官制而不備如此朱子有深慨焉若夫秦始使趙高以刑名傅胡亥故今日即位而明日射人漢文使鼂錯以術數教景帝因致七國之變梁徐庾諸人競爲浮豔之詞號曰宫體而無益臺城之禍至如隋之唐敬則請奏琵琶唐之唐儉趙元鼎操刀膾腥則自比於割烹優伶之事尚望其弼諧明德繩糾愆過哉故知職之修廢人之得失其繫甚重也昔者趙王欲傅周紹而紹辭曰立傅之道六智慮不躁達於變身行寛惠達於禮威嚴不足以易於位重利不足以變其心恭於教而不快和於下而不危而臣無一焉以趙之小紹之陋皆不足道然可謂知慎矣唐元稹之爲教本書也而曰目不得閲淫豔妖誘之色耳不得聞優笑陵亂之聲口不得習操斷擊搏之書居不得近容隂順邪之黨游不得恣追禽戮獸之樂翫不得愛遐异僻絶之珍積文士也非有道德之實然亦可謂知要矣故立傅教本之道不止於此而此其略也蓋能選傅斯得人矣能得人斯盡職矣故道之敦厚以體仁道之剛毅以立義道之辭讓以隆禮道之辨别以明智道之果確以守信道之嚴畏以篤忠道之親愛

以致孝道之經緯以昭文道之戡定以修武道之强健以務勤道之樽節以崇儉道之恭敬以盡誠此教本之道也故得一周公則無剪桐之戲矣得一太公則鮑魚不登於俎矣故曰練左右急也我太祖宫臣之建稍仿六典詹事坊局先後創置其在朝廷詹事則六卿也坊局則侍從也司直清紀司諫則諫垣也法制備矣而又鑒前代之失每以近臣兼領并攝奸萌釁端無由而起聖謨神識萬世無弊者也乃者皇上蚤建東朝茂簡寮采天下訢訢罔不歡戴養蒙順巽以身爲教父師之道蓋交盡焉然龍姿鳳表日就岐嶷則講學輔德深培遠溉且有日矣舜命夔曰直而温寬而栗剛而無虐簡而無傲此德性之學也弼亮之職莫要於此矣周公之無逸太公之敬義召公之顧畏皆古聖人也儀刑之道宜莫先焉漢唐宋諸君子不足期也名卿碩弼濟濟在列愚非賈生也何足以知之

第三問

田應弼

同考試官教諭董批（史之難其來久矣中膠者不偏則陋曲綴者不縟則浮故一閧之市必立之平夸言博藝匪聖□折是策獨能淹貫數十家之言而該理千百載之事取義於春秋考度於周禮精微不爽隱顯旁通其有志於用世之學者而非可以經生目子矣）

考試官左中允李批（史非積學之士不能觀其會通此篇上下古今援引斷證歷歷明盡子非博學而詳説者邪）

考試官左庶子童批（夾漈之書其志甚偉而學甚博大也經生率未易言子獨取數千年之法之事而揚榷焉其斯有志於會通者乎）

文獻者述作之大者也會通者學術之大者也夫因革存乎法而損益施焉理亂存乎事而勸戒昭焉二者必資乎文獻文或懼其繁而亂獻或懼其背而馳故必會紀載之异同而爲之删述通世次之上下而爲之編摩使法本於道而詳略具事原於法而得失形然後往者可傳焉來者可徵焉故文獻者天下之大述作也會通者天下之大學術也孔子曰文獻不足故也又曰觀其會通以行其典禮聖人之志豈不可見哉請因明問而訂之昔軒轅受命倉頡沮誦實居史職而文籍生焉三墳五典八索九丘邈乎不可知已周官太史小史内史外史皆掌書志而右史記言左史記動則有專職出於言者法也出於動者事也二者其職蓋相通也故韓宣觀書而嘉周禮在魯季扎觀樂而歷嘆帝王之德豈非文獻猶有存者哉孔子曰我欲觀夏道是故之杞而不足徵也吾得夏時焉我欲觀殷道是故之宋而不足徵也吾得坤乾焉蓋思有以會通之

也於是定禮樂删詩書贊周易修春秋總二帝三王之法而會於一人貫唐虞三代之事而通於一家然□□□古今之文而極古今之變萬世之□於是乎取徵矣其後秦燔詩書坑儒生文獻不絶如綫漢興稍修緝之老儒女子之所授頽垣敗冢之所出僅行於烈焰淫刑之餘於是司馬遷上稽仲尼之意會詩書左傳國語世本戰國策楚漢春秋之言通黄帝堯舜三代七國秦漢之世作史記凡二十本紀十表八書三十世家七十列傳辨而不華質而不俚其文直其事核不虚美不隱惡亦自古以來文獻之實録也班固漢書盡仿遷例不激詭不抑抗贍而不穢詳而有體其於太史公稱流亞焉然蘇洵之取遷固則曰隱而彰直而寛簡而明微而切固之譏遷則曰先黄老而後六經退處士而進奸雄崇勢利而羞賤貧傅玄之譏固則曰飾主闕而折忠臣貴取容而賤直節謹辭章而略事實其得失雖互見而遷實固之典刑也自固斷代爲史歷世踵之人出新論家立异見紛紜錯雜無復會通故一帝而數紀一人而數傳天文出於璿璣方域定於禹貢五行本於洪範而每代作志郡邑各爲區别禮樂自爲更張此表志之未同者也居攝不附於漢平孺子下列於新莽抑聖公於傳内登文叔於紀首帝曹魏而寇蜀漢帝朱梁而寇河東南謂北爲索虜北謂南爲島夷尊中興則黜永元顯義寧則隱大業録光宅則略嗣聖此本紀之未同者也班固深排賈誼范曄虚美隗囂陳壽謂諸葛不逮管蕭魏收以爾朱可方伊霍房彦謙以玄齡而擅名虞荔虞寄以世南而立傳甚者晋史黨司馬氏而魏之王凌諸葛誕毋丘儉遂爲叛臣齊史黨蕭氏而宋之袁粲劉秉沈攸之遂爲逆賊此列傳之未同者也王通氏曰遷固而下帝王之道暗而不明天人之意否而不交制理者參而不一陳事者亂而無緒若此者謂之無徵可也梁吴均作通史自太初以終齊室蓋主史記而參以兩漢紀傳統六百二十卷説者謂其上下通達臭味相依然列傳未成而成者又遭煨燼至若宋庠之通譜章衡之通載大抵皆編年之書也司馬光乃取十六史曰周曰秦曰漢曰六朝曰隋曰唐曰五代凡千三百餘年之理亂彙爲一書號曰通鑑善可爲法惡可爲戒當時神宗序之曰博而得其要簡而周於事典刑之總會册牘之淵林此非取諸其事而會通之者乎唐杜佑作通典自上古以終天寶蓋以政典爲未盡而參益新禮統二百卷説者謂其綱領宏大考訂該洽然節目未備而備者頗欠精當至若馬總之通曆宋白之續通典大抵皆經制之書也元馬端臨乃廣佑之九門曰天文曰地理曰禮樂曰兵刑曰財用曰職官曰學校曰封建曰户口爲二十四目稡爲一書號曰通考本之經史而可據會之典禮而可行當時儒臣稱之曰纂集今古殫盡精力濟世之儒有用之學此非取諸其法而會通

之者乎夫修史之難無出於志故范曄無表而陳壽李延壽無志温公馬氏其學術非不能參稽互考以擅一代之述作蓋温公之鑒有意於本朝之弊而馬氏之考亦所以備温公之遺也若宋鄭樵通志取上下數千百年之事與法而并録之蓋有志於會通者其所撰二十略自謂前十五略出其胸臆不涉諸儒論議後五略雖本前人之典亦非諸史之文自任蓋不淺矣然今觀之器服失之疏藝文失之贅校讎金石博物之技也昆虫草木稗官之説也不可以言立法本紀世家荒誕并述列傳載記繁蕪未刋不可以言紀事且佑生唐貞元間通典所載止於天寶樵乃全用佑文自宋以前闕而不續謂非諸史之文不可也樵譏遷采摭未備又譏固專事剽竊至其所自爲書不免蹈之述作豈易言哉夫百川异趨而不歸於海則泛濫之流也萬國殊軌而不通於華則壅塞之途也世儒博稽載籍習誦古今而無以會通之亦豈折衷之論適用之道哉學者於通鑑究其事而折以孔子之春秋則理亂明而勸戒可昭矣於通考酌其法而證以周官之六典則因革當而損益可施矣其於通志事苟未公以是而斷之法苟未明以是而核之芟其蕪而補其闕刋其誤而正其訛以弘天下之學術以備天下之述作以成天下之治道如濟險之舟而不眩於衆流也如指南之車而不迷於多岐也則經世之具通儒之業庶幾盡矣雖然帝王之所同者心也所不同者迹也迹固以文獻而存心則無俟於會通而得故傳心之要千聖相授守一道其事其法則時之隆汙人之存亡繫焉孔子曰殷因於夏禮所損益可知也周因於殷禮所損益可知也其或繼周者雖百世可知也然則所因者心也所損益者迹也而勸戒之實亦不外是矣故事本於法法本於道道本於心此又會通之要也敢以是復

第四問

劉一麟

同考試官教諭林批（三代以下人物如數子者亦難矣惜場中作者往往掇拾舊聞可否由人瑕瑜失實令人厭觀惟此作直溯其心源要其始末權其重輕出獨見會公理破陳詞立新案一字一句有不容移易者數子可作當爲之俯首矣偉哉文乎）

同考試官教諭湯批（評品人物正欲觀士子之學識也場中作者聞見不真類造迂説以厚誣古人者多矣子能原其時勢所遇証以先正格論而復參以己意俾古人心事庶暴白於天下公恕之心諒不失爲君子其視過爲矯激者不侔矣宜録以爲尚論古人者式）

考試官左中允李批（古人心事不可輕看此篇折衷衆論而意見和平

不爲過激詭隨之談子之所藴從可知也取之）

考試官左庶子童批（漢代人品如數子者其彰明較著者也然評騭不一子能歴探其心公而恕核而嚴可與尚論古人矣）

君子尚論古人當觀其建立之大節而不可膠于是非之陳迹何則士君子效用明時未嘗不欲策勛於當時流風於後世而時之所遇有順逆勢之所遭有難易不能盡如吾意者亦盡其在我而已至於是非成敗非所計也苟千載而下不究其心而據其迹不度其時而審其勢則古人之心事荒矣夫豈尚論之公哉請因明問所及而陳之漢之張良始終爲韓篤春秋復讎之義功成而退如鴻冥鳳舉三代而下出處可觀未易得也故伊川南軒皆以爲有儒者氣象而唐子西以爲從黄老中來愚以爲未盡然也彼博浪一椎奮不顧身夫豈黄老之所能爲乎紫陽朱子謂其事多陰謀非養虎遺患之言秦將賈人之賂耶夫幾會之來間不容髮否則天下之事去矣何以成佐漢之功故邵子曰智哉留侯善藏其用可以釋陰謀之説矣諸葛孔明三顧而起得撥亂反正之義至于鞠躬盡瘁死而後已三代而下出處明白未之有也故朱黼稱其爲王者之佐伊尹之儔也而輔廣謂其嘗學申韓彼出師二表正大光明又豈申韓之所能到耶朱子謂其學不純正非取劉璋一事乎或以爲先主之意耳否則干戈之擾久矣何以成討賊之勢故程子曰取其志在興復漢室則正也可以原孔明之心矣賈誼慮諸侯之强以爲失今不治必爲痼疾文帝惑絳灌之譖而謫誼長沙鼂錯建削吴之策以爲削亟禍小削遲禍大景帝聽袁盎之計而斬錯東市史氏類不足于二子者其以是與嗚呼是以成敗論也使誼之策行於文帝豈有後日七國之禍錯之策行于景帝必無倉皇周章之悔殺謀臣以悦仇人杜忠臣之口爲後世戒蓋文帝鎮静之過景帝輕率之失使二子之策不售於二子也奚尤衛青七擊匈奴益封三子即其微賤之迹兼以肺腑之親似若憑藉光寵因人以成功名者及觀辭周霸之請不擅殺裨將於境外以存人臣之義謝蘇建招賢之説但知奉法不敢僭人主之柄此非過人之識乎書曰臣無有作福作威青實有之青亦豪傑也哉騎奴側陋之常耳豈足以病青乎青以布衣草莽之微驟致大將軍尊重之位其不滿於人意者有由然也東方朔持論不根玩世諧俗似若隨世浮沉容悦事主者及觀諫武帝之微行諫上林之不可起指董偃之罪當誅本朔守道持正之論漢廷尊禮公卿皆噤聲莫敢言者而朔也乃能奮然辟戟以争不可其所以犯顔動主雖古忠直無以過也而史謂俳優畜之無乃太甚矣乎想其調笑公卿陵轢將相朔之不理于口也或有以取之耳龔勝薛方辭辟徵不就逢萌梅福弃妻子而隱此何時也

爲楊雄者既不能去及莽之簒漢又拜爲大夫且作爲文章稱頌逆賊之功德是誠何心哉雄之出處去就如此而史謂恬于勢利者果如是乎夫易有進退存亡之義太玄可以凖耶論語有守死善道之言法言可以擬耶彼所謂文章者真足以覆醬瓿耳漢祚既衰佐曹操以起兵及事就功畢斥董昭之謟佞彧也豈無扶漢之心哉故先辭三公至于十數後議九錫繼之以死是以蘇子稱之非無見也夫死生之際亦大且難矣杜牧謂其邀虚名于漢代不亦過乎至於勸操以取兗州則比之高光官渡不令還許則比之楚漢縱使盡出其口亦相時論勢取其相似云爾而況飾於史氏之文乎觀操至長安不問計於彧而問計于昭可以明彧之心事矣善乎文中子有言荀氏有二仁而司馬温公之論則以彧之仁居管仲之先彧不利于佐命元勛而利于殺身以邀名豈人情乎則庶幾乎公論矣嗚呼名義者天下古今之所畏史官者萬世是非之權衡循其名而不察其實則失其真泥其是非成敗之迹而不本於吾心之獨見則古人之心事終不暴白於後世也是故論其人不察其心可乎張良身雖在漢而心則在韓也當秦楚雲擾之時非高帝之資不足以報韓之讎其他何暇計乎孔明之志則急於復漢當群雄鼎沸之日時至不取而人必取之矣故論二子者當取其大節而小疵可略者也誼之謀于未形而錯則謀於將著史氏之文不歸咎於絳灌袁盎之傾險而歸於二子之擅亂夫豈是非之公乎將使後賢雖有憂君謀國之情忠誠正直之節亦沉吟觀望於後世也觀衛青之識度而騎奴之迹未必然也即東方朔之直諫而俳優之譏不足信也取文學者而略雄失身之非泥言語者而没彧殺身之義操也漢之逆賊固不足齒然終其身而不敢偃然於南面者則彧之死未必不有以愧其良心也唐之王魏視文若之風下矣而後世猶有取焉執事謂漢世人物猶爲近古不其然乎雖然士以名節自立固係於所養之純而勛業相成則係于所遇之主惟聖賢之才見道分明自然安於所遇而得禮義之正至於英雄豪杰生不逢時而志不遇主非天資近道才識過人鮮有不失其正者向使子房孔明遇湯武之君則功烈所就非伊吕之儔耶惜乎良之輔者詩書不事之君而亮之逢者炎劉既衰之運時逆而勢難能從容而中道乎賈誼賢也而所遇者未遑之君晁錯忠也而所遇者深峭之主使二子不得其死豈非命乎夫何誼也進不能以審勢退不能以處窮而錯也竟不免於術數則學術不正涵養未深無足怪者青非喜功之君則終身於牧竪朔非雄才之主則卒老於金馬門矣二子顧不謂之遭邪雄之不智見于投閣之時而彧之不明在操弒后之日固可以飄然而遠遁矣向使二子不生於濁亂之世則彧不失爲名世之臣而雄之著作卓然爲有道

君子矣孔子曰因不失其親亦可宗也彧之見未早也又曰危邦不入亂邦不居而雄實愧之二子所養均未得聞道也嗟乎彧之有見於死尚不得爲全節之臣君子有遺憾焉雄之有見於生則不得爲有道之士矣豈不深可惜乎管見如斯執事幸進而教之

第五問

張朝綱

同考試官教諭吴批（責實之説子能歷指時弊區畫而厘革之又皆確然可行然則子之言固已有實用矣録而薦之允宜）

同考試官教諭袁批（弊端所以不能整核者以眩於名實也是策酌因革之宜達通變之權政經國體不出籌畫誠識治良才匪徒以文字言者）

同考試官教授黄批（名實者治之辨士風者政之紀相關之機似隱而最著是策獨能參究弊端而致意於作率之地其憂深思遠有志於世務者矣）

考試官左中允李批（歷舉弊端而歸於士習當正可以觀子經世之志矣吾將有望焉）

考試官左庶子童批（名實一策士子類能言之灼見時弊深探本源僅見此篇子其通達國體者矣）

天下之道實而已其賦之爲實理其斂之爲實心其體之爲實德其率之爲實道其積之爲實學其擴之爲實政其馴而致之爲實功實者名之本也名者實之賓也未有實積而名不彰者也亦未有無其實而徒享其名者也不務其實而惟名之計則將并其名而亡之矣故善爲治者因名以考實不善爲治者昧實面徇名極治之世不知有實也而況於名乎極亂之世不知有名也而況於實乎故治亂之機亦察乎此而已矣昔者孔子之答子路曰必也正名蓋救時之急務所謂循名而責實者也其答子貢曰無信不立蓋治世之常道所謂先實而後名者也唐虞之際道德隆盛渾淪淳樸故其詩曰不識不知順帝之則三代以來制度明備忠信誠慤故其詩曰民之質矣日用飲食然孔子猶曰虞夏之質不勝其文商周之文不勝其質而其於周也又欲從先進之禮樂練名實之意可知矣後世實常不足始有責實之説名常有餘始有狥名之弊以漢宣之綜核卒爲王成所欺唐德宗剛明而裴延齡敢爲誣罔之説宋神宗勵精有爲而吕惠卿鄧綰以傳新法見任用斯皆徒信其名者也至於光武中興之主而墾田之詐河南南陽至不可問如東海王言唐太宗宋仁宗皆致治盛美而十漸五規之疏魏徵司馬光蓋責備焉則實之積也雖英君誼辟亦已難矣明興道化浹洽法禁齊一移易斯世之耳目而洒濯斯世之心志是以上

下惇信内外感孚百五十年間時有升降勢有重輕人有得失事有常變而法之張弛俗之隆污亦因以异逭我皇上起而轉移恢弘之天下莫不回心而嚮道比德而同風如琴瑟之弦更張而可鼓也蓋又二十年於兹矣然宏綱要領昭如日星而繁文縟節久而浸失其初者不可謂非奉行之罪也易曰通其變使民不倦神而化之使民宜之今之謂矣愚請究言之比者官多數遷罕久任萌覬覦之心巧宦或展轉以覘除目黠吏或逢迎以希薦剡銓司别淑慝課殿最於紙筆此不可以核幽明也國有常賦而内困於役外困於邊使取盈焉猶未足也加以天灾蠲賦吏限於額格不下究又從而加朘削焉民奈何不轉徙以死也風俗日益侈僭貴貲賤名販夫市子至冒學籍此何以示衆庶也邊圉日弛虜數蹂躪然且張虚捷隱實衊甚者債帥摅兵符而良將受羈文吏此忽經略事牽拘所執者舛也民易犯禁聽讞者任聰明遠嫌疑或觀望焉一有成獄則泥而不能改頃歲役興日費不貲財力常倍而期復淹緩私橐充而公帑益耗乃者司農屢告匱矣中外言事多爲首鼠往或過激而今則過巽此輕獻替而畏忌衆也至於戎卒廩於太倉爲私門役故伍日以空而武事日以弛幾不競矣凡此皆名有餘而實不足者也然豈法之罪哉夫經世者法也持法者人也玩而至於弊者習也今士大夫之習愚嘗病之矣以簡徑爲學而鄙名數以馳騖爲説而忽體要以因仍爲政而昧本始以技藝爲才而陋器識以夸毗爲和而忘廉隅以比周爲同而輕公是凡此皆習之過也所從來非一日之故欲實之無亡不可得矣我皇上洞達治體深鑒時弊慨然有意隆古之法去文從實每廑聖諭往者申敕諸司蓋嘗以評品責銓司以計理責民部以寅清責秩宗以安攘責本兵以欽恤責秋卿以節省責冬官以武事未精責戎兵以論劾適已責諫諍誠以朝廷者四方之極而内者外之表也舉目而挈綱濬委而探源誠得通變宜民之道矣夫張官置吏以爲民也輔理承化以事君也望道思治至勞宵旰之慮則承式嚮風奮庸熙績豈獨有司者之事哉愚非通國體識時務者也然竊以爲今之法固森然具也今之天下固帖然無虞也補敝興滯雖帝王亦所不免要亦去其所以害治者以反其初而已然則循名責實固今日之首務也是故重進退拔淹逸課功能黜貪濁之吏塞僥幸之門此官人之實也而評品之道舉矣會計必先蠲貸必信核登耗之數審盈縮之節此度支之實也而計理之道舉矣謹庠序以重名器禁奢僭以正風軌此典禮之實也而寅清之道舉矣嚴用舍以重帷幄之權信賞罰以鼓疆埸之氣此御將之實也而安攘之道舉矣持之以平用之以公不拘於成不詘於勢此讞獄之實也而欽恤之道舉矣詳多寡之數□□後之次嚴考閲以絶影射慎磨勘以杜

乾没此董役之實也而節省之道舉矣至於勤訓練核游惰實營伍修器具此統軍之實而武事未有不精者也持政體察事勢作敢言之氣思補過之益此進言之實而論劾未有適已者也夫天下之事主之者君也行而致之民者臣也君操其約以用天下者也臣任其繁以爲天下用者也故治亂之機常繫士大夫之習然則今日之務必先正乎此而後天下之治可舉矣是故盡格致之功篤中庸之行究根極之論奬敦厚之風勵廉耻之節嚴正直之守凡厥有位莫不舍文而趨質崇雅而黜浮則所明者實理所存者實心所修者實德所遵者實道所務者實學所敷者實政而吏之廉平士之醇□民之樸茂政之簡乂俗之忠厚馴而致之將以超漢唐宋之初治而登唐虞三代□盛豈非愚之所謂實功者哉雖然周之士上貴之士亦自貴焉秦之士上賤之士亦自賤焉士自貴故難進士自賤故難退貴士進則治未有不善者也賤士進則治未有不惡者也蓋君心之重輕士習之厚薄也士習之厚薄民情之淳澆也董子曰正心以正朝廷正朝廷以正百官正百官以正萬民正萬民以正四方此務實之本而善治之機也芻蕘之見不知有裨執事之獻納否

順天府鄉試録後序

嘉靖庚子仲秋復當順天鄉試之期臣承叙臣學詩寔奉上命主試事既陛辭入院相與殫厥心力而校之得士如制刻其名氏及文之粹者爲録以獻臣學詩乃颺言于多士曰聖天子敬一執中察倫建極溥海内外喁喁嚮風十有九年于兹矣矧爾多士皆燕趙之良四方之英觀光於國而其煦濡也尤密以深孰無帝臣之願乎夫不有定志致遠恐泥志顓而氣鼓舞焉若虞之省括其不中者少矣國家稽古定制取士純以經術夫經道之筌也欲其因文而致諸道也士之識度涵養匪文弗彰而亦不盡係于文者存乎其志也宋周敦頤有言志伊尹之所志學颜子之所學夫學也者學乎其志也颜淵言於夫子曰願得明王聖主而輔相之颜之志猶乎伊也咸有一德尹之學猶乎颜也是故千駟一介不渝其素瓢飲屢空不改其樂凡以豫乎其志也若夫始仕也而志絶温飽窮居也而先天下之憂若人者雖未必與伊颜并駕而馳然竟其所樹立亦近于較然不欺其志者乎爾多士煦濡聖化素以誦習伊颜爲事不可謂無其志矣兹復以文掇巍科浸嚮用於明時固試志之初也其或紛華蕩乎其心而屈伸渝乎其守舉平生而弁髦之則所謂文者無乃虚車之飾青紫之媒

乎夫惟確然自信不回于利不疚于義不怵于勢不波于俗以身世爲浮雲以古今爲晝夜矻矻然求所謂不朽者而終身從事焉則庶幾償厥志矣至于遇有利鈍者命也苟以天下爲憂者皆伊也以仁爲己任者皆顔也人將指其録曰若人也乃出是科矣乎是聖天子作人之光主司得士之榮矣若夫蕩且渝焉如前之云則上負天子下負所學且以貽主司他日之羞也臣用是懼所以諗于多士者不于其藝而先之以志書有之功崇惟志業廣惟勤爾多士其尚定厥志哉（此處底本缺頁——編者注）

嘉靖二十二年順天府鄉試録

順天府鄉試録序

往典文事臣鳴夏拜命驚惕竊伏自念雖嘗以言前薄謬當甄拔置之史局稱茲唯承任使之初其何以稱塞詔旨翌日陛辭入院則府尹臣擢府丞臣廷赦先事經畫百需罔弗裕御史臣鏞臣宗魯寔監臨之其知縣臣希學學正臣希賢教諭臣南金臣鎬臣熙臣繼宗臣渫臣純仁臣英選則遠近遴選充分經校閲之任彬彬然業應聘至矣乃相與誓戒就列合提學御史臣謝九儀暨六館諸曹所簡士三千二百有奇三試三校之獲其儁百三十有五人遵成制爲録以獻臣鳴夏竊唯賢才國家楨幹人主之自爲社稷計者罔不欲培植而長養之至其昌熾蕃碩則有非人力所能强致者夫固時使之也臣觀今日之才可謂極盛然嘗溯而求之效斯可睹洪唯我太祖高皇帝混一函夏首崇教化酌古建制盡善全美嘗仰觀奎壁間以卜文運將興其所以克享天心有明徵矣我成祖文皇帝則又從而振飭之表章六學折衷諸子聲教之訖於斯盛焉聖子神孫重華協德比至今日不懈益勤八葉相承之間蓋已衍百七十餘年之慶矣若乃維皇建極萬物快睹二十餘禩以來至仁達孝倫制兼盡禮備樂和天地爲昭而况敷言之訓所以勅示膠庠者又皆精一執中之微傳乎然則和氣之所甄陶神機之所斡運皆有不期然而然者是故星露呈祥河岳獻瑞觀于物而人可知矣比屋可封群黎爲德觀于凢民而士可知矣學有淵源辭尚體要羞桓文而慕堯舜雖羈丱之童不少讓焉觀于京邑之士而四方可知矣猗歟盛哉雖然才非時罔萃時非才罔與保終文運治化其交相成也久矣唯爾多士亦嘗思所以答明時乎人亦有言太上有立德其次有立功其次有立言夫古之立言固非若今之言也抑亦以爲次者君子學成而行其藴籍典墳根極理要夫固爲參贊彌綸之具也及其時之不遇然後筆之於書則爲之闡性命之原合天人之會明王伯之辨嚴義利之分以詔後世蓋非其所得已是故孔孟皇皇濂洛關閩諸儒其所遇可知矣爾多士生逢堯舜千載一時繼自今其尚以古人之所立言者體之爲德措之爲功浚亮咸事以弼成雍熙太和之治於有永斯其足尚也已夫君子不能違時亦不負時若乃志卑行劣

竊古人糠粃不啻自足及見諸用併所得而弃之斯其爲負也不以甚乎孟軻氏曰天下之善士斯友天下之善士爾多士帝畿之選也行且友天下士矣其尚思所以爲天下倡哉臣承乏竣事不能無厚望於多士故相與懋戒之以謹其始云

右春坊右中允兼翰林院修撰秦鳴夏謹序

嘉靖二十二年順天府鄉試

提調官

嘉議大夫順天府府尹高擢（士元直隸灤州人　己丑進士）

中憲大夫順天府府丞端廷赦（世恩直隸當塗縣人　辛巳進士）

考試官

右春坊右中允兼翰林院修撰秦鳴夏（子亨浙江臨海縣人　壬辰進士）

左春坊左贊善兼翰林院修撰浦應麒（道徵直隸無錫縣人　壬辰進士）

同考試官

直隸鳳陽府壽州蒙城縣知縣喻希學（博之河南光山縣人　戊戌進士）

直隸鳳陽府壽州儒學學正梁希賢（崇道四川江津縣人　丁酉貢士）

浙江湖州府歸安縣儒學教諭浦南金（伯兼直隸嘉定縣人　壬午貢士）

陝西西安府華州蒲城縣儒學教諭鄭鎬（化遠河南彰德衛人　辛卯貢士）

河南開封府鄭州汜水縣儒學教諭劉熙（仲明山西霍州人　辛卯貢士）

江西撫州府樂安縣儒學教諭黃繼宗（允肖福建莆田縣人　丁酉貢士）

湖廣武昌府武昌縣儒學教諭藍渫（汝汲福建崇安縣人　甲午貢士）

山東兖州府鄒縣儒學教諭方純仁（時勉直隸婺源縣人　甲午貢士）

河南汝寧府信陽州羅山縣儒學教諭陳英選（資任福建長樂縣人　丁酉貢士）

監試官

文林郎河南道監察御史李鏞伯（音山西曲沃縣人　丙戌進士）

文林郎雲南道監察御史徐宗魯（希曾直隸華亭縣人　乙丑進士）

印卷官

奉議大夫順天府治中嚴世蕃（德求江西分宜縣人　官生）

收掌試卷官

山東濟南府鄒平縣知縣曹來賓(伯鴻河南開封府鄭州人　壬午貢士)

受卷官

山西潞安府潞城縣知縣張思誠（子修順天府固安縣籍陝西蒲城縣人　戊戌進士）

四川重慶府榮昌縣知縣毛鳳來（應詔湖廣常德衛軍籍浙江海鹽縣人　壬午貢士）

彌封官

山西潞安府襄垣縣知縣賈希顔（汝潛河南祥符縣人　戊子貢士）

廣西梧州府懷集縣知縣闞文鳴（國隆廣東順德縣人　戊子貢士）

謄録官

山東濟南府德州知州陳藥（世濟浙江山陰縣人　乙酉貢士）

山東兖州府鄒縣知縣張鵬（子南直隸長淮衛人　丙子貢士）

對讀官

直隸松江府通判熊應徵（以德貴州永寧衛籍江西建昌縣人　乙酉貢士）

浙江嘉興府桐鄉縣知縣朱尚質（宗西直隸瀋陽中屯衛軍籍應天府句容縣人　乙未進士）

巡綽官

河南都司弘農衛指揮使趙梅（時先直隸大□□縣人）

山東大嵩衛指揮僉事邵卿（君佐山東青州府□城縣人）

直隸歸德衛指揮同知江元輔（堯卿直隸六安州人）

直隸滁州衛指揮同知王相（君卿直隸和州人）

監門官

山東靈山衛指揮同知史紳（宗儒直隸淮安府山陽縣人）

山東威海衛指揮同知阮珣（國儒直隸淮安府山陽縣人）

供給官

順天府經歷司知事張仲華(德輝武功左衛軍籍浙江金華縣人　儒士)

順天府經歷司知事楊承宗（紹先陝西鳳翔縣人　監生）

順天府宛平縣知縣喬遷（升甫山西洪洞縣人　丙子貢士）

順天府大興縣知縣曹英（少華四川江津縣人　辛卯貢士）

順天府宛平縣縣丞韓受爵（允弼陝西乾州人　吏員）

順天府大興縣縣丞覃鑾（子和四川萬縣人　監生）
順天府大興縣典史余槐（廷埔浙江慈谿縣人　吏員）
順天府宛平縣典史謝元和（公節福建建寧府建安縣人　吏員）
順天府霸州吏目董效賢（述之河南鈞州人　監生）
順天府薊州吏目臧惟正（民望山東高唐州人　監生）
順天府固安縣縣丞趙奭（文表陝西南鄭縣籍江西高安縣人　吏員）
順天府大城縣主簿宋樞（朝宿山西平陽府安邑縣人　監生）
順天府寶坻縣主簿王之翰（良輔陝西保安縣人　監生）
順天府良鄉縣主簿王九皐（□□山西曲沃縣人　監生）
順天府保定縣典史侯永祚（紹芳陝西乾州人　吏員）
順天府醫學正科賈鴻儒（宗韓平谷縣人　醫生）
順天府密雲縣密雲驛驛丞王倫（大經山東齊河縣人　承差）
順天府順義縣順義驛驛丞吴學（勉之陝西寧州人　吏員）

第一場

四書

子曰無爲而治者其舜也與夫何爲哉恭已正南面而已矣　詩云伐柯伐柯其則不遠執柯以伐柯睨而視之猶以爲遠故君子以人治人改而止　夫義路也禮門也惟君子能由是路出入是門也詩云周道如底其直如矢君子所履小人所視

易

上九何天之衢亨　六五或益之十朋之龜弗克違元吉　制而用之謂之法利用出入民咸用之謂之神　天地定位山澤通氣雷風相薄水火不相射八卦相錯

書

□□由來禹汝亦昌言禹拜曰都帝予何言予思日孜孜皋陶曰吁如何禹曰洪水滔天浩浩懷山襄陵下民昏墊予乘四載隨山刊木暨益奏庶鮮食予决九川距四海濬畎澮距川暨稷播奏庶艱食鮮食懋遷有無化居烝民乃粒萬邦作乂皋陶曰俞師汝昌言　若虞機張往省括于度則釋　歲月日時無易百穀用成乂用明俊民用章家用平康　亦惟有若虢叔有若閎夭有若散宜生有若泰顛有若南宫括

詩

有匪君子充耳琇瑩會弁如星　方叔率止鉦人伐鼓陳師鞠旅顯允方叔伐鼓淵淵振旅闐闐　既醉以酒既飽以德君子萬年介爾景福既醉以酒爾殽既將君子萬年介爾明昭　經天之命於穆不已於乎不顯文王之德之純假以溢我我其收之駿惠我文王曾孫篤之

春秋

春正月公狩于郎（桓公四年）秋宋人圍曹（僖公十有九年）三月丙午晋侯入曹執曹伯畀宋人（僖公二十有八年）　已未公會晋侯衛侯曹伯邾子同盟于斷道（宣公十有七年）春晋侯衛侯世子臧伐劉齊（宣公十有八年）六月癸酉季孫行父臧孫許叔孫僑如公孫嬰齊帥師會晋郤克衛孫良夫曹公子首及齊侯戰于鞌齊師敗績（成公二年）　秋晋士鞅宋樂祁犂衛北宫喜曹人邾人滕人會于扈（昭公二十有七年）

禮記

故天生時而地生財人其父生而師教之四者君以正用之　貴其質而已矣所以交於神明者不可同於所安褻之甚也如是而后宜　此之謂大當然後聖人作爲父子君臣以爲紀綱紀綱既正天下大定天下大定然後正六律和五聲弦歌詩頌　君子不以一日使其躬儳焉如不終日

第二場

論

天地中和之至詔誥表内科一道擬漢以高密侯禹爲太傅東平王倉爲驃騎將軍詔（中元二年）　擬唐命僕射裴冕郭英乂等十三人於集賢殿待制誥（永泰元年）　擬禮部刋定興都志進呈表

判語五條

同僚代判署文案　守支錢糧及擅開官封　收藏禁書及私習天文乘官畜産車船附私物　在官求索借貸人財物

第三場

策（五道）

問　詩咏舊章書稱成憲所以垂謨訓而詒法監也三代而下無庸遠引乃若唐之史臣嘗輯貞觀遺事爲政要一編以獻于君而莫能用後雖間有行

者而亦未盡其效更千百禩乃惟我憲宗純皇帝典學右文超然遠覽而獨有得親御宸翰序諸篇端大哉皇言所以論唐治者核矣夫亦可以繹言之歟洪惟我太祖高皇帝肇造函夏成祖文皇帝輯寧邦家列聖嗣休增其式廓神謨懿範咸五登三區區貞觀之治何暇置喙顧天府所藏未易窺測而一時儒臣亦有仿唐臣之遺意而輯爲皇明政要者采摭類列足備鑒觀今考其編爲卷二十爲目四十固天下所共傳而諸士子所習見者涵濡誦法之餘不知可以悉數而陳之歟抑其間大本大綱之所在亦可以指言其要歟聖天子法祖休烈方隆熙洽之理尚相與敷張之以昭我明之政之所以盛

問　農桑王業根本帝王祈天永命之道莫先乎是是故天子親耕以供齊盛王后親蠶以供純服豈唯崇報蓋以身教也其説見於經若傳者可得聞與説者謂唐虞尚矣三代唯周世重穡事故享年獨永而其制亦獨詳然則前乎周者家桑顧弗重與由周而降多歷年所者曰漢唐宋其君后耕蠶之舉史不絶書治何以弗三代若與洪惟我聖祖高皇帝聰明睿智憂勤迪哲踐阼之初他務未遑首耕耕田爲天下勸至於訓諭臣民尤惓惓焉猗與休哉兹惟宗社億萬年無疆之慶不但比隆成周已爾其宋猷大旨亦可頌言其萬一與然嘗伏窺成憲似於親蠶之制有所未備豈固不能無待於今日與恭惟皇上嗣登寶位益隆繼述歲大駕親耕皇后親蠶鴻儀鉅典翔洽宇宙真足以考諸三王而不繆矣敢問其所以紹徽列祖垂憲萬世陋漢宋於不足言者抑有要與爾多士涵濡聖化有年其爲我鋪張揚厲以鳴其盛若夫有懷芹曝何靳一言執事者能轉聞之於上

問　周官有職方氏掌天下之圖與地蓋凡以辨區域知要害審民風耳矣不識畫野分州之制昉于何人重圖籍以觀天下昉于何代書稱堯憂洪水使禹治之别九州定五服其績偉矣舜陟元后肇州十二夏氏受命仍爲九州其所損益可得而聞與及考職方氏所載若所謂九州九服之制視諸禹服又不能無沿革廣狹之殊豈聖人立極固不嫌於紛更與三代以下若漢唐宋之撫有方夏各數百年其載諸圖籍者寧無可考者與我皇明用夏變夷奄有九有蓋虞夏所不能臣識方所不能載者莫不覃被聲教化爲文物蓋自生民來未有若此之盛者也乃若要害民風爲今日所宜亟講者亦可舉其凡與洪惟英宗睿皇帝嘗命儒臣纂輯一統志頒布天下頃者皇上嗣登寶位輔臣有撰輿地圖略以進者特賜嘉納諸士子生長太平習聞其説舊矣盍肆言之爲一道德以同俗之助

問　易曰君子多識前言往行以畜其德故知古知今儒者分内事也自

有書契以來史册紀載之當明人物事爲之當辨蓋有更僕未易以數者姑舉一二與爾諸士評之元聖如周公而有避毁居楚之説何據睿聖如武公而有襲伯代侯之文何稽不與驩言非簡也而不與揚思勖交言者將無同獵較猶可非徇也而迎觀音於郊外者將無异致恭桑梓詩人義也下里門者孰與馬卿之侈大義滅親春秋法也稱賣友者孰與石碏之賢魯諸儒之歸陳未必是也而何孔甲又爲之博士魯兩生之辭漢未必非也而何叔孫又爲之奉常執筆螭頭若直矣何以復上起居注乎薦相歐陽若公矣何以云欲免國謗乎王望之出廪粟得無與矯制開倉者似歟王丹之濟軍乏得無與輸貲助邊者類歟自表求見與章偕來裴度何以若此其急得詔不發十日召見杜佑何以若是其遲鍾離意之不拜賜何惡於名褚承亮之不對策何嫌於義彗出寅艮耿南仲李光之見孰優旦暮日赤紘石烈良弼之言何驗高麗之讓謙益之亨也曷爲其不可讓遼左之征修攘之舉也曷爲其不可征吐蕃文籍之請何以當予通國胡好之子何以可歸凡此皆必有折衷之道要非徒言而無當也願著于篇用觀畜德之學

問　古者大國三軍國方百里軍萬二千五百人若周蓋千八百國較國之中大約國得二軍何以若是衆歟嘗考今之郡縣視周侯國亦略相當都司衛所所在總其尺籍無慮百萬然視古兵數不啻懸絶豈今則專方古則兼農故耶國家京師團營桓貔虎諸邊甲士湯湯江漢可謂盛矣獨郡縣之兵若所當議故頃者本兵建策欲酌郡縣小大即所設壯快稍增其額豈其然乎昔漢置材官騎士杜佑以爲其制可采唐李抱真籍丁校練或指其事遂謂民兵可用可得聞乎然有兵則有將如有宋時一郡盡行軍制施諸今之有司無乃不可乎或□□兵非難難于足食故昔人有謂給之閒田付之市租者要之必有見也亦可仿而行之否歟夫天下郡縣均之不可無兵而西北爲急諸士子燕趙之良也宜講之素矣請詳著于毋諱

中式舉人一百三十五名

第一名　沈紹慶　直隸崑山縣人監生　易

第二名　陳應和　浙江歸安縣人監生　詩

第三名　陸光祚　京衛武學生　書

第四名　王汝安　雄縣學生　春秋

第五名　劉體乾　東安縣學生　禮記

第六名　馬快　廣子縣學生　詩
第七名　周景會　浙江山陰縣人監生　易
第八名　陳九德　任丘縣學訓導　書
第九名　陶大壯　順天府學附學生　春秋
第十名　夏慶元　景州學生　禮記
第十一名　俞鼎　福建鎮海衛歲貢生　詩
第十二名　李最　長垣縣學生　易
第十三名　翟汝孝　錦衣衛籍監生　詩
第十四名　王光祖　魏縣學生　易
第十五名　朱友達　四川彭山縣人監生　詩
第十六名　郁岷　直隸華亭縣人監生　書
第十七名　馮楝　河南林縣人監生　詩
第十八名　徐甫宰　浙江山陰縣人監生　易
第十九名　毛延魁　京衛武學生　詩
第二十名　孫鑨　錦衣衛籍儒士　易
第二十一名　茆世亨　應天府溧水縣人監生　書
第二十二名　吕燿　獻縣學增廣生　詩
第二十三名　劉勃　任丘縣學增廣生　書
第二十四名　夏子孝　順天府學附學生　詩
第二十五名　徐陟　直隸華亭縣人監生　易
第二十六名　陳策　牧馬千户所籍儒士　詩
第二十七名　張繪　直隸高郵州人監生　春秋
第二十八名　翟汝儉　試中書舍人　詩
第二十九名　陸宏　順天府學生　易
第三十名　高述祖　順德府學生　詩
第三十一名　黄甲　遼東海州衛學生　書
第三十二名　徐鳳　博野縣學生　詩
第三十三名　費止　浙江歸安縣人監生　易
第三十四名　孫若緎　故城縣學附學生　書
第三十五名　王本國　順天府學生　詩
第三十六名　聶汀　新□縣學生　禮記
第三十七名　沈譜　順天府學附學生　易

第三十八名　陳希東　棗强縣學生　詩
第三十九名　耿随朝　滑縣學生　書
第四十名　吴龍　江西金谿縣人監生　詩
第四十一名　耿随卿　滑縣學生　書
第四十二名　胡麟　真定府學生　詩
第四十三名　朱安道　浙江山陰縣人　春秋
第四十四名　單訥　棗强縣學生　易
第四十五名　李嶅　任丘縣學生　詩
第四十六名　黄大節　福建南安縣人監生　易
第四十七名　鄭夢綱　京衛武學生　詩
第四十八名　劉愛之　滑縣學生　書
第四十九名　閻楚　魏縣學生　禮記
第五十名　齊魯　静海縣學生　易
第五十一名　張和　順天府學附學生　詩
第五十二名　薛厚　浙江嘉善縣人監生　書
第五十三名　聶宗元　順天府學生　易
第五十四名　金滋　直隸大河衛人監生　詩
第五十五名　李瓔　東光縣學生　書
第五十六名　戴才　滄州學生　詩
第五十七名　李旦　長垣縣學生　易
第五十八名　陳一策　通州學生　書
第五十九名　王漪　平谷縣學生　春秋
第六十名　陸以卿　直隸無錫縣人監生　詩
第六十一名　馬應龍　遼東永寧監學生　書
第六十二名　申偉　廣平府學生　詩
第六十三名　張體乾　真定縣學增廣生　書
第六十四名　丁子載　順天府學附學生　易
第六十五名　蔣勸　大名府學生　詩
第六十六名　杜德孚　順天府學生　書
第六十七名　孫龍　順天府學附學生　詩
第六十八名　葉應龍　順天府學附學生　易
第六十九名　龍乾　四川簡州人監生　書

第七十名　何先韓　大寧都司學生　詩
第七十一名　廖獻可　永平府學生　書
第七十二名　崔奇勛　四川萬縣人監生　詩
第七十三名　徐復　浙江常山縣人監生　易
第七十四名　欒錦　薊州學生　禮記
第七十五名　萬鵬程　順義縣學生　詩
第七十六名　鄭金　南皮縣學生　易
第七十七名　胡一卿　由周縣人監生　詩
第七十八名　王極　薊州學生　書
第七十九名　趙儒　永清縣學生　詩
第八十名　王民　萬全都司學生　春秋
第八十一名　喬誥　直隸上海縣人監生　詩
第八十二名　郝鳴陰　寶坻縣學生　書
第八十三名　申仲　任丘縣學生　詩
第八十四名　俞恕　順天府學生　易
第八十五名　丘岱　静海縣學生　書
第八十六名　王宥　遷安縣人監生　詩
第八十七名　呼爲卿　遼東都司學生　書
第八十八名　張蕙　清苑縣學增廣生　詩
第八十九名　孫鎡　順天府學附學生　易
第九十名　馬蛟　東光縣學生　詩
第九十一名　趙大本　大名府學生　易
第九十二名　徐富　淶水縣學生　詩
第九十三名　戈九疇　順天府學生　禮記
第九十四名　戴仁　江西新建縣人監生　詩
第九十五名　王可　保定府學生　易
第九十六名　李時芬　安州學生　詩
第九十七名　張雲漢　開州學生　書
第九十八名　謝培齡　順天府學生　詩
第九十九名　郭鎮　雄縣學增廣生　易
第一百名　陸煒　試中書舍人　詩
第一百一名　劉耀武　遼東都司學生　書

第一百二名　祝天保　唐山縣學生　詩
第一百三名　錢仲實　大興縣儒士　易
第一百四名　王訓　濬縣學增廣生　詩
第一百五名　吴國賓　遼東都司學生　書
第一百六名　李冲漢　欒城縣學生　春秋
第一百七名　侯邦鎮　清豐縣人監生　詩
第一百八名　周西　内黄縣學生　易
第一百九名　謝鳴鸞　順天府學增廣生　詩
第一百十名　鄒秦　濬縣學生　書
第一百十一名　楊蕃　順義縣學生　易
第一百十二名　楊謬　順德府學生　詩
第一百十三名　潘滋　房山縣學生　書
第一百十四名　何棨　涿州學生　詩
第一百十五名　蔡朴　滄州學生　易
第一百十六名　徐鸞　博野縣學生　詩
第一百十七名　黄炎杲　南京錦衣衛籍監生　書
第一百十八名　聶瀛　新河縣學附學生　詩
第一百十九名　張守貞　故城縣學附學生　易
第一百二十名　李茂卿　南宫縣學生　禮記
第一百二十一名　邢潤　定州學增廣生　詩
第一百二十二名　王宸　順天府學生　書
第一百二十三名　陳瓚　獻縣學生　詩
第一百二十四名　崔學履　□州學生　易
第一百二十五名　張廷鳳　魏縣學生　詩
第一百二十六名　張成教　邯鄲縣學生　春秋
第一百二十七名　俞一中　浙江桐廬縣人監生　書
第一百二十八名　柳宗葵　河間縣學生　詩
第一百二十九名　張守謐　故城縣學生　易
第一百三十名　丘瓚　順天府學生　詩
第一百三十一名　翟鍾玉　順天府學附學生　易
第一百三十二名　趙彦章　定州學生　春秋
第一百三十三名　馬鑾　浙江秀水縣人監生　書

第一百三十四名　陸可承　順天府學附學生　易
第一百三十五名　賈光祖　廣平縣學增廣生　詩

第一場

四書

子曰無爲而治者其舜也與夫何爲哉恭已正南面而已矣

沈紹慶

同考試官教諭藍批（氣象宏大真若親優有虞之廷者結尤能道聖人之心）

同考試官教諭浦批（講夫何爲處明净可愛以恭已句爲申贊尤有見）

考試官左贊善浦批（莊重）

考試官右中允秦批（明盡）

聖人以至神之化歸聖君而申贊其神也夫恭已而天下化成非天下至神其孰能與於此此舜之治所以獨盛夫子所以申贊之也歟其意若曰治至聖人而極聖人之治至無爲而極是故主静立極而至仁之澤自爾其潜孚人見其天地之位也所以彌綸之具不可得而窺也簡易示人而德施之普于焉而默運人見其萬物之育也所以參贊之宜不可得而測也吾嘗由百世之後等百世之王可以與此者其舜也與蓋天下之治唯萃于一人之身故雖聖人之治蓋難于泯大化之迹舜則玄德升聞而重華協于帝凡時之所當爲者堯先之矣知人則哲而岳牧唯其賢凡身之所欲爲者人代之矣是故無爲之治非舜莫之能與也夫舜則何爲哉吾見濬哲之藴發而爲穆穆之容有孚顒若嚮離明以聽治也允塞之恭形而爲作肅之貌嚴威儼恪居九重以臨民也垂衣而百辟刑焉所以示天下中正之觀唯此焉耳負扆而群后覲焉所以慰天下利見之誠盡在是矣蓋外此而其有爲之迹夫孰得而見之也耶夫曰無爲則化之神可知顯諸仁者藏諸用也曰恭已則德之盛可想本諸身者徵諸民也夫子以是贊舜所以感慕之者至矣抑夫子贊堯曰蕩蕩乎民無能名焉固贊舜之旨也堯所可見者曰成功文章而舜唯曰恭已豈唐虞之德固有間與□聖人不能違時堯之成功文章固所以成舜之恭已也雖然封山濬川誅凶詢岳舜之心曷嘗一日忘天下哉唯其不忘故能從欲以治善乎程子之言曰天地無心而成化聖人有心而無爲

詩云伐柯伐柯其則不遠執柯以伐柯睨而視之猶以爲遠故君子以人

治人改而止

陸光祚

同考試官教諭方批（辭旨精切矩度嚴整非素有養者不能佳士佳士）

同考試官教諭黄批（不遠人爲道意體認真切詞且典實純雅宜録）

考試官左贊善浦批（近道之言）

考試官右中允秦批（詞不繁而意足）

中庸申詩以明君子之教盡人之性而已矣夫道原于性人本自足也君子修道以教天下豈外此而强其所不能哉子思引夫子之言以明道不可離之意至此若曰知天下無性外之道則知君子無道外之教詩不云乎伐柯伐柯其則不遠蓋言人之伐木以爲柯者不必遠有所法也而長短之則惟取諸所執之柯焉是固以爲不遠矣然自今觀之所執一柯也所伐一柯也在物者有彼此之别則伐者有睨視之勞其猶以爲遠乎若乃人之有道猶物之有則也雖裁成品節不無待于君子而降衷秉彝則各足於斯人是又非伐柯者倫矣是故君子之治人也方夫人之未易其惡未至于中也則因厥性分之有責以職分之常迪之以知皆其人之良知也牖之以能皆其人之良能也初未嘗取此與彼而輙有所附益焉及夫人之既易其惡既至于中也則嘉其遷善之益遂其并生之心蓋曰彼能是是亦足矣彼知是是亦足矣又曷嘗舍近圖遠而過爲之責望耶蓋其始非徇也緣性以立教也其終非恕也過之則違道也觀此則道不遠人人不可遠人以爲道豈不益可見哉嗟夫道教之名不明于天下久矣子思子首發明之而於篇章不一而足至此復以伐柯爲喻蓋曰知所以教則知所以學矣或者乃曰君子之道費而隱語大天下莫能載焉而治人乃爾不以姑息乎殊不知道無精粗學有漸次是故夫婦之所能知能行以至聖人之所不能知不能行事在不息而已學者能由是而緝熙其功尚何高遠之不可企哉否則日用不知君子之教荒矣

夫義路也禮門也惟君子能由是路出入是門也詩云周道如底其直如矢君子所履小人所視

陳應和

同考試官教諭陳批（發明切當詞復峻整非守道者莫能道也）

同考試官教諭鄭批（義路禮門自人君見賢生來此孟子本意子能發之足破衆見之陋矣）

同考試官學正梁批（理明詞確足以占所守矣）

考試官左贊善浦批（是知義禮者）

考試官右中允秦批（精確）

大賢指人君見賢之道因言能守道者之義焉夫禮義由賢者出而實人君所由以見賢者也自非君子其孰能守哉宜孟子證其義以曉萬章也意謂君之與士本以相成然恒相求而不相遇者亦以未盡其道焉耳何則欲見賢而召之孰不以爲進賢之路也然義焉夫義也者宜也也宜於義而後有可見之節上不諂而下不瀆也以是登賢而賢無不進矣欲見賢而召之又孰不以爲來賢之門也然有禮焉夫禮也者理也理於禮而後有可嘉之會儀不愆而則不過也以是廷賢而賢無不入矣夫義雖爲進賢之路非其人則舍之而不由者多矣惟君子則以義制事非其義也固無適也如其義也亦無莫也而能由是路焉夫禮雖爲來賢之門然非其人則得其門者或寡矣惟君子則以禮制□□有爲也禮當行也其不爲也禮當止也而能出入是門焉然此豈我有譽於君子哉詩不云乎瞻彼周道言乎其平則如底也言乎其直則如矢也是惟君子能履之爲道而有以盡人事之制焉若小人則視之爲法而有以具民則之觀焉夫義也則亦禮也路也則亦門也上之所行下斯效之矣觀此則能由是路固有足徵而其出入是門亦可例見曾是而可召之乎不可召而召之宜乎其不往見也慨夫時至孟子利路啓矣權門闢矣滔滔者天下皆是矣故騶衍也以擁篲矜季子也以佩印侈大率可睹矣孟子重爲世道惜也故揭義路禮門詔焉其不欲人爲君子之弃而小人之歸也明矣噫以此爲防而猶有捷徑終南足三及門者何也

易

制而用之謂之法利用出入民咸用之謂之神

沈紹慶

同考試官教諭藍批（筆力雅健體認真切易義不常如是耶）

同考試官教諭浦批（講法字神字明白親切無如此篇宜録以式）

考試官左贊善浦批（易義精切）

考試官右中允秦批（詞理俱到）

大傳論神物之生必原法立於聖人而用妙於天下也夫聖人制蓍龜之法以教天下而天下之用神矣神物之興不亦在是也邪大傳論卜筮而及此若曰蓍龜之生固有天地自然之序矣而聖人制之則何如哉蓋聖人有見於蓍者天地之所以顯其數也於是因蓍而制之以肇夫大衍五十之數焉蓋用之以筮而十八變之相營出矣有見於龜者天地之所以示其兆也於是因龜

而制之以立夫洪範五占之兆焉蓋用之以卜而五行之生克著矣若是者何以謂之法邪蓋蓍龜具造化之理而非卜筮以顯之則固不能自致其用也今則本乾坤闔闢之妙而啓制作之原因象器可見之迹而立推行之準蓋緣物以作則而因時以設教乃聖人修道之所爲也不謂之法而何由是法之宜於民也出則足以變動而時行則行焉入則足以静謐而時止則止焉出入无疾而有以盡其利矣由是民之用夫法也以之出王游衍而出無不用焉以之嚮晦宴息而入無不用焉廣大悉備而有以普其施矣若是者何以謂之神邪蓋天下有吉凶之端而非卜筮以啓之則亦無以自得其機也今則鼓舞於趨避之間而非思慮之所測變通於酬酢之際而非智力之所爲蓋由於斯道而不知順於帝則而不識乃百姓自然之日用也不謂之神而何是知法也者聖人所以成能也神也者百姓所以與能也夫孰非成象器之利而全造化之功者哉要之神非精也法普萬物而無心聖人之常以其情順萬事而無情蓍龜之生天地之心也卜筮之制聖人之情也而神在其中矣亦何心與情之有後世卜筮之官廢而或以術數目之者其亦未喻天地聖人之心也矣

天地定位山澤通氣雷風相薄水火不相射八卦相錯

周景會

同考試官教諭藍批（卦位類能條數求其潔凈如此篇者絶少）

同考試官教諭浦批（發明先天圖學之蘊者獨見此篇録之）

考試官左贊善浦批（典實無疵）

考試官右中允秦批（有體認）

大傳列先天對待之體而因擬其交變之機焉夫以兩相對卦之所以立其體也而其變亦於是行焉先天圖學之妙有如此哉且伏羲之爲圓圖也所以定八卦之位而寓陰陽變也之機者也今自其圖言之居于南者乾也而乾有天象焉居于北者坤也而坤有地象焉乾坤相對則是天確然示人以易也而成象於上地隤然示人以簡也而成形於下上下有常而天地不定位矣乎居西北者艮也而艮之象則山焉居東南者兑也而兑之象則澤焉艮兑相對則是同以虚而受澤之潤而其氣爲之下降澤以潤而感山之虚而其氣爲之上升説止相涵而山澤不通氣矣乎震居東北而其象爲雷巽居西南而其象爲風震與巽對則是動萬物者莫疾乎雷也雷作而風烈焉撓萬物者莫疾乎風也風興而雷迅焉雷風相益而於是乎相薄矣離居正東而其象爲火坎居正西而其象爲水坎與離對則是水以潤萬物也而火以制其寒火以燥萬物

也而水以制其烈水火既濟而於是乎不相射矣八卦之對待如此然豈終於此而已乎於是引伸之下寓摩盪之機則一以生八而貞悔雜陳陰陽之變以極而推遷之妙以盡矣觸類之餘盡因重之理則内以生外而本末具見剛柔之推以成而交易之機以顯矣八卦之交變又如此夫然後可以爲易之大成而畢天下之能事矣嗟夫此所謂開物成務之學得天地之體者也乃若文王因之而作易則乾生於子坤生於午坎終於亥離終於申以應天之時置乾於西北退坤於西南坎離得位兌艮爲耦以應地之方蓋所謂得天地之用者也而王者之法盡於是矣然亦何嘗出於伏羲範圍之内哉故曰先天後天相爲發明亶有自夫

書

歲月日時無易百穀用成乂用明俊民用章家用平康

陳九德

同考試官教諭方批（辭整意足且歸重於念用者足散有本之學）

同考試官教諭黄批（理贍氣充非得河洛之傳者不能道此）

考試官左贊善浦批（詳雅）

考試官右中允秦批（發明親切）

□者統言休徵之所感而其效大焉甚矣休徵之效大也觀其所感而君臣省驗之情可見矣箕子衍庶徵之疇以告武王至此若謂庶徵之理雖出於天感應之機寔存乎人是故歲月日以尊卑爲徵也誠使三者之間召以五事之得道通於上下之交而天地泰德隆於應感之際而陰陽和曰雨曰暘各以其叙而先後無愆期也曰燠寒風各以其時而有無非一極也是則君身可徵其已修臣下可徵其交修矣而其效當何如哉吾知百穀因時而爲豐歉也時則惟天降康百嘉洽暢遂之休三農樂豐穰之慶以歲則有年也以月則有秋也用此休徵而成矣治道以時而爲污隆也時則庶績咸熙亮采奏日新之功浚明躋富有之業以法度彰也以禮樂則著也用此休徵而明矣視時以出處者非俊民乎休徵一感則明良遇而彙征吉黎獻起共臣之願焉賢智效奮庸之思焉有德者以德進有言者以言揚矣不用是以章顯邪隨時而否泰者非家乎休徵一感則家人宜而百順集宫廷著雍穆之風焉閨門享和平之福焉在國家則寧謐在室家則胥慶矣不用是以平康邪是知五事既徵於天四美咸臻於國君臣上下其交省也宜矣而欲建皇極以叙彝倫公益金又可不知所念用哉雖然此特論其理耳非有心以爲之也蓋五事之感一自感耳而非有期於感也庶徵之應亦自應耳而非有期於應也所謂上下一於恭敬則天

地自位萬物自育而氣無不和者此體信達順之道也然則天人相與之際宜何如夫亦盡其在我以聽其在天者而已矣知道者其識之

亦惟有若虢叔有若閎夭有若散宜生有若泰顛有若南宫括

郁岷

同考試官教諭方批（親賢并用周道然也此作獨得此意其殆發周公之藴者與）

同考試官教諭黄批（以同姓異姓立説的然有見）

考試官左贊善浦批（本親賢説良是）

考試官右中允秦批（詞有體要）

大臣追舉興王之輔有同姓之懿親有异姓之諸賢甚矣興王之賴於有輔也親賢兼得其人王業謂不本於此哉周公留召公而言及此若謂我周之王業固誕興於文王然庶邦廣矣萬民衆矣豈一人之所能修和哉亦惟有輔之者焉蓋當其時有若虢叔者以篤慶之本支承則友之家法封在虢國而寔位於朝著之間分則君臣而寔序於昆弟之行是宗室有其人矣不特此也又有若閎夭焉有若散宜生焉不特此也又有若泰顛焉有若南宫括焉此旨避彼商辛之虐附我岐周之仁或踵夷齊以來而十亂之是列或隨辛嚚以至而四友之是名是异姓有其人矣之五人也一德一心而曰疏附曰禦侮者在於此同寅協恭而曰先後曰奔奏者在於此一則虢叔二則虢叔而腹心之有托不於閎散則於顛括而股肱之有資庶邦之所以修者本之而修也萬民之所以和者本之而和也不然則文王亦且孤立矣而將若有夏何夫以文王之興尚賴五臣之輔如此今之所以輔文孫者在親惟予旦在賢惟君奭耳而尚可以求去爲哉嗟夫老成之去留其有關於人國也重矣况召公之賢固無异於閎夭顛括之儔而成王守誠無助又有非文王純佑比者則周公所以惓惓於公也豈真不知盛□之□□□□□以識此矣但詩之頌文王者不曰思皇多士則曰濟濟多士乃知文王之輔宜不止此周公蓋舉重而言耳所謂多助於四友之臣者也不然何以師尚父之烈亦不與也邪

詩

方叔率止鉦人伐鼓陳師鞠旅顯允方叔伐鼓淵淵振旅闐闐

馬快

同考試官教諭陳批（典則純雅宜録以式多士）

同考試官教諭鄭批（步驟不凡紀律嚴整宛然方叔行師之法）

同考試官學正梁批(矩度整嚴詞意瑩徹正兵法中所謂正而奇者録之)

考試官左贊善浦批(老成)

考試官右中允秦批(爾雅)

詩人美大將之統帥嚴於進退之節也夫進退以節師之善政也方叔有焉其能以全取勝也宜矣宣王之時蠻荆背叛王命方叔南征詩人賦之至此若謂軍旅所以餙怒節制以濟之敵愾之本也是故我方叔也以閫外之重任統車乘之三千其素練之士固皆可施之行陣矣然師之耳目在於鉦鼓所以一動静也於是乎有鉦人焉有鼓人焉寓號令於器物之間而各司其局使其進與退不惟目足以相視而且聲足以相應也五戒有誓用之軍旅所以警用命也於是乎師旅陳焉鞠告行焉嚴誓令於將戰之時而各恭其事使其進與退不愆于六步七步不愆于四伐五伐也不惟是耳惟我顯允之方叔當其進而會戰非曰可以鋭而不整也一鼓作氣而紀律之嚴明讙以立動動以進衆而雍容之意常行於金革之中其聲則淵淵然有和平而無暴怒也此其進也又不爲有節乎入而振旅非曰可以散而無統也戢其餘勇而節制之明信見其入猶見其出而介冑之間不失夫舒緩之度其鼓亦闐闐然有從容而無急迫也此其退也又不爲有節乎夫以方叔帥師可謂有能之將而進退有節如此則又爲有制之兵有不征征必克矣豈徒以車馬之盛爲足恃哉嘗觀易之師曰師貞丈人吉又曰長子帥師蓋以一國之重數萬人之命授之一人其責重且艱矣而可以輕慮淺謀者當之乎違良士任勇夫此秦穆所以取悔於殽之役也宣王南征而將之以元老壯猶之方叔其濟也宜矣後之將□法焉□

维天之命於穆不已於乎不顯文王之德之純假以溢我我其收之駿惠我文□□王曾孫篤之

俞鼎

同考試官教諭陳批(縝密渾融殊得頌體場中似此作者絶)

同考試官教諭鄭批(古雅冲淡清廟之遺音也)

同考試官學正梁批(天道文王之藴發明殆盡且形容後王法祖意親切可誦)

考試官左贊善浦批(純正)

考試官右中允秦批(精粹)

□先王之德配天於無間而裕後於無窮□□天合一文王之德極其盛矣然則裕後□□豈非後嗣之所當世守哉此祭文王之詩□我今日踐天子

之位以奉清廟之祀者皆□之所貽也而敢忘其德乎是故彼蒼者天□□資始必有主宰乎其間者所謂命也於乎維天之命流通而迹不露運行而用愈藏可謂穆矣而動静無端混闢而不窮也陰陽無始循環而不息也何不已如之維我文王衆善咸備殆有充積乎其中者所謂德也於乎我文王之德著之爲文明之象播之爲西土之光可謂顯矣而仁義根於心真實而無妄也中正建其極精粹而不雜也何純如之是則天之所以爲天者不已也不已則純矣文王之所以爲文者純也純亦不已矣文王與天何間然之有哉然其藴之則爲德措之則爲道今我以不聰之資纘莫大之統正有賴於文王之道也而冥冥之中將何以恤我乎蓋必有啓佑之圖以爲敷錫之休者矣夫既有以恤我豈但已哉我則當昭受而大順之監于成憲而是則是行務竭其恢弘之力凡所以御家邦涖天下無一事之敢違焉爲曾孫者又當繼序而篤厚之繩其祖武而不愆不忘益教夫率由之功凡所以治百官化萬民無一時之或悖焉吁上配於天此天命之所以歸也下裕其後此王業之所以成也其德之盛如此揄揚於登歌之頃不亦宜乎抑論天人一道也仁孝一理也故仁以承天者必能孝以事親而善法祖者斯善夫者也周人舉天道聖德并言豈惟爲文王頌哉夫固有見於天人之合一而仁孝之無二道也已雖然惟此文王小心翼翼蓋其所以同天而其子孫世守以爲家法者不越一敬而已然則後之師文王者其必以敬作所乎

春秋

秋宋人圍曹（僖公十有九年）三月丙午晋侯入曹執曹伯畀宋人（僖公二十有八年）

王汝安

同考試官知縣喻批（莊重嚴整説破霸者心術足覘所養佳士佳士）

考試官左贊善浦批（二霸斷案具足矣）

考試官右中允秦批（得聖人意）

春秋有二霸有惡其治小而心之私者有惡其虐小而謀之譎者此襄文之圖霸俱始於曹奉秋惡之其諸原情以示法與且宋曷爲而圍曹也討不服也曷爲惡之君子所以服乎人者惟德焉耳是故愛人以仁治人以智行有不得者亦惟反諸己而已也曹共背曹南之盟而惟二之懷毋也宋德有闕莫之攸畏矣乎襄也不知自反遽以兵圍之絶其往來之使禁其樵采之徒則亦過矣意者合諸侯以圖霸也釋曹而不治將無以示威耶吾聞欲速則不達見小利則大事不成順事恕施王政之本也使襄聽子魚之言而弗亟於兵戈之逞

則因壘降崇文王爲我師矣今也不然卒之兵敗身傷貽譏後世夫尚誰懟哉春秋書之以見宋舍無成由其操心之失也晋曷爲而入曹也誅無禮也曷爲惡之君子所以喻諸人者惟政焉耳是故武不可覿文不可匿序成而不至於是乎有攻伐之兵也曹羸負觀裸之咎而爲兵之端毋亦晋政未狎莫知所承矣乎文也不修文告遂以師入之分其田而□□理之防執其君以亂上下之分斯亦暴矣意者服荆楚霸也執曹而畀宋殆將以致戰耶吾聞招携以禮懷遠以德鑿智自私王道之累也使文拒先軫之謀而罔事夫狙詐之術則次陘帖楚齊桓不足侔矣今也不然卒之戰勝攻克遂主夏盟夫亦奚貴哉春秋書之以見晋功雖多道不足尚也噫同一虐曹之書而襄文之所以失具不可掩如此其義精矣或者乃曰襄慕仁義而亡文尚功利而興聖人概以爲貶何□殊不知五霸假仁一而已矣觀圍曹之舉夫固功利之心使之而服楚尊周晋未嘗不慕仁義也其興亡之案件豈孟子霸必有大國之謂耶噫使春秋之義不明則兹父爲文王而重耳之功不在周宜下矣

秋晋士鞅宋樂祁犂衛北宫喜曹人邾人滕人會于扈(昭公二十有七年)

陶大壯

同考試官知縣喻批(此題作者率於輕重取舍處欠明此篇詞確義精宜録以式)

考試官左賛善浦批(剖析詳盡)

考試官右中允秦批(簡嚴)

觀春秋詳列卿之講好而取舍之大情見矣夫審輕重以待天下聖人之心公矣此會扈之大夫所以獨詳而不略與昔子朝溷周敬王甫定季孫據魯昭公未復於是六國大夫講會於扈明戍周之令定納公之謀也兹役也吾聞魯賄入而士鞅私其事已不終矣春秋序列卿而不略豈徇私不足責耶蓋天下之事或輕或重有大分而無定在不可以不審也彼一事而二美并固善矣苟小弃而大存可厚望乎一集而群疑亡固善矣苟衆明而獨暗可盡廢乎是故使于扈之大夫也而皆士鞅若也則義問弗著賄賂公行吾何取焉耳乃今善隣平難寔始出於衆心之公而變正與邪特不勝夫利口之辨宋衛既懼小國始離豈咸溺於利耶抑使扈之會也而專爲納魯計也則以善勤人以貪終之吾無貸焉耳乃今持危定傾計雖沮於友邦而輸粟具戍令實行於周室疏附同心先後勠力豈概無可取耶聖人修經至此經爲晋諸侯之盟主也大國帥之小國畏威而從命非其所得已也以鞅之罪而罪列卿何以服其心乎周

天下之共主也諸侯修睦相與蕃衛乎王室義莫大焉者也以魯之故而廢其功何示以不廣乎故在會之大夫詳而不略异於會扈之諸侯者其取舍之輕重審矣而非可與權者烏足以語此抑又論之子朝以邪奪正季孫以臣逐君士鞅徇貨弃利其罪均也皆先王之所必誅也晋頃世伯使能因會而竄鞅之奸執意如定魯位然後大合諸侯同聲翼戴文公之功褊矣乃聽其所爲而不問焉僅有成周一令其這聲實也亦微矣君子謂六卿之分晋也有由然哉

禮記

故天生時而地生財人其父生而師教之四者君以正用之

劉體乾

同考試官教諭劉批（理明意盡講正用處更精確可式）

考試官左贊善浦批（語意完足）

考試官右中允秦批（簡當）

記者論三才妙用而大君成能其責成之意至矣甚矣君身治化之本也天時地利父生師教而皆賴人君以正用焉其責任之重有若此哉禮運論政而本之君身也蓋曰聖人有參贊之責不取法於造化則治功不成造化有自然之能不有賴於聖人則妙用不著造化聖人殆相須這用者乎是故變通莫大乎時而時則天之所生焉二氣之推行罔非乾元之易知也聚人莫急於財而財則地之所生焉百貨之蕃殖罔非坤道之簡能也后非民無以辟四方而有父以生之一體之親固天下之大倫矣民非教無以别禽獸而有師以教之修道之教固先覺之能事矣夫生時生財而事者所分天不得以兼天地生之教之而功有所屬父不得以兼夫師惟夫人君者稟聰明睿智之資爲天地父師之主以政不可徒爲也聿修厥德以爲之本而四事之施無一不得其當以事不可以徒行也克正爾躬以爲之基而庶政之用無往不適其宜皇極建而達道行明時以敬授也利用以子生也道在天地者有以範圍而不過矣經德立而妙用著庶矣而富也富矣而教也事在父師者有以曲成而不遺矣是非聖人有增益於性分之外也立天下之大本者可以知天地之化育盡已之性者可以盡人之性也苟身之不正其何能以致是哉吁爲人君者可以自省矣抑論政之時義大矣其用歸于正人其始本于自正是故未有君立無過而天下不寡過者也周茂叔曰純心要矣用賢急焉然則人君之所以自檢其身者亦孰有外於斯二者哉審能是則内外交修天德立王道行天下之治粹然一出於正矣不然若後世之雄才略力行仁義者若何語參贊三極也而終不足以進於道亦獨何哉有天下者審諸

此之謂大當然後聖人作爲父子君臣以爲紀綱紀綱既正天下大定天下大定然後正六律和五聲弦歌詩頌

夏慶元

同考試官教諭劉批（禮先樂後諸士子類能知之而言有條理無逾此篇足以占所養矣）

考試官左贊善浦批（結構精密）

考試官右中允秦批（言有源委）

論聖王乘時以制禮而禮序則樂和焉甚矣萬物各得其理而後和也此先王之世所以禮先而樂後也歟子夏答魏文侯之意若曰人徒知先王之有樂猶夫世俗之有音也抑豈知樂所由作矣乎彼天地順矣四時當矣民物阜康而灾祥不忒矣則是泰和充乎宇宙而氣運當豐泰之交協氣萃於兩間而世道際亨嘉之會此其大化之均調固未有一物之失所者矣世既□當禮固有可制也然後聖人因其不可解者作爲父子之親因其無所逃者作爲君臣之義於以爲三綱之目焉彝倫之叙有以倡克綏之猷也於以爲六紀之目焉人紀之修有以敷維皇之化也是其天叙之所敦罔非天秩之所庸禮不於是制乎夫天下之治固視紀綱何如耳及夫之綱之紀而弘敷之下舉秩乎其有條則以親以遜而四海之民咸翕然而順治此其皇極之敷錫殆未有一人之弗協者矣天下既定樂固有可作也然後聖人酌元氣以正律參伍乎相生損益之宜比六律以和聲曲盡乎清濁高下之變被之爲弦播詩頌於搏拊洋洋乎其盈耳也協之爲歌咏頌於長言渢渢乎有遺音也是其和聲之所發罔非和氣之所宣樂不於是作乎噫禮必序於先樂斯和於後如此樂之所由來者遠矣夫豈新樂之所能彷彿哉文侯好彼厭此弗思甚矣抑考子夏之言夫固有所本也易之履曰君子以辨上下定民志豫曰先王以作樂崇德是知聖人履中正而樂和平其所樂者即其所以履焉者也此所以感人心而天下和平歟世衰道降理化日微好今厭古不獨一文侯也子夏之言豈非萬世人君之所當法哉

第二場

論

天地中和之至

陳應和

同考試官教諭陳批（場中作者多欠體認晚得此卷不惟親切有味且精粹雅健弘博超逸如天閑良驥骨相不凡而步驟有節冀北之群於是乎空矣）

同考試官教諭鄭批（氣清逸而格蒼古詞俊雅而思淵深六聖人與天地相通之精宛然在目佳士佳士）

同考試官學正梁批（莊重古雅讀之自有餘味）

考試官左贊善浦批（就題命詞發揮殆盡亦庶幾中和者）

考試官右中允秦批（言近而指遠僅見此篇蓋深於養者）

至聖之道道之至純者也何莫純於中和也而天地中和之至則不雜以氣不參以人純乎其純而純之至矣夫道而至於至純非天下之至聖而真與天地爲一道者其孰能與於此於乎此所以窮天地亘古今惟堯舜禹湯文王仲尼以之而凡聖人者所宜觀法焉也今夫中也者天下之大本也和也者天下之達道也而寔不過性情之德也莫不有是性亦莫不有是情則宜夫人而能中夫人而能和夫人而皆中和之至也而獨靳靳焉歸之六聖人者何也噫此特以理言耳而不知天地之間有理矣而亦不能無氣焉而亦不能無人爲焉理則天命之性是矣純而已矣中和之至而已矣氣則陰陽五行參差不齊不能無剛柔雜揉之殊焉而人之禀是氣以有生乘是氣以有爲也又不能無昏明强弱善惡之异焉氣以雜之人以參之是故不中和者皆是也或中矣而不能以無不中或和矣而不能以無不和或庶幾中和矣而不能以無不至愚不肖之不能爲士也士之不能爲賢也賢之不能爲聖也職此之故也然聖矣而或少有氣者人者以雜乎其間則亦不得爲至純矣不得爲至純則亦不得與於天地中和之至矣吁亦難矣是故自有天地以來吾不知其幾千百歲也而唐始有堯焉虞始有舜焉夏始有禹焉又五百餘歲也而始有商湯焉又五百餘歲也而始有周文焉又五百餘歲也而始有仲尼焉之六聖人者其鍾之者則至靈也其禀之者則至粹也其執之者則至精而至一也一毫之氣不雜也而純乎理一毫之人不參也而純乎天是故其藴之爲德性其發之爲事業而所以立大本行達道者莫非中和也非徒中和而天地中和之至也自今觀之允恭克□而既睦時雍堯之道何道也温恭允塞而克諧風動舜之道何道也聲律身度而文命四敷禹之道何道也克寛克仁而敷政優優湯之道何道也徽柔懿恭而修和有夏文之道何道也温良恭儉讓而太和元氣之流行仲尼之道又何道也一天地中和之至也非有取焉而後爲之也非擬諸天地而求與之參也蓋天地之中和如此其至聖人之中和如此其至天地一聖人也聖人一天地也故曰純亦不已而不得但以人之道目聖人也是道也其

見於天地之間者則爲雨暘之時若爲寒燠之適宜爲景星卿雲醴泉甘露之瑞世而見於聖人者則自庸行之常以至彌六合垂千禩莫非是物也宜其周乎萬物通乎無窮日用而不可離也於乎此其所以爲至也彼聖而未至者豈足以與於此聖且不與而况於賢乎而况於士乎而况於天人乎雖然是道也固惟六聖人能之而六聖人者初未嘗自以爲至也是故堯兢兢日行其道也□□業日致其孝也禹一饋十起以勞天下之民也成湯之顧諟日新也文王之望道未見也仲尼則好古敏以求之也此其所以聖而益聖而爲純之至也後之未至而欲求其至者亦豈無道乎曰有蓋中和非絶德也堯舜人皆可爲也文王我師也乃所願則學孔子也誠能性吾性焉情吾情焉體姚而法姒焉祖禹而述湯焉師文王而集孔子之大成焉則心正氣正心和氣和而道之至純者不在天地不在聖人而在我矣故子思子曰致中和天地位焉萬物育焉其弗信矣乎否則至道之在天地間者有時而息而吾人性情之德中和之學荒矣豈所謂百世以俟聖人而不惑哉是又不可以執一論也

表

擬禮部刊定興都志進呈表

沈紹慶

同考試官教諭藍批（藻麗典則忠愛之誠溢于言表讀之令人歛衽）

同考試官教諭浦批（都邑肇靈守臣開纂禮卿獻納子能數十言悉之且善揚我皇上孝思之誠不獨詞章典麗已爾佳士佳士）

考試官左贊善浦批（我皇上崇本孝思大哉至矣子能敬闡而沛之宏詞豈所謂和其聲以鳴國家之盛者邪是用表出）

考試官右中允秦批（是編雖志中興根本然我皇上至仁達孝神謨睿藻靡不攸具子能鋪張揚厲言麗而則可以式多士矣）

具官臣某等言臣等比奉敕旨看詳興都志兹謹刊定上進者伏以位應龍飛寰海仰帝王之業文成麟至仙潢增譜牒之光幸文獻之足徵見倫制之兼盡臣等誠懽誠忭稽首頓首竊惟運開皇極當乾坤五百之期天授貞符發河洛千年之秘凡聖人之首出必家國之將興虹見姚墟舜受虞而輯瑞星流石紐禹祀夏而錫圭華渚呈祥金天所以宰世丹陵毓秀火德所以開基固元會之非常實靈源之有自粤若郢都之地元同天府之區表江漢以爲池連雲夢而作乂遠從二室鎮磐石於萬年近自九龍雄襟帶於千里信今兹之樂土爲往昔之名邦洪惟睿宗知天守道洪德淵仁寛穆純聖恭儉文獻皇帝胄本神明性由仁義始作邦于岐邑遂薦祜于周家受命配天滋德廣地暨慈孝貞

順仁敬誠一安天誕聖獻皇后肅雍維則坤厚無疆邁燕譽于汾□嗣徽音于太姒允宜南國之化晚陟東朝之尊此皆健順成能克開從聖陰陽章教大啓中興真王迹之肇基皇明之再造也兹蓋伏遇皇帝陛下純粹中正文武聖神睿德方潜豫協河清之兆乾符既握適成風動之休參造化於重玄覲耿光於八葉敬一發聖賢之藴學本傳心精禋達郊廟之儀治如指掌克對維新之命永懷求舊之心玉輦乘春展時廵於四岳玄宫盡制昭大孝於二人賁顯號於城墉重華帝里炳龍文於邸第媲美神京道既冠於前謨法宜觀于後嗣比屬守臣之請猥承天語之俞啓秘室之緘縢復證以故家之籍聘洽聞之儒碩尤資于父老之傳特筆大書明神器之非易考祥以祉著天命之有真上極文章禮樂之詳旁逮人物山川之懿條分縷析綱舉目陳勒成一家之言已徹重瞳之覽顧聖謨宏遠逈出群工宸慮淵微旁及萬世謂事關國史者法不得而并書而言涉典章者詞必尚于體要特下看詳之命責臣典禮之司臣等材愧虚庸敢知筆削力輸鉛槧何補涓埃聞王府而見璠璵惟自慶其遭遇仰青天而觀象緯良莫罄於揄揚恭體淵衷敬爲剛定潤色未加於鄭命空藉衆人之長義例悉準之魯經期闡□□之盛謹涓昧旦輙冒宸嚴伏望賜清燕之觀録蒭蕘之見頒之有位用以彰九重罔極之孝思付之史臣庶幾備一代不刊之令典尤願固宗周之鼎當日中而保豐亨撫軒后之圖每夙夜而基宥密篤近舉遠轉鴻鈞之氣于八荒開國承家詒燕翼之謀于百世臣等無任瞻天仰聖激切屏營之至謹以刋定興都志隨表上進以聞

第三場

策（五道）

第一問

陸光祚

同考試官教諭方批（我聖祖神宗爲政之大本大綱天人交儆德學并茂誠有以追帝王之懿範而皇上之祖述休烈盡倫盡制又有以昭列聖之耿光皆非後學所能仰窺者此策揄揚獨盡傑作也故録以式）

同考試官教諭黄批（我二祖三宗聖德神化皇上述作兼隆真薄海内外所共鼓舞休光而莫之形容者也貞觀之治不足言矣是策援據處舊聞颺頌盛美且仰窺大本大綱而盡以德學天人之論旨哉聖政續編行將是望於子）

考試官左贊善浦批（此策能道我二祖三宗之懿範閎猷又能闡發我

皇上之兼隆并盛未復歸本純皇所不屑於貞觀之治者可謂誦法聖政而識其要矣高薦何忝）

考試官右中允秦批（考據不遺對揚有體祖宗膏澤子其覃沐最深者邪録之大哉）

聖人之政也以作則謂聖而有以神治功於前以述則謂明而有以裕治法於後作之聖故盡善盡美而博厚高明之業樹焉述之明故丕顯丕承而悠久無疆之盛引焉樹之而博厚高明則推無不準動無不化而治功之在當時者神矣引之而悠久無疆則言爲世法行爲世則而治法之在萬世者裕矣然作述一道也明聖一德也治法之裕者即其治功之神者也盛德大業至矣哉執事教諸生而以儒臣所編皇明政要爲問蓋欲藉是以揄揚我列聖之盛于萬一也愚雖未獲睹秘府之藏然亦嘗伏讀御制諸不刋之典而有窺見一斑矣請敬陳之粤自天眷我明太祖高皇帝以神武定天下而肇造區宇成祖文皇帝以文治定太平而中靖家邦既而繼之以仁宗昭皇帝以勵志圖治宣宗章皇帝之惇典綏猷英宗睿皇帝之乾剛獨斷二祖三宗重光累洽閎猷懿範奕世同神其蘊之而爲天德其發之而爲王道誠有高明如天也而萬物覆焉博厚如地也而萬物載焉悠久無疆也而萬物成焉蓋全體妙用無一事之不善猶太和元氣無一時之不周即典謨訓誥之書天禄石渠之册亦有不足以紀載其盛美者矧彼一編一録乃欲擬諸其形容哉雖然合之盡其大者帝王聖政之全也約之舉其精者帝王聖政之要也此固所以相發而不可以相無者也今觀皇明政要所載卷以類列目以例公本末有條統紀有序首之以尊德性見聖德之純一不已也次之以道問學見聖學之緝熙光明也次之以端好尚則聖志之貞者可稽也次之以戒嗜慾則聖情之節者可繹也所敬者天之威故次之以畏天戒所勤者民之隱故次之以悲人窮遵成憲以守天下之經重儲二以正天下之本立孝敬以隆天下之親溥仁惠以賙天下之急親儒臣以右文也開言路以廣治也曰辨賢邪曰慎銓衡曰嚴考課所以選賢圖治也曰興學校曰育人材曰厚風教所以作人善俗也薄徵斂以厚生課農事以務本定禮樂以節和天下謹祭祀以感通神明修武備而戎兵詰矣儆無虞而逸樂懲矣固封守而安内之策周焉禦蠻夷而攘外之事篣焉凡此類者無非以純王之心行純王之政外有以極其規模之大内有以盡其節目之詳聖聖相承明明繼照治法治功神而且裕不其盛哉抑是編也有以見聖政之大本焉曰尊德性道問學是已有以見聖政之大綱焉曰畏天戒悲人窮是已蓋德學萬善之會也德與學并隆而後精一之功純措之天下而無不宜矣天人萬

化之原也天與人交儆而後欽恤之政行推之庶務而莫不慎矣我列聖於斯寔尤有特盛者焉蓋太祖高皇帝之聖德也生而神明獨禀全智觀心有亭存心有録諭曾魯以欲求堯舜之心諭宋濂以當謹操存之戒成祖文皇帝之聖德也寛仁大度條理精密諭皇太子以堯舜相傳惟在允執厥中諭學士以退朝默坐則思管束此心仁宗昭皇帝之聖德也天禀純明至性孝友毎謂爲人君止於仁故惟以仁心爲主本若此者豈非聖人尊德性之要而純一不已者乎太祖高皇帝之聖學也投戈講道典學不怠釋洪範而天人徵應之理明書大學衍義而古今治亂之原著成祖文皇帝之聖學也表章六經頒布内訓輯文華寶鑒而昭鑒之義廣輯聖學心法而帝王之學弘宣宗章皇帝之聖學也宫中無事不廢書册慕商宗思道之心鄙光武用讖之失英宗睿皇帝之聖學也樂觀尚書謂二典三謨真是嘉言永惟一厥道必學後明若此者豈非聖人道問學之要而緝熙光明者乎語縣令以祈天永命之道諭中書以天時水旱之灾且命天下勿奏祥瑞太祖之畏天然也遇日食之變而罷正旦朝會之儀遇三殿之灾而免萬壽聖節之禮成祖之畏天然也日食不見而却胡濙之請賀月食不救而罪馮序之失占宣宗英宗之畏天然也念渡江開創之地而免太平應天諸路之租矜中原兵難之後而先老稚孤貧惠恤之政太祖之憫民然也命御史廵視民瘼而諭以利弊之興革敕有司捕撲蝗蝻而懲郡縣之隱蔽成祖之憫民然也諭禮部以存恤鰥寡諭京尹以收牧饑寒仁宗宣宗之憫民然也大本大綱可紀如此則凡施諸當時垂諸萬世何者非治功之神何者非治法之裕乎於乎我列聖之政之盛真有以等古帝王而上之矣肆我皇上明聖兼資述作盡制以祖宗之心行帝王之政純心有敬一之箴典學有五箴之注四郊嚴分祀之規九廟謹崇奉之節明堂隆大享之儀玄極妙精誠之感欽天有記而鑒戒昭明倫有典而綱常叙無逸豳風之有頌而穡事□□□□蠶耤田之有賦而農桑重皇穹有宇體乾象也皇史有宬備尊藏也大報有歌揚洪眷也除夕有作崇修省也星變有敕謹時幾也感兩有吟勤民隱也表尚書之三要以紹聖謨疏遺治之五事以彰先德重表列聖寶訓累朝實録以續瑶編載章聖學心法經史諸書以全典制毁土像而正先師之位號焚佛骨而斥异端之淫邪罷四方無益之獻而百度貞塞諸途倖進之門而庶官正偉烈鴻休不可殫述帝德之純王政之大先聖後聖一而已矣又豈臣下之所能仰窺其盛者乎乃若唐臣吴兢輯太宗遺事爲貞觀政要四十篇獻之中宗而置諸無用後雖有文宗者盥手熟讀雅志服行太和初政庶幾可觀然權綱不振國是日非終亦何補洪惟我憲宗純皇帝心涵千古妙契百王玄覽之餘超然

有得而特製序于篇端蓋帝堯稽衆之仁大舜用中之智也且謂太宗濟世康民偉有成績所可惜者惟正心修身有愧於二帝三王之道此其治所以不能純耳於乎數言之間衮鉞具在真萬世不易之定論哉使太宗而有聞將不靦然心服乎是宜我二祖次則媲美三宗有以光於前有以裕於後而陋貞觀之治於不屑也然則吴兢□□雖不得遇於李唐而猶獲伸於昭代豈非幸歟雖然祖宗以來聖神繼作英廟而後謨烈承休帝德已隆而益隆治道已盛而益盛億萬載有道之長方與天無極則所以仿吴兢之遺意在成聖政之續編者將不有待於人乎愚也不揆竊有志焉而未之敢也惟執事其與進之

第二問

翟汝孝

同考試官教諭陳批（周家八百年根本正於憂勤中得之我皇祖奠基首惟農務是重逮我皇上懋降繼述制作大備而子能鋪張揚厲末復拳拳於敬一之陳是誠有概於中者録之不獨以其文也）

同考試官教諭鄭批（方今策場惟務本括雖農桑爲生民日用之實先王仁政之本亦漫不加省此作敷對詳明且於聖祖及我皇上傳心要法闡揚無遺足占有用之學矣）

同考試官學正梁批（農桑一策士子類能掇拾陳言此篇根極要領足在揚厲我皇上析夫永命之休宜録以傳）

考試官左贊善浦批（此策擊我皇祖肇基弘業之顯謨聖天子繩武詒謀炎偉制功德淵源超軼虞周矣子能揚摧以對必俊譽也用録之以爲當寧獻）

考試官右中允秦批（我皇上中興禮樂比隆成周至於耕蠶大典蓋有异世同符者要之必有本也此篇獨能對揚宏休且以敬一爲終篇獻必非凡士允宜首薦）

知聖王有致治之首務當知聖王有傳心之要法何謂要法勵憂勤以恤民之隱是已何謂首務重農桑以厚民之生是已心以出治而其本立治以達心而其仁溥是故其始也以一人先天下而不知其勞也其既也以天下奉一人而克享其逸也此古先哲王祈天永命之道我聖祖皇上所以遠紹千古垂法萬世而國家胤祚之長不獨比隆成周已爾執事發策秋闈首以王業根本下詢承學愚雖不敏竊嘗有概於中矣敢不掇述以對夫人一日不再食則饑終歲不製衣則寒是衣食者生民之大命也匪耕則何以資食匪蠶則何以資衣是農桑者衣食之所自出也然民之命君實制之是故君知其艱而先之則靡不以爲先矣君忽其艱而後之則靡不以爲後矣兹唯教化之所由以隆替

國阼之所由以修短而敬忽一念實始基之此聖王之所爲兢兢而不能自已者也粤自神農教耒耜黄帝製衣裳農桑之重駸駸乎開其原矣而其説獨詳於周祭統曰天子親耕於南郊以共齊盛吾嘗考其制矣種稑載種甸師率屬昭其時也爲耤千畝秉耒三推昭其分也元辰而有祈穀之典終事而有勞酒之賜其爲禮也重矣又曰王后蠶於北郊以共純服吾嘗求其制矣公桑蠶室近川爲之宫也獻繭稱絲隨事爲之節也伐柘之禁嚴於仲春蠶器炎修頊於將事其爲義也協矣夫以天子之尊非莫耕也必親耕以共齊盛王后之貴非莫蠶也必親蠶以共純服者豈好逸惡勞與人殊好哉敬天勤民不遑暇逸聖賢傳心要法端在乎是且周自后稷以穡事基命公劉亶父益從而培溉之歷世相傳其君子非稼穡之事不務其室家非織紝之勞不親吾嘗觀之成王踐阼周公懇懇乎豳風無逸之陳及宣王不耤虢父則諫之曰匱神之祀因民之財又何嚴也后妃恭儉率下蓋見諸葛覃諸篇而幽王惑褒姒之溺詩人則刺之曰婦無公事休其蠶績又何功也即其君臣内外之間與咨嗟而告戒如此是列聖相傳心法其子孫蓋世守以爲家法矣此周之治所以獨盛而其制所以爲獨詳也雖然豈唯成周商之三宗無逸嘗舉以告成王矣説者以爲獨稱商者繼世之君也然則由商以觀夏可知矣盡力溝洫荒度土功典則之詒顧嘗不在是哉嗣是以降於漢吾得文景焉得明章焉憫農重穀詔旨頻仍東郊之蠶先後輝映此所以衍爲四百年之緒也於唐吾得太宗焉得玄宗焉敦復古制必示躬親先蠶之祠歲勤内苑此所以衍爲三百年之祀也若宋則以三不盡之仁而綿三百處之統蓋自雍熙以來耕耤之典斯備自紹興以後蠶桑之制始荒其見諸史策者可考也總之無關雎麟趾之意而行周官之法度治迄小康又何惑耶洪唯我太祖高皇帝以聰明睿智之資肇旋乾轉坤之業身歷艱難念切民隱踐阼之初首耕耤田爲天下勸至於訓諭臣民不一而足是故出觀圜丘則命世子遍歷農家觀其居處服食爲之諭曰夫農勤四體所居不過茅茨草榻所服不過練裳布衣所飲食不過菜羹糲飯而國家經費皆其所出故欲令汝知之駕幸鍾山則憫田者冒暑而耘由獨龍岡步□淳化門語侍臣曰農爲國本百需皆其所出夫衣帛當思織女之勤食粟當念農天之□朕爲此故不覺惻然於心他如遷元帥爲營田使恐兵革之妨農務也詔民間以種桑棗恐凶荒之致饑寒也諭國公馮勝緩周藩之役則憂其奪民之時偕學士宋濂觀後苑之穫則喜夫秋成之遂當是時刑于之化上洽宫壺虔於齊禱則躬執爨之役爨儉以率下則服澣濯之衣是雖親蠶之舉典制未周而風化之基實有攸始嗚呼休哉紹千聖憂勤之心詒百世燕翼之謀我聖祖所以

祈天永命者信莫有先于此矣列聖嗣服敬承勿替百七十餘年以來家給人足教化大行豈偶然之故哉肆我皇上心不自聖事必師古禮樂明備天地爲昭歲大駕親耕於南郊命皇后親蠶於西苑且於宮堧之隙建帝社稷立先蠶祠省斂省耕之亭式勤營度無逸豳風之搆時賜臨觀命輔臣以坐講錫從宫以醻宴一時鴻儀鉅典真足以考三王而不繆者矣蓋嘗論之農桑之業衣食萬人不可闕一耕蠶之典垂憲萬世豈宜偏廢况禮樂之人必待百年繼述之善斯稱大孝然則聖祖在天之靈固不能無待於今日而皇上中興之業真足以紹休於烈祖者矣胤祚之長殆將與天無極又豈特卜世三十卜年八百已哉然執事復於篇終下採芹曝之獻愚草茅之賤士也耕鑿於堯仁舜澤之中蓋不知帝力於我何有尚何以爲獻哉雖然昔周公告成王曰嗚呼自殷王中宗及高宗及祖甲及我周文王兹四人迪哲夫迪之云者允蹈其知而勿去之謂也我皇上所其無逸之心至真切矣伏願緝熙聖學始終一致養之于静以全天德之體察之于動以達王道之用則天地萬物育休徵畢至悠久無疆矣此又萬世心學之原憂勤之所從出者也愚嘗伏讀聖製敬一箴有曰曰敬維何荒怠必除曰一維何純乎天理然則區區芹曝之獻固聖明之所深造矣乎謹對

第三問

王汝安

同考試官知縣喻批（自古輿圖之盛無逾今日而要害民風所在□今昔殊觀皆有志者所宜究心也此篇考據精詳敷答條悉殊非淺學可到至於一道德同風俗處尤見經世之略）

考試官左贊善浦批（昔人有云不出户而能知天下殆子之謂與是可録矣考試官右中允秦批（考古之學適用之才即此具見子其以天下爲己任者耶）

帝王者聯屬天下以成其身者也是故育之以仁而運之以智仁也者體也大德之敦化也智也者仁之用也小德之川流也夫人之於身也無尺寸之膚不愛焉則無尺寸之膚不養也而後吾身安矣苟或五官四體之間一失其職元氣周流未能無間此其爲病不爲偏痺必爲蹠盭矣其謂身何故曰知所以治身則知所以治天下國家矣執事以皇明輿地之盛策諸生且欲聞要害民風之略斯忠愛無已之盛心也顧愚曲士也使之語宇宙之大猶責井蛙以語海其不取笑於大方之家也鮮矣請試言之以就正焉粤自元胎無象太素流形三皇之世即人爲治封域之廣狹未暇論矣黄帝建萬國□□親諸侯顓

頊定九州以配星野斯皆仰觀俯察章厥順治非用其私智以鑿天下者也夫封建之漢行而幅員難於統一巡狩之典稀而風俗難于周知帝王端拱穆清欲致天下於同仁之化斯亦艱矣是故周官職方氏之職設焉内之都鄙城邑外之蠻貊戎夷大之人民財用纖之九穀六畜蓋按圖之間而數要利害可一覽而得矣是地圖之制寔重於周夫亦省方觀民之遺意也夫堯憂洪水禹言厎績别九州叙五服地平天成萬世永賴矣若乃冀北創并部之名燕齊起幽營之號肇州十二舜實任之當是時中國之地方五千里東漸於海西被流沙朔南暨聲教唐虞之際於斯盛焉夏制復於唐堯殷因無所損益惟周公以元資成文武之德體國經野其法特詳若見諸職方氏所掌可覆也是故以九州言之東南曰揚州正南曰荆州河南曰豫州正東曰青州河東曰兖州正西曰雍州東北曰幽州河内曰冀州正北曰并州封山及川以辨區域是即禹之九州也蓋彼以治水利導而言故先冀而後雍此以王化遠近而言故先南而後北獨其合徐梁於雍青分冀州爲幽并是不能無沿革之殊耳以九服言之方千里曰王畿其外五百里曰侯服又其外曰甸服曰男服曰采服曰衛服曰蠻服曰夷服曰鎮服曰藩服設儀衛辨以等邦國是即禹之五服也蓋五服各五百里自一面而言九服各五百里合二面而言獨其藩服之制於九州外地增五百里是不能無廣狹之殊耳夫聖人以一人治天下不以天下奉一人體天之心因地之利順人之情先聖後聖其揆一也或九州或十二或五服或九服不過與時損益通變宜民焉耳豈其好异乎哉三代以下此意浸微雖輿地之廣日侈于前而先王之制蕩無遺迹漢承乎秦者也時則分天下爲十三部焉唐承乎隋者也時則分天下爲十五道焉宋承乎五代者也時則分天下爲二十六路焉要之兩漢四履之盛比迹夏周唐雖東不及漢西寔過之若宋則北無燕雲西無寧夏斯不足言矣明興混一函夏削平僭亂體上天好生之德無利人土地之心并建兩京分置十三省蓋虞夏所不能臣職方所不能載者靡不歸我版圖覃被德化是故今之京師即古冀州地而山西亦其境也今之南京即古揚州地而浙江江西亦其境也今之山東即古青州地而陝西則雍州也今之河南即古豫州地而湖廣則荆州也今之四川即古梁州地而雲南則其裔境也今之福建即古閩越地而廣東廣西則百粤也今之貴州即古西南夷地所謂羅施鬼國者也猗與休哉自生來未有盛於今日者也肆我英宗睿皇帝命纂一統志以時備觀覽皇上嗣位因輔臣輿圖之獻特賜嘉納仁育智運罔非宅中圖大保泰持盈之至慮也執事復以要害民風導之使言豈亦以諸生之中有治安之賈生乎夫古今异宜盛衰不同運令海内之大非不肅

然治也顧爲萬世深長之慮蓋不無可言者是故扆山帶海京師形勢尊矣然居庸之外蔽甚微畿甸之遺戎未徙順天馬政河間水潦不思爲之所平防江備海南都根本固矣然廬鳳之民惰而地不盡利徽寧之民細而俗用以偷田賦蘇松河流豐沛不思爲之恤乎由京師而推之齊魯之弦歌弗聞歲苦河役南盡于邳徐矣三晋之民勞日甚寇在門庭矢達於太原矣關陝之間昔號陸海今則烽火時乘土魯番之内侵亦不刺之殘孽皆腹心之隱憂也河洛之地古稱形勝今則輻輳趨利土地未盡闢教今未盡馴此奸宄之自出也由南都而推之民緣山谷爲利亦藉之以爲奸此江浙之同患也况并海倭夷南贛盜賊是可弛凶器之除乎楚俗剽輕而人呰窳蜀地肥沃而民淫泆此統治之异宜也若力役之殷征需之急是可無息肩之惠乎若夫嶺南蜑獠始事芟夷而廣右猺獞方勤誅討閩粵之間素號難治而粵則非閩中比矣時恬則蜂屯蟻聚有事則禽駭獸奔雲貴之治舊稱雜夷是又非諸省比矣嗚呼廣谷大川异制民生其間异俗事理固然無足怪者是故聖人不易民而成化王公必設險以守國興利除害移風易俗庸非今日之急務乎竊又有聞焉天險不可升也地險山川丘陵也夫險至于不可升則必有出於山川丘陵之外者矣今天下一家深仁厚澤又足以相維於不壞要害非所先也顧風俗侈靡士習澆漓識者有深慮焉敦儉朴以明好惡之端振紀綱以祛積習之弊而行之必自京邑始則道德一風俗同天下至險伏之於大順矣雖然亦在乎任人耳賈生曰移風易俗使天下回心向道要非俗吏之所能爲是故文翁任而蜀化常衮治而閩興况天下之俗未至閩蜀天下之吏有賢於文衮者乎善乎孟軻氏之言曰堯舜之智而不遍物急先務也堯舜之仁不遍愛人急親賢也此其所以能通天下爲一身也謹對

第四問

李最

同考試官教諭藍批（是策淹貫諸史進退千百年人物剖析疑似灼有卓見以若學識而致諸用焉往不達薦置首列豈獨以文已也）

同考試官教諭浦批（博物窮理固吾儒蓄德之資也此篇條析無遺品評不爽讀之令人灑然胥臣之多聞子産之博物又奚足侈哉健羡健羡）

考試官左贊善浦批（於考據見子之學於品騭見子之誠）

考試官右中允秦批（博洽而不淆於衆見蓋尚友古人者録之）

知所以博物者可以語窮理矣知所以窮理者可以語畜德矣知所以畜德者可以語尚論矣何則物也者理之所由以寓者也理也者德之所由以成

者也物有不博理不可得而窮矣理有未窮德不可得而蓄矣德之不畜則其學也或失則陋或失則寡以是而欲尚論古人之事吾見其□且謬矣其何以通天下之故燭天下之□而能折衷往聖哉於乎此君子所以唯學之爲貴而畜德則其要也執事以古今紀載人物事爲之當擬議者下策諸生愚固知非導之以徒博而已也請具陳之公孫碩膚赤舄几几周公所爲居東也觀之鴟鴞九罭之詩則可徵矣而魯世家乃謂人或譖公公避奔楚噫此果是膺是懲之訓乎史氏之附會其甚哉恪恭箴儆威儀抑抑武公所爲君國也觀之淇澳懿戒之詩則可占矣而衛世家乃謂襲殺共伯立和爲侯噫此果有斐君子之事乎史遷之所聞其誣哉孟子之待王驩所謂不惡而嚴也楊思勖以内侍而迎宋璟於西京則亦驩之類耳璟肯與之交言乎此其持正當不在泰山壁立下矣孔子之亦獵較所謂小同於俗也尹和静以從班而迎觀音於郊外則非獵較之比矣尹何爲亦與之往乎此其作用殆難以語大賢以上事矣開西南夷逢君病國矜夸貴盛負弩前驅司馬相如之鄙行也其視萬石君家父子醇謹致恭桑梓者蔑不侔矣而卓王孫顧猶有喜眩之色暴富還虜何患足齒哉産禄擅兵寄與友善謀誅吕氏劫而後從商寄之罪均也其視州吁好兵石碏誅厚大義滅親者有餘辜矣而班固乃爲洗賣友之穢固之於義一何陋哉陳涉之王也事至微淺而魯諸儒抱祭器歸之豈非積百年之憾而發憤於陳王猶曰秦民之湯武乎然而見亦愚矣矧孔甲又爲之博士與涉俱斃果用舍行藏之家法邪史記列之儒林可嗤也夫朝儀之起也機會可乘而魯兩生乃設辭以拒之豈必其能傳孔孟之道而知禮樂之所由興乎然而行則高矣乃叔孫通則爲之綿蕞而秦儀雜就果夔作大章之遺意邪君子鄙其器小有以也夫史以記君舉也欲自觀焉以冀免過於將來得無起人顧慮而開隱諱之端與鄭朗有執筆螭頭之直而乃亦爲之則其於文宗也未免失之徇矣相爲天下置也使姑用焉以求免國謗於後世得無异於迪知忱恂告教厥后與韓琦有薦相歐陽修之公而乃亦言之則其於仁宗也未免待之淺矣王望便宜出粟以活所部之民而朝廷赦其專命之罪君人之度也汲黯持節開倉以賑河南之饑而自請伏矯制之罪臣人之恭也其意義豈相遠哉王丹率族入麥以濟關中之軍興而卒辭馮翊之命士農之狷也卜式輸財助邊以成海内之虚耗而卒享三公之富商賈之道也其心術胡可同哉裴度欲止敬宗東都之行而待報恐不及也故與章偕來以示其切蓋亦禮之變耳然有度之志則可否則將不涉於疆邪杜佑欲明李藩撼軍之誣而詔殺知不可也故十日不發以俟其定蓋亦見之真耳然有佑之智則可否則將不疑於黨邪張恢坐賕而詔

賜群臣固非示人以廉之義鍾離意委地而不拜賜可謂清白不自污矣但謂盗泉勝毋而惡於其名無乃爲皎乎金人策士而詆及上皇本非生資自獻之日褚承亮長揖而辭主文可謂威武不能屈矣彼以富貴之圖而忍忘故國亦獨何心哉大君天下之主有分野無分氣也彗出寅艮之間而謂應在外夷耿南仲之言直妄語耳惟李光援春秋爲證而勸人主恐懼修省斯得之矣日爲衆陽之宗無私照無偏應也旦暮日色皆赤而謂應在西東金良弼之言直偶驗耳惟謂人君修德應天則灾變自弭斯近之矣高麗之貢方物可以讓可以無讓讓則弱唐高祖惟知自强故能納温彦博之言而旡咎遼左之違詔命可以征可以無征則黷唐太宗不知自戢故不能聽褚遂良之諫而有悔春秋名分之書尊攘之道於是焉在彼謂頒經而捨春秋果何見歟裴光庭因吐蕃之請而勸帝與之可謂通於遠略而得善變之術矣通國胡婦之子華夷之辨於是焉分然以蘇卿而使無後獨何忍歟漢宣帝因平恩侯之請而詔特許之可謂明於大體而有王者之風矣凡此皆執事所謂必有折衷之道而非徒言無當者但古今之事變靡常史册之疑似匪一苟非多聞而擇之以會其博多見而識之以要其中則往蹟紛然渺如煙海亦將何所紀極哉是故周公之不居楚固矣而謂召公致疑於踐阼亦豈事實衛武之不襲兄似矣而謂光義可疑於燭影亦豈名言郊迎觀音固非崇正黜邪也而謂傳奕非聖者亦何損於蕭瑀之朴忠受刧賣友信非直道事人也而謂師友違君者亦何悖於左儒之大義孔甲之死於陳勝誠愚矣然魯以禮義之國而亦爲項籍死守□謂智乎叔孫之狃於秦儀誠鄙矣然賈□以文帝之賢而亦不能復漢古制奚庸命乎給州帑錢以安東川之軍則責震之權宜又不啻王望諸人已矣閉玉門関以謝西域之質則光武之深略又不啻唐祖之讓已矣彗見而請罷郊禮杜鎬之迂幾何而不爲耿南仲邪河清而謂失常性楊珪之偏幾何而不爲金良弼邪李藩之罪可赦矣而杜兼之誣亦可赦乎蘇武之子可歸矣而蔡琰之子亦可歸乎引而伸之觸類而長之誠有更僕不能終其物者然統而會之其要在乎蓄德其究存乎反約所謂同歸而殊塗一致而百慮言天下之至賾而不可惡也言天下之至動而不可亂也近之足以表裏人物遠之足以進退古今舉宇宙内事皆吾分事矣苟爲不然則雖讀史成誦如謝顯道亦適以取玩物喪志之誚而已奚貴哉蠡見如斯不識執事以爲然否

第五問

劉體乾

同考試官教諭劉批（五策條答無遺篇皆可式而足兵一策尤考究精

詳確有定見殆非徒談兵者表此以例其餘耳敬服敬服）

考試官左贊善浦批（能劑量民兵利便之故而爲經書疆圖之宜必非問於世務者可以入彀矣）

考試官右中允秦批（儒生不難於博古而難於知今蓋可誦可襲取而識時務者非俊傑不能也此作不迂不俟鑿鑿可以豈胸中有甲兵者邪）

酌内外輕重之大勢可以語制兵矣考古今兵農之大較可以語給兵矣世之言兵者曰兵坐食□農也率不加察而和其聲至議推行以農之故而寢者亦多矣是故不酌内外輕重之勢不考古今兵農之實以有指改絃爲難事以通變明作□□□遽議足兵未有能濟者也執事慨郡縣之不可無兵而謂西北爲急訏謀遠矣顧鉛槧末學何足與議軍旅請試陳所聞惟執事察焉夫今之天下即古之天下今之土壤即古之土壤古者百里之地爲千乘之國有兵三萬七千五百人周有天下諸侯之國千有八百雖不皆方百里而絶長補短國宜有兵二萬五千人總之得兵四千五百餘萬而餘夫之爲羨卒者又不與也今之郡縣大者非特百里而已其爲數亦不下千八百也士徒之衆或數邑而無聞豈其爲民者盡緣南畝盡輸公賦而不可以爲兵耶抑可以兵而未求也愚嘗考之古者三時耕稼一時閲武其于蒐田又率之以從事蓋農之用力於兵歲六十日則今專力之兵一當古兼農之兵六若舉千八百國之常數較今日都司衛所之尺籍姑以百萬爲率幾五十倍少于古矣苟即古之兵數爲今之農數是以五十力農之夫供一荷戈之卒用人之力費人之財不可謂不省矣古者兵由農出凡干戈車乘馬牛之屬皆取具於民而國無預焉今兵由國出凡干戈車乘馬牛之屬皆取具於國而民無預焉今日兵之於民又不可謂不便也夫其費省于古其便多于民宜乎兵不可勝用矣而郡縣以乏告非愚所知也且今郡縣之相距或六七十里而近或百里而近日出而發日中而至是故倉卒之變奸宄之萌譬諸釜中苙内使有兵馬南北聲援如響應也東西犄角如左右□也宜若易易然無難矣惟其兵或不足故往年覇州之警剽掠南北疾如迅飈州縣或窘于城守之未備近年迤北之虜再歷晋關突若奔豕村堡多潰于壁野之未堅若是者謂不可不責之郡縣固也然亦豈可以盡責耶蓋國家健卒多集九邊正德初年之寇調宣大游擊之兵入而收海口狼山之捷矣節制之師盡在京營近歲虜警之故簡官廳聽征之卒往而屯紫荆諸關之隘矣若是者謂兵家□發所不廢固也然抑豈可以爲常邪胡安國曰自古及今内外之勢適乎則安偏重則危不可不深省也應劭曰兵發雷震不及講其射御用其警戒一旦驅之以即强投敵是以每戰常負又曰殊方之

兵忿鷙縱橫多僵良善以爲已功不可不深省也蓋聞西漢之制矣郡國有材官騎士每歲八月太守都尉令長丞尉會都試課殿最水處爲樓船邊郡行障塞有事以羽檄徵發各因其地此非郡縣之兵歟厥後光武除兵制於是郡國罷都尉之官太守無都試之役警備既撤實啓戎心張角之亂説者諉罪焉有由然也杜佑曰兵制可采惟有漢氏蓋謂此耳今燕趙營平齊魯雍晋之産大祇雄偉博大慷慨沉毅無事固皆齊民有事可爲勁卒苟仿漢久之遺法自此地先施焉舉一方以爲則由是推之天下無難矣又聞李抱真之守懷州矣謂澤潞通道兵所走集思以預防山東之變乃籍人户三丁擇二給以弓矢曹偶習射歲終大校親按其籍第能否示賞責二年皆爲精兵得成卒二萬此又非郡縣之兵歟厥後稱聞天下皆以昭義步兵爲諸軍冠遂能雄視山東樹勛唐室有由然也李昭亮曰民兵可用近代顯效蓋指此耳今六邊諸鎮之人大抵性耐勞苦屢當虜患事産多寄于邊隅風氣不殊乎沙漠苟仿抱真之遺法自此地先施焉俟邊鎮之既效由是推之内地亦無難矣頃者本兵建議欲酌郡縣大小即所置快手民壯因而增額大邑千人小邑半之是誠計之善矣然愚以爲擇之不可不精也是故必善騎射必良技習羸弱老稚之人毋得而預焉需之不可不裕也是故利其器械給其資裝而顧直召募之費毋得而靳焉夫然後責諸有司以足議者之格舉前二法以相損益之宜似亦不待於外求也雖然漢制民十五以上至年五十六人出筭賦以治庫兵馬車蓋必如此然後材官騎士始可議設抱真之法蠲其徭租俾食其力蓋必如此然後三丁擇於始可議行爲今之計毋亦若曹瑋之策乎瑋之言曰召募弓手請給閑田一頃出甲士一人三頃出戰馬一匹今天下田額隱占匿于民間者不少也苟櫛隱以爲給兵之費何爲而不可無已則若楊億之策乎億之言曰閫外之事付之市租不從中覆精兵所在即以數縣租税給其用度今邊方郡邑轉輸于大鎮者不少也苟就其近地聽軍門之課調又何爲而不可若謂統領教率之長不可無人則守令之官佐二之職非盡可以書生視之也授任既顓則員不必增禄不必益亦可以堅父兄子弟之懷應身臂指使之勢矣昔有宋州郡節察防團刺史盡行軍制至於通判名御必帶軍州下至曹掾亦曰參軍可行於宋而不可行於今日乎孟軻氏曰氣體之充也夫兵猶氣也郡縣四肢也郡縣之兵足則四肢之氣不閼亦足爲腹心役矣而不務乎且兵農皆赤子也農之給兵以衆給寡本無不瞻第責農者繁是以不能不分給兵之費以供其餘惟勤恤農畝而省其多方之需辦專于軍資之輸納亦不難于爲力矣此其説長而未易言也雖然强枝疏委固若是耳然壯國之勢寧獨區區郡縣兵哉朱子曰其

本不在威强而在德業其備不在邊境而在朝廷其具不在兵食而在紀綱愚不敏願以是爲明問復

順天府鄉試録後序

皇上御宇之二十二年爲嘉靖癸卯寔維二紀于兹道洽政治人文化成百度既貞萬靈咸暢是用休徵協應民物阜熙方國貢深交南效順而龍荒幕北亦欵塞來庭矣内寧外謐風行海流其諸舜之舞干苗格周之因壘崇降之日乎於乎盛哉乃秋仲八月胥校士于鄉維兹順天寔首四國試竣録已將敬函以獻臣應麒謹載拜稽首言曰維昔益之贊于禹也曰惟德動天無遠弗屆而其稱堯之德也曰乃聖乃神乃武乃文以今觀之自禹徂征之外未之聞有武也而顧以文武并稱焉臣愚以爲善觀聖人者宜莫如益矣夫文德誕敷則内治餝内治餝則四夷賓此固古之聰明睿知神武而不□者也文之足以兼武厥惟尚哉載觀大雅思齊皇矣之什方言文王臨衝伐墉而即先之以譽髦作人之化乃知文王之所以爲文而彼詩人之意又當與贊禹稱堯者互發也夫古今言帝王之理者宜莫如堯如舜亦莫如文王而皆惟文之務先聖後聖揆一而已然則今日我聖天子純心籲俊懋簡詳延大烈耿光覲揚弗二而尤加志于賢科者豈其循是舊典直舉彌文云爾哉夫固有以曠觀聖人之文武并用而區區介胄有不得先我章縫者矣仰惟我太祖高皇帝統天肇紀于南成祖文皇帝定鼎恢基于北經文緯武保大定功卜世之長既與天無極而□聖紹休益勤謨略仁涵義濡重明麗正施我皇上兼神聖之資撫中興之運赫聲濯靈俾昌俾熾程功選德真尤有集大成以臻至理者文謨之昭焕乎典則絲綸之寵丕賁敷言頃因臣下建議復汰冗黜浮廓清仕路藝極所陳樹之風聲矣肆凡以才自命而有志經世者率趨而歸之裒然願充賦于有司是故斯舉也臣等竊尤有厚望焉蓋謂其慶感遭逢之下或不徒以詞章紀誦爲文而必將有偉器長材詩書禮樂之懿者出於其間以翊我偃武陳常之治即進而惠疇亮采思皇譽髦之賢亦庶幾由此其選内而訏謨外而旬宣以上媲堯舜禹文王之德之文之盛豈非主司之所榮願於爾諸士者乎矧順天爲古燕趙域其地曩稱多賢豪人而司馬子長獲從燕趙士游故其文豪宕有奇氣則其人不啻沉鷙茂材力而有文事焉久矣乃今乘大氣而出（此處底本缺頁——編者注）

嘉靖二十五年順天府鄉試録

順天府鄉試録序

國朝以科目賓興天下士每三歲一舉禮聘儒碩以司校閲則不异諸藩而特出簡任以翰林坊局詞臣二人主之惟兩京爲然此固祖宗成法著在令典而公慎之意至於今日而益重乃嘉靖丙午秋八月寔維其期順天府臣舉故事以請上命左中允臣本左贊善臣山往主試事同考則進士臣攀龍臣鏘臣子充推官臣德知縣臣松教授臣邦行教諭臣須樂臣履繩臣嚴皆蜚英甲科極一時之選監試則御史臣豪臣懋提調則府尹臣奎府丞臣瀛也而防範綜理嚴整周密視諸曩歲有加焉是月八日陛辭入院臣等焚香再拜而誓曰天下之事莫有大於貢士者即如古人所稱無情如造化至公如權衡猶懼不得真才以塞明詔於此而敢有一毫假公以濟其私敢有一念自怠以奪其鑒不惟不忠之罪莫逭而天地鬼神共殛之矣僉曰所不與同心者有如此香乃合提學御史臣王達暨六館諸曹所選士凡三千三百有奇三試之遵制額拔其俊百三十有五人并録其文之優者二十篇以獻臣本猥以識事宜序諸簡端伏念臣海濱賤士束髮登第夙叨作養旋授史秩既而二教南雝署篆留院十五年之間而忝竊職守不越乎公是非翊教化二者而已每自省訟方愆積瘝曠是恧兹者以再考詣闕而欽蒙改留之京闈校士而復蒙任使之臣受皇上之恩雖天高地厚無以爲喻第臣駑駘樗櫟材不逮志愧生負結涓埃未效聞命驚惕若不能朝夕焉因自警曰人亦有言國以得賢爲寶臣以舉士爲忠矧京師首善之地四方之極天下之是非出焉天下之教化係焉苟所取者或不足以協天下之公即公矣而非卓犖環奇之士足爲至賓者以觀示天下使天下之人得以籍口曰京師尚爾則雖就顯戮亦已晚矣然今日冒責任之重抱冰淵之懼者孰有過於臣哉又自解曰我皇上紹天闡繹建極顯懿道化周流玄澤汪濊迄兹二十有五載乾坤之所開陰陽之所接含生懷氣之屬靡不淪肌浹髓喁喁嚮風自今觀之莫高於天而景星見而甘露降莫厚於地而醴泉出而黄河清莫無知於動物而龜祥呈而鹿瑞游莫無情於植物而嘉禾生而瑞麥秀應圖合諜者充牣郊虞皆以昭聖德之睍徵永禧之休夫天地動植

之瑞皇上何心哉而且表見若此至於士之足稱國寶以爲世瑞者皇上虚懷籲之久矣而顧無所得哉夫雲龍風虎聲應氣求誠有不能自已今四海之内凡號爲章縫之士者誰不振揚奮厲以出而畿甸之間涵濡衣被即深且久者又當何如也詩云思皇多士生此王國將於是乎有徵臣雖至愚承乏或者籍此以報萬分之一乎乃窮日夜之力取其文而校閲之果見渾厚而典則者雄深而俊逸者敷腴而暢達者雖言人人殊而非伊傅周召不以爲政非孔孟程朱不以爲學於其文之實而徵忠焉於其文之恭而徵敬焉於其文之孚而徵信焉於其文之愛而徵仁焉於其文之制而徵義焉於其文之興而徵知焉於其文之帥而徵勇焉於其文之施而徵教焉於其文之本而徵孝焉於其文之慈而徵惠焉於其文之材而徵讓焉猗歟休哉言天下之美萃於此矣斯其爲國寶歟將不得與天瑞地瑞動植之瑞競爽争奇而并貢於天子之廷乎臣於是有不勝其踴躍者矣匪徒獲免於戾云爾雖然臣之所以徵諸士子者文也亦既實之矣由是而之焉敬以守之隨其所任而不負於今日之言利害不能奪毁譽不能亂如此而進退如此而崇卑如此而始如此而終抱一以見于天下則信乎爲國之寶而主司亦得以托名不朽矣苟爲不然則腐鼠燕石豈不重爲燕人之笑也哉爾諸士子其勖之爾諸士子其勖之

左春坊左中允李本謹序

嘉靖二十五年順天府鄉試

提調官

嘉議大夫順天府府尹胡奎（應文江西峽江縣人　辛巳進士）

中憲大夫順天府府丞任瀛（登之山東任城衛籍山西文水縣人　乙未進士）

考試官

左春坊左中允李本（汝立浙江餘姚縣人　壬辰進士）

左春坊左贊善吴山（曰静江西高安縣人　乙未進士）

同考試官

吏部文選清吏司辦事進士李攀龍（于鱗山東歷城縣人　甲辰進士）

兵部車駕清吏司辦事進士畢鏘（廷鳴直隸石埭縣人　甲辰進士）

工部都水清吏司辦事進士藺子充（仲實河南汝陽縣人　甲辰進士）

山東東昌府推官王德（汝修浙江永嘉縣人　戊戌進士）

浙江金華府蘭溪縣知縣林松（喬年廣東揭陽縣人　辛丑進士）
河南汝寧府儒學教授袁邦行（信叔江西豐城縣人　辛丑貢士）
山東萊州府度州昌邑縣儒學教諭陳順樂（啓節福建莆田縣人　辛卯貢士）
江西贛州府會昌縣儒學教諭曲履繩（子循湖廣沅陵縣人　甲午貢士）
山東兖州府沂州郯城縣儒學教諭石巖（仲容廣西灌陽縣　庚子貢士）

監試官

文林郎浙江道監察御史陳豪（志興福建長樂縣人　壬辰進士）
文林郎福建道監察御史高懋（惟德四川銅梁縣人　己丑進士）

印卷官

奉議大夫順天府治中劉養仕（學夫四川内江縣人　戊子貢士）

收掌試卷官

湖廣永州府通判楊懷哲（仲明雲南太和縣人　甲午貢士）

受卷官

福建邵武府建寧縣知縣朱良訓（臣式直隸華亭縣人　己卯貢士）
江西建昌府南城縣知縣黄茂（汝栗四川合州人　丙子貢士）

彌封官

浙江嘉興府通判周仁（體元河南商城縣人　壬午貢士）
湖廣漢陽府推官張衍祚（叔承河南汲縣人　監生）

謄録官

湖廣郴州知州范沂（本魯江西南城縣人　乙酉貢士）
四川重慶府忠州酆都縣周包荒（元量湖廣興國州籍福建莆田縣人　戊子貢士）

對讀官

四川成都府漢州知州張汴（子京直隸長洲縣人　監生）
河南開封府祥符縣知縣葛經（仲常山東昌邑縣人　乙酉貢士）

巡綽官

山東威海衛指揮同知畢高（士登直隸無爲州巢縣人）
直隸歸德衛指揮同知江元輔（尭卿直隸廬州府六安州人）
山東登州衛指揮同知裴澄（湛卿山東東平州汶上縣人）
直隸宿州衛指揮僉事張大義（以仁應天府上元縣人）

監門官

山東萊州衛指揮使羅勲（汝忠直隸灤州樂亭縣人）

直隸徐州衛指揮僉事王印（元璽順天府寶坻縣人）

供給官

順天府經歷司知事張大正（子居浙江歸安縣人　監生）

順天府宛平縣知縣薄世佑（元吉山西定襄縣人　戊子貢士）

順天府大興縣知縣王世光（汝陽河南河南衛人　丁酉貢士）

順天府宛平縣縣丞王輅（良載陝西經陽縣人　監生）

順天府大興縣縣丞朱希颜（懋愚直隸崑山縣人　監生）

順天府宛平縣主簿辛存惠（體仁陝西階州人　監生）

順天府大興縣主簿郭澤（子厚直隸高邑縣人　監生）

順天府霸州判官萬開禮（汝和江西南昌縣人　吏員）

順天府薊州吏目錢竹徵（應淇直隸長洲縣人　監生）

順天府東安縣縣丞張東銘（伯砭山東濮州人　監生）

順天府良鄉縣縣丞喬木（汝遷山西臨汾縣人　監生）

順天府大城縣縣丞詹如金（子礪浙江常山縣人　吏貢）

順天府房山縣縣丞王範（應瑞江西大庚庾縣人　監生）

順天府三河縣主簿杭暲（甫章直隸宣城縣人　監生）

順天府漷縣主簿徐文敬（子恭浙江分水縣人　吏員）

順天府陰陽學正術李洲（汝居順天府大興縣人　陰陽生）

順天府遵化縣石門驛驛丞鄒時昕（仲光貴州婺川縣人　承差）

第一場

四書

天下有道則禮樂征伐自天子出　辟如天地之無不持載無不覆幬辟如四時之錯行如日月之代明　孔子嘗爲委吏矣曰會計當而已矣嘗爲乘田矣曰牛羊茁壯長而已矣

易

雲從龍風從虎聖人作而萬物睹　天地感而萬物化生聖人感人心而天下和平觀其所感而天地萬物之情可見矣　子曰易其至矣乎夫易聖人所以崇德而廣業也知崇禮卑崇效天卑法地天地設位而易行乎其中矣成

性存存道義之門　聖人之情見乎辭

書

帝光天之下至于海隅蒼生萬邦黎獻共惟帝臣惟帝時舉敷納以言明庶以功車服以庸誰敢不讓敢不敬應　臣爲上爲德爲下爲民　皇建其有極斂時五福用敷錫厥庶民惟時厥庶民于汝極錫汝保極　簡厥修亦簡其或不修進厥良以率其或不良

詩

躋彼公堂稱彼兕觥萬壽無疆　工祝致告徂賚孝孫苾芬孝祀神嗜飲食卜爾百福如幾如式既齊既稷既匡既敕永錫爾極時萬時億　辭之輯矣民之洽矣辭之懌矣民之莫矣綏我眉壽介以繁祉

春秋

齊師宋師曹師城邢（僖公元年）楚子伐鄭晋郤缺帥師救鄭（宣公九年）楚公子嬰齊帥師伐郑　晋欒書帥師救鄭（成公六年）吴入州來（成公七年）冬吴滅巢（昭公二十有四年）叔孫州仇帥師墮郈　季孫斯仲孙何忌帥師墮費　十有二月公圍成公至自圍成（俱定公十有二年）

禮記

命典禮考時月定日同律禮樂制度衣服正之　故禮也者義之實也協諸議而協則禮雖先王未之有可以義起也　凡音之起由人心生也人心之動物使之然也君子之所謂義者貴賤皆有事於天下

第二場

論

君子有絜矩之道

詔誥表（内科一道）

擬漢戒俗吏矯飾者詔（元和二年）　擬唐加左僕射房玄齡太子太師誥（貞觀十二年）　擬壽星見群臣賀表（永樂二十一年）

判語（五條）

舉用有過官吏　檢踏灾傷田糧　縱放軍人歇役　軍民約會詞訟織造違禁段疋

第三場

策（五道）

問　自則壤成賦之制興而天下無不賦之地矣爲民者秉義竭忠輸納于上亦分也而周禮大司徒顧有振窮恤貧散財薄征之政司救又有節巡施惠之典周衰秦亂取民無制不足言矣至漢文帝在位再賜民田租之半其後遂除之而不收者十餘年不惟不取而且與之何歟洪惟我太祖高皇帝汛掃胡元廓清函夏登極未幾遂下免租之詔因時隨地無歲不免甚至舉天下夏税秋糧而盡蠲免之其間存恤老幼哀憫惸獨給米賜帛之類有不可勝計者夫文帝承高惠之後事多仰成稍加節約自足於用我聖祖當革命建極正創制立法之始所費視承平之日奚啻千萬而乃蠲貸若是何以未聞有乏財之慮乎不知省民裕國其道何繇今詔令具在御製文集皆裁自聖心其意指所在可得聞歟説者謂結人心凝天命而培千萬年不拔之基端在於此豈管乎所謂知與之爲取者耶我皇上臨御以來詢求民瘼德音屢下叮嚀惻怛凡所以加惠元元者無所不至優恤蠲免視聖祖無間焉比年以京師根本重地軫念捐瘠每歲出錢藥施捨累月而後止夏秋之間積雨爲灾即詔發銀米急爲賑救以至言官之論列守臣之陳請疏辭一入俞旨即下務使實惠及民今仁風翔洽德澤流濩上繼聖祖遠邁百王使被灾之民轉愁歎而爲歌舞固天下之所著聞也然此亦有所本歟諸士子生長畿甸涵濡獨深且久其敬鋪張揚厲之問忠厚者君子之道廉讓者士人之節斯二者雖若迂緩然而世道之升降風俗之美惡天下國家之治亂恒必由之是不可不審也唐虞三代之時遐哉邈乎不可尚已後世乃有感時澆薄慕尚敦篤而著崇厚論者有以時多進趨廉遜道闕而著崇讓論者其辭意固各有所指也可得而言之乎夫視時趨向天下之人不少即斯二者何以崇之崇之之要安所本始豈皆隨時以相推挽歟抑别有其道歟究而言之二者亦可以合一歟方今教化隆盛風俗醇美視二子所遇之時固萬萬不侔然就二子所論之事觀之恐亦未可謂盡無也諸士子博觀史册及此必有概于中者又豈得無論乎請著于篇毋爲虚讓今之士君子固皆所樂聞也

問　昔人有言經與史其義一其體二似非判然二途也夫何後世或擬經焉或擬史焉自漢以來不可殫述姑舉顯著者言之儒家者流若揚雄王通趙曄陸賈京房司馬光束晳白居易輩作者非一人其意皆自謂五經再生史家者流若譙周干寶孫盛吴筠令狐德棻之徒作者亦非一人其意皆自謂三

史重出豈經與史有不同乎抑其所擬者果無愧于經史也哉今諸所擬者具在可指而論之歟或謂經無文法其不可及者以語道之精耳而揚雄之輩胡獨於文法是效耶史貴實録其不可及者以叙事之當耳而譙周之徒胡不於實録是務耶昔人各有譏評之者其失安在擬經者經似非矣而於雄之作或以爲常耽好或以爲必傳於通之書或謂其極有格言或謂頗近於正無乃雖擬於人而未可遽少之乎擬史者似非矣而於左氏或謂其失之誣於公善或謂其失之俗於穀梁或謂其失之短於遷或謂其淺陋疏略於固或謂其浮華剽竊無乃雖爲人所擬而未可遽宗之乎由是觀之經不可擬而亦或不嫌於擬史不可擬而亦或不足於擬者其故何歟或謂史有史淺而易模經文意深而難擬其説然歟雄周之輩皆高才博學名重一時固自謂命世而生者也何乃昧此而不免更相蹈襲以來後人之指摘耶諸士子誦讀經史之餘必嘗擬議於斯二者矣願聞其説

問　宋胡寅有言制策亦以空言取人然其來最古得人亦多以今考之或有未然夫所謂制策者特昉於漢以試賢良方正直言極諫者耳溯而上之不有成周之鄉舉里選乎虞廷之奏言試功乎惡在其爲最古也又嘗觀漢史所載賢良策不過數篇數□□議論人品俱不免於後世之議自此之外雖有嘉謨史固逸其傳矣其得人又惡在其亦多也漢既如此自後雖皆以此爲重然品式條貫代各不同議論取舍得失亦异可得聞其略歟其得人又何如也或有謂非經國之體請與諸科并停者有謂秖足長浮薄之風啓僥幸之路者又有謂徒隔賢士之路者銷英雄之氣者審若是則亦不足重歟豈豪杰之士有不屑於此歟夫不仕無義苟爲不屑何以行之抑士之所以爲學與夫所以爲人者有不繫於此歟我朝設科取士稽古定制至精至密寔以此爲最重其得人之多真有陋漢唐宋於不居者今諸士抱負墳策侁侁然來試于有司者凡以此耳不識平日之所學者亦如斯而已乎請直陳所志毋徒事剽竊以相眩惑有司者亦能辨也大廷之對此其階矣盍各勉之慎之

問　安上治民莫善於禮移風易俗莫善於樂自古聖人建大業得大位未有不制禮作樂以教化天下者也且以響飲酒禮言之成周制爲此禮行於鄉校之間以爲政教之本在是夫鄉飲不過飲食之節耳而孔子又曰吾觀於鄉而知王道之易易也豈制禮作樂以教化天下者果莫有急於此禮者乎今其禮載在儀禮見於禮記者可考也先儒謂鄉飲有四又謂不特四者而已其行何事升歌笙入間歌合樂各三終其詩何取自周既衰漢承秦亂其禮已廢至後漢西晋唐宋諸君亦有復行之者果能合於成周之禮否歟我太祖高皇

帝與復此禮載之官制著之大誥而又嚴之大明律詳盡且至垂世警俗之意深矣可得而言歟今海内每歲再行之宜古禮可復而風俗可同也然而户尚罕可封之俗士未必崇偕讓之節其故又何也伊欲使天下之人服膺聖訓束脩至教揖讓之治同於萬國雅頌之聲盈於六合蔚然成周之盛復見于今日如之何則可諸士子游於鄉校之間當亦有年行將歌鹿鳴而賓興之也明於禮樂舉而錯之而已矣請究言之以卜他日贊理之術

中式舉人一百三十五名

第一名　祝尚義　順天府學附學生　詩
第二名　江圻　浙江仁和縣人監生　春秋
第三名　趙莘　長垣縣學增廣生　易
第四名　劉斯潔　易州學生　書
第五名　唐輅　直隸山陽縣人監生　禮記
第六名　敖銓　江西高安縣人歲貢生　詩
第七名　于一貫　山東臨邑縣人監生　易
第八名　紀璿　薊州人監生　書
第九名　胡應文　廣平府學生　詩
第十名　張承恩　真定縣學生　春秋
第十一名　王良策　順天府學生　禮記
第十二名　褚實　通州學生　易
第十三名　潘翊　浙江錢塘縣人監生　詩
第十四名　陳九皋　欒城縣學生　易
第十五名　毛鵬　棗强縣學生　詩
第十六名　張爌　晋州學生　書
第十七名　吕泮　完縣學生　詩
第十八名　張渆　山東魚臺縣人監生　易
第十九名　楊惟平　南宫縣學生　詩
第二十名　尚世清　涿州學生　易
第二十一名　范濟衆　景州學生　書
第二十二名　王好問　樂亭縣人監生　詩
第二十三名　周録　江西廣信府永豐縣人監生　書

第二十四名　盧舜治　浙江烏程縣人監生　詩
第二十五名　郝儒　順天府學增廣生　易
第二十六名　梁桐　肥鄉縣學生　詩
第二十七名　李思柱　武邑縣學生　春秋
第二十八名　聶鶴齡　曲周縣學生　詩
第二十九名　齊仲賢　平山縣學生　易
第三十名　劉夢舜　三河縣學生　詩
第三十一名　王良貴　寧津縣學生　書
第三十二名　秦時雍　河南永城縣人歲貢生　詩
第三十三名　王可信　順德府學生　易
第三十四名　王涞　遼東都司學生　書
第三十五名　申中清　永年縣學生　詩
第三十六名　名　葉恩　順天府學增廣生　禮記
第三十七名　段顧言　遵化縣學生　易
第三十八名　賈輅　清豐縣學增廣生　詩
第三十九名　唐世隆　獻縣學增廣生　書
第四十名　李濮　濬縣學生　詩
第四十一名　張湁　開州學生　書
第四十二名　應熈　浙江永康縣人歲貢生　詩
第四十三名　王用賢　祁州學生　春秋
第四十四名　郝滔　長垣縣學生　易
第四十五名　李焕然　湖廣沅州人歲貢生　詩
第四十六名　胡欽　順天府學增廣生　易
第四十七名　秦相　大名府學生　詩
第四十八名　張文卿　直隸丹陽縣人歲貢生　書
第四十九名　朱文　大寧都司學生　禮記
第五十名　聶素文　江西清江縣人監生　易
第五十一名　張洪　武清縣人監生　詩
第五十二名　李寵　東鹿縣學增廣生　書
第五十三名　周應宿　順天府學增廣生　易
第五十四名　郝宗啓　灤州學生　詩
第五十五名　宋仕　開州學生　書

第五十六名　沈紹德　安州學生　詩
第五十七名　譚坊　山海衛學生　易
第五十八名　王畿　濬縣學生　書
第五十九名　趙瀚　直隸太蒼州人監生　春秋
第六十名　楊君璽　順天府學生　詩
第六十一名　張執中　保定府學生　書
第六十二名　牛應龍　固安縣學生　詩
第六十三名　李鳳毛　四川彭縣人監生　書
第六十四名　姚鉉　青縣學生　易
第六十五名　鄭璉　淶水縣學生　詩
第六十六名　史直臣　涿州人監生　書
第六十七名　楊霆　順義縣學生　詩
第六十八名　宗傑　直隸清河縣人歲貢生　易
第六十九名　史闕疑　涿州學生　書
第七十名　王賔賢　交河縣學生　詩
第七十一名　楊得春　清苑縣學增廣生　書
第七十二名　張問行　順天府學附學生　詩
第七十三名　李豸　順天府學生　易
第七十四名　張謐　南皮縣學生　禮記
第七十五名　張南　唐山縣人監生　詩
第七十六名　楊世相　寶坻縣學生　易
第七十七名　孫本　浙江錢塘人監生　詩
第七十八名　蕭汝爲　江西吉水縣人監生　書
第七十九名　李齊芳　成安縣學生　詩
第八十名　劉行素　保定府學生　春秋
第八十一名　康一元　滿城縣學生　詩
第八十二名　左鈞　唐縣學生　書
第八十三名　李謙然　直隸貴池縣人監生　詩
第八十四名　李孟科　長垣縣學生　易
第八十五名　張重倫　獲鹿縣學生　書
第八十六名　夏永　遼東廣寧前屯衛學生　詩
第八十七名　王彦民　内丘縣學生　書

第八十八名　孟陽　順天府學附學生　詩
第八十九名　陳情　灤州學生　易
第九十名　符允中　永清縣學生　詩
第九十一名　汪槐　順天府學附學生　易
第九十二名　徐維榦　順天府學生　詩
第九十三名　冀野　唐山縣學生　禮記
第九十四名　李廷印　寶坻縣學生　詩
第九十五名　楊奎　大名府學生　易
第九十六名　鄭逢時　固安縣學生　詩
第九十七名　尹校　順天府學增廣生　書
第九十八名　吕瀚　順天府學增廣生　詩
第九十九名　余才用　順天府學附學生　易
第一百名　張一良　蠡縣學附學生　詩
第一百一名　韓如山　晋州學生　書
第一百二名　龐瀾　任丘縣學增廣生　詩
第一百三名　徐騰　順天府學附學生　易
第一百四名　朱煇　新城縣學生　詩
第一百五名　劉璣　湖廣桃源縣人歲貢生　書
第一百六名　李惟軾　饒陽縣學生　春秋
第一百七名　劉錫　雞澤縣學生　詩
第一百八名　高甲　大寧都司學生　易
第一百九名　李汝桂　河間府學生　詩
第一百十名　李鑰　遼東瀋陽中衛學生　書
第一百十一名　王簡　趙州學生　易
第一百十二名　傅陽明　福建南安縣人歲貢生　詩
第一百十三名　馬呈書　廣平縣學生　書
第一百十四名　只好仁　内丘縣學生　詩
第一百十五名　于司直　濬縣學增廣生　易
第一百十六名　王遴　霸州學生　詩
第一百十七名　杜珏　深州學生　書
第一百十八名　董豸裔　大名府學增廣生　詩
第一百十九名　郝成性　直隸江都縣人監生　易

第一百二十名　王室寘　成安縣學生　禮記
第一百二一名　鐘秀　三河縣學生　詩
第一百二二名　李珍　廣平縣人監生　書
第一百二三名　許時雍　井陘縣學生　詩
第一百二四名　童蒙吉　浙江臨安縣人歲貢生　易
第一百二五名　陳希南　棗强縣學生　詩
第一百二六名　沈維藩　定州學生　春秋
第一百二七名　郭天秩　滑縣學生　書
第一百二八名　李景萃　任縣學生　詩
第一百二九名　張燈　江西浮梁縣人監生　易
第一百三十名　徐潤　遼東復州衛學生　詩
第一百三一名　吴邦寧　浙江蘭谿縣人監生　易
第一百三二名　陳鑛　廣平府學生　春秋
第一百三三名　張亨甫　内黄縣學增廣生　書
第一百三四名　胡文化　順天府學附學生　易
第一百三五名　張學詩　魏縣人監生　詩

第一場

四書

天下有道則禮樂征伐自天子出

劉斯潔

同考試官教諭陳批（深得夫子語意非苟作者宜録之）

同考試官進士藺批（論語義場中作者率多失於冗雜可厭子能以精潔之辭發之宜録以式）

考試官左贊善吴批（文有關繫結更佳）

考試官左中允李批（意味深長）

聖人論至治之世而治出於一焉蓋治因於世者也禮樂征伐一出於天子其惟有道之世乎夫子言此殆亦有所感矣其意若謂治以一統爲盛而勢以不移爲尊觀其所自而治可知也彼四海永清顯耿光大烈之懿萬邦無斁襲重熙累洽之休此非天下有道之時乎斯時也體統正而朝廷尊教化行而風俗美天下雖大惟知有天子之尊而已矣人心雖衆惟知有天子之法而已

矣是以揖讓而天下治禮樂之謂也而天子務焉脩五禮以防民僞而教之中同六樂以防民情而教之和凡創制立法出乎身而加乎民者皆聖心之自裁也大宗伯特受命以掌之耳舍此而欲議之且不可況敢有變易者乎則禮樂自天子出矣弧矢以威天下征伐之謂也而天子制焉巡侯甸而四征及於弗庭正邦國而九伐施於效逆凡克詰張皇發乎邇而見乎遠者皆乾綱之獨斷也大司馬特受命以統之耳舍此而欲請之且不可況敢有專擅者乎則征伐自天子出矣夫如是則天下之勢定於一而天下之治同於道聖世全盛氣象不有以想見之哉抑論禮樂之用誠爲急也而夫子以征伐并言何耶蓋禮樂者飾治者也征伐者制亂者也古之聖王亦惟力此二者南面而立天是以天下太平周召當成康之世治定功成而禮樂興矣猶懇懇以戎兵六師爲言意可知也世至春秋政教號令且不及於天下久矣安望其禮樂征伐自天子出哉夫子斯言也其有周召之志乎其有憂世之心乎

辟如天地之無不持載無不覆幬辟如四時之錯行如日月之代明

祝尚義

同考試官教授袁批（不費説辯而聖人天地氣象宛然在目可以知子之造道矣）

同考試官推官王批（體認真切措詞明當是善發聖人之藴者）

同考試官進士李批（題涉造化便難爲言此篇發揮辟如字出而辯復明潔可愛）

考試官左贊善吳批（明健精粹）

考試官左中允李批（簡當）

中庸擬聖德有大而無外者有運而不息者甚矣聖人之德之全也擬諸其形容寧不與造化而同流哉中庸三十章以孔子之聖而發明天道至此蓋曰德至聖人而全聖至孔子而極孔子之所謂聖者夫固有以祖述憲章而集群聖之成上律下襲而體天地之撰矣抑何以擬之哉是故自其廣大者言之業隆富有而衆善之兼該資深溥博而萬物之皆備其譬諸天地乎今夫至哉坤元奠麗無疆而勢著隤然之順大哉乾元保合大和而道顯確然之健舉天下之物無不持載覆幬者天地也而聖人之德兼體而不遺者寔如之天地聖人一而已矣欲知聖人舍天地將奚之耶自其不息者言之隨時從道而酬酢以盡其神泛當曲應而推行以盡其利其譬諸四時日月乎今夫一寒一暑通復無窮而歲功成焉一往一來晝夜相禪而貞明生焉言造化之妙極其變通

流行者四時日月也而聖人之德純亦而不已者寔如之四時日月聖人亦一而已矣欲知聖人舍四時日月將奚取耶由是觀之則知聖人之德大而無外者神無方也運而不息者化無體也神無方而化無體非天下之至聖其孰能與於此噫此其所以爲天道也雖然造化所以神萬物者誠爲之也□人所以進退古今出入造化者亦誠爲之也立誠則無物而造化或幾乎息矣又烏能與天地參而四時同哉故曰誠則無事矣思誠者亦惟誠之爲貴

孔子嘗爲委吏矣曰會計當而已矣嘗爲乘田矣曰牛羊茁壯長而已矣

趙華

同考試官教諭石批（孔子爲貧而仕非專檡夫職之易稱者此作發明重在心不苟録上迥异衆見録之）

同考試官教諭曲批（場中作者多瑣瑣於會計茁壯數字殊爲可厭此作不事浮詞而理自足誠佳士也録之以式後學）

考試官左贊善吴批（明白剴切）

考試官左中允李批（精確融暢）

大賢舉聖人之仕不苟録所以示爲録仕者之義也蓋仕有常識而録不可以苟受也即聖人之仕觀之則凡爲録仕者宜知所處矣孟子示人之意如此若曰人臣之義以敬事爲先君子之仕以竊位爲耻彼爲貧者之辭尊富而處貧賤也非貧賤之患而惟稱職之難吾嘗觀夫孔子大聖人也時亦爲貧而仕焉是故嘗爲委吏矣所掌者斂甸稍薪芻之賦位則卑矣人或以爲辱也聖人則曰何仕非位何位非職吾既居其位矣吾職之不盡吾懼焉爾矣况稍聚待賓客也甸聚待羈旅也餘聚待頒賜也雖皆有繫於此而亦非難舉者苟料量之弗平而可乎□故於會計必求其當而后已焉又嘗爲乘田矣所主者苑囿芻牧之事録則薄矣世或所不□也聖人則曰仕而受録録以稱事吾既食□□矣吾事之不事吾責焉爾矣况夫祭祀之所□也賓客之所共也射享軍喪之所共也雖皆□給於此而亦非難勝者苟犧牲之弗成而可乎哉故於牛羊必求茁壯長而後已焉夫以孔子之聖其出人也遠矣爲貧而仕且猶必盡其□□□今之人下聖人也遠矣苟曰爲貧則□□□□□皆有常識以食於上固所易稱必稱焉□也可以仕不爲道而徒苟録爲哉於此可見爲人臣者但當求盡其心録之厚薄要皆有所不可苟者孟子之言豈獨爲貧而仕者之律令哉若孔子則固無可無不可者故觀其爲中都宰爲司空司寇攝行相事者可知已是故能大能小或出或處而皆不離於道所以爲聖之時也孟子深知之而願學焉顧不肯一見諸候而必得賓

師之位以行其道者此固聖賢之分也雖然亦時也道也

易

雲從龍風從虎聖人作而萬物睹

于一貫

同考試官教諭石批（雲龍風虎只是引起聖作物睹句耳場中作者類以氣物等字纏繞上句可厭是作獨重下句且以德位時意隱然入講善言易者也）

同考試官教諭曲批（易義最難下筆此作義約而盡詞雅而昌□純元見慶幸忠愛之意誠佳士也敬服敬服）

考試官左贊善吴批（語意精當）

考試官左中允李批（簡而盡）

文言即動物之相感者以著聖人之利見也蓋聖人者萬民之望也得位行道而人利見之不有如雲龍風虎之相從哉文言申九五象傳意謂天下有不容已之遇人心有不容已之機則九五之利見豈特得之聲氣之相求水火之相就已哉夫天下之至神者吾知其爲龍也龍有時而興焉不期於雲而雲自從之蓋神氣之所運有不知其所聚者矣天下之至猛者吾知其爲虎也虎有時而嘯焉不期於風而風自從之蓋猛勢之所激有不覺其所發者矣是皆物感之良能天機之妙應必然而不容已者何獨至於聖人而疑之乎夫聖人者亶聰明而陟元后有其位而亦有其德膺曆數而建皇極宜乎民而亦宜乎人將見思德化之成者尊親之不忘通天下而同情也仰道德之光者瞻依之彌切合萬邦而一心也聖作物睹果何异於雲龍風虎之相從哉辭曰飛龍在天利見大人亦觀於此而已矣抑是義也夫子何爲而深致意耶爲世道慶也爲臣道慶也蓋天必生聖明之君而後有賢良之臣故世平主聖俊乂自至亦猶雲之於龍風之於虎機有必遇而情有必投矣否則惟后非賢不乂惟賢非后不食相遇爲難自古所嘆焉夫子此言雖申九五居尊之利而實有望於當時幸而有大人者作得以遂利見之願應相從之機則唐虞三代之盛可復也然卒老於行而莫能宗予終於春秋之世而已矣其可慨也夫

子曰易其至矣乎夫易聖人所以崇德而廣業也知崇禮卑崇效天卑法地天地設位而易行乎其中矣成性存存道義之門

褚賓

同考試官教諭石批（繫辭贊易多矣獨此章以聖人心學明之最是性

理之難言者是篇發□旨義詞不費而理自足是不徒有得于易理之至且□聖人心易之至得之矣取之）

同考試官教諭曲批（潔浄精微易義正當如此今觀子作詞精意遂非究心於易學者不能到也職之以冠多士）

考試官左贊善吴批（詞約理精）

考試官左中允李批（融會整潔）

大傳贊易之至必説聖人之用易以見其至也甚矣聖人之德崇業廣也凡以資諸易焉則易之至也不亦可見哉今夫易冒天下之道至矣而不可加者乎自夫聖人之用易而觀之可知矣是故語德之崇者至聖人而止也而其所以崇者以易焉語業之廣者至聖人而止也而其□□廣者亦以易焉抑何以見之哉蓋易書不□乎卦爻卦爻不外乎陰陽形下之器昭形上□□具矣聖人者以是理而窮諸心則神知之□□或啓焉識見高邁知其崇乎循是理而措□事□節文之謹若或相焉踐履篤實禮其卑乎夫其崇何似也而自與高明上覆者同一體其知崇效天焉其卑何似也而自與博厚下載者同一機其禮卑法地焉夫效天則德崇法地則業廣所以然者何耶蓋天位乎上地在乎下則陰陽動静乘其機而神化變易隨其用是之謂天地設位而易行乎其中矣然聖人知以成性而純一既不已其功性以立禮而至誠又不雜以欲則本成之性存而又存吾知由是而之焉謂之道蓋有取之左右逢其原者矣行而宜之謂之義蓋有用之終身則不能盡者矣道義之門不由此立乎故曰成性存存道義之門信乎猶天地設位而易行乎其中也噫聖人用易之妙至於如此則其謂易之至也豈不信哉雖然易之爲書當其始也隱於圖象秘於蓍龜非聖人之神智何以闡其藴及其終也具三才之道體萬物之情非聖人之德行何以能時其用大哉聖人其於易也一而已矣然則欲用之者當何如亦惟齊戒以神明其德希聖人焉可也

書

帝光天之下至於海隅蒼生萬邦黎獻共惟帝臣惟帝時舉敷納以言明庶以功車服以庸誰敢不讓敢不敬應

紀璿

同考試官教諭陳批（渾厚簡重自是大家氣象允宜録之以範來學）

同考試官進士藺批（題本正大而難於整嚴此作詞簡意盡蓋書義之最佳者）

考試官左贊善吴批（題不甚長而曲折頗多峻潔如此篇者絶少）

考試官左中允李批（明麗整飭）

大臣著聖德有感化之妙以見當純任乎德也蓋惟德能服人也明德致賢而用之盡其道又何人之不可化哉大禹之意蓋謂庶頑讒説帝欲加之以威孰若明之以德乎誠使帝德光輝極天所覆之下無不達海隅蒼生之地無不至則德之所著者既遠而人之所感者自深萬□黎民有賢者焉感時思奮將有爲於治世回心嚮道期不負於明時皆有帝臣之願矣惟帝於斯時也無賢而不舉無舉而不用因其言也而敷納之以觀其中不所藴因其功也而明試之以考其政之所成夫功既立於踐言則禮宜崇於命德又有車服之錫以彰厚報之典夫善用之如此吾知觀感之餘激勸生焉推遜成風相率而勉於善也若有所驅而不能自已矣其誰敢有不讓者哉奮揚之際精白著焉祇承休德相率而效其能也若有所畏而不容自已矣其敢有不敬應者哉由是觀之則天下皆忠皆直而不忠不直者不必威而自化矣尚何庶頑讒説之足慮耶抑論舜之教人無所不極其至必不得已而後威之自今觀之大治之道也而禹且不以爲然直欲明乎其德而已矣其後天下果皆以舜之心爲心而治至無爲禹之言不誣今千載而下猶可以想見其氣象於乎尚德之治也如此有天下者其知所務哉

皇建其有極斂時五福用敷錫厥庶民惟時厥庶民于汝極錫汝保極

張爌

同考試官教諭陳批（詞不浮而意已足經義似此者絶少）

同考試官進士藺批（發揮皇極之義無餘藴矣允宜高薦）

考試官左贊善吴批（純正）

考試官左中允李批（典雅）

君子演皇極之義而必著君民相與之盛焉夫極者達之天下者也君錫之而民保之觀其所與而皇極之義見矣箕子告武王蓋謂疇之次五有曰建用皇極矣皇極之所係大矣而其建用之義何言乎彼大君一身萬化所由出也是必經綸大經而盡其倫者足以善天下之則范圍物理而昭其度者足以表萬國之儀則極于是乎建矣夫極之所建福之所由集也吾見單厚多益而純嘏之休自昭受于上帝昌大無疆□□穀之盛自用集于厥躬則五福其克備矣然是福也非從獨厚其身也蓋將弘保合之仁而悉溥於民廣錫類之化而各足其分則固有之理得而無私之福集因其福而福之是豈分其所有哉其錫福有如此者斯民也宜若無與於君也亦皆涵泳不忘從好于貞教之餘服膺不倦敏德于綏猶

之下蓋一德之情通而相成之念切因其感而奮之夫豈容心也哉其保極有如此者夫民之與君既由于君之與民然則大君之建極自有不容已者矣抑洪範九疇皇極綱之矣治天下之道建極盡之矣然極之原雖出於天而實不外於心使不善事其心則前之四疇不能立後之四疇不能行而欲極之建也難矣故曰天之道太極行而萬物取足焉聖人之道心極立而天下取足焉圖治者宜勖諸

詩

工祝致告徂賚孝孫苾芬孝祀神嗜飲食卜爾百福如幾如式既齊既稷既匡既勅永錫爾極時萬時億

敖銓

同考試官教授袁批（題本冠冕作者拘於類應意不恢宏語亦儇淺此作直以少牢嘏詞明之語不煩而意自足是爲得之）

同考試官推官王批（主意不凡非苟作者）

同考試官進士李批（講幾式處得力田奉祭意蓋亦善説詩者）

考試官左贊善吴批（語皆本色意目分明）

考試官左中允李批（氣和而語莊）

詩人備述嘏詞所以美公卿之事神受福也夫祭必受福非賢者不能也觀諸嘏詞而公卿之所以交神明者可知矣楚茨詩人之意若曰我公卿今日之祭式禮莫愆敬則至矣神之格思得無意乎于時宗廟之中有善於祝之事者傳神意以有言往孝孫而致告其告維何蓋以爾之祭也爲酒食以饗祀而明德維馨潔牛羊以□嘗而精意以至飲食則芳潔矣何以予之其將俾爾單厚而百福之是介乎意之所欲保之右之受禄于天眉壽萬年福之來也秩秩而無疆有不如期者耶制之所定引之翼之宜稼于田歲取十千積之多也陳陳而相因有不如法者耶豈惟此哉猶以爾之祭也盡其愨而愨焉既齊既稷而無所於怠盡其敬而敬焉既匡既敕而罔有弗欽禮容則莊敬矣又何予之其將俾爾戩穀永底衆善之極乎一日二日事幾有萬以時措之無不宜也録之受于天者其亦於萬斯年乎小事大事其麗不億而時出之無不利也稼之宜于田者其亦萬億及秭乎吁呈公卿之力農奉祭以致孝也而神錫之嘏乃若隨事而報之以其類如此幽明之故感通之理可誣也哉嘗觀之天保言君曰卜爾既醉言公尸嘉告蓋皆爲臣答君故特假以致祝今楚茨之詩述公卿力農奉祭詞亦若此是必當時公卿德盛政修有以致之不然豈溢美乎故先儒謂此與信南山甫田大田諸篇即爲豳雅則又以其詞氣與七月之詩相類自今觀之無可疑者小序之言不亦固哉學詩者當考而知也

辭之輯矣民之洽矣辭之懌矣民之莫矣

胡應文

同考試官教授袁批（欲民洽則爲輯辭欲民莫則爲懌辭君子前定不跲當不如是子獨渾融言之而詩人之旨自在體認精明宜冠多士）

同考試官推官王批（文有格式且詞意明潔深得詩人相戒之意允宜高薦）

同考試官進士李批（輯懌洽莫字各相類但詩人相戒辭必諄復而作詩義者當無泥其文此篇獨能會意於尋常之外非固於爲詩者）

考試官左贊善吴批（同列相戒深切之意發揮明白）

考試官左中允李批（精麗清婉）

詩人相戒惟言無所苟則民無不應也失言出乎身加乎民其機甚微甚效則甚速也顧可以不謹哉是詩亦同列相戒之詞且夫天變而民病者非天之絶人也人自絶于天耳則夫安民以回天者豈可以他求哉亦在於吾人耳誠能無易由言於凡發之爲詞命而播之於中外者本大猷以爲經匪言則勿言焉慎爾出話於凡涣之爲號令而敷之於遐邇者則先王以爲訓非法則弗道焉揆諸天理而無所於逆慈祥豈弟之意藹如也其辭不亦和乎協乎人情而無所於垂忠厚憯怛之誠盎如也其辭不亦悦乎夫此亦自謹其言耳若無與於民也然民至愚而聽則聰善言之所加莫不奔走以相告而曰盍歸來乎民雖异而心則同仁聲之所達莫不傾耳而承聽而曰其生我乎呻吟愁苦者謳歌而歡悦向之所謂勞止者由是而汔康也寧有携二者耶流離涣散者還定而安集昔之所謂卒癉者於此其少瘳矣寧有失所者耶吁言之謹於我者甚微而效之得於民者甚速如此得民斯得天而方難方蹶者可回矣憲憲泄泄其可乎哉於此可以見天人之理焉可以見上下之情焉可以見感應之機焉去邠數語從者如市罪己一詔聞者感泣甚矣辭之不可以已也周之臣工以是相戒且終之以敬天焉其意良深切矣至今讀之凛然可思顧當時乃聽之嚚嚚而謔謔而夸毗以至於熇熇不可救藥者何哉吁此板之詩所以爲雅之變而居生民之什之末也

春秋

楚子伐鄭晋郤缺帥師救鄭（宣公九年）楚公子嬰齊帥師伐鄭　晋欒書帥師救鄭（成公六年）

江圻

同考試官進士畢批（傳内稱爵直書之意俱於救内見之唯子獨得其

旨用録以式）

考試官左贊善吴批（傳意完足）

考試官左中允李批（文有繼制）

春秋于外夷始貶其虐二而因善伯救以見之繼惡其虐二而亦善伯救以見之此楚之兩加兵于鄭其惡大矣苟不即晋救之善□□□見其然哉昔者楚莊在位圖伯中國因鄭之服于晋也將兵以伐之而經于此稱爵焉君子以爲非與之者何蓋亂賊之黨雖夫人得以舉義而華夷之辨則裔不可以謀夏也歸生既斃鄭則何罪而莊乃以重兵臨之由是晋也念我懿親遣郤缺以往救焉柳棼之役楚焰息而鄭有賴矣晋之善寧容揜乎故經于伐鄭之下特書晋郤缺救鄭蓋予晋也予晋則楚之書爵乃知其爲國君自將凌蔑中華書其重者耳貶之之意不於是而見邪既而楚共嗣位侵軼諸姬因鄭之盟于晋也命將以伐之而經于此直書焉君子以爲深惡之者何蓋及正之善固悔悟之方新而有君之喪則仁人之所憫也成公初立鄭則可矜而共乃以背已仇之由是晋也恤我同盟遣欒書以往救焉桑隧之遇楚氛遏而鄭克紓矣晋之善不亦彰乎故經于伐鄭之下特書□欒書救鄭亦予晋也晋予則楚之直書乃知其爲利人之難恣行私憤不待貶者耳惡之之意又不於是而見邪故觀此則聖人攘夷安夏之意可識矣雖然晋楚之所視以爲盛衰者顧鄭之從違爾景爲盟主其于鄭使能脩其德政助之守禦則必無南向之轍而楚之北圖也何由起乎計不出此而徒事于向背之争無惑乎戰伐之紛紛也於乎此君子所以罪晋景無攘夷安夏之略而惜悼之晚也

吴入州來（成公七年）冬吴滅巢（昭公二十有四年）

張承恩

同考試官進士畢批（辭簡而嚴得聖人杜漸之意）

考試官左贊善吴批（得謹嚴體）

考試官左中允李批（温潤典裁）

春秋于外夷有紀其不能制者有紀其不能保者此見楚于州來不能制于巢不能保也則其見禍于吴也有由然哉且夫人君子所恃以固國者有四鄰焉以藩外也故對境之寧不寧于寧之日以其守在四鄰也州來非楚之鄰乎制之自我而敵毋敢乘焉將謂共必有見于此矣孰意其吴得以入之耶夫吴之所能入由楚先事之防疏而有間可乘耳不然近在邊陲之側固宜得而制之彼豈敢以嘗試之謀徑造其地而不顧哉噫四鄰之害楚以爲憂止于鄰

而已吾聞撤籬以禦寇其誰能遏之此謀臣所以料其爲疲楚之端也傳曰書吴入州來著陵楚之漸非與有四境焉以衛内也故國都之安不安于安之時以其守在四境也巢非楚之境乎保之自我而敵勿敢窺焉將謂平必不昧于此矣孰意其吴得以滅之耶夫吴之所能滅由楚預備之政弛而有隙可窺耳不然密邇疆場之間固宜得而保之彼豈敢以再逞之欲遂奪其邑而不忌哉噫四境之亡楚以爲患及于境而已吾聞開門以延盜其誰能禦之此識者所以知其爲亡郢之始也傳曰書吴滅巢著入郢之漸非與于此見楚之于吴長其漸于前者若不足慮而受其害于後者則不可言然則有國者其尚慎固封守以無取危亡之禍耶抑有説焉爲國以得賢爲本國無其人誰與共理當楚之時巫臣伍員俱仕于吴而朝夕所與謀議者唯嗜酒之子反固寵之無極妬賢妨能交亂于國腹心病矣耳目蔽矣欲不危得乎是故九經以尊賢爲上四事以去讒爲首此又人君所當知者

禮記

命典禮考時月定日同律禮樂制度衣服正之

唐輅

同考試官知縣林批（王制記先王巡守一段本倣虞書而作者時説各爲异同失於稽考耳此篇証之書傳參之通典義正詞整蓋深於學禮者故録之以爲式）

考試官左贊善吴批（詞有考據）

考試官左中允李批（莊重精密）

觀先王巡守命禮官之事見大一統之治焉蓋天下一統則政不容以或异也先王巡守所以命之禮官者不有在於此哉記王制者之意若曰昔先王之巡守既舉祀典覲諸候矣觀民風察民志矣而又有所謂命典禮者焉其命維何蓋以四時日月皆天之所以示乎人者也固嘗歷象授時而頒之天下矣今兹所歷之地庸詎知其無或差乎咨汝典禮蓋精察於斯盍詳審於斯於凡時之節氣早晚也月之弦望晦朔也日之甲乙先後也使各當其節焉庶乎推步之下而術不違天協正之餘而政不失時用之庶邦者猶夫用之王朝者也正朔其一於是乎乃若律與禮樂制度衣服皆上之所以示乎下者邦庸詎知其無或异乎汝既掌禮宜于是而同之于是而正之於夫候氣之律吕所用之禮樂宫室軍旗之制度尊卑上下之衣服使咸正罔□爲庶乎上有道揆而國不异政下有法守而家不殊俗行之列國者猶夫行之邦畿者也人其寡過矣乎吁天道驗於上則敬天勤民之意昭王制同於下則建極保極之道顯此先

王東巡之政也推而行之皆從其初其所以大一統之治也哉雖然是有虞之制也夏后氏因之至周孟備周衰而先王之制幾於廢矣此王制之作先儒以爲在秦漢之際殆亦有見於是乎後有作者則有虞典在

凡音之起由人心生也人心之動物使之然也

王良策

同考試官知縣林批（題本樂記開卷第一義推遡音所由生心所由動以爲樂本作者多以下文嘽□緩粗厲等講音喜怒等講心雖能作者亦在所取然非記者本意矣此作意義渾涵詞語精當蓋潛心之學也）

考試官左贊善吴批（詞語精當）

考試官左中允李批（春容醇雅）

記者原音生于人心之感物所以著樂之本也夫物感于中而音發於外人心之不能已者也樂之本其在玆乎記者首揭之所示人其意深矣若曰生民之道樂爲大夫樂何爲者也天下之理感應而已矣觀其所感而樂可知矣是故樂必有音也音之起果何所自耶蓋人也者萬物之靈而心也者萬事之本音在外若無與於心也然虚靈之體固涵聲氣之元神明之舍實具至和之妙故夫相生相成音固若是乎其不窮矣究而言之其皆本於此乎相和相應音固若是乎其不一矣溯而論之其皆原於斯乎苟非心焉則音或幾乎息矣是音固生於人心也心之動又孰使之然耶蓋寂然不動者心之體感而遂通者心之用静以上固不容説也惟夫事變於前則天機不容以自秘物交于外則性術不容以終藏是惟無感感之即應其來也無窮而其應也不測全體呈露抑之而不能止也是惟無觸觸之即覺其至也無常而其知也不□妙用顯行遏之而不可禦也使非物焉則固未發之中耳是則物動乎心則音有所本矣心生乎音則樂有所飾矣動其本治其節其斯以爲樂乎抑心之感物而成音固也然感無窮人情無節道心人心之感德音溺音之所由分是不可不慎也夫惟君子友情以和志此類以成行則德音發而正樂興可以感人心而天下和平矣故曰先王慎所以感之者不知出此而徒較之金石絫之秬黍抑末矣此語樂者又不可不知也

第二場

論

君子有絜矩之道

唐輅

同考試官知縣林批（曾子作傳以孝弟慈爲人心所同發出絜矩二字既以好惡理財用人當以絜矩爲要而得絜矩以忠信爲本皆以得失對言見爲國之當慎傳意詳且盡矣場中作者别立外意多泛而不切就傳措詞又雜而無叙此篇只就本傳敷演成文意義精切是能發曾子之蘊者録之）

考試官左贊善英批（是題人皆知之但多勦説可厭此作只本傳注或問融會成篇而意見超卓自不可及宜録以式）

考試官左中允李批（議論精確而步驟悠揚其必醖藉之深者矣）

論曰君子之於天下使人各得其所者非人人爲之所也亦惟因其心之所同者而推之耳天下至大也人至衆也使人人而爲之所而後天下之人始各得其所焉則其勢固有所不能且無益於天下君子不爲也是必有要道焉何也蓋天下之所不同者人也而所同者心也吾惟因其心之所同者而體諸身而推之人所以處之者無不當則人之心亦我之心彼我之間分願各足達之天下固無有不得其所者矣故曰所操者約而所及者廣此平天下之要道也大學釋治國平天下而曰君子有絜矩之道請申論之夫所謂矩者何物也所以爲方之器也吾嘗觀夫梓匠論輿欲成器於天下而使長短小大無不如其意者是故賴有此耳天下大器也以君子而平天下大事也顧亦賴於此乎吁非然也吾人之心固有天理當然之則是乃所以爲矩即孔子所謂從心所欲不逾者是也是矩也人皆有之惟聖人全體渾然故隨其心之所欲而自無所逾也衆人有之而不知知之而不能自遂此天下之所以有不平也有之而能知知之而不自有其有而復推之人使天下無不平者君子耳君子何能若是乎亦曰物格知至有以通天下之志而知千萬人之心即一人之心意誠心正有以勝一己之私而能以一人之心爲千萬人之心如此而已矣何以知千萬人之心即一人之心也蓋天下之理感之而不應倡之而不和則未可必其同也今也老吾老非欲使民之孝也而民自興於孝長吾長非欲使民之弟也而民自興於弟恤吾孤非欲使民之□倍也而民自爾其不倍由此觀之是惟無感感之斯應是惟無倡倡之斯和蓋真有捷於影響者矣非心之本同能若是乎心之所同者若是使吾失其所以處之之道則彼雖欲同於我而不可得於是始紛然而异於天下陵逼侵越無所底極其何以平君子者既知其同則固有所不忍恝然於中而使其异之若是也於是乎有處之之道焉是道也非有所付畀增益於彼我之間也無亦曰因其所同以一人之心爲千萬之心耳是故好惡者其端也用人理財者其要也公私得失之幾則在於吾心而已矣

故觀其所惡於上下左右前後之間而皆勿之施焉而天地萬物之情見矣絜矩之義著矣夫爲天下國家而所以處心制事者一世於此則天地之間將無一物不得其所而凡天下之欲爲孝弟不倍者皆得以自盡其心而無不均之嘆天下其有不平者乎故能存此心而不失則可以□民之父母也可以得衆得國得天命也可以有人有土有財用也又推之如楚書之寶善也舅犯之仁親也秦誓之休休有容也仁人之能愛惡人也生財有大道而以財發身也孟獻子之不畜聚斂臣也其或反是則爲天下僇矣則失衆失國失天命矣則争民施奪而民散而悖出矣又推之如秦誓之媢疾也見賢不能舉舉而不能先見不善不能退退而不能遠也極之而拂人之性菑必逮身也務財用而菑害并至也吁一矩也能絜之與不能絜之其效之相懸有如此亦可畏已然其得失之故豈有他哉亦在於吾心而已矣故曰君子有大道必忠信以得之驕泰以失之言得失之繫乎其心者也故能忠信以爲心則公公則物我貫通上下融徹反是而驕泰則私私則物我相侵彼此交病蓋至此而天理存亡之幾決矣天理存亡之幾決則天命人心之去留得失判矣愚以是而知絜矩者平天下之要道而忠信者又絜矩之本也又由是而知絜矩者恕之事然必本之於忠而後得則忠恕非二物也此所以彼我之間各得分願不相侵越不相陵逼上下四旁均齊方正而天下平也古昔聖帝明王所以致雍熙太和之盛者率用此道但其所以爲矩者渾然在中寂然不動感而遂通泛應曲當無待於推以度耳譬則天地之化工付與萬物而已不勞焉是之謂聖人之事也故曰天地無心而成化聖人有心而無爲君子者能常存些心而不失則公公則久久則安安則天天則神而至公至神之化不异於聖人而與天合一矣故曰此平天下之要道也

表

擬壽星見群臣賀表（永樂二十一年）

江圻

同考試官進士畢批（典麗豐瞻事核而聞博且油然忠愛之意溢於言外冠場之作也佳士佳士）

考試官左贊善吴批（麗而能則表之佳者）

考試官左中允李批（藻繪典雅具足）

永樂二十一年某月某日臣某等恭睹壽星見謹表賀者伏以道隆宸極聖王綏永命之圖瑞應星躔昭代荷祈天之祜基鴻休于億載獻上壽于千齡慶洽臣民懽騰寰宇臣某等忻忭忻忭頓首頓首上言竊惟上及太清下及太

寧景福懋隆于紫禁天不愛道地不愛寶休祥協應于清時粤考壽星允爲聖瑞圖存元命薦君壽以無疆志載西京表時安而永泰應在春秋之候出自丙丁之隅彩耀丹霄迴麗圜車之運精凝玄昊獨依合璧之光有道方明非時不見彼誇聞東井漢基五載以開天曁傳美西奎宋治百年而麗日歷稽往事卓有明徵豈若映彼三台莫辨皤如之象嚮兹五福用垂老矣之名振古稀聞迄今始有兹蓋伏遇皇帝陛下睿德日新神謨天啓仙源毓秀龍標早協于瑶山璿極降芳鳳響乍回于伊水祇承上帝集大命于聖躬昭纘丕基觀秋光于皇考闢尭對而跨南北奠周鼎以限華夷萬里風清塵斷玉關之路百蠻霧淨威逾銅柱之鄉道徹三光誠通四序皇天眷德畀壽域以弘開上帝何言露珠躔而作麗祥耀爗于弧外散色澄霞顥氣肅于商中垂芒助月南山俯映流光遥掩於白榆北闕前瞻絢采適騰於黄道二十年之内疊見此祥五百載以來欣逢兹盛臣等叨際熙朝躬瞻玄象帝圖永固載歌天保之章聖業彌昌敢效華封之祝伏願聿脩至德克配兩儀茂享遐齡允過五帝玉樞旋轉亘萬古以常新金粟焜煌麗千星而久照臣等無任瞻天仰聖踴躍屏營之至謹奉表稱賀以聞

第三場

策（五道）

第一問

劉斯潔

同考試官教諭陳批（我聖祖以仁創業我皇上以仁中興俱見于優免之詔我朝億萬年之基端在於斯子獨能鋪張揚厲之無遺真可謂識時務達國體者矣末復歸重我皇上敬一之心尤見知本之學噫若子者豈非所謂大下士乎擢冠多士允協輿論）

同考試官進士藺批（我聖祖皇上仁心仁政誠祈天永命之本子能楊厲之無遺必其涵濡聖化之深者録之）

考試官左贊善吴批（我皇上好先之德同符皇風遠邁百王子能鋪張揚厲之末復歸重於聖心之精謂聖政之純懿可一知所本矣宜録以傳）

考試官左中允李批（我聖祖皇上仁德侔造化詔令懸日月子能大讀而對湯之是誠沐浴膏澤而歌咏太平者乎録之）

聖人有與民爲一之心而後有仁覆天下之政夫至貴者君也至賤者民也以分言則其勢誠相懸然君者民之父母也民者君之赤子也以情言則其

事誠相屬故易著乾下坤上之謂泰損上益下之謂益書稱衆非元后何戴后非衆罔與守邦蓋言民雖極賤而存上交之理則安矣君雖極貴而盡合下之義則仁矣惟其仁也則民借君以爲心而邦本以固惟其安也則君得民以爲用而天命常留是以聖人惟仁之務而使我之心惻惻然日浹於民而不可已惟安之圖而使民之心顒顒然日注於我而不可解君無所爲心心乎民而已矣民亦無所爲心心乎君而已矣故其起福也求之心而天下之福以起其除禍也求之心而天下之禍以除凡生於其心者皆民之至願而發於其政者皆民之膏澤夫是之謂與民一心而仁覆天下矣雖有凶荒水旱之灾尚何足爲聖世之慮也乎知此則執事所謂周禮散財薄征振窮恤貧施惠之政漢文帝減租稅之意我太祖高皇帝暨我皇上蠲免優恤之恩至深且渥者皆可得而仰窺其萬一矣請敬陳之自庶土交正而作貢三壤咸則而成賦國家之取民也久矣夏后氏五十而貢殷人七十而助周人百畝而徹三代聖王豈以不賦爲仁哉蓋惟天惠民惟辟奉天則愛民者固人君之道而民生有欲無主乃亂則事君者亦小民之義仁主於施而取之以制不害其爲仁義存於供而逋或以灾不失其爲義聖人者虚其心以應天下之變隨其時以安天下之民故其爲政也藏富於民不足則取有餘則與固有取之而民悦則取之者矣有與之而民悦則與之者矣觀之周官可知也太宰以九賦斂財賄此取民之常耳方其無事之時豐稔之歲爲之民者秉義竭忠輸納于上乃分之宜也亦何過哉不幸而有凶荒之灾疾疫之厄由是而不已焉不幾於病民乎故大司徒以保息六養萬民而三曰振窮四曰恤貧焉以荒政十有二養萬民而一曰散財二曰薄征焉又有司救以天患民病而以王命施惠焉由大司徒者而言之則歲之凶荒有賴由司救者而言之則時之疾疫無虞聖人恤民之心莫有詳於周官者矣自周之衰魯公履畝而稅穀逮秦之亂秦君舍地而稅人皆道乘於中正而毒盈於暴横尚何望其有周官司徒司救之事哉至漢之文帝躬修玄默力行節儉雖承高惠之後而秦項之雕弊未甦也雖當承平之日而侯王之强大已甚也於是惻然念外人之有非憫然哀窮民之無賴乃重本而抑末先人而後已既納鼂錯之言賜民田租之半又思勸農之道悉除民田之租其後遂除之而不收至十餘年而不止不曰惟正之供不爲過也而顧減之不日軍國之需不可缺也而顧蠲之聖人恤民之心莫有切於文帝者矣執事所謂不惟不取而且與之者豈不以周官漢文良有見於此哉洪惟我聖祖以神聖之資當貞元之會應天順人變夷用夏洗滌開闢所未有之腥膻恢復帝王所自有之土宇拯生民於塗炭躋斯世於唐虞其德侔天地恩齊造化固有終身言之

而不能盡者矣若執事所舉蠲貸之事乃自古帝王得民心之本而未有如聖祖之優渥者也蓋聖祖之心唯恐天下有一民之不被其澤一時之不安其生夙興昧旦若有望而未至宏規遠圖如有追而莫及一則曰中原之民久困兵殘於是乎有山東北平等八郡税糧之免焉一則曰創業之初軍國取辦於是乎有應天太平鎮江寧國税糧之免焉一則曰肇興丕基京師羽翼於是乎有應天等郡廣德等州税糧之再免焉一則曰供給有先後豐歉有不同於是乎有應天至無爲州等七郡徽州至廬州等九郡河南山東北平等諸處税糧之免焉一則曰科徵轉運未免勞民於是乎有江西兩浙秋糧之免焉一則曰雖當蠲免未報前勞於是乎有應天等五府秋糧之免焉一則曰土木之工復興愈勞繁重於是乎有河南等省揚州等府秋糧之免焉一則曰外有轉運艱辛内有秦晋二府宫殿之役於是乎有山西陝右二省税糧之免焉一則曰六州四縣之民久勞於前於是乎有姑孰金陵京口等州縣秋糧之免焉一則曰有司差役不均有傷和氣致令民艱於樹藝於是乎有北平税糧之免焉一則曰荷上天眷佑君主華夷倉廪盈府庫充皆民之所供今民力未甦於是乎有凡天下税糧悉蠲免焉以至民之孤獨殘疾不能自生者又立爲養濟院月給之米歲給之布不論豐歉存恤爲常此執事所謂具在御制文集皆裁自聖心者也雖周官之法漢文之政又安能若是之懇切而詳盡也哉然周官行於三代之盛世而漢文仰於高惠之垂成故凶荒之天灾或不能無而秦項之餘虐似未盡去其視我聖祖革命之初生民之塗炭方拯犬羊之遺風未殄此何時也而征討吴漢削平隴蜀驅逐胡元招取歐廣兵興之費莫甚於此其他若建宫殿立城池分藩府設官署買壇壝修學校事事而須爲之備一一而創爲之始誠有如執事所謂視承平之日奚翅千萬者尚有餘貲以資國用而免租之詔無歲無之此豈有奇异之術哉蓋以聖祖敦朴以爲先而革勝國之侈靡節儉以爲用而舉天下之要務觀其毁陳氏之鏤金床碎元氏之水晶漏則凡天下之事有一毫之無益有一時之可緩者皆不得以傷其財而費其用故省民之政不勞而舉而裕國之道不求而得其意指之所在恤民之外無餘事蠲貸之詔無虚時矣吾知民者天之所生者也食者民之所天者也天人之勢雖若遼邈而休咎之徵如符節之合君民之分雖若隔絶而交感之理如影響之隨民心所欲天必從之民心所感天必同之未有民懷而天不親者也未有天親民懷而不享無疆之休者也則其皇圖之鞏固胤祚之蕃衍蓋將與天地相爲終始又何疑哉而姬歷之八百炎祚之四百又不足言矣丘氏所謂結人心凝天命而培千萬年不拔之基端在於此者要之自其理而觀之而已矣管子所謂

知與之爲取者亦惟自其理而論之而已矣惟我皇上嗣登大寶首頒明詔蠲積歲之逋減田租之半天下之人已皆知皇上之心即聖祖之心矣既而寛恤之詔或行於灾异或行於徽號或行於禮成或行於建儲誠有如執事所謂德音屢下叮嚀惻怛凡所以加惠元元爲國家深長之計者無所不至優恤蠲貸視聖祖無間焉者然皇上之心又不但已也於京師則有錢藥之施至於累月焉是未灾而存恤者也銀米之給遍於市廛焉是遇灾而加恤者也然皇上之心又不但已也近而畿甸遠而諸省一聞言官之論列亟爲俞允每行有司之賑發務期實惠今天地之間跂行喙息含生有識被潤澤而鼓舞感恩德而歌頌者二十五年于兹矣雖堯仁如天舜德好生禹之拯溺湯之來蘇文之如傷武之大賚何以加哉固宜上繼聖祖而遠邁百王也然執事又謂其必有所本者愚以爲二帝三王之治本於道二帝三王之道本於心精一執中堯舜禹相傳之心法也建中建極商湯周武相傳之心法也我皇上聖由於天縱而學本於日新敬一之箴五箴之注頒示海内家傳人誦皆得以仰窺聖心之精一真有以紹二帝三王之心法而聖政之純懿自足以爲祈天永命之根本矣愚生也畿甸之間沐浴膏澤而歌咏太平蓋亦有年敢以此對雖然古人有言終身戴天而不知天之高也終身履地而不知地之厚也聖德之高厚又豈愚之所能頌其萬一哉執事幸而教之

第二問

祝尚義

同考試官教授袁批（忠厚廉讓自非兩事故忠厚者自崇讓未有崇讓而不本於忠厚者子能言之且發出今日崇厚崇讓之故尤焉有見佳士佳士）

同考試官推官王批（崇厚崇讓二論方今風化急務子能敷之懇悉獨於紀綱所在推其要機真知言哉健羨健羨）

同考試官進士李批（有紀綱以持之於上而後有風俗以驅之於下此正機之所在子能言之可以占經世之學矣）

考試官左贊善吴批（今天下忠厚廉讓之風豈獨無可言者子乃就二論反復條陳委曲詳備噫子真可謂厚讓者矣讀之令人有深省處）

考試官左中允李批（反薄歸厚貴讓無争此大道之行也二論之作救時之意甚切子能叙述詳明而未復以轉積之機在上其通達治體者乎）

鼓天下之趨有機焉顧所操者何如耳夫時之所尚衆之所趨如水之就下也不有以堤防之于何所底止哉此其機之所在蓋有施于朝廷行於天下貫乎人心關乎氣運而非有品式條目之可指形迹象類之可求聲音笑貌之可爲者

是豈可以不謹哉司馬光曰上行下效謂之風薰蒸漸漬謂之化淪胥委靡謂之流衆心安定謂之俗及乎風化已失流俗已成則雖辨智弗能論也强毅不能制也重賞不能勸也嚴刑不能正也自非聖人得位而臨之莫之能變也朱子曰四海之廣兆民之衆人各有意欲行其私善爲治者乃能總攝而整齊之使之各循其理者則以先有紀綱以持之於上而後有風俗以驅之於下然紀綱之所以振則以宰執秉持而不敢失臺諫補察而無所私人主又以大公至正之心恭己於上而照臨之則不待黜陟刑賞而禮義之風廉耻之俗自丕變矣噫此皆機之説也而所以操之者本始具在其要固無逾於此矣執事以忠厚廉讓望天下乃援朱穆劉寔二子之論下詢承學愚嘗讀史至此誠亦有所概於中者雖未敢妄有所論然亦嘗聞之矣天下將治則人必尚行也天下將亂則人必尚言也尚行則篤實之風行焉尚言則詭詐之風行焉天下將治則人必尚義也天下將亂則人必尚利也尚義則謙讓之風行焉尚利則攘奪之風行焉而執事所謂世道之升降風俗之美惡天下國家之治亂恒必由之者是已顧可以爲迂緩也哉唐虞三代之時無容論矣請就明問而敬陳之昔者朱穆當東漢之末感時澆薄慕尚敦篤於是有崇厚論之著今觀其辭大抵反覆於古今時俗之厚薄故首之以仲尼之嘆中引老氏之經馬援戒其兄子之言與夫邴張之行韓翟之操未復論厚薄不同之極致其用意亦厚矣而其言之近理者如曰天不崇大則覆幬不廣地不深厚則載物不博人不敦龐則道數不遠者是已劉寔當晋室之初以世多進趨廉遜道闕於是有崇讓論之作今觀其辭大抵懇切於推讓争競之本末故首之以堯舜之揖遜與孔子禮讓爲國之言中言漢魏以來官人之失讓道不興之弊至引春秋范宣子之讓且深屬望於當時焉其用心亦勸矣而其言之尤切者如曰推讓之道興則賢能之人日見推舉争競之心生則賢能之人日見謗毁者是已此二子之論之大略也蓋皆爲矯時之作故其辭意各有所主初若不相通者然合二者而統論之則其理未嘗不同而其勢實常相因何也蓋厚者讓之本讓者厚之實故嘗觀之天下豈有浮薄之人而不争競者乎而争競者類皆浮薄者也抑豈有推讓之人而不忠厚者乎而忠厚者必能推讓者也故曰其理未嘗不同而其勢實常相因也故能崇厚則自不争競矣能崇讓則自敦篤矣然必有堯舜之揖遜而後九官濟濟皆讓有文王之聖德而後虞芮質成此其機之所在蓋有默而成之不言而信莫知其所以然而然者是不可以不審也世變江河愈趨愈下由二子而上二子之論且有所不能盡者由二子而下數千百載吾又烏能以歷論哉方今聖天子在上賢公卿在下紀綱振肅法度修明毁譽不行善惡不眩德之大小當其位才之高下當其職人務自修而不僥幸於上人知自守而不

冒昧求進人知自重而不輕用其身人能有耻而不苟役於利忠厚之風廉讓之俗真有以邁唐虞成周之盛執事所謂視二子所遇之時萬萬不侔者是已乃猶以爲就二子所論之事觀之恐亦未可謂盡無者此非愚之所敢知也請就二子所論而復陳之穆之論有曰時俗或异風化不敦尚相誹謗謂之臧否記短則兼折其長貶惡則併伐其善又曰務進者趨前而不顧後榮貴者矜已而不待人智不接愚富不賑貧貞士孤而不恤賢者戹而不存虚華盛而忠信微刻薄稠而純篤稀噫今之時亦得無有類於是言者乎寔之論有曰時不貴讓一人有先衆之譽毁必隨之名不得成能否混雜優劣不分士無素定之价又曰寵貴之地欲之者多惡賢能者塞其路過而毁之者多矣此有國者之深憂也噫今之時亦得無有類於是言者乎是皆非愚之所敢知也愚之所知則以爲浮薄争競之風有所自來欲返之以歸於忠厚廉讓者豈有他哉轉移化導之機愚固陳之前矣而朱子之言又要之要者也抑寔於終篇又有言曰篤論了了如此在朝君子典選大官能不以人廢言舉而行之各以讓賢舉能爲先務則群才猥出能否殊别蓋世之功莫大於此愚也敢以是終爲執事告倘不以爲罪而與進之則探本之論固有出於二子之外者尚冀有以陳之

第三問

趙莘

同考試官教諭石批（有考據有是非且謂經無與於文而文以載道者爲難史無與於體而體以達義者爲難是誠精於經史者也不然何以知其爲難）

同考試官教諭曲批（經文策正觀多士窮理知人之學子能敷對詳明擬議精當非問學久蓄權衡素定者不能也有上如此寧不自慶得人之盛）

考試官左贊善吴批（經史士子所謂習問目直指其人與事而多不知何哉是篇條答無遺議論斷制卓有定見意子豈從傳洽已耶允宜高薦）

考試官左中允李批（學貴自得文袁模擬數子如可作也讀子之文能無愧乎）

古之君子立言以明道修辭以屬事亦惟自得而已矣蓋載道者莫如經載事者莫如史故經也者發天下之藴談性命之妙昭彝倫之懿而萬世之典常攸係焉者也史也者紀言動之迹明治亂之端嚴邪正之辨而萬世之是非攸寓焉者也道非文不載而經之所尚不專以其文事非體不立而史之所難不專以其體道在斯爲經視其文則經而究其道則拂非經也事在斯爲史觀其體則史而論其事則繆非史也是故古之君子立言修辭凡以明道屬事而已矣所以明道屬事者皆惟其自得而已矣苟有得乎吾心而言也則辭不索而獲理不求而遇

吐之則爲經書之則爲史又何必靳靳然若影之守形極其模擬也哉如使經不以道則其爲經者祇取其文之似而已夫人而能之也奚俟於聖人如使史不在事則其爲史者祇取其體之似而已夫人而能之也奚俟乎良史是□不能免執事之疑而起議者之紛紛也愚以爲百姓之群居苦紛雜之莫顯君子之處世疾名德之不章惟英才特達則炳耀垂文騰其姓氏懸諸日月自古所務焉今亦何怪其紛紜於作述之多而競能於經史之籍也哉言經者道法勝而已矣言史者事辭勝而已矣史足以證經之褒貶經足以酌史之輕重如蘇氏所謂其義一其體二體不相沿而用實相資以此而修己而治人而立言而屬事而信今而傳後方將誦服之不暇矣而况敢置譏評於其間哉夫何儒家者流知經之可尚而不知發其蘊者聖無聖之德而任聖之事則其罪也僭史家者流知史之可傳而不知擅其美者才無史之才而任史之責則其失也淺古之人不知己之非聖擬經而作者如執事所謂揚雄之徒是也古之人不知己之非才擬史而作者如執事所謂譙周之輩是也今以其擬經者言之若揚雄者以爲經莫大於易則作太玄以準之易有象而玄則有首易之爻有辭而玄之贊有測分爲三卷焉以爲傳莫大於論語則作法言以擬之曰學行吾子修身問道問神問明寡見五百先知重黎淵騫君子孝至凡十三卷焉昔人譏其如吴楚僭王不亦宜乎若王通者則見夫子之述六經而遂有王氏六經之作見夫子之有論語而遂有文中子中説之名既續詩矣而又續書既元經矣而又易贊既禮論矣而又樂論以董常比顔子以公卿大夫比顔曾門第昔人譏其爲六經奴婢不亦宜乎以至京房之卦氣司馬光之潛虚皆擬易而作者也趙曄之吴越春秋陸賈之楚漢春秋皆擬春秋而作者也束晳之補亡以擬詩而作者也白居易之湯征以擬書而作者也雖模擬之志甚勤而僭竊謬妄之罪莫逃曾是而可以爲五經再生耶以擬史者言之昔者列國命官卿與大夫爲别至於國史卿亦呼爲大夫而譙周古史效之則書李斯以大夫列國相稱每書他邦以顯號至於魯國直云我而已而干寶晋紀效之則云天子爲我皇帝左傳邢遷如歸衛國忘亡言上下安堵不失舊物也而干寶晋紀云吴國既滅江外忘亡豈江外被典午之善政同歸命之滅亡乎春秋書元年春王正月言年則魯君之年月則周王之月也而孫盛魏晋二陽秋每書年首必曰某年春帝正月豈年既編帝紀而月又列帝名乎公羊先引經語而繼以釋辭屢云何以書至吴均齊春秋每書灾异而亦曰何以書則垂叙事之理矣漢書首書人名而傳内有呼字者文從簡省至令狐德棻周書首云伊婁穆字奴干而續云太祖字之曰奴干則犯重複之文矣雖模擬之法不爽而貌同心异之誚不免曾是而可以爲三史重出耶聖經之立言也無意於爲文而道以文顯夫是之

謂天下之至文良史之屬事也無意於撰體而義以體明夫是之謂大體要之道之精者爲經而文不與焉天下未嘗無經而文以載道者爲難義之精者爲史而體不與焉天下未嘗無史而體以達義者爲難若圖畫之寫真鎔鑄之象物以此而似彼執影以合形謂之似則可也謂之是則未也若是而以爲得也蒼梧人娶妻而美以讓其兄者可以爲讓道也乎鄰女見西子之顰而美以效其顰者可以爲善學也乎昔人云仲尼祖述堯舜憲章文武亦未必居九五之位處南面之尊而後謂之連類也知此則揚雄之徒擬經者其愧於經也多矣譙周之輩擬史者其愧於史也多矣雖然擬經之非非謂其於道若水炭之反也而折諸聖則劣矣故張衡耽好於玄經而桓譚且以爲必傳此蓋好而不見其惡焉者也程子許文中子極有格言而朱子亦謂其頗近於正此蓋惡而知其美焉者也豈以其擬者盡爲得哉史學之難非謂其於義若經傳之精也而視諸史則優矣故范甯謂左氏之失誣穀梁之失短公羊之失俗蓋以通方之理望之也蘇子由譏遷之淺陋疏略鄭漁仲譏固之浮華剽竊以瑜瑕不掩論之也豈以其作者即爲失哉史不可擬而謂其不必擬則可經不可擬而謂其不嫌於擬訓不可何也蓋史之述唯才者能之苟有才也體自我出矣是故不必於擬經之作唯聖者能之苟非聖也道自我晦矣是故不易於擬劉知幾謂史才文淺而易模蓋有見於體之似者而言也經文意深而難擬蓋有見於道之背者而言也夫雄譙之輩誠有如執事所謂高才博學名重一時自謂命世而生者豈其昧於此以犯天下□世之議哉然好龍之喻世每同於葉公而楮葉之巧俗或取於宋人則其經與史固未必經史若而與經史并存於不朽者多矣愚故曰立言明道惟其自得而已矣如其因人而成欺人而傳者何足道哉愚非惡夫經史也惡夫似經史而非者也不知執事以爲何如

第四問

江圻

同考試官進士畢批（制策之來尚矣子能博於研究而條舉不遺且卓有定趨其志可知大廷之對端有望於子矣）

考試官左贊善吴批（以策學發問殊無難答但欲觀士子趨向何如耳此篇首言爲學終言立志其識趣過人遠甚噫一第豈足以溷子耶敬羨敬羨）

考試官左中允李批（自古賢科制舉欲聞大道之要以待非常之才不特爲其決科榮身而已此篇議論竑博而志復奇偉足以占他日不負所學矣）

士何爲而學乎曰求諸内而已矣不求諸内而求諸外者非學也求諸本而已矣不求諸本而求諸末者非學也何謂外孜孜於功利者是已何謂末規

規於文詞者是已故學而能知内外本末之分則必反之於身以求所謂仁義禮智之性君臣父子夫婦長幼朋友之倫講明乎古先聖賢之道視天下事無一而非吾之所當爲亦無一而非吾之所當學吾惟俛焉於此而已矣人之知不知世之用不用於我何與焉是雖富貴貧賤死生禍福日交乎前且有不暇顧者夫豈以一科第動其心哉雖或爲之亦自有道又豈其所能累哉嗚呼此固士之所以爲士與夫所以爲學者也愚雖未能有行焉乃所願則在是矣執事以古今策學試諸生無亦姑就其所嘗習而不傲以所難知且勉之以直陳所志戒之以毋事剽竊則固拳拳接引後學之盛心也夫套括之習愚亦惡之況敢效之以相眩惑乎雖然妄肆胸臆亦不敢也請以平日所聞於父師及涉獵於史册者陳之于先可乎慨自虞廷奏言試功之世遠成周鄉舉里選之法廢是故上之所以待士者日薄而士之所以自待者日輕此教化之所以益微而人才之所以益衰幸而有漢文帝者當嬴秦坑焚之後繼高祖掃除之餘專務休息以德化民乃詔有司舉賢良方正能直言極諫者親策之而親覽之後之所謂制策者實昉於此原帝本意咨訪懇惻真有古帝王舍己從人好問好察之風況詔諸侯王公卿郡守舉之於先是猶有鄉舉里選之遺意致堂胡氏以爲其來最古是矣而以爲空言其可乎哉奈何當時所對者百餘人有晁錯者固袖然高第者也觀其所對如五帝神聖之説三王臣主俱賢之説與夫五霸不及其臣之説大概多導諛納諂之詞而略無所建明噫錯之對如此則其他可知已此則賢良負文帝帝和負賢良哉武帝踵行之矣前後所對亦以百數有董仲舒者固度越諸子者也觀其所對如天心仁愛人君之説强勉學問之説正心以正朝廷之説大抵皆醇正近理之言而非諸儒所可及噫舒之對如此奈何帝覽而异焉乃再策之復策之而遂有江都之命此則帝之不用舒而舒之不能諛也至於曲學阿世如公孫弘雖太常奏第居下帝則親擢爲第一待詔金馬封侯平津終其身而不衰焉噫二帝所得之人如此則其後又何議哉是故杜欽谷永則阿王氏論益卑矣杜鄴指陳外戚譏切丁傅稍不負方正之名耳此皆漢史所載後世得而論焉者也餘如王吉貢禹之正大朱雲何武之剛方雖有嘉論史逸其傳後世莫知矣夫制策始於漢也雖云得人於兹爲盛然已不免於議如此自時厥後固皆以此爲重然勢分隔而情意日疏等威嚴而震怖易起甚者惡聞而諱聽逐末而弃本詞尚浮華人務奔競噫弊也久矣漢之初意可復見乎以唐言之則全付之有司矣故牛僧孺輩條對甚直無所畏避則有司坐其累劉蕡指陳時事言詞激切則隨例而見斥取舍如此又其科目猥多詩賦雜試故當時楊綰條奏謂非經國之體請與諸科并停賈

至以爲正論且有秖足長浮薄之風啓僥幸之路之議則其所得之人又何暇數哉五季分離雖皆未廢然益無足觀者以宋言之其議論則愈多矣故欲先試論策者歐陽修等之議也欲以德行爲先者司馬光之議也至於分路取人之説則歐陽司馬又各不同乃若王安石之三經不過一家之私説欲以是而一道德興學校以復古見之偏矣善乎蘇軾有言此數者皆知其一未知其二者也至若王旦謂條貫之嚴徒隔天下賢士之路朱熹謂科目之設徒銷天下英雄之氣者亦皆言其法之敝耳求其確實可采行者其惟朱熹之私議乎論其得人則大儒如程顥如張載如朱熹亦皆胥此焉出豪杰之士豈有不屑者哉若夫士之所以爲學與所以爲人則誠有不繫於此者故如仲舒之下帷發憤潛心大業其爲學何如也進退容止非禮不行其爲人何如也雖灾异之説不無可議然其大者則得矣獨惜夫生於絶學之後而未能窺大道之全耳吁仲舒如是則夫大儒如程朱輩可知已此宋史所以有道學傳也然則科舉之學不足爲乎噫何言之易哉程子曰人若不習舉業而望及第却是責天理而不修人事又曰科舉不患妨功惟患奪志宋子曰舉業亦不害爲學前輩何嘗不應舉又曰非是科舉累人自是人累科舉由是觀之是豈可以爲不足爲哉但其於内外本末輕重先後之間則不可以不辨而其要又在於立志耳志不先定而汩溺於此則得失之念未免横於胸中僥幸冒爲奔逐無已雖或偶捷一第其驕淫縱恣將無所不至苟爲不得則怨天尤人悲愁放曠將無所不爲此則名教中之罪人又何可謂之士哉愚生也鄙雖曰學未聞道然此志則亦未肯若是乎其卑也况當聖明之世道學大明之日又豈敢甘爲自暴自弃者哉第今日之所以抱牒而來者以此執事之所問者以此故不敢不以所誦習者爲對而區區之志尚未敢遽陳也倘執事進而教之使得以畢所志焉固所願也他日得與大廷之對尚當董子爲法以公孫弘爲戒庶幾如昔人所謂上不負天子下不負所學也雖然其進其退其取其舍是在於執事爾矣

第五問

王良策

同考試官知縣林批（先王患教化不達於天下故制爲鄉飲酒禮凡儀文笙歌各有深義無非欲令觀聽者興其和順之心焉耳然行之不以忠信則亦虚矣此篇説出我聖祖制禮深意復欲有司以忠信行之是達禮樂之本者録之）

考試官左贊善吴批（今天下鄉飲酒禮未嘗不行顧有司視爲文具漫不加意如子言恪遵聖訓以忠信之心行之則王道真易易也是宜録出以爲

有司者告）

考試官左中允李批（考據精詳議論懇切有志於化民成俗者觀於此而已矣）

聖人之致治也興禮樂而已矣聖人之立教也同風俗而已矣夫天下至大非度之所能及生民至衆非數之所能領聖人以一身而托於至大至衆之上將使至大至衆者無一而不如吾之心吾之心欲其善也則不必爵賞而民勸吾之心欲其無惡也則不必刑罰而民不犯此其道何繇哉亦惟興禮樂以爲治同風俗以爲教而已矣夫禮有五凡以制外也樂有六凡以修内也自造始之教而言謂之風自習而尚之而言謂之俗鄉飲乃禮之一節而風俗係習之所成執事舉安上治民移風易俗之説而獨揭鄉飲酒禮以爲問無乃以禮始諸飲食而争每出於大欲成周載在儀禮以爲政教之本而孔子以爲王道之易易也哉愚也嘗聞其概矣敢掇拾以對昔者聖人制禮以經邦國作樂以和神人禮行於朝廷而遠方之民有終身而不得見之者樂作於宗廟而遠方之俗有終身而不得聞之者既見且聞矣而猶懼其不吾率也使其未見所謂禮者而責之曰何不周旋曲折而比於禮乎其誰不相顧而驚未聞所謂樂者而責之曰何不雍雍和易而比於樂乎其誰不掩口而笑是以群之以會聚而不免凌犯之患接之以飲食而不免争鬥之虞貴財而賤禮獄蕃而禍作聖人之心蓋有不勝其憂者矣於是制爲飲宴之禮頒於鄉校之間辨以儀文浹以風雅自邑而郡而天下俾其帥而行之名之曰鄉飲酒禮是非從以群居爲也亦非專以飲食焉也一鄉之中其必有賢能者乎飲以賓興否則不舉矣是故於賢能而有鄉飲之禮一鄉之中其必有長老者乎飲以尊養否則不舉矣是故於長老而有鄉飲之禮一鄉之中其必有勤勞者乎飲以蜡祭否則不舉矣是故於勤勞而有鄉飲之禮一鄉之中其必有習射者乎飲以觀德否則不舉矣是故於習射而有鄉飲之禮先儒所謂其禮有四者載諸儀禮犁然足徵也申諸飲義粲然可曉也又以爲凡有會聚當行此禮不特四者而已者蓋飲不以禮不免於亂而非禮之飲當曲爲之防耳聖人所以使人必飲以禮而繼之以樂者蓋其禮至辨而詳其樂至和而平人惟不知禮也故有强暴者矣人惟不知樂乎也故有乖戾者矣是以示之以禮有獻祭之儀焉有俎豆之數焉有賓主僎介之位焉有謀介速迎之序焉有進退升降之等焉有興坐酬酢之節焉一揖似敬矣而必至於三揖三讓再拜似恭矣而必至於三拜百拜是禮也日暮人倦而不已孰有行之而不順者乎是以繼之以樂工入而升堂歌鹿鳴四牡皇皇者華每一篇而一終吹笙者入於堂下奏南陔白華華黍亦一篇而

一終此非升歌笙入各三終者耶及笙與歌皆畢矣則堂上歌魚麗堂下之笙則由庚焉堂上歌南有嘉魚堂下之笙則崇丘焉堂上歌南山有臺堂下之笙則由儀焉及其間歌既畢矣工歌關雎則笙吹鵲巢合之工歌葛覃則笙吹采蘩合之工歌卷耳則笙吹采蘋合之此非間歌合樂各三終者耶是樂也其聲足樂而不流孰有聽之而不和者耶夫聖人之禮樂如此將見天下之人見先於祭獻則知不忘本矣祀以蘋蘩則知所貴者誠矣賢者爲主則知懋德可尊矣老者爲賓則知高年可恭矣揖讓拜起則知謙恭樽節之可學矣升降進退則知折旋俯仰之可習矣聞鹿鳴四牡之什則知慕於賓賢矣聽白華南陔之聲則知孝於父母矣盈雅音正聲之奏則知説於和樂矣月而習之歲而行之優而柔之而使自趨之感而慕之而自化之不覺其自納於禮樂之域而於變於可封之俗也朝廷雖設刑以罰惡而天下無惡之可刑矣雖懸賞以旌善而天下不勝善之可賞矣由是觀之天下之言致治而立教者尚有急於興禮樂以同風俗者乎是故聖人務焉夫何秦承周衰漢承秦亂遂至禮廢樂崩使聖人之教不行於後世而天下之民日入於罪戾也可勝嘆哉至後漢明帝時始詔郡縣通行於學校其後又廢矣至西晋泰始間乃復講論僅行於辟雍唐之貞觀詔天下通行之或於貢士或於季冬宋之淳化詔有司講求之而命撰樂章改宴鄉飲是皆蔽於一曲而不見聖人之全因陋就簡而不臻先王之盛亦何望其能興禮樂而同風俗如成周也哉洪惟我太祖高皇帝以修明禮樂表正風俗莫有要於斯禮者乃備之官制著之大誥又嚴之大明律一則曰豐儉得宜敢有喧嘩失禮者以禮責之一則曰叙長幼論賢良别奸頑异罪人大哉皇言警俗之深意如天之大福雖堯舜禹湯文武之心典謨訓誥之文無以加也今海内孟春之望行之孟冬之朔又行之信可以懸諸日月頒之天下者矣窮鄉下邑之所至愚極賤之氓皆得拭目以觀扶杖而聽宜古禮可復而風俗可同也而執事猶曰户尚罕可封之俗士未必崇偕讓之節是豈禮樂之不足以化人哉愚以爲禮樂者化民之具也忠信者禮樂之本也化民有道禮樂而已矣禮樂無他忠信而已矣苟不知化理之大本而徒爲粉飾之虚文則訐愎者無柔和之期狠戾者違貞順之軌無惟乎世道之日衰也昔舜庭奏樂而鳥獸率舞燕谷吹律而草木遂萌雖天下之至蠢而無情者尚能感而通之而況於人乎爲今之道欲變今之俗亦在有司者加之意焉耳必敬脩先王之禮恪遵聖祖之訓存忠信之心盡化導之術行之而不輟用之而能久必使觀者皆踴躍聽者皆感泣入裴耀卿之爲宣州也如是而天下之民有不回心而嚮道不反薄而歸厚吾不信也將見比屋可封士崇偕讓不獨在堯舜之時而復見

於今日矣又何成周之治不可及哉謹對

順天府鄉試録後序

嘉靖丙午秋八月順天府鄉試上命左中允臣本左贊善臣山爲考試官自陛辭入院事事以迄録成臣本序之前矣臣山何言仰惟我皇上御極二十五年于兹道彰化神人文宣朗故士之抱藝而試者雲會京師觀其文焜煌璀璨照耀滿前誠有取之弗能盡者猗與盛哉竊觀自古人才之盛莫過於唐虞成周故書曰俊乂在官詩曰濟濟多士孔子亦曰唐虞之際於斯爲盛信矣然舉其數於舜則曰五人於武則曰九人而已何耶蓋詩書所言就當時之所見孔子所論則皆功德之尤著於後世者爾自今觀之夫五人者禹稷契皋陶伯益也九人者周公旦昭公奭太公望畢公榮公泰顛閎夭散宜生南宫括也其功德至于今誦之不衰由周而來雖代不乏才然求若人者幾何故又曰才難不其然乎我朝設科取士稽古定製每三歲一舉合兩京諸省每科凡千餘人自國初迄今名臣碩輔後先相望由此其選真有以邁唐虞成周不可以數計者迨我皇上亦凡九舉矣即畿内所舉已千餘人曾有若人者幾乎夫必勛業樹於當時然後休光垂於後世今之與兹録者又百三十五人夫孰不曰俊乂乎濟濟乎雖有司亦莫不云然也斯時則然他日校于南宫對于大廷又其後服有官政則有不盡然者求其光明俊偉卓然表見于時者且不知有幾况後世乎有司者又爲此懼諸士子亦宣懼而思也然臣愚則謂兹必有若人焉何也蓋京師首善之地自我成祖奠鼎以來列聖相承涵濡振率亦云久矣我皇上今日中興之盛寔貞元之會矧天純佑命則夫精神之所感召意氣之所招徠豈無若人者出乎孟子曰其間必有名世者於乎使誠有若人焉豈惟諸士子之榮科目之光實國家萬億年無疆之休有司亦與有慶後世且有稱述之者顧不偉歟臣不佞敬書此于末簡爲諸士子告且以考於將來云

左春坊左贊善吴山謹序

嘉靖二十八年順天府鄉試録

順天府鄉試録序

聖天子臨御二十八載秋八月賓興屆期順天府臣以考試官請上命臣大和臣樸輟館事主其事臣大和聞命驚惕竊伏自念海濱賤士叨蒙皇上作養詞林十有五年雖嘗分校禮闈編摩史局日鰓鰓焉無以報塞爲懼乃膺兹簡命敢不矢公矢明惟寅惟慎以求稱任使邪越甲辰陛辭入院則府尹臣奎府丞臣一桂先事經畫百需咸備御史臣鎮臣以誠寔任監視之責其分經校閲則進士臣詩推官臣應元知縣臣文蔚臣善教諭臣朝用臣鍙臣佐臣烈臣斌皆以科甲之英應聘而至是夕也南極騰輝奎躔耀彩僉曰兹萬壽之徵文明之象也乃胥慶胥飾合提學御史臣王達暨六館諸曹所簡士凡三千二百有奇三試之登其雋者百三十五人録其文以獻臣以職事宜序諸簡端乃稽首颺言曰惟順天爲燕趙之地古稱多賢入我明以來人文始日趨於盛蓋自胡元潜舉據三光五岳之氣鬱而不宣而人才因以壅閼我太祖高皇帝用夏變夷首崇文教以兵興之後經籍殘缺乃於洪武辛酉頒五經四書于北方學校又選國子生分教北方士始喁喁然知嚮學矣人文其基於是乎我成祖文皇帝定鼎燕都闡揚儒術於永樂乙未舉會試于京師喜京闈初開首得畿士遂以布衣召見錫賚優渥士益蒸焉感奮兹人文之初盛乎列聖相承益隆無替逮我皇上中興至仁達孝倫制兼盡而文謨之昭敷言之訓方行天下至于海表罔不翕然化成矧京師首善之地濡染尤先蓋自壬午紀元逮兹己酉凡十舉賢科而譽髦之士日斌斌相望兹人文之極盛也今觀其入試之文雖言人人殊類能闡發理原苞并今古有氣抱關洛者有秀兼江浙者有雄軼湖蜀者有制備王畿者信藝文之都會華國之縟觀也在昔輔臣楊士奇嘗謂長材大器多出北方但鈍朴少文視南士少讓爾乃今文采充蔚炳乎焕焉儷美南國視士奇所對之時不同矣抑長材大器以致之用者不知視昔何如也國家設科取士匪以其文亦欲因文以考實謠言以知人耳爾多士登名薦書袖然帝畿之選或四方之良行且漸逵亨衢服有官政尚其惇本崇質充厥材猷而措之事業于以光助太平純終領聞毋使質爲文勝行以言浮庶於今日求賢

之意爲無負矣矧聖天子一德格天至誠孚治雨雪豐穰隨蕲輒應鴻名顯錫瑞穀效靈而籲俊賚弼又當孚感之會則共臣而敬應對昌期而樹風聲宜有以先天下矣昔宋臣范仲淹嘗職富弼張方平於舉子中厥後二子相業俱顯君子以爲知人爾諸士生逢堯舜平居閎議固將以稷契自期待宋人勿論也然自獻成信兹實階之其或偷名爽實竟自負於明時不惟虞廷之弃且爲二子之羞主司者知人之責視之仲淹亦有餘愧臣不佞敬以相成之義與諸士共勖之

翰林院侍講康大和謹序

嘉靖二十八年順天府鄉試

提調官

通議大夫順天府府尹胡奎（應文江西峽江縣人　辛巳進士）

順天府府丞竇一桂（元方山西武鄉縣人　丙戌進士）

考試官

翰林院侍講康大和（原中福建莆田縣人　乙未進士）

右春坊右贊善兼翰林院檢討閻樸（文甫山西榆次縣人　壬辰進士）

同考試官

吏部文選清吏司辦事進士李詩（以興四川江津縣人　丁未進士）

直隸寧國府推官楊應元（伯仁浙江蕭山縣人　甲辰進士）

直隸鳳陽府臨淮縣知縣羅文蔚（變夫四川綦江縣人　甲辰進士）

直隸安慶府桐城縣知縣陳善（思敬浙江錢塘縣人　辛丑進士）

山西潞安府屯留縣儒學教諭馮朝用（汝楫陜西臨潼縣人　丁酉進士）

山東兖州府寧陽縣儒學教諭丘鏊（朝弘直隸武進縣人　戊子貢士）

直隸池州府建德縣儒學教諭朱佐（思忠浙江海鹽縣籍海寧衛人　甲午貢士）

直隸常州府江陰縣儒學教諭林烈（孔承廣東東莞縣人　甲午貢士）

江西撫州府金谿縣儒學教諭張斌（邦憲福建莆田縣人　癸卯貢士）

監試官

文林郎廣東道監察御史傅鎮（國鼎福建守禦中左千户所籍福清縣人　壬辰進士）

文林郎浙江道監察御史楊以誠（明夫江西宜春縣人　戊戌進士）

印卷官

奉議大夫順天府治中陳德文（子器江西泰和縣人　乙酉貢士）

收掌試卷管

浙江杭州府通判羅尚絅（希誠福建閩縣人　辛卯貢士）

受卷官

福建漳州府漳平縣知縣安欽（敬甫廣西桂林衛人　丁酉貢士）

山東東昌府聊城縣知縣伍闓（大和廣東增城縣人　戊子貢士）

彌封官

廣東韶州府乳源縣知縣尹照（明遠浙江龍游縣人　辛卯貢士）

浙江湖州府武康縣知縣余棨（子儀直隸婺源縣人　辛卯貢士）

謄録官

福建泉州府南安縣知縣梁彦錦（絅夫廣東東莞縣人　乙酉貢士）

四川成都府彭縣知縣周棐（公輔雲南嵩明州軍籍直隸上元縣人　丁酉貢士）

對讀官

湖廣鄖陽府竹山縣知縣魏洪詔（子應四川威遠縣人　甲子貢士）

福建福州府永福縣知縣羅瓊（廷獻廣西賓州人　甲午貢士）

巡绰官

通州右衛指揮使康鼎（重器順天府寶坻縣人）

信陽衛指揮使方大勛（世顯直隸懷遠縣人）

山東濟南衛指揮同知楊輝（明遠順天府三河縣人）

睢陽衛指揮同知譚鎮（維岳直隸江都縣人）

監門官

山東濟寧衛指揮僉事劉黔（堯臣直隸合肥縣人）

山東鰲山衛指揮僉事顧寵（君榮直隸宿遷縣人）

供給官

順天府照磨所照磨丁朝宗（希洪山西萬泉縣人　監生）

順天府宛平縣知縣薄世佑（元吉山西定襄縣人　戊子貢士）

順天府大興縣知縣張曰可（子時河南河陰縣人　乙酉貢士）

順天府宛平縣縣丞黄子静（希仁直隸歙縣人　監生）

順天府大興縣縣丞王仲玠（用珍浙江寧海縣人　監生）

順天府宛平縣主薄錢鯉（時升萬全都司龍門所人　監生）

順天府大興縣主薄凃億（元一江西新城縣人　監生）
順天府薊州同知姜鼎（元亨福建建寧縣人　監生）
順天府涿州吏目王褧（美中山西潞州衛人　監生）
順天府涿鹿衛經歷周璋（子宜湖廣應山縣人　監生）
順天府寶坻縣縣丞傅和（節卿浙江餘姚縣人　監生）
順天府固安縣縣丞白以道（宗化山西太谷縣人　監生）
順天府大城縣縣丞蘇純（一之山東濮州人　監生）
順天府東安縣主薄董儒（席珍萬全都司人　監生）
順天府武清縣主薄宋恩（體仁山東霑化縣人　吏員）
順天府順義縣典史郝均用（以平陝西朝邑縣人　吏員）
順天府醫學正科賈鴻儒（宗韓順天府平谷縣人　醫生）

第一場

四書

舜有天下選於衆舉皋陶不仁者遠矣湯有天下選於衆舉伊尹不仁者遠矣　君子之所不可及者其唯人之所不見乎頌其詩讀其書不知其人可乎是以論其世也

易

直其正也方其義也君子敬以直内義以方外敬義立而德不孤直方大不習無不利則不疑其所行也　益動而巽日進无疆天施地生其益無方凡益之道與時偕行　易簡而天下之理得矣　萬物出乎震震東方也齊乎巽巽東南也齊也者言萬物之潔齊也離也者明也萬物皆相見南方之卦也聖人南面而聽天下嚮明而治蓋取諸此也坤也者地也萬物皆致養焉故曰致役乎坤兑正秋也萬物之所説也故曰説言乎兑戰乎乾乾西北之卦也言陰陽相薄也坎者水也正北方之卦也勞卦也萬物之所歸也故曰勞乎坎艮東北之卦也萬物之所成終而所成始也故曰成言乎艮

書

帝德廣運乃聖乃神乃武乃文　俾萬姓咸曰大哉王言又曰一哉王心克綏先王之禄永底烝民之生　惇信明義崇德報功　明王慎德四夷咸賓

詩

十月穫稻爲此春酒以介眉壽　瞻彼洛矣維水泱泱君子至止福禄既

同君子萬年保其家邦　藹藹王多吉士維君子使媚於天子約軝錯衡八鸞鶬鶬以假以享我受命溥將自天降康豐年穰穰來假來饗降福無疆

春秋

六月齊侯來獻戎捷（莊公三十有一年）楚人使宜申來獻捷（僖公二十有一年）春王正月公會齊侯宋公陳侯衛侯鄭伯許男曹伯侵蔡蔡潰遂伐楚次于陘　楚屈完來盟于師盟于召陵（俱僖公四年）天王使毛伯來錫公命（文公元年）秋七月天子使召伯來賜公命（成公八年）季孫宿會晋侯鄭伯齊人宋人衛人邾人于邢丘（襄公八年）

禮記

修其教不易其俗齊其政不易其宜樂者敦和率神而從天禮者别宜居鬼而從地故聖人作樂以應天制禮以配地禮樂明備天地官矣　天子者與天地參故德配天地兼利萬物與日月并明明照四海而不遺微小　報者天下之利也

第二場

論

至誠贊天地之化育

詔誥表（内科一道）

擬漢令禮官勸學詔（元朔五年）　擬唐以裴度兼彰義節度使充淮西宣慰招討使誥（元和十二年）　擬重修大明會典成進呈表

判語（五條）

同僚代判署文案　見任官輒自立碑　從征守禦官軍逃　聞有恩赦而故犯　器用布絹不如法

第三場

策（五道）

問　有一代聖明之君必有輔弼之臣聲應氣感風動景從蓋自古則然矣我太祖高皇帝奮起淮甸網羅豪杰自癸酉肇建禮賢館以處四方儒碩之士時則於太平得一人焉於鎮江得二人焉於處州得四人焉於金華得一人焉又於諸暨得一人焉當時講論經史咨以時事意則勤矣不知草昧劻勷日不暇給何以聘召儒臣而親信如是耶我成祖文皇帝嗣承洪業簡任英賢自

癸未初開文淵閣以處文學侍從之臣時則以侍讀召入者吉水一人焉以修撰召入者廬陵一人焉以編修召人者建安一人焉泰和一人焉以檢討召入者新淦一人焉永嘉一人焉南昌一人焉當時咨訪顧問無間朝夕情則密矣不知代言之司機密攸寓何以知諸臣能堪而拔擢如是耶諸臣效忠宣力樹勛立業以酬知遇者各有可言否耶我聖天子中興禮樂寤寐人才尤重翰苑之儲嚴内閣之選道化隆洽玄澤汪濊得人之治振古有光不知於二祖故事有默契乎否也諸士抱藝觀光且有共臣之願矣幸試言之

問　三代無文人六經無文人法古人之文如風行水上無意而成者也自後世模仿擬議之習興而文始病矣試與諸士評之六經論語文章之宗祖也乃有作太玄作續經作法言作中説以擬之者昔人已非之矣然觀漢書所載易有十三家書有九家詩有六家春秋二十三家禮有十三家論語十二家皆自相擬議各引一端篇分章列載籍浩博視之王楊所作優劣何如耶抑於六經論語之旨亦有得乎否也而君子所取者何耶降是而下作對問者申寥廓之志作七發者寓規諷之情此文章之流派云爾而枝附影從比比而出曰賓戲曰客難曰解嘲曰應譏曰達旨曰應問曰釋誨曰抵疑曰釋譏曰客傲皆仿對問而作者也曰七激曰七辨曰七依曰七命曰七啓曰七厲曰七釋曰七説曰七諷皆規七發而作者也其人其文亦可得論其優劣歟比之於六經論語之旨相去又何如耶夫秦漢以下士之名能文者不外是數家而皆不能無議將六經論語之外皆不可學耶諸士博極群書必有概於中矣幸究言之以觀所尚

問　一代之興必有一代之俗其來尚矣而禹貢周官職方辨九州山川土地所宜獨略此而不講何歟習俗之説三代以上見諸經三代以下見諸史不知何者載之爲特詳歟論者謂東漢尚清議而名節日崇西晋好清談而禮法日替豈一時好尚之殊遂足以成天下之俗歟然夷考當時之人亦有不盡然者豈士君子制行有不隨風聲氣習轉移者歟抑其人品所就各因夫氣質之近而無關于俗歟稽歷代之變鑒往行之遺以防其好尚之偏固學者之切務也願試陳之以觀所趨嚮者安在

問　漢賈山有言周蓋千八百國以九州之民養千八百國之君君有餘財民有餘力而頌聲作我國家一統之盛遠邁成周而東南財賦號稱陸海宜無不足之患矣而邇年以來公私并乏一有經費大司農往往告匱此其故何歟成周理財之法與今日耗材之由可得言歟抑古今异宜不能概論也自周以下言利之臣代有其人其著者漢有桑弘羊唐有劉晏宋有吕惠卿皆有意

於足國者也而三君者卒不聞收富庶之效豈理財之法視成周亦有間歟觀漢史載勾踐之治越也用計然之策坐致富强其臣范蠡又謂計然之策七越用其五而霸不知當時并其七而用之又當何如也視之漢唐宋言利之臣亦有優劣否耶今其術具在試舉而行之於今可乎若曰天下之大非私智所可經畫則今日理財之道足國之方又將何以處之耶此時務之最急者幸明言之將以轉聞於上

問　夷狄爲中國患自古已然顧吾所以御之者何如耳昔人謂周得中策漢得下策秦無策又有謂周得上策秦得中策漢無策其果然歟我太祖高皇帝驅掃胡元餘孽殆盡成祖文皇帝親御六飛窮搜荒蹟二聖神武威靈昭播寰宇不審當時所得者何策可溯而知歟抑于前代之策有相吻合否也邇來北虜鴟張擾我疆圉皇上宵旰圖惟務在安攘頃因灾變詔許陳言一時建議諸臣條具甚悉雖言人人殊其大要不越壯地形增戍額而已是果得其策之上歟抑外是二者而别有説歟今塹山湮谷天險已成地形非不壯矣懸金募士尺籍既盈戍額非不增矣而犬羊無厭方且伺隙近地猶未絶其南牧之心兵法曰無恃其不來恃吾有以待之此其計將安出也諸士子生長燕趙習聞虜情其於制御之略蓋籌之豫矣苟有可以抑裨廟謨之萬一者其尚無納於言

中式舉人一百三十五名

第一名　孫鋌　順天府學增廣生　易
第二名　王金　順義縣人監生　詩
第三名　張學顔　肥鄉縣人監生　春秋
第四名　張學書　晋州學生　書
第五名　于孝　滄州學生　禮記
第六名　張學古　南宫縣學生　詩
第七名　趙鏘　易州學生　書
第八名　汪鑑　順天府學生　詩
第九名　鄭漢　福建福寧州人歲貢生　易
第十名　宋登　定興縣學生　春秋
第十一名　陳典　大寧都司學生　詩
第十二名　郭文輔　順天府學生　易

第十三名　吴潮　直隸華亭縣人歲貢生　書
第十四名　薛禎　大寧都司學生　詩
第十五名　王世傑　雄縣學生　易
第十六名　田儒　廣平府學生　詩
第十七名　王洙　浙江永康縣人監生　書
第十八名　秦朝卿　栢鄉縣學生　禮記
第十九名　盛時選　順天府學附學生　易
第二十名　蓋光宙　廣平府學生　詩
第二十一名　范宗吴　晋州學生　書
第二十二名　游天廷　福建鎮海衛人歲貢生　詩
第二十三名　周世臣　趙州學生　書
第二十四名　樊鍾岱　保定府學生　詩
第二十五名　殷仁　順天府學增廣生　易
第二十六名　錢之選　遼東鐵嶺衛學生　詩
第二十七名　魏濟民　定興縣學生　春秋
第二十八名　林敬　福建漳浦縣人監生　詩
第二十九名　范英　吴橋縣學生　易
第三十名　李世藩　臨城縣學生　詩
第三十一名　張待化　開州學生　書
第三十二名　王棐　武清縣學生　詩
第三十三名　潘一桂　遵化縣學生　易
第三十四名　張大祐　深州學生　書
第三十五名　楊進道　曲周縣學生　詩
第三十六名　崔棟　薊州學生　禮記
第三十七名　高燣　浙江臨安縣人歲貢生　易
第三十八名　弋遠　唐山縣學生　詩
第三十九名　陸自得　直隸長洲縣人監生　書
第四十名　李廷陳　淶水縣學生　詩
第四十一名　杜彭　景州學生　書
第四十二名　孫光先　邯鄲縣學生　詩
第四十三名　顧中和　直隸長洲縣人監生　春秋
第四十四名　劉岎　清苑縣學增廣生　易

第四十五名　王价　順天府學增廣生　詩
第四十六名　辛和　四川江油縣人監生　易
第四十七名　萬民範　易州學生　詩
第四十八名　李孚交　四川瀘州人歲貢生　書
第四十九名　王宫用　成安縣學生　禮記
第五十名　李元頤　完縣學生　易
第五十一名　尹言　威縣學生　詩
第五十二名　羅士賢　順天府學附學生　書
第五十三名　郭永慶　棗强縣學生　易
第五十四名　任福民　順天府學生　詩
第五十五名　潘東山　薊州學生　書
第五十六名　楊化　永年縣學生　詩
第五十七名　張梧　長垣縣學增廣生　易
第五十八名　劉漢卿　長安縣學生　書
第五十九名　傅希摯　衛水縣學生　春秋
第六十名　陳志元　直隸華亭縣人歲貢生　詩
第六十一名　張熇　固安縣學增廣生　書
第六十二名　劉桐　阜城縣學生　詩
第六十三名　颜守賢　易州學生　書
第六十四名　陳浹　順天府學生　易
第六十五名　羅康　浙江虞縣人歲貢生　詩
第六十六名　萬民英　易州學生　書
第六十七名　籍甚　魏縣學生　詩
第六十八名　吴道直　□州學生　易
第六十九名　楊澡　□州學生　書
第七十名　高敏學　寶坻縣學生　詩
第七十一名　王時演　内黄縣學增廣生　書
第七十二名　齊廷相　東鹿縣人監生　詩
第七十三名　許大亨　保定府學生　易
第七十四名　晏飫　真定府學生　禮記
第七十五名　李世清　順天府學生　詩
第七十六名　劉衍　江西萬安縣人監生　易

第七十七名　羅蓋　河間府學生　詩
第七十八名　晁東吴　開州學增廣生　書
第七十九名　陳文同　順天府學附學生　詩
第八十名　徐大壯　長垣縣學生　春秋
第八十一名　李勲　順天府學生　詩
第八十二名　寥際可　永平府學生　詩
第八十三名　李溥　定州學生　詩
第八十四名　穆甯中　順天府學增廣生　易
第八十五名　姚淮　博野縣學生　書
第八十六名　劉芳　真定縣學生　詩
第八十七名　孫汝翼　密雲縣學生　書
第八十八名　和格　内丘縣學生　詩
第八十九名　金定　平谷縣學生　易
第九十名　王講　平谷縣學生　詩
第九十一名　程熟　開州學生　易
第九十二名　吕珩　完縣學生　詩
第九十三名　傅鳴會　靈壽縣學生　禮記
第九十四名　趙宗軌　滄州學生　詩
第九十五名　吉守　灤州學生　易
第九十六名　李永康　滄州守禦千户所人監生　詩
第九十七名　沈珎　河間府學附學生　書
第九十八名　牛山水　曲周縣學增廣生　詩
第九十九名　殷渠　長垣縣學生　易
第一百名　夏維藩　故城縣學增廣生　詩
第一百一名　張星　直隸華亭縣人監生　書
第一百二名　徐行　博野縣學增廣生　詩
第一百三名　唐汝楫　浙江蘭溪縣人監生　易
第一百四名　王時舉　通州學增廣生　詩
第一百五名　任夢駒　開州學增廣生　書
第一百六名　霍惟傑　鹽山學生　春秋
第一百七名　趙世相　臨城縣人監生　詩
第一百八名　王源清　趙州學生　易

第一百九名　孫光先　大名府學生　詩
第一百十名　周思齊　浙江餘姚縣人監生　書
第一百十一名　蘇民　河間府學增廣生　易
第一百十二名　翟紹光　撫寧衛人歲貢生　詩
第一百十三名　魏域　清豐縣學生　書
第一百十四名　康世耀　完縣學增廣生　詩
第一百十五名　王汝言　順天府學增廣生　易
第一百十六名　張季材　元城縣學生　詩
第一百十七名　王江　博野縣人監生　書
第一百十八名　陶應龍　棗强縣學生　詩
第一百十九名　田憓　安州學生　易
第一百二十名　王秉彝　新樂縣人監生　禮記
第一百二十一名　李可愛　沙河縣學生　詩
第一百二十二名　王來詔　博野縣學生　書
第一百二十三名　裴應時　河間府學附學生　詩
第一百二十四名　嚴鎡　順天府學府學生　易
第一百二十五名　羅顯忠　大名縣學生　詩
第一百二十六名　吴邦重　通州學生　春秋
第一百二十七名　孫養魁　容城縣學增廣生　書
第一百二十八名　張汝爲　大寧都司學生　詩
第一百二十九名　張時　易州人監生　易
第一百三十名　楊梅　德州左衛前所人監生　詩
第一百三十一名　梁鍾　新城縣學生　易
第一百三十二名　李實嘉　平山縣學生　春秋
第一百三十三名　郭濟　真定縣學生　易
第一百三十四名　蔡希仁　交河縣學生　詩
第一百三十五名　毛錢　長垣縣學附學生　易

第一場

四書

舜有天下選於衆舉臯陶不仁者遠矣湯有天下選於衆舉伊尹不仁者

遠矣同考試官教諭馮批（語意轉折明盡深得仁知相須之意結以古今帝王治道爲言尤見學識佳士也）

同考試官教諭張批（場中作者多襲故當此篇詞氣渾雄意見超卓文之選者也宜録以式）

同考試官進士李批（才氣俊偉詞理醇正是冠場之作）

考試官右贊善閻批（詞有根據）

考試官侍講康批（意味雋永）

觀帝王哲以官人而天下皆化於仁也夫知人則哲帝王爲治之首務也天下從而化焉可以見仁智之相須矣昔子夏之曉樊遲若曰言近指遠固夫子無隱之教而仁智合一又古人已試之徵盍觀之帝王乎玄德升聞受終文祖舜嘗帝天下矣時則邁種厥德仁莫如皋陶也乃疇咨四岳舉之於儔人之中而明刑弼教之責於是乎付之夫皋陶之舉特以盡吾舉措之公爾而天下觀焉皆將去其不如皋陶者就其如皋陶者率德改行藹然親睦之風而淫朋比德若驅而遠去者是其始也任賢勿二天下稱其明其既也從欲風動四方歸其化舜之帥天下以仁也爲天下得人而已舜何心哉式商受命纘禹舊服湯嘗王天下矣時則天民先覺仁莫如伊尹也乃聿求元聖舉之於儔人之中而左右阿衡之責於是乎寄之夫伊尹之舉亦以盡吾舉措之公爾而斯民勸焉皆將去其不如伊尹者就其如伊尹者有耻且格翕然歸極之良而舊染汙俗若驅而遠去者是其始也帝臣不蔽天下稱其明其既也綏猶允殖兆民歸其化湯之仁不遍愛人也急親賢而已湯何心哉是則於知人之中而寓安民之惠方其舉也安得不謂之智及其化也安得不謂之仁仁智之相爲用如此夫子之言遲可以自悟矣抑是道也豈特舜與湯爲然哉前乎此者堯嘗舉舜矣而時雍之化成後乎此者武嘗舉太公矣而永清之效著蓋仁智兼資用賢圖治古今帝王治天下之道不外乎此嗚呼此豈特樊遲之所當知

君子之所不可及者其唯人之所不見乎

同考試官教諭林批（此作發明省察工夫皆自胸中流出是素究心于性命者録之以爲得人慶）

同考試官知縣陳批（發明慎獨之義懇切精到）

考試官右贊善閻批（體見君子動察工夫非淺學可到）

考試官侍講康批（詞理明瑩）

君子之所以大過人者在謹其獨而已矣蓋獨者人所易忽也君子謹焉

此豈人之所能及哉中庸末章引詩言謹獨之事若曰君子之心爲己焉盡之矣爲己之功謹獨焉盡之矣是故君子者性同天命之懿而至德淵微衆人無以喻其妙道率彝倫之常而至神功化百姓無以與其能是非天之獨厚於君子而君子之求以异於人也亦非善于君子乎私屬而人于君子乎私與也唯於其獨者加之意而已蓋潛伏之地若隱微而難知事理之幾則顯明而易辨衆人以爲人所不見而忽之君子以爲己所特見而謹之念慮方萌儼乎衆目之所視神明獨覺凛乎上帝之是臨察利善之端而惟恐其自欺不敢以怠心乘之也嚴天人之介而務求其自慊不敢以私念雜之也此固爲己之實學君子之所不可及者如斯而已否則徇外爲人其心亦猶夫人耳何以爲君子哉抑是義也雖學者入德之始事要之帝王相傳心法之要亦不外此蓋一念敬肆人之聖狂世之治忽實基之是故明王純心體道恒致慎於幽微始於敬天勤民極於位天地育萬物皆自吾心推之耳故曰有天德便可語王道其要只在謹獨

頌其詩讀其書不知其人可乎是以論其世也

同考試官知縣羅批（此題場中作者多失輕重措辭典雅説理明净無逾是篇允宜高薦）

同考試官推官楊批（發揮論世處精確是潛心古人者）

考試官右贊善閻批（明潤敷達）

考試官侍講康批（理到之言）

君子之友古人也必因言而稽其行焉夫行者言之實也君子既觀其言又稽其行取善寧有窮乎孟子告萬章若曰友盡於一世固足以徵進善之功而或限於一時亦非所以廣無方之益則進而尚論於古也當何如哉彼温柔敦厚古人之言寓於詩也則嘗誦其詩矣而國風雅頌之音已得於吟咏之素疏通知遠古人之言寓於書也則嘗讀其書矣而典謨訓誥之旨亦得於玩索之餘然所知者言爾而爲人之實非言之所能盡不知之可乎欲知其人矣而行事之迹非世之所能拘不論之可乎故必仰止前修因言而觀其行作稽中德即事而論其心聖之所以聖賢之所以賢吾究其實而已帝之所以帝王之所以王吾探其藴而已雖曰其人已往也而布在方策宏規懿範固昭然可見矣雖曰今人于居也而古人與稽精神默會固若共一堂矣則論其世以知其人可不務乎夫尚論乎古人也不徒知之以言而又知之以行則取善以自益也不徒得之於言而又得之於行進善其有窮乎噫友之道盡於是矣吾獨怪

夫世之誦詩讀書者不少也而尚友之道寥寥無聞何邪蓋章句之習多而考德之功廢此齊桓所以見誚於輪扁也然則不知其人不論其世而動曰學古人者末矣孟子願學孔子而辭受進退宛然家法所以告萬章者得非其自况者與然千載之下讀孔孟之書而尚友者詎謂無其人邪

易

直其正也方其義也君子敬以直内義以方外敬義立而德不孤直方大不習無不利則不疑其所行也

同考試官教諭林批（簡明純正非深於敬義之學者不能及此宜録以式）

同考試官知縣陳批（敬義二子士子學無心得故言多支離此作簡易直截足占所養）

考試官右贊善閻批（賾而有倫是説理文字）

考試官侍講康批（體認精切是作家）

文言申坤六二必原其德之所以大而化也夫德至化而極也然非君子之善學亦何以致是哉文言之意蓋曰德非學無以成行非德無以妙坤之六二固得坤道之純而備直方之德矣然所謂直者言乎其正也人而中存之實有以植萬化之基所謂方者言乎其義也而裁制之宜有以神感通之用是皆吾之所固有者而得之豈無自乎唯君子知養心莫如敬也則主敬以直其内使渾然大中者適得吾體焉知制事莫如義也則守義以方其外使物來順應者不失吾常焉敬義既立則交養之益自不安於小成充積之久將日就於遠大德何至於孤耶而辭曰直方大不習无不利者蓋以德之未盛則行不能以無疑學之未充則德不能以無歉今則造詣已極於精純而天德自泯於行迹易簡以成能而全體之呈露固有不思而得者矣變通以盡利而大用之顯行固有不勉而中者矣又何假於習而後利哉至是則德與聖人同歸而化與坤道同運矣兹六二之所以爲善學與抑論學以成德敬義盡之矣而乾之九二則又以學問寬仁言者何耶蓋學問寬仁者語其功之全也敬義者語其學之要也他日夫子以克復語顔子而以敬恕告仲弓人謂其有乾道坤道之别其亦有見於是乎萬物出乎震震東方也齊乎巽巽東南也齊也者言萬物之潔齊也離也者明也萬物皆相見南方之卦也聖人南面而聽天下嚮明而治蓋取諸此也坤也者地也萬物皆致養焉故曰致役乎坤兑正秋也萬物之所説也故曰説言乎兑戰乎乾乾西北之卦也言陰陽相薄也坎者水也正北方之卦也勞卦也萬物之所歸也故曰勞乎坎艮東北之卦也萬物之所成終而所成始也故曰成言乎艮

同考試官教諭林批（長題難於收斂此作矩度不逾而理亦敷暢可與言圖學之妙矣）

同考試官知縣陳批（理明意精是善言天道者）

考試官右贊善閻批（善檃栝題意）

考試官侍講康批（通暢潔净是善言造化者）

觀萬物之出入帝之所乘可見矣蓋帝也者妙萬物而爲言者也觀於物之出入而帝之所乘有不可見乎夫子舉後天卦位而言之若曰造化有自然之運生物有自然之機善觀帝者必有驗於物矣是故帝出乎震固也而萬物亦隨之以資始蓋以震居正東則一陽初動而生意自不能已焉帝齊乎巽固也而萬物亦隨之以流形蓋以巽居東南則一元效法而潔齊自不可禦焉離者明之義而位於南方萬物際亨嘉之會蓋交相見矣聖人之所以南面而治者不有取於此乎坤者地之象而順承天施萬物荷滋息之恩蓋向於實矣神化之所以致役乎坤者不有徵於是乎兑屬正秋則發育之盛歡欣交通而萬物適其性也所謂説言乎兑者此耳乾居西北則陰陽之氣舒慘相攻而嚴凝肇其令也所謂戰乎乾者此耳坎象爲水而位當正北則美利不言歸其力於何有矣不曰勞乎坎耶艮居東北而時介冬春則終始循環運其機於不息矣不曰成言乎艮耶夫物之出也帝之顯諸仁也物之入也帝之藏諸用也帝固體萬物而不遺者矣後天卦位之妙如是哉雖然帝一也而動静之間體用存焉顧先天對待則舉體而遺用後天流行則舉用而遺體何耶蓋先天理也體之所以涵夫用後天迹也用之所以神其體要之道亦器也器亦道也有無合一之常也故觀於圖學之妙而羲文心法之傳亦思過半矣

書

俾萬姓咸曰大哉王言又曰一哉王心克綏先王之禄永底烝民之生

同考試官知縣羅批（此篇寫出伊尹忠愛之心宛然在目佳士佳士）

同考試官推官楊批（發揮一德應驗處詞氣醇雅可以爲式矣）

考試官右贊善閻批（善發明伊尹告君之意是用録出）

考試官侍講康批（詞義懇惻蓋心伊尹之心者）

大臣著一德之感乎民而其效爲甚大也夫民之稱頌未易得也而其效至於天人之交應焉可不思所以致之耶伊尹進太甲而望之以此若曰王之爲德也博之以主善之功而約之於協一之地其應果何如哉是故自其出令而言謂之言言者心之聲也民於王言則以大哉稱之布之於巽則曰申天下之命也發之於姤則曰施四方之誥也萬姓雖殊而大哉之稱則協感應之機

若有以使之然矣自其出治之本謂之心心者言之藴也民於王心則以一哉稱之成性存存若有見夫淵默之秘也繼善亹亹若可想其純一之貞也萬姓雖异而一哉之稱則同因言知心自有不容已者矣吾王之德其徵諸庶民者如此由是上焉而天禄安受命孔固而茀禄爾康也歷數無疆而天休滋至也蓋天佑一德自有以克紹乎先王矣下焉而民生厚九功惟叙而萬國咸寧也容保無疆而兆民允殖也蓋民歸一德自有以光被乎九有矣夫天禄安則所以庇下民者益深民生厚則所以荷天禄者益固一德之效至是可以無愧烈祖之訓矣抑因是而知大臣進戒之忠也夫修德固難而一德尤難太甲始而敗度敗禮尹以先王昧爽丕顯告之及其克終允德又以終始慎與告之及兹歸政乃陳夫一德之功感應之效焉其意懇惻而盡誠其言整暇而有序蓋其心以厥后弗堯舜若撻于市故其忠愛無已有如此厥後太甲圖惟厥終爲有商之令主其有得於斯言之訓與

惇信明義崇德報功

同考試官知縣羅批（以雄深雅健之辭發出帝王施爲氣象書義之最佳者）

同考試官推官楊批（鋪叙周王維新之政明麗雅飭是有得於經世之學者録之）

考試官右贊善閻批（言簡而意不遺當是作手）

考試官侍講康批（有文采有典則讀之灑然）

勵俗而勸善者周王之所以治也夫俗不勵善不勸治皆苟而已周王知所重焉其受丕丕基也固宜且夫帝王之治天下莫不以教化人材爲先務故觀諸武王而知周道之興也是故人君所以率下以成俗者有信與義也弗敦而明之則忠信薄而大道隱吾見其俗之日敝矣武王則以一道德同風俗固先王經綸之迹也我可忘耶故於信則敦之協一以固群情確乎無妄之貞也義則明之大公以昭衆志焕乎藝極之樹也蓋中孚以起信則俗不漓通變以宜民則化不匱所以表正風俗之道豈其微哉人臣所以事上而爲善者有德與功焉弗崇而報之則植行阻而程能隳吾見其善之罔終矣武王則以褒有德録賢能固帝王之所繇昌也我可廢耶故於德者崇焉明揚師錫隆晋接之恩也功者報焉彤弓致饗昭大賚之典也蓋爵以馭貴式彰王國之楨賞以酬勛益表社稷之隸所以鼓舞臣下之權不在兹乎是則民人有丕變之風而臣人有篤弼之益垂拱之治其所由來漸矣抑帝王之開國承家其施爲氣象必

有大過人者制事制心佑輔顯遂湯之所以繼夏也武之繼商于湯有光矣故信義功德之澤延之八百年之久皆武王之所留也所以然者蓋洪範之疇聞諸箕子丹書之戒受於太公而聖學淵源蓋有所自故其功烈丕承冠千古而莫及也猗歟休哉

詩

瞻彼洛矣惟水泱泱君子至止福禄既同君子萬年保其家邦

同考試官教諭馮批（此作發明周室保治之謀太平氣象藹然可見）

同考試官教諭張批（詞意深長可以一唱三嘆矣宜冠多士）

同考試官進士李批（周王保大之謨周臣納誨之義是作發明殆盡足占所養録之）

考試官右贊善閻批（説周王保治之義獨懇到蓋深於詩者）

考試官侍講康批（典重不浮宛然想見成周之盛）

詩人美王者莅中都而享大慶因有以永乎大業也甚矣思患預防人君久安長治之道也周王以之詩人美之也宜哉此天子會諸侯於東都以講武事而諸侯美之作也意謂治亂之相尋者天運之常經也制治而保邦者明辟之上計也是故瞻彼洛都其來舊矣基命者召公也定命者周公也王城下都而表裏之聯絡也西瀍東澗而氣象之潆洄也觀諸其水泱泱而深廣矣我君子之至於是也地勢有以會人心人心有以凝天命豫大豐亨饗而爲一身之盛天之所助者順也人之所助者信也時萬時億凝而爲滋潤至之休其福禄不既同乎然且宅中圖大不忘乎武事之修則覲光揚烈自得夫保泰之道吾見自今以始雖曰於萬斯年也而保其家邦蓋與今日無間也以萬國則咸賓以四夷則來王由一世以觀百世而萬世之人心可知也以一統則無虞以保定則孔固由今日以觀後日而無窮之景祚可卜也則信乎東都講武之行寔祈天永命之繫矣噫若周王者其知天下之大計者哉抑是詩之作當在成康之世觀周公戒成王則曰克詰戎兵召公戒康王則曰張皇六師是詩之意頌而無謟其有周召之志乎傳世歷年卒過其曆其源流遠矣易有之危者安其位者也亡者保其存者也亂者有其治者也於戲觀夫子繫易之意而詩人稱頌之旨可識矣

藹藹王多吉士維君子使媚于天子

同考試官教育馮批（詞懇而雅氣和而莊非忠愛素蓄者不能形容至此宜録以式）

同考試官教諭張批（老成典麗氣象不凡媚天子處尤講親切子其亦王之吉士歟）

同考試官進士李批（義精詞確宛然老臣忠愛之意）

考試官右贊善閻批（詩義貴温醇縝密此作近之）

考試官侍講康批（親切雅暢讀之可以興矣）

詩人表賢才生世之盛而有用世之忠焉夫賢才之盛固應運而生也則夫用而效忠於君亦其心之不容自已矣召公以壽考福禄歆動王心而進之以得賢自輔之益若曰明主必待賢臣而弘功業俊士亦俟明主以顯其德君臣相遇而豈徒哉自今觀之天地淳和之氣孕而爲人物之精華國家豐芑之仁衍而爲人文之宣暢曰馮曰翼皆名世之賢也若孝若德皆庶常之吉也賢才之多如此亦顧用之何如爾使其翕受敷施而廣籲俊之公服休服采而應交如之會則豈自負於明時哉皆將曰君之事吾事也罔不既厥心又莫不曰吾之身君身也不容以自重進而盡忠焉退而補過焉所以事之者事不同而媚同父兄之臣誠愛宗廟法度之臣誠愛社稷所以媚之者識不同而情同所以然者蓋愛君之心彼固植乎其性而效忠熙載尤有感於其時向使遺而不用則恒相求而不相遇將如愛君何哉噫大臣進戒之意淵矣考之成周之世野無遺賢萬邦咸寧而召公進戒猶欲其得賢自輔以爲壽考福禄之地憂治世而危明主老成忠愛之心固如此觀召誥之作拳拳於歷年之久近夏商之廢興且以諴小民疾敬德爲祈天永命之本蓋與此詩之作异詞同旨然則成王所以爲太平有道令主豈無所自哉故後世誦成王之治而歌召公之功不衰

春秋

六月齊侯來獻戎捷（莊公三十有一年）楚人使宜申來獻捷（僖公二十有一年）

同考試官教諭朱批（抑齊韓魯之意發明殆盡且詞意莊重宜録以式）

考試官右贊善閻批（本傳意融會成文嚴正可式）

考試官侍講康批（是善屬詞比事者録之）

春秋於伯主之遺俘也卑詞以抑之於望國之受俘也諱詞以貶之夫諸侯無相遺俘之禮也齊急於功魯怵於威春秋抑而貶之宜哉且齊何爲而獻捷於魯耶桓公親伐山戎諸侯賓服于是獻俘於魯所以誇之也夫戎居荒服既非畿甸之邦雖嘗病燕亦非門庭之寇懸師而遠伐之操之爲已蹙矣吾聞先王之於外夷也負固而不服則有文德之綏序成而不至則有聲罪之討及其班師振旅則告之天王而獻其功禮也今乃窮兵深入張皇闢地之師躬獻

俘獲誇示甥舅之國此何爲者耶噫苗民逆命有舞干羽以格之者矣不圖桓之昧乎此也故抑之而書來獻所以杜厲之階也蓋如此且宜申又何爲而獻捷于魯耶楚成伏兵圍宋魯僖不與至是歸俘于魯所以脅之也夫宋本上公方主中國之盟楚以夷狄乃逞襲執之詐以俘而獻於魯横逆亦已甚矣吾聞先王之於鄰國也親仁善鄰則惠此四國救灾卹患則畏此簡書及夫夷狄猾夏則請于天王而致討焉宜也今乃安受楚獻而尊攘之志蕩然坐視宋患而討罪之旅寂若又何爲者耶噫西旅底貢有陳大義以却之者矣不圖僖之昧乎此也故受捷而不言宋所以爲魯之諱也蓋如此此義行則遠夷無釁也不開邊事以徼功夷狄猾夏也當申大義以致討備見之矣抑因是而知齊宋之不競也齊桓宋襄皆主伯者也孤竹之役逞於用兵豈管仲不在側與于盂之會革車會楚甘於被執公子目夷之忠謀不見聽焉用賢圖治國其可少乎哉於戲此君子所以深爲二伯惜也

春王正月公會齊侯宋公陳侯衛侯鄭伯許男曹伯侵蔡蔡潰遂伐楚次于陘楚屈完來盟于師盟于召陵（俱僖公四年）

同考試官教諭朱批（斷齊桓功過辭嚴義正雖起之九原亦當心服）

考試官右贊善閻批（褒貶處頗有史筆）

考試官侍講康批（詞核義正得聖人書法）

春秋於伯主用奇正之兵以攘外必譏其專而序其績焉此見桓之攘楚事雖專而善有足録者觀春秋所書功過豈容掩哉楚自西周爲中國患久矣齊桓主霸鋭意南征始而侵蔡者奇也而蔡潰繼而伐楚者正也而楚恐及夫陘亭既次屈完惠來乃即召陵而盟焉此一事也春秋何以譏其專復序其績耶蓋自其專言之人臣所明者義功非所貴也夫以楚之包茅不貢王祭不供不可以莫討也桓苟以内安外攘爲心而請命于周焉其誰非之乃專上行私偕兹八國威福之作令不出於王朝征討之加兵不由於司馬是猶父兄在堂而子弟外徼生事也有王者作桓其能免乎故書遂伐楚者譏其專也所謂以義正名而教天下之忠在是矣自其績言之盟主所務者德力非所尚也夫以楚之方城爲城漢水爲池未容以遽服也桓苟以好攻樂殺爲心而逞志于楚焉亦何足取幸而招攜懷遠徼與同好師雖强矣以律用之而不暴敵已服矣以禮下之而不驕是猶盗賊内降而君子不追既往也王者之師桓其庶幾乎故書次于陘來盟于師于召陵序其績也所謂樂與人爲善而示天下之勸在是矣是則斷桓公之罪而必録其功録桓公之功而亦不隱其罪一書法間立

法之嚴宅心之怒咸見矣抑禮莫大於分分莫大於名楚僭稱王其罪大矣桓何以不能正也蓋當是時齊未請命其力亦未能制楚姑取成而還以爲名耳不然舍其大而責其細何居噫此五霸功烈所以爲卑也

禮記

修其教不易其俗齊其政不易其宜

同考試官教諭丘批（教與政俗與宜分別皦然且因物付物以人治人只此八字讀之何等親切他日通變宜民之學於此可古矣）

考試官右贊善閻批（爾雅渾涵迥异他作）

考試官侍講康批（文勢闔闢抑揚而詞采溢出佳作也）

聖王之於天下治之而不拂之也夫民俗异宜勢也聖王亦順以治之而已惡能强之同哉記者論先王之居民材有及於此意謂天下之不可不一者政之於教而不可必一者俗之與宜也古聖王之爲治亦審諸此而已矣是故民之視效在君不可無以率之也則惟皇作極迪彝訓於下觀端本善則惇典禮以出治蓋因物付物教於是乎修矣若夫俗也者因乎其勢者也勢以制异而天下之俗不一矣吾則與民由之因之而不變也非不欲變也不可變也夫教之修也因性以牖民而俗之因也又化裁以盡利先王之善治固如此民之感化不同不容無以一之也則釋回贈美納之於軌物之趨用休用威約之於大同之化蓋以人治人政於是乎齊矣若夫宜也者率於其居者也居以方殊而天下之宜各异矣吾則與民順之不拂其所欲也非不欲拂也不可拂也夫政之齊也章程以勑法而宜之順也又通變以宜民先王之善治又如此夫政教以率天下而天下趨焉宜俗以便天下而天下安焉此先王之治所以不可及也雖然此非聖人意也勢也聖人豈不欲天下之俗之宜皆歸於一哉勢則有所不可也故不順人情者或以激天下之變而民俗之不可强者亦聽之而已故曰后以裁成天地之道輔相天地之宜以左右民后世變法之臣乃曰聖人苟可以强國不法其故此拂人之性視聖人之治何如耶

樂者敦和率神而從天禮者别宜居鬼而從地故聖人作樂以應天制禮以配地禮樂明備天地官矣

同考試官教諭丘批（禮樂天地鬼神此造化之奥非深於道者難言此作發揮精藴如履平地且和序之理屈伸之能制作明備之妙聖神參替之功言之俱中肯綮可以觀其深矣）

考試官右贊善閻批（詞旨超詣豈亦有志於禮樂者耶）

考試官侍講康批（理明詞暢是達禮樂之本者）

記者論禮樂有合造化之妙著聖人有參造化之功夫禮樂之用與造化相爲流通者也然非聖人之制作又何以成參贊之功哉記者論禮樂而言此若曰造化妙禮樂於無形禮樂闡造化於有象使不明其合一之機何以知其功用之大今夫絪緼化醇此造化自然之和氣之伸也而樂之爲用則欣喜懽愛有以厚其情之同則氣之伸者以達而顯仁之用行矣高下散殊此造化自自然之序氣之屈也而禮之爲用則莊敬恭順有以辨其物之异則氣之屈者以斂而藏用之機著矣蓋和序之理有以脗合造化之機而屈伸之能有以潛乎鬼神之妙禮樂之爲用蓋如此故聖人者作知自然之和陽之所生也則作樂以應之統之以五聲宣之以六律有以昭生物之功而與之合矣知自然之序陰之所成也則制禮以配之别之以等威章之以物采有以定成物之功而與之一矣故制作極明備之妙而裁成輔相之道以存聖神有參贊之能而生長君藏之職各定謂之曰禮樂明備天地官矣信乎天地之位必由於禮樂也夫其始也天地之和序有以效法於聖人其既也聖人之禮樂有以參贊乎天地禮樂之功用其大如此中和位育之妙至誠盡性之功而非聖人孰能與於斯故曰明於天地然後能興禮樂後世如叔孫綿蕞之禮房山夫人之樂而欲語夫天地之官抑末矣噫千載之下明王有作尚幸記禮之言猶在也

第二場

論

至誠贊天地之化育

同考試官教諭馮批（聖人輔相天地一本於誠此作發揮明盡詞氣悠揚其論場之最優者歟）

同考試官教諭張批（天地化育作者類多援引浮詞殊欠精當此作筆力雄健議論高奇且文采爛然如蜀錦齊紈見者奪目得士如此可以自慰矣）

同考試官進士李批（形容聖人贊化育處精切其達天德者歟）

考試官右贊善閻批（題涉性理未易形容此作探極精奥而文勢開闔抑揚出人意表可以占所藴矣）

考試官侍講康批（發明至誠贊化育詞有源委而文勢汪洋起伏馳驟不窮如長江大河一瀉千里其所得者深矣宜冠多士）

大哉聖人乎與天地合德故與天地成能德者何維天之命於穆不已賦之於人聖人與人一也惟誠之未至則與天地不相似而用始小矣惟聖人之

德極誠無妄渾淪溥博蓋與天地無不合者故出之於心施之於政沛然四達而不悖而天下之人之物亦皆逐其性而無求安其分之各足雖天地之大者亦有以裁成輔相而助其所不及此豈可以易言哉始而以天地之理完具於吾身終而以吾身之理參贊乎天地亦惟代天而成其能焉耳而非有所加也夫人物之生果孰爲之初乎易曰大哉乾元萬物資始至哉坤元萬物資生是人物之生本之於天地也周子曰大哉乾元萬物資始誠之源也乾道變化各正性命誠斯立焉是誠也者又天地生人物之本也求之於人物未生之先則氣涵於理化育之本焉求之於人物既生之後則理運於氣化育之用行焉是一神而兩化天地之化育所以悠久而成物者宜若無賴於聖人矣惟夫陰陽之异氣也剛柔之异質也昏明强弱之异禀也氣化形化之萬乎不齊也於是乎人有弗若其性者矣於是乎物有不遂其生者矣於是乎天地之化育有所及有所不及矣不有聖人者出相其所不及而成其能則造化或幾乎熄矣造化熄則聖人之責將誰諉乎矧聖人之生又得夫秀之秀者其德則天成也其聖則天縱也其感則誠之通也其寂則誠之復也一理流通渾然無間故其道之隆也象天其一而不遷也象地其繼明以照也象日月其變動不居也象風雨其行有序而不僭于常足以配四時其神易不測出入利用而亹亹足以象鬼神蓋與造化而爲一矣則功之所至與天地相爲昭焉信非至誠不能與也是故自吾身之性而推之天下之人無不準焉自吾人之性而推之天下之物無不準焉自人物之性而達之於天地無不準焉存而爲仁義中正之體焉布而爲禮樂刑政之用焉措而爲容執敬别之宜焉操而爲議禮制度考文之權焉運而爲達道達德九經之備焉知之無不明也處之無不當也以人而治人因物而付物通變而不倦曲成而不遺使冠帶之倫懷生之類咸獲嘉祉湛恩汪濊中外禔福百姓則太和也萬國則咸寧也山川鬼神莫不咸若也肖翹跂息莫不順軌也天得以清地得以寧也百嘉暢達四靈畢至也人得其所以爲人物得其所以爲物天地得其所以爲天地是誰力也所以然者匪馳騖乎兼容并包而勤思乎參天二地也誠而已誠以敦化化以盡神神以盡利天地萬物之理盡於吾身不見吾身有遺理吾身之理散於天地萬物不見天下有遺物順而不妄運而不窮所以盡而贊者天地不知也萬物不知也聖人亦不自知也蓋其始也有立極之學有定命之事有修道之教有成物之智其終也謂之裁成其道謂之輔相其宜謂之範圍其化謂之成位其中謂天地不能無賴於聖人可也謂聖人大於天地亦可也天地之化育有所及有所不及而無全功聖人贊之由其所及及其所不及而有全能故曰天地設位聖人成能其不

信矣乎是道也神之而無象謂之皇則之而難名謂之帝繼之而泯其功謂之王而皆莫之有改也反是則爲五霸矣其心爲假仁其民爲驩虞其治爲小康於至誠參贊可同日語耶故曰至誠之功用未易言也雖然此天道也未至於誠者亦曰自衣錦尚絅之心充而至於不顯篤恭之妙則聖人即我我即天而人極自我立矣大哉誠乎斯其至矣

表

擬重修大明會典成進呈表

同考試官教諭林批（我國家掌故具載此書皇上右文聿成大典是表揄揚殆盡宜録以式）

同考試官知縣陳批（鋪揚祖宗垂裕之謨皇上丕承之烈昭昭在目且核而有文詳而有體表之佳者）

考試官右贊善閻批（雅麗冲融出入宋體）

考試官侍講康批（駢儷典則）

伏以帝典萃編萬國仰彝章之盛王猶涣布百年當述作之期事輯累朝光昭奕世臣等誠惶誠恐稽首頓首上言竊惟自昔帝王之御世率皆典則之是先必盡制而盡倫乃會極而歸極羲軒開物法制肇興堯舜統天典謨攸著逮夏商革命二王之損益可知暨文武重光一代之章程尤備秦漢重掌故之職唐宋崇會要之編咸紀治蹟於當時用垂成規於後祀天開聖代運際休明高皇宏創造之謨列聖懋繼承之烈綱常禮樂新百年諸夏之觀制度典章焕千古文明之治顧遵行已久或沿革以隨時而文獻足徵須典刑之尚在逮我敬皇之臨御寔惟會典之肇修本職掌以爲綱附諸司以立例詒謀垂範仰承英廟之欲爲稡帙成編嗣及武宗而頒布同文同軌沛乎行地之中有要有倫炳矣光天之下仰惟聖神之撫運益昭典禮之大成副在有司雖粲若日星之麗傳之後世尚未垂琬琰之頒道不虚行時應有待兹蓋伏遇皇帝陛下睿資天縱聖學日新德配二儀心懸九有文經武緯覲八葉之重光作聖述明應千齡之累運謂兹大典實切弘規向因睿覽之疑特下輔臣之問知紀載之失真者未免而事例之續定者當增乃涣宸裁重加纂輯顧譔述未就尚停閣之多年恐久遠易忘何傳信於來世頃因申請復命贈修開局分曹循先朝之故事列官供職萃秘閣之儒臣發金匱石室之藏徵兩京百司之籍蓋自弘治壬戌以至嘉靖戊子已輯而未成自己丑之春以至戊申之冬尚缺而未載分條附例綱舉而目則隨舉要删繁文約而事已備校閲集諸曹之彦編摩效數歲之勞既因舊以爲新亦刊訛而訂誤中間四十七載之因革損益各比類以相從

國家百八十年之經制紀綱一開卷而易見曰用人曰立政成法具在目前曰酌古曰準今治道可運掌上是皆聖謨之默運故大典之聿成也臣等久職詞林學慚一得叨裁史局識愧三長匪能潤色乎國經寔惟仰遵乎宸斷紀年紀事難逃淺陋之譏載筆載言詎免遺忘之失仰徹重瞳之覽俯垂乙夜之觀睿藻天葩親題乎首簡宏規懿範永布乎寰區伏願至治無虞燕翼永貽於萬世太平有象鴻名獨冠于百王麟出鳳游靈承乎聖瑞龜呈奎聚大闡乎人文共綿有道之長益衍無疆之祚臣等無任瞻天仰聖激切屏營之至謹以所輯大明會典若干卷隨表上進以聞

第三場

策（五道）

第一問

同考試官知縣羅批（我祖宗暨皇上本聖德以成大化然猶選任儒臣用資佐理蓋與堯舜急親賢之心其揆合一唯此策揄揚明備取之）

同考試官推官楊批（聖祖神宗創立鴻基用賢啓沃遠追帝王之懿範暨我皇上克紹休烈親賢圖治誠有以覲二聖之耿光非後學所能仰窺萬一此作敷陳悉具蓋杰士也）

考試官右贊善閻批（簡任儒臣我皇上圖治至意同符二祖子能鋪張揚厲至明至悉豈涵育聖化有得而思以效用者乎）

考試官侍講康批（用賢致治我祖宗暨我皇上先後輝映子能條答詳盡其沐浴聖化最深者歟）

帝王建興王之業必籍儒碩以立功而其致太平之治亦必賴英賢以共濟創無其人則康濟之謀疏守無其人則啓沃之道弛欲以成大業致盛治難也然應運而生乘時而出賢才固未嘗少也惟聚精會神相得益彰則感會風雲自足以收佐命之功而論思密勿亦足以成太平之業此我太祖高皇帝延攬英雄於草昧之初成祖文皇帝敷求哲人於圖治之日所以高出帝王之上開我明億萬年無疆之休謂不本於此耶請敬陳之夫雲從龍風從虎聖人作而萬物睹其來舊矣式稽往牒莫盛虞周舜之五人武之十亂而無爲之治垂拱之休振古莫及焉明良喜起之歌鳳凰梧桐之喻所以至今爲烈也洪惟我太祖應天順人誕膺景命建千古未有之事功成祖肅靖家邦光隆帝業成一代文明之盛治一時名臣碩士風動景從攀麟附翼以成所志其載諸開國功臣録及皇明名臣録者蓋更僕未易數也拭目明問所及者言之皇祖起兵濠

州網羅豪杰自癸酉創禮賢館以處四方儒碩之士時則乙未至太平率父老入見者陶安也丙申取鎮江以朱文忠之聘而至者秦元之也又以元之之薦而見者陳遇也己亥取處州以胡大海之薦而召見者劉基也宋濂也章溢也葉琛也又自金華而見者王禕也王天錫也自諸暨而見者許瑗也此皆未交而意已孚未言而情已密或徵以書幣或從容賜坐或稱曰先生或留參幕府或賜書獎諭推心置腹如手足腹心不言自喻故一時之臣感激思奮宣力陳猶則有可言者矣運籌决勝燭物炳幾爲時王佐者劉基也闢邪翼正潤色皇猶爲世儒宗者宋濂也謀略無雙文章第一則有若陶安文武全才廉正勵俗則有若章溢奉使死節日月争光則有若王禕守土治民保城血戰則有若葉琛許瑗其餘樹勛立業有不能盡舉者矣當時肇造家邦混一六合雖曰開國元勛六王之功而凝承夾輔諸臣之力其可少哉成祖嗣登寶位寤寐賢良自癸未開文淵閣以處文學侍從之臣時則以侍讀召入者解縉也以修撰召入者胡廣也以編修召入者楊榮也楊士奇也以檢討召入者金幼孜也黄淮也胡儼也此皆不介而自孚不謀而自合或賜大學衍義或賜金織縷衣或扆前顧問漏下十數刻乃退或臨幸私宅或賜繩愆糾繆圖書情意浹洽如家人父子相視無間故一時之臣感恩圖報沃心熙載則有可言者矣弼亮東宫保全趙邸中流砥柱者文貞也通才敏識文武兼資全節完名者文敏也恪勤始終金温玉粹則有若文靖定策安邦省愆翼翼則有若文簡清慎恭勤終始一節則有若文穆諫沮交阯力抗權倖則有若解縉出教成均師範嚴肅則有若胡儼其餘忠謀遠略有不能盡舉者矣當時中外肅清四夷賓服雖奉天靖難武臣有功而翼輔贊襄諸臣之力其可少哉是則創之於前收儒碩以成功者聖祖也繼之於後任輔弼以致治者成祖也此其訏謨定於逸軌叡心因於令圖淵猶集於衆思熙烈哀之衷益蓋先後一者也故豪彦尋聲而響臻志士希光而景騖治理之隆不可尚已他如虎觀石渠之論核集賢麗正之招延崇政邇英之講説其迹若勤而其功未究烏可以擬其萬一哉列聖相承率用是道重熙累洽百有餘年逮我皇上龍興益隆繼述敬一傳心禮樂飾治中興之烈既振古有光矣然猶不自滿假虚懷圖治側席求賢往歲親御文華選庶吉士若干人儲養翰林頒之筆札給以酒飯間歲舉行宛然禮賢館之遺意也而内閣重地必簡用文學侍從之臣以代言備問不計新故崇卑隆以股肱心膂之托藹然文淵閣之故事也神謨睿慮蓋與二祖之見异世同符故自臨御以來二十八年道化隆洽玄澤汪濊得人之治有光前古而一時儒臣遘泰逢陽争自磨濯所以弼成萬世無疆之休者先後輝映此豈草莽之臣所能盡述哉書

曰股肱惟人良臣惟聖敢以是爲聖天子頌詩曰濟濟多士文王以寧敢以是爲諸臣頌謹對

第二問

同考試官教諭朱批（文章士習所繫固不可以雕蟲小技目之也近日士子崇尚奇詭摹仿成風於國初渾厚之氣漸以漓薄主司有深憂焉子獨能振起流俗破模擬剽略之藩籬而一歸之正可以占子學之富識之明矣録之以式豈徒文焉已哉）

考試官右贊善閻批（此策歷指諸家文體醇駁而斷以己意且詞氣奔放若驤騁康莊要其歸弗畔於理亦可以爲文矣）

考試官侍講康批（論文一策正欲觀士子稽古之學子能條答詳明評隲精確末復歸之於心悟蓋稽古而有得者録之）

君子之爲文非得已也將以闡性命之原昭彝倫之懿理性情之正者著理亂之經嚴義利之辨而非有意而爲之也後世諸子非不崇志藝林揚芳詞圃出入四部頡頏九經然學步效顰闘靡逞巧或追風以入麗或沿波以溯奇所謂有之靡所益無之靡所闕者也尚奚以文爲哉執事策諸生以漢魏以來諸子之著述爲問豈非厭模擬之爲工而欲崇明聖之述作懲剽略之爲僭而欲回同文之盛治甚大惠也愚也嘗聞諸先哲之論文也曰風行水上天下之至文也夫水之爲體澄然清而已矣淵然静而已矣風一過之則紆餘委蛇蜿蜒淪漣疾者如馳徐者如緬蹙者如鱗躍者如鯉其繁如縠其亂如霧而天下之極觀備矣人而能知風行水上之文斯可以論文矣昔者夫子於易吾見其思焉而得之也於詩書吾見其諷焉而得之也於春秋吾見其感焉而得之者也於論語吾見其觸焉而得之者也故其讀易也如未嘗有書其讀詩也如未嘗有易其讀論語也如未嘗有春秋各以道顯而體不相沿於易而闡性命之原也於書而昭彝倫之懿也於詩而理性情之正也於春秋而著理亂之經也於論語而嚴義利之辨也矢口爲經措詞爲訓經緯天地貫徹古今遐哉邈乎蔑以尚矣自崇論閎議之風熾而昔人之質漓自模擬僭竊之習興而斯文之致垂故太史公曰學者載籍極博猶考信於六藝然秦漢以下之文視之六藝何如耶是故楊雄作法言而言未必可法王通作中説而説未必得中太玄準易也君子有吴楚僭王之譏續經擬經也君子有六經奴婢之誚二子且然況其下者乎觀班固藝文志所載易有十三家書有九家詩有六家禮有十三家春秋二十三家論語十二家凡六藝一百三家各引一端崇其所善或互相闡明或私自譔述非不爛然於文墨之場也然而紀載雖多而實理益晦擬議雖

勤而道法不存其於六經論語之旨既未必有所發明視之王楊之作又瞠乎其後矣又何必盡舉而述之哉夫子雲之作高者出蒼天深者入黄泉雖云貴知我者希而不免覆醬瓿之誚惟仲淹之作程子謂其極有格言朱子謂其頗近於正則猶近理者也不但是也自宋玉作對問以抒志放懷寥廓蓋豪氣之所使也枚乘賦七發以申規始邪終正蓋七竅之所發也此則文章流派無預大家分鑣并驅未攀逸軌者也二子且然况後此者乎自宋玉既倡而和之者班固之賓戲也東方朔之客難也楊雄之解嘲也陳琳之應譏也崔駰之達旨也張衡之應問也蔡邕之釋誨也夏侯湛之抵疑也郤令先之釋譏也郭景純之客傲也觀其所歸莫不組織玄黄苞并今古耿介之意既傷抑鬱之懷靡愬所謂以文滑稽者也君子何取焉惟達旨安行慕古人之所序釋誨遺俗以仁義爲淵藪則猶近似者也自枚氏首發而繼之者傅毅之七激也張衡之七辨也崔駰之七依也張景陽之七命也曹子建之七啓也崔瑗之七厲也王粲之七釋也桓麟之七説也左思之七諷也觀其所歸莫不誇示環奇鋪張瑰瑋始之以淫侈終之以居正所謂曲終奏雅者也君子又何取焉惟七命基德慕皇猶之炳焕七厲叙賢以儒道爲依歸則猶近似者也然視之六經論語之旨則猶之韶鄭异音薰猶殊器判乎其不合矣嗚呼聖賢不作風雅寖衰若數子者搴中葉之詞林酌前修之筆海鳴宫刻羽遏雲振木猶之陶匏异器并爲入耳之娱黼黻不同俱爲悦目之玩才非不高也文非不工也然剪彩爲花而貞宰則泯鎔鑄範物而生理不存昔人謂之虚車者也區區模仿前人亦何爲哉若杜甫一編説者謂有三百篇之旨孔明二表人謂有伊訓説命之風朱晦庵之綱目則有得夫春秋之意周濂溪之太極圖亦有得夫大易之旨此則不規規於模擬而自得其意者也雖然六經未作之前道固未嘗不在也學者能以心求經而不以經求經意傳於肯綮毫厘之中迹异於牝牡驪黄之外則可以筌蹄章句注脚六經凡言語文字之學皆可廢也彼漢魏以來諸子著述之優劣又何足深論哉狂斐之言惟執事擇焉

第三問

同考試官教諭林批（風俗美惡繇乎士習邪正是策推究時弊卓有定見末以振紀綱修教化爲言誠探本之論也敬服）

同考試官知縣陳批（高識正論有關治體夙懷憂世之慮者）

考試官右贊善閻批（風俗一策條答詳明且能陽秋東漢西晋人品如懸鑒照物不爽毫髮末復屬意於教化紀綱可謂有本之學矣）

考試官侍講康批（士君子處世貴不爲習俗所移是策敷陳漢晋風俗

隆汙士習淑慝明若觀火篇末行檢之論尤見趨嚮之正是用録出）

習俗之變勢爲之也勢有所必趨故俗有所必變勢之所趨舉一世之人靡然從之而不自覺故俗之變也益至於敝而不可挽時有豪杰者挺乎自拔於流衆之中其危操卓識動與道俱好尚審於一時模範垂於百世夫豈勢之所能局俗之所能累哉粤自三皇二帝之時風氣龐古天下大同其政悶悶其民醇醇不知有所謂尚亦不知有所謂俗也世尚之説始於夏而尚忠迄於商而尚質極於周而尚文夫忠質文之异尚夏商周之异宜豈故爲是改革哉抑亦世道之趨者不得不至於此耳故曰習俗之變勢爲之也然禹貢周官職方氏辨山川土地所宜皆未始及乎風俗者豈以盛治之世國不异政家不殊俗本無美惡之可指邪春秋以降風教漸落民俗日窳故見於經者則有若十三國風之詩載之爲甚悉見於史者則有若班固地理之志紀之爲最詳亦以風聲氣習與世汙隆故經史兼而收之以徵夫世道之變耳時至東漢光武明章率興教化風厲儒術一時之士雅尚清議以節義自勵者斯彬彬然顯焉觀張綱埋輪都亭而貴戚爲之屏氣杜喬立朝正色而善類爲之傾心破柱戮奸不畏權宦李膺之行何偉也登車攬轡志澄清范滂之望何重也之數公者立身之大義許國之奇忠皆卓乎不可尚矣其有不盡然者則暮夜投金若王密恭遜媚時若胡廣崔烈之入錢冒爵自貽銅臭之譏荀彧之委心事瞞甘蹈失身之戾回視四公蓋不啻天淵之弗相及矣夫豈清議之所能倡邪迨及西晋武帝惠懷彝章紊廢政教陵夷一時之士競尚清談以禮法自弃者蓋比比然見焉觀王戎之與世浮沉而無所匡救何晏之糟粕經籍而竟成風流居喪飲酒無异平日阮籍之汚行可鄙也鹿車放逸壺鐘自隨劉伶之失德可議也之數人者非毁先王之道藝破壞聖人之藩牆皆藐乎不足齒矣亦有不盡然者則渡江擊楫如祖逖灑淚新亭如王導劉琨之聞雞起舞期定乎中原陶侃之運甓習勞志存乎王室回視四子蓋不啻薰蕕之弗相近矣豈清談之所能累邪夫俗之有推遷者勢也趨之有邪正者人也趨之正則俗雖惡不能誘而移矣趨之邪則俗雖善不能化而入矣故東漢之崇節義謂成於清議可也謂全籍於清議不可也西晋之廢禮法謂溺於清談可也謂不由於清談不可也是故俗也者一人倡之千人和之一日行之百年效之其始也倏然而從其既也恬然而習其終也帖然而安非有豪杰者出則習與智長化與心成不隨之而變者幾希孟軻氏曰待文王而興者凡民也若夫豪杰之士雖無文王猶興何者蓋豪杰之士其所趨者正也且豪杰之與庸人其初豈甚相遠哉特以所趨有邪正故其所就有高下寓于波流風靡之中而有確乎不拔之操非豪杰能然

哉嗚呼大公至正之道不行於世久矣士而崇節義無可議者其流而爲清談則祖尚虚無遺落世事猶無甚害也習俗之壞莫大於士務詭而亂道士務詭而亂道則義利不明毁譽失真是非交溷目巧詐爲通明視廉靖爲矯激稱容奸爲大體指剛方爲任情以持禄保位爲賢以竭忠盡節爲愚以奔競進取爲能以恬退自守爲拙謂刻薄辨事爲有才謂重厚長者爲無用蒸淫日久而不自覺則其勢猶水之趨壑也其始若無所患而其末也奔馳潰决障塞無所施其力矣是可不寒心乎惟在識其勢以亟反之耳若夫矯偏釐陋之術豈必體堯蹈舜然後乃理哉詩曰爾之教矣民胥效矣言教化之不可不敦也又曰勉勉我王綱紀四方言紀綱之不可不振也蓋紀綱者整飭天下之大務教化者轉移天下之大機紀綱不振則習棼而涣政舛而違而無以致治教化不敦則趨繆而畝事逸而縱而無以成道是故握風俗之樞者有教化以淑人心又有紀綱以齊民行則天下之俗有不翕然而易者吾不信矣一得之愚敢僭述以爲明問復惟進而裁之

第四問

同考試官教諭馮批（理財乃經國大務而法莫善於成周此篇酌古準今敷答無遺區處允當末復以節儉爲意其識治體者乎）

同考試官教諭張批（理財之策場中作者率多掇拾陳言泛濫不切是篇論成周所以得及後世所以失井井有條且區畫時事卓有定見結末數言尤探本之論録之）

同考試官進士李批（理財一事方今急務子能詳悉古今失得而惓惓於節用是有經國之慮者宜録以式）

考試官右贊善閻批（參論古今理財得失若指諸掌中間區畫數事皆鑿鑿可行有學有用之士也）

考試官侍講康批（理財人能言之是作考論古今盈縮之故而裁以獨見且通達國體諳練時務豈韋布而有天下之慮者耶）

愚聞之天下之財其豐也固必有其源而其耗也亦必有其由弗開其源則無根之木不能至拱把無源之水不能達江河非務本之論也弗去其耗則山林不能供野火江海不能實漏巵非救時之策也故必力本而導利有以開財之源酌盈以濟虚有以節財之流則不必規規於理財而財自充國自富矣請因明問而復之易曰何以守位曰仁何以聚人曰財言足國裕民惟財爲急也書曰水火金水土穀惟修正德利用厚生惟和言阜財養民惟政爲先也考之成周理財之法備載周禮既有太宰司徒以制出入矣又有司會司書職内

職歲職幣之官既有六典八法八則以達治矣又立九貢九賦九式九職之法樞機之周密也如此以參互考日成以月要考月成以歲會考歲成制用之有節也如此有理財之實而無其名故當其時富藏億兆之室禄養千八百國之君君有餘財民有餘力而頌聲作經世足國之法莫有善於此者自周官之法廢而聚斂之臣始擅理財之名自理財之說興而天下之民始受兼并之禍於漢吾得一人焉曰桑弘羊方武帝時東征西伐海内虚耗乃作平準之法受天下之轉輸籠天下之財物貴則賣之賤則買之欲使富商大賈無所牟大利而萬物不得騰踊卒之筭舟車告緡錢榷監酒無補於民力之告竭而漢祚蹙矣於唐吾得一人焉曰劉晏當德宗時兩河用兵經費告匱乃用平準之法斡山海排商賈制萬物低昂操天下贏貲以佐軍興變通有無曲盡其妙然專利召禍身歿之後鹽鐵轉運和糴括商錢稅間架規利無餘府車不支數月而唐祚衰矣於宋吾得一人焉曰吕惠卿方神宗時用兵河朔國用不足乃行泉府之法以收利權以常平糴本散之小民令出息二分春散秋斂謂之青苗然出納之際吏緣爲奸均輸之政自同商賈手實之禍下及雞豚他如行助役求水利興事起新囂然不寧肇成靖康之禍而宋業隳矣夫三代以上理財莫善於周故民足而國亦足三代以下理財莫不善於漢唐宋故民窮而國亦窮所以然者蓋財猶泉也泉行而不可壅利布而不可專以天下之財與天下共理之則民富而君不能獨貧取天下之利而專之於上則民貧而君不能獨富此固成周之所以興而漢唐宋之所以不競也然觀勾踐之治越也用計然之策財貨充溢國以富强卒能觀兵伐吴取威定霸范蠡謂計然之策七越用其五而得意既以施之國吾欲施之家今考其術不過知鬬則修備時用則知物旱則資舟水則資車貴出如糞土賤取如珠玉擇人任時農末俱利審積著之理觀萬貨之情此其大較也即使盡用之亦不過桑劉惠卿之故智欲以富國而非以富民也彼其卧薪嘗膽卒成富强豈盡繫於計然之策哉吾聞征利之說不聞於豐大之國孅孅然與民争利者匹夫之事非所施於天下之術也君子又何取焉仰惟我國家立法定制則壤成賦有郡國以歲上其計有司徒以專掌其權取之有時用之有節藹然成周之遺意也而幅員之廣從古所無東南財賦歲輸四百萬昔人謂之陸海宜無空乏之慮矣矧我聖天子軫念元元優恤蠲貸深仁濊澤有三代之風而司計之臣斂散出入成法具存又無漢唐宋言利之臣之失宜其財用之日益滋也夫何邇年以來由田野之間家無蓋藏太倉之積不支數歲兼之光禄之厨料太僕之馬價動稱缺乏雖徵積歲之逋開上納之例而度支經費尚爾告匱近者修邊之需司徒本兵至相推避此豈太平

之世所宜有哉無亦中外奉法之臣猶有未盡者乎兹欲圖所以足財之策無他亦惟濬其源而去其耗而已今之爲財之源者有四而所以爲財之耗者亦有四天下之農徵輸煩擾十室九空加以水旱之不時吏胥之科尅眼瘡未醫心肉再剜故恤農之政不可不行也京師以東蔡鄧齊魯之間三代財賦多出乎此漢唐以來所以開田興利溝洫封澮之迹往往猶存而今悉爲萑葦之地使北人仰給東南一有凶荒張口待哺故山澤之利不可不墾也古者用民之力歲不過三日今則郡邑之吏徵發之不時期會之無節一人耕之十人聚而食之欲末技游食之民轉而緣南畮不可得已故力役之征不可不節也自屯政既廢塞下蕩然無有積貯一兵以上皆仰給於縣官欲農民不困不可得已故屯田之政不可不修也此豊財之源也若夫宗藩之支庶日繁而禄米之歲輸不給日復一日後將難繼則嚴妾媵之制殺親盡之等開衣食之原者不可以不處也府史胥徒中外充斥丞尉佐二郡縣贈設蘇軾所謂一官而三人共者冗員不可不汰也屯衛之軍尺籍雖存而逃亡將半監局工匠冗濫未革而廪食浩繁冗食不可不省也漕河兑運公取其一私或倍之邊儲濟助軍得其一官或倍之京師之一金田野之百金也公帑之百金民家之萬金也故冗費不可不節也此去財之耗也若論其本又在我皇上正紀綱於上使公卿大夫有羔羊之節群黎百姓有蟋蟀之風則天下之財用不患其不充國家之命脉不患其不固矣此雖儒生之常談而足國之策宜無外於此者未識執事以爲然否

第五問

同考試官教諭丘批（禦虜在於用人古今通論此策斷破當時遷就之談而歸之駕馭之術豈深知邊計者耶故録）

考試官右贊善閻批（論邊務歸重用人誠獨得之見古稱識時務者在俊杰子豈其人歟）

考試官侍講康批（以用人爲籌邊至計而言之悉中機宜子其禁中頗牧者耶）

禦邊之略有要焉而泛者不與也有機焉而滯者不與也有無形之險焉而周防曲護者不與也夫事幾之動其變無常議之者適中其肯綮之會是之謂要以天下非常之事付之以非常之才使之畢力以圖其成是之謂機委之專任之久俾上下之志固結而不可解是之謂險是故務安攘之大計而不恬於旦夕之安則其要得矣羅一世之豪杰而鼓舞之假之以便宜而不撓于中制則其機運矣人心思奮以必勝爲期使敵人畏之而不敢犯則無形之險在

我矣否則其備彌周其道彌遠其慮彌悉豈患彌深何足與議禦邊之略哉執事以邊務爲問慮至深遠也愚不敏敬悉所聞以對夫夷狄之患自古難免小雅之詩有云王命南仲城彼朔方是嘗飭邊備矣又云方叔元老克壯其猶亦嘗振武威矣蓋由宣王内修以壯中國之勢外攘以消夷狄之横故朔方之城荆蠻之伐所不能已也嚴尤曰周得中策漢得下策秦無策劉貺曰周得上策秦得中策漢無策自今觀之周之修内禦外貺謂上策則誠然矣而秦之長城困役漢之約親損威其失則一也何足論耶嗣是以還代有强弱逮我太祖肅清函夏汛掃腥膻成祖定鼎幽燕親逐戎虜使華夷中外之勢截然如天澤之异位此其神謀睿算高出千古有非前代所能仿佛其萬一也然承平日久武備浸弛群孽匪茹數擾内地邇年以來西寇雲中南犯太原北侵上谷東襲遼陽中外騷然遠近震惕將士疲於奔命齊民困於轉輸至於上煩宵旰之憂者非一日矣頃者京師地震皇上開發言路詔陳政事得失一時獻計諸臣無慮百數然而事緒轉多支吾不暇紛紜可否迄無定裁議者謂守必資於地形是矣今延袤千里版築蝟興則金湯之勢非不屹然壯也謂戰必資於士馬是矣今聯翩萬竈鐵騎雲屯則貔貅之衆非不裒然集也顧邊警一作輒爾告急而安攘之效猶茫然未睹此可不深求其故邪愚嘗反覆古今之變窮探事理之極而有以得其概矣蓋天下之大事必因才而後成天下之大機必因人而後運逸其才而不用逆其機而緩圖是皆不足與議天下之務也詩曰大邦維翰書曰以蕃王室人才之於國家固將有以翰蕃之矣今有人宅於山者知猛獸之爲害也則必外設窞穽内固柴棱以防之猶必擇機警有力之价以伺之苟防衛徒飭而伺守或疏則獸將乘間而入矣方今之勢何以异此而議之者但曰無兵也無險也無財用也無禦戎之策也伏思國家創業之初四方割據中原地狹兵財不多尚能混一區宇殄滅强胡豈如今日承百九十年祖宗之業盡有天下之富疆復據上游之形勝顧欲折衝則常患無兵欲屏蔽則常患無險欲饋給則常患無財用欲威四夷則常患無策此其故何邪蓋求之未得其術耳求之未得其術者以用之未得其人也其人苟得則萬務可辦矧唯禦虜之一事乎故曰有要焉而泛者不與也且天生人才自足以供一代之用昔雄略如漢武帝誅滅四夷立功萬里欲求將則有衛霍之材以供其指示欲得賢士則有董汲之徒以稱其意聰明如唐太宗誅突厥服遼東威震夷狄欲求將則有李靖李勣之徒入其駕馭欲得賢士則有房魏之徒在其任使孔子曰十室之邑必有忠信況今聖明在上邁迹周宣漢武唐宗弗屑也而文武列職又遍於天下其間豈無材智卓犖之士以乘時附運顧患其不足於用邪奈何今

之核撫臣者不察其能否但云孰可當鉅鎮孰可調偏緩也簡將領者不問其優劣但云某宜於邊方某宜於腹裏也嗚呼此皆遷就之説也愚聞用人者惟取其優於統御優於輯寧優於籌略矣未聞有所謂宜鉅鎮宜偏緩也惟取其一軍之將百里之將千里之將矣未聞有所謂宜邊方宜腹裏也苟其人可用則用則用之不可則易之若賢愚雜混僥倖相容後時敗事徒耗國而耗民咎將誰諉哉故曰有機焉而滯者不與也爲今之計誠能革去舊弊奮然精求有賢豪之士不須限以下位有智略之人不必索以微瑕有山林之杰不可薄其疏賤使司督撫者抱良平之器膺將領者負韓白之才分閫授兵必李牧魏尚其人焉據險阻隘必張仁愿王忠嗣其人焉有趙充國班超之望者即以拊綏征討之事屬之有唐休璟張守珪之略者即以簡練招懷之任畀之然後假之以事權遲之以歲月責之以措置天下之務乘閑暇之時治其戰攻守禦之具兼聽博采以周知敵人之虛實在上者又握其樞而運之歆以不次之遷懸以不貲之賞優之以禮而推之以誠有事則總督諭鎮巡責偏裨率士卒文武兼濟上下相維蓋國家以非常之禮馭乎才則人亦將以非常之效報乎國孰不自愛自舊期樹奇績于當時垂英聲于後世哉然則有不守守必固有不戰戰必克以此禦虜則窺伺之念可以坐消憑陵之氣可以陰折其法不甚簡歟釋是不務而唯鰓鰓然求以壯地形增戍額謂足以收安攘之效是雖至愚知不然矣故曰無性之險焉而周防曲護者不與也狂斐謬陳不識忌諱惟執事有以教之

順天府鄉試録後序

皇上膺天眷命嗣承祖宗弘大靈長之業丕闡人文以化成天下謂科目盛典寔惟敷求俊乂以共天職尤惓惓焉嘉靖己酉秋八月復當鄉試之期順天府臣循例以聞上特詔臣樸偕侍講臣大和往司文柄臣樸竊念曩歲嘗以職事分校禮闈又嘗典試武會至是凡三命焉任愈重則責愈難塞敢不慎諸暨陛辭入院則相率諸同事者誓公誓精悉竭心力以從事既取士如式爰列其姓氏及文之粹者爲録以獻且以傳示海内臣謹序其後曰宋蘇軾有言君子之得其君也既度其君又度其身君能之而我不能不敢進也我能之而君不能不可爲也夫自古有志之士不爲少矣孰不欲其道之行哉然恒以遭遇爲難故必得大有爲之君然後道之在我者始可乘時而售之用惟爾諸士舉于鄉升于有司行且嗣服有位亦既度其能而進之矣際升平之世應聖作之

期又得大有爲之君以事之士而值此豈非千載一時之會哉夫人幼而學於家也其志不同故其得有淺深而其成功有巨細雖其終身之所爲不可逆知而其大節必見於始進之日何者其中素定也孔子曰事君先資其言拜自獻其身以成其信今兹所試固爾諸士自獻先資之言也果能一一以成其信乎夫堯舜其君而使無一夫之不獲夫人類能言之而君子獨許夫伊尹者爲能充其志以以信其言也今觀諸士之文頌必唐虞稽必堯舜凡一切功利之説悉置不齒亦何异伊尹之畎畝自許者乎聖明在上道本心傳統宗會極亦何异堯舜之再出者乎惟兹延攬無方禮羅駢設進一世之豪杰而登崇之亦何异有商之聘于莘野者乎夫諸士之文美矣其志與所得亦略見矣不知异日功業所到亦能充其志以信其言如古之伊尹否也夫士之進而不度其能是謂自欺度君之能而不以堯舜之道事之是謂欺君是二者皆弊也文之美奚足尚哉易有之聖人養賢以及萬民國家之所以望於科目者則厚矣爾諸士産於畿甸或來自四國服膺聖化既深且久是舉也豈無爲德爲民若伊尹者出以應其求哉於戲士而不遇無可言者用而弗績咎將奚歸致用之大端姑驗於一第而其遠者大者邈乎不在是也傳曰志伊尹之所志士而不以伊尹自期非士矣盍相與勵之

右春坊右贊善兼翰林院檢討閻樸謹序

嘉靖三十一年順天府鄉試録

順天府鄉試録序

聖天子握符御宇覃敷文治薄海内外沐德嚮風章甫縫掖之流砥志勵業徯應賢科有司祗若成典益飭以虔嘉靖壬子秋八月維鄉試之期順天府府丞臣鏜職在提調以例請上命左庶子臣朴修撰臣鳴雷往典考試同考試教授臣國政教諭臣恩臣澤臣希古臣澤臣順吉臣一元臣功甫臣成春監試御史臣逢時臣瑞登其諸執事咸遴以充七日丁巳入簾臣朴一芥草茅幸際聖明再役校文誓精白一心仰答鴻恩乃合六館諸曹暨提學御史臣阮鶚所選士三試之遵制額校取百三十五人成録以獻臣朴謹爲序曰昔孔子論周道之美褒贊當代之人才曰唐虞之際於斯爲盛謂初盛於唐虞再盛於周也臣讀大雅諸篇觀周人才之盛蓋有四徵焉夫文王至德造周化洽豐芑山川效靈實生衆哲其詩曰思皇多士生此王國王國克生維周之楨言生賢有自也可以徵地焉聖人久道化成人文丕變其詩曰周王壽考遐不作人言成賢有本也可以徵化焉賢不虚生乘時嚮用期顯厥蘊其詩曰鳳凰鳴矣于彼高岡梧桐生矣于彼朝陽言賢志於用也可以徵幾焉股肱經綸咸效厥能升于大猷其詩曰予曰有疏附予曰有先後予曰有奔奏予曰有禦侮言賢益于國也可以徵忠焉譬諸嘉穀地言乎其植也化言乎其培也幾言乎其茂也忠言乎其實也孔子才難之嘆郁郁之稱有以哉夫燕薊幽趙今之王國也我太祖拓靖中夏以北方人文未著命師頒籍恒注意焉成祖奠鼎燕都環列畿輔密邇皇化覲服惟先列聖紹統滋培孔厚矧其形勝實天府百二之區宜有豪杰之士名世之才維國之楨者也我皇上斂福錫民三紀于兹光被風動遍於六合作人之效邁周遠矣遐壤僻隅咸獲暢遂矧首善地乎宜其德造譽髦丕昭聖皇之化也夫士生王國被皇化際聖主誠希曠之遇千載之幾也孰無功業願哉顧其始在定其志耳蓋士必有弘毅正直之志而後有光明俊偉之業否或汩於俗移於利騖於名則才之適用者浮而功之益于國者微忠何有焉夫始也志不預定而終也至不能成其忠可懼也已兹諸士以經術録于有司實嚮用之始盍定厥志以成厥忠乎是故體國庇民端其衷陳力宣猷達其義貞

誠弼亮弘其業周計預慮永其休以匹美於思皇周楨之士斯嘉穀之實也其於際遘之茂化育之培王國之產無忝負矣校文者尚亦有榮問哉詩曰藹藹王多吉士維君子使媚于天子我皇上化成之效也又曰庶幾夙夜以永終譽敢用是爲諸士規奉議大夫

左春坊左庶子兼翰林院侍讀郭朴謹序

嘉靖三十一年順天府鄉試

提調官

順天府府丞葉鏜（汝聲江西上饒縣人　辛丑進士）

考試官

奉議大夫左春坊左庶子兼翰林院侍讀郭朴（質夫河南安陽縣人　乙未進士）

翰林院修撰儒林郎秦鳴雷（子豫浙江臨海縣人　甲辰進士）

同考試官

山西太原府儒學教授張國政（允治山東濰縣人　壬午貢士）

直隸蘇州府常熟縣儒學教諭胡恩（廷錫江西廬陵縣人　癸卯貢士）

直隸廬州府舒城縣儒學教諭江澤（于仁湖廣麻城縣人　己酉貢士）

直隸淮安府海州贛榆縣儒學教諭魏希古（汝學廣西桂林中衛人　癸卯貢士）

直隸廬州府六安州霍山縣儒學教諭胡澤（子淑湖廣通城縣人　己酉貢士）

浙江嘉興府崇德縣儒學教諭趙頤吉（正甫四川內江縣人　丙午貢士）

江西吉安府吉水縣儒學教諭崔一元（子仁廣西靈川縣人　庚子貢士）

山東兗州府東平州東阿縣儒學教諭鄭功甫（昌懋福建長樂縣人　庚子貢士）

山東萊州府平度州濰縣儒學教諭李成春（子陽廣西宜山縣人　庚子貢士）

監試官

湖廣道監試御史李逢時（化甫山東德州人　甲辰進士）

文林郎山東道監試御史朱瑞登（禾仲浙江海寧縣人　辛丑進士）

印卷官

順天府治中彭宣（廷化湖廣茶陵州人　監生）

收掌試卷官

湖廣荊州府通判方清（明夫江西浮梁縣人　戊子貢士）

受卷官

山東兖州府曹州曹縣知縣章奎（文光江西新建縣人　辛卯貢士）

山西汾州介休縣知縣吴紹曾（子魯湖廣江夏縣人　辛卯貢士）

彌封官

直隸鳳陽府臨淮縣知縣沈蕃（价甫浙江仁和縣人　丁酉貢士）

直隸真定府井陘縣知縣秦瑞（應和山西清源縣人　辛卯貢士）

謄録官

直隸保定府安州知州王汝楫（子濟山東館陶縣人　辛卯貢士）

山東濟南府泰安州新泰縣知縣汪湘（可湘直隸婺源縣人　辛卯貢士）

對讀官

河南河南府嵩縣知縣楊宇（子大直隸全椒縣人　辛卯貢士）

陝西慶陽府安化縣知縣斐璜（大器萬全都司龍門衛人　丁酉貢士）

巡綽官

直隸歸德衛指揮同知王鉞（國用河南封丘縣人）

山東濟衛指揮僉事劉黔（堯臣直隸合肥縣人）

直隸廬州衛指揮僉事趙祥（元善直隸盧龍縣人）

直隸宿州衛指揮僉事蔡楠（子材河南夏邑縣人）

監門官

山東鰲山衛指揮使何經（引之直隸壽州人）

直隸滁州衛指揮同知周柱（克爲湖廣寧鄉縣人）

供給官

順天府經歷司經歷董士奇（履仁直隸武進縣人　監生）

順天府宛平縣知縣符仕（汝登河南寧陵縣人　戊子貢士）

順天府大興縣知縣崔尚禮（克敬直隸安肅縣人　辛卯貢士）

順天府宛平縣縣丞閔道生（大本直隸休寧縣人　監生）

順天府大興縣縣丞朱希顔（懋愚直隸崑山縣人　監生）

順天府宛平縣縣丞姚階（時登江西峽江縣人　監生）

順天府大興縣縣丞王秉籌（隆周直隸宣城縣人　監生）

順天府霸州判官瞿蘭（馨之直隸鹽城縣人　監生）
順天府涿州吏目馬季芳（榮卿山東鉅野縣人　監生）
順天府涿鹿左衛經歷周璋（子宜湖廣應山縣人　監生）
順天府通州左衛經歷王柱卿（公輔江西安福縣人　吏員）
順天府房山縣縣丞吴秀（賓甫山東寧陽縣人　監生）
順天府文安縣縣丞趙彦文（焕章山西文水縣人　監生）
順天府大城縣縣丞苗溱（公濟山東城武縣人　監生）
順天府三河縣縣丞彭惟麟（文瑞湖廣巴陵縣人　吏員）
順天府固安縣主簿王廷彦（美卿陝西鄜州人　監生）
順天府寶坻縣主簿抹彬（得中遼東復州衛人　監生）
順天府神武中衛知事蘇錦（尚絅陝西膚施縣人　吏員）
順天府陰陽學正術李洲（汝居順天府大興縣人　陰陽生）
順天府醫學正科賈鳴陽（人和順天府薊州人　醫生）

第一場

四書

巍巍乎其有成功也焕乎其有文章　溥博淵泉而時出之溥博如天淵泉如淵見而民莫不敬言而民莫不信行而民莫不説　夏曰校殷曰序周曰庠學則三代共之皆所以明人倫也

易

庸言之信庸行之謹閑邪存其誠善世而不伐德博而化　動静不失其時其道光明　範圍天地之化而不過　天地設位聖人成能人謀鬼謀百姓與能

書

以昭受上帝天其申命用休　其難其慎惟和惟一　貌曰恭言曰從視曰明聽曰聰思曰睿恭作肅從作乂明作哲聰作謀睿作聖　穆穆在上明明在下灼于四方罔不惟德之勤

詩

羔裘晏兮三英粲兮彼其之子邦之彦兮君子萬年宜其遐福　有卷者阿飄風自南豈弟君子來游來歌以矢其音　聖敬日躋昭假遲遲上帝是祗

春秋

十有一月衛侯朔出奔齊（桓公十有六年）夏小邾子來朝（僖公七年）楚人伐徐　三月公會齊侯宋公陳侯衛侯鄭伯許男曹伯盟于牡丘遂次于匡公孫敖帥師及諸侯之大夫救徐（僖公十有五年）六月癸卯晋師滅赤狄潞氏以潞子嬰兒歸（宣公十有五年）春王正月晋人滅赤狄甲氏及留吁（宣公十有六年）八月晋荀吴帥師滅陸渾之戎（昭公十有七年）春齊國夏衛石曼姑帥師圍戚（哀公三年）

禮記

天子使其大夫爲三監監於方伯之國國三人　陰陽和而萬物得　詩言其志也歌咏其聲也舞動其容也三者來於心然後樂器從之　以之軍旅有禮故武功成也

第二場

論

聖人百世之師

詔誥表（内科一道）

擬漢圖畫中興功臣于雲臺詔（永平三年）　擬唐以楊綰爲中書侍郎常衮爲門下侍郎并同平章事誥（大曆十二年）　擬唐宴三品已上及州牧蠻夷酋長於玄武門奏七德九功之舞廷臣謝表（貞觀七年）

判語（五條）

官員赴任過限　人户以籍爲定　致祭祀典神祇　軍民約會詞訟　織造違禁假定

第三場

策（五道）

問　古帝王之道莫大於敬天勤民稱於詩書載籍者可睹也唐虞三代君多聖哲治臻隆盛敬天勤民先後一揆後世英君誼辟撫運致治雖未如古之盛求其彷彿之者亦有可指與洪惟我太祖高皇帝驅遂胡元蕩定海宇祇受明命統馭萬方敬天勤民之實載在政在諸書者匹隆古而陋近代矣列聖纘承率循無替至我皇上天縱聖哲運際中興體道盡制於益光郊壇耕籍之典欽天記頌之作無逸豳風之記穀祇蠶壇之賦農桑禁奢之詔藥粟賑貸之頒其敬天勤民

者未易殫述真足以揚祖烈而軼隆古也可備舉而陳之與我聖祖皇上契古帝王傳授之道者其亦有所本與願諸士揄揚之用昭帝德之大

問　天人相與之際甚嚴然所以察其垂象而驗其灾祥者莫大於經星與七政也經星體静七政性殊曆象推測之數自歷代固然其所稱有二十一家者亦能盡其道與今姑自其疑者言之經星莫大於紫宫均之連亘五星也而帝與后宫占者錯雜或主孔子北辰之説斷之果可信爲然與夫在天象五方在地象五岳二十八宿分四方似矣中獨無所主與天體一定日生宜無所易而胡爲有歲差二曜并明月行宜同於日而胡爲有九道至若五緯獨有遲逆金水獨不經天氣物紛紜機理茫昧所以鈎深而玄契之者道當何所始也夫聖人法天遇灾而懼或以七政俱行黄道不能無凌犯雲不甚近者不可以誇張爲异以啓不信之心是恐懼爲虚與抑别有説也諸士子學以達天固嘗究心於是矣請明著于篇毋徒諉曰讖數不講也

問　設官分職以爲民也要在教養安全之耳古稱盛治如唐虞三代果師牧武衛之臣適當人才之盛與抑翕受敷施之者有其機與嗣是而下英君誼辟所得名世之臣豈無有可言者論守令者首稱漢如潁川東郡扶風南陽之守吏治蒸蒸顯於神爵五鳳之間論師儒者多歸宋如濂洛關閩之賢上承道統符彼五星奎聚之盛論將帥者多在孝武文皇之時如出上谷出雁門出代與隴西能空龍城兒狼望之王庭如擊頡利擊吐谷渾擊咄陸與高昌用收陰山瀚海之圖版此其最著者也他固未易枚舉也果孰爲盛與然不能并蓄兼收如唐虞三代者何與或謂當時之君各以意向作人之故是則然矣我皇上以文武中正之才孜孜於聖神功治之治激厲臣工以教養安全之者未嘗有所輕軒輊誠唐虞三代之盛心也何守令無善治學校無真儒封疆無禦侮折衝之將帥果人才不逮無能奮庸熙載與抑鼓舞作興之道有未盡與爾多士有安攘之略可以仰贊明作於萬一者其毋訥於言

問　立言之士或自創始或擬前人删述而後無慮數十卓然名家者亦不多得猶不免後人之議然則立言不足以垂不朽耶姑言世所傳者身爲國史而述傳以裨經蘭陵退處而纂言以翼聖放逐摛詞用紓幽憤之懷網羅舊聞整齊世傳之故所謂創始者也後人咸有譏言何耶偏見荒言儒者弗道是矣至裨益經史者亦如疵擿得無傷於刻耶前二家書亦有可取否耶準易論語而作經擬洙泗而著説仿丘明之體而成書模春秋之筆而修史均擬前人者也後人或予或斥何耶覆瓿架屋君子信之宜矣至以筆削自任者即尊爲不刊之典得無近於諛耶此二賢書亦有得失可言否耶願聞折衷之論

問　治久則弊生其生也有原弊厘則治復其復也有道隆古遠矣近代漢稍近古唐次之宋法制愈密論議愈詳似非漢唐可及也夷考其實乃反有不逮者何與豈實存者其治差勝文盛者其弊彌深有固然與我朝創制立法度越千古皇上中興尤極振飭致治之美非近代可同語也顧承平既久玩愒易生皇上赫然震曜痛厘時弊拔才恤困足食練兵用建安攘之治不知有司之奉行者果皆懋修實政以副聖心之所期與抑或未盡然與夫治患不務實耳乃務之而寡效其故安在誠欲救之其道何由諸士其實言之勿略

中式舉人一百三十五名

第一名　房有容　霸州學生　詩
第二名　陳有年　浙江餘姚縣人恩生　書
第三名　曹恬　直隸鎮江衛人監生　易
第四名　方鑑　直隸合肥縣人監生　春秋
第五名　李江　順天府學增廣生　禮記
第六名　安謙　成安縣學生　易
第七名　郭大綸　順天府學生　詩
第八名　胡以祚　邢臺縣學生　書
第九名　楊九經　涿州學生　詩
第十名　何子壽　順天府學生　春秋
第十一名　王永壽　魏縣人監生　易
第十二名　楊文光　安州學增廣生　詩
第十三名　邵濂　安州學生　書
第十四名　顧逵　浙江餘姚縣人監生　禮記
第十五名　霍宗周　行唐縣學生　詩
第十六名　杜華　霸州學生　書
第十七名　石邦政　豐潤縣學生　易
第十八名　吕恕　順天府學生　詩
第十九名　李瑚　霸州學生　易
第二十名　蔡茂春　三河縣學生　詩
第二十一名　張一峰　開州學附學生　書
第二十二名　宋舍弘　趙州學增廣生　春秋

第二十三名　王偉　順天府學生　詩
第二十四名　楊方升　涿州學生　易
第二十五名　蔡綱　福建尤溪縣人監生　詩
第二十六名　魏柟　東安縣學生　易
第二十七名　劉思中　大寧都司學生　禮記
第二十八名　劉燦　真定縣學增廣生　詩
第二十九名　楊廷選　順天府學附學生　易
第三十名　梁淮　順天府學增廣生　詩
第三十一名　王守約　青縣學生　書
第三十二名　楊綵　順天府學生　詩
第三十三名　高東湖　井陘縣人監生　春秋
第三十四名　張大化　順天府學附學生　書
第三十五名　倪光厚　平谷縣學生　詩
第三十六名　蕭九峯　三河縣學生　易
第三十七名　潘槐　順天府學生　詩
第三十八名　劉寧　定州學生　易
第三十九名　龔芝　浙江會稽縣人監生　書
第四十名　麗梅　東安縣學生　詩
第四十一名　盧向陽　濬縣學生　春秋
第四十二名　李應期　東安縣學生　詩
第四十三名　張汝棟　保定縣學生　易
第四十四名　張懋元　開州學生　書
第四十五名　馮珊　藁城縣學生　詩
第四十六名　榮世承　順天府學增廣生　易
第四十七名　張岱　開州學生　禮記
第四十八名　盖鈿　德州左衛人監生　詩
第四十九名　蕭璣　涿州監生　書
第五十名　翟仲金　元氏縣學生　詩
第五十一名　劉復禮　山海衛人歲貢生　易
第五十二名　齊廷卿　東鹿縣人監生　詩
第五十三名　楊允中　遵化縣學附學生　易
第五十四名　王汝正　薊州學生　春秋

第五十五名　王閟　保定府學生　詩
第五十六名　毛綱　薊州學生　書
第五十七名　董文寀　順天府學附學生　易
第五十八名　張于芹　文安縣人監生　詩
第五十九名　顧庭　霸州學生　書
第六十名　陳嘉謨　灤州學生　詩
第六十一名　陳明　浙江麗水縣人監生　易
（此處底本殘缺——編者注）
第六十三名　張尚質　清豐縣學生　詩
第六十四名　李儀　長垣縣學生　易
第六十五名　張儁　通州學生　詩
第六十六名　金宙　平谷縣學生　書
第六十七名　曹椿　獲鹿縣學生　易
第六十八名　王琉　冀州人監生　詩
第六十九名　武金　井陘縣學生　禮記
第七十名　顧廉　霸州學生　書
第七十一名　周京　永年縣學生　詩
第七十二名　韓鎧　昌平州學生　易
第七十三名　于木　静海縣學生　詩
第七十四名　歸大道　直隸長洲縣人監生　易
第七十五名　邵致誥　遼東都司學生　書
第七十六名　趙文鑛　真定府學附學生　詩
第七十七名　陳體乾　武邑縣學生　春秋
第七十八名　王尚直　昌黎縣學生　易
第七十九名　郭志選　萬全右衛學生　詩
第八十名　李光祖　順天府學附學生　書
第八十一名　李芳　浙江嘉興縣人監生　易
第八十二名　廖仕　湖廣光化縣人監生　詩
第八十三名　陳遠見　直隸石埭縣人監生　書
第八十四名　朱可進　永清縣學生　易
第八十五名　沈紹代　安州學生　詩
第八十六名　潘良貴　順天府學附學生　書

第八十七名　蕭九成　三河縣學生　易
第八十八名　孫九疇　宣府左衛人監生　詩
第八十九名　何自道　新安縣學生　春秋
第九十名　李汝明　順天府學附學生　書
第九十一名　劉堯卿　清苑縣學附學生　詩
第九十二名　郭鄉　故城縣學生　易
第九十三名　王三餘　順天府學附學生　書
第九十四名　李鶚　靈壽縣學生　詩
第九十五名　毛术　順德府學生　書
第九十六名　劉魯　永清縣學生　易
第九十七名　芮元采　寶坻縣人監生　禮記
第九十八名　閔道鳴　浙江烏程縣人監生　詩
第九十九名　楊國卿　順德府學生　易
第一百名　樊世緒　霸州學生　書
第一百一名　杜朝貴　任縣學生　春秋
第一百二名　楊銓　直隸華亭縣人歲貢生　詩
第一百三名　曹應詔　山東鄆城縣人監生　易
第一百四名　吴道明　大名府學生　詩
第一百五名　閻年　滑縣學增廣生　書
第一百六名　楊乾知　浙江餘姚縣人監生　易
第一百七名　蕭大勲　容城縣學生　詩
第一百八名　薛思敬　清苑縣學增廣生　易
第一百九名　張汀　景州學增廣生　詩
第一百十名　劉闊　邯鄲縣學生　書
第一百十一名　楊勵　永清縣學生　易
第一百十二名　蔣成先　安州學生　詩
第一百十三名　劉光先　完縣學生　春秋
第一百十四名　楊文祈　固安縣學生　詩
第一百十五名　趙嘉賓　順天府學生　易
第一百十六名　沈寅　浙江山陰縣人監生　詩
第一百十七名　蕭大謙　山海衛人監生　易
第一百十八名　陳旌　故城縣學附學生　書

第一百十九名　王贇　隆慶衛人監生　詩
第一百二十名　劉之豪　霸州學生　書
第一百二十一名　陳善道　蠡縣學生　詩
第一百二十二名　周兆南　直隸吴江縣人監生　書
第一百二十三名　李從宜　長垣縣學生　詩
第一百二十四名　徐元亨　順天府學附學生　易
第一百二十五名　張承勛　易州學生　詩
第一百二十六名　梁夢龍　真定縣學生　禮記
第一百二十七名　皮大器　遼東復州衛學生　詩
第一百二十八名　鄧季　直隸金壇縣人監生　書
第一百二十九名　馮轄　直隸武進縣人監生　詩
第一百三十名　尚世儒　涿州學生　易
第一百三十一名　張大道　順德府學生　詩
第一百三十二名　張仁覆　順德府學生　易
第一百三十三名　張邦鎮　張垣縣學增廣生　詩
第一百三十四名　李用享　大名府學生　易
第一百三十五名　楊一鶚　曲周縣學生　詩

第一場

四書

巍巍乎其有成功也焕乎其有文章

房有容

同考試官教諭鄭批（贊揚放勛盛治得孔子語意時義之佳音）

同考試官教諭崔批（聖人經世之迹發揮殆盡録之）

同考試官教授張批（冲融雅健讀之灑然宜傳以式）

考試官修撰秦批（是善狀堯者）

考試官左庶子郭批（明整可誦）

聖人即帝治之顯者而極稱其盛以見德之大也蓋功業文章堯德之顯於治者也人惟仰其盛焉耳豈能名其德哉夫子上嘉唐虞之際而以大哉稱堯也及此蓋曰堯德之蕩蕩也固無得而名矣然豈終泯於無而靡有所見耶彼有一代之興必有一代之業欲其高大則難矣吾嘗稽堯之時蓋巍巍乎其

有成功也放勛之敷世極充周而不窮大化之底績咸怙冒而無外始於親睦終於協和用臻於變時雍之休者其諸明俊之效也乎被于四表格于上下式昭發育峻極之盛者其諸至治之迹也乎參天地以并立合上下而同流巍巍乎何其高大也哉有一代之興必有一代之制求其光明則寡矣吾嘗稽唐之世蓋焕乎其有文章也禮樂宣昭有以闡人文之賁制度精明有發物采之章顯於朝廷之近施於邦國之遠經緯有章而幾微悉著矣殆抑之而愈揚也鉅而暦象之察繁而庶績之熙光輝宣著而昭明有融矣殆遏之而愈光也并日月以爲明極照臨而有燿焕乎何其光明也哉是則治之顯於有象者其盛如此此堯之粗迹也若夫德豈得而名之耶堯其鮮儷也已抑成功文章與德非二也蓋德者渾然之體成功文章燦然之用然即其用之極盛而其體之大益彰此堯之所以爲大也夫堯之德推其極雖至於配天究其本則始於克明而欽之一字又心法功要之實也堯豈加於性分之外哉學者以孔子大哉之言而參以孟子性善之論斯得之矣

溥博淵泉而時出之溥博如天淵泉如淵見而民莫不敬言而民莫不信行而民莫不説

曹恬

同考試官教諭趙批（思致精到辭氣冲融其究理學而有所得者）

同考試官教諭胡批（此題作者多騁浮辭便垂本旨辭簡理明僅見此篇）

考試官修撰秦批（詞理俱到）

考試官左庶子郭批（典實）

中庸著聖德積中發外之實而申贊之焉夫中外各極其盛體用之全德也非天下之至聖惡足以與此子思之意蓋謂德之弗盛者難以言體也盛之未極者難以言用也惟天下之至聖也美質具乎生知純全妙乎天德吾知心體萃衆善之極而虚受以盡其量周徧廣闊其溥博矣乎本原涵萬化之端而資深以逢其原静深有本其淵泉矣乎其充積有如此者由是誠中形外泛應獲曲當之妙元吉之履與時而偕行也體信達順大用協時措之宜攸往之利圓神而不滯也其發見有如此者不惟是也以言乎溥博也舍弘廣大而充周不窮如天之冲漠而無朕也蓋有以冒天下之道矣以言乎淵泉也渾淪停蓄而充滿無際如淵之幽深而莫測也蓋有以統萬有之宗矣充積之盛若此非體極其全者乎以言乎時出彰法象於一身而示顒觀于有衆時而見焉下觀而化民無有乎弗敬也涣訓命于四方而敷猷爲于天下時而言且行焉丕應

徯志民無有乎弗信且悦也發見之當可若此非用極其妙者乎此學問之極功聖人之能事也聖德大業至矣哉雖然此豈有异物哉溥博淵泉者所謂致中立天下之大本也時出者所謂致和行天下之達道也推其極則功至於配天要之不過曰誠而已下文有曰苟不固聰明睿知達天德者其孰能知之合而觀之可以識中庸之旨矣

夏曰校殷曰序周曰庠學則三代共之皆所以明人倫也

陳有年

同考試官教諭李批（作者於三代建學异同處牽繞可厭此篇削去浮陳獨歸重明倫上宜録以式）

同考試官教諭魏批（體格嚴整詞不費而意自足讀之令人起敬）

考試官修撰秦批（明盡）

考試官左庶子郭批（雅健）

大賢叙三代之學而要其教之同焉蓋教以明倫而設也三代因革惟建學之名耳其容有异教哉孟子答滕文公也若曰富固不可以無教而教亦不可以無法君欲施教於養民之餘亦法諸三代焉耳矣彼黨遂之地民俗异齊則命鄉論秀不可無學也若夏嘗取教民之義而名曰校矣殷改爲序則有取於習射之義焉周改爲庠則有取於養老之義焉隨時變易其不同有如此者國都之中四方表率則以次升才不可無學也若夏固謂之學而無异名矣繼夏而殷名實因乎夏焉繼殷而周名亦因乎殷焉三聖相承其不變有如此者夫鄉國异地也夏殷周异時也導民之方豈或有求於恒性之外者哉亦以五典在人雖燦然其同具也然行不著而習不察者有矣非學何以明其理乎亦秩然其有叙也然汩於私而溺於俗者有矣非教何以通其蔽乎故於父子而明有親焉於君臣而明有義焉所以聯師儒而申其義者其在鄉學也猶其在國學者矣明其序於長幼也明其别若信於夫婦朋友也所以群弟子而敬其業者殷不能改乎夏周不能改乎殷若否則何裨於民而亦何取於教邪是不必同者其名也不容异者其實也循名責實而教可興矣抑是道也豈特見於三代哉勞來匡直之訓五典之敷在堯舜亦有然者而他可知矣噫道非躬行則導之無機雖得名與實何益乎故曰其人存則其政舉又曰有關雎麟趾之意而後可行周官法度惜乎滕文不足以語此

易

動静不失其時其道光明

安謙

同考試官教諭趙批（平易精確而艮義自明其有得於心學者與）

同考試官教諭胡批（講時道二字體認精切造語典雅文之選也宜録以式）

考試官修撰秦批（講不失其時處好）

考試官左庶子郭批（平正）

動静各得其所止之道盡善矣蓋道之所貴者時也孰謂動静各得其時而道有不光明者哉夫子釋艮卦名義如此若曰君子之道以知止爲善知止之道以得時爲難艮之時止時行豈不可尚哉彼行不當者是謂妄動非時也惟時行而行則感而遂通不失順應之常圓神无滯適得妙用之顯其感其應固非憧憧往來之私也動何至於失時耶止不當者是謂固滯非時也惟時止而止則寂然不動而静專之妙以凝至静无感而虚靈之性不爽无思无爲乃其純一不雜之真也静何至於失時耶動不失其時則動與道游而獲安貞之吉動而得所止矣静不失其時則静與道俱在而湛淵默之體静而得所止矣其道不亦光明矣乎蓋動妄則邪謂之光明不可也今動得其止則妄動俱息而百慮皆融有以成天下之化静滯則暗謂之光明則未也今静得其止則一真自如而萬理明浄有以立天下之本静虚而動直瑩然内外之澄徹也篤實輝光之發自有不可掩者矣明通而公溥燦然體用之宣著也昭明有融之盛蓋有不可遏者矣由是觀之君子之道静焉而時固止也動焉而時亦止也止无分於動静顧時之何如耳艮之時義大矣哉大抵聖賢之學莫先於主静莫要於從時主静者體也從時者其用也體用一源顯微无間者也向使當行而一於止是謂强制其心當止而淪於空是謂寂滅其性豈聖人明覺爲自然有爲爲應迹之妙乎周子曰聖人定之以中正仁義而主静立人極焉蓋有以達此矣

天地設位聖人成能人謀鬼謀百姓與能

曹恬

同考試官教諭理趙批（繫辭題類能成文求其格整辭暢意味雋永無如此篇）

同考試官教諭胡批（理明辭達發揮造化聖人之藴殆盡）

考試官修撰秦批（通順）

考試官左庶子郭批（簡明）

贊造化以前民用聖人作易之功大也夫易者造化之藴而民用不可缺者也然非聖人有作何以成能而與民同哉大傳之意蓋謂人皆知易之作也非聖人不能而不知聖人之於易不可无作也當易之未作也兩儀判而清濁分動静消長之幾雖具夫吉凶之理而不能以自昭卑高陳而上下位剛柔盈虚之運雖藴夫進退之端而不能以自顯聖人者出仰觀俯察既立象以盡意造化屈伸之秘其闡於有形矣乎遠稽近取復繫辭以盡言理數精微之妙其昭於有象矣乎是聖人之易寔成乎天地之能矣不然天地之能不幾於隱耶自易之既作也凡民之愚將行而有疑也周爰咨謀既以可否而决於人其謀而未定也稽於卜筮復以成敗而謀於鬼由是受命如嚮炳幾以開其先觀象玩占而趨避之不迷者擬議變化之權乎質之无疑前知以啓其衷彰往察來而鼓舞之不倦者其變通出入之利乎是聖人之易百姓亦得與其能矣不然百姓貿貿其將何所之耶是則聖人一易之作有功於天地有功於生民如此參三才而一之易之道其至矣哉雖然未易言也蓋聖人之易假象以明理因占以設戒惟中惟正乃亨乃吉以道義配吉凶錫天下以皇極之福此其所以爲至也后世若京房諸氏之學雖揣摩事應動有奇中然詳於吉凶而略於道義實無益於世教君子奚取焉

書

貌曰恭言曰從視曰明聽曰聰思曰睿恭作肅從作乂明作哲聽作謀睿作聖

胡以祚

同考試官教諭李批（五事德用相爲表裏是作分析詳明經學之邃者）

同考試官教諭魏批（此題作者不失之贅則失之泛是篇説理詳盡字句不苟得箕子告君之旨）

考試官修撰秦批（渾成）

考試官左庶子郭批（縝密）

君子於五事之疇各詳其德與用焉蓋五事以德爲本而用則德之著也箕子詳衍爲武王告其意不亦深哉蓋謂人之五事天之五行爲之也藴於中則爲德發於外則爲用不可不察也何則貌者精之凝而顒若爲大觀之體恭而不慢謂非貌之德乎言者心之聲而和順爲辭氣之原從而不倍謂非言之德乎目焉司視貞觀不眩所以涵旁燭之機而其德爲明也耳焉司聽至虚能應所以裕萬象之感而其德爲聰也以至探天下之幽而盡其故研天下之幾而窮其藏所謂睿也思之德其在此矣是蓋有物有則形生而德即寓焉其諸

渾然各足矣乎恭之形也則動容中禮可畏可象焉肅非作於恭邪從之著也則德音之秩有倫有要焉乂非作於從邪明則彰往察來周知乎事物之理而明有以作哲也聰則權度精切曲成夫天下之務而聰有以作謀也以至誠精而明觸之而無不達神應而妙無思而無不通所謂聖也思之睿實爲之矣是蓋感物而動德著而用自善焉其諸泛應曲當矣乎然則欲建皇極以叙彝倫亦惟養其德以善其用焉耳大抵體用合一而交養之功於外爲尤要焉故德性常用欲心不能入者聖人也蔽交於前其中則遷者恒人也孟子曰惟聖人然後可以踐形豈天降才爾殊哉是裕内所以利外制外所以養中箕子首以敬用爲言噫盡之矣

穆穆在上明明在下灼于四方罔不惟德之勤

陳有年

同考試官教諭李批（説出虞廷君臣用德化民氣象宛然在目且詞理精到是文之佳者）

同考試官教諭魏批（虞廷用德不用刑意模寫殆盡大手筆也）

考試官修撰秦批（模寫盛世氣象如見）

考試官左庶子郭批（精瑩）

聖世君臣德極其盛而下自化也夫德容著而灼於四方盛莫尚矣黎民之敏德也固其所哉昔穆王訓刑之意有曰惟德可以化民刑特輔其不及焉耳稽古有虞之治不可審所尚邪彼主治爲君虞之君制帝舜而德威德明之化行焉故上焉者緝熙無間凝以淵默之微中正爲觀斂以肅雍之度瞻之而莫見其偏也測之而莫得其際也不亦穆穆其容矣乎輔治爲臣虞之臣則三后而恤功成功之政行焉故下焉者懋敬官常各著其精白之德奮庸帝載莫掩夫明作之休抑之而愈揚也遏之而愈光也不亦明明其容矣乎夫誠精之發既昭著乎君臣而德輝之動遂旁通乎遐邇將見萬邦感帝德之廣動而鼓舞奮發之有機四國順百辟之具瞻而舍舊圖新之恐後會其有極歸其有極敏德之速若或相之而不能自已者矣自易其惡自至其中不仁者遠若或驅之而莫知其然者矣是何也惟皇降衷民有恒性彼罔中于信者淪於習也勤德于上者感於化也治果尚刑乎哉大抵聖人之心與天爲一也是故天之肅殺必施於品物長養之餘而舜之祥刑亦見於三后殷民之後容以差殊觀哉獨謂夫穆王耄荒而訓戒惓惓猶得帝王遺意豈文武之澤未泯而其法猶在邪卒之宣王用以中興而周祚之久雖夏商不能及焉此夫子所以録於書也

詩

君子萬年宜其遐福

郭大綸

同考試官教諭鄭批（形容宜字有味）

同考試官教諭崔批（意渾融而詞雅健得詩人祝頌之旨）

同考試官教授張批（詞理精到才氣俊逸可以式矣）

考試官修撰秦批（親切雅暢）

考試官左庶子郭批（充暢）

詩人頌禱其君歷永年而宜恒福也夫福以恒久爲至也然必歷年之永以宜之其斯爲大備哉鴛鴦之詩諸侯所以答桑扈也意謂恩以逮下者帝王之仁而德必獲福者天人之理吾人所願於王者何如耶誠以端凝九五君子之身固天地民物之主也其必保合太和而多歷年所引之以受命之長乎垂拱穆清君子之居固元后父母之位也其必滋培元氣而歷年有永延之綿長之祚乎上帝有以默相之鬼神有以陰陽騭之於萬斯年而景命之僕夫何有終窮耶精神日益完固也氣體日益貞强也萬有千歲而眉壽之綏夫何有紀極耶夫如是將見天佑君德而申命之休維日不足者何廣遠也君子以一身荷之而咸宜天命降監而有秩之祜申錫無强者何悠久也君子則萬年宜之而罔戾啓之以昭明申之以高朗日新月盛而元吉之履蓋將與天地相爲終始者矣不有以宜其遐福乎畀之以戩穀益以罄宜川至松茂而大有之慶蓋將與君身相爲悠久者矣遐福不自此而宜哉是何也蓋壽者福之本福者壽之幹固相因之幾而亦自然之理也必如是而臣子祝願之誠庶幾少罄矣乎鴛鴦詩人可謂善頌善禱者與當論鴛鴦之詩雖周臣頌君之詞可以見天人之理焉可以見上下之義焉夫天之篤佑人君非私厚也所以保其躬而俾永其治也臣之祝頌其君非溢美也所以怙其德而欲久其休也然君之敬德以得天施惠以逮下眷感召之幾仁厚忠愛之意藹然溢於言表矣説者謂太和之氣在成周宇宙間信哉

有卷者阿飄風自南豈弟君子來游來歌以矢其音

楊九經

同考試官教諭鄭批（寫出召公忠誨之心宛然在目）

同考試官教諭崔批（認理真切措詞春容是用心於經學者）

同考試官教授張批（立意措詞卓有衡度可以爲文矣）

考試官修撰秦批（得老臣忠愛之意）

考試官左庶子郭批（明潔）

大臣於君因其豫樂而致賡歌之意焉甚矣古人善導其君也一游歌之頃而即賡以寓戒忠愛何其至哉昔周之盛時召康公從成王游於卷阿之上因作詩以陳戒其意蓋曰致天下之治者固當克慎厥始而享天下之樂者亦宜圖惟厥終吾王今日之游豈尋常者可擬哉大阿卷曲協陰陽向背之宜蔚然奇勝之區也地之可樂何以尚之飄風南來順歲功長養之候熙然景物之會也時之可樂夫孰加焉我豈弟君子也當熙洽之期而履盈成之運撫庶事之康而值萬幾之暇駕言出游翺翔於卷阿之上從容休豫式暢夫昭曠之懷也歌以永言嘯咏于飄風之前抑揚高下式振夫和平之音也宇宙太和之會蓋千載之一時君臣喜起之風幸于今之再見奭於斯時寧能已於言邪感治忽循環之理而慶豫亨之方來因王之歌而載賡其音庶幾一倡和之間而保治微指揄揚於篇章之内矣乎思盛衰倚伏之幾而欣泰道之方亨繼王之歌而嗣陳其詞庶幾一對揚之頃而克終永圖默契於言意之表矣乎吁游歌之樂未幾而儆戒之詞即繼若康公者何謂納約自牖而得輔相之道者矣抑周當盛時成王又守成令主召公卷阿之作敷陳壽考福禄之盛以昭際治之隆繼以修德任賢之謨以寓保治之戒豈以時尚可虞而衮職猶待於補邪蓋匡治弼明老成深長之慮固如是耳此成王繼美於文武而召公與周公并稱也後世誦卷阿之篇可想見當時君臣之盛

春秋

十有一月衛侯朔出奔齊（桓公十有六年）夏小邾子來朝（僖公七年）

方鑑

同考試官教諭江批（命德討罪會傳成文蓋經學之優者）

考試官修撰秦批明賞罰以尊周此作得之）

考試官左庶子郭批（整潔）

春秋於諸侯有斥其罪之黜於王者有表其爵之陟於王者蓋賞罰王者之大權也名衛朔而爵黎來聖人有深意乎朔者何衛宣之子也怙寵争國周乃舉黔牟於位而廢之春秋於奔齊而必斥以名者若曰討罪之典屬之司寇天子所以懲天下也矧朔之構禍斁倫自干天憲尤法所不赦者哉今而革其不順俾自絶乎康叔之籍則足以洩輿情之憤而罪用丕懲者矣雖曰復歸得國莫能禁其終也然同惡相濟由於五國不臣耳一王之法果誰得而廢之否則諸侯不生名例也而何靳於朔小邾子者何郳黎來之爵也傾心内附周乃

從齊桓之請而進之春秋於朝魯而遂稱以子者若曰命德之典掌之宗伯天子所以勸天下也矧黎來之去逆效順通好中華尤善所宜與者哉今而錫之爵號俾内列乎五等之班則足以廣自新之路而善用丕勸者矣雖曰故習之陋不能强而同也然内夏外夷在於既往則然耳維新之命果誰得而泯之否則夷狄附庸以名書亦例也而何假於黎來是則刑以天討而惡可懲賞以天命而善可勸大權其無替矣此聖人尊周意也蓋惟辟作威惟辟作福不容毫髮僭差焉者當時諸侯苟以藩屏爲心使賞罰大權一歸於上周其振矣善乎齊桓之令諸侯曰無有封而不告小邾之請殆自踐矣乎若五國之抗命當朔又不特得罪於周而已

楚人伐徐　三月公會齊侯宋公陳侯衛侯鄭伯許男曹伯盟于牡丘遂次于匡　公孫敖帥師及諸侯之大夫救徐（僖公十有五年）

何子壽

同考試官教諭江批（詞嚴義正足爲齊桓繼案是當留心於經濟者宜録以式）

考試官修撰秦批（圓健）

考試官左庶子郭批（精緻）

春秋紀外横而深罪霸救之失焉此齊桓救徐之怠於至誠無息之道有間矣霸業所以卑乎且楚都于郢徐在山東一旦以徐即齊之故越諸國而伐之是謂非義加人凌弱暴寡楚罪大矣然以徐之密邇齊封桓且主盟中國者也於門庭利禦之寇而無餽糧越險之難當何如爲拯援哉顧乃二三其德謀弗協于衆心以友邦之君而猶待於牡丘之盟安在其戮力同心以濟天下之急也愛克厥威令弗飭于有衆以攘却之舉而復有于匡之次安在其整軍經武以振中國之威也夫既盟而次事已悖矣使諸君親將大衆悉行則楚氛可熄庶幾桑榆之收乎而復宴安是懷弗躬弗親以倒懸之急徐遣大夫往焉則是内存養寇之志外示恤患之名何損於楚何裨於徐勤安攘之義者不如是也噫至誠無息帝王之道也謹始慮卒亦春秋之教也若桓之志義勇爲一匡大業終有是焉豈敦不息而謹始卒之謂哉故書盟書次書大夫帥師而桓之罪自見矣大抵業之久暫心之邪正爲之也若霸者假仁義以求濟其利欲之私焉故欲心一遂則怠惰苟且不復能有爲矣昔伯益戒舜曰無怠無荒此千聖相傳心法之要使桓而知此則久假不歸惡知其非有邪管仲諸人不得不任其咎

禮記

天子使其大夫爲三監監於方伯之國國三人

顧達

同考試官教諭胡批（得先王制馭侯邦之意録之）

考試官修撰秦批（明爽）

考試官左庶子郭批（充暢）

先王命官以監侯國而有一定之數焉蓋方伯者主乎一方者也使非王臣以監之而能無自恣也與見於王制者如此且夫先王建萬國以親諸侯方千里而設方伯控御之勢嚴矣三監何爲也哉誠以諸侯之位尊而方伯得以統屬之其尊又何如也位尊者易怠安保其政無廢弛乎諸侯之權重而方伯得以制馭之其重又何如也權重者易驕能保其勢無跋扈乎故必遣王朝之大夫爲方伯之三監以位則方伯尊而大夫卑大夫既不敢肆以權則大夫内而方伯外方伯又不敢專成福之柄方伯司之大夫從而糾核之雖不禁其所行而亦不縱其所行也廢置之事方伯主之大夫從而督察之雖不制其所事而亦不任其所事也然是官也豈漫無定數者哉以一州言之必以三人焉而爲一定之制以八州言之皆以三人焉而無多寡之殊儉於三人者所以專其責任使權不至於分也否則其職既冗糾核之者有异心矣豈可以過乎必以三人者所以協其事權使政有所參決也否則其事必攝督察之者有遺職矣豈可以不及乎夫國有三監内外之相統也監以大夫大小之相維也先王之世久安長治者以此抑論三監之設固所以統諸侯之國矣然相制固在於法而行法貴得其人苟不得其人又何益於治也雖然漢有刺史矣而猶有尾大不掉之憂唐有廵察矣而不免强鎮擁兵之患則三監之設豈得已哉惟慎簡而用之斯可矣

詩言其志也歌咏其聲也舞動其容也三者來於心然後樂器從之

李江

同考試官教諭胡批（詞不費而理自足殆深於樂也）

考試官修撰秦批（可與言樂矣）

考試官左庶子郭批（講重心上得記者本旨）

記者叙樂所由始而要其成焉蓋樂以彰德也本于心而後從以器樂可僞爲乎哉記樂記者之意蓋謂先王之作樂也始必有所宣者其本乎終必有所飾者其求乎是故合始終稽本末而後可以論樂矣何也樂始作而有詩焉

詩也者志有所之而後托物以發其藴無志則無詩矣詩成而有歌焉歌也者聲焉既發而後長言以盡其變無聲則無歌矣至於咏歌不足而繼之以手舞足蹈者非舞乎舞則發揚蹈厲以奮至德之光輝以昭天機之活潑者也舍容又何以爲舞邪夫是志也聲也容也根之於吾心而有以涵聲氣之原故其爲詩也歌也舞也呈之於有象而實以章性天之發内外合一動静相因在理有不容誣者矣由是文以琴瑟焉從之以簫管焉八音克諧蓋使播爲聲詩者節奏翕然而可聽豈徒侈於文而遂遺其本邪飾之以羽旄焉動之以干戚焉萬舞并舉蓋使形爲蹈舞者儀文秩然而可觀豈徒事於外而遂忘其内邪是則不本于心無以立大樂之原不被于器無以盡性術之變此先王作樂之妙誠不容以一端求也雖然亦未易言也理欲交戰于中攻取紛擾于外一念之差千里之謬也反情和志功之在君子者可闕焉不之講邪苟徒泥其文與器焉吾見本之則無先王所恃以導和者適以增欲焉耳故曰樂云樂云鐘鼓云乎哉惟善事其心則幾矣

第二場

論

聖人百世之師

房有容

同考試官教諭鄭批（二子所以垂範無窮正以清和之聖德得人心之所同然此作發明殆盡末復原孟子亟稱二子之意尤爲有見可録）

同考試官教諭崔批（氣格雄偉議論高古三復令人起敬）

同考試官教授張批（意高格整氣昌辭順發明孟子所稱之意無餘矣）

考試官修撰秦批（縱横闔闢範我馳驅華實兼茂者也）

考試官左庶子郭批（議論明暢獨异衆作）

曠百世而相感者其心乎聖人之風使後之人興起者亦孚其心之感焉耳心之相感者何也理也人之所同具也百世之上聖人奮焉此理同也百世之下聞者興焉此理同也匪同則罔孚風斯泯矣而能感乎夫感者言乎其幾也風者言乎其神也孚者言乎其誠也惟幾故應惟神故速惟誠故久彼其垂之而弗久達之而弗速觸之而弗應未足語聖之至也聖人者心純乎理而行中乎道乎其感者也身雖往而道不與俱泯也體道於一身而遺風於百世猶足以激流俗而變其趨其教化豈微也哉孟子曰聖人百世之師也而歸之伯夷柳下惠意蓋若此今夫天以陰陽五行生萬物流行賦予衆所同也人得天

地之氣以生降衷秉彝衆所同也自夫氣稟之偏物欲之蔽習俗之染也而衆人之視聖人始終懸絶矣聖人者亦非加於性分之外也清明在躬志氣如性以御情道以貞行理以制欲如斯而已矣動而世爲天下道行而世爲天下法言而世爲天下則裁成輔相之道綏來動和之化固天下後世所賴以生生而敏德者也若堯舜禹湯文武之爲君周公之爲臣孔子之爲師數聖人者其選也豈獨夷惠也哉稱夷惠者舉其偏以概其全也堯舜禹湯文武周公孔子皆全體之聖夷惠者得其偏而造其極者也夫以其造其極也故可謂之聖以其得之偏也故不可謂之全然其制行之高流風之遠足以範後世而激頽俗也故曰聖人百世之師也伯夷柳下惠也夫二子者何以謂之聖也伯夷聖之清者也柳下惠聖之和也清非離世絶俗而和非同流合污者也非其君不事非其民不使治進亂退不屑於就者伯夷與不羞污君不卑小官進不隱賢必以其道不屑於去者柳下惠與是皆合乎天理之正即乎人心之安焕乎日月以爲明而非耀也巍乎泰華以爲高而非亢也廓乎江海以爲容而非溢也粹乎金玉以爲純而非飾也非聖人而能然乎哉其使後世之興起者何也夫氣質易偏也物欲易蔽也習俗易污也使有聖人在上躬行教化倡其從裁成輔相翼其行綏來動和鼓其趨人將自易其惡自至其中安有所謂頑懦薄鄙者而必俟夫聞風興起也邪惟聖人不常有也而人不能皆自振拔而有爲由是頑夫遠於廉懦夫遠於立薄夫遠於敦鄙夫遠於寛拘於偏與蔽而莫反錮於習而罔覺者衆也然本心之明未息同具之理尚存不有以倡之孰從而隨之不有以啓之孰從而明之幸而百世之上聖人之風猶傳而弗泯也則人之仰焉而思怳焉而喻翕然而變者惡能已哉是故興起于清則頑可使廉而懦可使立矣興起于和則薄可使敦而鄙可使寛矣拯其溺以求其偏通其蔽以進于明革其故以即乎新非聖人之風有以激之哉大哉聖人之道乎遠而不可禦也妙而不可測也久而不可息也遠不禦故能感也妙不測故能風也久不息故能孚也夫百世如彼其遠也風如彼其微也猶能使聞者興起况親炙於當世者乎頑懦薄鄙猶興而况本非頑懦薄鄙者乎夷惠之聖且然而况極至者乎於是見聖人之道教化無窮也夫二子者非一於清與和也不念舊惡怨是用希清者之量也直道而事人不以三公易其介和者之節也使清而無量和而無節是乃拘方之士迂曲之民非所以語聖德之至也其何能遺風於百世而使人興起也哉孟子亟稱二子者何也救時之藥言也夫國醫之用藥也寒則温之熱則凉之實則瀉之虚則補之惟其時而已矣戰國之時何時也正道榛蕪楊墨塞路民方陷溺而不能自振况乎楊氏爲我疑於清墨氏兼愛疑於

和聖軌弗昭道真攸蝕安知當世之士不有援夷惠之聖附於楊墨之説者邪兹固軻之所甚憂也表二子之聖蓋昭道真以翼聖軌也其亦反經之意與雖然性善則稱堯舜征伐則言湯武王政則師文王拯亂救世之功則歸禹周公孔子至其自任則欲距楊墨以繼三聖道統傳願學之意各有指叙而夷惠不與焉斯固去取之微權也故曰稱夷惠者救時之藥言也

表

擬唐宴三品已上及州牧蠻夷酋長于玄武門奏七德九功之舞廷臣謝表（貞觀七年）

何子壽

同考試官教諭江批（醇古典則讀之令人忘倦表體之佳者）

考試官修撰秦批（駢麗中有莊重體）

考試官左庶子郭批（典麗敷腴有唐人矩度四六之最優者）

貞觀七年正月某日具官臣某等伏蒙賜宴於玄武門者伏以王者治定功成上下極交歡之泰聖人父天母地華夷均一視之仁解澤旁流需雲宴樂肆聞樂而知德見觀武而修文宇宙同春章縫創見臣等誠歡誠忭稽首頓首上言竊惟君臣之分有定而股肱元首實一體以相成内外之取蓋嚴而含齒食毛宜并育而不害故地天交泰造化所以時成必胡越一家王德然後爲大粤稽有道之世聿弘無外之仁岳牧之都俞不廢三苗之叙群工之敷命終紀四夷之賓大國聘小國朝必隆其錫予之典曰來王若來享咸待以不治之恩秦漢以來虞周道降堂陛峻而聯屬之意微藩籬疏而臣伏之事寡横汾歌沛誇得志以狎臣鄰却貢閉關飾撝謙以謝戎虜是皆心未免於雜霸故其道終愧于大同兹蓋伏遇健質天成英姿神授戎衣一着握旋乾轉坤之功衮職重明成雷厲風行之化述作兼乎明聖仁義法乎陰陽凡有血氣莫不尊親未及百年已興禮樂邇人安而遠人格車同軌而書同文治宜日中四海洽朝宗之願樂以天下九重茂對育之懷乃因元會之辰爰舉一朝之享内三品而外群牧聯几席以同登左九夷而右八蠻惟酋長而得預門開玄武天轉翠華快五位之龍飛羅千官於虎拜遂使雕題盡髻之飾稽厥角於宸旒以至就日望雲之流震山呼於黼座然尤謂禮以合敬樂以徼歡當此地平天成之時不可無七德九功之舞昭武烈於破陣乎托始干戚紛其載揚象文治與贊舜爲同符羽籥煒其交映于聲容之盡美知創守之兼隆即終始之一成表君臣之相悦嘉魚鳴鹿方沾湛露之恩獸舞鳳儀復睹鈞天之奏蓋天朝之异數誠人世之偉觀也臣等幸近清光叨逢盛典飫大官之特設心愧伐檀目丑虜之來庭功

漸汗焉敢不重燕安之戒用以酬鴻造之私職思其居敬事後食伏願宅中圖大謹始慮終内順治而外威嚴保安富尊榮之業人黄虞而世熙皞同親賢樂利之休則鳧鷖既醉之風當復睹于今日燕翼貽謀之烈殆勿替于萬年臣等無任瞻天仰聖激切屏營之至謹奉表稱謝以聞

第三場

策（五道）

第一問

陳有年

同考試官教諭李批（敬天勤民之道仁誠盡之矣我皇祖之洪漠皇上之休烈臣子未易揄揚者此策獨能條答詳盡而精藴悉彰蓋杰作也）

同考試官教諭魏批（我聖祖皇上昭事之誠優恤之政皆本於心學之妙是作敷揚明悉宜録以式）

考試官修撰秦批（我皇上敬天勤民同符皇祖之實此作能敬述而揚厲之篇末復原本於敬一之學蓋沐浴聖化而有得者允稱佳士）

考試官左庶子郭批（此作能揄揚我皇祖皇上契古帝王心法精藴誠爲有見宜録以傳）

帝王之敬天也以誠而其勤民也以仁夫惟誠也視於無形聽於無聲所以昭事對越之忱宥密而匪懈惟仁也容之如天載之如地所以保綏奠麗之惠廣博而無疆由是誠積而天心益格仁溥而民心永懷此體信達順之道中和位育之功聖祖作之於前皇上纘之於後真足以超近代而匹隆古者也猗與盛哉愚也嘗誦典謨雅頌之文而知古帝王之致治矣其道在於敬天而勤民夫何以曰在敬天也天之高高在上幽遠茫昧若無與也而聰明明威常監乎下焉故曰皇天無親克敬惟親聖人虔恭寅畏不敢自逸者非矯也誠也何以日在勤民也民之林林而生蠶樸微眇若可遺也而休養生息咸賴於上焉故曰民罔常懷懷于有仁聖人勞來安輯不敢少忽者非過也仁也今質之詩書有曰欽若昊天也敕天之命也克謹天戒也小心翼翼昭事上帝也畏天之威于時保之也帝王之所以敬天者何如其至也有曰敬授人時也從欲以治也荒度土功也即康功田功也散財發粟也帝王之所以勤民者何如其篤也唐虞致雍熙之盛三代稱有道之長豈不由兹也哉後世若漢之文帝唐之太宗宋之仁宗號爲法古致治者文帝始具耕桑之儀定賑窮養老之下勸農免租之詔以幾於古矣然沿祀五時而略於上帝非正也獨恭儉愛民有足取焉

太宗耕籍東郊却罷封禪遣使賑饑除鞭背刑遂有貞觀之效顧内多慚德不克終論者不能無遺恨焉仁宗祀南郊饗明堂頗合於典禮賑流民節浮費亦幾於愛民但初年政非已出後值西鄙多事向非恭儉仁恕始終如一其遠於衰弱者幾何哉是三君者於古帝王之道僅得其粗迹之仿佛耳猶足以綿國祚而固邦本况契其精微而蹈其極至者乎洪惟我太祖高皇帝禀神聖之資值胡元之亂驅蕩孽氛奠立方夏德已聖矣治已至矣方且憂勤惕厲不自滿假告祀南郊戒飭百官有一心對越上帝惟誠與敬之言天人之理昭矣論洪範庶徵之應以下修人事上合天道爲格天之本感通之妙著矣論灾异修省之實有體天之道變灾爲祥之説反躬之要得矣兹非古帝王敬天之誠乎因人民之失業論中書省臣以久困兵革生理未遂爲人上者固當念之即下民其咨之憂也因天下初定諭來朝守令以百姓財力俱困要在安養休息即黎民阻饑之懷也諭侍臣以紓民之力則欲定賦以節用崇本而祛末即懷保咸和之政也兹非古帝王勤民之仁乎當時在廷諸臣贊之有曰收視却聽上契冲漠有曰修德省愆憂形於色有曰一心愛民有曰發政施仁之本是故上而天命之降監下而人心之仰戴國祚之所以靈長邦基之所以締固豈偶然也哉列聖纘承率由是道迨我皇上睿資禀於天縱聖學本於日新昭事之忱達于帝鑒好生之德洽于民心秩郊壇之祀也則有欽天記頌之作式闡于將享昭格之衷定耕桑之制也則有穀祇蠶壇之賦用昭夫粢盛纁紞之自慮兩暘之咎則竭齋壇籲叩之忱明瑞徵之端則務修德應天之實是誠也即聖祖敬天之心也省稼内苑則無逸豳風之記作焉而勤勞暇豫之鑒戒以明軫憂田裡則農桑禁奢之詔頒焉而務本節用之大要以著念貧窮之疾則有藥餌之惠而夭札躋仁壽之域矣聞荒歉之奏則有銀粟之賑而流離免溝壑之瘠矣是仁也即聖祖勤民之心也視古帝王豈不休有烈光也哉竊嘗即是而敬闡之頌賦之篇唐之欽若昊天周之明德惟馨也籲禱之虔殷之格正厥事周之雲漢省躬也記詔之章其崇王業之本念小民之依乎藥粟之頒其子惠之德惠鮮之政乎是故上天隆保佑之眷下民極愛戴之誠曆數之膺延於億載壽祉之綏衍於萬年端有在于此矣執事又謂有所本而然蓋道愚生以窺測聖學之宗而敷陳根極之論敢默焉而已耶竊惟聖祖心學之妙遠宗堯舜故精誠省躬之録觀心之記祈天永命之論所以涵養本原者蓋純粹以精也皇上精一之學獨契帝王故敬一之箴五箴之注重華殿等經書之備所以操存主宰者蓋溥博淵泉也由民誠敬之達無幽不格仁化之孚無遠不届斯民也育於大順大化之中日用而不知何能極天地之形容哉書曰無偏無黨王道蕩

蕩詩曰不識不知順帝之則愚何幸躬逢其盛

第二問

曹恬

同考試官教諭趙批（天象之學未易測識此策蒐輯詳備而根極理要蓋博學而有所得者録之）

同考試官教諭胡批（天文與人事相通學者所當究心顧知者甚少此作考据精博而議論每主於理其深得天之奥者乎）

考試官修撰秦批（揆象緯之說以理達天之學也）

考試官左庶子郭批（象緯援據精確議論純正）

天象之迭運也循乎自然之理者也聖人之有作也要乎知天之變者也理之所在則雖有氣機之不齊而所以然者莫非一定之則變之所在則因其自然之運而所以行者各有經度之分故聖人之知變也有四焉以致用者尚其時以觀變者尚其象以正時者尚其法以考象者尚其占時象失則候氣測景之法不明法占缺則順令舉事之典不著聖人者出揆之以理不泥於迹握之以機不拘於時則推之於懸象而其數可稽焉考之於纏度而其占可驗焉審之於代謝而其氣可順焉舉凡因體以立法修人以合天者蓋交相贊而不悖也尚何差殊之有哉故曰聖人以天地爲本以陰陽爲端以四星爲柄以日時爲紀先天而天弗違後天而奉天時其所以鈎深致遠推步吻合而莫之或忒者誠王道之大務致治之鉅典也粤自黄帝迎日以推策大舜察璣以齊政神禹錫範以協疇步其數以授時觀其文以察變法其序以分職而經星七政之行其精盡於此矣殆夏后之世羲和沉酾廢時亂日則書載胤征逮至周室既衰重黎民職告朔之羊廢而不紹登臺之禮滅而不遵七政乖次而不識孟陬失紀而莫悟大火猶西流而怪蟄虫之不藏也職此之故天子不辨時司歷不協日諸侯不受職日御不分朔人事不恤廢弃農時而周官所謂馮相保章之職曠莫之舉尚安有極其精以察其變者哉是達天明有關於治亂之大如此若夫天文二十一家之說則漢藝文志所載也其書自泰一星子經至圖書秘記爲卷之繁凡四百四十有五其可言者如定一歲之節也則三百六十五日四分日之一日與天會以分至啓閉辨四時定一月之節也則二十九日六辰有奇月與日會以晦朔弦望分大小定一日之節也則二十八宿繞地一匝以伏見晨昏驗子亥至於盈縮朓朒弦望分合以觀出没以察緩急故哉祐術開業淳曜天光或典曆象以授民事立曆明時應天順物雖言人人殊不能無互有得失要皆有見於已然之故而定其規論以效其推測者也第皇幽渺遠

窺總括亦焉得而盡廢之乎此其大都也今以執事之所疑而問者言之紫微太微天市其於天也爲三垣而紫微獨爲皇極之居故於衆星爲最尊自隋丹元子測驗爲歌則固以大者占帝矣獨宋天文志取晋志所引孔子北辰之説以不動之星主之彼賈逵張衡之徒皆以紐星爲不動者也至後宋儒測筭則紐星尚差不動之處一度有餘且亦隨天而旋則所謂北辰者實指不動之處言也遂以爲當舍其明大而以紐星主不幾於崇信之過乎東方之宿蒼龍連蜷於左西方之宿白虎雄據於右南方之宿朱雀奮翼於前北方之宿靈龜圈首於後括其所屬實三百二十爲星二千五百而庶物咸得繫命焉獨石氏云中宫黄帝其精爲黄龍爲軒轅寄旺於鶉火與四方爲五遂以爲爟以下諸星當屬軒轅夫五行之不可缺土固矣然亦寄躔於四方者也而欲尊軒轅以諸星屬之不幾於分析之甚乎日行周天其數雖有定也然日躔於一歲之間行周天度未及餘分而日已至焉故每歲常有不及之分然宋大明歷以四十年差一度失之太過何承天倍其數以百年退一度又反不及惟唐一行采取劉焯以大衍歷推之乃得八十三年而差一度故程子有言曰曆象之法大抵主於日月一事一事既正其餘可推是歲行者自然陽積而盈之常數而差法者極其變以合天者也月行黄道其度雖常同日也然四時交會歸於黄道而轉變焉於是有青赤黑白之异名然陰陽歷代在冬至夏至則月行青道白道所交則同而出入之行异曆交在立春立秋則月循赤道黑道所交則同而出入之行异去交七日其行九十一度齊於一象之率而得八行之中八行與中道而九故唐一行有言曰遯伏相消朓朒相補則九道之數可知故黄道者二曜交會不易之定軌而九道者别其名以職變者也至若七政同爲陰陽五行之精也而五緯退逆始自周之末造人紀斁而世道日降是以星紀逌常亦失其初觀乎天文以察時變則星紀之逆順固班氏所謂可以慢然而懼者邪五星同爲依天而運也而金水行速獨不經天夕見西方近南則漸遲而留晨見東方近南則漸速而合蓋南方爲天之經金水當之則留逆而不居固漢天文志所謂三天兩地者邪要之經星亘常而不遷七政迭運以成歲自七政之變及薄蝕之灾孔子作春秋但言灾而不言應及蔡邕京房之徒始以事類繫之説者以爲萬一不應啓不畏之心而况黄道爲七政經行之地其不能無凌犯者固度數使然去甚近者不以爲异則德缺而不修非所以爲事天之道其稍遠者不務察其所以然之故而誇張之以爲异比其不驗則適以滋文飾之詞啓怠慢之端如漢儒紛紛卒以藉口談者其何以稱焉蓋天道之高遠而吾能深揆其理則日至之微不難於前知天運之流行而吾能窮極其變則精深之思

可參於元化故聖人者順天以求合非爲合以驗天以籌測爲本以天文爲驗筭之既精驗之皆合則在天之天審而在人之天定所謂經星與七政者可坐而策順時布政遇灾修省弗恃其一定之形與其適然之數者其道亦不外是矣後世占侯紀載析爲二途攝提孟陬昏明錯雜既未能深知其理如楊雄以盡其幽又未能深知其數如甘石以盡其著而遂以爲讖數不之講則不幾於曠廢大業無以裨益至治者乎學士大夫必通三五愚生姑摭拾往籍以復明問始此執事以爲何如

第三問

房有容

同考試官教諭鄭批（守令師儒將帥方今急務子能詳悉古今得失末復以教化爲言尤探本之論也録之）

同考試官教諭崔批（講求文武真才以副我皇上作人之效學識宏博佳士也）

同考試官教授張批（守令之善治學校之真儒封疆之良將其源流始末推究詳悉而區畫鑿鑿可行非但學之博洽而已）

考試官修撰秦批（師牧武衛之才有關於民生之大者能極陳利弊如此豈嘗留心於經世者邪）

考試官左庶子郭批（人才一策敷答明晰曲盡于情必才識之雋异者）

人君之仁覆天下盡官人之道而已人君以誠經天下妙作人之術而已夫天下之廣不可獨運者勢也於是爲之師牧爲之將帥或撫其内或營其外凡以安養天下之民而已官人之法不能以無弊者時也於是乎作其志氣核其名實稽古之道酌今之宜凡以鼓舞天下之化而已故有明作之功而更化之機寓焉盡知人之哲而安民之惠存焉人君所以化成天下者率是道焉耳苟廢而不修者無以奏功偏而不舉者不能極治此古今人才之盛衰化理之興廢每不相及也與執事發策慨天工之未亮而以官人之法下詢承學愚竊謂三者之臣固奠麗烝民萬化攸畀焉者敢不悉言以對夫天生民而立之君欲其祐助以綏四方者也君繼天而立之官欲其寅亮以成化理者故曰惟聖時憲惟臣欽若昔自唐虞命官咨牧百揆時叙后稷播穀烝民粒矣契敷五教倫品遜矣大禹徂征有苗格矣用是浹好生之德成廣運之休降自夏商亦克用乂成周之際郁乎盛矣甘棠保釐兆民永綏菁莪棫樸成人有德東山采芑之師皆足以匡皇四國用是重熙而累洽順治而威嚴夫古昔盛時所以内外寧謐文武并用者豈止岳牧時亮之欽周官法制之善哉勞來振作之機在上

而不在下明揚時舉之道以實而不以文焉耳嗣是而下得人弘化之盛邈乎不逮間有願治之君命世之士史册相輝後先間起有可得而言者焉守令之最著者在漢則黄霸韓延壽尹翁歸召信臣見於神爵五鳳之間者是已外此固未易以悉數然吏治蒸蒸莫有苟且宣其首稱矣乎師儒之最著者在宋則周敦頤張載程顥程頤朱熹上接道統之傳者是已此外固未易以概舉然斯道大明如日中天宋其極盛矣乎將帥之最著者在漢則衛青霍去病李廣公孫敖之徒征伐四出足以雪雲中桑乾之耻在唐則李靖侯君集柴紹郭孝恪之徒威聲遠振足以報契丹幽并之讎然龍城狼望王庭徙空而陰山瀚海版圖内屬雄才略孝武太宗不相上下矣夫雲龍風虎各從其類九重意向四海改觀彼綜核名實思與二千石共治者宜其有吏稱民安之功崇儒右文歷數世而愈隆者宜其有真儒輩出之盛以至經略四夷除兇雪耻爲志者則李衛諸臣乘時自奮也固其所哉然陽舒陰慘造化之全功文經武緯帝王之大業彼治止雜伯王道未純政於仁弱武功莫競與虚内事外多欲不終者又何怪乎治不古若也兹我皇上以聖神文武之德撫盈成中興之運允釐百工咸熙庶績遐視逖聽計安元元教養安全之司既陶鎔而淬厲之矣然率作興事之未臻其效誠有如執事所疑者夫雄都巨邑墨綬銅章膺民社之寄者孰非帝心簡在固宜畢力一心勉稱上意也何貪殘玩愒至有民弗堪命者可不求其故乎蓋古之仕者爲人今之仕者爲已夫聖賢而下恒待德爵賞而後勸苟尊官膴仕未必特加於循良之吏或濫及夫寵利之徒則所以導之者非其路矣由是浸漬成習而勢之所趨極重不反雖有豪杰之才亦將從風而靡也且遠方黎庶政教未浹所賴承流宣化惟司牧耳今姑息而官之者果卜式子卿之徒乎望治之地幾爲酬恩取償之區矧觀察而黜陟之者固未能盡得其人與法也資格同滯祇爲凡庸者之聖書聲望是徇反爲謟利者之捷徑甚有私門納粟如劉毅之對者豈惟六代七聖考課之績不行而已哉意者重守令之權使不撓於獲上之圖得行其志可也申久任之法使不萌夫幸進之念膏澤下於民可也嚴任子鬻爵之規仿古人教養覆試之法然後用之可也夫然則黜陟幽明苟有功於民社者雖刺史而三公可也行私以誣上者雖科目而必誅可也如是而吏治不精者未之有也今窮陬下邑建學立師青衿髦士孰非聖心樂育固宜蜚英名流迭興繼出也何静言庸違弗可底績焉者可不求其故乎蓋古之學者爲已今之學者爲人夫豪杰而下孰非有待而後興苟用汲登庸非明揚夫成德之士而彙片夫干禄之徒則所以率之者在彼而不在此矣由是大大雅逾邈而輪轅徒飾辭有枝葉雖有上知之資猶將假此而進也且

比閭無教養蒙弗端所賴觀感振德惟師長耳姑息而官之者果陽城安定之徒乎風教之源幾同抱關繫柝之地矧督率而賓興之者固未能盡得其人與法也絺章繪句祇爲錦繡之階毁同好异反作道真之妬甚至爲世詬訾如叔文之黨者豈惟皓年没齒窮經不知其益而已哉意者重儒臣之選使極天下之望者分教丕變之焉可也慎選舉之法使德成而上者再論然後官之可也明師氏之三物六德保氏之六藝六儀使成材也易養正於蒙可也夫然則道德齊一有隱伏巖穴者爲卜夢之徵辟以風士習可也有迪屢未同者移之郊與遠方勿使并進可也如是而教化不興者未之有也方今熊羆萬旅虎豹九關仗鉞專閫外之寄鼓鼙興將帥之思臣守封疆者固宜詰戎兵以經禹迹揚耿光而覲大烈也然夷患孔棘戎心匪茹曾未聞有勒玄塞之碑而奏陰山之凱者又豈無其故乎蓋安邊境立功名在於良將不可不擇故必有非常之人然後建非常之功所謂非常者豈一劍一夫之勇哉仁明知勇爲之幹詩書禮樂爲之府是以謀及根本而動在萬全不待窮兵黷武而已威振殊域矣今求之於世胄多豢養紈绔之子起之於帷幄多脂韋奔走之徒徵之於武舉特弧矢馬足之利掇拾記誦之能而已因宜不能折衝以禦侮也矧兵不可遥度將不可中御九天九淵潛動莫測呼吸闔變機不可移方戰養力非厚犒無以得死士之心未戰養氣非專制無以司三軍之命苟將得其人而信任未專多方掣肘則功敗於垂成威弱於積忌所謂縶驥足而縛賁手也何暇挫敵人之鋒而奪其魄哉意者養之豫焉類聚而教以古今勝敗之迹山川險易之宜可也從而擇之精焉試以邊兵之寄或拔於行伍之尤者可也又從而任之誠焉小過不求備長城鎖鑰責以成功軍實賦税聽其出入可也夫然有能敵愾獻功者則策勛鼎彝重録之以垂勸可也有淫僇不恪者則明見萬里勿使苟免以示威焉可也如是而武功兢者又豈有是理哉雖然有本也古之明王莫不以教化爲先務是教化也者化民成俗之由而文武之才所自出也誠使今之教者皆仿胡安定經義治事之齊使先明乎仁義而後及於錢穀甲兵之實則化行俗美教化洽矣授之以政王道著矣戡亂以武大勇敷矣昔周之制大夫卿士更率以將孔門之學皆能有勇足民是以吉甫方叔顯允而爲憲萬邦祖述憲章復能爲攝相郤齊之舉也苟舍教化而欲求文武之才是不琢玉而求文采也寧不有借才之嘆哉方今明良逢而治具張急親賢而圖先務聖神功化之極亹亹講求誠有以此而先治安之策者則執事三者之問皆畢舉矣豈曰才難敬以是爲明問復

第四問

方鑑

同考試官教諭江批（古人精蘊著作甚明策問正欲占子所養耳此作删去枝葉以明道訓世爲上可以論古人於千載之前矣必有識之士也取之）

考試官修撰秦批（折衷古人著作得失悉中肯綮取之不徒以其文也）

考試官左庶子郭批（評品明確議論正大宜録以式）

古人之著述將以明道而訓世非以矜勝而要譽也道足以明而世賴以訓則言斯傳傳斯永矣道之弗能明而言之不足以訓君子奚貴焉其迹且至於矜勝而要譽取譏後之人也有以哉是故學術有淺深之殊議論有純駁之异世代有污隆之遭心迹有公私之判審是四者可以論古人之著術矣執事發策以古人著述下詢豈以愚生披誦之餘或亦嚌其糟粕也邪請舉所聞以對穆叔有言太上立德其次立功其次立言夫立言雖非功德之比固亦不朽之盛事也是以古之聖賢恒務焉故曰由周公而前達而在上其道行由孔子而後窮而在下其言立然則洙泗之删述蓋立言之權輿也乎自孔氏以來子思誠明之旨孟軻仁義之篇純乎無以議爲也莊列之虚放管晏之功利申韓之刑名蘇張之從横衍龍之詭誕其爲吾道之蠹甚矣何足數哉求其卓然成家而稱述於後代者其左氏春秋之傳荀卿王伯之論乎屈原離騷之經司馬遷史記之編乎太玄法言中説則楊雄王通之偉撰也編年綱目則涑水考亭之巨筆也斯皆諸子之精華史家之楷式優劣得失之間後人不能無异議者豈非以學術有淺深言論有純駁也邪要之心迹之公私世代之盛衰君子弗可弗深考也左氏身爲國史躬覽載籍其作傳也或先經以始事或後經以終義或依經以辨理或錯經以合异信孔筆之素臣也禨祥預列成敗先言未免涉於牽附范氏譏之固矣不思廣記備言固亦史家之體也此何足以涸其美邪荀卿稷下稱秀蘭陵廢處其著書也敷陳往昔掎絜當世崇王黜伯根極領要信六藝之羽翼也性爲惡以禮爲僞未免失之過激後儒斥之固矣不思宗聖衛道實乃杰儒之守也此何可以廢其長邪屈原履忠被讒憂悲愁思乃依風人之義而作離騷上稱帝嚳下道齊桓中湯武以刺世事明道德之廣崇治亂之條貫馬遷以爲義兼風雅日月争光深悲其志云爾露才揚已詞麗以淫雄固之言豈不易之定論乎司馬遷世掌天官遭刑廢憤乃發金匱石室之藏而成史記上紀黄帝下逮麟趾貫穿經傳馳騁古今終始盛衰考之行事劉向楊雄稱其文直事核爲良史之才深嘉其功云爾是非頗謬於聖人班固之説豈與善之衡言乎晚悔雕蟲潛心大道太玄法言之作子雲之極思也説者謂

其文簡而奥義秘而淵闢王基于絶代振天爵于群倫雖有小疵其所得者蓋多矣後世以桓譚覆瓿之言遂極其譏貶不幾於和聲者邪講授河汾留情纂述中説之書仲淹之緒言也説者謂其微而顯曲而當旁貫大宏闡教源其有駁雜門人之附會耳後世因朱子僭王之喻遂爲之責備不近於借聽者邪司馬光論次歷代君臣事迹以成編年上關邦國之盛衰下係生民之休戚善可爲法惡可爲戒允哉治世之鏡也帝魏寇蜀遺屈皓而取雄或乃其意見之或偏劑量之未審耳小失何足以掩其得哉朱元晦仿仲尼春秋體例以修綱目別統系以明大一統之義表歲年以正首時之體舉大綱以昭鑒戒具細目以著幾微亶乎筆削之遺也乃若正例之未周變例之未明或裁定之未及或推議之未精耳微瑕何足以蓋其全邪竊嘗論之君子之處世心迹根本也學術枝幹也議論華葉也至於時代之遭其諸土地之肥磽雨露之養乎丘明去聖未遠言稽典禮義存法戒後世緣兹事實獲窺筆削之趣舍是茫無所據矣寔經之亞也屈平憫念宗國繫心懷王大放厥詞怨而不怒其風雅之變乎荀卿嫉世濁亂不大道乃推儒墨道德行事志可則矣性本剛决自信大過取節焉可也馬遷幽憤著書摭輯散佚功誠偉矣但語多微刺不能無少望焉楊雄最號恬於利禄乃甘莽且爲劇秦美新大節虧矣他美曷贖哉王通希蹤聖軌出處近正使假以年厥就未可量也温公身係四海之安危顧置之散地徒蒐輯群編成兹巨典而經濟弘略未究厥施君子不能無遺憾焉朱子固集諸儒之大成者綱目則以意授其門人而修晚年詮定未竟後人經其出於朱也而遂謂大成固不可因其未詳也而遽指以誚朱亦豈可哉用是而觀則諸儒心迹之公私學術之淺深議論之純駁時代之盛衰不待較而著矣豈非尚論之士所當究心者邪若乃勦前人之緒言逐世俗之浮論而自陷於刻與諛焉固非執事之所期亦非愚生之所以自待也惟進而教之

第五問

李江

同考試官教諭胡批（援古證今欲有司以賢心任事仰稱皇上宵旰至意蓋確論也殆抱忠而思以自效者與）

考試官修撰秦批（人務實心斯可責以實效識時務者爲俊杰非子而誰）

考試官左庶子郭批（賢才任事視誠否如何耳子區畫主於辨實以一人心卓爲有見録之）

執事發策於訏謨遠猶之餘而猶欲聞補偏救弊之術豈以識時務者在俊杰邪顧愚生何能以知之雖然敢不悉心以對昔唐虞三代之時風俗敦龐

人心朴略君端拱於上而臣效能於下各程其力之可至各據其志之欲爲厥任專一無分外之慕禹不耻其不能種稷不耻其不能教契不羡於明刑皋不覬夫平水土實也厥事直截無意外之虞尹獨任而不爲專説驟相而不爲捷周公不敢庇其兄君奭不必信其友實也實者何也純然爲國之心也是故無益於國則虚譽不足徇有益於國則嫌疑不足避此所以言之必信爲之必成而共底雍熙泰和之盛也自是而降忠信之道微譎詡之習勝而淳古之治殆不可見其能致治小康者惟漢唐宋而已漢不遠乎古唐不遠乎漢至宋則法制愈密論議愈詳似非二代可能及也然語國勢則宋爲最弱語人心則宋爲多變反有不逮焉者此其故何也夫法制太繁則多牽制之患論議各出則多緣飾之非是以漢唐之事功得失并形而宋則掩其矣失以爲得漢唐之人才瑕瑜各見而宋則匿其瑕以爲瑜其實稍存其治差勝其文滋盛其弊彌深已然之效見於史册者可睹也洪惟我朝立國度越千古祖宗宏開創之基列聖篤繼述之美皇上撫運中興尤極振飭重熙累洽真可軼唐虞駕三代非近代可同語也顧承平既久人心玩愒實浮之弊或不免焉皇上奮然震曜悉取而厘正之求賢才恤民隱足財用練軍實懋修内攘外之功以期順治威嚴之效宵旰之所經畫廟堂之所圖議至矣盡矣其奔走振勵昕夕靡寧所以仰承德意者庸非百司庶府之職也邪顧事例雖增而審切功則鮮弊蠹雖戢而核效則微愚於此嘗求其故矣夫事功之不興由於人心之不一蓋恬熙之後法度稍弛有司因循非一乾一夕之故始則憚於檢察之難繼則利爲可通之説行之既久遂以成風名曰持法實以意爲轉移名曰守常實以情爲操舍將以爲賢則騰過情之譽也將以爲否則肆求全之毁也將以爲功則彰其美於過中也將以爲罪則深其情於法□於國則□□永親而發蹤指示之謀亦□尚也功雖未建而曲突徙薪之計亦可□也果於立事而坐淹滯者亦可拔也敢□□怨而蒙巧詆者亦可伸也以求諸無□□□曠職廢事顯然莫逃者爲罪也苟□□□□□□遵令雖謹而實乃遷延以□□□□□□□奉職雖勤而巧爲規避□□□□□□□□論非爲公而不合事□□□□□□□□□□□□男赴而不□於國則□□□親而發蹤指示之謀亦□尚也功雖未建而曲突徙薪之計亦可□□果於立事而坐淹滯者亦可拔也敢□□怨而蒙巧詆者亦可伸也以求諸無□□□曠職廢事顯然莫逃者爲罪也苟□□□□□□遵令雖謹而實乃遷延以□□□□□□□奉職雖勤而巧爲規避□□□□□□□□論若爲公而不合事□□□□□□□□□□□□男赴而不□□□□□□□□□□□□□

其核之也□□□□□□□□者弗可涵也其斷之□□□□□□□沮衆譽弗能遷也苟有□□□□□□通苟有爲之雖纖必舉而天□□□無有不矢心懋實者矣由是才能□□□實可紀也由是因窮蒙惠而民可□□□□□藏充牣而財足用也由是兵□□□□□□□奮也豈不可以仰稱□□□□□□□□夫水本勝火也而盛以釜（此處底本缺頁——編者注）

嘉靖三十四年順天府鄉試録

順天府鄉試録序

今年乙卯順天府鄉試乃我皇上龍飛之第十二科也考試官諭德臣維楨侍講臣煒皆以上命至同考試官進士臣復臣溱知縣臣孔墀教諭臣應和臣樞臣梅臣棟臣大魁臣成式皆以聘至監試官御史臣冀臣俊皆以請至其諸執事人衆則皆府尹臣燿府丞臣鏜辟至而臣鏜則職在提調董一切簾内外事先至諸臣咸至矣既分之而各執乃事矣臣乃進提學御史臣馬三才所選士及諸曹六舘所選士三試焉乃復加志掄選録雋者一百三十有五人焉士既録簾内外諸臣始相見乃喜而相慶曰嗟乎良哉選也藉是可以報天子矣然臣維楨顧有懼焉今者臣手録以獻之上也色勃勃而不能持足盤盤而不能前誠懼之也臣聞之往古士有才賢而不獲進有司罪無赦進矣而才賢者不果效有司之罪亦無赦何者不智之故也今夫所貴乎樹木者樹松栢也其次樹桃李松栢可材桃李華悦人所不足不任風雨然不與荆棘倫矣即若不意松栢化而爲桃李桃李又化而爲荆棘持是以譙呵樹者則樹者口噤莫爲應彼其初固嘗植之也夫樹人亦類乎是者臣恐其或類之也故懼臣關中人也頃者臣自關中來而渡于孟津見有轉大木于河滸者前呼輿謣後皆應之木翩然如馳焉當是時也即有齊謳郢調吴歈越吟與夫激羽流商之奏截雲下塵之曲悉末之用矣臣以此則嘆以爲侈言無當而繁華没實故今校諸生之文則直掇大指而弃其雕蟲蓋竊有悟于轉大木之事也既行而及燕趙之間則今畿内地也在昔燕趙之間猶多奇偉俶儻之士今其人已往其聲猶存也臣乃頓步躊躇于境上者久之即其人雖不純于先王之道然以效節不顧身盡公而不徇私固亦有足多者焉今此諸生以誦説詩書稱引先王則人人能矣今之受事而奇偉俶儻之氣如彼何故臣猶願諸生之慕之也今國家建都于燕四方奉贄納貢之臣襁屬而至其諸齒角羽毛百物珍异皆御府所餘常山在其右遼海在其左厥形險固造物者故設此以作藩垣又國家所有然所貴者唯獨節士之幹與忠義之腹耳异日者諸生誠養有節士之幹而懷忠義之腹則臣且望下風而拜之非拜諸生也拜節士與忠義之夫也臣列在

交戟之内最久竊睹陛下之神明天授之也即如一日之間國家之大議凡幾其大事凡幾然事皆炳于前知而議皆成于立斷諸司奏疏而得報者咸抱疏吐舌以爲弗及今此諸生竪儒耳豈能奉奔走哉然臣私以爲世無粹白之狐而有粹白之裘所求者博所取者微也若是則臣乃敢以諸生進矣而卒慮乎奔走之或後也故事士既録順天府有宴宴諸生諸執事皆在焉臣將挾持前説須詣宴所一一爲諸生道之且因以爲勸焉而先以謁諸同事諸同事曰夫勸也若是而止歟於是臣應之曰諸執事亦嘗聞里父之醮子乎里父之醮其子于客位也爲之具三加著誡詞備矣客曰且更有加乎里父曰無以加也曩吾父所以醮吾者固若是止矣今吾所以勸諸生者固吾昔所受于先達先生者也録將獻臣宜有序引其端乃謹具其始末如此云

奉訓大夫右春坊右諭德王維楨謹序

嘉靖三十四年順天府鄉試

提調官

順天府府尹高燿（子潛直隸清苑縣人　乙未進士）

中憲大夫順天府府丞葉鏜（汝聲江西上饒縣人　辛丑進士）

考試官

奉訓大夫右春坊右諭德王維楨（允寧陝西華州人　乙未進士）

翰林院侍講袁煒（懋中浙江慈谿縣人　戊戌進士）

同考試官

吏部辦事進士羅復（子貞江西南昌縣人　癸丑進士）

吏部辦事進士劉溱（子杠河南安陽縣人　癸丑進士）

江西饒州府鄱陽縣知縣毛孔墀（茂對福建福清縣人　庚戌進士）

直隸徽州府休寧縣儒學教諭柳應和（友春湖廣襄陽護衛人　己酉貢士）

浙江衢州府龍游縣儒學教諭張樞（運之福建閩縣人　癸卯貢士）

江西南昌府南昌縣儒學教諭江梅（維相福建惠安縣人　丙午貢士）

江西撫州府宜黄縣儒學教諭沈棟（子隆浙江仁和縣人　丙午貢士）

河南懷慶府武陟縣儒學教諭徐大魁（子賢直隸徐州人　己酉貢士）

陝西西安府三原縣儒學教諭丁成式（汝訓山西蒲州人　癸卯貢士）

監試官

文林郎廣西道監察御史霍冀（堯封山西孝義縣人　甲辰進士）

承事郎廣東道監察御史龐俊（孟章陝西涇陽縣人　丁未進士）

印卷官

奉政大夫順天府治中彭宣（建化湖廣茶陵州人　監生）

收掌試卷官

四川叙州府同知尹大本（伯中湖廣漢川縣人　辛卯貢士）

受卷官

浙江金華府浦江縣知縣陳士選（用之江西清江縣人　甲午貢士）

直隸河間府景州故城縣知縣李爵（汝修山西陽曲縣人　甲午貢士）

彌封官

順天府良鄉縣知縣杜廷瑄（仲玉陝西盩厔縣人　甲午貢士）

廣東廣州府香山縣知縣張希虞（爲之福建莆田縣人　乙酉貢士）

謄録官

山東東昌府通判劉誨（伯忠河南汝陽縣人　庚子貢士）

山西平陽府解州平陸縣知縣田充國（希趙陝西渭南縣人　癸卯貢士）

對讀官

直隸河間府滄州知州趙濂（文續陝西寧羌州人　辛卯貢士）

陝西西安府乾州武功縣知縣聶榮（仁卿四川富順縣人　甲午貢士）

巡綽官

河南宣武衛指揮僉事何遵約（守道四川樂池縣人）

河南信陽衛指揮僉事王登（從善河南睢州人）

河南穎川衛指揮僉事邢正道（子坦山後興州人）

河南懷慶衛指揮同知胡立家（維業直隸唐縣人）

監門官

山東都司濟南衛指揮僉事杜師明（招遇直隸泗州虹縣人）

山東都司靖海衛指揮同知王蕃（國衛直隸任丘縣人）

供給官

順天府經歷司經歷杜耕（宗舜直隸邳州人　監生）

順天府宛平縣知縣楊早（汝元四川内江縣人　庚子貢士）

順天府大興縣知縣崔尚禮（克敬直隸安肅縣人　辛卯貢士）

順天府宛平縣縣丞李錦（廷實浙江縉雲縣人　監生）

順天府大興縣縣丞王敕（允夫直隸清河縣人　監生）
順天府宛平縣主簿王惟問（克魯直隸平山縣人　監生）
順天府大興縣主簿趙良弼（伯鄰山西山陰縣人　監生）
順天府通州判官翟堅（子固直隸涇縣人　監生）
直隸涿鹿中衛經歷司經歷劉本禄（克廉河南光州人　吏員）
順天府良鄉縣縣丞王大江（伯川山西應州人　吏員）
順天府通州三河縣縣丞陳言（直夫山西長子縣人　監生）
順天府通州寶坻縣縣丞郭文燿（德明山東德平縣人　監生）
順天府固安縣縣丞王問賢（言之湖廣巴陵縣人　吏員）
順天府東安縣主簿段胤光（承卿山東鉅野縣人　監生）
順天府通州漷縣典史周明（用晦直隸盱眙縣人　吏員）
順天府醫學正科費鴻儒（宗韓順天府平谷縣人　醫生）

第一場

四書

仁以爲己任不亦重乎　必得其名必得其壽　以德服人者中心悦而誠服也如七十子之服孔子也詩云自西自東自南自北無思不服此之謂也

易

上下交而其志同也　天地感而萬物化生聖人感人心而天下和平觀其所感而天地萬物之情可見矣　是故君子所居而安者易之序也所樂而玩者爻之辭也　天地之大德曰生聖人之大寶曰位

書

子欲觀古人之象日月星辰山龍華蟲作會宗彝藻火粉米黼黻絺繡以五采彰施于五色作服汝明　聲教訖于四海　一曰壽二曰富三曰康寧　亦越文王武王克知三有宅心灼見三有俊心以敬事上帝立民長伯

詩

何彼穠矣唐棣之華曷不肅雍王姬之車今適南畝或耘或耔黍稷薿薿攸介攸止烝我髦士以我齊明與我犧羊以社以方我田既臧農夫之慶　鳳凰于飛翽翽其羽亦集爰止藹藹王多吉士維君子使媚于天子　我受命溥將自天降康豐年穰穰

春秋

夏城中丘（隱公七年）城祝丘（桓公五年）冬城向（桓公十六年）冬仲孫何忌會晋韓不信齊高張宋仲幾衛世叔申鄭國參曹人莒人薛人杞人小邾人城成周（昭公三十二年）　春齊人陳人曹人伐宋（莊公十四年）吴子使札來聘（襄公二十九年）夏公會齊侯于夾谷公自至夾谷（定公十年）

禮記

五國以爲屬屬有長十國以爲連連有帥三十國以爲卒卒有正二百一十國以爲州州有伯　仁者義之本也順之體也得之者尊　春作夏長仁也秋斂冬藏義也仁近於樂義近於禮　德也者得於身也故曰古之學術道者將以得身也是故聖人務焉

第二場

論

聖人至虚至明

詔誥表（内科一道）

擬漢定振窮養老之令詔（文帝元年）　擬唐以魏徵爲太子太師誥（貞觀十六年）　擬賜翰林學士宋濂以所選良馬并爲製歌謝表（洪武九年）

判語（五條）

子孫違犯教令　官員赴任過限　卑幼私擅用財　縱放軍人歇役　軍民約會詞訟

第三場

策（五道）

問　自古聖人其履帝位而永天年者皆莫若堯舜其前莫若黄帝顧吾求黄帝堯舜之所以壽者而不得得三墳二典而讀之其所記則皆三聖人敬天恤民之道未嘗言壽豈敬天恤民之道即所以爲壽而壽之道又復有其説乎已而讀故記乃有述黄帝之所以壽者其要在守一而處和而堯舜之相與問對亦復有天德出寧之説焉由是言之則三聖人之所以壽者誠復有其指矣毋其道玄妙精微貫通無二而人莫之測乎諸生其爲我解焉今日在廷諸臣皆以我皇上之壽不獨兼總三聖而其至萬年蓋謂其道同其德超也今我

皇上所以敬天恤民之道凡著之祀典布之詔令者業已煌煌燭燭照在耳目間久矣可得觀焉唯其聖德之藴則高遠如天深默如淵即在廷諸臣未之能窺而況蒿蓬之士乎然吾竊以爲測天者以景測淵者以意且固有中之者今爾諸生莊誦我皇上敬一之箴非一日矣能窺敬一箴之指則知黄帝之所謂一若和堯舜之所謂寧矣知一若和與所謂寧則豈不可以窺聖德萬一邪在昔華封之野人眇小耳尚猶致祝堯之詞周公大聖人也思以顯揚其主君之德則數數稱焉諸生其敬陳之吾將敬聽之

問　錢幣之法先王權度其號令之徐疾而制上下之用要在上之人操其權以制下乃其利始流行而不撓是故盗鑄之禁自昔嚴之矣何漢之賢君乃欲弛其禁於民而議者救以七福唐之賢相亦欲聽其鑄於下而議者規以四美可得而陳數與後之識者以爲自昔言貨幣皆昧要唯兩人頗詳其指信知言否與裔是論錢法者不爲鮮而儒臣獨取不惜銅愛工之言爲鼓鑄良法兹兩言較七福四美論不乖詩與明興酌輕重之中通錢法濟天下迄於今相循守不變顧法久弊生日以蠹壞我皇上洞察飭振之特鑄新錢兼本朝前代之適用者布諸民通變救時天下翕然便之更始矣視昔諸臣所稱説亦有以兼采行之否與其條列之以酌民用之宜

問　自三代以還其號稱王佐之才者無先于諸葛孔明乃其相蜀之迹率犁然可考有作必异有言必偉而宋儒或以偏才目之何謂乎漢初大功臣蕭何第一何事高帝常居帷幄中持文墨議論未嘗有汗馬之勞也而史臣至稱之爲一代宗臣何以故始孔明未遇時嘗自比管樂吾觀孔明之才不謝伊周而顧以管樂自比豈宋人睹其素許如此而事功又如彼乃遂爲觀場之見而少之乎且固有説也高帝差品諸將常取獵事以白蕭何之功當是時何寵冠群臣聲施海内矣意者史臣望其末光以爲奇絶遂立號宗臣予之邪若不然者必有説也夫此兩公者皆漢之所稱賢相名大夫也其事功或就或不就天也其大體有得有不得則人爾不可謂之天也自今觀之若略其事功而直以才校則何不逮亮遠甚姑舍其才而直以大體校則何爲得乎亮爲得乎宋人議論好窮本偏才之駁不屬孟浪班固撰漢書務在核實其予何絶甚誠有觀其大者諸生其深究之夫論人者譬之入寶肆評賈直也一不得當市者遂用以爲低昂可弗慎歟乃若哆口無驗妄施褒抑而輕摇其筆端即令奇文蔚起主司者將敝帚視之則何貴焉

問　用兵制勝之道在激厲鬬士奮其心然機宜不越賞罰兩者葢嘗覺睹古奇杰操兩者以馭下往往超忽變化改惑觀聽令人迷所指向莫之測試

僂舉□記中一二籌之彼盗食善馬而賜酒遍飲卒稱神師而率衆拜禮將冒多矢而賜蓋示旌戚屬失利而掩袂正刑名士違律而揮涕明法折民七筋而立誅徇衆此諸所舉措非恒見所料想外邪□者島夷内訌構連深入三吴兩浙之禍殷矣聖天子睠懷東南亟圖惟殲滅之乃久不聞滌海邦之氛以奏功者豈當事之臣牽泥尋常中未能達古人微眇意指邪夫超格以懸賞罰則士愛我而不愛身畏我而不畏敵此必然之畫也當事者試酌機激奮之其弗可以厲鬥士使之忘死生赴敵邪諸生願吐出胸中之奇以裨平倭之略

問　聖人之教本以救時行道爲賢而今之君子固有談古高節獨行之士者此不可長也其談古高節獨行之士則率稱引段干木魯仲連之倫焉以爲此二子者可以廉頑而立懦其説似矣乃或有稱鮑焦爰旌目荆輿颜闔之四人者焉吾不識四人者之藴與段魯二子何似然其行皆過激非人情難繼乃亦博萬世之名何也嗟乎此亦後世好奇之士爲之標幟耳不然則四人者皆與孔子同時孔子著魯論其述賢人君子之行衆矣然上不挂爰鮑下不引闔輿豈聖人之論撰顧於廉頑立懦者而屑越邪亦或其少之也夫高節獨行士之所甚難能也然而有聖人爲之軌則焉聖人之出處固不若是之必矣乃若段魯二子其奇可以扞國家之難望足以寢强敵之謀而志在固藏其視聖人之道何如邪夫持二子以削四子則四子爲小持聖人以削二子則二子又復小矣夫其遞相不及者何在乎然此四子中且亦有區别尚費品題未可以一概量也諸生其一一第其等焉方今聖明御世山澤之儒苟具一德通一伎者咸來上謁而诚願自效蓋充滿公車矣然吾所慮者俗行無名俗事無功將無有好奇如六子者出乎吾且擿古之非以防今之趨耳毋曰駢拇而枝贅矣無關世教也

中式舉人一百三十五名

第一名　楊濂　四川巫山縣人歲貢生　春秋

第二名　潘僊　江西武寧縣人歲貢生　詩

第三名　柴淶　順天府學生　易

第四名　鄭時平　豐潤縣學生　書

第五名　潘允端　直隸上海縣人監生　禮記

第六名　包汴　浙江嘉興縣人歲貢生　書

第七名　吕烔　浙江崇德縣人監生　易

第八名　成鍾音　遵化縣學生　詩
第九名　趙以文　江西安福縣人監生　春秋
第十名　王養端　浙江遂昌縣人監生　詩
第十一名　阮自嵩　直隸桐城縣人監生　易
第十二名　張崇功　大名縣學生　詩
第十三名　于未　直隸金壇縣人監生　書
第十四名　蔣彬　直隸吴縣人監生　禮記
第十五名　閻卓　大名府學增廣生　詩
第十六名　湯彬　浙江海鹽縣人歲貢生　書
第十七名　許衎　福建龍溪縣人歲貢生　易
第十八名　易汝奇　遼東海州衛學生　詩
第十九名　杜焕　長垣縣學附學生　易
第二十名　霍維藎　曲周縣學生　詩
第二十一名　沈祖學　浙江餘姚縣人監生　書
第二十二名　錢應龍　錦衣衛人監生　春秋
第二十三名　王楣　遵化縣學生　詩
第二十四名　葉應春　浙江會稽縣人監生　易
第二十五名　唐仲寅　通州學增廣生　詩
第二十六名　劉時秋　順天府學生　易
第二十七名　張舜年　成安縣學生　禮記
第二十八名　袁師孔　曲周縣學生　詩
第二十九名　趙瑛　南宫縣人監生　易
第三十名　許守謙　藁城縣學增廣生　詩
第三十一名　魏希直　直隸崑山縣人監生　書
第三十二名　達淵　順德府學生　詩
第三十三名　黄學海　廣寧左屯衛學生　春秋
第三十四名　耿思愛　滑縣學生　書
第三十五名　朱大化　蠡縣學生　詩
第三十六名　張翊元　浙江餘姚縣人監生　易
第三十七名　周濂　冀州學生　詩
第三十八名　劉懋中　魏縣學生　易
第三十九名　張克寛　容城縣學生　書

第四十名　郜大經　吴橋縣學生　詩
第四十一名　周存性　江西寧州人監生　春秋
第四十二名　畢守正　新河縣學生　詩
第四十三名　曹子朝　三河縣學生　易
第四十四名　吕鳴珂　順天府學生　書
第四十五名　鄭國仕　魏縣學生　詩
第四十六名　許蘭　長垣縣學增廣生　易
第四十七名　徐學禮　順天府學附學生　禮記
第四十八名　劉子延　滄州學生　詩
第四十九名　高魁　順天府學附學生　書
第五十名　王開　清苑縣學生　詩
第五十一名　甕蕙　安肅縣學生　易
第五十二名　牛鏡　獻縣學增廣生　詩
第五十三名　汪萬里　福建晋江縣人監生　易
第五十四名　邊載質　饒陽縣學生　春秋
第五十五名　聶守中　三河縣學生　詩
第五十六名　張允濟　固安縣學附學生　書
第五十七名　李尚賓　廣宗縣學生　易
第五十八名　平康裕　新城縣學生　詩
第五十九名　李學思　易州學生　書
第六十名　張天馭　深州學生　詩
第六十一名　賈三友　故城縣學生　易
第六十二名　張性淳　邯鄲縣學生　春秋
第六十三名　傅來鵬　順德府學生　詩
第六十四名　趙輔　順天府學生附學生　易
第六十五名　吴一龍　三河縣學生　詩
第六十六名　濮隆　浙江分水縣人監生　書
第六十七名　陳世賓　鉅鹿縣學生　易
第六十八名　胡天爵　廣平府學生　詩
第六十九名　戈大本　順天府學附學生　禮記
第七十名　劉樞　遼東都司學生　書
第七十一名　王尚古　大寧都司學生　詩

第七十二名　李師孔　開州學附學生　易
第七十三名　王三畏　永年縣學生　詩
第七十四名　喬伊　三河縣學生　易
第七十五名　王尚質　順德府學生　書
第七十六名　曹徵獻　直隸無錫縣人監生　詩
第七十七名　黄挽　元城縣學生　春秋
第七十八名　王甫桐　饒陽縣學生　易
第七十九名　撖德光　順德府學生　詩
第八十名　王時正　開州學生　書
第八十一名　翟宗道　傅野縣學生　易
第八十二名　韓宰　隆平縣學生　詩
第八十三名　劉珊　遼東都司學生　書
第八十四名　李宏　順天府學生　易
第八十五名　余城　江西鄱陽縣人監生　詩
第八十六名　鄭洛　保定府學生　書
第八十七名　唐舜欽　浙江蘭谿縣人監生　易
第八十八名　陳應麟　順天府學附學生　詩
第八十九名　劉珮　寶坻縣學生　春秋
第九十名　王士金　河間府學生　書
第九十一名　楊溢　順天府學增廣生　詩
第九十二名　葉應暘　浙江會稽縣人監生　易
第九十三名　李棧　蘇州學生　書
第九十四名　杜英　懷柔縣人監生　詩
第九十五名　胡效才　直隸桐城縣人監生　書
第九十六名　章甫端　任丘縣學附學生　易
第九十七名　楊衍慶　順天府學生　禮記
第九十八名　楊宗道　真定府學附學生　詩
第九十九名　祝養蒙　長垣縣學增廣生　易
第一百名　王闃　清苑縣學生　詩
第一百一名　曲宦　東光縣人歲貢生　書
第一百二名　張維賢　饒陽縣學生　詩
第一百三名　史粲　開州學生　易

第一百四名　申佐　廣平府學生　詩
第一百五名　邵桂　安州學生　書
第一百六名　閔道充　浙江烏程縣人監生　易
第一百七名　程宰　大名府學增廣生　詩
第一百八名　宋諾　故城縣學生　易
第一百九名　李棟　河間府學增廣學生　詩
第一百十名　駱秉韶　浙江臨安縣人監生　書
第一百十一名　張應宿　順天府學增廣生　易
第一百十二名　劉琚　固安縣學生　詩
第一百十三名　王中孚　直隸興化縣人監生　春秋
第一百十四名　張懋極　清苑縣學附學生　詩
第一百十五名　楊子實　河間縣學附學生　易
第一百十六名　蔡壁　順天府學增廣生　詩
第一百十七名　沈紹先　安州學生　易
第一百十八名　陳道　沙河縣學生　書
第一百十九名　姬賓獲　廖縣學生　詩
第一百二十名　劉啓源　順德府學生　書
第一百二十一名　何廷錦　福建邵武縣人監生　詩
第一百二十二名　李泮　任丘縣學附學生　書
第一百二十三名　吴一琴　成安縣學生　詩
第一百二十四名　陳鸚　順天府學生　易
第一百二十五名　齊一變　深州學生　詩
第一百二十六名　蕭長　武强縣學生　禮記
第一百二十七名　王敬　固安縣學生　詩
第一百二十八名　劉珩　慶都縣學生　書
第一百二十九名　費桂　順天府學附學生　詩
第一百三十名　白經　順天府學附學生　易
第一百三十一名　趙時敏　大名縣學生　詩
第一百三十二名　畢秦　井陘縣學生　易
第一百三十三名　賈一之　保定府學生　詩
第一百三十四名　許連　南皮縣學生　易
第一百三十五名　秦紳　順天府學附學生　詩

第一場

四書

仁以爲己任不亦重乎

潘僊

同考試官教諭柳批（脱去凡見而以妙用言仁子殆識仁體之不匱矣宜録以式多士）

同考試官教諭江批（發明任仁之重卓有定識蓋求仁而有得者）

同考試官進士羅批（萬物一體之意形容殆盡其以仁自任者耶）

考試官侍講袁批（詞理淵博是邃於心學者）

考試官右諭德王批（發揮仁字明盡）

大賢即士自任之道以言重欲其知所弘也夫仁道至大而必欲體之其任不亦重乎士之不可不弘也以此曾子之意若曰今夫士知任之爲重然後可以語弘知仁之爲任然後可以語重何哉蓋仁也者具于一心之微而實冒天下之道所以立天地者在是所以體萬物者在是此其道甚大而用力甚難也彼爲士者可但已乎蓋行仁固難而君子則先其難者也必也奮不讓之志而向往之必決由所能而達之于所不能未嘗畏其難而中止焉仁道固大而君子則務其大者也必也勵不息之强而率履之必周以所及而推之于所不及未嘗諉諸大而略之焉道之所在則爲天地立極凡天之所以與我而我之所以善事乎天者蓋無所不盡其心矣位之所在則爲萬物立命凡物之所以責成于我而我之可以曲成乎物者蓋無所不用其力矣夫士之以仁自任如此可不謂之重乎蓋一物一理仁之散殊也舉一物者亦可以言任不可以言重參天參地仁之全功也舉全功者乃可以盡仁而士之任始重矣通天地以爲一體是以一體而負天地矣非合無疆以爲德者則莫能勝也會萬物以爲一身是以一身而載萬物矣非包四海以爲量者亦何可當也士而知此則知所以弘知所以弘則可以體仁而任重斯無愧于爲士矣抑是道也唯伊尹可以當之一夫不獲乃曰時予之辜非任歟思天下之民皆欲其被堯舜之澤焉非仁歟而不懾不沮與湯一德非弘歟此阿衡之所以爲賢而相道之所以光也不獨伊尹即周公亦然無逸可以觀仁赤舃可以觀弘君子合二公之事而并論焉則知曾子之言固萬世大臣之準也

必得其名必得其壽

柴涞

同考試官教諭沈批（天人相與之際人所難言子獨于必理説得明盡豈貫天人之學者邪）

同考試官教諭張批（説名壽處場中鮮有及者）

考試官侍講袁批（辭意當雅可誦）

考試官右諭德王批（迥异衆作録之）

中庸著聖君之斂福而天人不能違也夫名者人所歸壽者天所與然皆德之固有者也大舜德隆而福聚則天且弗違而况於人乎此名壽之所必得也吾夫子贊舜孝之大而推言之若曰聖人德體天下之全則福斂天下之備大舜之所履豈惟禄位之俱造已耶何者帝王德至於人則萬邦愛戴於是乎有無窮之名然名在於人雖聖人亦不能必人之我歸其在於舜則可得而必之人不得而與之吾見德音孔昭觀諸在朝而賡歌興令聞不已觀諸在野而頌聲作自玄德之聞以達於四方之風動自重華之協以及於四夷之來王莫非名也莫非舜之所可必也是其至德光輝充塞天地則聲名洋溢將天地爲昭焉矣大舜之名其冠乎群倫有如此帝王德至於天則上帝敷錫於是乎有無窮之壽然壽出於天雖聖人亦不能必天之我與其在於舜則可得而必之天不得而愛之吾見永錫難老而久道以成化多歷年所而無疆以配天由授曆之始以引於撫運之靈長畝陟位之初以臻於耄期之悠遠莫非壽也莫非舜之所可必也是其神聖精誠蟠際宇宙則壽祺永介將宇宙與存焉矣大舜之壽其出乎庶物有如此是則舜不必名也而名必集亦不必壽也而壽必隆則其福之無不備者一德之所有耳曷常以己與之哉雖然名壽一也不可以异觀蓋名發於外德之華也壽凝於中德之精也然壽非名不彰名非壽不永則其原出於一而其機又相須矣古之聖人未有不兼所得者而惟舜際堯禹之盛履天地之中極治之化迥邁千古此夫子所以特贊而亟稱之也中庸以明道之費隱至哉

以德服人者中心悦而誠服也如七十子之服孔子也詩云自西自東自南自北無思不服此之謂也

鄭時平

同考試官教諭丁批（王伯之辨在誠僞之間子於王者感人處發揮明

暢足占辨志之學矣）

同考試官進士劉批（是善形容王道者宜録以式）

考試官侍講袁批（王道服人在誠是作得之）

考試官右諭德王批（説悦即誠良是）

大賢言王道感人之誠而必兩有以明之也蓋王道不外乎一誠也上以誠感下以誠應是豈伯者之所能及哉孟子申明王伯之辨蓋如此今夫至不容僞者人之心至不易得者人之悦唯伯者無以致其悦斯不能服其心矣彼王者之於天下也其行德也以盡道也而非以市私恩也以盡分也而非以要人心也然而天下之人皆服焉者其中心悦也彼人情莫不有好而吾與之聚則凡人之得遂其好者自不能舍其所好而他有所適矣人情莫不有惡而吾勿以施則凡人之得違其惡者自不能安于所惡而唯好是從矣蓋吾之所以行德者誠以行之也而人之所以服德者亦誠以服之也獨不觀諸孔子乎孔子當春秋之末造群七十子而講學于洙泗之上也特以明道統之傳而已固非必人人之皆服于我也而七十子之徒罔不悦夫子之道者有步亦步有趨亦趨而莫或違焉一誠之所爲耳是誠也即人之服王者之心也故觀于孔子而王道可知矣又不觀諸詩乎詩言武王當鎬京之既宅從群臣而行禮于辟雍之上也特以敷文教之端而已固非必天下之皆服于我也而天下之人靡不悦聖人之教者自西自東自南自北而無思不服焉一誠之所爲耳是誠也即人之服王者之驗也故觀于詩而王道可徵矣然則誠也者王道之本其幾始于一念之微而其效極於天下之大王天下者亦慎其幾而已矣夫所謂慎幾者辨志之謂也志仁義王也利仁義伯也非王也非以仁義爲利王也迨其終也仁義效而矜色動怠心作非王也伯也所謂差之毫厘謬以千里者也不可不察也大學論治平之道而首之以誠意要之以慎獨意正謂此西山真氏嘗衍其義以進講焉蓋將致主于王道而先其幾也吁賢者之事君固如此

易

上下交而其志同也

柴涞

同考試官教諭沈批（理趣深長詞意純美明良交孚之義溢於言外可録）

同考試官教諭張批（發明上下志同之意而泰和氣象宛然可見佳士佳士）

考試官侍講袁批（意味雋永文之佳者）

考試官右諭德王批（得旨）

觀君臣相孚之至而人道之泰可知矣蓋君臣者以分相臨者也而志相孚焉非上下之交不能也此所以爲人道之泰乎吾想彖傳之意蓋謂人君有志于圖天下之治非臣無以底其功人臣有志于建天下之業非君無以遂其願是君臣也者相須以成志而不可有二焉者也然其志有弗同者則由于上下之不交耳玆泰之爲卦以乾坤合體而成者也乾上而坤下則是爲之君者以臣道雖卑而有代終之任不可亢也虚心以逮下勢位不得而拘之焉爲之臣者以君道宜尊而有忘勢之誠不可負也傾心以奉上形迹不得而間之焉夫上下之交如此其志焉有不同者哉吾知勢位之既忘則道心爲之自通君欲舉之固臣所不欲廢者也形迹之既泯則誠意爲之自孚臣欲獻之固君所不欲替者也以參贊天地爲極功君之所以爲期者此也臣之所以爲期者亦此也未始相謀而默與之相契蓋有异體而同神者矣以左右斯民爲能事臣之所以爲念者此也君之所以爲念者亦此也未始相徇而適與之相符蓋有异位而同情者矣是則惟臣從欲君不疑于其臣帷君從好臣亦不疑于其君何交之不可久而泰之不可保哉抑是道也虞廷之君臣蓋有之矣觀其都俞吁咈未言而信其志不謂同乎然交相責難之意未嘗不寓于賡歌之中此乃所以爲保泰之道也嗣是而成周其君臣之相與彌篤而相戒彌切故宇宙泰和與虞廷比隆焉乃知泰之爲卦蓋爲聖世而言君子有觀于斯亦可以想見虞周之氣象矣

天地之大德曰生聖人之大寶曰位

吕炯

同考試官教諭沈批（雄渾精確説盡天地聖人之理宜録以冠多士）

同考試官教諭張批（詞簡氣昌議論純正杰作也）

考試官侍講袁批（善發天地聖人之藴）

考試官右諭德王批（精到）

大傳於天地聖人之道必各舉其所重者而言之也夫天地以生物爲心而聖人以理物爲責也其所重者有不在于生與位乎今夫不有天地無以開聖人之治不有聖人無以成天地之能斯二者蓋相爲終始者也彼奠位兩間而覆載萬物天地之量蓋恢恢乎不可限矣然所以廓其量而冒群生使化育之機推行而不已者則謂之大德也是果何所在邪曰生而已蓋生物者天地之心而一元默運固其心之妙于動静者也其專而翕也所以育其生之神也而萬物由之以始其直而闢也所以達其生之用也而萬物由之以成是雖普

萬物而無心在天地不知有其功而好生之德自有天地以來未之有改也生非天地之大德而何參贊天地而成位其中聖人之德蓋蕩蕩乎無能名矣然所以運其德而澤天下使經綸之略流行而無滯者則謂之大寶也是果何所在邪曰位而已蓋道尊者聖人所貴而至尊無上固其道之藉以大行者也中天下而立則達之天下而不悖其勢重者其恩溥也奄萬方而有則推之萬方而皆準其權一者其教章也是雖有天下而不與在聖人不以位爲樂而所寶在此自有帝王以來未之或异也位非聖人之大寶而何由是觀之則天地所以生聖人者將以弘其道而不匱聖人所以履天位者唯以憲其道而弗違天地聖人其合上下而同流者歟雖然天地之道不可勝原者也但生生爲之本耳若夫雷霆之爲威霜露之爲慘皆所以成歲功而遂萬物何莫而非生之道哉聖人者法天以爲治於是德刑賞罰之政立焉然亦莫非仁也要在納天下於軌物之中而已至漢董子以陽主于長養陰積於無用明天之任德而不任刑焉此則依大傳以立説又欲人君專任德也於乎可謂善言天者歟亦可謂善告君者歟

書

聲教訖于四海

鄭時平

同考試官教諭丁批（聖人德化未易形容讀是作則當時化行氣象宛然在目是邃于經義者）

同考試官進士劉批（王化無外之意發揮殆盡真杰作也）

考試官侍講袁批（昌大）

考試官右諭德王批（有氣概）

聖化大行於天下由治水之功成也蓋水土平而後教化洽也自非大禹經理之周焉能盡天下而達之哉今夫天生神禹造化屬之是故既有以立經制之功復有以開太平之治何則王者運鼓舞之機而振舉以宣之也有所謂聲焉闡經綸之蘊而軌範以章之也有所謂教焉夫聲教之弗廣以區晝之未周耳禹也抑洪水而九州同正庶土而五服定則天地成平氣運際亨嘉之會風聲由之而丕樹矣渾淪再闢人文啓宣朗之期教化由之而懋昭矣夫聲自我施若不能必天下之均及也然而惠心惠德莫不從欲而作孚教自我立亦不能必萬邦之悉届也然而建極歸極罔不徯志而丕應東而海隅則漸焉西而流沙則被焉文命四敷山川不得而禦之也朔而幽都則暨焉南而明都則及焉神功遐布風氣不得而限之也是其所施者博而所濟者衆地有盡而聲

無間風行海流與四時同運而無方矣曾有一隅之弗至者乎所過者化而所存者神人雖殊而教必達聖作物睹與天地同流而不匱矣曾有一夫之不獲者乎是則水土既平贊化育之妙也教化斯洽成彌綸之能也美哉禹功其萬世永賴者乎抑於此見大禹之智又可以見帝舜之仁蓋行所無事智之大也爲天下得人仁之至也智之大則足以任天下之重而爲生民立命矣仁之至則有以授天下之聖而爲天地立心矣聖聖相承造化不以之而斡旋哉噫匪禹之智無以彰舜之仁匪舜之仁亦無以遂禹之智仁智兼濟明良相與以有成矣此有虞之治後世所以弗可及也已

亦越文王武王克知三有宅心灼見三有俊心以敬事上帝立民長伯

包汴

同考試官教諭丁批（文武善任其本在知人而子能言之非徒騁詞華者也）

同考評官進士劉批（純正充蔚可以式矣録之）

考試官侍講袁批（説心處有見）

考試官右諭德王批（能言聖人任人之心）

二聖於宅俊之賢知之深而任之重焉蓋賢才者人君所與共天下之理也文武真知而善任之則者協上下以承休也有以哉周公陳立政以告成王也及此意曰人君之官人其知之也不眩而後任之也不惑昔我先王文武其休明不可紹邪彼登庸於朝而居三事之位者三有宅也是三宅者吾將資之以弘化也不知其心可乎夫達視其所施彼其敷諸政者可稽也文武則即其推行之迹以得其心術之微凡其不愧不怍以靖獻于君者罔不以之而洞見矣夫豈嘗試之已邪明揚於野而具三事之材者三有俊也是三俊者吾將資之以熙采也不知其人可乎夫窮視其所養彼其宣諸言者可睹也文武則因其擬議之謨而察其由衷之藴凡其爲上爲下以效忠於時者莫不以之而畢照矣夫豈面謀之已邪夫知之既深任之有不重哉蓋人君爲天宗子則所以奉天者宜無不盡也以此宅俊而敬事之與之共天位也精白一心昭其篤棐之忱焉與之治天職也夙夜匪懈勵其庶明之翼焉蓋天之所畀於君者咸資宅俊以代其終矣人君作民元后則所以子民者亦宜無不周也以此宅俊而長伯之立之以厚民生也而容保無疆擴吾惠鮮之澤焉立之以正民德也而教思無窮弘吾怙冒之仁焉蓋民之所望於君者咸藉宅俊以成其能矣夫惟上帝之事則職業修而所以膺純佑之眷者在此也夫惟長伯之立則體統正

而所以底久懷之休者在此也此文武克知灼見之效而知恤之實不亦從可徵哉嗟夫萬化之原涵於一心而帝王之所以參贊天地左右斯民者咸此心爲之運也周之文武敬止建中心學邃矣故其任賢圖治必究觀其心而不敢以輕用而當時爲之臣者亦皆殫心靖恭以事其上此所以志同道合上下交而爲泰之時也是以極治之化比隆唐虞而泰和景象在成周宇宙間矣

詩

鳳凰于飛翽翽其羽亦集爰止藹藹王多吉士維君子使媚于天子

潘僑

同考試官教諭柳批（發明媚君之心油然可掬子其今之吉士矣乎）

同考試官教諭江批（能言臣子媚君之心忠愛之士也）

同考試官進士羅批（賢才愛君之心素所蓄積子能攄發其藴殆自靖以獻者乎）

考試官侍講袁批（忠愛可誦）

考試官右諭德王批（講媚字正宜如此）

大臣興賢者有效主之忠其冀望之意深矣夫忠愛其主賢者之志皆然也顧惟人君能用之耳豈有弗效者哉此召康公戒成王之詩至是勉之以用賢也其意若謂今夫鳳凰之于飛也其上之而戾于天者性也乃復翽翽其羽集于所止者何哉蓋其飛戾天者性適于飛也其集所止者性適于止也苟適其性則無往不之矣夫物固有性士固有志苟遂其志安使而弗效乎載觀今日之天下吾王之吉士何藹藹其衆也蓋天之所生固將以足一時之用而志之所存又欲以覲天子之光其所以未效于王者以吾王未之使耳誠能以賢之不可遺也而用之不厭其多以才之不可枉也而使之各當其能吾見大而有成德之士也王以德使則何德而不爲媚乎爲之先後焉爲之左右焉雖聖修無待于外求而區區補衮之忠蓋有弗能自已者矣小而有達材之士也王以材使則何材而不爲媚乎爲之明其則焉爲之理其綱焉雖神化不資乎小補而拳拳贊治之圖蓋有弗能竟忘者矣感遭逢之盛也無所不順而順于道非道不敢陳固平生之所學者耳思知遇之難也無所不愛而愛以德一德之相孚固素心之自許者耳觀此則士之慕君也不爲不切而君之得士也亦不爲無益爲成王者寧能弗加之意邪且成王有周之令主也然又撫成業而履盛運夫復何虞康公從游卷阿而諭戒不已者何也蓋保治獲福莫要於用賢而太平之世雖有賢者無以自見故汲汲焉欲其亟用之耳亦先事豫圖之意也毋其時鳳凰見祥恐將驕主心而怱治道遂因以爲諭乎老成愛君之意誠

無窮哉

我受命溥將自天降康豐年穰穰

成鍾音

同考試官教諭柳批（商頌之體簡質是作得之）

同考試官教諭江批（此題於天人處類多混冗言簡而意盡者無如此篇）

同考試官進士羅批（諸作多冗雜牽綴獨此篇詞意精確録以崇雅）

考試官侍講袁批（簡明）

考試官右諭德王批（此非稚筆可到）

賢王述天眷之隆而復有以申之見先祜之遠也夫萃人心以承祭天之眷商隆矣然復有康年之降焉則其申命用休也何如哉此足以觀湯之所貽矣昔商人歌烈祖之頌以祀湯及此則曰國家之福有開必先天祚湯德至矣迄於今未改也盍亦於人心而徵之乎今夫有廟假而多辟具來是一人追養之孝有以得萬國之歡殷薦啓而同軌畢至是後王尊祖之誠有以協人心之順夫天難忱斯其端在人乃今對越之際天下相後先焉則何天之休百禄是遒矣受命何如其溥也維天無親其機在下乃今駿奔之時天下皆趨向焉則何天之寵百禄是總矣受命何如其將也然命之既溥吾方慮靈承之罔克而天之仁愛尚無已也陰陽和而年用康畀我以豐登之慶命之既將吾方懼寵受之靡堪而天之敷錫猶未艾也雨暘時而歲其有綏我以順成之休有稷有黍而美利滋殖凡吾爲嘉栗旨酒以繼孝於祖考者何不備也有稻有秬而嘉種浩穰凡吾致潔粢豐盛以陳信於鬼神者何不周也是其自天申之維日不足如此則今之辟公相而熙事成者固皆天命之匪懈而烈祖祈天之永不尤可繹思也哉記禮者之言曰肆直而慈愛者宜歌商蓋商道尚質其心懇至而其言簡明是故登歌之頌稱述祖德無溢美矯飾之詞而事神之頃無言無争肅敬齊一肆直慈愛之意藹然可挹故今讀烈祖之頌尚可想見而興起也雖然以湯爲祖而受命以武丁爲孫而中興重光之德昭格天人之佑商而綿其曆也固宜

春秋

春齊人陳人曹人伐宋（莊公十四年）

楊濂

同考試官知縣毛批（桓公一匡之業其本在作内政以阜民力子能道之豈達節制之兵者邪）

考試官侍講袁批（精確）

考試官右諭德王批（得謹嚴體）

春秋予伯者之兵以其舉之有名而用之有制也蓋有名則非妄動矣有制則非黷武矣伯者之兵有是哉春秋安得而不予且宋人背北杏之盟齊連三國之師以伐之亦春秋之常事耳然而書伐宋又稱人者予之也夫其予之者何蓋書伐宋者予其爲有名之師也自王室既微桓公欲以盟會而申尊周之義而宋首背之是兵之招也故聯壁壓境非以耀武問不信也移檄數罪非以易齊討無君也夫東遷以來諸侯邪僻固有非義伺人者矣而伐宋之役則興戎者不爲幸禍而納侮者不爲無妄此所謂有名之師事靡不成者也卒之言直氣壯而宋城見取焉謂非協人心而合天理之驗乎春秋予之者以此其稱人者予其爲有制之兵也蓋寓兵于民管仲將以富强而建圖伯之勛而兵數用焉是民之厲也故邦有大夫而未嘗有推轂之遣懼傷財也邦有大衆而未嘗有傾國之行懼勞力也夫西周之後諸侯放恣固有非法動衆者矣而伐宋之役則將卑而從軍之費寡師少而賦民之法薄此所謂有制之兵所向無敵者也卒之南摧西抑而天下莫争焉謂非既富國而又强兵之效乎春秋予之者以此用是而觀兵貴以義義則有名亦貴以仁仁則有制齊之師進于是矣其伯天下也宜哉抑自王迹熄而伯功興聖王之綱紀猶得不絶如綫者齊桓故也而聖王之綱紀漸以澌滅者亦齊桓故也何也宋先王之後也雖其罪可討夫齊安得而擅伐之三國稱人雖志同欲也齊亦安得而擅用之此伯道之盛王道之衰所由始也故曰五伯者三王之罪人也

夏公會齊侯于夾谷公至自夾谷（定公十年）

趙以文

同考試官知縣毛批（夾谷之會此聖人俄頃之化是作善於模寫其知聖人之精者乎）

考試官侍講袁批（善説聖人神化）

考試官右諭德王批（有斷制）

聖人相禮而化强亦惟順乎理而已夫天下莫大于理而强衆不與焉此夾谷之會齊之所以謝夫魯歟且夫景公惑犁彌之謀而會定公于夾谷也夫固以爲可得志也定公信孔子之言而具司馬以從也夫亦以爲備患圖也迨夫壇坫之位甫就而鼓噪之聲遽起會同之禮未舉而兵甲之刧已臨當是時也定公蓋危若懸綴而患在須臾矣孔子乃不爲應敵之兵而徒事歷階之諍彼司馬之從者何爲者邪意以爲以兵偪好彼齊已蹈夫夷狄之俗矣尤而效

之非所以明有義也以禮爲國我魯蓋世守先王之法矣見難而廢非所以昭君德也迨乎謀夏亂華之言出而强梁者遂服愆義失禮之讓至而狙詐者自消其君即以狄道自任而推魯于古人之列其臣即欲謝過以質而歸魯以見侵之田蓋不惟饗禮用成而揖讓之體不失且能使返國有光而君子之躬無慈此可與恃强用衆者□日而語邪若使齊以兵劫而我亦以兵應則兩國令好而顧以亂終即不可示之天下矣豈有魯君之在會而可令其如此也魯有忿心則齊且將得志奉君以出而或令見辱即不可告之宗廟矣豈有孔子之爲相而肯使至于此極也故書曰公會蓋美其有備也曰公至蓋紀其不辱也由是觀之則一言之重勇于三軍率理之爲勝于率衆其斯以爲聖乎是會也亦可以見聖人與人爲善之心焉蓋春秋重補過不遠而復景公有之納約自牖晏子亦允蹈焉要其初則皆孔子歷階之諍有以感之也於乎□階不盡既先以禮檢其躬矣壇上之觀者奈何不服余獨怪以晏子爲相而令犁彌得行其説誠所謂不知仲尼者邪

禮記

仁者義之本也順之體也得之者尊

潘允端

同考試官教諭徐批（此題場中作者不泛則滯至夫詞約而意圓者無如此篇録之）

考試官侍講袁批（明潔）

考試官右諭德王批（講本體處咸精純）

記者論全仁道之大而宜長人之任焉蓋惟仁者宜在高位也兼所善而有得焉則仁自我全矣居尊不亦宜乎記禮運者之意若謂仁之爲道聚之所以治天下之情而體之足以任天下之重然則是仁者非聖王之所立隆乎今夫仁以統同義以别异其用若間然矣然仁者德之元也而義則所由本焉蓋化裁以盡變罔非此心之經緯劑量以軌物悉吾生理之流行是至誠憯怛之念渾融於裁成斷制之中而義之道斯章矣仁非所以仁此義邪仁以成身順以成物其迹似相暌矣然仁者善之長也而順則所由體焉蓋道乎於家國本於慈愛之充周化光於遐邇原於至恩之洋溢是歡欣交暢之妙鼓舞乎協氣嘉生之休而順之機斯達矣仁非所以體此順邪夫其合義順而成仁則有以統天下之善矣人而有得之者庸歉於居尊之任乎夫仁爲尊爵所以立萬夫之望而義以行之則處無不宜而天下各得其所以是而履帝位寧復有所疚哉仁爲廣居所以啓人心之歸而順以出之則施無不當而天下各適其情以

是而臨大君寧不允所稱哉蓋德之所在既有以涵天地之大則位之所在自足以居聖人之寶矣體仁以長人其道固如此是則所該者博體之會其全也所任者尊用之達其妙也此仁道之所以爲大而先王修禮以治情舍仁其何本哉抑聞之經禮三百曲禮三千無一事而非仁此窮本之論也夫先王宰制群動役使萬物固由於大禮之節然非吾心之仁彌綸貫徹於其間禮亦烏能以自行哉是知爲國以禮爲禮以仁而領天下國家者求仁之外無餘術也不然盛容飾繁徒以滋侈登降揖讓衹以諧俗而聖人製作之本窮矣

春作夏長仁也秋斂冬藏義也仁近於樂義近於禮

蔣彬

同考試官教諭徐批（聖人法天地以制禮樂此指微妙士子類難言之子可謂能其難者矣谓爲識禮樂之情非邪）

考試官侍講袁批（峻整）

考試官右諭德王批（説得近之義出）

記者指造化之德有合於聖人之制作焉夫聖人合德於造化者也仁義之於禮樂相去寧有間哉作樂記者之意謂夫天地變化聖人則之是故聖人舉禮樂與天地相似而不違焉今夫天地之動也爲直遂爲發散而春夏行焉然春則作之物皆訢合而化醇矣夏則長之物皆暢茂而條達矣兹非造化之仁乎蓋仁之爲德物之所由以出機也是故于作見仁之發見焉于長見仁之流行焉而天地温厚之德可識矣天地之静也爲專一爲翕聚而秋冬立焉然秋則斂之物之性命各正矣冬則藏之物之太和保合矣兹非造化之義乎蓋義之爲德物之所由以入機也于斂見義之利遂焉于藏見義之貞固焉而天地尊嚴之德可識矣夫聖人本天地以作樂則仁固樂之所從出也然仁以資天下之生樂以宣天下之化其理實相孚焉是蓋仁即無聲之樂而樂即有聲之仁顯微無間天人异情而同德矣夫何遠之有哉聖人法造化以制禮則義固禮之所由立也然義以成天下之性而禮以節天下之情其機實相湏焉是義爲無體之禮而禮爲有體之義合一不測理氣殊適而同原矣不其可與幾乎是知曰仁與義天地之神化備矣曰禮與樂聖人之功用全矣非知道者孰能一之易有之曰顯諸仁藏諸用鼓萬物而不與聖人同憂言天地無心而成化也聖人本於天殺於地舉禮樂以節宣天下蓋承其道而裁相之不敢以所可憂而同其無憂也雖然中和致而位育臻禮樂行而鬼神格則聖人之道固與天并運矣孔子稱堯則天而以成功之巍文章之焕言之旨哉

第二場

論

聖人至虚至明

潘僑

同考試官教諭柳批（理涉玄微士子類難措詞其能發虚明相生之義而合爲一體者無若此篇健羡健羡）

同考試官教諭江批（聖人之心本與天一此作發明精到其真知聖心者歟）

同考試官進士羅批（思精詞雅善發聖心之藴非邃於心學者未能爲也）

考試官侍講袁批（大舜之心與天合而精一執中達天之學也子能言之深哉）

考試官右諭德王批（場中如此作者絶少）

聖人之心與天同其神者也是故聖人以此通天下之感而天下莫測其妙焉夫天之心何心也虚立而明生者也蓋上天之載無聲無臭而天之爲心是惟以至虚者默運其機焉耳然冲漠之中無乎不具而至明之妙用自發見流行而不已此天之所以爲神也神故不測而化育之著天下孰得以窮其原聖人爲天之所獨厚而合德乎天夫德與天合則心與天一是故體備乎至虚而渾然萬理之畢具虚至而明亦至而天下之善之幾悉統於聖人之心聖人以此通人心之感而獨成其天而天下卒不能以窺其妙然則聖人之心果有以大异乎天下而與天同其神矣吾是以因朱子之言而知大舜之心即天也蓋嘗稽諸天乎古之説天者莫辯矣其曰維天之命於穆不已言精之運也其曰天命流行物與無妄言誠之貫也其曰乾道變化名正性命言賦之均也而天之所以爲虚明者未著也至曰混兮闢兮其無窮兮則有以善言天之虚明矣夫混以涵其虚之體闢以闡其明之用造化之神不於此而可見乎自今觀之乾坤之藏未發其藴二五之化未彰其秘萬物之命未晢其幾時則天之爲心淵乎朕兆之莫窺也杳乎機緘之弗露也湛乎其清通而不可象也廓乎其無垠而不可執也渺乎其無方體而不可求也而體之至虚立焉然至虚之中俯仰畢備天之神明照知四方而緃絃綿亘何所不及天之精粹作類萬物而洪纖幽顯何所不通虚之立者明之生而其妙用之所著自昭布胪列而不容掩陰陽之慘舒也日月之晦朔也寒暑之推遷也雨風露雷之變現也星辰經緯各循其度山川融結各奠其維飛走草木各若其生性情形體各順其軌端

倪呈而法象立幾微著而品物形而天地之化不亦至正而明達乎是虚以受之明以出之不疾而自速不行而自至而其所以然之故莫得而窮焉是天道之至神也夫天生人而篤於聖聖人獨得其秀而最靈者以合乎天而此心虚明之極默契其不測之神吾見澄然其定而思慮之不萌也穆然其静而聞見之不淆也冲乎其入於玄而意必固我之俱無也宥乎其隱於微而内外將迎之悉泯也則亦天之虚而已矣虚則靈昭不昧之幾發焉明覺自然之用行焉渾然者有以立其本而粲然者所以逢其原存之則爲四德發之則焉七情叙之則爲五倫章之則爲五服庸之則爲五禮用之則爲五刑昭著之則爲六經宣布之則爲萬化究極之則彌綸參贊中和位育之能成焉感通之則天下一家中國一人之量充焉而虚明之妙不與天并運而同神邪夫天地儲精本真而静而虚明之在吾心者固人人具存也顧天下之爲心奪於習誘於物攻取於衆欲壅閼於百私乃虚者汩焉明者翳焉而稟諸天同諸聖者皆迷眢而喪其初即返觀内照猶憒憒然罔所覺睹矧欲其通天下之故邪聖人以其所同乎天者達乎天下而道德性命并包於中古今一息人物一身其幾皆具足於虚明之奥是故聲入之則通物交之則化理觸之則□機協之則順道同之則孚氣應之則適言與行諧之則從心所欲而不逾夫鑒誠空則不可欺以天下之形衡誠平則不可爽以天下之物聖人之心誠虚明則不可眩以天下之理如天之於衆形匪物物而雕之而敦化川流并行并育曷嘗不陳麗於其間邪是謂天之至神聖人之至妙而稽古大舜則獨體其全焉蓋人心泯乎其危也心主純乎其微也惟一則合乎天之虚惟精則合乎天之明惟允中則合乎天之神常寂常感常明常覺而大智所燭靡善不彰是故好問好察而用中耕稼陶漁而取善則充其虚明之度矣詢岳闢門而舍己達聰明目而同人則溥其虚明之公矣去四凶而舉元凱命九官而咨十二牧則廣其虚明之運矣由是而璣衡齊政封山濬川則天地之心通焉由是而類帝禋宗允若克諧則鬼神倫理之心通焉由是而舞干風動鳳儀獸舞則民物夷狄之心通焉而舜之至妙與天之至神一矣雖然精一執中聖人達天之心學也後有作者舜其蔑以加矣然則欲復其虚明之體者其何以造焉亦惟曰擇善而固執尊德性而道問學而於聖人之精一者會于心則廓然太公物來順應心存理得而舜可希矣是爲論

表

擬賜翰林學士宋濂以所選良馬并爲製歌謝表（洪武九年）

楊濂

同考試官知縣毛批（奇而法正而葩我聖祖優禮儒臣之意讀之尚可想見敬服敬服）

考試官侍講袁批（藻贍典雅可則）

考試官右諭德王批（寫出儒臣感激之忱）

洪武九年某月某日翰林學士臣宋濂伏蒙聖慈以所選良馬并爲製歌以賜臣者神駒在馭特分御府之珍睿藻傳神驚睹化工之妙既聞嘶而知德亦持札而懷慚臣誠惶誠恐頓首頓首上言伏念臣濂雕蟲小夫駑駘拙品生當勝國之季居在深山之中竄形影以圖存望風塵而增愾著鞭首事空憐祖逖之雄歷塊非材敢慕孫陽之遇會真主崛興之始正遺賢待出之時過采虚名至勤再三之驛召曲承渥眷親睹九五之龍飛遂令徧歷于高華未嘗少責以奔走叨塵异數首尾十年感過隙之迅駒漸空華髮愧憑軒之衰鶴怕抱汗顔剪拂何施馳驅難效况乎三出三入髀消乘傳之餘兼以一節一趨力匱登臺之後嘆龍鍾之已甚瞻鳳閣而不前豈期待癈之軀翻軫益隆之顧簡六閑之寶駿群無留良揮五色之雲篇特將貌雅不重懋德懋功之賞忽臨私人私第之門臣乃想容與于賦中察風神于階下得言得意而想象掩周王黄澤之謡和律和吕而和聲陋漢帝蒲梢之曲美而知愛捧琬琰以驚心感極生悲撫樊纓而雪涕一跌之虞可免千官之眷誰先兹蓋伏遇皇帝陛下冠古威神御圖廣大用三驅以取順馳八駿以除殘日月焕乎重明乾坤帖爾再定義降江表畢收倚馬之才詔下域中至有墜驢之笑駕馭一時之豪杰廓清萬里之妖氛有如愚臣亦冒殊獎彼奇才之蘇子甘爲前驅若安國之康侯尤當退舍何悟一朝之錫仰同二氏之榮鳳臆龍鬐考馬經而特异過堤趨闕從人欲而不違乃知大宛之種非凡而益信王者之言有驗也所愧難報者德但徒懷裹革之思不待者年亦無多據鞍之日第當勉尋舊學堅保初忠踐霜雪而全身無羨莊生之論當晚暮而求道庶酉州齊主之知伏願朽索馭民兼金買士永定萬年之軌先登九方之明華山之戰騎咸歸在在歌鎬君之德黄河之瑞圖忽出煌煌表羲后之靈臣無任瞻天仰聖激切屏營之至謹奉表稱謝以聞

第三場

策（五道）

第一問

鄭時平

同考試官教諭丁批（我皇上之壽配天無疆超越前聖天下臣民皆竊

窺而謳吟之是作揄揚稱頌而忠愛之意甚焉其效華封之祝者乎）

同考試官進士劉批（我皇上所以上合天心而眷佑無疆者在于至德妙道子能推究鋪張務探其微不可以蒿蓬之士觀也）

考試官侍講袁批（我皇上齊天之壽巍巍乎莫能名言但臣子忠愛之私匪壽無可效者是策能探萬壽之源豈沐浴聖化而欲獻其忱者邪）

考試官右諭德王批（天生聖人則天必祐之而我皇上之德又克當乎天心此所以保定孔固而萬壽無疆也祝願之詞諸士皆有至能言天人相與之際者獨此作得焉録之）

聖人之道天道也天不息聖人之道亦不息夫不息者氣之所以達也聖人之德天德也天無心聖人之德亦無心夫無心者神之所以定也神定則固氣達則暢暢則順順則利利則無所不治五内皆融六府皆和矣固則静静則虚虚則無所不照萬化自歸萬物自正矣夫皆融皆和自歸自正夫是之謂弗擾弗擾之謂弗勞弗勞之謂得一夫一也者天以是清地以是寧聖人以是治天下天地悠久聖人亦悠久天地無疆聖人亦無疆夫是之謂與造物爲徒與造物爲徒則亦與造物爲壽天地一聖人聖人一天地未有兩焉者也亦其理固若是也然不知者衆彼不知者難以語道又可以語壽邪愚嘗求之千萬世之前而有聖人之壽者焉則黄帝堯舜其盛矣求之千萬世之後而有聖人之壽者焉則我皇上其盛矣究所由則皆法天之不息以爲道體天之無心以爲德其爲道爲德又皆不越乎敬天恤民之間而其效則歸之氣達而神定愚請爲執事言之夫三墳者記黄帝之行政也其述相時其述聚財其述崇教其述制義何者非恤民之事則亦何者非敬天之實輅輅轕轕亦大煩勞矣然而號爲垂衣之治者何也爲而不有順而不宰因天地之紀遂萬物之情故耳故黄帝之氣恒達神怕定在位百年得壽一百十有一歲也堯典者記帝堯之行政也觀其制曆象以授時咨四岳以效能舉元凱以裨政竄饕餮以蠲害何者非恤民之事則亦何者非敬天之實輅輅轕轕亦大煩勞矣然而號爲垂衣之治者何也爲而不有順而不宰因天地之紀遂萬物之情故耳故堯之氣怕達神怕定在位九十八年得壽一百十有七歲也舜典者記帝舜之行政也舜所爲以璣衡齊政以四門通明以伐苗見威以阜財布德何者非恤民之事則亦何者非敬天之實輅輅轕轕亦大煩勞矣然而號爲垂衣之治者何也爲而不有順而不宰因天地之紀遂萬物之情故耳故舜之氣恒達神恒定在位六十一年得壽一百十有一歲也由此言之則黄帝堯舜之所以爲壽者唯在于氣達而神定然氣之所以達神之所以定者又在于爲而不有順而不宰焉蓋所以

致天下之治者此術也所以延悠久之筭者亦此術也唯嘗黄帝之時有聖人者出焉告之曰守其一處其和黄帝拜之而遂服之焉舜嘗告堯曰余天德而出寧惟堯亦以爲然用之矣然以愚觀之則夫一也和也寧也此三言者其指雖殊然其道即爲而不有順而不宰之説也何以解焉蓋一也者言乎其心也圓徹靈覺上與太虚其竅流通渾爲一體斯之謂一也和也者言乎其德也静與天合不失吾本動與人合不失吾常斯之謂和也寧也者言乎其志也静也固静動也亦静無静無動無終無始斯之謂寧也一者不擾則萬化自順和者不滯則衆物皆軌寧者不摇則百昌咸遂故曰一也和也寧也此三言者即爲而不有順而不宰之説也故人之爲言也言天而天言地而地藐不相通聖人之爲言也言天則兼地言地則兼天一貫之道也不可不察也於戲黄帝堯舜去遠矣愚所論者特求之聲迹文字之遺而因推其精神心術之奥未能身睹之也今愚幸而身睹聖天子之行政矣又身睹其壽矣其行政一皆法天之不息以爲道體天之無心以爲德其爲道爲德亦皆不越乎敬天恤民之間而其效則歸之氣達而神定愚敬爲執事陳之我皇上之敬天也則郊丘有祀宫殿有祀有祈穀之典有祈福之典有修省之典有報謝之典凡可以敬天者靡弗舉也其恤民也則養老有詔蠲租有詔有傷疫之令有憫水之令有賑饑之令有勸農之令凡可以恤民者靡弗舉也其敦天之典也則明大倫制大饗篤事親之孝焉舉嚴父之禮焉其敕天之罰也則斥不肖戮不忠胡騎來侵則驅之島夷有犯則擊之身處官廷宥密之中而慮周乎四海九州之遠天下有不可勝窮之務而咸取報于一日二日之間自恒情觀之是其務至繁而其應至勞也而我皇上執簡以御繁則繁者自爲順也主静以制動則動者自爲理也緝緝熙熙會道之微焉穆穆玄玄履道之原焉譬之若天焉陰陽之流行四時之轉移萬物之化生輪輪䭾䭾而未始有息也然而於穆之神流者自流不與之俱流移者自移不與之俱移化者自化不與之俱化而所謂太乙者未嘗離次也是故以氣則恒達焉以神則恒定焉以壽則長久而不知所極焉然而在廷諸臣皆以我皇上之壽不獨兼總三聖而直至萬年者則固有卜焉蓋黄帝之所爲壽者一若和而已堯舜之所爲壽者寧而已各殊其德而不能相兼也愚嘗竊讀我皇上敬一之箴矣其曰勿参以三勿二以二者則與黄帝和一之指同其曰争虚欲日新不已者則與堯舜寧之指同夫彼三聖人者人抱一德且得年甚永今我皇上蓋兼三聖人之德而統會之矣愚聞之道什于人者壽什于人德百于人者壽百于人唯我皇上道什于軒轅而德百于唐虞諸臣所謂有萬年之筭者用是道卜之也雖然天無心生聖人有心天無爲托聖人有爲

故聖人之生也必受之异焉必厚之周焉必助之至焉聖人之壽殆天乎何説乎受之异也夫人生等氣耳唯聖人静之或山動之若川上知千歲下知千歲也故曰壽者受也謂受之异也何説乎厚之周也其所居鉤陳衛座虎豹守關天降甘露以悦其志地産嘉禾以昭其德故曰壽者厚也謂厚之周也何説乎助之至也忽不意老人獻雉羹焉山人呼萬歲焉未有所作鬼神將告之一有所思鬼神將啓之故曰壽者助也謂助之至也由此言之我皇上之壽非天而何哉愚也生在蒿蓬之野而游乎甸服之中觀聖人之治而不究其道被聖人之化而不測其德頌聖人之壽而不知其要領之所在唯執事教焉

第二問

柴淶

同考試官教諭沈批（錢幣國之大計此作劑量斟酌卓有定識其練達時務者邪）

同考試官教諭張批（論古事易論今事難此作議處錢法的然可行豈留意當世之務者乎佳士佳士）

考試官侍講袁批（識時務者在俊杰非子邪）

考試官右諭德王批（唯經國之士乃有此言）

法之趨於敝也唯智士爲能酌其宜法之趨於窮也唯聖人爲能通其變蓋天下無不敝之法而救之者不酌其宜則其敝愈滋矣天下亦無不窮之法而濟之者不通其變則其窮益甚矣智士憂時憫國不忍其敝之滋也慨然建議而救之周思其利害稽察其情僞劑量其事機之輕重必使權操於上而法行於下國與民均賴其福焉是之謂因敝補偏以佐國家之急權一時之宜也若夫聖人在上則與世推移應物變化法久而窮窮則通之以變意嚮所在天下改易觀聽而從欲焉故令之則行禁之則止神化鼓舞而民不倦矣是之謂裁成輔相以左右民立百王之法也此錢幣之制賈誼劉秩孔顗諸臣條列於前皆不失爲經國之智而我皇上洞照積習之弊一旦滌惡錢之蒐慝折其中而新之超軼千古兼總三臣之説而通變以宜其民非所謂聖人盡制而不私邪請悉陳之以復明問夫自燧人氏以輕重爲天下而錢之法始興自禹湯以歷山莊山之金鑄幣而錢之法浸具然而用之廣猶未也至太公立九府圜法而錢始流布於天下自兹而降民無錢不用貨無錢不售而錢之權顧出於布帛穀粟之上而天下之物莫不準之以低昂矣何者天下百貨皆資錢以流通重者不可舉非錢不能以致遠滯者不能達非錢不能以兼濟大者不可分非錢不得以小用金銀之屬細用之則耗組織之文片析之則廢惟鑄銅以爲錢物多則稱其多物少則稱其少灌輸交易

簡便不煩物价平而争奪寡彼我均而權算明錢幣之在天下與民相倚依爲命即一日不可廢也然鼓鑄之權在上而不在下上之人以義制利獨操握之而不使之冒禁以作奸則天下之人不罹其害而蒙其利矣是私鑄之令聖王必嚴爲之防自古迄今未之有改也已矣何賢君如漢文帝而欲放鑄以予民賈誼憂其禍之博也於是有七福之説賢相如張九齡而請縱民之自鑄劉秩患其行之必不可也於是乎有四美之規儒臣杜佑亟稱二子之論詳旨而達其要焉夫誼之七福何也黥罪不積一矣僞錢不蓄民不相疑二矣采銅鑄作者返之耕田三矣上挾銅積以御輕重貨物必平四矣作兵器假貴臣多少有制五矣臨萬貨調盈虚收奇羨六矣制吾弃財與匈奴逐争其民七矣是皆斟酌機權卓有定識誼真通達國體者乎秩之四美何也銅不布下而盜鑄者無因一也公錢不破二也人不犯死刑三也錢貨日增四也是皆揣畫情弊確有遠慮秩真深究利源者乎二子之後論錢法者代相隨屬而南齊孔顗則推原盜鑄之禍深而嚴法不能禁者由上人之惜銅愛工也先臣丘濬嘆服顗之兩言爲萬世鑄錢不易之良法焉夫銅擅於官而無所惜則體質厚而肉好適均工出於上而無所愛則製作精而輪郭周正本多而費重工倍而力艱即驅民使鑄亦將不爲矣况冒禁犯法而盜爲之哉是七福四美所以操其公鑄之柄而不惜銅愛工者所以杜其私鑄之奸三子之言互相發明有國家者采而施行之則錢之爲利不足以通融兼濟而致府庫之充實國計之有儲哉洪惟聖祖開基初置寶源局鑄大中通寶與歷代錢兼行之洪武六年禁民間私鑄鑄者許作廢銅入官而更造焉成祖列聖皆有年號通寶而嚴盜鑄之禁則申著律令炳炳如舟百八十年以來法重而人不敢犯錢行而人莫之撓所謂良法美意經久詳密宜萬世相循守之無弊也奈之何法久不能不窮法窮不能不變通其變以濟天下之窮制其義以公天下之利寧無待於聖天子乎我皇上稽乾履泰建極開人明備禮樂追琢紀綱道揆而法守懷刑而信度中興之鴻烈昭登顯定焯焯乎榮鏡宇宙無競也顧宏規上儀既皆底績而物宜民用咸與丕新頃年以來照臨幽隱洞察時奸知錢貨之行於民者非復二祖列聖之舊而殽雜巧僞之徒私鑄濫惡之物以阻壞錢法天下之弊極矣乃一旦涣號布令與民更新特鑄嘉靖通寶悉復祖宗之制與前代五銖開元之輕重適中者兼行於天下凡民間殽僞之錢悉罷之行之未幾而市肆不易物貨稱平朝野之民罔不習而安之喁喁然欣説而謳吟矣錢之宿蠹朝令而夕除錢之便宜家喻而户曉此誠聖作物睹人心轉移而因革損益燁燁乎宜民之神化矣丘濬所謂新耳目而通天下之物貨革宿弊而利天下之人民者將不豫爲今日揚厲邪夫權操於上則博禍除而七福集矣法行於民則五不可無虞而四美具

矣銅不之惜工不之愛則錢皆堅厚而民之奸私阻矣三臣之説悉兼采推行之而其通變救時之妙又有非三臣思慮之所及者是故新錢一出百度需之給廷臣之俸折軍士之糧佐兵興之急濟司農之匱足國裕民之道莫有便於此焉愚生樂觀聖制莫罄名言其將奚以效惓惓之私乎然竊以爲錢者泉也如水行地周流天下而無所不達者也乃今大江以北錢貨阜通而江以南則有行有不行焉是非果錢之不可行也特未立法以導之耳倘蒙推廣聖政明諭而遍曉之令天下皆以銀爲權以錢爲使而交易買售之際非錢不用有不若者輒以阻壞之罪罪之如此則令出惟行莫不樂趨而便習之即遐陬窮壤亦將流布而況邑里市肆間乎此愚生蠡測之見不敢自默焉者若以德而立本以義而制利則當事者有絜矩之要道也愚又何贅焉

第三問

潘僑

同考試官教諭柳批（蕭葛二相漢公卿鮮有及者子能評□精詳不可以觀藻鑒邪）

同考試官教諭江批（蕭稱管之亞匹而葛引管自比二公未易優劣此策劑量不爽可與尚論古人矣）

同考試官進士羅批（何在漢唯以能用諸杰號稱宗臣何非甚有加于亮也品題較然無以逾子佳士佳士）

考試官侍講袁批（論漢材確有定見録之）

考試官右諭德王批（主大體論人物最是）

人君以大臣之能爲能則心逸而功集大臣以天下之能爲能則事治而名高名高則獲在我事治則勞在人功集則獲在上心逸則勞在下在昔明君之所以撫世賢相之所以獲福皆不出此亦其大體固若此止矣愚蓋嘗讀孔明出師二表焉彼其盡瘁之忠敵愾之氣即鷹揚不過也其詞感憤其文瑰壯即伊訓不過也又嘗考所作木牛流馬之制焉其巧通靈其用利捷即公倕不過也又嘗觀所畫八陣圖焉分列部署上應天文下合地理即穰苴不過也孔明奇才也其諸過人者不可勝數然大率類此矣即就三事而論焉則亮之所以望抑群雄名高當世者此也其奉魚水之歡而不能建一統之業者亦此也何者大體失也今夫人君之于天下也譬之若天焉宰相者斗杓也百官者四時也天運則杓轉杓轉則四時行而杓不化而爲四時也譬之于人若心焉宰相者意也百官者手足四肢也意聽于心手足四肢聽于意意不化而爲手足四肢也故天道圜地道方君主圜臣執方宰相者立于不圜不方之間所以幹

旋四序揮使四體者也若乃孔明所爲出師表者氣既鷹揚而文復瑰壯一出則俶儻之士修詞之子皆捫心退矣木牛流馬之制出則伎匠之徒執斤鍾而求售其巧者皆攞指退矣八陣之圖出則誦鬼谷之書習黄石之略者皆批頰退矣夫使諸技客才人皆退而不敢前引以爲弗如而不肯任則亮不得不勞以故怕自立于矢石之間事無大小悉决于帳前課功程罪不爽毫髮是斗杓化而爲四時意化而爲手足四肢也事必不可集功必不可就才累之也而大體失也所謂大體者我無能而無不能也我不足而無不足也不操鉛槧而天下之文皆吾文也不事剞劂而天下之巧皆吾巧也不學兵法而天下之略皆吾略也人君執斯道而任相則爵禄不悖宰相執斯道而柄事則福澤無窮何以説也漢高帝之起豐沛而定天下也天下豪杰之士雲附景從日以百輩來乃拜蕭何爲丞相所謂爵禄不悖者也天下既定論功行賞蕭何功第一先封於是封何爲酇侯食邑八千户位次居諸將之上賜劍履上殿入朝令勿趨己又封其父母兄弟凡十餘人皆食邑有差此所謂福澤無窮者也自今考酇侯之爲相也無奇也以運籌决勝不如良之智也以戰克攻取不如信之捷也以揮霍先登不如参之勇也以横行直下不如噲之敢也其功爲第一者以無智而使智良則良出其智以無捷而使捷信則信見其捷以無勇而使勇参則参奮其勇以無敢而使敢噲則噲施其敢而沛公之帝業成焉故未嘗挽强而曰射取江東者酇侯也未嘗馳駿而曰踴躍中原者酇侯也何非能踴躍非能射取諸將之踴躍射取者悉歸之何以何能使之也取亮較何何木彊人耳出師二表何不能爲木牛流馬何不能制八陣圖何不能解獨以無文而用文無制而用制不解而用解遂以佐成大業而享有令名寵冠群臣而慶流苗裔也由此觀之則班固以一代宗臣予何者非以何事功謂也謂其忘己任人恢恢乎有大臣之體也後世有佩何印綬襲何職事者則撫海内鎮國家無事他求即此人乃其宗矣宋人目亮爲偏才者非以事功弗就之謂也謂其抱才自用不屬之人也役耳目任聰明屑屑瑟瑟殊异乎混一之規模無内無外之氣象也今夫天下之事一有未治則責之相社稷之功一有未集則責之相即令相事事而擘畫之人人而譙聒之㥲㥲然用力益勞而取效益遠求之彌切而得之彌艱故在用人而用人之道又在乎有能而不能有餘而不足蕭何之驅使諸將也似于無能而能于諸將疑于不足而足于諸將彼孔明者有奇而直見其奇耳此奇者不爲用也此兩公之别也竊嘗觀于孔子矣力能舉國門之關而不以力逞懼夫人之有力者不爲我盡也明能見吴門之馬而不以明著懼夫人之有明者不爲我視也博能辨萍實之狀表商羊之异而不以博衒懼夫人

之有博者不爲我告也智能決拾壓之誣料結纓之禍而不以智名懼夫人之有智者不爲我察也故其相魯也一月而功集三月而道行不自聖也不自聖乃所以爲聖不自賢乃所以爲賢惜哉亮之不察乎此也夫相臣之於天下也其始而分其任于衆也猶之治絲焉人理一縷人司一染已而付之機上杼柚既成則貴人衣之不曰某工之所製也但稱曰其貴人之衣錦美錦也猶之乘馬焉伯樂相之王良御之造父驅之貴人乘焉而過于市市人曰貴人之馬良馬也不問相之御之驅之者誰也其事治功集君上悦之而獲有福禄也猶之宴賓焉宴賓者酒人奉觴饔人奉膳鼓瑟吹竽客心甚樂矣明日不拜樂已者而拜主人主人使之也猶之治宫室焉大匠爲圓必以規爲方必以矩方圓既成則規矩無功而主人謝大匠曰巧工也及宫室既成邦人相賀不賀大匠而賀主人主人居之也蕭何有辨于此故竟以帷幄蒙福孔明不察乎此故迄用瘁斃此兩公之别也雖然自二表傳而逆臣懦子讀之骨竦而毛竪自陣圖之即江水泛濫而行次不失焉自牛馬之制出歷數百歲未有能解其事者此蓋天地之毓靈孕秀鬼神之托精見异乃生此隆中之龍耳非庸衆人也顧愚所爲扼腕者念其賫志而終令萬世有憐才之嘆耳抑愚又有説焉從古以來號稱才士者不可勝紀然往往不聞道不聞道則才不成不聞道者何也不學也所謂學者非他也唯在于忘好惡去巧故釋智術除將迎栖志乎無妄之次游意乎自然之塗如是則無以害其真而知精知精則知神知神之謂知道凡彼群才得道然後廣故知道則萬物畢聚闊大淵深不可測也性情嚴扃無所思慕不可誘也塵埃越絶中情潔白不可汙也靈徹貫通比于蓍蔡不可欺也動作當務與時變化不可窮也得失成敗先幾炳見不可遁也賢人至前邪夫乘之不可溷也毁王爲珉譽豬爲荃不可誑也夫誰知道則才乃達才達則無已無人無内無外無已則無難舍己無人則無難任人無内則無醜力不己出無外則無惡功從人立此學之成也孔明講于寧静之學蓋嘗聞道矣又其治蜀也亦嘗開誠心布公道集衆思廣忠益矣固非用才自見者也而所就竟若此何也蓋其才焰閃爍如燈之在帷一開一合時見時藏而不可終遏也以故觀者疑之疑生懼懼則衆不爲使而事功隳然則君子之學也非聞道之難而體道之貴蓋自古記之矣

第四問

楊濂

同考試官知縣毛批（平倭之略士子類能言之然莫可施行此策深探患本其條消弭之術固有老將所弗及者録之以裨幕中之畫）

考試官侍講袁批（格外賞罰古人行之今人昧之夷患久未殄者坐此子能酌變化之機而確乎可行豈空言而無實用者乎）

考試官右諭德王批（兵家常用奇勝如子之言非奇邪可以制島夷矣）

善用兵者其操之有機宜而運之有妙用夫機宜有常形所以立其衡而使人無所不可知妙用無定迹所以神其術而使人有所不可測是故兩者迭施則惠行而莫不忘生威行而莫不忘死蓋下有忘生之心則愛我而不自愛有忘死之心則畏我而不畏敵吾見將士一心鬥氣益倍唯吾所欲用之雖赴水火可也而何敵之不制何堅之不瑕何暴亂之不平哉故賞罰者所持以激厲人心之機宜衡立而無所不可知者也若屈伸變化使人顛倒鼓舞於其中而不自覺此則非常之妙用制敵之微權英雄豪杰之士所以陰用而不言而人亦莫之測者也達於此者可與語兵之變而知所以運賞罰之樞矣蕞爾島夷庸不可滅之而朝食邪請以是而裨東南治倭之略夫古今用兵不無勝敗勝敗分而功罪彰矣是故懸之賞罰所以定功罪之律而激厲其赴敵之心也然賞必當功而無功者不濫與罰必當罪而有罪者不幸避是兵之機宜也法之有常形而易見者也乃若賞以酬功而微功若被殊恩罰以懲罪而細罪顧罹顯戮身未冒乎矢石即尺寸功未效也而優渥之典崇之迹方脱於鋒刃其勞勛宜恤也而斧鉞之誅不貸卒至眇也一旦躋將帥之列將至尊也厥苦樂與行伍均焉至有人不覬賞而倏忽及之金帛炫耀三軍動色人不虞乎罰而軍法加焉威如迅雷萬衆震慄是謂兵之微權妙用之運也縱横開闔施之無定迹而超於法之外者也是何也天下之心可以術動千夫之勇可以氣激古之奇杰所以禁暴誅亂而樹勛流聲者恒必繇之矣野人盜食善焉獲之所必誅也秦穆顧賜酒遍飲之然于韓之戰出公於淖中者竟盜馬人也小卒自稱神師其謬妄可立照也田單帥其衆拜禮之乃火牛之觸燕人驚眩遂收恢齊之捷周泰身冒多矢孫權撤所張蓋賜之厥後鼎足之業成泰之奮勇多奇績焉此所謂用不測之恩而超格以爲賞故人莫不忘其生也苟晞爲將姊之子首犯軍律晞掩袂誅之不旋踵而奏郤敵之捷馬謖荆襄名士也街亭之戰違授方略孔明揮涕收斬之不宥然祁山之營仲達竟不敢越馬卒有折民七筋高崇文立命誅之未幾而檻闢平蜀弼成元和之中興此用不測之威而超格以爲罰故人莫不忘其死也夫任俠之徒受人千金之恩則以身許之而不悔寧有士被非常之賞不愛主將如父母而忘生乎猛虎躡其後懦夫越澗谷避之寧有士罹非常之罰不畏主將如神明而忘死乎夫兵無嘗試固不宜膠成法以用於今然古人超格之賞罰變通以盡神推行以盡妙無不可也今之用

兵而制敵者其果能達所要眇指否邪欽惟皇上至仁茂德綏懷遐邇薄海内外濡恩含澤靡敢干紀久矣乃今蠢兹倭奴弄兵潢池深入内訌禍延吴浙聖天子眷念東南廣采臣工獻議行之如流精擇將材博萃兵力日夕孜孜焉剿平之圖治倭諸臣是宜協忠宣力殄兹蘖孽以紓當宁之懷以濟群生之憤也乃勞師殫財淹玩時月不聞汛掃鯨波以慰天下之望何邪無亦當事者昧於通方之見牽於拘攣之説遄迴顧忌苟覬目前不師古人非常之賞罰以激厲鬥士之心乎愚聞倭賊之來欻如飄風至有變服操刃於左右而我兵猶不覺者是何也哨探之無其人也夫哨探之人當事者非不遣也然不立非常之賞罰則人雖遣而未必行雖行而未必遠其所以報覆乎我者非得諸途人之口則其所造詐之辭也如是而欲知其聲息之真可得乎古之名將於敵人屯營之所必知其地之土石草木哨探之人責令取其地産以爲左驗不然則立誅其妄矣於是而仿行之不可以慴哨探者之心邪倭奴之奸細布滿我地凡我兵之動息情狀彼罔不諦知之而彼之虚實我兵無一人得其纖毫者是何也死士之不募間諜之無人也即有其人徒遥爲探聽觀望之計以塞責竟不知賊營所在也愚以爲懸格外之賞以募敢死之士與之約曰汝入賊中幸生還則汝之富貴可立致儻不幸陷死賊手則汝之父母妻屬破格尊養之子孫世官流光無窮苟蓄异志必并汝父母妻子戮之矣如是而賊之虚實不可得乎賊之誘我也往往先歸我婦人令言賊中憂怖状及其來也多持金銀寶貝未合而佯北即盡委金寶于路我兵不悟其狡相與争拾取之彼之伏兵四起我師悉授首矣使主將洞燭賊情明著賞罰之典令士卒取賊委金若干即行斬首徇衆其不取金者籍其名而厚賞之則賊不復以此計誘我矣如是而賊之狡不可以漸阻邪其他設奇以制變張疑以誘賊乘惰以斫營用間以携其黨潜火以焚其積百出雜出以撓其謀靡不超格而賞罰之夫進有殊賞以得其死力退有嚴刑以制其死命士孰不捐軀以赴敵哉是故鋒鏑交於前而兵不眩矢石集于顙而兵不却可殺可死可陷可磔而不可使之敗矣神矣哉賞罰之妙用乎然非其人不行也范蠡有言定傾者與人而司馬相如則曰世必有非常之人然後有非常之功夫非常者固常之所异也昔之神聖人今雖未易及而國初若徐常劉李諸賢亦不可復作已然英杰彙征陳列中外豈無一二輩可紹先人休烈邪近世若韓公雍之克大藤峽馬公文升之剿黑水口余公子俊之讐虜榆林王公守仁之平賊姚源皆能超格以行賞罰而機宜妙用時出不窮故迄今尚嘉賴其功不廢要眇之術神而明之存乎其人古今未之易也芹曝之私愚生概於中久矣敢攄發以復幸勿嗤爲空談幸甚

第五問

潘允端

同考試官教諭徐批（詭行畸節其孤介若足以矯俗然不免爲中道所擯是作指數子瑕瑜而律以聖人之行其知定人物之衡者乎）

考試官侍講袁批（以中行绳獨行見道之士也）

考試官右諭德王批（節士本不可少但不可寫訓耳此策得之）

聖人之視天下猶一家也其視天下之人猶一身也故世有紛難必思批之世有劻勷必思定之猶之有家者顧家有身者顧身也令夫天久雨牆垣圮以爲不嚴且有盜汲汲然不俟明日而連漐者顧家也病五日不起未甚也客有言秦越人者知禁方能已人之疾則裹金馳使而請之顧身也世有紛難劻勷之事而掉臂不顧高枕不來是視天下不如家視天下之人不如身也聖人弗爲也是故駕敝車策羸駟軏軏以行于四方而弗以爲憊也干七十二國而弗遇乃猶使子貢之徒摇唇鼓舌游揚于諸侯之間偲偲然冀萬一之聽而弗以爲倦也上嘉唐虞下樂二周如有用我者執此以往而弗以爲夸也及得定公而相焉則即墮三都去正卯而弗以爲横也既用弗卒則即退栖于杏壇之上與七十子之徒講道而論治焉以立百王之準而弗以爲高也用則往不用則引而退又復用又復往又復不用又復引而退聖人不厭其煩者凡以爲天下也思欲批紛難定劻勷伸唐虞之志而樂行二周之道也方今海内爲一既异于春秋之世而聖明在御天下抱奇之士畢集于廷林藪窟宅皆虚而無人何者用之也令孔子而生當斯世則亦且車馬不疲杏壇無講矣何者遇之也而世之君子顧乃有稱鮑焦爰旌目荆輿颜闔段干木魯仲連之倫者以爲此六子者皆能遁世好隱不没于利不牽于勢此高節之士獨行之賢也欣慕之焉嗟乎此猶之厭梁肉而思藜莧謝淄渑之水而甘行潦也悖之甚矣夫學也者學爲聖人耳聖人出處進退之迹固在也所謂無意無必無固無我者也而今之君子離聖而語行違道而談節出者皆卑則律以六子處者皆高則附于六子若而人者即非幻民亦屬狂子愚不得不辯故愚嘗謂隱有四術而君子察焉有炯然抱奇而固請不見其名曰石隱欲觀我奇而令我見才一見之而輒復收之其名曰高隱度無所見而托號以覆短其名曰智隱空自以身爲枯木朽株而尺寸無聞其名曰痴隱此四術者君子不可弗察也夫所謂石隱者則段干木其人是已所謂高隱者則魯仲連其人是已所謂智隱者則荆輿颜闔其人是已所謂痴隱者則鮑焦爰旌目其人是已夫鮑焦者吾不知其何許人也第聞其衣敝衣持蔬而遇子貢于道也子貢曰吁吾子苦矣衣敝而蔬之

持也鮑焦以言擢子貢子貢亦以言擢鮑焦焦愧而立槁于洛水之上焉爰旌目者東方之士也餓于道有狐父之盗曰丘者見而下壺餐以餔之已而知其爲狐父之盗也乃吐之而兩手據地喀喀而不出竟伏地而不起也夫此二子者皆古之所謂高節獨行之士也亦徒聞其能不辱耳而史不著其他奇貨可張設施行也夫其不辱也固昔人之所謂枯木朽株耳不亦愚乎若彼鮑子憤世不用蓋與世猶未絶也乃不能忍痛須時而輕投其身于空虚無用之地此侍人婢子之所爲一不得意輒效于榻前以爲無復之耳昔卞生三刖其足矣乃懷璞呱呱而不去彼亦謂須識者耳卞生不肯亡璞竟剖見珍且乃獲賞鮑子不聞斯道而徒以憤斃故曰痴隱聖人所不道君子所不由也荆輿者荆人也楚王使使者齎百金造門曰請先生治河南荆輿不許也遂負釜戴經而與其妻去莫知所之颜闔者魯人也魯君將造闔使人以幣先焉使者及門而見闔闔紿使者去使者復來闔鑿坯而遁矣夫君子之所爲重進者蓋謂其無禮耳今楚既齎金魯亦攝幣可謂有禮矣乃荆輿滅影颜闔竄迹此之不往則又何須也昔宋人有實燕石以爲玉者襲以十巾藏以革匱人不得觀焉既發藏則乃燕石也觀者俛首掩口而笑焉則此二子者乃亦實燕石而懼其發藏以賈笑也乃固祕之耳嗟乎免絲燕麥徒有其名踽鼎烹雞豈其任乎故引而逃去而且博捐金輕幣之譽以遺後世又有高節獨行之風故曰智隱聖人所不道君子所不由也夫既聖人不肯道君子不可由矣而後世轉稱之何也以其賢于貪生而優于競進也於戲吾竊痛後世之爲士者焉較利害于毫毛之微而争功名于尺寸之間托名千金坐不垂堂何其怯也已觸三面乞以一目見脱何其哀也積澤之火不救而麗水之金顧采何其智也食嗟來之食何其苟也伏在車下泣血孫陽何其卑也突梯滑稽以叨升斗何其汙也貶抑孟陬自前進御何其妬也日置驛馬請謝賓客唯恐不遍何其周也得近覇王不羞牛口又何辱也四至九卿甘宦若飴又何巧也身處江湖心懸魏闕又何鄙也懊不得意坐而書空又何隘也若此類者不能舍生不能遺榮令與立枯吐哺之輩負甑鑿坯之倫同日而并論則高下相絶奚啻萬里無怪乎後世之有述也然以聖人處之則不若是然耳自聖人而降則唯段干木魯仲連之二子者其庶幾焉夫秦將將四十萬之衆而東圍邯鄲也趙危若累碁存亡在俯仰之項矣趙且欲尊秦爲帝以免難也仲連固不肯而語中有奇殷殷乎有動衆傾秦之術秦將聞之爲引軍去趙得不亡者仲連之力也趙欲封仲連仲連辭不受壽之金亦辭遂去而逃之海上終身不見也夫却秦存趙不亦偉乎避爵辭金不亦潔乎故曰仲連高隱言善見又善藏也魏在春秋爲小國秦視滅魏若樽

豚鼠耳然竟文侯之身不敢加兵于魏者則段干木在焉文侯嘗欲相干木矣干木不肯也乃日造舘而請事焉秦將攻魏諫者曰夫魏不可攻也段干木賢者也而魏禮之尚可以加兵乎秦遂輟兵不行夫不就禄位非潔乎趺坐高談令所居之邦不危非才乎故曰干木石隱言堅不可移也世之君子賢干木而右仲連者獨稱兵讓封避相以爲高節獨行之士也而不知二子之所以爲賢者不獨在讓封避相在却敵免難耳不費一領甲不食一斗菽而置兩國于磐石之上敵人虎視狼顧而莫敢誰何此其人豈徒泚泚泯泯居無一物者邪故即不出出即犖犖即不隱隱即冥冥譬之若神龍然能潛能見能上能下不可以形迹拘不可以網羅求也然此唯仲連能當之耳若彼干木者塊處石室彈琴樂道以咏先王之風而不顧人世有拯溺之事其於聖人之出處何乎然能抑秦王之虎心不可及也仲連一試而遁秦雖釋趙蟄必中于他若使仲連拜趙之封而以所壽之千金爲資養賓客以親秦約與國而申誓歡樂則相賀患難則相援亦庶幾哉與桓文之霸業比隆矣而卒乃逃去爲德不博弃百代之烈而薄收須臾之譽非聖人之概也然能以三寸之舌折强秦四十萬之衆不可及也由此觀之則論士者必投之猝至之難以觀其才焉才既明矣又試之非意之榮以觀其操焉操既得矣又納之死生之地以觀其志焉才足以批難矣操足以遺榮矣志足以忘軀矣備斯數道而甘就閒寂終身枯槁乃稱曰高隱也三者缺一焉猶屬之智隱也夫智隱非杰也痴隱非情也石隱非道也高隱非聖也彼六子者皆非也即有慕其聲而趨之者又以非蹈非也於乎君臣之義其在天地之間也猶之逃雨焉無之而非是履其土而欲潔其躬非也竊其名而佯弃其名非也謂隱獨高非也謂出獨卑非也謂世莫我知非之又非者也夫人也以身盛心以心盛智一人一心一心一智故一人不能當十人之視而視者不止十人一心不能當十心之疑而疑者不止十人彼六子者千百世以前人也千百世之下且猶揭肺腑而定臧否也矧當其時乎語曰楚璧稱璞腐鼠亦稱璞月旦稱朔車軥亦稱朔名實相溷往往有之然而卒有能辨之者甚矣哉君子之出處不可不審也

順天府鄉試録後序

嘉靖三十有四年乙卯秋八月順天府鄉試士府臣以校文請上命臣維楨臣煒往典之祗役録其士若文以獻臣煒職當有言臣竊惟賢才之生其性

資所禀殖繫於地宜而其長懋表樹以效用于世則上之化機實培之若激勸感興相與砥磨以建勛節則存乎賢才之嚮往顧地宜异齊所囿有純駁至化機則融之矣道化普物所入有淺深至嚮往則一之矣臣嘗覽古傳記中稱燕趙幽冀之間其地深厚踔遠代産奇俊沈毅忼慨喜功名之士乃今被命掄材獲觀人士之所爲文則見其陳説性命究極理道其詞若渾金璞玉光彩不炫而徐察其精英所瀹類曄敷彪著莫可掩遏至論述治體條列時宜語及兵機民隱之失得則又憤然怫惜忠義奕宣似欲以身嬰之而利害所勿恤焉臣閲既作而嘆曰傳記中所稱其信然哉是真奇俊沈毅忼慨喜功名之士也士負如此材固屹然社稷之隸乃今濟濟焉生聖人之朝則地産之良視篚錫珍貢厥輕重較然章著矣不足以需明時之用耶臣又思之今燕趙幽冀之地爲畿服士生於其間諸所漸浸禀仰迴殊方内乃兹環偉卓蹤豈地宜獨使然哉恭惟皇上握符御曆緯武經文三十四載以來德備君師道隆述作化機所運霆擧飆發海宇從欲於變䋣䋣乎懿鑠百王遠矣士之業鉛槧游黌校者即疏逖阻深猶闓澤神化得耀乎光明矧轂下章縫士厥衣被尤渥乎夫仁義所濡沃禮樂所淑陶固有股肱輔弼之彦忠信行道以翊贊帝謨若神武威靈所變化則必有忠勇不二心之臣出膺封疆之寄爲國家樹蕃屏平險阻以靖不恭爾多士既培毓有年而操挾軼异兹非他日所宅才地耶聖天子受命穆清德浸禆海率俾之化罔有内外顧屬者蕞夷匪茹上廑宸慮寤寐疇咨思得奇俊沈毅之賢委以綏攘大計爾多士抱超逸之具遘會熙明繼自今登儁將奉大對擢制科服休采於周行寧不思扶義俶儻不令已失時立功名於天下哉且夫晞炎景者不隱迹赴洪響者必急節躡昌隆之運者不後事而昧幾奮義建功達人所騖以不朽也藉令多士隤生平所許可持空文諷當世用徒欲希取一時光寵堇堇焉私便其圖則多士將躬耻之而主司亦有滋懼矣故臣於其始進也稽地宜本聖化勵其嚮往之志以相成云

翰林院侍講袁煒謹序

嘉靖三十七年順天府鄉試録

順天府鄉試録序

皇上命學士臣份侍讀臣拱充考試官而府臣所聘進士臣守庭學正臣東臣舜道諭臣孚交臣廷膏臣乾臣嵩臣淮臣應賢爲同考試官乃監試官則御史臣士翹臣穎提調官則府尹臣養直府丞臣敏也臣等陛辭入院先是典衡之臣有誓諸明神者臣乃率簾以内諸臣按行其事因謂試科爲國家所甚重其制甚密臣等敢不思砥厲勉稱兹役而敢有他志以其不肖之身負國所重寧惟自試鈇鉞即明神當殛之是日觀臣之言諸臣無不悚然變色易容義形于外者臣乃進提學御史臣于業所選士及諸曹六館所選士凡三千五百有奇三試之拔其所選俊者一百三十有五人録其所拔優者文二十篇以獻臣當序諸首臣自念庸下蒙恩叨文舉會試同考者三典武舉會試者一試知忝竊惟是日夜祇惕罔敢自懈幸不干當世之議以負寵靈乃今復有兹命臣實增懼初臣典武試入院恭詣迎和門稽首辭皇上賜之酒食而遣之皆爲臣榮今臣入院辭若故而賜臣者有加焉臣蒙皇上收録仰荷天地之恩非臣所能報蹇屢以職事奉役方感至榮又承優渥臣之懼惕有獨甚者伏自入院以來兢兢與諸臣相恐戒以尋誓言蓋衣不解帶目不交睫者越二旬于兹以幸底成事顧不知有以報上否也臣聞古之帝王以堯舜爲至聖自昔稱其游巖廊之止垂拱無爲而天下治夫典謨所載堯舜開創之事多矣而稱無爲者堯舜豈以其一人勞之于上哉其臣亦豈惟皋夔稷契輔弼左右之爲賢而已哉臣嘗考其當時其人皆君子則其爲士者可知也俗皆可封則其列之有位者又可知也夫以至聖在上多賢在下下效其用上總其成即雖欲有爲無可得矣今皇上聖德卓冠往代百辟濟濟咸自致明時宜天下治化已極而間者海内有急輒稱乏人夫有堯舜之主而唐虞之臣未備則至神所鼓舞不免于勞何者其所乘之勢然也臣少讀書嘗慕君逸臣勞之義以爲天下大分莫過于此不必世僚使群臣庶位咸各自奮乃所以成盛世臣竊不自料不勝其欸欸之愚鉛刀欲割而起家持文墨守章句莫能效尺寸徒糜禄寀厚恩獨幸數校

士冀得其人以相振擢少可自贖臣今日圖報未有先于此者也昔孟軻言非堯舜不陳于王前今士摇其筆端正令堯舜以下弗道矣且士赴有司所選拔學辭章而言聖人無他此其心所明也及見用施諸事核其言不相復甚乃有大謬不然者彼何心哉夫夜行懼虎射可以穿石强弩之末不能入魯縞非魯縞難而山石易也言心之專精者殊也白晝大都陳百金不搏以暗投人于道或争錙銖非錙銖重而百金輕也言心之自持者殊也今假令士以業舉之心而供職靡弗遂矣以明于修辭之心而謹行靡弗得矣以求知冀進之心而願忠于主上靡弗盡矣人皆願忠皆自奮縱令不及唐虞左右之臣其于君子可封之俗豈盡多讓哉士多君子縱不能贊大化其于列一職一位争自盡力豈不足以明臣勞之分哉夫一夫挽强百夫決拾一人持罟千人臨淵士之求忠而奮者亦在相先而已矣順天爲畿邑古燕趙地燕趙多慷慨之士四方來者皆游燕趙間者也其亦有聞臣言而拂袖踴躍義形于外者與夫以堯舜之天下而皆君子可封矧畿邑近輦轂下化所從始諸士又將嚮用者乎臣聞之古之事君者得則足以輔經綸佐勛業明道德繫綱常雖有崇卑而皆磊落天下傳之後來久而不朽失則遂以澌滅得則身寵名流顯施其先澤及支裔有賢智之褒失則反至僇辱此其機甚微而相去甚遠不可不深懼也臣竊觀皇上神明英武燭及幽隱人臣如處日月之下具見毫髮諸士無亦勉自厲焉使臣可以仰報萬一不然臣之懼益深已録獻上既而府臣亦于是日給諸士得覽觀焉故臣叙其所以恐懼圖報者告之亦誓相終始云

太常寺少卿兼翰林院學士董份謹序

嘉靖三十七年順天府鄉試

提調官

嘉議大夫順天府府尹劉養直（敬夫四川内江縣人　戊戌進士）

中順大夫順天府府丞李敏（鈍甫山西榆次縣人　丁未進士）

考試官

中順大夫太常寺少卿兼翰林院學士董份（用均浙江烏程縣人　辛丑進士）

翰林院侍讀高拱（肅卿河南新鄭縣人　辛丑進士）

同考試官

吏部辦事進士邢守庭（紹男河南臨潁縣人　丙辰進士）

山西澤州儒學學正孫東（宗魯河南祥符縣人　癸卯貢士）

山東萊州府平度州儒學學正林舜道（允中福建懷安縣人　壬子貢士）

陝西鳳翔府麟游縣儒學教諭李孚交（吉卿四川瀘州人　己酉貢士）

直隸徽州府休寧縣儒學教諭劉廷膏（與潤江西南昌縣人　癸卯貢士）

山東濟南府德州平原縣儒學教諭楊乾（子清直隸通州人　己酉貢士）

浙江嚴州府分水縣儒學教諭吴嵩（懋中江西樂平縣人　己酉貢士）

江西九江府德化縣儒學教諭吴淮（巨源直隸休寧縣人　壬子貢士）

山東青州府臨朐縣儒學教諭顔應賢（希之廣西臨桂縣人　壬子貢士）

監試官

文林郎浙江道監察御史王士翹（□瞻江西永新藉安福縣人　戊戌進士）

文林郎陝西道監察御史苟穎（希颜四川閬中縣人　庚戌進士）

印卷官

奉議大夫順天府治中從字（叔愛直隸繁昌縣人　丁酉貢士）

收掌試卷官

直隸永平府通判齊汝賓（尚卿山東濱州人　丁酉貢士）

受卷官

江西撫州府通判錢貞（子元浙江嘉善縣人　丁酉貢士）

直隸真定府靈壽縣知縣陳士選（用之江西清江縣人　甲午貢士）

彌封官

雲南廣西府彌勒州知州劉忠（子臣湖廣武陵縣人　甲午貢士）

山東濟南府新城縣知縣成宇（大容直隸元城縣人　庚子貢士）

謄録官

江西建昌府新城縣知縣高履謙（于中直隸寶應縣人　丁酉貢士）

廣東廣州府三水縣知縣周文熑（伯熙福建閩縣人　癸卯貢士）

封讀官

湖廣長沙府善化縣知縣孫繼武（懋功直隸安東縣人　丙午貢士）

陝西西安府同官縣知縣李焕然（子晦湖廣沅州人　丙午貢士）

巡綽官

山東都司鰲山衛指揮僉事高鳳（鳴治徐州豐縣人）

山東都司大嵩衛指揮僉事胡平（正己湖廣黄岡縣人）

河南都司南陽衛指揮僉事丁奇（體元直隸潁上縣人）

河南都司宣武衛指揮使孫良臣（惟忠直隸巢縣人）

監門官

河南都司懷慶衛指揮僉事薛天衢（大行直隸遷安縣人）

河南都司信陽衛指揮同知馬化（子龍直隸定遠縣人）

供給官

順天府經歷司經歷余茂（時育江西奉新縣人　監生）

順天府宛平縣知縣周孔徒（孟淑四川内江縣人　丁酉貢士）

順天府大興縣知縣劉如松（懋貞山東安丘縣人　庚子貢士）

順天府宛平縣縣丞李錦（廷實浙江縉雲縣人　監生）

順天府大興縣縣丞楊翰（文林山西寧鄉縣人　選貢）

順天府宛平縣主簿來端蒙（養仲浙江蕭山縣人　監生）

順天府大興縣主簿歸仁（希颜直隸江寧縣人　監生）

順天府通州同知黄甲（上卿山東沂水縣人　監生）

順天府霸州判官來端言（興仲浙江蕭山縣人　監生）

順天府薊州判官袁賓（國用山東博興縣人　監生）

直隸神武中衛經歷郭尚賓（用卿山西太原縣人　吏員）

直隸興州後屯衛經歷周表（以陳江西豐城縣人　吏員）

順天府良鄉縣縣丞楊景松（汝節遼東廣寧衛人　監生）

順天府昌平州密雲縣縣丞童錫（有徵浙江蕭山縣人　吏員）

順天府通州武清縣縣丞吴鼎（廷器湖廣蒲圻縣人　吏員）

順天府醫學正科賈鴻儒（宗韓順天府平谷縣人　醫士）

順天府通州三河縣三河驛驛丞熊慎（汝修四川眉川人　承差）

順天府武清縣河西水驛驛丞趙宗儒（希哲陕西膚施縣人　吏員）

第一場

四書

一人定國堯舜帥天下以仁而民從之君子貞而不諒　召太師曰爲我作君臣相説之樂

易

大觀在上順而巽中正以觀天下觀盥而不薦有孚顒若下觀而化也觀天之神道而四時不忒聖人以神道設教而天下服矣　益動而巽日進无疆

崇效天卑法地　乾爲天爲圜爲君爲父

書

乃聖乃神乃武乃文　若作酒醴爾惟麴糵若作和羹爾惟鹽梅内有百揆四岳外有州牧侯伯庶政惟和萬國咸寧　至治馨香感于神明

詩

既優既渥既霑既足生我百穀　昭事上帝聿懷多福　虎拜稽首天子萬年　日就月將學有緝熙于光明

春秋

冬鄭公孫夏帥師伐陳（襄公二十有五年）叔孫豹會晉趙武楚公子圍齊國弱宋向戌衛齊惡陳公子招蔡公孫歸生鄭罕虎許人曹人于虢（昭公元年）　秋九月齊侯宋公江人黄人盟于貫（僖公二年）　九月晉侯宋公衛侯鄭伯曹伯會于扈晉荀林父帥師伐陳（宣公九年）　夏五月宋人及楚人平（宣公十有五年）秋七月齊侯使國佐如師己酉及國佐盟于袁婁（成公二年）

禮記

天子以德爲車以樂爲御　方以類聚物以群分則性命不同矣　清明在躬氣志如神　和寧禮之用也此君臣上下之大義也

第二場

論

聖人有功於天下萬世

詔誥表（内科一道）

擬漢令禮官勸學詔（元朔五年）　擬唐以郭子儀爲河中節度等使誥（廣德二年）　擬宋司馬光進三劄表（嘉祐六年）

判語（五條）

官員赴任過限　丁夫差遣不平　任所置買田宅　縱放軍人歇役　織造違禁段疋

第三場

策（五道）

問　神農以前尚矣自黄帝修合官有天地神祇物類之官堯舜紹之而燔

柴始備三王以降事天之道周矣蓋嘗考之禋類祀望事天之文欽若敬授事天之政降靈篤祜事天之福而淵深邃穆則事天之精焉天下頌其福未必睹其文睹其文者未必察其政奉其政者未必知其精微乎眇哉聖人之精至矣亦有可知者歟我皇上神明聖德兢兢業業所以恪恭天祀修舉其文者靡所弗至施大令涣大號惇典庸禮賞善罰罪所以承天出政者靡所弗周是以三靈效順百神率職諸福之物可致之祥靡所弗備四海九州之人學士大夫涵濡道化歌頌天庥洽于宇内矣獨其建中和之極合於穆之原與天會其精者斯則聖之不可知者也然吾以爲侯氣者審葭詹星者以度天道遠而人知之者攝提有紀也况大聖人之德燦如天文著作焕布即其極舉世弗能究指其端或有可得而言者矣諸士固嘗涵濡歌頌者也其以四者敬陳之必有合焉

問　設官所以建事則宜官多者治隆官少者治替也乃稽諸古唐虞官百而已周則三百六十然有不必備者又多兼者又冢宰歲終詔廢置司士歲登下損益之數則猶有廢而損者何若是少歟勿論上世即如漢高帝唐太宗時設官甚約海内皆稱治乃後增設幾倍之焉而治終不逮何歟將天下多事而官因以多歟抑天下多官而事因以多歟有謂省事不如省官者是歟非歟我朝建官斟酌繁簡最爲得宜暨承平久而虚文盛增設則亦有矣皇上中興悉從釐革又汰郡邑吏數百人政簡刑清生民樂業致治之美越前代遠甚頃緣事棘有司復議增設乃未幾多詔罷之又廑諭戒勿得增擾此聖主所獨見高出尋常萬萬者也然議者猶時時有之何歟或謂諸司率務多事故官卒難減信矣不識其何爲多事若此歟夫上務省官而下不務省事甚非所以恭承德意者兹欲各崇簡易之風以仰贊清寧之治果何道以致焉其著於篇用觀經濟之學

問　古之帝王聖德隆盛治化卓越載在往册學者至今誦述之巍巍莫以加已而其時賢才衆多列在百執事者皆極其選後世無敢望焉夫淵深而魚聚林蔚而鳥歸彼其得所附者然也自秦以後而治日陵夷嚮用之士思慕往昔以戴翼其世者豈無奇才异能而皆未有以稱于古且人性不相遠聖賢記之久矣何古者濟濟之多而其後寥闊希絶之甚歟或亦繫于所養而因于所用有不同歟夫養士之道用士之法莫備于成周有可得而言歟漢嘗表章六經招致天下文學賢良孝廉之士雖不能比于古亦有可數者否歟夫成周莫盛于文王而孟子言豪杰之士無文王猶興則士之自養以待用者果不繫于時歟末世俗益日敝士習日益非矣其振之將何施而可歟凡有司所以來者爲求士也今聖天子在上方超邁三五成曠古之治士不知所以自厲焉吾

竊耻之故與諸士切磋究其略其著于篇無諉

問　天人之際其理甚微而談者顧甚詳然得其說者或寡矣試與諸士論之庶徵之應備於洪範其以五事配五行何所據歟以五行應五事何所驗歟省則或以歲或以月或以日何若是分歟乃孔子作春秋書灾异不書事應抑又何歟說者謂其恐有不合反致不信然歟否歟其於洪範之旨亦有相符者歟夫和致祥誠動天固矣然堯之水九年湯之旱七年所以致之動之者固未至歟乃顧有以無灾禱者有以大有書者有修德而桑枯者有言善而熒退者其和與誠固有勝於堯湯者歟謂天無意也則所謂恐懼修省無敢戲豫馳驅者胡爲其然謂有意則天固以好生爲心者也乃又有意灾之好生固若是歟抑亦氣之適至雖天亦有無如之何者歟彼公孫弘公孫卿之論固不足稱乃如京房翼奉之流所言亦有合道者歟夫其理雖微必有一定之說不可弗知也諸士其虛心以思得其意而言之若從勦襲舊聞罔窺實際固主司所弗取也

問　自昔儒者皆以濟時爲務玆時之所患民人所甚苦者莫過于夷狄諸士亦嘗咨求而得其故乎且儒者皆稱明王守在四夷吾嘗考載記有疑焉昔唐虞大聖有苗逆命文王至德混夷不恭蓋玁狁西戎在文武時已作矣至宣王而孔棘是皆古之所謂聖君賢辟萬世之所誦法也猶然遭此患豈見稱至治者固別有道不以夷狄之有無爲損益歟漢興以高帝之雄武而困白登以文景之守成而數奉和親其犯邊不止然高帝開漢基而文景承業號皆稱一代之主及其後元狩元封之間嘗勝軍禽虜闢地拓境而天下幾敝然則夷狄之侵果不足以爲盛世之累固在内治之有道歟夫古之稱治者以百官各盡其職智士皆效其謀故君如天運于上而臣亦得以明其忠也今欲乂安方内輯綏邊疆使元元樂生以贊聖主天運之治于萬一其將何先歟蓋孔氏之門閑居相聚而言志則曰如或知爾何以哉今爾諸士且有知之者矣試言所以俟明世擇焉

中式舉人一百三十五名

第一名　達其道　任縣學生　詩

第二名　郭文和　順天府學附學生　易

第三名　吴紹　浙江嘉興縣人監生　書

第四名　李冲奎　欒城縣學生　春秋

第五名　馬汝平　涿州學生　禮記
第六名　蔡可賢　成安縣學生　易
第七名　楊光訓　東明縣學生　書
第八名　杜廓　廣平府學生　春秋
第九名　趙雲程　順天府學生　詩
第十名　申維岱　遵化縣學生　易
第十一名　賈待問　威縣學生　詩
第十二名　吕粲　浙江秀水縣人監生　書
第十三名　王惟幾　文安縣學生　詩
第十四名　陳覲　浙江餘姚縣人監生　禮記
第十五名　辛科　固安縣人監生　詩
第十六名　劉寅　博野縣學生　書
第十七名　俞子良　浙江山陰縣人監生　易
第十八名　朱應隆　浙江慈谿縣人歲貢生　詩
第十九名　俞士元　順天府學生　易
第二十名　楊學魯　曲陽縣學生　詩
第二十一名　林景桂　遼東都司學生　書
第二十二名　郭天禄　大寧都司學生　春秋
第二十三名　韓塏　任丘縣學增廣生　詩
第二十四名　樊克已　霸州學生　易
第二十五名　丘如嵩　清河縣學生　詩
第二十六名　蔡可教　成安縣學生　易
第二十七名　牛思牧　清河縣學生　禮記
第二十八名　齊康　永年縣學生　詩
第二十九名　曹子登　三河縣學增廣生　易
第三十名　羅潮　三河縣學生　詩
第三十一名　劉大受　大城縣學生　書
第三十二名　李堯德　廣平府學生　詩
第三十三名　宋豸　容城縣學生　春秋
第三十四名　蔡國熙　廣平府學生　書
第三十五名　陳于陛　曲周縣學生　詩
第三十六名　朱應時　順天府學生　易

第三十七名　申儲　廣平府學生　詩
第三十八名　紀誠　文安縣學生　易
第三十九名　蔡理　東明縣學生　書
第四十名　謝材　任丘縣學生　詩
第四十一名　王從仁　順天府學生　春秋
第四十二名　杜其驕　順天府學生　詩
第四十三名　王世懋　直隸大倉州監生　易
第四十四名　王汝梅　保定府學生　書
第四十五名　吴兖　浙江山陰縣人監生　詩
第四十六名　戴桂　順天縣學生　易
第四十七名　趙希颜　衡水縣學生　禮記
第四十八名　申僑　廣平府學增廣生　詩
第四十九名　頓起潛　涿州學生　書
第五十名　崔元吉　順天府學附學生　詩
第五十一名　張簡　静海縣學生　易
第五十二名　葉以蕃　浙江遂昌縣人監生　詩
第五十三名　陳學曾　遵化縣學生　易
第五十四名　王日東　江西安福縣人監生　春秋
第五十五名　姜芥　威縣人監生　詩
第五十六名　邊溉　任丘縣學生　書
第五十七名　周世選　故城縣學生　易
第五十八名　許待問　唐山縣學生　詩
第五十九名　何玉德　雄縣學生　書
第六十名　張天秀　深州學生　詩
第六十一名　馬獻圖　開州學生　易
第六十二名　張國彦　邯鄲縣學生　春秋
第六十三名　謝梧　任丘縣學生　詩
第六十四名　林春茂　福建閩縣人歲貢生　易
第六十五名　劉秉中　順天府學增廣生　詩
第六十六名　張祖良　祁州學生　書
第六十七名　嚴大紀　順天府學附學生　易
第六十八名　祁鯨　异城縣學生　詩

第六十九名　王尚文　河間縣學增廣生　禮記
第七十名　高選　深澤縣學生　書
第七十一名　查志宏　浙江海寧縣人監生　詩
第七十二名　賈文學　順天府學生　易
第七十三名　許一夔　福建晋江縣人監生　詩
第七十四名　楊起元　真定府學生　易
第七十五名　李東林　江西吉水縣人監生　書
第七十六名　蕭大綬　容城縣學生　詩
第七十七名　傅好學　清豐縣學生　春秋
第七十八名　錢繼志　山東冠縣人監生　易
第七十九名　林楚　福建漳浦縣人監生　詩
第八十名　李琦　順天府學附學生　書
第八十一名　黄家相　長垣縣學生　易
第八十二名　尹梓　南宫縣學生　詩
第八十三名　高飛　南和縣學訓導　書
第八十四名　張指南　開州學附學生　易
第八十五名　陳于階　遵化縣人監生　詩
第八十六名　李光前　開州學生　書
第八十七名　鄭動　寧晋縣學生　易
第八十八名　周美　浙江富陽縣人監生　詩
第八十九名　田應楊　鷄澤縣學生　春秋
第九十名　駱秉直　浙江臨安縣人監生　書
第九十一名　曲國信　遼東廣寧衛學生　詩
第九十二名　張士元　順天府學生　易
第九十三名　王嘉言　東光縣學生　書
第九十四名　高應選　順天府學附學生　詩
第九十五名　楊卞　通州學增廣生　書
第九十六名　郜永春　長垣縣學生　易
第九十七名　馮昭　滄州學增廣生　禮記
第九十八名　李梯　任丘縣學增廣生　詩
第九十九名　蘇權　故城縣學生　易
第一百名　成憲　薊州學生　詩

第一百一名　劉啓漢　順德府學生　書
第一百二名　王維寧　威縣學生　詩
第一百三名　宋宣　安肅縣學增廣生　易
第一百四名　步三戒　魏縣學生　詩
第一百五名　馬文學　雄縣學生　書
第一百六名　孫鈞　順天府學生　易
第一百七名　陶光寵　固安縣學附學生　詩
第一百八名　李自謙　棗强縣學增廣生　易
第一百九名　王度　深澤縣學生　詩
第一百十名　李松　大城縣學增廣生　書
第一百十一名　樊克宅　霸州學生　易
第一百十二名　鄭守道　廣平府學生　詩
第一百十三名　徐化　永年縣學生　春秋
第一百十四名　石應魁　直隸上海縣人監生　詩
第一百十五名　夏潛　長垣縣學增廣生　易
第一百十六名　沈楠　河間府學增廣生　詩
第一百十七名　武尚賢　永清縣學生　易
第一百十八名　陳朝重　遼東都司學生　書
第一百十九名　劉芬　真定縣學生　詩
第一百二十名　石星　東明縣學生　書
第一百二十一名　張綸　□□府學生　詩
第一百二十二名　王之賓　四川廬山縣人監生　書
第一百二十三名　李文啓　浙江龍泉縣人歲貢生　春秋
第一百二十四名　郭孔厚　順義縣學生　易
第一百二十五名　孫鉞　順天府學生　詩
第一百二十六名　馮楷　安肅縣學生　禮記
第一百二十七李鑣　順天府學附學生　詩
第一百二十八鄭履淳　浙江海鹽縣人監生　書
第一百二十九名　景嵩　萬全都司學生　詩
第一百三十名　劉森　順天府學生　易
第一百三十一名　顧詵　直隸無錫縣人歲貢生　詩
第一百三十二名　趙文顯　山東觀城縣人歲貢生　易

第一百三十三名　顧知類　清河縣學生　詩
第一百三十四名　王胤祥　撫寧縣學生　易
第一百三十五名　吕永富　固安縣學生　詩

第一場

四書

一人定國堯舜帥天下以仁而民從之

同考試官教諭劉批（理趣優長詞氣典雅發揮本旨殆盡非積學有得者不能也佳士佳士）

同考試官學正孫批（莊重典雅雄渾老成宛然治平氣象大學義無出其右者宜録出之）

同考試官進士邢批（是題場中類多浮泛此篇根據理要體裁莊嚴詞不煩而意自足當是作者宜式多士）

考試官侍讀高批（語意明粹可録）

考試官學士董批（詞氣聯絡取之）

大學引言以見治成于國之效因徵之二帝之治焉夫治成之效其機惟在于一人而已觀之二帝之治不有明徵哉傳者釋齊治之意及此若曰君子之仁讓行于家而教遂成于國其效爲甚大而其機爲甚速有如此者乃知古有一人定國之言夫亦以其機之所在耳是故一人者端拱九重而彜倫攸叙有以正萬化之原尊居五位而人紀肇修有以建維皇之極自其篤天經地義之常而藹然有恩以相與也則一國之仁于是乎出焉莫不興于孝興于弟興于慈而合愛之俗成矣自其盡民彜物則之理而翕然有順以相承也則一國之讓于是乎生焉莫不親其親長其長幼其幼而合敬之化形矣國不于是而定乎是國之定也其端雖始于一家而其機則由于一人此其效之所以若是易也吾嘗于古而有徵焉彼大哉帝堯其仁如天者也固嘗本其惇睦之懿達之以敷五教而率乎唐之民矣君哉帝舜其仁好生者也亦嘗本其克諧之道達之以徽五典而率乎虞之民矣吾見堯以是率之而民即以是從之百姓昭明也黎民於變也遵道遵路何有自外于如天之治者焉舜以是率之而民亦即以是從之四方風動也萬邦咸寧也是彜是訓寧有自悖于好生之德者焉是堯舜者唐虞之一人也仁者仁讓之合德者也觀民之從仁而一人之定國可知矣治成之效不既彰彰矣乎抑聖人之治其所以易者何也曰此人心所

同也天命之性人倫之原人皆具之聖人特先得此心而倡率于上焉耳其存之則爲天德其達之則爲王道皆此心也故大學論齊治必先正心是謂知本

君子貞而不諒

同考試官教諭吴批（貞諒意作者類失體認此作發明精徹進詣深遠非老學不能到欽服欽服）

同考試官教諭李批（剖析詳明論辨精確良是有得之士録之以警夫騁浮詞者）

考試官侍讀高批（明暢可取）

考試官學士董批（發明殆盡）

聖人論君子守正而不滯所守焉蓋貞者事之幹也君子貞以幹事而天下之理得矣又何有於諒哉聖人之意蓋謂德每戒於無恒則學必貴乎能守固也然難辨者疑似之際易蹈者毫厘之差有不可以徒守者彼其據事理之至當確然獨立而不易者貞也持己見之一端介然自信而不移者諒也貞或有同乎諒然以理爲主而非以守爲主自有隨機應變者存焉非所謂諒也諒或有同於貞然以守爲主而非以理爲主寔有執一賊道者在焉不可謂貞也人惟察識不明而成心未化固有貞而不免爲諒者矣惟君子擇善也審而精義致用不徇於形迹之粗執德也弘而利用安身自得乎中庸之妙如禮所當守固有一家非之而不顧一國非之而不顧者矣然或事與時遷則又變之以從宜而非禮之禮乃其所不處也曷嘗有所意必而流於硜硜小人之爲乎如義所當守固有利之不能疚威之不能怵者矣然或始與終异則又易之以從道而非義之義乃其所不居也曷嘗有所適莫而類於匹夫匹婦之見乎蓋貞者正而固者也諒者固而未必正者也貞則諒在其中而諒則反害乎貞矣此君子所以异於人歟抑此大人之事也有大知有大勇而合以成其仁者也使精一之學有所未至則雖可與立者猶未可與權况其下乎然不諒惡乎執則又取於諒者何蓋孔子爲不通者言而孟子爲無信者戒也信而能通則其所謂諒者固即所謂貞也學者但當勉造乎君子之域豈可二三敗德而徒曰不諒也哉

召太師曰爲我作君臣相説之樂

同考試官教諭吴批（場中士子於命官作樂處類皆窘而不能言獨此篇發揮明盡如躬睹其盛者杰作也録之）

同考試官學正林批（詞朗健而理優長發出景晏君臣相悦之情婉然在目讀其文即虞廷喜起之歌周室卷阿之咏其氣象亦可想見敬服敬服）

考試官侍讀高批（意婉而盡）

考試官學士董批（文可誦）

齊國君臣之相得因命官作樂以宣之焉夫樂所以宣和也齊君命官以作樂而君臣之相得益彰矣孟子述之以爲宣王告其有以哉想景公命太師之意若曰音樂之興所以鳴國家一時之盛而國家之盛莫大于君臣相悦之深今晏子陳游觀之典而我喜其言之足聽是君悦其臣也我行補助之政而晏子樂于説之得從是臣亦悦其君也君臣相悦良可謂難矣爾其爲我本遭逢之慶而播之鍾鼓管籥之間即際會之隆而飾之羽旄干戚之表以我之所以悦晏子者而歌以永之一唱三嘆藹然爲和動之音而奏于朝廷用于邦國有以見喜心之感可焉以晏子之所以悦我者而咏以間之五音六律油然皆忠愛之意而風于在位達于鄉人有以知樂心之感可焉虞庭之歌雖不易以及矣然齊有敬仲之遺器也協之聲詩安知明良之會不復見于今日乎卷阿之咏若不可以追矣然齊爲三代之遺聲也比之節奏安知上下之孚不媲美于昔人乎吁景公作樂之意如此亦可以爲賢矣夫景公齊之先君也晏子齊之先大夫也宣王于雪宮之樂抑反求其先而已何以他爲哉雖然孟子非堯舜之道不陳于王前景晏之事未足以爲願者而此惓惓言之何也嗟乎戰國之時先王之典蕩然天下日尋于兵革不復知有所謂民事矣今晏子歷陳而景公悦焉則君非私悦臣非私媚亦猶行古之道者也是之取爾噫宣王能聽則所以制民之產而行王政者孟子具言于前矣又不獨區區一補助而已也

易

大觀在上順而巽中正以觀天下觀盥而不薦有孚顒若下觀而化也觀天之神道而四時不忒聖人以神道設教而天下服矣

同考試官教諭吴批（觀道之妙所該甚博子能據理措詞闡明精藴惹領聖人之要旨者直積學之士也健羨健羨）

同考試官學正林批（純粹莊雅真得潔净精微之旨結更有餘味可嘉）

考試官侍讀高批（明净）

考試官學士董批（聖人所以觀者只一中正而已此卷能發之良是）

彖傳釋卦名辭而必極言觀之道焉夫觀者上下交孚之義也至于神而其道盡矣彖傳釋觀名辭而必推之于天道聖人也有以哉想其意若曰人君之爲觀也本諸身以立其極徵諸民以妙其應達諸天人以究其藴而觀之道

無餘義矣是故吾于卦名而得其立極于上者焉蓋以卦體卦德言之大觀在上順而巽則是尊臨海宇而九重操撫御之權和順道德而一人備元良之美此皆中正所在而所以觀示天下者有其準矣由是建中于民而爲四海之具瞻者此也表正于下而爲萬邦之共主者此也其極不既立乎吾于卦辭而得其妙應于下者焉蓋以卦辭言之盥而不薦有孚顒若則是心存玄默而有不顯之恭德入淵微而有不言之信共皆中正所存而下之所以觀感者有其機矣由是移風易俗而人相率以化中者此也敏德遷善而人相與以趨正者此也其應不亦妙乎吾嘗觀諸天道聖人而有以究其藴焉是故造化之運闔闢無端而於穆不已天之道何其神也但見四時之往來相推歲功自成而已矣屈伸相感氣機自順而已矣其諸天之所以爲觀者乎中正之德深遠不窮而運行無迹聖人之道何其神也但見萬民之涵濡于中莫知其所使而已矣會歸于正莫識其所爲而已矣其諸聖人之所以爲觀者乎夫以天地聖人之大而其爲觀者如此觀之藴始盡矣嗟乎是道也惟堯舜足以當之昔堯舜之相授受以允執厥中而當時於變雍熙之民皆中正之化也然其臣之稱之者必曰帝德廣運而民之化之者則曰帝力何有是亦神矣然實中正之極非有他也噫是合一之道學者不可不知

乾爲天爲圜爲君爲父

同考試官教諭吴批（是篇於造化人倫處究極精微而詞意雋永其學貫天人者耶）

同考試官學正林批（天圜君父之象其理本自明白且經傳中亦時發其義經生類多忽略故臨文失於辨拆甚至有不喻其旨者詞理精確無逾此篇宜録以式）

考試官侍讀高批（精切和粹易義如此者绝少）

考試官學士董批（讀之題意瞭然）

聖人廣乾之象有以造化之妙言者有以人道之尊言者蓋天與圜皆造化之妙而分則莫尊于君父也聖人廣其象而乾道之大見矣且夫易之作也所以體天人之撰也而其道則莫大于乾推類觀象豈無可言者乎是故得純陽至健之性而發育于萬物者謂之天得純陽至動之理而旋轉于兩間者謂之圜天之與圜其名不同而其爲造化之妙則一也今乾之爲卦奇一而實者其畫皆純焉有純陽之畫則有純陽之性資始而不息也大生而不窮也非天而何徑一而圍者其數皆純焉有純陽之數則有純陽之理圓神而不滯也變

動而不居也非圜而何夫乾而爲天則執造化之柄巍巍乎莫之及矣乾而爲圜則斡造化之機蕩蕩乎莫之禦矣其妙也一至此哉以言乎遠則秉陽綱而撫四海者有君焉以言乎邇則理陽教而正一家者有父焉君之與父其分不同而其爲人道之尊則一也今乾之爲卦則居八卦成列之首合而爲六爻乘六龍也分而爲六子率六職也雖坤亦有臣道矣坤尚爲臣而乾非君乎列八卦生也之先自震以下皆爲男也自巽以下皆爲女也雖坤亦但稱母矣坤既稱母而乾非父乎夫乾而爲君則國無二大外莫與并矣乾而爲父則家無二主内莫與齊矣其尊也何以加哉吁聖人發乾之藴也至矣抑嘗考之自古稱人君之德者必歸之天感其恩者必歸之父而語其用者亦必歸之圜故其仁如天者堯也子民如父者舜也從善如轉圜者漢高也高祖之德雖不能比于二聖而得其一節之似亦足以開漢家四百之基乃知夫子之言蓋爲君道也

書

乃聖乃神乃武乃文

同考試官教諭吴批（帝德難名經生類不能言求其義意圓融詞理精到發出變化之妙僅見此作殆時義中之所未有者一結尤有獨見）

同考試官教諭李批（題上四乃字最難發揮獨此作詞理明達意趣精深如親睹聖人氣象非知德者不能道至此也吾當爲子斂袵矣）

考試官侍讀高批（順當）

考試官學士董批（語意圓動善言聖人不測處可取）

大臣贊聖君之德有以極變化之妙焉蓋至德不可以一端求也堯之德變化而莫測此所爲極盛也歟昔益因舜尊堯而遂美堯之德以勉之至此意謂君道不外於克艱克艱惟在於有德夫堯之德既廣而能運矣則其變化之妙果何以形容之哉彼德造其極者爲聖爲神然聖謂之聖神謂之神猶可得而名也帝德惟廣運也故有流通而無間者自其大而化者而言則生而知之安而行之雖有體而無迹也雖有用而無心也是固聖矣然不止於聖也其幾至微其應至妙實有不疾而自速不行而自至者焉又何神乎既聖且神則聖不可以名也神亦不可以名也合一不測吾豈能知其然哉德見於外者爲武爲文然武謂之武文謂之文猶可得而稱也帝德惟廣運也故有變動而不居者自其威之可畏而言則爲聖武布昭爲神武不殺毅然而動者乾之剛也赫然而臨者帝之範也是固武矣然不止於武也發諸英華著之經緯實有昭乎其明焕乎其章者焉又何文乎既武且文則武不得而稱也文亦不得而稱也兩在無方吾豈能窺其際哉吁聖神文武德之全也惟渾淪之體既極其淵微

故時出之妙有難於擬議此堯之所以爲至聖而克艱厥后者也益以致勉於舜其意亦獨至矣抑堯之德天德也夫易以元亨利貞獨統於乾者以其不息也堯德廣運而聖神文武兼總而時見焉亦猶是耳故曰惟天爲大惟堯則之蓋謂此歟雖然堯固不自知也求諸其心惟欽而已舜不自聖而尊堯固亦堯之心也禹益不以舜爲已聖而交勉之固亦舜之心也然則唐虞之所以盛者其亦可想也哉

至治馨香感于神明

同考試官教諭吴批（講馨香感通處語甚精致而文氣亦暢達蓋不可以經士目之因録以式）

同考試官教諭李批（冲融典雅可謂文之精華矣場屋中乃有此作耶）

考試官侍讀高批（見理真切文亦健録之）

考試官學士董批（感于神明處説得真切可取）

聖臣著盛治之所感其爲訓也至矣夫治化足以感神感之至者也聖訓著之宜賢王述以告其臣哉昔成王命君陳以尹東郊而述周公精微之訓以告之若曰治民事神其理一也欲知民之可治當知神之可感感應之間亦微矣其亦觀古之所謂至治者乎蓋其綱舉目張而于天下之政無弗舉仁漸義洽而于天下之化無弗周世道則雍熙焉民俗則淳美焉和順之積有以釀亨嘉之會王路則平康焉皇風則清穆焉太平之極有以焕宣朗之文其凝之而爲精是天地之協氣也薰蒸洋溢而發越之機不容以自已矣其著之而爲華是宇宙之休光也流動充滿而升聞之妙不能以自遏矣以此而感于神明則吾知至治非粗也其入于無微者是即神道之教神明非幽也其通于有感者是即治理之原以吾之精而合神明之精則於穆之中若有相爲融結者天人吻合孰有得而間焉以吾之華而合神明之華則冲漠之表若有相爲鑒臨者上下交孚孰可得而測焉故人見其郊而天神格也而不知其所以格者即此以爲之本矣人見其廟而神鬼享也而不知其所以享者即此以爲之端矣吁神而可感則民無不治者而神之相感必由于民之既治焉君陳之爲政也可不深長思哉抑嘗觀周以禮樂治天下故稱三代之盛王而禮樂之制則皆成之周公者今觀其書大概事神治民而已然以禮樂感人天下知之而即以治民之道感神則非通性命之故者不能識也故謂之精微之訓噫能事斯訓也而何憂商之頑民哉

詩

虎拜稽首天子萬年

同考試官教諭劉批臣子愛君之心素植其性答稱之時匪壽無以自效讀此作不惟發盡臣子靖獻之忱則中興明良氣象尚可想見子其忠愛之士也敬服敬服）

同考試官學正孫批（此題場中士子類能言之但非俗則窘此作採摭渾化斧鑿無痕且忠愛之言出自肝膈蓋夙抱事君之義者宜録以式）

同考試官進士邢批（首尾點受命岐周意深爲有見且不事雕琢而祝願之誠溢於言表他日必忠君者佳士佳士）

考試官侍讀高批（典實）

考試官學士董批（順當）

大臣之受策命而恭以致祝焉甚矣人臣忠愛其君之無已也大臣恭以受命而深致其祝也有以哉昔召虎成功勞于江漢而宣王頒策命于岐周虎之于此以爲上有酬勞之典而下有受命之恭今王也錫以土田而又假靈于文考其恩可謂厚矣恩厚者感之必深厘以圭瓚而又徼寵于先臣其禮可謂隆矣禮隆者敬之當至北而拜貺本人臣事君之常也而况感切于中則非拜不足以將之者蓋雖策命之詞懔若天王之親訓矣拜而稽首本人臣答君之義也而况敬形于外則非稽首不足以盡之者蓋雖岐周之地儼若朝著之欽承矣虎之受命其恭如此然又以爲臣之于君其不易盡者報謝之意而其所可自至者祝願之情今王貴爲天子而富有四海他無可祝矣惟願皇天眷命而年所多歷以撫宗社靈長之運上帝寵綏而壽考維祺以綿國家久遠之基修内攘外今日之治化固盛矣然非但今日已也必自此引之而萬年有永于以紀曆數于無窮焉庶文考之陟降在天其亦有常享乎撥亂興衰一時之勛業固隆矣然不止一時已也必自今申之而萬壽無疆于以保太平于有象焉庶先臣之左右烈考其亦有餘慰乎虎之祝君也其至如此是則虎之忠愛已盡而其情亦切矣詩人所以深美之哉抑卷阿之詩康公之所以祝其君也彼祝之以純嘏矣而有資于孝德此祝之以萬年矣而即勸以文德蓋人臣所以願其君者莫先于壽而天子所以永其壽者必本于德故其言之同也夫祖孫之間其濟美有若是者亦可以不眉岐周之命之謂之世篤之忠矣故曰凡周之士不顯亦世信夫

日就月將學有緝熙於光明

同考試官教諭劉批（題本明白而士子多不能作非於日就月將處間歇便於緝熙處纏繞獨此篇發揮明盡而語意渾成是有得於心學者）

同考試官學正孫批（詞氣簡古理致精明形容當時勉敬之意如在目前此必素養之士也可佳可佳）

同考試官進士邢批（是題乃成王勉學以開發其聰明未便至敬之效上場中士子多剽竊浮詞殊戾本旨精到典實獨見此篇宜録以式）

考試官侍讀高批（簡而明）

考試官學士董批（精切）

賢王勉敬惟欲致學以明其德焉甚矣學之不可以已也能致之以明德則何敬有不可及者哉成王既述群臣之戒而乃自爲答之之辭若謂天命不易而敬以保之爾之儆予者深矣予雖未能豈無勉求之志哉誠以德本明也然人欲日爲之蔽錮則天理遂至於晦蒙學所以明也然道心暫涉於忽忘則人心即投其空隙必也德欲日躋而涵養操存不違於瞬息學務時敏而省察克治罔間於幾微以日而言必有就焉所以求益於得者固惟日之不足也以月而言必有將焉所以引伸而長者每計月而有餘也法乾之健而繼續有常勿替自新之力昭晋之明而終始惟一務收丕顯之功克明俊德雖非可易能也于是積之以漸而使蔽者通焉庶乎心有所主而所謂虚靈不昧者可以復其體矣敢怠焉而不修乎懋昭大德雖非可易及也于是持之以久而使微者著焉庶乎物無所淆而所謂明覺自然者可以達其用矣敢畫焉而不進乎夫然則不聰可化而敬止可幾命雖不易或可以保之而不失矣不然寧不負爾之望哉吁成王其賢也已考之無逸召誥諸篇所以勉成王之敬德者不一而足敬之之説固即周召數公之意與成王不惟味乎其言而且能致乎其實此其所以克成厥德而基命宥密益衍靈長之祚者也然諸書所稱惟恐君之不勉而是詩所言惟恐臣之不吾勉合而觀之則其相成之美可以想見而祈天永命之道誠無出此也夫

春秋

冬鄭公孫夏帥師伐陳（襄公二十有五年）叔孫豹會晋趙武楚公子圍齊國弱宋向戌衛齊惡陳公子招蔡公孫歸生鄭罕虎許人曹人于虢（昭公元年）

同考試官教諭楊批（經文序事難于措詞成冗而弗明或泛而靡實此作事既詳核文復典雅且得斷制之法宜録以式）

考試官侍讀高批（明整無浮語）

考試官學士董批（事核而文）

賢臣兩當乎强國由其能自立也此鄭有子産而晋楚之强不能加也賢

人之足以自立也如是哉吾聞晋藉累霸之餘北方之國莫强焉鄭處其南蓋惴惴焉承順之恐後者也方公孫夏伐陳而子産之獻捷也侵小之問戎服之詰將曲鄭而加之兵矣使無人以應之鄭能免乎幸而子産將命原成周之大德而表先君之大惠弃我懿親數陳罪也多兼數圻屈晋辭也各復舊職申王命也其氣直其詞順雖以士莊伯之辨無所復施而犯順不祥遂動趙文之悟矣不然壤地千里之晋索賦而起禍且不可測也而况肯受鄭之捷哉至若楚以僭王之夷南方之國莫强焉鄭邇其北蓋恐恐焉聽命之不遑者也方于虢之未會而子圍之圖婚也入館之舉衆逆之謀將掩鄭而奪之國矣使無人以禦之鄭其殆乎幸而子産授辭明小國之無辜而責大國以安靖請墠于外抑其驕也包藏禍心發其奸也距違君命申其鑒也其義正其詞嚴雖以伯州犁之對卒不能勝而垂橐請入竟成伍舉之議矣不然帶甲十萬之楚乘虚而入國且莫之保也而况於豐氏之祧哉是則不患有晋楚之强而患無子産以禦其强不患於鄭國之弱而患無子産以振其北强爲善而已矣而仲之見脅忽之出奔所以貶於春秋也抑晋以重幣而失陳僑也惑之已見譏於子産圍懷禍心而即會執戈前矣方見誚於子皮己則不縮而欲以無道加諸人也胡可得哉宜乎鄭之得伸其氣也噫楚無足責也晋國列卿不能繼魏絳智瑩之策而于虢之會楚遂先歃人才之有關於國家也不可見哉

秋九月齊侯宋公江人黄人盟於貫（僖公二年）

同考試官教諭楊批（胡傳中慮周義著意實相成非可分言也士子率多分言之而意反不達獨此篇融會傳意能發齊桓制楚之心且語意莊雅識見透徹非優子經學者不能也宜録以式）

考試官侍讀高批（得聖人予齊桓意）

考試官學士董批（有斷制）

伯主交遠以制外春秋特予之也此貫之盟桓之工於謀楚也春秋爲世道計則安得而不予乎且盟春秋之所惡也貫之盟桓服江黄也而予之者何夫正天下之分存乎義義不著則分幾乎斁矣成天下之事存乎慮慮不周則義幾乎息矣想桓之意以爲中國不可不尊也而荆楚侵强則憑陵日至且有左衽之憂矣惡在其能尊乎强夷不可不攘也而江黄爲與則氣勢方張且有右臂之援矣惡在其可攘乎故一匡之志本以荆楚爲謀而萬全之舉先以江黄爲計於是乎冠裳畢會而講信以結其心牲歃爲盟而修睦以聯其好不惟離之於楚而且使之附於齊蓋以彼之與與我而其威乃可振也不徒使附於

齊而且用以制乎楚蓋以我之敵敵彼而其勢乃可撓也運籌壇坫之上而制勝江漢之濱雖陽穀之會未舉所以糾合而捷伐之者固已有成□矣震叠蠻夷之心而發舒華夏之氣雖陘亭之師未次所以聲罪而屈服之者固已有令圖矣是其慮之周也而義因以著義之著也而慮之周者益足多焉君子謂是役也庶幾乎武王之誓遠及八國之人紹美於大公之烈光昭四至之命者也故諸侯皆在而於内獨言宋公於外獨言江黄者若曰宋其大者也舉其大而小可知也江黄其遠者也舉其遠而近可知也非以深與之而何哉柳桓之謀仲教之也惜也遠齊近楚仲預憂之而桓遽忘之也卒見滅於楚而不救夫楚之甘心於彼固也彼慕吾義而來而吾乃卒忍心焉則何哉噫方其盛也楚之與國吾能有之及其衰也吾之與國楚能滅之夷夏消長之幾寔决於此此桓之所以爲桓而聖門不道者也

禮記

天子以德爲車以樂爲御

同考試官教諭颜批（説理精徹措詞莊雅末復徵以中庸之言尤爲有見佳作佳作）

考試官侍讀高批（明整可誦）

考試官學士董批（天子之德樂不同而欲切之車御尤難敷衍惟此作識其大故録之）

大君動無不正而用無不和此順之達也蓋德者出治之本而樂也者和此者也由於德而成於樂則大君之順歸焉耳昔先王之治人情也本修己之功極成物之效而家而國既無不順者矣况天子者天下之主而達順之原也所以自盡其道者何如哉彼行必有車也天子則以德爲車焉夫德非可以車言也惟其利用出入而無適不然則德固猶車也已今也建中於上而萬化妙其權輿體道於身而百行循其軌轍自其心之正者而時措焉以正百官以正萬民皆其運用者也自其性之盡者而率由焉以盡人之性以盡物之性皆其推行者也蓋雖無庸於輪轅之飾寔有相與周流而無間者矣謂德之非車也可乎哉車必有御也天子則以樂爲御焉夫樂非可以御言也惟其用以和德而無行不與則樂固猶御也已今也歡欣浹洽而統馭之道弘優柔平中而操縱之機熟以心之和爲氣之和凡所運用自適緩急之宜也以氣之和爲形之和惟所推行咸中肅雍之度也蓋雖無假於和鸞之美寔有相與周旋而不舍者矣謂樂之非御也可乎哉夫以德爲車則其化也不行而自至以樂爲御則其治也無爲而自成此固順之所由達而天下之所以肥者歟抑於是而知中

庸之言徵也夫中和致而天地位萬物育聖德修而天下肥四靈至其義一也聖神之功化豈誣也哉然中庸言修已而教在其中禮運言治人而必原諸修已可見聖德大業初非二事而帝王之道誠本於心者也

方以類聚物以群分則性命不同矣

同考試官教諭颜批（性命不同處作者皆知爲聖人制禮之本但體晰不明詞多浮泛此篇理致深融且文有繩墨一字不苟真杰士也敬服敬服）

考試官侍讀高批（純實）

考試官學士董批（義精詞達）

知人事之异其宜當知天理之异其分蓋天理在人自有不同之分也則夫人事之异宜也謂非本於是者哉樂記君子謂夫人徒知禮之制於聖人而不知其本於造化是豈獨君臣貴賤大小之間爲然哉夫人倫有五固各有其方也然綸之乃可以爲倫豈容泛焉而無當乎於是乎比而合之而五典則有五惇以天合者聯之以恩以人合者協之以義各從其類非可以假借爲也經禮有五固各有其物也然經之乃可以爲經豈容混焉而無別乎於是乎理而分之而五禮則有五庸禮之常者以處事之常禮之變者以處事之變各歸其分非可以參互爲也此聖人之所以制禮也然豈創自聖人者哉誠以我之得於天者曰性而天之賦於我者曰命禮之所由生也是雖出於一原然天有顯道厥類彰焉而變化之初即具夫各正之體是雖統於一心然民之秉彝各有則焉而渾然之理自涵夫燦然之條尊之不可使爲卑猶夫卑之不可使爲尊孰是與定乃分限之自有者也五典而五惇自天叙之而已然矣厚之不可使爲薄猶夫薄之不可使爲厚孰是與辨乃情理之自至者也五禮而五庸自天秩之而已然矣是知性命自有分聚之殊而方物本乎性命之理則夫聖人之於禮也夫豈無因而强作者哉大抵斯章之言皆取諸易而義則有不同者蓋易明天道故以造化之妙顯於卦爻禮明人事故以制度之宜原諸造化要之卦爻之中莫非人倫之理其所象者固即其所法者也觀此則禮之本諸天地也爲益信而不聞性與天道信乎不足以有制也

第二場

論

聖人有功於天下萬世

同考試官教諭劉批（聖人久大之功與天地并難於名言是作根極理

要發明詳盡精於聖學者也敬服敬服）

同考試官學正孫批（此篇發明聖人之道反復數千言有不盡之餘殆猶干將出匣而鋒不可當下玉既琢而其光難遏也京畿首薦宜矣用録以式）

考試官進士邢批（聖人具此道體故能因時盡制以爲復法此作發明精確議論淵源經緯天人森羅星宿讀之如在五帝之時氣象皡皡佳作也宜首録之）

考試官侍讀高批（論有源委有闔闢如玉良之御馳騁終日而不失其度奇才奇才）

考試官學士董批（論言聖人之功如模寫天地而作者乃以華詞飾之則遠矣此篇氣概闊大允宜首薦）

聖人者道之體也道無外聖人亦無外道不息聖人亦不息無外故大不息故久聖人非有意于其大且久也是道之體也聖人以是道之體而存之謂之心心也者天下萬世之所同具也聖人以是心而運之謂之道道也者天下萬世之所同由也惟其有所同具而不能以自盡也惟其有所同由而不能以自得也聖人爲之制爲之法而使其不能盡者有以盡之不能得者有以得之是聖人之所以通之天下萬世者也而聖人之所以通之者不過自其所同而非聖人之有所加也而人亦得其所同相率以安于聖人之制與法而非有所强也是皆道之體也宋儒胡氏謂五帝有功於天下萬世其可與言道者乎夫道者何也天地之統也日月之經也四時之紀也人倫之綱也文明之秘也典則之會也物曲之宜也萬事萬化之原也是生人之理而人合而具之以爲心者也今夫人之靈明知覺而無不通者以其有此心也四海不同風五方不同俗而其聲氣之通者以其有此心也异地相應曠世相感而其機之通者以其有此心也心之所以通者以其同也其所以同者以其合而具之者也人惟合而具之而不能以皆盡故有所塞有所通是以習不察行不著者凡民也塞者也求其著與察而習之行之者學者也求通者也著與察而或失之者君子也通而未盡者也凡民不足言矣學者不暇言矣君子以其未盡者而欲出之于政則其心必有昧而未達者謂之有外其心必有間而未融者謂之有息以有外之心而求道之無外不可得也以有息之心而求道之不息不可得也故通于小或塞于大通于此或塞于彼通于今或塞于後聖人者兼小大合彼此貫古今而通之者也是道之體也是故伏羲始之神農繼之黄帝堯舜氏又繼之五聖人相授而守一道者此也是故當夫天地之未定而莫得其統也于是作旋蓋著躔含察璇璣玉衡而天之度正矣治洪水度土功奠高山大川而地之

軸平矣聖人得其統而天地不得不定者是道之體也當夫日月四時之未順而莫得其經與紀也于是肇攝提起消息而景可測矣定閏餘殷歲正而時可授矣聖人得其經與紀而日月四時不得不順者是道之體也當夫人倫之未明而莫得其綱文明之未宣而莫得其秘也于是序爲五典敷爲五教而人倫明矣法河圖以畫卦代結繩而作書而文明宣矣聖人得其綱得其秘而人倫不得不明文明不得不宣者是道之體也當夫典則之未周而莫得其會也于是同之量衡而使其有所守陳之法象而使其有所遵興之禮樂而使其有所化而典則之設詳矣當夫物曲之未備而不得其宜也于是教之耒耜耕稼而使之食作之宫室器具而使之居輔之醫藥而使之濟而物具之利全矣聖人得其會得其宜而典則不得不周物曲不得不備者是道之體也至于萬事萬化之原所以盡天下之人盡天下之物盡天下之政理而裁成輔相爲之制爲之法施于當時垂于後世而莫有遺焉此亦道之體也時之未至而聖人不敢先之時之既至而聖人不敢後之未至者不得謂之簡道所不當先也既至者不得謂之繁道所不當後也聖人者非樂于有所創而亦非樂于無所爲也樂于有所創則心勞樂于無所爲則心寂聖人寂然不動感而遂通凡以心之無所與而純乎道之體也心無所與故有以通天下萬世之心純乎道之體故天下萬世皆取足于吾道而聖人非有所加也人亦非有所强也吾嘗驗夫人心之偶得而不涉之以事也則其中必有藹在和矣其外必有油然順矣其觀之天地萬物必有廓然與我同進矣此聖人所以通天下萬世之本也是心之得也非獨聖人有之凡民亦有之凡民有之是心體之本同也其失也非獨凡民有之君子亦有之君子有之是心體之難盡也聖人以其所難盡者盡之而以其所同具者爲之制爲之法使之率而由之以各得其心故當時不能違而後世不能易非不能違與易其心之本同而道之無以復加也今夫公輸子天下之善工也天下不能皆工而知公輸子之善以其規矩無以復加也養同基天下之善射也天下不能皆射而知養由基之善以其彀率無以復加也聖人之于道猶公輸之規矩而養由之彀率也故聖人之始也能以天下爲一人萬世爲一息者非意之也道之體也而其既也天下安之萬世仰之亦道之體也故自聖人之定天地也天下萬世相生相養于覆載之中以爲聖人之功而聖人不自知也自聖人之暦象日月四時也天下萬世順其晝夜寒暑之序以爲聖人之功而聖人不自知也自聖人之别倫理而開人文也天下萬世得其禮義之分而窺其精微之藴以爲聖人之功而聖人不自知也自聖人之立典則而辨物曲也天下萬世循其爲政之方而沿其日用之利以爲聖人之功而聖人

不自知也自聖人啓萬事萬化之原而天下萬世人得其性物得其軌精粗巨細無一而不得其常由之則治違之則亂以爲聖人之功而聖人不自知也故無聖人則天地毁矣天地不毁則聖人之功常在也無聖人則日月四時紊矣日月四時不紊則聖人之功常在也無聖人則人倫不明文明不著典則不立物典不備萬事萬化不行矣天下萬世而可以無是數者則已其不可無則聖人之功常在也是皆道之本無可外本無可息而聖人無所與也故曰道之體也抑吾觀堯舜聖人之獨盛者也其相授受曰允執厥中吾知道之體在是也而伏羲以下吾不得而觀焉吾以爲三聖人之道無可得而見也及吾讀易而觀易卦實始于伏羲孔子之贊易則曰黄帝堯舜取諸乾坤而神農取諸益乃知數聖人皆深于易者而易之一書實所以明中也夫中者道之體也故吾以爲聖人之有功於天下萬世本于道而已非臆説也

表

擬宋司馬光進三劄表（嘉祐六年）

同考試官教諭吴批（人臣進言□德乃忠之大者而以達意爲難是作不聘浮辭而自靖自獻之忱溢於言外真佳作也健羨健羨）

同考試官學正林批（語意温和而忠愛之忱彌切詞華典實而正真之誼自存是真得人臣進言之道者宜用録出以爲納忠者法）

考試官侍讀高批（意忠懇且不爲麗語當是老作）

考試官學士董批（不用藻詞直寫忠悃對君之言宜如此）

嘉祐六年月日知諫院臣司馬光謹以三劄上進者志存報主敬殫一得之愚言可興邦式備萬幾之助况設旌受善既遇其時而簪筆拾遺復叨其任敢不傾夫葵藿冀有擇於蒭蕘臣光誠惶誠恐稽首頓首竊以治尚勵精必先知要義形補闕尤急匡時常聞吁咈之風遐想明良之日敷皋謨於夏禹惠哲其難陳説訓於商宗聰明時憲克知三宅惟姬旦之戒任人張皇六師乃召公之勸保命蓋聖人御世雖安而不以爲安故忠臣愛君已備而愈求備臣久蒙恩渥效犬馬以無從夙抱朴忠幸朦工之有責固嘗稽古人而察其成敗之故因以觀時事而求夫治理之原惟心口以自謀既研百慮似要領之有得不越三端懷鬱積以難將念勤惓而莫已雖杞人過計亡意憂天而芹食孔甘終思獻上兹蓋伏遇紹堯神聖纘禹儉勤不蓄爲富不殺爲威藹若陽春之煦以寛御民以誠御狄廓如大造之容求賢拔及草茅納諫采諸葑菲光新駿業致四十年熙洽之休丕搆鴻基衍億萬載和平之福但恬熙既久奉法者每涉因循及偷惰漸成從政者遂崇姑息用致皇風之弗暢豈云聖澤之未弘然張馳

之道不同而操縱之機有在惟天子禮樂征伐自出惟皇極剛柔正直相成故仁必用明以防壅蔽之患而明猶兼武以爲英斷之資更須均濟以無偏乃可并行而不悖至若臣工多曠皆因名實之淆又如武備寖衰奚取聲容之盛簡乃僚而信賞必罰庶惠疇亮采之有人閲其實以汰冗求精斯禦侮折衝之足賴凡皆制治保邦之道豈特補偏救弊之方從古宜然於今更切臣乃條爲三事贅以數辭參互舊聞卑之無甚高論括綜大義行耳不在多言雖管測井窺莫識乾坤之廣大顧纖塵涓露少裨海岳之崇深仰瀆重瞳備觀乙夜竊比孟軻之敬非道不陳於前願爲君陳之良有謀乃順於外伏望轉圜量闊止輦心虚帝德罔愆加之意而高明光大王猶允塞見諸事以深切著明百工厘庶績熙不假彌文之飾萬邦寧四夷順遹觀道化之成則國家大曆將與天地無疆而臣子寸心不隨草木同朽臣無任瞻天仰聖激切屏營之至謹以三劄隨表上進以聞

第三場

策（五道）

第一問

同考試官教諭吴批（我皇上事天之道本於一敬所以昭格玄穹而駢臻福祉者極淵邃而難言也是作獨能揄楊而稱誦之可以觀忠愛之忱矣）

同考試官學正林批（我皇上格恭天祀其文與政焕若日星士子皆能鋪張贊述至於事天之精與古帝王同符以爲昭受多福之本則鮮有能明之者是作鋪張揚厲忠愛溢於言表可以觀所養矣）

考試官侍讀高批（我皇上至德淵微真有獨契天心蕩蕩乎無能名者子獨能言其意豈非涵濡聖化而有得者與蓋不可以經生目子矣）

考試官學士董批（我皇上敬天一念所以卓邁百王者正以獨得其精動静語默無非昭格之所也子能歷陳之其有古人歌頌君德之風者乎人臣之道宜如此故録焉）

執事以帝王事天之道下策承學淺陋不足以奉明問雖然大聖人之化則涵濡久矣請述所聞于古者而後對揚今日之盛可乎愚嘗觀事天之文自義農以上無所復見蓋杜佑稱黄帝作合宫以事上帝開明庭以祀天神合宫明庭之制雖不可考大概事天之文自黄帝始矣及舜受命于堯而有肆類之禮有禋遍之儀則其文益著及三代至周而益以備焉是故陶匏之器藁秸之藉疏布之冪樿杓之薦貴其文之有質也邸鎮之圭五采之繅八變之樂龍章

之旂貴其文之餙也帝王之于文也可謂盡心爾矣夫文者帝王所以綢繆其敬者也而政者帝王所以經緯其文者也吾觀黄帝推筴迎日以正天統使時有可紀焉建天地神祇物類之官民是以有忠信神是以有明德民神得業而事可舉焉蓋黄帝之政非徒以其文而已也至堯舜則始命羲和分命叔仲修曆象正璣衡而歲成焉殷四仲之序定四時之法厘百工熙庶績而民治焉蓋堯舜之政亦非徒以其文而已也至周則有司會以協五紀有保章以辨五物有馮相以掌八星有司徒以測四景其設官師爲甚祥而五紀以定皇極五物以詔祲象八星以辨叙事四景以推氣元其關化理爲甚切而周之政亦不徒以其文而已也故帝王有文以爲周旋之度則必有政以爲彌綸之典周旋之度敬之所以爲感格者也彌綸之典敬之所以爲裁成者也帝王以是敬而存□□之天心以是敬而運之謂之天德故發之則以成文施之則以成政是皆敬之不容已者也吾嘗讀傳記稱黄帝命史甲作户牖巾几諸銘以箴切左右而巾几所云毋偭德毋犯義者其詞有獨至焉其斯黄帝之所爲敬者乎若堯舜則典謨所載著多矣而其大者曰欽曰慎曰恭君德盛矣而猶曰克艱至治極矣而猶曰儆戒其斯堯舜之所爲敬者乎若周則又有可識者矣以文王之昭事而猶不顯亦臨無斁亦保以武王之執競而猶拜洪範作肅之言受丹書之旨而成王則儀刑二后夙夜基命日監在兹尤不遑暇焉其斯周文武成王之所爲敬者乎夫敬者道之體也天者道之原也帝王以敬會道則道在我以道會天則天在我故黄帝之神化宜民與天下無爲者天也其聖智創物以爲天下利者亦天也堯舜之文思安安垂衣而治者天也其兢兢業業一日萬幾者亦天也周之不識不知順帝之則者天也其是伐是肆以耆爾功者亦天也至此則帝王與天張弛與天出入神融意會聲應氣求此天下之至精也如是而文興焉則天帝可質而其文亦精矣如是而政舉焉則天運可求而政亦精矣如是而天不愛道地不愛寶庥徵畢至貞符咸集而帝王蒙天之福盛矣然帝王往矣千載而下其卓越帝王者不在我皇上乎蓋皇上正南郊之專祀上皇天之泰號建玄極以祭于内構玄穹以祭于外禮有合也則雖帝王未之有可得而起也禮有未合也則雖當世所已行可得而改也是我皇上于事天之文卓然有振古之見矣至于星辰一失其度即軫之聖懷雨暘一違其期即形之宸慮風沙一异其常即切之淵念旱潦一過其節即動之皇言所以防其未然杜其有漸者不必重黎之後疇人之守也則是我皇上事天之政卓然有振古之見矣蓋愚至于敬一箴而觀所謂匪敬弗聚匪一弗純斯言也其即唐虞之秘旨乎又至于四箴説而觀所謂神聽以禮言動以禮斯言也其即孔颜之

正傳乎及至于祀天宴畢而親授面諭以賜群臣有曰君人者父母天地而爲之子必若父子焉有曰知所尊以尊尊焉凡一言一動以至於慶賞刑罰則不敢私一己之欲知所親以親親焉凡出入語默以及于民物則不敢作纖毫之惡與夫過不及之患乃盡事天如殳之道斯言也其帝王所未有而不可以復加者乎蓋以事父之道事天則通爲一氣帝王之敬所以爲精也以慶賞刑威則合爲一體精之至矣以出入語默則無所不用其精天與道一道與天一而敬爲渾化矣故其因前代之法而考古證今以折衷百王是精之所爲也立一王之制而垂統作則以駕越萬世亦精之所爲也率其文由其政循其典則以相貫通是精之所爲也文自我出政自我立操其機緘以爲運用亦精之所爲也故帝王之事天猶爲有方有方則滯而皇上宮居宴處儼然周壇則無方所而無非天矣帝王之事天猶爲有時有時則間而皇上早暮晝夜肅然對越則無時日而無非天矣帝王之事天猶爲有迹有迹則粗而皇上動静游衍凛然鑒臨則不拘于迹而無非天矣故皇上之寧神淵默而體道會元是即天之於穆也皇上之總攬乾綱而臨機英斷是即天之剛健也皇上之察見四海而洞照萬微朝廷有大議遇大事諸司百僚方惶惑無措而疏入立報無不稱神焉是其明即天之日月也皇上之軫念閭閻矜惻民隱稍有歲儉而賑使四出詔令所至無不歡呼鼓舞以飽易饑以生迴槁者是其恩即天之雨露也皇上之鼓舞不測内晰奸逆外戡寇暴江之南冀之北羽檄一馳而廟謨勝算運于几席赫赫嘽嘽震動萬里是其威即天之雷霆也然猶神運而不已心勞而不懈天下已安而慮存邊隅志關武備未嘗一日忘也萬事已理而躬親機務深究化原未嘗一日忘也蓋合黄帝堯舜周文武成王之敬而兼總其全者是即天之流行而不息也故三光昭明百神擁護太階平六符正甘露降靈澤濡是蒼蓋之效禎也固天之福也黄河清醴泉出紫芝朱草之生獻無虚日嘉禾瑞穀之産史不歇書玄鶴降白鹿來瑞應奇兆不可枚舉是黄輿之協順也亦天之福也而要其極則皆皇上事天之明效大驗而至敬之符也夫皇上之福海内之人能頌之矣皇上之文與政學士大夫能言之矣而皇上之會其精者則雖在庭之臣有不能知而愚何敢與焉雖然無所不覆者天之大也昭昭者天之可見者也愚之所言蓋亦昭昭者耳惟執事進而教之

第二問

同考試官教諭顔批（我朝設官斟酌古今制莫善爲後因文例日增故不免增設我皇上時裁罷之真聖人之獨見子能詳言其意而又推究多事之源欲臣工務實求當以仰稱上意不惟識見超越而忠懇尤可嘉也敬服敬服）

考試官侍讀高批（多事因以多官所見良是所以務省事者又鑿鑿可行經生而能知時務若此乎）

考試官學士董批（省官人能言矣而不知由于省事夫去蠹在本節流在源務實求當此其要指也子能詳陳之其有忘世用者與佳士佳士）

君之使臣將以乂民而非爲備也臣之事君將以建事而非爲文也惟無裨於事而爲空文故無裨於民而爲徒備也而又益官以治則備乃所以擾而文乃所以蠹譬之以醯祛蚋以肉驅鼠去之愈疾其至愈疾何則以致之之道去之也若去之而知所以去則幾矣夫上古之治莫唐虞成周若也其風朴其政醇其庶績咸熙其萬物咸若乃其設官也教養工虞禮樂刑曆分命而不以攝也百揆四岳州牧侯伯并建而不以兼也公孤論燮卿牧率倡相聯若此其密也設參傳伍置輔陳殷相維若此其周也則亦若甚詳矣乃稽其數則惟曰唐虞官百而已周官三百六十而已周視唐虞雖稍增廣然有不必備者又多兼者又冢宰歲終詔廢置司士歲登下損益之數則猶有廢而損者非多也且勿論上世即如漢高帝時海内不混一乎然以三公統九卿以丞相史分刺郡國決獄或責廷尉衛屯或至詔罷官之省可知也後乃加設漸多司農之外復有水衡中尉之外復有校尉諸如羽林期門綉衣直指之類蓋視昔幾倍之焉而治則不逮又如唐太宗時海内不治平乎然以六部繼三省以九寺繼六部臺有御史獨司糾察監有八監互以相繼官之省可知也後乃加設漸多水陸有使矣而租庸又置使度支有使矣而鹽鐵又置使諸如木炭青苗户口群牧之類蓋視昔幾倍之焉而治則不逮夫官皆前寡而後多治皆前隆而後替此其故何也則前之事務減而後之事務增減者益務所以減而增者益務所以增故也夫人恒自淳而趨僞物恒自朴而趨華禮恒自簡而趨繁俗恒自厚而趨薄匪直近代爲然即周視唐虞亦有間矣蓋其勢則然也勢有所必至治有所必坊是故聖人恒反僞以還淳斂華以復朴約繁以就簡挽薄以從厚有其損之而莫以益也雖或益之而意亦損也故其民易從而官亦可無多設非不欲設自無用此贅疣爲也乃後不識此意而以僞治僞以華治華以繁治繁以薄治薄天下遂紛如矣不務反本而多官以維持之欲以聚財財益耗欲以强兵兵益疲欲以釐奸奸益滋欲以清刑刑益濫求治愈急而去治則愈遠矣何者吏議雜而自相亂也載重者恐軸之折則加轅軸其上以爲備不知轅軸之加重而趣軸折也佩玦而虞其破則佩兩玦以爲豫不知兩玦相觸而破逾疾也然則多事因以多官多官益以多事相交敝者也而多事則其源也誠欲省官莫若省事其理明甚而陳彭年乃謂省事不如省官不亦左乎此不必論也

我朝建官斟酌今古密不以煩疏不以漏誠宜世守而不可損益者也然承平久而虚文盛加設則亦有矣皇上中興悉皆罷去又汰郡邑吏數百人官少民安事無不舉公私饒樂海内晏清久矣頃緣事棘有司復議加設然政無恒格則難以圖成人無恒君則爲慮不熟況儌幸之路啓於前苟免之心持於後於是不顧國家事體不恤百姓怨咨止務希合以規進取而事之僨者多矣賴主上神聖旋詔罷之往又申敕所司毋復增擾淵哉聖心真明見萬里高出尋常萬萬者也顧上務減官而下不務減事則革於今者未必不復於後汰於此者未必不添於彼何也官與事相儷者也不可以獨省也且天下之事本無若是多也惟不當而無實是故多焉何以明其然也今夫醫之治病察虚實辨陰陽得其所以病者而投之藥故可隨試而輒效若不知所病而百藥雜施幸一物之或中則醫不勝勞而病愈不可治今也舍易於近圖艱於遠非利濟之宜也時合而疑時去而赴非應機之筭也萬全之利以小礙而廢百世之患以小便而行非權物之度也胡然而行旋復議罷胡然而罷又復議行非經遠之規也則無乃爲百藥雜試者歟是故曰無當也童子相與戲也以塵爲飯以塗爲羹以木爲胾然至日晚必歸饟者塵飯塗羹可爲戲而不可以食也今也鈎校簿牒往復支辭非軫瘼之切也藻繢文物務爲容美非靖共之忱也虚增聲數邀求官賞非明試之真也度惡容奸掇求曲細非詰慝之要也則無乃爲塵飯塗羹者歟是故曰無實也夫事當則一可以當百不當則百不可以當一實則一爲而一成不實則百爲而百不成徒使文例叢興奸蠹浩積而莫可繩檢乃於是糜沸紛挐顛頓倉皇以爲可以救弊而不知弊之所起寔乃由之非徒無益而又害焉者也此則百年積習淪胥至斯非一朝一夕之故者及今不亟反之恐日甚一日有不可勝救者矣夫能必貴當則釋法爲奇非吾能也計必貴當則參驗不合非吾計也利必貴當則失得不償非吾利也法必貴當則朝四暮三非吾法也茲國是所由定也言必責實則捷給爲佞者不可飾言也行必責實則儇利任術者不可飾行也功必責實則比周爲譽者不可飾功也罪必責實則巧文曲避者不可飾罪也茲人心所由一也國是定人心一則上下之間崇本尚質急當務而不爲無益撓者息躁者静天下自可以省事事省則財用寡財用寡則賦税薄賦税薄則民逸民逸則中外靖謐風俗醇美易簡之化洽而綜核之治成當是時也即官不必備可也多兼焉可也歲有廢損焉亦可也故額定員且或病其爲多矣又何增設之足云嗟呼絲之棼也使人理其一累千不足誠得其緒則一人而已矣夫經綸之事固若斯焉矣

第三問

同考試官教諭劉批（養士國家之先務而表樹效用由上培之其實尤先於自養此作激昂振勵足興多士嚮往之心宜録以式）

同考試官學正孫批（古人養士之典與士自養之道條答詳盡而識見出群文采爛發子蓋豪杰之士也宜録以式）

同考試官進士邢批（養士所以待用則士之乘時嚮用者當知自勵矣此作究極古今發明詳盡宜録之以作士風）

考試官侍讀高批（士係所養而尤係所自養誠爲確論然非有志者不能道故特取之）

考試官學士董批（能知士習之敝而歷陳之他日見用當不負所養矣）

執事慨然慕古者得士之盛思養士用士之法以振末世之習非愚所及愚學爲士者也敢爲執事誦所聞焉夫古所謂養士者非以其足廩餼贍俯仰而已也所以謹化原重教本優柔涵育以成性者也古所謂用士者非以其積資序慎繩墨而已也所以考行誼稽實德翕受敷施以致治者也自昔唐虞之際其法未備然設米廩之學遵成均之舊契則敷教夔則典樂亦可識其大矣當時九官之徒輔弼于上八才子之輩佐佑于下詢四岳闢四門俊乂在官明哲就列衆賢畢用其亦養之有道歟夏商相仍于今爲烈而其制獨詳于周孔子稱周監二代又曰唐虞于斯爲盛蓋美二帝而尊周也然周制所以爲善者以其慎于所用而先于所養其先于所養者以其得所爲教也是故内則并建四學虞庠夏序商校三面環峙而周學居中命曰辟雍外則四學錯置鄉立虞庠州立夏序黨立商校而周學立侯國命曰泮宫是無地而非教也師氏教以三德保氏教以六藝司樂教以六善學正教以四術大司徒總其十二教而又聯其師聯其友以爲教太宰又以九兩之政繫民而教之是無官師而非教也春秋教以禮樂冬夏教以詩書皮弁祭菜以教之敬入學鼓篋以教之孫射以教之德羽籥以教之和喜則教之歌勞則教之舞是無物而非教也入則教之于家出則教之于族鄉則教之讀法邑則教之懸象不于庠序則于州黨是無所往而非教也而其大端則約之禮義歸之人倫反之本心達之性命不見异物不遷他岐優柔以俟其得從容以待其化所以養之如此則士安得而不善乎及其用之也比年入學中年考校七年視其小成九年視其大成大胥頒次其所學而辨异之諸子合諸射以考其藝而進退之其謹之庠序者至也閭胥書其孝弟睦婣黨正書其德行道藝州長考其德行道藝而勸之鄉老鄉大夫帥其吏與其衆寡而賓之其選之鄉者至也鄉大夫論其秀者升之司徒曰選

士司徒論其秀者升之國學曰俊士國學論其秀者而免其征曰造士大樂正論其秀者升之司馬曰進士而詔王官之列之官者掌之太宰而詔王廢置之以德詔爵以功詔禄以能詔事以久奠食其用之位者至也而其大端則考其行之所成校其學之所得飾于學者不能欺于鄉矯于鄉者不能隱于學其用之安得而不實乎愚觀周制未黨不廢書而嘆焉曰嗟乎士生于周其非下愚而至于弗率教者未之有矣其非甚不肖而至于弗慎其官者未之有矣譬之農夫之于禾播之以時耨之以節防其旱潦驅其螟□日至而穀弗登者吾固弗信也譬之慈母之于赤子襁而護之携而鞠之防其燠寒適其食飲年至而赤子弗得其長者吾固弗信也是以下得其養而上得其用人才之多莫有過于周者而治化之極説莫有加于周者紀册是載詩人美之自文王開基而首務飭學一時皆彬彬而興其詩曰肆成人有德小子有造譽髦斯士及武王營鎬京而國學攸始不言其戰伐之功而以天下之服歸之于學其詩曰鎬京辟雍無思不服皇王烝哉當是時追稱文王之德以及賢士其詩曰思皇多士維周之楨又追武王桓桓之功而士亦附之以成顯績其詩曰保有厥士于以四方蓋周之功不獨一人之烈而已士實相乘而起以并效于時其詩曰疏附先後奔走禦侮然士之所以足貴者以其有本也其詩曰有馮有翼有孝有德至于後世而仁義陵遲學校不作青衿刺焉士或在野進用失宜候人作焉及周之既襄諸侯分列而所以維持其闕匡救其危者賢士往往猶秉周禮雖强大國皆詘而服焉夫其翼戴襄贊以致其理者如彼其隆也彌縫調護以保其後者又如是其切也是以年過其歷名垂于今孔子所稱盛者不有然歟自是而後分争于戰國大壞于秦至漢武帝始表章六經置太學設博士弟子員人人質問其意亦厚矣開賢良文學孝廉諸科招致天下一藝悉赴郡邑待詔公車其法亦周矣故遺經畢出群才并用自漢以賢良文學名者仲舒以下凡十七人孝廉鮑宣以下凡二十三人而試吏如路温舒以下二十二人以貲爲郎者張釋之司馬相如二人漢之得人亦復稱盛皆自武帝起之也然先王之化必本于教漢之教道既寡而興賢雖多亦所謂齊其末者也所得者號皆當世之才而往往多雜較之古遠矣然其人皆重質務實貴樸賤華忠信之道未薄而躬行之誼尚存亦有可覽觀者漢又數詔群吏趣其選舉不舉孝者以不敬論不察廉者以不勝任論亦得多方收攬之意焉固近古之徵也後世益復去古學宫未嘗不設而養士之道漸微矣諸科未嘗不廣而用士之道漸失矣夫考德問業所以辨志而傅之呫嗶繁之文詞此誦習之陋也况師儒既懈則并其誦習者而益舛之求士能養不可得也鄉舉里選所以察賢而沿之資格循之

品第此拘常之見也而況官守不專則并其拘常者而復奪之求士能用不可得也然則人性本同而所繫于時者則异故曰古之成才也易後之成才也難夫成才而易則中人有可勉者及當其難則特立自拔者功亦半焉此其勢然也嘉穀莫藝雖榮弗實矣赤子離保雖趨弗達矣自漢以後士之不能自振者夫亦有所由也明興斟酌百王悉準周禮古之遺法湮滅千載者一旦而舉之至我皇上尤復加念深詔有司興禮文崇化道天下更始自新若闢乾坤而揭日月矣於此時而不知所勵焉無乃甚失其會者乎夫俗習者世之所沿也士者所以更俗者也愚觀近日士習凡數變矣蓋弘治之前士皆相守以愿相核以實不務矯矯之名赫赫之行爲吏者以無害爲能論治者以無動爲大循日月報期會廑廑引繩墨不敢失尺寸焉雖靡過舉然欲以策時趨事弗能矣乃或起而飭之好氣喜俠務以警動一世作文章尚節概多譏評往往弗得其中顧亦有足奇者天下翕然從焉然文不可勝氣不可激今遂因而懲之懲之誠是也兹愚觀士之爲習則又可慮焉愚聞古之行軍者忌于三鼓言其易憊也吹劍者貴于一吷言其當鋭也夫士亦若此矣必有有爲之志而後可以議是非必有直前之勇而後可以論得失設令相視以靡相坐選耎則世何所賴之故軍莫敝于鼓之而弗動士莫病于飭之而弗起此最天下之大患也凡養士之法愚已略陳于前矣夫治疾者急則當先其標救俗者重則當反其勢抑亦于用士之間而寓其所謂鼓之飭之之道乎古之聖人俗弱則厲之以剛俗剛則和之以讓俗矯則歸之以平俗卑則趣之以奮俗好進則抑之俗好退則引之今之俗習外有卑與弱之形而内實行其好進之志愚以爲拔堅持不變之士所以救弱也拔高蹈精白之士所以□卑也拔恬退隱約山林之士所以抑進也故聖王之救俗也如循環而俗習之化也不覺以執其柄而操縱之耳是于用士之間而實寓養士之義莫有善于此者况至聖在上一意念之及而風行雷動有不足言矣雖然養之用之者機在上者也所以自養而待用者事在己者也孟子之所謂興乃爲善之真意而心之體也其善也不以人作其不善也不以人止者也以人作者必以無人而有怠以人止者必以無人而復滋能識于此則其所養者真而施之用者無弗得矣愚也養之未成而妄以待用故凡言士習之失亦愚所以自警者也狂瞽之言不知執事以爲何如

第四問

同考試官教諭吴批（天人之理甚微而人皆以其意爲説徒用滋惑理學所以不明也此策闡發其疇獨窺實際不襲舊聞言確義精超脱直截可定古今未決之疑知其所得深矣録之以爲窮理者法）

同考試官教諭李批（洪範庶徵箕子以理言之則明漢儒以迹求之則鑿遂使衆論紛紜迄今莫定子獨出真見不蹈常言反覆辨論委曲詳盡令人豁然有悟非深究天人之藴者不能爲也定是佳士健羡健羡）

考試官侍讀高批（天人之際論者甚多然皆不得其理文談而已此作似有實見故特表出之）

考試官學士董批（漢以後談天人者愈多傅會其説愈支京房翼奉之流學者所以弗道也此作明暢通達特寫胸臆良是佳士）

夫天人之際豈不至微眇難言者哉然在天有實理在人有實事而曲説不與焉何謂實理夫陰陽錯行乖和貞勝鬱而爲沴雖天不能以自生此實理也何謂實事夫防其未生救其既形備飭慮周務以人勝此實事也至謂天以某灾應某事是誣天也謂人以某事致某灾是誣人也皆求其理而不得曲爲之説者也君子奚取之哉嗟乎非達天人之故通虚而不滯者何足以語此而愚非其人也然執事既有問焉則又胡可以無對夫古之言夫者曰天垂象見吉凶而已未始推所爲也言事天者曰克謹天戒而已未始著所招也乃如庶徵之説詳於洪範其休徵曰肅時雨若乂時暘若哲時燠若謀時寒若聖時風若其咎徵曰狂恒雨若僭恒暘若豫恒燠若急恒寒若蒙恒風若言感通之靡忒也若曰天人一理即呼吸動静皆有所關而不可不謹云耳君子以是求之得其意焉可也如其辭而已矣則貌何以爲雨言何以爲暘視何以爲燠聽何以爲寒思何以爲風矧時雨必有時暘是肅則不必乂也時燠必有時寒是哲則不必謀也而恒暘必無恒雨是有僭應則無狂應也恒寒必無恒燠是有急應則無豫應也初豈若是膠固矣乎其曰王省惟歲卿士惟月師尹惟日言修弭之當豫也若曰吾臣一體即大小不同而莫不當謹云耳君子亦以是求之得其意焉可也如其辭而已矣則王何分於歲卿士何分於月師尹何分於日矧王省惟歲則月在其中卿士可無省也卿士惟月則日在其中師尹可無省也而積日爲月則師尹之省亦卿士也積月爲歲則卿士之省亦王也初豈若是局滯矣乎至哉孔子之春秋也書灾异不書事應説者謂其恐有不合反以啓人之不信此又得其似未得其真者也夫聖人之宅心也至公而其據理也至正如其理即不合而不爲之拘如非其理即合而不爲之泥彼灾异之不可以事應言也乃其理自如此聖人蓋灼見而實言之非故有意隱約乎其間也如必符之以箕範則書大雨者必求何事之狂書大旱者必求何事之僭書無水者必求何事之豫書隕霜殺菽者必求何事之急書六鷁退飛者必求何事之蒙而可乎灾於一歲是謂何王灾於一月謂何卿士灾於一日謂何師尹而

可乎故愚以爲論灾异者必當以春秋爲準其意真其辭直確乎不易者也而於箕範則取其意不以辭害焉可也甚矣天人之際未易言也謂和致祥固也然以堯之聖乃有洪水以湯之聖乃有暵旱何其舛也而楚莊無灾至禱於神魯宣大有至書諸史又何順也豈莊宣之德有加於堯湯者乎謂誠動天固也然堯必九年始免於水湯必七年始免於旱何其遲也而大戊修德祥桑即枯宋景善言熒惑即退又何速也豈戊景之誠有加於堯湯者乎蓋天地之間惟一氣而已矣氣之行也有時而順有時而舛而其復也有時而速有時而遲時乎舛也雖堯湯不能禦其來猶之時乎順也則莊宣可以安享者也不然可謂舛不爲堯湯而順獨爲莊宣乎復而遲也雖堯湯不能驅之去猶之復而速也則戊景可以坐值者也不然可謂遲不爲堯湯而速獨爲戊景乎此其理自有在可以深思而默會者也奈何談者之紛紛也彼謂不足畏而漫然者無足言也乃必究其所從來則亦非也蓋天有天之道而人有人之爲易之洊雷震而恐懼修省也乃君子之心不容自已焉者猶孔子迅雷烈風而變也詩之敬天怒渝而無敢戲豫馳驅也則亦所謂恐懼修省者也此皆人事當然不可不盡堯之所謂儆予湯之所以禱於桑森因此意也至夫灾之所以然則天道運行微乎微者矣而豈夫人可能測識者哉矧天之大德曰生乃使愆癘流行民物凋瘁斯豈天心所忍爲乎蓋亦有無如之何者也而今必曰有意爲之則天其無乃不好生歟此愚所謂誣也自斯義之不明故乃有稱乾封餘烈如公孫卿公孫弘之流者焉乃有旁摭曲證牽附無當如京房翼奉之流者焉蓋惟必謂天爲有意是故陳規者則求其意於此而貢諛者則求其意於彼雖其意有微惡然皆不得其故君子所不道也執事云其理雖美必有一定之説而欲愚虚思以對夫既略言之矣請遂爲之畢其義夫天之灾猶夫人之病也病必有徵其血脉垂錯徵於色而發於聲皆元氣之不足爲之也其病不一乃雜出而互見焉者非謂以手足之病致耳目之病以耳目之病致腹心之病也灾亦有徵在天則見於象緯在地則見於山川在物則爲鳥獸草木之妖在人則爲奸宄寇賊之戾皆元氣之不足爲之也其灾不一亦雜出而互見焉者非謂以人之變致物之變以人物之變致天地之變也夫灾而至於有徵則氣之方舛可知其所底止既難以窺而復之遲速又難以度可畏孰甚焉於是修人事以勝之庶乎有不爲害不然乃亦不至於太甚而可從容以需其復苟遂不爲之所則有不可者矣是故謹疾者必爲之求醫藥寡嗜欲節飲食慎起居以固一身之元氣謹灾者必爲之修紀綱審法訟懲欺罔黜殘雪省刑罰薄税斂蠲逋負廣儲蓄賑貧窮收攜二除盜賊慎邊防以固國家之元氣凡皆盡其在我者以俟

之而已迨其氣之既復陂者平否者泰而吾亦無所損失敗壞於其間則以有備無患理之固然者耳猶之寒暑者天也而吾爲之裘爲之葛裘葛誠具則寒暑不侵焉備在我也非曰吾有裘葛而天遂不吾寒暑也然而寒暑有時遷也猶之風雨者天也而吾爲之室爲之蓋室蓋誠具則風雨不侵焉備在我也非曰吾有室蓋而天遂不吾風雨也然而風雨有時止也故善論治者不計灾與不灾但視備與弗備昔堯之水也平水土教稼穡其備素具是故水以九年而黎民之雍自若也湯之旱也修六事舉荒政其備素具是故旱以七年而兆民之殖自若也彼楚莊即無灾固未可語於堯湯之治也而况於魯宣乎大戊即退灾之速固未必加於堯湯九年七年之間也而况於宋景乎然則堯湯以其灾愈於人之不灾以其退灾之遲愈於人之不遲則夫必已而不必乎天説之也是故聖人之事天也純乎敬而已非因無灾而弛有灾而始致也惟其所太過不及者則爲之財成輔相焉也其於民也純乎仁而已非因無灾而輟有灾而始加也惟其所憾於天地者則爲之補助焉也處常處變事有不同然而人者盡天且賴之固不能以終違也玆所謂實者也達乎是則所謂惟聖時□惟臣欽若者可得其意焉則所謂上下勤恤以受天永命者可得其意焉而以論於天人之際其庶矣乎不然而徒詵詵爲議迄無指歸則豈惟有盭於春秋之旨亦非洪範之意所以示人者矣執事試虚聽焉定以爲然否

第五問

同考試官教諭楊批（自古禦戎上策莫有過于内治者唐虞三代之隆率由玆道是策深明内安爲外攘之本且考証古今商確事宜皆究極本末視之勦述陳言無裨實用者殆不同矣經濟才猷不于此可概見耶敬服敬服）

考試官侍讀高批（攘夷必先内治此培養元氣之説可謂有深識矣得士如此良以自慶）

考試官學士董批（帝王重内治此不易之論也子蓋有志于世者讀其言若未盡焉爲之斂衽）

夫夷狄之爲中國患久矣愚嘗竊迹前事自古有道之世未嘗無夷狄者蓋非夷狄之足患而在中國治安之有其具也昔唐虞之聖極矣有苗始而弗率繼而逆命自二帝不能免于夷狄故專以蠻夷猾夏爲憂世皆言干羽之格爲德化之盛而不知其克艱之治政在養民得禹而九功叙天地平得稷而百穀成烝民粒内則四岳百僚熙績于朝外則群后十二牧亮采于邦國當其時民既以協和時雍謳歌里閭而萬方咸乂矣苗雖蠢玆侮慢其能動咸乂之民而擾協和之治乎故有苗之逆不足以損二帝之化而其既格適足以彰二帝

之隆以其治安之極也自三代以降莫盛于周蓋文武三代之聖王而宣王有周之令主也當文王爲西伯時海内未一邦耆混夷之屬不恭厥命稍以侵陵其勢固宜及武王而天下歸周九夷通道八蠻底貢然采薇出車文武之所以治外者也采薇言靡室靡家玁狁之故則是有玁狁之侵也出車言薄伐西戎則是有西戎之梗也太公封齊萊戎争國則是東海猶未定也淮夷徐戎相率畔周而齊得賜履魯作肹誓則是易世未幾而疆内多虞也至于宣王而玁狁益棘淮徐繹騷蠻荆爲讎姜戎繼起宣乃南征北伐不遑寧居既以有定而千畝之戰猶復敗績蓋犬戎與周相爲終始矣然文武之德顯于西土式于四方懷保永清之政民志既洽而周召之徒入則篤棐輔佑于君成迓衡之功出則保厘于民著甘棠勿剪之化而當時之大夫素絲羔羊之士皆以正直節儉共襄于時其治遂與唐虞比隆而宣王承厲之襄側身修行憂民慮灾民是以有斯干鴻雁之樂而其臣以仲山甫之出納補王之衮召虎之來宣作王之翰吉甫申甫之輩文武爲憲□王之邦蓋亦不愧厥祖者焉是以夷狄之侵文武不以其故貶王而宣王亦稱中興之治未有治得而夷狄能患者也自周之後王迹熄而夷狄横并争于戰國而苦于秦中國之未安固無可言者漢高帝起亭長提三尺除秦滅項威震天下及海内既定以三十萬衆而受圍白登遂用建信之謀定和親之策當是時匈奴冒頓最强桀敖滋甚及於文景天下大定矣乘先世征伐之威撫一統之業而匈奴數入雲中上郡雁門北地烽火達于甘泉中行説小豎耳日夜教單于苦漢尤甚漢乃卑詞以將之厚幣以結之若奉驕子視其侵邊輒兢兢謹禦之若待遽客未嘗能有創焉自今言之困阨莫如高帝卑詘莫如文景然天下稱高帝之神武而頌文景之治平不衰則以中國之安也夫高帝承秦後傷痍者未起勞者未復務寬大除煩苛一切與民更始易敝通變以開漢基功莫大焉文景休養生息弛山澤發倉庾先禮義後刑罰緩征薄賦使民樂生恭儉惇厚以成漢業德莫盛焉而當時之臣以蕭相國之妝集曹平陽之守成民用不擾而文景專意撫輯其臣一時多長者而河南守吴公蜀守文翁治稱不嚴而民化天下慕之彼其所以安中國之民者有此具也故漢至元狩六年府庫貫朽而不可校大倉之粟紅腐而不可食天下殷庶財用充足于是大將軍青驃騎將軍去病等得以全力攻逐匈奴城朔方築受降封狼胥絶大幕單于遠北渾邪右衽而諸將軍分道各出擒名王懸首漢闕下者不可勝數則以乘積安之餘力固易爲功也嚮使元狩以後果能用戰勝之力務内固之謀深念遠慮銷萌杜微仁拊義育以功德與民民易集矣顧將帥利戰而不反諸臣玩勝而不圖徼一時之權而忽萬世之策遂使地拓而民

敝兵振而財詘于是大農錢不繼而楊可告緡出矣軍興不足而咸陽孔僅等析秋毫矣民抗敝以巧法而張趙刺深及反唇矣天下蕭然盜賊起而直指出矣當是時漢事幾有不可爲者故愚嘗以元狩之功非盡將帥之能也中國之積安貽之也及其蕭然非兵威之乏也所以安之者未得其道也故中國而安則雖夷狄交横而不足以爲虞中國而未安則雖勝軍擒虜闢地開境而不足以爲恃故七國之興連吴楚齊趙之强帶甲數十百萬未能西攘尺寸騈首以就漢誅由中國安也陳豨兵精而起代英布善陳而反楚韓王信材武而連吴諸侯數起而天下不摇由中國安也此漢事之驗也明興統御寰宇南盡海嵎北極沙漠日月所出入咸就臣屬至我皇上而德教所及天下景附嚮合魚鱗雜沓舉踵内嚮思慕恐後夫既以際天地而覆冒之矣間者物衆蕃孽島夷竊釁弄兵東南乘軍吏之弗戒往往猖蹶一時諸郡皆震自君臣相顧錯愕莫知計所出而我皇上赫然斯怒易將命師敕以廟略不旋踵而直犁賊巢縛其酋首斬馘不可勝數東南用有成績而頃者西北之寇挾持内逆重圍大同一日報數至内有縣罄之憂外無强援之助此于勢尤急而我皇上亦一易置其間須臾而圍解賊逐雲中遂高枕而卧鼓腹而歌矣此惟我皇上道合玄化役使百靈故意之所出而鬼神率從命之所行而雷霆震蕩其神武駕馭有如此者然雲中則先飛輓以入餉給牛種散錢以助耕東南則免民之租恤民之苦其他遼海上谷諸地一以灾聞則立賜往賑是蓋皇上至仁聖德憯然惻怛之心非徒以救一時之敝然内安民生而外莊敵愾端寔在此夫運籌策于尊俎而偃甲兵于四方脱百姓阽危隮一世于衽席固大聖之事而帝王之宏軌也南北之醜又何足以爲泰山四維之間乎愚故曰非夷狄之足患而在中國治安之有其具者蓋謂此也然愚聞之君運于上而臣勞于下廟堂之臣贊于中而方鎮之臣成于外二者□須自古而記之矣昔堯舜之時不獨二帝之能安其民而當時亮采熙績之臣莫不以二帝之心爲心者故二帝得稱垂裳之聖周之時不獨文武之能安其民而當時篤棐保厘之臣莫不以文武之心爲心者故文武得稱盛王不獨宣王之能安其民而當時出納藩翰之臣莫不以宣王之心爲心者故宣王得稱令主漢不足言矣而其臣安定收集之功清净守成之道以及夫長者之治皆能以其君之心爲心者故漢亦得以成四百之業今百官就列英賢效用而天下稍稍有警則所在當事之臣或至僨誤而令廟堂數决其□明主自親其文甚非所以代上而安下也愚聞之事未至而防者豫也患未形而圖者機也故曰土膏動者萌甲秋霜降者木落言察機也晨炊者蕴火救降者儲泉言貴豫也故弭寇者當弭于良民之時而憂患者當憂于方

治之日昨東南之寇始發難于吴諸爲寇慮者皆在吴也既而賊又轉鄞越矣則爲寇慮者皆在鄞越也西北之寇始犯古北諸爲寇慮者皆在古北也今而又犯雲中則爲寇慮者又皆在雲中也其患賊常在其先而我應之反墮其後彼先則不知所備我後則不知所省不知所備則兵分不知所省則財費兵分則詘財費則匱吾方慮其詘與匱而彼又轉而他犯矣夫兵之所處荆棘生焉一方有事三隅皆動今所以當賊者不特一方也所以給備賊者不特三隅也夫人之四肢百骸相列而分然肱病則惜股手病則愛足病于此則猶幸其免于彼今當事諸臣忽而不省用財有事之方力謁無事之地兵之所處而荆棘生其所不處而家室罄則是人之手足股肱相邊而感不□者以病者而俱廢是自敝之道也古者受君之命而撫綏斯民者其撫之而得則化賊而爲良民反寇攘而爲治投戈釋劍而歸農者即此民也其失則釀寇于治驅良民而爲賊折竿弃耜而弄兵者亦即此民也故安民所以息寇安中國所以禦夷狄此古今不易之論也愚嘗考天下之勢有可得而言者夫山東齊魯海岱之區畿邑之東輔也内連燕趙習騎射喜推埋而好佛白蓮之徒因乘之操禍福之權以愚黔首間聞其民在而聚不可勝數藏如狸伏應如蜂起不及今制之此五斗之遺患也不可以不慮也河洛梁宋之郊四通八達之地异日者潢池之戈方息而徒黨寔繁今其巨寇往往而作或千金之家飽煖之民而公爲盗首夫貧而爲盗常耳富而盗者誠可愕也此不可以不慮也今天下無事獨江右諸郡爲全而湖廣自苗叛之後稍息肩者數年然近者賊自贛入將薄豫章以及全楚雖幸樸滅而諸郡亦頗動矣夫江右地險而民貧險則賊易以阻民貧則不能以支賊是固所當先備者而全楚江漢沮澤之場蕉蒲之藪是干櫓之窟而嘯聚之巢也此不可以不慮也凡愚之説其地則中國之要樞而事則審機防豫之當先者也防之于豫則一方之事坐失其機則天下之憂惟一方之臣失其防而後天下以爲患自往者皆然故愚以爲當事者之責也

順天府鄉試録後序

嘉靖戊午順天府復當鄉試上命臣份臣拱往典厥事録既成臣拱當序諸後臣惟堯舜都平坂而聖喆之佐多冀出文武宅豐鎬而名世之材多雍産何者大明之發雖普照於萬方而暘谷咸池寔先被之故所感爲尤深也然天地之化以恒久而成乃治非多歷年所薰蒸透徹抑何以培毓英賢輩出而弗匱乎故堯則百十有八年舜則百有十年文王則九十有七年武王則九十有

三年其德衍而靡窮其意悠而不迫是以太和之氣萃於人文岳牧盈庭而宅俊列席者也夫豈一朝一夕致然哉仰惟我皇上天縱神聖撫運中興以道德養蒸黎以禮樂陶萬國漸摩淪浹三十七年於兹方將配天地之無疆同大明之久照有不止如堯舜文武焉者至順所積即翔泳之物罔弗歸德而况於人乎况於士乎况於在都邑者乎固宜有英賢輩出如昔之冀與雍者以爲國之楨率先天下用之而弗匱者也乃臣今得縱閲其文往往據理要切事情論治則祖唐虞論道則師周孔論志則尊義而賤利論人則好正而嫉邪卓犖雄渾之氣勃如溢如莫可抑遏以是想見其人即古人何讓焉臣則竊慶嘆曰文盛矣哉自非聖人在上涵育有年何能至是乃益信作人由諸壽考詩人所稱非虚也然臣於此復有餘懼焉何者昔堯舜時雖敷奏用言然必試功而後庸文武之法有言楊者矣亦必任事而後禄豈非以言取人即盛世有未敢必者哉則臣於今日又安敢必謂盡得人也兹役也臣寔夙夜惴惴焉殫厥心惟其言平正通達是取厥或鈎棘爲奇浮夸爲博閃爍而無當游揚而不情諸若此者即華采烜爛如綺如繡直黜之不復顧惜何也國家取士非爲言也將緑是以覘知其爲人也即皆平正通達如所取者且所覘或未可諒乃其言即爾爾欺其人巳可識矣而又何覘焉臣竊觀時俗率好以虚辭爲業不溯本始以儇利爲才不右質直以形迹爲行誼不崇心術以文飾爲事功不求真實允若時即所自處亦既欺甚矣尚敢望其身致誠信奉主上之役使哉故臣於覘知之際其去取乃如此也於戲主司之心至是則竭矣無復能爲者矣繼自今務自樹立以逭主司不明之罪者在爾多士詩曰彼都人士出言有章行歸於周萬民所望夫都士之爲民望也者豈惟其出言有章爾哉固以行之周也爾多士誠自樹立致誠信以奉役使則固可以爲國之楨率先天下允哉萬民之望也已不然而徒以其言止焉非所敢知也詩曰我不見兮我心不説將無有嘆息而譏者乎乃於天地久成之化大明首被之光不既自弃自背矣乎其爲都士也則何貴矣不寧是也臣聞鳳之性仁其出也爲瑞而天下治鳥有曰昭明者五色而象鳳其性不仁而出則天下多事臣今之必以平正通達取士也誠見其五色謂爲鳳也脱不幸而有昭明者焉出乎共間則國事或爲之蠹詎惟科目羞乎此臣所爲重懼於多士之進惓惓規飭而不容已者也嗟爾多士其必思所以無負今日也哉

翰林院侍讀高拱謹序

隆慶元年順天府鄉試録

順天府鄉試録序

聖天子嗣統紀元之年秋八月天下當大比士於鄉順天府府尹臣紹儒府丞臣守庭職在提調以例請上命右論德臣士美右中允臣四維爲考試官臣士美方代草制言兼纂修衹役于館聞命兢惕臣伏自思念一介草茅經術謭陋曩歲已未獲對大廷蒙先帝采擇賜臣及第旋授史秩迄兹竊禄九年罔效尺寸惴惴焉惟瘝曠是懼頃緣校録大典荷蒙皇上擢拔今官至是又幸叨任使深惟先帝之殊知仰戴聖皇之隆遇雖殫竭捐糜何裨高厚所藉手以答聖恩萬分之一者惟得士也臣等以七日己丑陛辭入院乃率簾以内諸臣矢公矢慎更相飭戒合六館諸曹暨提學御史臣麗臣鵬所選士三千八百五十有奇三試之遵制額拔百三十有五人并録其文以獻臣士美謹序諸首曰休哉兹我皇上龍飛第一舉也士人之際比也其千載一時哉乾之九五飛龍在天利見大人文言申之曰去從龍風從虎聖人作而萬物睹誠以俊士俟明主以顯其德聖主待賢臣而弘功業感召之機理有固然也今天子乘龍御極百度咸貞大號初頒遐邇敬應黎獻共□雖噓氣成雲不是速矣臣嘗列在交戟之内見徼外八蠻之長氈裘卉服之酋罔弗稽首北面重譯貢琛者矧巖穴之士思躡風雲之會者乎矧都人士之首善而豹變者乎其文之蔚當無疑矣因是繹思昔我太祖再造區夏即位之八年命御史臺官選國子生分教北方十四年詔以五經四書頒降之我成祖奠鼎燕都又作新而文明之迨仁宗與侍臣論取士之例亦云長才大器多出北方我祖宗之注意北學也何肫切哉且雅之詩曰思皇多士生此王國王國克生維周之楨又古稱慷慨之士燕趙之産居多順天畿邑即周之王國也於古爲燕趙地當心有楨國之英慷慨之士如我仁宗所云長才大器者出於其間以應聖作物睹之期以鳴文治維新之盛也已臣承乏品騭其文見其闡明道術根極理要有其言章章者必曰此都人士之豹變而文蔚者也不然必游於都會者也録之見其敷陳經濟切中事情有其言秩秩者必曰此慷慨之士燕趙之産也不然則游於燕趙者也録

之見其天才大雅卓越不群有洋洋渢渢者必曰此長才大器者也亟録之其鈎棘者刻削者曼衍而無當者弗録因諗諸同事者曰郁乎都人士之文也斌斌然於斯爲盛哉非我聖天子自新新民之會何以有此哉既又惟之以主司之所取於多士者文也多士异日所施樹者行也聽言可信行與諸士行將奉大對布有位矣果行如其言終如其始亮工熙載濟濟師師使世人稱曰某良士某良士隆慶丁卯京闈所舉也龍興致雲得人之盛果出尋常遠甚斯無負遭際之隆而有光於上治之會主可亦可幸以之逭責矣乃或静言庸違有初鮮終奪志於紛華黷道於貨賄罔恤於蒸黎以賢入者以不肖黜焉無論爲賢書玷貽主司羞即祖宗之所注意何如聖作之所感召何如而忍負之耶諸士固萬不至是臣於其始進也不厭相與忠告云是役也同考則進士臣應薦臣廉同知臣漢推官臣楨知州臣訓知縣臣綵教諭臣模臣希周臣津監試則御史臣儒臣聯芳奉例增設則御史臣馬文煒臣吴學詩防檢於外紀元之始祇事特加嚴云

右春坊右諭德兼翰林院侍讀丁士美謹序

隆慶元年順天府鄉試

提調官

通議大夫順天府府尹陳紹儒（師孔廣東南海縣人　戊戌進士）

中憲大夫順天府府丞邢守庭（紹男河南臨穎縣人　丙辰進士）

考試官

右春坊右諭德兼翰林院侍讀丁士美（邦彦直隸清河縣人　己未進士）

右春坊右諭德兼翰林院編修張羅（子維山西蒲州人　癸丑進士）

同考試官

吏部辦事進士陳應薦（惟賢山東青城縣人　乙丑進士）

吏部辦事進士邵廉（虚直江西南豐縣人　乙丑進士）

福建延平府同知江漢（會甫湖廣黄岡縣人　己酉貢士）

浙江金華府推官王楨（宗敬江西南昌縣人　壬戌進士）

直隸大名府開州知州宋訓（汝式河南新蔡縣人　己未進士）

福建泉州府安溪縣知縣陳綵（質甫江西盧陵縣人　乙卯貢士）

直隸淮安府沭陽縣儒學教諭陳模（君範福建懷安縣人　甲子貢士）

江西九江府德安縣儒學教諭魯希周（伯宗直隸懷寧縣人甲子貢士）

直隸和州含山縣儒學教諭沈津（問之浙江慈谿縣人　壬子貢士）

監試官

文林郎浙江道監察御史凌儒（貞卿直隸泰州人　癸丑進士）

文林郎河南道監察御史陳聯芳（以成福建同安籍長樂縣人　丙辰進士）

印卷官

奉政大夫順天府治中李宋（承綏河南陳留縣人　戊子貢士）

承德郎順天府通判高旻（良健浙江永嘉縣人　庚子貢士）

收掌試卷官

直隸河間府同知李可久（之葆山西陽城縣人　壬戌進士）

受卷官

直隸保定府推官侯居坤（伯生山西解州人　乙丑進士）

直隸河間府推官許乾（伯貞河南衛籍直隸合肥縣人　乙丑進士）

彌封官

直隸保定府易州知州王子蕙（樂秋山東陽信縣人　乙丑進士）

直隸保定府清苑縣知縣丁惟寧（養静山東諸城縣人　乙丑進士）

謄録官

直隸河間府河間縣知縣褚鈇（民威山西榆次縣人　乙丑進士）

直隸河間府任丘縣知縣周繼（善卿山東歷城縣人　乙丑進士）

對讀官

順天府固安縣知縣劉泮（汝化直隸江都縣籍江西太和縣人　壬戌進士）

直隸河間府獻縣知縣李邦佐（治卿河南陳留縣人　乙丑進士）

巡綽官

廬州衛指揮使李鎮（世安山東鄆城縣人）

宣武衛指揮使王國勛（世卿直隸定遠縣人）

潁川衛指揮使王國印（如信順天府遵化縣人）

儀真衛指揮僉事白受教（誨之順天府宛平縣人）

監門官

大嵩衛指揮同知郝維藩（界夫直隸虹縣人）

登州衛指揮僉事吴江東（朝陽直隸六安州人）

供給官

承德郎順天府通判陳時伸（元晋南京太醫院籍浙江鄞縣人　乙卯貢士）

順天府經歷司知事劉之良（從善陜西神木縣人　歲貢）

登仕佐郎順天府照磨所照磨康紹光（大顯山西興縣人　監生）

順天府照磨所檢校王瑾（用栗直隸太倉州人　儒士）

順天府宛平縣知縣馬樊龍（冲霄山東陽信縣人　乙卯貢士）

承德郎順天府大興縣知縣高世儒（仲醇四川内江縣人　丙午貢士）

宣義郎順天府宛平縣縣丞茅煒（子文浙江餘姚縣人　知印）

文林郎順天府大興縣縣丞王瓔（子美直隸元氏縣人　歲貢）

順天府大興縣縣丞彭夢祥（德况山東曹縣人　監生）

迪功郎順天府大興縣主簿徐漢（朝宗應天府溧水縣人　監生）

通州左衛經歷司經歷王元溟（立叔浙江永嘉縣人　吏員）

順天府良鄉縣縣丞錢科（士登河南孟縣人　吏員）

順天府文安縣主簿徐相（元卿遼東金州衛人　歲貢）

順天府宛平縣典史劉應先（希文福建莆田縣人　吏員）

順天府保定縣典史陳子器（君用浙江黄巖縣人　吏員）

順天府玉田縣典史常用（思濟山西長子縣人　承差）

順天府武清縣典史彭時（習之湖廣麻城縣人　吏員）

順天府豐潤縣典史費鳳（廷儀直隸全椒縣人　吏員）

順天府香河縣典史高建（守立直隸山陽縣人　承差）

第一場

四書

顔淵問爲邦子曰行夏之時乘殷之輅服周之冕樂則韶舞放鄭聲遠佞人鄭聲淫佞人殆　知斯三者則知所以修身知所以修身則知所以治人知所以治人則知所以治天一國家矣　是集義所生者非義襲而取之也行有不慊於心則餒矣我故曰告子未嘗知義以其外之也

易

頤貞吉養正則吉也觀頤觀其所養也　自求口實觀其自養也君子以正位凝命　六爻之動三極之道也是故君子所居而安者易之序也所樂而

玩者爻之辭也複以自知伯以一德

書

詢于四岳闢四門明四目達四聰　任官惟賢才左右惟其人臣爲上爲德爲下爲民其難其慎惟和惟一　志以道寧言以道接　相我受民和我庶獄庶慎時則勿有間之自一話一言我則末惟成德之彦以乂我受民

詩

蠶月條桑取彼斧斨以伐遠揚猗彼女桑七月鳴鵙八月載績　戎車既安如輊如軒四牡既佶既佶且閑薄伐玁狁王于大原文武吉甫萬邦爲憲　訏謨定命遠猶辰告　龍旂承祀六轡耳耳春秋匪解享祀不忒皇皇后帝皇祖后稷享以騂犧是饗是宜降福既多周公皇祖亦其福女

春秋

春齊人陳人曹人伐宋（莊公十有四年）冬公會晋侯宋公衛侯曹伯莒子邾子滕子薛伯杞伯小邾子齊世子光伐鄭十有二月己亥同盟于戲（襄公九年）　荊人來聘（莊公二十有三年）　夏齊人伐我北鄙（僖公二十有六年）春王二月秦人入滑（僖公三十有三年）冬十有二月戊午晋人秦人戰于河曲（文公十有二年）

禮記

博聞强識而讓敦善行而不怠謂之君子樂也者聖人之所樂也而可以善民心其感人深其移風易俗故先王著其教焉是故君子議道自己而置法以民　程功積事推賢而進達之

第二場

論

聖人體道無隱

詔誥表（内科一道）

擬漢戒俗吏矯飾者詔（元和二年）　擬唐以魏徵爲侍中誥（貞觀七年）　擬宋置起居院於禁中命史館修撰梁周翰祕書丞李宗諤掌起居郎舍人事謝表（淳化五年）

判語五條

稱日者以百刻　錢糧互相覺察　致祭祀典神祇　官司出入人罪修理橋梁道路

第三場

策（五道）

問　聖學以正心爲要心學之原肇發於唐虞爰及三代授守一道載諸典謨訓誥尚矣可得而聞其略歟秦漢而降代有英君於古帝王之心學亦有庶幾焉者歟洪惟我太祖高皇帝開天立極即位之初首著祖訓一書又命大學士吴沉等以三事纂輯爲精誠録焉暨我成祖文皇帝纘緒紹基嘗輯聖學心法親爲之序至我憲宗純皇帝彙集古今至論又爲文華大訓焉今四書垂示炳若日星其綱其要可各得而詳言之歟抑其旨趣於古帝王之心學果有合歟夫二祖憲宗所著各异其揆同歟否歟今聖皇嗣統日御經筵儒臣思以仰裨聖學不識此書皆可取以進講歟國初經筵無定所後定於文華殿何歟今有陳講畢進言之議者不知我祖宗朝亦有行之者歟古稱君德成否責經筵執事者願有聞也諸士其敬陳之

問　儒者云西漢尚經術東漢崇節義史言之漢世良吏爲盛蓋漢去三代未遠士習吏治猶近古也嘗竊疑之謂西漢尚經術是則然矣考其時以節義表著者亦衆也謂東漢崇節義是則然矣考其時以經術著稱者亦衆也今可各指其人而言之歟或謂西漢之士借六藝以文奸東漢之士甘危言以就戮然則何貴其尚經術崇節義歟班史傳循吏所載無非郡守而曰令若長何以不聞于時范史傳循吏所載率令若長而郡守何以不多述歟惟時若趙張若邊延輩俱赫然稱能矣何以不列之循吏歟夫士人言治必曰三代乃今天下士習日漓吏治日急不逮漢遠甚憂世者能無太息乎不識何修而可以返之古也諸士强學待問有年矣必有洞於衷者幸明以告我

問　記稱儒者有博學而不窮篤行而不倦而程子則曰君子儒爲己夫審爲己則學非徒博行非徒勞也否則不幾於玩物而矜譽乎執此而律世儒其當程子意者無幾也及考遺書所載有謂循其言可以入道者則管仲荀卿杜預三子耳又有謂近似儒者氣象則董仲舒毛萇楊雄三人耳夫循之可以入道必有道之言也今觀經區之敷言新書之作訓與夫經傳之集詁其學信辨博矣果可稱有道歟將其一言可取不復計其餘歟而其所取者何居也下帷覃精足稱篤行然責備者猶有遺論周旋賢莽則大節業已虧矣詩傳雖存他言行略不經見而概謂之近儒何所睹歟荀卿明王伯陳禮樂自任以仲尼子亏之道而乃與管杜并稱漢儒以經術行誼表著於兩京者班班也而不得

與三子者伍何歟程子以爲已明儒必慎許可兹其言非獨爲六子評也殆示學者以多識畜德居今稽古之要如能言其道之所以可入與儒之所以近則於學也思過半矣

問　處天下之事難處危疑反側之事尤難也嘗讀史得數事掩卷思之知古人有不可及者漢初諸侯强大危矣時有建分王之説而諸侯尋弱者其謀亦有所本歟唐末節鎮擅權亟矣時有建收兵之計而節鎮遂銷者其計將安出歟李正已表獻錢三十萬蓋嘗朝廷也時有請遣使就勞因頒獻錢致正已大慙者誰歟西夏納款因言國饑乞粟百萬蓋覘宋也時有請具糧京師詔彼自取致謂朝廷有人者誰歟野利元昊之貴臣也議稱太尉發言盈庭矣或者争以片言而遽止言何卒中歟趙密張俊之部將也拒命不分挾權相疑矣或者抽以入衛而無辭慮何卒辦歟夫臨大事决大議不動聲色而措天下於泰山之安者社稷之臣也古人有焉今論其世尚相與繹言之主司將以觀他日所大受者

問　王制歲杪制國用用地大小視年之豐歉量入以爲出蓋每歲怕餘四分之一以爲常蘇軾所謂萬世計也我國家以仁儉造邦其取民也不盡其力其制用也不盡其財成憲具存視成周之制無遜爾夫何邇者烽警不時度支之費日鉅蓋雖欲量入爲出有不能者而司農告匱矣將何道以濟之歟且運帑金供邊費祖宗時無有也正統間近塞有急量出羡金佐之考其時府藏盈溢其所發杪忽耳乃今日歲輸各邊之金比其數不啻什百此又何昉歟夫度塞非益廣而量兵未加衆也在昔帑藏不出各邊所以自給者當必有道乃今歲額稍縮轉輸稍緩即邊臣告急相繼何歟議者謂費出無端由於經制不定然歟否歟定經制固將爲永久計也而目前之急其何以待之度支所領經費多矣所以爲財用耗者果獨邊餉歟昔漢宋中葉嘗詘於財用矣漢有平準之術而縣官用饒宋立制置條例之司而國民俱困其得失之所以异者安在經費國家大計也諸士其商確古今根極利弊敷陳可久之道有司者將采而施行之毋徒勦陳説爲也

中式舉人一百三十五名

第一名　莊允中　直隸華亭縣人監生　易

第二名　胡載道　萬全都司學生　詩

第三名　高文炳　直隸上海縣人監生　書
第四名　王正宇　四川郫縣人監生　禮記
第五名　楊譽　福建建安縣人監生　春秋
第六名　王堯臣　萬全都司保安衛學生　詩
第七名　王照　浙江山陰縣人監生　易
第八名　高以道　阜城縣學附學生　詩
第九名　謝邦泰　福建邵武縣歲貢生　書
第十名　郭鉞　江西安義縣歲貢生　詩
第十一名　王泮　浙江山陰縣人監生　易
第十二名　連三元　永年縣學附學生　詩
第十三名　楊俊士　山西蒲州人監生　書
第十四名　胡尚禮　浙江山陰縣人監生　詩
第十五名　楊柳　武强縣人監生　禮記
第十六名　劉諧　湖廣麻城縣人監生　春秋
第十七名　牛惟炳　曲周縣學生　詩
第十八名　郭孔高　順義縣人監生　易
第十九名　王秉鈞　景州學生　詩
第二十名　諸大水　浙江餘姚縣人監生　書
第二十一名　嚴治　直隸常熟縣人監生　詩
第二十二名　翟文允　順天府學生　易
第二十三名　苗浡然　廣平府學附學生　詩
第二十四名　戴洪謨　福建平海衛人監生　書
第二十五名　李芳　邯鄲縣學生　詩
第二十六名　劉烶　浙江山陰縣人監生　易
第二十七名　周繼夏　浙江諸暨縣人監生　禮記
第二十八名　倪甫英　直隸上海縣人監生　詩
第二十九名　張鳳翼　萬全都司學生　春秋
第三十名　白汝璧　真定府學生　書
第三十一名　程蒙吉　直隸常熟縣人監生　詩
第三十二名　叚錦　長垣縣學生　易
第三十三名　楊襄　滑縣學生　詩

第三十四名　何守成　浙江分水縣人監生　易
第三十五名　沈志文　浙江海寧縣人監生　書
第三十六名　李御情　蠡縣學生　詩
第三十七名　楊守一　東西泰和縣人監生　易
第三十八名　陳贊　四川宜賓縣歲貢生　詩
第三十九名　李之達　江西東鄉縣歲貢生　書
第四十名　張居敬　趙州學增廣生　春秋
第四十一名　王時春　交河縣學附學生　詩
第四十二名　陳以忠　直隸無錫縣人監生　易
第四十三名　姚宋　直隸丹徒縣人監生　詩
第四十四名　趙光祖　濬縣學附學生　書
第四十五名　黄二琮　浙江遂昌縣歲貢生　易
第四十六名　趙來聘　邯鄲縣學生　詩
第四十七名　廖瀾　順天府學增廣生　易
第四十八名　張書　順天府學生　禮記
第四十九名　張時成　直隸常熟縣人監生　詩
第五十名　張大謨　廣平府學附學生　書
第五十一名　蕭文元　湖廣江陵縣人監生　詩
第五十二名　江子瀾　祁州學生　春秋
第五十三名　曹煒　浙江平湖縣人監生　易
第五十四名　房廷焕　大名府學生　詩
第五十五名　祝希哲　密雲後衛學生　書
第五十六名　宋才　肥鄉縣學生　詩
第五十七名　賈憲　薊州學增廣生　易
第五十八名　王一介　深州學增廣生　書
第五十九名　王惟祇　文安縣學生　詩
第六十名　張士奇　棗强縣學生　易
第六十一名　楊承父　東明縣學生　詩
第六十二名　謝憲　通州學生　書
第六十三名　劉格　定州學生　春秋
第六十四名　安邊　大名府學生　詩
第六十五名　田樂　任丘縣學附學生　書

第六十六名　丁餘慶　昌平州儒士　易
第六十七名　韓屏　藁城縣學生　詩
第六十八名　張濟川　寶坻縣學生　易
第六十九名　王大康　冀州學生　禮記
第七十名　王國祚　滄州學生　詩
第七十一名　劉兑　新安縣學增廣生　書
第七十二名　楊騰芳　靈壽縣學生　詩
第七十三名　劉騰霄　保定府學生　易
第七十四名　陶範　大名府學附學生　春秋
第七十五名　周良翰　任丘縣學附學生　詩
第七十六名　盧學禮　東明縣學增廣生　書
第七十七名　田則真　大名縣學生　詩
第七十八名　王藻　真定縣學生　易
第七十九名　王允中　固安縣學生　詩
第八十名　郭維城　東明縣學生　書
第八十一名　李進道　内黄縣學生　易
第八十二名　賈琰　安肅縣學生　詩
第八十三名　載珮　青縣學生　書
第八十四名　畢珍　南宫縣學生　詩
第八十五名　尹之任　保定府學生　易
第八十六名　李之茂　元城縣學增廣生　春秋
第八十七名　張崇雅　大名縣學附學生　詩
第八十八名　王惟幾　安平縣學生　書
第八十九名　劉廷著　曲陽縣學生　詩
第九十名　裴希孟　邯鄲縣學生　禮記
第九十一名　李安仁　遷安縣學生　易
第九十二名　張惟誠　順天府學附學生　詩
第九十三名　張汝濟　通州學附學生　書
第九十四名　達兼善　邢臺縣學附學生　易
第九十五名　李廷華　永年縣學增廣生　詩
第九十六名　馬時叙　通州學生　易
第九十七名　李鳴鶴　樂亭縣學生　詩

第九十八名　魏宗儒　順天府學生　書
第九十九名　趙惟卿　頓鄉縣學生　春秋
第一百名　馮仁　曲周縣學生　詩
第一百一名　王一鳳　博野縣學生　書
第一百二名　劉經邦　安肅縣學生　易
第一百三名　鄭民悦　房山縣學生　詩
第一百四名　孟遇春　大寧都司學生　書
第一百五名　張瀚　昌平州學生　易
第一百六名　張應龍　元城縣學增廣生　詩
第一百七名　張誥　寧晋縣學生　易
第一百八名　蘇子綸　隆平縣學增廣生　書
第一百九名　侯世卿　武强縣學生　詩
第一百十名　尚魁　順天府學增廣生　易
第一百十一名　侯天壽　順天府學增廣生　禮記
第一百十二名　王昂　廣平縣學生　詩
第一百十三名　孫化龍　獲鹿縣學生　易
第一百十四名　朱朝相　大寧都司學生　詩
第一百十五名　王義對　棗强縣學生　春秋
第一百十六名　張問達　邢臺縣學增廣生　易
第一百十七名　安嘉士　無錫縣學生　詩
第一百十八名　馮時達　寧津縣學生　書
第一百十九名　李騰鵬　南皮縣學生　易
第一百二十名　耿慎動　冀州學生　詩
第一百二十一名　李鳴世　井陘縣學生　書
第一百二十二名　朱世禄　河間府學生　易
第一百二十三名　苑垡　清苑縣學生　詩
第一百二十四名　王應期　文安縣學增廣生　易
第一百二十五名　王之鳳　開州學附學生　書
第一百二十六名　茹霆　廣寧前屯衛學生　詩
第一百二十七名　牛希儒　欒城縣學生　易
第一百二十八名　潘大綸　萬全都司學生　詩
第一百二十九名　王無逸　獲鹿縣學增廣生　易

第一百三十名　程洛　順天府學生　春秋
第一百三十一名　張汝禎　順天府學生　詩
第一百三十二名　李承武　順天府學生　易
第一百三十三名　苑時蕃　寶坻縣學附學生　書
第一百三十四名　王起潛　順天府學生　詩
第一百三十五名　秘心傳　故城縣學生　易

第一場

四書

顔淵問爲邦子曰行夏之時乘殷之輅服周之冕樂則韶舞放鄭聲遠佞人鄭聲淫佞人殆

胡載道

同考試官教諭沈批（孔子告颜淵天德王道之藴盡於此章發之是作精醇典雅又善發孔颜之藴矣宜録以式）

同考試官知州宋批（簡明雅潤無一浮語發揮王道悉矣子其善于爲邦者與宜録以式）

同考試官推官王批（矩度嚴整詞理精醇孔子告颜子爲邦之道發揮明盡宜録以式多士）

考試官右中允張批（辭不費而理足取之）

考試官右諭德丁批（純雅）

大賢問治聖人示以治道而申其防焉蓋經邦有道也舉其道而尤慎其防焉治其庶幾乎昔颜淵有爲邦之問蓋將以得諸德行者而發之事業也孔子因告之曰政有因革道貴變通爲邦者審此而已彼時以作事吾嘗仰稽三正而得夏時焉語時正而令善者莫尚乎此也時之行也其惟夏乎輅以昭德吾嘗上考王制而得殷輅焉語崇朴而辨等者莫尚乎此也輅之乘也其惟殷乎冕以稱章服華不靡而費不奢者惟周冕則然矣易服色者舍是將奚服哉樂以和神人既盡美而又盡善者惟韶舞則然矣同律吕者舍是將奚法或行此四者而百王不能易矣至若邦有鄭聲又人所易溺也必禁而放之凡宗廟朝廷勿使作於其上焉邦有佞人又人所易惑也必屏而遠之凡股肱耳目勿使雜於其間焉是何也鄭聲流辟邪散蕩性情而亂雅樂淫莫有甚焉者也佞人卑諂辨給肆利口而覆邦家殆莫有甚焉者也斯二者又可以一日不謹哉

吁慎斯術也而治道其易易矣回也如有用之執此以往可也抑因是而知聖人之藴因顔子以發也四代禮樂以語爲邦克己復禮以語問仁夫克復云者天德之精也禮樂云者王道之備也皆聖人之藴也而因問以發焉向微顔子殆不可見矣故曰發聖人之藴教萬世無窮者顔子也

知斯三者則知所以修身知所以修身則知所以治人知所以治人則知所以治天下國家矣

高文炳

同考試官教諭魯批（作者類多冗繁簡嚴精當無逾此篇）

同考試官進士邵批（莊重精確無一字苟）

考試官右中允張批（明净得旨）

考試官右諭德丁批（精緻）

中庸結言身所由修而推政所由立也蓋君身出治之本也知入德則身修矣舉而措之家國天下也何有夫子告魯君之意若謂立政本於修身爲學先於知要人唯昧於入德夫是以身不修而治不可成耳誠知夫知以好學近也仁以力行近也勇以知耻近也察識於求端用力之始而向往之不迷則必於學而知好也於行而知力也於耻而知奮也體驗於反躬自治之餘而進爲之不悖内以克全所性而達德可立外以允迪厥猷而達道可行身之修也亦惟修此三者故全耳而不裕於治乎吾知以己觀人彼我异而理一也知所以修身則見其治人者無以异於治夫已凡出身加民達鼓舞作興之用所以知之明處之當者於己取之而已矣道豈遠乎哉以一人觀萬人衆寡殊而人一也知所以治人則見其治天下國家之衆者無以异於治夫寡凡舉此加彼極裁成輔相之宜所以遠有望近不厭者善推所爲而已矣術豈多乎哉夫以身之修也達於天下國家之治此入德行道之功不可缺也天下國家之治也而本於身修此取人行政之基貴先豫也君欲圖政盍亦求諸己矣嘗考皋陶矢慎修之謨傳説納乃求之誨帝王治本於身尚矣哀公奚足語此而夫子惓惓焉豈告君之體然與及觀皋傳所述不過曰思永曰時敏已耳夫子則天人道德詳説不厭殆真冀其舉文武之政者固東周之意也

是集義所生者非義襲而取之也行有不慊於心則餒矣我故曰告子未嘗知義以其外之也

莊允中

同考試官教諭陳批（此題作者多失輕重是篇詞氣莊重意見超卓且轉折盡深得集義養氣之旨非造詣之純者不能及此允宜高薦）

同考試官進士陳批（此題集字生字襲字取字皆孟子獨得之言場中□□類苦於對待不能發明是篇獨認理真切措詞縝密是殆用心於内而善養夫浩然之氣者敬服敬服）

考試官右中允張批（發得孟子意出録之）

考試官右諭德丁批（深造自得之文）

大賢詳氣以義充而因明義之非外焉夫心慊則氣充故養氣必以義也彼以義爲外者惡足以知之且塞天地配道義氣得其養固然矣而養之之始其功抑何如耶蓋由察之於念慮之微而無欲所不欲者析義極其精守之於應感之著而無爲所不爲者充義至於盡自一時之合義推這於無時之不義失是以不愧不怍而浩然之體叚具於心矣豈曰時暫由義非造詣之深也即可掩取其體哉自一事之合義推之於無事之不義夫是以不憂不懼而浩然之功用備於我矣豈曰事偶協義無積累之漸也即可倖致其用哉苟或一事義矣而他行未必皆義則必内省有疚而疑畏從之然則義可襲耶即事多義矣而猶有一行未合則亦自反不縮而悔吝未忘然則義可不集耶義集則心慊而□不餒矣是氣者志之輔氣内也故可生不可承也義者心之制義亦内也故可集不可襲也我所謂告子未嘗知義者正以外義耳外義則意見既鑿已先失夫直養之原强制雖勞將不勝其作爲之害其不動心襲取耳氣能終不餒耶我之异於告子者以此抑論性不論氣不備孟子蓋曰性善矣而復爲此養氣之説理待氣而形其浩然者即所謂善也告子蔽於義外之謬杞柳湍水之喻至指氣之失養者爲性孟子慮害人心而深辨之豈獨爲公孫丑告耶

易

君子以正位凝命

莊允中

同考試官教諭陳批（君子主鼎以德爲祈天永命之本此作發揮明悉易義之精者）

同考試官進士陳批（發揮君子正位凝命之旨不用浮辭精切懇到蓋深於易學者宜録以式）

考試官右中允張批（精瑩可取）

考試官右諭德丁批（此題一直説下良是）

君子者守正以承天休者也夫峻命不易也君子以正位凝之何其善於

體易哉且夫人君之位天所命也君子觀象於鼎而得凝命之道焉以鼎之能凝其所受之實者惟其正也君之能凝其所受之命者亦惟其正也於焉思天命之難諶也而建皇極以宅尊期不失乎上帝寵綏之重念大命之靡常也而順帝則以出治欲克膺夫維皇曆數之傳不動而敬矣雖視聽言動亦必以禮焉惟精惟一以執厥中務俾自天降之者自我享之也不顯亦臨矣雖出入起居罔有不欽焉無爲無思以守至正務俾自天申之者自我承之也是何也表正之體敦斯履位之不疚而明命之集諸躬者始可以引之於弗替也否則敗厥度者忝厥位而豈祈天之道也哉元良之道懋斯帝德之罔愆而福履之錫於身者始可以保之於無疆也否則縱逸豫者滅厥德而豈永命之基也哉是其正位也與鼎之置諸安者一而已矣其凝命也與鼎之受實而不敗者一而已矣體易之功斯其至與抑鼎重器也主之誠難矣古之明王所以修厥身允德協于下者凡以奠此鼎也後之人君不務修身以□明其德猶謂己天命焉是以周德下衰鼎之輕重且有問之者矣嗚呼主鼎者可以深長思哉

復以自知恒以一德

王照

同考試官教諭陳批（題本細密未易形容此作探極精奥發揮自知德處明瑩切當是深於易者）

同考試官進士陳批（理題最難發揮唯是篇識見超卓詞意精透讀之殊覺爽目也録式多士宜矣）

考試官右中允張批（説理分曉）

考試官右諭德丁批（精細之文）

大傳陳復恒之用精一之功具焉夫精察而一以守之修德之能事也復恒之用具是焉易其聖學準歟大傳陳九卦至此若謂君子之學利乎外者固貴於行之善豫乎内者尤貴於得之深彼理必明諸心然後爲真見也真妄錯雜知斯蔽矣乃兹復小而辨於物焉則悔悟至而虚靈之本體以全危微之幾殆有得於獨覺察識□而真切之良心以著天人之介殆不昧於反觀私所本無了吾自克之則幾希之良適得其體者炯然吾自知之人莫能測也理所固有也吾自還之則發見之端不失其常者灼然吾自知之無待於外也是蓋内無所蔽知通於性矣其真見有如此者善必有諸己而後有定力也久暫殊致德斯岐矣乃兹怕雜而不厭焉則道心爲主不時之先後而有异同天理常存不以遇之順逆而爲操舍行道有得守爲終身之據雖物交客感相與攻取之

而不留聰明不接心術也主善協一立爲不易之雖邪説詖行相與眩鶩之而不二以二不參以三也是蓋外無所遷德安厥止矣其定力有如此者夫理方復而察之精知之始也理既得而守之一行之終也聖學全功具矣於憂患何難焉抑精一之訓虞庭授受心法也孔門惟顔子可以語此故孔子曰其殆庶幾乎言復也又曰三月不違仁言怕也精一之學具體矣匡人之難人情甚不堪者回則曰不容何病嗚呼兹固由賜所弗及與

書

任官惟賢才左右惟其人臣爲上爲德爲下爲民其難其慎惟和惟一

高文炳

同考試官教諭魯批（任人以資一德乃伊尹忠亮懇切之心此文莊重典雅足以發真藴矣宜録以式）

同考試官進士邵批（作此題者每不能圓融疏徹殊爲可厭此作詞簡意足明晰精粹非常調所及）

考試官右中允張批（語意峻潔）

考試官右諭德丁批（瑩徹）

大臣迪君重於用人而因示官人之道也蓋臣職係君民之重也官人者可以不深致其謹哉兹伊尹以是訓太甲也意謂王之新服也一德要矣用人急焉而可不慎哉彼承經理之司者庶官也及私昵焉非矣必惟賢惟才者然後論而官之否則寧虚其位也膺輔弼之寄者左右也及匪人焉非矣必備道全美者然後任而相之否則寧不必備也所以然者何哉蓋庶官左右莫非臣也語其上則君爲大焉而各隨其分以佐辟君德所賴以修明者此也語其下則民爲重焉而各率其賦以宅師民生所賴以潤澤者此也所繫至矣而可以不謹耶故擇之不精非謹也而擬議於遴選之時者必其難焉其慎焉進之如不得已而察之尤致其詳所以虔諸始者無不至也任之不專非謹也而推誠於委用之際者必惟和焉惟一焉以道則相濟而以心則相孚所以厚其終者無弗用也夫然則庶官皆賢左右得人而上下有攸賴矣吁王欲新其德也可不用情於此哉抑伊尹告歸陳德而即繼之以論官何耶蓋人情鮮克有終使國無其人誰與導迪哉故古之大臣既委曲以濟君又慮其無以自代使吾身雖去而允德之克終者如故此固尹之志也然協一之訓太甲得與聞焉君子謂伊尹成始之大忠信哉

志以道寧言以道接

謝邦泰

同考試官教諭魯批（義貞而切語嚴而莊崇古聖賢相傳心去宗旨此文發之殆無餘蘊）

同考試官進士邵批（諸作類以浮詞竟莫發明此作一道爲主而以寧以接尤發揮明白殆盡宛然聖以稍授心法高薦允宜）

考試官右中允張批（真切）

考試官右諭德丁批（善發難題可式）

人君之存心聽言一於道而已矣夫志不苟動惟道是安言不苟徇惟道是受則内外交修矣慎德不其至哉召公戒武王之意若謂君人者將昭德塞違以臨照夷夏者也於是乎戒懼而不敢違於道匪惟玩忽當戒而尤有交修於内外者矣彼志動於心理欲判焉惟所發而莫之制將出入無時也人君一發志之間乃吉凶悔吝所由生者而可不慎乎故必以道寧之廓大公以爲順應之原而有主則虚初不牽於情勝守至正以爲起知之本而無欲則静初不引於物交凡將迎往來苟可爲王心累者勿使作於念焉則操存固而天德寧矣兹明王所以慎德於内者乎言接於耳邪正參焉惟所聞而莫之擇將非禮是聽也人君一納言之頃乃枉直舉措所由關者而可不慎乎故必以道接之群策畢陳務求其當而不徒以遜志爲賢兩端是執務用其中而不獨以逆心爲諱凡便佞捷給苟可爲王聽惑者勿使至於前焉則取舍審而聽德聰矣兹明王所以慎德於外者乎夫以道寧志則内欲不萌既豫受言之基以道接言則外誘不入益爲持志之助若是乎交修不容已也而顧可役耳目貴异物耶雖然此旅人貢獒耳未聞武王受之武王豈甘諂言有逸志者召公道寧道接之訓不徐徐焉古大臣之忠愛類如此世之飾言自謀務爲容悦者固召公罪人也然必聞君之僻志成之則寧志又接言本也

戎車既安如輊如軒四牡既佶既佶且閑薄伐玁狁至于大原文武吉甫萬邦爲憲

胡載道

同考試官教諭沈批（詞氣雄健有堂堂正正之象結復歸重宣王能任將士尤探木之論佳作哉）

同考試官知州宋批（規制修整詞氣俊逸末以宣王之善任將歸之誠是矣宜録之以彰中興之盛）

同考試官推官王批（氣象雄偉紀律嚴明結以能任歸重宣王爲中興

之本尤爲有見誠佳士也高薦允宜）

考試官右中允張批（明正）

考試官右諭德丁批（雄渾）

詩人叙大將治戎有道而因表其爲法於天下也蓋威不盡用武之善經也吉甫有焉不足爲天下法哉詩人叙而美之若謂王師以不戰爲武大將以全才爲難吉甫之北伐也何如哉彼車馬者中國之長技也兹以車言之則如輊如軒戎車既甚安矣以馬言之則既佶且閑四牡亦孔良矣夫以是有制之兵而主之有能之將非不可以得志於玁狁也吉甫則以用兵者聖人所不得已吾惟薄伐經聲其罪而已不必黷武也大原者天所以限華夷吾惟驅於境外而已無事窮追也師徒不勤而膚公可奏即是而甫之全才見矣寧不爲萬邦之憲乎蓋其招携懷遠也甫之文足昭焉戡禍定亂也甫之武足畏焉由是出其文可以教天下之仁而庶邦冢君凡欲擴綏和之政者咸式之以爲惠懷之道也豈直佐順治之化已哉出其武可以教天下之義而侯甸群牧凡欲樹奮揚之績者咸法之以爲無敵之道也豈直贊威嚴之烈已哉吁此吉甫所以爲賢宣王因之中興也已雖然北伐之功固吉甫成之亦宣王致之也苟非宣王之善於任將則吉甫雖賢亦罔以成功故宣王能復文武之業而致中興者以其任賢使能也易曰在師中吉吉甫以之知臨大君之宜吉宣□有焉

龍旂承祀六轡耳耳春秋匪解享祀不忒皇皇后帝皇祖后稷享以騂犧是饗是宜降福既多周公皇祖亦其福女

王堯臣

同考試官教諭沈批（作者類失考核不冗則亂此不求解經徒誦帖括之弊也是作剖析精明詞復莊重可謂復古之文矣宜録以式多士）

同考試官知州宋批（體不沿舊理自精析匪徒工乎文焉已也允宜高薦）

同考試官推官王批（講郊廟處理明詞肅矩度閑雅場中得此作可以一洗敝習矣宜録以式）

考試官右中允張批（善言詩人頌君之旨）

考試官右諭德丁批（莊健）

詩人頌其君致敬郊廟而獲福之同焉夫郊廟國之大祀也賢侯致敬於此而皆以獲福焉兹其爲可頌歟是詩美僖公修廟而作也至此若曰魯自周公懋功成王錫命郊廟之典其來尚矣今吾君嗣而舉之不有可紀者哉彼其

出而承祀車行則旂建也而交龍之象與輿衛相掩映矣馬行則轡垂也而六轡之調與驂服相柔從矣此其明禋之薦雖未之舉而明信之忱則固已昭也由是而禮行於廟與則順春秋以修祀罔敢懈焉盡志物以用享罔或過焉若是乎享親之孝也由是而禮行於郊與則主上帝以修殷薦崇其報焉配后稷而享騂犧尊其尚焉若是乎享帝之仁也夫至難格者帝后也吾君仁以事天則馨香上達矣將見是饗是宜而諸福之物自上錫之也其降福也不既多乎莫難惠者宗公也吾君孝以事親則精神孚契矣將見來格享而繁祉之介若民或益之也其福汝也不亦廣乎吁此固我侯仁孝之應也而亦孰非臣子之至願哉抑考春秋僖公之世其書曰禘于太廟用致夫人譏公廟祭之非禮也四卜郊不從猶三望譏公郊祭之非禮也閟宮之詩乃侈言其奉祭之福以美之孔子奚取焉噫魯之郊禘孔子固嘆之矣然則非取之也乃傷之爾

春秋

春齊人陳人曹人伐宋（莊公十有四年）冬公會晋侯宋公衛侯曹伯莒子邾子滕子薛伯杞伯小邾子齊世子光伐鄭十有二月己亥同盟於戲（襄公九年）

楊譽

同考試官知縣陳批（桓悼之任賢固春秋之所僅見者此作筆法謹嚴詞意雅健曲盡二伯之善亦文場之所僅見者矣首薦允宜）

考試官右中允張批（嚴整　）

考試官右諭德丁批（有斷制）

二伯之任賢臣於其用兵用謀見之矣此仲得政而齊兵節罃陳謀而楚力敝任賢之有益於伯圖也如是哉蓋聞以制用兵軍之善政也夫唯忕於用力將疲民以逞矣乃桓也相仲而内政軍令是作焉觀其軌里連鄉之法伍戎卒旅之規其制簡矣故兹伐宋而討北杏二也以將則卑無勞於推轂以師則寡無煩於厚集自是節制定而財力之賦輕休養成而富强之業裕是故召陵徼盟南風弗競矣韓原私搆西顧無虞矣孰謂一匡之烈非用仲父節兵之效耶故春秋特稱人於伐宋之役以予其善制云又聞不戰屈人武之大經也夫唯狃於好勝將奸時以動矣乃悼也用罃而還師敝楚是圖焉觀其三分四軍之晝分鋭逆來之算其謀豫矣故兹伐鄭而爲戲之盟也子展有唯强是從之辭而不校其無信荀偃有圍以待救之策而不許其力争由是勞心勞力之制明而修德息師之猷壯是故伯駢請成終必獲鄭矣石奂告絶楚將不能矣孰謂三駕之勛非用武子訏謀所成耶故春秋特書蕭魚之會於伐鄭盟戲之下

以予其善謀云是可見兵節而時動者威致人而不致於人者勝齊晋誠得策矣選衆舉賢詢僉從善知人之哲可誣哉縲線之臣治於高傒委國□之不疑也鄟門之役諸侯畢從矣力豈不足□中行之説具違焉之二君有真鑒哉噫楚聽□而三閭斥謀適不用秦豈無人耶故仲罃非□以其君伯能相伯君耳

夏齊人伐我北鄙（僖公二十有六年）春王二月秦人入滑（僖公三十有三年）

劉諧

同考試官知縣陳批（禦敵之善類能言之子獨本聖經以立法融四傳以成文雖一字一句若天啓者非質學俱到何以及此）

考試官右中允張批（清而婉）

考試官右諭德丁批（渾融）

春秋紀内外之待敵有善其修辭者有善其修備者此魯之禦齊鄭之郤秦皆有得於王者待敵之道矣且洮向尋盟齊嘗討魯夫追于酅之追方返而北鄙之警遽聞孝之憾魯而欲甘心者何如也使魯而不惟文告之修吾懼敵師之日深矣幸而喜也受辭于惠而犒師焉授先王之載書啓以世無相害之盟昭桓公之舊勛申以謀其不協之望於是齊人知辭順之難犯而師旋於境矣夫兵車再駕齊怒殆難任也展喜有辭三軍之氣奪焉若是乎辭不可以已也不然室如懸罄其能免於保聚之恐乎以至汜南許成秦嘗戍鄭矣已因掌管之請遂出東門之師穆之鄙鄭而欲肆封者何如也使鄭而不慎强埸之守吾懼桓武之不祀矣幸而高也遇諸滑郊而遽告焉始以乘韋之先而遠襲之迹彰繼以客館之視而内應之謀敗於是秦人知有備之難冀而師移於滑矣夫三師并東秦謀殆叵測也弦高先覺四境之虞免焉若是乎備之不可以已而不然超乘三百其何患於攻圍之不克乎夫觀於修辭可以服暴力不足恃矣觀于守强可以破謀詐不足尚矣此王道之所以貴不戰也長勺之役失之固春秋所深罪與噫莊固失矣僖鄭亦未得也力罔敵而辭修焉齊不我逆也乃引豺狼殘親昵無相害之辭游矣秦晋圍急始求燭武西師潛至復高也却之肉食者奚爲耶故王道惟寡怨之貴而治國以用賢爲先

禮記

樂也者聖人之所樂也而可以善民心其感人深其移風易俗故先王著其教焉

王正宇

同考試官同知江批（作者類多冗積典雅雋逸一洗陳習獨此篇得之宜録以式多士）

考試官右中允張批（精到）

考試右諭德丁批（明暢）

記者原樂之用廣而因言聖人之立教也夫樂也者以於聖心而感乎人心者也則所以廣其教於天下者其容已哉記者之意若曰樂之作也人知所以象德矣抑知先王之所以彰教乎彼樂非極音也由聖人德協中和至而無以導之也于焉宣之節奏以飾其欣喜之情心涵聲氣之元而無以昭之也於焉形之舞動以發其性天之藴樂也者非聖人之所樂者乎是樂也人心之所同也以心感心可以善民心焉夫人藏其心難乎其感之深也然優柔平中之盛有以觸天然自有之衷聽之而欲心平躁心釋焉其感人一何深耶民習异宜難乎其化之速也然順成和動之休有以妙黎民於變之極聞之而民風移民俗易焉其化民一何速耶夫樂之不可以已如此是以先王知天下和平則樂之道歸焉耳于是以其本之情性者而立之學等以平天下之情凡可經繩德厚者罔不昭示之也以天下化中生民之道樂爲大焉于是以其稽之度數者而章之聲教之宣天下之化凡可以象事行者罔不明著之也吁先王之教孰有大於此者哉雖然樂者感人心之具也而德者又作樂之本也故曰惟天子建中和之極兼總條貫金聲而王振之蓋言本也庶尹允諧舜之玄德貫爲之不然鄭衛之音也而何以其政散其民流耶舉樂者可以有志於本矣

是故君子議道自己而置法以民

楊柳

同考試官同知江批（理明詞達體裁迥别且善發君子立教之心足爲矜式録之）

考試官右中允張批（順暢）

考試官右諭德丁批（精切）

君子以仁爲教論道嚴而立法恕焉蓋道不可易而法貴宜民也君子欲以仁教天下則所以明其道行其法者當心有辨矣表記之意若謂仁之難成久矣君子不惟以仁爲己任且將與民由之其必有以善成其仁乎是故仁之當好道也安仁者能無欲好之若以爲法而責利仁焉則不可行矣不仁之當惡道也安仁者能無畏惡之若以爲法而責强仁焉則不可行矣夫道有定體而不可貶故君子之議道也不憚以其詣極之德而爲之準其議好仁必期合

夫無欲之好焉其議惡不仁而必期由於無畏之惡焉是非矯世凡我之所當盡皆道之所固然不如是則道不明耳法有變通而不可執故君子之置法也不過以其可勉之事而導其趨欲民好仁則置勸誘之法以示可欲欲民惡不仁則置愧耻之法以示可畏是非徇俗也將率民以必爲當就民所能爲不如是則法不行耳蓋其視有惟己本之以俱立俱達之心而以人望人敷之爲易知易從之訓是乃仁術也若夫制行以已將不免於以所能者病人矣君子豈爲之哉雖然法匪獨爲凡民設也即大賢以下造詣殊科視安仁均有間矣故子貢博施約之近譬仲弓問仁迪以敬恕猶利之爾克復幾於安矣然必於顔子告之若是乎教之多術也志仁者由勉而安可也

第二場

論

聖人體道無隱

胡載道

同考試官教諭沈批（以渾厚之詞發精深之旨體道之文真有補於世教也敬服敬服）

同考試官知州宋批（場中作此題者迂而不切是篇構思縝密組詞圓融真得體道之精藴者敬羨敬羨）

同考試官推官王批（思致精深議論純整發揮聖人體道合天之妙無餘藴矣非有得之學者不能也佳士佳士）

考試官右中允張批（發聖人體道意精切詳盡）

考試官右諭德丁批（是能察聖人體道之實者）

天之道貞觀者也聖人之道亦貞觀者也何則維天以象示人而厥類惟昭不能祕其象於不顯是天之所以貞觀也聖人以道未人而精義發見不能藏其用於弗彰是聖人之所以貞觀也故昊天之象無非至教聖人之動無非至德至教至德其極一也聖人與昊天其一道也哉故曰聖同天嗚呼彼疑聖人之有隱者殆未察聖人體道之實者與宋儒尹民曰聖人體道無隱與天象昭然無非至教誠達聖之精也知天之至也愚請求端於天以明其說嘗讀易與詩而有以明於天之道焉易之言天者曰觀天之神道而四時不忒詩人之言天者曰上天□□無聲無臭夫語道而歸諸神語載而泯於聲□之無天道誠隱矣微矣然不曰天道下濟而□明乎不曰昊天曰明及爾出王昊天曰旦及爾游衍乎夫濟曰下濟明曰光明曰出往曰游衍則又體物而無不在者是

隱之未始不顯也微之示始不彰也知隱之顯知微之彰可以明天道矣蓋嘗觀之日月之照臨也星辰之森列也四時之錯行也寒暑之推遷也風雨之散潤也雷霆之震動也霜雪之嚴凝也莫非天之教也莫非所以示人者也以至闔闢動静之相感也浮沉升降之相求也勝負屈伸之相盪也感遇聚散之相揉也糟粕煨燼之散殊也莫非天之教也莫非所以示人者也故曰不閉其久是天道也無爲而成是天道也已成而明是天道也此天道之貞觀天道之無隱也聖人之體道又何以同乎天也蓋道之大原出於天而體於聖人聖人之道即昊天貞觀之道也是道也本有定體不待言而顯不以默而藏者也故威儀文辭顯矣性與天道亦非微也灑歸應對淺矣精義入神亦非深也孝弟禮樂近矣盡性至命窮神知化亦非遠也由忠恕而一貫可推也由下學而上達可至也由夫婦而天地可察也謂聖人欲以不言藏之不可也何也道本顯也故聖人者體昊天貞觀之道者也天道無隱而謂聖人之有隱可乎哉嘗自聖人之體道而觀之温良恭儉讓之殊其度申申夭夭誾誾侃侃之异其觀鄉黨宗廟朝廷之秩其儀此體道之暢於四肢者也莫非至德也莫非所以示人者也老安少懷以明其志時輅冕樂以酌其中却萊夷墮三都歸侵疆以著其績此體道之發於事業者也莫非至德也莫非所以示人者也文行忠信之异其教利命與仁之罕其言不啓不發不復之慎其施此體道之見諸語默者也莫非至德也莫非所以示人者也贊易以道陰陽序書以道政事删詩以理性情定禮樂以導中和修春秋以正名分此體道之見於述作者也莫非至德也莫非所以示人者也有公山佛肸之往有陽貨南子之見有沮溺接輿之引有司寇相事之攝有見可際可肥養之仕有接淅不脱冕之行有尼溪衛卿之辭有曲肱蔬食之樂此體道之見於仕止久速者也莫非至德也莫非所以示人者也然其道之體於四肢也一天道之所以照臨之森列之者也其道之體於事業也一天道之所以錯行之推遷之者也其道之體於語默然也一天道之所以散潤之震動之嚴凝之者也其道之體於述作也一天之所以下濟光明出往游衍者也其道之體於仕止久速也一天道之闔闢動静浮沉升降勝負屈伸感遇聚散之相感相求相盪相揉者也甚矣聖人之體道無隱有同于天也故曰天之道貞觀也聖人之道亦貞觀者也惟不善學者之以有隱疑聖人也於是孔子始自言曰吾無隱乎爾吾無行而不與二三子者嗚呼斯言出而可以知聖教之所在矣聖人體道之情見乎詞矣學者之疑可以涣然釋矣雖然其欲無言者何也無乃重學者疑畏之心與是不然也其曰天何言哉則聖人固以天道示人矣吾不意聖人以天道示人而學者習焉不察猶以有隱致疑

也及門之徒穎悟莫如賜矣而猶嘆至道之難聞是疑聖人體道于深也悦道如求矣而顧歎用力之不足是疑聖人體道于高也而不知聖道固無隱也善乎颜子之言曰如有所立卓爾則聖人無隱之道彰矣甚矣颜子之善學也故爲之説曰聖人與天爲一颜子與天爲徒

表

擬宋置起居院於禁中命史館修撰梁周翰祕書丞李宗諤掌起居郎舍人事謝表（淳化五年）

莊允中

同考試官教諭陳批（富麗莊嚴出入宋體）

同考試官進士陳批（莊重駢麗且忠愛之誠溢於言表）

考試官右中允張批（鋪叙詳雅可録）

考試官右諭德丁批（典而是□四六者）

淳化五年某月某日伏蒙置起居院於禁中以臣周翰臣宗諤掌起居郎舍人事者伏以接璇霄而啓署特崇二史之司對玉案以濡毫爰備一經之纂地既聯於邃密任宜簡夫才賢詎意怕流謬膺巽命臣周翰等誠惶誠恐稽首頓首上言竊惟起居院之職本於左右史之規記言記動發詔來繫日繫時而傳信漢家有注似爲宫史之所修晋室以還每用近臣而兼領既更歷代尚闕專官後魏乃爲之置員北齊復因而立省迨隋唐之文既備而郎舍之秩始分依鳳掖以分曹併列甘泉之法從待螭坳而紀事預資太史之多聞顧遺風漸遠於三宗而餘範幾湮於五季熙朝肇建壓制聊修兩省綴員司存幸托外廷列署行敕徒闕標寄禄之虚銜失建官之初意天居既邃崇深之義何居日録空聞紀述之儀久廢欲舉一王之令典須完累世之闕文帝制維新官常攸正玆蓋伏遇承天御籙執象臨人如綸如綍以敷言中矩中規而建極睿謀經武同萬里之車書深略緯文興百年之禮樂游心經籍措世絃歌追淳古之休風修太平之壯觀乃采臣寮之請是隆紀注之官移院深嚴参鰲禁鸞坡之直延英密勿草玉函金匱之篇凡言動之出於一人及政令之關於諸署上窮景緯下括輿圖内而民俗之澆醇外而裔夷之逆順典章制度折衷考古之規食貨兵刑損益趨時之用或日報或月報或歲報謀猷克集於盈庭爲大書爲特書爲屢書義例俱存於授簡藏之石渠之署彝憲足微付之金馬之庭著作有據亶云重任端賴名儒如臣等猥以謭材謬塵華貫握丹鉛於史局寧兼五志之長探緗素於書林靡摠九流之要顧濫吹之已久慮策蹇之難前豈期内史之

新銜復荷　大君之异數上林借寵知附鳳之暉遥下里裁歌奈雕蟲之技盡志非幾於微婉責以屬辭文罔及於贍詳俾之叙事何以述朝廷之駿烈何以揚明聖之鴻休游聖人門實有難言之懼代大匠斵更沈傷指之慚臣等敢不勉竭虚庸務遵實録辨不華質不俚發凡開柱下之編退補過進盡忠托始載陛前之筆期汗青之皆核庶衷赤之少安伏願帝德罔愆王言作命舉必書而書必法益增琬琰之光美則愛而愛則傳直儗典謨之盛臣周翰等無任瞻天仰聖激切屏營之至謹奉表稱謝以聞

第三場

策（五道）

第一問

胡載道

同考試官教諭沈批（我祖宗御製四書遠紹精一之傳爲後世聖子神孫慮者至深遠矣□□取以進講其有裨於□□□法祖之益非淺鮮也此作敷對詳明揄揚得體末復惓惓進講進言之議且有取於於伊召之説其懷忠藎之心者邪）

同考試官知州宋批（我祖宗謨訓無窮而四書所載治心法祖之旨尤備真萬世聖子神孫之典則也此策獨能闡揚明盡更以進講進言望之豈亦知聖學傳心之要者耶）

同考試官推官王批（我祖宗御製四書實遠紹古帝王聖學之傳爲萬世聖子神孫治心法祖之典則也此作敷對明悉且善揄揚篇終復于進講進言之議尤致惓惓其亦仰祖□而心□伊□之□者乎）

考試官右中允張批（我祖宗貽謀垂訓爲聖子神孫萬世□者具在四書子能悉其綱要及陳□□□□□□□□指懇惻殆有志于隆□□□□得士□矣）

考試官右諭德丁批（我祖宗所製四書綱要彪柄此作條對詳明末主講畢進言之議尤爲有據非凡士也取之）

人君之學有要焉治心是也有則焉法祖是也惟治心也則君志定而天下之治成矣惟法祖也則儀刑切而憲章之道舉矣人君所以易簡理得而成位乎其中者具以是哉書曰王懋乃德語治心也又曰視乃烈祖無時豫怠語法祖也明乎此而學之能事畢矣執事下策諸生以古帝王心學之傳暨我祖宗謨訓之大且擬議於經筵之進思以仰裨聖學之純此愛君無已之心也敢不敬述以對

宋儒胡安國云明君以務學急聖學以正心爲要誠知言哉則嘗稽之堯之授舜曰允執厥中是堯以所得統於天者而命之舜也舜之授禹曰人心惟危道心惟微惟精惟一允執厥中是舜以所得統於堯者而命之禹也先儒謂唐虞授受開萬世心學之原不以此耶嗣是而禹得統於舜則儉勤祇德惡酒好言禹之所以入聖者此學也湯得統於禹則不邇不殖懋昭大德湯之所以反身者此學也文武得統於湯則亦臨亦保不泄不忘緝熙敬止建其有極文武之所以丕顯承者此學也所謂相授守一道非耶三代以降如漢高之不事詩書文帝之專尚黄老固不足以語於務學之急而唐宗之討論經籍宋君之日呈御覽亦何足以語於正心之要也求其庶幾於古帝王之心學者不亦鮮哉洪惟我太祖高皇帝開天立極即位之初首著祖訓一書以貽孫謀以昭燕翼焉是書也有曰持守也嚴祭祀也謹出入慎國政也則治道之大綱也有曰禮儀也律法也内命職制也兵衛營繕供用也則治道之大目也以重民命則禁黥刺剕劓之施以戒窮兵則慎東南諸夷之伐且持守一章爲一書之要持守一言又一章之要此祖訓之綱要也天下既定又命大學士吴沉等纂輯精誠一録以諭臣民以便省覽焉是録也語其大要則有曰敬天也忠君也孝親也然反約於吾心也本之以能擇也積之以無妄也此精誠之綱要也至我成祖文皇帝纘緒紹基於投戈之暇嘗編輯聖學心法一書親爲之序其綱凡四曰君道也臣道也父道也子道也其目二十有九曰學問也敬天法祖也用人理財也此君道之大者也曰忠勤也廉謹也此臣道之大者也三王之教世子父道之大者也文王之事王季子道之大者也此非心法之綱要乎我聖宗純皇帝重熙累洽於幾務之餘嘗彙集文華大訓一書語其綱則首之以進學次之以養德又次之以厚倫又次之以明治也語其要則務學爲要矣養德以之厚倫以之明治以之也此又非大訓之綱要乎是四書者大義垂示固已炳若日星矣由今而究其旨趣焉則持守之説帝堯執中之旨也精誠之録帝舜精一之旨也君道臣道則文王止仁止敬之學也父道子道則文王止慈止孝之學也進學養德之説則成湯之日新顧諟也厚倫明治之説則帝舜之察倫明物也謂古帝王俟我祖宗而不惑可也謂我祖宗考諸帝王而不謬亦可也先聖後聖不曰其心同其學同耶夫二祖憲宗創制固各异矣由今而揆其裁自聖心者焉則大訓之進學心法之學問也其曰養德祖訓之持守也其曰厚倫精誠之忠君孝親也其曰明治祖訓之慎政也謂我二祖先得我憲宗之所同然可也謂我憲宗之所同然可也謂我憲宗善發二祖有之藴亦可也聖祖神孫不曰其心同其學同耶是四書也以之繼天出治堯舜湯武之所以爲盛帝王也以之輔理成化則則伊傅周召之所以稱良弼也以之創業垂統則太王王季之所

以肇基其勤也以之繼志述事則武王之所以爲達孝也今經筵之上執事欲取以進講思以仰俾聖學焉愚生以爲憲宗之製端爲聖子神孫發也况祖述者不若憲章之爲切遠宗者不若近守之爲真率由祖宗其則不遠故本之祖訓以求其端則所謂持守者不可已也考之精誠以致其實則所謂無妄者不可忽也正之心法以大其規則所謂學問者不可緩也欽之大訓以要其止則所謂養德者不可後也非聖學緝熙之一助耶至於經筵之定於文華也有由矣國初經筵無定日亦無定所無定日則無時非學也無定所則無處非學也當時燕息所止皆講學之地侍從所接皆講學之臣自正統以來始定於文華殿豈以學貴專一知止有定耶累朝因之無容喙矣頃言者有陳講畢進言之議焉愚生以爲此不可視以爲迂而莫之行也唐虞之世臣有所言而君俞之君有所言而臣吁之元首股肱真如一體然者後世堂陛森嚴而君臣禮絶矣此喜起之風所以邈焉無聞也今經筵舉矣聖學熙矣惟是講讀之外莫致一詞政治得失之原生民休戚之故人品邪正之辨古今理亂之幾侍臣不敢以言當寧有所不聞也此進言之議不可以莫之行也此非臆説也弘治中經筵講罷召閣臣再詣文華共閲章奏我敬皇帝嘗親行之矣洪武中諭講讀諸臣曰官翰林者雖以論思爲職然既列近侍旦夕在朕左右凡國家政治得失生民利病當知無不言我高皇帝嘗示諸臣矣伊尹之訓曰嗣王新服厥命惟新厥德終始惟一時乃日新召公之誥曰若生子罔不在厥初生自貽哲命則匡聖學而成主德執事事也執事責也愚生何足與知之哉謹對

第二問

王正宇

同考試官同知江批（學識淵微議論正大且於士習吏治推原轉移化導之本足爲返古還浮之助高薦允宜）

考試官右中允張批（條析漢之士習吏治歴歴分曉至於挽時起敝之要尤能譚譚言之蓋士之學古而適用者取之）

考試官右諭德丁批（兩漢士習吏治條答無遺末陳起弊數言之尤中時病是有經世之志者録之）

士習吏治之盛於古也上作致之也其弊於今也風會移之也蓋上之所建下之標準存焉風之所劘世之習尚遷焉故鄒魯之士鮮忠樸燕趙之士寡深沉所以移之者殊也成周之吏貴廉善暴秦之吏尚嚴苛所以作之者殊也知此則率作興事之機起弊維風之術有經世之責者可以加之意矣請因明問而陳之蓋聞三五之世道德一而風俗同士習純而吏治美粹乎無以議矣

三代以還惟漢去古未遠故先儒之言士習者曰西漢尚經術東漢崇節義也史臣稽吏治者曰漢世良吏爲盛也謂近古非與粤昔西漢之興孝惠除挾書之禁武皇表六籍之微勸學興禮爲天下先一時挾策談經彬彬然文學之士矣人見京房之於易伏勝孔安國之於書匡衡之於詩仲舒之於春秋后蒼之於禮也遂以經術歸之然考其時以節義表著者未嘗不數數然也故直諫守節不有寢淮南之謀如汲黯者乎持節虜庭不有牧漠北之羝如蘇武者乎不有借劍尚方如朱雲者乎不有耻就吏治如蕭望之者乎他如龔勝之不受印綬也薛方之托迹巢由也之數子者勁節直道確乎不渝謂無得於節義可乎如是而曰專尚經術不已偏耶東漢之興光武切幽人之徵嚴光厲高尚之節逸民一舉天下歸心一時激論危言凜凜乎多忠憤之士矣人見膺之獨持風裁蕃之不畏强禦密之達賢糾惡滂之慨然攬轡皇甫規之耻不與黨也遂以節義歸之然考其時以經術著稱者未嘗不比比然也故篤信好古不有如伏湛者乎遍習五經不有如桓譚者乎不有囊括大典如鄭玄者乎不有删定公羊嚴氏春秋如樊儵者乎他如馬融之名重關西也蔡邕之正訂五經也之數子者博物洽聞爲世推服謂無得於術可乎如是而曰專崇節義不已拘耶是知經術尚矣而節義亦無不崇言西漢之士者此其大準也若乃諛佞成風至有借六藝以文奸者謂之見道不明則可遂以是爲經術病焉亦奚可哉節義崇矣而經術亦無不尚言東漢之士者此其大較也若乃嘘枯吹生至有甘危言以就戮者謂之明哲未至則然遂以是爲節義病焉豈其然哉則三代而下語士習之近古者惟漢其庶幾乎至若傳西京之循吏者班固也則有若文翁也王成也黄霸朱邑也龔遂召信臣也皆守也令長于時不少概見豈西京之治令有未循與是有説也蓋西漢稱良吏之盛者宣帝爲最夷考宣帝繇側陋而登至尊知民事之艱是以躬親萬幾厲精圖治謂吏民之本者太守也而不言夫令也親見臨問觀所由而察所行者刺史守相也而不及夫令也謂與我共治而有璽書之褒金秩之寵者二千石也而不與夫令也入爲九卿微爲少府賜爵關内侯者郡守也而令不逮也宣帝知郡守之職其任爲甚重而不知縣令之職於民爲最親令長之所以不聞於時者不以上之所崇重者自有在耶至若傳東京之循吏者范曄也則有如衛颯也王渙也孟嘗第五訪也劉矩劉寵仇香童恢也皆令長也而郡守不多述焉豈東京之治令長爲獨盛與又有説也蓋東漢號循吏之盛者光武爲最夷考光武長於民間頗達情僞是以廣求民瘼觀納風謡方崎嶇兵革卓茂以仁愛聞則擢而寘之群公之右固不以密令之微而有所輕也祭肜以清政顯則增秩賜縑以爲之勸亦不以襄賁

之小而有所忽也謡言單辭必爲轉易非輕於去取也慮夫用匪其人或以爲民之害也四百餘縣悉從減省非輕於更易也慮夫浮費冗食徒以爲民之擾也帝之於令審重如此是以出宰百里皆以郎官令長之所以章章著聞者不以上之所重在此耶若乃以能著于西京者若趙廣漢張敞之輩非不赫然稱□也然專任刑罰而終抵罪誅視廩廩德讓之風有餘愧焉其不載之循吏者固非無見也以能著於東京者若邊鳳延篤之儔非不卓然稱能也然比迹趙張而政多深刻視道德齊禮之治有不逮焉其不載之循吏者曄非無見也然則三代而下語吏治之近古者惟漢其庶幾乎至於今之士習吏治則誠有可太息者焉以士習言之工藝文者富靡麗之虚詞其流入于支蔓而無實談性命者拾良知之餘緒其究入於禪伯而無歸孔子所謂言有枝葉此其人也執事以爲日漓誠漓矣以吏治言之習理財者牟利秋毫以督租辦課爲有用立刑威者用刑次骨以搏奸擊强爲已能孔子所謂政猛於虎此其有也執事以□日急誠急矣兹欲返之古也何繇哉亦□起其弊以維其風而已蓋士習之漓非□□□也風之會起之也風之所尚在此孰不靡然從之耶誠能反其所尚□□實之士而工虚詞者弗庸則靡麗之風自息矣求尚行之士而倡游言者勿聽則清談之風自息矣孔子之誅正卯也以僞而辯孟子論正人心也在放淫辭此非端士習之一機乎如是而不返於淳者未之有也吏治之急非自急也風之會起之風之所趨在互孰不群然赴之耶誠能反其所趨求仁愛之吏而巧爲陰奪者必懲則聚斂之風自息矣求平恕之吏而好爲文致者必譴則刻深之風自息矣尹鐸之治晋陽也不爲繭絲仇覽之論膺鸇也不若鸞鶵此非復吏治之一機乎如是而不返於古者未之有也愚生才不足以經時學不足以待問姑攄所見以復於執事者如此幸進而教之

第三問

莊允中

同考試官教諭陳批（此策以道立意深得儒者言行之要爲已之實且考據精詳議論宏博末復以發端極致爲言尤見趨向之正若子可謂真儒矣）

同考試官進士陳批（篇中於六子言行撮舉不遺評品允當且欲人師法孔子不爲賤儒深得程子立論之意其殆淹貫經史而深有得者耶）

考試官右中允張批（博學詳説而能反説約焉是嘗從事于爲已之學者取之）

考試官右諭德丁批（六子行此策鋪叙有倫末復折衷孔子其知所以入道而近儒者耶取之）

儒者之學其必有準乎曰準乎道而已道者學之鵠也射者于矢誠習而不志於鵠焉雖貫革不貴矣道者學之規也輿人輪轅徒飾而不中乎規焉以致遠恐泥矣故君子苞并六藝矢聖陳謨非以譁衆也疆理名物總挈治紀非以樹聲也緯緝經傳疏通結滯非以徇象也矜慎容辭奥觀深造非以干禄也專門守師窮智究慮非以自蔽也攬今撮古廣游遐躁非以眩博也凡皆以爲道焉爾是故言以明道斯言爲設訓矣而識鑒之通蔽殊焉故言之合於生者希也行以體道則行爲楷模矣而造詣之深淺殊焉故行之合於道者希也以其言道之難而人之言有幾於道焉則君子取之不暇顧其餘言矣以其行道之難而人之行有幾於道焉則君子取之不暇責其餘行矣嗚呼此程子所以於六子有取爾也且儒者之道非苟爲大而已性命道德之奥具於心而天地萬物之理備於我諛聞寡識不足以達觀蕩檢逾節不可以盡性蓋昔孔子之述儒行有曰博學而不窮篤行而不倦可謂一言以蔽之矣然其博也將廣聞見以明吾之道而非汗漫也其篤也將實踐履以行吾之道而非矯拂也故曰君子儒爲已此子程子實見之言也而乃有取於六子者非謂六子能爲已也示爲己者以取人修學準也愚嘗反覆往籍熟觀六子者之言與行而得其概矣蓋程子謂循其言可以入道者就三子之言而取之也今觀管子之書有經言區言短語雜篇輕重之别司馬遷嘗嘆其言之詳矣夫其謹政通商均役盡利固莫非富疆術者而乃有心術白心諸篇其言亦出入吾儒誠正老子道德之間不悉中理要然而有格言焉其心術下篇曰專於意一於心思之思之不得鬼神教之非鬼神之力也其精氣之極也兹其旨不與孔子慎思之訓相發明與荀子之書有勸學修身儒效王制等篇班固蓋謂之潤色孔子之業矣夫其立言指事撥亂興理固莫非翼六經者而乃有非十二子性惡諸篇其中僞禮上霸至以子思孟子與墨翟惠施同詆然而亦有格言焉其勸學篇曰其義則始乎爲士終乎爲聖人真積力久則入學至乎没而後止也兹其詞不與説命典學之言相表裏與若夫杜預之爲春秋經傳集解也大觀群典簡公羊穀梁詭辯之言錯綜微辭備劉賈許穎异同之致世以爲丘明忠臣信矣然而棄經信傳鴻生致譏發明雖多間失本意則由其遜德罔企庶幾立言武庫流稱自占傳癖云爾然其叙傳有曰優而游之使自求之厭而飫之使自趨之若江海之浸膏澤之潤涣然冰釋怡然理順此與孟子深造自得之旨又何相達乎此三言者固程子所取也夫以三子著述之富若彼可循之以入道者僅僅若此則其言之不足取者多矣明豈易耶程子謂近似儒者氣象就三子之行而取之也今考仲舒進退容止非禮不行兩相驕王正色率下天人相與之策明

性術之本原正誼明道之謨辨王伯之心迹它如大一統之説任德不任刑之説蓋自孟子而後世未有言之粹然一出於正如此者則其造詣之正可知矣雖其生質天命人欲之分未極根柢乃其學問小疵真氏謂得從游聖門當無慚游夏者不亦度粤諸子也與楊子雲博覽好學不爲章句簡易清静不修廉隅慮小辯之破大道則爲法言以袪惑推大運以思渾天則爲太玄經以衍數它如訓纂之作州箴之作博物洽聞其言有補於世則其造詣之深可知矣至於信在黄宫靈根内美之測乃其地位所至桓譚謂文義至深而論不詭於聖人此漢儒中必以爲賢也與大毛公之爲詩傳也明四始以正經本分小序以冠篇端析義也精河間獻王取之而晁氏稱其密措辭也簡劉孝孫則之而李邦直贊其深源流於子夏仲梁子最爲授受之正考証於先秦古文多合盡洗三氏之非嘗觀漢藝文成載諸儒解經有五字用三萬言者其漫漶若爾故程子曰漢儒談經不知要唯大毛公有儒者氣象又曰毛萇最得聖賢之意得非因其訓詁而覘其造詣乎夫然以漢世經學之專如彼而氣象之近儒者僅僅若此則其人之不足取者多矣體道豈易耶抑程子有取於三子之言矣復曰三子初不及此有取於三子之行矣而乃曰近似是皆猶有所未滿者無亦抗道之大高而責人之甚備與蓋有説矣儒者於道求以明諸心故學不可不好也博依之以貫其類深思之以凝其精厚積之以俟於化庶道之能明耳三子言之宜所造之及此矣而程子不許者則以杜之博依徒牽通乎義數管之精思亦役志於權謀荀之真積又徇心於執見蓋其言雖是而所以從事則與道固遠耳儒者於道求以體諸身故行不可不力也道德求其和順焉理義求其浹洽焉涵養求其深沉焉庶道之能行焉耳三子行之即名之曰儒亦奚不可而程子靳之者則以董之經術正矣而有陰陽之溺揚之構擬深矣而失節義之經毛之釋義精矣而又無可見之行蓋其質雖美而終身所至尚未得所安耳學者誠能循三子之言而得其學之所發端由三子之造而進於學之所極致則道德性命之奥天地萬物之理皆將一以貫之而所謂魯國之儒一人者固吾師也於六子何有哉不然馳騁口耳博學爲務外耳子張氏之賤儒也拘牽儀度篤行爲徇迹耳子夏氏之賤儒也豈程子示人爲己意耶謹對

第四問

高文炳

同考試官教諭魯批（當天下難處事而能臨機决策足以定國是而銷奸萌則踔識神敏英斷三者缺一不可是作根極理學敷析詳明精練之才弘濟之猷可具見録之）

同考試官進士邵批（士君子於古人行事妙處當設身處地然後智慮精明臨事亦可比迹往哲此作以六子所處探究本原歸之識與敏斷而度勢觀變審幾尤盡事情曲折至末二喻且親切確當可以觀子之才誠過人遠矣大受之器非子具誰敬服敬服）

考試官右中允張批（察微應卒古人識度有不可測者子能抵掌談之亦負奇之士哉）

考試官右諭德丁批（古人善處大事類非後人所及子能一一言之是可大受者敬服敬服）

君子之於天下也以審勢者尚其識以應變者尚其敏以裁幾者尚其斷何則天下之事其成敗相峙輕重之懸於低昂者所謂勢也其情僞相感利害之判於呼吸者所謂變也其愛惡相攻是非之淆於糾結者所謂幾也所貴於識者非挾數用術之爲也所以審此勢者也所貴於敏者非逆詐億不信之爲也所以應此變者也所貴於斷者非夬履決裂之爲也所以裁此幾者也具此三者而天下無難處之事矣古之人所以大過人者不以是哉明問及此固愚生就正之地也敢不尋繹以對人之言曰我善論事不知論事非難處事爲難也人之言曰我善處事不知處事固難處危疑反側之事尤難也何也事無常形難以一執以成敗言有垂成而敗者有因敗爲功者有不密害成者有敬慎不敗者其勢不可常也以利害言有似利而實害者有不以利爲利者有利害相當者有利多害少者其變不可窮也以是非言有人以爲是而已爲非者有人以爲非而已以爲是者有是而疑於非非而疑於是者其幾不可測也是皆不可以不察也嗚呼非有過人之識先覺之敏毅然之斷其孰能善處哉愚嘗上下古今得聞其概矣漢室之初諸侯强大緩之則相習驕奢易爲淫亂急之則阻强合從以逆京師天下之憂未有大於此者也時有建分王子弟之說而致諸侯尋弱如主父偃者是説也一以宣仁孝之道一以銷逆節之萌所謂不動聲色而措漢室於泰山之安者偃之力居多矣吾不謂習縱横之術如偃者其謀及此也或者曰偃之策賈誼先發之矣豈智謀之士所見略同耶唐季之衰節鎮跋扈無事則擁重柄以輕朝廷有事則倚强藩而挾天子天下之患未有大於此者也後有建收兵制賦之計而致節鎮遂銷如趙普者是計也一以全君臣之恩一以息兵革之禍所謂不動聲色而措天下於泰山之安者普之謀誠善矣吾不謂多智之學究如普者其計出此也或者曰普之策烏重胤先發之矣豈獨見之言有所偶合耶乃若德宗之世藩鎮拒命鋭意除之諸鎮憚其威嚴矣時淄青節度李正已者表獻錢三十萬此以辭受嘗朝廷也德宗欲

受則恐爲所欺却之則逆其來意此國是之難斷者時相崔祐甫處之請遣使就當淄青將士因以正己獻錢頒之蓋使人人戴上恩且知朝廷不重貨財也嗚呼既以施不費之惠又以彰主上之廉若文貞者知微知彰真經國之相也卒之正已大慚不有自乎真宗之時契丹既和西夏納欵朝廷方許其歸順矣乃因國饑爲辭乞糧百萬此以與否覘宋也蓋不與則失乎恤灾之義與之則有示弱之嫌此亦國是之難斷者時相王旦處之請具糧京師詔彼自取蓋西夏去汴懸隔自取則得不償失也嗚呼既以示柔遠之仁又以全居重之體若文正者知柔知剛真謀國之相也致稱朝廷有人不其然乎至於元昊復叛再請尋盟於時以書通朝廷者則貴臣野利也朝廷復書議所以稱野利者皆曰利昊之貴臣也可尊以太尉夫發言盈庭實見得是者鮮第獨龎莊敏争之曰太尉國之三公待陪臣以此過也今得來書自稱寧令此其國之官稱也依此稱之足矣夫倉卒數言國是攸定若莊敏者善謀善斷可與執拗者并談與紹興之際宋室偏安於時以重兵守淮者韓世忠也世忠以所部兵少乞摘張俊部趙密一將爲助時俊疑世忠吞已也拒命不分夫挾權相疑欲服其心難矣時趙忠簡處之乃撥御前楊沂中一將以益世忠之寡而抽趙密入衛以裒俊之多俊始無辭夫呼吸應變張翕若神如忠簡者不吐不茹可與拘曲者并論與之數君子者或能銷禍亂於奸雄睥睨之秋或能定謀議於反側危疑之際或能决幾微於造次指顧之時超然遠覽謂之曰識可也卓然先覺謂之曰敏可也確然自信謂之曰斷可也要皆所謂社稷之臣也不然使漢于諸侯也以割削爲辭則七國之難作矣宋于節鎮也以征討爲尚□王大之逆滋矣獻錢或受或不受則朝廷可得而嘗矣乞粟或與或不與則宋可得而覘矣名器假人則貴臣獲尊稱矣參伍不設則驁將將有辭矣而國事何所賴哉甚矣社稷之臣不多見也後之臨事者吾惑焉有闇於大計懵於低昂眩於名實以國事聽之天者有利害兩端是非首鼠終始因仍幸一時國事之安者有自私用智違衆拂經膠柱是非執中而無權者夫以國事聽之天者所處置者也幸一時之安者苟於處置者也執中而無權者强於處置者也無所處置則存亡立判矣可謂識與苟於處置則昧於知變矣可謂敏與强於處置則不免遺禍矣可謂斷與如是而天下之大事去矣此豈愛國者之所忍爲哉甚矣處事之難也抑人有稱物者物始過衡則亟反之故權得無墮而衡得無殆苟泄泄然徐而圖之是以卒致墮權而殆衡天下之事猶是也又人有理身者或告之曰爾元憊矣爾氣衰矣毋勞爾形毋摇爾精可以全生其人不怒則指以爲妄及一旦百疾暴發扁鵲望之驚走矣天下之事猶是也是以貴識貴敏貴斷也故曰以

審勢者尚其識識不至事必無賴矣以應變者尚其敏敏不至事必無賴矣以裁幾者尚其斷斷不至事必無賴矣嗚呼職偃如普如祐甫如□如□始籍如鼎此六君子者由此其選與愚生論世之餘敬繹所聞如此若曰大受則非承學所敢及也謹對

第五問

楊譽

同考試官知縣陳批（經費不給司農告匱當時之急務也場中多勦陳言未聞至計子欲節其流以紓目前之急欲定其制以善久遠之規是誠醫之既治其標又理其本也寧非天下之至計耶宜録之以式多士）

考試官右中允張批（司農困于餉邊邊備給斯邦計可裕也子能指陳弊源且欲復屯鹽爲經久計其識時務者與）

考試官右諭德丁批（財計一策場中士子率勦陳言殊無足觀子獨能根極弊源敷陳至計可以經生目之耶亟取之）

執事以經費不給司農告匱而欲諸生根極弊原敷陳可久之道此國家之大計廟堂所孜孜日夜而求者蓋非一日矣曩者黠虜瞷邊吏之不戒闖我近郊中外大恐於是握鈐者委於力之不敵徵各邊披擊入衛且廣募材勇爲新兵歳增度支費數十萬計先是各邊以烽警之不時屯鹽利失無以自資給往往祈助内帑度支業已病矣謀偵之不得也及是則更浩衍遂大困計臣謀士思爲國家建長久之策聚首而談持籌而晝内之所訏謨條議外之所建置興革汰冗員節浮費廣開納括贖金督逋負細至驛遞曆紙靡不徵佔内輸可謂極矣然所入終不當所出恃以應目前急者先歳羡餘耳今則帑蓄既竭雖欲爲目前計將不可得此固執事者之所不能釋慮與且匹夫而有千金之産則必計租田緡息所收爲俯仰衣食奉務使所入常贏則雖有意外之虞非時之費不爲所困矣其次計歳所收以爲費而無餘居常亦足以自支不可以待變又其下入廉而費侈則産必日耗矣蓋蘇子謂爲國有三計王制所稱三十年之通制國用可以九年幾饑歳入足用而有餘九年之蓄常閒而無用者萬世之計也一歳天下之産僅供一歳之用一時之計也量出以爲入用之不給取之益多天下晏然而盡用衰世苟且之法不終月之計也夫以天下之大九州之富而至爲不然月之計豈謀國者之長算哉然而萬世□計不可以歳月建也而經用則度一日□可缺者是以自虜犯近圻以來謀國者□嘗三致意矣而議論滋多經制卒不能以時定夫豈不遠觀詳度爲國家深長

思哉目前之急無計以紓之而欲微效數年之外固不能待也然則當今之計必何如而後可耶夫醫師之攻疾急則治標緩則治本非其本之可後也救急當然耳標證去則本可得而理矣今度支之經費不啻急矣欲以紓目前則不可無治標之方欲以謀久遠則不可不求治本之要規制定則財用可以次第而理矣夫所謂治標者何也血氣之不調也邪攻之財用之不節也弊蠹之審受病之因然後治療之術不悖未有不得其因而善其治者也財用之在天下有生出之原有制用之節失其原當求所以生之失其節當求所以制之今天下財賦自漕運外其銀輸大倉庫領於度支之經費者歲入一百一十六萬有奇而各轉運司餘鹽課銀一百三萬有奇數止此矣九邊主客兵餽餉歲爲銀二百三十六萬有奇内府之供應官員之俸給京衛兵馬之布花芻菽歲爲銀一百三十五萬有奇一歲所出浮於人數一百五十餘萬而一切取民之道亦既搜括詳盡不可復加矣治標之術惟有節其流已耳節之何如曰上供所須固不可缺矣宫府一體其諸監局之濫役無名之冒破可革也官員俸給固不可缺矣職以事列額外之剩員錦衣之帶俸可汰也芻菽歲供固不可缺矣而主守之侵冒奸詭之虛出可核也聖天子躬履節儉諸秕政冗役裁停略盡誠於是三者斷而行之其所省當不啻十之五矣然其費鉅而用急者又特在邊餉夫舉天下歲入以供邊不敷十一故邊餉當議九邊歲餉二百三十餘萬而宣大薊鎮居其三之二故三鎮尤當議三鎮歲餉一百五十餘萬而薊居其二之一故薊鎮尤當議夫發内帑濟邊蓋昉於正統丁卯於時運遼東銀十萬宣大十五萬耳正德間王文恪建議已謂國家邊費最大歲用銀至四五十萬欲以省之矣而豈知今日之至此極耶蓋宣大歲額之增在嘉靖辛丑壬寅時薊鎮則以庚戌始皆以黠虜匪茹創巨痛深思一振厲興起之故不惜經費爲促辦計迨後遂沿以爲常鎮饋輸稍後時則邊臣執左券索負故以天下之力困於此三鎮耳夫以周之盛而獫狁侵鎬及方以唐太宗之威略而突厥内訌至便橋始退中國與北狄鄰時遭其侵掠常爾往者中國習於久安忽睹狂虜飈發遠邇惴攝若毒蛟獰獸不可嚮禦帥閫不逞之臣因張聲勢内喝厚集廣募徼幸一旦無事遂使延固遼左萬裡之兵疲於奔命内帑數世之積□於轉輸厲階爲梗至貽今日不可支之憂而猶不思所以變通將安所稅駕耶夫虜雖無歲不犯中國然每犯必易其地自庚戌犯薊以來率數歲而一至而我之調遣征發恐恐然常若虜至者則終歲無閑時此以主爲客變逸爲勞術也兵家之所禁也矧始之微客兵以土兵未練耳期月可責效者無已則如孔子所謂七年即戎乎今日二十年而客兵之入衛者猶昔則所謂練兵者豈皆虛言耶

夫使對疆之臣不以實心徇國家之急豈惟土兵難恃將雖厚集客兵亦且無益即往事可睹明效矣今欲爲經久計則務在破拘攣之見信必至之畫而求可成之功凡諸遠鎮客兵盡罷不徵而令近鎮選集武勇屯境上待命凡虜大舉非□□而至也蓋必有先聲焉聞警宣大兵□□居庸入遼東兵自山海入必不後虜矣要在間諜明而傳召速耳矧漁陽突騎古稱雄鷙果練習有方亦何至全恃客兵者如此則司農費必大省况歲額之增或以資召募或以備械器或以供興事不常之用司農按籍而核之諸勿使罷於額焉至於修邊之費既告成績矣即每歲不無補緝要於始事有間亦須定爲制額歲循爲度推而之宣大亦然核其歲額之所增而汰其費之尤無經者又推而之各邊亦然核其歲額之所增而汰其費之尤無經者則歲入雖無贏當必不窘於應矣目前之急既紓又當立經制以圖久遠蓋標證既除復須理其本耳治本亦豈有异道乎不過復國初各邊所以自贍之法耳法安在曰屯田曰鹽法此二策者夫孰不言之而卒不能立者非其法之果難行行之者不得其方耳夫法惟宜於人情斯法立而可久而修復久廢之政者又貴不泥其迹各邊自邇年武事不競居民益稀有可溝洫播殖之地而鞠爲榛莽者彌望也軍民非不欲得而田之然畏虜之蹂躪不敢今誠相度地勢爲對畛砦壁使之遠近聯絡足以相倚助募民任力穡者賦田一區蠲其租入三年而後收之輕其課與民田此則人必樂從人樂從則塞下之粟必多粟多則官必收其利矣此與清原屯之田先構恐嫌按籍而授之屯卒以强其力作者不可同日語矣至於鹽法之斁則由昔之見小利者爲重估以困商而餘鹽之開納於運司者又安坐而享厚利自是商之挾厚貲者不復出塞不惟飛輓利失而邊民衣食之具仰給於中國者益窘於求故内帑之鏹愈出而邊塞愈急者率數金不獲一金用耳屯田既復本色且易得又輕其估以召之利之所在宜必有應者俟法漸疏暢并以餘鹽開之邊令引納倍粟運司給鹽如之使商不由邊開中者無所牟利則益争赴塞下商通則百貨集邊人益所取饒而仰於内者輕則内帑之財益可以省出而歲有餘歲歲而積之則王制所謂九年之蓄漢文景粟陳貫朽之盛可馴致矣此固萬世之計所謂良醫之治本者也執事念財用之急俾諸生勿勦陳説欲聞至計而愚生之所復者卒莫能奇蓋揆之時勢酌之情法不過如此若夫桑孔牢盆均輸之法王安石吕惠卿青苗免役之令乃市賈之魁駔儈之術耳縉紳先生羞稱之亦何暇摧其利病而較其短長哉

順天府鄉試後序

皇上膺曆紀元之秋天下當復賓興士于鄉臣士美臣四維奉欽命典順天府試事事竣録成臣四維謹申言于末簡曰自古治道隆污微諸人材而人材盛衰關乎士習士習不可不慎也先王知其然乃設庠序以教于鄉建頖宮辟廱以教於國陳其德行道藝之目立爲訓迪庸威之節以明示好惡俾士童而習焉長而安焉不見异物而遷焉是以化行俗美賢才衆而邦家昌也我太祖皇帝經始鴻業方環甲四征即建大學京師崇首善迨即位二年而天下之郡縣有學矣八年而天下郡縣之鄉社有之矣其教士一以孔氏之道六經之文而訓義一以程朱爲正其制舉一以經義論策而詞賦雜科不與焉蓋自成周而後道術純白品式詳備無如我朝者昔漢承秦滅學之餘師异教人异習董仲舒啓武帝表章六經尊信孔子而漢儒經義遂稱於世顧其專門世業雖與聖道頗有發明而未能通貫本原演暢義類唐復崇尚詞學塗益塞迨宋程朱諸儒出而後孔道粲然矣乃世主所以建學造士者復不由此若是乎道之難明而習之難正也今士幸生文明之時奉皇極之訓自垂髫游鄉校迨於成人形于目聲于耳何莫非孔氏之言程朱之義也故時之衍仁義辨王霸原道德敷功業有馬鄭諸儒終身不及知者而佔畢小子能言之豈其智慮懸殊哉道之隱顯异也明興于兹二百年矣方内乂寧聲教四暨洊古一統之盛治平之久無如今日者豈非士習正而治道有攸賴耶乃邇者經術稍漓訛言競熾始于□二材辯之士沉酣張陸之説欲以混同儒釋高自標致人情厭常惡檢靡然從之雖道體如日中天無損浮翳第恐作心害政爲士習世道病不淺耳兹諸士抱藝而來有由鄉學游郡邑學者亦有游國學者觀其言雖人自爲談大要不詭于孔氏守程朱正訓將其心之不見异間遷耶抑真見其然雖有异間不爲所惑耶果爾則甚善矣如其多歧迷適飾言非心諸所云云姑求不失有司之尺寸已爾即此念已不可與適道不可與事君矣多士慎之哉誠僞之辨吾心自明之矣舍邪□□夫豈异術要于其所言□設誠于内而致行之爾臣□侍講幄仰見我皇上留意經術作新化理將以皇極之道敷錫萬方夫龍興雲從聖作物睹多士固豐芑之詒而適舉于是時也异日者樹勛弼化以顯佑表正之烈安知其不在兹乎記曰耆欲將至有開必先天降時雨山川出雲誠動機應有不偶然者多士其思所以自獻成信以彝訓皇極俾正學宣明自畿甸始詩曰思皇多士此王國王國克生維周之楨又曰商邑翼翼四方之極臣爲都人士願之

右春坊右中允兼翰林院編修張四維謹序

隆慶四年順天府鄉試録

順天府鄉試録序

隆慶庚午秋八月順天當鄉試府臣以考試官請上命右諭德臣士美修撰臣時行往典厥事臣士美方供事講幄自惟章句賤流無裨聖學誠蚤夜祇惕乃兹復叨任使又惟先是丁卯嘗濫竽斯役今再承寵命深懼闇劣無能甄拔愈惴惴不能勝因是心自盟曰所不惟至公至慎顓精翕慮以圖報塞者非夫也乃以七日壬寅陛辭入院偕同事諸臣首以所自盟心者道語之胥戒胥飭而後從事於是進提學御史臣李輔所選士暨諸曹六館所選士凡四千一百有奇三試之遵宸斷增額取中式者一百五十人又以所拔優者文二十篇稍加删潤爲録獻焉欽成命也臣士美拜手稽首序諸簡端臣聞古昔帝王之興道致治也未始不以得賢爲急務其取賢斂才也亦未始不以敷求爲先圖□子之稱才難有曰唐虞之際于周爲盛夫五臣之熙載九人之造周後世誠莫比其隆矣然在堯舜則明揚側陋詢岳咨牧嘉言罔伏野無遺賢在文武則克知三宅灼見三俊譽髦作人修廢舉逸所以旁求者恒矻矻也得人之盛良有自哉洪惟我國家養士於學校羅才於科目道本唐虞法鑒周室每三歲大比士鄉各舉之以爲常聖聖相承率由兹典□□年來耆卿碩輔胥此途出後先相望比於虞周固已無遜也仰惟皇上以神聖之資撫明昌之運厲精化理寤寐才賢踐阼以來廣進士之額矣增吉士之選矣間因言者請詔許天下郡縣學校拔廪生優异者各一人升于國學今濟濟賢闕皆若人也邇又特允儒臣之議詔兩京科額各增十之一焉此希曠之典世所罕遘者我皇上側席之懷視堯舜文武又奚异哉矧京邑四方之極首善之地被化特先思皇多士之趨闕下而欲獻其辭説者不啻雲蒸霧集然當必有奇偉卓犖之士應期而興以奉揚聖天子中興之烈也矣臣再承乏縱觀多士之文類能闡明六籍之微總萃百家之指剖析群言之似敷□□世之宜乃與同事者品□之曰某卷其言藹如所謂仁義之人也某卷辭旨豐美所謂得中和之氣者也某卷文詞温雅所謂别見孝弟之性者也已而沾沾喜曰藹藹兹多士乎誠元凱宅

俊之流亞也比于往昔所謂月异而歲不同矣自是維君子使庶幾媚于天子哉時同事者曰吾儕所校者藝耳未觀其行焉能信之即若所云得無論篤是與乎臣應之曰不然夫虞廷官人其惟敷奏周室興賢厥有言揚因言以知人也久矣而奚疑耶昔宋儒朱熹嘗推易以觀天下之人曰凡陽必剛剛必明明則易知凡陰必柔柔必暗暗則難測故光明正大疏暢洞達無纖芥可疑者必君子也其依阿淟涊回互隱伏閃倏狡獪不可方物者必小人也臣謂文辭之發也亦然取以校士又安能瘦哉然臣於今兹猶有所厚望焉夫多士皆先皇豐芑之詒也際主上敷求之會行將漸鴻振鷺于帝庭矣其感恩思報以求無負明時也宜何如用情耶必將有趾美皋夔追踪旦奭者焉寧俾元凱宅俊專美有前哉此臣愚以人事君之意亦皇上增額之至意也多士勖諸是役也同考則進士臣希夔臣拱宸臣致中臣汝匯學正臣邦寵教諭臣邦基臣邦奇臣一岳臣一位臣起鳳臣浚提調則府尹臣永禄府丞臣纁監試則御史臣丕揚臣宗載其防檢於外則御史臣葉夢熊臣王應吉視昔加嚴已其諸執事皆慎選以充者例得書之左方云

奉訓大夫右春坊右諭德兼翰林院侍讀丁士美謹序

隆慶四年順天府鄉試

提調官

通議大夫順天府府尹栗永禄（士學山西長治縣人　甲辰進士）

中順大夫順天府府丞宋纁（伯敬河南商丘縣人　己未進士）

考試官

奉訓大夫右春坊右諭德兼翰林院侍讀丁士美（邦彦直隸清河縣人　己未進士）

翰林院修撰儒林郎申時行（汝默直隸吴縣籍長洲縣人　壬戌進士）

同考試官

吏部辦事進士霍希夔（虞卿山西應州籍臨汾縣人　戊辰進士）

吏部辦事進士錢拱宸（恭卿浙江烏程縣人　戊辰進士）

吏部辦事進士劉致中（位夫河南延津縣人　戊辰進士）

吏部辦事進士孫汝匯（仲遷浙江餘姚縣人　戊辰進士）

山西平陽府絳州儒學學正段邦寵（汝錫陝西朝邑縣人　壬子貢士）

直隸鳳陽府蒙城縣儒學教諭鄧邦基（靖卿廣東徐聞縣人　辛酉貢士）

山東萊州府膠州即墨縣儒學教諭李邦奇（正甫廣西慶遠衛官籍宜山縣　辛酉貢士）

河南開封府許州襄城縣儒學教諭王一岳（鎮甫福建連江線人　戊午貢士）

河南彰德府臨漳縣儒學教諭侯一位（制卿陝西長安縣人　戊午貢士）

湖廣荊州府江陵縣儒學教諭劉起鳳（應明四川瀘州人　辛酉貢士）

陝西延安府鄜州洛川縣儒學教諭楊浚（伯深四川南充縣人　甲子貢士）

監試官

文林郎浙江道監察御史孫丕楊（叔孝陝西富平縣人　丙辰進士）

文林郎廣西道監察御史王宗載（時厚湖廣京山縣人　壬戌進士）

印卷官

順天府治中張德恭（子安河南光山縣人　己未進士）

直隸河間府推官馬應夢（仕徵山東曹州人　乙丑進士）

收掌試卷官

直隸真定府井陘縣知縣鍾遐齡（子宜應天府溧陽縣人　戊辰進士）

受卷管

直隸保定府推官蔣希孔（以中山東滋陽縣人　戊辰進士）

直隸真定府推官張堯年（長卿浙江餘姚縣人　戊辰進士）

彌封官

直隸河南間府任丘縣知縣胡峻德（明卿河南光州人　戊辰進士）

順天府固安縣知縣馮子履（禮甫遼東廣寧左衛籍山東臨朐縣人　戊辰進士）

謄録官

順天府薊州遵化縣知縣王宣化（用賢山東淄川縣人　戊辰進士）

直隸真定府真定縣知縣郝維喬（子遷河南扶溝縣人　戊辰進士）

對讀官

直隸保定府蠡县知縣劉伯縉（薦卿山東歷城縣人　戊辰進士）

順天府通州寶坻縣知縣劉不息（體道山東滋陽縣人　戊辰進士）

巡綽官

濟南衛指揮使馬尚文（信夫山西懷仁縣人）

直隷六安衛指揮僉事張有道（汝德鳳陽府泗州人）
臨清衛正千户李鎮（子安大名府南樂縣人）
鳳陽中衛副千户姜棟（子材鳳陽府定遠縣人）

監門官

直隷高郵衛指揮張使篤忠（葵心山東冠縣人）
登州衛副千户盧汝弼（邦輔順天府通州人）

供給官

承直郎順天府通判仇炅（尚絅山西長治縣人　壬戌進士）
承德郎順天府通判江埏（子際浙江仁和縣人　官生）
承務郎順天府推官石應朝（啓忠直隷上海縣人　己酉貢士）
修職佐郎順天府經歷司知事劉之良（從善陜西神木縣人　歲貢）
將仕郎順天府照磨所照磨毛淮（東卿山西渾源州人　歲貢）
順天府照磨所檢校陳守忠（事君直隷蕪湖縣人　儒士）
承德郎順天府大興縣知縣申嘉瑞（叔獻河南葉縣人　丙午貢士）
承事郎順天府宛平縣縣丞董郃（周興陜西隆德縣人　歲貢）
承事郎順天府大興縣縣丞堵倬（明卿直隷宜興縣人　監生）
文林郎順天府大興縣縣丞彭大亨（順甫四川龍安府人　歲貢）
迪功郎順天府宛平縣主簿周時謙（子益湖廣武岡州人　吏員）
順天府涿州判官辛田（汝耕山東武定州人　吏員）
直隷東勝右衛經歷司經歷陳柏（于明福建莆田縣人　吏員）
直隷武清衛經歷司經歷黄槩（世銘廣東揭陽縣人　吏員）
直隷薊州衛經歷司經歷柴藻（君鑑山東章丘縣人　吏員）
直隷定邊衛經歷司經歷曹應山（惟高浙江仁和縣人　吏員）
順天府良鄉縣縣丞毛效廉（子静山東陽信縣人　監生）
順天府霸州大城縣主簿黎伯如（君甫江西新喻縣人　監生）
順天府通州寶坻縣主簿金積（子厚浙江嘉興縣人　吏員）
順天府通州武清縣典史彭時（習之湖廣麻城縣人　吏員）
順天府涿州房山縣典史馬德仁（子實浙江會稽縣人　吏員）
順天府霸州保定縣典史陳繼參（子實浙江仙居縣人　吏員）

第一場

四書

顔淵問仁子曰克己復禮爲仁一日克己復禮天下歸仁焉爲仁由己而由人乎哉顔淵曰請問其目子曰非禮勿視非禮勿聽非禮勿言非禮勿動顔淵曰回雖不敏請事斯語矣　詩曰在彼無惡在此無射庶幾夙夜以求永終譽君子未有不如此而蚤有譽於天下者也　敢問謂浩然之氣曰難言也其爲氣也至大至剛以直養而無害則塞于天地之間其爲氣也也配義與道

易

居貞之吉順以從上也　節以制度不傷財不害民　引而伸之觸類而長之天下之能事畢矣古者包犧氏之王天下也仰則觀象於天俯則觀法於地觀鳥獸之文與地之宜近取諸身遠取諸物於是始作八卦以通神明之德以類萬物之情

書

皋陶拜手稽首颺言曰念哉率作興事慎乃憲欽哉屢省乃成欽哉乃賡載歌曰元首明哉股肱良哉庶事康哉　俾率先王迪我高后以康兆民　不作無益害有益功乃成不貴异物賤用物民乃足　出入自爾師虞庶言同則繹爾有嘉謀嘉猷則入告爾后于内爾乃順之于外曰斯謀斯猷惟我后之德

詩

鳲鳩在桑其子在棘淑人君子其儀不忒其儀不忒正是四國　戎車既駕四牡業業豈敢定居一月三捷詒厥孫謀以燕翼子　既載清酤賚我思成亦有和羹既戒既平鬷假無言時靡有争綏我眉壽黄耇無疆約軝錯衡八鸞鶬鶬以假以享我受命溥將自天降康豐年穰穰來假來饗降福無疆

春秋

春滕侯薛侯來朝（隱公十有一年）齊師宋師曹師次于聶北救邢（僖公元年）仲孫蔑會晋欒黶宋華元衛甯殖曹人莒人邾人滕人薛人圍宋彭城　夏晋韓厥帥師伐鄭仲孫蔑會齊崔杼曹人邾人杞人次于鄫　秋楚公子壬夫帥師侵宋（襄公元年）夏公會齊侯于夾谷公至自夾谷　齊人來歸鄆讙龜陰田（俱定公十年）叔孫州仇帥師墮郈　季孫斯仲孫何忌帥師墮費（俱定公十有一年）

禮記

無曠土無游民食節事時民咸安其居樂事勸功尊君親上然後興學

故樂者天地之命中和之紀人情之所不能免也　博施備物可謂不匱矣

臣下竭力盡能以立功于國君必報之以爵禄故臣下皆務竭力盡能以立功是以國安而君寧禮無答言上之不虚取于下也上必明正道以道民民道之而有功然後取其什一故上用足而下不匱也是以上下和親而不相怨也和寧禮之用也此君臣上下之大義也

第二場

論

人君動必有所畏

詔誥表（内科一道）

擬漢令州郡舉茂材异等詔（元封五年）　擬唐加左僕射房玄齡太子少師誥（貞觀十三年）　擬宋賜輔臣御製承華要略謝表（天禧三年）

判語（五條）

事應奏不奏　市司評物价　不操練軍士　因公擅科斂　造作不如法

第三場

策（五道）

問　書云先王克謹天戒易曰君子以恐懼修省考之洚水儆予桑林責己帝王曷嘗不修德以回天哉洪惟我太祖高皇帝誕膺天命尤嚴天戒當其時求言有詔侍臣省臣有諭所以修德省愆至矣又命儒臣爲存心省躬二録其義何歟逮我世宗肅皇帝應運中興日躋聖敬恒暘則禱恒雨則禱所以感格者亦至矣往聞欽天有頌星變有勑昭回雲漢可得而恭述之歟仰惟皇上天縱仁明厲精國治邇者日食元正致廑諭旨三時不雨上軫聖衷畏天一念質諸皇祖世宗無二致者是宜天休滋至矣然得之四方尚有如堯湯之患焉何歟抑大小臣工未能敷宣德意致然歟豈聖政萬分一猶有所未盡歟諸士幸直言之執事者願有聞也問帝王隆文教以飾太平修武功以遏亂略所繇來遠矣其視學之儀閲兵之法在大戴禮保傅篇及周官大司馬職可覽而鏡也然視學一耳或以釋奠或以養老或以頒樂舞或以簡不率教何若是异歟閲兵有常制矣或言歲三田或言秋冬習五戎射御角力或言三年治兵或言五年大簡豈各有見歟儒者莫不考信于周禮取裁于春秋今周禮固在絶不言視學春秋書大閲而傳以爲譏此何以説也漢唐願治之主間亦慕循其迹

爲史美談乃其治卒不古若其故安在我二祖聖文神武冠德卓蹤干戈未遑而謹臨雍之儀禮樂方興而嚴治兵之法巍乎焕乎無以尚已我皇上益纘述而光大之蓋自紀元之初親幸太學再逾年而大閲營兵文教武功增光前烈宜教化綦隆聲靈赫濯越三代遠甚乃儒效闊疏戎備衰弛議者猶鰓鰓焉豈帝王致治之實别有在歟夫文事武備士之所嘗究心主司者所欲亟聞也願詳言之

問　古者衆建宗藩填撫王室所以固磐石之基爲萬世計也漢初大啓九國周匝三垂遂有末大不制之患及建推恩之策子弟莫不畢王矣乃諸侯無擅命之强大農無詔禄之費其制可得聞歟唐自貞觀中疏蜀王者已降爲公其禄甚簡無庸論已及宋聚族而養之京師宋臣以爲冗費熙寧一詔費遂大省其何術以救弊歟國家稽古定制封建諸王惇叙九族勝衣以上皆仰食縣官恩施甚渥已乃者熙洽既久支庶日蕃視洪武中不啻百倍竭天下之賦以奉之而常不給則禄將安出歟今賦斂非益輕而經費非寡也欲給之禄則國愈病欲議裁損而宗室亦困甚矣其何以兩利而兼濟歟夫莫親于宗藩莫嚴于祖訓計臣謀士蓋日夜籌之而莫得其便矣兹欲善推聖祖之意曲體宗室之情何施而可諸士居常則習諭議兹國事之至大而最急者故相與圖之有可以明親親之殺佐元元之急者毋泛毋諱俟持國論者采焉

問　三代以降名世希踪自漢迄今固有令聞表著望重華夷者試與諸士評之有直諫顯聞强藩爲寢异謀者有義概凛然奸雄卒忤邪心者有單騎□胄能下回紇之拜者有推赤去□□□反側之心者有出領延安夏人相戒然以延州爲意者有入相天子遼人相敕慎勿生事邊陲者有官居鼎鼐北使入朝至勤咨問者有再涖大名虜使往復不敢褻見者之數臣者皆古之所謂傑然者也惟我國朝登延譽望士之乘時崛發者爲不少矣兹未暇僂指也亦有處事變之危疑而能安内籌外者有輔日月于重光而能進賢翼二者有因哈密失守而指授方略西域以寧者有因朝鮮請道而先人伐謀國是以定者有節制貢夷俾戢戢聽命韜斂亏矢者有經理榆林俾虜人囓指相顧不敢鳴鏑者不知於古數臣亦可若是班歟將古今人不相及歟諸生景行前修有年矣請論其世以觀尚友之學問國之大事在祀與戎矧從祀爲祀典之重京營尤戎務之大者可闕而不講哉孔廟從祀之典國家沿襲前代而舉之者也崇德報功禮至隆矣自漢以下代不乏賢而論者紛然至我世宗肅皇帝酌古議禮爰加增定時有撤虚位者有增入祀者有罷從祀者有罷從祀而祀而於其鄉者若無容喙矣邇言者又議舉議復有欲舉當代名臣從祀者何歟乃詔集

群議佺乎有聞卒持之而莫有定何歟至當歸一之論將安在歟國朝京營之制聖祖神謀雄斷而創之者也居重馭輕慮至遠矣顧景泰以來代有改易而初制浸失至我世宗肅皇帝因醜虜犯順聿修戎政乃遵復祖制仍立三大營以神樞易三千之名命大將督之俾卿二協理焉又有副參游佐練勇諸將以分領之諸營奮哨司掖去其瑣列法至詳慎矣邇輔臣又議遵祖制牧兵權以飭戎務何歟近成命已頒而當事諸臣統紀漫無定執何歟轉弱爲强之道果在是歟夫審憲章考制度通儒事也諸士宜有概於中者幸爲我一指陳之

中式舉人一百五十名

第一名　李廷機　福建晋江縣人監生　易
第二名　汪彦冲　直隸歙縣人監生　詩
第三名　王良佑　順天府學附學生　禮記
第四名　張守愚　順天府學生　書
第五名　朱一儒　浙江長興縣人監生　春秋
第六名　王應選　浙江慈谿縣人監生　詩
第七名　袁應祺　直隸興化縣人監生　易
第八名　祝致和　浙江龍游縣人監生　詩
第九名　賈一鶚　霸州學生　書
第十名　姚思義　直隸棗强縣人監生　詩
第十一名　李采蘩　河間府學生　易
第十二名　任天祚　天津衛學生　詩
第十三名　廖道充　四川仁壽縣人監生　書
第十四名　于彦英　固安縣學生　詩
第十五名　陳仕　陝西咸寧縣人監生　禮記
第十六名　鹿久徵　定興縣學生　春秋
第十七名　祁鯤　阜城縣學生　詩
第十八名　郭子章　江西泰和縣人監生　易
第十九名　王三餘　安平縣學生　詩
第二十名　馬之麟　廣平府學生　書
第二十一名　張時迪　福建漳浦縣人監生　詩
第二十二名　宋鳳鳴　任丘縣學生　易

第二十三名　陳情　永年縣學生　詩
第二十四名　陳行簡　浙江烏程縣人監生　書
第二十五名　王芳　廣平府學生　詩
第二十六名　周應中　順天府學附學生　易
第二十七名　姜璧　文安縣學生　禮記
第二十八名　于鳴謙　元城縣學生　詩
第二十九名　趙堂　浙江山陰縣人監生　春秋
第三十名　胡三省　沙河縣學生　書
第三十一名　薛夢雷　福建侯官縣人監生　詩
第三十二名　朱維京　江西萬安縣人監生　易
第三十三名　閻學伊　南和縣學生　詩
第三十四名　曹時聘　贊皇縣學生　易
第三十五名　姜宗望　浙江江山縣人監生　書
第三十六名　常登　廣宗縣學生　詩
第三十七名　樊楠　新城縣學生　易
第三十八名　石麟　陝西褒城縣人監生　詩
第三十九名　馬允登　東光縣學生　書
第四十名　王國珎　順天府學附學生　春秋
第四十一名　蓋國士　永年縣學生　詩
第四十二名　王夢麟　福建閩縣人監生　易
第四十三名　韓魏　東明縣學附學生　詩
第四十四名　劉元震　任丘縣學生　書
第四十五名　季春　順天府學增廣生　易
第四十六名　趙國璧　直隸東明縣人監生　詩
第四十七名　孫鑛　錦衣衛人監生　易
第四十八名　高自治　山西太原衛人監生　禮記
第四十九名　蔣紹魯　清苑縣學生　詩
第五十名　趙承芳　無極縣學生　書
第五十一名　胡科　河南武安縣人監生　詩
第五十二名　袁一翰　廣平府學生　春秋
第五十三名　郭子直　浙江海寧縣人監生　易
第五十四名　白一言　永年縣學附學生　詩

第五十五名　張天德　浙江烏程縣人監生　書
第五十六名　楊文裕　固安縣學生　詩
第五十七名　宋可久　浙江餘姚縣人監生　易
第五十八名　于翰　井陘縣學生　書
第五十九名　徐聯芳　博野縣學生　詩
第六十名　張廷榜　福建龍溪縣人監生　易
第六十一名　郝魯　邯鄲縣學生　詩
第六十二名　楊諤　井陘縣學生　書
第六十三名　李實馨　平山縣學生　春秋
第六十四名　田瑄　福建大田縣人監生　詩
第六十五名　王可　江西上饒縣人監生　書
第六十六名　崔應麒　真定府學生　易
第六十七名　雷孔明　寧晋縣學增廣生　詩
第六十八名　黄應槐　福建歐寧縣人監生　易
第六十九名　張四知　行唐縣學生　禮記
第七十名　岑應春　通州學生　詩
第七十一名　趙南星　高邑縣學生　書
第七十二名　吴道卿　山東平山衛人監生　詩
第七十三名　張所修　灤州學生　易
第七十四名　彭桂　直隸阜城縣人監生　春秋
第七十五名　劉繼志　容城縣學附學生　詩
第七十六名　洪聲遠　順天府學增廣生　書
第七十七名　扈文魁　藁城縣學生　詩
第七十八名　蘇舜臣　福建晋江縣人監生　易
第七十九名　李扶　威縣學增廣生　詩
第八十名　孟秋　山東茌平縣人監生　書
第八十一名　張極　寧晋縣學生　易
第八十二名　錢允元　直隸吴縣人監生　詩
第八十三名　朱國相　大名縣學生　書
第八十四名　趙文炳　任縣學生　詩
第八十五名　湯瑞　江西永豐縣人監生　易
第八十六名　賈西土　真定縣學附學生　春秋

第八十七名　陶性　四川資陽縣人監生　詩
第八十八名　楊光休　東明縣學增廣生　書
第八十九名　茹宗舜　遵化縣學生　詩
第九十名　閻談　山西祁縣人監生　禮記
第九十一名　李檖　長垣縣學生　易
第九十二名　羅以禮　曲周縣學生　詩
第九十三名　袁端化　應天府溧陽縣人監生　書
第九十四名　趙楫　順天府學生　易
第九十五名　邢侗　山東臨邑縣人監生　詩
第九十六名　張開泰　獲鹿縣學增廣生　易
第九十七名　楊應中　固安縣學生　詩
第九十八名　馬循道　鉅鹿縣學生　書
第九十九名　陳朝錠　福建永福縣人監生　春秋
第一百名　邊有猷　河南封丘縣人監生　詩
第一百一名　周定國　東明縣學生　書
第一百二名　李文晰　福建海澄縣人歲貢生　易
第一百三名　張汝賢　順天府學附學生　詩
第一百四名　曲遷喬　山東長山縣人監生　書
第一百五名　任讓　南宫縣學附學生　易
第一百六名　張書紳　柏鄉縣學生　詩
第一百七名　石應岳　福建龍巖縣人監生　易
第一百八名　趙有功　雞澤縣學生　書
第一百九名　朱黄裳　真定府學增廣生　詩
第一百十名　沈弘宗　浙江會稽縣人監生　易
第一百十一名　李承恩　順天府學附學生　禮記
第一百十二名　汪塤　浙江臨安縣人監生　詩
第一百十三名　譚訥　山海衛學生　易
第一百十四名　馮三重　清苑縣學附學生　詩
第一百十五名　吴克勤　真定府學生　春秋
第一百十六名　何居魯　福建晋江縣人監生　易
第一百十七名　郎三策　曲周縣學生　詩
第一百十八名　胡來覲　博野縣學生　書

第一百十九名　韓應奎　永平府學增廣生　易
第一百二十名　賈如式　直隸武强縣人監生　詩
第一百二十一名　王尚中　獻縣學生　書
第一百二十二名　劉順性　東安縣學生　易
第一百二十三名　靳充正　藁城縣學生　詩
第一百二十四名　王三聘　藁城縣學生　易
第一百二十五名　劉應文　東光縣學生　書
第一百二十六名　王鉞　太寧都司學生　詩
第一百二十七名　周國賢　順天府學增廣生　易
第一百二十八名　李盛時　易州學增廣生　詩
第一百二十九名　溥卿　順天府學生　易
第一百三十名　樊尚言　定興縣學增廣生　春秋
第一百三十一名　林守信　順天府學增廣生　詩
第一百三十二名　劉朝儀　真定府學生　易
第一百三十三名　劉止　湖廣咸寧縣人監生　書
第一百三十四名　史秉直　保定府學增廣生　詩
第一百三十五名　傅形　寧津縣學生　易
第一百三十六名　孫奕世　威縣學增廣生　詩
第一百三十七名　張一心　獲鹿縣學增廣生　易
第一百三十八名　劉懷恕　東明縣學生　詩
第一百三十九名　武懋官　錦衣衛人監生　書
第一百四十名　井濟博　文安縣學增廣生　禮記
第一百四十一名　丁士奇　順德府學生　易
第一百四十二名　劉子唯　南宫縣學增廣生　詩
第一百四十三名　史學　遼東都司學生　書
第一百四十四名　吴堯封　河間府學生　詩
第一百四十五名　李尚文　順天府學附學生　易
第一百四十六名　蕭應禎　靜海縣學生　春秋
第一百四十七名　王蔚　真定縣學生　易
第一百四十八名　王之愧　安平縣學生　詩
第一百四十九名　王正蒙　濬縣學生　易
第一百五十名　謝志尹　深州學附學生　詩

第一場

顔淵問仁子曰克己復禮爲仁一日克己復禮天下歸仁焉爲仁由己而由人乎哉顔淵曰請問其目子曰非禮勿視非禮勿聽非禮勿言非禮勿動顔淵曰回雖不敏請事斯語矣

汪彦中

同考試官教諭楊批（意精詞確格正氣雄得孔顔問答之旨宜録）

同考試官教諭侯批（作此長題類多浮華此篇簡易精確義意貫徹文體之正獨見於子宜禄以式時）

同考試官教諭李批（不襲陳言獨出意見可以式矣）

同考試官進士劉批（此題作者多騁浮詞而忽正意惟是作説理詳明造語老健且前後脉絡貫通孔顔授受宛然如見此必心學有得者録之）

考試官修撰申批（説理明盡詞復莊雅）

考試官右諭德丁批（典雅）

大賢問仁備聞約禮之教而以爲己任焉夫約之以禮聖門求仁之要也大賢以爲己任焉其諸語之而不惰哉且夫仁道之全顔淵已悟於心齊之後矣至是而以仁問焉問其所以爲仁也子告之曰仁豈遠乎哉蓋仁非心外物也爲仁者不必求之博也惟克己之私以復乎禮焉則人心日微道心日著而可以爲仁矣是仁也心之所同然也有能一日用其力焉而天下莫不與者亦心之所固有也求之由於己焉而非人所能預者回也爲之其知所自勵乎然理欲之幾回已判於聽受之餘矣至是而直以條目請焉將以知所從事也子又告之曰術豈多乎哉蓋視聽言動之非禮即己也其復禮即仁也惟於非禮勿視勿聽勿言勿動焉則外者不入内者不出而仁在其中矣所謂天下歸仁歸此者也所謂爲仁由己爲此者也回也爲之其殆庶幾乎顔淵承夫子之誘也乃曰回雖不敏請事斯語焉夫不惟曰不敏以示其謙而必曰請事以致其力由是而竭其才焉將欲罷不能也自是而不遠復焉將服膺弗失也吁非善學者其孰能歛於斯哉抑此聖學也孔門傳授心法而淵源於虞廷者也蓋求仁執中無二道也克復精一無二學也勿視聽言動即無稽勿聽弗詢勿庸之謂也孔顔之問答舜禹之授受有异致哉甚矣聖門之學之有本也

詩曰在彼無惡在此無射庶幾夙夜以求永終譽君子未有不如此而蚤有譽於天下者也

李廷機

同考試官教諭王批（以淵邃之識發而爲精粹之詞芟刷蕪繁還歸雅正結歸于神尤見入神之作敬服敬服）

同考試官學正段批（此作發王者得譽意甚明且格調高古足以端士習而還浮雅之風録之）

同考試官進士孫批（造語渾成立意高古其間發揮提點善順題意無不句句自胸中流出者誠足以破塵言而迓古風矣羨之羨之）

考試官修撰申批（明簡可録）

考試官右諭德丁批（俊逸）

中庸申詩言王者必得其名以其盡制也夫王制盡善而令名無窮非幸致也觀于詩不尤信乎中庸名居上不驕之義及此謂夫王者操三重于上而斯民得寡過于下人知王者之有譽矣抑知譽之有自乎詩有之在彼無惡在此無射語令德之咸宜也庶幾夙夜以永終譽語令聞之不已也觀詩則知王者之道矣蓋王者非要譽也由民得寡過而譽歸焉天下非私譽也以惟王盡制而譽隆焉故德備諸己而天地鬼神弗能違則盡美又盡善也而王道所達德音其孔昭矣不如是何以揚赫赫之聲乎法宜于民而前王後聖不能易則可大亦可久也而皇極所敷廣譽由此集矣不如是何以彰明明之聞乎道有垂之萬世而無敝者故言行丕式而名并天壤胥此焉未有述作不無乎明聖而有譽于萬世者也道有放之四海而皆準者故遠近咸孚而聲施華夏胥此焉未有經濟不本乎天人而有譽于當世者也借曰有之豈詩人之旨哉故知詩之所謂終譽則知王者所以有譽而居上不驕由此其選已雖然王道蕩蕩民無能名焉而王者何以有譽哉蓋不可見者制作之神可見者經綸之迹知天知人者神也而三重迹也王者感天下以神而天下囿于其迹雖譽而不知所以爲譽此王道之極也是故堯德

如天而稱之者曰成功文章有以夫敢問何謂浩然之氣曰難言也其爲氣也至大至剛以直養而無害則塞于天地之間其爲氣也配義與道

張守愚

同考試官教諭劉批（浩然之氣原于天地道義之所由出作者類不達

此是作認理精切發揮殆盡是有浩然之氣者允宜高選）

同考試官教諭鄧批（體勢莊嚴詞理融徹可謂度越諸子矣宜録以式）

考試官修撰申批（善發孟子所難言）

考試官右諭德丁批（健暢）

門人以言求氣大賢因示以體用之妙焉甚矣氣之未易名言也觀其體用而所謂浩然者斷可識矣且夫氣之在人擴而充之存乎養神而明之存乎心者也何丑之未足以知此而有何謂浩然之問焉蓋不能得意以忘言欲因言以求氣矣故孟子告之曰夫氣至難言也無已則體段功用乎吾嘗原是氣之所從來則天地將爲昭焉蓋其得發散之氣以有生而含弘不禦固大之至也得專一之氣以有生而嚴毅不撓固剛之至也人惟於其剛大者而直養之無害則大者適得吾體亦將與天地同其大矣剛者不失吾常亦將與天地同其剛矣是身雖藐焉於覆載之内而氣則廓然於俯仰之間其體段有如此者又嘗驗是氣之所凝成則道義所由出焉蓋行而宜之之謂義義根于心非氣則不達也由是而之焉之謂道道率乎性非氣則不行也人能以其剛大者而配合之則有以鼓其推行之通而所以見義比爲者胥此矣有以贊其果决之能而所以聞道必行者胥此矣是氣雖幾微於成性之存而實充周於道義之費其功用有如此者吁語氣者至此謂之知氣矣凡有是氣於我者可不求所以善良之哉雖然此孟子獨得之學也蓋其生世之大敝承道之至衰其屹然獨立於横流者執極而不變用極而不亂焉何莫非剛大之氣之所顯行哉先儒謂孟子知言之要知德之奥非苟知之亦允蹈之嗚呼信矣

易

居貞之吉順以從上也

李廷機

同考試官教諭王批（此題人多語意重復此作詞語精粹義理明切蓋真有得於潔静精微之旨者宜録以式）

同考試官學正段批（任賢養民發明殆盡且理致渾融辭氣莊重易義之絶佳者）

同考試官進士孫批（詞氣典雅理致詳明養賢及民之意發揮殆盡誠深於易者録之）

考試官修撰申批（理明詞暢）

考試官右諭德丁批（精切）

大君者逸於任人者也夫任人則裕大君之宜也六五之養民以之其獲

居貞之吉也固其所哉象傳舉而申之也意謂人君以道濟天下爲極功雖厲精以圖之猶病其施之有未博者頤之六五曰居貞吉焉則是恭默以待治而天下自妙于惠德之孚端拱以宅尊而斯世至底于養恬之域矣果何修而得此哉亦惟其順以從上耳蓋上九有陽剛之德者也六五以柔居尊順而從之蓋知以一人而養天下吾力有所不逮矣上之才足以阜成邦國者也于焉篤孚嘉之道而日隆夫倚毗之誠以美利而利萬民吾養有所不贍矣上之賢足以潤澤生民者也于焉勤晋接之交而益切夫忱恂之念用上以敬下弗計也凡六府之惟修三事之惟和虚己以聽之而已五之所以恭己而成永賴之功者不有以哉以貴而下賤勿恤也凡左右有民宣力四方惟推誠以任之而已五之所以無爲而致容保之治者不有自哉故曰居貞吉也吁若六五者可謂善用其養者歟雖然順從可也一於順從而失人主之柄焉不可也皋陶之告舜曰念哉率作興事慎乃憲欽哉屢省乃成欽哉其意有以識此也是以曰居貞吉又曰不可涉大川嗚呼聖人之慮審矣

古者包犧氏之王天下也仰則觀象於天俯則觀法于地觀鳥獸之文與地之宜近取諸身遠取諸物於是始作八卦以通神明之德以類萬物之情

袁應祺

同考試官教諭王批（説理精明措詞簡切聖人作易之原發揮殆盡后有作者弗可及已録之以式誰曰不宜）

同考試官學正段批（作者類以陰陽消息逐句發揮殊爲可厭惟此不落俗格而辭簡意匝是深於易者）

同考試官進士孫批（詞簡而意無不周句古而理無不徹深得聖人作易之原者宜録以式）

考試官修撰申批（敷闡易義殆盡）

考試官右諭德丁批（峻潔）

聖人觀變以立象而有以談微顯之理焉夫陰陽至變也聖人博觀之以立象而微顯之理焉有不該者哉大傳推聖人立象之原也意謂易之作也其於隆古乎其當包犧氏之繼天立極乎然豈以私智創爲者耶蓋其聖神之縱於天者隨在以察夫陰陽之端睿智之涵於心者遍觀以盡夫消息之變有見於在天成象也仰以觀之而陰陽之經緯者無弗察焉在地效法也俯以觀之而陰陽之森列者無弗察焉鳥獸之文天地之宜莫非易也莫非其所觀也近之一身遠之萬物莫非易也莫非其所取也由是據其俯仰之所察者而洩之

爲奇偶之文即其遠近之所得者而擬之於形容之似則八卦成列而易於是乎作矣是以神明之德若至微而難通者然皆陰陽之理也卦既立矣性命順焉所謂清通而不可象者不其通一而無二哉萬物之情若至賾而難類者然皆陰陽之迹也卦既立矣物宜象焉所謂散殊而不可紀者不其相似而不違哉吁此象之所由立也而制器者尚之歟大哉易也斯其至矣雖然羲皇之易心畫也得意可也泥于象不可也學易者而有得于心焉則八卦未畫而未嘗無也八卦既畫而非始有也通乎神明而不爲深類乎萬物而不爲迹也而先天之易其在是矣噫安得得意忘象者而與之語易哉

書

皋陶拜手稽首颺言曰念哉率作興事慎乃憲欽哉屢省乃成欽哉乃賡載歌曰元首明哉股肱良哉庶事康哉

張守禺

同考試官教諭劉批（發明虞臣賡歌之義雍容條暢非深於養者不能他日攄忠效用必能再續其響取之以式）

同考試官教諭鄧批（融會題意而吐詞春容盛世太和氣象宛然可觀）

考試官修撰申批（得皋陶賡歌意）

考試官右諭德丁批（具見忠愛録之）

大臣儆聖君以君道而發其意于歌焉甚矣君道所係之重也皋陶述以作歌其旨深哉昔皋陶將賡喜起之歌先致責難之意乃拜手稽首颺言曰敕天要矣爲君實難而帝可弗念哉蓋君先而臣從故勸功有道焉必也總其綱維而監于成憲有奮庸以熙帝載也無聰明以亂舊章也立治功而存治體非帝所當敬哉君逸而臣勞故課功有道焉必也察以官成而核其功實三載則考績也四朝則明試也以治法而維治人非帝所當敬哉斯蓋敕天之永圖明君之能事皋陶所欲賡歌者意謂此耳乃賡載歌曰元首明哉股肱良哉庶事康哉蓋以君爲元首股肱胥則效焉庶事胥統宗焉而興事考成既克明矣吾見智臨百官之上而惟臣欽若汝翼汝爲咸奉法而修職也有弗良哉神運萬幾之表而厥績用成惟修惟和蓋綱舉而目張也有弗康哉股肱以元首而良庶事以元首而康焉元首者如之何弗敬念也吁觀皋陶之歌而責難之義可以深長思矣嘗觀之有虞重華濬哲君不明乎俊乂在官臣不良乎庶績咸熙事不康乎乃皋陶矢詩陳謨惓惓諷戒古之大臣憂治世而危明主類如此後有以豐亨豫大之説誤其君者能無愧于皋陶之歌

出入自爾師虞庶言同則繹爾有嘉謀嘉猷則入告爾后于内爾乃順之于外曰斯謀斯猷惟我后之德

貫一鶚

同考試官教諭劉批（經義取善歸善厥旨惟微此作詞暢意備可以觀精於經矣）

同考試官教諭鄧批（人臣事君圖政無以有己是作獨能理會真切深得成王命君陳之旨）

考試官修撰申批（疏暢得旨）

考試官右諭德丁批（精粹之作）

賢王期大臣擇善于人而歸善于君焉夫善公天下者也擇之人而歸諸君圖政事君之道至矣成王命君陳若謂爾之尹兹東郊也以裁庶政以毗一人而可弗由周公之訓乎以圖政言之政由俗革必有廢有興焉兹國論所由定也謀在己而不在人其于政弗克艱矣必廣諏咨之益而致反復之詳問之左右問之國人不敢以自用也及其既協于僉言而後審之于獨見衆之所非思其所爲廢焉衆之所是思其所爲興爲因革弛張求底績于修和爾矣斯則以人之善爲己之善而謀斷其兼資乎是故大臣之圖政也無以有己也以事君言之言以道接必有謀有猷焉兹君德所由成也善稱己而不稱君其爲臣弗克忠矣必效責難之義而攄入告之誠知無不言言無不盡不敢以有隱也然不徒匡救之于中而必將順之于外以此嘉謀爲我后之謀焉以此嘉猷爲我后之猷焉承流宣化期致君于聖明爾矣斯則以己之善爲君之善而忠順其不失乎是故大臣之事君也無以有己也吁慎斯以往而師保之政篤棐之忠無愧周公矣可不謂善由訓哉嗟乎此道不明世之果于自用者不務集衆思以廣忠益甚則侈然自大謂吾君不能蓋純臣之道微矣成王之言其以戒後世乎不然訪落小毖之詩成王之明德遠矣乃欲其臣善則稱君其不啓從諛之漸者幾希故曰非成王意也戒後世也

詩

詒厥孫謀以燕翼子

汪彦冲

同考試官教諭楊批（詞簡意足理致精到發明武王裕后意甚盡可以式矣）

同考試官教諭侯批（發揮詒謀燕翼字字精切句句有法真範世之章

也非邃于詩學者撰不到此）

同考試官教諭李批（詩義類多歸武王能燕其子爲謀之善乃其事之大者不知翼之一字詩人欲子孫敬以承之也此作以執兢敬勝入講得之矣宜録以式）

同考試官進士劉批（認題真切措詞雅健時文中之古調者宜録以式）

考試官修撰申批（詞旨敷暢）

考試官右諭德丁批（莊重）

觀聖君垂裕之遠而所事者大矣甚矣聖王爲萬世計也武之謀及其孫以安其子焉規模亦弘遠哉宜詩人咏其事也蓋曰人君固以光前爲大烈尤以裕後爲遠猷嘗觀遷鎬而知武王之事矣豈爲一時計耶蓋其聖心之規畫欲以植不拔之洪基天造之經綸思以垂無疆之大業其作邑也則前定夫萬世輿圖之固凡周之文孫所以居重馭輕以爲天下觀者自王之建邦啓土有以詒之矣其建學也則豫開夫萬年文教之傳凡周之文孫所以勤學興禮以爲天下先者自王之建國君民有以詒之矣誠如是也而能敬之子復何爲哉吾知慶流于後裔而繼王之體者洪圖自得于親承裕及于後昆而紹王之休者大勛無勞于再集有京師以爲四方之極而皇靈已張王之子惟穆穆焉循其執競無競之家法以垂拱于穆清而已矣寧庸于締造之艱也哉有國學以爲賢士之關而皇風已暢王之子惟翼翼焉持其敬勝義勝之心法以恭己于南面而已矣何事于經營之力也哉吁此固武王之所有事也信乎其克君歟抑嘗觀之郟鄏之鼎成均之制成王周公繼之然後大備毋乃詒謀燕翼之未盡乎噫毋遠天室營于洛邑固武王之志也成王特善繼之耳制禮作樂然後大行周公亦因辟廱之建而潤色之耳吾於是而益知武王豐芑之仁

既載清酤賚我思成亦有和羹既戒既平鬷假無言時靡有争綏我眉壽黄耇無疆約軝錯衡八鸞鶬鶬以假以享我受命溥將自天降康豐年穰穰來假來饗降福無疆

王應選

同考試官教諭楊批（思致温醇修詞雅健宛然湯孫口氣也宜録以式）

同考試官教諭侯批（頌義場中多對待不明文勢紛更此作初以進薦而致壽考繼以得人而妙感格渾然一氣得當時作者之意可式可式）

同考試官教諭李批（以備物致祭推本於得天得人得旨）

同考試官進士劉批（體貼精到而文亦粲然商人祀先之義此作得之矣）

考試官修撰申批（構體整嚴）考試右諭德丁批（文思精密可録）

商人祭而受福一先祜之所遺也夫王者以天下奉其先故禮備而福集也商人行之而不忘先祜有以哉此祀成湯之樂謂夫烈祖之祜之及於今也既開業以定萬世之丕基因肇祀以成一代之盛典自今觀之載我清酤祼將行而□□達焉著存之不忘容聲之若接既賚以思□□及夫羹定於戒平之後而禮嚴於鬷假之時穆然無言秩然無争又何肅敬之至也以一心之精白主嘉薦之令芳則外盡物而内盡志焉是以祝告其孝嘏告其慈而神之綏也有慶眉壽黄耇其永無疆乎然豈子一人之自致哉覲我群后車馬盛而大糦承焉軝衡之盡飾八鸞之和鳴固萃以假饗矣孰知受命既如是其溥將而康年又於是乎迄用四時以和五穀以昌又何順成之極也以上帝之明賜合萬國之懽心則百官備而百物具焉是以假之來假饗之來饗而福之降也無疆人心天命其永有屬乎然則今之祭固所以纘烈祖之緒而今之福又得以承烈祖之休先祜之所施遠矣大抵創業之君皆畏天憂人計安萬世而繼統承祧之主忽焉以爲天人可以長保不知一酤一羹天與之人供之皆烈祖之貽燕其間而未可終恃也故保業在于念祖而宗廟之祭繹思尤切焉言降福而先之以思成商人之意微矣

春秋

齊師宋師曹師次于聶北救邢（僖公元年）

朱一儒

同考試官進士霍批（救邢書次乃責備齊桓之義此作發揮明切是邃于麟經而有得者録之）

考試官修撰申批（就書法立意詞復雅健可録）

考試官右諭德丁批（才思超逸）

伯主恤患而有遺力春秋譏焉此救邢之師當速故緩桓德之所以爲薄也聞之易曰左次無咎蓋聖人之慎用兵也乃春秋於聶北之次何譏乎夫邢以蕞爾之邦而被兵於狄民朝夕急矣使桓而無意於救邢也救而力不足以存邢也聶北之次不次無論也今玆爲邢遏狄實關夷夏盛衰之機而糾宋逹曹又得彼此掎角之助聶北胡爲乎次哉夫倒懸之勢不可以歲月解方張之虜不可以先聲奪桓也强□辦之而智不足以及之非人情也將毋益邢之疾而收之以示恩乎斯則養亂之陰謀其仁不足懷也不然將卑師少猶能止桐丘之奔豈以厚集之旅而不能於一邢哉抑或待狄之敝而乘之以示威乎斯則詭遇之近功其義不足稱也不然孤軍深入猶能獻北戎之凱豈以三國之

衆而不能與一狄哉幸而夷儀播遷桓終得以城邢藉口有如邢不及遷而遂折於狄則聶北之次終於不前而桓之威德亦安所復施也聖人蓋謂兵以救名非左次之時不得與陘亭之役整兵慎戰者比傳曰三國稱師見兵力之有餘也聶北之次譏救邢之不速也得聖人之旨矣難然此春秋罪桓也則城邢何以予桓夫保小寡周道也蠻夷猾夏周禍也天下無王連帥溺其職矣非桓則尊周攘夷誰耶故簡書是從前乎美救邢夷儀是遷後乎美城邢明天下不可無桓也其聖人之微權也夫

仲孫蔑會晋欒黶宋華元衛甯殖曹人莒人邾人滕人薛人圍宋彭城　夏晋韓厥帥師伐鄭仲孫蔑會齊崔杼曹人邾人杞人次于鄫　秋楚公子壬夫帥師侵宋（襄公元年）

鹿久徵

同考試官進士霍批（發出春秋予奪晋楚之微意而規格嚴正詞氣森凜尤不易到取式多士可以協輿論矣）

考試官修撰申批（不煩叙事而衮鉞之義躍然）

考試官右諭德丁批（得謹嚴體）

觀春秋兩予伯討以明大分特削外救以謹大防于以見君臣夷夏之際聖人嚴之故其致意於用兵者如此昔晋悼即位志在諸侯故始而救宋則有彭城之圍繼而伐鄭則有于鄫之次而楚也遂侵宋以救鄭焉其兵争之迹等耳而春秋一予一奪何哉自晋言之君臣天下之大分也魚石以臣叛君而楚鄭又從而助之五大夫之納三百乘之成蓋將傾宗國而蔑之矣釋此不討晋何以駕楚乎幸而悼也既誅其爲亂之人因正其崇亂之黨魚石俘焉徒兵敗焉諸侯之師次于鄫以待命焉内則宋難以定而專土者無所容外則楚勢以孤而助逆者不得逞虞廷五刑之用周官九伐之法蓋庶乎其克舉矣聖人以爲是役也乃翦墓鋤凶之舉而春秋無義戰非所論於此也故特詳之以示予云自楚言之夷夏天下之大防也楚人以夷猾夏而鄭又從而附之懷集矢之私恩弃宗盟之舊好蓋將胥中國而夷之矣坐此見伐楚何辭於救乎夫何共也徒知被患者之可憫不知聲罪者之得宜吕留侵焉犬丘取焉諸侯之師卒釋鄭以自救焉在宋則爲鄭受侮而感非自貽在鄭則德楚益深而交以利合無衣偕作之勤四牡簡書之畏蓋不得而藉口矣聖人以爲是役也乃保奸留慝之師而春秋善救兵非所施之此也故也略之以示譏云嗟乎外寧内憂士燮所懼柯陵尋盟晋岌乎失諸侯矣非悼公孰振之觀其逐不臣者七人任六

官于民譽内治既飭乃勤諸侯服鄭駕楚不亦宜乎鄭黨叛人卒兆子駟之逆是自生亂也故治外者先内正己者正人吁可弗慎哉

禮記

故樂者天地之命中和之紀人情之所不能免也

王良佑

同考試官進士錢批（説理精微措詞典雅深有得於致樂治心之功者宜録以式）

考試官修撰申批（明順可觀）

考試官右諭德丁批（善發難題可取）

記者結言樂之用大而有以管乎情也夫感通莫善于樂也天地中和弗能違矣而人情其可免乎樂記之意謂夫先王作樂以治人也有聲音以廣志意焉有舞蹈以習容止焉而功用之妙可易言哉蓋天地之理界于人而成身成性教所不能周也樂以通達乎神明之德而輔翼乎順正之儀是天地開其原大樂闡其秘真機默喻若或詔之矣樂其天地之命乎中和之體備于人而盡美盡善德所不能兼也樂以養優柔平中之藴而飭温文恭敬之容是中和异其用大樂舉其全條貫兼總若或維之矣樂其中和之紀乎夫天地中和之道皆人情所寓也樂以立其命而握其紀矣則踐形盡性有全功而持情合危之具存焉中正和樂有全體而平情宣化之資在焉以修内則情有所陶鎔而凡性之欲罔不中節養人于善而不流者此也以修外則情有所檢制而凡衆之動罔不得宜約人于正而不過者此也樂其可斯須去乎故曰人情之所不能免也如其可免則命孰施之紀孰定之而情或幾于亂矣先王立爲之方以教人而豈徒耶雖然樂由心生者也人能豫養天命致其中和然後輔之以樂則内外薰蒸而至德成此聖人根之性情以立兩儀育萬物者也不然文采節奏于吾身何預人而不仁如樂何哉是故君子致樂之道尤當求端于心

博施備物可謂不匱矣

陳仕

同考試官進士錢批（博施備物即德爲聖人尊爲天子而宗廟饗之之意是作獨爲得之至發揮不匱處藹然純孝之心溢於言外可愛可傳）

考試官修撰申批（春容有致可式）

考試官右諭德丁批（筆鋒勁健）

記者指尊親之事而著其爲大孝焉夫尊親之至莫大乎以天下享也其

斯爲大孝之實哉是宜記者引言之也意謂人子又無窮之心而恒制於有限之分欲其不匱也難矣其惟天子乎蓋其德教之洋溢以溥之則周於萬姓也而惠其德者胥有以致其方物之陳惠澤之敷施以推之則刑于四海也而濡其化者均有以畢其任土之獻一人之孝享群后之職貢存焉盡天地之所有者莫不咸在也九重之殷薦百辟之祼將寓焉極覆載之所通者莫不畢至也如是非所謂不匱乎蓋用力以爲孝者心固以力而盡也力所不及吾見其匱矣用勞以爲孝者心固以勞而盡也勞所不及吾見其匱矣兹則合四方之貢以寧其神而所以成多儀之享者不阻於心思之未遂萃九州之美以隆其報而所以昭祀事之明者不限於分量之有裁上不愛其德則下不愛其情而致敬發情之誠至是無餘歉也不以天下儉其親而以天下成其享追養繼孝之志至是無遺憾也此之謂不匱此之謂大孝矣吁非天子其孰能致之雖然孝固以備物爲大矣亦不必備物而後爲孝也如必備物而後可以爲孝則孝爲絶德矣故尊爲天子孝也耕于歷山亦孝也使側陋莫揚舜將不得稱終身□乎故曰因心之謂孝

第二場

論

人君動必有所畏

李廷機

同考試官教諭王批（以所畏而説歸于心既得□本原且□□□□□□□□事無遺他日經綸事業諒必有震世而可□□□□□以俟）

同考試官學正段批（發明動畏之義婉曲詳盡而辭更典雅信爲可式）

同考試官進士孫批（議論典雅發揮明盡且以動畏推本於心而其間敘述無不句句切人君身上誠知盛德之本者録之）

考試官修撰申批（發人君制心之敬處意匝語莊而鋪叙有法有養之士也取之）

考試官右諭德丁批（克自抑畏人君之盛德也此作發揮曲盡宜録以式）

人君所以履帝位而不疚者無他焉亦惟其心之純於敬而已矣何則人君之心萬化之樞紐致治之根柢而敬也者又所以管樞紐而植根柢者也人君惟敬以制心則一一則凡衆之動適其宜而天下之理得矣帝王所以成位乎其中者以有此具也非甚盛德其孰能與於斯哉反是則以一人肆於民上而縱其淫逸以弃天地之性天下之大可畏者至矣嗚呼弗畏入畏可不審歟

宋儒范祖禹曰人君動必有所畏盛德也誠知德之言乎請申其説嘗觀天生民而立之君也則必正之以首出庶物之位焉隆之以錦衣玉食之養焉予之以宰制萬物之權焉是故以統馭百官而罔不承式也以臣妾億兆而罔不從乂也以斂財致用而罔不輸貢也以詰奸刑暴而罔不咸服也以平邦國征不庭而罔不震疊也其總攬乾綱役使群動也若執樞以運之惟吾之闔闢弛張而莫敢違也若持衡以平之惟吾之調停均節而莫敢抗也故擬其尊者則曰如天矣語其威者則曰如雷霆矣仰之則如日月敬之則如神明矣何莫非天之所畀哉而世主之自恃其崇高者必曰天生德於予也其如予何哉於是乎有恒舞于宫酣歌于室者有殉于貨色恒于游畋者有侮聖言逆忠直遠耆比頑蹈于夬履之厲者訑訑然曰吾可以優游逸豫而肆志于萬民之上也而曷畏哉自小人之視其崇高而獻諛者亦必曰巍巍乎唯君爲大天下所望而震焉者也是所畏也非畏人者也於是有謂豐亨豫大者有謂世已太平胡爲不樂者有謂天變不足畏人言不足恤者而曷畏哉是皆言乎無所用其畏也而何以曰動必有所畏耶噫爲此説者蓋未知崇高之位庸主之所恃以爲安而盛德之君則視之以爲危也錦衣玉食庸主之所溺以爲豫而盛德之君則懔懔危懼有天下而不與者也蓋嘗蚤夜以思曰天之寵綏我者其責望我者也代理之未盡吾懼焉若之何其不恐而畏耶其心固惕然曰一念不謹似無傷也而四海之憂自我貽焉何可以不畏也一日不謹似無害也而千百年之患自我致焉何可以不畏也故不敢以易心乘之也於是乎有朽索之馭焉有虎尾之履焉有深淵之懼焉不敢以怠心乘之也於是有刀劍户牖之銘焉有几席觴豆之銘焉有鐘鼓鐸鞀之設焉不敢以狎心乘之也於是出入起居之必欽焉發號施令之必減焉侍御僕從之必以正焉不但是也畏其有怠時也於是朝日以祖識乎地德日中以宣序乎民事夕月以糾虔夫天刑日入以監九御史潔奉禘郊之粢盛所以謹其豫怠者無弗至也畏其有怠事也於是在輿有旅賁之規位寧有官師之典倚几有訓誦之諫居寢有暬御之箴臨事有瞽使之道宴居有工師之誦而又女史授環彤管記過所以謹其慆淫者無弗至也畏其有怠幾也於是虞賓在位三恪助祭夏士在庭殷士在廟譽民在甸夷隸在門所以謹其危亡者無弗至也不但已也天灾雖已銷息矣而及爾出往及爾游衍所以敕天命謹時幾者無敢肆也祖烈雖已憲章矣而無作聰明無有辯言所以繼其志述其事者無敢肆也賢才雖已舉用矣而以敬大臣以體群臣所以憂驩兜畏巧言者無敢肆也四海雖已無虞矣而視民如傷顧畏民碞所以憂困窮懷勝予者無敢肆也四夷雖已賓貢矣而不寳遠物不貴异物

所以戒怠荒慎修德者無敢肆也皇皇焉何動而非畏耶是非不知天下之莫予違而可以無忌憚也其心固曰天之所以畀我者非與以可安之地而娱之也誠遺之以至大而投之以至艱也一念肆則動罔弗愆將譴告至焉甚者天禄終焉若之何其不恐而畏耶甚矣盛德之君動必有所畏也稽古在昔德廣運矣而欽若敬授堯之所爲兢兢也德罔愆矣而咨岳咨牧舜之所爲業業也文命敷矣而祗德克艱禹之所爲孜孜也德懋昭矣而不邇不殖湯之所爲慄慄也萬民咸和四海永清治已至矣而不遑暇食敬勝義勝文武之所以翼翼執競也何莫非盛德之至哉然則帝王之所以熙洪號于無窮者固惟一敬以得之者也彼有爲昏迷不恭者怠棄三正者狎侮五常怠荒弗敬者何惑乎安其所危而不自知耶嗚呼克畏則聖弗畏則狂克畏則治弗畏則亂其機如此有天下者曷其奈何弗敬

表

擬宋賜輔臣御製承華要略謝表（天禧三年）

汪彦冲

同考試官教諭楊批（陳謝中叙出訓儲要旨且藻思蔚然詞氣冲然音偶鏗然四六之最工者録之即與宋表并傳可也）

同考試官教諭侯批（表學場中多襲活套最爲厭觀是作述古有規稱頌有稽且對偶鏗鏘義意詳明翼儲箴範莫切於此宜録以式）

同考試官教諭李批（鋪叙精切體裁高古詞藻富麗音律鏗鏘四六之最佳者允宜高選）

同考試官進士劉批（叙事詳而有體敷辭典而且麗四六之工無逾此作矣録之以式）

考試官修撰申批（典重不浮録之）

考試官右諭德丁批（表麗而則可式矣）

天禧三年某月某日伏蒙聖恩賜臣等御製承華要略謹稱謝者伏以春宫毓德丕承萬世之謨天藻敷華昭示一王之法燕翼垂休于胤祚鴻章焕寵于臣鄰道契傳心光生拭目臣某等誠惶誠恐稽首頓首竊以易崇主畅承宗廟社稷之基禮謹訓儲審父子君臣之道惟三王能早諭教故千歲而長治安禹道敬承寔明徵于典則湯刑顧諟猶具訓于風愆載觀周道之隆益備虞庠之法干戈羽籥詩書之詔必時弘璧天球圖訓之陳如在文王謨武王烈瞻啓佑于羹墻召公保太公師儼箴規于几杖乃若起居出入罔有不欽以故恭敬温文其成也懌洽更後代罕襲前聞漢幄横經侈重傳尊師之禮唐宫賜範摭

修身治國之言至乎紫色餘分之朝乃有青宫要紀之輯言無文而不遠刓二三策之僅存書不法以何觀豈萬億年之永鑒自貽哲命允屬熙朝此蓋伏遇天縱神明日新敬德赤文緑字恭膺河洛之符玉振金聲懋建中和之極聖盡倫王盡制誕敷言以錫民親則父尊則君肆受祉而及子乃睠元良之重夙鍾岐嶷之英視膳三朝仁孝方隆于睿德觀書乙夜聰明允愜于宸衷念貽謀之克減則開卷而有益爰及政機之暇載披册府之藏運思陶鈞六籍具陳于掌上游神竹素十行親動于毫端監成憲以無愆次舊聞而弗闕謂主器先于謹習謂務學在于宗經陳道德仁義之微示戒懼謙恭之則若節情養性以修其身及遠佞親賢必□□古奥旨旁敷于論贊微言昭揭于篇章義取承華名標要略明德新民之學皆聚此書守成繼體之君必由斯道匪面命言提其耳在躬行自得于心燦乎雲漢之章較若乾坤之畫貯之中秘絢石渠金匱之編副在東朝聳鶴禁龍樓之範啓書林而遍閱載集儒英宣寵綍以均頒爰及卿士殷鑒永垂于琬琰堯言無布于縉紳芸閣蘭臺特畀崇嚴之籍縹囊綈衺幸窺渾噩之書蓋制作與三代同風且命令爲百官承式臣等職叨輔弼道愧凝承奉清景之皇游同沾湛露睹玉宸之御集如際鈞天豈期晋接之間仍荷涣頒之渥一辭欲贊雕鏤何補于天工什襲而藏珙璧尚傳爲世寶期億載戴吾君之子將終身誦聖人之言伏願帝德益崇人文增賁垂統爲可繼兼作述于聖明建事求多聞念斆學于終始星重暉海重潤邦家延有道之長車同軌書同文寰寓樂無虞之治臣等無任瞻天仰聖激切屏營之至謹奉表稱謝以聞

第三場

策（五道）

第一問

張守愚

同考試官教諭劉批（我皇祖世宗暨我皇上敬天恤灾視古帝王其揆一矣子能敷叙詳悉而忠悃之念藹然詞表敬服敬服）

同考試官教諭鄧批（帝王弭灾之道諸士子類能言之而直陳時政切中化原者僅見此作宜録以獻）

考試官修撰申批（是作闡揚我皇祖世宗及皇上畏天實意融暢條析而推本聖政箴規獨至必忠實士也録之）

考試官右諭德丁批（我皇上畏天一念視我皇祖世宗若合符節然矣子能敷揚其盛篇末條及時政具見忠悃所謂直言極諫之士非子也耶取之）

人君有畏天之心尤貴有應天之政惟應天以政而後天心之仁愛不孤夫遇灾而懼不敢荒寧凛然上帝之臨汝者畏天之心也側身厲行上下交修布德而致之民者應天之政也心以本之政以達之則民心悦而天意得矣昔之顯然而示者不將有其變而無其應哉是道也考諸帝王而不謬質諸祖宗而無疑此我皇上之所當祖述而憲章者也請敬陳之嘗觀書之胤征曰先王克謹天戒易之震曰洊雷震君子以恐懼修省易書所稱皆慎重天戒之意也明此於唐則爲堯之儆予夫帝德廣運嘗得統于天矣又何儆焉而洪水方割固曰儆予夷考其時敷治則以命舜行水則以命禹山澤則以命益稼穡則以命稷司徒則以命契所以交修者未嘗不孜孜也明此於商則爲湯之責已夫懋昭大德天錫勇智矣又奚責焉而大旱致禱固以自責夷考其時則引咎于政之不節民之失職宫室女謁之崇盛苞苴讒夫之肆行且置一德之相鑄莊山之金所以修政者又未嘗不急急也是二聖人者何嘗不修德以回天哉洪惟我太祖高皇帝開天立極受命之初日昃不遑觀其因七政之紊度也則下求言之詔以聞過遇水旱之相仍也則有侍臣省臣之諭以責躬而又命儒臣爲存心省躬二録焉存心録者則紀歴代帝王祭祀之感召祥异者也欲後世之爲君者知灾异爲天心之譴告思所以致感之由求所以消復之道耳省躬録者則紀歴代灾异之應于臣下者也欲後世之爲臣者知灾异爲人事之所致必以君之心爲心以天之變爲畏耳所謂聖有謨訓明徵定保皇祖有焉何莫非應天之道也哉逮我世宗肅皇帝應運中興聖敬日躋欽崇天道觀其因旱暵之太甚則躬祈於上帝而竭祗事之誠因淫雨之害農則遍禱於群神而肅如在之敬又欽天有頌星變有敕焉欽天頌者因甘露之零而製之以賜勛輔講學諸臣者也若曰上荷簡在上荷眷殊也曰寶露降祥湛湛瀼瀼也曰蕩蕩昊慈元樞不息也皆所以答昊恩也星變敕者因妖星之异而灑之以諭文武群臣者也若曰評品之真曰計理之策所以訓冢宰司徒也曰夙夜惟寅曰安内攘外所以訓宗伯司馬也曰欽恤曰節省所以訓司寇司空也曰武事未精曰論敕適已又所以訓武臣諫臣也所謂聖謨洋洋嘉言孔彰世宗有焉何莫非應天之道也哉仰惟我皇上嗣服方新勵精圖治馨香之德既以上聞於天而中和之化又以磅礴于地凡有血氣者皆含哺而游于至治之域翹首以觀太平之象矣乃邇者春正月朔日有食之是固天心之所以仁愛者也乃仰厪諭旨凛數十言致虞於政事之失調惓惓於刑罰之不中所以敬天之怒者何至耶頃三春亢旱入夏不雨亦天心之所以仁愛者也乃上軫聖懷命虔祈禱鞫憲刑牲之并禁禾苗焦稿之是憂所以敬天之渝者何切耶此其畏天一

念遠有以質諸堯湯□□有以契諸皇祖世宗矣是宜灾變之銷息也近者淮徐之水浩浩懷囊荊揚之旱赤地千里灾异日形于奏牘厥咎何繇哉吾意聖德已至而奉承德意者或未之良聖化已熙而敷宣化理者猶未之舉也何也其在三公固曰論道經邦矣果能同心輔政燮調愆伏否耶其在六卿固曰分職率屬矣果能克倡群牧阜成兆民否耶撫臣以通下情也果能體恤民隱不爲越人之視秦人否耶監司以核吏治也果能獨持風裁使饕餮之不爲民蠹否耶守令以寄民命也果能政平訟理如昔人之獨用寬和治去太甚洗冤澤物立決疑獄否耶執事謂大小臣工未能敷宣德意致然不誠然哉乃猶致疑于聖政者此憂治世而危明主牖納約而廣陳言有以知執事爲責難之恭忠愛無已之心也敢爲首鼠之默而不以正對乎愚生則以今日堯湯之患所猶未免者亦應天之政疑有所未盡焉仰惟皇上敬畏崇矣而拒逆忠直尚有如伊訓之所陳者則從諫弗咈猶未之逮也儉德慎矣而形諸詔旨尚有如魯史之求金者則不殖貨利猶未之及也民隱恤矣而列諸章奏尚有如鄭俠之所繪者則遣使賑貸猶未之舉也刑罰清矣而諸州大辟尚有飛六月之霜者則録案聞奏猶未之盡也不然何天心之仁愛竟如是哉雖然有儆予之堯矣亦必有儉勤之禹而後可以底天下於平成有責己之湯矣亦必有一德之尹而後可以致兆民於允殖百官修輔夏后之山川所以寧也庶正鞫哉宣王之旱魃所以息也今之從政者可得泄泄然莫之省憂哉愚生覆幬于堯天之下而鼓舞于鈞天之盛不自知其狂也故肆言至此唯執事不録其罪矜其愚而進教之焉

第二問

朱一儒

同考試官進士霍批（文事武備歸本責實乃當今切要之論子能陳之誠職時務之俊杰也録之）

考試官修撰申批（視學閱兵一代盛典我皇上纘述祖烈而舉行之子能援古證今根究本實具見卓識取之不獨以其文也）

考試官右諭德丁批（文武并用長久之術也我皇上臨幸太學大閱營兵可謂祖述帝王憲章二祖矣子能恭紀其盛末尤惓惓於揆文奮武之實此知本之士也允宜録之）

蓋聞帝王之致治也有崇文之盛節有經武之壯猷是故勸學興禮爲天下先其儀甚設矣而非爲容也治兵習旅討國人而訓之其法甚備矣而非爲夸也本之實心而施之爲實政故能作人勵世建威銷萌陳一代之上儀垂萬

世之良法文教蔚隆武功丕赫良有繇已夫不惟其實而迹是循則視學爲彌文而閲兵爲壯觀豈所語帝王之道哉且視學閲兵之制所從來遠矣大戴禮保傅篇曰帝入東學尚親而貴仁帝入西學尚賢而貴德帝入南學尚齒而貴信帝入北學尚貴而尊爵帝入太學承師而問道言先王視學若斯之勤也而其説尤詳于禮經以釋奠則視學禮不曰祭先師先聖乎以養老則視學禮不曰養老于東序乎以習樂舞則視學禮不曰入學合舞頒學合聲乎以簡不率教則視學禮不曰移之郊遂屏之遠方乎蓋先王非具儀爾也以立教也是故尊聖道以正人心致孝弟以興民行宣布中和以陶鎔其氣質明示彰癉以默奪其非邪俾天下承流聽風修弦誦之業章志貞軌游道德之塗故先王一視學而衆知文教之隆也周官大司馬法曰中春教振旅遂以蒐田中夏教茇舍遂以苗田中秋教治兵遂以獮田中冬教大閲遂以狩田言先王閲兵若斯之嚴也而其説雜見于諸家王制言天子歲三田不曰習民于無事乎月令言秋習五戎冬射御角力不曰講武于農隙乎臧孫言三年治兵不曰數軍實習威儀乎何休言五年大蒐不曰存不忘亡安不忘危乎蓋先王非徒法爾也以修備也是故因田致民以示之期會因獵教戰以習其技能明尊卑先後之列以齊其心定遠近疏數之節以休其力俾有勇知方篤死綏之義安制矜節揚敵愾之威故先王一閲兵而衆知武功之振也由是觀之先王視學之勤是隆文教之實也其閲兵之嚴是振武功之實也經傳之所載不同而義一也乃周禮不言視□□□胥舍菜合舞鼓徵學士固視學事□□之大閲以諸侯僭天子之禮則春秋譏焉故舉其實雖没其名可也是周禮所不詳也循其名而失其實不可也是春秋所不予也昔武王勝殷遏劉耆定厥功矣而干戈載櫜辟雍乃興其詩曰鎬京辟雍皇王烝哉宣王修文武之業周道粲然興焉乃東都行狩大簡師徒其詩曰徒御不驚有聞無聲天下稱武王之烈而頌宣王中興之功者以關雎麟趾之意行周官法度也漢唐願治之主非不慕循其遺迹然實不至而有侈心焉明帝尊養更老袓割辟雍之上禮文焕焉可述而莫能舉三代之隆其所爲教淺也玄宗躬擐戎服講武驪山戈甲耀天地而莫能遏漁陽之鋒其所爲備疏也彼一時所施樹非不震耀國都張皇史册而豈帝王致治之實哉我太祖經始皇業也嘗習師江淮耀兵中原威靈燀達已乃投戈講藝息馬論道孳孳焉觀夫大位甫正即隆釋奠之儀太學告成再舉臨幸之禮非以武功而兼文德者歟我成祖潤色太平也蓋服崇皮弁碑紀視學禮文咸秩矣乃陳師鞠旅校技程良汲汲焉觀夫鳴鑾楊林屢閲于邊境癸卯甲辰載閲于京師非以文事而兼武備者歟至于敦叙彝倫表章經籍制禮作樂重道親

儒則二祖之崇文教皆實政也攘夷安夏掃穴犂庭勝算動若神明經略周乎徼塞則二祖之修武功皆實政也我皇上祖述憲章文武并用自紀元之歲即親幸太學崇祀先師盛臨觀之文秩坐講之禮于時俎豆升馨橋門竦聽究皇義而展帝容隆師道而訓儒術即有聲之詩不足紀其盛矣已又親屈萬乘大閲三營程將卒之能明賞罰之格于時材武雲集號令風馳王驅肅而師律嚴天聲動而士氣作即車攻之雅不足揚其休矣由是以弘宣教術賁飾鴻猷敷暢威靈綏讋遠邇則武宣易爲而漢唐不足齒也然執事猶患儒效濶疏戎備衰弛欲聞致治之實則愚也請畢其説可乎愚聞之戒衆者先鼓作也赴響者急節應也上作而下應是以教喻于不言而威伸于不戰今家塾黨庠塗歌里誦髦士固烝烝衆矣列屯坐食荷戈被甲而趍見爲兵者非少矣主上躬觀辟雍親履行陣而勸率訓厲之意非不切矣然績效罕睹何也夫亦義法雖存而實未至乎且夫肅然而臨儼然而退則是志意不相孚也已行而遂輟乍舉而旋廢則是法不可爲恒也上所督望在彼而下猶因恬塞責于此□是本末相盭也故曰實未至也古之帝王獨運陶鈞之上而衆庶回心端拱深穆之中而方外震懾何哉以實心行實政耳是故視學之儀不可廢矣而户牖箴規羹墻見聖所以重道也廣厦細旃明師勸誦所以崇儒也虚懷側席舉孝興廉所以作人也放黜异端宣明正學所以善世也此揆文之實也大閲之法所必舉矣而握紀執樞臂運指使所以决勝也推轂授鉞拊髀良將所以折衝也令如金石信如四時所以定志也風行霆擊誅賞不測所以厲衆也此奮武之實也由是以庠序之政責之師儒而詳延方正博聞之士充其選焉以營伍之政責之將帥而慎簡熊羆不二心之臣膺其任焉明主責實于上而文武衆吏修實以應之于下則海内章縫之士無有懷道德謀猷之素載贄出者乎甲冑之夫無有抱材智勇略之奇超距作者乎如此而儒效不著戎備不張愚不信也至是則文教武功將方駕武宣而增光二祖矣視學閲兵儀法云乎哉故曰聖王不以名譽加于實效此之謂也謹對

第三問

王良佸

同考試官進士錢批（聞見洽博處置有方真經濟才也）

考試官修撰申批（國事最重且亟者無若宗室是策指陳利害區畫便宜條暢周悉豈留心經濟者耶録之）

考試官右諭德丁批（宗藩一議士子類能言之未有處置得宜鑿鑿可行如此篇者子豈通達國體者耶取之）

執事以宗藩日盛邸禄歲增圖所以明親親之殺而佐元元之急慮至遠也愚生亦深惟其難而竊圖其便矣夫衆建支庶以屏王室大業也食租衣税世世勿絶大恩也載在祖訓畫一而守之久矣今更制易法則有紛亂約束之譏以義斷恩則有別疏骨肉之罪忍而坐視則蠹耗愈甚卒有土崩之憂僅而補緝則苟幸旦夕不救衡决之禍故雖計臣謀士莫爲破盈庭之言而建必然之畫者難之也雖然釋今弗圖則後世之難且十百此矣請試言之漢初諸侯王置吏握兵同制天子其患在强大而不掉自武帝推恩分王則宗室子弟莫不受地矣然王之庶子間爲列侯侯之庶子絶無爵土有去而爲民者有爲民而覆仕于朝者自是而後無諸侯王之患亦無養宗室之費其經制定也唐之末也帝裔王支流播民間其患在離涣而不屬自宋養之京師則五葉之後騷然煩費矣其後辨親疏之等明甄序之法袒免以下不復賜名敦宗之院散居都□□宋雖費于前而大省于後其救弊□□□是言之勢有所必極極則必通恩有所必窮窮則必殺兹非其明效大驗耶高皇帝神武開基忠厚立國故利建宗子以疆本朝明惇睦之誼以先天下然是時宗室之衆無幾可按籍而數也今熙洽二百餘年麟趾瓜瓞綿昌浩衍麗蜀籍者四萬而存者二萬八千伍百有奇以禄計之不下八九百萬設一傳再傳而後其生齒什倍其禄又當什倍此勢之所必極而恩之所必窮也故欲竭天下之賦以奉宗室則國益病裁宗室之禄以紓國計則宗室亦益病何者今賦斂非減而積貯非盈也乃水旱爲灾迄無寧歲諸邊轉餉未見休時財力亦甚詘矣加以宗室之禄日引月長則賦安得不竭而國安得不病語曰附枝大者賊本心此善喻也且宗室至貴倨也又非人人能謀生也今禄既益微罔亦少密業已困矣而有司奉行條例一切以法绳之令揺手觸禁資身無策則安所歸命也蓋宗室亦極病已語曰饑寒切于人之肌膚欲其毋爲奸邪不可得也此非細故也故雖桑孔握籌晁賈挾策而圖今日之敝終不能兩利而兼得矣愚故曰勢之所必極而恩之所必窮胡不引漢唐宋之事以觀之也夫揚湯止沸無益也不如絶薪止火而已子孫而守先人之廬至于棟折榱傾不得不撤而新之爲其將壓也今承祖宗之業視國家之敝不思變通安全之則何异以指撓沸以繩維顛乎愚以爲祖訓至嚴而善推聖祖之意則猶繼述也宗室至親而曲體宗室之情則所以親親也何以言之國初親王歲禄五萬他賜予甚盛不數歲而裁爲萬石又以民貧賦少給代肅諸王僅五百石或千石耳夫莫富于海内莫親于天子之子不加賦而奪之禄者以爲寧儉宗□□□□以耗國計疲民力也祖訓言將軍以下有材能者得改官升轉如銓選法夫既富貴之矣猶不絶其仕進者所以

興其善行而消其怙侈使外有親賢之重而内有亡費之利也然則聖祖之意可推也人情孰不欲生全而惡危亡趨富厚而逃貧困然令予之虚名而奪之實惠則三尺童子不願有矣曩者宗室獻議有請試官自效者有請力田自給者夫田農至拙業也簿書之吏至詘體也猶願爲之彼擁有爵之虚名而弃資生之實惠其情固弗樂也然則宗室之情可察也今欲善推聖祖之意而曲體宗室之情其當議者有三以正倫分則封爵當議以廣德厚則禁例當議以節浮冗則恩數當議何者天下之法未有莫爲之限制而能世世無弊者也古者五世袒免六世而親屬絶至于祖宗之廟猶限之以七世親盡而迭毁今已絶之屬猶儕于五服之親則無等也忍于親盡之祖而不忍于親盡之子孫則舛也誠宜按諸屬籍别其世次而爲之限制如親王世及矣其次封郡王者可限也郡王世襲矣其次對鎮國將軍者可限也諸將軍中尉以嫡相繼矣其一子降封之外可已也奉國中尉一子得襲矣其世世承襲之例可已也大抵以位尊卑爲之多寡以世親疏爲之隆殺其不得封者皆如漢列侯庶子之法則坐食可益省而詔禄可繼此封爵之當議者也古者公族得仕于朝非絶之也庶民之家得占田治生非禁之也今宗室特以例見疑是以賢愚同滯而人無聊生矣夫既限以封爵則絶封之始宜人予之貲賦之間田以爲永業令家自爲養而盡弛出城諸禁其材者得應舉試外官如常法或懼□□□□如蘇轍所謂臨以按察持以寮□□以刑禁使不材者不至害民賢者有以自效顧不可乎此禁例之當議者也且夫禮所以爲節而法所以爲懲今疏庶人有給已猶無罪也已罪黜而猶給之與詔禄無别非所以爲懲也自郡主至鄉君有禄已猶同姓也至諸儀賓得聯姻王室貴重矣其禄不省非所以爲節也愚以爲諸降庶人者宜皆與絶封庶人同法郡主視郡王之限縣主以下視將軍中尉之限禄皆半給餘皆量給婚資則恩澤不至冒濫費必大省此恩數之當議者也如是則可以清蠹耗之原紓待哺之困上無失聖祖之至意而下能通乎宗室之情大較若此矣然愚聞之救弊者必反其始更化者必虞其終今封爵限矣得無有怨望而群譁者乎禁例疏矣得無有恣睢而爲暴者乎恩數節矣得無有顛連而失所者乎則愚又以爲盈縮之議在下而操縱之機在上惟聖天子燭安危之故恢繼述之圖毅然獨斷而力行之示諸王以大義不得不通之法則必有河間東平之賢奉宣德意而深樂其便者何至于群譁有爵者制之于王國絶封者治之以有司何患乎爲暴且齊民非廪于官而固有比于封君者宗室而有永業世世無有所與設天子不忘恩厚舉古賜民粟帛之令以間恤之何憂乎失所較之歲禄不給而群辱有司犯禁而不止救死而不贍者利害

相百也此之不爲而顧彼之久行至于勢不可復反恩無所復施則其害不獨宗室且移之社稷矣故爲之于可爲則易爲之于不可爲則難今天子仁明英斷釐弊剔蠹以興至理賢公卿能矢謨陳力爲國家任大事以圖大功則何有于草野之言哉姑以復明問云爾

第四問

郭子章

同考試官教諭王批（品題古今人物鑿鑿詳確以誠與才立論尤見古今聞望本原觀此作子其名世之英耶）

同考試官學正段批（古今豪杰樹勛揚名誠與才耳是作闡發詳悉且評品低昂洞有的見可以占所養矣）

同考試官進士孫批（古今人物敷對詳明誠與才合尤爲知本且其間條陳叙述俱出入史典子其聞望之表表者歟）

考試官修撰申批（揚搉古今品藻允當而慷慨自許於言外見之必佳士也宜禄）

考試官右諭德丁批（品騭前修析如指掌多識畜德之士也取之）

古今人臣所以繫天下之望者其惟誠與才合乎是故忠信篤敬履正不渝者其誠也訏謀大略應變不窮者其才也惟誠也故能通天下之志惟才也故能成天下之務修此二者而天下之望歸焉矣古之人臣所以垂休光照後世負天下之望而爲之前者此也今之人臣所以享大名顯當世負天下之望而爲之後者亦此也明於此則可以上下前修權衡人物矣粤昔三五之世光岳氣完名世輩出當其時百僚師師百官濟濟不可尚已非無聞望也夫人而有之也譬則繁星麗空孰闕五緯之耀芒哉三代以還醇朴日散名世罕生當其時爲鬼爲蜮澒涊依阿風斯下矣非始有聞望也絶無而僅有也譬則晨星相望嘒然而見者不曰維參與昂哉兹即執事所舉者言之以直諫顯而寢强藩之謀者非汲長孺乎以義概著而忤奸雄之心者非孔文舉乎夫淮南驕蹇逆節之萌非一日也長孺以直言敢諫之氣潜銷其無將倍畔之謀何其偉哉然義形于色不直淮南畏之不冠不見武帝亦憚之矣所謂社稷之臣與曹瞞蓄异雄心之逞亦非一日也文舉以高志直情之風默奪其僭擬無涯之念何其壯哉雖子丕代終之規卒成於身後而老瞞移鼎之迹竟隔于人存也所謂秋霜比質與皆望隆于漢者也單騎免冑下回紇之拜者非郭子儀乎推赤去備安反側之心者非裴中立乎夫吐蕃内寇涇陽被圍王室誠岌岌也單騎免冑若示怯矣卒之氊裘革面能致回紇之拜焉是豈計數所能及哉蓋其忠義

相勉騰茂有年推轂之初人已有失七箸者若子儀者其真神明扶持者與身親監戰淮蔡甫平人心尚洶洶也推心示赤若無備矣卒之蔡人感泣能安反側之心焉是豈權詐所能與哉蓋其以死自誓決策已堅持節之始已有奪其心者若中立者其真至誠動物者與皆望隆於唐者也乃若出領延安而夏人相戒無以延州爲意者范仲淹也入相天子而遼人相敕慎勿生事邊陲者司馬君實也二臣何修而得此耶蓋小范之數萬甲兵西人之喪膽也已已司馬之忠亮夙著夷虜之知慕也尤深否則以爲可取而玩之矣惡能致其戒飭如此哉官居鼎鼐北使至勤咨問者萊公寇準也再莅大名虜使不敢褻見者沂公王曾也而臣何修而得此耶蓋萊公之德望不惟北使知之也而北門鎖鑰自許已高沂公之治政不惟虜使畏之也而正色立朝時倚爲重否則以爲易與而侮之矣惡能致其敬畏如是哉皆望隆于宋者也皆所謂杰然者也何莫而非誠與才合哉惟我國家振起人文登延譽望士之乘時崛發者誠炳炳焉烺烺焉有更僕未易數者至如執事之所舉者愚生常論其世焉昔也先犯順事變危疑矣維時内固京師外籌邊鎮則于肅愍之功爲烈也英皇復辟日月重光矣維時引用忠良奠安國本則李文達之力居多也一則主上推誠大璫敬憚一則密勿帷幄人望如神聞望何隆耶哈密之失守禍變未有已也而指授方略計襲牙蘭非馬端肅之奇策乎朝鮮之請道倉猝至難斷也而力沮其議先人伐謀非劉忠宣之遠猷乎一則威聲大振西域以寧一則防患未然國是以定其聞望何隆耶至若貢夷之驕詐未有能約東之者而戢戢聽命韜弓斂矢何謀以致之耶則以戎政克修嚴爲節制許襄毅得制禦之本耳是以威名遠播□剌輸琛可不謂大略哉榆林之經始未爲重鎮也而嚙指相顧不敢鳴鏑何謀以致之耶則以因戍置伍拓地列屯余肅敏得經略之宜耳是以巨鎮巍然西夷駭愕可不謂膚功哉之六臣者常變雖殊其遭而剛大之操皆足以塞兩間而不禦先後雖异其軌而忠貞之績皆足以關百世而不慚語其剛直謂爲漢之長孺可也而文舉不足言矣語其誠信謂爲唐之汾陽可也而晋公當伯仲矣語其公忠清亮謂爲宋之仲淹宋之君實可也而萊公沂公可方駕矣孰謂古今人不相及哉愚生猶有説焉蓋聞名世之作也參天地之化關盛衰之運其生也有自來其出也有所爲非偶爾也名世者之立朝也舉動足以繫天下之安危謨謀足以繫生民之休戚在朝廷則朝廷重奸邪欺負視之以作止其情在邊疆則邊疆重四夷八蠻窺之以向背其化非齪齪者也然亦莫非誠與才合以爲之本者故漢唐宋諸臣誠與才合是以流徽稱於前代國朝諸臣誠與才合是以樹丰采於當年要之同此心術則同此事功同此事功

則同此殊絶人物固不得而軒輊之也愚惟昔之人猶古之人誠才一也則今之人猶昔之人誠才亦一也今北虜控弦於朔漠南倭弄梃於潢池非細故矣朝廷之上可無文武爲憲之人令聞表著之士立於其間以舒華夏之氣以慴醜虜之心乎天下之大豈無如漢之汲孔唐之裴郭宋之寇范諸人及國朝肅愍文達諸人乎惟當國者審之謹對

第五問

王應選

同考試官教諭楊批（祀典營制議者紛如各持其見此作參考有據折衷切當國是從兹定矣録之不獨以其文也）

同考試官教諭侯批（末問祀典戎制極難條陳獨此作稽考甚明處置有法國之大事詳悉無遺文事武備於子見之宜魁多士）

同考試官教諭李批（條答詳明詞意精切學識不凡至以祀事宗宋濂之議戎事遵我世宗之詔尤爲獨得之見子於文事武備蓋嘗究心者耶取之必有用之才也）

同考試官進士劉批（祀典戎政係國家大事不可不講場中士子類拾陳言殊無定見惟子考稽詳明折衷曲當蓋經濟之長才非騁辭華者比也録之以獻用定國是）

考試官修撰申批（從祀京營議論不一子能折衷群疑歷歷指掌博聞遠識非淺學可到宜録以式）

考試官右諭德丁批（此篇條答祀戎剖析衆言歸于至當末尤惓惓於議禮變法之難蓋老成長慮之士也可以經生目之耶高薦高薦）

執事以從祀之典京營之制下詢承學豈以芻蕘之鄙亦有與聞廟堂之大計者乎愚非其人也夫禮有五經莫重於祭祭之爲義大矣而考訂從祀尤祀典之重者也可輕議哉天生五材誰能去兵兵之爲用大矣而更革營制尤戎務之大者也可輕議哉雖然俎豆之事儒者之所嘗聞軍旅之事有國者之所不廢執事之問不敢虚也請就正焉以從祀言之我太祖之始定天下也首建學校親祠孔子而從祀諸賢則因唐開元之舊焉當其時嘗罷孟子之配享矣而旋議復之嘗因言者之請而黜楊雄矣於董子則進之此從祀之始議也崇德報功真得勵世淑人之機矣時尚倥偬有未暇致詳者自是以來各有論列而議者始紛然焉卒未有折群疑而歸於正者也我世宗肅皇帝際治教之休明也議禮考文特加增定維時撤虚位者一人則申黨是也增入祀者五人則后蒼王通諸人是也罷從祀者一十三人則公伯寮秦冉顔何諸人是也罷

從祀而祀於其鄉者七人則林放蘧瑗鄭衆諸人是也蓋有其舉之而非以尚同也有其廢之而非以立异也禮王百王考諸前而不謬識高千古俟諸後而不惑所謂進退古今世宗以之執事以爲無容喙焉不信然乎邇者建言諸臣又有議舉議復至欲舉當代薛王二臣從祀者則固有説也夫我明興二百餘年弦歌之化達乎遐邇三尺童子皆知誦法孔氏而璧宫之側至今無一人俎豆其間豈所以鼓士氣而彰聖朝棫樸之盛也哉此闡揚潛德固言官之大節也顧今詔集群議且有日矣而應議之臣卒持之而莫有定者蓋緣建言者有見於祀典之不可以或遺而掌禮者有見於祀典之不容以或濫是以心心有主莫之統同耳議禮之家勢則然也何嫌其爲异哉乃若至當歸一之論則誠不必師心以自是而貴于好問以用中焉何也禮以義起不協于義不可以爲禮也禮緣人情不近人情不可以爲禮也夫蘧瑗林放非及門之士也祀瑗於衛祀放於魯於義協矣於情近矣矧先帝嘗正之哉莫敢舉也羅從彦李侗明聖人之道者也登之俎豆列之尸祝於義協矣於情近矣先帝特未之舉耳從祀可也蓋羅李之正學固淵源於伊洛者惡得少其著述而致疑之哉若文清之祀所當先舉者焉何也世代則已遠公論固已著也新建之祀所當徐議者焉何也世代則稍近公論猶未定也蓋後之視王必有如今之視薛者惡得比而同之而概莫之舉哉此議從祀者之大較也以營制言之我高皇之定鼎金陵也於五軍將士始立大小教場以訓練之迨我文皇之考卜燕京也既有五軍營矣又有三千神機二營以附之因稱三大營焉此營制之所自始也神謀睿算真得乎居重馭輕之道矣是宜世守之而不變者沿至于後則代有增置寖失聖祖之制焉無惑乎其將愈多而兵愈弱也至我世宗肅皇帝憤醜虜之犯順也張皇帝師特修戎政維時遵復祖制仍五軍神機之舊易三千曰神樞爲二大營焉又爲開府命大將督之而以兵曹卿二協理之又各營有副參游佐及練勇諸將以分領操練之事而咸統於大將焉是其神樞之易名十二營之更革諸將佐之兼設戎政府之特建雖出於通變神化之宜而三大營之制則所以復聖祖之舊也故居常則嚴捍衛而内足以固京師有警則聽征調而外足以懾奸宄所謂善繼善述世宗以之執事以爲詳慎不其然乎邇者輔弼之臣又有議遵祖制收兵權以飭戎務者則誠有見也夫我國家奠鼎燕京密邇强虜所隔者僅山後耳乃士馬消耗將領巽懦若是有國家長遠之慮者能不爲之寒心哉此計安社稷固輔臣之忠猷也乃今成命已頒戎制定矣而當事諸臣統紀漫無定執者蓋緣經國者知兵權之不可不收而督戎者謂事權之不可不一是以此甲彼乙不能相統耳變法之難理則然也何害其爲同哉

乃若轉弱爲强之道則誠不在於營制之參伍而在於御將士之有律焉蓋御得其道則營制伍焉可也參焉亦可也御失其道則營制參焉無裨也伍焉亦無裨也誠於御將也制其功罪而不爲姑息則將雖强必戢許以便宜而不從中制則將雖弱必奮如是而有不振之憂者寡矣何也事權一也不然雖韓白其朋秖争長於儀節之間掣肘於异同之見耳口更戎制何益哉於御士也稽其役占而脱漏有懲則卒雖寡猶衆簡其精鋭而訓練有法則卒雖弱必强如是而有巽懦之憂者寡矣何也法守一也不然雖貔貅如林秖蟻聚於支廪之司頤使於司馬之門耳月更戎制何益哉此議營制者之大較也雖然愚生猶有聞焉蓋嘗反覆唐宋之事而知祖宗之憲章有不容以輕議者宋祖親贊孔顔祀典既定矣迨其後也至有欲退孟軻而進安石又欲躋之於尼父者此何説也彼蓋輕議祖宗之祀典故不自知其一壞至此耳唐宗創立府兵兵制已定矣迨其俊也至變爲彍騎變爲藩鎮而終爲唐室梗者此何説也彼蓋輕議祖宗之兵制而不自知其一蹶至此耳然則今之議祀議兵者可弗慎哉昔先臣宋濂之議廟祀也有曰孔子集群聖之大成四子傳孔子道統通祀於天下宜也其餘當各及其邦之先賢雖七十二子之祀亦當罷去而於國學設之庶幾弗悖禮義信哉斯言此可爲議從祀者之權衡矣又何必呶呶焉日聚訟哉我世宗之論本兵也有詔曰京營事體非細必復祖制方可事權歸一以蓄精鋭以濟實用十二營兩官廳都着革去名目大哉皇言此可爲議營制者之龜鑒矣又何必紛紛然事變法哉愚生非通儒也所聞止此耳若夫觀會通以行典禮倡勇敢而詰戎兵則明天子□聖謨賢宰相有良策焉芻蕘何足以及之

順天府鄉試録後序

皇上稽古右文籲俊尊帝建首善自京師始乃隆慶庚午當大比士詔特允儒臣言增兩都解額而臣士美臣時行寔奉命典順天試事録成臣時行當序諸末簡臣伏自惟念曩歲分校禮闈會皇上首廣制科拔士甚盛暨濫竽兹役所録士復加故額焉先後皆出曠恩度常格而臣兩得摻尺寸預從事可不謂奇遘乎非獨臣爾即諸士所遘臣亦奇之國家設科斂材著爲令式儒生斌斌向盛矣有司謹奉绳墨每賓興士如約而止士不能無留良焉臣方袛事國史閲先朝所上章牘諸請益解士者輙報聞罷故自儒臣始上議衆猶睢睢盱盱竊相謂難之而皇上霈然發德音幸而聽許一時縉紳章縫靡不神竦色澤

竊嘆聖天子振世作人嘉惠賢儁前此未有也乃諸士生畿輔游辟廱適會其時臣故曰奇遘也夫非常之恩所以待非常之材國士遇則國士報今臣所爲報上在得士耳而士直懷鉛抱槧以文詞進安所得非常之材而信之然臣聞楚相高梱而民無庳車齊王朝而惡紫國人莫衣紫從所好也故上意有嚮則化捷風行聲疾雷震天下赴之如影響而從之如流矧都人士皆燕趙間材古所稱慷慨沈毅懷節義幹者士從四方來固游燕趙間者也又皆沾被德澤躡明昌之期寧無負非常之材枹國士之素争自磨濯以對揚休命者乎兹者臣校其文大都説稱先王指事陳世能激□持論不卑卑爲謏聞陋儒則庶幾哉材亦有奇足以答此奇遘臣所爲藉手報上彰國家得人之盛者將無是賴乎顧臣復有言焉古稱得人盛者以才小大不以衆寡蓋孔子稱唐虞成周夫唐虞五臣周九人止矣而號綦隆漢以下圖形書帛推轂標榜多不可勝數然不逮古遠矣故士誠杰材雖寡盛也如取充而已雖衆不爲盛以其無當于大受也邇者海内有急率稱乏材至令人人論薦章交公車矣聖天子取士如故法恩渥有加焉猶尚如是則臣竊愧之今諸士增增貢籍誠得杰士如臣言异日足稱任使副德意則信盛矣設今日所舉不必賢于疇昔或又弗逮令廟堂憂乏材無已時則安用此多士爲哉夫實不中其聲窾言也梯榮階進苟志利禄奓心也已獲嚮用舉生平而弁髦之稗行也有一于此則臣過信諸士而諸士乃大謬不然是臣以非材進耳夫安所逃責矣詩曰王國克生維周之楨書曰稱匪其人惟爾不任諸士尚思爲王國之楨毋使臣蒙不任之辠哉

翰林院修撰儒林郎申時行謹序

萬曆元年順天府鄉試録

順天府鄉試録序

皇上改元萬曆之秋八月順天府復當鄉試士屆期提調官府尹臣篤臣府丞臣已以請上命諭德臣錫爵中允臣經邦爲考試官既陛辭入院乃集會諸同考官推官臣思忠進士臣鶴徵臣彝典臣伯春臣思宸臣堯封臣德涵知縣臣維唐教諭臣應蛟臣民止臣文明用是歲禮官所條上科指具相與毖飭而後從事事比竣蓋得士百三十五人焉而先是諸曹六館及提學御史臣傅孟春所選士挾策就試者四千餘人御史臣從憲臣詠暨臣趙燿臣漆彬爲約束譏防闌内外以入而後臣等得竭日夜之力就簡可者什二三籍奏斯已難矣臣錫爵執筆立館下久數考覽國初時事有司歲歲奉行求賢詔書山陬海澨吏迹常满或望見編氓中褒衣雅拜者强令隸學官受章句應舉朝詣公車暮召對稱旨除目已下當此之時士無求於上而上求之求之而得則兩相效以實相許以心未有一切猜防之術而士重廉耻官職謹辦主司與其聲榮焉以方今日難易何如也蓋天下之平久矣列聖代光紹明文教翔洽章縫家言堯舜孔子自仄塞萬里外在所斌斌然矧京師首善地聖天子新宅君師用神靈豈弟臨之哉於是豪杰仰流摩肩争出而有司爲上求士者窘於士之自求不勝舉也則顒顒摻尺幅厲干陬之禁要以如額中絫黍乃止臣以此嘆人才之盛軼于祖考矣而罔亦少密焉昔召康公作卷阿之詩以美成王之德而其稱吉人來媚比于高岡之鳳凰天子盛車馬待之此不惟上求士乃士亦求上也然其重如此今聖主訪落孳孳以興才致太平爲務有過成王而都人士相與蜚坌英芬求一日之遇此亦望武步馮翼孝德間豈輕也哉登是録者睹所以始進之難思其故有不灑然自矜奮於節禮非夫也夫本設科貢所以招士士豈必潛深伏阻毋自求而後重乃所以求不同乾二之文利見九五此以氣求者也若墨守呫嗶緣錯章采羔雁而筌蹄之此以名求者也兩者輕重若莛與楹宜何處焉語有之儒以禮立仁義無之則壞夫惟禮爲能制欲能制欲則内重而耻近名於是乎交讓争處卑委利争受㧑力事争就勞檢匭之外不隨俗錯寸趾斯禮坊常立而士重矣今之士鮮言禮而卮辭粃事以承其權或見

媕婀韋全名實不相覆則有司滋不敢信士而愈難於其始進則此亦士之過也且夫衆鳳一梟則高岡無好音而諸士兹且隨牒詣闕下試用伊始與當世名賢長者比德量能其日所當兢兢萬于今日於乎可不慎哉進勇不如守專功茂不如節立寧方毋圜寧矯毋隨寧落落如玉毋碌碌如石寧翩羽高鳴毋懆幸卷阿之車馬以重負天子求才之意則是録重臣等亦重矣蓋臣竊見比年録士非惟士不信於有司而有司至亦不敢自信誓天相戒使國家賓興盛事幾爲懼府臣以爲欲士之自重當自臣等始故今進諸士相與道語無敢多設不然之事沮傷士節而直叙所以忠告之意云

奉直大夫右春坊右諭德兼翰林院侍讀王錫爵謹序

萬曆元年順天府鄉試

提調官

通議大夫順天府府尹施篤臣（敦甫直隸青陽縣人　丙辰進士）

中順大夫順天府府丞李己（子復河南磁州人　乙丑進士）

考試官

奉直大夫右春坊右諭德兼翰林院侍讀王錫爵（元馭直隸太倉州人　壬戌進士）

左春坊左中允兼翰林院編修陳經邦（公望福建莆田縣人　乙丑進士）

同考試官

應天府推官陳思忠（君衡福建莆田縣人　己未進士）

吏部辦事進士唐鶴徵（玄卿直隸武進縣人　辛未進士）

吏部辦事進士陳彝典（元惇雲南騰越州人　辛未進士）

吏部辦事進士李伯春（友卿直隸上海縣人　辛未進士）

兵部辦事進士周思宸（進可浙江餘姚縣人　辛未進士）

刑部辦事進士侯堯封（欽之直隸嘉定縣人　辛未進士）

工部辦事進士鄒德涵（汝海江西安福縣人　辛未進士）

陝西延安府膚施縣知縣李維唐（皋叔雲南昆明縣人　甲子貢士）

應天府高淳縣儒學教諭李應蛟（雲卿浙江錢塘縣人　辛酉貢士）

湖廣武昌府蒲圻縣儒學教諭林民止（敬夫福建莆田縣人　戊午貢士）

四川重慶府巴縣儒學教諭趙文明（晦之湖廣巴陵□□　辛酉貢士）

監試官

文林郎江西道監察御史吴從憲（惟時福建晋江縣人　壬戌進士）

文林郎福建道監察御史周詠（思養河南延津縣人　壬戌進士）

印卷官

奉議大夫順天府治中蔡迎恩（胤昌浙江臨海縣人　官生）

直隸保定府推官劉登庸（行可河南洛陽縣人　戊辰進士）

收掌試卷官

直隸保定府清苑縣知縣郭四維（汝張山東夏津縣人　戊辰進士）

受卷官

直隸真定府推官虞懷忠（汝良浙江義烏縣人　辛未進士）

直隸大名府推官王敬民（用司河南西華縣籍應天府句容縣人　辛未進士）

彌封官

直隸河間府任丘縣知縣郭汝（子稱山東濟寧州人　辛未進士）

直隸河間府獻縣知縣高薦（子揚山東青州衛人　辛未進士）

謄録官

直隸保定府蠡縣知縣謝良琦（應韓直隸武進縣人　戊辰進士）

直隸河間府景州吴橋縣知縣龔勉（子勤直隸無錫縣人　戊辰進士）

對讀官

順天府固安縣知縣李宜春（叔芳山東□縣人　辛未進士）

順天府昌平州密雲縣知縣刑玠（搢伯山東益都縣人　辛未進士）

巡綽官

明威將軍金吾右衛指揮僉事李勲（元功順天府三河縣人　壬戌武舉）

明威將軍騰驤左衛指揮僉事梁才光（德謙湖廣醴陵縣人　辛未武舉）

昭義將軍金吾左衛都指揮僉事龍璘（君玉直隸太湖縣人　辛未武舉）

武德將軍義勇後衛正千户閻壽（仁卿順天府東安縣人　辛未武舉）

監門官

昭勇將軍通州衛指揮使黄國輔（汝周順天府昌平州人　辛未武舉）

武略將軍永清右衛鎮撫蕭應元（祖乾湖廣華容縣人　己未武舉）

供給官

承德郎順天府通判王學古（子獲陜西朝邑縣人　壬戌進士）

承德郎順天府通判趙禮（允泰山東觀城縣人　監生）

承德郎順天府通判張民範（子中陝西秦州人　己酉貢士）

承德郎順天府通判徐一正（國式湖廣宜都縣人　歲貢）

儒林郎順天府推官李蒙亨（養正貴州前衛籍浙江仁和縣人　辛酉貢士）

徵仕郎順天府經歷徐玄成（汝文直隸吴縣人　官生）

修職佐郎順天府經歷司知事郝洙（子沾直隸井陘縣人　監生）

將仕郎順天府照磨所照磨毛淮（本源山西渾源州人　歲貢）

順天府照磨所檢校劉繩（武卿山西代州人　監生）

承直郎順天府宛平縣知縣朱桂芳（于彦河南裕州人　壬子貢士）

承德郎順天府大興縣知縣胡來縉（仲卿陝西秦州人　戊午貢士）

承事郎順天府宛平縣縣丞陸炫（汝晦直隸上海縣人　監生）

文林郎順天府大興縣縣丞張才（世奇四川□江縣人　歲貢）

文林郎順天府宛平縣縣丞沈載庸（子登直隸五河縣人　歲貢）

順天府大興縣縣丞劉守憲（元述直隸安州人　歲貢）

修職郎順天府大興縣主簿張鎬（宗周陝西汧陽縣人　歲貢）

順天府通州判官查德（凝道直隸涇縣人　監生）

直隸通州左衛經歷司經歷王議（汝忠直隸宜興縣人　監生）

直隸密雲後衛經歷司經歷姚世英（文實浙江仁和縣人　吏員）

直隸薊州衛經歷司經歷柯廷琇（國賢直隸歙縣人　吏員）

順天府良鄉縣主簿馮懋（子盛山東曹州人　監生）

順天府宛平縣典史畢大縉（文學直隸鳳陽縣人　吏員）

順天府大興縣典史嚴宗直（惟清浙江餘姚縣人　吏員）

順天府通州寶坻縣典史王六符（兆平河南涉縣人　承差）

順天府固安縣典史衛述祖（元孝河南葉縣人　吏員）

順天府通州武清縣典史曾述（必宗江西豐城縣人　吏員）

順天府香河縣典史孫大化（德仁山東蓬萊縣人　吏員）

登仕佐郎順天府醫學正科賈鳴陽（人和薊州人　醫生）

第一場

四書

子曰文莫吾猶人也躬行君子則吾未之有得　天下之達道五所以行

之者三曰君臣也父子也夫婦也昆弟也朋友之交也五者天下之達道也知仁勇三者天下之達德也所以行之者一也　詩云不愆不忘率由舊章遵先王之法而過者未之有也

易

乾元者始而亨者也利貞者性情也乾始能以美利利天下不言所利大矣哉大哉乾乎剛健中正純粹精也　六五鼎黄耳金鉉利貞象曰鼎黄耳中以爲實也聖人立象以盡意設卦以盡情僞繫辭焉以盡其言變而通之以盡利鼓之舞之以盡神乾坤其易之緼耶乾坤成列而易立乎其中矣　天下何思何慮天下同歸而殊塗一致而百慮天下何思何慮

書

無曠庶官天工人其代之天叙有典敕我五典五惇哉天秩有禮自我五禮有庸哉同寅協恭和衷哉天命有德五服五章哉天討有罪五刑五用哉政事懋哉懋哉天聰明自我民聰明天明畏自我民明威　爾尚明保予罔俾阿衡專美有商王敬作所不可不敬德　周公若曰拜手稽首告嗣天子王矣用咸戒于王曰王左右常伯常任準人綴衣虎賁周公曰嗚呼休兹知恤鮮哉

詩

鳲鳩在桑其子七兮淑人君子其儀一兮其儀一兮心如結兮鳲鳩在桑其子在梅淑人君子其帶伊絲其帶伊絲其弁伊騏鳲鳩在桑其子在棘淑人君子其儀不忒其儀不忒正是四國鳲鳩在桑其子在榛淑人君子正是國人正是國人胡不萬年　受天百禄降爾遐福　鳳凰鳴矣于彼高岡　敬之敬之天維顯思命不易哉無曰高高在上陟降厥士日監在兹

春秋

秋公伐邾（隱公七年）春王正月師次于郎以俟陳人蔡人　夏師及齊師圍郕郕降于齊師　秋師還（俱莊公八年）春狄侵衛（僖公十有三年）夏狄侵齊（僖公三十年）甲午晦晋侯及楚子鄭伯戰于鄢陵楚子鄭師敗績（成公十有六年）春王三月及齊平（定公十年）

禮記

父子篤兄弟睦夫婦和家之肥也大臣法小臣廉官職相序君臣相正國之肥也天子以德爲車以樂爲御諸侯以禮相與大夫以法相序士以信相考百姓以睦相守天下之肥也是謂大順　久則天天則神天則不言而信神則不怒而威　君子力此二者以南面而立夫是以天下大平也　詩云言念君子温其如玉故君子貴之也

第二場

論

聖人爲戒必於方盛之時

詔誥表（内科一道）

擬漢使謁者陳農求遺書于天下詔（河平二年）　擬唐以陸贄爲中書侍郎同平章事誥（貞元八年）　擬唐置弘文館命秘書監虞世南等俱兼學士更日宿直謝表（武德九年）

判語（五條）

官員赴任過限　出納官物有違　致祭祀典神祇　懸帶關防牌面　修理橋梁道路

第三場

策（五道）

問　王者制俗御世其必繇教矣教之盛者自唐虞以下考於經可睹也豈聖人不能以忘言與而或謂治古之世人不誘而親不嚴而治若果爾則洪範皇極一疇敷言錫福何若是諄諄也乃其指意□□本君身有不專事言者可得□□論與夫教衰則法繁法繁則俗弊後王卑卑無足數於今日者至如漢建武唐開元宋天禧中一時教令最名近古不識於洪範所云亦彷彿否也明興列聖重光四維備舉俗化之隆教則使然然莫詳于我太祖高皇帝之大誥三編宣宗章皇帝之百官箴者其勸懲殊指而化俗同歸何以説也將所謂不言之教入於入者深與今天子挺資聖哲啓基天人始踐祚即超然降辭戒諭文武百執事遠邇聞之無不震慄變心易慮者當與箕疇祖訓并耀千載無惑已然吾以爲循涘望洋則涵泳不深誦言求指則條貫靡竟爾多士身游輦轂下必有善發聖藴於不言之表者請究陳所見與其所欲言且以轉聞於上

問　明君以務學爲急自昔論之然遺編往籍足以博睹覽而章勸誡矣乃又有繢圖陳鑒者其義何居而其制何昉與保衡言素王九主之事㞢父觀明堂四墉之容尚矣可聞其概與嗣是以來代各有作有圖前代君臣五十種于御扆者有圖尚書君臣諸事于太液亭者有作觀文鑒古與三朝訓鑒二圖者有作□興事蹟圖者可具舉其實與不識數□者之於圖果有得與若夫長夜之屏或指之而聞諷列女之屏或顧之而致□茲二圖者亦有關於鑒戒否

也我皇上嗜學崇文無日不親墳典而討究之頃復命輔臣撰帝鑒圖説以進上心嘉悦時賜覽觀且宣付史局以無忘君臣交修之義事煌煌乎盛矣兹其書固已勒之琬琰布聞寓内諸生必快睹而莊誦之試儗諸歷代之圖以爲何如夫將美效忠臣子至願儻能揚搉古今可以仰裨聖學萬分一尤執事者所願轉聞也其悉意陳之無讓

問　古記有之仲尼述史者三焉由周以前治亂得失之故炳如也乃其體裁殊致括之數萬言而七十子之徒時口授其傳指不以書見豈當時固無可紀者與抑因史修經經之體固與史异與夫剽見襲聞珍敝帚而寶康瓠者於大義固無當也若必謂聖言要眇試仿而施之後世以一舉十以十舉百其亦無掛漏否與而昔之良史有以五十餘萬言叙二千四百年之事者有以百餘萬言叙二百二十五年之事者以勤若彼就效如此而論者予奪何其戾也將裁以孔氏之法則唐宋以後作者一代數十家一家數百卷滋不益覆瓿乎今天子嗣大業務丕揚二后盛美而操觚之士思罄其所睹聞效萬有一報未能也舉大綱則闊略綜細故則猥陋徵文獻則後時採風謡則失實語曰患爲之者不必知知之者不得爲今諸士所知而欲爲之者安在吾甚願與聞焉

問　吾聞之董生云郡守縣令所使承流宣化者也任顧不重與往昔才賢之士緣是奮功名者何限然張京兆治膠東□自嘆遠守劇郡繩墨約結即有奇無施審爾則爲吏者必在於見奇與是時良吏朋興號稱極盛天子至爲下璽書勞問徵拜公卿此其人宜有奇政而史之稱之第曰廉平不苛曰用寛和名曰勞來循行曰好爲民興利若斯止矣惡睹其所謂奇也繇子長以來傳循吏者多矣然投巫鄴水而吏民驚教吏鉆箭而奸黨落或奏成手中或裝付道傍斯亦奇矣而傳顧弗列何與今天下吏道視昔稍衰矣秏廢溺職者無論即有振者又顓顓以奇迹自見治效實鮮焉兹欲厲循良之績使吏稱民安其道何繇奬簡謐則傝冗辱者渾殽拔卓犖則武健者奔走兩術者將安施而可夫所爲興賢能者八治而出長也諸生一偕計吏隨有長治之寄矣試爲我著所以理人者以觀厥志

問　今天下理平保治之務蓋無急於求才者夫求才與弭奸二道也故難壬人威庶頑才與奸莫得而并焉此諸士所習聞也乃近代謀臣有請收京東狂謀之士者有請開五路豪杰仕進之門者有請用嚴贛二郡奸民者有請招瀕海土豪者夫既名爲奸爲狂爲豪則非才矣且安所用之而又安在其弭之也斯可謂通論歟抑泛駕之馬跅跎之士用各有所宜歟自大道既遠而三游四豪翔起爲任俠行權至犯禁也然吴楚不得劇孟而亞夫爲之喜唐不用朱克融而河北

廢亂迄無寧時此兩人自今日論之以爲何如也乃其繫國輕重如此豈才與奸固可并用歟我朝用人自科貢二途外雜流异等不得伍立薦紳議功名于世誠重之也然吾竊見南北弛備伏莽泗淵之奸所在爲梗而當事者議所以消弭之術未得本務故吾願以廣用人之説進諸士其以爲然否

中式舉人一百三十五名

第一名　柯挺　福建海澄縣人監生　詩
第二名　李化龍　長垣縣學生　易
第三名　顧　槊　浙江海鹽縣人監生　書
第四名　顧爾行　浙江歸安縣人監生　春秋
第五名　吴萬全　福建懷安縣人監生　禮記
第六名　房守士　山東齊河縣人監生　詩
第七名　張佐治　福建平和縣人監生　詩
第八名　朱應　浙江山陰縣人監生　易
第九名　徐三畏　任丘縣學生　詩
第十名　狄同然　直隸溧陽縣人監生　書
第十一名　程雲鵬　浙江錢塘縣人監生　易
第十二名　張重立　山海衛學生　詩
第十三名　盧夢錫　直隸華亭縣人監生　書
第十四名　吴原業　福建南靖縣人監生　易
第十五名　許　鋌　武清縣學生　詩
第十六名　李先著　順天府學附學生　春秋
第十七名　陳以見　福建閩清縣人監生　詩
第十八名　倪三綬　阜城縣學生　書
第十九名　高知儉　阜城縣學生　易
第二十名　董言詩　直隸武進縣人監生　詩
第二十一名　于登龍　任丘縣學生　詩
第二十二名　馮時泰　山海衛學生　易
第二十三名　曹光祚　内黄縣學生　詩
第二十四名　楊裕家　涿州學生　書

第二十五名　徐元春　順天府學附學生　易
第二十六名　李民質　東明縣學生　詩
第二十七名　董德潤　淶水縣學生　易
第二十八名　馮有翼　浙江海寧縣人監生　詩
第二十九名　程朝京　浙江西安縣人監生　書
第三十名　邢孔陽　文安縣學生　禮記
第三十一名　李杜　肥鄉縣學生　詩
第三十二名　伍可受　福建清流縣人監生　春秋
第三十三名　陸應川　江西豐城縣人監生　易
第三十四名　劉養氣　安平縣學生　詩
第三十五名　黄遵憲　浙江秀水縣人監生　書
第三十六名　胡喬岱　江西廬陵縣人監生　易
第三十七名　徐明綱　浙江東陽縣人監生　詩
第三十八名　魏久孚　南樂縣學生　書
第三十九名　周日暹　福建晋江縣人監生　易
第四十名　吴邦泰　順義縣學生　易
第四十一名　賀嘉賓　邯鄲縣學生　詩
第四十二名　張翰　永年縣學生　詩
第四十三名　李衷弘　浙江嘉興縣人監生　禮記
第四十四名　陳炎　直隸嘉定縣人監生　詩
第四十五名　赫瀛　濬縣學生　書
第四十六名　張承恩　安肅縣學生　易
第四十七名　張崇壽　清苑縣學生　詩
第四十八名　徐瑚　湖廣江陵縣人監生　詩
第四十九名　孫光祖　玉田縣學增廣生　春秋
第五十名　張光緒　河間府學附學生　易
第五十一名　李道元　山西盂縣人監生　書
第五十二名　李邦平　井陘縣學生　詩
第五十三名　高應科　順德府學增廣生　易
第五十四名　王承統　山西蒲州人監生　詩
第五十五名　劉分桂　任丘縣學附學生　書
第五十六名　蔡如菖　大城縣學附學生　詩

第五十七名　朱熙洽　直隸昆山縣人監生　易
第五十八名　劉應科　大寧都司學生　詩
第五十九名　張楝　安肅縣學生　禮記
第六十名　焦文炳　欒城縣學生　詩
第六十一名　張元慶　浙江山陰縣人監生　易
第六十二名　劉汝爲　大城縣學附學生　書
第六十三名　陳于階　曲周縣學生　詩
第六十四名　霍鵬　井陘縣學生　易
第六十五名　張汝雨　柏鄉縣學增廣生　春秋
第六十六名　龔應祥　遼東廣寧衛學生　詩
第六十七名　侯充　開州學生　書
第六十八名　孫應麟　蠡縣學增廣生　詩
第六十九名　塗雲路　延慶州學生　易
第七十名　李橋　河間府學生　詩
第七十一名　趙克念　寧□縣學生　書
第七十二名　楊從書　順天府學生　詩
第七十三名　田時秀　完縣學生　易
第七十四名　劉默　大名縣學生　詩
第七十五名　宋世良　懷柔縣學生　詩
第七十六名　苑時葵　寶坻縣學生　書
第七十七名　吴文燦　順天府學生　易
第七十八名　秦效鵬　永年縣學附學生　詩
第七十九名　李于垣　遵化縣學附學生　禮記
第八十名　康煒　順天府學生　易
第八十一名　張立愛　深澤縣學附學生　書
第八十二名　陳廉　元城縣學生　詩
第八十三名　王一元　魏縣人監生　春秋
第八十四名　閻汝哲　南宫縣學生　詩
第八十五名　張拱辰　静海縣學增廣生　易
第八十六名　吕應律　順德府學生　詩
第八十七名　李時芳　淶水縣學增廣生　書
第八十八名　莊祖高　四川成都縣人監生　易

第八十九名　周維翰　阜城縣學生　詩
第九十名　董一科　博野縣學生　書
第九十一名　王檢　東光縣學生　詩
第九十二名　楊惟清　通州學生　易
第九十三名　趙愈光　曲周縣學生　詩
第九十四名　楊恒謙　新城縣學生　詩
第九十五名　鄭　材　安肅縣學生　書
第九十六名　段繡鶴　四川新津縣人監生　詩
第九十七名　李汝茂　永平府學生　易
第九十八名　王允中　昌平州學生　易
第九十九名　崔謙光　魏縣學生　春秋
第一百名　胡思恭　河間府學附學生　書
第一百一名　顧彬　直隸長洲縣人監生　易
第一百二名　李三才　順天府學附學生　詩
第一百三名　郁文　浙江山陰縣人監生　易
第一百四名　趙光業　鷄澤縣學增廣生　詩
第一百五名　張世臣　肅寧縣學生　詩
第一百六名　倪三章　阜城縣學生　書
第一百七名　李雲龍　順天府學附學生　易
第一百八名　耿德章　靈壽縣人監生　詩
第一百九名　劉九澤　延慶州學生　詩
第一百十名　温天和　文安縣學生　禮記
第一百十一名　王尚禮　遼東廣寧衛學生　書
第一百十二名　郝國章　順天府學生　易
第一百十三名　李　悌　興濟縣學生　詩
第一百十四名　陳萬策　茂山衛學附學生　詩
第一百十五名　李　杜　廣平府學生　春秋
第一百十六名　王嗣箕　開州學生　書
第一百十七名　易登瀛　肅寧縣學生　詩
第一百十八名　李學書　大城縣學生　易
第一百十九名　劉思誠　山海衛學生　詩
第一百二十名　張承芬　順天府學生　詩

第一百二十一名　姚三讓　廣平府學生　書
第一百二十二名　盧洪春　浙江東陽縣人監生　易
第一百二十三名　程文選　長垣縣學生　詩
第一百二十四名　盧照　獻縣學生　春秋
第一百二十五名　顧明範　棗强縣學生　易
第一百二十六名　劉三樂　大名縣學生　詩
第一百二十七名　李梯　静海縣學生　書
第一百二十八名　謝文焕　任丘縣學附學生　詩
第一百二十九名　陳文郁　欒城縣學生　易
第一百三十名　王鳳竹　唐山縣學生　詩
第一百三十一名　張之綱　棗强縣學附學生　易
第一百三十二名　尹南壁　晋州學生　書
第一百三十三名　傅好禮　固安縣學生　詩
第一百三十四名　郭文燦　順天府學生　易
第一百三十五名　陳燿　遵化縣學生　詩

第一場

四書

子曰文莫吾猶人也躬行君子則吾未之有得

柯挺

同考試官教諭趙批（此作不浮不俗可致悠然得夫子發言之意宜録以式）

同考試官進士李批（是作一洗浮詞直説心髓而體格渾成筆力勁健非邃於養者不能録之足以式多士矣）

同考試官進士唐批（理致精詳筆力勁健是必有得于躬行之實者）

同考試官推官陳批（詞意高古不落俗調蓋邃於養者）

考試官左中允陳批（思深語到）

考試官右諭德王批（詞意近實取之）

聖人以文勝爲己愧勉人之尚行也夫尚行則實勝而無愧於文矣觀聖人自謙之辭而夫人可不勉乎且夫古之學者文行出於一今之學者文行出於二嘗試反之於己而深有愧矣何則以我而視天下之事未見有易爲者惟

文也乃載道之器不待力而可能焉以我而視天下之人夫孰非勝我者惟文也乃修詞之業不擇人而可及焉竭兩端之教而能言吾之所欲言□六藝之塗而能言人之所共言蓋世有妄許我以善誘而我亦竊自附於述者顧誠不知何如而要之君子弗貴也乃若所貴則有之不言而躬行則實常掩文斯爲慥慥之君子焉吾學之未能也既言而躬行則文常副實斯爲彬彬之君子焉吾學之未能也體之身心之間而自修者不如其自責蓋遵道而行吾甚負吾志矣驗之擬議之際而過動者常多於過辭蓋無行不與吾甚慙吾言矣甚矣行之難也文之不足尚也夫人情豈相遠哉我之所難恐世未必獨易而有志於君子者夫亦知所緩急焉可也此聖人謙己誨人意也抑嘗疑之聖人之不貴文如是而繫易删詩考禮正樂文不已繁乎蓋躬行即約禮之功文以入之於教不偏廢也故言文行則程朱二氏近之矣嗟夫聖人之言尚行以爲已而後儒之言尚行以勝人夫苟惟勝人之事則其說愈玄而趨於文吾懼行之日薄也

天下之達道五所以行之者三曰君臣也父子也夫婦也昆弟也朋友之交也五者天下之達道也知仁勇三者天下之達德也所以行之者一也

李化龍

同考試官教諭李批（中庸義士子類能言之然不支則腐此作清新精切至束處更見緼籍宜録以式）

同考試官知縣李批（體製高古詞理渾融時義之絶佳者）

同考試官進士侯批（理精詞雅體正調高録式多士）

考試官左中允陳批（文亦簡實）

考試官右諭德王批（確健整雅）

聖人詳修身之務而約之於誠焉蓋誠成天下之務一誠立而德與道悉舉之矣此君子所以貴存誠也且治莫先於端本道莫貴於知要君之欲修身也而豈無其要乎彼吾人以此身而處於倫物之間必有所謂道矣而道之達也則惟五焉君子以此身而任乎綱常之寄必有所以行道者矣而行之要也則惟三焉義之於君臣親之於父子别之於夫婦序之於昆弟信之於朋友斯五者理本各順自天叙有典則然矣是天下之達道也知此之謂知體此之謂仁强此之謂勇斯三者理本各足自惟皇降衷則然矣是天下之達德也然道行於德固也而德亦豈可以僞爲哉所以行之者曰一誠焉爾蓋百行皆原於誠而衆動必貞夫一是故以此立德則慥慥乎盡性而德無不修由是以此履

道則肫肫乎盡倫而道無不舉一以貫之而已矣苟德而二三焉則德非其德也而又何道之能行乎夫誠以行德德以行道推之而□□□□諸德德統諸誠斂之而愈精吾君之於道德惟設誠於内而致行之則文武何异哉且不獨此爾至於治天下國家之九經亦曰行之者一焉是知誠者天德之要而王道之本也後世之君嘉唐虞者漢其道樂商周者唐其業此無他弗誠故也善乎程子之論天德王道也本之於謹獨蓋謹獨者所以誠也於乎盡之矣

詩云不愆不忘率由舊章遵先王之法而過者未之有也

顧槃

同考試官教諭林批（簡潔高古鏗然乎希世之奇也足以式矣）

同考試官進士周批（格調不凡詞復古雅深得保治之旨宜録）

考試官左中允陳批（力去陳辭而發以古調）

考試官右諭德王批（善發題旨）

即詩人之論治而得保治之道焉夫法者治之具也法立而能守則於保治之道得矣何過哉且夫治天下以仁行仁以法法之裕于治也蓋自古記之矣假樂之詩曰不愆不忘率由舊章夫所謂舊章者先王之法也仁心由此行仁澤由此溥是萬世無弊之道也故聰明亂之則有過而愆焉積習隳之則有過而忘焉夫惟善保治之主爲能守法亦惟善守法之主爲能無過六官之典即方册而其人存也吾之議法於朝廷者循是而經綸之則朝廷正矣九牧之政繼治世而其道同也吾之布法於邦國者循是而張馳之則邦國安矣故詩之言不愆也則守法之一效也何也法立於先王而天理順焉人情宜焉其在後世但一潤色間而畫一之規模自有四達不悖者何愆之有詩之言不忘也則守法之又一效也何也法立於先王而大綱舉焉萬目張焉其在後世但一飭新間而精詳之條理自有咸正無缺者何忘之有信乎心法合而成治作述合而保治自堯舜以來所以置天下於寡過之域者皆是物也而詩人豈欺我哉噫□之有仁心仁聞者可以得師矣然使三代以還人必里居地必井授舞必韶夏服必鄒魯能爲治乎要之謹任人持大體而王者躬明德于上雖玄黄异餙子丑殊建不害爲繼述也夫周官月令試之而不效者豈法弊哉故曰王道本于誠意

易

乾元者始而亨者也利貞者性情也乾始能以美利利天下不言所利大矣哉大哉乾乎剛健中正純粹精也

李化龍

同考試官教諭李批（場中作此辭多纏繞意復不貫此篇轉换曲折不費詞而義自瞭然别於騁浮蔓不中理者矣）

同考試官知縣李批（發明乾道流行統體之旨無遺易義之精者）

同考試官進士侯批（辭不費而乾之義瞭然是深於易者）

考試官左中允陳批（典確之文録之）

考試官右諭德王批（説理融洽可誦）

文言明乾四德有贊其流行之妙者有贊其主宰之妙者夫四德之流行統於一元也然非乾以宰之不幾於或息乎文言極贊其大謂夫乾天也元亨利貞天德也以動静言固有各專之用矣豈知其統於元而宰於乾乎是故乾元者言乎其繼静而動也震動發生而流形之化出焉其勢不容已也至於利貞者言乎其由動而静也收斂歸藏而性情之實見焉其機不容息也即是而觀可見亨利貞之德俱統於元者也故元一始而亨即繼之美利自是溥之各足矣神功自是斂之不言矣是元也以之先天而所以後天者此也以之始物而所以終物者此也元之大如此而何莫非乾之大也哉蓋乾也者妙四德而爲言者也其静也專其動也直剛且健矣而一毫之陰柔不雜焉純而又極於精也□而不過立而不偏中且正矣而一毫之邪惡不雜焉粹而又極於精也蓋以此立命則樞□造化而不宰其功以此造物則根柢品彙而不顯其用大哉乾也斯其至矣文言以是申乾義精矣哉抑此天道也惟古帝堯能體之蓋天道惟精而有以宰四德流行之化堯德惟欽而有以運萬邦協和之治故曰堯仁如天又曰堯得統於天也孔子於乾於堯俱以大哉稱之有以也夫

天下何思何慮天下同歸而殊塗一致而百慮天下何思何慮

朱應

同考試官教諭李批（格高意古自是大家機軸）

同考試官知縣李批（理明辭暢録式多士）

同考試官進士侯批（發得心學甚透而文更典雅録之）

考試官左中允陳批（文思雋永）

考試官右諭德王批（思致筆力俱不凡）

聖人戒人用心之私而明理之無容心也蓋道之敝也私智害之也至理無二無心斯得之矣彼憧憧者何爲哉大傳發咸九四爻義如此且夫天下本有大公順應之常而學者每徇於自私用智之累故方寸之中不勝往來之煩矣使天下事物可以思得則何愛乎心思之竭而不知多思多惑徒蕩于末流

而無歸可以慮致則何恤乎探索之勞而不知多慮多疑徒陷于一偏而不化無以思慮爲也夫道一而已矣方其涵于太虚渾然同而已至于理隨象顯而其變無方此同歸者塗之不得不殊而非自爲之殊也方其隱于至静湛然一而已至于心隨感通而其應各當此一致者慮之不得不百而非自爲之百也蓋將自其變者觀之則以异析同天下之同者莫不异自其不變者觀之則以同御异天下之异者莫不同故物物而思之是不知萬物一物也惟凝神于寂而超然于無物之先萬物皆備于我矣事事而慮之是不知萬事一事也惟委志于虚而泰然于無事之始萬事皆從此出矣此所謂通于一而萬事畢感人心而天下和平者乎天下何以思慮爲也學者知此可從事于易簡之學而黜乎憧憧之擾矣抑論聖人有思則寢食俱廢君子有思則視聽聰明今曰無思思可以已乎曰何可已也大易無思惡夫襍而已如思而不襍是謂思誠聖人之本也若乃灰心滅照釋氏且外之而况吾聖人是故貴近思貴慎思曰近曰慎其無思之階哉

書

無曠庶官天工人其代之天叙有典敕我五典五惇哉天秩有禮自我五禮有庸哉同寅協恭和衷哉天命有德五服五章哉天討有罪五刑五用哉政事懋哉懋哉天聰明自我民聰明天明畏自我民明威

狄同然

同考試官教諭林批（通篇嚴整參錯連□無一字懈怠至文矣）

同考試官進士周批（體裁端莊詞意精到深契皋陶陳謨之意）

考試官左中允陳批（發題旨明盡）

考試官右諭德王批（構詞命意迥异諸作）

大臣陳知人安民之謨而皆嚴之以天焉蓋人官當然後天職可修民生安然後天意可得惟辟之所以奉天用此道爾皋陶陳謨于帝豈不曰帝王以一身而托群臣之上有臨照之責焉是必度德於定位之初凡有家者必能浚明者也而不可稱匪人以曠職量才於授任之始凡有邦者必能亮采者也而不可進不肖以廢官若此者何也蓋官常之攸列皆帝載之所存事雖此於家也而實相天以成能政雖出於邦也而實奉天以出治然則庶官之或曠即天工曠矣君人者將寅亮天功是務而曠之可乎哉故曰知人之不可已也帝王以一身而爲兆民之□有輯寧之責焉是必典爲天惇之禮爲天庸之而協其寅恭以致和衷之治章天之所命刑天之所討而同其懋勉以圖修政之功若此者又何也蓋民情之可見即帝監之不違其赫然聰且明者民之視聽歸焉

其凛然明且畏者民之好惡歸焉然則民心之少拂即天心拂矣君人者將克享天心是務而拂之可乎哉故曰安民之不可已也吁皋陶之責難于帝也至矣然辨叙官才舉群生而康乂之君道也而必歸之天不亦遠乎是不然天生民而立之君實以天道寄之帝王之治所以兢兢然靈承欽若而不敢怠且肆者亦以求端於天而已矣以此爲訓而後世猶有以天不足畏告其君者

王敬作所不可不敬德

盧夢錫

同考試官教諭林批（發揮明瑩即周臣而在無復談矣）

同考試官進士周批（新詞高調卓爾不群發敬德意最精切）

考試官左中允陳批（得召公告戒之指）

考試官右諭德王批（氣格雄渾）

大臣勉君之居敬而必深致其戒焉蓋君者所則者也不居敬以先之而望臣民之式化也有是哉宜召公深爲成王戒也意以朝廷四方之極君身萬化之原是故諴民以凝命固必服臣先之矣而臣豈能自化哉今夫道本諸身而德聚於敬王必仰觀乎天命去留之運而嚴恭匪懈即以爲律己之坊俯察乎人心向背之機而顒若有孚即以爲居身之則以任元子非徒正位之爲尊也必有嚴有翼日與敬相周旋焉而昭德足以臨百官斯可矣以紹上帝非徒宅中之爲大也必惟時惟幾日與敬相游衍焉而中正足以觀天下斯可矣苟一念之弗敬則身教未立吾懼其非臣攸訓也而何以刑用于小民一息之弗敬則道揆以隳吾懼其非民攸若也而何以昭受乎上帝無曰崇高得肆而其虧於□理者甚宏亦無曰宴安可懷而其基於厲階者甚遠爲王者曷其奈何弗敬哉嗚乎老成忠愛之規固如此成王可以深長思矣嘗觀成王自誦之詩有之惟予小子不聰敬止佛時仔肩示我顯德行説者以爲受戒於群臣也夫成王何受乎則受之於召公云爾卒之勤宣令德躬致泰平而周命過其歷非獨王德之聰而召公之所以示之顯德者至矣故曰言合召公爲忠

詩

受天百禄降爾遐福

房守士

同考試官教諭趙批（題中受降二字最難體認作者往往支離失旨是卷獨於天人相與之際發揮明切有味非邃於詩學者不到此佳士佳士）

同考試官進士李批（理既真切詞復簡當祝願之意藹然）

同考試官進士唐批（發得受降福禄字明切而詞亦簡潔録之）

同考試官推官陳批（認題真切措詞雅健時文中之古調者宜録以式）

考試官左中允陳批（簡實爽健）

考試官右諭德王批（詩人祝君之意是如此）

周臣祝君徵于天人之交相與焉蓋受禄備而降福無已天人之交相與至矣周臣祝君以之非忠愛之見於詞乎想其歌天保以答君之意若曰福一也受之自人則爲禄禄貴全也然天之降弗繼則竭矣降之自天則爲福福貴久也然君之受弗宜則虛矣皆非所願於吾君也兹惟吾君一德之昭假既已克享乎天心百禄之駢臻自爾寵承乎帝眷事無弗善是禄之受徵于戩穀也所謂何天之休百禄是遒者信惟吾君矣行無弗宜是禄之受徵于罄宜也所謂何天之寵百禄是總者亦惟吾君矣然天心未已也虞其受之弗繼也而申命之者愈隆慮其禄之弗久也而寵綏之者益篤在人者方統其全而在天者已續其盛蓋一日此宗子則一日此戩穀而宗社靈長之運其引之無疆矣乎受之者方履其始而降之者已厚其終蓋萬年此皇極則萬年此罄宜而邦家鞏固之基其奠之有永矣乎夫惟君之受也則福之降爲不虛惟天之降也則禄之受爲不竭天人之交相與至是而後吾之願慰矣抑考之周人之儆其君以天也則詳之以明旦陟降之嚴頌其君以天也則要之以壽考福禄之盛不有异乎觀于所謂永言配命自求多福則知儆之者固所以愛其君頌之者亦未必非以動其深長思也後世之愚其君者乃以神光夜見天語親聞豈天保忠愛之意哉

敬之敬之天維顯思命不易哉無曰高高在上陟降厥士日監在兹

柯挺

同考試官教諭趙批（周臣進戒之謨發揮殆盡可以觀忠悃矣敬服敬服）

同考試官進士李批（以清空之詞發平實之理調高而正語近而興真時義之準绳也録之）

同考試官進士唐批（詞俊調高理明意婉詩義上乘也）

同考試官推官陳批（理致詳明詞氣嚴正深得臣子忠敬之心）

考試官左中允陳批（詞不費而義足佳作也）

考試官右諭德王批（格高詞爽）

周臣勉君以持敬必言天道之當敬焉甚矣天體物而不可遺也人君有見於此則所以持敬者自不容以已矣想周臣進戒其君之意蓋曰人君之所

靈承者惟天而其事天也在敬彼謂敬不足行者凡以天不足畏耳吾王撫兹鴻圖而上承皇天之眷典學正其時也其尚思所以绳緝熙之傳而日其敬之哉嗣兹丕緒而仰受成命之隆懋德正其時也其尚思所以揚執競之烈而日其敬之哉蓋天有顯道其臨下也甚明命不于常其凝保也弗易毋曰其高高在上而不吾察也當知其聰明明畏寔妙宰物之機而出往游衍舉在貞觀之下大廷之上有所爲與恒若陟降焉而日監乎此也深宫之中有所爲與恒若陟降焉而日監乎此也苟斯須之不謹則體乎天者或以褻乎天而降之祥者亦且降之禍矣可不敬與吁周臣以是戒其君可謂得責難之義矣雖然進言固難聽言尤難周臣之戒固爲深切而爲之君者乃能述之以咨訪且自期日就月將之功而庶幾夫顯德行之示其于持敬之旨亦既默契之矣噫此周王所以爲守成令主而昊天成命基之有終也後之爲人君者可不知所法哉

春秋

春狄侵衛（僖公十有三年）夏狄侵齊（僖公三十年）

顧爾行

同考試官進士鄒批（筆力雄健詞復蒼古蓋經學之典刑也用式多士允宜）

考試官左中允陳批（以心術較王霸而辭復謹嚴可謂深於春秋者）

考試官右諭德王批（重賤霸説良是）

春秋兩志外侮而見霸德之不終焉夫恒文霸之盛也其衰也則狄得侮之而謂霸足貴乎且春秋之世王者之迹熄焉樂卑論則薄四代之禮樂高陰謀則厭二南之風化今欲明王霸之貴賤者胡不引桓文之事觀之也桓公反自莒而霸齊當其盛時南無楚西無秦晋豈謂商虚接壤足煩戒嚴哉兹狄之侵衛何爲也不曰陽穀之肆樂乎貫澤之渝盟乎兩君合好而燕私亂之獨不聞壇墠之外有向隅而悲者無恠乎狄之生心矣吾觀桓用仲父而問政焉其初固曰地辟民富非有先君敬勝之謨也至是功成而耄及之其罔終宜爾於戲古之稱無怠無荒者視此貴賤何如文公反自秦而霸晋當其盛時外定楚内定曹衛豈謂營丘比隣弗克保障哉兹狄之侵齊何爲也不曰翟泉之誓師乎函陵之黷武乎諸夏親暱而仇讐剪之獨不聞門庭之近有介馬而馳者無恠乎狄之得氣矣吾□文用子犯而决策焉其初固曰戰克王饗非有先君明德之訓也至是意滿而驕隨之其不兢宜爾於戲古之稱是膺是懲者視此貴賤又何如合而觀之可見用詐不如敦誠速成不若無毀春秋備書於策而貴王賤霸之意昭如矣抑此桓文季年事卑卑無足道也其卒也晋猶世世宗諸

侯而齊益削且亂蓋文公享國日淺謀臣獻老皆留爲子孫之用而桓失一仲父國空無人此興衰之效也胡氏謂功利之在人淺其説未盡請以是足之

甲午晦晋侯及楚子鄭伯戰于鄢陵楚子鄭師敗績（成公十有六年）

李先著

同考試官進士鄒批（經尚斷制邇漸頽靡是作發自古調文以史筆可以起時製之衰矣録之）

考試官左中允陳批（筆力高古豈淺學可到）

考試官右諭德王批（約二傳意成文可誦）

春秋酌辭以紀兵而深戒夫幸勝者焉夫勝人以幸則其功不可居也聖人所以爲晋懼乎考之是役晋伐鄭而楚救之師熸于鄢陵楚子傷焉春秋以君敗書重君也夫敗而及君則楚不大辱晋不大勝乎君子曰事有不必然之理而有或然之數此不足論成敗也夫自戰邲之後晋令不南鄭轅不北者且二十年而厲也弱主也其臣欒郤輩皆具臣也何恃而能勝敵哉當時有謂楚犯天忌者不知彼以晦來此亦以晦往又有謂楚失人材者不知彼失賁皇此亦失州犁吾以爲是皆理之不必然者也幸而六間是乘二穆無備我是以得志于楚使射月之鏃不發于養叔之先鷄鳴之令匪昏于穀陽之飲楚安肯遽心折去哉故曰幸也夫天下未有幸而可常者義不陘亭而奏寔征之績威非城濮而收館穀之功此鬼神所忌而人焉能居之吾觀晋臣中惟士燮蓋常慮此外寧内憂之戒且死猶拳拳焉而厲卒以驕敗楚卒以懼張則信乎童子之無知温季之階亂也春秋直書於策欲使有國者長慮却顧毋黷非常之功保境和民不貪無故之獲其垂戒遠矣嗟夫不獨厲也桑田之勝蒲騷之勝新石之勝會稽之勝春秋中覆轍比比也夫得臣猶在晋憂未歇而齊桓一驕於帖楚數年之内叛者九國矣故戰勝之難恃無論幸不幸也易曰繻有衣袽又曰繫于苞桑後之持勝者忽諸

禮記

久則天天則神天則不言而信神則不怒而威

吴萬全

同考試官進士陳批（天神信怒之理極其精細是作説理明瑩措詞典雅深有得于致樂治心之功者録之）

考试官左中允陳批（題旨精深是作足以發之）

考試官右諭德王批（形容天神二字親切）

記者即善心之有恒而極言其妙焉蓋信威不□□迹天神之妙至矣此惟善心之久則然而□□□□所爲乎且夫樂者本諸人心而可以養心者也君子致樂之道則易直子諒之生既馴至于安且久矣是道心爲主亹亹乎純一不已之真德性常存淵淵乎至誠無息之運如此而其妙豈但已乎蓋未至于久則有間之心難以達天矣惟涵養之既純斯矜持之俱化不思不勉而從容乎性分之真者非夫人所能與也不曰天耶未至于天則有滯之心難以盡神矣惟形器之既融斯合一之莫測無方無體而運用乎心思之表者妙萬物而爲言也不曰神耶然天之與神豈易形容者哉彼待言而信則爲信也淺非天也天則自然之中有成信焉故擬議弗勞而篤實所孚若有爲之要約者以此言天而天其至乎待怒而威則爲威也褻非神也神則窅然之内有明威焉故聲色弗大而靈爽所存若有爲之昭赫者以此言神而神其至乎夫信也威也妙達于心體之淵微而惟天惟神深造乎聖修之極致大樂感通之驗一至于此君子可以斯須去之哉抑天神者大而化之聖不可知之謂也乃以歸諸樂何歟蓋樂者心之和是和也即易直子諒之所會而善之可欲也至于安久而天神妙焉充實光輝而聖神入焉其根心一而已樂云樂云可徒以文采節奏視之乎噫非識通性命者烏足以語此

君子力此二者以南面而立夫是以天下太平也

邢孔陽

同考試官進士陳批（理瑩詞達體裁嚴整且善發君子體禮樂以致天下太平之妙宜録以式）

考試官左中允陳批（純雅典確可録）

考試官右諭德王批（是知禮樂之情者）

君子以禮樂爲治而天下化成也夫禮樂者治之大原也果能此道矣於致太平何有哉夫子以告子張若曰爲政亦多術矣吾謂明于禮樂則舉而措之無難者何耶蓋禮者非他吾身之言而履焉是已樂者非他吾身之行而樂焉是已使君子于此二者致其力焉究和序之極功運之爲恭己臨民之要體肅雝之全德廓之爲嚮明出治之方中正自我履矣而大觀在上凡其整齊天下者無非軌物之昭宣也和平自我樂矣而豫順以動凡其聯屬天下者無非歡欣之周浹也夫若是者君子特自盡其南面之道耳太平之化宜未可以遽臻也然自身之正推之以正百官正萬民禮至不争而是訓是行胥安于敬畏則象之内自身之和推之以和于朝和于野樂至無怨而大順大化咸囿于雍

熙樂利之中道立而從之也衆蕩蕩乎合敬同愛之風行顯至治于有象矣德盛而應之也神皡皡乎化中協和之俗美享大當于無爲矣此之謂天下太平化之盛也南面之大業也而必本諸吾身之禮樂焉師也何惑乎前言哉嘗觀古之帝王垂衣拱手而優游之望得太平之責塞至乎後世日勰勰以粉飾治具乃其績效篾聞焉嗚呼此蓋任道與任法之辨也善乎歐陽子曰三代而上治出于一而禮樂達于天下三代而下治出于二而禮樂遂爲虚文有志于平天下者可以監矣

第二場

論

聖人爲戒必於方盛之時

柯挺

同考試官教諭趙批（議論千餘言皆檃括題意不事馳騁而文采充蔚筆力高古迥出時套大家手段自是不同宜録以式多士）

同考試官進士李批（盛衰倚伏天之常道作者類能言之且既曰常道則聖人何用戒焉獨此作以聖人用天立意而詞調高古氣概渾雄非淺學可測）

同考試官進士唐批（是作立論正大構思淵微深得盛時當戒與聖人爲戒精意且體裁圓轉布置嚴密邃學玄覽士也録之）

同考試官推官陳批（通篇以天爲聖人用立意議論高古思致淵深而結構體裁迥异常調真奇士也可以式矣）

考試官左中允陳批（此論當與君相造命之説并傳可爲保治者助不獨奇其文也）

考試官右諭德王批（古之言天者曰我不敢知蓋可知者人爾是作以天人立説深爲有見録之）

時者天之爲也聖人不言天而言人則天之權常爲聖人用而不自用夫權而出於天聖人有靈承之奉順之已耳非有能用力以勝之也聖人非能勝天而至於天卒爲聖人用無他故焉天時與人事相爲盛衰者也而衆人見其形聖人見其理見其形者後時而戒其制盛衰以天見其理者先時而戒其制盛衰以己夫惟以己制盛衰而不制於天於是天之權有時乎不自用而天下日游於聖人之天相恬以樂相靡以久則以爲時之適然而不知聖人之爲戒者如此其豫也嗟乎爲戒而必於方盛之時其斯以□聖人乎夫方盛之時何時也其猶日之有晝□□有春夏乎故晦明寒暑盛衰一道也所謂陽不得不

陰乎不得不陂天之常也雖然晦明寒暑以日月計星官曆師主之盛衰以世計聖人主之夫使天而獨操盛衰之權以制國家之運而聖人者日循循焉徼幸於時之自至而不惜其不留則與星官曆師抱成筴定吉凶者何异而又安用聖人爲也且夫日月其小者也而或謂聖人在上晝不瞑宵無光日南無驕陽斗北無伏陰何者聖人亦有以主之也而况世道盛衰之際乎夫使盛而無衰也聖人不必戒也使盛而必衰也聖人雖戒無益也惟其盛者之既至而衰者之未形處於當衰不必衰之間可以天可以人則聖人寧言人不言天何者天固有時爲人用也蓋易嘗言戒矣而戒於方衰者其説有四經綸於屯振育於蠱休吉於否順止於剥戒於方盛者其説亦有四泰之復隍豐之日中大壯之羸角既濟之衣衣如此皆爲國家持滿定傾以參造化盛衰之權而難易遲疾异效焉曷言之夫方衰之時乃天與人交窮之會崎嶇迫阸中愚者或以思媮者或以懼怯者或以勇此不必待聖人而戒也聖人爲戒乃在衆所不戒之時夫衆所不戒之時盛時也自古不數得得之者亦不數能亨蓋愚每觀載記稱守文之主至於兵衅甲銷粟紅貫朽降幡貢舶賮相望於大荒窮徼之表而旒黈以前乃有所不聞不見謟臣媚子方且慆焉舉萬年之觴稱七十九代之事以廣侈其心厭從其欲而不知深憂隱禍已胚胎醖釀於其中豈非乘至盛之時恃天而不戒之患哉聖人知時之難得天之難諶也則乘其未衰而圖之於易方晝儆夜方暑戒寒是以用力省而取效疾也故烟火萬里尉候四塞聖人不言强而言鈴柝之嚴篝車載途順成舉蜡聖人不言豐而言稼穡之苦禅冕揖讓清蹕游娱聖人不言樂而言櫛沐之勞民物阜蕃子孫千億聖人不言安而言朽索之難馭耆龜襲吉麟鹿來游聖人不言瑞而言鬼神之無常饗夫聖人豈不知時之方盛而閔閔皇皇爲天下軫未形之憂防不必然之患其心以爲天至尊也時至變也以至尊之勢御至變之權而吾欲以區區人力主持旋斡其間是故重難反也危難安也亂難定也難而後圖圖之而得則已晚圖之而不得則愈困也夫爲天下至於晚且困而盛衰之權舉不制於我則不若自其未形而先求之於理理者何也則安危治亂輕重相倚相伏之機事之當然而不必然者也聖人乘其機備其事圖危於安圖亂於治圖重於輕則天下不難爲也且自古稱繼世而理者莫盛於周成王之時蓋執玉來朝之諸侯八百焉乃其君之自戒則曰予其懲而毖後患又曰將予就之繼猶泮涣其臣之戒君則曰天維顯思命不易哉又曰無淫于觀于逸于游于田噫何其憂之深思之遠也及考其行事自立政任人之外口不煩言手不指麾希膳不徹于前鍾鼓不解于懸而歌雍咏勺六服承德又何易也則豆非方盛能戒之驗與

凌夷至於宣王而周道中興盡復小雅然喪亂焚惔之後重以淮徐玁狁之擾出車命將史不絶書蓋既衰而戒其成功之難如此夫使人主盡當宣王之時處積衰之勢雖聖人不得不難若乃荒屯既滌堂構晏然居崇高藉富有而無故屑越於狗馬聲色之娱耗弊於文俗議論之末則國勢之衰豈必在天而聖人又安敢言天也嗚呼兹其所以爲戒于方盛也歟方盛而戒兹其所以益盛而天之卒爲聖人用歟夫人而至於天爲之用惟心之至明至誠能通之故入廟思哀視朝思勞出門思懼聖心之惺然常覺者明之至也堯兢兢舜業業文王翼翼聖心之欿然常虚者誠之至也蓋帝王之世近而綴衣脱簪遠而師童蕘牧微而輿几盤匜往往效憂危之苦辭勒興亡之炯戒焉何者至明不以賡歌率舞遺謌謌之言至誠不以顯號鴻業惰冥冥之行故天人相保而國家常盛也斯義也漢之賈誼唐之魏徵宋之韓琦范仲淹嘗反覆言之而世主用其什一治安迄於數世使能覽易象之盛衰究宣成之所以難易而本之以聖人之明與誠守而勿失即至今存可也此程子立言之意也

表

擬唐置弘文館命秘書監虞世南等俱兼學士更日宿直謝表（武德九年）

房守士

同考試官教諭趙批（莊重典則冲澹和平而於音律尤見精切此四六之最佳者允宜高薦）

同考試官進士李批（典雅駢麗具見此作四六之上乘也）

同考試官進士唐批（工而不傷於巧麗而不窮于僻典則渾成擅長抽對者）

同考試官推官陳批（典則莊重深得人臣對君之體宜録以式）

考試官左中允陳批（事詳而詞典可録）

考試官右諭德王批（抒思冲融屬詞雅□得陳謝之體）

武德九年某月某日伏蒙聖恩命臣世南等俱以本官兼弘文館學士更日宿直者開秘學以登延忽荷自天之寵接宸居而儤直更叨就日之榮事寔軼夫前摹人皆夸其异遇量而後入得之若驚臣世南等誠惶誠恐稽首頓首上言竊惟帝入五學豈曰榮觀王求多聞時惟建事欲發揮乎典策須遴柬於儁髦講藝石渠則蕭韋爲之冠讐書天禄則雄向擅其倫是知承明著作之庭皆待當世宏達之士矧逢上聖尤號右文罔羅夫數百千年積儲者二十萬軸對日華之峻闥肇營河洛之藏沿天策之弘規益重瀛洲之選官以學士處之禁垣蓋不徒責以篇章校理之功而實欲望□□其朝夕論思之益必學詠□

足以□□帝心必才負經綸足以通世務乃能奉威光於咫尺承清問之頻繁臣等技細雕蟲憂深濡鵜元元本本無洽聞殫見之稱矻矻孜孜有極陋至愚之累博非倚相安知墳索之言達异賈生曷副鬼神之對曾葑菲之足采顧茅茹其兼收拔自庶品之中置諸九重之側通名仙籙典鉛槧於上庠繼武英躔集簪裾於東觀披琅函而校籍覔搖群玉之峰侍寳幄以繙經身在燚藜之閣出入班聯於法從寢興署切於嚴更晋接之日既勤泰交之天斯下主恩特异物論殊榮昔子雲之職雖清猶甘寂寞而方朔以才見幸僅雜侏優至如臣等之所遭實爲儒者之未睹居然就列何以醻恩兹蓋伏遇

受命溥將兼資文武聽政不遑於日昃遠追周后之心談經每至於夜分近邁漢皇之略謂五帝其臣莫及猶切疇咨且九家之指不同必資討論惟鋭情於務學遂雅意以親儒誤令呫畢之凡材濫與凝旒之妙簡雖雲從龍風從虎千齡欣睹聖之期然鼃語海蟲語冰一曲乏通方之見孰效毫分之補祇增汗浹之羞臣等敢不勉竭愚衷奉揚睿命幸微言未絶悉探金匱石室之編務正學不阿無負廣厦細旃之訪庶助聖功之宥密肯令儒效之闊疏伏願左右惟其人終始典于學尊六經而黜百氏非徒尚諸空言舞七德而歌九功將允升於至治臣等無任瞻天仰聖激切屏營之至謹奉表稱謝以聞

第三場

策（五道）

第一問

李化龍

同考試官教諭李批（洪範一書乃帝王□教身教之遺軌是作能闡明其旨而詞意古雅末尤見忠悃之意有士若此甚爲新政得人之慶）

同考試官知縣李批（是作條論古今立教本末詳而有體篇終法祖一義尤見忠悃宜録以獻）

同考試官進士侯批（是作論教而歸重於身又推之而本原於法祖非深明祖宗垂訓及箕疇建極之微旨者曷能然乎且其文渾厚典雅真盛世氣象也録之）

考試官左中允陳批（發建極敷言之義甚悉即轉聞于上可也）

考試官右諭德王批（君錫極於臣臣進□於君此成周太和景象也讀子之作二義備矣録之以獻非交儆一助耶）

夫國於天地必有與立以定創垂之則而秩然與天下相守者有人紀焉以通感應之機而油然與天下相浹者有人心焉人紀以言教章之故常明人心以身教帥之故常信自古帝王察于此二者是以不降階序而遠方回面群下諭指天下之治猶泰山而四維之也晚近世分道德治教爲二途而异學繁興王路滋舛祖清净者曰德衰於绳契信失於符斗爲誕而已矣尚刻核者曰毋變更於號令毋疑錯於刑賞爲名而已矣夫混元既闢而遠慕胥庭沕穆之風愚天下以神則天下之人乘是而惑大寶無爲而下襲管商功利之術縻天下以形則天下之人乘是而巧惑則亂紀巧則亂心明主欲其不亂是所以務立教也夫教何昉乎文中子曰五帝之典三王之誥粲然可見矣其大者如歌時幾以敕天訓岳牧以熙載銘簨簴以勸忠制官刑以防侈堯舜禹湯之盛未有忘言者而史稱其德曰欽曰恭曰祇曰畏統之渟毓化原表樹物軌未有徒言者然蓋尚矣至周而武王受洪範於箕子其皇極一疇於教爲詳而要在使民導道義去頗僻又其要則在天子躬行三德以建極於上而後敷言錫福於下此言教身教之辨也言教立使天下易聽改觀而人紀係之矣身教立使天下淪肌浹髓而人心係之矣後世人主得其土苴糟粕而用之猶可以治天下如漢武帝元朔中撟虔有戒欺罔有戒則威福玉食之禁也唐明皇開元中諭俗有詔飭吏有詔則淫朋比德之儆也宋真宗天禧中訓文吏以清心訓武吏以修身則平康正直之謨也惜也本不至而其君有侈心以刻急責恕以譎僞課忠以多欲談仁義以群小亂聰明故其臣主异心而致治之效踳駁不醇千載有遺憾焉我國家風教之隆創守一轍丹書在朝木鐸在野列聖體堯蹈舜臨之于上宛乎三五之遺烈也執事以爲莫詳于太祖高皇帝之大誥三編宣宗章皇帝之百官箴愚嘗考其世矣高皇帝闢乾定鼎當經營九服之初時則秦鹿既遂湯網猶疏其俗獡狭而好亂故大誥主於懲惡而頑民墨吏之戒二百四篇三致意焉此以治爲教者也宣皇帝歌雍咏勺乘禮樂百年之會時則將休于垣吏休于舍其俗惰窳而不飭故官箴主於勸善而敬共精白之訓三十五篇中特加詳焉此以教爲治者也至今讀二書猶使人涊然汗頰蹶然跂踵而矧當時庭趨巷遇之士乎若乃心類德音躬迪敬止神道之教穆乎深遠已而間亦有可窺者大誥之序曰皇皇宵晝思治窮源則宥密之功豫焉官箴之序曰嘉謨告朕朕所樂聞則交儆之道弘焉故上有孝行圖而後與人子言孝上有觀心亭而後與人臣言誠儒者觀上之詘黄老而知明誠之訓當遵也吏者觀上之郤貢獻而知廉慎之規當守也此皆以身爲教言以章之夫是以勸懲殊指而化俗同歸繇其道雖萬世□易可也而間者承平日久士稍騖

于聲利以煩刑辟會天子新御大寶弘振頽綱以爲更化先於訓俗訓俗先於論貴乃大集文武群臣超然降辭與之更始以昵比任情申邪枉之鑒以和衷砥節倡正直之風蓋直掇箕疇大指而兼大誥官箴勸懲二義用以澄叙流品至明也矜全頑薄至仁也導揚風美至順也而愚也何能贊一辭哉第幸游輦轂下竊伏見天子體行恭儉被服孝慈雨暘不輟憂寒暑不廢學有以知宸衷願治方將化耳目爲精神以風聲爲涣汗而漢唐宋諸君樸遬無足數者敢無説以獻夫有典有則而夏長楙丕顯丕承而周道濃商云成憲漢云故事此明法祖之易爲治也所謂法祖者非法其法也而法其所以用法也蓋古之修身立教者其俗既成至於牧夫游女山農野士皆忠信樸□而重犯法可弦可歌夫豈惟書文之撝□□□□勞來以至於是亦其世世載□□龎淳固上服久而民信深也夫高皇帝不有祖訓乎非即大誥之標表乎而持守篇言戒聲色國政篇言防壅蔽蓋有取于作哲作謀無偏無黨之義焉章皇帝不有帝訓乎非即官箴之矩矱乎而正家篇言辨愛威體國篇言慎終始蓋有取于剛克柔克歲省月省之義焉斯義也固萬世臣民所當法亦萬世子孫所當法也今聖齡方茂睿學日新愚以爲建用皇極正維其時矧聲色未接而持養之易壅蔽未形而防閑之易田竇肺腑之恩鑒於覆轍而謹始之易南北跳梁之警乘其息肩而保終之易夫惟明主觀於難易之理蚤圖此四者近而憲法祖宗遠而齊和家國則人紀人心不難變也蓋洪範一書高皇帝爲之注章皇帝爲之解而大要皆推本身教尊皇極於八疇之中愚以爲善發箕子之藴者無過二聖而善發二聖之藴者尤在今天子一加意焉故因執事之問及也始終以洪範之説進

第二問

顧粲

同考試官教諭林批（立談之頃遂乃采摭往實上下數千載間固當世得失之林也有裨於圖多矣）

同考試官進士周批（篇中上下今古品隲精詳而發以高文卓識真如繪圖陳鑒末復申以有終之説具見忠讜宜式）

考試官左中允陳批（論鑒古而歸之實心是知聖學之要者）

考試官右諭德王批（今圖説行天下人知有披誦已耳能發揮聖學致精如此耶末意尤忠懇宜録）

帝王之學也不貴於有崇文之虚迹而貴於有鑒古之實心是故廣厦細旃左圖右史非徒以侈觀也則理道資焉爾上嘉三五之隆下悼叔季之敗非

徒以閎議也則法戒繫爲爾夫明鏡之設本以察形古訓之陳亦以資理人主不務襲迹於其所以安存而乃忽意於其所以危亡即日取古人之事而談之其與置鑒而形弗辨也何异夫惟明主超覽興衰之轍而游意道德之塗典策不虚論箴誦不虚諷而後天下之治可幾而致矣於乎非今日之隆其疇望哉且人主以其一身之微加之乎兆姓之上芬華盛麗雜爾蕩心側媚巧邪紛然投術故學不可不務也崇居萬乘而憂惕之念忘奥處九重而睹聽之資寡故上世之事不可不聞也然典謨渾噩大道存焉而事蓋略矣紀乘汪洋往迹具焉而籍蓋繁矣於是乎討群史而摭故實摹美惡以示興替而圖作焉則挹令王於千載若出一時監傾軌於殊年如與身遇是以明主重之蓋自盤盂載銘几杖勒戒而圖之義已寓伊尹之見於湯也畫三皇五帝與禹之形而因言其事孔子之游於明堂也見四墉之間有堯舜桀紂之狀而各爲之誡説者以爲此周公之所以訓成王也於是圖之制備矣夫湯之聖也覽九主以受規成王之賢也省四墉以興惕矧下此者乎胤是之君蓋亦各有作矣顧或藻繢雖飾而風戒之義則疏或訓鑒雖章而兢業之心弗繼成帝嘗指長夜屏而不能用班伯式號式呼之諷則無益於警心也光武數顧列女屏而致宋弘好德好色之譏則幾於導欲矣唐憲宗采前代君臣善惡凡五十種而圖之御扆文宗取尚書所載君臣之迹而圖之太液亭意亦美矣顧志溢於淮西政移於貂璫君子譏之宋仁宗作觀文鑒古圖以鏡興亡又作三朝訓鑒圖以資紹述高宗輯歷代中興之事爲圖以贊恢復學非不勤矣而宫帷易序干城自翦則後世有遺論焉之數君者要皆心未幾於粹白道非協於淳固雖得於一時之感厲而卒奪於衆欲之憑陵當其陳圖省誡顧史問箴亦鋭然以聖帝明王自待矣乃究其德業之所就往往負愧夫前哲焉然則獵篇籍以博見聞要不過飾弘文之偉儀而修太平之壯觀爾矣又惡睹其殊尤絶迹可紀於今者乎我天子德躬上聖運鍾下武當訪落之年而邁師古之志講幃日御墳籍日究乃復思歷覽之靡竟患儀監之寡要特命元宰裒次舊聞上自隋唐下迄炎宋作帝鑒圖説一書以進焉善者取八十一事惡者取三十六事是扶抑之義也善者冠之以芳規惡者標之以覆轍是趨背之準也事爲之圖是先民之迹也圖爲之説是後事之師也愚嘗論之列女之屏專於内則中興之圖未及基創長夜之屏獨以表惡太液之圖惟在垂美而此則創守備具淑慝并載軌迹顯設憲度較明遠暎明堂邇掩鑒古炳炳哉百王之典刑萬禩之龜鏡不可尚也天子深嘉其書日取而覽觀之諸儒臣者口不煩畫手不煩撝而聖心每獨哲矣至於是非失得之際未嘗不逌然色動而欣然有味乎其言且渙發德音宣付史局曰

使後世無忘吾君臣交修之誼也此其論學之勤望道之切殆與殷湯周成較隆論烈而近世不足多矣乃執事猶欲以將美效忠求之草野之鄙生無亦需塵露以益淵嶽乎雖然狂瞽之忱亦竊願有言焉蓋聞行之惟艱則書著其訓鮮克有終則詩垂其警况乃人主之心移之者衆金華之講論孰與夫紫庭之游宴儒彦之咨詢孰與夫便嬖之親就圖史之披對孰與夫聲色之陳接理亂之勸誡孰與夫玩好之惑溺古之帝王所以熙盛德而葆鴻名者豈惟其一瞰圖一顧史之爲兢兢哉蓋亦誤誠力行而圖終之策令也是故盤盂不必御而齊心大庭即几杖弗親而丹書之戒固炯然心目也成湯之學曰昧爽丕顯曰日新又新則其九主之覽非彌文矣成王不敢康而其學曰日就月將則其四墉之觀非虚具矣是以業冠乎群后名著于春秋後世莫敢望焉以天子明哲欲爲此非難也顧聖心何如爾誠念惟艱之訓惕鮮終之警遵丕顯之範緝就將之緒絶非僻之慮屏邪枉之流覽土階瓊宫之迹則思堯桀之所以殊睹求言監謗之事則察禹厲之所以遠觀脱簪之規裂繒之悦而悟宣幽之明闇考石渠之論守尉之燔而戒秦漢之興喪其佗致理□亂著在斯圖者率慎其所與而持之有終庶幾哉洪亮德業登□古先而天下萬世翕然稱堯舜主矣於乎自有圖以來作者非一乃其收效當年垂光來世獨商周兩圖而止此名實之所爲辨也惟明主監兹則幸矣

第三問

伍可受

同考試官進士鄒批（今言史者動尊孔子卑遷固然惟繁簡詳略之議陋矣是策言至簡出於至繁至約出於至詳所謂善學孔子者非耶篇末所陳關繫匪淺宜轉聞于上）

考試官左中允陳批（自起居廢而紀載之闕多矣是策謂史寧詳無略至欲采稗官野史以補苴國典良亦有見）

考試官右諭德王批（内多獨見之語如曰人之難知朝野均病味斯言也吾爲之悚意懼矣）

史以事勝以辭勝尚矣事者綜核隨其時或所見或所聞或所傳聞蓋疑信參焉而一人之意見不可執也辭者銓次隨其事或特書或大書或不一書蓋繁簡參焉而古人之義例不可膠也先儒王通氏曰仲尼述史者三焉書詩春秋是也書陳政事詩紀風謡春秋歷日月三史出而二千餘年古人言動大都至今不弗廢然其辭僅數萬言其事則所謂存什一於千百耳噫何其略也嘗伏而深思之以謂古者王朝列國各有左右史内外史大小史其設官詳甚

則其論著不宜獨簡如世所稱皇三墳帝五典夏圖殷册周志鄭書之類決不止左氏國語諸書聖人固不虞其後世之有秦以至於今燔絶泯泯也乃就加檃括成一家言使與古之作者兩存天地間以待後人之自擇耳若春秋無左氏詩書以外無正史聖人獨聞而獨書之決不爾略也俗儒腐生求其説而不得乃按籍數策而謂聖經筆削精嚴如此又謂遷固二史繁簡懸殊指以定二氏優劣夫漢承秦後坑焚之禍烈矣收散亡於往牒五十萬言吾猶以爲詳也固承遷後向歆之徒出矣徵文獻於當時八十萬言吾猶以爲略也故史之不能爲經固之不能爲遷以醇駁論不以繁簡論以繁簡論則李方叔張輔諸人之訛而執事可無問也且非獨於此也漢唐宋年次等耳而唐史倍漢宋史倍唐繁簡可偏廢乎稽古録通鑑一人筆耳而約則爲卷二十豐則爲卷三百優劣可概論乎夫事不蘄核實而以一人局曲之見托之乎闕疑是河伯望洋而坎井觀天也詞不蘄盡意而以古人挹損之文托之乎舉要是鄭賈市朴而葉公好龍也善乎李燾氏之言曰至簡出於至詳至約出於至繁吾取以爲法焉明興二百餘年來列聖功德累朝文獻鏤金版而書竹素者掞天揭日焯乎稱顯懿已今天子乘五位龍飛之運思二后燕翼之謀特令儒臣分局計晷勒成大典此孝理之極思弘文之上務也愚生墨守章句足不涉圖書之府而執事問以所欲爲請對以臆夫一臠有餘味而垂涎者思快意五鼎之間玄黃之用窮而卉服織皮爲貴於天下故自漢以來載籍之日繁也猶江河之不可移山也儒者束於所見而史氏無世官非有子長之雅游固彪胡蔡之庭授也竭蹷求詳猶苦其略若趨於略而不止一言詿誤一事漏佚則萬世不復見也蓋聞今之爲史其篇部之豐月月以數萬言計足可當孔氏一經而愚猶妄意其略者豈更欲增崇文之目侈秦延君之辨哉夫今之爛然爲辭而犁然爲事者臣下之章奏朝廷之批決已耳而六曹故實居其强半執事者牽於凡例不忍吐而弃也則抑割他事於彼而取盈於此試使觀者插精騎於什伍探玄珠於罔象則所采存蓋無幾矣愚以爲本朝會典備載六曹之事如文武之銓資藩封之禄秩吉凶之儀注行遣之制敕及米鹽兵馬之額數雖沿革小异而要可以隨世代附書不必盡煩實録至如國家有大禮大獄大役大兵天子動容宰相造膝藎臣争議鬥士敵愾而蕪翳於文字間失厥要領夸者飾喜怒而歸之上巧者枉曲直而比之法當事建言之互异報功行勘之懸殊此決非單詞片言寂寥倉卒所能具也且代更二聖歲逾五紀長年博聞之士存者僅如晨星而欲分淄澠千逝水决雌黄于泐石愚不識佯驚之御史屢顧之安昌情狀可得見乎屏人躡足之談誰爲道説乎密地酸醎幕中顰笑安所置軒輕乎嗟乎亦

難矣夫自起居職廢而仗前柱下之語其勢不可復詳若其他耳目可以參驗形影可以推求者是在人加之意耳蓋昔者周必大修史每一志一傳成并令在院官互相修潤然後敢出而今曹分歲枏動即柢牾是故視聽宜公也司馬光六任史官每出入載筆遇有异同即彙記叢目之下而今按籍如林止辦披閱是故諏訪宜勤也古者編年與列傳并傳故嫗芑山水録及鄙言書生小兒附名循吏凡以義存勸戒無論顯微而今止爲大臣立傳巉巖之士閨闥之女須借譽於名子孫良守令而後重則日事時功之外不有貞魂未揚諛舌未斬而待紀傳之續成者乎古者稗官一家聖人不廢故瑣語叢説偏記短部皆足以補苴殘漏鼓吹休明而世或稱野史失真欲錮之聖世夫人之難知朝野均病如方正學以抗節爲祈哀謝文正以批鱗爲獻諛王新建以倡義爲從邪則名山大澤之中不有負竿知禮采樵知樂而資廟堂之聽睹者乎几愚所論要欲使執事者寧詳毋略寧繁毋簡以待千百世後有孔子者出而删次之斯亦不朽一盛事也雖然此自今日言也又不有先朝未定之書列聖欲爲之事而明問所未及者乎夫革除土木間乃乾坤一再變故也然一姓遞承非逐兔争捷之際委裘無恙非瞻烏靡定之秋而當時執筆者拘於忌諱使孫蒙祖號弟襲兄年此關於名義非淺鮮也矧明主踐祚首詔恤録效死諸臣而祖宗故耻不蒙疏雪則豈特三豕傳訛而已大抵天下之事非常所見則常人相仗莫敢先發愚竊意蘭臺麟閣之彦必有超然注意於孔子之筆削而不狃故常者故妄言及此願執筆之亟圖之也

第四問

張佐治

同考試官教諭趙批（□□所繫甚重要在安民以臻化理此作援據切當□量不爽真可見諸行事識時務矣）

同考試官進士李批（周悉民情練達時務反覆千餘言無不剴切可據真有用之文章也宜録以式）

同考試官進士唐批（吏治得失民情疾苦两灼其源而筆力古健更足以發誠有體有用士也）

同考試官推官陳批（今天下吏治常在刻深欲以見异是作灼見時敝至其風勵所在獨探原本可與語治矣）

考試官左中允陳批（即子所陳説异日循良可知矣）

考試官右諭德王批（長吏以□自畜此傷薄元氣不小吾乃今聞探本之論焉）

國家之張官置吏人臣之奉法守□凡以爲民也故誠有惠民之心則雖循令而事案法而官泯泯於聲名悶悶於歲月若無非常可喜之功而民卒賴之籍令意不在民而政蘄炫俗則雖破拘攣之議立卓詭之效非不赫然稱矣顧民寡蒙澤而或以滋病焉然則爲吏者亦何取於見奇標异而必有迹之爲貴也知此則吏治之得失較然睹矣粵自生民以來樹之君公承之師長所以總理人群述宣王德侯牧遠而郡縣興矣凡斯民之有欲而未遂有争而未平有疾苦幽憂而靡所控皆守令責也嗟乎以此其任豈徒因仍玩愒而苟焉以冒禄位者之所能盡乎亦豈徒鼇悍踔厲而燁焉以曜視聽者之所能濟乎蓋必有愛利之念植之於衷其視郡邑之弗理猶其家敉也烝庶之弗安猶其身瘁也懇懇焉煦嫗而燠咻之寧遲無亟寧實無華寧我無敏鋭之名而無寧民有鍥急之患夫是以澤究人安而阜成之理得也昔者邵伯之治南國也暴處於遠野聽斷於隴畝及其没也流勿翦之歌國子之治鄭也民有田疇爲之殖民有子弟爲之教及其久也播輿人之誦二君子者其選已雖然此循良吏之所樂行而求名之吏之所厭也張敬之相膠東也嘗貽書朱司農以爲遠守劇郡馭於繩墨胸臆約結即有奇安施味斯言也詎不薄卑瑣憚結束而翹然有願試其奇之心然愚嘗考覽漢史神爵五鳳之間吏治特盛天子爲下璽書勞賜且徵入爲公卿者往往而是其吏民亦皆信愛懷思至相與尸祝之迄于今勿絶也則竊意其人必有殊聞詭迹爲當世所奇而史之稱之曰廩廩德讓君子而已夷考其事仲卿廉平不苛次公用寛和爲名勞來循行以富蓄積則渤海之治也出入阡陌好爲民興利則南陽之理也蓋卑及鰥寡煩及泉渠細及韭□菱芡之妝賤及牛犢鷄豚之畜屑屑盡心焉他亡奇也若其并時之吏榷疆抑暴成不橈之威違衆用己表難測之智此其奇政多矣而傳循吏者顧無取焉至如敞理劇禁奸卓乎足述而亦弗列於廩廩之流豈非以循良之政第取綏氓化俗而無所事奇也哉是故投巫河水鄴郡震驚禁慝可也然而流諸譎矣教吏鉅筩潁川構會擿伏可也然而傷於化矣奏成手中而吏不能知非不稱絶藝也而僇擬於屠伯亦云酷矣裝聚道旁而人莫敢犯非不稱肅禁也而威甚於乳虎亦云震矣嗟乎天之愛民亦甚矣選用賢良固將安之耳而必欲以兹爲奇也不亦過乎蓋古之君子有寧爲保障不爲繭絲寧爲鸞鳳不爲鷹鸇者夫論微責之勞則保障之負課不若繭絲之治辯校摧擊之烈則鸞鳳之縱舍不若鷹鸇之摯斷而君子顧爲此不爲彼何也誠閔夫俗吏之刻深而欲救之也是故裕俗者不异政安民者無近效急節而繁響非清廟之樂也促轡而疾驅非千里之御也操切而從事非循良之治也太史公曰奉職循理亦

可以爲治何必威嚴哉諒矣諒矣愚嘗謂吏道固多端而其要實本於爲民詩不云乎豈弟君子民之父母斯言也人牧之要箴而吏道之經範也是故人有怨咨則吏憂之俗不長厚則吏愧之肺石之膽弗申桴鼓之聲未寢則吏傷之何則父母斯民道如是也乃今之吏則容有少繆不然者俯采謡俗豈其無之不有跙疏草野之間目絶蔀屋之下者乎咨求人瘼豈其無之不有慮不動於暵溢顔不顰於孤惸者乎宣布詔條豈其無之不有格涣汗之指壅汪濊之恩者乎若其所汲汲奔走以治迹自表見者不過置力於簿書期會爲給焉爾矣媮快於柱後□文爲斷焉爾矣巧希於最章薦剡爲名焉爾矣張急揚沸之事起而破觚斲雕之意微競騖速化之情多而鎮静寧一之風眇嗚乎斯於民奚賴也卜式之論牧羊也曰以時起居而謹察其敗群百里不以秦禄入其心牛乃肥息夫受牛羊而牧之其用心猶必若斯之專且勤也而矧於牧人之政哉然則欲率吏治而歸之循也無他夫亦論心責實焉可也户口歲增則徵必首於潁川治郡不進則讓必加於北地視人如子者勿以斷斷小宰而緩褒所去見思者勿以無赫赫名而遺賞不以苛急先平恕不以辯給上悃愊不以儇利最遲重不以雷同右特立不以筐篋勝大體不以浮牘掩積勞凡尋功簡能必其誠利於民者進之而非是無録焉如此則吏治庶其烝烝乎不然喜投巫之异則謹身率先者退矣美鉤箒之智則推情與下者詘矣尚手奏之技則重厚少文者屏矣獎付裝之嚴則行教化後誅罰者弗效矣豈所以計安元元而易海内者哉雖然循良固足尚也然文牘盈閣托之乎卧理質訟充庭托之乎思過漫不事事而曰飲醇之治奸軌縱不戢而曰蒲鞭之化是可獎乎獎之則偈□者藉口而明庶之功隳矣見奇標异固不必貴也然憫窮而擅赦者不爲矯賑饑而專發者不爲异抱嬰悟愛而亦資拔薤之威父母見稱而亦著神明之號是可概廢乎廢之則豪杰者掣肘而約結之嘆作矣此二端者是非非是不可不辨也夫惟課吏者運參核之明别近似之迹論政俗之理廢察生齒之息耗而一歸之於爲民之意則聲實相驗而是非得矣然必聖人在上躬明德執大象以照臨之化捷風行聲疾雷動天下將灑心遷慮惟主上之所欲爲而漢吏不足致也孝宣厲精爲治有名實不相應必知其所以然故良吏於是爲盛世祖雅達情僞觀納風謡則内外匪懈百姓寛息此其化源所繫蓋有不止於課察舉刺之間矣在願治者加之意焉爾

第五問

吴萬全

同考試官進士陳批（求才即所以弭奸也論者岐之子能溯究其致奸

之由議以權歸朝廷籠致爲用寧非威頑要計耶録之以爲保治之一助）

考試官左中允陳批（以求才寓消汗之術深爲有見）

考試官右諭德王批（經生家方握鉛槧求舉而謂科目不足以盡士其論公矣取之不獨以文也）

所貴乎臨制海内陶冶人群者何也天下之情有所挾焉而思展則無務以名羈之有所跂焉而思奮則無務以法窮之有所咈鬱焉而思平則無務以氣折之有所不足焉而思用其所長則無務以全求之故舉囚舉虜舉盜之事使貪使詐使愚之言班班傳記中可考鏡也夫九德三俊之徒嘿成象語成爻左執規右蹈矩人主誠盡得斯人而用之豈憂天下哉第世非大庭人罕兼才而機智豪男之人往往用其一偏一曲各有所至故田仲之義也而屈穀比之堅瓠無用鯀之城桀之九蚩尤之五兵李斯之字書至於今祖述焉此執事思廣用人之意也而愚請因及弭奸之説夫治古之世天下常廓廓然無事而其民不至於奸此何以故哉男子畝婦人桑老者養孤者庇其征徭省也四民有業三物有訓朝不混市野不逾國其教化行也蓋世儒所稱大抵然矣而吾則謂三代教養之法可以御常民不可以御豪傑可使天□重犯法不可使法必行於天下何者豪杰視常民則异也其氣力足以自致衣食而無求於人其偃仰瞪眄羞與下伍閭左爲偶而束縛於區區之禮法是故養之則不恩教之則不馴而聖人知法之不盡行也於是弘薪槱之道疏網羅之目鄉舉里選取之非一途事舉言揚試之非一術奉璋髦士不以介胄輕武夫赤舄大賢不以白屋弃寒畯士知其如此則雖有無聊之志不肖之心誰肯一旦鹵莽自弃者執事曰求才與弭奸异道愚未見其异也何以明之夫奸孰大於爲盜者而周官弭盜之法自修閭司寤之外鈴柝不書擊也嘆渤海廣陵之寇得一良守皆單車片言歸命恐後而萑蒲不久驚也嘗因是而考當時求才之制蓋周詳於建官漢詳於設科長材負俗之士皆弭耳抑心以奉朝廷之奔走而其勢不能爲奸故其時天下有饑寒之盜而無奸民之盜誅之則可定撫之則可下也唐宋以後用人雖間許大臣辟召與諸色人等薦舉然科目常操其權而章逢下士骫骳曲辭皆得安坐取公卿關天下武夫之口而豪杰始有邪心干城皆爲敵國矣明者憂其然以爲法窮則當變才窮則當惜是故厚招狂謀待以草澤遺逸之禮此富弼爲京東一路言也推擇沈鷙勇悍之人爲吏而重牙校之選此蘇軾爲河北五路言也縻豪右以爵禄而收攬吏權此王質爲嚴贛二郡言也録用瀕海諸豪以資捍守此鄭剛中爲永嘉諸郡言也夫此四議者與唐虞難壬人威庶頑之訓不乂牙剌謬哉而愚嘗考之矣共工崇伯非温良絜矩之士

也罪狀未形則聖人猶呴濡卵翼而用之不遽絶也蓋才與奸之不相入若水火然然有上才則必不可使爲奸有下才則必不能爲奸有小才則善用之爲才不善用之爲奸爲奸而奉□走於上則上之法行共工崇伯是也爲奸而作氣勢於下則上之法不行唐宋以後匹夫任俠是也夫不求弭奸而求奸人之不犯法此四議之所繇興也今天下之患非虜而盗虜欵邊矣盗折北矣南北將吏燕凱之聲日夕馳闕下而瓦合白徒散亡驕卒間乃有磨旗唱棹焚杅十嚚以厪明主内顧之憂者愚爲此何足憂也然竊有怪焉前代盗賊皆饑民怵迫爲奸今歲比告稔有司奉行恩澤詔書衣食非乏也博徒游客椎理鼓鑄裘馬休休然非盡有怨家墨吏爲之驅也然而五合六聚所在如響智勇跅弛之人多入其中而朝廷曾不得基疋馬半筴之用則豈可不深計哉夫爲奸而至於盗則有誅與撫而已有司之計也奸萌未形迎而折之用不測之恩威以籠致天下之豪杰朝廷之計也夫朝廷之計愚生何敢與知之而豪杰係天下輕重則有一二可舉者劇孟洛陽大俠也吴楚之反雁行頓刃者半天下而不得一劇孟則亞夫以爲喜朱克融河北名豪也劉總嘗薦之于朝而唐宰相不用既而幽州首亂卒失河朔夫此二人足不涉六藝之塗名不挂孝廉賢良之籍而左投左重右投右重豈可謂今之天下無若人乎有若人焉能守恬修竚如漆園蒙穀乎能稿項黄馘與草木同腐朽乎惟其椎樸少文無媒以自進銅墨小吏得批捩而跆藉之於是拊髀頓足瞋目語難小者豪鄉里大者憑山海而天下眷眷多事矣愚以爲明主在上海内幸無大奸如古列國豪公子積席貴盛虓闞中原則其他剪剪者皆可以爵禄智計籠而馭也蓋荀悦所稱游言游行游俠今郡國在在有之而游俠尤甚食肉曳縞設財役貧則厮輿爲之用駢肩結轂背公死黨則鳴盗爲之群露齷裂眥引绳批根則梟狼爲之使喑嗚咄嗟武□豪敚則閭黨爲之傾夫人與人相處未有能無故而相伏者也力大者搏齒堅者齧爪剛者决彼其以數十百人鏇落角距而爲一二人□者此一二人必非常人也夫非常之人使之不爲朝廷用而自用不用之於善而用之於奸愚有惑焉請略仿四臣之策令縣道有司博求所部豪猾不得志之人隨才疏舉或推鋒敢死或足智曉兵或家富于財而好施或談達不羈可使絶域諸如此類皆羅入士伍中一體叙録使之試其豪舉於職事而耗其雄心於利禄則劇孟朱克融輩人人皆朝廷耳目也何奸之能爲蓋祖宗用人自科貢外别有經明行修才識兼茂賢良方正之科有富户老人入仕之例所以抽揚小善藏納納流銷亡壯夫義士慷慨邑鬱之懷廣厲邪俠小人技拭嚮往之路至深遠也今盡屏不行矣雖有武舉一科而拘牽文義豪杰不及格矣愚以爲寸長

尺短自古嘆之管仲師馬得路隰朋師蟻得水則堯言禹趨未必如草野之專能也受金底安劉之績食馬出陷淖之危則瑕摘毛舉未必如延攬之多效也貲郎牧豎小史降胡前代或以階牧伯而享茅土聲烈著而不磨則甲乙賢能之書未必勝雜流之得士也吴訥以醫士起中丞郁新嚴震直以人才登八座具載國史至今且二百年則累葉熙明之日未必遜草昧之多才也軍志曰御得其道狙詐咸作使御失其道狙詐咸作敵則書生迂鄙之言未必非山藪藏納之助也惟執事教之

順天府鄉試録後序

臣經邦嘗考覽雅頌論成周之際則嘆人才之關於聖運也昔者周蓋號多士而莫盛成王之世成王釋於襁褓纂承二后此亦天步未易濟之時也然周道顧粲焉郅隆乾淑坤靈發爲才賢者不可殫紀維時藹藹吉人與翽羽之祥并出卷阿歌之乃豐鎬間則思皇焉益庶矣何若是盛也蓋讀訪落儆毖諸詩志惕詞危若不能一日安諸位者是知成王之叡明天所授矣而旦奭佚雍之儔又相契與明勖而篤輔之是以道化融洽俊民嚮用而卷阿之雅所爲作也今主上以冲齡登大寶與成王無异臣日執經侍上左右竊伏睹聖德至熟夫其儲神覽聽則訪落之摹也經帷不輟御則緝熙之軌也若負扆獨覲九服宴如即成王愧之矣曽不逾禩而英聲榮問蜚塞霄淵天下之人莫不神竦色澤謂聖天子復出挾墳策者流印阻伏疏逖亦莫不滌志砥行蘄自耀於熙明矧其産甸服翔辟廱尤耿光所首被者哉臣以爲必有卓犖魁奇如詩所稱吉人者生其間而無從覩之也今有司修比士之典論民秀以登天府而臣猥承上命獲叨斯役以自效於以人事君之義臣之幸也受命之來夙夜怔營手披目校蓋庶幾一遇焉而觀諸生所爲文言人人殊大都沉浸經術不詭聖真至於上陳帝猷下議吏道雝雝乎鳴世藉令周士操簡而談不過矣則信乎王國之多士也自非雅化乘運所挾持軼异宜不及此以故臣之得之也津津喜手其藝不置誠重之矣雖然周之士所以貴者直藝焉已哉謂其馮翼孝德足以媚天子而及庶人也乃今諸生者果皆若而人舉乎脱有緣飾纖華希徼榮利而臣第溺其詞亟採之曰王國士王國士此與鳳視昭明也何异哉臣於是有餘懼矣嗚乎士方屈首治書搤腕論天下事常憂抑塞不一遇即遇又憂非時也今諸生遭世休隆且當聖天子御曆之元即裒然爲舉首斯其遇已奇矣乃

猶不以周士自表竪令舉者緦緦無已時豈諸生宿昔所自許意哉夫旁羅雋髦出之奥渫主上之惠也奮躡風雲感遇而論報烈士之概也諸生勉之矣异日者通籍受事忼慨立勛節直與馮翼孝德方駕而驅將必有遂歌之臣續卷阿餘響擴之亡窮則豈獨聖世之光而諸生亦永有聞哉

左春坊左中允兼翰林院編修陳經邦謹序

萬曆四年順天府鄉試録

順天府鄉試録序

皇上御極之四年秋八月順天復當大比士提調官府尹臣之垣府丞臣南雍以請上命中允臣洛文贊善臣國爲考試官既陛辭入院則同考官進士臣一坤臣應科臣範學正臣應鸞臣承健教諭臣洽臣暘臣應龍臣燾臣維鉉臣世家應聘咸集臣乃用是歲禮官所條上科指具相與毖飭以從事而御史臣庭梧臣一桂暨臣李尚默臣曾士楚亦申明約束譏防闌内外唯謹其諸執事悉慎簡而祇役焉於是合諸曹六館及提學御史臣傅孟春所選士四千餘人三試之遵制額取百三十有五人并録其文以獻臣洛文嘗考覽古昔則人才莫盛乎唐虞之際矣維其時帝德光天之下故黎獻共臣罔不敬應也聖人作而萬物睹詎不信哉我皇上紹熙洽之傳應中天之運聖神立極作民君師海隅蒼生焜燿明德既歷禩于兹矣爰自萬曆初元即俞言官請拓新試院至是規制秩然始備間嘗閔學官失職士習日媮申下功令甚具屬肇舉令典臨幸辟雍縫掖之徒應薦來者靡不獲與于橋門圜觀之盛而典試之舉復命臣等暫輟講事以往蓋上之首重教化加意人才如此士幸丁千載文明之會有不訢然益奮者耶用是烝進群髦若棫樸芃芃然薪之槱之無不可者而賢書豈勝載乎顧臣兹不患多士之不充舉患舉之而用或靡適不患録者之不文患文過而離其質也何也敷納以言雖昉虞世然所蘄者曰忠曰直足任股肱耳目焉爾迨後科目制興亦惟明當世之務習先聖之術者是取蓋所爲用之者固若此也今世舉業之文日益侈麗至不可加矣而士猶馳騖不止視先進渾厚爾雅之風若非所屑然者曾弗知鞶帨愈工本真愈遠蓋浸淫不已而纖華奇僻襲諸子以緣飾六經者種種有之豈聖天子敦本尚實冀得真才意哉夫龍興致雲鶴鳴子和言類應也若上以實下不免以文上以醇下不免以雜上以正下不免以僻則學術且背而馳何敬應之足云故臣兹校諸士之文罔敢苟同時好必文質相扶中窾當物者取之其根心切理質言無華者亟取之諸騁逐于浮艷淄綴于异説者雖工不録蓋曰文體關乎士習而人才視以汚隆故寧去彼取此期得篤實朴茂之士足爲縣官用也且致用之本我皇上幸

學訓迪師生不已備乎曰治平之道具在六經體驗推行寔資化理士誠佩服聖謨湛涵經旨存之心而温良醖藉掞之文而平正通達措之躬而易直端方抒之業而光明俊偉即無論其近者雖虞廷之九德俊乂必兹其選矣國家其又何求顧因言考衷臣可覘而知之自獻成信臣莫愛而助之也諸士勗哉必也言即可行學即可用平居以爲準的而在事若操左券是謂聖世真才其于感遇論報可無負矣得士若此臣亦何患焉有如不然而本末相戾初終頓殊是不浮于言者乃浮于行先資之具徒弁髦耳此直硜硜者不爲矧堯舜在上覿光用賓濟濟藹藹以興者乃爲是歟即進而揚于大廷又何以追儷于帝臣之敬應者歟詩曰彼都人士出言有章行歸于周萬民所望夫都人士固萬民之望也惟不第出言有章而以行之周者副之將建首善以率先天下寔自兹始聖天子覿文化成之盛直揖唐虞于千載之上可也若是則多士匪徒用以報且足以風矣於乎尚重圖之哉

承直郎右春坊右中允兼翰林院編修何洛文謹序

萬曆四年順天府鄉試

提調官

順天府府尹王之垣（爾式山東新城縣人　壬戌進士）

順天府府丞朱南雍（子肅浙江山陰縣人　戊辰進士）

考試官

承直郎右春坊右中允兼翰林院編修何洛文（啓圖河南信陽州人　乙丑進士）

承務郎右春坊右贊善兼翰林院檢討許國（維□直隸歙縣人　乙丑進士）

同考試官

吏部辦事進士張一坤（子簡浙江山陰縣人　甲戌進士）

吏部辦事進士嵇應科（文甫直隸武進縣籍無錫縣人　甲戌進士）

吏部辦事進士方範（循道直隸崑山縣人　甲戌進士）

直隸蘇州府太倉州儒學學正陳應鸞（廷瑞福建同安縣人　辛酉貢士）

四川嘉定州儒學學正郝承健（惟順湖廣京山縣人　辛酉貢士）

直隸徽州府歙縣儒學教諭蔣洽（中悦浙江錢塘縣人　辛酉貢士）

直隸鎮江府金壇縣儒學教諭張暘（時卿湖廣江陵縣人　丁卯貢士）

直隸徐州蕭縣儒學教諭姚應龍（子翼浙江慈谿縣人　丁卯貢士）
浙江杭州府仁和縣儒學教諭王燾（元甫江西吉水縣人　庚午貢士）
浙江杭州府錢塘縣儒學教諭李維鉉（廷玉福建晋江縣人　辛酉貢士）
湖廣長沙府湘潭縣儒學教諭羅世家（叔延四川德陽縣人　辛酉貢士）

監試官

文林郎廣東道監察御史郭庭梧（子材河南新鄉縣人　乙丑進士）
文林郎廣西道監察御史賀一桂（秋芳江西廬陵縣人　乙丑進士）

印卷官

奉議大夫順天府治中許倓（静夫河南靈寶縣人　官生）
直隸保定府推官李以謙（德光山東魚臺縣人　甲戌進士）

收掌試卷官

順天府薊州平谷縣知縣閻漳（汝清山東蓬萊縣人　乙丑進士）

受卷官

直隸真定府推官劉士忠（純卿陝西華州人　甲戌進士）
文林郎直隸河間府任丘縣知縣郭汝（子稱山東齊寧州人　辛未進士）

彌封官

文林郎直隸保定府蠡縣知縣何世學（文甫浙江蕭山縣人　戊辰進士）
直隸保定府清苑縣知縣李大嘉（子美山西曲沃縣人　甲戌進士）

謄録官

直隸河間府推官董繼祖（承芳河南洛陽縣人　甲戌進士）
文林郎順天府薊州遵化縣知縣宋仕（汝學山東平原縣人　辛未進士）

對讀官

文林郎直隸河間府河間縣知縣段補（希仲陝西蘭州籍山西陽曲縣人　辛未進士）
順天府昌平州密雲縣知縣張世則（惟範山東諸城縣人　甲戌進士）

巡綽官

懷遠將軍大寧前衛指揮同知王心端（中立順天府密雲縣人　己未武舉）
明威將軍羽林左衛指揮僉事張綱（子振直隸新城縣人　癸丑武舉）
懷遠將軍金吾左衛指揮同知王勛（允功順天府固安縣人　甲戌武舉）
明威將軍大寧前衛指揮僉事李安（性之順天府遵化縣人　甲戌武舉）

監門官

昭毅將軍金吾左衛都指揮僉事龍璘（君玉直隸太湖縣人　辛未武舉）

明威將軍神武左衛指揮僉事盛鋭（廷器河南郟縣人）

供給官

承德郎順天府通判徐一正（國式湖廣宜都縣人　歲貢）

承直郎順天府通判孫惟順（汝一直隸合肥縣人　官生）

承直郎順天府通判及萬祺（維祺直隸交河縣人　官生）

徵仕郎順天府經歷司經歷徐應增（子益直隸太倉州人　監生）

修職佐郎順天府經歷司知事曹嘉賓（子樂浙江蕭山縣人　生員）

將仕郎順天府照磨所照磨韓偉（汝英陝西涇陽縣人　監生）

承直郎順天府宛平縣知縣李蔭（于美河南内鄉縣人　甲子貢士）

承直郎順天府大興縣知縣沈淇（維南直隸當塗縣人　乙卯貢士）

文林郎順天府宛平縣縣丞陸炫（汝晦直隸上海縣人　監生）

承事郎順天府宛平縣縣丞李果（君載四川黔江縣人　歲貢）

承事郎順天府大興縣縣丞劉穩（思安湖廣邵陽縣人　監生）

承事郎順天府大興縣縣丞李東巖（民瞻四川茂州人　恩貢）

修職郎順天府宛平縣主簿程溱（子政上林苑監籍山西長治縣人　儒士）

修職郎順天府大興縣主簿孫錭（文濟錦衣衛籍浙江餘姚縣人　監生）

順天府通州同知徐可大（允成河南衛輝守禦千户所人　乙卯貢士）

順天府霸州同知曹鉷（子鋭直隸華亭縣人　吏員）

直隸東勝右衛經歷司經歷簡叔正（希頤江西新喻縣人　監生）

直隸興州前屯衛經歷司經歷魯煥（晦叔江西泰和縣人　吏員）

大寧都司營州左屯衛經歷司經歷張士元（汝魁山西蒲州人　知印）

順天府良鄉縣縣丞蔚畏民（汝修山西汾州人　監生）

順天府宛平縣典史沙相（子良浙江錢塘縣人　吏員）

順天府大興縣典史韋世懋（勉之廣西宣化縣人　吏員）

順天府固安縣典史周光楝（宗雲浙江黄巖縣人　吏員）

順天府薊州遵化縣典史陳源（廷濟江西新淦縣人　吏員）

順天府薊州豐潤縣典史張文淵（汝本江西浮梁縣人　吏員）

登仕佐郎順天府醫學正科賈鳴陽（人和順天府薊州人　醫生）

第一場

四書

夫子循循然善誘人博我以文約我以禮欲罷不能既竭吾才如有所立卓爾雖欲從之末由也已　誠者自成也而道自道也誠者物之終始不誠無物是故君子誠之爲貴　孔子曰操則存舍則亡出入無時莫知其鄉惟心之謂與

易

初六有孚比之无咎有孚盈缶終來有他吉　象曰澤上於地萃君子以除戎器戒不虞辭也者各指其所之　昔者聖人之作易也將以順性命之理是以立天之道曰陰與陽立地之道曰柔與剛立人之道曰仁與義兼三才而兩之故易六畫而成卦分陰分陽迭用柔剛故易六位而成章

書

皋陶曰都亦行有九德亦言其人有德乃言曰載采采禹曰何皋陶曰寬而栗柔而立愿而恭亂而敬擾而毅直而温簡而廉剛而塞强而義彰厥有常吉哉　若金用汝作礪若濟巨川用汝作舟楫若歲大旱用汝作霖雨　五皇極皇建其有極斂時五福用敷錫厥庶民惟時厥庶民于汝極錫汝保極凡厥庶民無有江朋人無有比德惟皇作極　君子所其無逸

詩

七月流火八月萑葦　賓之初筵左右秩秩籩豆有楚殽核維旅酒既和旨飲酒孔偕鐘鼓既設舉醻逸逸大侯既抗弓矢斯張射夫既同獻爾發功發彼有的以祈爾爵　思皇多士生此王國王國克生維周之楨商邑翼翼四方之極

春秋

蔡侯鄭伯會于鄧（桓公二年）楚人伐鄭（僖公元年）　夏公會齊侯宋公陳侯衛侯曹伯伐鄭圍新城（僖公六年）冬晋人宋人陳人鄭人伐秦（文公二年）春王正月叔孫得臣會晋人宋人陳人衛人鄭人伐沈沈潰（文公三年）　楚公子嬰齊帥師伐莒庚申莒遺楚人入鄆（成公九年）春王正月暨齊平（昭公七年）　春王三月及齊平（定公十年）

禮記

天子乃以元日祈穀于上帝乃擇元辰天子親載耒耜措之于參保介之

御間帥三公九卿諸侯大夫躬耕帝籍　樂由中出故静　君子之服之也猶有五起焉　故男子生桑弧蓬矢六以射天地四方天地四方者男子之所有事也故必先有志於其所有事然後敢用穀也飯食之謂也

第二場

論

天人相與之際

詔誥表（内科一道）

擬漢令二千石修職詔（景帝後二年）　擬唐以柳公綽爲京兆尹誥（元和十一年）　擬輔臣奉詔恭題成祖文皇帝四駿圖詩成進呈表

判語（五條）

私創庵院及私度僧道　守支錢糧及擅開官封　收藏禁書及私習天文　私出外境及違禁下海　獄囚脱監及反獄在逃

第三場

策（五道）

問　帝王之學務得其要自昔聖哲之后莫不虚心問迫切已著規或輿盤户牖之有訓或納誨訪落之有篇蓋學之有要如此三代六還弗暇具論我聖祖開天闡明道統如親解尚書論語及論周易大學孟子諸書寔得千古傳心之秘者列聖纘承心源相接是故有聖學心法有諸經直指有歷代君鑒之編摩有敬一五箴之作述果皆與古帝王同符否歟今天子冲聖日披經訓陳圖史而講明之至理奥義自得爲多故或因論政而發明經旨或因論史而商諏治道至如丹扆大寶諸箴悉付訓詁而精研妙契獨邁前聞且明示學二帝三王之意揭諸殿廷手疏十二事之警置諸座右淵淵乎帝王祖宗之心法舉遠宗而近述之矣謂學得其要非歟諸生雖未登王庭然衣被末光計必有得於傳聞者誠思殫其生平之藴不識進此而有裨於聖修者否願具言之毋讓

問自昔言治不曰視諸故府則曰奉行故□□□蔽也則曰去其籍蓋籍之重如此國家之制無論巨細非奉令甲不得輒有所請雖跅弛不馭之士且循途守轍不敢少逾寸尺倉卒不意之事亦旁引遐據無得輒用便宜何者籍具故也今所籍爲故事而藏之故府者非大明會典乎會典本諸司職掌高皇帝所創定列聖相承因革損益代有不同敬皇帝始命儒臣裒集成書頒布天下自

弘治壬戌迄今六十餘年未接其後事蓋嘉靖中曾一續修書成而未頒也天子加惠臣民特下明詔命輔臣開局編摩載筆伊始而義例未定也在弘治初儒臣蓋欲仿唐六典議既中格然唐孰與周周亦有六典今所當仿者果安在歟或以爲周唐建官不同而會典實本周官之舊第宜仍其舊編益以新事不知是編也果與周唐之典同乎否歟抑或有當更定而可以補義例之所不及者歟夫明於先聖之術者必習於當世之務書稱成憲詩咏舊章其來尚矣法果一成而不可變安用續編誠可變通自今數十年後將復猶今之視昔是書何爲又何成憲舊章之云也主司亦與載筆之列者願聞其説

問　天下無不可爲之事所貴有任事之大夫任事之人豈易得哉得之或未易知知之未必盡其用用之又或議其後令在事者指以爲戒此任事之人所以愈不易得也試借前事籌之夫受命備邊不能使虜不敢入比入乃反禁捕虜者數入數收保民得無擾乎何以明非怯也市租輸募府日饗不用之士何以明非費也既數歲甫一接戰尚未當虜輒以數千人委焉何以明非敗也羌虜初動上固老之而問誰可將者既自許無逾老臣宜有定畫矣顧曰兵難隃度比至馳上方略第欲罷騎兵屯田夫因天時誅不義宜可滅此而朝食璽書三問廷議豈皆非罷何堅持不顧也于時後將軍屯守破羌強弩出擊計固兩用虜所以破壞何以明皆留屯功也方鎮擅命久蕞爾爾州發諸道兵窮四年之力未得志焉舉朝爭言罷兵乃獨請督戰當是時師老財匱矣何以明罷兵之非計也北河數決欲南疏故道而尚書行河自濟濮數千里井量高下岸測淺深謂故道必不可復且山東歲侵而聚二十萬衆于此恐爲他日憂蓋亦老成長慮然則何以明役不大興害不能已也由前二事畏事者將依托焉由後二事喜事者將奔走焉當何任而可古有大事必集衆議而後行彼皆違衆獨行其意議固可廢邪往昔所稱任事之臣其事若此設以施於今日人其謂何諸士行且進而在事各量所自任以意對

問　久任之法經見虞周治蓋倬哉盛矣至於兩漢而效可睹也繇漢以來論者益詳有諫守長數易者有論久任當行者有言久任之效者有言不久任之弊者并宜見采於時而治效浸不逮古何歟聖天子鑒古圖治明詔有司力行久任□復虞周之軌德意至盛顧人情狃於故習率已嘆淹而選法亦不能無壅此何以説也或謂先王之世有超遷以拔茂异有考課以汰蝨蠹故沉滯者有所振不肖者無所妨而久任可常行無弊審如是則今之勞能表卓者輒見登延而三歲大計綱非疏也乃紛紜之議猶以爲不便然則是終不可行歟將行之不得其術歟抑已得其術而紛紜之議不足恤歟夫虞周制莫可詳

乃史叙漢宣久任之美必以樞機周密品式備具爲稱又似有道以參伍其間者豈今固未之講歟諸士兹且待用於有司矣願極言之令經世者有所決擇焉

問　周禮惟王建國以爲民極商頌邦畿千里肇域四海久矣夫京師之重也國家定鼎燕京北枕大漠前襟漕河左齊魯右秦晋包舉伊洛湘漢轉餉江淮之間旁引閩蜀南盡交廣滇粤輿圖一統前世莫及今海内承平九州筐篚歲至朝廷下咫尺之檄郡國長使恐懼奔走無敢後先豈不稱極治乎哉然有識之士每爲長慮請言其大者北虜已受約束而薊門之戍歲纍纍未已也頃虜一小入頗聞失利頻年練兵實效安在漕渠爲梗議者以爲不可治去而他圖蓋行河者未至而東土騷然矣頃乃并力下流頗聞報效然异時治河何嘗不報效歲復如故而未睹其竟也百官六軍九邊仰給於東南平居無事而民間皇皇若不聊生以爲不在民則在官而國用非有餘以爲加賦而常徵之外多所節省又非有方二三千里水旱之災盗賊之擾乃其故何也議者爲根本至計以爲瀕海沃壤當募民田近郊輔郡當列兵屯三營士馬當簡四方游惰當驅此其策可施行否今欲使京師無失其重舉天下運於指顧之中而聯合爲一體足以域四海爲民極焉何施而可諸士習于都邑之故其各以所見聞著于篇

中式舉人一百三十五名

第一名　魏允中　南樂縣學生　書
第二名　沈季文　浙江烏程縣人監生　禮記
第三名　林雲龍　福建鎮海衛人監生　詩
第四名　張肖孫　直隸江都縣人監生　易
第五名　王士琦　浙江臨海縣人監生　春秋
第六名　陸萬言　直隸青浦縣人監生　詩
第七名　劉世埏　浙江海鹽縣人監生　書
第八名　方懋卿　浙江餘杭縣人監生　易
第九名　陸鯉　浙江上虞縣人監生　詩
第十名　趙夢日　浙江會稽縣人監生　詩
第十一名　余懋中　浙江西安縣人監生　易
第十二名　許應地　浙江嘉興縣人監生　書

第十三名　謝應典　福建莆田縣人監生　詩
第十四名　魏允貞　南樂縣學生　書
第十五名　韓子祁　浙江平湖縣人監生　禮記
第十六名　劉尚卿　廣平府學生　詩
第十七名　蔣時馨　福建漳平縣人監生　易
第十八名　熊楫　江西高安縣人監生　詩
第十九名　孫如法　順天府學附學生　易
第二十名　楊汝瀚　順天府學附學生　春秋
第二十一名　劉岵　任丘縣人監生　詩
第二十二名　錢夢鰲　浙江仁和縣人監生　易
第二十三名　王世揚　廣平縣學生　詩
第二十四名　張嗣修　錦衣衛人監生　書
第二十五名　趙子玄　浙江蘭谿縣人監生　易
第二十六名　劉道亨　新城縣人監生　詩
第二十七名　陳榮選　福建同安縣人監生　易
第二十八名　董復亨　元城縣學附學生　詩
第二十九名　豐時雍　滑縣學生　書
第三十名　張文炳　真定縣學增廣生　禮記
第三十一名　陳鍔　福建惠安縣人監生　詩
第三十二名　阮國仁　河南睢州人監生　春秋
第三十三名　李廷潔　浙江太平縣人監生　易
第三十四名　吴惟忠　順天府學生　詩
第三十五名　張惟方　福建漳州府人監生　書
第三十六名　張問仁　福建晋江縣人監生　易
第三十七名　武揚　元城縣學生　詩
第三十八名　鄭遇知　湖廣宜都縣人監生　書
第三十九名　傅秀岐　福建晋江縣人監生　易
第四十名　張本豫　湖廣監利縣人監生　易
第四十一名　張紹果　湖廣應山縣人監生　詩
第四十二名　黄惟城　浙江義烏縣人監生　詩
第四十三名　傅之仕　獲鹿縣學生　禮記
第四十四名　曾克唯　湖廣南漳縣人監生　詩

第四十五名　邢雲路　安肅縣學生　書
第四十六名　邵炯　安州學生　易
第四十七名　魯燿　深州學生　詩
第四十八名　張忠　魏縣學生　詩
第四十九名　杜癊　永年縣學生　春秋
第五十名　張一德　邯鄲縣學生　易
第五十一名　曹一鵬　任丘縣學生　書
第五十二名　張棟　真定府學生　詩
第五十三名　孫承禄　順天府學附學生　易
第五十四名　盧大謨　廣平府學生　詩
第五十五名　朱應轂　順天府學增廣生　書
第五十六名　宋瑚　清河縣學生　詩
第五十七名　莫揚　浙江安吉州人監生　易
第五十八名　王楷南　南樂縣學生　詩
第五十九名　高觀瀾　景州學生　禮記
第六十名　陳登雲　唐山縣學生　詩
第六十一名　林清偉　順天府學增廣生　易
第六十二名　金銓　保定府學生　書
第六十三名　翟文卿　順天府學增廣生　詩
第六十四名　張道一　故城縣學生　易
第六十五名　秦懋約　浙江臨海縣人監生　春秋
第六十六名　喬璧星　臨城縣學生　詩
第六十七名　張鯤　順德府學生　書
第六十八名　張之銘　魏縣學生　詩
第六十九名　張問行　順德府學生　易
第七十名　張可久　冀州學生　詩
第七十一名　趙子仁　遼東都司學生　書
第七十二名　甯化龍　新安縣學生　詩
第七十三名　洪澐　順天府學生　易
第七十四名　趙友直　深澤縣學生　詩
第七十五名　焦尚銘　任丘縣學附學生　詩
第七十六名　馬壯　邯鄲縣學生　書

第七十七名　陳撫甸　真定府學生　易
第七十八名　李杠　肥鄉縣學生　詩
第七十九名　郭純　平山縣學生　禮記
第八十名　羅永壽　順天府學生　易
第八十一名　鄺柯　大寧都司學生　書
第八十二名　常時芳　交河縣學生　詩
第八十三名　杜麐　廣平府學增廣生　春秋
第八十四名　侯溱　固安縣學生　詩
第八十五名　趙光大　順天府學增廣生　易
第八十六名　沈鳳岐　順天府學生　詩
第八十七名　張彙選　清苑縣學生　書
第八十八名　林蕙　順天府學生　易
第八十九名　吴用敬　真定縣學生　詩
第九十名　于明照　直隸金壇縣人監生　書
第九十一名　鄭光祖　東明縣學生　詩
第九十二名　郭間禮　安平縣學生　易
第九十三名　霍恕行　曲周縣學生　詩
第九十四名　范錫　定興縣學生　詩
第九十五名　袁賦才　任丘縣學生　書
第九十六名　武定邦　永年縣學增廣生　詩
第九十七名　楊遇　東安縣學生　易
第九十八名　吕志伊　順天府學增廣生　易
第九十九名　鄭金　廣平縣學生　春秋
第一百名　邊樓　任丘縣學生　書
第一百一名　王世熙　鷄澤縣學生　易
第一百二名　徐伸　景州學生　詩
第一百三名　王顯仁　滄州學生　易
第一百四名　盧大順　永年縣學生　詩
第一百五名　梅煥　遵化縣學生　詩
第一百六名　李茂春　任丘縣學生　書
第一百七名　韓應庚　永平府學生　易
第一百八名　辛金　武强縣學生　詩

第一百九名　張汝芳　廣平府學生　詩
第一百十名　焦騰汴　涿州學生　禮記
第一百十一名　薛溢　容城縣學生　書
第一百十二名　田有年　新城縣學生　易
第一百十三名　馬尚選　安州學生　詩
第一百十四名　申應科　肅寧縣學生　詩
第一百十五名　劉餘澤　順天府學附學生　春秋
第一百十六名　蕭鳴韶　涿州學生　書
第一百十七名　韓策　南宮縣學生　詩
第一百十八名　王世爵　鷄澤縣學附學生　易
第一百十九名　楊從周　河間縣學生　詩
第一百二十名　方從直　順天府學附學生　詩
第一百二十一名　盧以茂　薊州學生　書
第一百二十二名　郭承緒　順天府學增廣生　易
第一百二十三名　張雲霽　永清縣學生　詩
第一百二十四名　支如璋　順天府學附學生　春秋
第一百二十五名　任萬化　順天府學增廣生　易
第一百二十六名　邢可久　新河縣學生　詩
第一百二十七名　李枝高　井陘縣學生　書
第一百二十八名　田登年　順天府學增廣生　詩
第一百二十九名　盧點　獻縣學生　春秋
第一百三十名　宋文明　永年縣學生　詩
第一百三十一名　王經邦　寧晋縣學生　易
第一百三十二名　劉斯濯　涿州學生　書
第一百三十三名　楊楫　南樂縣學生　詩
第一百三十四名　張祥　滳縣學生　易
第一百三十五名　張國璽　任丘縣學生　詩

第一場

四書

夫子循循然善誘人博我以文約我以禮欲罷不能既竭吾才如有所立

卓爾雖欲從之末由也已

林雲龍

同考試官教諭姚批（簡古周詳純雅明暢闡揚颜子心得聖道殆盡）

同考試官教諭王批（融會大意洗刷浮詞邃養士也）

同考試官學正郝批（欲從末由正颜子造道之深處是作獨得此意起束處尤超脱可録）

同考試官學正陳批（場中率以欲從末由作復嘆其難不知此正颜子之有得處是篇明徹典雅足破陋説宜式多士）

考試官右贊善許批（卓爾末由本博約切近言之得旨）

考試官右中允何批（得颜子歸功聖人意）

大賢幸聖教之善因以造聖道之深焉夫道可以心遇不可以力從也颜子由博約而造乎此□□得者□乎想其歸功聖人意謂始吾求道□□□前後之間志固欲速其化也既無得於□□□忽之際功未始不苦其難也幸而有夫□之善誘焉循循然施之不拂其序而進之必顧其安慮回之寡陋無以盡道之變也先博我以文凡所以開廣其見聞者燦然在吾心而禮於是有餘資矣慮回之汗漫無以會道之歸也復約我以禮凡所以檢制其行事者秩然在吾心而文於是有實踐矣夫然後覺持循之有賴而鼓吾樂進之心悟嚮往之無窮而畢吾從事之力彌高彌堅者因文禮以露其天真凝然若與我俱立非仰鑽之徒勤矣在前在後者隨博約而著於日用卓然若與我相參非瞻忽之靡定矣蓋愈進也則愈親也使身或可即庶幾吾志之竟成耳但可望也不可至也乃力無所庸□如吾才之既竭何要之欲罷不能之初循夫子之教以入焉欲從末由之後守夫子之教以俟焉此回所以不忘夫善誘也觀此而造道之深從可見矣大抵求道於聖人則仰鑽瞻忽而不足求道於吾身則博文約禮而有餘然博約之教門弟子所共聞而颜子獨竭其才彼固知道之在我也嗟乎雖虞廷精一之傳何以易此故曰發聖人之藴教萬世無窮

誠者自成也而道自道也誠者物之終始不誠無物是故君子誠之爲貴

魏允中

同考試官教諭羅批（體製端莊詞理精暢非邃養者不能）

同考試官進士嵇批（説理之文中庸得此篇題旨洞然）

考試官右贊善許批（體會傳注不泥不遺）

考試官右中允何批（明盡）

中庸原人之當誠因推君子之貴於誠焉蓋誠體乎物待人而行也知其與物爲體則知君子之所貴矣且天之生物也命之斯爲誠而率之斯爲道一而已矣誠之言成也實心在我乃天命之本然由與知與能而察于上下性何以全形何以踐理固各足非有假於外也故曰自成而道之本立矣道之言道也實理在物乃率性之當然由達德達道以施于政治擇執與明守執與固分亦各正非可諉於人也故曰自道而誠之用行矣盍反其本觀之理得而聚於有物非自始誠爲之始也理盡而歸於無物非自終誠爲之終也誠既與物爲終始則物亦與誠爲有無苟爲不誠是爲無物矣故人心一有不實則所爲皆妄也君子思以成身敢自弃乎實心一或不存雖有爲亦虚也君子將以凝道容自已乎致曲以至於能化賢之所以希聖者此也盡性以至於如神聖之所以希天者此也是以君子貴誠也能誠則終始萬物之理在我乃爲有以自成而道亦行乎其中矣嗟乎此天德也二帝三王之治皆由此出故當其時中和在上天地萬物各得其所蓋誠不獨成而道與天下共道之矣不然雖九合一匡猶爲無物也誠之者宜何如曰要在慎獨

孔子曰操則存舍則亡出入無時莫知其鄉惟心之謂與

張肖孫

同考試官教諭張批（純雅精邃不當於時義中求之）

同考試官教諭蔣批（融徹典雅善言心者）

同考試官教諭李批（是作講心之神明處獨有味宜録以式）

考試官右贊善許批（辭不費而義躍然）

考試官右中允何批（親切有味）

觀聖人所以論心而心之當養可知也甚矣心之神明不測也其存亡出入靡定而惟在於操舍之間君子可以知所養矣昔孟子以山木論人心既言養有得失而消長因之矣又引孔子之言以示警焉若曰天下之物固有操之未必□者矣今則是惟無操一或操之即歛而存不待持之久而始得也亦有舍之未必亡者矣今則是惟無舍一或舍之即逸而亡不待放之久而始失也方其存也吾見其時入矣未幾而復亡焉入者未始不出也何定時乎方其入也吾知其在内矣未幾而復出焉内者未始不外也何定鄉乎若此者謂何惟心而已蓋凡物皆以形用故滯於一定而不化乃心獨以神用故妙於萬變而不居其體則大而動静每乘乎氣機微而難著與危而難安者相爲貞勝是以或存而或亡也其官則思而交引每緣乎物感潛於方寸與游於千里者相爲

倚伏是以無時而無鄉也心之在人如此得失甚易而保守甚難豈可頃刻失其養哉故日夜所息而仁義足存者此心也旦晝所梏而禽獸不遠者亦此心也由孔子之言觀之則操舍之間君子可以惕然省矣自古聖賢傳心要法莫先於敬蓋心非有存亡出入其存亡出入皆動也孟子言不動心而歸於養氣其養氣也又在集義以求慊於心故平旦之氣乃初動之幾如木始萌尤難培養必有事焉而勿正勿忘勿助長蓋言敬也此操存之道也

易

初六有孚比之无咎有孚盈缶終來有他　吉

方懋卿

同考試官教諭張批（發孚比盈缶真切懇至無一蔓語）

同考試官教諭蔣批（戒勉孚誠格君之意委曲詳盡）

同考試官教諭李批（語莊意切録之）

考試官右贊善許批（孚比意發揮懇到）

考試官右中允何批（純正）

聖人善比之初爻在始終勉于誠也蓋誠莫大于比君也始終勉焉臣道其庶幾乎且孚也者信之在中者也所以誠身所以事君無二道也六居比之初謂始進之途君子最重也故方行義惟知忠信爲質而已不敢雜以智術之私二心之懷人臣大戒也故甫服官惟知无妄以往而已不敢萌乎寵利之念此則精白以承休德上不欺吾君也悃愊以施實惠下不罔吾民也何咎之有然是孚也可以自責而不可以自恕者也又必由内及外擴而充之慥慥乎无一毫之虚假自始至終推而極之肫肫然无一息之間斷如缶之盈乎物而無餘受焉將見誠之至也難諶如天地且動矣矧顯比之聖有不倚毗者乎爲臣而能獲乎上其吉也蓋有欲違弗克者矣信之篤也无知如豚魚且感矣矧順從之民有不悦服者乎居上而能治乎下其吉也蓋有匪夷所思者矣吁初之有孚求寡過焉爾不敢不勉也終之盈缶知自盡焉爾非有所覬也然而无咎他吉乃理之自致焉君子所以誠之爲貴歟雖然有孚之義豈但從政當如是哉漆雕氏蓋言之矣吾斯之未能信古之人有先資自獻以成其信者何則必信而後比故比而無不吉也今之學者未能自信遽萌躁進之心欲免於咎其將能乎以是知聖人之所謂孚蓋自未比之先言之非比而後有也

辭也者各指其所之

余懋中

同考試官教諭張批（體裁整飭詞意渾融）

同考試官教諭蔣批（平正中有古雅迥出常調）

同考試官教諭李批（文意絜淨深於易者）

考試官右贊善許批（詞氣蒼然）

考試官右中允何批（古健）

聖人之繫辭因卦之情而已夫卦之情各有所向則繫辭者特因而指之爾此大傳釋易卦爻辭之通例也且易之爲書以卦則有小大矣以辭則有險易矣然是辭之險易而盡言以告人者不能皆同亦由卦之小大而趨向之所之者各自以异凡辭曰凶曰咎曰悔吝者皆險者也□聖人故危之也卦主於陰其道私而小其所之也自險故辭亦因而指之惕然示人知懼焉凡辭曰吉曰亨曰無咎者皆易者也非聖人故逸之也卦主于陽其道公而大其所之也自易故辭亦因而指之坦然示人知趨焉雖卦之小者辭亦有時易矣是蓋天下固有小人而善變者不得不言易以與其進耳要之小而險者其常也雖卦之大者辭亦有時險矣是蓋天下固有君子而用壯者不得不言難以警其後耳要之大而易者其常也危平易傾聖人固以示其憂世之情然不能外乎卦而創爲之説著于辭者顯于象矣扶陽抑陰聖人亦未始無衛道之意然不過因乎卦而預爲之防以言告者以情遷矣是則分言之則卦與辭殊合觀之則辭因卦繫知此則卦爻辭之通例可識矣抑聖人之作易以辭也其得已乎先天立象而意已盡後乃益之以辭故曰易興于中古作于憂患曰聖人之情見乎辭吁不得已以辭教天下聖人之情也夫何學易者不知玩其辭以補過而徒以文辭視易焉聖人之情隱矣

書

皋陶曰都亦行有九德亦言其人有德乃言曰載采采禹曰何皋陶曰寛而栗柔而立愿而恭亂而敬擾而毅直而温簡而廉剛而塞强而義彰厥有常吉哉

魏允中

同考試官教諭羅批（構思圓融措詞簡潔深得皋陶陳謨之旨）

同考試官進士嵇批（成德自然作者類多未融獨此篇能悉其旨且嚴密精潔無一字不連貫經義之極佳者）

考試官右贊善許批（義周詳詞徑捷佳作）

考試官右中允何批（典實）

大臣概舉觀德之要而因詳成德之實焉夫德貴實有諸己也九者彰而

有常則爲成德必矣觀人孰要於此哉皋陶陳知人之謨先嘆美□爲人君以知人爲首務固將求實德以裨實用耳而其道何由哉蓋德之渾涵者從出雖一原而行之可見者大凡則有九然有德固可稱而無徵豈足信乎故徇名不可也必歷考素履之真而後在我無遺照謀面不可也必備求名實之副而後在人無遁情此觀德之要也及禹詢其目乃悉數之曰所謂九德者豈才性偶合之貴哉蓋參和不偏之難耳是故有寛弘也而又莊栗柔順也而又植立者矣若謹愿之與治才又恭恪而敬畏焉有馴擾也而又果毅徑直也而又温和簡易也而又廉隅者矣若剛健之□強勇又篤實而好義焉沉潛者未嘗無剛克也高明者未嘗無柔克也是所以爲九德矣誠□具是德者既隨其多寡而悉著於踐履之間又貫乎始終而不易其永貞之守則充養有道卓乎名世之英也成德爲行允矣清修之彦也不曰吉士而何噫此之謂載采采也而言有德者爲不虚矣人君以此取人何知之難而官之有不當哉考諸有虞下興尚行之風上敦采實□政故賢才盛而治化隆有以也後世學術人才既弗古若而選課之法復不專道德而才藝是取帝道何由而舉耶願治者如之何亦曰由成周三物之教以復虞廷九德之選而後可

五皇極皇建其有極斂時五福用敷錫厥庶民惟時厥庶民于汝極錫汝保極凡厥庶民無有淫朋人無有比德惟皇作極

劉世埏

同考試官教諭羅批（發君民一體之義親切可嘉）

同考試官進士嵇批（善體建極意而以古雅暢健之辭發之非學識俱到者不能）

考試官右贊善許批（渾融冲雅）

考試官右中允何批（得旨）

君子衍皇極之疇有所以建極之化有所以成化之本蓋君者臣民之表也由相與之化以及化成之本觀之而極豈可以不建哉箕子告武王意謂禹於疇之中數而第之以皇極是極之所係大矣而建用之義何居彼皇履天下之上本斯世所取衷也必位在德元中天地而爲綱常之主議道自已統民物以立紀法之宗則善氣迎而天休滋至太和召而百順駢臻福其有不隨者乎然君之斂福非獨厚其身也即是極以敷錫焉而君蓋有以與乎民矣民之被福非無與於君也即是極以錫保焉而民遂有以與乎君矣君民相與而實相因如此化成之本豈在外哉吾知觀俗於野而無淫朋是民保君之極也而非

民自能也惟皇昭大中以樹之軌故民自從又焉耳否則安能靡然向風若是耶觀政於朝而無比德是臣保君之極也而非臣自能也惟皇守至正以示之趨故臣自欽若焉耳否則安能翕然丕變若是耶吁皇極之理通於下而歸極之機係於上信乎建用之不容已也極建而彝倫有不叙者哉大抵治天下之道九疇盡之矣九疇之藴皇極綱之矣此建極所以爲要也然帝王有身極有心極心有不純極其可得而建乎故曰聖人定之以中正仁義而主静立人極夫主静之極心極也萬化所從出也君天下者尚求端於此云

詩

思皇多士生此王國王國克生維周之楨

陸萬言

同考試官教諭姚批（多士應運誕興展猷幹國乃成周嘉會此作邃識宏詞若目覩其盛者宜録以式）

同考試官教諭王批（揄揚得體鋪叙有法令人讀之不忍釋手）

同考試官學正郝批（精確簡當無一剩語）

同考試官學正陳批（雅切莊重足發揚周室人文之盛蓋深於詩者）

考試官右贊善許批（簡質）

考試官右中允何批（莊雅）

詩人美周士之生爲王國之本夫國之所恃以立者人也多士生王國而且本固矣聖世得人之盛如此周公陳祖德于王而以命周之福言之意謂周士翼猶以顯世豈偶然哉蓋天實啓之爲我周計耳美哉多士天地清淑之氣其鍾也不數明良交際之期其遘也甚難本所自生帝命之維新乃賚而弼焉於此王國文德之不顯如待而興焉若是者在异代尚亦有賴况其時乎得一人已足爲重况其多乎今王國而能生之也將見疏附在是先後在是岐之山若增而高奔奏在是禦侮在是渭之水若增而深昭事上帝承天休者素矣雖天之難諶而國有人焉足以培昌祚於不拔猶垣之有榦而植以爲基也怙冒西土結民心者厚矣雖民之易涣而國有人焉足以保洪業於無疆猶築之有基而附以爲固也噫周士之爲楨於國如此其傳世之顯固宜雖然士之爲國楨也非獨自樹蓋本人君造就之力焉夫天之生才何代無之彼周之多士非商之遺黎乎作以菁莪棫樸寄以干城腹心則文王之所以爲楨者乃文王自爲之也故曰人主愛惜人才自爲社稷計信夫

商邑翼翼四方之極

陸鯉

同考試官教諭姚批（體勢尊大詞氣嚴整末歸本聖武尤見知要）

同考試官教諭王批（以簡古之詞發平實之理可式）

同考試官學正郝批（此題作者多分□殊非語意是作一氣串下而詞旨謹嚴卓有中興氣象）

同考試官學正陳批（雄偉簡嚴當於古作求之）

考試官右贊善許批（莊重）

考試官右中允何批（精潔）

觀王畿之勢尊見中興之道振夫王畿者天下之本也而翼然爲四方極焉商道其復振乎此高宗中興之頌也蓋曰昔我成湯奄有四方爰

蔡侯鄭伯會于鄧（桓公二年）楚人代鄭（僖公元年）

王士琦

同考試官進士張批（嚴整瑩潔發聖人經世之略盡矣宜録以式）

考試官右贊善許批（事核詞嚴）

考試官右中允何批（得謹嚴體）

春秋志内弱外强之事而經世之慮深焉此見列國始戒心于楚而楚之馮陵益張經斯世者可弗慮哉蓋聞中國居内象易之陽焉而易于陽德方隆猶示以莧陸之決則無乃防病夷之漸乎春秋感夫鄧之會已曰自新田菑畝之事遠而華風不競于南醞釀至魯桓之世王靈霸業兩俱虚而勢彌弱矣三國之近楚也同懼而會鄧也獨不聞壇好之間有陳玉而悲者乎急懼人而緩修治吾見其策無良也噫四夷方視内之强以銷萌也而今則何如哉厥後鄧滅蔡俘驅懿親而服之役聖人故傷之也始庸知天之不啓我以罰豺狼而奈之何其偷也又聞夷狄居外象易之陰焉而易于陰孽初形輒示以金柅之繫則無乃杜滑夏之階乎春秋感夫鄭之伐已曰自方城漢水之疆分而荊氣洊雄于北浸淫至魯僖之世長主賢臣兩相得而勢彌强矣鄭方即于夏也楚遂討其違也獨不聞軍興之際有投袂而忿者乎名虐鄰而實撓霸吾見其心無已也噫諸夏方視外之弱以持安也而今則何如哉厥後主會受朝脅宗盟而奪之長聖人故謹之也始庸知天之不授彼以勸親暱而奈之何其忽也噫春秋經世之慮何深哉大抵天下無常强無常弱御得其道則强在内御失其道則强在外御之不可不慎也當是時周政失而楚之竊發所繇來久列國奚責乎後世儒者論御夷之道曰其備不在邊境而在朝廷誠善發春秋之旨

楚公子嬰齊帥師伐莒庚申莒潰楚遂入鄆（成公九年）城不能禦寇余焉能禦寇弃之而不顧曾不知有死忠之分耳嗟乎地利不如人和蓋自古記之矣民之不輯而治城民將不任其勞也翕而怨之是滋二心也城之徒完而民病民將不效其守也委而去之是竪空堞也縱能修夫三都何能免于一潰哉經於莒潰書日以謹之欲有國者勿恃以地而貴乎其天居尊而疇依之懼存臨下而亡告之艱燭隱然保障之固而國乃長治此義湮而世之憂外侮者往往浚民膏爲城郭溝池之務不知城郭溝池之務煩而深國憂也彼城郢而吴竟入溝宫而梁終亡豈不備哉善乎漢臣之言曰賢主獨觀萬化之原修之廟堂而銷未形之患要使天下無土崩之勢而已矣

禮記

天子乃以元日祈穀于上帝乃擇元辰天子親載耒耜措之于參保介之御間帥三公九卿諸侯大夫躬耕帝籍

沈季文

同考試官進士方批（題旨融洽文氣渾成非邃于禮學者不到此）

考試官右贊善許批（敬天勤民原非二事此作得之）

考試官右中允何批（發揮明透）

王者舉祈年之典而因有事於耕籍焉夫祈年以仁民也耕籍以敬神也王者日而行之其知急先務者乎且人君協上下以承休敬天勤民之責胥萃焉者也時維孟春帝出乎震而東作之期肇矣天子將何爲哉有見於民以食爲天而五穀之生則自上帝以宰其化也乃因元日之臨而肆舉夫燔柴之節行祈穀之禮而仰冀夫默相之功兆於南郊祝西成也通之以明信而降康者可卜矣從以后稷望有秋也孚之以精禋而粒食者攸賴矣斯固天子之靈承於上帝而造福於生民者也然是穀也耕者之所獲也亦祭之所以供粢盛也是耕也小人之所依也亦天子之所以事上帝也乃擇元辰而天時協矣親載耒耜以措於參保介御之簡而物曲備矣於是帥彼三公九卿焉從廟堂以親畎畝之事而小大莫處凡以服其勤也帥彼諸侯大夫焉奉萬衆以即千畝之勞而貴賤皆御無敢愛其力也穀之既祈而此則開稼穡之始帝之既享而此則昭黍稷之馨豈曰莫爲之耕哉是其始也以農之故而祈乎神其既也以神之故而親乎農王政之急先務如此固宜民懷其□神歆其德歟大抵月令所紀皆周家之制吾觀載芟之篇吉成王周公耕籍以勸農祈社以求穀故其民樂田畝而屢豐年王業之興信不偶也噫此既耕卜郊獻子非之而不籍千畝文公以爲諫歟有天下者可以省矣

故男子生桑弧蓬矢六以射天地四方天地四方者男子之所有事也故必先有志於其所有事然後敢用穀也飯食之謂也

韓子祁

同考試官進士方批（聯絡有情發揮透徹是當不愧于始射之義者）

考試官右贊善許批（是可以觀志）

考試官右中允何批（暢達）

始射之有所期觀諸臣道而自見矣夫人臣以先事後禄爲忠也始生之用射不有見於此哉且天下之事慎其初君子之志務其大夫人未有期之不豫而能有所副者也吾觀始射之義矣是故男子之生也以父母愛之之心莫有先於食之者而今以桑弧一焉蓬矢六焉而爲天地四方之射何哉蓋以天地之大四方之廣必得人以任其責而彌綸天地之道綱紀四方之治微男子無以效其能雖一人之身而宇宙萃焉不可以他辭也雖六合之事而職分關焉不可以自諉也始射之義如此而所以期之者不小矣是以男子之出而爲臣正將以行吾天地四方之志而非以適己之私也故必先盡志□裁成左右之功而後敢食君之禄也使職之曠而惟素餐則以爲懼矣或效未集而先受賜亦以爲恥矣若此者豈自今日得之哉正始生飯食之謂耳其先射而後食者期所副也慈父以保其子而豫養乎大人之具是臣鵠之立也其先事而後穀者副所期也忠臣以事其君而不失乎赤子之心是男教之體也吾觀始生之射而知所以作忠矣射之時義大矣哉自正誼明道之學不講而功利之惑人深也由志之不定耳禹稷伊周以聖輔聖勛業章章著矣然夷考其所謂思兼思匹夫匹婦不獲思天下之飢溺其志曷嘗不在天地四方夫是以胼胝不辭而憂勤罔恤也利禄云乎哉故曰射者繹己之志也此又定志之説也

第二場

論

天人相與之際

沈季文

同考試官進士方批（天人相與而稱際者體一故也是作剴切奇古博雅□邃□漢儒□簡不過矣宜録）

考試官右贊善許批（尋常言天未有及此者誦之悚然）

考試官右中允何批（以理著幾微立論而於君之格天□致意焉

□□□旨得□□益明矣）

夫天人一體相爲感通其理至著而其幾至微也人君奉天而爲之子必以天之心爲心天監在下亦必以君之心爲心君以天爲心故其畏民也乃所以畏天也天以君爲心故其愛君也乃所以愛民也天之愛民甚矣豈其使一人肆於民上以從欲而滋亂必不然矣明君知此兢兢然惟恐一失其道使天下之民或有不得其所而獲戾于天是故遇灾而思睹异而懼用能反异爲常變灾爲瑞天休滋至而福祚無疆也漢董仲舒告其君首言天人相與之際夫天人之際世儒論之蓋詳乃徒以理言疑於茫昧而無所指且天道遠人道邇安見其相與而稱際焉今夫天積氣耳氣積而神靈聚焉氣之乘虚無所不至故神之乘氣無所不通天畜於山澤央於天大象著之矣彼其下視蒼蒼猶是也人之於天譬魚之於水由中達外無適而非是矣日月之明不及於蔀屋而天盈焉雨露之潤不及於岩石而天入焉故天也者人雖欲離之不可得也不睹不聞隱微幽獨莫非天也故曰潛雖伏矣亦孔之昭又曰上帝臨女無二爾心由是觀之天之與人甚於人之與人何也人與人同類而體猶二也天與人同體則一而已燕臣拊摽而霜飛齊女籲號而風振匹夫匹婦尚然況大君乎凡民之精神運於一家諸侯之精神運於一國大君之精神運於一世故大君者一世之人之所繫命也天既金畀以所覆蓋尤注意焉大君與天同覆而合爲一體是故明廷臨御深宫燕閑一言之是非一動之邪正不可謂無與於天也日躔離合星軌順逆山川震寧年穀登耗風雨之節不節寒暑之時不時不可謂無與於人也何也一體故也盡性而參贊慎獨而位育豈虚語哉且民者天之所生未有爲父母而不愛其所生者父母愛其所生故撫吾所生吾喜焉殘吾所生吾怒焉九重之貴萬方之富非徒以奉一人而已也爲能愛吾所生也此其意可知也君道得則治而民生安君道失則亂而民生不安故失道先告之以灾害不省復警之以恠异天之仁愛人君而欲止其亂也其意可知也警告在天而轉移在人此天人之際之所以可畏也自昔言天人者莫具於詩書矣天視自我民視天聽自我民聽言天而徵於人也昊天曰明及爾出王昊天曰旦及爾游衍言人而徵於天也一秉心也何與於天曰昊天不平一行政也何與於天曰昊天不惠天何聽納曰辟言不信天何慮圖曰謀猶不臧民之鮮終何以曰諶之難民之多辟何以曰牖之易湎酒則曰天降威淫刑則曰天降罔夫非以一體之□□是故帝懷明德日監在兹天之與人□□言□命順帝之則人之與天也天之與人常□而不漏人之與天常燦而不殊明明赫赫達□上下吉凶不僭去就無常是其際可畏也故其德也曰馨聞其不德也曰

穢彰其道得也曰啓其衷其道失也曰奪其鑒其治也曰保定而俾戩穀其亂也曰疾威而降鞠凶其興也曰眷顧而式廓增其亡也曰弃絶而大命訖矣然而天有定不定者何也世儒以爲天人之際固交相勝也乃天亦曷嘗不定哉堯舜在上而蓂生鳳儀此祥之正也夏商將亡而山頹川竭此灾之正也蓋亦有愛而警之者商戊之桑穀周成之雷電是也有驕而絶之者後趙之蒼麟後魏之白雉是也此灾祥之變也故惠迪吉從逆凶積善餘慶積不善餘殃在天未有不定者也灾亦或爲祥祥亦或爲灾天命既受我不敢知曰永孚于休若天棐忱我亦不敢知曰終出于不祥在人則未敢遽以爲定也賁若草木應惟影響故曰其理著興替之命間不容髪常變之原判於俄頃故曰其幾微是以古之賢君一歲無灾則曰天忘我邪諸福迭見則曰吾何德以承之非故辭祥而就灾也誠以天人之際爲可畏也人君天之宗子父母愛之喜而不忘父母怒之勞而不怨事天之道也敬事於下昭格于上言善而星退舍政修而蝗出竟一郡國之長其感通則然又况有進此者乎仲舒之指推於春秋春秋繫王於天繫正於王見天人之一體也所譏而灾害加焉所惡而怪异施焉蓋其相與之際如此吁可畏哉是故君人者當綦隆太和之時不忘灾害怪异之至知帝懷之在德凛下民之有嚴勤問學而致行道先教化而後刑罰右仁義而左功利則天人相保而社稷長安故曰事在强勉而已矣詩陳敬之書戒懋哉皆强勉之謂也

表

擬輔臣奉詔恭題成祖文皇帝四駿圖詩成進呈表

王士琦

同考試官進士張批（莊重明盡而因頌寓規宛然忠愛之意）

考試官右贊善許批（善模寫創業艱難意忠婉可嘉不獨駢儷之工也）

考試官右中允何批（忠欵纚纚具於頌述中見之非苟作者）

萬曆四年五月某日伏蒙皇上出内府所藏成祖文皇帝四駿圖示臣謹遵詔恭題以進者伏以神武貽謀特繪四征之龍種欽文纘緒俾歌千載之駿功侈快睹於丹青愧難裁夫雅頌敬矢詩而應詔敢因事以寓規臣誠惶誠恐稽首頓首上言竊惟五材誰能去兵戰始基乎涿鹿三用莫如乘馬制馴備于攻駒顧水瑞星精應期始出而銜文服皁非聖不生歸牧華山善鎬京之偃革産靈渥水嗤郊祀以興歌肆聞八駿之荒游亦有二師之窮討銜久駘而失御兵不戢以自焚惟我朝之用夏變夷故奕世而陳師鞠旅於皇成祖載纘武功憤戎馬之生郊驅毛龍而戰野六飛親駕四駿迭馳躍鄭壩之龍駒鋒逾駭電

驤白溝之赤兔勢甚疾雷御驊騮而平踏小河服騰黄而横鶩靈璧貫陣轢昆陽之象突營過即墨之牛乃百萬雖已倒戈而一夫猶然决拾膺門沐赭詎因流矢之偶加戎壘追風寧見霜蹄之少蹶猛氣戰酣而彌厲勁姿創甚以争先遂開震世之奇勛并仗逸倫之妙足乃宣畫史備寫軼材居然形法之應圖宛若驍騰以赴敵九重之真龍一出萬古之凡馬遂空自非曹霸韓幹之神奇安得圉人太僕之惆悵蓋戡亂用武式張締造之艱而居安思危已寓盈成之戒尚方捧至絹素颯矣其風生秘閣拭觀左右灑然而神竦想躡雲之健步一塵豈至於驚揚意振鬛以長鳴萬騎必爲之辟易高懸麟閣宜同虎士以標形遠揭狼胥直使氈裘之奪魄更承詔旨猥屬品題試翻伯樂之遺經徒誇駿骨素昧費昌之善御曷贊龍媒然魯頌有程敢奏蒲梢之曲而虞箴可述豈陳黄澤之謡蓋藎臣貴托物以輸忠惟明主能見形而察影撫此煌煌之大業可無翼翼之小心恭惟皇帝陛下首出庶物丕冒群生屬干戈弓矢之久韜即鳥獸魚鱉以咸若效王馳法帝驟芳規已遡于遠稽闡祖德繹宗功偉略尤殷于近述偶披圖而注覽即布命以陳詩非緣創守之一心孰念艱關之百戰烟火通萬里不忘朽索之周防鞭笞盡四夷尚厪射鉤之故事蓋無虞致儆冀聞保泰之徽言而有大能謙匪尚居豐之侈頌者也臣才慚倚馬遇幸攀龍馳驅久許于先朝鞭策正期乎今日九方邈矣審看移晷以逡巡七德寓焉遐想當年之眘定鞭風霆而驅虎豹百靈固信其護訶冒矢石而披荊榛萬乘亦瀕于危殆且神駿之收羅若此即英豪之駕馭可推意匠經營吮筆難窮其彷彿天造草昧按圖具寫其艱虞賡歌喜起之風敢幾希于虞佐桑土綢繆之義庶竊附于周人伏願耀德蓄威經文緯武恢丕基而肯堂肯構博搜歷塊之良思王度而如玉如金永陋滚塵之玩恭己垂山龍之衮匹虞廷獸舞之風進道受河馬之圖追軒囿麟游之化臣無任瞻天仰聖激切屏營之至謹奉表隨圖上進以聞

第三場

策（五道）

第一問

張肖孫

同考試官教諭張批（敷對詳明而亹亹規言尤悉忠愛之悃）

同考試官教諭蔣批（叙事詳而有體末以正心謹獨反覆開陳於聖修真有裨益）

同考試官教諭李批（篇中歷叙自古聖王務學之要與我烈祖家學之

傳詳約有體終篇尤惓惓于務實之説蓋真以皇王之學望其君者子其素抱致主之忱者乎）

考試官右贊善許批（上每於經史中留心治理此自講臣所親見聞草莽士能一一道之不爽篇末歸於正心謹獨具見忠悃可以獻矣）

考試官右中允何批（書生能發明聖學之概且忠規懇切必涵育道化而有得者）

愚生伏處蓬藋罕所識睹而執事詢以主上聖學之宏深使鋪張揚厲其盛譬之繪天測海何所擬其形容哉雖然光華伊邇衣被獨先亦嘗得諸剽聞之萬一矣敢援古爲證以效管蠡之頌可乎夫帝王之學與韋布不同何也内而砥礪身心則養乎天德之精外而陶冶萬化則關乎王道之大是故以古爲憲以聖爲準機執其要功務其實而盛德大業從此出矣彼資博洽獵英華終日從事而無與於身心治理者殆非明君之以務學爲急者也古音聖哲生而神靈莫如軒轅天錫勇智莫如成湯然而功恒勵焉曰惴惴曰日新其銘諸輿盤者可鏡也亶聰明莫如武王然而志恒惕焉曰勤敬曰慎戒其勒諸户牖者可徵也商高宗命傅説以納誨而舟楫鹽梅之喻愈望愈隆安得不爲中興之令主周成王延群臣以訪落而紹庭仔肩之思屢言屢至安得不爲繼體之賢君叔世以降學無本原功非篤至或一事偶善一節稱明則有之矣若必議黄虞三代之盛德則彼烏足以云乎洪惟我太祖高皇帝天縱神明究析經史如解洪範以明箕禹之衷解論語以正宋儒之謬與朱善講周易與王禕講大學與許存仁講孟子與宋濂劉三吾輩講諸史未易殫述若其評隲精確則往聖未發之旨不有因以大明者乎聖聖相承授守一道成祖文皇帝有聖學心法則千古之懿訓萃焉仁宗昭皇帝有諸經直指則六籍之微言闡焉憲宗純皇帝有歷代君鑒而善惡之法戒以彰世宗肅皇帝有敬一箴五箴注而明聖之述作以備嗚呼盛哉天啓我皇上稟聰明首出之資懋自强不息之學朝經而暮史左圖而右書義理之涵養既深聖心之超悟彌至有因論政遂發明經旨者如罷元宵燈火而舉有備無患之類是已有因論史遂商諏治道者如講董宣强項而欲貴戚守法之類是已此與聖祖之談經何异丹扆箴既嘗書進矣必命箋注其詞而忠讜若親乎辰告大寶箴既嘗熟復矣必命訓釋其義而諷喻悉徹於淵衷此與列聖之纂訓奚殊於時輔臣慶聖聰之罕譬則以一語一藥申説命之篇明主感良弼之開陳則以小心虚心暢藴古之旨一德交修精神流貫豈非納誨訪落之再見哉且我皇上非直有比迹商周之學也蓋亦有必爲堯舜之志焉是故二帝三王之大經大法治天下之宏規也則大書而揭

諸殿廷敬天至節用十二事治天下之切務也則懸牌而置之座右即輿盤户牖之銘曷以尚諸愚也幸生斯世爲斯民蓋涵泳道化之不暇而何仰裨聖修之有無已則請紬繹執要務實之説爲芹曝之獻可乎昔董仲舒嘗勸君以設誠於内而致行之則三王何异功非不大也然不過曰正心以正朝廷推之百官萬民而已王吉嘗欲建萬世之長策舉明主於三代之隆效非不遠也然不過曰聖主獨行於深宫得則天下稱頌之失則天下咸言之而已然則正心者非聖學之要乎謹獨者非正心之實乎故我太祖之諭曾魯曰人君一心治化之本存諸中者無堯舜之心欲施諸政者有堯舜之治不可得也大哉皇言以是知講解經史特其緒耳成祖之諭解縉曰心能静虚事來則應事去如明鏡止水自然純是天理一哉皇心以是知纂述訓典抑其餘耳要之味聖訓而二祖之精藴可知已舉二祖而三宗之精藴可知已是家法也亦心法也聖明豈嘗服膺否乎進而求之輿盤之儆可無設而不邇不殖所當遵户牖之戒可無施而敬勝義勝所當勖下之納誨果出於啓心沃心者歟則當遜志時敏以副之上之訪落果有示我顯德行者歟則當日就月將以成之大廷肅矣寧無師保未接典訓未親之時乎則有座右之銘在焉所以觸目警心者體驗不遺餘力可也采聽弘矣寧無風議弗及規正不聞之時乎則有熟復之箴在焉所以静觀内省者儼如面相嘉納可也祖述憲章不必同而第圖真切之實功遵聞行知不必同而惟冀身心之實效將見盛德大業日新富有謂近不足以覲烈祖之耿光而遠不足以齊皇王之卓軌者愚豈信之哉若徒使儒者見以爲崇文之盛節而宥密之滋養少疏遐陬播以爲唐虞之立睹而化源之培壅未厚即丹書日陳圖史備列所謂以規爲瑱懟置之于耳者也愚恐天生聖人爲宗社生靈長久之計者弗容但已聖神繼天立極開太平萬世之業者必不其然而亦非一時中外傾耳拭目不期而喁喁者之望也執事儻不迂草野之言無亦可轉聞于當宁否

第二問

許應地

同考試官教諭羅批（我祖宗建官分職斟酌周唐具在會典此作於體裁綱目考據周詳而增修義例附以己意可謂明當世之務者）

同考試官進士嵇批（此作考據精詳條陳增修義例鑿鑿可行篇末所獻具見忠讜）

考試官右贊善許批（即所議未必盡可采然於國家故事留心如此豈徒兀兀陳編者邪）

考試官右中允何批（有考據有取裁用備重修義例可也）

帝王之治天下有萬世不易之法有與時變易之宜變易者所以善成其不易者也夫法之始立也以爲如是足以治矣方其草創固未暇備或爲法雖善而歷久則窮於是有因革損益焉以補其所未備而通其所已窮要在與時宜之無失其初立法之意而後可以長治此之謂善守法蓋自唐虞以來有典謨有典則其法尚略惟周之六典爲詳自漢晋以來有故事有會要其法漸煩惟唐之六典爲約若夫兼總周官折衷唐制定一代之章程垂萬年之法守則大明會典是已頃敕輔臣開局命官分曹受事接弘治壬戌之舊籍裁嘉靖己酉之新編甚盛舉也執事者方載筆其間奉明天子德意與賢公卿討論承學固陋何辱問焉雖然嘗聞之矣周以六官綱紀天下至於柞木薙草各有司存而分職率屬大小相維以聽於六官者其大體不可易也唐以三省綱紀天下至於函案裝潢各有司存而分職率屬大小相維以聽於三省者其大體不可易也國家以九卿綱紀天下六部則周官也院司寺監則唐制也舉百司庶務大小相維而囊括於九卿者其大體不可易也譬治絲者縷析之而綜握之雖棼不亂蓋高皇帝稽古定制斷自聖衷爲諸司職掌而孝宗始命儒臣類附以頒降群書歷年事例爲大明會典是典也皇祖晚年之所更定也列聖异時之所潤色也至明備矣己酉新編無由睹記然弘治至今代更四聖歲逾六紀條例日增而法守日眩夫非其變易之時邪今其事實則有秘府之藏百司之守其義例則孝皇敕旨在愚復何言無已請即壬戌之舊質以周唐之典略陳一二可乎夫紀載者莫先於體裁莫要於綱目莫纖悉於沿革事宜弘治敕曰遵祖製稽國史言體裁也官職制度爲綱事物名數儀文等級爲目言綱目也損益同异據事繫年言沿革事宜也周禮而後惟唐六典宋祁所謂精密簡要曾鞏所謂文不煩而實備者故當時王鏊欲仿以爲式然諸司職掌雖不考周禮而暗與周合尚何論唐亦各一世之法何必文武之方策而後可布哉愚以爲雖周亦不必仿也此所謂體裁者也周禮一書設官爲綱分職爲目六官則冢宰爲綱五官爲目一官則長爲綱屬爲目有一職之綱如小宰曰掌建邦之宫刑小司徒曰掌建邦之教法是也有一事之綱如八法曰治官府八則曰治都鄙是也今會典亦暗與之合部以司分司以事分事有綱綱有目而目之中又有分類有附見焉周禮以公孤非備官不列而列六卿會典亦以師保爲加官不列而列九卿若唐則并列之且既有三省有三師又益以三公何爲乎執事謂周唐建官不同會典實本周官第宜仍舊編益新事是也此所謂綱目者也會典之以行人次禮部也本周禮春官有大小行人之屬也其以中書六科

先大理也本唐三省有中書門下之類也若此者請分籍之以品序不可乎周有鄉大夫遂大夫州長縣正唐有都督府都護府諸州諸縣其它掌固掌疆鎮戍關津并籍焉今天下藩臬府州縣官附見於選司須知附封司責任條例附功司衛所巡徼附職方驛遞附車駕此何當也若此者請專籍之以職繫不可乎周有女御女史内小臣唐有内官宫官内□□何者天下爲家宫府一體也今内府各監局官有定員員有定職請并籍之以事附不可乎户部有貢賦之入而無内外給發之數職方有營堡之名而無控扼襟帶之勢邊方有鎮戍之設而無分護畫守之地主客兵歲餉鉅費也略而不存行太僕苑馬專官也附而不列土田户口之登耗藩禄文武員之多寡請悉籍之明著所繇不可乎事有著在令甲當世施行者又有久而後格試而輒窒者甚又暫事彌縫本非經制偶從陳請實戾典常者概爲次録漫無可否徒使舞文者得以上下好事者敢於紛更請就諸目中復提其著令施行者爲綱餘則或筆或□第從附見以備參考不可乎此數事者□□暇論周唐异同儻亦庶幾可補義例之萬一否此所謂沿革事宜者也嗟乎後之視今猶今之視昔吾安能必數十年後不又有因革損益今之所因革損益者哉要以與時宜之無失祖宗之初意以善成其不易者而已易窮則變變則通通則久與詩書□□成憲舊章何悖抑愚又聞之弘治去洪武僅百四十年耳是書所載土田户口日減藩禄文武員日增不啻十百何以至此夫荊棘創夷之初宜少也而顧多憩闢生聚之後宜多也而顧少此必有繇矣且以日減之土田户口而供日增之藩禄職員長此安窮昔漢文帝嗣統首問每歲决獄幾何錢穀出入幾何今天子春秋鼎盛誠按會典所載推此問而廣之遍及六部令各具盈詘之故而條其救濟之宜則不越堂階而天下可運於掌矣此雖剿説頗切事實願因執事者獻焉

第三問

趙夢日

同考試官教諭姚批（記聞精詳辭氣古雅深得人臣任事之實异日必能肩重矣）

同考試官教諭王批（天下事至禦虜討逆治河亦難矣而往事卓有成效蓋任事得人而任任事者專其任也是作敷答精詳録之以告在事者）

同考試官學正郝批（四子任事之效條答如見末尤歸本於任任事者此探本論也録之）

同考試官學正陳批（任事之人固重任任事之人尤重是作可謂知要矣）

考試官右贊善許批（任事在實心篇末數語可以占子之自任矣佳士）

考試官右中允何批（品隲劑量曲盡情理出而任天下事計必有可觀者録之非直以其文也）

國家得百議事之臣不若得一任事之臣夫議事之臣抵掌談天下疑於任矣然發言盈庭貽譏作舍不任也蓋又有喜事之臣夫喜事之臣攘袂先天下疑於任矣然進極犀利退易缺折不任也蓋又有畏事之臣夫畏事之臣藉口持天下疑於任矣然首□牽制機會坐失不任也所謂任事之臣者身事視君家事視國本是實心而輔以才識乃罔不濟甚矣事之不易任也平居而計天下以爲吾盡吾心天下無難爲者及當事變紛綸四出而才力智識有不暇給然後知事之難是故衆非獨是則見懭忮而矜已衆是獨非則見妒娼而沮物佹成而不取則以爲失資佹敗而不弃則以爲賈禍利一害百以害掩利則見以爲迂害一利百以利冒害則見以爲拙成不在致期之間未及其成而遽責焉法吏從後持之矣利或在易世之下未及其利而先嘗焉衆口從旁撓之矣不幸而計失曰此固然耳既追論其首事而罪之即幸而計得曰此適然耳又苛論其細事而罪之然則天下事終不可爲乎此執事感激太息于任事之人以爲愈不易得也雖然世未嘗無事事未嘗無人今夫北胡至難禦也西羌至難安也逆藩至難取也洪河至難治也然而趙李牧漢趙充國唐裴度元賈魯優爲之此四臣者方其建議豈不落落難合而竟成若券彼所以計之者審矣牧之計在一大創虜故不日費饗士則士不樂戰不收保則爲虜資不禁捕則虜戒不來不有所委以誘之則虜不悉衆來是其縱虜入者乃所以使不敢入也充國計在招降罕□令先零諸豪瓦解其處故用兵則彼之交合而寇滋留田則我之力省而威重用兵則人致我而勝負未可知留田則我致人而可坐勝如彼則人臣之利如此則社稷之福是其謂難隃度者乃其度之深也度計在必討賊夫彰義三州元濟小豎子耳攻之四年不下何以示兩河諸鎮諸鎮跋扈如故則賦擅不供兵連不解何論師老財匱然則罷兵之利孰與失兩河之害此度所以誓不與賊俱生也魯計在一勞永逸夫故道難復大衆難聚信如尚書成遵言然河歲決歲塞煩費無已時今第起十七萬衆通道二百八十餘里五閱月可成塞北河之害孰與疏南河之利此魯所謂役不大興害不能已也何者計定于先也蓋不待涉雁門馳金城臨淮蔡黄陵白茅而是非成敗利害之機已形於胸中矣是故任事之臣其先事而計也循本揣末緣表察裏規畫一室而周四海之外措注旬日而豫千百世之後未萌若睹未習若素非嘗試而漫爲之也其計定而行也見不可外移勢不可中格怨有不避勞有不辭毁譽不驚死生不二及其成也上下宴如社稷蒙其利而已不有

其功斯其爲真任事也已矣夫喜事似任任事似畏而喜者生事者也畏者諉事者也任者行所無事者也其重如弩持非畏也其輕如鷙發非喜也此不可不察也牧充國雖不先衆議而議者卒屈焉度若魯雖與衆抗議而議者莫能難焉故好議非也因而廢議亦非也議而能成何惡於議此又不可不察也雖然有任事者有任任事者今海内無事天子垂意四顧不愛高位厚禄懸以待天下若曰今獨不得牧充國爲將度往視師魯爲河防使耳何憂北胡西羌東南山海之寇河淮之漕哉愚戆不知忌諱竊以爲誠出魯之計不爲行河者報罷乎出度之計不爲言師老財匱者沮乎出充國與牧之計辛武賢不見代乎縱虜不下廷尉乎即成功不有以日費市租久留天誅議其後者乎如此即令四臣在事掣肘無益也是故披腹心去形迹寛文法假便宜寄以專閫謗書盈篋不視也授以奇策捐金恣所出不問也責以實效不貲之賞不次之擢不靳也此任任事者也然要在知人得其人而專任者成非其人而專任者敗此又不可不察也乃人臣之自任則有可言者夫臨事而不度理之所當則謬度理矣而不度勢之所至則迂度勢矣而不度時之所宜則泥度時矣而不度己之所能則妄懷選愞之私托之乎慎重則李趙接踵矣覬徼幸之獲托之乎慷慨則裴賈比肩矣吾所避難以觀望左右而左右者復然吾所召釁以留遺後來而後來者復然天下事誰當任之者愚未明世務嘗觀前史淮陰武士隆中逸民皆立談之頃爲世主畫大計終身所就卒如其言傳曰心誠求之不中不遠患心之不誠豈患不中哉執事幸開承學各量所自任以意對敢不盡其愚

第四問

楊汝翰

同考試官進士張批（久任法行我國家復古一大機也是篇能詳道變通之術真留心時務者）

考試官右贊善許批（策所陳六事可以佐久任之議矣録之以備采擇）

考試官右中允何批（久任本治世良法顧行之有善不善耳此作得之蓋識時務者）

嘗謂法無弗宜於今而人貴善師乎古則今日之論久任是已夫法者本以存其大綱而其出入變化固將付之於人用之而善則人競效其官事各得其理而可以圖萬世之安用之而不善通則徇時執則膠故於是議者秖病法之拘而不見法之效豈法之設端使然哉無亦行之者之過歟且久任之法昉於唐虞備於成周而沿於兩漢之盛際蓋三考乃行黜陟而居官至長子孫故當其時治道綦隆良吏爲盛□嗣是言久任者蓋詳而致行之者寔鮮漢王嘉

朱浮左雄俱有守長數易之諫宋司馬光宋祁陳靖俱有久任當行之請張方平則勸仁宗以久任之效矣鄭剛中則開高宗以不久任之弊矣夫豈不義而數子言之蓋守長吏民之本師帥之官也官常民俗非久不能諳其詳曲折委微非久不能窮其變條畫措置非久不能竟其緒勞能功閥非久不能驗其成任之而久則上務精勤其職業而無苟且之思下知服從其教化而有相安之美緣絶簿書之奸既息送故迎新之費亦省任之而不久則傳相促急各懷一切其擾則妨民其費則傷民其無意於留而苟簡於治則病民其自以爲亟遷而求足其欲則又困民故久任之爲良法可坐而策也今天子嘉惠黎元興起吏治明詔秉銓之臣一以六期爲斷蓋將漸復□周九載之制而一洗近代沿襲之非□宜吏稱民安烝烝然盛矣而或謂官非積久固無以定天下之志擢非不次亦無以作天下之氣是超遷不可不講也又謂守令得人則久而爲利守令非人則久而爲害是考課不可不精也斯其道固然而亦今日之所嘗參互而并用者愚生復何説以進哉無亦所以維持久任使行之無弊者尚有變通神明之方而今殆未之盡歟請掇拾舊聞而執事擇焉漢修輸粟之令則吏道雜而多端繼拜武功之爵則官職冗而秏廢今選人得無有似之者乎是仕路不可不清也宓子宰單父喻掣肘於借書龔遂治渤海願無拘以文法今才諝得無有未展者乎是便宜不可不假也虞廷九官彼此不侵其職漢世諸吏小大不逾其方今任殊劇易儻亦有材品之當度者乎撫字誠勞催科拙而遣罰寵辱靡介漕舟失而考優今事涉眚誤儻亦有條格之當寬者乎綜核詳矣而有户口僞增勞來蒙賞以參其間俗吏之虚名寧可禁耶是故名實宜核也治理效矣而非璽書勉勵增秩賜金以示其褒人心之鼓舞能無倦耶是故旌勸宜行也仕路清則待選者不致停壅而久任不以出於疏通之計而妨便宜假則懷才者咸獲展布而久任不以趣數無由見所長而妨材品度則繁簡適宜鉅細畢舉而久任不以用違其器弗克負荷而妨條格寬則過者可滌鏬者可補而久任不以苟容求全懷危内顧而妨名實核則有功者上無功者下而久任不以真贋相冒而妨旌异行則賢者益奮滯者弗嗟而久任不以志意銷沮而妨久任以主之超遷考課以佐之又有是數者以變通而神明之官有常人人有常心功程其所必奏情體其所必至不責望於力分之□不沮撓於局守之内内堅其濯磨砥礪之衷外作其感激迅發之氣使人不敢以幸亦不敢以怠治不流於弛亦不流於擾寓縣之中清和咸理猶其家政之整頓盈縮也裨海之遥臂運指從猶其子弟臧獲之安養服習也即漢世之樞機周密品式備具豈復要於此哉雖然尤有機焉曰在上不在下在近不在遠昔虞何以咸

寧萬國曰以内之百揆四岳統外之州牧侯伯也周何以阜成兆民曰六卿分職各率其屬以倡九牧也而奚獨疑於今乎是故守令統之監司監司歸之省院省院平之臺閣内而給諫臺察也外而部使廵行也則血脉之周流灌注於榮衛者也欲綱舉目張必先視諸管鑰之謹守欲源清流潔必先求諸統紀之畫一此皆積久以課實非能俺成而偶致者也若上苟且而責下之懈弛近速化而抑遠之躁競胡可得已蓋嘗譬之上者表也下者其影乎近者轂也遠者其輻乎表直而影安從曲轂轉而輻胡不隨其機固有然者於戲治天下者嘗患法作於上而格於下謹於始而倦於終所賴智者鋭而行之勇者毅而守之規宏遠不規近小計利害不計人情今幸明天子主斷於上賢公卿奉持於下久任之行犂然有緒而黄虞三代之隆可幾而復矣即有疲執戟嘆積薪者陰疾治世之繩墨而撓之吾暇恤也乎哉

第五問

張文炳

同考試官進士方批（計國事評確而歸重精神聯合有見）

考試官右贊善許批（經生談時務無論中否若精神一説正得問者本意子其以俊杰自負者乎）

考試官右中允何批（問目在京師而天下大計略備子獨能商訂無遺而歸本于精神之説殆通達國體者歟）

夫天下大勢譬人一身京師元首也而朝廷政令出焉則心也四方四體也體戴夫首則外有統而其勢尊心運夫體則内有主而其勢順居尊而達順則重常在我重常在我然後天下不勞而治自古帝王垂拱而天下宴如者凡以能制輕重之勢而加意於本原之地也國家肇基自南而定鼎於北上應北辰以象天極南面而聽天下謹按輿圖以觀其勢薊門遼陽上谷雲朔者肩背也河渠咽喉也伊洛湘漢江淮之間腹也齊魯秦晋左右手也閩蜀腋也交廣滇粵足也肩背欲厚咽喉欲通腹欲實左右手腋欲强足無□蹵相承而奉元首以聽命於心而心與元首則又精神所聚會以運用百體而榮衛灌注焉然後形氣充悦而外邪不奸也□祖開基列聖纘緒逾二百年于兹朝廷清明百官守職萬姓按堵四夷嚮風可謂極治矣乃愚所私憂過計不在形體而在精神明問未之及也夫歲簡九邊之鋭卒以戍薊門徒罷於奔命而亡益然其始猶曰土兵未練也今練之幾何歲而戍未盡撤是欲背之厚而不恤肩寒也諉河渠於不可治而更求便道始猶曰海運可復也今海舟報罷而河渠如故是不急咽喉之塞而求他竅也伊洛湘漢多曠土江淮多游民而洛人苦宗藩淮

人苦水潦平居無事常皇皇若不聊生是枵腹旦夕也齊魯南支河渠秦晋北支胡西支羌閩蜀交廣滇粵又西南萬里而支寇寇彌山海民無所號呼頃雖蕩定如窶人病起休養無所資又虞復病是手足腋且倒懸也如此以爲安蓋俞扁不顧聖明在御賢公卿在列豈以内寧而忘外憂夫薊門教練取浙卒焉漁陽突騎故甲於天下豈曰無兵而南取浙居則南兵倍其食急則北兵當其鋒南驕北怨敗道也頃虜一小入輒破軍殺將其效可睹已愚以爲不罷浙卒則土兵不成土兵不成則九邊之戍未得息肩也河故湍悍堤束其流洲縮其口豪俠貴勢宅菰葦田沮洳以當水道者有司不敢問以故數治數淤數淤數决往時坐此迄無成功頃疏草灣報效矣愚以爲不并力下流則漕渠不通漕渠不通則徐淮之民未得安枕也新政一務節約帑庾不盈水旱盜賊不加於往時而皇皇不聊生者舊逋雜征而催科急也天子幸哀憐小民不待建白一旦而下緩征之詔民鼓舞若更生矣諺曰東南熟天下足東南之粟轉轂贍天下而交廣江淮創夷昏墊之民終歲不復喁喁待澤其它山徼海堧□門萬里民懸命於有司此尤當念愚以爲不核實有司則德意不宣德意不宣則窮陬遐壤之民未得被澤也然此皆末論非本原至計夫順天八郡於周爲燕趙諸國於唐爲成德盧龍魏博范陽等軍當是時各阡陌其地什伍其民無庸外助今其地與民猶昔也而班操上徐豫之軍漕挽籍江淮之粟旁引百郡以爲助而猶不足乃欲開京東瀕海萑葦之場用浙人築堤捍水之法聽富民田其中合衆分地計畝授官此元臣虞集之議也然洪武中蓋有開荒田土永不起科之令矣其後荊棘未盡剪而有司者輒履畝而税之矣抑或田成業定而中貴外戚輒請爲己業而豪奪之矣如此尚有應令者乎愚以爲令即不能如今第募民田以三年起輕科而信守之豈惟京東將隙地無不可耕者且使粟价無踊游民有歸萬世之利也又欲仿漢唐置三輔宋四輔郡意東永平西易州南臨清北宣府各宿重兵二萬而罷直隸河南山東班軍此先臣丘濬之議也顧安所得兵若募市人徒益饋餉緩急不可恃若籍民丁前代蓋有名寓於農而實編於官者矣既編於官後必勾補又或有調征移戍者矣是亡辜坐謫也蓋洪武中太平諸郡數蠲田租海内不以爲私若曰此吾湯沐邑緩急共之愚以爲誠舉四輔赤子付之良有司俾悉心愛養勿撓以貴勢而又寬其徭賦時加惠焉稍以其間分曹角射課藝習兵民業既成皆安土樂生而戴其上雖不設四輔隱然保障之固亦萬世之利也至若三營精鋭國之威也半雜老弱而敝裝羸馬四方逋逃民之賊也群萃淵藪而作奸犯科甚非所以重京師而示天下也今歲時簡練團營精采固已改觀而市井游惰尚多竄匿搜而逐之則傷

覆載之仁保而容之則滋奸宄之黨愚以爲此二事者乃金吾巡徼戎臣開府一有司之事耳而國家之精神不與焉夫齊秦霸臣尚能保伍其民令無匿奸李光弼爲將而旌旗壁壘皆變是故精神誠通凡此類者皆不問而舉今朝廷下尺檄而中外諸吏恐懼奔走此乃形體相攝屬而非精神所流貫故法嚴令具而輦轂之下且有令之不行禁之不止者又何以責四方是故明目達聰開誠廣益時召公卿坐論治理間引郡縣親對便宜燭閭閻於衿帶運要荒於几席使上之情常通於下如星辰之垂象而易知下之情常通於上如聲響之乘虛而易達然後天下之勢聯合爲一身無復有擁閼者雖尺寸之膚癬疥之疾心所拊循手不待命而至首所嚮往足不煩論而行此所謂不在形體而在精神者明問未之及也愚何敢畢其說（此處底本缺頁——編者注）

萬曆七年順天府鄉試録

順天府鄉試録序

今年己卯順天復當鄉試士提調官府丞臣庭梧以請上命諭德臣思育洗馬臣子義充考試官既陛辭入院則同考官同知臣汝爲教諭臣桐臣泮臣國宗臣官臣如蘭臣養湛臣可久臣子洛訓導臣文明臣文皆以聘至相與毖飭從事而御史臣焕臣祥暨臣許一德臣于應昌譏防唯謹於是進諸曹六館暨提學御史臣賀一桂臣商爲正先後選士四千有奇三試之得俊者百三十五人并録其文以獻臣竊惟帝王之興莫不以得士爲急務而士者居嘗自待誰不思表建以徼尺寸之功於當世哉然弗值其時雖有志無以自樹者豈少也臣閲古傳記見士所遭時之難輒掩卷嘆之使其得當論報詎泯泯若此哉以方今日則何如也蓋教化翔洽久矣上復加意文學歲下求賢詔書士束髮通一經有司則已羅而薦之闕下雖遐壤僻隅咸獲畅遂矧兹京師首善地乎夫其地邇則被服必深其化深則振奮當异固宜有卓茂之才嚮用矣且業已稱王國士人方屬目而求之厚焉儻其才無以大异於人或又不逮令四方猶得以藉口則安所副國士之望不惟多士也即今校士之役□臣暫輟講事以往誠重之矣以臣至愚若品隲不明使才者不獲進將明命之謂何故竭殫心力庶幾其遇之而多士又逢時厚幸非復如昔賢所患乃以答希曠之遘何術哉臣竊疑焉語有之天下無害聖人無所施才上下和同賢者無所立功此謂需士于治時難也今上睿聖耆賢濟濟而復際九服晏如之盛即爾多士之才者并録特韋布後進耳輒望以能奉驅策可不謂難哉臣又聞之士者非患有難稱之時而常患無自盡之心夫其修之窮居也豈沽名已哉將適於用也其出而從政也豈干禄已哉將抒所學以報上也今上尊則天也以爲才而登進之恩不啻猶親也仁人不以天之高明而忌有相孝子不以親之燕翼而忘克家奈何際主聖時清而竟退讓邪未遇既遭時難得時又圖報難則士所期以自樹者無時而可矣臣願多士盡此心耳大抵士之才器所受不同而心則無不可盡者意有所注即精祲金石且爲之變况以濟時供職莫非吾分

内事邪此見心易盡矣盡心云者純然于中之謂非有二用也以爲義而知有其利心不謂盡以爲實而知有其名心不謂盡有一于此是爲不忠故曰臣事君以忠此盡其心之説也士誦孔氏言豈不願忠即今操觚而書又不甚辨哉而於論報猶然難之豈誠難哉難在心不盡耳第以誦法之心而供職何職不供以明於修辭之心而濟時何時不濟乎此士能自盡則難稱非所患臣敢以多士進矣雖然臣猶懼焉不聞匠氏用木乎材者收之其不材與材而未中度弃弗收矣此可以引尺尋也若外堅而中折質惡而膚美者豈一時目力所及哉必斲削乃見耳臣持有司尺度索爾多士於曲直纖鉅之間既知爲良矣异日斲削之果清廟明堂之任則梁棟材也上也次之榱桷終不失爲可用脱或蠹敗反荆榛不若焉旋弃之矣奚貴於都人士哉嗟乎此不盡心之過耳士未必然臣不厭覆説其意者誠念自設科取士以來國家實以是孜孜求之也誠念古來賢士之感時論報者未嘗外是也多士勉之豈獨使臣釋于懼即士所酬素志而塞厚望者尚亦有賴哉

左春坊左諭德兼翰林院侍讀陳思育謹序

萬曆七年順天府鄉試

提調官

中順大夫順天府府丞郭庭梧（子材河南新鄉縣人　乙丑進士）

考試官

左春坊左諭德兼翰林院侍讀陳思育（仁甫湖廣武陵縣人　乙丑進士）

司經局洗馬兼翰林院修撰周子義（以方直隸無錫縣人　乙丑進士）

同考試官

廣東潮州府同知俞汝爲（元宣直隸華亭縣人　辛未進士）

直隸徽州府婺源縣儒學教諭徐桐（茂陽浙江餘杭縣籍直隸長洲縣人　丁卯貢士）

浙江杭州府錢塘縣儒學教諭章泮（文育江西臨川縣人　戊午貢士）

浙江處州府龍泉縣儒學教諭吴國宗（定夫江西南城縣人　辛酉貢士）

江西撫州府臨川縣儒學教諭蕭官（惟賢湖廣江陵縣人　庚午貢士）

湖廣衡州府衡陽縣儒學教諭蔣如蘭（伯善四川内江縣人　癸酉貢士）

湖廣鄖陽府鄖西縣儒學教諭楊養湛（仲虚四川馬湖府籍陜西三原縣人　甲子貢士）

山西平陽府蒲州萬泉縣儒學教諭惠可久（德懋陜西咸寧縣人　庚午貢士）

陜西西安府醴泉縣儒學教諭程子洛(惟中陜西鳳翔縣人　丁卯貢士)

山西澤州儒學訓導賀文明（奎夫陜西臨潼縣人　辛酉貢士）

山西太原府永寧州寧鄉縣儒學訓導唐文（宗韓陜西鳳翔縣人　癸酉貢士）

監試官

文林郎江西道監察御史趙焕（文光山東掖縣人　乙丑進士）

文林郎山西道監察御史帥祥（履鄉四川安居縣人　辛未進士）

印卷官

奉政大夫順天府治中傅希孟（重道山西蒲州人　丙午貢士）

儒林郎順天府推官杜業（道脩福建晋江縣人　戊午貢士）

收掌試卷官

文林郎順天府固安縣知縣張夢蟾（應光直隷壽州人　甲戌進士）

受卷官

直隷永平府推官饒學詩（言卿山東東阿縣人　丁丑進士）

文林郎直隷真定府推官劉士忠（純卿陜西華州人　甲戌進士）

彌封官

文林郎直隷保定府清苑縣知縣李大嘉（子美山西曲沃縣人　甲戌進士）

順天府蘇州遵化縣知縣李文郁（先質河南禹州人　丁丑進士）

謄録官

文林郎直隷河間府任丘縣知縣顧問(汝弼湖廣咸寧縣人　辛未進士)

文林郎順天府霸州文安縣知縣王湘(原楚四川富順縣人　辛未進士)

對讀官

文林郎順天府通州寶坻縣知縣詹全覺（克先江西都昌縣人　辛未進士）

文林郎順天府昌平州密雲縣知縣張世則（惟範山東諸城縣人　甲戌進士）

巡綽官

昭毅將軍金吾左衛都指揮僉事龍璘(君玉直隷安慶府人　辛未武舉)

昭勇將軍大寧前衛署指揮使史臣（子敬直隷昌黎縣人　辛未武舉）

忠顯校尉騰驤左衛鎮撫楊時正（公夫順天府三河縣人　壬戌武舉）
忠顯校尉寬河衛鎮撫游世忠（誠甫河南永城縣人　乙丑武舉）

監門官

武德將軍龍虎衛正千户陳永壽（君禄四川巴縣人　戊辰武舉）
忠顯校尉武驤左衛鎮撫程九功（子和直隸寧津縣人　戊辰武舉）

供給官

承德郎順天府通判邢子嚴（泰中陝西南鄭縣人　己酉貢士）
承德郎順天府通判鮑治（邦正直隸無錫縣人　丁卯貢士）
承直郎順天府通判范鐘（景伯湖廣臨湘縣人　壬子貢士）
徵仕郎順天府經歷司經歷費懋稷（民養江西鉛山縣人　監生）
迪功佐郎順天府經歷司知事陸應禎（體周南京廣洋衛籍直隸崑山縣人　儒士）
將仕郎順天府照磨所照磨李奎（光夫湖廣茶陵州人　監生）
順天府照磨所檢校程光裕（順孫浙江永康縣人　官生）
承德郎順天府宛平縣知縣李蔭（襲美河南内鄉縣人　甲子貢士）
承德郎順天府大興縣知縣沈淇（維南直隸當塗縣人　乙卯貢士）
文林郎順天府宛平縣縣丞李果（君載四川黔江縣人　歲貢）
文林郎順天府宛平縣縣丞沈載庸（子登直隸五河縣人　歲貢）
文林郎順天府大興縣縣丞李東巖（民瞻四川茂州人　恩貢）
文林郎順天府大興縣縣丞劉穩（思安湖廣邵陽縣人　監生）
迪功郎順天府宛平縣主簿李崇廉（計夫河南林縣人　監生）
順天府通州同知梁林（幼升山西絳州人　監生）
順天府霸州同知楊達道（子和雲南昆明縣人　恩貢）
直隸神武中衛經歷司經歷杜啓賢（子承四川安縣人　吏員）
直隸通州右衛經歷司經歷牛國輔（君寵陝西涇陽縣人　吏員）
大寧都司營州前屯衛經歷司經歷郭朝海（自東陝西涇陽縣人　吏員）
順天府良鄉縣縣丞蔚畏民（汝脩山西汾州人　監生）
順天府通州武清縣縣丞俞養性（復初浙江山陰縣人　吏員）
順天府通州寶坻縣主簿吕鳳陽（仲明貴州銅仁府人　選貢）
順天府宛平縣典史季寵（君錫直隸吴江縣人　吏員）
順天府大興縣典史張楫（廷濟江西南昌縣人　吏員）
順天府通州三河縣典史周燿（子明應天府溧水縣人吏員）

順天府蘇州玉田縣典史沈永隆（盛之直隸溼縣人　吏員）
登仕佐郎順天府醫學正科賈鳴陽（人和順天府蘇州人　醫生）

第一場

四書

哀公問於有若曰年饑用不足如之何有若對曰盍徹乎曰二吾猶不足如之何其徹也對曰百姓足君孰與不足百姓不足君孰與足　誠身有道不明乎善不誠乎身矣誠者天之道也誠之者人之道也　待文王而後興者凡民也若夫豪杰之士雖無文王猶興

易

顯比之吉位正中也　六四繻有衣袽終日戒　乾知大始坤作成物乾以易知坤以簡能神農氏作斲木爲耜揉木爲耒耒耨之利以教天下

書

可愛非君可畏非民衆非元后何戴后非衆罔與守邦欽哉慎乃有位敬修其可願　予弗克俾厥后惟堯舜其心愧耻若撻于市一夫不獲則曰時予之辜　王出郊天乃雨反風禾則盡起　六服群辟罔不承德歸于宗周董正治官王曰若昔大猷制治于未亂保邦于未危

詩

無已大康職思其居　戎車既安如輊如軒　鳳凰于飛翽翽其羽亦集爰止藹藹王多吉士維君子使媚于天子鳳凰于飛翽翽其羽亦傅于天藹藹王多吉人維君子命媚于庶人　設業設虡崇牙樹羽應田縣鼓鞉磬柷圉

春秋

邾人鄭人伐宋（隱公五年）五月癸丑公會晋侯齊侯宋公蔡侯鄭伯衛子莒子盟于踐土（僖公二十有八年）六月癸酉季孫行父臧孫許叔孫僑如公孫嬰齊帥師會晋郤克衛孫良夫曹公子首及齊侯戰于鞌齊師敗績（成公二年）　春公孫歸父會楚子于宋（宣公十有五年）冬十有一月庚午蔡侯以吴子及楚人戰于柏舉楚師敗績（定公四年）公會晋侯及吴子于黄池（哀公十有三年）

禮記

德産之致也精微觀天下之物無可以稱其德者　夫樂者先王之所以飾喜也軍旅鈇鉞者先王之所以飾怒也故先王之喜怒皆得其儕焉喜則天

下和之怒則暴亂者畏之先王之道禮樂可謂盛矣　忠臣以事其君孝子以事其親其本一也明照四海而不遺微小

第二場

論

人君所以端拱無爲

詔誥表（内科一道）

擬漢議可以佐百姓者詔（文帝後元年）　擬唐以陸贄同平章事誥（貞元八年）　擬輔臣承詔恭撰雝肅殿箴命書之御屏仍賚銀幣謝表

判語（五條）

官員赴任過限　錢糧互相覺察　致祭祀典神祇　邊境申索軍需　修理橋梁道路

第三場

策（五道）

問　易稱天地交泰又曰上下交而其志同也則君臣之交等于天地古今言致理者未有不繇斯者矣虞廷賡載之歌周人矢詩之雅于今誦之其盛可想焉漢以下有朝而問相且惓欵於郎署之詢者有日昃罷朝數引公卿郎將講論經理者有令學士更日宿直引入内殿講論商榷者有侍從陳言温顔訪問且御天章咨得失者亦可方於古否歟我聖祖神武天縱虚懷下賢一時文武之彦雲合景從攄籌效績泰交之盛焜燿前古矣載惟孝皇光紹祖烈數延大臣面議章奏商度政機于時致理之效亦迥軼古初焉可得而揚厲歟皇上緝熙聖學孜孜治理綸扉政本時廑訪納頃歲輔臣以聖齡日茂請停罷書翰講議章奏上欣然報可獻歲之始首舉行焉一時臣工欣欣喜色謂祖宗徽烈奕世載光泰道之亨即詩書所稱無殊已夫宣揚懿爍臣子之分顧聖心無窮設有忠藎可以仰裨萬分一者尤宵旰所亟欲聞也幸悉陳之毋讓

問　自昔談致理之務者大凡在議法矣詩不云乎率由舊章易又有通其變使民不倦之訓何也抑法非變通不可爲治歟嘗觀漢宋人臣持議濟時亦各不同有好觀故事條奏施行者有復起爲相請遵祖法者或以識治體稱之是矣又有上治安之疏多欲匡建者陳時弊十事批答手詔者亦何以明非過□歟國家熙平之日久矣法立弊生漸有廢墜而不舉者抑沿襲之後人心

玩愒勢必至於此歟若仍其故習法將安飭曩時諸臣集議思爲拯民救弊之術所籌畫至詳而計慮甚遠矣今者效固可睹也豈保泰持盈其體不得不然者歟或者拂情違衆之議蓋不必恤也抑與時宜之無失立法之意要於善守爲不相悖歟夫法患不飭耳飭之而俾無遺慮其究乃有不盡在法者歟願悉言之庶議法者采焉

問　六經遭秦火闕佚學者多病其難通而春秋彌甚今學春秋者率本胡氏次則稱左氏公穀三家後先出往往齟齬不合可一斷以胡氏歟且三傳去孔氏差近昔人猶有以意增損之疑胡氏去三家又千餘載其言顧可盡信歟夫聖人作經之意簡易明白要以仍人道達王事如斯而已也必若傳者之説將聖人以微詞深文疑誤後世可乎可略剖其事歟説者謂春秋爲尊王而作韙矣乃又曰夫子托二百四十二年南面之權以誅賞人也此何名爲尊王哉將其義别有在歟夫六經將與天地無終極而存非一人一世之私論也今群言紛如令學者奚適而可故願與諸士揚搉疑義以求厥衷焉

問　聖王知人則哲能官人自昔論之矣考諸書以堯薦舜可自信不疑者必待群臣推引已復試歷諸艱若此其兢兢焉何哉夫聖哲知人猶然難矣乃後世又何以易之也有問相而知能安劉者有知緩急爲可任將者有悟上書之詐而獎其忠者有因告變而勞以守益州清正者有聞爲將而决才非破賊者有見容儀安雅而信非爲惡者不識數君者果可稱知人之明否歟抑古今人才不同故知有難易歟昔之觀人者有謂五視九徵又稱十二流之業及稽以八計舉以十科者詳哉其言之矣今果足爲準歟或尚有一二可議指也至宋大儒獨推陰陽剛柔之理辨君子小人心術論者稱深得易書之微旨以視諸説孰爲要歟今國家需才甚切乃名實相貿或猶議焉當何道以辨抑宋儒之説有可推廣而言之者歟諸士試悉陳之以備今日知人之助

問　漢志稱周禮冢宰制國用量入以爲出三年耕必餘一年之食至三登而稱太平蓋教民地著力本之效爾未嘗言利也中世興利者出於是有官山海務積著筦鹽鐵置平準者然言利愈析而治彌不古曾不若節儉化民者收人給家足貫朽粟腐之效也然則約泰之間固盈縮之原歟我國家以仁儉造邦取民制用具有成憲蓋遠法成周而不泥於迹者乃邇者度支費鉅率一歲之出逾歲入以數十百萬計夫度賦非益寡計民不加給又寓内又寧邊燧希儆而直此廪廪也是曷故歟脱有灾警又將何以處歟議者謂諸邊之供饋非額宗藩之制禄日繁軍職之耗蠹無已然歟抑或别有指歟又謂兵屯弛廢宜理鹺政開中宜復河以北水利稼政宜修然歟抑又别有術歟夫經費國家

大計天子宰臣所軫念講求者諸生倘有便計長策幸熟陳之將以備主計者擇焉

中式舉人一百三十五名

第一名　馮嘉遇　柏鄉縣學生　易
第二名　游應龍　福建莆田縣人監生　書
第三名　郝大猷　邯鄲縣學增廣生　詩
第四名　張主敬　柏鄉縣學附學生　禮記
第五名　王士昌　江西新建縣人監生　春秋
第六名　高則賢　福建龍溪縣人監生　易
第七名　崔璵　安平縣人監生　詩
第八名　方世德　浙江淳安縣人監生　書
第九名　龐進賢　永年縣學附學生　詩
第十名　蕭汝芳　遼東鐵嶺衛人監生　易
第十一名　陳榮　福建長樂縣人歲貢生　詩
第十二名　楊尚義　浙江錢塘縣人監生　易
第十三名　程試　新河縣學生　詩
第十四名　曹時舉　真定府學生　易
第十五名　王應吉　浙江山陰縣人監生　诗
第十六名　王登才　開州學增廣生　書
第十七名　錢夢得　浙江桐鄉縣人監生　易
第十八名　李再命　冀州學生　詩
第十九名　張我續　邯鄲縣學生　春秋
第二十名　董宋儒　元城縣學生　詩
第二十一名　劉元霖　任丘縣學生　書
第二十二名　劉均　直隸山陽縣人監生　禮記
第二十三名　趙浩　長垣縣學生　易
第二十四名　周友程　真定府學生　詩
第二十五名　李如金　任縣學生　書
第二十六名　盧一誠　福建福清縣人監生　詩

第二十七名　龐應鳳　直隸嘉定縣人監生　易
第二十八名　汪海　河間府學增廣生　詩
第二十九名　崔邦亮　東明縣學生　書
第三十名　王樂善　霸州學生　詩
第三十一名　張錫胤　故城縣學生　易
第三十二名　孫至大　清河縣學生　詩
第三十三名　耿随龍　滑縣人監生　書
第三十四名　楊銓　四川鄷都縣人監生　春秋
第三十五名　張文炳　蘇州人監生　詩
第三十六名　王以通　福建龍巖縣人監生　易
第三十七名　楊應麟　南宫縣學生　詩
第三十八名　楊震雷　長垣縣學附學生　易
第三十九名　牟芳　四川綦江縣人監生　書
第四十名　應世科　浙江僊居縣人監生　詩
第四十一名　陳警　江西寧州人監生　春秋
第四十二名　徐德奎　浙江龍游縣人監生　詩
第四十三名　單大章　長垣縣學增廣生　易
第四十四名　朱冠　清豊縣學生　書
第四十五名　張三才　大名府學生　詩
第四十六名　馬大信　河間縣學增廣生　易
第四十七名　陳鏃　浙江餘姚縣人監生　禮記
第四十八名　張庚　南宫縣學生　詩
第四十九名　程藴隆　唐縣學生　書
第五十名　趙頗　大名縣學生　詩
第五十一名　施汀　浙江烏程縣人監生　易
第五十二名　程希堯　順天府學附學生　詩
第五十三名　鄧汝楫　順天府學生　易
第五十四名　王嘉謨　順天府學生　春秋
第五十五名　姚一理　直隸建平縣人監生　詩
第五十六名　金元焕　直隸青浦縣人監生　書
第五十七名　丁日近　福建晋江縣人監生　易
第五十八名　杜濯　定興縣學生　詩

第五十九名　陳盡忠　真定縣學生　書
第六十名　崔謙亨　魏縣學增廣生　詩
第六十一名　甕幼金　安肅縣學增廣生　易
第六十二名　王祺　開州學附學生　春秋
第六十三名　張志任　福建晋江縣人監生　詩
第六十四名　韓洞　高陽縣學生　易
第六十五名　韓希夔　雄縣學生　詩
第六十六名　丁世昌　直隸長洲縣人監生　書
第六十七名　袁堯臣　直隸江陰縣人監生　易
第六十八名　王重光　大名府學附學生　詩
第六十九名　吴鳴鳳　順天府學生　禮記
第七十名　趙邦靖　任丘縣學生　書
第七十一名　陳正心　定興縣學生　詩
第七十二名　陳三樂　福建甌寧縣人監生　易
第七十三名　郝一桂　肥鄉縣學生　詩
第七十四名　吴九易　四川榮縣人監生　易
第七十五名　趙警逸　衡水縣學生　書
第七十六名　魏諤　清河縣學生　詩
第七十七名　王重爵　廣平府學增廣生　春秋
第七十八名　吕從古　武强縣學生　易
第七十九名　陳承翁　浙江臨海縣人監生　詩
第八十名　王大路　直隸無錫縣人監生　書
第八十一名　徐大化　順天府學附學生　易
第八十二名　馬鐸　定興縣學生　詩
第八十三名　許一誠　蘇州學增廣生　書
第八十四名　楊尚約　良鄉縣學生　易
第八十五名　查謙亨　浙江海寧縣人監生　詩
第八十六名　黄吉士　内黄縣學生　書
第八十七名　王國翼　遵化縣學增廣生　易
第八十八名　盧大中　永丰縣學生　詩
第八十九名　賈子翼　南宫縣學生　春秋
第九十名　張致中　開州學增廣生　書

第九十一名　熊廷相　江西豊城縣人監生　詩
第九十二名　馬藹　故城縣學增廣生　易
第九十三名　王存仁　順天府學附學生　書
第九十四名　賈熙載　鷄澤縣學生　詩
第九十五名　樊登雲　南和縣學生　書
第九十六名　竇如蘭　南和縣學生　易
第九十七名　鄭可教　唐山縣學增廣生　禮記
第九十八名　張光祖　祁州學生　詩
第九十九名　馬致道　魏縣學增廣生　易
第一百名　李天麟　順天府學生　詩
第一百一名　楊雩　豊潤縣學生　書
第一百二名　周一科　順德府學生　詩
第一百三名　王璧　元氏縣學增廣生　易
第一百四名　張養正　清豊縣學生　詩
第一百五名　黄騰春　順天府學生　書
第一百六名　崔應乾　冀州學增廣生　易
第一百七名　張可貞　冀州學附學生　詩
第一百八名　成道　長垣縣學生　易
第一百九名　李茂春　元城縣學生　詩
第一百十名　李重謙　南樂縣學生　書
第一百十一名　梁法　無極縣學生　易
第一百十二名　鈕應魁　順義縣學生　詩
第一百十三名　林應元　順天府學生　春秋
第一百十四名　李守貞　定州學生　詩
第一百十五名　王惟聰　武邑縣學附學生　易
第一百十六名　唐牧　豊潤縣學生　詩
第一百十七名　徐升階　南皮縣學增廣生　易
第一百十八名　闞世亨　内黄縣學生　書
第一百十九名　馬凌雲　順天府學附學生　詩
第一百二十名　秦吉　趙州學附學生　易
第一百二十一名　魏可簡　昌黎縣學生　詩
第一百二十二名　盧宗尹　寧晋縣學生　書

第一百二十三名　何其智　固安縣學生　詩
第一百二十四名　張垣　長垣縣學生　易
第一百二十五名　彭搏　蠡縣學附學生　詩
第一百二十六名　賈名　儒　真定縣學生　禮記
第一百二十七名　冀光祖　邯鄲縣學附學生　詩
第一百二十八名　朱文運　永平府學生　書
第一百二十九名　張受訓　大寧都司學增廣生　詩
第一百三十名　王登庸　文安縣學生　易
第一百三十一名　靳紹謙　安平縣學生　詩
第一百三十二名　焦希光　趙州學生　易
第一百三十三名　樊中義　保定府學生　詩
第一百三十四名　崔崇元　平山縣學生　易
第一百三十五名　胡永定　霸州學生　書

第一場

四書

哀公問於有若曰年饑用不足如之何有若對曰盍徹乎曰二吾猶不足如之何其徹也對曰百姓足君孰與不足百姓不足君孰與足

馮嘉遇

同考試官教諭惠批（發君民一體之説精切渾融深得有若對哀公之意）

同考試官教諭蕭批（立意冠冕有體措辭高古不群且足國裕民之意藹然佳士也）

同考試官教諭徐批（足國在足民足民在行徹此意發揮明透且筆力峻潔詞調莊雅宜録以式）

考試官洗馬周批（文有關係詞復莊偉）

考試官左諭德陳批（詞意明盡取之）

賢者兩答時君足國之道要在足民而已甚矣君民一體也觀國用因乎民而徹之當行也又何疑乎且夫百畝而徹周制也其謂之徹蓋有上下相通之義焉魯自徹法廢而民困矣民困而國告匱矣故哀公以年饑用不足爲問而有若對曰天菑流行何代無之君患國用不足意者取民無制耳盍亦行徹乎中公外私無改分田之舊民什君一惟循薄斂之規如是而猶患不足者否也夫徹者一

今則二矣二不足而損之爲一故公復問焉蓋欲以加賦而百姓之足與不足若不相關者乃復對曰君與民一體也盈則俱盈縮則俱縮者也使徹行而百姓足矣未有百姓充然其有而上之所需猶弗給者何也百姓者君之百姓也借曰不足其孰與之使徹不行而百姓不足焉未有百姓索然其無而上之所需猶能供者何也君者即百姓之君也借曰足又孰與之然則君毋務足國也足民耳已毋憂國不足也憂民耳已徹行而民足則凶荒不能累賦税不必加而財恒足矣不然費愈滋而歛愈急豈惟二猶不足哉嗟乎後之君當粟紅貫朽畝樓野被之時庶幾哉稱富足矣侈心一生累世之積不保則聚歛之臣繼進而民貧國耗隨之故無濫取無溢費二者相成也惟恭儉之主知上天立君意在爲民於其未足能養之既足能節之兹所以固本而長治也歟

誠身有道不明乎善不誠乎身矣誠者天之道也誠之者人之道也

游應龍

同考試官教諭蔣批（見理之文自是明瑩精確迥异諸作宜録以式）

同考試官教諭吴批（體格渾融語意精密庸義之極佳者）

考試官洗馬周批（簡明有體）

考試官左諭德陳批（説理精切可録）

聖人揭誠身之要而因原誠之不可已也蓋誠身以明善爲要也知誠之原於天而誠則烏可已哉且天下之道統於誠而君子之學豫於誠是故由順親而知誠身之爲貴矣然誠身豈無其道乎彼實理之渾涵於心者皆善也而至善之實有於身者即誠也誠與善理本合一而明與誠功則相因矣故其明也所以明此誠也而察識之不精則幾微未析而僞妄且參之矣欲去僞以著誠也得乎其誠也所以誠此明也而决擇之不審則意見未融而虚假且乘之矣欲閑邪以存誠也得乎此明善爲誠身之道也然是誠也具於人者實原於天故惟帝降衷而太極全體者各足於付畀之初天之道本如是矣畀之天者或淆以人故善反爲學而惟民秉彝者克完其性天之故人之道則當然矣天不容僞則妄復無妄者吾人事也因明致誠功則胡容已哉天不容雜則止諸至善者吾人責也以人合天道則胡可諉哉是故君子誠之爲貴也抑此天德也帝王之治實樞於此文之純則天道矣而武之敬則曰身之其猶所謂誠之者歟政在方册厥有本已後之學聖人者宜何如曰其功在擇執其要在慎獨

待文王而後興者凡民也若夫豪杰之士雖無文王猶興

郝大猷

同考試官訓導唐批（精確雅健得孟子以豪杰望人之意）

同考試官教諭程批（體裁莊雅詞語懇到發凡民豪杰所以异處躍然）

同考試官教諭章批（其辭雅其意足澀潛心豪杰者不能道此）

同考試官同知俞批（思致精切詞旨□峻至如轉摺肯綮足以提警凡俗三復之惕然可興矣）

考試官洗馬周批（詞雄意確可録）

考試官左諭德陳批（體莊而語舒）

觀凡民豪杰所以异而知士當自興矣夫待教而善凡民也若豪杰之士可概論哉孟子之意曰性同至善學重有爲自士習不振而今之人類皆曰吾非不能興世無文王之教耳若此者豈自待之重乎彼文王豈弟作人自古記之矣然聖人之教不恒有而興起之機在人心如其興也既必有待而後興則其止也將以有待而自委斯人也視教亦不善雖不同而要不足爲貴也已殆凡民者流乎若豪杰之士則不然具過人之才而爲之則是秉高世之智而能自得師或幸而遇文王焉其奮發興起者固如是也非曰有而藉之以興也雖不幸而不遇文王焉其勇往直前者亦猶是也非曰無之尚有待也蓋天生是人不偶故當世道既衰之日而挺然獨復其初斯人之待其身不輕故值風教久湮之餘而超然不群于俗豪杰固如此視凡民何如哉夫興善一也自待教爲凡民去豪杰遠矣自不待教爲豪杰去凡民遠矣人品係於所興士將爲凡民乎爲豪杰乎一反思而得之矣抑戰國性學不明异説競起有言文武興而民好善者孟氏憂之爲儆世之論欲以學求盡性亦隱然自任之意歟雖然勞來匡直聖世蓋惓惓爲教化固淑人成俗之大端矣豈盡廢哉世能鄙教自强即凡民可爲豪杰又聖賢立教意也

易

顯比之吉位正中也

高則賢

同考試官教諭惠批（王道之大本於大德之純此篇發之詳盡且搆詞典雅杰士杰士）

同考試官教諭蕭批（調新詞俊意復融徹是善言治道者讀之躍然）

同考試官教諭徐批（格局圓融詞氣莊練其間模寫題旨精邃有味佳士也録之）

考試官洗馬周批（圓融雅健）

考試官左諭德陳批（說理融洽可誦）

王者以大公得民由其天德純也蓋德純則心無私而大公行于天下矣九五之顯比用此道夫象傳之意蓋曰人主于天下不宜示人私也天下方以公心歸上而王者苟以私心御下則有遺恩而非盛德矣吾得比之九五焉以至誠體萬物而蕩乎一平康正直之風以大道公天下而皞乎一博厚高明之業其獨運於心思者曠然與天下共網紀之不喻而知者也故天下咸守其法而不離其獨爲於深宮者昭然與天下共彝倫之不言而信者也故天下又信其心而不悖此所謂顯比之吉也九五何以致此哉蓋以居陽爻之正當上□之中則是帝德淵微渾乎太極之全體王心純一粹然乾德之至精本之無爲以守正而萬邦之度貞焉故遠近親疏之分以心觀之本非有二而曷嘗置輕重于其内也會之精一以執中而四方之極建焉故去來順逆之際以道觀之復通爲一而曷嘗介欣戚于其間也所以致顯比之吉者以此彼求治太急而以有心迎之憂民太勤而以有心留之不亦憧憧乎小哉吁此王道也王者施不期博濟不期衆猶天地於萬物乎一無容心而天下自不外也是故有苗弗率無損於大防風後至何累其功惟自昭明德耳自談者必以兼覆遠届爲功而失其精於是乎務勤遠略而廣其心夫廣其心者必有隱行矣胡以云王道也

乾知大始坤作成物乾以易知坤以簡能

蕭汝芳

同考試官教諭惠批（乾坤生成之妙正在德之易簡此作認理精切而詞足以發必潛心易學之士）

同考試官教諭蕭批（說理之文自是精邃易義最佳者）

同考試官教諭徐批（格整而意圓調古而詞秀非凡士也敬服敬服）

考試官洗馬周批（能道精微之旨）

考試官左諭德陳批（文有體認）

大傳論乾坤妙生成之功而其德神也夫乾坤者萬物所以生也而生之者至易簡焉功德之妙蓋如此大傳若曰易道盡於乾坤乾坤著於生物乾道成男坤道成女此言專一之用耳然乾不獨男坤不獨女也蓋天統元氣凡萬物自無而有而隱然動朕兆之微者皆其知而始之也地統元形凡萬物自微而顯而秩然具象貌之著者皆其作而成之也氣化而形生形生而性足萬物皆乾坤之爲而非自能爲者也其功大如此然乾非有難而坤非有煩也蓋一一始物則難乾健而動故氣籥微開而迎其時者無留機知之以易而已

一一成物則熉坤順而静故意匠不勞而當其生者無詭形能之以簡而已不言而物生無心而化成乾坤皆易簡之爲而實無所爲者也其德神如此是則神用象通而司契藏於無迹化機内閟而日新顯於不窮浩浩乎乾坤之妙萬物而爲言也盛德大業至矣哉是以聖人法乾坤無知也無能也何也天下本無知無能也惟從其自知自能者而應之故淵居神極六合輻輳而不見其爲此一氣隱于名言兩儀妙于自運陰陽已生矣寒暑已行矣風露已成矣而復何待於爲哉處璇璣以觀大運據會要以臨四極宇宙不違而况於人乎

書

可愛非君可畏非民衆非元后何戴后非衆罔與守邦欽哉慎乃有位敬修其可願

方世德

同考試官教諭蔣批（措詞淳雅而意復融暢書義之可傳者）

同考試官教諭吴批（深得大舜命禹本意而文又整肅明雅原委周匝可式多士）

考試官洗馬周批（語意婉足）

考試官左諭德陳批（辭不繁而意備）

觀君民之相須見君道之當盡夫可欲敬修君道也知君民之相須而道胡可弗盡哉帝舜之命禹者若曰治道不外於一中而盡道則存乎一敬試觀君民之間尤有不容忽焉者何則天下有勢若甚嚴而實則可愛者矣可愛者何非君乎天下有勢若甚微而實則可畏者矣可畏者何非民乎蓋君也者衆所仰以治也匪后罔戴是故有愛道焉而所以孚厥愛者則居若位者責矣民也者邦所藉與守也匪民罔使是故有畏道焉而所以祇厥畏者則臨若民者事矣汝其欽哉念元后非逸豫之可居也而兢兢焉致慎於陟位之際思有衆非怠荒所可馭也而業業焉致嚴於臨下之時中存於心非本然之願乎則敬修夫精一之功焉將使存主皆中而無不善之生於心斯已矣中見於事非同然之願乎則敬修夫聽庸之實焉將使應感皆中而無不善之作於政斯已矣斯則克艱厥后上允爲可愛之君而衆有常戴克顧民祇下將無可畏之民而邦有常守矣位其克慎矣乎吁帝舜之命禹切矣嘗考帝王之道中焉止矣而又益之以敬者蓋敬乃執中用中之樞也匪敬則忽心孰與存事孰與察故帝舜於欽敬特惓惓焉抑欽若敬授帝典紀之夫有所受之矣

六服群辟罔不承德歸于宗周董正治官王曰若昔大猷制治于未亂保

邦于未危

王登才

同考試官教諭蔣批（簡實謹嚴深得盛世保治氣象可以式多士矣）

同考試官教諭吴批（通篇體認保治意甚切而發以古雅暢健之詞非學識俱優者不能到也録之）

考試官洗馬周批（典重如周人言）

考試官左諭德陳批（渾雅可式）

周王成大順之治而因訓官以保治焉夫六服承德大順也而訓官保治惓惓以古爲鑒焉可謂識治體矣且夫天下之治其勢常在外而其本常在内周王廵征以綏民既勤用明德矣由是六服群辟莫不體親懷之仁而奉承德意遵威讓之令而祇若王休天下庶幾治安矣王歸宗周能無根本之慮乎惟以服遠恒先自近外寧或有内憂乃肅官常以修内政擇國之令典而重申之明體統以詔群工舉朝之職業而振敕之則紀立而治益張内寧而外愈肅此周王治不忘亂安不忘危意也其言曰若昔大猷之世法度修明政已治矣而猶恐治者亂所伏也故常先事而圖之雖天下未有亂之形而制之在内者則有以銷其萌矣皇圖鞏固邦已安矣而猶恐安者危所倚也故常先時而備之雖天下未有危之形而保之在内者則有以防其漸矣夫未亂而制故其治常永未危而保故其安易持此古昔大猷所以稱有道之長也□雖六服承德矣而内治不飭亂是用階曷不引古昔事觀之嘗考古今治日常少亂日常多始未嘗不凝固基本而末或陵遲衰微也無异故云守成之世上下偷安官職秏廢是以内訌外叛而亂亡隨之此周官所由作也噫以此爲訓而猶有志怠乎吴功隳克蔡者

詩

無已大康職思其居

崔璵

同考試官訓導唐批（思致圓融詞調俊逸寫唐人憂勤之意宛然在目）

同考試官教諭程批（詞旨明透風人憂思之心溢於言表）

同考試官教諭章批（意完調古發唐人節樂敏事之意無逾此作）

同考試官同知俞批（造語典雅用意凱切宛然陶唐氏之遺風）

考試官洗馬周批（春容可誦）

考試官左諭德陳批（醇雅之作）

觀唐人之相戒其憂深而其思切也蓋民逸則淫而思則善心生也以太

康爲戒而以居職爲思唐風之厚也至矣賦蟋蟀者之意以爲難得而易失者時也難制而易溺者情也惟吾與子感蟋蟀之依人時若可自娱矣然流連者多玩時而職之所居者易忽也是得無有之而不覺矣乎念日月之舍我情若可自適矣然荒湛者多蕩情而職之所居者易忘也是得無有之而莫返矣乎欲不可縱而修其職者亦以防其欲者也盍亦慮始於終而小民之依謀之也惟預樂不可極而盡其職者所以保其樂者也盍亦圖難於易而民事之急理之也必周天時有生而所以順天之時者吾職焉則吾思焉庶耕鑿之常不改夫唐風之舊也地利有養而所以因地之利者職在是則思在是焉庶作息之業想見夫堯天之遺也至是則懼其康可以不至于康矣思其居可以永安其居矣吁唐人之憂深而思切也如此不可以觀聖人流風之遠乎抑天下之事敗於宴樂而成於憂勤者豈特民事然哉書紀無逸易著復隍怠荒之戒古帝王所爲兢兢也夫子删詩而繫蟋蟀于唐風之首其旨深矣以此爲訓猶有以豊亨豫大之説導其君者

鳳凰于飛翽翽其羽亦集爰止藹藹王多吉士維君子使媚于天子鳳凰于飛翽翽其羽亦傅于天藹藹王多吉人維君子命媚于庶人

龎進賢

同考試官訓導唐批（簡潔醇雅而規諷之意藹然亦心召公之心者乎）

同考試官教諭程批（精醇整潔可録以式）

同考試官教諭章批（賢才效用之忠召康公以人事君之義發揮殆盡而辭復俊雅可誦）

同考試官同知俞批（委婉有倩諷咏得體是善説詩者）

考試官洗馬周批（雅醇）

考試官左諭德陳批（明潤）

詩人兩興賢才之效用有爲上爲德者有爲下爲民者夫致君澤民賢者之素志也舉而用之有不自效者哉宜召公托興以諷王也若曰君德之成就在賢才固也然今日之賢才夫豈無可用者王知夫鳳凰乎彼鳳凰于飛則翽其羽而集爰止物之來儀則然矣况藹藹王多吉士固王朝之羽儀也維君子使而有不媚于天子乎蓋吉士具馮翼孝德之藴而上不負天子固其素所期待也誠感任使之重則竭順愛之忱而以亮天工以熙帝載必親見其道之行於上而後已矣此固吉士所自效也而王可無以使之乎鳳凰于飛則翽其羽而傅于天物之爲瑞則然矣况藹藹王多吉人固希世之上瑞也維君子命而

有不媚于庶人乎蓋吉人懷馮翼孝德之猷而下不負生民乃其素所慨慕也誠荷寵命之隆則弘順愛之化而以厚民生以正民德必親見其道之行於下而後已矣此固吉人所自效也而王可無以命之乎吁康公諷王之意微矣嘗考虞廷賡歌以股肱良哉爲咏而卷阿矢音於吉士吉人每惓惓焉蓋國家需於賢者甚殷而老成爲國於用賢尤切也語曰上臣事君以人公是謂矣誦翽羽之詩者其亦可以興矣夫

春秋

五月癸丑公會晋侯齊侯宋公蔡侯鄭伯衛子莒子盟于踐土（僖公二十有八年）六月癸酉季孫行父臧孫許叔孫僑如公孫嬰齊帥師會晋郤克衛孫良夫曹公子首及齊侯戰于鞌齊師敗績（成公二年）

張我續

同考試官教諭楊批（比屬整嚴調格古雅末復譏歸齊桓最得傅意録之）

考試官洗馬周批（得謹嚴體）

考試官左諭德陳批（文整意足）

攘外而獻其功者可予虐内而獻其功者可譏夫獻捷一也或得諸夷狄或得諸中國而美惡存乎其事矣且自踐土下勞而楚俘陳戰鞌旋師而鞏朔遣之二役者均之爲獻於王也而得失异焉何哉蓋聞蠻夷戎狄淫湎毁常王命伐之於是乎獻功楚何人也是僭王之夷也爲仞之禍震于中華文也師合四國一舉而挫之此其功亦云偉矣今乃集百乘之俘即衡雍而躬獻焉内以彰敵愾之威外以示膺懲之戒其亦足爲美談也已維時周王享醴而使尹氏錫之命曰王謂叔父糾逖王慝文之受策以出也詎不有光也耶又聞兄弟甥舅侵敗王略王命伐之於是乎告事齊何人也是太師之後也來輔之勛載在盟府晋也憤起一戰遂摟而伐之即有功奚足多者顧乃誇三周之捷望鞏洛而有獻焉上昧乎尊奬之誼下乖乎親睦之情不過逞其侈心而已維時周王弗見而使單襄公致之辭曰敢廢舊典以忝叔父士莊伯之不能對也得無有歉也耶吁山戎之捷其爲不必獻均也矧不獻于周而遺之魯乎是故春秋譏之抑尤有可慨者踐土之盟出入三覲雖曰晋文譎而不正然共主之分尚存也迨其後嗣先業弗修而悖道以逞定王雖拒其使猶且委之于三吏將之以厚賄蓋上下之陵替久矣君子深爲王道憂焉

春公孫歸父會楚子于宋（宣公十有五年）

楊銓

同考試官教諭楊批（譏賂楚處發明夷夏盛衰之旨清切是有經濟之略者）

考試官洗馬周批（語莊義晰）

考試官左諭德陳批（善發明傳意）

春秋鄙望國之賄夷以示經世之略也夫以中國制夷狄此經世之略也不競如魯者至于荐賄以免焉不亦鄙乎楚方圍宋魯人懼焉是以有歸父之會夫小國之免于大國此其常也春秋何鄙乎爾蓋夷夏之勢互爲盛衰者也然勢之盛衰雖乘乎天運而實關于經略楚夷也無故而凌上公之宋天下勢可知矣魯爲人望列辟宗之力茍及焉則鼓行赴救以摧蠢爾之鋒力不及焉則遥爲聲援以存中國之體豈异人任哉奈何君臣動色共軫剥床之憂而上卿奉使僅從賄免之策楚何人也馮陵之惡上通于天非三恪賓王之類也媚楚而弃宋謂之不順宋何地也攻圍之慘朝不及夕非玉帛綢繆之地也即宋而賄楚謂之不祥向也楚雖横而猶懼天下之擬其後也以周公之裔而荐賄之不遑中國之無人也已知之矣向也宋雖困而猶冀天下之拯其窮也以千乘之邦而事楚如弗反南風之日競也又奚怪矣是諸夏非自衰也有賄楚之魯諸夏安得不衰夷狄非自盛也有屈體之魯夷狄安得不盛故經世者不爲强怵不爲弱沮要使制命之權常在内而效命之勢常在外然後夷夏各止其所而天下定矣後之人比事以觀而得經世之略焉此聖人筆之于經之意也雖然以弱爲强難言哉夫爲國不先自治而徒以力與犬羊競者是自敗之道也即强且不足恃况弱乎唯内治無闕則夷狄之逆順皆不足較何者外之也夫知外夷狄之義者可與語經世之略矣

禮記

夫樂者先王之所以飾喜也軍旅鈇鉞者先王之所以飾怒也故先王之喜怒皆得其儕焉喜則天下和之怒則暴亂者畏之先王之道禮樂可謂盛矣

張主敬

同考試官訓導賀批（題本正大作者類皆浮蔓不切此獨根極理趣精妙渾融絶無筆墨蹊徑杰士也）

考試官洗馬周批（暢達深醇）

考試官左諭德陳批（義精詞達）

觀聖王禮樂之化見其道之大矣夫喜怒飾而天下和畏焉是禮樂之成化也其道一何大哉且天下之治天下之道爲之也道本諸身而化徵諸民者吾觀於先王之禮樂矣誠以一代之興必有禮樂感物而動孰無喜怒樂何爲

也先王所以飾喜也和平之具後天下之樂而生焉者矣軍旅鈇鉞何爲也先王所以飾怒也征誅之典耻天下之亂而制焉者矣夫喜怒惟懼其不可飾也飾以禮樂則發皆中節匪徒徇吾之私而道以類從實能公人之是有不得其儕者乎是惟不喜一喜則天下悦而翕然和之由其飾以樂者以天下不以己也是惟不怒一怒則暴亂懼而帖然畏之由其飾以軍旅鈇鉞者以暴亂不以己也此可見先王致治之道多端而禮樂之用爲盛以立極則無私而慶賞刑威悉協於中和之紀以感孚則無間而聖神功化取足於喜怒之常彼帝王揖讓而致治君子力此以太平皆是物也而可不謂盛哉然則先王之爲治也致禮樂之道而慎其所感者也抑禮樂之和序根於人情人情多變聖王豈能狥之然亦豈能拂之哉是故不令人喜怒而以喜怒公諸人惟其欲惡均分願足即和序之教行而順治矣故曰樂至無怨禮至不争斯可以僞爲哉蓋觀於靈臺皇矣之篇而知江漢汝墳之化也周家之所謂禮樂者如此

忠臣以事其君孝子以事其親其本一也

陳鏃

同考試官訓導賀批（此作理精詞鍊思逸調高且字字句句悉出胸臆可以式矣）

考試官洗馬周批（明粹雋永）

考試官左諭德陳批（詞意精瑩）

合忠孝而一之己之能盡者也蓋忠孝之理根於心也以此自盡而有二乎哉祭統君子意曰賢者之所謂備固言内盡於己而外順於道矣抑何言乎己之盡耶誠以吾人一身君臣父子之倫屬焉臣之事君孰不知之顧事之而或猶夫臣也不有忠臣以事其君者乎真見義不可逃而凡夙夜匪懈承弼一人者純乎忠而已矣子之事親孰不知之顧事之而或猶夫子也不有孝子以事其親者乎真見恩不可解而凡明發不寐有懷二人者純乎孝而已矣夫其所以事君親者若此是倫之秩諸天也雖殊心之盡諸己也則一遠之事君情非親矣而惟忠臣之於君未有不自盡者也故輸忠猶所以全孝也邇之事親分非君矣而惟孝子之於親未有不自盡者也故崇孝猶所以作忠也遇君而忠遇親而孝所遇不同均竭吾職分之當然爲子思孝爲臣思忠所思不同均畢吾性分之能事此豈有二心哉故曰其本一也是之謂内盡而達斯順矣體斯備矣惟賢者能之此其所以受福歟昔夫子自言祭則受福而記者以爲得其道夫道曷有大於忠孝哉吾觀夫子進曾閔退沮溺身任君父之大倫而至

爲子爲臣之節即食息起居靡不周慎彼其得道如此則天且不違詩曰豈弟君子求福不回其夫子是謂矣

第二場

論

人君所以端拱無爲

王士昌

同考試官教諭楊批（場中作者多牽涉浮詞殊覺可厭此作發無爲本之君心無逸意切而詞渾宜録以式）

考試官洗馬周批（詞氣雄渾至説君心處尤極精實謂探本之論非耶）

考試官左諭德陳批（就題立説切近明實而意亦周匝録之以變文之競聘浮詞者）

聖王之運治也以心是故其心常無逸而於治常見其不可及自古殊絶之治必稱無爲矣而端拱致焉是何故哉天下之大豈能晏然待理而爲之鮮要力不暇給聖王知心者宰治之樞而恒以逸失之逸則從欲而滋亂非以爲天下也兢兢焉憂勤以務之惟恐一違於道是非爲過慮也將防其晏安之心不使爲吾治累也而終之被其成功爲甚大蓋吾心日運於天下則所圖皆得其要而君道可不勞舉矣聖王無爲而治者其以是歟宋儒胡氏知要者也其言曰憂勤如此所以端拱無爲夫無爲之治尚矣説蓋昉于孔子曰無爲而治惟舜者歟舜之無爲豈遺弃萬務一無作用之謂哉蓋際時獨盛而順君道以爲故享治若斯之極也或者不察遂貶勤勵而尚恭默薄事功而跂神化謂端冕垂旒拱揖群后無爲之體也而爲擊柝授環之規過矣東對西禪勒頌名德無爲之事也而爲櫛風沐雨之功勞矣韜甲枕戈受符獻瑞無爲之業也而爲衣袽復隍之戒迂矣如此者可示神明於下也嗟乎治天下甚哉其難之也日接萬幾宵衣旰食猶懼弗勝矣奈之何以此治哉藉令此足以治即托優游之美號享垂裳之休際胡不得哉而理固不可也嘗觀天立君之意矣使一人臨制六合詎徒以崇高富貴之極娱樂之已乎欲其御宇握中體元經世宰制群動役使萬物屬之者甚大也既大屬之則當副之矣思副之則當爲之矣然君承天以爲也有要焉豈必課文例之具執操切之術役形疲力而事斷物料之哉則拘儒所云有司庶吏之爲世出於此未有不敝者而乃執以論聖王之治哉聖王之治不求之天下而求之乎無逸之心也何也古今之治大抵以勤而成以逸而敗然勤生於不足逸恣於無制蓋人情盡然而兩者又交相勝也況

君者尊居九重奔走萬國而莫敢不供其威何弗逞也事務變化紛至沓來自我管攝其勢可厭也聲色玩好日陳於前爲我酖毒其情易溺也挾難犯之威乘可厭之勢攻以易溺之欲而心始侈然以縱自非深制之有不耽乏樂爲美事詆憂勤爲過計蓋無幾矣夫一念勤若甚微也而兢惕而警戒而抑畏而嚴恭日進於勤而莫知逸矣一念逸若無傷也而昏迷而怠弃而狎侮而盤游日流於逸而莫知勤矣兹治忽所關也豈細故哉聖王知其然臨至尊之位不异虎尾履盈成之阼不异春冰馭兆民之衆不异朽索明廷以及深宫何地非勤即幽獨弗敢逸也居處以及服御何事非勤即觴几弗敢逸也聽政以及燕閑何時非勤即終食弗敢逸也常伯以及虎賁何人非勤即工瞽弗敢逸也閔閔皇皇不使縱情娱志之事一投其隙而欲然若有所制聖王爲天下未嘗一時而少暇矣豈過于拘攣委瑣不解自崇重之爲利哉誠見勤于有爲乃可以無爲而制心制事之要未有易此者如之何敢逸也無逸故心清心清故嗜欲節無逸故心存心存故志氣奮無逸故心虚心虚故義理明憂勤之事以心圖之則主術運而無迹君道要而可舉由是則百職效能□庶績咸熙也由是則巍然穆清以登上理而恭己受成也皆曰聖王之治如此乎振越千代矣孰知爲之爲者自有在也猶於穆不已天以神運而生成不測勤勵不息聖王以心連而治功不顯故曰爲天下者不逾皇序而神通四海此之謂矣彼云不輕有爲者無亦未察其所以治哉聖王之所以治則順時通變因人盡能用心於天下而不以私智擾之侈心弛之也無爲而無不爲者也務玄寂失事幾因循頽廢而以無心弃天下非聖王無爲也世俗之兀然無爲也無爲果若此耳人君一目�色授焉而天下平矣何用孜孜商確爲哉嗟乎三家之市一日不理敝其家計矣千金之子一日不籌隳其故業矣况天下乎欲安坐而委置之此逸心也此庸主欣豔爲得志也而豈聖王所恃爲理者邪抑胡不引舜文之事觀之也舜自攝位以至登庸命官咨牧封山浚川察器觀象之事皆身爲之一歲周巡于五岳之間車轍馬迹且近萬里即度量權衡至微析矣率爲之同而無逸一書叙文王卑服康功惠鮮勤政雖日昃不遑暇食舜與文王世并以無爲稱焉者也肯自處于逸而忘天下哉不以心忘天下在聖人猶然矣况餘主哉而世顧援是禁一切之爲繆亦甚矣或又曰聖人之心雖在憂勞未嘗不安豈勞逸互相爲用抑無不可歟吁是不然聖王憂而未嘗不安者乃順理則裕寔憂勤所致非一於宴安而能之也繇斯以談無逸非人君要術哉後言無逸者吾惑焉有衡石程書衛士傳食若秦隋之君非不勞且苦也逸於心而以身徇之

卒罹滅亡亦無怪矣故曰善治者逸而有成不善治者勞而無功則心得與不得之説也雖然無逸要矣用人急焉天下大器任一人則匱任衆人則裕選賢使能助其不逮而委任責成之故臣集於能君總其功而天下之治皆人主之爲矣疇咨岳牧慎獄罔兼又舜文所不廢故曰明主勞於求賢逸於任人斯無爲之義始備云

表

擬輔臣承詔恭撰雝肅殿箴命書之御屏仍賚銀幣謝表

張主敬

同考試官訓導賀批（肅雝之意未易揄揚此作敷詞章以宣盛美而祝願數□尤徵忠愛非徒藻麗爲工已爾）

考試官洗馬周批（鋪叙有則不尚奇詭是之取爾）

考試官左諭德陳批（抒思微婉敷詞典則於陳謝中寫出臣子忠懇感激之意）

萬曆七年四月某日臣等伏承聖諭恭撰雝肅殿箴隨蒙登寫御屏仍賜銀幣臣等謹祗領稱謝者閶闔天開聖學聿新于顧諟罘罳日麗臣愚少效于箴規幸葑菲之不遺忠輸衮鉞荷帑笥之載錫恩賁綸扉拭目知榮銘心爲感竊惟人主紀綱萬化始諸一心猶玄象經緯列星樞于紫極必嚴乾惕斯永豐亨故軒皇刻輿几以弼違夏后勒筍簴而招諫懋昭湯德日新警于盤杅無競武功敬勝垂于户牖道存觸目治本因心迨往哲之既湮嗟前徽之漸遠蛛絲龜甲祇競雕文雲母虹霓彌殫刻畫建武之盛顧粉黛而興規天寶既荒易山水以彰侈次君臣事迹者六扇曾莫鑒於滿盈寫書易孟子者十篇竟罔禆於恢復蓋慮不存乎儆勅即事奚取夫具文道豈虚行聖乃有作兹蓋伏遇皇帝陛下睿由天縱敬與日躋長樂晨鐘每祇兩宫之問候金華晝漏時廑三事之咨詢邁學古於商宗惟遜惟敏符勤民於姬后罔游罔觀既已敷皇極于蕩蕩平平乃猶勅天命于兢兢業業謂宸居邃密肇名有取于周詩而黼扆彰施箴儆可忘于衛戒宜有論述以代韋弦肆詔承明俾新著作臣等仰模德意俯罄悃誠念王道爰周郅隆而周德于文爲至以古爲鑒亶文可師乃繹思齊之章庸申箴砭之義曰不和則戾起必樂以平情而雝雝其在宫曰不敬則慢生必禮以飭志而肅肅如在廟述箕疇而戒作好作惡援夏訓以懲荒色荒禽始之欽止慎幾終于覆車朽索治心育德之道炳若具陳智臨保泰之猷昭乎斯在詞尚體要意則朴忠顧睿旨淵微方虞管蠡之難竟而聖懷虚受猥蒙渤澥之兼收遂命司存屬之登寫被諸緗素謝舜采於丹青置之座隅純文心於保翼

萬幾清燕時陟降而不違千古淵源每羹牆之有見儼乎若冠鑒几技帶履弓劍之誡常在冕旒愉乎若舟楫霖雨麯糵鹽梅之臣恒參訓誦學斯有獲治允無衍昔講筵披帝鑒之編則聖狂炯照暨便殿列臣鄰之籍則文武迪知盛美誕章前聞希有納忠已幸錫寵逾榮精鏐分内府之珍奇標麟趾綵服頒尚方之製巧逼天孫恩重斷金愧深濡鵜臣等敢不矢勤夾輔期副倚毗陳無逸以永年竊希公旦疏克終而諷治敢後魏徵益堅作礪之忱永弼垂衣之化伏願典學終始建極中和主善爲師追五帝三王之軌執樞以運弘參天二地之模膺符丕受乎軒圖卜曆彌長乎周籙臣等無任瞻天仰聖感激欣戴之至謹奉表稱謝以聞

第三場

策（五道）

第一問

馮嘉遇

同考試官教諭惠批（不以交泰爲足而以交儆爲念非有卓見者不能及此）

同考試官教諭蕭批（交泰保泰意闡揚明悉篇末尤見忠愛無已之心宜録）

同考試官教諭徐批（致泰保泰意敷叙詳悉篇末具見忠悃可以獻矣）

考試官洗馬周批（敷揚明實頌不忘規宜録爲保泰助）

考試官左諭德陳批（揄揚盛美而末復進規皆真切之議必士之懷忠實者取之）

蓋聞君臣之際易備之矣泰之象曰天地交泰彖曰天地交而萬物通也上下交而其志同也夫泰天地之象也而君臣則之故天道下濟地道上行絪緼訢合陰陽相得而萬物生焉是天地交而泰也君親乎臣臣比乎君聚精會神相得益章而萬化行焉是君臣交而泰也顾天地之交造物之恒運也而君臣之间则未易矣尊卑闊絶其情未易聯禮節森嚴未易合自非君人者降志以接之虛懷以聽之披衷悰以見情忘忌諱以盡物則爲之臣者何由自結于主以攄其所蘊積也哉故泰之九二以剛中之臣任治泰之責而六五惟柔中虛己以聽之故能受元吉之祉而成治泰之功蓋明主藎臣相須以成泰者其道若此愚請繹是説以尚論古人敷揚昭代可乎粵昔唐虞之朝都俞吁咈喜起賡載此泰交最盛時也成周之隆凫鷖假樂君臣相悦泰交之盛猶可想焉由漢而下若文帝問相職

而善陳平之對詢署郎而動搏髀之思可謂明矣而擯國士於長沙則失賢光武日昃罷朝數引公卿郎將講論經理可謂勤矣而責三公以吏事則失體唐太宗令學士更日宿直引入内殿講論商搉似急賢矣而與者或匪其人宋仁宗温顔訪問開閣求言似虚受矣而賢者弗究于用之四君者以稱賢於當代則可爾比迹虞周不既遠遜矣哉惟我太祖高皇帝以神武開基延攬英杰于時才俊仰流雲合鱗卒征伐則徐常李鄧輩獻其功運籌則劉宋陶章輩與其議披心造膝晝聽績效武允戡亂文克經邦蓋君臣之交不啻心體之喻矣所以創天下之大業而垂休萬世者非以此邪列聖紹休繼繩罔替迨于弘治尤赫厥聲粵惟我孝宗敬皇帝以睿文纘緒寤寐英賢于時群哲響臻協恭勵翼政府則有若宜興洛陽長沙餘姚九列則有若禹州華容浮梁洪洞文華議政暖閣咨謀疏擬則裁定必詳論奏或掖扶乃起蓋君臣之交不啻家庭之密矣所以保天下之大業而克熙昌運者非以此邪是故頌創始者蹤堯禹歌太平者媲殷周而一時鴻碩亦獲以附景光垂休聲焉於哉盛矣今天子紹履慶基明哲作則緝熙典學思治孜孜踐祚之初即召見輔臣於平臺二年之春召見計吏治理效者優加奬諭銓選復臨視之規史職列起居之注下濟之盛厥已章章矣綸扉政本尤切倚毗萬幾之殷時屢延訪如進肅皇之批奏則覽誦有程鑒成憲也議司設之援例則禁約具嚴隆節儉也邊情加手詔之詰懲虚罔也織造速停减之命恤民隱也忠欸一陳俞音即下諸若此類記注之臣月有紀爲未可殫述也頃歲輔臣以聖齡日茂益明習國家事議請停罷書翰講議章奏上欣然嘉納獻歲齊殿首舉行焉師臣披牘以敷陳重瞳覽聽而裁擇所首議者乃宗藩昏封及歲禄重典也上初則曰與所司議行繼則曰當從容議處聖容晬穆天語諄温一時臣工莫不神竦色澤欣欣相告以爲自此而祖武可繩國是可定也自此而睿照日朗聖政維新也自此以親决乎萬幾自此以獨運乎宸斷舉而措之太平之理可幾矣即山海遐逖亦罔不拭目傾心喁喁然思見德化之成焉而執事猶詢所以仰禆萬一者愚則何辭以對無已則以法祖博延之説區析言之爲芹曝獻乎竊聞之聖祖昧爽臨朝日晏忘食公卿郎吏俱備咨訪無擇於人也法宫便殿時加延接無擇於地也今密勿陳議裁晝講求允惟厥中矣顧機務至繁而不時之召希聞得無晋接之尚竦者乎列卿當職而殿陛僅聞一唯得無詳延之未廣者乎則勤宣召之命復午朝之規俾公卿執事時獲畢誠者或弗可已也聖祖初設中書後分九列而文學侍從日在左右耆儒宿德咸待質難今虎觀諸臣横經講論啓沃日新矣而講畢即出九重清燕顧問蔑如得無親士之日少者乎則追更直之規俾方正博聞時參替御者是或當議也聖祖時外服庶僚辭覲必諏以四方利病與所以理人者因

以銓察賢否今方面以上例得陛見而德音靡宣郡守縣令外庭旅見而天顔罕睹得無幽隱之未究者乎則仿敷納之典時召一二假之色詞俾獲展盡者是或一説也昔宋臣蘇軾嘗陳五事矣其前三事者即愚之所略陳其後二事所謂召問吏民者則以爲瑣而未之竟也然好問用中者則何嘗遺於微小乎嘗莊誦聖祖大誥首叙君臣同游而其中七十餘條者大概多吏民事所謂詢于芻蕘者也倘□垂情問察則不遺微小者亦豈非保泰之一助哉抑愚猶有説焉戒平陂危復隍易於泰爻蓋兩致儆云故罔游于佚伯益以之警虞所其無逸公旦以之規周蓋不以已治已安自足而惟以憂治危明爲心者此盛世君臣所以維熙昌之運而保有道之長者也苟逸豫一萌則流漸莫挽而陂隍之虞且至矣聖主誠鏡理道之原崇儆戒之實敬止就將無少間息而又弘延攬之門大用中之量則所謂通天下爲一身者而泰交之盛真與治古并隆矣雍熙泰和亦豈獨在虞周宇宙間哉

第二問

游應龍

同考試官教諭蔣批（考據規畫詳明有條宋歸重治人深得更化救時之本出而任事計必有可觀者）

同考試官教諭吴批（議論宏博考究詳明叙述法所由弊處切中事情必通達國體之士）

考試官洗馬周批（論事纚纚洞悉原本而文復古雅右以覘所蘊矣）

考試官左諭德陳批（説飭法濟時意有卓見而辭足以發之可取）

蓋聞議法者甚不可執一爲也必因積漸之勢而審變通之宜然後可以長治夫法之始立皆權於利害是非以爲之計何有於弊哉而行之既久人心易玩不能盡如其故於是法紀怠而釁孽萌遂有頽靡不振之患使因仍旦暮不亟爲之議弊所滋蔓長此安窮於是更化善治苟以便國不襲其安苟以利民不徇其俗雖迹有沿革損益而要當乎立法之意自昔計臣達士感激於辨朝憂危於令主者用此道也歟執事以議法爲問愚竊聞焉詩曰不愆不心率由舊章易又曰通其變使民不倦言議法者亂以聰明起紛更之害隳以積習貽裕蠱之虞惟追俗而易化觀變而預圖審時所宜而不膠於久安一定之迹非明達治體者不能也試觀往牒漢自武帝好大喜功海内虚耗矣宣帝繼之魏相乃條陳便宜請其施行言方今之務在修復故事帝雖勵精爲治而德教未純寧以漢制可守耳宋自神宗任用非人變壞舊政矣哲宗繼之司馬光復起爲相言安石惠卿所建宜一切報罷若先法之善百世不可改蓋亟除新法

以安民心獨以恢復自任耳若文帝以德化民幾于成康矣賈誼疏陳治安勸其更制帝繼高惠之後制度闊疏侯王僭儗雖寛大之規不可失然稽古改制以光先業非其時邪惜説未及用使禮樂不興秦俗尚熾亦謙讓之過也仁宗恭儉忠厚可以有爲矣范仲淹奉答手詔條陳十事帝紹三世之業吏治不振紀綱漸隳雖仁厚之法不可易若光復一統以保成功非其時邪惜言不獲施使大險失據國勢益弱亦姑息之咎也可見論治者貴識體濟時者當通變法所宜守則相條便宜之事光革熙豐之弊修復舊章而不妨於因法所當飭則誼陳治安之策仲淹答天章之問恢張先業而不嫌於變時不同而道非相悖也已方今熙平之日久矣法之所立皆列聖睿思踔識誠哉淵乎其深遠也著在令甲守之有司又非不赫然具也逾漢宋遠甚夫復何議顧寧謐久而沿襲滋玩愒生而法守眩行之不能盡如其舊稍亦有焉以故上之督責雖勤而實效蓋尠下之簿書徒具而美意未宣昔爲良法後乃云敝政矣亦窮則變變則通之時也曩者深計遠慮之士石畫而籌當世殫忠畢智之臣矢心而謀朝政酌考成以核名實袪姑息以振紀綱務精詳以勵怠弛破拘攣以審經制六七年之間庶務畢舉人心益惕斯亦極治之盛際焉蓋非振飭胡以臻此執事謂保泰持盈之體患生竊韙之矣夫法之在天下也使皆如其立法之初則曷以飭爲哉奈之何久而漸趨於敝者無异故云大抵先世創制而繼統之後席故業而享盈成于是文物盛於聲容物力衰於侈汰矣守成易玩而積漸之後惡檢束而樂安逸於是士便文以自營民抏弊以巧法矣蓋其勢固爾哉勢之所在圖於先事易返於亟重難此非極亂大壞之形而有其漸矣漸則胡可長也即立法者身值其時不有乘其漸而預飭之乎夫琴瑟不調更張之乃可鼓也車轍或敝更新之乃可御也法漸敝矣僅僅守持重之虛名而不思救時狃怠玩之往習而不知達變將瑕纇叢生蠱壞日起名爲循法法且盡亡則迂儒之説而滋亂之途矣望以底績不亦難哉或者曰遵道而行上逸而下順緣法而治吏習而民安玆不幾爲拂衆乎夫古謂從衆者非從口之所言從其心所不言而同然者乃真從也輿人之頌公孫不以民謡毀政邑中之黔司城不以民譽墮工惟其公不惟其私耳玆察人情同欲者以飭之乃與民同其好惡是矣非所以拂之也或又曰積習之弊一旦易之久曠之典一旦舉之重懲既往而亟圖所難如成法何愚曰立法之意與時宜之耳誠得其意即事不相沿皆良法也失其意則拘守繩墨皆虛文也周公兼三王而仰思不合孟子論井田而終於潤澤古聖賢議治類如此矣寧有意於爲异哉今之弊豈皆置法初意乎蓋後所踵襲之過正患振刷未盡耳與時消息因變爲守法所甚賴也嗟乎古

今迭運皇王代興方册所載規制略盡如岐黄内經百方畢具有行之久而變者有變之久而復者有復而變變而又復者民俗無恒國是靡定在相時善用耳如病者寒以寒治熱以熱治或寒熱變以變治察標本緩急之勢而投之此倉公扁鵲所以計日而奏功也而議法者獨務於因陋蹈常之爲不亦計左而失當哉况今所整飭者亦修其已試去其泰甚非特有驚世駭俗之舉而不得議以更張也易言通變詩述舊章與今飭法之意奚悖哉夫今之法固犁然舉矣執事猶求以議之無亦慮其終而思維其漸歟愚又聞之天下之法作于上常格于下人之情謹于初常弛於終今之議者要察法所由弊而其咎則在人耳是故補葺偏漏以支目前而迂視萬全之計猶抵安流而亡維檝非以濟遠也建立方新責效甚速猶朝揉輪而夕欲乘車非以需化也當事者未及展半而輙執揣摩之見以求詆勝猶左書而右息之非以示信也權宜可行反株守顧忌而坐失事幾猶夏虫井蛙非通方之識也下有煩言而欲驅之使從猶倍招而必拘之非以順民也利一害百以利冒害害一利百以害掩利猶立朝夕於運均之上擔竿而欲定其末非以樹功也數者其咎在人儻一有之國是必淆人心不定而大妨於法非賈范諸賢愍然而深憂者乎今之議議諸此而已此之不務而曰吾以更化吾以救時將一法立復一弊興一法罷復一議起非識治體者也

第三問

郝大猷

同考試官訓導唐批（條答諸傳得失最爲詳盡而議論精確具見卓識）

同考試官教諭程批（考据詳核剖析確當是有關於世道者）

同考試官教諭章批（聖人作經之意晦於傳疏久矣子能剖析群言獨見聖心左胡諸儒當爲斂袵矣）

同考試官同知俞批（經生類多勦説是作剖析四傳而斷案了然是有得於心學者録之）

考試官洗馬周批（評隲四傳論甚明確知子非拘儒矣）

考試官左諭德陳批（辨析諸儒异同而歸於明聖人之意必窮經而有心得者）

甚哉説經之難也非説之難能明聖人之意則難矣非明聖人之意之難也能不牽於先儒之説則難矣彼以爲聖人之意有以异於人乎哉是是而非非善善而惡惡雖堯舜與塗人同而儒者之談經則曰此非聖人莫能修之自游夏所不能贊一詞者也於是乎平也而詭求之易也而艱尋之其尊聖人彌

甚其説彌長而作者之志益以漓矣嗟夫獨抱遺經之嘆豈非千古之所同哉執事以春秋疑義策諸生夫説春秋者類古所稱大儒也愚何敢以末議干之雖然執事固曰六經將與天地無終極而存非一人一世之私論也敢效其一得而執事試擇焉夫自秦人滅學六經缺如漢律既除孔壁始出諸儒掇拾煨燼各名其家源遠而流益分其間悖理亂真者固不少矣然易詩書之屬皆以理勝理悖矣吾以理絀之其誣可立而辨也春秋以事詞勝事往矣吾從千載之下隃度之孰徵之而孰信之乎是故説經者宜莫難於春秋也自漢而下説春秋者亡慮數百家而獨公羊穀梁左氏最著胡氏最晚出亦最著至我昭代胡氏始得顯立于學官而諸家之説幾盡廢矣夫左丘明與孔子共觀史記者也公羊穀梁皆受業子夏者也洙泗之淵源非遠筆削之微旨尚存然而口説流行事多失實如一盟也而或以爲蔑或以爲昧一工築也而或以爲郿或以爲微一會也而或以爲屈銀或以爲厥憖一卒也而或以爲君氏或以爲尹氏蓋自名氏土壤已眢亂不能盡原况乃雌黄出其唇吻去取憑諸胸臆如馬端臨以意增損之疑者又焉能玄覽精詣券合聖人之志乎至安國之作傳也總三家紛紜之説而録其似彙諸家後出之論而采其長義例炳然衮鉞斯備可謂素王之忠臣麟經之鼓吹矣雖然以爲不詭於聖人之教則可以爲盡得聖人之意則未也夫經之爲言常也聖人之作經也簡易明白不以微曖難明之詞眩天下也不以操切繳繞之文誤後世也要以是是而非非善善而惡惡以仍人道以達王事如斯而已矣乃胡氏一時進御之言意存納約是故不免激焉而偏索聖人之精義於一字筆削之文是故不免核焉而深名其可通者曰常例而强名其不可通者曰變例是故不免窮焉而鑿如以春王正月爲行夏之時是以周人而改周朔於義則不順以夏時而紀魯事於史則不倫非夫子之志也以王不稱天爲貶夫事干宗國往往諱稱其過舉而尊爲共主輕以小故削奪之非夫子之志也以子滕侯爲懲亂賊之黨夫躬爲篡逆者無誅焉而斥天子之命侯且并其子孫而奪之抑何其慘礉而亡謂也非夫子之志也以止不嘗藥而被之以大惡之名是以微文而致重辟於人申商之所不爲也非夫子之志也卒楚麇也而曰扶中國信矣其扶中國也曷不重貶子圍之會而姑諱其弑是登叛也非夫子之志也書歸田也而曰以天自處夫其詞無褒烏在其爲序績也據事而直書之而必曰以天自處是尊聖人之過而誣其實也非夫子之志也絶筆于獲麟也而曰以天道終是以瑞應神其書也且麟之出經曷故焉蓋所謂感麟而作者近之而必曰文成麟至非聖人之志也又有甚焉者以爲夫子托二百四十二年南面之權以誅賞人也夫孔子雖聖周人也

賤而自專灾且及之苟無其位不作禮樂斯非孔氏之炯戒乎夫子作春秋以尊周室而撋然攬天子之權以誅賞天下奪人之國貶人之爵去人之氏没人之族操縱自我而無少顧忌焉則是干紀犯義已爲戎首而顧以履忠效順責僭王之吴楚專魯之三家也豈不盭哉然則孟氏所謂天子之事者何曰天子之事者猶云周天子之法耳當是時姬轍雖東典刑猶在春秋而有所刺譏夫子曰非吾奪之也是文武之法之所誅也春秋而有所褒進夫子曰非吾予之也是文武之法之所賞也知我者文武之法明謂我能尊周也罪我者僭亂之罪著則诸侯惡其害己也此亂賊所爲懼也第令夫子以匹夫自爲天子天下不軌之夫群起而議其後之不暇而又誰能懼之是故學春秋者明於天子之事之一言則孔氏筆削之大義昭昭乎若揭日月而行而彼紛紛者之説可不辨而息矣繇斯以談漢儒之説經也專門名師保殘守缺不相合而相存其失也固宋儒之説經也師心背古揣摩傅會有所合而不必盡合也其失也鑿彼固焉者信滯而不通矣然而是非錯陳若蒼素然不可淆而雜也鑿焉者雖辨而可喜矣然而憑私臆决若射覆然不可幸而中也是故三傳立而聖人之教分聖人之志則未失也胡氏之傳出而聖人之教尊其得者固多而失者亦不少矣愚竊考春秋之作寔孔子口授弟子退而异言流傳失真其有無疑似之文蓋不特魯魚亥豕而已惟左丘明論本事而作傳於經文爲近自餘百家之説未可定以爲不刊之訓也學者誠超然遠覽本之以經翼之以左氏折衷之以諸家之論要以會夫子仍入道達王事之意而不牽于一曲之議此亦所以恢弘聖緒而俟萬世於無窮矣若必强經以從己徇傳以蔑經即使左氏授簡公穀操牘愚猶未敢盡信也况其它乎噫此難與拘儒道也

第四問

王士昌

同考試官教諭楊批（知人之哲自古稱難子能綜核往替不欲徇法術而歸重辨心端本之論尤有卓見）

考試官洗馬周批（答問詳核至名實之辨深究物情是必有知人之鑒者）

考試官左諭德陳批（知人先在辨心自是確論而此作敷對明悉録之）

夫天下非乏才之患所貴得論才之要論才之要豈易言哉蓋人主羅海内之才而陶冶驅策之論辨一失其要則堂陛懸殊而衆情易壅衡鑒靡定而士品逾淆有之未必知知之未必盡才難自古□之矣官人者察其然以爲品藻宜精固詳以法法術難偏尤論以心由是較量審而眩巧餙詐無所容名實核而真賢實能有所見群才各適於用而天下之治輻輳於前矣若心之弗辨

而泛然求之乎法術之間欲以盡知而任使之詎足爲定論哉愚考覽典謨稱引堯舜者焯哉盛矣而道莫大於知人夫堯諸臣中豈復賢于舜哉而又豈待更相推譽始可用哉乃疇咨之命周於四岳諸艱之試歷於三載當是時野稱無遺賢矣而君曰明揚臣曰僉受其所動色相戒陳謨致儆者不徐徐焉是求知人於綦隆之世聖哲之主猶然艱之矣彼下代又何論哉嗣是之君若有易焉者漢時吕姬專制未著也高帝知周勃重厚少文必成安劉之功七國之變未兆也文帝知周亞夫爲將可任緩急之用則幾於識鑒素定矣霍光輔政昭帝以冲年覺上書之詐而稱爲忠臣皇甫無逸守蜀唐高祖知其爲人誣構而勞以清正則幾於讒言不惑矣房琯初爲將也明皇聞之而評其才非破賊卒以僨師李藩被杜兼之誣德宗一見儀度安雅信其狀非爲惡則幾於料人屢中矣之數君於其臣預决後來立辨倉卒若符券然不爽要以性資明達故一時評隲偶合也然孌食其之佞疏賈生之才劉文静以譖沮宋璟以直疑陸贄以猜忌廢得此失彼僅優於庸闇之主則可耳未足與聖人較難易也若堯難於得舜非其明不足也憂天下之心爲之耳憂之深故求之慎求之慎故得之難而天下後世卒不以爲聖智累何者智周天下而不自用也嗟乎世之需才無古今而才所見知於世有難易豈上天生才爲後世增多而全盛之世更减算哉亦豈古之人殊形异狀而不可肖似哉其論而知之者殊矣蓋人才有似有真以真論之真者出以似論之似者出真似之間則才之難易世之污隆胥係焉甚哉論才不可無要也愚考執事所問視之有五者李克告文侯卜相是矣説非不詳也如言居視所親與管寧同處者從逆矣富視所與以大斗貸民者篡國矣貧視所不取避居於陵者大倫亂矣以此例克之説其他未信皆當也又考徵之有九者莊莊生之論是矣説非不詳也如言卒然問之以觀智而帝丘之對佞矣急與之期以觀信而柱下之期固矣告之危以觀節而不死崔難者稱賢矣以此例莊之説其他未信無遺也至若劉劭人物志述十二流之業陸贄言八計以稽吏司馬光言十科以舉士采其説而行之品流甄别亦能得其大較似未可以概少要之猶求於術也人才至衆多矣而以術盡之是舉有限之智慮勝無窮之奸欺據一時之踪迹概平生之淑慝力既不足而日亦不給矣惟宋儒朱子推易書陰陽之理爲君子小人之辨其言曰凡正大光明疏暢通達無纖芥可疑者知必爲君子依阿淟涊回互隱伏不可方物者知必爲小人夫易以陽爲君子故于陽之進則有欣幸扶植之意而其義爲剛爲明爲義爲公也易以陰爲小人故於陰之進有防懼戒抑之意而其義爲柔爲暗爲利爲私也此則不拘於術獨究以心酌而考之以論天下之士不必深求隱

索而君子小人之情狀可坐籌之矣以視諸説蓋尤要哉執事又感今日需才之切慮名實之眩而究論辨之道愚生復何説以進竊亦聞焉迪知忱恂則夏以籲俊克知灼見則周以興賢古帝王辨才而官器能而使豈沾沾然藉法術已哉毋亦以心論之已耳愚生反覆古今士之能建鴻業而垂休光者雖才智之全而實心術之正才智以致用心術以立本兩者交相濟而正心其要也夫豫章楩楠雖有寸朽匠石不弃若膚完而腹蠹即合抱不一操引顧焉馬有逸足而調馴者此良馬也或詭銜竊轡失故步而倍周行即伯樂造父不願有焉士累於心術者猶是矣然而未易知也伺以獨見耳目易窮求之衆情參驗無據惟在上者深辨之耳今之時豈常患乏才哉而往往病品之不定論之不一者無异故也患在人之餙其心以售上之知而或不盡辨是以名溢於實業負於望遂有薦墨未乾旋以無奇黜矣謗篋方騰尋以善莊聞矣論之逾詳失之彌遠需之甚切遘之甚難執事謂名實相貿者蓋在此乎愚竊謂欲辨名實則論心之説不可不亟講也是故崇騁闊論勦襲陳言辨給徒工不當情欵者心在侈議也而托之乎多聞如此者非實小廉曲謹激節矯行外示洵朴見色豆羹者心在沽名也而托之乎無欲如此者非實巧於自營不肯先事見便則赴見難則避者心在私圖也而托之乎達權如此者非實恃才喜俠輕動寡謀張大虚聲不肩鉅遠者心在譁衆也而托之乎任事如此者非實矜餙容觀高自標榜藉口恬退寔希榮進者心在干譽也而托之乎養高如此者非實忿世譏時黨同伐异功不由己百計沮撓者心在忮能也而托之乎直道如此者非實其他陽爲而陰悖假公而濟私皆詭治之習亂真之流而心術之爲累也必早辨而洞燭之曉然示天下以心之爲尚其心正無論鉅才即才有未優心亦得以自效弗弃之矣其心不正無論非才即才能過人適足以害心弗録之矣宋儒易書之旨虞廷官人之治要無外於此者舉以知人人何難知哉若夫爲伺察爲智術非帝王明哲之事不足爲執事道也雖然轉移化導機在上焉愚聞之漢武好英風其時富瓌詭立名之士漢宣精吏治其時萃循良核實之能此言人之材性與時升降耳自非上持之至公燭之至明先以其心振作之而欲天下皆以心應難矣故曰辨心而核實者任官之定論也端本而率下者致理之美業也有進退人才之責者加之意焉耳

第五問

劉均

同考試官訓導賀批（理財一事古今致理之具莫要於此士子類綴拾陳言漫無可否此作叙述歷歷有據殆有經世之見者録之以式）

考試官洗馬周批（書生談財計詳核若斯蓋究心時務者）

考試官左諭德陳批（理財時政之大子指陳利弊皆切要之論取之）

執事以財計策諸生咨所以便國家者顧書生委瑣拘墨未明於天下之大計也雖然竊抱杞憂久矣敢不據睹聽抒衷臆以對蓋聞詩書所述王者之盛要在安民富而教之故制地域民畫爲井田正其疆界灑爲溝渠時其蓄泄百畝而徹賦税有經民三年耕則餘一年之食九年進業曰登餘三年食再登曰平餘六年食三登曰太平餘九年食然後王德流洽禮樂成焉故盛王所以致太平之理者以其經國理民有此具也自井田廢而王迹熄矣王迹熄而一切權宜之術用矣管仲官山海則籠百姓之利而收之官是富國之術也猶可言也計然論積著則觀萬貨之情而制其權是市賈之智也非國體也漢桑弘羊領大農置部丞分筦郡國鹽鐵則修管氏之餘法置平準於京師盡籠天下貨物官貿易之則師計然之遺意然彼用之一國而此則用之天下取利愈博則陰奪之途逾廣言利愈祈則剥膚之摻彌深故雖以佐國家一時之急而實以滋海内虚耗萑苻群起之患向使漢武無改文景之恭儉則家給人足自若也貫朽粟腐自若也雖捐租減賦可矣又安用是爲哉然則盈縮之原可逆睹已我國家以仁儉造邦其取民也不盡其財其制用也必有其式成憲舊章藏諸計府者犂然具在也乃頃歲度支費鉅率歲出逾歲入以數十百萬計司計所恃以補苴者直先歲羡餘耳積貯有限殫竭可虞計臣謀士蓋日憂焉而未有信必然之畫建長久之策者竊嘗計之財用之在天下其生出有原其制用有節而其補救有要今天下銀課自上供外其領於度支之經費者歲二百九十萬有奇耳而諸邊兵餉殆且稱是竊聞祖宗開立各邊以陝西八府供延寧甘肅以山西三府供宣大以山東永平供遼東而又各以畿輔河南諸郡麥銀益之率歲入自足一歲之用即如宣鎮歲九十萬兩而民賦居十之七他鎮亦略相埒發帑金以代賦乃救急權宜非經制也今乃爲額且歲有加益矣夫宣大增於辛丑壬寅蘇鎮增於庚戊蓋一時懲虜侵軼故厚集廣募冀一創折之今虜欵雖不足恃而土兵久練計必服習諸鎮之入衛南兵之寄寓不可議撤乎諸召募修邊等費不可議核乎而又推之各邊稽民賦之由耗考經制之當復則費必大省矣是議邊餉者其一也國初親王歲禄五萬石數歲而裁爲萬石或千石蓋不以親故殫民力也祖訓言將軍以下有才能者得改官升轉如銓法又不以親故妨其仕也今嫡長世及支庶遞降而麗屬籍者萬五千餘歲禄之數即竭天下之賦不能贍也誠宜斟酌變通稍爲限制遞降之法視親疏爲等殺絶封之後令爲業以自資而弛禁階仕一如齊民法則禄必

漸省而法可經久是議藩禄者其一也軍職世及報功也聖祖垂永世無窮之諭而復嚴犯罪謫配之律蓋仁義并行之道也今前澤不斬而後勛復繼故繫籍日繁而制禄日廣至錦衣之冗濫則又其甚者也夫箕裘不世則豢養不足以勸功干紀不懲則詐諼益恃以無恐誠宜禁其旁襲而嚴其比試諸不中式與試不如期者奪其禄編爲士伍無少貸有犯法者即案劾謫遣之如律諸冗濫非功次者檢籍而褫革焉武胄其少清乎是議軍職者其一也他如職以事列則内外剩員之無關事守者可汰也廩以稱事則匠藝力男之詭名簒籍者可革也費必有經則不時之宣索無名之賞賚可停也斷而行之於財計豈少補乎夫是數者皆節約之説也若生出之原則賦法備矣即計桑持籌亦何以加者無已則愚謂屯政之當修也鹽法之當復也夫國家實邊之策斯二者實賴焉議者蓋屢及矣而卒梗不行者患在行之不果而撓於沮事之議也往諸邊武備廢弛虜騎充斥耕稼之地灌莽彌望今北虜業講欵而環慶以西亦稍革面塞上之腴可墾必多誠宜以時相度利便爲封畛堡寨使足居守募軍耕墾其中期以三年方徵之税仍薄其額則願耕者必衆矣其内地之侵于官豪者量時久近以漸清之要在當事者虚心任怨勿縱勿擾事必有濟也或乃謂計其羨僅足以供軍豈未計養軍之重費邪鹽政一壞於輸粟之易銀再壞於餘鹽之權制故商人不樂趨塞而競逐餘鹽之利坐是飛輓利失而諸邊愈窘一有灾警帑金雖出乃至無從得粟始徵穀賤之利商不計穀貴之弊反移之國也屯田既復芻粟且易得宜處給工本盡牧餘鹽而并正課悉開之邊仍輕估以召之約非由報中者則無從得引而私販辖害等弊則厲其禁勿使犯商人必趨塞下矣商通則塞地益墾邊庾可滿而帑金可以漸革減也或乃計開中之入無當於原估其始者易銀之淺見邪愚又謂河以北水利稼政宜修也夫京輔諸郡古燕趙用以内支諸雄外禦胡貉者唐之三鎮亦以其力抗天下未聞借資於他境也今瀕海千里萑葦極目而瀛深諸郊一遇霖潦溟渤爲區豈地利之不如古邪誠宜仿元人疏渾濼障滹沱遺迹於濱河之地或築堤灑渠或瀦爲陂澤或去其壅塞使水有所歸則不爲患矣而又修虞集之議於京東瀕海地用南人水耕水法募民田之亦以三年起輕科仍禁貴戚毋請奪諸他郡濱水者悉準是則地利必興畿輔殷阜亦可漸減漕粟以紓東南之困此永世利也他如長淮以北河濟左右諸封域類多蕪弃倘營田之使悉心講畫勤行勞徠而以闢土勸農計其吏治於財計亦豈無裨乎至補救之要宜莫如社倉積穀法夫井田不可復則所謂三年耕餘一年食者靡可冀矣金矢之入於古有之故罪穀備賑荒政遺意也乃有司者易粟以鏹囊槖其間經國者懲

其冒也因而收之以濟邊夫世之有饑穰天之行也今東南被之矣枵腹之民嗷嗷待哺而郡邑曾無儲峙之備弱者溝洫强者聚而衡擊耳安有阽危若是而不收恤者誠宜歸贖爰于有司以備積貯仍飭自今凡罪贖一切輸穀毋聽折納而嚴侵漁之禁積久而裕則仿李悝平糴法行之斯藏富郡國之策而亦可以收豪民貴出賤取之權即有饑饉民無捐瘠矣補救孰要於此者昔蘇轍曰天下之患生於太怯而成於牽俗太怯則見利而不敢爲牽俗則自顧而愛其身是以天下之事舉無可爲者蓋興事之難自昔歎之矣雖然亦在乎加之意焉爾明天子以四海爲家賢公卿以國爲家監司守令以所治爲家視天下之利病若休戚之關於一身也將所爲而無不成矣庸詎財計一端而已哉

順天府鄉試録後序

萬曆己卯秋天下例賓興士臣思育臣子義奉命典順天試事事竣録成臣子義宜有言綴末簡臣惟王者之務蓋莫重於世教士習矣有周之隆群士於庠序而興以德行道藝其效可睹已周衰王教廢缺孔子始折衷六籍以垂世教漢興承秦滅學經術道息建元之世始表章之試藝補官著于功令而諸儒斌斌經學由顯第專門世業博存衆家而統一聖真則有未逮宋程朱氏出理奥始明乃世顧莫之尚也我高皇帝載闢函夏作民君師建學貞教一準孔氏而翼以宋儒傳訓盡罷黜諸説不用取士以經義論策而剗詞賦諸科蓋教明法一自成周而後未有臻斯者二百年來士無异業風教攸同非其效邪今天子明聖志大有爲日與二三大臣討求故實紹修聖祖之章憲於崇正學成人材尤孜孜焉嚮歲條布科指廣厲學官諸所申飭甚備青衿者流望風承澤即阻深峉閫宜自耀於光明矣矧京師首善朝廷教化所先被者哉世稱燕趙士慷慨義幹沈雄多大略古今人不相遠也今且爲都人士依日月末光厥感奮興起當倍蓰往時顧安有不稱上意指者乃頃有識者則猶咨咨於文體士習也蓋臣嘗考覽今昔亦竊疑之古者士修于家而效之天子之庭窮居以之誦説遭遘用之措注無二道也今士佔畢一經仡仡昕夕斯以勤矣乃事口耳者資談説而不概於身心攻帖括者競剽掇而靡關於世務侈藻繢者或扶疏枝葉闊略本根甚乃浸淫於諸子百家矣即學術且淺駁繆盭又何建樹之足云夫本所爲設科羅士與申飭廣厲者固期得經明行修出入不悖所聞者爲國家用也乃求以實或應以虚剽求以雅或應以頗僻則國家奚賴焉臣爲此

懼故甄士必質文并茂稱引當物者必會文切理精約質雅者而剽掇緇綴者弗與焉誠欲得忠實端亮之士備任使以稱德意亦冀輦轂之下敦雅尚以風四方或於世教不無小補爾抑臣猶有懼焉夫怔營夙夜因言考衷者有司職也自獻成信立德立功者士所效也有如士飾樸售僞蘄不失有司者之尺寸而措諸用無當於功實有司者又何所逭責邪諸士勖矣夫修身致主匡一寓内之道六籍備之士誠通經學古參以時宜天下事可考而鏡也誠僞淑慝此心辯之倘設誠于内而致行焉又何悖所聞之有若是則庶幾哉植德效實之士可與藹吉維使者倫矣有司以人事君之義不藉是少稱塞哉不然士豈惟上負天子下負所學吏且奉三尺繩之而主者亦以不適蒙罰吁諸士重勖哉俾臣獲逭于罰也則懼釋矣

司經局洗馬兼翰林院修撰周子義謹序

萬曆十年順天府鄉試録

順天府鄉試録序

皇上御極之十年秋八月順天府復當鄉試士府尹臣國彦府丞臣焕職在提調以例請上命諭德臣賡侍講臣世能爲考試官既陛辭入院則集諸同考官進士臣錫類教授臣正蒙臣台卿學正臣仲廉臣懋賞教諭臣應箕臣問禮臣天秩訓導臣思謙臣密臣觀德用禮官所條上科指相與愿誠惟謹而御史臣廷試臣祥暨臣雷士楨臣洪聲遠約束於闈内外者亦惟是科指是飭乃合諸曹六館及提學御史臣朱璉所選士四千二百餘人三試之遵制額取百三十五人并録其文以獻臣賡謹序其端曰夫世登降豈不在士習哉夫士非患夫僕遬罷駑役役榮利之能易世也惟世所稱超乘之士洸洋自恣輯非經之語學不徵之事跳而匿其短游大人以成其名使聽之若失而走之者如騖蓋天下始病也何者榮利之習卑卑爾自好者不屑而世所稱超乘之士衆耳是寄化肖甚速其禍不至於中膏肓壞教化不止是以君子患之周之衰妾婦之行接迹於道孟氏顧猶未滅而窮詰於邪説詖行彼談天炙輠閃倏辭狡獪真榛蕪不可共於途檮杌不可共於世哉我國家彌綸素業陶埴章縫士生成弘以前者其文典實雅馴已盡不復語持議不越於中庸無甚高論試之於天下非艱難盤錯率兢兢守尺寸無奇舉也故士鮮縹囊之名而國家實受其福迨其後也崇詭鑿而卑體要喜豪舉而厭繩墨捷摩揣而賤循守原夫才智豈復賢於先哲而名則過之譬之醇焉日啜日离蓋士爲名高而天下之神理鞠然瘁矣迹之不知所從而舉世譁讙嚮之至於今益烈吁可誠也我皇上統一道真續三五緒即博雅好文圖史不輟目而淵衷所孜孜者惟收心養性之學齊居之製可誦已頃復深詔天下程先民還爾雅視昔加嚴焉聖修若彼廣厲若此而四方不應於桴鼓臣不信也矧都人士耳目最親者哉臣幸執經史□□上左右嘗稱引王旦李沆不用浮薄語爲上分明之賴聖明不忌切慤若有當焉脱今日不免以若人進是臣弃生平愧前哲背成言𩛙主聽罪大不細故受命以來廩廩日夕誓於言語文字之外得士先察其朴忠而後求其才敏毋令使天下以臣爲蒿矢也屠龍天下之絶伎也學之三年伎成而無所用之

夫使無所用之而天下之學屠龍者寡矣劉劭論人□先平淡後聰明使平淡與聰明之士絜眉宇而較脣吻何啻謝不敏然而先之蓋平無傾必爲正大淡無涅必爲光明質量中和變化應節譬無味而五味得和焉故足多也臣願諸士徵臣於劉劭也抑微獨劭虞廷九德不外中和皇極敷言要歸正直夫昔人謂虞周之際道在皋陶箕子矣而其言若此故臣願諸士徵臣於虞周也且吾成弘以前士咸用此轍稱先進□故臣又願諸士徵臣於□□□勖諸士猶理王旦李沆□臣非臆説庶幾又萬有□之當於聖心也

左春坊左諭德兼翰林院侍讀朱賡謹序

萬曆十年順天府鄉試

提調官

嘉議大夫順天府府尹張國彦（熙載直隸邯鄲縣人　壬戌進士）

中順大夫順天府府丞趙焕（文光山東掖縣人　乙丑進士）

考試官

左春坊左諭德兼翰林院侍讀朱賡（少欽浙江山陰縣人　戊辰進士）

翰林院侍講韓世能（存良直隸長洲縣人　戊辰進士）

同考試官

吏部辦事進士尤錫類（孝□□□□□□　庚□□□）

應天府儒學教授李正蒙（汝□□□□□□　庚□□□）

直隸寧國府儒學教授謝台卿（登之□□□□　庚辰□□）

直隸廬州府無爲州儒學學正朱仲廉（中甫□□□福縣人　丁卯□□）

湖廣黄州府蘄州儒學學正龔懋賞（勵□四川内江縣人　丁卯貢士）

直隸寧國府宣城縣儒學教諭徐應箕（南夫浙江山陰縣人　甲子貢士）

山東兖州府沂州郯城縣儒學教諭丘問禮（仲恭福建長樂縣人　丁卯貢士）

山西平陽府太平縣儒學教諭林天秩（惟庸山東掖縣人　丁卯貢士）

直隸蘇州府儒學訓導趙思謙（心吉直隸定遠縣人　庚午貢士）

浙江湖州府儒學訓導王密（簡卿福建甌寧縣籍建陽縣人　丁卯貢士）

浙江寧波府儒學訓導陸觀德（子正浙江秀水縣人甲子貢士）

監試官
文林郎福建道監察御史崔廷試（文卿河南陳留縣人　乙丑進士）
文林郎山西道監察御史帥祥（履卿四川安居縣人　辛未進士）
印卷官
順天府治中傳作霖（應期湖廣沔陽衛官籍河南息縣人　官生）
順天府推官吴應選（□□□會寧縣人　□□□□）
收掌試卷官
直隸順德府推官王宣□（□□□□□　□□□□）
直隸河間府推官項復（□□□□□　□□□□）
受卷官
順天府霸州知州孫温如（濱州人　□□進士）
直隸河間府景州知州李芳（本□山東霑化縣人　庚辰進士）
彌封官
順天府固安縣知縣王鑰（文啓山西忻州人　庚辰進士）
文林郎河間府河間縣知縣徐待（子器浙江鄞縣人　甲戌進士）
謄録官
順天府薊州遵化縣知縣辛志登（士先陝西耀州人　庚辰進士）
文林郎直隸真定府真定縣知縣胡希舜（惟善河南原武縣籍山西臨晋縣人　甲戌進士）
對讀官
直隸河間府獻縣知縣張汝藴（子發山東章丘縣人　庚辰進士）
直隸保定府唐縣知縣萬自約（崇禮山西太原右衛人　庚辰進士）
巡綽官
明威將軍直隸六安衛指揮僉事程繼勛（志忠湖廣黄岡縣人）
明威將軍直隸武平衛指揮僉事馬應胤（子□直隸泗州人辛酉）
明威將軍山東都司萊州衛指揮僉事張鵠（□□□□□□昌縣人）
明威將軍山東都司成山衛指揮僉事袁維（□□□□□□）
監門官
昭勇將軍河南都司宣武衛指揮使魯思學（□□直隸灤州人　吏員）
明威將軍河南都司宣武衛指揮僉事蔣經（立夫直隸鳳陽縣人　吏員）
供給官
承德郎順天府通判王峯（子高山西代州人　官生）

登仕佐郎順天府照磨所照磨李奎（光夫湖廣荼陵州人　監生）
順天府照磨所檢校諸大交（敬夫浙江餘姚縣人　儒士）
承直郎順天府宛平縣知縣朱衮（大龍江西德化縣人　辛酉貢士）
承直郎順天府大興縣知縣陳紀（惟□四川内江縣人　丁卯貢士）
承事郎順天府宛平縣縣丞盧可久（直隸井陘縣人　選貢）
承事郎順天府大興縣縣丞張瓊（潤卿直隸新樂縣人　恩貢）
修職郎順天府宛平縣縣主簿李崇廉（計夫河南林縣人　監生）
迪功郎順天府大興縣縣主簿任可賢（君寵四川通江縣人　選貢）
順天府涿州同知史勝禎（汝吉江西南昌縣人　吏員）
順天府霸州判官李葉（子蓁河南汲縣人　例貢）
順天府薊州判官陳登（孔薦山西清源縣人　恩貢）
直隸涿鹿衛經歷司經歷尹可行（以時浙江山陰縣人　吏員）
大寧都司營州右屯衛經歷司經歷吴燁（子□浙江山陰縣人　吏員）
順天府良鄉縣縣丞張滚（啓□□□□□□□　□□）
順天府通州武清縣縣丞俞養性（□□浙江山陰縣人　□□）
順天府宛平縣典史孫士綱（□□山東青城縣人　□□）
順天府大興縣典史何元俊（廷器江西貴溪縣人　吏員）
順天府薊州玉田縣典史沈永隆（盛之直隸涇縣人　吏員）
順天府霸州文安縣典史沈尚惠（克仁浙江山陰縣人　吏員）
順天府通州寶坻縣典史何慤（公允四川内江縣人　吏員）
登仕佐郎順天府醫學正科賈鳴陽（人和順天府薊州人　醫生）

第一場

四書

子曰中庸之爲德也其至矣乎民鮮久矣去讒遠色賤貨而貴德所以勸賢也　堯舜之治天下豈無所用其心哉

易

象曰厥孚交如信以發志也威如之吉易而無備也　彖曰鼎象也以木巽火亨飪也聖人亨以享上帝而大亨以養聖賢巽而耳目聰明柔進而上行得中而應乎剛是以元亨　言行君子之所以動天地也可不慎乎震爲雷爲龍

書

禹曰於帝念哉德惟善政政在養民水火金木土穀惟修正德利用厚生惟和九功惟叙九叙惟歌戒之用休董之用威勸之以九歌俾勿壞　民惟邦本本固邦寧子惟曰庶有事今王即命曰記功宗以功作元祀惟命曰汝受命篤弼寬而有制從容以和

詩

黍稷重穋禾麻菽麥　樂只君子民之父母樂只君子德音不已保右命之自天申之干禄百福子孫千億綏萬邦屢豐年

春秋

九月丁卯子同生（桓公六年）春齊侯伐宋圍緡（僖公二十有三年）丁亥楚子入陳（宣公十有一年）楚子圍鄭夏六月乙卯晋荀林父帥師及楚子戰于邲晋師敗績（俱宣公十有二年）　六月癸酉季孫行父臧孫許叔孫僑如公孫嬰齊帥師會晋郤克衛孫良夫曹公子首及齊侯戰于鞌齊師敗績（成公二年）六月公會單子晋侯宋公衛侯鄭伯莒子邾子齊世子光己未同盟于雞澤（襄公三年）

禮記

樂正崇四術立四教順先王詩書禮樂以造士春秋教以禮樂冬夏教以詩書　清廟之瑟朱弦而疏越一倡而三嘆有遺音者矣大饗之禮尚玄酒而俎腥魚大羹不和有遺味者矣　君子不盡利以遺民　爲人父者以爲父鵠爲人子者以爲子鵠爲人君者以爲君鵠爲人臣者以爲臣鵠

第二場

論

聖王求任輔相爲先

詔誥表（内科一道）

擬漢勸農賜民田租詔（文帝二年）擬唐以魏徵爲太子太師誥（貞觀十六年）擬宋侍講張栻進講周南葛覃章因衍其義進規表（乾道七年）

判語（五條）

照刷文卷　欺隱田糧　服舍違式　優恤軍屬　修理倉庫

第三場

策（五道）

問　自昔創業之主未有不得之艱難者商周漢唐宋之初是已其締造孰爲難歟夫創業難矣乃貞觀間或言創難或言守難其説不同孰爲當歟若夫創而兼守又難之難也古者孰有是歟我高皇帝以神武定天下際天薄海悉入版圖而又建制立法圖惟億萬年之安樞機品式古今罕儷創守兼善無論漢唐宋即湯武讓烈矣聖德神功在大明日曆聖政記當時儒臣親見其盛而恭序之一謂其規摹宏遠一謂其綱舉目備創守之績具矣其前後艱難之慮可指言之歟皇上懋篤聖修顧諟祖德頃因講讀訓録而首舉創業艱難一編循環紬繹於十載百戰之勞三紀經營之略宛在聖心夙宵圖理益厪厪焉守成致盛真在今日矣諸生亦能揚厲而仰佐萬分一歟有一可采將以上聞毋略

問　天人之際難言矣以爲者而轉移之機判於毫芒以爲微而休咎之徵捷於影響易詩書春秋深言之矣可得明其旨歟後世陰陽家占應禳除之議儒者所不道然陳規者往往稽之使人主因事而戒無亦不可廢歟夫祥以祥應灾以灾應固宜乃祥亦或爲灾灾亦或爲祥何説也試以乘牒所紀論之均之日五色也五星聚也甘露降嘉禾生黄河清麒麟見皆治象也何以有治有不治歟均之亢陽也流星也狐升座雉呴鼎芝産殿桑大拱皆亂象也何以有亂有不亂歟且灾非盛世所諱也高皇帝時稱彗見稱客犯稱太白熒惑者屢而水旱螽螟之异亦時有之乃鴻功駿業千古莫及焉所以爲昭格之本者遵何道歟我皇上敬天之誠上繩祖武往者星變而董百官河决而諮衆議賑荒則發帑蠲租憂旱則齋居露禱宜時和年豐天庥滋至矣而何以西北攙槍邊陲流火都城大癘熯霾相仍將數有適然歟抑天心仁愛無窮歟夫修德弭灾畏天時保固聖衷所皇皇而大小臣工不敢一息寧者也可指言得失爲今日交儆之助者亟願聞之

問　經以道法勝史以事辭勝厥惟舊矣乃史之體亦有二焉左氏編年其稱也品藻將無猶有道法者存歟子長傳紀其稱也實録得無儉于事辭之謂歟後世作史者無慮數十百家若荀悦袁宏習鑿齒范祖禹皆胤左氏而史者也其品藻得失亦有可考歟若班固范曄李延壽歐陽脩皆憲子長而史者也其實録醇疵亦有可數歟溯惟宣聖文囿魯史義存王略作春秋以垂勸戒固史中之經也萬世之言史者宜不能越矣寥寥數千載後有宋朱仲晦氏作乃因温公之通鑑標綱目以爲書以上接麟經而下苞群史不知其於道法事辭

品藻實録爲何如亦有合於孔氏之指否歟諸士子究心史學宜必有所折衷矣請詳言之用觀良史于他日

問　士君子之在天地間不學乂何事矣學也者吾所咎成其身自盡其分之事也而古今之人才高下世道升降繫之惡可以不講也顧今世之學者不明于其術而徒以嘵嘵取天下之誚吾甚惑之孔子曰學之不講是吾憂也然則孔子非歟學莫如唐虞人才世道稱極盛矣無非學也而未嘗言學下此若終始典學之告君學古入官之訓士蓋始諄諄焉不知三代所學者何事亦嘗講之口耳否歟其所以享國長久與後世迥异者亦繫諸此否歟今天下人才非不彬彬而學之術概乎未之講也又且以爲諱然則亦遂因循于晚近世之陋而隆古之盛治將使聖朝終不可復睹歟是必有司之者矣故吾今亦不暇鉤深策隱重蠱諸士而相願以士君子學術與其商之

問　國有大務雖綦隆之世不可斯須忘者邊備是也昔之人嘗言夷狄强弱自有時顧中國内治如何中國治夷狄雖强無深害而弱則有成功中國不治夷狄雖弱不爲福而强則爲深害故漢自高文以來雖有白登之圍甘泉之警而無損於治宣元以還郅支呼韓之朝相望而無益兹已事也然謂之無益可已而宋儒乃論漢之衰自宣帝始無乃言之過歟或又盛稱宣帝中興之功在兼夷狄其論懸絶如此孰爲當歟當時内治得失之繇可指而言歟虜入我國家其創巨甚矣然白登甘泉之事間嘗有之而郅支呼韓之來方在今日豈非增光祖宗之盛千載一時哉毋謂虜易與我之所以藩固邊圉計安黎庶而永保順治威嚴之績者不可不鑒宣元之際也雖廟堂石畫自在而諸生胡寧不念此其試言之各效其憂治危明之志焉

中式舉人一百三十五名

第一名　高洪謨　直隸上海縣人監生　詩
第二名　王之棟　寧晋縣學生　易
第三名　沈瓚　直隸吴江縣人監生　書
第四名　張我繩　邯鄲縣學生　春秋
第五名　張問行　山東陽信縣人監生　禮記
第六名　申用懋　直隸吴縣人監生　書
第七名　趙承芳　長垣縣學生　易
第八名　聶雲翰　曲周縣學生　詩

第九名　徐榜　直隸涇縣人監生　易
第十名　沈柿　直隸大河衛人監生　詩
第十一名　趙炳　隆平縣學生　書
第十二名　何三畏　直隸華亭縣人　監生　詩
第十三名　汪居貞　直隸歙縣人監生　易
第十四名　尚東儒　靈壽縣人監生　詩
第十五名　張我慈　邯鄲縣學生　禮記
第十六名　朱萬元　雲南楚雄衛人監生　詩
第十七名　許一敬　福建海澄縣人監生　易
第十八名　劉朝愛　内丘縣學生　詩
第十九名　朱國祚　順天府學生　書
第二十名　陰起陽　山西寧鄉縣人歲貢生　詩
第二十一名　潘愈　浙江海寧縣人監生　易
第二十二名　張我繼　邯鄲縣學生　春秋
第二十三名　喬光岳　肥鄉縣學生　詩
第二十四名　馬思恭　遵化縣學附學生　易
第二十五名　蘇眉山　福建莆田縣人監生　詩
第二十六名　楊慎家　涿州學生　書
第二十七名　萬曰軾　江西武寧縣人監生　詩
第二十八名　孫紹周　直隸崑山縣人監生　易
第二十九名　張養正　静海縣學附學生　詩
第三十名　黄士奇　浙江象山縣人監生　易
第三十一名　劉九經　陜西鄜縣人監生　詩
第三十二名　黄松林　福建莆田縣人監生　書
第三十三名　福文明　順天府學增廣生　易
第三十四名　歐陽旻　江西宜黄縣人監生　詩
第三十五名　沈之嵩　浙江烏程縣人監生　春秋
第三十六名　曾朝符　湖廣臨武縣人監生　詩
第三十七名　孫承榮　順天府學附學生　易
第三十八名　謝諫　廣平府學附學生　詩
第三十九名　郝敦謹　井陘縣學生　詩
第四十名　何選　順天府學生　易

第四十一名　劉栖　遵化縣人監生　書
第四十二名　王室垣　曲周縣學附學生　詩
第四十三名　吕胤昌　順天府學生　禮記
第四十四名　顧坦　直隸太倉州人監生　易
第四十五名　趙喬年　深州學生　詩
第四十六名　周允　浙江山陰縣人監生　易
第四十七名　茅國縉　浙江武康縣人監生　書
第四十八名　孟宗孔　南宫縣學附學生　詩
第四十九名　蘇朝陽　福建南安縣人監生　易
第五十名　趙好古　沙河縣學生　詩
第五十一名　郝道行　錦衣衛人監生　易
第五十二名　趙產　滑縣學生　書
第五十三名　董漢儒　大名府學附學生　詩
第五十四名　楊好古　蠡縣學附學生　易
第五十五名　楊繼先　定興縣學生　詩
第五十六名　郭實　高邑縣學生　春秋
第五十七名　康謙吉　曲周縣學附學生　詩
第五十八名　楊惟洪　通州學附學生　易
第五十九名　杜允繼　霸州學生　書
第六十名　王岳錫　順天府學生　詩
第六十一名　崔景榮　長垣縣學增廣生　易
第六十二名　熊大禄　河間縣學生　詩
第六十三名　高甲　灤州學生　易
第六十四名　李景元　大名府學增廣生　詩
第六十五名　黄承玄　浙江秀水縣人監生　書
第六十六名　魏汝桐　永平府學生　詩
第六十七名　吕兆熊　析鄉縣學生　易
第六十八名　葉志淑　浙江麗水縣人監生　禮記
第六十九名　王廷俊　大名縣學生　詩
第七十名　白鯤　順德府學生　易
第七十一名　宋大訓　新河縣學附學生　詩
第七十二名　羅逢年　天津衛學生　書

第七十三名　李養性　永年縣學生　詩
第七十四名　于瑞臨　井陘縣學生　易
第七十五名　勇慎　霸州學生　詩
第七十六名　高朗　湖廣江陵縣人監生　春秋
第七十七名　王應元　深州學生　詩
第七十八名　姚文温　浙江慶元縣人監生　易
第七十九名　耿慎動　元城縣學生　詩
第八十名　張中侯　内黄縣學生　書
第八十一名　方從哲　順天府學增廣生　詩
第八十二名　栗可仕　順天府學生　易
第八十三名　鮑永胤　大名府學生　詩
第八十四名　韋士召　開州學生　書
第八十五名　劉文會　大名府學生　詩
第八十六名　歐陽煖　遵化縣學生　易
第八十七名　白受采　廣平府學生　詩
第八十八名　姚鎮方　薊州學生　書
第八十九名　繩愆　廣平府學生　詩
第九十名　王祚　開州學生　春秋
第九十一名　唐允中　威縣學生　詩
第九十二名　楊元祥　順天府學附學生　易
第九十三名　徐行　大名府學增廣生　詩
第九十四名　程性　滑縣學增廣生　書
第九十五名　劉可立　順天府學附學生　詩
第九十六名　高近道　阜城縣學生　易
第九十七名　郭元亨　肥鄉縣學增廣生　詩
第九十八名　傅肖形　内黄縣學生　書
第九十九名　劉盛名　開州學生　春秋
第一百名　李必達　肥鄉縣學附學生　詩
第一百一名　張惟曜　滄州學增廣生　書
第一百二名　杜宸　静海縣學生　易
第一百三名　張廷試　保定府學生　詩
第一百四名　毛維驄　薊州學增廣生　書

第一百五名　張國是　任丘縣學附學生　詩
第一百六名　傅道重　滄州學生　禮記
第一百七名　李應期　大城縣學附學生　書
第一百八名　郭光復　固安縣學生　詩
第一百九名　崔鳳雛　灤州學生　易
第一百十名　劉養浩　固安縣學增廣生　書
第一百十一名　謝存果　浙江奉化縣人監生　春秋
第一百十二名　宋師程　廣平府學生　詩
第一百十三名　王邦彦　寧晋縣學生　書
第一百十四名　梁如虹　順天府學生　易
第一百十五名　張止信　邢臺縣學增廣生　詩
第一百十六名　朱希閔　景州學生　書
第一百十七名　李起元　南和縣學生　易
第一百十八名　李方生　棗强縣學生　詩
第一百十九名　苗永春　霸州學附學生　書
第一百二十名　王有紹　浙江安吉州人監生　詩
第一百二十一名　竇如芝　南和縣學生　易
第一百二十二名　楊于庭　天津衛學增廣生　詩
第一百二十三名　劉朝俟　安州學生　書
第一百二十四名　賈維鑰　遵化縣學生　易
第一百二十五名　師心　安肅縣學生　詩
第一百二十六名　韓可賢　魏縣學生　易
第一百二十七名　蔡成己　通州學生　詩
第一百二十八名　王國楨　順天府學附學生　易
第一百二十九名　朱之揚　大名縣儒士　春秋
第一百三十名　崔維嶽　大名縣學增廣生　詩
第一百三十一名　胡廷黼　湖廣瀏陽縣人監生　書
第一百三十二名　李先春　順天府學附學生　禮記
第一百三十三名　鄭其誼　順天府學附學生　詩
第一百三十四名　文廣　順天府學附學生　易
第一百三十五名　于範　天津衛學生　書

第一場

四書

子曰中庸之爲德也其至矣乎民鮮久矣

高洪謨

同考試官教諭丘批（典實不浮莊重有體録之以式多士）

同考試官教諭徐批（平正古雅迥出常調且發至字尤精密允宜録之）

同考試官教諭林批（氣概冠裳理致□透且深得夫子慨世意且録以式）

同考試官教授謝批（發理精透措詞典確）

同考試官侍講韓批（發明中道具見實學）

考試官左諭德朱批（詞理精切）

聖人論中德之至而重有慨於民焉夫德以中爲至民皆可能也而鮮有此久焉何哉夫子所以慨也意曰天下之言德者多矣要皆德其所德而非至德也若中庸可謂至德也已原於帝之所降而施之適當其則乃萬世之常經本乎人之所受而措之適協於時乃三極之定理其知常知也而性命精微之□於是乎存實知之至焉易知之知聖人不能易矣其行常行也而聖神功化之極於是焉在實行之至焉簡能之能作者無以加矣顧性雖同命於天不能不待教而明今之世智者愚者皆昧焉而孰能有明也道雖同率於性不能不待教而行今之世賢者不肖者胥失焉而孰能有行也道不可一毫有加而以意加之既日荒於隱怪而不返道不可一毫有損而以意損之又日流於卑下而不知民之鮮能豈一朝一夕之故哉弊也久矣有世教之責者不可諉也抑中庸之德學者爲難而何以概責之民哉夫堯舜之民默順帝則三代之民直道而行即中庸也天下之患莫大於舍常事而餙詭業而愚柔者不與焉餙愚以爲智餙不肖以爲賢常在於學者而其究不若凡民噫曷不爲中庸之易而至于敝天下也學者其尚戒哉

去讒遠色賤貨而貴德所以勸賢也

王之棟

同考試官訓導王批（攄發題蘊字字精切且簡雅不塵宜録以式多士）

同考試官教授李批（發純心用賢意精透而詞更古雅庸義之最佳者）

同考試官進士尤批（體裁莊整詞旨精融宜録以式）

考試官侍講韓批（精確莊雅宜録）

考試官左諭德朱批（典雅明瑩）

惟純心用賢而勸賢之道在是矣蓋君心雜故賢者不爲用也此純心所以爲勸賢之道與夫子告哀公若曰有君有臣而後先王之政舉則修身之外無急於尊賢者矣然賢何以勸也人主任賢惟恃此心以讒人參之則心疑以好色之心參之則心荒以好貨之心參之則心黷北純任賢也必也屏讒佞不使惑吾耳黜美麗不使眩吾目絶貨財不使喪吾志澄然一無玩好而意念所注惟有德之是親歡然兩相遇合而精神所孚惟輔德之是急如此可謂真貴德矣非所以勸賢乎吾知憸夫宵人之言不入則賢士大夫之心畢歸聲色貨利之好既微則道術博聞之士自集上不疑下不忌何所憚而不竭股肱之力君曰都臣曰俞何所隔而不成上下之交賢之勸也宜矣不然賢者亦欲自完也自好也自寶也而肯輕試乎哉吁此九經之要務也然賢者人主之所尊也彼三者人主之所狎也尊者易疏狎者易溺人情乎而況賢者常制其所欲彼以三説進者又常媒孽其間而賢者危矣故惟聖王而後能無欲無欲而後能純心用賢此又以身取人者所當念也

堯舜之治天下豈無所用其心哉

沈瓚

同考試官訓導陸批（精純雅健善識堯舜用心之大真傑作也）

同考試官訓導趙批（詞粹理精意圓見卓文至此稱典雅最矣宜録）

考試官侍講韓批（説理明盡）

考試官左德諭朱批（莊重純雅）

二帝之治心勞天下者也蓋治本乎心也堯舜以其心勞天下其用顧不大哉孟子以闢許行也且夫爲治有體固當先識其大爲治有要亦惟善用其心即孔子所以贊堯舜者推之而知并耕之非矣蓋堯之天下堯治之非無所事事也其文思之藴必有獨運之神舜之天下舜治之不事于屑屑也其濬哲之存必有莫大之慮洪荒甫闢天心所責成于上者何限堯舜則以天之心爲心而思以承之胡容漠然于其上也政教未敷民心所仰望于下者何窮堯舜則以民之心爲心而思以慰之豈容恝然于其下也則天而難名此言其帝德之忘於民者耳若其爲天下民物慮則有焦勞于中而不暇逸者不然蕩蕩何功也而可以無心致也哉爲君而不與此言其玄德之忘乎勢者耳若其爲天下治平計則有蚤夜以思而不容釋者不然巍巍何弃也而可以無心成也哉莫之大人以勞心爲事仁者爲天下得人堯之心用于得舜舜之心用于得禹皋陶而萬世稱大君者此矣并耕云乎哉甚矣許行之謬也抑論知堯舜之心

者莫如孟子以其稱憂大而得人難也信斯言也未得則憂既得則遂釋然無所庸心耶要之精一執中堯舜之兢業無已時而仁覆天下雖謂其心至今存可也法堯舜者當心其心

易

象曰厥孚交如信以發志也威如之吉易而无備也

趙承芳

同考試官訓導王批（整鍊秀雅迥出言詮必經學之大有養者録之）

同考試官教授李批（調新詞俊意復融徹是善言保有之道者讀之躍然）

同考試官進士尤批（發題旨甚精徹而詞復冠裳俊雅是深於易學者）

考試官侍講韓批（精魄理致盛世之文）

考試官左諭德朱批（簡切明整）

象傳釋有爻有所以固人心者有所以厲人心者夫人心易離亦易玩也孚以固之威以厲之有其常保哉且人主處有大之時盛衰倚伏之機在焉可使精神一日不流於人心哉故周公係五之辭曰厥孚交如夫人主何以貴孚也天下之志孰無忠君親上之誠而惟信足以發之五虛已下交施信而人信之矣是故上推心斯下有不二心之臣上惠心斯下有惠我德之衆蓋本吾之情以一萬物之情而上下之精神始會聚而不可解同心一統之義如是耳不然人心幾何其不離耶又曰威如之吉夫人主何以貴威也天下之釁常萌於治平無事之時而惟剛足以制之苟一於用柔自易而人易之矣是故總攬疏則曠官之弊滋因循久則犯法之民衆必操吾之重以衡天下□輕而上下之精神□□惕而不敢怠砥世摩鈍之權如是耳不然人心幾何其不玩耶吁此三者所以能聯屬群情宰制六合而保世滋大也歟抑治古之世一德一心而天下臻上理誠信之效可睹已何用威爲蓋君德貴剛而大有之世尤未可以柔道理也風霆烈日天不能廢而況治天下乎雖然遏惡揚善威莫大焉束薪絞繩豈威也哉又處有者所當知

言行君子之所以動天地也可不慎乎

徐榜

同考試官訓導王批（卓越之識□湛之思經藝中僅見者杰士杰士）

同考試官教授李批（通篇精粹渾成無一冗詞發揮可不慎意更極明盡是深於易義者）

同考試官進士尤批（運思精密措詞典雅邃養之士也宜録）

考試官侍講韓批（員活精到）

考試官左諭德朱批（潔净無疵）

觀言行通乎造化而君子當謹焉夫天地大矣君子之言行足以動之而何可以弗謹哉且夫樞機之發榮辱係焉君子之所以動民者則已神矣豈惟民哉天地之於人也常監於不言不動之中而顯於有言有動之際故居室之言民未及聞而神之聽之甚於民聽焉善惡之徵捷若響應也居室之行民未及見而神之視之甚於民視焉應違之機疾若景從也夫觀所感於人心則榮辱相生之端已爲可畏觀所感於天地則天人相與之際尤爲甚嚴故言可易也而天地之聽聞在焉惡得而易之蓋必信於不言又擬於將言苟不可使聞于天地不出諸口可也行可忽也而天地之監觀在焉惡得而忽諸蓋必敬於不動又議於將動苟不可使見於天也不以措諸身可也言行交慎則天地如之而民可知矣君子所以長享天下之榮者以是哉夫人主居於民上徒曰惟其言行而莫予違也則何難者而不知啓口舉足天與人交察焉其幾至微而其理致著甚可畏也董子推春秋以言天人亦以言行爲本而曰盡小者大慎微者著其知易之旨也夫

書

禹曰於帝念哉德惟善政政在養民水火金木土穀惟修正德利用厚生惟和九功惟叙九叙惟歌戒之用休董之用威勸之以九歌俾勿壞

沈瓚

同考試官訓導陸批（虞臣愛君之心重於保治此作獨能發之且詞理精純思致淵密可以式矣）

同考試官訓導趙批（構思縝密摛藻精純發古藎臣保治之意躍然是亦抱忠愛之心者）

考試官侍講韓批（精透可誦）

考試官左諭德朱批（辭旨精確）

聖臣啓帝念保治之謨而因評其道焉夫致治難保治尤難也養道成而保之于終非帝所當念者哉昔禹嘆而陳于帝曰天下之治始乎盛常卒乎衰何也始未嘗不儆戒而後稍怠荒也益欲儆戒無虞帝其念哉念之若何蓋君非徒德也貴乎有以善其政政非徒善也在乎有以養其民今焉有裁成天地之德政而水火金木土穀六者無不修有輔相民物之德政而正德利用厚生三者無不和惟府事之修和也而九功悉見其順叙惟九功之既叙也而九歌自發爲治徵世至此可謂無虞矣然豈可以遂忘儆戒乎哉蓋勤始怠終之民

必待鼓舞於勸相而久安長治之業要在流通其精神以休命而戒之作其勤也以威命而董之懲其怠也而猶未也慮其勤之難繼也而九歌勸焉即其發於咏歌者以動其思而人心益勵矣成者豈復壞乎慮其怠之易乘也而勸以歌焉即其播于心聲者以動其天而美業益固矣治者不常治乎蓋必如是則德政日新民養恒裕是儆戒無虞之道也帝其念之嘗繹是而知聲音之道與政通也在治忽以五言訓頑讒以納言帝亦有感於九歌之謨而特責之禹乎衰周而下諸侯不貢詩天子不采風而世日降噫去虞廷之德政遠矣何惑乎治不古若

寬而有制從容以和

申用懋

同考試官訓導陸批（成王命君陳以和中望之作者類多以寬和相對此作獨云寬以濟和深得本旨非學識兼優者不能到宜録）

同考試官訓導趙批（寬制以和民而不驟必其化成王和中本意也此作從中闡出而復發以古雅之詞窮經有得士也録之）

考試官侍講韓批（雄渾老成）

考試官左諭德朱批（精切典重）

聖王論化民期於和之而已蓋寬而有以濟之則和矣然豈可以欲速爲哉成王命君陳和中若曰政必因時而立化以持久而成今非謹毖之時威削所不用矣公欲善治其寬之乎含弘光大擴天地之量而不私豈弟慈祥推父母之恩而無擇茹納之内規畫存焉俾驕矜者弗敢肆足矣保愛之餘防閑密焉怙侈者有所憚足矣夫寬行於制之中而制不出於寬之外若此者所以和之也然政有緩急不可凌其序而雜施民有頑淳不可拂其性而加責教化未洽假歲月以摩之優游浸漬自然淪浹於肌膚矣習俗未消寬程限以率之馴擾調娱自然融液於心志矣謂之曰和其庶幾乎至是則孝恭之德已施於政而馨香之治可感乎神所以弘丕訓化殷民者至矣雖周公而在何以尚兹抑聞之傳曰政寬則糾之以猛政猛則施之以寬寬以濟猛猛以濟寬政是以和其説蓋出於此然所謂猛者亦有制云爾豈遂束縛之馳驟之若牛馬然乎即周公謹毖而云師保萬民民懷其德似非專任威者三代聖人享國長久大都以寬和民自火烈水弱之説行而申韓者流遂以其學禍天下吁可鑒也

詩

樂只君子民之父母樂只君子德音不已

高洪謨

同考試官教諭丘批（講父母德音處根君德君譽來獨到之見取之）

同考試官教諭徐批（整潔冲雅而兩束處尤精神）

同考試官教諭林批（心思融徹語氣精奇詩義之絶佳者取之）

同考試官教授謝批（醇正典則無逾此文）

考試官侍講韓批（文雅而則取之）

考試官左諭德朱批（渾融精采）

王者之燕賓有美其德之親民者有美其德之永譽者蓋民罔常懷譽不易久也非君子之盛德其孰能之王者燕賓而歌曰燕饗固國之彝典賢才實世之嘉禎吾今日之燕亦何幸而承君子之休也蓋上者下之依未有上仁而下不附者惟德有弗若而始無以父母斯民耳今我樂只之君子和易成德而油然宜民宜人之度也以行君令而致之民必有强教悦安之澤以宣上德而達之下必有公好公惡之施蓋惟體仁以長人必不拂衆以從欲故爲民所瞻依而撫我之尊不啻如生我之親矣我周以父母天下爲王道何幸而有一德之佐如君子者乎名者實之賓未有實至而名不孚者惟德之或渝而始無以永終其譽耳我樂只之君子温文成性而藹然爲龍爲光之望也仁聲遐播宜與順治之譽相無窮義聞日宣宜與威嚴之烈相爲久蓋惟篤實而暉光未始違道以干譽故其德音日新而光終之吉不替其蚤譽之美矣先王以令聞不已顯世業何幸而有恒德之輔如君子者乎吁王者歌此以燕賓其尊之也有道矣蓋其所稱樂只焉者仁之徵也民之命也譽之歸也太和在成周宇宙間其一仁之流溢乎後世以殘刻厲民而且以獵一時之譽吾不知其樂只何如也而國奚賴矣噫

保右命之自天申之干禄百福子孫千億

聶雲翰

同考試官教諭丘批（臣子答稱之意藹然允宜作式）

同考試官教諭徐批（精切渾融詩議之佳者録以爲式）

同考試官教諭林批（臣子忠愛其君無所不用其至此作得之）

同考試官教授謝批（精奇雅逸卓爾不群）

考試官侍講韓批（平順稱雅義）

考試官左諭德朱批（語精意切）

臣子願君之福厚于天而裕于後也蓋福以昌後爲大也王者之福厚于

天至矣而有不裕乎後也哉假樂答君意曰有德必厚于天語福貴要諸久吾王之假樂德厚矣而福有不久哉蓋惟王之德昭格于天也不已而天之心眷顧乎王也亦不已保之以固其身右之以翼其行命之以光其業所以隆寵綏于五位者何一之弗周也保之而申保右之而申右命之而申命所以常敷錫于九重者何一之弗繼也天休帝祉大來而無方戬穀罄宜日新而無斁吾於是而知君子之干禄有道矣吾於是而知君子之百福攸同矣安富尊榮以一身享乎其豐而永已也天地儲祥錫胤極本支之盛繼君而子繼子而孫而千億其靡窮也螽斯之蟄蟄曾足以喻其蕃乎伴奂優游以一時履乎其泰而猶未也神明啓胄多男衍豐芑之遺子而孫孫而又子而千億其未艾也麟趾之振振曾足以限其美乎斯則保右命之申勿替引之而宜氏人之統永世克紹干禄百福孰大于此必如是而答稱之願其少遂乎吁公尸之忠愛至矣夫周自后稷公劉以仁厚立國發祥何長也而後王復培以宜民人之德則其子孫卜世之長宜矣然歌假樂者必曰穆穆皇皇曰不解于位夫使其世德敬美而居位不解則周雖至今存可也吾故曰周臣之忠愛也

春秋

春齊侯伐宋圍緡（僖公二十有三年）

張我繩

同考試官學正朱批（思精而邃筆勁而奇發傳意剴切明盡卓有大雅風度）

考試官侍講韓批（精雅謹嚴）

考試官左諭德朱批（事核詞嚴）

伯嗣乘約而虐大國春秋深罪之□夫伯者以恤患爲職患則弗恤又因而重困之斯豈義所得爲哉昔齊侯伐宋討其不與盟于齊也君子曰齊之盟也不曰修好諸侯以無忘桓公之德乎桓之德在攘夷安夏也在分灾善鄰也孝也嗣之第令克纘先猷以戢寧中國豈不赫然稱義問哉今于泓主宋難方殷公股之傷及友邦共惻乃從而伐其國焉環其邑焉此以何名爲兵端也徒謂宋襄圖伯非我之利也兹而見挫於楚是得逞之時也曾不思幸人之灾不仁而况蠻夷得志詎直一宋人之不幸者顧可伺釁而恣其暴乎乘人之危不武而况商墟被禍尤爲繄同室之安危者顧可利難而加之兵乎外助夷氛之虐内戕親昵之邦人之稱斯師也何義矣噫鄭存衛而天下頌德匡合之績猶存也伐楚次陘而天下稱烈賜履之光未泯也先公惠及諸姬而今也不能釋一宋先公威振四夷而今也反以殘中夏伯國之餘業不幾于替哉經故書伐

國而言圍邑以罪之視諸伐鄭圍新城之書所謂美惡不嫌同詞者也抑孝公之立襄實爲之彼固傲然有德色矣乃孝也竟以怨報焉此豈人情也哉天下惟德義可以懷人而私惠不足爲德襄也徇私囑而伐齊喪當時如邢如狄既已竊議其後佳兵之報固其所已此可爲永鑒已

六月癸酉季孫行父臧孫許叔孫僑如公孫嬰齊帥師會晉郤克衛孫良夫曹公子首及齊侯戰于鞌齊師敗績（成公二年）六月公會单子晉侯宋公衛侯鄭伯莒子邾子齊世子光己未同盟于雞澤（襄公三年）

張我繼

同考試官學正朱批（體裁嚴整詞氣偉健蓋一洗浮蔓獨據心得者也録之爲臣道龜鑒）

考試官侍講韓批（正大秀拔）

考試官左諭德朱批（筆力高古）

聖人以忠教天下故於辭善不辭過者有取焉此見却克之善稱君而魏絳之過稱已可以作天下忠矣蓋嘗聞君陳之忠焉有嘉謀則曰惟后之德孰意晉臣如却克亦能明之也鞌之役晉遣八百賦輿以伐不敬此無論兵興之何如維時靡笄戰勝克也寔援枹焉威之能震而敵以摧豈非已之善哉乃克還師而入見則以爲君之訓臣何力之有儼然歸善于君而不自居焉語云無成代有終克之意亦猶是矣人臣咸若時持衆美而效之上庶可以作謙謙不伐之忠乎又嘗聞伊尹之忠焉有不獲則曰時予之辜孰意晉臣如魏絳亦能修之也雞澤之役晉合一二兄弟以謀不協此無論會事之何如維時曲梁行亂絳也乃用鉞焉訓之不章而親是昵豈非君之過哉乃絳授書而請辟則以爲臣之罪敢以怒君心慨然歸過于已而不自解焉語云食焉不避難絳之意亦猶是矣人臣咸若時濟諸艱而任之下庶可以作蹇蹇匪躬之忠乎彼華元子反已則攘善而彰君過是晉二卿之罪人也已雖然克功無足録也第修笑客之怨耳魏絳辭金石之樂而頌不忘規信有忠臣之風焉抑考其時悼公方明非景儔也官不易方爵不逾德是以名卿輩起而晉以昌繇此言之君人者欲臣之作忠而事上其尚慎所任哉

禮記

清廟之瑟朱弦而疏越一倡而三嘆有遺音者矣大饗之禮尚玄酒而俎腥魚大羹不和有遺味者矣

張問行

同考試官學正龔批（和平雅淡讀之有餘音玩之餘味邃於養者）

考試官侍講韓批（莊雅典古）

考試官左諭德朱批（精確）

記者徵禮樂之至而有不事乎文焉夫禮樂而文非其至者也觀清廟之遺音大饗之遺味而文何爲哉今之言禮樂者尚文而忘本敝也甚矣吾謂隆樂非極音重禮非致味者蓋維之也而安所徵邪彼清廟以咏文德至隆樂也使隆樂而尚極音宜莫如清廟矣今言乎其瑟弦而朱焉越而疏焉一倡而三嘆焉此其音質素而已非極也然元聲未雜而悠然餘響之無窮可以移風可以易俗聽之者其有遐思乎夫音之一聽而無餘者道德不足故爾清廟則合道德之致矣是故德音之音有遺音也大饗以仁祖考至重禮也使重禮而尚致味宜莫如大饗矣今言乎其禮尊則玄酒焉俎則腥魚焉大羹則不和焉此其味質素而已非致也然醇風未漓而澹然旨趣之有永可以報本可以反始玩之者其有遐想乎夫味之一玩而無餘者誠敬不足故爾大饗則備誠敬之德矣是故至味之味有遺味也吁君子察此可以有志於本矣抑天下之事始自文而返質既自質而之文及其文勝而本質蕩然蓋不獨禮樂矣故孔子欲損周文從夏忠而有能究禮之本者輙嘉而大之嗟乎其嚮可知已以此爲坊而猶有房中綿蕞謂禮樂可興者

君子不盡利以遺民

張我慈

同考試官學正龔批（義表懇切詞旨精醇末歸重節儉尤探本之論）

考試官侍講韓批（文有關係録之）

考試官左諭德朱批（醇雅莊重）

君子公利於民其愛養之心周矣夫利者民之所利也盡則無以遺民矣而君子爲之乎且利在天下豈徒以供上之用哉蓋亦將以遺民也而上顧取之而靡遺民不堪矣君子者以軍國之需給之于民固不能不取以經用而億兆之命懸之于我又不忍盡取以病民斂之以九賦也而常若不敢盡其賦此何心邪縮吾之入以寬彼之出而爲吾所寬者穰穰乎其有遺利也供之以什一也而常若不敢盡其供此何心邪節吾之取以留彼之資而爲吾所留者熙熙乎其有遺蓄也天下之財不在官則在民盡之徒以利吾國矣如民何故有所用有所緩而征戒其急者正欲貽斯民以富爾而群黎百姓孰不食君子之餘哉天下之利不在下則在上盡之徒以益乎上矣如下何故可以取可以

無取而斂從其薄者正欲遺斯民以足爾而四海蒼生孰不歌君子之賜哉彼先王之世上未嘗不取而取不見其苛民未嘗不供而供不見其竭其率用此與雖然有本焉節儉是已蓋取之與用怕相視者也浮則浮約則約未有儉主而取民無制者未有奢主而取民有制者周禮經國裕民之書也而九式節財用詳哉乎其言之於乎知本哉

第二場

論

聖王求任輔相爲先

張我繩

同考試官學正朱批（蘊藉春融才思秀發不事雕琢而操縱闔闢精彩燁然非學識超卓之士不能及此宜録以式）

考試官侍講韓批（議論正大體格平雅所言極有關係末知歸重尤見確識録之）

考試官左諭德朱批（發求任意透徹而格調端雅與馳騁浮華者自别可以式矣）

聖王以心治天下必有所以寄其心者而後可以善治于不窮夫天下至大矣天下之任至艱重矣聖王者天所畀以膺艱重之任而臨至大之勢非予之以可娱而已也故必皇皇焉運治也以心然使其心或先務之弗知體要之弗執欲恃其獨智以當紛綸轇轕之衝盡天下而置之所其勢不能也於是旁求之天下焉惟其人可以屬吾倚毗而寄吾願治之心者立之爲相俾之交修共濟以先天下之理夫是以要而易達逸而有成盛美溢于當世而治效流于無窮也嗟乎相道得而天下治矣程子謂古之聖王未嘗不以求任輔相爲先其以此乎嘗讀易至于泰曰后以裁成天地之道輔相天地之宜以左右民其治大矣而其用乃由九二以中行之臣上應六五虚中下交之君相與而成泰是故觀于泰而聖王治天下之理見矣夫君臣相遇自古爲難蓋以九重之貴四海之富仰有威命靈爽之尊而俯有臣妾億兆之勢意指色授天下之人且奔走竭蹶以奉之不暇而何所賴于臣第以天下大器民物重任其事繁且夥矣君人者將遂守玄希夷默然兀然聽其自理乎則天下之望我者謂何而奚以爲治抑將焦思雕慮擢德塞性日斤斤憧憧求天下而登之理乎則吾亦自不勝其煩而又奚以爲治是故聖王有所宜先焉先者得則天下之大可不勞而治也何也天下之事以一人而應一人則裕以一人而應千百人則勞以一

人而應億兆人則窮勢也聖王知其然故不以身治天下而以人治天下以人治天下所謂寄其心者也而其道自裕矣昔者堯之於唐汲汲以求任乎舜舜之於虞汲汲以求任禹皋陶孟子稱之曰爲天下得人者謂之仁而他日又曰堯舜之仁急親賢也嗚呼是可謂知先天下而聖于理矣自今觀之古之論相而共圖理者何弗先也未得其人則求既得其人則任是故衢訪岳咨枚卜吉從擇之何其慎也詢事考言諸艱歷試知之何其明也而猶未也懋德嘉績蔽志僉謀信之何其篤也衆口勿間膠漆不移任之何其專也朝而不名坐而論道造膝而密語禮之又何厚也舉國以聽之恭已以委之吏事不責文例不煩責之又何重也夫惟如是故爲人君者穆然執要於上而宰相者惕然殫忠畢智以宣力于下是故君都而臣俞不以爲諂君逸而臣勞不以爲怨推心腹借顔色略忌諱而不以爲僭天子曰是宰相曰□天子曰可宰相曰否而不以爲亢君曰爾輔台德爾總朕師臣曰謀猷惟后威福惟辟而不以爲比君臣之間心神交合以共圖化理君以此而期之相相亦以此而效之君譬之人身元首居上而股肱居下股肱不愛其力以奉元首則精神常運而一身治輔相不隱其忠以贊一人則德意常孚而天下治是以聖王在上下遍觀望而明被九圍不殫傾耳而聰徹群隱不降階序而遐陬遠澨之運化祇德捷于影響是遵何術哉以相道得而主職舉也故曰人主之職在論相而已求□而不得其人則用不效得其人而不善任之則用亦不效嗟乎求任輔相莫聖王若矣是道也程子舉而歸之商之高宗何也蓋商自中葉賞僭刑濫外叛内攜幾于不振矣高宗思中興之業非人莫輔也於是恭默而求求而夢夢而得一旦以荒野版築之夫挈天下而委畀之交修共濟若舟楫鹽梅霖雨須之急焉卒之嘉靖殷邦還于湯舊則相傅説之效也嗟乎晚近世之君德不齊夫往昔智不越夫當世乃徒任其私智慕總攬之名而不知任相至於政叢務弛左右顧而莫爲應卒之決裂潰敗然後諉罪其臣而無及于事間有不自親事恣睢任人者矣而相匪其人徒取充位乃益厚于身謀而薄于國計依違澒涊摸稜取容以苟旦夕而天下事去矣將鼎折餗覆棟撓榱壓之不支而何共理之有故惟高宗而後爲聖王之求任輔相也雖然賢相所以能輔天下之治者不徒以其任也以其道也君舉天下而任之不以爲疑天下見其受任之大也亦遂傾耳注目想望太平惟其所爲而莫有不信則其素所重于天下者必有在矣昔孟子論臣品甚卑容悦而進之爲社稷臣又進之爲天民又推極之則爲大人夫大人者正已而物正者也嗚呼道必大人而後無愧于輔相也已

表

擬宋侍講張栻進講周南葛覃章因衍其義進規表（乾道七年）

張問行

同考試官學正龔批（文王后妃之化未易形容是作摹寫周南葛覃景象勤儉孝敬之風宛然親炙其盛且箴規祝願之意尤見忠藎謹録以式）

考試官侍講韓批（清新雋麗四六之絶佳者）

考試官左諭德朱批（鋪叙有體且得進規之意録之）

乾道七年某月某日侍講臣栻恭詣崇政殿進講周南葛覃章謹衍其義爲説上進者伏以風行南國明章著王教之端天敞西清儆戒闡聖經之奥播遺芬于彤管可興可觀炳精義于丹書以規以諷竊惟風火家人之象男正外女正内以交修農桑衣食之源帝親耕后親蠶其唯謹粤稽三代治莫盛於周文厥有二南德首刑于太姒關關河上方諧荇菜之求莫莫谷中遂應葛覃之候攬青煙于柔蔓囀黄鳥于繁陰更刈濩而手自調成爲絺綌而情深愛惜薄汙薄澣非無文綺之華一縷一絲盡出經綸之緒侍于君子儼卑服以相從正是國人紛素絲其顧化美哉始基之業唯季札獨觀其深洋乎盈耳之聲非師摯孰鳴其盛嗣徽音之云邈慨純懿其罔宣鄭聲間奏於房中新語前稱於馬上宫彝既斁匡衡之抗疏徒勤君志已荒太液之横經何益是皆言而不適於用亦由生之未遇其時恭惟□□□□至德淵微大經秩叙敦孝思而不匱敕天命以惟幾避殿省躬損服御膳羞之奉便庭詢瘼弛商緡榷酤之徵惠澤憶遍於閭閻問學彌勤於旃厦集諸儒而論道屬一介以言詩匪徒解頤之資將賴沃心之益顧臣立塹墻面聞愧庭趨佔畢之伎易窮獻納之謨何有然言近指遠理有待於發明矧天高聽卑説豈容於廖廓適涵泳而有得宜反覆以深陳爰推后稷以來周家王業之本斷自太姜而下内庭婦職之修其君子其室家懷生計而咨嗟嘆息宛家法之相承若豳風若無逸重民事而惕勵憂勤一心源之相接迨婦無公事廢蠶織其既休果誰爲厲階致犬戎之荐食興衰有自本一念敬肆之萌治亂何常真千古存亡之鑒開其端因竟其説祇竭芻蕘良于言乃聞于行用塵旒黈夫耕婦織不煩圖繪而得其形容矇誦瞽歌信惟聲音可通於治道自非知勞知懼惡能去泰去奢伏願學懋緝熙心存兢業顧民岩而軫恤居天位以思危減歲幣罷均輸奠生靈于休養别忠壬公好惡約情性于中和正身正家繹魯頌無邪之旨卜年卜世綿周京有道之長臣無任瞻天仰聖激切屏營之至謹奉表上進以聞

第三場

策（五道）

第一問

王之棟

同考試官訓導王批（開創事迹稽述詳明至揚厲陳悃尤見忠義惄然都人士計當大用者）

同考試官教授李批（創守之績艱難之慮敷對詳明篇末歸重聖心尤見忠愛無已録之）

同考試官進士尤批（發我聖祖創守之難詳明剴切真足感動聖衷而篇末惓惓進規尤見忠愛無已之意宜録以獻）

考試官侍講韓批（敷陳感發具見忠悃匪特文章之妙也録之）

考試官左諭德朱批（闡揚我聖祖前後艱難之慮最爲剴切而末復以艱難之説進尤見忠惄有司可□手以獻矣）

夫躬締造之艱而以焦勞餘慮詒萬世之統緒者神聖之謨也履熙洽之世而以宵旰先憂求開國之精神者英誼之軌也莫爲之前厥基弗昌莫爲之後厥澤弗衍兩者事殊而心合故能奠安四極而繫國祚于苞柔也知此則我聖祖創業之心我皇上保業之道豈非後先相待而成者哉請恭繹之以復明問夫創守之難貞觀君臣辯之詳矣謂創難於守者以出百死得一生顛沛驚撼不若一統之日暇豫圖也玄齡之言欲太宗不忘得之之難也謂守難於創者以志狃於宴安而患生於所忽杜微防漸不若兩陣之交俄頃決也魏徵之言欲太宗思失之之易也夫二者固各有難也而愚以爲未若創守兼之尤難也夫起義旗於民間而建無競之偉烈釋戎衣於馬上而定丕顯之訏謨斯豈一人力所能兼哉而孰有如我太祖高皇帝之盛者哉今以創業論之昔成湯起於七十里武王席三分有二之勢順天應人而諸侯景附皆上世爲之地也晋陽千里唐高坐而擁之竇王蕭劉非敵也宋藝祖因業於周孟李易鞭棰也獨漢高以亭長起豐沛與西楚百戰平一海内稱最難耳我聖祖龍興濠泗起布衣有天下略與漢同而功實過之洗九十載胡元之腥穢復自古帝王之衣冠彼誅無道秦者蔑如矣馘張陳走擴廓定閩廣蕩梁蜀彼獨一項羽易與矣東盡海島西極玉門南編交趾北控榆朔彼猶病南越匈奴者弗論矣故創業獨難而肇基最巨即漢高讓功也至其創而兼守則又非他主可望者成湯之世風制簡質武王末受命禮樂之事微周公相成后弗備也漢高不事詩書正朔服色歷文景始易也唐高僅除苛政典章文物則貞觀所修也藝祖雖右文

而少威靈稅役諸法亦興國所定也古今獨周制不可及□而聖祖甫偃兵戈輙釐制作崇郊廟祀百神考雅樂修節文雖周禮不言精矣置職掌定賦役立兵制申律令雖周官不言密矣廣封建爵功臣禮名士檢奸宄雖周誥不言飭矣故創守兼備而垂統尤鴻即周武讓烈也今考其大體載在大明日曆而宋濂序之曰規摹宏遠者則謂功高萬古也得國正也獨秉全智也敬天勤民也家法嚴也軍政有統也繹此而聖祖開創之勛可略睹也其政要載在聖祖記而濂又序之曰綱舉目備者則謂祀事嚴戎政肅也大本定大分昭也幸位絶民志定也申禁令核實效育人才優前代也正禮儀去神號嚴宮壼勵忠節剗宿弊也繹此而聖祖守成之績可略睹也雖然簡編之所紀録故老之所傳誦可以知聖人之□績而未可以見聖人之心聖人之心非善守成業而深溯其始事之難者不易知也我聖祖自起義以至末命其間十載百戰之勞三紀經營之慮曷嘗一日知黄屋左纛之尊玉食瓊宮之樂哉至正末造饉疫相仍薄游汝穎寄泊荆黄空乏拂亂何弗備也既入滁陽彭趙外挾德崖内掩驪頷虎口何弗探也及統大軍鄱陽夜圍岳州晝襲風櫛雨沐何弗嘗也比正大寶早朝晏罷焦心勞慮爲萬民立命何弗周也二百祀於兹蓋嘗變於土木訌於齊劉藍鄢突起於鐇濠警寇於倭虜而長治久安如金甌無缺覆盂不摇者寔我聖祖精神之所攝持勤勞之所底定蓋滋遠矣愚嘗伏讀大宴功臣之諭有曰天下大業以艱難得之當以艱難守之人情謹憂患忽宴安不知憂患始於宴安也至哉斯言所望於後之嗣服者何深切哉我皇上凝靈含睿宰敬宅虚夙夜遹追仰稽先烈頃因講讀祖宗訓録而首舉創業艱難一編循環紬繹不忍釋卷可謂善繼聖祖之志矣是以郊祭必虔廟饗必肅穆乎敬天之範也聞灾軫傷占象避殿惕乎勤民之指也戎王稽首餘醜屢殲烈乎詰武之勛也虚文必祛冒僞咸梶肅乎核實之規也皆法祖盛事也而執事復欲下采芹曝顧何以獻哉愚謂輿圖無加廣也禮樂無加修也制度無加詳也即有偏而不舉敝而當飭者二百年成憲在焉一補救之足矣語曰作者心勞因者功半是無用艱難爲也乃若艱難則有之在聖心而已矣思汝穎荆黄之戹孰與穆清廣大之安而尚謂不邇聲色不殖貨利爲難乎非難矣思彭趙德崖之急孰與臣妾億兆之安而尚謂霽威受諫側席待理爲難乎非難矣思櫛風沐雨之苦孰與父天母地之安而尚謂敬天勤民輕徭薄賦爲難乎非難矣思創制立法之勞孰與重熙累洽之安而尚謂盈縮紀綱整齊法度爲難乎非難矣所謂守成之難者謂不知創業之難故難也知創業之難則弗難矣聖天子早夜圖難故愚敢以艱難之説進進艱難之説安敢忌諱焉惟執事實重圖之

第二問

申用懋

同考試官訓導陸批（天人理微所係於修省甚切此作考核詳悉自古灾祥之應誠纚纚乎其言之也末復以三説獻必夙抱忠悃者宜録以爲皇上格天之助）

同考試官訓導趙批（發古今灾祥應感之實卓卓可據篇中復慨切以時事爲言修省之道備矣宜録以獻）

考試官侍講韓批（言天人之際詳雅典確而所感慨規切益見忠藎佳士佳士）

考試官左諭德朱批（灾祥之説類能言之子獨綜古籌今洞晰理亂之繇是嘗究心於天人者）

夫王者乘陽運而統六合曷嘗幾微不關天哉故精虔敷格而休禎畢效者祐順之符也逸豫滋大而眚灾雜著者罰淫之威也至於幽獨薄愆象形垂咎太平方始垂氣偶徵蓋燭及纖隱儆於將來憂在豐亨戒乎易滿無非以仁愛之眷而示無親之權也夫惟聖人者守恭默之真運簡約之軌廣平康之猷闡補救之術諸福已備而焦勞弗休微孽未萌而宵旰必厲故能感召太和凝承靈貺鞏有道之長而臻上治之極也愚生於天人之際弗達也顧執事明問所及即臆説敢不盡對夫説天莫精於易在大有曰天祐剥曰天行賁曰觀天文察時變夬曰有隕自天則虧益之宰欽若之義斡旋之效備矣稽休咎莫辯於書曰肅乂哲謀聖而庶徵時若曰狂僭豫蒙急而庶徵恒若則感通之理彰矣陳謹畏莫著於詩于板則無敢戲豫無敢馳驅于雲漢則敬恭明神宜無悔怒其勅幾之旨切矣述鑒戒莫詳於春秋曰日食曰不雨曰螟蜮必累書曰隕曰震曰饑曰孛彗必特書其儆省之意深矣繇斯以觀天以灾祥示人昭昭也後世陰陽家占應之説雖泥而中者什七如三川震而周遷客星見而晋禍皆符於數而不可不存也禳除之議雖淺而應者亦屢如文仲之減食省用也以消旱晏子諫臺池誅戮也以去彗皆正於事而不可不考也然使人主徇數而核其所中是遇祲而修其修易惰緣事而强其所應是執一而備其備易疏要在旁括古今之變總覽理亂之原潛析敬怠之塗上徹冲冥之奥乃知祥以符德其反也導驕灾以告怒其竟也玉成雖乘牒浩繁更僕難數而概可論已故日有五色瑞也金天以興劉昱以廢五星聚宿瑞也姬運以恢天寶以亂甘露潤矣將唐之元和媲美陶唐乎嘉禾九穗矣豈晋之太康比迹周成乎貞觀永徽之政懸矣而均奏河清軒轅元狩之世异矣而并稱麟見亢暘失衆之應也

辛以斬祚湯則永命流星破軍之兆也晋以始難光武一統狐升座而炎滅雉呴鼎而中興莫非羽孽也芝産殿而唐警桑大拱而殷治莫非木兲也夫數君者同機异應較若霄壤少昊黄帝神堯周文皆最盛德矣而成王雖幼守成之哲后也太宗雖霸納諫之明主也故能享有佳禎臻厥茂祜彼之耗海内驕平吴宜鮮終矣鳴牝鷄迎佛骨宜不振矣寵僧智任林甫宜喪敗矣何怪乎祥之不盡爲祥也斯非天驕之而自驕也成湯懋德猶省六事美哉時忱矣而受伊陟之戒行祖己之訓武丁太戊信賢君也齊豁達之度攬三公之權世祖亦誼辟也是以妖不勝善彌熾以昌彼且淫于長夜制于近習宜身僇而祚移矣昏極於肉糜意酣于霓裳宜五胡起而四海兵矣何駭乎灾之果能爲灾也斯非天殃之而自殃也是故治有治徵亂有亂象而有不盡爾者定未定之説也要之君道得則治君道失則亂天曷嘗不定哉洪惟我高皇帝篤恭凝命首論天下臣民毋言祥瑞諸有灾异毋匿不聞於是五星合而求直言中原水而贖鬻子免租之詔歲出賑恤之令四頒故三十年間雖彗見者五客犯者三太白熒惑之經六水旱螽螟之异時有而大統昭垂卜世無極蓋敬勤之效章章已我皇上恭纂熙業尤肅小心往者星變而董百官河决而諮群議近則江淮南北告饑減田租出帑金責有司奉行必以實而雨暘失時輒廛露禱日月薄蝕心肅齊修弭灾迎祥之意甚盛宜夫天無藴寶地有呈祥以昭靈饗徵順助也而何西北攙槍邊陲流火都城大癘三輔旱霾頃則巨浸漂邑訛言驚衆者所在又見告矣將氣有舛順而適與數合哉抑天故有告譴歟理所未解宜執事諄諄問也愚何知試以三説獻蓋聞曰應天以實不以文今朝政無闕矣然六府三事果盡修歟吏不墮窳歟士不虚憍歟囹圄空歟卒旅奮歟潢池無嘯歟老有年而稚無殤歟有一於斯皆謂蠹治即減膳徹樂爲文而已矣必也去彌餙而舉功實省議論而重責成則實政也蓋聞曰奉天在於修德戒謹尚於未形今聖衷信翼翼矣不曰翠微玉華箴規隔乎内恬外靖逸樂漸乎女謁易盛乎嗜好易雜乎賞予易濫乎土木易興乎有一於斯皆謂侮褻即省躬避殿爲暫而已矣必也防衆欲而謹獨知堤未萌而戒先事則豫道也昔桓公聞貴天而仰視管仲曰天非蒼蒼之天也人主以有百姓爲天今遐邇誠向戴矣乃遼代困虜趙魏困盜淮泗困河周衛困歲吴越困催科閩廣滇粤困雜夷夫匹夫匹婦猶能感霜致暵而況于億兆乎必也朽索在御痌瘝在躬高居而軫巢窟玉食而念糲糗則貴天之道也修此三者而天子益稽古正學納誨親賢繹周易之盈虚稽洪範之休咎察麟經之顯戒咏周雅之矢音習以緝熙紹以兢業則百神受職萬靈委鑒而何灾之能生乎占應之説禳除之議信泥矣淺矣可無論已

第三問

高洪謨

同考試官教諭丘批（條答詳悉品騭精核真良史之才也可式）

同考試官教諭徐批（考據詳核議論精確具見卓識）

同考試官教諭林批（贍而不浮詳而有體潛心史學者可式）

同考試官教授謝批（譚史者類竊影響未識指歸是作考核精詳卓有雅識蓋一部良史也宜録）

考試官侍講韓批（史學浩瀚難言若其爲世鑒戒此作得之矣）

考試官左諭德朱批（論諸史甚精確至謂無關君德治道史無益也意深哉异日當爲良史矣）

聖人以心存天下萬世而慮之也至聖人以道維天下萬世而律之也嚴惟其慮之至故不得不以勸懲寄之文惟其律之嚴故所寄勸懲于文者必至當而不易嗟乎聖人所筆削之史固其以道律天下萬世而寄其心于不窮者也故不謂之史而謂之經學者讀聖人之經以探其心與道斯可以評後代之史而不在區區文字間矣請以復明問夫自結繩既代經史同源四史昉于皇序五史建于蒼籙右言左事官宿其業天官太史家世其學君舉必書大事有策小事簡牘歲有其編無二體也其盛也禹不能褒鯀管蔡不得貶周公趙盾不能改董狐之筆崔氏不能奪南史之簡要之公道明而勸懲著焉耳周德下衰孔子傷乾綱之解紐睹王迹之久熄既爲之贊易叙書修禮删詩以明道矣猶以爲徒托空言不若見諸行事者爲足以律天下萬世也而春秋作焉假二百四十二年南面之權賞罰天下以存王法故春秋者史之經道之用也蘇明允曰經以道法勝史以事辭勝要之不可偏廢焉顧史無定體而作者二之後世之睹編年則自左丘明始矣志本周公事傳孔筆或先經以始事或後經以終義或依經以辨理或錯經以合异名之曰左氏傳其爲例也微而顯志而晦婉而成章盡而不汙懲惡而勸善自有書契以來蔚乎稱品藻矣夫仲尼素王丘明素臣道法淵源豈以文掩乎斯其上也後世之睹傳紀者則自司馬遷始矣創新義例解散編年作書以載制度作表以紀歲月作紀以明統系作傳以著賢否名曰史紀其序事也辨而不華質而不俚其文核其事實不虚美不隱惡自有紀載以來卓然稱實録矣然是非謬於聖人明哲傷于自保事辭林府能無古讓乎斯其次也之二氏者史家之楷範也後世操觚執簡之士無慮數十百家疇以易此其最著者若漢紀作于荀悦後漢紀作于袁宏漢晋春秋作于習鑿齒唐鑒作于范祖禹此用編年之體者也今考其書雖以叙致簡要

之悦尚不能窺左氏之藩籬而况如宏如鑿齒如祖禹乎若漢書作于班固後漢書作于范曄南北史作于李延壽唐書作于歐陽脩此用傳紀之體者也今觀其書雖以善叙事理之固尚不能陟馬氏之閫奥而况如曄如延壽如脩乎蓋經綸之才不勝名教之韞源流之近不勝駁雜之譏裁正之志不足以動奸雄反正之功不足以蓋疏脱也而其得失可概見矣典禮簡缺何詳贍之足誇食貨無志何縱奇之足眩述妖稱异何取乎删略穰辭文省事增正所以不若舊書也而其醇疵可略言矣古云固譏遷失而固亦未爲得曄譏固失而曄之失益甚論史大抵然矣要之無關君德不繫治道史無益也是非顛倒紀述叢錯史滋敝也嗚呼艱哉寥寥數千載間求其道本聖經文垂世鑒品藻實録之無愧道法事辭之兼善者吾有取于考亭朱子之通鑑綱目焉蓋昔司馬温公之作資治通鑑于宋也起周威烈王以迄後周之季凡史家所紀編年備載如指諸掌朱子以爲猶未足以鑿也别爲義例會損檃括綱仿春秋目仿左氏以上續麟經下苞群史是故表歲以首年而天道明于上矣因年以著統而人道定于下矣大書以提要而大綱舉監戒昭矣分注以備言而衆目張幾微著矣昔温公自謂通鑑之書竟閲者惟王勝之自餘見輒欠伸是要不足也今大綱舉而衆目張其得詳略之中乎温公又自謂止叙國家興廢生民休戚使觀者自擇以爲勸戒是法不足也今監戒昭而幾微著其得褒貶之法乎試爲舉其大義如正秦楚韓魏之僭王于戰國之際春秋誅吴楚之法也卑宋齊梁陳之統于南北之朝春秋黜五伯之意也削曹魏而帝昭烈天下之大分也繫嗣聖而斥光宅天下之公論也楊雄曰莽大夫誅佞諛于既死陶潜曰晋處士美臣節之令終改漢史幸太學曰視而師道尊易唐史尚公主曰適而家法正元狩六年書殺大農令顔异則知漢世公卿自此取容矣元鼎三年書令入財補即則知漢庭郎選自此益衰矣諸如此類文約義精要之包蒐簡括使由周而後千三百六十餘年治亂興衰得失之蹟可以坐照如睹白日夫是之謂天下之至明是非必得其實予奪必中其情鑑空衡平之言皆足以衮鉞當年者蔡來世而大快人心之正夫是之謂天下之至公使中主具臣羈人節士闇然爲善□獨而不患無後世之名雖大奸極惡力足以爲非而縮焉懼見誅于身後三綱不淪九法不斁奠宇宙民物□常安常治以助天與君權所不及夫是之謂天下之至仁蓋其心一聖人作經之心其道一聖人作經之道其澤一聖人作經之澤也後有作者何以加之愚生未悉史學聊述管見如此不識執事以爲然否

第四問

沈之鉴

同考試官學正朱批（士君子學術疇能廢之而不講此作究極宗旨考陳往迹洞鑒近日末學之弊□析無遺且立意正大□詞冲雅終篇責望倡□□□□□□論淑人心而維世教貽□□億萬載無疆之休將求賴之矣子其天下士耶敬羡敬羡）

考試官侍講韓批（即所敷答誠見議論知不爲口耳之學可爲世道幸）

考試官左諭德朱批（講學者類□□聲而學□廢是作議論侃侃自負不輕吾持以觀子之實矣）

夫天下之治所以不古若者皆起於學術之不明矣古之善爲天下者必修其學術而爲之倡上聖大賢居乎其位以整率天下爲之下者亦隆龐醇固相與心上之心以由于其道化之中而不覺夫是以熙然雍謐盎然太和而治弗可尚也已降而世運日漓學術漸晦人才漸卑迹其所就非不各有可觀而要之去古人之烈遠甚嗟夫世道之升降在吾人實肩之而胡可諉也胡可不講於士君子之學術也愚生嘗考□籍上下數千載間略觀其人才所遇之時所就之致蓋未嘗不三太息矣夫天之生人也代各有其才人各懷其智顧其始志各不同而其精神所畢竭于生平者要亦各就其志之所期而止此士之概也悲夫三代以下人才所志之卑而不足與於斯學也久矣蓋先儒論士之品有三謂志于功名者非富貴所累志于道德者非功名所累有味乎其言之矣愚生竊計以爲近世之士亦功名而止耳蓋自功名而决之富貴則易以功名而出之道德則難今欲使人非道德弗志而繇此建功立名不累于富貴非學其何自得之蓋學非他也即所以求成吾身求盡吾分之事也昔者堯舜視天地民物皆吾身而視理天地民物皆吾分爲之佐者亦皆心堯舜之心而不私是故禹作司空稷教稼穡益若上下鳥獸草木堯舜不以水土稼穡鳥獸草木爲職之後而不以命臣禹稷益亦不以己之聖而不屑水立農官工虞之事其餘皋陶明刑契敷教垂若工伯夷典禮夔典樂龍納言人各效其能官各治其事任各殫其心而猶師師濟濟歉然自以大美爲不足是則唐虞之學術所以置天下于時雍風動比屋可封者而已矣然當時未有明言其學者及始終典學傅説以告君學古入官多方以訓士三代而後則既諄諄矣而其效能使夏之天下歷年四百商之天下歷年六百周之天下歷年八百蓋其所以維扶人心風俗于久遠者孰若自禹益皋陶伊傅周召輩之學術爲之乎自兹而後草創庸君既不知以學術求士而其國家亦不享學術之利漢祖馬上之習不

事詩書故卯金之鼎潛移於莽而西京不聞有伏節死義之士光武中興思風天下以節義而其後俊厨顧及諸賢紛紛激於意氣而卒無以勝炎季之禍亂兩晋以玄虛喪齊梁諸季以綺靡告季唐之治作法於凉而取士以聲韻其盛也亦稱謀斷稱守正尚通稱收復兩京稱平淮西已耳趙宋奎聚文明生賢最盛乾淳諸賢以濂洛關閩之學日思致之于上而不或得蓋正心誠意之論與恢復請和之説相持于中而不勝雖有學術尚安及用之故夫漢以下之祚多者四百少者二三百或旋起旋滅非數然也嗚呼吾聖賢學術不幸而見蝕於雜伯雜夷偏安不振之代彼其國祚之削弱多事促亡而不救也又何不□□不得不蒙吾道之澤也哉可慨也已若夫今日則大异于是洪惟我太祖高皇帝肇造鴻業再闢渾淪治統道□正萬古莫并無論其他即其創詔以經術取士而統一聖真固已挈君師之領要昭示臣民矣而成祖文皇從而表章之列聖維持之世宗肅皇帝以敬一闡明之而我皇上復以齋居涵養率先之聖學如日中天獨奈何有其倡之而下莫爲應也今夫富人有良田美莊必勤藝植時芟崇而後收倍入之利建都邑于九達之逵必迴關鑰弘基構而後壯無前之觀今國家所承法度紀綱超軼百王昭垂萬祀其利非持良田美莊也其觀非特通都大邑也而人心之芽孽其間者方有隔閡壅閼虛僞誣罔涣散不可收拾之病吾□□在人所以舉之舉之者固非徒補苴罅漏粉飾文具之可以隨敝而施救也拔□□源其道在先明吾之學術而已蓋學□□則人心正人心正則人才出人才出而天下之治可不勞而舉矣昔者孔子曰如有用我者吾其爲東周孟子曰以齊王猶反手孔孟夫豈大言以欺人誠自信其學術可以撥亂世反之正也若孔孟則可謂能修學術者也今之君子處聖明之朝投熙洽之曾風行海流氣求聲應試收千載晦蝕不講之學術使復明大行于世以奉社稷無疆之曆斯不亦斡乾轉坤廓清昭曠之烈歟失今不爲而人心之病益深後將有不及爲者矣愚請得以言今之病夫士也者民之雋世之望也今士結髪明涇則摽誦無本操觚取第則束書恣情□身肥家之計悉背公行私之習熾其稍稱自拔者亦多競藻于文辭之麗逞博于記問之强而已非有毅然必以天地民物爲一身理天地民物爲吾分如古之人者是故學主於無欲而仕之可欲甚多學期□用世而仕之實用或鮮學觀于家庭而今所教訓表率者或非其正學資于師友而今所趨附延納者或不爲己由此類具推之日趨日敝而何望以堯舜其君皋夔稷契其身唐虞三代其治乎舉世業儒之家童而習見其然以爲學者吾富貴致身之資如是足也籠天下才俊之精神智力沈昏其中而不覺其卑卑至此矣功名固所且後也而况道德乎固有語

之而解頤聒之而□首者悲夫敝也極矣而搢紳大夫又不從而提撕之開口則有誚舉步則有指此非有以重禁之而陰壞默阻之機實已寓於不崇尚之中矣夫學之僞者惡之可也絶之可也惡其僞而并不欲聞其所謂學者因噎廢食孰大於是此豈所宜聞于聖朝者乎此豈所願于立國規模遠過漢唐宋而垂裕無疆者乎故夫學之不講孔子以爲憂今日事也其有嘵嘵然虚譯無實假僞行私者直斥而罪之耳鄭僑曰古者學而後入政是學正所以資乎世用子夏曰仕而優則學學而優則仕是學尤不可怠于宦成蓋無時不學者乃聖人之心而無事不學者即聖人之道無多説也諺曰一夫善射百夫决拾一人持罟千人臨淵苟有以倡之則學術者□天下萬世之學術而當今士民之白日也其誰能終蝕之在司世教者一加之意而已

第五問

張問行

同考試官學正龔批（久安長治之策非善籌國計者不能畫此作指陳邊備控馭□方憂治危明忠君愛國之意藹然溢於言表録之以爲廟謨之一助）

考試官侍講韓批（識見超卓劈畫審□且文辭贍博殆晰治體閑廟略所養不凡士他日致用可卜）

考試官左諭德朱批（談邊事歷歷可采末欲休養生民尤根本之論取之）

夷狄之能患中國也果國之菑乎曰敵强則戒戒則修乃以寧我也其不能患中國也果國之利乎曰敵弱則狃狃則弛乃以殆我也覆車者不以羊腸以康衢覆舟者不以瞿唐以溪澗戒險則全玩平則敗天下無不然者是故内治修夷狄雖强不爲害而弱則有成功内治隳夷狄雖弱不爲福而强則爲深害故以我之强弱爲彼之盛衰者寧以彼之强弱爲我之盛衰者殆不可不察也文武之興也天保以上治内采薇以下治外至於九夷八蠻通道西旅貢獒太保猶以慎德爲規而卒之曰生民保厥居惟乃世王豈不謂遠人來不足以重周而内治胡可忘哉吴師在陳楚大夫懼子西曰二三子恤不相睦毋患吴矣鄢陵之役范文子不欲戰曰惟聖人能内外無患自非聖人外寧必有内憂古之人或以多難興邦或以逸豫召亂載在故記何可勝數乃執事所舉漢事可概見已漢高帝誅秦蹙項奄有四海然幾不免於平城之圍至于孝文烽火通於甘泉歲致金繒之奉僅而得安當是時中國之難亟矣乃卒無損於漢之一毛且滋以大何也漢興天下初去湯火天子方與四海休養生息而置此虜於度外匈奴即入若蚊宝之附血指何憂於螯所謂内治修夷狄雖强不爲害者此也宣元以遠單于稽首臣伏遣子入侍三世稱藩賓于漢庭此上世之遺

策神靈之所想望而卒無救于衰何也承平既久養亂滋深而申韓之餘烈又從而浚斵之譬之血氣漸衰而恃五石爲延引之資宜其血僨矣所謂内治隳夷狄雖弱不爲福者此也乃吕伯恭謂元成而後幸疆埸之無事而玩安縱樂以至于亡則宣帝實啓之焉是以兼狄爲尤亦少苛矣及唐子西襲班史之論謂宣帝之功不在撥亂反正而在兼夷狄則又没其勵精之實而徒以兼狄爲功也豈通論哉今天下無事四境晏如西虜款關惟謹東鎮之捷狎至司馬門可謂增光烈祖而遠軼西漢之上盛矣盛矣顧倚伏之際正聖人之所深念也可亡備哉蓋自西虜歸款宣雲薊門之間亦高枕久矣而遼左獨歲有東虜之患虜東西糾合以全力向遼而遼以一隅之力制之虜日至力日困寧無後憂愚以爲遣薊門無事之兵爲遼援此一策也議者必謂東虜入犯每介於遼薊之間惡敢釋已而援彼不知數千年來犯薊者皆西虜非東虜也援遼則遼安遼安則西虜之款益堅而東虜必不敢獨入薊故援遼所以全薊也虜之勢合則盛分則衰今俺酋物故其勢方向於分而愚以爲撓之使衰又一策也議者必謂虜中無主且背約不若擇强而縻之以王不知黄酋丙兔等皆狼子野心既儼然而王矣必且并群部號令諸不順以雄其勢若此則虜本離而我合之会强也不如用西南夷例使虜婦護印而懸其爵以待後之人投骨於地衆□交搏我且徐而制德威之權故曰可以撓之使衰也此猶其外者也乃内治則有不可緩者矣夫募兵弭亂猶因病而暫藥之也病且已而藥之不已必生他疾則南兵之喻也盍漸消之以其饟饟六郡良家子乎客兵入衛猶不給而暫爲稱貸也假人而忘之人誰與我則延寧入衛之逾也頃寧夏既罷戍矣盍令延綏之衆一體盡然撤乎又其甚者今并邊卒以修築爲事塼埴甃甓伐山轉途日夜不得休婦子營田老稚合作糧資不時給太半入爲助役而供將領之溪壑死則已矣如弃鳥獸而附於藪壤也頃者寧夏之變搏主帥如仇讎彼憤積鬱烈而一旦發之若焚有由然矣不旦夕跂寇來爲吾重乎而況能爲國家捍强敌乎且朝廷軫念邊氓若在痌瘝飛挽相望惟恐後時而窮餓困踣至於此極賓僚游士曳錦履珠一言籯金頂踵相接而荷戈負戰之夫乃至不能朝夕可泄泄然秦越人視耶抑微獨邊氓也大氐海内諸吏闇於德意倚法行私公不諱繭絲之名而海内之民亦蹙蹙憒憒亡所愉忭恬不耻盗賊之行人情如此綱紀謂何此孔子所謂季孫之憂不在顓臾而在蕭墻之内者矣失惟聖君賢相鏡前事之得失權今勢之重輕遵高文之寛大鑒孝宣之慘刻使困憊中顇之民有所措其躬而樂其生則元氣充溢而客邪無能爲已何區區與此虜較强弱哉

順天府鄉試録後序

我皇上紀萬年之曆于今壬午始十矣而所舉士于鄉者既四臣世能經術淺陋待罪館職久每見詔下輒恭誦而嘆曰於休哉我皇上之加意人才如此乃今受命得與校士役偕諭德臣賡暨内外諸臣同祗厥事此正臣夙夜矢心殫力圖報萬一之秋也事既竣臣世能謹拜手稽首颺言簡末曰粤昔聖王圖治類皆以登進人才爲首務蓋上之熙載亮工下之奮庸效績莫不自始進矣此最巨典也顧其制歷代各异而莫善于成周鄉舉里選之法我國朝鄉試其猶周人遺意乎而又續食仿漢棘圍仿唐糊名易書之制仿宋其罷詩賦主經義參論策使天下道術一出于孔氏立法之善萬萬非前代可及已順天爲天子輦轂下尤首善地其事特重先正有言長材大器多出北方故祖宗朝得士甚盛嘉隆而下議者籍籍謂業舉子者文不則古人自爲詭稍敝而冗靡又敝而虚誕係世道非細我皇上赫然下明詔廣厲學官以正文體端士習不啻再三要以崇雅務實如古而止都人士依日月末光所幸耳目于聖天子德意甚熟肆諸士文亦既豹澤而變矣臣今得以按詔指閲之其經義醇明者録其論議古雅者録其表判典則者録其籌策辨博者録庶幾哉所謂聖代人文以應上求者乎則既津津喜然又繼以懼夫懼何也傳曰華則榮矣實之弗知臣安敢以多士之華而遂謂有其實乎昔在虞廷敷納已不免有静言庸違之慝孔子大聖猶自歉于躬行教門弟子以四術曰文行忠信夫文與行士美備矣而必曰忠信豈不以忠信又其本乎忠信之謂實心行之謂實事施之天下國家爲實政就之爲實效此則我皇上瑩精太平日與二三大臣討求綜核者也多士既舉於鄉行且入對大廷服官政矣心是忠信而行建焉無弗合則也先資之言不愧靖獻用以華國用以經世用以傳遠其人重其□亦重踔然追古名世奚難□□或不然庸違之黜及矣可弗懼乎且今皇上祈□公卿大臣百寮庶位率忠信樸茂首行誼力功名敢任上意所嚮士亦何弗知也多士勉乎哉古稱燕趙士慷慨徇義夫徇義則莫若從上所好矣大雅歌文王曰芃芃棫樸薪之槱之濟濟辟王左右趣之言當時人才盛于棫樸（此處底本缺頁——編者注）